U0916749

资治通鉴全本新注

（全十四册）

第五册

卷八八至卷一〇四（晋纪十至晋纪二十六）

［宋］司马光　编著
张大可　注释

華中科技大學出版社
http://press.hust.edu.cn
中国 · 武汉

第五册目录

卷八八　晋纪十

晋怀帝永嘉六年至晋愍帝建兴元年（312—313年）

【起玄默涒滩（壬申，312年），尽昭阳作噩（癸酉，313年），凡二年】

【大事提要】

本卷记事起公元312年，讫公元313年，凡二年，当晋怀帝永嘉六年至晋愍帝建兴元年。本卷所载大事，主要是五个方面：其一，司马炽遇害。晋怀帝司马炽被俘后，于公元312年封为会稽郡公，加仪同三司，并以小刘贵人妻之。汉主刘聪于光极殿宴请群臣，使怀帝着青衣行酒，予以羞辱、折磨，晋臣庾珉、王儁当场悲愤号呼，刘聪大怒，杀掉十多个晋臣，并杀掉怀帝。怀帝时年30岁。其二，司马邺称帝。公元313年，晋朝皇太子司马邺于长安称帝，是为愍帝，改元建兴，下令迎回怀帝灵柩，部署抗击入侵之敌。司马邺以琅邪王司马睿为左丞相、大都督，命其出兵洛阳，司马睿辞以兵力不足，不执行命令，而奋威将军祖逖自告奋勇，渡江而去。其三，石勒坐大。汉国镇东将军石勒，消灭王衍所率的晋军主力，又杀死劲敌王弥，吞并其部众，形成一支十分强大的军事力量。他原打算乘胜打到建业，不料大雨连绵，渡江不成，张宾出谋，撤军北上，攻陷邺城，进驻襄国，广积军粮，作为定都之基，称霸天下。其四，刘聪暴虐。汉主刘聪喜怒无常，曾因鱼蟹供应不足而斩杀左都水使者襄陵王刘摅，以殿宇未成而杀将作大匠勒陵；立贵嫔刘娥为皇后，为其建殿。廷尉陈元达劝说，刘聪大怒，欲执元达及妻子一同枭首，诸大臣磕头流血，皇后以死相劝，刘聪才有所醒悟，嘉奖元达。其五，汉国派兵袭击长安，无功而还。晋愍帝司马邺下令全国调兵，尚书左仆射麹允率军防敌在外，长安城空虚，汉国将军赵染率领五千精骑袭城，进入长安外城，晋将麹鉴率兵救援，被汉国中山王刘曜打败。后来，麹允引兵再击刘曜，汉兵被打败，退还平阳。

孝怀皇帝下

永嘉六年（壬申，312年）

春，正月，汉呼延后[1]卒，谥曰“武元”。

汉镇北将军靳冲[2]、平北将军卜珝寇并州[3]；辛未[4]，围晋阳。

甲戌[5]，汉主聪以司空王育[6]、尚书令任觊女为左、右昭仪[7]，中军大将军王彰、中书监范隆、左仆射马景女皆为夫人[8]，右仆射朱纪女为贵妃[9]，皆金印紫绶[10]。聪将纳太保刘殷女[11]，太弟义固谏。聪以问太宰延年[12]、太傅景[13]，皆曰："太保自云刘康公之后[14]，与陛下殊源[15]，纳之何害！"聪悦，拜殷二女英、娥为左右贵嫔[16]，位在昭仪上；又纳殷女孙四人皆为贵人[17]，位次贵妃。于是，六刘之宠倾后宫，聪希复出外[18]，事皆中黄门奏决[19]。

故新野王歆[20]牙门将胡亢聚众于竟陵[21]，自号楚公，寇掠荆土[22]，以歆南蛮司马新野杜曾[23]为竟陵太守。曾勇冠三军，能被甲[24]游于水中。

二月，壬子朔[25]，日有食之。

石勒筑垒于葛陂[26]，课农[27]造舟，将攻建业[28]。琅邪王睿[29]大集江南之众于寿春[30]，以镇东长史纪瞻为扬威将军[31]，都督诸军以讨之。

会大雨，三月不止，勒军中饥疫，死者太半[32]，闻晋军将至，集将佐议之。右长史刁膺请先送款于睿[33]，求扫平河朔以自赎[34]，俟[35]其军退，徐更图之。勒愀然长啸[36]。中坚将军夔安请就高避水[37]。勒曰："将军何怯邪！"孔苌[38]等三十余将请各将兵分道夜攻寿春，斩吴将头，据其城，食其粟，要以今年破丹阳[39]，定江南[40]。勒笑曰："是勇将之计[41]也！"各赐铠马[42]一匹。

顾谓张宾[43]曰："于君意何如？"宾曰："将军攻陷京师，囚执天子[44]，杀害王公，妻略妃主[45]，擢将军之发，不足以数将军之罪[46]，奈何复相臣奉乎[47]！去年既杀王弥，不当来此[48]；今天降霖雨[49]于数百里中，示将军不应留此也。邺有三台[50]之固，西接平阳[51]，山河四塞[52]，宜北徙据之，以经营河北[53]，河北既定，天下无处将军之右[54]者矣。晋之保寿春，畏将军往攻之耳；彼闻吾去，喜于自全，何暇追袭吾后，为吾不利[55]邪！将军宜使辎重[56]从北道先发，将军引大兵向寿春，辎重既远，大兵徐还，何忧进退无地乎！"

勒攘袂鼓髯[57]曰："张君计是也！"责刁膺曰："君既相辅佐，当共成大功，奈何可遽劝孤降[58]！此策应斩[59]！然素知君怯，特相宥[60]耳。"于是，黜[61]膺为将军，擢[62]宾为右长史，号曰"右侯。"

勒引兵发葛陂，遣石虎帅骑二千向寿春，遇晋运船，虎将士争取之，为纪瞻所败。瞻追奔百里，前及勒军，勒结陈[63]待之。瞻不敢击，退还寿春。

（以上为第一段，写汉主刘聪荒淫无道，将大臣之女尽数纳入后宫；汉国干将石勒率军攻打江南，大雨困扰，听从谋主张宾建议，放弃攻打，向北进军占领邺城。）

【注释】

[1]呼延后：刘聪的皇后，刘渊皇后单氏的堂妹，生儿子刘粲。谥曰"武元"，亦称"汉昭武帝武元皇后"。[2]靳冲：汉赵镇北将军。[3]卜珝（xǔ）：字子玉，匈奴后部人。前赵刘渊征为光禄大夫。与刘琨所率拓跋鲜卑战于晋阳，卜珝的部队率先逃跑，被杀。并州：州治晋阳，在今山西太原市西南。[4]辛未：正月十九日。[5]甲戌：正月二十二日。[6]王育：西晋人，成都王司马颖以为破虏将军，后被汉赵刘渊所俘，任为右仆射，官至司空、太傅。时为司空。传见《晋书》卷八十八。[7]昭仪：帝王嫔妃的封号名，地位仅次于皇后。[8]王彰：匈奴东部人，最初为晋成都王司马颖的参军，后来追随刘渊起事，被刘渊倚重，官至中军大将军、骠骑大将军、太傅。范隆：字玄嵩，雁门人。隐迹不应州郡之命，后与朱纪一起依于刘渊，范隆为大鸿胪，朱纪为太常。马景：汉赵官员，曾为护军，后领左卫将军，为禁卫军统帅之一。三人之女皆为刘聪夫人。夫人：帝王嫔妃的封号名，地位低于昭仪。[9]朱纪：刘渊的部属，刘渊称王后，任为太常、右仆射。贵妃：帝王嫔妃的封号名，地位低于夫人。[10]金印紫绶：金制印章、紫色绶带。绶，绶带，古代用以系佩玉、官印等的丝绸带子，绶带的颜色常用以标志不同的身份与等级。[11]太保：三公之一，位次太傅。刘殷：字长盛，西晋官员。永嘉之乱后，为汉赵所用，历任侍中、太保、录尚书事。传见《晋书》卷八十八。[12]延年：即刘延年，刘渊的族人，封江都王，为大司空、太宰。[13]景：即刘景，汉赵将领，曾为灭晋大将军，时为太傅。[14]太保：即刘殷，时为太保。刘康公：姬姓，名季子，周顷王的小儿子，食采于刘，于周定王八年（前599）建立刘国，故其后以刘为姓。谥号为康，故称"刘康公"。[15]殊源：指来自不同的祖宗。刘康公是周朝的官员，而刘聪是匈奴人，本姓"栾提"，因自称是汉宗室的外甥而改姓刘，故曰"殊源"。[16]英、娥：即刘英、刘娥，刘殷二女，汉主刘聪纳入后宫为贵嫔。贵嫔：古代皇帝后宫妃嫔的位号，位在昭仪之上，仅次于皇后。[17]贵人：古代皇帝后宫妃嫔的位号，位次贵妃。[18]希复出外：很少出宫会见群臣。希，同"稀"，少。[19]事皆中黄门奏决：一切大事都通过太监的禀告来加以裁定。中黄门，中宫的宦官。黄门，即黄门侍郎，皇帝近侍之臣，可传达诏

令，协助皇帝处理朝廷事务。［20］故新野王歆（xīn）：即司马歆，字弘舒，司马懿之孙，封新野王，后被杀。传见《晋书》卷三十八。［21］牙门将：主将帐下的偏将、副将。胡亢（kàng）：永嘉之乱时，在竟陵（今湖北一带）聚众起兵，自称楚公，劫掠荆州一带，并任命杜曾代理竟陵太守。后被杜曾趁机杀死。传见《晋书》卷一百。竟陵：郡名，郡治石城，在今湖北钟祥市。［22］寇掠：抢劫，掠夺。荆土：即荆州之地。［23］南蛮司马：官名，即南蛮校尉的司马。杜曾：新野人，晋新野王司马歆帐下的南蛮司马，永嘉之乱中，胡亢聚众起兵，以杜曾为代理竟陵太守，后杜曾联合荆州贼寇首领王冲攻打并杀死胡亢，接管其部众，自称南中郎将、竟陵太守，占据汉水、沔水地区。后被杀。传见《晋书》卷七十。［24］被甲：身穿铠甲。［25］壬子朔：二月一日。［26］葛陂（bēi）：湖泊名，在今河南新蔡县北。［27］课农：督促农民种好地。［28］建业：城名，在今江苏南京市。［29］琅邪王睿：即司马睿，封琅邪王，东晋开国皇帝。［30］寿春：县名，县治在今安徽寿县。［31］纪瞻：字思远，丹阳秣陵（今江苏南京市）人，镇东将军，司马睿的长史，东晋重臣。传见《晋书》卷六十八。［32］太半：大半。［33］刁膺：汉赵官员，时为石勒军府的右长史。送款：进呈礼品与书表，以表示归附的诚意。［34］河朔：地区名，泛指当时的黄河以北地区。自赎：自己弥补罪过。［35］俟：等候，等待。［36］愀（qiǎo）然：神色严肃的样子。长啸：吹着口哨。啸，是当时人喜好做出的一种“高雅”姿态，此为长叹息。［37］夔（kuí）安：后赵石勒部属中坚将军。就高：转移部队到地势高的地方。［38］孔苌（cháng）：后赵石勒心腹部将。［39］丹阳：郡名，郡治建业，在今江苏南京市。［40］江南：地域名，即长江中下游以南地区。［41］是勇将之计：这是勇猛将军的打算。言外之意是非自己之所想。［42］铠马：带有护甲的战马。［43］张宾：字孟孙，河北邢台人，汉赵谋臣。传见《晋书》卷一百五。［44］囚执天子：指俘获晋怀帝司马炽。［45］妻略：奸污，霸占。妃主：晋王朝的嫔妃、公主。［46］擢将军之发，不足以数将军之罪：意即拔你一根头发数你一条罪状，你的头发即使全都拔光了，你的罪行还没有数完。极言其罪行之多。擢，拔。［47］奈何复相臣奉乎：怎么还能去向人家称臣、去侍奉人家？［48］不当来此：不应当聚兵于坚城之下。指石勒攻围晋军坚守的邺城是错误的。［49］霖雨：久下不停的连绵大雨。［50］邺：即邺城，都城名，在今河北临漳县西南。三台：指铜雀台、金雀台、冰井台，都在邺城西北，为当年曹操所建。［51］平阳：汉赵都城，在今山西临汾市西南。［52］山河四塞：指邺城的四周都有险要的山、河作为屏障。塞，指险要的地方。［53］河北：泛指黄河以北地区。［54］右：上面。［55］为吾不利：给我们制造麻烦，指追击我们。［56］辎重：行军时携带的器械、粮草、营帐、服装、材料等。辎，古代一种有帷盖的大车。［57］攘袂（mèi）鼓髯：捋起衣袖，翘起胡须，形容神情振奋的样子。攘，卷起、撩起的意思。［58］奈何可遽劝孤降：怎么能动不动就劝我向人投降呢！遽，就。［59］此策应斩：意即献上此策的人应当斩首。［60］宥（yòu）：宽恕，原谅。［61］黜：废除，贬退。［62］擢：提拔，重用。［63］结陈：即结阵，排兵布阵。陈，通“阵”。

汉主聪封帝为会稽郡公[1]，加仪同三司。聪从容[2]谓帝曰："卿昔为豫章王[3]，朕与王武子造卿[4]，武子称朕于卿[5]，卿言'闻其名久矣'，赠朕柘弓银研[6]，卿颇记否？"帝曰："臣安敢忘之！但恨尔日不早识龙颜[7]！"聪曰："卿家骨肉何相残如此？"帝曰："大汉将应天受命[8]，故为陛下自相驱除[9]，此殆天意[10]，非人事也！且臣家若能奉武皇帝[11]之业，九族敦睦[12]，陛下何由得之！"聪喜，以小刘贵人妻帝[13]，曰："此名公之孙也，卿善遇之。"

代公猗卢[14]遣兵救晋阳，三月，乙未[15]，汉兵败走。卜珝[16]之卒先奔，靳冲擅收珝[17]，斩之。聪大怒，遣使持节[18]斩冲。

聪纳其舅子辅汉将军张寔[19]二女徽光、丽光为贵人[20]，太后张氏[21]之意也。

凉州主簿马魴[22]说张轨："宜命将出师，翼戴帝室[23]。"轨从之，驰檄关中[24]，共尊辅秦王[25]，且言："今遣前锋督护宋配[26]帅步骑二万，径趋长安[27]；西中郎将寔帅中军三万，武威太守张琠[28]帅胡骑二万，络绎继发[29]。"

夏，四月，丙寅[30]，征南将军山简卒。

汉主聪封其子敷为渤海王，骥为济南王，鸾为燕王，鸿为楚王，劢为齐王，权为秦王，操为魏王，持为赵王[31]。

聪以鱼蟹不供，斩左都水使者襄陵王摅[32]；作温明、徽光[33]二殿未成，斩将作大匠望都公靳陵[34]。观渔于汾水[35]，昏夜[36]不归。中军大将军王彰谏曰："比[37]观陛下所为，臣实痛心疾首。今愚民归汉之志未专[38]，思晋[39]之心犹盛，刘琨咫尺[40]，刺客纵横；帝王轻出[41]，一夫敌[42]耳。愿陛下改往修来[43]，则亿兆幸甚[44]！"聪大怒，命斩之。王夫人叩头乞哀[45]，乃囚之。太后张氏以聪刑罚过差[46]，三日不食；太弟义、单于粲舆榇切谏[47]。聪怒曰："吾岂桀、纣[48]，而汝辈生来哭人[49]！"太宰延年、太保殷等公卿、列侯百余人，皆免冠涕泣曰："陛下功高德厚，旷世少比[50]，往也唐、虞，今则陛下[51]。而顷来以小小不供，亟斩王公[52]；直言忤旨，遽囚大将[53]。此臣等窃所未解，故相与忧之，忘寝与食。"聪慨然曰："朕昨大醉，非其本心，微[54]公等言之，朕不闻过。”各赐帛百匹，使侍中持节赦彰曰：“先帝[55]赖君如左右手[56]，君著勋再世[57]，朕敢忘之！此段之过[58]，希君荡然[59]。君能尽怀[60]忧国，朕所望[61]也。今进君骠骑将军、定襄郡[62]公，后有不逮[63]，幸数匡之[64]！”

（以上为第二段，写晋怀帝司马炽被俘，封为会稽公，略加安慰；汉主刘聪暴虐无道，杀死左都水使、将作大将，中军大将军王彰直谏被囚，在诸位大臣劝说下免于刑戮。）

【注释】

[1]帝：指晋怀帝司马炽（chì）。为会稽郡公：封为郡一级的公侯。会稽，郡名，郡治在今浙江绍兴市。[2]从容：悠闲舒缓，不慌不忙。[3]为豫章王：司马炽于太熙元年（290）被封为豫章王，到永兴元年（304）被封为皇太弟。豫章，郡名，郡治南昌县，在今江西南昌市。[4]王武子：即王济，字武子，司徒王浑次子，娶常山公主，为司马昭之婿。传见《晋书》卷四十二。造卿：前去拜访你。[5]称朕于卿：向你夸奖我。称，称道，夸奖。[6]柘弓银研：桑木弓、银砚台。柘（zhè），树名，与桑树同科，叶可喂蚕。研，通“砚”，砚台，与笔、墨、纸合称“文房四宝”，是书法的必备用具。[7]尔日：当时。龙颜：比喻帝王的容貌，借指帝王。[8]大汉：敬称刘聪所建的政权。大，尊重、推崇之意。应天受命：意即顺应天道，承受天命，言外之意，是非人力所能为。[9]自相驱除：意即互相攻斗，自相残杀，为您扫清道路。驱除，当先驱，清道。[10]此殆天意：这大概是上天的意思。殆，大概，差不多。[11]武皇帝：指司马炎，谥号武皇帝，故称。[12]九族敦睦：整个家族和睦一心。九族，一般指父族四、母族三、妻族二。[13]小刘贵人：刘殷四个孙女中最小的一位。妻帝：嫁给晋怀帝司马炽。[14]代公猗（yī）卢：即拓跋猗卢，鲜卑拓跋部首领，北魏皇帝先祖。传见《魏书》卷一。代公，封于代郡的公侯，都城在今河北蔚县代王城。[15]乙未：三月十四日。[16]卜珝（xǔ）：汉赵将领，时为平北将军。[17]靳（jìn）冲：汉赵将领，时为镇北将军。擅（shàn）：擅自，随意。收珝：拘捕卜珝。[18]使持节：按照晋制，都督诸军事有三等，上等是“使持节”，权最重，无论平时、战时，都可诛杀二千石（郡守）以下的官员。[19]张寔（shí）：刘聪舅舅的儿子，与凉州刺史张轨之子张寔同名。[20]徽光、丽光：辅汉将军张寔的两个女儿，汉主刘聪纳为贵人。贵人：帝王嫔妃的第五级。[21]太后张氏：刘聪的生母，刘渊的嫔妃。[22]马鲂（fáng）：凉州刺史张轨的属官，时为主簿。[23]翼戴帝室：扶助、拥戴晋朝朝廷。翼，扶助，保护。戴，拥护，尊敬。[24]驰檄关中：向关中诸州郡发布文告。檄，檄文，文告。[25]尊辅秦王：尊奉、辅佐在关中的秦王司马邺。[26]宋配：字仲业，西晋敦煌人，被凉州刺史张轨任为谋主。后刘曜入寇西晋，京都倾陷，宋配为前锋督护，率步骑二万至长安护卫皇帝。官至西平太守。

[27]径趋：直奔，直达。趋，趋赴，奔赴。长安：在今陕西西安市。［28］张琠（tiǎn）：西晋武威太守。［29］络绎继发：紧跟着宋配陆续出发。络绎，连续不断，往来不绝。［30］丙寅：四月十六日。［31］“汉主聪封其子敷为渤海王”等八句：汉赵主刘聪封其八子为诸侯王。刘敷为渤海王，刘骥为济南王，刘鸾为燕王，刘鸿为楚王，刘劢为齐王，刘权为秦王，刘操为魏王，刘持为赵王。［32］左都水使者：官名，管理河渠水利事务的官员，有左右二人。襄陵：县名，县治在今山西襄汾县襄陵镇。摅：刘聪的族人刘摅，被封为襄陵王。［33］温明、徽光：汉主刘聪所筑的二宫殿名，时在汉国都城平阳，在今山西临汾市。［34］靳陵：汉赵官员，封为望都公，时为将作大匠，主管土木建筑的官员。［35］观渔：观看捕鱼。汾水：即汾河，黄河的第二大支流，源出山西神池县太平庄乡西岭村，流经忻州、太原、吕梁、晋中、临汾、运城六市，在万荣县荣河镇庙前村汇入黄河。［36］昏夜：天黑，半夜。［37］比：近来。［38］未专：还不坚定。专，专心一意。［39］晋：此指西晋。［40］刘琨咫尺：指刘琨所在的晋阳（今山西太原市西南）与刘聪的都城平阳（今山西临汾市）相距很近。咫，古代长度单位，周代指八寸，合现市尺六寸二分二厘。［41］轻出：轻率外出。［42］一夫敌：一个人就能对付您。［43］改往修来：改变过去的错误行为，注意今后的行动表现。［44］亿兆：指全天下的黎民百姓。亿、兆，均为数词，万万为亿，万亿为兆。幸甚：表示非常庆幸或幸运。甚，很。［45］王夫人：刘聪的嫔妃，王彰之女。乞哀：乞求哀悯、饶恕。［46］过差：犹言“过度”。［47］粲：即刘粲，刘聪之子，为皇太子。舆榇（chèn）：载棺以随，意谓抱着必死的决心。切谏：恳切地提意见。［48］桀、纣：夏朝和商朝末代君主，常并称，为昏暴之主的代名词。［49］生来哭人：即来哭生人，来哭我这个大活人。［50］旷世少比：当代没有一个人能够比得上。［51］往也唐、虞，今则陛下：古代的贤君是唐尧、虞舜，今天的贤君就数您了。［52］亟（qì）：屡次。斩王公：指杀刘摅、靳陵等人。［53］遽：就。囚大将：指囚禁王彰。［54］微：非，若不是。［55］先帝：指刘渊。［56］赖：依赖，依靠。左右手：比喻得力的助手。［57］著勋再世：指王彰在刘渊和自己担任皇帝期间都立下大功。再世，两代。［58］此段之过：我这一时的过失。段，一时。［59］荡然：释怀，不要放在心上。［60］尽怀：胸怀坦荡，有话就说。［61］望：期望，希望。［62］定襄郡：郡名，郡治在今山西忻州市。［63］后有不逮：日后我再有什么错误。不逮，不到位。［64］幸数匡之：希望你多多帮助。数，多多。匡，扶正，指教。

王弥既死[1]，汉安北将军赵固、平北将军王桑恐为石勒所并，欲引兵归平阳[2]，军中乏粮，士卒相食，乃自硖硗津[3]西渡，攻掠河北郡县[4]。刘琨以兄子演为魏郡太守[5]，镇邺[6]，固[7]、桑恐演邀[8]之，遣长史临深为质于琨。琨以固为雍州刺史，桑为豫州刺史。

贾疋等围长安数月，汉中山王曜连战皆败，驱掠[9]士女八万余口，奔于平阳。秦王业自雍[10]入于长安。五月，汉主聪贬曜为龙骧大将军，行大司马[11]。聪使河内王粲攻傅祇于三渚[12]，右将军刘参攻郭默于怀[13]。会祇病薨，城陷，粲迁祇子孙并其士民二万余户于平阳。

六月，汉主聪欲立贵嫔刘英[14]为皇后；张太后欲立贵人张徽光[15]，聪不得已，许之。英寻卒。

汉大昌文献公[16]刘殷卒。殷为相，不犯颜忤旨，然因事进规[17]，补益甚多。汉主聪每与群臣议政事，殷无所是非，群臣出，殷独留，为聪敷畅条理[18]，商榷事宜[19]，聪未尝不从之。殷常戒子孙曰："事君当务几谏[20]。凡人尚不可面斥其过，况万乘乎！夫几谏之功[21]，无异犯颜，但不彰君之过，所以为优耳。"官至侍中、太保、录尚书[22]，赐剑履上殿、入朝不趋、乘舆入殿。然殷在公卿间，常恂恂有卑让之色[23]，故能处骄暴之国，保其富贵，不失令名[24]，以寿考自终[25]。

汉主聪以河间王易为车骑将军[26]，彭城王翼为卫将军[27]，并典兵宿卫[28]。高平王悝为征南将军，镇离石[29]；济南王骥为征西将军，筑西平城[30]以居之；魏王操为征东将军，镇蒲子[31]。

赵固、王桑自怀求迎于汉[32]，汉主聪遣镇远将军梁伏疵将兵迎之。未至，长史临深、将军牟穆[33]帅众一万叛归刘演。固随疵而西，桑引其众东奔青州[34]，固遣兵追杀之于曲梁[35]，桑将张凤[36]帅其余众归演。聪以固为荆州刺史、领河南[37]太守，镇洛阳。

（以上为第三段，写汉国干将刘曜攻打长安失败，掳掠八万士民逃归平阳；太保刘殷善于明哲保身，不当面强谏君王，而是私下提出建议，得到重用和善终。）

【注释】

[1]王弥既死：事见《资治通鉴》卷八十七晋怀帝永嘉五年（311）。 [2]平阳：汉赵都城，在今山西临汾市西南。 [3]硗（qiāo）硗（qiāo）津：黄河渡口名，在今河南延津县北。 [4]攻掠河北郡县：此六字原无，据章校补。 [5]演：即刘演，字始仁，定襄侯刘舆之子，西晋司空刘琨之侄。袭爵定襄侯，刘琨署为魏郡太守。魏郡：郡治邺城，在今河北临漳县西南。 [6]邺：即邺城，在今河北临漳县西南。 [7]固：此字原无，据章校补。赵固。前说固、桑引兵归平阳，此处亦应固、桑并说，故补之。 [8]邀：袭击。 [9]驱掠：驱迫，掠夺。 [10]雍：此指雍州区域。 [11]行大司马：代理大司马之职。行，临时代理。大司马，高级将领名号，为国家最高军

事统帅。［12］河内王粲：即河内王刘粲，刘聪之子。傅祗（zhī）：字子庄，西晋后期重臣，曹魏太常卿傅嘏之子。传见《晋书》卷四十七。三渚（zhǔ）：地名，在今河南洛阳市孟津区西北。据《傅祗传》，傅祗屯盟津小城。盟津河平侯祠有二渚，又有陶渚，故亦曰“三渚”。渚，水中陆地。［13］刘参：汉赵将领，时为右将军。郭默：字玄雄，晋朝将领。初为河内太守裴整部将，后为流民帅，投靠并州刺史刘琨，拜河内太守。传见《晋书》卷六十三。怀：县名，县治在今河南武陟县西南。［14］刘英：太保刘殷之女，纳于汉主刘聪后宫，为贵嫔。［15］张徽光：辅汉将军张寔之女，纳于汉主刘聪后宫，为贵人。［16］大昌文献公：大昌公是刘殷的封号，大昌是刘聪王朝的郡名，约当今之山西隰县。文献，是刘殷死后的谥号。［17］因事进规：趁机会提出规劝。［18］敷畅条理：充分地分析是非曲直。敷畅，充分分析。［19］商榷事宜：商量事情应该怎么干。榷，商讨，研究。［20］当务几谏：应当采取婉言相劝的办法。几，微，婉言。［21］功：功效，效果。［22］录尚书：官名，即录尚书事，以它官兼领。录，为总领之意。［23］恂（xún）恂：谦恭谨慎的样子。卑让：谦逊，退让。［24］不失令名：不丧失美好的名声。令，美，美好。［25］以寿考自终：自然老死。寿考，长寿。［26］车骑将军：将军名号，位次仅次于大将军、骠骑将军。［27］卫将军：将军名号，位在车骑将军之下，掌握禁兵，预闻政务。［28］典兵宿卫：统领卫戍部队。宿卫，值宿宫禁，担任警卫。［29］镇：驻镇，镇守。离石：县名，在今山西吕梁市离石区。［30］西平城：在今山西临汾市西北。［31］蒲子：县名，县治在今山西隰县。［32］求迎于汉：即向汉国请求派兵接应、迎接。［33］牟（móu）穆：汉赵将军，后为刘演的部属。［34］青州：州治广固，在今山东青州市西北。［35］曲梁：县名，县治在今河北邯郸市永年区。［36］张凤：汉赵将领，王桑的部将。［37］河南：郡名，郡治洛阳县，在今河南洛阳市。

石勒自葛陂北行，所过皆坚壁清野，虏掠无所获，军中饥甚，士卒相食。至东燕[1]，闻汲郡向冰[2]聚众数千壁枋头[3]，勒将济河[4]，恐冰邀[5]之。张宾曰：“闻冰船尽在渎中未上[6]，宜遣轻兵间道袭取[7]，以济大军[8]。大军既济，冰必可擒也。”

秋，七月，勒使支雄、孔苌自文石津缚筏潜渡[9]，取其船。勒引兵自棘津[10]济河，击冰，大破之，尽得其资储，军势复振，遂长驱至邺。刘演保三台以自固，临深、牟穆等复帅其众降于勒。

诸将欲攻三台，张宾曰：“演虽弱，众犹数千，三台险固，攻之未易猝拔[11]，舍而去之，彼将自溃。方今王彭祖、刘越石[12]，公之大敌也，宜先取之，演不足顾也。且天下饥乱，明公虽拥大兵，游行羁旅[13]，人无定志，非所以保万全、制四方也。不若择便地而据之[14]，广聚粮储，西稟平阳，以图幽、并[15]，此霸王之业也。邯郸、襄国[16]，形胜之地[17]，请择一而都之。”勒曰：“右侯[18]之计是也！”遂进据襄国。

宾复言于勒曰：“今吾居此，彭祖、越石所深忌也，恐城堑未固，资储未广，二寇交至[19]。宜亟收野谷[20]，且遣使至平阳，具陈镇此[21]之意。”勒从之，分命诸将攻冀州[22]，郡县壁垒[23]多降，运其谷以输襄国，且表于汉主聪，聪以勒为都督冀、幽、并、营[24]四州诸军事，冀州牧，进封上党[25]公。

刘琨移檄州郡，期以十月会平阳，击汉。琨素奢豪，喜声色。河南徐润以音律得幸于琨，琨以为晋阳令。润骄恣，干预政事，护军令狐盛[26]数以为言，且劝琨杀之，琨不从。润谮盛于琨，琨收盛，杀之。琨母曰：“汝不能驾御豪杰以恢远略[27]，而专除胜己，祸必及我。”

盛子泥奔汉，具言虚实。汉主聪大喜，遣河内王粲、中山王曜将兵寇[28]并州，以令狐泥为乡导[29]。琨闻之，东出，收兵于常山及中山[30]，使其将郝诜、张乔[31]将兵拒粲，且遣使求救于代公猗卢。诜、乔俱败死。粲、曜乘虚袭晋阳，太原太守高乔[32]、并州别驾郝聿[33]以晋阳降汉。

八月，庚戌[34]，琨还救晋阳，不及，帅左右数十骑奔常山。辛亥[35]，粲、曜入晋阳。壬子[36]，令狐泥杀琨父母。

粲、曜送尚书卢志[37]、侍中许遐[38]、太子右卫率崔玮于平阳[39]。聪复以曜为车骑大将军，以前将军刘丰为并州刺史[40]，镇晋阳。九月，聪以卢志为太弟太师[41]，崔玮为太傅，许遐为太保，高乔、令狐泥皆为武卫将军[42]。

己卯[43]，汉卫尉梁芬奔长安[44]。

（以上为第四段，写谋主张宾劝说石勒占领襄国，建立根据地，石勒采纳，并积极实施，势力不断壮大；刘琨因宠幸徐润，听信谗言杀掉护军令狐盛，铸成大错，祸及父母，差点万劫不复。）

【注释】

[1]东燕：县名，县治在今河南延津县东北。[2]向冰：人名，起义军首领。[3]壁枋

（fāng）头：在枋头构筑堡垒坚守。壁，筑壁据守。枋头，地名，在今河南浚县西南、卫辉市东北。［4］济河：渡过黄河。［5］邀：拦腰袭击。［6］尽在渎中未上：都停泊在河面上，没有拖到岸上。渎（dú），河沟。［7］间道袭取：抄小路将其夺过来。间（jiàn）道，小道。［8］以济大军：以运载大军渡河。济，渡。［9］支雄、孔苌：石勒部将。文石津：黄河渡口名，在今河南滑县西南，当时的柏头县东南。潜渡：犹言"偷渡"，悄悄地渡过去。［10］棘津：黄河渡口名，在今河南延津县东北，当时的文石津西南。［11］猝拔：很快攻下。猝，突然地，出其不意地。［12］王彭祖：即王浚，字彭祖，太原晋阳（今山西太原市）人，西晋将领，骠骑将军王沈之子。历任右军将军，迁东中郎将、许昌镇将。时为幽州刺史。传见《晋书》卷三十九。刘越石：即刘琨，字越石，时为并州刺史。［13］游行羁旅：来回行军于旅途之中，没有固定的根据地。［14］择便地而据之：找一块有利的地方，在那里扎下根来。便，便利，有利。［15］西禀平阳，以图幽、并：向西对平阳的刘聪就说咱们要留在这里以经营幽、并二州。禀，禀告，告诉。平阳，汉国都城，代指汉主刘聪。幽，幽州，州治蓟县，在今北京市。并，并州，州治晋阳，在今山西太原市西南。［16］邯郸：古都名，在今河北邯郸市，城周达数十里。襄国：县名，县治在今河北邢台市西南。［17］形胜之地：形势险要的地方。［18］右侯：对张宾的敬称。张宾时为右长史，为石勒的谋主，号为"右侯"。［19］二寇交至：指王浚、刘琨交互前来攻打。［20］亟：急。野谷：田野上的庄稼。［21］镇此：驻军于此，在这里设防。［22］冀州：州治信都，在今河北冀县。［23］壁垒：军营的围墙，作为进攻或退守的工事。这里代指郡县的军事力量。［24］营：州名，州治和龙，在今辽宁辽阳市。此时还未置营州，当时只有平州。［25］上党：郡名，治所在今山西长子县。［26］令狐盛：时为刘琨将军府的护军。［27］恢远略：意即作长远打算。［28］将（jiàng）兵：率领士兵。寇：寇略，侵扰。［29］乡导：向导，带路。乡，通"向"。［30］收兵：招募军队。常山：郡名，郡治真定，在今河北正定县西南。中山：郡名，郡治卢奴，在今河北定州市。［31］郝诜（shēn）、张乔：西晋人，刘琨属下的二位将领，兵败而死。［32］太原：郡名，治晋阳，在今山西太原市区西南汾水东岸。高乔：西晋太原太守。［33］郝聿（yù）：西晋并州别驾。［34］庚戌：八月一日。［35］辛亥：八月二日。［36］壬子：八月三日。［37］卢志：字子道，西晋官员，成都王司马颖的心腹谋士。后投刘琨，任中书监，升任尚书。后被杀。传见《晋书》卷四十四。［38］许遐（xiá）：字思祖，高阳郡（今河北高阳县）人，西晋、汉赵人物，官至侍中。［39］太子右卫率：官名，太子府属官，宿卫东宫，亦任征伐，地位颇重。崔玮（wěi）：汉国太子右卫率。［40］前将军：将军名号，位次上卿，或典京师兵卫，或屯兵边境。刘丰：汉赵前将军，升为并州刺史。［41］太弟太师：皇太弟刘乂的太师。［42］武卫将军：将军名号，典宿卫，都督中军宿卫禁兵。［43］己卯：九月一日。［44］卫尉：官名，为统率卫士守卫宫禁之官。梁芬：汉赵官员，时为卫尉，投奔晋朝。

辛巳[1]，贾疋等奉秦王业为皇太子，建行台[2]于长安，登坛告类[3]，建宗庙、社稷，大赦。以阎鼎为太子詹事[4]，总摄百揆[5]；加贾疋征西大将军，以秦州刺史、南阳王保[6]为大司马。命司空荀藩[7]督摄远近[8]，光禄大夫荀组[9]领司隶校尉[10]、行豫州[11]刺史，与藩共保开封。

秦州刺史裴苞据险以拒凉州兵[12]，张寔、宋配等击破之，苞奔柔凶坞[13]。

冬，十月，汉主聪封其子恒为代王，逞为吴王，朗为颍川王，皋为零陵王，旭为丹阳王，京为蜀王，坦为九江王，晃为临川王[14]；以王育为太保[15]，王彰为太尉[16]，任顗为司徒[17]，马景为司空[18]，朱纪为尚书令[19]，范隆为左仆射[20]，呼延晏为右仆射[21]。

代公猗卢遣其子六修[22]及兄子普根[23]、将军卫雄[24]、范班、箕澹帅众数万为前锋以攻晋阳[25]，猗卢自帅众二十万继之，刘琨收散卒数千为之乡导。六修与汉中山王曜战于汾东[26]，曜兵败，坠马，中七创[27]。讨虏将军傅虎以马授曜[28]，曜不受，曰："卿当乘以自免，吾创已重，自分死此[29]。"虎泣曰："虎蒙大王识拔至此，常思效命，今其时矣。且汉室初基，天下可无虎，不可无大王也！"乃扶曜上马，驱令渡汾，自还，战死。曜入晋阳，夜，与大将军粲、镇北大将军丰[30]掠晋阳之民，逾蒙山而归。[31]十一月，猗卢追之，战于蓝谷[32]，汉兵大败，擒刘丰，斩邢延[33]等三千余级，伏尸数百里。猗卢因大猎寿阳山[34]，陈阅皮肉[35]，山为之赤。刘琨自营门步入拜谢[36]，固请进军。猗卢曰："吾不早来，致卿父母见害，诚以相愧。今卿已复州境，吾远来，士马疲弊，且待后举，刘聪未可灭也。"遗琨马、牛、羊各千余匹，车百乘而还，留其将箕澹、段繁等戍晋阳[37]。

琨徙居阳曲[38]，招集亡散。卢谌为刘粲参军[39]，亡归琨，汉人杀其父志及弟谧、诜；赠傅虎幽州刺史。

十二月，汉主聪立皇后张氏，以其父寔[40]为左光禄大夫。

彭仲荡[41]之子天护[42]帅群胡攻贾疋，天护阳不胜[43]而走，疋追之，夜坠涧[44]中，天护执而杀之[45]。汉以天护为凉州刺史。

众推始平太守麹允领雍州刺史[46]。阎鼎与京兆太守梁综争权[47]，鼎遂杀综。麹允与抚夷护军索綝[48]、冯翊太守梁肃合兵攻鼎[49]，鼎出奔雍，为氐窦首[50]所杀。

广平游纶、张豺[51]拥众数万，据苑乡[52]，受王浚假署[53]。石勒遣夔安、支雄等七将攻之，破其外垒[54]。浚遣督护王昌[55]帅诸军及辽西公段疾陆眷[56]、疾陆眷弟匹磾、文鸯[57]、从弟末柸[58]部众五万攻勒于襄国。

疾陆眷屯于渚阳[59]，勒遣诸将出战，皆为疾陆眷所败。疾陆眷大造攻具，将攻城，勒众甚惧。勒召将佐谋之曰："今城堑[60]未固，粮储不多，彼众我寡，外无救援，吾欲悉众与之决战，何如？"诸将皆曰："不如坚守以疲敌，待其退而击之。"张宾、孔苌曰："鲜卑之种，段氏最为勇悍，而末柸尤甚，其锐卒皆在末柸所。今闻疾陆眷刻日攻北城[61]，其大众远来，战斗连日，谓我孤弱，不敢出战，意必懈惰，宜且勿出，示之以怯，凿北城为突门[62]二十余道，俟其来至，列守[63]未定，出其不意，直冲末柸帐，彼必震骇[64]，不暇为计，破之必矣。末柸败，则其余不攻而溃矣。"勒从之，密为突门。既而疾陆眷攻北城，勒登城望之，见其将士或释仗[65]而寝，乃命孔苌督锐卒自突门出击之，城上鼓噪以助其势。苌攻末柸帐，不能克而退。末柸逐之，入其垒门[66]，为勒众所获，疾陆眷等军皆退走。苌乘胜追击，枕尸[67]三十余里，获铠马[68]五千匹。疾陆眷收其余众，还屯渚阳。

勒质末柸[69]，遣使求和于疾陆眷，疾陆眷许之。文鸯谏曰："今以末柸一人之故而纵垂亡之虏[70]，得无为王彭祖[71]所怨，招后患乎！"疾陆眷不从，复以铠马金银赂勒，且以末柸三弟为质而请末柸[72]。诸将皆劝勒杀末柸，勒曰："辽西鲜卑，健国也[73]，与我素无仇雠[74]，为王浚所使耳。今杀一人而结一国之怨，非计也。归之，必深德我，不复为浚用矣。"乃厚以金帛报之，遣石虎[75]与疾陆眷盟于渚阳，结为兄弟。疾陆眷引归，王昌不能独留，亦引兵还蓟[76]。勒召末柸，与之燕饮，誓为父子[77]，遣还辽西。末柸在涂[78]，日南向而拜者三[79]。由是段氏专心附勒，王浚之势遂衰。

游纶、张豺请降于勒。勒攻信都[80]，杀冀州刺史王象[81]。浚复以邵举行冀州刺史[82]，保信都[83]。

（以上为第五段，写晋朝臣民尊奉秦王司马邺为皇太子，在长安建立行台；晋将刘琨、王浚等组织兵力抗击入侵的汉兵，收效甚微；段氏投靠石勒，势力更盛。）

【注释】

[1]辛巳：九月三日。[2]行台：临时朝廷。[3]登坛告类：登祭坛祭天，以告即位。类，即类祭，古代祭天及五帝的祭名。[4]阎鼎：字台臣，西晋大臣。拥戴秦王司马邺为皇太子，任太子詹事，总摄百揆。传见《晋书》卷六十。太子詹（zhān）事：掌管太子宫的各种事务。[5]总摄百揆：总理朝廷的一切事务。时太子建行台，故以詹事总百揆，其实行使的是丞相之职。揆（kuí），事务，政事。[6]南阳王保：即司马保，字景度，南阳王司马模之子，袭封南阳王。传见《晋书》卷三十七。[7]荀藩：字泰坚，颍川颍阴（今河南许昌市）人，西晋司徒荀勖之子，西晋大臣。荀藩时为司空。传见《晋书》卷三十九。[8]督摄远近：总理朝廷内外、远近大小的政务。督摄，监督，摄理。[9]荀组：字泰章，西晋司徒荀勖第三子，时为光禄大夫。传见《晋书》卷三十九。[10]领：兼任。司隶校尉：官名，监督京师百官以及京城周边地方的监察官。[11]行：代理。豫州：州治在今河南周口市淮阳区。[12]裴苞：西晋官员，时为秦州刺史。凉州兵：凉州刺史张轨的军队。[13]柔凶坞（wù）：一作"桑凶坞"，当时民间自建的堡寨名，在今甘肃天水市西南。[14]"汉主聪"八句：恒、逞、朗、皋、旭、京、坦、晃，以上八人，皆汉主刘聪之子，封王。刘恒封为代王，刘逞封为吴王，刘朗封为颍川王，刘皋封为零陵王，刘旭封为丹阳王，刘京封为蜀王，刘坦封为九江王，刘晃封为临川王。许多地方皆不在汉国封疆内，诸王实为虚封。[15]王育：汉赵官员，时为司空，现改任太保。[16]王彰：汉赵官员，时为中军大将军，现改任太尉。[17]任颢（yǐ）：汉赵官员，时为尚书令，现改任司徒。[18]马景：汉赵官员，时为左仆射，现改任司空。[19]朱纪：汉赵官员，时为右仆射，现改任尚书令。[20]范隆：汉赵官员，时为中书监，改任左仆射。[21]呼延晏：汉赵官员。曾为使持节、前锋大都督、前军大将军，改任右仆射。[22]六修：即拓跋六修，字普六修，鲜卑索头部王子。传见《魏书》卷一。[23]普根：即拓跋普根，鲜卑索头部首领，北魏皇帝先祖之一。北魏建立后，追封为"景皇帝"。[24]卫雄：字世远，代县（今河北蔚县）人，西晋将领，投奔鲜卑拓跋氏，拜为将军。拓跋猗卢时，被委为辅相。传见《魏书》卷二十三。[25]范班：鲜卑索头部首领拓跋庖的将领。箕（jī）澹（dàn）：一作"姬澹"，字世雅，代国信义将军，为朝廷征战南北立有大功，被封为楼烦侯。[26]汾东：汾水东岸。[27]中七创：七处负伤。[28]讨虏将军：为杂号将军名号。傅虎：汉赵官员，汉中山王刘曜麾下的将军。[29]自分死此：自己估计要死在这里。分（fèn），料想，估计。[30]丰：即刘丰，汉赵官员。前为并州刺史，时为镇北大将

军。［31］逾：过，越。蒙山：地名，在当时的晋阳郡西北，在今山西太原市西南。［32］蓝谷：地名，在蒙山西南。［33］邢延：原为刘琨的部将，时刘琨派邢延和鲜卑将领拓跋六修一起守卫新兴城。邢延拾得一块上好的佳玉送给刘琨，刘琨转赠给拓跋六修。六修颇为贪心，索要不已，并囚其家人，邢延索性把拓跋六修赶出新兴城，随即兵败被杀。［34］寿阳山：山名，在今山西寿阳县东北、盂县西南。［35］陈阅皮肉：把野兽的皮肉摆放在山上展览。陈阅，陈列物品供人观看。［36］自营门步入拜谢：一到营门便下马步行致礼，以表示对拓跋猗卢的尊敬。［37］段繁：代国将军。戍：戍守，防御。［38］阳曲：县名，县治在今山西太原市北。［39］卢谌（chén）：字子谅，范阳涿县（今河北涿州市）人，曹魏司空卢毓曾孙，尚书卢志长子，从汉国投奔刘琨，拜司空从事中郎。汉国杀其父卢志及两弟刘谧、刘诜。传见《晋书》卷四十四。［40］寔（shí）：即张寔，汉主刘聪舅舅的儿子，与凉州刺史张轨之子张寔同名，原为辅汉将军，现改封为左光禄大夫。［41］彭仲荡：汉赵官员，安定卢水胡（今甘肃泾川县）人，为世袭酋豪，投奔汉赵政权，任梁州刺史，被雍州刺史贾疋所杀。［42］天护：即彭天护，父亲彭仲荡为贾疋所杀，彭天护为报父仇，纠结卢水胡兵追杀并斩杀贾疋。后汉赵以为凉州刺史。［43］阳不胜：假装失败。阳，同“佯”，假装。［44］涧（jiàn）：夹在两山间的水沟。［45］执而杀之：去年贾疋曾袭杀彭天护的父亲彭仲荡，今其子又杀贾疋。［46］众推：此指长安西晋朝廷的众官推荐。始平：郡名，郡治槐里，在今陕西兴平市东南。麹（qū）允：西晋大臣、将领。传见《晋书》卷八十九。［47］京兆：郡名，郡治长安，在今陕西西安市。梁综：河东解梁（今山西临猗县）人，西晋大臣，官至京兆尹。永嘉之乱时。梁综和阎鼎拥戴秦王司马邺为皇太子，升迁辅国将军。后梁综和阎鼎争权夺利，为阎鼎所杀。传见《晋书》卷六十。［48］抚夷护军：官名，管理少数民族事务。索綝：字巨秀，敦煌人。西晋大臣，后将军索靖之子。传见《晋书》卷六十。［49］冯翊：郡名，郡治临晋，在今陕西大荔县。梁肃：西晋官员，曾为频阳县令，现为冯翊太守。［50］氐窦首：氐族部落的头领名叫窦首。［51］游纶、张豺：广平人，曾拥众数万。［52］苑乡：县名，县治在今河北邢台市任泽区东北，当时属于广平郡。［53］假署：被人以皇帝的名义任以官职。［54］外垒：外围的营垒。［55］王昌：西晋将领，王浚的部属，为督护。［56］段疾陆眷：也称“段陆眷”，东部段部鲜卑首领。传见《晋书》卷六十三。［57］匹磾（dī）、文鸯：即段匹磾、段文鸯，段疾陆眷两弟。［58］末杯（bēi）：即段末杯，一作段末波，简作段波，段疾陆眷堂弟，素有勇名，为石勒军所俘，致使段部大败。传见《魏书》卷一百三。［59］渚（zhǔ）阳：县名，县治在今河北邢台市任泽区西南。［60］城堑（qiàn）：城墙、护城河。［61］刻日：定出日子，这里指几天之内。北城：指襄国的北城。［62］突门：可以迅速打开，向敌人发起突然攻击的暗门。［63］列守：列阵防守。［64］震骇：震惊，惊惧。［65］释仗：放下兵器。仗，同“杖”。［66］垒门：营堡的外门。［67］枕尸：尸体互相枕藉。［68］铠马：披着铠甲的马，即战马。古代用来打仗的战马，身披铠甲与骑兵协同作战。［69］质末杯：以段末杯为人质。［70］垂亡之虏：马上就要灭亡的贼寇。［71］王彭祖：即王浚，字彭祖。［72］请末杯：请求将段末杯放回。［73］辽西：郡名，辖地约当今辽宁之辽河以西与内蒙古东南部一带地区，当时鲜卑段氏就活动在这一带。健国：强健的国家。［74］仇雠（chóu）：仇恨，仇怨。［75］石虎：石勒之侄。传见《晋书》卷一百七。［76］蓟：县名，在今北京市区西南部，隶属燕国、燕郡。［77］誓为父子：立誓结为父子之亲。［78］在涂：在返程途中。涂，通“途”，道路，路途。［79］日南向而拜者三：每天向着南方磕三次头。日，每天。南向，面向南方。［80］信都：郡名，在今河北衡水市冀州区，当时为冀州的州治所在地。［81］王象：西晋豫州刺史，被石勒所杀。［82］邵举：西晋官员，曾为行冀州刺史。行：代理。［83］保信都：依托于信都。保，依托，据守。

是岁大疫。

王澄[1]少与兄衍名冠海内[2]，刘琨谓澄曰：“卿形虽散朗[3]，而内实动侠[4]，以此处世，难得其死[5]。”及在荆州，悦成都内史王机[6]，谓为己亚[7]，使之内综心膂[8]，外为爪牙[9]。澄屡为杜弢[10]所败，望实俱损[11]，犹傲然[12]自得，无忧惧之意，但与机日夜纵酒博弈[13]，由是上下离心；南平太守应詹[14]屡谏，不听。

澄自出军击杜弢，军于作塘[15]。故山简参军王冲拥众迎应詹为刺史，詹以冲无赖，弃之，还南平，冲乃自称刺史。澄惧，使其将杜蕤守江陵[16]，徙治孱陵[17]，寻又奔沓中[18]。别驾郭舒[19]谏曰：“使君临州虽无异政[20]，然一州人心所系，今西收华容[21]之兵，足以擒此小丑[22]，奈何自弃，遽为奔亡[23]乎！”澄不从，欲将舒东下。舒曰：“舒为万里纪纲不能匡正[24]，令使君[25]奔亡，诚不忍渡江。”乃留屯沌口[26]。琅邪王睿闻之，召澄为军咨祭酒[27]，以军咨祭酒周顗[28]代之，澄乃赴召。

顗始至州，建平流民傅密[29]等叛迎杜弢，弢别将王真袭沔阳[30]，顗狼狈失据[31]。征讨都督王敦[32]遣武昌太守陶侃[33]、寻阳太守周访[34]、历阳内史甘卓[35]共击弢，敦进屯豫章[36]，为诸军继援。

王澄过诣敦[37]，自以名声素出敦右[38]，犹以旧意侮敦[39]。敦怒，诬其与杜弢通信，遣壮士扼杀[40]之。王机闻澄死，惧祸，以其父毅、兄矩[41]皆尝为广州刺史，就敦求广州[42]，敦不许。会广州将温邵等叛刺史郭讷[43]，迎机为刺史，机遂将奴客门生千余人入广州[44]。讷遣兵拒之，将士皆机父兄时部曲[45]，不战迎降；讷乃避位，以州授之。

王如[46]军中饥乏，官军讨之，其党多降；如计穷，遂降于王敦。

镇东军司顾荣[47]、前太子洗马卫玠[48]皆卒。玠，瓘之孙也，美风神[49]，善清谈，常以为人有不及[50]，可以情恕[51]，非意相干[52]，可以理遣[53]，故终身不见喜愠之色。

江阳太守张启[54]杀行益州刺史王异[55]而代之。启，翼之孙也，寻病卒。三府文武[56]共表涪陵太守向沈行西夷校尉[57]，南保涪陵。

南安赤亭羌姚弋仲[58]东徙榆眉[59]，戎、夏襁负随之[60]者数万，自称护羌校尉[61]、雍州[62]刺史、扶风公。

（以上为第六段，写晋朝名士王澄行为放荡，担任荆州刺史而不理政事，导致流民反叛，弄得荆州大乱，上下离心，琅邪王司马睿召回，途中被大将军王敦所杀。）

【注释】

[1]王澄：字平子，出身世族，八王之乱中，初附成都王司马颖，后依附东海王司马越。为荆州刺史，好玄谈，不干事，放荡不羁，导致内乱，被王敦所杀。传见《晋书》卷四十三。 [2]衍：即王衍，王澄之兄，同传。名冠海内：名声为全国第一。冠，第一位。海内，全国。 [3]形虽散朗：外表看来虽然豁达洒脱。 [4]动侠：好冲动，好打抱不平。 [5]难得其死：意即不得好死。 [6]悦：喜欢，投缘。成都内史：成都王司马颖的僚属。内史，在诸侯国掌管民政。王机：字令明，时为成都内史。后为广州刺史，王敦以王机收降杜弢之功改任其为交州刺史。后起兵反叛，被陶侃讨伐，在败逃中病死。传见《晋书》卷一百。 [7]谓为己亚：说他的人品才干仅次于自己。己亚，亚于己。 [8]内综心膂：对内管理自己的心腹部下。综，治理，管理。心膂，心腹与左膀右臂。膂，脊梁骨。 [9]外为爪牙：对外是他的得力将领。爪牙，以喻猛将。 [10]杜弢（tāo）：字景文，蜀郡成都（今四川成都市）人，西晋末年流民首领，率军攻陷郡县，杀害地方官员。后投降朝廷，被赦免，以为巴东监军，又复反。传见《晋书》卷一百。 [11]望实俱损：声望和实力都受到了伤害。 [12]傲然：高傲不屈的样子。 [13]博弈：下棋。 [14]应詹：字思远，历任赵王司马伦、成都王司马颖僚属，为刘弘镇南大将军长史，东晋建立，官至平南将军、江州刺史。传见《晋书》卷七十。 [15]作塘：县名，县治在今湖南安乡县。 [16]杜蕤（ruí）：西晋官员，曾任太子舍人，现为王澄的将领。江陵：又名荆州城，在今湖北荆州市江陵城。 [17]孱（chán）陵：县名，县治在今湖北公安县南。 [18]寻：不久。沓（tà）中：地名，在今湖北公安县东。《方舆纪要》："孱陵城东有地名沓中。" [19]郭舒：字稚行，为王澄的别驾，后为王敦参军，转任从事中郎。传见《晋书》卷四十三。 [20]临州虽无异政：主持荆州的军政事务，虽然没有特殊的政

绩。临，君临，引申为主持，治理。异，特异，特别。［21］华容：县名，县治在今湖北潜江市西南。［22］小丑：指王冲。［23］遽（jù）：着急，匆忙。奔亡：逃奔，逃亡。［24］为万里纪纲：当时郭舒为荆州别驾，位居州吏之右，而荆州又是大州，辖境辽阔，故郭舒以“万里纪纲”自称。纪纲，准绳，主心骨，以比喻州里的大吏。匡正：匡扶，扶正。［25］使君：以称王澄，当时敬称刺史、郡守曰“使君”。［26］沌（zhuàn）口：乡镇名，在今湖北武汉市西南长江上，当沌水入长江之口。［27］军咨祭酒：官名，由军师祭酒改名，诸将军府置，位在诸僚佐之上，辅佐谋划军机及处理政务。［28］周顗（yǐ）：字伯仁，安东将军周浚之子，袭封武城侯，为长史。司马睿出镇建业，为军咨祭酒，出任宁远将军、荆州刺史、护南蛮校尉，官至尚书左仆射。传见《晋书》卷六十九。［29］傅密：人名，为建平流民。［30］王真：西晋人。曾为荆州刺史陶侃的参军。贼寇王冲自封荆州刺史，据江陵。王真假传陶侃命令，任命杜曾为前锋大都督，击杀王冲。沔阳：晋县名，县治在今陕西勉县城东。［31］狼狈：形容困苦、受窘的样子。失据：手足无措，不知如何是好。［32］征讨都督：官名，为出征军队的主帅。王敦：东晋权臣。传见《晋书》卷九十八。［33］武昌：郡名，郡治在今湖北鄂州市鄂城区。陶侃：字士行，东晋名将。传见《晋书》卷六十六。［34］寻阳：郡名，郡治在今江西九江市。周访：字士达，东晋名将。传见《晋书》卷五十八。［35］历阳：郡名，郡治在今安徽和县。甘卓：字季思，孙吴将领甘宁的曾孙，东晋将领，官至镇南大将军。传见《晋书》卷七十。［36］豫章：郡名，郡治在今江西南昌市。［37］过诣敦：前去拜访王敦。［38］素出敦右：向来在王敦之上。素，平素，平常。［39］以旧意：按照往常的样子。侮：轻慢，轻蔑。［40］扼（è）杀：掐死。［41］毅：即王毅，西晋官员，曾为广州刺史。矩：即王矩，长沙人，广州刺史王毅之子，王机之兄，担任南平太守，参与讨伐陈恢有功，升任广州刺史。［42］求广州：请求派任为广州刺史。［43］温邵：西晋人，曾为广州刺史的部将。郭讷（nè）：西晋官员，时为广州刺史。［44］奴客：家奴。门生：门客，幕僚。［45］部曲：部属，部下。［46］王如：京兆新丰（今陕西渭南市西南）人，西晋流民起义领袖。［47］顾荣：字彦先，孙吴丞相顾雍之孙，西晋末年大臣、名士，也是拥护司马氏政权南渡的江南士族领袖。传见《晋书》卷六十八。［48］卫玠（jiè）：字叔宝，河东安邑（今山西夏县）人，曹魏尚书卫觊曾孙、太保卫瓘之孙。晋朝玄学家，官至太子洗马。永嘉四年（310），迁移南方。传见《晋书》卷三十八。［49］风神：风貌，神采。［50］人有不及：别人有什么缺点、过失。［51］可以情恕：可以按照情理予以宽恕。［52］非意相干：只要不是存心故意侵犯。干，侵犯。［53］可以理遣：可以按照情理予以放过，不要记在心上。遣，排遣，消除。［54］江阳：郡名，郡治江阳县，在今四川泸州市江阳区。张启：原蜀反将领张翼之孙，西晋江阳太守。［55］行：此字原无，据章校补。代理。王异：蜀郡人，西晋官员，曾为平西将军府司马，现为行益州刺史。［56］三府文武：设在蜀郡成都的平西将军府、益州刺史府、西戎校尉府的文武官员。［57］涪陵：郡名，位于长江、乌江交汇处，因乌江古称涪水、巴国王陵多在此而得名，郡治在今重庆市涪陵区。向沈：西晋官员，时为涪陵太守，推举为行西夷校尉。行：代理。西夷校尉：官名，是负责管理西夷事务的武官，驻兵汶山（今四川茂县北）。［58］南安：郡名，郡治豲道，在今甘肃陇西县东北的渭水北。赤亭羌：赤亭县的羌族人。赤亭，县名，在今甘肃陇西县东北。姚弋仲：南安赤亭（今甘肃陇西县）人，羌族。后秦开国皇帝姚苌之父。传见《晋书》卷一百十六。［59］榆眉：县名，也作“喻麋”，县治在今陕西千阳县东。［60］戎、夏：胡人、汉人。襁（qiǎng）负随之：用布兜背着婴儿跟随着他，极言归附者之心诚。［61］护羌校尉：官名，持节领护西羌，防止羌人部落叛乱，隔绝西羌与匈奴的交通。［62］雍州：州名，州治姑臧，今甘肃武威市。

孝愍皇帝[1]上

建兴[2]元年（癸酉，313 年）

春，正月，丁丑朔[3]，汉主聪宴群臣于光极殿[4]，使怀帝著青衣行酒[5]。庾珉、王隽等不胜悲愤[6]，因号哭，聪恶之。有告珉等谋以平阳应刘琨者，二月，丁未[7]，聪杀珉、隽等故晋臣十余人，怀帝亦遇害。大赦，复以会稽刘夫人为贵人[8]。

荀崧[9]曰：怀帝天姿清劭[10]，少著英猷[11]，若遇承平，足为守文佳主[12]。而继惠帝扰乱之后，东海专政[13]，故无幽、厉之衅而有流亡之祸[14]矣！

乙亥[15]，汉太后张氏卒，谥曰“光献”。张后[16]不胜哀，丁丑[17]，亦卒，谥曰“武孝”。

己卯[18]，汉定襄忠穆公王彰[19]卒。

三月，汉主聪立贵嫔刘娥为皇后[20]，为之起凰仪殿[21]。廷尉陈元达[22]切谏，以为：“天生民而树之君，使司牧[23]之，非以兆民之命穷一人之欲也[24]。晋氏失德，大汉受之，苍生引领，庶几息肩[25]。是以光文皇帝身衣大布[26]，居无重茵[27]，后妃不衣锦绮[28]，乘舆马[29]不食粟，爱民故也。陛下践阼以来，已作殿观[30]四十余所，加之军旅数兴[31]，馈运不息，饥馑、疾疫，死亡相继，而益思营缮[32]，岂为民父母之意乎！今有晋遗类[33]，西据关中，南擅江表[34]；李雄奄有巴、蜀[35]；王浚、刘琨窥窬肘腋[36]；石勒、曹嶷[37]贡禀渐疏[38]。陛下释此不忧，乃更为中宫作殿[39]，岂目前之所急乎！昔太宗[40]居治安之世，粟帛流衍[41]，犹爱百金之费[42]，息露台之役[43]。陛下承荒乱之余，所有之地，不过太宗之二郡[44]，战守之备[45]，非特匈奴、南越而已[46]。而宫室之侈乃至于此，臣所以不敢不冒死而言也。”

聪大怒曰：“朕为天子，营一殿，何问汝鼠子[47]乎，乃敢妄言沮众[48]！不杀此鼠子，朕殿不成！”命左右：“曳出[49]斩之！并其妻子同枭首东市[50]，使群鼠共穴[51]！”时聪在逍遥园李中堂[52]，元达先锁腰而入，即以锁锁堂下树[53]，呼曰：“臣所言者，社稷之计，而陛下杀臣。朱云[54]有言：‘臣得与龙逄、比干游[55]，足矣！’”左右曳之不能动。

大司徒任颢、光禄大夫朱纪、范隆、骠骑大将军河间王易[56]等叩头出血，曰：“元达为先帝所知，受命之初[57]，即引置门下[58]，尽忠竭虑，知无不言。臣等窃禄偷安[59]，每见之未尝不发愧。今所言虽狂直，愿陛下容之。因谏诤[60]而斩列卿，其如后世何[61]！”聪默然[62]。

刘后闻之，密敕左右停刑[63]，手疏[64]上言：“今宫室已备，无烦更营，四海未壹[65]，宜爱民力。廷尉之言，社稷之福也，陛下宜加封赏，而更诛之，四海谓陛下何如哉！夫忠臣进谏者固不顾其身也，而人主拒谏者亦不顾其身也。陛下为妾营殿而杀谏臣，使忠良结舌[66]者由妾，远近怨怒者由妾，公私困弊[67]者由妾，社稷阽危[68]者由妾，天下之罪皆萃于妾[69]，妾何以当之！妾观自古败国丧家，未始不由妇人，心常疾[70]之，不意今日身自为之，使后世视妾由[71]妾之视昔人也！妾诚无面目复奉巾栉[72]，愿赐死此堂[73]，以塞陛下之过[74]！”聪览之变色。

任颢等叩头流涕不已。聪徐曰：“朕比年已来[75]，微得风疾，喜怒过差[76]，不复自制[77]。元达，忠臣也，朕未之察。诸公乃能破首明之[78]，诚得辅弼之义[79]也。朕愧戢于心[80]，何敢忘之！”命颢等冠履就坐[81]，引元达上，以刘氏表示之，曰：“外辅如公，内辅如后，朕复何忧！”赐颢等谷帛各有差[82]，更命逍遥园曰“纳贤园”，李中堂曰“愧贤堂”。聪谓元达曰：“卿当畏朕，而反使朕畏卿邪！”

（以上为第七段，写汉主刘聪杀害晋怀帝司马炽，立刘娥为皇后，兴建皇后宫，廷尉陈元达强谏，刘聪怒而欲杀之，大臣磕头流血，皇后以死相逼，刘聪又嘉奖陈元达，喜怒无常。）

【注释】

[1]孝愍（mǐn）皇帝：即司马业，名业，后改作“邺”。[2]建兴：晋愍帝司马邺的年号。[3]丁丑朔：正月一日。[4]光极殿：汉赵皇宫的宫殿名。[5]怀帝：即司马炽。著青衣行酒：穿着平民的衣裳给宴会上的人们巡回劝酒。青衣，平民衣裳。[6]庾珉、王隽（jùn）：两人均为晋臣，洛阳陷落时随怀帝一道被刘聪的军队所俘，后与晋怀帝司马炽一同被杀。不胜：不尽，止不住。[7]丁未：二月一日。[8]会稽刘夫人：会稽公刘殷之小女，即刘聪的小刘贵人。永嘉五年（311），刘聪曾将其赐给司马炽为妻，今又收回，继续为贵人。贵人：帝王嫔妃的第五级。[9]荀崧（sōng）：字景猷，东晋大臣，著名学者。传见《晋书》卷七十五。[10]天姿：天子的仪容。清劭（shào）：清秀，高雅。[11]少著英猷（yóu）：年少时就表现了卓越的智慧。英猷，犹良谋。[12]守文佳主：能当好一个维持既定局面的好皇帝。守文，犹言“守成”。[13]东海专政：指东海王司马越专擅朝政，独断专行。[14]有流亡之祸：落了个像厉王、幽王一样的颠沛流离，直到被俘被杀。以上荀崧语，见《晋书》卷五。[15]乙亥：二月二十九日。[16]张后：刘聪的皇后张微光，张太后的侄女。[17]丁丑：二月丁未朔，没有丁丑日，记载有误。[18]己卯：二月无己卯日，记载有误。[19]定襄忠穆公王彰：汉赵官员王彰封为定襄公，谥号为“忠穆”。[20]贵嫔：古代皇帝后宫妃嫔的位号，位在昭仪之上，仅次于皇后。刘娥：刘殷之女。刘殷曾将二女刘英、刘娥纳于汉主刘聪后宫，为贵嫔。[21]凰仪殿：刘聪立刘娥为皇后，并建造凰仪殿让刘娥居住，以示她有雌凤的德行。[22]陈元达：字长宏，匈奴后部人，汉国刘渊的重臣。历任黄门郎、廷尉等重要职务。[23]司牧：管辖，统领。[24]兆民：泛指民众，百姓。穷一人之欲：满足一个人的欲望。穷，尽，满足。[25]庶几息肩：或许能够松一口气。庶几，或许。息肩，放下担子，稍稍歇息。[26]光文皇帝：即汉赵开国君王刘渊，谥曰“光文”。身衣大布：身穿粗布衣服。[27]居无重茵：连个厚垫子也不坐，极言其俭朴。重茵，两层坐垫。茵，褥子，垫子。[28]不衣锦绮：不穿华丽的丝织绸缎。[29]乘舆马：给皇帝拉车的马。[30]观（guàn）：古代天子、诸侯宫门外张示法令的地方，同“阙”。[31]军旅数兴：多次发动战争。[32]益思营缮：越发想大兴土木。营缮，营造，修建。[33]晋遗类：晋朝的残余势力。[34]西据关中，南擅江表：分别指长安的司马邺政权和江南的司马睿政权。[35]奄有巴、蜀：占据着巴蜀地区。奄，覆盖，囊括。巴蜀，即巴郡、蜀郡，代指四川盆地及其附近地区。[36]窥窬肘腋：在我们身边进行活动。窥窬（yú），隔着墙缝偷看，指寻找可乘之机。肘腋，极喻距离之近。[37]曹嶷（yí）：东莱郡掖县（今山东莱州市）人，西晋末年将领。早年参加王弥暴动，为王弥的左长史。归附后赵，拜为征东大将军、青州刺史，驻守青州先后十二年，后受到后赵石勒的攻打，兵败被杀。[38]贡禀渐疏：对我们的进贡、服从越来越不如从前。贡禀，进贡与请示报告。[39]为中宫作殿：为皇后建造宫殿。中宫，皇后居住的宫室，代指皇后。[40]太宗：指西汉文帝刘恒，庙号太宗，故称。刘渊等以汉朝的继承者自居，封汉文帝为“五宗”之一，故如此亲热地称呼汉文帝。[41]流衍：广泛流布，充溢，极力形容其多。[42]爱百金之费：指舍

不得修建一个要花费百金的台子。爱，吝惜，舍不得花费。［43］息露台之役：将修建祭天露台的工程停了下来。《史记·孝文本纪》载："尝欲作露台，召匠计之，直百金。上曰：'百金，中民十家之产，吾奉先帝宫室，常恐羞之，何以台为！'"［44］不过太宗之二郡：当时刘聪只占有平阳、西河二郡，约相当于西汉的河东郡（郡治安邑，在今山西夏县北）与西河郡（郡治平定，在今内蒙古准格尔旗西南）的一部分。［45］战守之备：要进攻和要防御的对象。［46］非特：不仅仅。匈汉、南越：是西汉的外敌。［47］鼠子：犹言"鼠类"，意谓低微下贱的人。［48］沮（jǔ）众：破坏大家的信心与士气。［49］曳（yè）出：拖出去。［50］枭（xiāo）首东市：将其人头挂在东市场的高竿上示众。枭，古代的一种刑罚，把头割下来悬挂在木杆上。［51］使群鼠共穴：指把陈元达全家都埋在一个坑里。［52］逍遥园：汉国皇宫供游乐的花园。李中堂：厅堂的名字，大概堂下种有李树。［53］以锁锁堂下树：陈元达将锁腰的链子锁在李中堂外边的树上。［54］朱云：字游，西汉成帝时直臣，他曾进谏批评丞相张禹为佞臣，帝怒，欲斩之，他死抱殿槛，结果殿槛被折断，留下"折槛"的典故，自此不复仕。传见《汉书》卷六十七。［55］与龙逄、比干游：能与古代的直臣相提并论。龙逄，即关龙逄，夏桀时直臣。比干，殷纣王时直臣。两人均为暴君所杀。［56］河间王易：即刘易，刘聪之子，被封为河间王。［57］受命之初：指刘渊刚建国称王时。事见《资治通鉴》书卷八十五晋惠帝永兴元年（304）。［58］引置门下：便把他安置在门下省，指作为贴身侍臣。［59］窃禄偷安：意指为保官保命而有意见不提。［60］谏诤：直言指出他人的过错，并规劝其改正。诤，本字为"争"。［61］其如后世何：将如何向后世、向历史交代。［62］默然：沉默不语的样子。［63］密敕左右停刑：暗中派身边的人告诉施刑者停刑。［64］手疏：亲手写奏章。［65］未壹：没有统一。［66］结舌：闭口不言。［67］困弊：困顿，生计艰难。弊，通"敝"，疲敝。［68］阽危：面临危险。阽（diàn），临近。［69］皆萃于妾：都集中在我身上。萃，汇聚。［70］疾：痛恨。［71］由：通"犹"，犹如，如同。［72］复奉巾栉（zhì）：再在您身边侍候您。奉巾栉，侍奉人梳洗，通常指给人作妻妾。栉，梳子、篦子等梳头发的用具，作动词用，梳头发。［73］赐死此堂：在建造此堂的工地上将我赐死。［74］以塞陛下之过：以冲抵您这次的错误。塞，平息，消除。［75］比年已来：近年来。已，通"以"。［76］喜怒过差：犹言"喜怒无常"。过差，过度，过分。［77］不复自制：不能做到自我克制。［78］破首明之：磕破了头来为之说明冤屈。［79］辅弼之义：给帝王做辅佐大臣的责任。弼，辅佐。［80］愧戢于心：羞愧藏在心里。戢（jí），汇集。［81］冠履就坐：戴上帽子，穿好鞋，赐座坐好。冠履，用作动词。［82］各有差：各有一定的数量。

西夷校尉向沈卒，众推汶山太守兰维为西夷校尉[1]。维率吏民北出，欲向巴东[2]，成将李恭、费黑邀击[3]，获之[4]。

夏，四月，丙午[5]，怀帝凶问[6]至长安，皇太子[7]举哀，因加元服[8]，壬申[9]，即皇帝位[10]，大赦，改元[11]。以卫将军梁芬[12]为司徒，雍州刺史麴允为尚书左仆射、录尚书事，京兆太守索綝为尚书右仆射、领吏部、京兆尹。是时，长安城中，户不盈百，蒿棘成林；公私有车四乘，百官无章服、印绶[13]，唯桑版署号[14]而已。寻以索綝为卫将军、领太尉，军国之事，悉以委之。

汉中山王曜、司隶校尉乔智明寇长安[15]，平西将军赵染[16]帅众赴之，诏麴允屯黄白城[17]以拒之。

石勒使石虎攻邺，邺溃，刘演奔廪丘[18]，三台[19]流民皆降于勒。勒以桃豹[20]为魏郡太守以抚之。久之，以石虎代豹镇邺。

初，刘琨用陈留太守焦求为兖州刺史[21]，荀藩又用李述[22]为兖州刺史。述欲攻求，琨召求还。及邺城失守，琨复以刘演为兖州刺史，镇廪丘。前中书侍郎郗鉴[23]，少以清节[24]著名，帅高平千余家避乱保峄山[25]，琅邪王睿就用[26]鉴为兖州刺史，镇邹山。三人各屯一郡[27]，兖州吏民莫知所从。

琅邪王睿以前庐江内史华谭为军咨祭酒[28]。谭尝在寿春依周馥[29]。睿谓谭曰："周祖宣[30]何故反？"谭曰："周馥虽死，天下尚有直言之士。馥见寇贼滋蔓，欲移都以纾国难[31]，执政[32]不悦，兴兵讨之，馥死未逾时而洛都沦没[33]。若谓之反，不亦诬乎[34]！"睿曰："馥位为征镇[35]，握强兵，召之不入[36]，危而不持[37]，亦天下之罪人也。"谭曰："然，危而不持，当与天下共受其责[38]，非但馥也。"

睿参佐多避事自逸[39]，录事参军陈頵言于睿曰[40]："洛中[41]承平之时，朝士以小心恭恪[42]为凡俗，以偃蹇倨肆[43]为优雅，流风相染[44]，以至败国。今僚属皆承西台余弊[45]，养望自高[46]，是前车已覆，而后车又将寻之[47]也。请自今，临使称疾[48]者，皆免官。"睿不从。

三王之诛赵王伦[49]也，制己亥格[50]以赏功，自是循而用之。頵上言："昔赵王篡逆，惠皇失位，三王起兵讨之，故厚赏以怀向义之心[51]。今功无大小，皆以格断[52]，及至金紫[53]佩士卒之身，符策委仆隶之门[54]，非所以重名器[55]，正纪纲[56]也，请一切停之！"頵出于寒微，数为正论，府中[57]多恶之，出额为谯郡[58]太守。

吴兴太守周玘[59]，宗族强盛，琅邪王睿颇疑惮之。睿左右用事者[60]，多中州亡官失守之士[61]，驾御吴人[62]，吴人颇怨。玘自以失职[63]，又为刁协[64]所轻，耻恚[65]愈甚，乃阴与其党谋诛执政[66]，以诸南士[67]代之。事泄，玘忧愤而卒，将死，谓其子勰[68]曰："杀我者，诸伧子[69]也；能复之[70]，乃吾子也。"

（以上为第八段，写晋怀帝司马炽被汉主刘聪杀害后，司马邺在长安称帝，只是续上晋祚而已；中原衣冠南渡，大都成了琅邪王司马睿的高级僚属，江东士人非常不满，充满怨恨。）

【注释】

[1]汶山：郡名，郡治在今四川茂县城北。兰维：西晋汶山太守，被众人推为西夷校尉。[2]欲向巴东：兰维率众向巴东方向移动，是为了躲避李雄，出川归晋。巴东，郡名，郡治鱼复县，在今重庆市奉节县东。[3]李恭、费黑：成国将领。邀击：拦截，狙击。[4]获之：俘获了兰维。至此，西晋所置的益州刺史府、征西将军府、西夷校尉府（即所谓"益州三府"）都被李雄消灭。[5]丙午：四月一日。[6]怀帝凶问：晋怀帝司马炽被害的消息。问，意思同"闻"。[7]皇太子：即秦王司马邺。[8]加元服：即行加冕礼，即皇帝位。元服，帽子。[9]壬申：四月二十七日。[10]即皇帝位：司马邺始年十四岁。[11]改元：改元"建兴"。改元之前，为"永嘉七年"。[12]梁芬：原为汉赵官员，为卫尉，后投奔晋朝，现任为司徒。[13]无章服、印绶：没有官服、印信。章服，古代君臣所穿的正式礼服，上面绣有日月星辰、龙蟒鸟兽等图纹作为等级标志。印绶，印信和系印的绶带。[14]桑版署号：用桑木板书写官号，作为任职的凭证。[15]乔智明：字元达，鲜卑前部人，原西晋将领。后投降汉赵，任为冠军将军、司隶校尉，在进攻长安中被杀。传见《晋书》卷九十。寇：寇略，侵扰。[16]赵染：字文瀚，西晋将领，后归降汉赵政权，跟随汉赵中山王刘曜侵犯晋朝。后攻打北地郡，为麹允所射杀。传见《晋书》卷三十七。[17]黄白城：城名，在今陕西三原县东北。[18]刘演：西晋将领，刘琨之子，为魏郡太守、兖州刺史，镇守邺城。廪（lǐn）丘：县名，县治在今山东郓城县西北。[19]三台：位于邺城西北。中央铜雀台，高十丈，称中台；南方金雀台，高八丈，称南台；北方冰井台，也高八丈，称北台。此代指邺城。[20]桃豹：字安世，范阳人，后赵石勒部将。[21]陈留：郡名，郡治在今河南开封市陈留镇。焦求：刘琨任命的陈留太守，升为兖州刺史。兖州：州治廪丘，在今山东郓城县西北。[22]李述：荀藩任用的兖州刺史。[23]中书侍郎：即副中书令。郗鉴：字道徽。高平郡金乡县（今山东金乡县）人。东晋重臣。曾为太子中舍人、中书侍郎。被琅邪王司马睿授为兖州刺史，入朝任领军将军、安西将军、尚书令等职。传见《晋书》卷六十七。[24]清

节：清高，有操守。［25］保峄（yì）山：占据峄山。峄山，一名邹山，在今山东邹城市东南。［26］就用：就地任用。［27］三人：指荀藩任命的李述、刘琨任命的刘演和司马睿任命的郗鉴三个兖州刺史。各屯一郡：各据一个郡。［28］庐江：郡名，郡治庐江，在今安徽庐江县西南。华谭：字令思，广陵江都（今江苏扬州市）人，拜镇东军咨祭酒。传见《晋书》卷五十二。［29］寿春：县名，在今安徽寿县。周馥：字祖宣，周浚从父弟。曾为镇东将军、扬州都督。在司马越与司马睿夹击中失败而死。传见《晋书》卷六十一。［30］周祖宣：即周馥，字祖宣。［31］以纾国难：以缓和朝廷的危局。纾，舒缓，缓和。［32］执政：当权者，此指东海王司马越。［33］死未逾时：死后没过多长时间。沦没：沦陷，覆没。［34］不亦诬乎：这不是对人的污蔑吗？［35］征镇：魏晋以来，将军、大将军的称号，有征东、镇东、征西、镇西之类，监临军事，守卫地方，总称征镇。周馥任镇东将军。［36］召之不入：召他入朝，他不去。［37］危而不持：见到朝廷危机而不出兵救助。［38］当与天下共受其责：意即“危而不持”的人很多，你司马睿也是其中一个。责，指责，追究。［39］自逸：追求身心安适。［40］录事参军：官员，为录事曹的长官，掌总录文簿，举弹善恶，位在列曹参军之上。陈頵（jūn）：字延思，晋朝官员。初为主簿、州部从事，后拜天门太守，官至梁州刺史。传见《晋书》卷七十一。［41］洛中：指当年建都洛阳的西晋王朝。［42］小心恭恪（kè）：谨慎恭敬，恪守官职。［43］偃（yǎn）蹇（jiǎn）：骄横傲慢，盛气凌人。倨（jù）肆：傲慢，放肆。［44］流风相染：意即这种恶劣的风气流行，相互感染。［45］承西台余弊：仍旧沿袭洛阳政权的恶习。西台，西北方的洛阳政权，指诸王纷争时所据洛阳的西晋政权。［46］养望自高：以提高自己虚伪的“名望”为追求目标。养望，培养虚名。自高，自我抬高。［47］寻之：沿着已经翻车的路子继续向前走。［48］临使称疾：当被差遣执行任务时装病不去。［49］三王：成都王司马颖、河间王司马颙、长沙王司马乂。诛赵王伦：三王起兵攻打赵王司马伦，事见《资治通鉴》卷八十四晋惠帝永宁元年（301）。［50］己亥格：即“己亥”日发表的奖励条例。己亥，惠帝永康二年（301）四月七日。［51］以怀向义之心：以感动那些向往正义、维护朝廷的将士。怀，感怀，使动用法。［52］皆以格断：都按“己亥格”加以封赏。［53］金紫：金质印章，紫色绶带，原本赐予三品大员。［54］符策：皇帝授予功臣元勋的符节、策书。委：委于，授予。仆隶：奴仆，奴隶。［55］重名器：重视名声与器物。名，名声，指封爵、职位。器，器物，指车服、印绶、仪仗等。［56］正纪纲：整顿朝廷秩序。［57］府中：指琅邪王司马睿府内。［58］谯郡：郡治谯县，在今安徽亳州市。［59］吴兴：郡名，郡治在今浙江湖州市。周玘（qǐ）：字宣佩，义兴阳羡（今江苏宜兴市）人，东晋名臣。西晋末年，他纠合江南地主武装，配合朝廷军队，三次平定叛乱，史称“三定江南”。后为建威将军、吴兴太守、乌程县侯，谥号忠烈。传见《晋书》卷五十八。［60］睿左右用事者：在司马睿身边任职的人，即司马睿的亲信。［61］中州亡官失守之士：在中原地区丢掉官职而逃到江南的士人。［62］驾御：驱使，控制。吴人：此指江南士人。［63］自以失职：自己感到不受重用，没有起到应有的作用。周玘曾平定石冰、陈敏之乱，三次稳定东南局势，而至今只为太守之职。［64］刁协：字玄亮，东晋大臣，官至左仆射、尚书令，抑制门阀势力，维护皇权，引起士族的不满。后被杀。传见《晋书》卷六十九。［65］耻恚（huì）：感到羞耻、气愤。［66］执政：此指来自中原地区的司马睿政权的当权者。［67］诸南士：南方土生土长的人士。［68］勰（xié）：即周勰，字彦和。因父亲遗言而谋划起兵叛乱，由于叔父周札不支持且向太守告密，叛乱失败。司马睿因周氏家族名望未作追究。归家后自我放纵，终于临淮太守任上。传见《晋书》卷五十八。［69］伧子：当时江东人对北方人的贱称。伧（cāng），古代讥人粗俗、鄙贱。［70］能复之：能为我报这个仇。

石勒攻李恽于上白［1］，斩之。王浚复以薄盛为青州刺史。

王浚使枣嵩督诸军屯易水［2］，召段疾陆眷，欲与之共击石勒，疾陆眷不至［3］。浚怒，以重币赂拓跋猗卢，并檄慕容廆［4］等共讨疾陆眷。猗卢遣右贤王六修将兵会之，为疾陆眷所败。廆遣慕容翰［5］攻段氏，取徒河、新城［6］，至阳乐［7］，闻六修败而还，翰因留镇徒河，壁青山［8］。

初，中国［9］士民避乱者，多北依王浚，浚不能存抚［10］，又政法不立，士民往往复去之。段氏兄弟专尚武勇，不礼士大夫。唯慕容廆政事修明，爱重人物，故士民多归之。

廆举其英俊，随才授任，以河东裴嶷［11］、北平阳耽［12］、庐江黄泓［13］、代郡鲁昌为谋主［14］，广平游邃［15］、北海逄羡［16］、北平西方虔［17］、西河宋奭［18］及封抽、裴开为股肱［19］，平原宋该［20］、安定皇甫岌、岌弟真［21］、兰陵缪恺［22］、昌黎刘斌［23］及封奕、封裕典机要［24］。裕，抽之子也。

裴嶷清方有干略［25］，为昌黎太守，兄武为玄菟［26］太守。武卒，嶷与武子开以其丧归，过廆［27］，廆敬礼之，及去，厚加资送。行及辽西［28］，道不通，嶷欲还就廆。开曰："乡里在南，奈何北行！且等为流寓［29］，段氏强，慕容氏弱，何必去此而就彼也！"嶷曰："中国［30］丧乱，今往就之，是相帅［31］而入虎口也。且道远［32］，何由可达！若俟其清通［33］，又非岁月可冀［34］。今欲求托足之地，岂可不慎择其人。汝观诸段，岂有远略，且能待国士［35］乎！慕容公修行仁义，有霸王之志，加以国丰民安，今往从之，高可以立功名，下可以庇［36］宗族，汝何疑焉！"开乃从之。既至，廆大喜。

阳耽清直沈敏[37]，为辽西太守，慕容翰破段氏于阳乐，获之，廆礼而用之。

游邃、逄羡、宋奭，皆尝为昌黎太守，与黄泓俱避地于蓟[38]，后归廆。王浚屡以手书召邃兄畅[39]，畅欲赴之，邃曰："彭祖刑政不修[40]，华、戎离叛，以邃度之，必不能久，兄且盘桓以俟[41]之。"畅曰："彭祖忍[42]而多疑，顷者流民北来，命所在追杀之[43]。今手书殷勤[44]，我稽留[45]不往，将累及卿。且乱世宗族宜分[46]，以冀遗种[47]。"遂[48]从之，卒与浚俱没[49]。

宋该与平原杜群、刘翔[50]先依王浚，又依段氏，皆以为不足托，帅诸流寓[51]同归于廆。东夷校尉崔毖[52]请皇甫岌为长史，卑辞说谕[53]，终莫能致，廆招之，岌与弟真即时俱至。

辽东张统[54]据乐浪、带方[55]二郡，与高句丽王乙弗利[56]相攻，连年不解。乐浪王遵[57]说统帅其民千余家归廆，廆为之置乐浪郡，以统为太守，遵参军事。

王如余党涪陵李运[58]、巴西王建等自襄阳将三千余家入汉中[59]，梁州刺史张光[60]遣参军晋邈[61]将兵拒之。邈受运、建赂，劝光纳其降，光从之，使居成固[62]。既而邈见运、建及其徒多珍宝，欲尽取之，复说光曰："运、建之徒，不修农事，专治器仗，其意难测，不如悉掩杀[63]之，不然，必为乱。"光又从之。五月，邈将兵攻运、建，杀之。建婿杨虎[64]收余众击光，屯于厄水[65]，光遣其子孟苌[66]讨之，不能克。

（以上为第九段，写鲜卑首领慕容廆政事修明，致力招揽人才，晋朝士民纷纷投奔、归附，占据乐浪、玄菟二郡的张统，也率众投奔，鲜卑部不断壮大，声威渐壮。）

【注释】

[1]李恽：与下文的"薄盛"，原来都是西晋并州刺史属下，是由山西流亡到太行山一带找食物吃的流民首领，这时听命于王浚，薄盛被任为青州刺史。上白：城名，在今河北威县。 [2]枣嵩：字台产，颍川长社人，枣据之子，王浚女婿，为王浚属将。易水：河水名，自西方流来，流经今河北保定市徐水区北，东北流至今天津市入海。 [3]疾陆眷不至：因石勒放回其堂弟段末柸，

故疾陆眷感谢石勒而疏远王浚，不听王浚召唤。［4］慕容廆（guī）：字若洛廆，前燕政权建立者慕容皝之父，迁都大棘城，自称鲜卑大单于，效忠于晋朝，拜为散骑常侍、车骑将军等，封辽东郡公。当时活动在今辽宁西部及邻近的内蒙古东南部地区。传见《魏书》卷九十五。［5］慕容翰：字元邕，帝慕容廆庶长子，文明帝慕容皝长兄，前燕将领。翰勇武善射，因遭慕容皝猜忌，投奔鲜卑段部，后又回到前燕。曾献计击败高句丽，打败鲜卑宇文部。后被杀。传见《晋书》卷一百八。［6］徒河：县名，县治在今辽宁锦州市。新城：地名，地址不详，应离锦州市不远。［7］阳乐：县名，县治在今河北卢龙县东，当时的辽西郡治所在地。［8］青山：地名，在今辽宁锦州市郊区。［9］中国：此指西晋所统辖的中原地区。［10］存抚：收留、安抚。［11］裴嶷（yí）：字文冀，河东闻喜（今山西闻喜县）人，司隶校尉裴昶之子。西晋荥阳太守，与侄子裴开投奔慕容廆，担任长史。出使东晋，回到前燕后担任辽东相，又改任乐浪太守，后为右部都督。传见《晋书》卷一百八。［12］阳耽（dān）：右北平无终人，原为晋朝的辽西太守，投奔前燕，为军容祭酒、辽西太守、东夷校尉。［13］黄泓：字始长，魏郡斥丘（今河北成安县）人，黄沈之子，晋朝大臣。后归附慕容廆，先为谋主，后为参军事。传见《晋书》卷九五。［14］鲁昌：代郡人，为鲜卑慕容部首领慕容廆的谋主。［15］游邃（suì）：广平人，在晋，尝为昌黎太守。后仕辽东镇军将军慕容廆，为龙骧长史，慕容廆以为股肱，为慕容廆创定朝仪。与游纶、游统、游畼（畅）兄弟四人并称“广平四游”。［16］逄（páng）羡：前燕官员，曾为鲜卑慕容部的昌黎太守。［17］西方虔（qián）：前燕官员，北平人，姓西方，名虔。［18］宋奭（shì）：前燕官员，西河人。［19］封抽：曾任西晋的幽州参军、慕容廆的长史、慕容皝的东夷校尉，后投奔高句丽。裴开：前燕官员，裴嶷的侄子，裴武之子。股肱（gōng）：大腿和胳膊，古代用以比喻左右得力的帮手。［20］宋该：字宜宏，平原人。西晋末先依幽州刺史王浚，后投鲜卑段氏，皆以为不足托，遂归慕容廆，任主簿。廆称燕王，以为右长史。［21］皇甫岌（jí）：前燕官员，安定朝那（今宁夏固原市东南）人，慕容廆推举贤才，皇甫岌以文章才隽任居枢要。真：即皇甫真，字楚季，皇甫岌之弟，前燕大臣。先后辅佐前燕慕容廆、慕容皝、慕容俊、慕容暐四位君主，官至侍中、太尉。太和五年（370），前秦灭亡前燕，皇甫真归顺前秦，担任奉车都尉，数年后去世。传见《晋书》卷一百十一。［22］缪恺（kǎi）：前燕官员，主管机要之事。［23］刘斌：前燕官员，昌黎人，主管机要之事。［24］封奕（yì）：字子专，西晋东夷校尉封释之孙，前燕重臣。传见《晋书》卷一百九。封裕：封抽的儿子，为前燕记室监参军，迁河间太守。永和元年（345），封裕上书，大胆提出了“薄赋而藏于百姓”等经济主张，对当时朝政产生了积极的影响。典：主管。机要：指机密的军国大事。［25］清方：清廉，方正。干略：办大事的谋略。［26］武：即裴武，前燕官员，裴嶷的兄长，曾为玄菟太守。玄菟（tú）：郡名，郡治在今辽宁沈阳市东北。［27］过廆：路过慕容廆的地面，当时慕容廆在棘城，今辽宁锦州市西北。［28］辽西：郡名，郡治阳乐，在今河北卢龙县东。［29］等为流寓：同样是漂泊在外。等，同样。［30］中国：中原地区。［31］相帅：即相率，相继，一个接一个。［32］道远：指辽西郡到山西闻喜老家路途遥远。［33］俟（sì）：等待，等候。清通：

时局太平，道路畅通。［34］非岁月可冀：不能指望一年或几个月就能天下太平。［35］国士：一国之中的罕见人才。［36］庇（bì）：庇护，保护。［37］清直：清廉，耿直。沈敏：沉着，机警。沈，通“沉”。［38］蓟（jì）：县名，县治在今北京市的西南方。［39］畅：即游畅，一作游暘，广平（今河北邢台市任泽区东南）人，晋末名士。王浚屡以书招之，游畅欲往，其弟游邃阻之。游畅竟归顺王浚，与王浚均被石勒杀害。［40］彭祖：即王浚，字彭祖。刑政不修：刑法政令混乱，没有章法。［41］盘桓：徘徊，逗留，意即观望。俟（sì）：等待，等候。［42］忍：残忍。［43］命所在追杀之：曾命令流民所到之处的地方官员对流民驱赶捕杀。［44］手书：亲笔写信。殷勤：表示巴结、讨好。［45］稽（jī）留：停留，迁延。［46］宜分：应当分开，以避免“一锅煮”。［47］冀：希望，企盼。遗（yí）种：留下后代。［48］遂：就，竟。［49］卒：最终。俱没（mò）：都被害。［50］杜群：西晋时人，先依王浚，又依段氏，后归慕容廆。刘翔：前燕官员，曾为东夷护军、大将军长史。［51］诸流寓：各位流浪漂泊的人们。［52］崔毖（bì）：西晋末年清河人，崔琰曾孙，幽州刺史王浚的妻舅，为平州刺史、最后一任汉人东夷校尉。后率家族和亲兵数千人逃亡高句丽，后人留居朝鲜，为朝鲜崔姓的始祖。［53］卑辞：言辞谦恭。说谕：劝说，晓喻。［54］张统：曹魏名将张辽之孙，生于辽东，在魏时继承了晋阳侯的爵位。西晋乱起，凭据乐浪、带方二郡，与高句丽相攻，连年交战。后在乐浪郡王遵的劝说下，率领其民众千余家归附于慕容廆。慕容廆重新设置乐浪郡，以张统为太守，王遵为参军事。［55］乐浪：郡名，郡治在今朝鲜平壤市城南。带方：晋郡名，郡治在今朝鲜沙里浣东南。［56］乙弗利：高句丽国王。［57］王遵：乐浪人，劝说张统投归慕容廆，被慕容廆封为乐浪郡参军事。［58］王如：西晋流民起义领袖。李运：涪陵人，西晋流民起义首领王如的属下。［59］王建：巴西郡人，西晋流民起义首领王如的属下，被晋邈所杀。汉中：郡名，郡治南郑，在今陕西汉中市。［60］梁州：州治南郑，在今陕西汉中市。张光：字景武，江夏钟武人，西晋将领，梁州刺史。传见《晋书》卷五十七。［61］晋邈：西晋官员，为梁州刺史张光的参军。［62］成固：县名，县治在今陕西城固县西北。［63］掩杀：乘其不备而攻杀。［64］杨虎：巴氐人，西晋流民起义首领王如的属下王建的女婿。［65］厄水：水名，在今陕西汉中市南郑区境内。［66］孟苌（cháng）：即张孟苌，梁州刺史张光之子，与叛军交战，后阵亡。

壬辰[1]，以琅邪王睿为左丞相、大都督，督陕东[2]诸军事，南阳王保[3]为右丞相、大都督，督陕西[4]诸军事。诏曰：“今当扫除鲸鲵[5]，奉迎梓宫[6]。令幽、并两州勒卒三十万直造[7]平阳，右丞相宜帅秦、凉、梁、雍之师三十万径诣长安，左丞相帅所领精兵二十万径造洛阳，同赴大期[8]，克成元勋[9]。”

汉中山王曜屯蒲坂[10]。

石勒使孔苌击定陵[11]，杀田徽[12]。薄盛[13]率所部降勒，山东[14]郡县，相继为勒所取。汉主聪以勒为侍中、征东大将军。乌桓[15]亦叛王浚，潜附[16]于勒。

六月，刘琨与代公猗卢会于陉北[17]，谋击汉。秋，七月，琨进据蓝谷[18]，猗卢遣拓跋普根屯于北屈[19]。琨遣监军韩据自西河而南[20]，将攻西平[21]。汉主聪遣大将军粲等拒琨，骠骑将军易[22]等拒普根，荡晋将军兰阳[23]等助守西平。琨等闻之，引兵还。聪使诸军仍屯所在，为进取之计。

帝遣殿中都尉刘蜀诏左丞相睿以时进军[24]，与乘舆[25]会于中原。

八月，癸亥[26]，蜀至建康[27]，睿辞以方平定江东，未暇北伐。以镇东长史刁协为丞相左长史，从事中郎彭城刘隗为司直[28]，邵陵内史广陵戴邈为军咨祭酒[29]，参军丹阳张闿[30]为从事中郎，尚书郎颍川钟雅[31]为记室参军，谯国桓宣为舍人[32]，豫章熊远为主簿[33]，会稽孔愉为掾[34]。刘隗雅习[35]文史，善伺候睿意[36]，故睿特亲爱之。

熊远上书，以为："军兴[37]以来，处事[38]不用律令，竞作新意[39]，临事立制[40]，朝作夕改，至于主者不敢任法[41]，每辄关咨[42]，非为政之体也。愚谓凡为驳议[43]者，皆当引律令、经传，不得直以情言[44]，无所依准[45]，以亏旧典[46]。若开塞随宜[47]，权道制物[48]，此是人君之所得行，非臣子所宜专用也。"睿以时方多事，不能从。

初，范阳祖逖[49]，少有大志，与刘琨俱为司州[50]主簿，同寝，中夜[51]闻鸡鸣，蹴琨觉[52]曰："此非恶声[53]也！"因起舞[54]。及渡江[55]，左丞相睿以为军咨祭酒。逖居京口[56]，纠合骁健[57]，言于睿曰："晋室之乱，非上无道而下怨叛[58]也，由宗室争权，自相鱼肉[59]，遂使戎狄乘隙[60]，毒流中土[61]。今遗民既遭残贼[62]，人思自奋[63]，大王诚能命将出师，使如逖者统之以复中原，郡国豪杰，必有望风响应者矣！"睿素无北伐之志，以逖为奋威将军、豫州[64]刺史，给千人廪[65]，布三千匹，不给铠仗[66]，使自召募。逖将其部曲[67]百余家渡江，中流[68]，击楫[69]而誓曰："祖逖不能清中原而复济者[70]，有如大江[71]！"遂屯淮阴[72]，起冶铸兵[73]，募得二千余人而后进。

（以上为第十段，写晋愍帝司马邺部署反击入侵敌人，调动全国力量攻打汉赵。琅邪王司马睿偏安江东，不服调遣，而奋威将军祖逖自告奋勇，中流立誓，精神可嘉！）

【注释】

［1］壬辰：五月十八日。［2］陕东：陕县（今河南三门峡陕州区西南）以东地区。［3］南阳王保：即司马保，封为南阳王。［4］陕西：陕县以西地区。此以陕县为分野，分为两大臣的管辖区域，乃效法周初之使周公、召公分陕而治的旧例，以显示二臣地位之崇重。［5］鲸鲵（ní）：海中大鱼，以比喻凶残不义的人，此指汉主刘聪。［6］梓（zǐ）宫：指晋怀帝司马炽的棺木。［7］直造：直趋。造，到达。［8］大期：约定的会师日期。［9］克成：克期完成。元勋：伟大的功勋。［10］蒲坂（bǎn）：县名，县治在今山西永济市西。［11］定陵：县名，县治在今河南舞阳县境内。［12］田徽：时为王浚任命的兖州刺史。［13］薄盛：时为王浚任命的青州刺史。［14］山东：此指太行山以东地区。［15］乌桓：亦作乌丸，是古代北方游牧民族之一。［16］潜附：暗中归附。［17］陉北：区域名，指今山西代县西北的雁门山之北。［18］蓝谷：地名，在今山西太原市西南。［19］北屈：县名，县治在今山西吉县东北。［20］韩据：西晋人，曾为刘琨军队的监军。自西河而南：沿着今山西与陕西交界的黄河南进。［21］西平：西平城，在当时的平阳（今山西临汾市）城西。［22］易：即刘易，刘聪之子，匈奴族，封为河间王，时为骠骑将军。［23］兰阳：汉赵将军，时为荡晋将军。［24］殿中都尉：官名，侍卫殿中，皇帝出行时随驾护卫，有时亦被派出宣诏及执行其他任务。刘蜀：西晋官员，时为殿中都尉。以时：按指定时间。［25］乘舆：皇帝的车驾，这里指晋愍帝司马邺。［26］癸亥：八月二十日。［27］建康：即建业，今江苏南京市。［28］刘隗（wěi）：司马睿的属下，时为从事中郎，调为司直。司直：丞相属官，协助丞相察举不法。［29］戴邈：字望之，广陵人，时为邵陵内史，转丞相军咨祭酒，为丞相府的首席参谋。传见《晋书》卷六十九。［30］张闿（kǎi）：字敬绪，丹阳（今属江苏）人，孙吴丞相张昭曾孙。晋元帝时，为安东参军，转丞相从事中郎，后历明帝、成帝官至廷尉。传见《晋书》卷七十六。［31］钟雅：字彦胄，颍川长社（今河南长葛市）人，曹魏太傅钟繇后代，初为西晋汝阳县令，入为著作佐郎、尚书郎。南渡江东，跟随晋王司马睿，历任记室参军、临淮太守、振威将军、散骑侍郎、尚书右丞、北军中候等职。传见《晋书》卷七十。［32］桓宣：谯国铚县（今安徽濉溪县）人，东晋将领，初任丞相舍人，历任谯国内史、武昌太守、南中郎将、江夏相，梁州刺史等职。传见《晋书》卷八十一。［33］熊远：字孝文，豫章南昌（今江西南昌市）人，是晋元帝司马睿十分倚重的大臣。传见《晋书》卷七十一。主簿：官名，掌管文书案卷的文官。［34］孔愉：字敬康，会稽山阴（今浙江绍兴市）人，东晋名臣。传见《晋书》卷七十八。［35］雅习：一向熟悉。［36］善伺候睿意：善于揣摩司马睿的心思。伺候，揣测，窥探。［37］军兴：战争爆发，指八王之间的战乱以及少数民族起兵攻晋等等。［38］处事：处理政事。［39］竞作

新意：竞相按照自己的心意行事。[40]临事立制：遇到一件事就立一种章程。[41]主者：主管具体事务的官员。不敢任法：不能依照法令办事。[42]每辄关咨：每件事情都要向朝廷请示、报告。辄，总是，都是。关咨，征询，请示。[43]驳议：提出不同意见。[44]直以情言：仅仅凭着感觉、情感说话。[45]依准：依据、标准。[46]以亏旧典：以造成与原有规定相违背。[47]开塞：干什么与不干什么。随宜：因时因地而随机应变。[48]权道制物：权衡情势以采取措施。[49]祖逖（tì）：字士稚，范阳遒县（今河北涞水县）人，东晋名将。曾率部北伐，收复黄河以南大片领土。传见《晋书》卷六十二。[50]司州：州治在首都洛阳，其行政长官即司隶校尉。[51]中夜：半夜。[52]蹴（cù）琨觉：将刘琨踢醒。蹴，踢。觉，醒。[53]此非恶声：这不是令人厌恶的声音。当时人认为半夜鸡叫，预示不祥。[54]起舞：起床舞剑，刻苦练武。[55]渡江：因北方动乱，祖逖渡江到建业（今江苏南京市）。[56]京口：古城名，在今江苏镇江市京口区。[57]纠合骁健：集合了一群勇猛的武士。骁健，骁勇，健壮。[58]上无道：皇上暴虐无道。下怨叛：百姓因怨恨朝廷而造反。[59]自相鱼肉：相互残杀。鱼肉，比喻欺凌、残害。[60]戎狄乘隙：各少数民族趁机起兵，如成都的李雄是氐族人，平阳的刘渊是匈奴人，襄国的石勒是羯族人。[61]毒流中土：祸害遍及中原。中土，中原。[62]残贼：摧残，杀害。贼，杀。[63]人思自奋：每个人都想奋起自救。[64]豫州：州名，州治陈县，在今河南周口市淮阳区。[65]给千人廪：发给他一千人的军饷。廪（lǐn），本指粮仓，引申指粮食。[66]铠（kǎi）仗：甲胄和作战兵器。[67]部曲：部下。[68]中流：江心。[69]击楫：手拍着船桨。楫，桨。[70]清中原：使中原获得太平稳定。复济：再渡江回来。[71]有如大江：意即让这滚滚的江水为我作证。这句话说得不够完整，但古人宣誓多是这么说。如《左传》僖公二十四年重耳起誓，有所谓“所不与舅氏同心者，有如白水”，句式即与此相同。[72]淮阴：县名，县治在今江苏淮安市。[73]起冶铸兵：搭起炼铁炉，铸造兵器。

胡亢性猜忌[1]，杀其骁将数人。杜曾[2]惧，潜引王冲[3]之兵使攻亢。亢悉精兵出拒之，城中空虚，曾因杀亢而并其众。

周𫖮屯浔水城[4]，为杜弢[5]所困；陶侃使明威将军朱伺[6]救之，弢退保泠口[7]。侃曰：“弢必步向武昌[8]。”乃自径道[9]还郡以待之，弢果来攻。侃使朱伺逆击[10]，大破之，弢遁归长沙[11]。周𫖮出浔水投王敦于豫章，敦留之。陶侃使参军王贡[12]告捷于敦，敦曰：“若无陶侯[13]，便失荆州矣！”乃表侃为荆州刺史，屯沔江[14]。左丞相睿召周𫖮，复以为军咨祭酒。

初，氐王杨茂搜[15]之子难敌[16]，遣养子贩易于梁州[17]，私卖良人子[18]一人，张光[19]鞭杀之。难敌怨曰："使君[20]初来，大荒[21]之后，兵民之命仰我氐活[22]，氐有小罪，不能贳[23]也？"及光与杨虎[24]相攻，各求救于茂搜，茂搜遣难敌救光。难敌求货[25]于光，光不与。杨虎厚赂难敌，且曰："流民珍货，悉在光所[26]，今伐我，不如伐光。"难敌大喜。光与虎战，使张孟苌居前，难敌继后。难敌与虎夹击孟苌，大破之，孟苌及其弟援[27]皆死。光婴城[28]自守。

九月，光愤激成疾，僚属劝光退据魏兴[29]。光按剑曰："吾受国重任，不能讨贼，今得死如登仙，何谓退也！"声绝而卒。州人推其少子迈[30]领州事，又与氐战没[31]，众推始平[32]太守胡子序领梁州。

荀藩薨于开封。

汉中山王曜、赵染攻麹允于黄白城[33]，允累战皆败。诏以索綝为征东大将军，将兵助允。

王贡自王敦所还，至竟陵，矫陶侃之命，以杜曾为前锋大都督，击王冲，斩之，悉降其众。侃召曾，曾不至。贡恐以矫[34]命获罪，遂与曾反击侃。冬，十月，侃兵大败，仅以身免。敦表侃以白衣领职[35]。侃复帅周访等进击杜弢，大破之，敦乃奏复侃官。

汉赵染谓中山王曜曰："麹允率大众在外，长安空虚，可袭也。"曜使染帅精骑五千袭长安，庚寅[36]夜，入外城。帝奔射雁楼[37]。染焚龙尾[38]及诸营，杀掠千余人，辛卯旦[39]，退屯逍遥园[40]。壬辰[41]，将军麹鉴自阿城[42]帅众五千救长安。癸巳[43]，染引还，鉴追之，与曜遇于零武[44]，鉴兵大败。

杨虎、杨难敌急攻梁州，胡子序弃城[45]走，难敌自称刺史。

汉中山王曜恃胜而不设备，十一月，麹允引兵袭之，汉兵大败，杀其冠军将军乔智明。曜引归平阳。

（以上为第十一段，写晋朝对变民首领的攻斗，凉州刺史张光攻打叛军首领杨虎，被氐族首领杨难敌与杨虎夹攻，大败，梁州也被攻夺，杨难敌自任为刺史。）

【注释】

[1]胡亢：原是荆州刺史的部将，后占据竟陵（今湖北潜江市西北），自称"楚公"。猜忌：猜

疑，忌妒，指怀疑别人对自己不利而心怀不满。［2］杜曾：胡亢聚众起兵，以杜曾为代理竟陵太守。［3］王冲：本是晋朝将领，后聚众为乱，自称荆州刺史。［4］周顗（yǐ）：时为宁远将军、荆州刺史。浔（xún）水城：即汉时的浔阳县治，在今湖北黄梅县西南；晋将移治柴桑湓口城，在今江西九江市。［5］杜弢（tāo）：字景文，益州流亡到荆州的叛乱首领，自立为荆州刺史。［6］朱伺：字仲文，安陆人，时任明威将军。传见《晋书》卷八十一。［7］泠（líng）口：泠水（今潇水）与营水的汇合处，在今湖南宁远县西南。［8］步向武昌：奔向武昌。武昌，郡名，郡治在今湖北鄂州市鄂城区。［9］径道：小道，小路。［10］逆击：迎击，迎头痛击。［11］遁归：逃归。遁，逃避，躲闪。长沙：郡名，郡治在今湖南长沙市。［12］王贡：一作“王真”，东晋人。时为荆州刺史陶侃的参军。［13］陶侯：敬称陶侃。［14］沔（miǎn）江：即沌口，在今湖北武汉市西南郊。［15］杨茂搜：白马氐人，仇池国建立者，为第一任国主。传见《魏书》卷一百一。［16］难敌：即杨难敌，杨茂搜的长子，为仇池国第二任国主。传见《宋书》卷九十八。［17］贩易：贩卖，交易。梁州：州治南郑，在今陕西汉中市。［18］良人子：清白人家的子女，与奴隶的身份不同。［19］张光：时任梁州刺史。［20］使君：尊称州郡长官。［21］大荒：大灾荒。［22］仰我氐（dī）活：靠我们氐族人将他们养活。当时的仇池有一块平原，氐族封闭自立，生活稍好，故能救济外地逃来的难民。［23］不能贳：难道就不能饶过他们吗？贳（shì），赦免，宽免。［24］杨虎：巴氐人，西晋流民起义首领王建的女婿，梁州变民的首领。杨虎攻打梁州刺史张光，双方都向仇池国主杨茂搜求救，杨茂搜派杨难敌去救张光，而被杨虎贿赂买通。杨难敌与杨虎夹攻并打败张光之子张孟苌，又联手攻打梁州，掳掠汉中的官吏、百姓，投奔成汉。［25］求货：求索贿赂。［26］悉在光所：指张光部将晋邈杀流民夺取的珍宝都被张光夺走。悉，尽，都。［27］援：即张援：凉州刺史张光之子，为部将，在与杨虎与杨难敌的战斗中被打死。［28］婴城：谓环城而守。婴，围绕，环绕。［29］魏兴：郡名，郡治在今陕西安康市西北。［30］迈：即张迈，凉州刺史张光的少子。［31］战没（mò）：阵亡。［32］始平：郡名，郡治槐里，在今陕西兴平市东南。［33］黄白城：古城名，在陕西三原县北。［34］矫：假传。［35］白衣领职：以平民身份权理原来职务。白衣，指普通百姓。［36］庚寅：十一月十九日。［37］射雁楼：长安宫楼名，在楼顶可开展射雁活动。［38］龙尾：即龙首山尾，在今陕西西安市长安区北。此指驻扎在龙首山尾的兵营。［39］辛卯旦：十一月二十日的凌晨。［40］退屯逍遥园：主语是晋愍帝司马邺。逍遥园，即草堂寺，位于陕西西安市鄠邑区圭峰山北麓。［41］壬辰：十一月二十一日。［42］麹（qū）鉴：西晋人，晋愍帝司马邺时的军队将领。阿城：即秦阿房宫之故地，在今陕西西安市长安区西北。［43］癸巳：十一月二十二日。［44］零武：一作“灵武”，县名，县治在今陕西咸阳市东，与宁夏的灵武不是一地。［45］弃城：放弃梁州城。梁州城在今陕西汉中市。

王浚以其父字处道[1]，自谓应“当涂高”之谶[2]，谋称尊号[3]。前勃海太守刘亮[4]、北海太守王抟[5]、司空掾高柔[6]切谏，浚皆杀之。燕国霍原[7]，志节清高[8]，屡辞征辟[9]。浚以尊号事问之，原不答。浚诬原与群盗通，杀而枭其首。于是，士民骇怨[10]，而浚矜豪[11]日甚，不亲政事，所任皆苛刻小人，枣嵩、朱硕[12]，贪横[13]尤甚。北州谣[14]曰："府中赫赫[15]，朱丘伯[16]；十囊[17]、五囊，入枣郎[18]。"调发殷烦[19]，下不堪命[20]，多叛入鲜卑[21]。从事韩咸[22]监护柳城[23]，盛称慕容廆能接纳士民，欲以讽[24]浚，浚怒，杀之。

浚始者唯恃鲜卑、乌桓以为强，既而皆叛之。加以蝗旱连年，兵势益弱。石勒欲袭之，未知虚实，将遣使觇[25]之，参佐请用羊祜、陆抗故事[26]，致书于浚。勒以问张宾，宾曰："浚名为晋臣，实欲废晋自立，但患四海英雄莫之从耳，其欲得将军[27]，犹项羽之欲得韩信也[28]。将军威振天下，今卑辞厚礼，折节[29]事之，犹惧不信，况为羊、陆之亢敌[30]乎！夫谋人而使人觉其情[31]，难以得志矣。"勒曰："善！"

十二月，勒遣舍人王子春、董肇多赍珍宝，奉表于浚曰："勒本小胡，遭世饥乱，流离屯厄[32]，窜命冀州，窃相保聚以救性命。今晋祚沦夷[33]，中原无主；殿下州乡贵望[34]，四海所宗[35]，为帝王者，非公复谁！勒所以捐躯[36]起兵，诛讨暴乱者，正为殿下驱除尔。伏愿殿下应天顺人，早登皇祚。勒奉戴[37]殿下如天地父母，殿下察勒微心，亦当视之如子也。"又遗枣嵩书，厚赂之。

浚以段疾陆眷新叛，士民多弃己去，闻勒欲附之，甚喜，谓子春[38]曰："石公一时豪杰，据有赵、魏，乃欲称藩于孤，其可信乎？"子春曰："石将军才力强盛，诚如圣旨[39]。但以殿下中州贵望，威行夷、夏，自古胡人为辅佐名臣则有矣，未有为帝王者也。石将军非恶帝王不为而让于殿下，顾以帝王自有历数[40]，非智力之所取。虽强取之，必不为天人之所与故也。项羽虽强，终为汉有。石将军之比殿下，犹阴精[41]之与太阳，是以远鉴前事，归身殿下，此乃石将军之明识所以远过于人也，殿下又何怪乎！"浚大悦，封子春、肇[42]皆为列侯，遣使报聘[43]，以厚币酬之。

游纶兄统[44]，为浚司马，镇范阳[45]，遣使私附于勒。勒斩其使以送浚。浚虽不罪统，益信勒为忠诚，无复疑矣。

是岁，左丞相睿遣世子绍镇广陵[46]，以丞相掾蔡谟[47]为参军。谟，克之子也。

汉中山王曜围河南尹魏浚于石梁[48]，兖州刺史刘演[49]、河内太守郭默遣兵救之[50]，曜分兵逆战于河北[51]，败之，浚夜走，获而杀之。

代公猗卢城盛乐[52]以为北都，治故平城[53]为南都，又作新平城于㶟水之阳[54]，使右贤王六修镇之，统领南部。

（以上为第十二段，写晋朝重臣王浚镇守北方，因晋怀帝司马炽被杀，生出不臣之心，不听忠良劝告，治下苛刻残暴，而石勒也假意诈降献媚，弄得王浚飘飘然，不设防备，其为祸不远矣。）

【注释】

[1]其父字处道：即王浚之父王沈，字处道，曹魏大臣、史学家。入晋，拜骠骑将军。传见《晋书》卷三十九。［2］应“当涂高”之谶：汉末的阴谋家们编造了一种“预言”，说是“代汉者当涂高”。于是，袁术、曹丕等都引这条谶语，来为自己篡位制造舆论。袁术的“术”字当“街道”讲，与“涂（途）”字义近。曹丕说“魏”是宫前的阙门，正好迎路高起。今王浚又说其父的名字中有“道”字，也与“当涂高”相合。应，应验。当涂，即当涂，当道。涂，通“途”，道，路。谶，谶语，指将来要应验的预言、预兆。［3］谋称尊号：谋划篡位做皇帝。尊号，帝王之号。［4］勃海：郡名，郡治南皮，在今河北南皮县北。刘亮：西晋勃海太守。［5］北海：郡名，郡治平寿，在今山东潍坊市西南。王抟（tuán）：西晋北海太守。［6］司空掾高柔：司空府的大吏高柔。王浚原为司空，擢升他为大司马的诏书已经发布，但未送出，京都洛阳即陷落，所以王浚的司空府仍保持至今。掾，掾属，幕僚。高柔，与三国时魏国的高柔同名，不是同一个人。［7］霍原：字休明，燕国广阳（今北京市房山区长阳镇）人，西晋隐士。建兴元年，幽州都督王浚妄图称帝，以尊号事问之，霍原不答。王浚诬说霍原与群盗通谋，杀而枭其首。［8］志节：志气、节操。清高：纯洁高尚，不慕名利。［9］征辟：征聘，聘任。［10］骇（hài）怨：惊吓，怨怒。［11］矜（jīn）豪：狂妄自大，目中无人。［12］枣嵩：字台产，王浚的女婿，为属将。朱硕：字丘伯，王浚的部将。［13］贪横：贪婪，横暴。［14］北州谣：流传北方的歌谣。北州，指晋朝的北部地区。谣，歌谣，民谣。［15］赫赫：犹言“大名鼎鼎”，名气、声威显著盛大的样子。［16］朱丘伯：即朱硕，字丘伯。［17］囊（náng）：装有物品的袋子。［18］枣郎：指枣嵩。［19］调发殷烦：征粮、征兵的次数繁多。殷烦，繁杂。［20］不堪命：犹言不能忍受。［21］叛入鲜卑：逃走，投奔鲜卑慕容廆。［22］从事：官名，即从吏史，亦称从事掾，一般为三公及州郡长官自辟的僚属。韩咸：人名，曾为王浚的僚属从事史。［23］监护：管理监督。柳城：县名，县治在

今辽宁朝阳县南，当时是慕容廆部落的驻地。［24］讽：讽喻，告知。［25］觇（chān）：暗中察看，窥探。［26］羊祜（hù）：字叔子，西晋名将。陆抗：字幼节，孙吴名将。故事：指羊祜为晋国将领，陆抗为吴国将领，二人虽处敌对之国，但邻境为官，彼此坦诚相待。事见《资治通鉴》卷七十七晋武帝泰始八年（272）。［27］将军：敬称石勒。［28］项羽：名籍，字羽，楚汉相争时的西楚霸王，败于刘邦，自刎于乌江，成为中国历史上著名的悲剧英雄。欲得韩信：项羽派武涉游说韩信，劝其脱离刘邦。［29］折节：放下架子，屈己下人。［30］亢敌：彼此身份对等，势均力敌。［31］谋人：算计别人，打别人的主意。觉其情：觉察你的意图。［32］屯厄：艰难，困顿。屯，是《周易》中的一个卦名，常用以代指艰难。［33］晋祚沦夷：指晋朝的国运不济。沦夷，衰微。［34］州乡贵望：同州乡亲中的高门贵族。王浚是太原人，石勒是武乡县人，同属并州。［35］四海所宗：为全国上下所尊仰。宗，尊重，尊崇。［36］捐躯：不顾性命。捐，弃，放弃。［37］奉戴：尊奉，拥戴。［38］子春：即王春，石勒的僚属，时为舍人。［39］诚如圣旨：的确像您所说的那样。［40］顾：表示转折，相当于“而”“不过”。以：以为，认为。历数：即天命，意谓谁当帝王都是天定，不是人力所能改变的。［41］阴精：月亮。［42］肇：即董肇，石勒的僚属，时为舍人。［43］报聘：回访。［44］游纶（lún）：广平（今河北鸡泽县）人。统：即游统，本是广平的民众首领，后投归王浚，事见《资治通鉴》卷八十八晋怀帝永嘉六年（312）。［45］范阳：郡名，郡治在河北涿州市。［46］绍：即司马绍，字道畿，晋元帝司马睿长子。东晋第二位皇帝，公元322年至公元325年在位。广陵：郡名，郡治在今江苏淮阴市。［47］蔡谟（mó）：字道明，蔡克之子，陈留考城（今河南民权县）人。东晋重臣，官至司徒，与诸葛恢、荀闿并称“中兴三明”。传见《晋书》卷七十七。［48］石梁：堡坞名，在今河南洛阳市东。［49］刘演：西晋将领，刘琨之子，为魏郡太守、兖州刺史，镇守邺城。［50］河内：郡名，郡治野王，在今河南沁阳市。郭默：时任河内太守。［51］河北：黄河之北，即富平津（今河南孟州市西南、洛阳市孟津区东北）之北。［52］城盛乐：在盛乐筑城。盛乐，城名，在今内蒙古和林格尔县西北。［53］平城：城名，在今山西大同市东北。［54］漯水之阳：桑干河的北岸。漯水也叫桑干水，发源于山西宁武县南，流经今朔州市南、应县北，东北流入河北、北京市，称永定河。

【点评】

论晋怀帝司马炽。晋怀帝司马炽，是晋武帝司马炎的第25个儿子，是晋惠帝司马衷的异母弟，当了四年的末代皇帝，最后成了汉主刘渊的阶下囚。

首先，司马炽是司马诸王争权夺利的得利者，也是牺牲品。在诸王争斗得不可开交的时候，司马炽并未加入乱事，他行事低调，也不热衷于交结宾客，不问人间世事，也没有什么野心，只是爱好钻研史籍。司马炽初被封豫章王，后来被立为皇太弟，也就是将来的皇位继承人。这其实是成都王司马颖和河间王司马颙对立斗争之下形成的结果。而后被立为皇帝，也是如此。晋惠帝司马衷被东海王司马越毒死后，羊皇后怀有私心，不同意立司马炽，而打算立清河王司马覃。而司马越力主立司马炽，司马炽最后胜出。

其次，司马炽不甘心任人摆布，而又力不从心。司马炽为权臣司马越所立，希望他像晋惠帝司马衷那样，做个傀儡皇帝。但他上任后，重用了忠于自己的缪播等一些人，惹恼了司马越，司马越到皇宫里将缪播等人以谋反的罪名杀掉。司马炽处于权臣高压之下，能有什么办法呢？只有流泪而已。但从这里看出，司马炽是不甘心任人摆布的。

再次，司马炽缺乏临事的果断决策能力，以至于被敌人活捉。敌人攻进都城，帝都洛阳摇摇欲坠，而朝堂上却乱成一锅粥，对究竟是坚守还是逃亡，双方争论不休，无法统一，到最后洛阳沦陷，也没有做出决定。司马炽表现得非常不称职，最后被敌人活捉，也是情理之中。

最后，司马炽被汉主刘聪封为会稽郡公，当刘聪问他为什么如此骨肉相残。他用天意来搪塞，显然不想把家丑外扬，在敌人面前诉说自己的伤心往事。后来，刘聪大宴群臣，叫司马炽为群臣斟酒，借此予以羞辱，此时的司马炽一定是无限悲愤，可他却表现得非常平静，没有任何怨言。

卷八九　晋纪十一

晋愍帝建兴二年至四年（314—316年）

【起阏逢阉茂（甲戌，314年），尽柔兆困敦（丙子，316年），凡三年】

【大事提要】

本卷记事起公元314年，讫公元316年，凡三年，当晋愍帝（司马邺）建兴二年至建兴四年。本卷所载大事，主要是五个方面：其一，石勒除掉王浚。公元314年，汉国猛将石勒袭击晋朝大司马王浚，张宾建议他先和刘琨搞好关系，换取他的支持。石勒率军到达蓟城，王浚拒绝了左右的忠言，执意要放石勒进城。石勒进城活捉了王浚，马上送到襄国杀掉，然后又杀掉王浚的精兵一万多人。其二，刘聪立三皇后。汉主刘聪滥设官职，设置丞相等七公；又置辅汉等十六大将军，以诸子充任；又置左右司隶，各领户二十万；又设单于左右辅，各主六夷十万帐落；以长子刘粲为丞相，协理朝政；刘粲设计陷害皇太弟刘乂，争夺皇位；同时立三皇后，旷古未闻。其三，吴人作乱。琅邪王司马睿建国江东，中原南渡之士多居显位，吴人心生怨愤。吴兴功曹徐馥收合徒众，以声讨王导、刁协为名起事，南方豪杰欣然响应，旧吴主孙皓族人孙弼亦起兵于广德，徐馥杀掉吴兴太守袁琇。后来周莚运用智谋平乱，徐馥被杀，乱事渐平。其四，成汉规模初具。巴氐人杨虎掳掠汉中的官吏、百姓投奔成汉；梁州人张咸等亦起兵推翻杨难敌而归成汉，于是汉嘉、涪陵、汉中之地均为成汉所有。成汉主李雄虚己好贤，随才授任。当时中原大乱，独蜀地相安富庶，以至于“闾门不闭，路不拾遗”。其五，刘曜攻下长安，灭亡西晋。刘汉将领刘曜率领大军攻打长安，开始屡遭失败，后来趁着晋朝关中军队内乱，终于在公元316年打下长安，西晋末帝司马邺乘着羊车、光着膀子、衔着玉璧投降，西晋宣告灭亡。此后，刘曜拜封相国，都督中外诸军事，镇守长安。

孝愍皇帝下

建兴二年（甲戌，314年）

春，正月，辛未[1]，有如日陨于地[2]；又有三日相承[3]，出西方而东行[4]。

丁丑[5]，大赦。

有流星出牵牛[6]，入紫微[7]，光烛地[8]，坠于平阳[9]北，化为肉，长三十步[10]，广二十七步。汉主聪恶之，以问公卿。陈元达以为："女宠[11]太盛，亡国之征。"聪曰："此阴阳[12]之理，何关人事！"

聪后刘氏贤明，聪所为不道[13]，刘氏每规正[14]之。己丑[15]，刘氏卒，谥曰"武宣"。自是嬖宠竞进[16]，后宫无序矣。

聪置丞相等七公[17]，又置辅汉等十六大将军[18]，各配兵二千，以诸子为之[19]；又置左右司隶[20]，各领户二十余万,万户置一内史[21]；单于左右辅[22]，各主六夷[23]十万落[24]，万落置一都尉[25]；左、右选曹尚书[26]，并典[27]选举。自司隶以下六官[28]，皆位亚仆射[29]。以其子粲[30]为丞相、领大将军、录尚书事[31]，进封晋王。江都王延年[32]录尚书六条事[33]，汝阴王景为太师[34]，王育为太傅[35]，任颛为太保[36]，马景为大司徒[37]，朱纪为大司空[38]，中山王曜为大司马[39]。

壬辰[40]，王子春[41]等及王浚使者至襄国[42]，石勒匿其劲卒[43]、精甲，羸师虚府以示之[44]，北面拜使者[45]而受书。浚遗勒麈尾[46]，勒阳不敢执[47]，悬之于壁，朝夕拜之，曰："我不得见王公，见其所赐，如见公也。"复遣董肇[48]奉表于浚，期以三月中旬亲诣幽州奉上尊号[49]；亦修笺于枣嵩[50]，求并州牧、广平公。

勒问浚之政事于王子春，子春曰："幽州去岁大水，人不粒食[51]，浚积粟百万，不能赈赡[52]，刑政苛酷，赋役殷烦[53]，忠贤内离，夷狄[54]外叛，人皆知其将亡，而浚意气自若[55]，曾无惧心，方更置立台阁[56]，布列[57]百官，自谓汉高、魏武不足比也[58]。"勒抚几[59]笑曰："王彭祖[60]真可擒也。"浚使者还蓟，具言"石勒形势寡弱[61]，款诚无二[62]"，浚大悦，益骄怠[63]，不复设备。

（以上为第一段，写汉主刘聪的治国，滥设官职，大封群臣；石勒假意结交晋朝重臣王浚，隐藏精锐，故作谦恭，打探王浚虚实，为最终消灭王浚，做好前期工作。）

【注释】

［1］辛未：正月一日。［2］有如日：有个像太阳的物体。陨（yǔn）：坠落。［3］三日相承：三个太阳接连出现。［4］出西方而东行：从西方升起，向东方运行。胡三省曰："《天文占》曰：三、四、五、六日，俱出并争，天下兵作；又曰：三日并出，不过三旬，诸侯争为帝。"所谓"三日相承"与"出西方而东行"云云，是不可能的事情，是古人对某些天文现象的一种错觉与夸张反映。［5］丁丑：正月七日。［6］出牵牛：出现在牵牛星附近。牵牛，即俗所谓牛郎星，隔银河与织女星相对。［7］入紫微：指流星进入紫微垣的区域。紫微，即紫微垣，也叫紫微宫，古人认为是天帝居住的地方，在北天中央位置，故称中宫，以北极为中枢。［8］光烛地：星光照亮地面。烛，烛照。［9］平阳：郡名，郡治平阳县，在今山西临汾市。时为汉国都城。［10］步：古代长度单位，一般一步为六尺。［11］女宠：皇宫中受宠的女人。［12］阴阳：泛指自然界的变化，因古人将一切天文、四时都与阴阳相比附。［13］不道：无道，胡作非为。［14］规正：规劝，使之改正。［15］己丑：正月十九日。［16］嬖（bì）宠：指受君主宠爱的人。竞进：争进，争宠。［17］七公：七个三公一级的高官。七公，疑为"八公"，下文所说的晋王刘粲至中山王刘曜，共有八人。［18］辅汉：即辅汉将军，汉将军名号，为杂号将军。十六大将军：指辅汉、都护、中军、上军、抚军、镇、卫、京、前、后、左、右、下军、辅国、龙骧、虎牙等大将军。［19］以诸子为之：以刘聪的儿子充当头领，目的是监视、控制。［20］司隶：即司隶校尉，今置左、右，监督京师百官以及京城周边地方的监察官。［21］内史：官名，为京师主管民政的官员，今滥置，每万户置一内史。［22］单于左右辅：匈奴单于的左右辅助官员。［23］六夷：六个少数民族，即胡、羯、鲜卑、氐、羌、乌桓。［24］十万落：十万个小股。落，群落，即通常所谓的"股"。［25］都尉：官名，辅助太守主管军事。［26］选曹尚书：官名，列曹尚书之一，掌管选拔官吏之事。［27］典：掌管，主持。［28］司隶以下六官：指内史、单于左辅、单于右辅、都尉、左选曹尚书、右选曹尚书六位官员。［29］位亚仆射：级别在仆射之下。仆射，官名，诸官之长。仆，主管的意思，古代重武，主射者掌事，故称仆射。［30］粲：即刘聪之子刘粲，后继刘聪为帝。［31］录尚书事：官名，初置时称"领尚书事"，管理尚书台事务。录，总领，总管。［32］延年：即刘延年，刘汉官员，刘渊的族人，曾封江都王，为大司空、太宰。［33］录尚书六条事：参录、分录尚书事之意。此职初见于此。"六条"所指内容，史无记载，似与录尚书事职权相当，总领部分尚书台政务。［34］汝阴王景：即刘景，汉赵将领，曾为灭晋大将军、太傅，现为太师。汝阴王，封地汝阴郡，在今安徽阜阳市。其地不在汉赵封疆内，此为虚封。太师：高官名，为辅佐大臣与帝王老师，与太傅、太保合称"三公"。［35］王育：西晋人，成都王司马颖以为破虏将军，后被汉赵刘渊所俘，以其才任右仆射、司空，官至太傅。传见《晋书》卷八十八。［36］任颛（yǐ）：汉赵官员，曾为吏部尚书，现为太保。［37］马景：汉赵官员，曾为护军，后领左卫将军，为左仆射、司空。现为大司徒，主管国家财赋收入，掌管民事。［38］朱纪：刘渊的部属，刘渊称王后，封为太常，今为大司空，掌管水利、工程。［39］中山王曜（yào）：即刘曜，字永

明。刘渊从子，汉赵重要将领，后为汉赵末代皇帝。［40］壬辰：正月二十二日。［41］王子春：石勒的僚属，为王浚使者导引。［42］襄国：古都名，在今河北邢台市，当时为石勒的都城。［43］匿其劲卒：把他的雄兵都隐蔽起来。匿，藏匿，隐藏。［44］羸师虚府以示之：把一些老弱病残的士兵和一些空虚的仓库给王浚的使者看，是一种“示弱”的谋略。羸，瘦弱，疲困。［45］北面拜使者：让王浚的使者面南而立，自己面朝北方拜见，以表示臣服。［46］遗（wèi）：赠送。麈尾：一种表示风雅的拂尘，用鹿的尾毛制成，以玉为柄，用以拂蚊蝇或摄凉风；同时，又可增加威仪，显示身份，流行于魏晋时期的贵族之间。［47］阳不敢执：假装不敢拿在手里。石勒也很会“演戏”。阳，同“佯”，假装。［48］董肇（zhào）：石勒的僚属。［49］幽州：州治蓟县，在今北京市城区广安门附近，时为王浚驻节地。奉上尊号：意即拥立他做皇帝。［50］修笺：即写信。笺，是上给王公的一种文体名。枣嵩：王浚女婿，为王浚部将。［51］不粒食：没有粮食吃。粒食，以谷物为食，泛指粮食。［52］赈赡：以财物周济。赈，赈济，救济。赡，赡养。［53］殷烦：繁杂，繁多。［54］夷狄：古称东方部族为夷，北方部族为狄。泛称除华夏族以外的各族，异族。［55］意气自若：自己得意扬扬，依然如故。［56］置立：设置，设立。台阁：本指亭台楼阁等建筑物，后泛指中央政府机构。［57］布列：分布，陈列。［58］汉高、魏武不足比也：汉高祖刘邦、魏武帝曹操不值一提，比不上王浚。足见其狂妄至极。［59］几：一种依凭身体可作休息用，且可以放一些随手的物品的桌形器具。［60］王彭祖：即王浚，字彭祖。［61］形势：情形，情况。寡弱：势孤力小。［62］款诚无二：忠实诚恳，绝无二心。款，真诚，诚恳。［63］骄怠：骄傲，懈怠。

杨虎掠汉中吏民以奔成[1]，梁州人张咸[2]等起兵逐杨难敌。难敌去，咸以其地归成。于是，汉嘉、涪陵[3]、汉中之地皆为成有。成主雄以李凤为梁州刺史[4]，任回为宁州刺史[5]，李恭为荆州刺史[6]。

雄虚己[7]好贤，随才授任，命太傅骧[8]养民于内，李凤等招怀于外，刑政宽简，狱无滞囚[9]。兴学校，置史官。其赋，民男丁岁谷三斛[10]，女丁半之，疾病又半之；户调[11]绢不过数丈，绵数两。事少役希，民多富实，新附者皆给复除[12]。是时，天下大乱，而蜀独无事，年谷屡熟，乃至闾门[13]不闭，路不拾遗。汉嘉夷王冲归[14]、朱提审炤[15]、建宁爨畺[16]皆归之。巴郡尝告急[17]，云有晋兵。雄曰：“吾常忧琅邪[18]微弱，遂为石勒所灭，以为耿耿[19]，不图[20]乃能举兵，使人欣然。”然雄朝无仪品[21]，爵位滥溢[22]，吏无禄秩[23]，取给于民；军无部伍[24]，号令不肃。此其所短也。

二月，壬寅[25]，以张轨为太尉、凉州牧，封西平郡公；王浚为大司马，都督幽、冀诸军事；荀组[26]为司空，领尚书左仆射兼司隶校尉，行留台事[27]；刘琨为大将军、都督并州诸军事。朝廷以张轨老病，拜其子寔为副刺史。

石勒纂严[28]，将袭王浚，而犹豫未发。张宾[29]曰："夫袭人者，当出其不意。今军严经日而不行[30]，岂非畏刘琨及鲜卑、乌桓为吾后患乎？"勒曰："然。为之奈何？"宾曰："彼三方智勇无及将军者。将军虽远出，彼必不敢动，且彼未谓将军便能悬军千里取幽州也[31]。轻军[32]往返，不出二旬，藉使彼虽有心，比[33]其谋议出师，吾已还矣。且刘琨、王浚，虽同名晋臣，实为仇敌。若修笺[34]于琨，送质[35]请和，琨必喜我之服而快浚之亡[36]，终不救浚而袭我也。用兵贵神速，勿后时[37]也。"勒曰："吾所未了[38]，右侯[39]已了之，吾复何疑！"

遂以火宵行[40]，至柏人[41]，杀主簿游纶，以其兄统在范阳，恐泄军谋故也。遣使奉笺送质于刘琨，自陈罪恶，请讨浚以自效。琨大喜，移檄州郡[42]，称："已与猗卢[43]方议讨勒，勒走伏无地[44]，求拔幽都以赎罪。今便当遣六修南袭平阳[45]，除僭伪之逆类[46]，降知死之逋羯[47]，顺天副民[48]，翼奉[49]皇家，斯乃曩年积诚灵佑[50]之所致也！"

（以上为第二段，写成汉主李雄招用贤能，轻徭薄赋；张宾出谋划策，汉赵干将石勒谋袭王浚，收买刘琨，送去人质，孤立王浚，并火速出兵，王浚面临灭顶之灾。）

【注释】

[1]杨虎：巴氐人，西晋流民起义首领王建的女婿，梁州一带的变民首领。杨虎攻打梁州刺史张光，仇池国杨难敌协助杨虎打败张光，杨难敌占据汉中，自称刺史，杨虎掳掠汉中的官吏、百姓投奔成汉。 [2]张咸：西晋时梁州人。 [3]汉嘉、涪陵：二郡名。汉嘉，郡治汉嘉县，在今四川芦山县。涪陵，郡治涪陵县，在今重庆市涪陵区。 [4]成主雄：即成汉国主李雄。李凤：成汉官员，为平寇将军，在晋寿驻扎，多次进犯汉中。汉中入成汉后，李凤为梁州刺史。 [5]任回：天水（今甘肃天水市）人。曾与李特等大姓率六郡流民入蜀就食。李特起义攻占广汉（治今四川广汉市北），为将帅，屡立战功，今被任为宁州刺史。宁州：州名，州治滇池，在今云南昆明

市晋宁区东北。［6］李恭：成汉官员，时为荆州刺史。荆州：州治江陵，在今湖北荆州市江陵县。［7］虚己：谦卑，虚心。［8］太傅骧：即李骧，李特之弟，李雄之叔，李寿之父，为成国太傅、大将军。［9］滞囚：长期监禁的囚犯。［10］斛（hú）：古代计量单位，一斛为十斗。［11］户调：按户征收的赋税。调，古代赋役制度的一项内容。［12］复除：免除劳役、赋税。复，免除。［13］闾门：里巷的门，这里即指家门。闾（lǘ），古代的一种居民组织，五家为比，五比为闾，代指里巷。［14］汉嘉夷王冲归：夷族部落酋长，名冲归。［15］朱提：郡名，郡治在今云南昭通市。审炤（zhào）：朱提郡的夷王名。［16］建宁：郡名，郡治味县，在今云南曲靖市。爨（cuàn）畺（jiāng）：建宁郡的夷王，名爨畺。［17］巴郡：郡治江州，在今重庆市。尝：曾，曾经。［18］琅邪：指司马睿，最初被封为琅邪王。［19］耿耿：忧虑不安。［20］不图：没有想到。［21］朝：指早朝，朝议。无仪品：没有固定的仪容、等级。［22］滥溢：过多，过度。［23］无禄秩：没有朝廷发给的俸禄。［24］无部伍：没有严格的军事编制。［25］壬寅：二月二日。［26］荀组：字泰章，司徒荀勖第三子，愍帝之舅，迁任司空。［27］行留台事：处理朝政之事。留台，指古代帝王因故离京，奉命留守京师之官及其机构。古称禁城为台城，故名。荀组以司空之职兼领行留台事，驻守在开封。［28］纂严：戒严，集结军队。纂，汇集，结集。［29］张宾：字孟孙，河北邢台人，汉赵谋臣。［30］军严：部队紧急集合，整装待发。经日而不行：已经好几天还没有行动。［31］未谓：未必知道。悬军千里：远离后方，孤军深入地去奔袭敌人。悬，悬远，孤悬。［32］轻军：轻装的精锐部队。［33］比：等到。［34］修笺（jiān）：写信。笺，信札。［35］送质：送去人质。［36］喜我之服：为我们对他的降服而高兴。快浚之亡：对王浚的覆灭感到高兴。［37］勿后时：不要错过时机。［38］未了：未想清楚、未做决断的事情。［39］右侯：即张宾，时为右长史，尊称“右侯”。［40］以火宵行：点着火把，连夜出行。宵，夜。［41］柏人：晋县名，县治在今河北隆尧县西。［42］移檄州郡：向各州各郡发布文告。［43］猗卢：即代国国主拓跋猗卢。［44］走伏无地：犹言无处躲、无处藏。［45］六修：即拓跋六修，字普六修，鲜卑索头部王子。多次带兵援助晋朝并州刺史刘琨，抵抗汉赵皇帝刘渊。［46］僭（jiàn）伪：盗用尊号，冒称皇帝，指刘聪。逆类：叛变晋朝的一伙人。［47］降：使之来降。知死之逋羯：自知其罪当死而逃亡在外的羯人，指石勒。逋（bū），逃亡。羯，古族名，所谓“五胡”之一，曾附属于匈奴，魏、晋时散居在今山西长治市潞城区附近各县。［48］副民：符合民心。［49］翼奉：拥戴。［50］曩（nǎng）年：以往多少年。积诚灵佑：我们的精诚感动上苍，上苍对我们保佑的结果。佑，保佑。

三月，勒军达易水[1]，王浚督护孙纬驰遣白浚[2]，将勒兵拒之[3]，游统禁之[4]。浚将佐皆曰：“胡[5]贪而无信，必有诡计，请击之。”浚怒曰：“石公来，正欲奉戴我耳，敢言击者斩！”众不敢复言。浚设飨[6]以待之。

壬申[7]，勒晨至蓟[8]，叱门者开门[9]，犹疑有伏兵，先驱[10]牛羊数千头，声言上礼[11]，实欲塞诸街巷。浚始惧，或坐或起。勒既入城，纵兵大掠，浚左右请御[12]之，浚犹不许。勒升其听事[13]，浚乃走出堂皇[14]，勒众执之。勒召浚妻，与之并坐，执浚立于前。浚骂曰："胡奴调乃公[15]，何凶逆[16]如此！"勒曰："公位冠元台[17]，手握强兵，坐观本朝倾覆[18]，曾不救援，乃欲自尊为天子，非凶逆乎！又委任奸贪，残虐百姓，贼害[19]忠良，毒遍燕土[20]，此谁之罪也！"使其将王洛生以五百骑送浚于襄国[21]。浚自投于水，束[22]而出之，斩于襄国市[23]。

勒杀浚麾下[24]精兵万人。浚将佐争诣军门谢罪，馈赂[25]交错。前尚书裴宪[26]、从事中郎荀绰[27]独不至，勒召而让[28]之曰："王浚暴虐，孤讨而诛之，诸人皆来庆谢，二君独与之同恶[29]，将何以逃其戮[30]乎！"对曰："宪等世仕晋朝，荷[31]其荣禄，浚虽凶粗[32]，犹是晋之藩臣[33]，故宪等从之，不敢有贰[34]。明公苟不修德义，专事威刑，则宪等死自其分[35]，又何逃乎！请就死。"不拜而出。勒召而谢之，待以客礼。绰，勖之孙也。

勒数朱硕、枣嵩等以纳贿乱政[36]，为幽州患，责游统以不忠所事[37]，皆斩之。籍浚将佐、亲戚家赀皆至巨万[38]，惟裴宪、荀绰止有书百余帙[39]，盐米各十余斛[40]而已。勒曰："吾不喜得幽州，喜得二子。"以宪为从事中郎，绰为参军。分遣流民，各还乡里。勒停蓟二日，焚浚宫殿，以故尚书燕国刘翰[41]行幽州刺史，戍蓟，置守宰[42]而还。孙纬遮击之[43]，勒仅而得免。

勒至襄国，遣使奉王浚首献捷于汉[44]，汉以勒为大都督、督陕东[45]诸军事、骠骑大将军、东单于，增封十二郡。勒固辞，受二郡而已。

刘琨请兵于拓跋猗卢以击汉，会猗卢所部杂胡万余家谋应石勒，猗卢悉诛之，不果[46]赴琨约。琨知石勒无降意[47]，乃大惧，上表曰："东北八州[48]，勒灭其七[49]；先朝所授，存者惟臣。勒据襄国，与臣隔山[50]，朝发夕至，城坞骇惧[51]，虽怀忠愤[52]，力不从愿耳！"

刘翰不欲从石勒，乃归段匹磾[53]，匹磾遂据蓟城。王浚从事中郎阳裕[54]，耽之兄子也，逃奔令支[55]，依段疾陆眷[56]。会稽朱左车、鲁国孔纂、泰山胡母翼自蓟逃奔昌黎[57]，依慕容廆。是时，中国流民归廆者数万家，廆以冀州人为冀阳郡[58]，豫州人为成周郡[59]，青州人为营丘郡[60]，并州人为唐国郡[61]。

初，王浚以邵续为乐陵太守[62]，屯厌次[63]。浚败，续附于石勒，勒以续子乂为督护[64]。浚所署勃海太守东莱刘胤弃郡依续[65]，谓续曰："凡立大功，必杖[66]大义。君，晋之忠臣，奈何从贼以自污乎！"会段匹磾以书邀续同归左丞相睿[67]，续从之。其人皆曰："今弃勒归匹磾，其如乂何[68]？"续泣曰："我岂得顾子而为叛臣哉！"杀异议者数人。勒闻之，杀乂。续遣刘胤使江东[69]，睿以胤为参军，以续为平原[70]太守。石勒遣兵围续，匹磾使其弟文鸯救之，勒引去。

襄国大饥，谷二升直[71]银一斤，肉一斤直银一两。

（以上为第三段，写汉国干将石勒消灭王浚之事，王浚怀有不臣之心，企图收服石勒，反被石勒利用，石勒千里跋涉，将其一举歼灭；刘琨被石勒巧言迷惑，隔岸观火。）

【注释】

[1]易水：水名。西自太行山流来，经今河北易县境内，东流至天津市入海。石勒军到易水，即进入今河北易县境，离王浚驻地蓟城不远。 [2]督护：武官名，为方面镇将的部将。孙纬：西晋官员，为王浚的督护。驰遣白浚：派人飞马报告王浚。 [3]勒兵拒之：调集军队加以阻挡。[4]禁之：制止了攻打石勒的行动。 [5]胡：即匈奴，此指石勒。石勒是羯人，为胡人的一种，故称之。 [6]设飨：设宴，摆下筵席。飨（xiǎng），以隆重的礼仪宴请宾客，以酒食犒劳、招待。 [7]壬申：三月三日。 [8]蓟（jì）：古城名，在今北京市，当时王浚幽州刺史的驻防地。[9]叱（chì）：大声呵斥。门者：守门士兵。 [10]驱：驱赶，吆喝。 [11]上礼：呈献礼物。礼，礼物，指牛羊数千头。 [12]御：抵御，抵抗。 [13]升其听事：来到王浚办理政事、会见僚属的正厅。升，至。听事，即听事厅，政事堂。 [14]堂皇：此指王浚的内堂。皇，指堂之无四壁者。 [15]胡奴：为奴的胡人，骂人语。调乃公：戏弄你老子。调，调戏，戏弄。 [16]凶逆：凶恶，悖逆。 [17]位冠元台：地位处于朝廷的百官之首。元台，意即朝廷。 [18]倾覆：颠覆，覆灭。 [19]贼害：残害，祸害。 [20]燕土：燕国故土，在今河北东北部和与之临近的辽宁、内蒙古部分地区，当时为王浚的辖区。 [21]王洛生：西晋时人，时为石勒部将，押送

王浚到石勒都城襄国。襄国：石勒都城，在今河北邢台市。［22］束：捆缚，捆住。［23］襄国市：襄国的市场。古时处决罪人多在市场，以示与百姓共弃之。［24］麾下：将旗之下，即部下。麾，古代供指挥用的旌旗。［25］馈（kuì）赂：赠送财物，贿赂。［26］裴宪：字景思，河东闻喜（今山西闻喜县）人，西晋官员，中书令裴楷之子，前尚书、豫州刺史，被司马睿打败后逃奔王浚。传见《晋书》卷三十五。［27］荀绰（chuò）：字彦舒，西晋荀勖之孙，历史学家。博学有才能，永嘉末为司空从事中郎，避难于王浚，王浚败亡，归于石勒，为参军。传附《晋书》卷三十九。［28］让：责备。［29］同恶：和恶人王浚站在一起。［30］戮（lù）：诛杀，陈尸示众。［31］荷：蒙受。［32］凶粗：凶暴，粗悍。［33］藩（fān）臣：拱卫王室之臣。藩，本指篱笆，引申为屏障。［34］有贰：怀有二心。［35］死自其分：死，正是我们的本分。［36］数（shǔ）：历数其罪状。朱硕：字丘伯，王浚的部将。枣嵩：字台产，王浚的女婿，部将。［37］不忠所事：指去年游统曾派密使想带其范阳郡以附石勒。［38］籍：查抄，登记。家赀（zī）：家财，家产。巨万：也称“大万”，即“亿”，指铜钱的单位，极言数目之多。［39］止：只。百余帙（zhì）：百余套。帙，书套。［40］斛（hú）：古容量单位，一斛等于十斗，与一石相同。［41］刘翰：西晋时燕国人，原为西晋尚书，后为石勒任命的幽州刺史。［42］守宰：即太守与县令。［43］孙纬：西晋官员，为王浚的督护。遮击：拦路伏击。遮，遮拦，狙击。［44］献捷：献战利品。汉：即汉赵政权。［45］陕东：陕县以东，取周初周公与召公分陕而治之意。［46］不果：没有实现，没有做到。［47］无降意：石勒在消灭王浚前，曾送人质于刘琨，并说要攻打王浚作为投降的见面礼，刘琨与王浚有矛盾，故信以为真。现在已全然明白了，但为时已晚。［48］东北八州：实际上是指东北六州的八个刺史。晋朝时，中国东北部共有六个州，即幽州、冀州、豫州、兖州、青州、并州。除并州由刘琨掌控外，其余五个州由王浚掌控，承制所授八个刺史，即冀州刺史王斌、王象，兖州刺史袁孚、田徽，豫州刺史王确，青州刺史苟晞、李惲，幽州刺史王浚。［49］勒灭其七：指除并州（刺史刘琨），其他州的刺史皆被石勒所灭。胡三省曰：“勒入邺，杀都督东燕王腾；寇信都，杀冀州刺史王斌；袭鄄城，杀兖州刺史袁孚；攻新蔡，杀豫州刺史新蔡王确；袭蒙城，擒青州都督苟晞；克上白，斩青州刺史李恽；攻信都，杀冀州刺史王象；攻定陵，杀兖州刺史田徽；袭幽州，擒王浚；除李恽、田徽，王浚承制所授，是灭其七也。”［50］隔山：隔着太行山。［51］城坞（wù）：城邑，坞堡。骇（hài）惧：惊惶，恐惧。［52］忠愤：忠义，愤激。［53］段匹磾（dī）：辽西鲜卑段部的部族大人，为辽西鲜卑左贤王。与刘琨相结，离其家族而自立。后杀害刘琨，降于后赵，封为冠军将军。传见《晋书》卷六十三。［54］阳裕：字士伦，西晋辽西太守阳耽侄子，初为王浚属下的平州主簿。石勒攻克蓟城，投奔辽西鲜卑段部，为燕郡太守。后归降后赵。传见《晋书》卷一百九。［55］令支：县名，县治在今河北迁安市西，鲜卑段氏的都城在此。［56］段疾陆眷：王浚的外孙，受封晋骠骑大将军、辽西公。［57］逃奔昌黎：会稽人朱左车、鲁国人孔纂、泰山人胡母翼，皆中原士人，避难往依王浚，王浚败没，他们逃往招纳流民的鲜卑大单于慕容廆。晋愍帝拜廆镇东将军、昌黎、辽东三国公。流民、士人皆往归之。昌黎，郡名，郡治昌黎，在今辽宁义县。慕容廆发祥之地。［58］冀州：在今河北平泉市境。冀阳郡：侨置郡名，指逃归慕容氏的冀州人的聚集之地。［59］成周郡：侨置郡名，在今辽宁西南部一带。［60］营丘郡：侨置郡名，在今河北山海关附近。［61］唐国郡：侨置郡名，约在今辽宁西南部。［62］邵续：字嗣祖，魏郡安阳人，晋朝大臣。传见《晋书》卷六十二。乐陵：郡名，郡治厌次县，在今山东惠民县东。［63］厌次：县名，时为乐陵郡的郡治所在地。［64］以续子乂为督护：实际是拿他作人质。乂（yì），即邵乂，邵续之子。邵续为王浚的乐陵太守，王浚败，邵续依附石勒，石勒以邵乂为督护，作为人质。后邵续归晋，邵乂被杀。［65］勃海：郡名，郡治南皮，在今河北南皮县北。刘胤（yìn）：字承胤，东莱掖县（今山东莱州市）人，晋朝官员、将领。八王之乱时，到辽东避乱，途经幽州，幽州刺史王浚挽留并表任为渤海太守。［66］杖：仗持，秉持。杖，通“仗”。［67］左丞相睿：即司马睿，东晋开国皇帝，即日后的晋元帝。［68］其如乂何：对邵乂怎么办呢？因为邵乂还在石勒那里呢！［69］江东：这里指司马睿在江东驻镇的建业，在今江苏南京市。［70］平原：郡名，郡治在今山东平原县西南。［71］直：同“值”，价值。

杜弢[1]将王真袭陶侃于林障[2]，侃奔滠中[3]。周访救侃，击弢兵，破之。

夏，五月，西平武穆公张轨寝疾，遗令：“文武将佐，务安百姓，上思报国，下以宁家。”己丑[4]，轨薨。长史张玺等表世子寔摄父位。

汉中山王曜、赵染寇长安[5]。六月，曜屯渭汭[6]，染屯新丰[7]，索綝将兵出拒之。染有轻綝之色，长史鲁徽曰：“晋之君臣，自知强弱不敌，将致死于我[8]，不可轻也。”染曰：“以司马模之强，吾取之如拉朽[9]；索綝小竖，岂能污吾马蹄、刀刃邪！”晨，帅轻骑数百逆之，曰：“要当获綝而后食。”綝与战于城西[10]，染兵败而归，悔曰：“吾不用鲁徽之言以至此，何面目见之！”先命斩徽，徽曰：“将军愚愎[11]以取败，乃复忌前害胜[12]，诛忠良以逞忿[13]，犹有天地[14]，将军其得死于枕席乎[15]！”诏加索綝骠骑大将军、尚书左仆射、录尚书，承制行事[16]。

曜、染复与将军殷凯[17]帅众数万向长安，麹允[18]逆战于冯翊[19]，允败，收兵。夜，袭凯营，凯败死。曜乃还攻河内太守郭默[20]于怀[21]，列三屯[22]围之。默食尽，送妻子为质，请籴于曜[23]；籴毕，复婴城固守[24]。曜怒，沈[25]默妻子于河而攻之。默欲投李矩于新郑[26]，矩使其甥郭诵[27]迎之，兵少，不敢进。会刘琨遣参军张肇[28]帅鲜卑五百余骑诣长安，道阻不通，还，过矩营，矩说肇，使击汉兵。汉兵望见鲜卑，不战而走，默遂率众归矩。汉主聪召曜，还屯蒲坂[29]。

秋，赵染攻北地[30]，麹允拒之，染中弩[31]而死。

石勒始命州郡阅实户口[32]，户出帛二匹，谷二斛。

冬，十月，以张寔为都督凉州诸军事、凉州刺史、西平公。

十一月，汉主聪以晋王粲为相国、大单于，总百揆。粲少有俊才，自为宰相，骄奢专恣[33]，远贤亲佞，严刻愎谏[34]，国人始恶之。

周勰以其父遗言[35]，因吴人之怨，谋作乱，使吴兴功曹徐馥[36]矫称叔父丞相从事中郎札[37]之命，收合徒众，以讨王导、刁协，豪杰翕然附之[38]，孙皓[39]族人弼[40]亦起兵于广德[41]以应之。

（以上为第四段，写西晋大臣与汉国入侵者的斗争，索綝、麹允、郭默等将领，表现出令人敬佩的忠勇之气，不畏强暴，舍家报国，其事迹可圈可点，其精神可歌可泣。）

【注释】

[1]杜弢（tāo）：西晋末年流民首领，祸乱湖湘。［2］林障：县名，县治在今湖北武汉市汉阳城东。［3］滠（shè）中：县名，县治在今湖北武汉市黄陂区西南。［4］己丑：五月二十日。［5］赵染：字文瀚，西晋将领，后归降汉赵政权，以为平西将军，跟随汉赵中山王刘曜侵犯晋朝。后攻打北地郡，为麹允所射杀。传见《晋书》卷三十七。寇：寇略，侵扰。［6］渭汭：渭水入黄河处，在今陕西潼关县北。汭（ruì），河流弯曲之地。［7］新丰：县名，县治在今陕西西安市临潼区东北。［8］致死于我：意即和我们拼命。致死，拼命。［9］取之如拉朽：打败他如同推倒一棵朽木。赵染破司马模，事见《资治通鉴》卷八十七晋怀帝永嘉五年（311）。［10］城西：指新丰城西。［11］愚愎：既愚昧又刚愎自用。［12］忌前害胜：忌恨比自己强的人，残害胜过自己的人。［13］逞忿：犹逞怒、泄愤。［14］犹有天地：意谓还有皇天后土可以作证。犹，还。［15］其得死于枕席乎：你还能够死在炕头上吗？意即你定然不得好死。［16］承制行事：以皇帝的名义行事，先斩后奏。［17］殷凯：汉赵将领。［18］麹（qū）允：凉州金城（今甘肃兰州市）人，西晋大臣、将领。传见《晋书》卷八十九。［19］逆战：迎战。冯翊（yì）：郡名，郡治在今陕西大荔县。［20］河内：郡名，郡治野王，在今河南沁阳市。郭默：字玄雄，初为河内太守裴整部将，后为流民帅，投靠并州刺史刘琨，拜河内太守。传见《晋书》卷六十三。［21］怀：县名，县治在今河南武陟县西南。［22］三屯：三个大阵营。［23］请籴于曜：向刘曜请求购买粮食。籴（dí），买米，买粮食。［24］婴城固守：据守城池，牢固设防。婴城，环城而守。［25］沈：通“沉”，

沉没。［26］李矩：字世回，代郡平阳（今山西临汾市）人，晋朝官员、将领，时为荥阳太守，晋元帝拜为司州刺史。传见《晋书》卷六十三。新郑：地名，在今河南新郑市。［27］郭诵：平阳人，晋朝将领，司州刺史李矩的外甥。他所指挥的洛口战役，是东晋初期著名的以少胜多战例，为扬武将军、吉阳亭侯，与李矩长期驻守荥阳，是东晋在北方的重要藩镇。［28］张肇：西晋时人，为刘琨的参军。［29］蒲坂：县名，县治在今山西永济市西。［30］北地：郡名，郡治泥阳，在今陕西铜川市耀州区东南。［31］弩（nǔ）：一种利用机械力量射箭的弓。［32］阅实户口：清查户口。阅，核查。［33］专恣：专横放肆，纵任。［34］严刻：严厉，苛刻。愎（bì）谏：刚愎，拒谏。［35］周勰（xié）：字彦和，吴兴太守周玘之子，时任临难太守。其父遗言：周勰之父周玘受北方人排挤而死，恨北方人，临死嘱其子为之报仇。于是周勰谋划起兵诛杀王导等人，由于叔父周札告密未果。事见《资治通鉴》卷八十八晋愍帝建兴元年（313）。［36］徐馥（fù）：吴兴郡功曹，掌郡中人事，为郡守主要助理。［37］札：即周札，字宣季，周勰叔父，时任吴兴内史，兼丞相司马睿的从事中郎。传见《晋书》卷五十八。［38］豪杰：此指地方豪绅，世家大族。翕（xī）然：迅速响应的样子。此江东士人排斥北方士人的反映。［39］孙皓：东吴末代皇帝。［40］弼：即孙弼，吴主孙皓的族人，响应周勰，参与叛乱。［41］广德：县名，县治在今安徽广德市东。

三年（乙亥，315年）

春，正月，徐馥杀吴兴太守袁琇，有众数千，欲奉周札为主。札闻之，大惊，以告义兴太守孔侃[1]。勰知札意不同，不敢发[2]。馥党惧，攻馥，杀之，孙弼亦死。札子续亦聚众应馥，左丞相睿议发兵讨之。王导曰："今少发兵则不足以平寇，多发兵则根本[3]空虚。续族弟黄门侍郎莚，忠果[4]有谋，请独使莚往，足以诛续。"睿从之。

莚昼夜兼行，至郡[5]，将入，遇续于门，谓续曰："当与君共诣孔府君，有所论。"续不肯入，莚牵逼与俱。坐定，莚谓孔侃曰："府君何以置贼在坐？"续衣中常置刀，即操刀逼莚，莚叱郡传教吴曾格杀之[6]。莚因欲诛勰，札不听，委罪于从兄邵[7]而诛之，莚不归家省母，遂长驱[8]而去，母狼狈追之[9]。睿以札为吴兴太守，莚为太子右卫率[10]。以周氏吴之豪望，故不穷治，抚勰如旧。

诏平东将军宋哲屯华阴[11]。

成主雄立后任氏。

二月，丙子[12]，以琅邪王睿为丞相、大都督、督中外诸军事[13]，南阳王保[14]为相国，荀组为太尉、领豫州牧，刘琨为司空、都督并、冀、幽三州诸军事。琨辞司空，不受。

南阳王模之败[15]也，都尉陈安往归世子保于秦州[16]，保命安将千余人讨叛羌，宠待甚厚。保将张春[17]疾之，谮安，云“有异志”，请除之，保不许。春辄[18]伏刺客以刺安。安被创，驰还陇城[19]，遣使诣[20]保，贡献[21]不绝。

诏进拓跋猗卢爵为代王[22]，置官属，食代、常山二郡[23]。猗卢请并州从事雁门莫含于刘琨[24]，琨遣之。含不欲行，琨曰：“以并州单弱，吾之不材，而能自存于胡、羯[25]之间者，代王之力也。吾倾身竭赀[26]，以长子为质[27]而奉之者，庶几[28]为朝廷雪大耻也。卿欲为忠臣，奈何惜共事之小诚[29]，而忘徇国[30]之大节乎！往事代王，为之腹心，乃一州之所赖也。”含遂行。猗卢甚重之，常与参大计。

猗卢用法严，国人犯法者，或举部就诛[31]，老幼相携而行。人问：“何之？”曰：“往就死。”无一人敢逃匿者。

王敦遣陶侃、甘卓等讨杜弢，前后数十战，弢将士多死，乃请降于丞相睿，睿不许。弢遗南平太守应詹书[32]，自陈昔与詹“共讨乐乡[33]，本同休戚[34]。后在湘中[35]，惧死求生，遂相结聚[36]。傥[37]以旧交之情，为明枉直[38]，使得输诚盟府[39]，厕列义徒[40]，或北清中原，或西取李雄，以赎前愆[41]，虽死之日，犹生之年也！”詹为启呈其书[42]，且言：“弢，益州秀才[43]，素有清望[44]，为乡人所逼[45]。今悔恶归善，宜命使抚纳，以息江、湘[46]之民！”睿乃使前南海太守王运受弢降[47]，赦其反逆之罪，以弢为巴东监军[48]。弢既受命，诸将犹攻之不已。弢不胜[49]愤怒，遂杀运复反，遣其将杜弘、张彦[50]杀临川内史谢摛[51]，遂陷豫章。三月，周访击彦，斩之，弘奔临贺[52]。

（以上为第五段，写琅邪王司马睿派周莚智取吴地叛乱分子，朝廷任命司马睿为丞相、大都督，任命拓跋猗卢为代王，王敦派遣陶侃等攻打叛乱分子杜弢，给予重创。）

【注释】

[1]义兴：郡名，郡治在今江苏宜兴市。孔侃（kǎn）：字敬思，会稽（今浙江绍兴市）人，

孔子的第二十四世孙，义兴太守，官至大司农。［2］发：发动变乱。［3］根本：指京都建康，在今江苏南京市。［4］忠果：忠诚，果敢。［5］至郡：到达义兴郡。［6］传教：郡太守的属官名，主管宣读教令。吴曾：为义兴郡府传教。格杀：指互相格斗，击杀。［7］邵：即周邵，周莚从兄，被顶罪而死。［8］长驱：快马加鞭，急急赶路。［9］狼狈追之：艰难而不顾体面地追赶儿子。狼狈，丧魂失魄的样子。［10］太子右卫率：太子宫的警卫部队头领。［11］宋哲：晋愍帝小朝廷官员，时为平东将军。华阴：县名，县治在今陕西华阴市东。［12］丙子：二月十二日。［13］督中外诸军事：统领朝廷内外的军事武装。中外，朝内朝外。［14］南阳王保：即司马保，字景度，南阳王司马模之子，袭封南阳王。后任右丞相、大都督、侍中、相国等要职。传见《晋书》卷三十七。［15］南阳王模之败：晋怀帝永嘉五年（311），刘聪率军攻陷洛阳，司马模兵败投降，被刘粲杀死。事见《资治通鉴》卷八十七永嘉五年（311）。［16］秦州：州治冀县，在今甘肃甘谷县东，后移上邽，在今甘肃天水市。［17］张春：司马保部将。［18］辄（zhé）：于是，就。［19］陇城：县名，县治在今甘肃张家川回族自治县。［20］诣（yì）：到，来到。［21］贡献：进奉，进贡。［22］代王：封地代郡。代，郡名，郡治在今河北蔚县代王城。［23］食代、常山二郡：将代郡、常山郡划给拓跋猗卢作为领地。常山，郡名，郡治真定，在今河北正定县南。［24］请：请求。并州从事：官名，并州刺史的部属，时刘琨为并州刺史。雁门：郡名，郡治广武，在今山西代县西南。莫含：北魏官员，雁门繁畤（今山西应县）人。家族世代经商，刘琨任并州刺史，征用为从事，后被代王拓跋猗卢聘用。［25］胡、羯（jié）：指匈奴人刘聪和羯人石勒。［26］倾身竭赀（zī）：倾心相奉与贡献全部资财。赀，通“资”，资财。［27］以长子为质：当时刘琨派长子刘遵在拓跋部落做人质。［28］庶几：希望，就是为了。［29］惜共事之小诚：留恋与刘琨合作的情谊。小诚，指二人之间的私人感情。［30］徇（xùn）国：给国家作贡献。［31］举部就诛：整个部落都被处死。举，全。［32］遗（wèi）：送，送给。南平：郡名，郡治在今湖北公安县。应詹：字思远，琅邪王司马睿拜为都督江州诸军事、平南将军、江州刺史。传见《晋书》卷七十。［33］共讨乐乡：杜弢原来是地方官，曾与应詹合作共同讨伐乐乡地区的民变。乐乡，县名，县治在今河北保定市清苑区乐乡故城遗址。［34］同休戚：同甘苦、同忧乐。休，指幸福。戚，指痛苦。［35］湘中：即湘州，州治在今湖南长沙市。［36］结聚：指聚众造反。杜弢在湘州被流民推为首领，事见《资治通鉴》卷八十七晋怀帝永嘉五年（311）。［37］傥（tǎng）：同“倘”，如果。［38］为明枉直：帮我向司马睿说明我的委屈。枉直，偏义复词，这里即指枉，委屈。［39］输诚盟府：指向司马睿表明诚意。当时琅邪王司马睿为东南各方镇的盟主，故称盟府。［40］厕列义徒：加入正义队伍的行列。厕，通“侧”。［41］前愆（qiān）：往日的罪恶。［42］启呈其书：看过他的信后，将信交给司马睿。［43］秀才：原指才之秀者，汉时开始与孝廉并为举士的科名。罗尚为益州刺史时，曾举杜弢为秀才。［44］清望：清高的名声。［45］为乡人所逼：杜弢所以成为变民首领，是被同乡的变民所拥立。［46］江、湘：即江州、湘州。江州州治豫章，在今江西南昌市。［47］南海：郡名，郡治番禺县，在今广东广州市。王运：西晋南海太守。［48］巴东：郡名，郡治鱼复县，在今重庆奉节县。监军：官名，军队的监督官员。［49］不胜：控制不住。［50］杜弘、张彦：西晋人，为变民首领杜弢的部将。［51］临川：郡名，郡治临汝，在今江西抚州市西。内史：官名，郡府佐官。谢摛（chī）：时为临川内史，东晋时，为临川太史，追赠长水校尉。［52］临贺：县名，县治在今广西贺州市。

汉大赦，改元建元。

雨血于汉东宫延明殿[1]，太弟义恶之，以问太傅崔玮[2]、太保许遐[3]。玮、遐说义曰："主上往日以殿下为太弟者，欲以安众心耳；其志在晋王[4]久矣，王公已下莫不希旨附之[5]。今复以晋王为相国，羽仪威重[6]，逾于东宫[7]，万机[8]之事，无不由之[9]，诸王皆置营兵以为羽翼，事势已去，殿下非徒不得立也，朝夕且有不测之危，不如早为之计。今四卫[10]精兵不减五千，相国轻佻[11]，正烦[12]一刺客耳。大将军[13]无日不出，其营可袭而取；余王[14]并幼，固易夺也。苟[15]殿下有意，二万精兵指顾可得[16]，鼓行入云龙门[17]，宿卫之士[18]，孰[19]不倒戈以迎殿下者！大司马不虑其为异也[20]。"义弗从。

东宫舍人荀裕告玮、遐劝义谋反[21]，汉主聪收玮、遐于诏狱[22]，假以他事杀之。使冠威将军卜抽[23]将兵监守东宫，禁义不听朝会[24]。义忧惧不知所为，上表乞为庶人[25]，并除诸子之封，褒美晋王，请以为嗣。抽抑而弗通[26]。

汉青州刺史曹嶷[27]尽得齐、鲁[28]间郡县，自镇临菑，有众十余万，临河置戍[29]。石勒表称："嶷有专据东方之志，请讨之。"汉主聪恐勒灭嶷，不可复制[30]，弗许。

聪纳中护军靳准二女月光、月华，立月光为上皇后，刘贵妃为左皇后，月华为右皇后。左司隶陈元达极谏，以为："并立三后，非礼[31]也。"聪不悦，以元达为右光禄大夫，外示优崇[32]，实夺其权。于是，太尉范隆[33]等皆请以位让元达，聪乃复以元达为御史大夫，仪同三司。月光有秽行[34]，元达奏之，聪不得已废之，月光惭恚[35]自杀，聪恨元达。

夏，四月，大赦。

六月，盗发汉霸、杜二陵[36]及薄太后陵[37]，得金帛甚多。朝廷以用度不足[38]，诏收其余以实内府[39]。

辛巳[40]，大赦。

汉大司马曜攻上党[41]，八月，癸亥[42]，败刘琨之众于襄垣[43]。曜欲进攻阳曲[44]，汉主聪遣使谓之曰："长安未平，宜以为先[45]。"曜乃还屯蒲坂[46]。

（以上为第六段，写汉主刘聪胡作非为，立三个皇后，谋划废除皇太弟刘义，欲改立其子刘粲；汉朝霸陵、杜陵被盗，残余物品充实内府，西晋小朝廷捉襟见肘。）

【注释】

[1]雨血：天降血雨。所谓"血雨"，是雨中含有某种化学成分，呈现血红色。延明殿：汉国东宫的宫殿名。[2]崔玮（wěi）：汉国官员，曾为太子右卫率，后为太傅。[3]许遐（xiá）：字思祖，高阳郡（今河北高阳县）人，时为太保。[4]志在晋王：想把天下传给他的儿子刘粲。刘粲封为晋王。[5]已下：即以下。已，通"以"。希旨附之：迎合着他的心思，顺着他的旨意办。希，揣摩。旨，意旨。[6]羽仪威重：使用的仪仗和他的实际权柄。羽仪，用鸟羽装饰的仪仗，这里即泛指表示身份的仪仗队。威重，权势。[7]逾于东宫：远远地超过了太弟您。东宫，太弟刘义的宫殿。[8]万机：指当政者处理的各种重要事务。[9]无不由之：一切都由他（刘粲）裁决。[10]四卫：指东宫左、右、前、后四卫率所统领的军队。[11]相国轻佻：相国刘粲好随便活动，出入戒备不严。相国，代指刘粲。轻佻，不稳重，这里指疏于防备。[12]正烦：只需要派出。烦，麻烦，动用。[13]大将军：指刘粲的弟弟勃海王刘敷，时为大将军。[14]余王：指刘聪的其他儿子。[15]苟：假如，假使。[16]指顾可得：一举手、一回头的时间就可以集合起来。指顾，指举手与回首，极言成事之容易。[17]鼓行：擂着战鼓长驱直入。云龙门：汉国皇宫宫殿的正门。[18]宿卫之士：警卫部队。宿卫，值宿，护卫。[19]孰：谁，疑问代词。[20]大司马：指中山王刘曜，刘渊的侄子，时任大司马之职，是汉国最高军事长官。不虑其为异：即不必担心刘曜会有什么反对的表现。[21]东宫舍人：即东宫通事舍人，官名，掌宣传皇太子令旨、东宫内外启奏。荀裕：汉国官员，时为东宫舍人。告：告发。[22]诏狱：关押由皇帝发来的犯人的监狱。[23]卜抽：汉国官员，时为冠威将军。[24]不听朝会：不允许刘义参加朝会，不让他再会见部下、僚属，实际上是禁锢。[25]乞：乞求，请求。庶人：平民，百姓。[26]抑而弗通：将其奏章压下，不向刘聪转呈。抑，压，压制。[27]青州：州名，州治临淄，在今山东淄博市临淄区。曹嶷（yí）：西晋末年将领，归附后赵，拜为征东大将军、青州刺史，驻守青州先后十二年，后受到后赵石勒的攻打，兵败被杀。[28]齐、鲁：泛指今山东一带地区。[29]临河置戍：沿着河边派兵把守。[30]不可复制：指不能控制石勒。消

灭曹嶷，没有了制衡的力量。［31］非礼：不合乎古礼。［32］优崇：优待而尊崇之。［33］范隆：字玄嵩，雁门人。好学修谨，博通经籍，隐居不仕。后依于刘渊，刘渊称王后，封为大鸿胪。［34］秽行：指与别人私通。［35］惭恚（huì）：羞惭，怨恨。［36］霸、杜二陵：即霸陵、杜陵。霸陵，汉文帝刘恒的陵墓，在今陕西西安市长安区东。杜陵，汉宣帝刘询的陵墓，在今陕西西安市东南。［37］薄太后陵：刘恒之母薄太后的陵墓，在霸陵之南。［38］朝廷以用度不足：此七字原无，据章校补。此"朝廷"，指晋愍帝司马邺政权。［39］诏收其余：下令收集那些没被盗贼弄走的东西。以实内府：以充实皇宫的府库。内府，皇宫的府库。《史记·孝文本纪》有所谓"治霸陵皆以瓦器，不得以金银铜锡为饰"云云，今《资治通鉴》又言"得金帛甚多"，金帛多是杜陵、薄太后陵之物邪？［40］辛巳：六月十九日。［41］上党：郡名，郡治壶关，在今山西长治市北。［42］癸亥：八月二日。［43］襄垣：县名，县治在今山西襄垣县北。［44］阳曲：县名，县治在今山西阳曲县西南，太原市北。当时刘琨的大本营在此。［45］宜以为先：应该把长安列为先攻打的对象。［46］蒲坂（bǎn）：县名，县治在今山西永济市蒲州老城东南。

陶侃与杜弢相攻，弢使王贡[1]出挑战，侃遥谓之曰："杜弢为益州小吏，盗用库钱，父死不奔丧。卿本佳人[2]，何为随之！天下宁有白头贼[3]邪？"贡初横脚马上[4]，闻侃言，敛容下脚[5]。侃知可动[6]，复遣使谕[7]之，截发为信[8]，贡遂降于侃。弢众溃，遁走，道死。侃与南平太守应詹进克长沙，湘州悉平。

丞相睿承制赦其所部，进王敦镇东大将军，加都督江·扬·荆·湘·交·广六州诸军事、江州[9]刺史。敦始自选置[10]刺史以下，浸益骄横[11]。

初，王如之降[12]也，敦从弟棱爱如骁勇[13]，请敦配己麾下[14]。敦曰："此辈险悍难畜[15]，汝性狷急[16]，不能容养[17]，更成祸端。"棱固请，乃与之。棱置左右，甚加宠遇。如数与敦诸将角射争斗[18]，棱杖[19]之，如深以为耻。及敦潜畜异志[20]，棱每谏之。敦怒其异己，密使人激如令杀棱。如因闲宴[21]，请剑舞为欢，棱许之。如舞剑渐前，棱恶而呵之[22]，如直前杀棱。敦闻之，阳惊[23]，亦捕如诛之。

初，朝廷闻张光[24]死，以侍中第五猗为安南将军[25]，监荆·梁·益·宁四州诸军事、荆州刺史，自武关[26]出。杜曾迎猗于襄阳[27]，为兄子娶猗女，遂聚兵万人，与猗分据汉、沔[28]。

陶侃既破杜弢，乘胜进击曾，有轻曾之志。司马鲁恬[29]谏曰："凡战，当先料其将[30]。今使君诸将，无及曾者，未易可逼也。"侃不从，进围曾于石城[31]。曾军多骑兵，密开门突侃陈[32]，出其后，反击之，侃兵死者数百人。曾将趋顺阳[33]，下马拜侃，告辞而去。

时荀崧都督荆州江北诸军事[34]，屯宛[35]，曾引兵围之。崧兵少食尽，欲求救于故吏襄城太守石览[36]。崧小女灌[37]，年十三，帅勇士数十人，逾城突围夜出，且战且前，遂达览所[38]；又为崧书[39]，求救于南中郎将[40]周访。访遣子抚[41]帅兵三千，与览共救崧，曾乃遁去。

曾复致笺于崧，求讨丹水贼以自效[42]，崧许之。陶侃遗崧书曰："杜曾凶狡，所谓'鸱枭[43]食母之物。'此人不死，州土[44]未宁，足下当识[45]吾言！"崧以宛中兵少，借[46]曾为外援，不从[47]。曾复帅流亡二千余人围襄阳，数日，不克而还。

王敦嬖人吴兴钱凤[48]，疾[49]陶侃之功，屡毁之。侃将还江陵，欲诣敦自陈。朱伺[50]及安定皇甫方回[51]谏曰："公入必不出[52]。"侃不从。既至，敦留侃不遣，左转[53]广州刺史，以其从弟丞相军咨祭酒廙为荆州刺史[54]。荆州将吏郑攀、马隽[55]等诣敦，上书留侃，敦怒，不许。攀等以侃始灭大贼[56]，而更被黜，众情愤惋[57]，又以廙忌戾难事[58]，遂帅其徒三千人屯涢口[59]，西迎杜曾。廙为攀等所袭，奔于江安[60]。杜曾与攀等北迎第五猗以拒廙。

廙督诸军讨曾，复为曾所败，敦意攀承侃风旨[61]，被甲持矛将杀侃，出而复还者数四[62]。侃正色曰："使君雄断[63]，当裁天下[64]，何此不决乎[65]！"因起如厕。咨议参军梅陶、长史陈颁言于敦曰[66]："周访与侃亲姻[67]，如左右手[68]，安有断人左手而右手不应者乎！"敦意解，乃设盛馔以饯之[69]，侃便夜发[70]，敦引其子瞻为参军[71]。

【注释】

[1]王贡：一作"王真"，早年为荆州刺史陶侃的参军，后和杜曾举兵造反，投靠杜弢，今又转投陶侃。 [2]佳人：优秀的人才。 [3]白头贼：意谓当盗贼的说不定何时被杀，没有见过一个能活到老的。 [4]横脚马上：言其放肆傲慢、目中无人之状。 [5]敛容下脚：改变脸色，放

下脚，郑重起来。敛，收起，收住。［6］可动：可以说动，使其归服。［7］谕：晓谕，劝说。［8］截发为信：剪下头发，作为信物。古人对头发看得很重，有“身体发肤，受之父母，不敢毁伤”的说法。［9］江州：州名，州治豫章，在今江西南昌市。［10］始自选置：从此有权自己任命官员。［11］浸益骄横：越来越骄纵蛮横。浸，渐渐，逐渐。益，越发。［12］王如之降：指王如投降王敦。［13］棱（líng）：王棱，字文子，王导、王敦堂弟。被晋元帝司马睿辟为丞相从事中郎，出任豫章太守，加广武将军。后被王敦杀害。骁（xiāo）勇：刚劲，勇猛。［14］麾（huī）下：将旗之下，引申为部下。［15］险悍：险恶，凶悍。难畜：难以教养、驾驭。［16］狷（juàn）急：性情急躁。［17］不能容养：不能宽容、包涵。［18］角射争斗：因为比试射箭而发生争斗。［19］杖（zhàng）：用棍子打。［20］潜畜（xù）异志：指阴谋称帝。畜，积蓄，包藏。［21］因闲宴：趁着宴会空闲。因，趁着。［22］恶（wù）：讨厌，不高兴。呵（hē）：大声发怒地喝斥。［23］阳惊：假装大吃一惊。阳，通“佯”，假装。［24］张光（259—313）：字景武，官至梁州刺史。后被杨难敌打败，愤郁而死。传见《晋书》卷五十七。［25］第五猗（yī）：姓第五，名猗，西晋官员，时为侍中。安南将军：将军名号，“四安将军”之一。［26］武关：关名，在今陕西丹凤县东南。［27］杜曾：本是新野王司马歆帐下的南蛮司马，永嘉之乱中，为叛乱首领胡亢所用，后又杀胡亢转投朝廷，为竟陵太守。传见《晋书》卷七十。襄阳：郡名，郡治在今湖北襄阳市。［28］分据汉、沔（miǎn）：分别占据着汉水流域地区。当时汉水的上游称沔水。［29］鲁恬（tián）：陶侃的司马官。［30］先料其将：首先分析其统兵将领的个性特征。料，估计，分析。［31］石城：在今湖北钟祥市，城三面环山，正面绝壁，下临汉江，当时为竟陵郡的郡治所在地。［32］突侃陈：冲破陶侃的军队行列。陈，通“阵”，军阵。［33］将趋顺阳：准备前往顺阳。顺阳，县名，县治在今河南淅川县东。［34］荀崧（sōng）：字景猷，东晋大臣，著名学者。传见《晋书》卷七十五。荆州江北：即荆州的江北地区。［35］宛（yuān）：县名，县治在今河南南阳市。［36］襄城：晋郡名，郡治在今河南襄城县。石览：西晋官员，荀崧的故吏，时为襄城太守。［37］灌：即荀灌，字灌娘，荀崧之女。十三岁时突围救父，为列女传故事之一，古代智勇双全的女英雄。传见《晋书》卷九十六。［38］览所：石览所在的襄城。［39］为崧（sōng）书：以父荀崧的名义写信。［40］南中郎将：将官名，“四中郎将”之一，率师征伐。［41］抚：即周抚，字道和，梁州刺史周访之子。承袭寻阳县侯爵位，拜鹰扬将军、武昌太守，出镇襄阳。传见《晋书》卷五十八。［42］丹水：县名，县治在今河南淅川县丹水北岸。自效：愿为别人贡献自己的力量或生命。［43］鸱（chī）枭（xiāo）：即猫头鹰，传说这种鸟长大后即啄食母亲，所以人们常用来比喻忘恩负义的恶人。［44］州土：指荆州境内之地。［45］识（zhì）：记，记住。［46］借：凭借，依靠。［47］不从：指荀崧没有听从陶侃建议斩除杜曾。［48］嬖（bì）人：君主宠幸的臣子。钱凤：字世仪，王敦的部下，曾多次怂恿王敦反叛东晋政权。后被杀。［49］疾：通“嫉”，嫉妒，妒忌。［50］朱伺：字仲文，安陆人，时为陶侃部属，任明威将军。后官至竟陵内史。传见《晋书》卷八十一。［51］皇甫方回：皇甫谧之子，安定朝那人，八王之乱时，他避乱荆州，刺史陶侃礼之甚厚。后被王敦从弟王廙所杀。［52］必不出：肯定要被王敦扣押。［53］左转：降任。［54］从弟：叔伯兄弟。丞相军咨祭酒：丞相府的官员。军咨祭酒，官名，相当于军事参谋。廙（yì）：即王廙，丞相王导、大将军王敦从弟，晋元帝司马睿的姨弟。王敦以王廙为荆州刺史代陶侃。传见《晋书》卷七十六。［55］郑攀、马儁：陶侃为荆州刺史时的部将。［56］大贼：指杜弢。［57］愤惋（wǎn）：怅恨，愤恨。［58］忌戾难事：指王廙猜忌暴戾，难以为其部下。［59］涢（yún）口：地名，在今湖北武汉市汉阳区西北之涢水入汉水之口。［60］江安：县名，县治在今湖北公安县北。［61］意：猜想，认为。承侃风旨：秉承陶侃的意思。风旨，泛指意旨，意图。［62］数四：四个来回。［63］使君：敬称王敦。当时对州刺史、郡太守敬称“使君”。雄断：英明的决断，明断。［64］当裁天下：应该能够裁决天下大事。［65］何此不决乎：为什么在这件事情上如此下不了决心呢？［66］梅陶：字叔真，汝州西平（今河南西平县）人，东晋大臣。初为王敦咨议参军，迁豫章太守。晋成帝初，入为尚书，拜光禄大夫。传见《晋书》卷七十。陈颁：晋人，时为王敦长史。［67］周访与侃亲姻：周访的女儿嫁给陶侃的儿子陶瞻为妻。［68］左右手：比喻二者互相配合、帮助。［69］盛馔（zhuàn）：丰盛的饮食。饯（jiàn）：设酒食送行。［70］便夜发：即刻连夜出发前往广州。［71］引其子瞻为参军：扣留其子陶瞻为人质。瞻，即陶瞻，字道真，晋朝官员，陶侃之子。官至散骑常侍，封都亭侯。苏峻之乱中遇害，后追赠大鸿胪，谥愍悼世子。

初，交州刺史顾秘卒[1]，州人以秘子寿领州事[2]。帐下督梁硕起兵攻寿[3]，杀之，硕遂专制[4]交州。王机[5]自以盗据广州[6]，恐王敦讨之，更求交州[7]。会杜弘诣机降[8]，敦欲因机以讨硕，乃以降杜弘[9]为机功，转交州刺史。机至郁林[10]，硕迎前刺史修则子湛行州事以拒之[11]。机不得进，乃更与杜弘及广州将温邵、交州秀才刘沈谋复还据广州[12]。

陶侃至始兴[13]，州人皆言宜观察形势，不可轻进，侃不听，直至广州，诸郡县皆已迎机矣。杜弘遣使伪降，侃知其谋，进击弘，破之，遂执刘沈于小桂[14]。遣督护许高[15]讨王机，走之。机病死于道，高掘其尸，斩之。诸将皆请乘胜击温邵，侃笑曰：“吾威名已著，何事遣兵[16]！但一函纸自定耳[17]。”乃下书谕[18]之。邵惧而走，追获于始兴。杜弘诣王敦降，广州遂平。

侃在广州无事，辄朝运百甓于斋外[19]，暮运于斋内。人问其故，答曰："吾方致力中原[20]，过尔优逸[21]，恐不堪事[22]，故自劳[23]耳。"

王敦以杜弘为将，宠任之。

（以上为第七段，写晋朝名将陶侃，平定湘州流民起义首领杜弢，王敦非常嫉妒，予以扣留，几欲杀之，其部将为其鸣不平，遂降侃为广州刺史。侃到任，又打败了企图利用诈降偷袭的杜弘等人，平定了广州。）

【注释】

[1]交州：晋州名，州治龙编，在今越南河内市东北。顾秘：字公真，吴郡吴县人，西晋交州太守、吴兴太守。 [2]寿：即顾寿，交州太守顾秘之子。领：代理。 [3]帐下督：官名，军府的高级佐官，因行军多居帐中，故名。梁硕：时为交州太守顾秘的帐下督。 [4]专制：独断，专行。 [5]王机：字令明，长沙人，广州刺史王毅之子、南平太守王矩之弟。陈恢作乱时，王机率众将其打败，任为成都内史。后为广州刺史，王敦以收降杜弢之功改任为交州刺史。后起兵反叛，被陶侃讨伐，在败逃中病死。传见《晋书》卷一百。 [6]自以盗据广州：王机原是王澄的僚属，后来乘乱被拥立为广州刺史。 [7]更求交州：请求调到交州当刺史。 [8]杜弘：西晋人，变民首领杜弢的部将。诣机降：前来投降王机。 [9]降杜弘：使杜弘归降。降，收降。 [10]郁林：晋郡名，郡治在今广西桂平市西南。 [11]修则：临川郡（今江西抚州市临川区）人，孙吴将领，曾任交州刺史、大都督。湛（zhàn）：即修则之子修湛。行州事：代理交州刺史的职务。 [12]温邵：曾为广州刺史的部将。刘沈：曾为交州的秀才。 [13]始兴：晋郡名，郡治曲江，在今广东韶关市。 [14]小桂：晋县名，在今广东连州市。 [15]许高：广州刺史陶侃的督护，曾打败叛军将领王机。 [16]何事遣兵：有什么必要派兵过去攻打？ [17]但：只，仅。一函纸：一封信；一道公文。 [18]谕：晓谕。 [19]辄（zhé）：于是，就。朝（zhāo）：早上。百甓：一百块砖。甓（pì），砖。斋（zhāi）：屋舍。 [20]致力中原：指致力于收复被汉赵占领的中原地区。[21]过尔：过分。优逸：安闲。 [22]不堪事：不能承担任务，做不了事情。 [23]自劳：自己进行劳动锻炼。

九月，汉主聪使大鸿胪赐石勒弓矢，策命勒为陕东伯[1]，得专征伐，拜刺史、将军、守宰，封列侯，岁尽集上[2]。

汉大司马曜寇北地[3]，诏以麹允为大都督、骠骑将军以御之。

冬，十月，以索綝为尚书仆射、都督宫城[4]诸军事。曜进拔冯翊，太守梁肃奔万年[5]。曜转寇上郡[6]，麹允去黄白城[7]，军于灵武[8]，以兵弱，不敢进。

帝屡征兵于丞相保[9]，保左右皆曰："蝮蛇螫手，壮士断腕[10]。今胡寇方盛，且宜断陇道[11]以观其变。”从事中郎裴诜[12]曰：“今蛇已螫头，头可断乎！”保乃以镇军将军胡崧行前锋都督[13]，须诸军集[14]乃发。麴允欲奉帝往就保，索綝曰：“保得天子，必逞其私志[15]。”乃止。于是，自长安以西，不复贡奉朝廷，百官饥乏，采稆[16]以自存。

凉州军士张冰[17]得玺，文曰“皇帝行玺[18]”，献于张寔，僚属皆贺。寔曰：“是[19]非人臣所得留。”遣使归于长安[20]。

（以上为第八段，写汉主刘聪晋封石勒，石勒权势极度膨胀；汉国干将刘曜出兵攻打晋朝，晋朝无力抵抗，挣扎在死亡线上。）

【注释】

[1]陕东伯：主管陕县以东事务的诸侯霸主。伯，通“霸”，霸主。[2]岁尽集上：年末集中向皇帝报告。[3]北地：晋郡名，郡治在今陕西铜川市耀州区。[4]宫城：即长安城。[5]梁肃：西晋官员，曾为频阳县令、冯翊太守。万年：晋县名，与栎阳县同城而治，在今陕西西安市阎良区。[6]上郡：晋郡名，郡治肤施，在今陕西榆林市东南。[7]去黄白城：从黄白城撤离。黄白城，在陕西三原县东北。[8]灵武：汉县名，县治在今宁夏灵武市城北。[9]征兵于丞相保：时丞相司马保率军屯驻在今河南开封市一带。[10]蝮蛇螫手，壮士断腕：古代成语，意谓有些东西该舍弃就得舍弃，不能因小失大。蝮（fù）蛇，一种毒蛇，体灰褐色，有黑褐色斑纹，能伤人致死。螫（shì），毒虫或毒蛇咬刺。腕，即手腕，胳膊下端与手掌相连的部分。[11]断陇道：切断关中与天水河西之间的陇山通道，意即抛弃陇山以西不要了。[12]裴诜（shēn）：西晋官员，曾任太常卿，因晋朝动乱，避居到凉州。时为司马保的从事中郎。[13]镇军将军：将军名号，掌征伐背叛、镇戍四方。镇军，为总兵的俗称，掌理本镇军务，又称“总镇”，是镇守地方的最高军事长官。胡崧（sōng）：司马保的部将。行前锋都督：统领、督率先锋部队。[14]须诸军集：等到各路军马积聚。[15]逞其私志：意即他将会挟天子以令诸侯。[16]稆（lǚ）：野谷，不种而自生的谷物。[17]张冰：凉州刺史张寔的军士。[18]皇帝行玺（xǐ）：皇帝印玺的一种。皇帝有六玺，蔡邕《独断》曰：“皇帝六玺，皆玉螭虎纽，文曰‘皇帝行玺’‘皇帝之玺’‘皇帝信玺’‘天子行玺’‘天子之玺’‘天子信玺’，皆以武都紫泥封之。”[19]是：代指，这，指“皇帝行玺”。[20]归于长安：送到长安，呈献给皇帝司马邺。

四年（丙子，316年）

春，正月，司徒梁芬[1]议追尊吴王晏[2]，右仆射索綝等引魏明帝诏[3]，以为不可，乃赠太保，谥曰“孝”。

汉中常侍王沈、宣怀、中宫仆射郭猗等[4]，皆宠幸用事。汉主聪游宴后宫，或三日不醒，或百日不出；自去冬不视朝，政事一委相国粲，唯杀生、除拜乃使沈等入白之[5]。沈等多不白，而自以其私意决之，故勋旧或不叙[6]，而奸佞小人有数日至二千石者。军旅岁起，将士无钱帛之赏，而后宫之家，赐及僮仆，动至数千万。沈等车服、第舍逾于诸王，子弟中表为守令者三十余人[7]，皆贪残为民害。靳准阖宗谄事之[8]。

郭猗与准皆有怨于太弟义，猗谓相国粲曰："殿下光文帝之世孙[9]，主上之嫡子，四海莫不属心[10]，奈何欲以天下与太弟乎！且臣闻太弟与大将军[11]谋因三月上巳[12]大宴作乱，事成，许以主上为太上皇[13]，大将军为皇太子[14]，又许卫军为大单于[15]。三王处不疑之地[16]，并握重兵，以此举事，无不成者。然二王[17]贪一时之利，不顾父兄，事成之后，主上岂有全理[18]！殿下[19]兄弟，固不待言[20]，东宫、相国、单于，当在武陵兄弟[21]，何肯与人也！今祸期甚迫，宜早图之。臣屡言于主上，主上笃于友爱[22]，以臣刀锯之余[23]，终不之信，愿殿下勿泄，密表其状。殿下傥[24]不信臣，可召大将军从事中郎王皮、卫军司马刘惇[25]，假之恩意[26]，许其归首[27]以问之，必可知也。"粲许之。猗密谓皮、惇曰："二王逆状[28]，主上及相国[29]具知之矣，卿同之乎[30]？"二人惊曰："无之。"猗曰："兹事已决[31]，吾怜卿亲旧[32]，并见族[33]耳！"因歔欷流涕[34]。二人大惧，叩头求哀[35]。猗曰："吾为卿计，卿能用之乎？相国问卿，卿但云'有之'；若责卿不先启[36]，卿即云：'臣诚负死罪。然仰惟主上宽仁，殿下敦睦[37]，苟言不见信[38]，则陷于诬谮[39]不测之诛，故不敢言也。'"皮、惇许诺。粲召问之，二人至不同时[40]，而其辞若一，粲以为信然。

靳准复说粲曰："殿下宜自居东宫[41]以领相国，使天下早有所系[42]。今道路之言[43]，皆云大将军、卫将军欲奉太弟为变，期以季春；若使太弟得天下，殿下无容足之地矣。"粲曰："为之奈何？"准曰："人告太弟为变，主上必不信。宜缓东宫之禁[44]，使宾客得往来；太弟雅好待士，必不以此为嫌，轻薄[45]小人不能无迎合太弟之意为之谋者。然后下官为殿下露表其罪[46]，殿下收其宾客与太弟交通者考问之[47]。狱辞既具[48]，则主上无不信之理也。”粲乃令卜抽引兵去东宫[49]。

（以上为第九段，写汉主刘聪荒淫废政，助长了宦官王沈等人的邪恶行为；郭猗等人怂恿相国刘粲陷害太弟刘义，以入主东宫，凭空捏造谋反罪状，无所不用其极。）

【注释】

[1]梁芬：字睢之，号文登，安定乌氏（今甘肃平凉市）人，西晋外戚。女儿梁兰璧为晋怀帝司马炽皇后，拜为国公，官至大司徒。西晋灭亡后，举族南迁，元帝赐封安固公。［2]吴王晏：即司马晏，字平度，晋武帝司马炎第二十三子，晋愍帝司马邺的生父，封吴王。传见《晋书》卷六十四。［3]魏明帝诏：魏明帝曹叡曾下诏，凡亲王子弟，入宫继位为帝者，不能追尊其生父生母为皇帝皇后。事见《资治通鉴》卷七十一魏明帝太和三年（229）。［4]王沈、宣怀：汉赵的朝廷侍卫官员，为中常侍。中宫仆射：官名，皇后宫的主管官员。郭猗：汉赵宫廷的宦官头目，心机深重，用计杀害皇太帝刘义，讨好新主刘粲，掀起汉宫的腥风血雨。［5]杀生：指判定大臣的生死。除拜：授任官爵。白：告诉。［6]勋旧：为刘渊王朝的创建立过功勋的旧臣。不叙：得不到提升。［7]中：指本族的人员。表：指姑舅等亲戚家的人员。守令：郡守，县令。［8]阖宗：整个家族。阖（hé），全。谄事之：向王沈等人献媚讨好。谄（chǎn），巴结，奉承。［9]光文帝之世孙：刘渊的嫡孙。刘渊被谥为光文帝。世孙，嫡孙。［10]属心：倾心，归心。属（zhǔ），归。［11]大将军：此指刘粲的弟弟勃海王刘敷，时为大将军。［12]上巳：古时以阴历三月上旬的“巳”日为上巳节，通常规定为三月三日。［13]主上：指刘聪。太上皇：又称太上皇帝，是中国历史上给予退位皇帝或当朝皇帝在世父亲的头衔。［14]皇太子：即储君，皇位继承人。［15]卫军：即卫大将军刘劢（mài），也是刘粲的弟弟。大单于：匈奴君王。［16]三王：指以上所说皇太弟北海王刘义、大将军勃海王刘敷、卫大将军齐王刘劢。处不疑之地：处于不被猜疑的地位。［17]二王：指刘敷、刘劢二位亲王。［18]主上岂有全理：皇上难道还能保全生命吗？主上，指皇上刘聪。［19]殿下：敬称刘粲。［20]固不待言：就更不用说了。意即都将被杀。［21]当在武陵兄弟：意即上述三个要职，都将被刘义的各个儿子所分任。武陵，当是刘义的长子此时被封为武陵王。［22]笃于友爱：看重与刘义的兄弟亲情。笃，忠实，专一。［23]刀锯之余：郭猗是宦官，受过阉割，故以“刀锯之余”自称。［24]傥（tǎng）：通“倘”，假如。［25]王皮：刘敷大将军府的从事中郎。刘惇：即刘劢卫大将军府的部属司马官。二人被郭猗等宦官利用，王皮更是成了直接杀害皇太弟刘义的刽子手。［26]假之恩意：对之以恩惠相许。假，加，给予。［27]许其归首：允许他们弃暗投明。归首，自首，归附。［28]逆状：谋反的情况。逆，谋逆，谋反。［29]相国：即汉主刘聪的长子刘粲，时为相国。［30]卿同之乎：你准备与刘敷、刘劢同流合污吗？同，合流。［31]已决：已定，是板上钉钉的事情。［32]亲旧：亲人和故旧朋友。［33]并见族：一起跟着被灭族。［34]歔（xū）欷（xī）：抽泣的样子。流涕：流眼泪。涕，

泪。［35］求哀：求得哀怜、谅解。［36］责卿不先启：问你为何不及早报告。［37］敦睦：厚道，待人友好。［38］苟言不见信：如果我的报告一旦不被信任。［39］诬谮（zèn）：诬陷、诋毁。［40］至不同时：不是同一个时间进见。［41］殿下宜自居东宫：时皇太弟刘义居东宫，意即取代皇太弟，为皇太子。东宫为储君之宫。［42］早有所系：及早有所归附。［43］道路之言：即芸芸众生的说法。道路，指在道路上行走的人。［44］缓东宫之禁：放松出入东宫的门禁。［45］轻薄：轻佻，轻浮。［46］露表其罪：公开表奏皇太弟的罪行。［47］收：拘捕。交通：来往。考问：指拷打审问。考，通"拷"。［48］狱辞既具：口供一旦齐备。［49］卜抽：汉国官员，时为冠威将军，负责监守东宫。去东宫：离开东宫。刘聪派卜抽率兵监守东宫，是从去年开始。

少府陈休、左卫将军卜崇，为人清直[1]，素恶沈等，虽在公座[2]，未尝与语，沈等深疾[3]之。侍中卜干[4]谓休、崇曰："王沈等势力足以回天地[5]，卿辈自料亲贤孰与窦武、陈蕃[6]？"休、崇曰："吾辈年逾五十，职位已崇，唯欠一死耳！死于忠义，乃为得所，安能俯首仾眉以事阉竖乎[7]！去矣卜公，勿复有言！"

二月，汉主聪出临上秋阁[8]，命收陈休、卜崇及特进綦毋达[9]、太中大夫公师彧[10]、尚书王琰、田歆[11]、大司农朱诣[12]，并诛之，皆宦官所恶也。卜干泣谏曰："陛下方侧席求贤，而一旦戮卿大夫七人[13]，皆国之忠良，无乃不可乎[14]！借使[15]休等有罪，陛下不下之有司[16]，暴明其状[17]，天下何从知之！诏尚在臣所[18]，未敢宣露[19]，愿陛下熟思之！"因叩头流血。王沈叱[20]干曰："卜侍中欲拒诏乎！"聪拂衣而入[21]，免干为庶人。

太宰河间王易[22]、大将军勃海王敷[23]、御史大夫陈元达、金紫光禄大夫西河王延[24]等，皆诣阙表谏[25]曰："王沈等矫弄[26]诏旨，欺诬日月[27]，内谄陛下[28]，外佞相国[29]，威权之重，侔于人主[30]，多树奸党，毒流海内。知休等忠臣，为国尽节，恐发其奸状，故巧为诬陷。陛下不察，遽加极刑[31]，痛彻天地[32]，贤愚[33]伤惧。今遗晋未殄[34]，巴、蜀不宾[35]，石勒谋据赵、魏[36]，曹嶷欲王全齐[37]，陛下心腹四支[38]，何处无患！乃复以沈等助乱，诛巫咸[39]，戮扁鹊[40]，臣恐遂成膏肓之疾[41]，后虽救之，不可及已。请免沈等官，付有司治罪。"

聪以表示沈等，笑曰："群儿为元达所引[42]，遂成痴也。"沈等顿首泣曰："臣等小人，过蒙陛下识拔，得洒扫闺阁[43]，而王公、朝士疾臣等如雠[44]，又深恨陛下。愿以臣等膏鼎镬[45]，则朝廷自然雍穆[46]矣。"聪曰："此等狂言常然[47]，卿何足恨乎！"聪问沈等于相国粲，粲盛称沈等忠清[48]。聪悦，封沈等为列侯[49]。

太宰易又诣阙上疏极谏，聪大怒，手坏其疏[50]。三月，易忿恚[51]而卒。易素忠直，陈元达倚之为援，得尽谏诤[52]。及卒，元达哭之恸[53]，曰："'人之云亡，邦国殄悴[54]。'吾既不复能言，安用默默苟生乎！"归而自杀。

（以上为第十段，写汉赵奸佞当政，宦官专权，沆瀣一气，汉主刘聪昏聩，听信谗言，残忍杀害陈休等七位忠良，忠臣刘易气死，陈元达自杀，国将不国矣！）

【注释】

[1]为人清直：指汉赵少府陈休、左卫将军卜崇，两人为官清廉，耿直。[2]公座：大庭广众，公开场合。[3]疾：通"嫉"，嫉妒，妒忌。[4]侍中：官名，为皇帝近臣，是应对顾问、往来奏事的官。卜干：汉赵官员，时为侍中。因谏阻汉主刘聪，被贬为庶人。[5]回天地：旋转乾坤，以喻能改变帝王的观点、态度。[6]亲贤孰与窦武、陈蕃：你们与皇帝的亲密程度与你们自身的贤明程度，能超过汉朝的窦武、陈蕃吗？言陈蕃之贤，窦武之亲，尚且为宦官所困，况陈休、卜崇等乎？窦武，传见《后汉书》卷六十九。陈蕃，传见《后汉书》卷六十六。[7]俯首佤眉：柔顺讨好的样子。佤（dī），同"低"。阉竖：对宦官的蔑称。[8]上秋阁：大殿的西阁。[9]特进：官名，是朝廷赏给功臣元老的一种荣誉称号，位在三公下，地位崇高而无实权。綦（qí）毋（wú）达：姓綦毋，名达，汉赵官员，为特进。[10]太中大夫：官名，帝王的侍从官员，备参谋顾问之用。公师彧（yù）：时为汉赵太中大夫。[11]王琰（yǎn）、田歆（xīn）：汉赵官员，时为尚书。[12]大司农：官名，九卿之一，管理国家财政。朱诣：汉赵官员，时为大司农，被宦官所诬，被汉主刘聪杀害。[13]一旦戮卿大夫七人：指刘聪听信谗，一下子就杀害了七个忠良高官。一旦，一个早上，喻时间极短。七人，指上述陈休、卜崇、綦毋达、公师彧、王琰、田歆、朱诣等七个大臣。[14]无乃不可乎：这怎么能行呢！这是不可以的。[15]借（jí）使：假使，假如。[16]不下之有司：不让主管部门审问他们的罪行。有司，有关主管部门，即司法部门。[17]暴明其状：公布他们的罪状。暴，显露。[18]诏尚在臣所：收杀陈休、卜崇等七人的诏令还在我那里放着。卜干当时为侍中，诏书须由门下省颁布，所以卜干可以扣下诏书提出劝谏。[19]宣露：显露，外露。[20]叱（chì）：叱喝，大声斥责。[21]拂衣而入：一甩袖子回到内室。拂衣，生气、不屑的样子。[22]河间王易：即刘易，刘聪之子，封为河间王。[23]勃海王敷：即刘敷，汉主刘聪的同父异母弟，太弟刘乂的同胞弟，封为勃海王。[24]西河王延：即刘延，刘聪之子，

封为河间王，为金紫光禄大夫。［25］诣阙（quē）表谏：直接到皇宫前上奏疏谏诤。阙，即宫阙，位于帝王之居宫门前，代指皇宫。［26］矫弄：假托，玩弄。［27］欺诬日月：欺天瞒日，指蒙蔽汉主刘聪。其实，刘聪本身就是昏庸之人。［28］内谄陛下：对内向陛下您讨好。谄，以言语向人献媚。［29］外佞相国：对外花言巧语以哄骗相国刘粲。［30］侔于人主：和皇帝相同。侔（móu），相比，相当。［31］遽加极刑：突然之间就对陈休、卜崇等人处以死刑。遽，急，突然。极刑，指死刑。［32］痛彻天地：意即这种做法惨绝人寰，连天地都为之哀痛到极点。［33］贤愚：聪明的人与一般智慧的人。贤愚二字代指全天下所有的人。［34］遗晋未殄：苟延残喘的晋王朝尚未消灭。殄，灭。［35］巴、蜀不宾：占领巴、蜀之地的成主李雄还没有前来臣服。巴、蜀，巴蜀之地，代指成国李雄所占领的地区。［36］赵、魏：历史上的赵、魏之地，在今河北、河南一带地区，代指石勒所占领的襄国地区。［37］曹嶷（yí）：原为西晋将领，参加王弥暴动，后归附后赵，时为征东大将军、青州刺史。全齐：整个山东地区。［38］四支：即四肢。支，通“肢”。［39］诛：诛杀。巫咸：殷朝名相，辅佐商王戊中兴。事附见《史记·殷本纪》，未言被害。［40］戮（lù）：杀。扁鹊：姬姓，秦氏，越人，春秋战国时期名医，曾医治好赵简子五日不醒之症、虢太子“尸厥症”，后在咸阳遭秦太医李醯妒忌杀害。这里用扁鹊来比忠良之臣，被奸佞杀害。［41］膏肓之疾：指不可救药的病症。膏肓，古以心尖脂肪为膏，心脏与膈膜之间为肓，膏肓之间是药力不到之处，形容病情特别严重，无法医治，也比喻事态严重到不可挽回的地步。［42］引：勾引，误导。［43］洒扫闺阁：打扫房子卫生，故意极言其身份地位之贱。［44］雠（chóu）：仇人，冤家对头。［45］膏鼎镬（huò）：给鼎铛涂点油，即被鼎镬煮死。鼎镬，古代煮牲肉的大型烹饪铜器。镬，古时指无足的鼎。［46］雍穆：和睦，太平。［47］常然：经常如此，意即司空见惯，不足为奇。［48］忠清：忠诚，廉正。［49］列侯：古爵位名，晋时，指县侯、乡侯、亭侯。［50］手坏其疏：亲手把奏疏撕得粉碎。［51］忿恚（huì）：愤怒，怨恨。［52］谏诤：直言规劝，使人改正过错。诤，争。［53］恸（tòng）：极其悲痛，大哭不止。［54］人之云亡，邦国殄悴：语出《诗经·瞻卬》，意谓贤人一旦不存，国家就要灭亡了，怀念那些身系国家安危的贤人。人，贤人。云，助词。亡，失去。殄悴，困穷，困苦。悴，同“瘁”。

初，代王猗卢爱其少子比延[1]，欲以为嗣，使长子六修出居新平城[2]，而黜其母。六修有骏马，日行五百里，猗卢夺之，以与比延。六修来朝，猗卢使拜比延，六修不从。猗卢乃坐比延于其步辇[3]，使人导从[4]出游。六修望见，以为猗卢，伏谒路左[5]。至，乃比延，六修惭怒而去。猗卢召之不至，大怒，帅众讨之，为六修所败。猗卢微服逃民间，有贱妇人识之，遂为六修所弑。拓跋普根[6]先守外境，闻难来赴[7]，攻六修，灭之。

普根代立，国中大乱，新旧猜嫌[8]，迭相诛灭。左将军卫雄[9]、信义将军箕澹[10]，久佐猗卢，为众所附，谋归刘琨，乃言于众曰："闻旧人忌新人悍战，欲尽杀之，将奈何？"晋人及乌桓皆惊惧，曰："死生随二将军！"乃与琨质子遵[11]帅晋人及乌桓三万家、马牛羊十万头归于琨。琨大喜，亲诣平城[12]抚纳之，琨兵由是复振。

夏，四月，普根卒。其子始生[13]，普根母惟氏立之。

张寔下令：所部吏民有能举其过者，赏以布帛羊米。贼曹佐高昌隗瑾曰[14]："今明公为政，事无巨细，皆自决之，或兴师发令，府朝[15]不知，万一违失[16]，谤无所分[17]。群下畏威，受成[18]而已。如此，虽赏之千金，终不敢言也。谓宜少损聪明[19]，凡百政事，皆延访群下[20]，使各尽所怀[21]，然后采而行之，则嘉言[22]自至，何必赏也！"寔悦，从之，增瑾位三等。

寔遣将军王该[23]帅步骑五千入援长安，且送诸郡贡计[24]。诏拜寔都督陕西[25]诸军事，以寔弟茂[26]为秦州刺史。

石勒使石虎[27]攻刘演于廪丘[28]，幽州刺史段匹磾使其弟文鸯救之；虎拔廪丘，演奔文鸯军，虎获演弟启[29]以归。

宁州刺史王逊[30]，严猛[31]喜诛杀。五月，平夷太守雷炤[32]、平乐太守董霸帅[33]三千余家叛降于成[34]。

（以上为第十一段，主要写鲜卑族首领、代王拓跋猗卢的内讧事件，猗卢偏爱少子比延，欲废长子六修，以比延为继承人，由此闹翻，结果两败俱伤，拓跋普根得利，继位为王。）

【注释】

[1]比延：即拓跋比延，鲜卑拓跋部首领拓跋猗卢少子。猗卢宠爱，欲立为后。后被其兄拓跋六修所杀。[2]新平城：古城名，也叫南平城，在今山西应县西南。[3]坐比延于其步辇（niǎn）：让比延坐在猗卢所坐的轿子上。步辇，软轿。[4]导从：前有导者，后有从者，犹今所谓"簇拥"。[5]伏谒（yè）路左：在路边跪倒拜见。[6]拓跋普根：拓跋六修之弟，治理索头部中部地区，平定六修叛乱，统一索头部。北魏建立后，追封为"景皇帝"。[7]来赴：拓跋普根给晋愍帝小王朝送来其父猗卢死难之消息，并请示要讨伐六修的弑父之恶。[8]新旧：拓跋普根的

部众是原来的纯索头部落，故称为“旧人”；而拓跋猗卢的部众是由索头部落、汉人及乌桓人共同组成，故称“新人”。猜嫌：猜忌，嫌怨。［9］卫雄：字世远，代（今河北蔚县）人，西晋将领卫操的侄子。投奔鲜卑拓跋氏，拜为将军，随从征战，迁左将军。传见《魏书》卷二十三。［10］箕（jī）澹（dàn）：一作“姬澹”，字世雅，代国信义将军，为朝廷征战南北立有大功，被封为楼烦侯。［11］遵：即刘遵，刘琨的庶长子，时在代王拓跋猗卢处为质子。［12］平城：在今山西大同市东北，为拓跋猗卢的南都。［13］始生：即拓跋始生，拓跋普根之子，建兴四年（316）正式即位，同年去世。北魏建立后，追封为“哀皇帝”，史称“北魏哀帝”。［14］贼曹佐：官名，贼曹的副手，主管缉捕盗贼。高昌：县名，高昌古城在今新疆吐鲁番市东南。隗（wěi）瑾：高昌人，为张寔贼曹佐。［15］府朝：公侯郡守办公及会见僚属的场所，此指州府官员。［16］违失：指处置失当。［17］谤无所分：没有人替您分担责任，完全由您一个人负责。谤，诽谤，引申为过错，过失。［18］受成：按既定的命令办事。［19］少损聪明：留着点聪明不用，意即先让别人说说、做做。［20］延访群下：多听听僚属们的意见。延访，延请求教，请教。［21］各尽所怀：每个人都充分发表自己的看法和意见。所怀，所想，所思。［22］嘉言：美好的言论。［23］王该：西晋人，凉州刺史张寔的部将。［24］送诸郡贡计：把所属各郡给朝廷进贡的东西和各郡收支的账簿都送到司马邺小朝廷。［25］陕西：陕县以西，取周公与召公分陕而治之意。［26］茂：即张茂，字成逊，凉昭王张寔胞弟，后为前凉第三位国主。传见《晋书》卷八十六。［27］石虎：字季龙，石勒之侄，后赵第三位皇帝，公元334年至公元349年在位。［28］刘演：字始仁，西晋司空刘琨之侄，时为兖州刺史，驻镇廪丘。传见《晋书》卷六十二。廪（lǐn）丘：县名，县治在今山东郓城县西北，晋时为兖州的州治所在地。［29］启：即刘启，刘琨之子，刘演之弟，被石虎俘虏。［30］宁州：州治滇池，在今云南昆明市晋宁区东北。宁州属地有平夷、南广、夜郎、梁水四郡。王逊：字邵伯，西晋将领。时任宁州刺史。传见《晋书》卷八十一。［31］严猛：严厉，果敢。［32］平夷：郡名，郡治在今贵州毕节市。雷炤（zhāo）：时为平夷太守，后叛归成国。［33］平乐：郡名，辖地约在今云南西北部与四川西南交界的一带地区。董霸：时为平夷太守，后叛归成国。［34］叛降于成：雷炤、董霸二人因反对王逊而叛变晋朝，投降成都的李雄政权。

六月，丁巳朔[1]，日有食之。

秋，七月，汉大司马曜围北地太守麹昌[2]，大都督麹允将步骑三万救之。曜绕城纵火，烟起蔽天，使反间绐允[3]曰：“郡城已陷，往无及也！”众惧而溃。曜追败允于磻石谷[4]，允奔还灵武[5]，曜遂取北地。

允性仁厚，无威断[6]，喜以爵位悦人。新平太守竺恢[7]、始平太守杨像[8]、扶风太守竺爽[9]、安定太守焦嵩[10]，皆领征、镇[11]，杖节[12]，加侍中、常侍[13]；村坞[14]主帅，小者犹假银青将军之号[15]；然恩不及下[16]，故诸将骄恣而士卒离怨[17]。关中危乱，允告急于焦嵩，嵩素侮允[18]，曰："须允困，当救之[19]。"

曜进至泾阳[20]，渭北诸城悉溃。曜获建威将军鲁充[21]、散骑常侍梁纬[22]、少府皇甫阳[23]。曜素闻充贤，募生致之[24]，既见，赐之酒曰："吾得子，天下不足定[25]也！"充曰："身为晋将，国家丧败，不敢求生。若蒙公恩，速死为幸。"曜曰："义士也。"赐之剑，令自杀。梁纬妻辛氏，美色，曜召见，将妻之，辛氏大哭曰："妾夫已死，义不独生，且一妇人而事二夫，明公又安用之！"曜曰："贞女也。"亦听自杀，皆以礼葬之。

汉主聪立故张后侍婢樊氏为上皇后，三后[26]之外，佩皇后玺绶者复有七人。嬖宠[27]用事，刑赏紊乱[28]。大将军敷[29]数涕泣切谏，聪怒曰："汝欲乃公[30]速死邪，何以朝夕生来哭人[31]！"敷忧愤，发病卒。

河东、平阳[32]大蝗，民流殍者什五六[33]。石勒遣其将石越帅骑二万屯并州[34]，招纳流民，民归之者二十万户。聪遣使让[35]勒，勒不受命[36]，潜与曹嶷相结。

八月，汉大司马曜逼长安。

九月，汉主宴群臣于光极殿[37]，引见太弟义。义容貌憔悴[38]，鬓发苍然[39]，涕泣陈谢[40]，聪亦为之恸哭[41]，乃纵酒极欢，待之如初。

焦嵩、竺恢、宋哲皆引兵救长安，散骑常侍华辑监京兆、冯翊、弘农、上洛四郡兵[42]，屯霸上[43]，皆畏汉兵强，不敢进。相国保遣胡崧[44]将兵入援，击汉大司马曜于灵台[45]，破之。崧恐国威复振，则麴、索[46]势盛，乃帅城西诸郡兵屯渭北不进，遂还槐里[47]。

曜攻陷长安外城，麴允、索綝退保小城以自固。内外断绝，城中饥甚，米斗直[48]金二两，人相食，死者太半，亡逃不可制，唯凉州义众[49]千人，守死不移。太仓有麴数十饼[50]，麴允屑之[51]为粥以供帝，既而亦尽。

冬，十一月，帝泣谓允曰："今穷厄[52]如此，外无救援，当忍耻出降，以活士民。"因叹曰："误我事者，麴、索二公也！"使侍中宗敞送降笺于曜[53]。索綝潜留敞，使其子说曜曰："今城中食犹足支一年，未易克也，若许綝以车骑[54]、仪同[55]、万户郡公[56]者，请以城降。"曜斩而送之，曰："帝王之师，以义行[57]也。孤将兵十五年，未尝以诡计败人，必穷兵极势[58]，然后取之。今索綝所言如此，天下之恶一也[59]，辄相为戮之[60]。若兵食审未尽[61]者，便可勉强固守；如其粮竭兵微，亦宜早寤天命[62]。"

甲午[63]，宗敞至曜营；乙未[64]，帝乘羊车，肉袒、衔璧、舆榇[65]，出东门降。群臣号泣，攀车执帝手，帝亦悲不自胜[66]。御史中丞冯翊吉朗[67]叹曰："吾智不能谋，勇不能死，何忍君臣相随，北面事贼虏乎！"乃自杀。曜焚榇、受璧[68]，使宗敞奉帝还宫[69]。丁酉[70]，迁帝及公卿以下于其营。辛丑[71]，送至平阳。

壬寅[72]，汉主聪临光极殿，帝稽首[73]于前。麹允伏地恸哭，扶不能起，聪怒，囚之，允自杀。聪以帝为光禄大夫，封怀安侯。以大司马曜为假黄钺[74]、大都督、督陕西诸军事、太宰，封秦王。大赦，改元麟嘉[75]。以麹允忠烈，赠车骑将军，谥节愍侯。以索綝不忠，斩于都市[76]。尚书梁允、侍中梁浚[77]等及诸郡守皆为曜所杀，华辑奔南山[78]。

（以上为第十二段，主要写西晋灭亡，晋愍帝司马邺山穷水尽，为免长安百姓遭难，投降汉国，大臣麹允悲愤不已，愤而自杀，索綝为臣不忠，被汉赵所杀，西晋落下帷幕。）

【注释】

[1]六月，丁巳朔：六月一日。[2]麹（qū）昌：西晋北地太守。[3]使反间给允：派间谍送假情报欺骗麹允。给，欺骗。[4]追败：追击，打败。磻（pán）石谷：地名，在今陕西铜川市东北，当时的北地郡城东北。[5]灵武：县名，县治在今陕西咸阳市东。[6]威断：果断、决断。[7]竺（zhú）恢：西晋新平太守。[8]杨像：西晋始平太守。[9]竺爽：西晋扶风太守。[10]焦嵩：西晋官员，安定人，时为安定太守，驻扎在长安附近。为麹允举荐，不知恩图报，坐视麹允被围困而自杀，最终自己也被刘曜所杀。[11]皆领征、镇：都加有"四征"或"四镇"将军的名号。[12]杖节：都授予他们旌节。[13]加侍中、常侍：授予他们侍中、常侍这样一种帝王近臣的加官。[14]村坞（wù）：村庄。坞，地势周围高而中央凹的地方。[15]假银青将军之号：封以将军称号，给以银印与青色绶带。[16]恩不及下：对自己身边的僚属却不

给什么好处。下，部下，属下。［17］骄恣：骄傲，放纵。离怨：离心，怨愤。［18］素侮允：一向瞧不起麹允。侮，欺侮。［19］须允困，当救之：等到你走投无路的时候，我会来救你。须，等。［20］泾阳：县名，在泾水之阳，在今陕西泾阳县。泾水由西北流来，在长安城东北汇入渭水。［21］鲁充：西晋建威将军。［22］梁纬：梁综弟，时为散骑常侍。［23］皇甫阳：西晋官员，时为少府。［24］募生致之：悬赏要求把鲁充活捉过来。［25］不足定：意即平定天下不在话下。［26］三后：指刘聪已封的上皇后樊式、左皇后刘氏、右皇后靳月华。［27］嬖（bì）宠：宠幸，宠爱。［28］紊乱：杂乱，纷乱。［29］敷：即刘敷，皇太弟义的同胞弟，刘聪的同父异母弟。［30］乃公：你老子，你爸爸。［31］朝夕：从早到晚。生来哭人：即来哭生人，来哭活人。意为活人也被哭死了。［32］河东、平阳：二郡名。河东郡治安邑，在今山西夏县西北。平阳郡治在今山西临汾市西南，当时为刘聪政权的首都所在地。［33］流殍：流浪，饿死。流，流落他乡。殍（piǎo），饿死田野。什五六：十分之五六。［34］石越：石勒的将领。屯并州：并州当时为刘琨的大本营，石越无由得去。胡三省曰："时勒盖遣越屯上党，招纳并州统内也。"［35］让：批评。［36］不受命：不接受汉主刘聪的命令，心中自有另起炉灶的打算。［37］光极殿：汉国皇宫的宫殿名。［38］憔悴：虚弱无力，脸色难看的样子。［39］苍然：灰白色。［40］陈谢：道谢。［41］恸哭：放声痛哭，号哭。［42］华辑：西晋官员，时为散骑常侍。监：监督，控制，也是统领的意思。京兆、冯翊（yì）、弘农、上洛：皆晋郡名。京兆，郡治长安，在今陕西西安市北部。冯翊，郡治临晋，在今陕西大荔县。弘农，郡治在今河南灵宝市。上洛，郡治上洛，在今陕西商洛市商州区。［43］霸上：地名，在今陕西西安市东，因地处霸水西侧的高原上而得名，古代咸阳、长安附近的军事要地。［44］胡崧（sōng）：相国司马保的部将。［45］灵台：周代遗留的祭台，在当时长安城西四十里。［46］麹、索：麹允、索綝，当时西晋小朝廷的两个核心人物。［47］槐里：县名，县治在今陕西兴平市东南。［48］直：通"值"，价值。［49］凉州义众：凉州刺史张轨父子派遣的援军。［50］太仓：国家的粮仓。有麹数十饼：有酒糟饼几十块。麹，把麦子或白米蒸过，使它发酵后再晒干，称为"麹"，可用来酿酒。［51］屑之：将麹饼碾成细面。屑，研成碎末。［52］穷厄：穷困，受罪。［53］宗敞：西晋人，为西晋小朝廷的侍中。降笺（jiān）：投降书。［54］车骑：二字原无，据章校补。为"车骑将军"的简称，位仅次于骠骑将军。［55］仪同："仪同三司"的简称。［56］万户郡公：封为郡一级的公侯，食邑万户。［57］以义行：凭着仁义行事，不搞歪门邪道。［58］穷兵极势：即兵穷势极，无计可施。［59］天下之恶一也：天下人对索綝这种做法的讨厌，都是一样的。［60］辄相为戮之：现在我替你们把他的儿子杀了。［61］审未尽：的确还有剩余。［62］早寤天命：早一点明白上天的意思。意即不要作无谓挣扎，投降。寤，通"悟"，觉悟，认识到。［63］甲午：十一月十日。［64］乙未：十一月十一日。［65］肉袒、衔璧、舆榇：古代帝王向人投降的通用仪式，表示认罪服罪。肉袒，袒露着臂膀。舆榇（chèn），用车拉着棺材。［66］悲不自胜：非常悲伤，自己无法承受这种痛苦。［67］吉朗：冯翊人，时为御史中丞，晋愍帝司马邺投降汉赵时，他不忍受辱，愤而自杀。［68］焚榇、受璧：这是古代接受他国帝王投降的通用仪式。［69］奉帝还宫：将晋愍帝司马邺暂时送回宫里。［70］丁酉：十一月十三日。［71］辛丑：十一月十七日。［72］壬寅：十一月十八日。［73］稽首：古代跪拜礼，为九拜中最隆重的一种。常为臣子拜见君父时所用。跪下并拱手至地，头也至地。稽（qǐ），停留，拖延，头触碰在地上且停留一会儿。［74］假黄钺：授予他黄铜大斧，意即使他有生杀大权。［75］麟嘉：刘聪的第四个年号。［76］都市：京都平阳的市场。［77］梁允、梁浚：西晋人，分别是晋愍帝小朝廷的尚书、侍中，晋朝灭亡后，向汉赵投降，被杀。［78］南山：即终南山，属秦岭山脉，在陕西长安城南。

干宝论曰[1]：

昔高祖宣皇帝[2]，以雄才硕量[3]，应时而起，性深阻有若城府[4]，而能宽绰以容纳[5]；行数术以御物[6]，而知人善采拔[7]。于是，百姓与能[8]，大象始构[9]。世宗承基[10]，太祖继业[11]，咸黜异图[12]，用融前烈[13]。至于世祖[14]，遂享皇极[15]，仁以厚下，俭以足用，和而不弛[16]，宽而能断，掩唐、虞之旧域[17]，班正朔于八荒[18]，于时有“天下无穷人”之谚，虽太平未洽[19]，亦足以明民乐其生矣[20]。

武皇既崩，山陵[21]未干而变难继起。宗子无维城之助[22]，师尹无具瞻之贵[23]，朝为伊、周[24]，夕成桀、跖[25]；国政迭移于乱人[26]，禁兵外散于四方[27]，方岳无钧石之镇[28]，关门无结草之固[29]。戎、羯称制[30]，二帝失尊[31]，何哉？树立失权[32]，托付非才[33]，四维不张[34]，而苟且之政[35]多也。

夫基广则难倾[36]，根深则难拔，理节[37]则不乱，胶结则不迁[38]。昔之有天下者所以能长久，用此道也。周自后稷爱民[39]，十六王而武始君之[40]，其积基树本[41]，如此其固。今晋之兴[42]也，其创基立本，固异于先代[43]矣。加以朝寡纯德之人[44]，乡乏不贰[45]之老，风俗淫僻[46]，耻尚失所[47]。学者以庄、老为宗[48]而黜《六经》[49]，谈者以虚荡为辨[50]而贱名检[51]，行身者以放浊为通[52]而狭节信[53]，进仕者以苟得为贵而鄙居正[54]，当官者以望空为高而笑勤恪[55]。

是以刘颂屡言治道[56]，傅咸每纠邪正[57]，皆谓之俗吏[58]。其倚杖虚旷[59]，依阿无心[60]者，皆名重海内。若夫文王日昃不暇食[61]，仲山甫夙夜匪懈者[62]，盖共嗤黜以为灰尘[63]矣！由是毁誉乱于善恶之实[64]，情慝奔于货欲之涂[65]，选者为人择官[66]，官者为身择利[67]，世族贵戚之子弟，陵迈超越[68]，不拘资次[69]。悠悠风尘[70]，皆奔竞之士[71]；列官[72]千百，无让贤之举。子真著《崇让》而莫之省[73]，子雅制九班[74]而不得用。其妇女不知女工[75]，任情而动[76]，有逆于舅姑[77]，有杀戮妾媵[78]，父兄弗之罪也，天下莫之非也。礼法刑政，于此大坏，“国之将亡，本必先颠[79]。”其此之谓乎！

故观阮籍[80]之行，而觉礼教崩弛之所由[81]；察庾纯、贾充[82]之争，而见师尹之多僻[83]，考平吴之功，而知将帅之不让[84]；思郭钦[85]之谋，而寤戎狄之有衅[86]；览傅玄、刘毅之言[87]，而得百官之邪；核傅咸之奏、钱神之论[88]，而睹宠赂之彰[89]。民风国势，既已如此，虽以中庸之才、守文之主治之，犹惧致乱[90]，况我惠帝以放荡之德[91]临之哉！怀帝[92]承乱即位，羁以强臣[93]；愍帝[94]奔播之后，徒守虚名。天下之势既去，非命世之雄材[95]，不能复取之[96]矣！

（以上为第十三段，写干宝作“晋纪总论”，论述西晋的盛衰兴亡，探讨得失由来。作者认为，西晋之亡，在晋武帝司马炎时期就埋下祸根，根基不牢，纲纪不张，任用庸人，强臣当政，世风衰微，官场腐败。）

【注释】

[1]干宝：字令升，新蔡（今河南新蔡县）人，迁居海宁盐官（今属浙江），东晋官员、史学家，著有《晋纪》。传见《晋书》卷八十二。论曰：司马光引自干宝《晋纪》卷五，姑称之曰“晋纪总论”。[2]高祖宣皇帝：即司马懿，庙号高祖。 [3]硕量：雅量，大度。硕，大。 [4]性深阻：性情深沉而又曲折，即俗所谓老奸巨猾。城府：城池和府库，比喻人的心机多而难测。 [5]能宽绰以容纳：又能做出一种气度恢宏而能容纳人才的样子。宽绰，谓气量宽宏。 [6]行数术以御物：玩弄权术以驾驭人才。数术，指手段。御物，犹言御人、用人。御，驾驭，使用。 [7]善采拔：善于选拔人才。[8]百姓与能：各个官僚贵族都肯定他的才能。百姓，此指百官。与，肯定，赞同。[9]大象始构：一个国家政权的规模，就这样初步形成了。大象，老子用语，指无形无象的“道”。

《老子》曰："执大象，天下往。"又曰："大象无形。"此指国家的根基、轮廓。构，构建，构造。［10］世宗：指司马师，庙号世宗。承基：继承基业。［11］太祖：即司马昭，庙号太祖。继业：意同"承基"。按：司马懿九子，而继承、弘扬司马懿基业而最终建立了晋朝的人是司马师和司马昭两人。［12］咸黜异图：都挫败了持不同政见的人。指内诛李丰、夏侯玄，外平"淮南三叛"，即平定王凌、毌丘俭、文钦、诸葛诞等人的叛乱。咸，都，皆。［13］用融前烈：因而发扬光大了前辈的事业。用，以，因而。烈，事业。［14］世祖：即晋武帝司马炎，庙号世祖。［15］享皇极：登上了皇帝的宝座。享，享有。皇极，犹言"帝位"。［16］和而不弛：对群臣百官宽和而不放任。弛，松弛，放任。［17］掩：覆盖，辖有。唐、虞：即唐尧、虞舜，上古圣王。传见《史记》卷一。［18］班正朔于八荒：对全国乃至四周的蛮荒地区颁布了新章程、新制度，即统治达于四极。班，颁布。正朔，指历法。每当一个新的王朝建立，总是要改用一套新历法。八荒，国家四周的蛮荒地区。蛮荒皆用晋之历法，表示归服。［19］未洽（qià）：不彻底，不充分。［20］明：表明，证明。民乐其生：百姓们对自己的生活感到满意。［21］山陵：指晋武帝司马炎的陵墓峻阳陵，位于今河南洛阳市偃师区。［22］宗子：皇室子弟，此指八王。无维城之助：不能成为皇帝的捍卫者。《诗经・板》有所谓"怀德维宁，宗子维城"。维城，意即宗子是城墙，起到屏藩的作用。［23］师尹（yǐn）：指朝廷的高级官员。尹，官名，相当于"相"。无具瞻之贵：不具备给全国作榜样的素质。《诗经・节南山》有所谓"赫赫师尹，民具尔瞻"。具瞻，指为众人所瞻望。［24］朝为伊（yī）、周：早上还是殷朝的伊尹、周朝的周公。伊，指殷朝开国宰相伊尹。周，指西周开国宰相周公。伊、周并称，为贤相、贤人之代称。［25］夕成桀、跖：晚上就成了凶暴的夏桀和盗跖。桀，指夏朝的亡国之君夏桀。跖，指春秋时叫跖的大盗。桀、跖并称，指代凶暴之徒。［26］迭移：一次次地转移。乱人：司马氏宗室八王，皆为乱人。［27］禁兵：朝廷的禁卫部队。外散于四方：指被各个诸侯王所控制。［28］方岳：独当一面的大员，如都督、刺史、征镇等。无钧石之镇：指起不到一点稳定局面的作用。钧石，古代重量单位，三十斤为一钧，四钧为一石。［29］关门：关卡、城门。无结草之固：连结草绊敌人之马的作用都没有。结草，是《左传・宣公十五年》中的一个典故，说有个老人的鬼魂为感谢晋将魏颗对他女儿的恩情，当魏颗被人追杀时，就编结野草绊住追兵的马蹄，使魏颗大获全胜。［30］戎、羯（jié）称制：指刘聪、石勒相继称王，建立国家政权。［31］二帝失尊：指晋怀帝司马炽、愍帝司马邺先后被汉国所俘虏。［32］树立失权：在确立接班人的问题上，没有很好地权衡利弊，即错误地立了晋惠帝司马衷。树立，确立，确定。权，权衡，考虑。［33］托付非才：指委托的顾命大臣不是什么好人，指杨骏等一群恶人。［34］四维不张：指礼、义、廉、耻四种准则不能得到提倡。维，系物的大绳，引申为纲纪、法度。［35］苟且之政：敷衍了事、得过且过地处理、决断国家大事。［36］基广：基础打得大，打得牢，根基深厚。倾：倾颓，倒塌。［37］理节：政务有条理、有节制。理，治理。［38］胶结：凝聚，指人心牢固，连接在一起。不迁：不见异思迁，不动摇。［39］周自后稷爱民：周朝的兴起始于后稷关爱百姓。后稷，周之始祖，姬姓，名弃，生于稷山（今山西稷山县），被尊为稷神。童时，好种树、麻、菽。成人后，有相地之宜，善种谷物，教民耕种与稼穑之术。尧舜时起，为司农之神，主管农事，关爱百姓，是禹最倚重的三公之一。［40］十六王：指周族自后稷起至周武王姬发建立周朝，中经十六代。武始君之：到周武王才统一天下而称王。武，指周武王姬发。［41］积基：奠定基础。树本：建立根本。［42］晋之兴：指晋朝的建立。［43］固异于先代：指司马氏晋朝的建国，本来就和商、周取得政权的方式不同，是靠着篡位而得来的。［44］朝寡纯德之人：朝廷上掌权的没有德行高尚之人，而是贾充、荀勖、何曾等一群寡廉鲜耻之徒。寡，少。纯德，品德高尚专一。［45］不贰：一心为国，不存二念。［46］淫僻：淫靡、怪诞，指纵酒、颓废、清谈、不务政事等等。［47］耻尚失所：讨厌什么与喜欢什么，都没有正确的标准。尚，崇尚，追求。失所，失当。［48］以庄、老为宗：推崇老子、庄子。老庄哲学在魏晋时期发展成为空谈哲理的玄学，士大夫脱离社会，误国误民。［49］黜（chù）：废除，贬损。《六经》：指经过孔子整理而传授的六部先秦古籍，即《诗经》《书经》（即《尚书》）《礼经》《乐经》《易经》（即《周易》）《春秋》。［50］以虚荡为辨：把那些说空话、说废话的人看作是治国的人才。虚荡，浮夸而不切实际。辨，治理。［51］贱名检：看不起坚守节操的人。贱，意动用法，以之为贱。名检，名誉与礼法。［52］行身：持身，行事。以放浊为通：把任意胡来看作是豁达。放浊，指放纵、邪行。通，畅达，不拘小节。［53］狭节信：认为坚持节操、信用是狭隘。狭，意动用法，以之为狭。［54］进仕：进身为官。以苟得为贵：谁能取得高官厚禄，谁就被认为是有本事。苟得，不择手段地夺得。鄙居正：把遵循正道直行的人看作是鄙陋。鄙，鄙视，瞧不起。［55］以望空为高：把那些不辨是非、胡乱应付的官僚看作是高尚。望空，眼高于顶，追求虚无。而笑勤恪（kè）：那些忠于职守、辛勤办事的人反而受到嘲笑。恪，恪尽职守。［56］刘颂：字子雅，广陵（今江苏扬州市）人，西晋正直官员。曾代理廷尉，执法公平。晋灭吴后，因秉公考核王浑、王濬争功一事，被外放。传见《晋书》卷四十六。屡言治道：刘颂多次上书谈论政事，主张恢复肉刑，《全晋文》收录有《除淮南相在郡上疏》《上疏请复肉刑》《上疏言断狱宜守律令》《赵王伦加九锡议》，其上书论时政见《资治通鉴》卷八十二晋武帝太康十年（289）。［57］傅咸：字长虞，北地泥阳（今陕西铜川市耀州区东南）人，西晋文学家。传见《晋书》卷四十七。每纠邪正：傅咸常常纠弹时弊。他疾恶如仇，直言敢谏，多次上疏，主张裁并官府，裁减冗官，兴办学校，重视农桑，并力主俭朴，说“奢侈之费，甚于天灾”。事见《资治通鉴》卷八十一晋武帝太康三年（282）。邪正，偏义复词，指邪臣，弊政。［58］俗吏：指刘颂、傅咸被认为是才智平庸的官员。［59］倚杖虚旷：拄着手杖只是空谈，对国家社会不负责任。虚旷，虚无缥缈，不着边际。［60］依阿无心：依附阿谀奉承的权贵，自己没有主见。［61］文王：即西伯姬昌，西周奠基人。周武王追封西伯为文王。日昃不暇食：周文王每天总是忙到很晚了，还顾不上吃饭。昃（zè），日西斜。暇，空闲时间。［62］仲山甫：一作仲山父，辅佐周宣王中兴的贤臣。夙夜匪懈：起得很早，睡得很晚，勤于政事，不得休息。夙，清早。夜，天黑。匪，通“非”，不。懈，懈怠，偷懒。［63］共嗤黜以为灰尘：指文王、仲山甫被耻笑、贬低得如同灰尘。嗤，讥笑，嘲笑，表示唾弃。黜，贬损，贬低。［64］由是：因此，从此。毁誉乱于善恶之实：是非善恶与表扬谴责完全错位。［65］情慝（tè）：感情，心思。奔于货欲之涂：全部用在追求金钱与满足欲望上。涂，通“途”，道途，路途。［66］选者：执掌选择官员的人。为人择官：按照某些人的意愿和指令选官。［67］为身择利：为个人谋取私利。［68］陵迈超越：指被破格提拔。陵迈，谓越级擢升。［69］资次：资历、次序。［70］悠悠风尘：指整个官场。悠悠，众多的样子。风尘，尘世，浊世。［71］皆奔竞之士：都是一群追逐名利的人。［72］列官：犹言诸官、百官。［73］子真：即刘寔（shí），字子真，魏晋重臣。传见《晋书》卷四十一。《崇让》：即《崇让论》，是刘寔为司马氏政权设计的整顿吏治、调整统治集团内部关系的理想方案，从认定官员选拔标准和官吏晋升方式入手，探讨统治集团内不同阶层合理流动的途径，倡导礼让尊贤，以期使司马氏政权充满活力。见《资治通鉴》卷八十二晋武帝太康十年（289）。莫之省：整个社会没人理睬。省，看。［74］子雅：即刘颂，字子雅。传见《晋书》卷四十六。制九班：刘颂为抑制奔竞之风曾提出任用官吏的九班之制。《晋书·刘颂传》曰：“转吏部尚书，建九班之制，欲令百官居职希迁，考课能否，明其赏罚。”见《资治通鉴》卷八十二晋武帝太康十年（289）。［75］其妇女不知女工：有些女人不会做针线活。女工，指纺纱、织布、刺绣等。［76］任情而动：想干什么就干什么。［77］逆于舅姑：顶撞公婆。逆于，顶撞，冒犯。舅姑，公婆。［78］杀戮：杀害。妾媵：泛指婢女。媵（yìng），随嫁侍女。［79］国之将亡，本必先颠：语出《左传·闵公元年》。本，根本，以喻道德礼法。颠，颠倒，倒塌。［80］阮籍：阮籍以酣饮放达闻名。事见《资治通鉴》卷七十八魏元帝曹奂景元二年（261）。［81］崩弛：涣散，败坏。所由：由来。［82］庾纯、贾充：两人皆魏晋大臣。庾纯，传见《晋书》卷五十。贾充，传见《晋书》卷四十。庾纯、贾充两人曾在司马炎跟前相互指责对方不顾礼法。［83］师尹之多僻：朝廷名公巨卿的行为多么邪恶。僻，邪恶。［84］将帅之不让：晋灭吴国后，王浑、王濬之相互争功、彼此攻击，事见《资治通鉴》卷八十一晋武帝太康元年（280）。［85］郭钦：西晋官员，曾为侍御史，曾上疏徙戎，提议将杂居于今山西境内的匈奴人迁出境外，事见《资治通鉴》卷八十一晋武帝太康元年（280）。［86］寤戎狄之有衅：可以明白后来所发生的这些少数民族搅乱中原，是中原统治者给他们提供了可乘之机。寤，通“悟”，醒悟，明白。有衅，有缝隙，有空子可钻。［87］览傅玄、刘毅之言：观览傅玄、刘毅的言论。此指两人对西晋官场黑暗的揭露，见《资治通鉴》卷八十一晋武帝太康五年（284）。［88］钱神之论：即鲁褒所写的《钱神论》，时惠帝愚呆，贾后淫虐专政，纲纪败坏，贿赂公行，世风日下，作品揭示当时社会风气大变，以讽刺西晋的恶劣世俗。事见《资治通鉴》卷八十三晋惠帝元康九年（299）。［89］宠赂之彰：滥赏和贿赂问题的严重与明目张胆。彰，彰显，突出。［90］犹惧致乱：还怕出现乱子。［91］惠帝：即司马衷。放荡之德：放任纵情的行为。［92］怀帝：即司马炽。［93］羁以强臣：受到强势大臣的控制。羁，束缚，拘束。强臣，指司马颖、司马颙、司马越等人。［94］愍帝：即司马邺。［95］非命世之雄材：如果不是超越一世的英才。命世，著称于当世，多用以称誉有治国之才者。雄材，非常杰出的人才。材，通“才”，才能。［96］不能复取之：无论如何是无法挽救而取得天下的。

石勒围乐平太守韩据于坫城[1]，据请救于刘琨。琨新得拓跋猗卢之众，欲因其锐气以讨勒。箕澹、卫雄谏曰："此虽晋民，久沦异域，未习明公之恩信，恐其难用。不若且内收鲜卑之余谷[2]，外抄胡贼[3]之牛羊，闭关守险，务农息兵，待其服化感义，然后用之，则功无不济矣。"琨不从，悉发其众，命澹帅步骑二万为前驱，琨屯广牧[4]，为之声援。

石勒闻澹至，将逆击之。或曰："澹士马精强，其锋不可当，不若且引兵避之，深沟高垒以挫其锐，必获万全。"勒曰："澹兵虽众，远来疲弊，号令不齐，何精强之有！今寇敌垂至[5]，何可舍去！大军一动，岂易中还[6]！若澹乘我之退而逼之，顾逃溃不暇[7]，焉得[8]深沟高垒乎！此自亡之道也。"立斩言者。以孔苌[9]为前锋都督，令三军："后出者斩！"勒据险要，设疑兵于山上，前设二伏，出轻骑与澹战，阳[10]为不胜而走。澹纵兵追之，入伏中。勒前后夹击澹军，大破之，获铠马万计。澹、雄帅骑千余奔代郡[11]，韩据弃城走，并土震骇。

十二月，乙卯朔[12]，日有食之。

司空长史李弘[13]以并州[14]降石勒。刘琨进退失据[15]，不知所为，段匹磾遣信邀之[16]。己未[17]，琨帅众从飞狐奔蓟[18]。匹磾见琨，甚相亲重，与之结婚[19]，约为兄弟。勒分徙阳曲、乐平民于襄国[20]，置守宰[21]而还。

孔苌攻箕澹于代郡，杀之。

苌等攻贼帅马严、冯䐗[22]，久而不克。司、冀、并、兖流民数万户在辽西[23]，迭[24]相招引，民不安业。勒问计于濮阳[25]侯张宾，宾曰："严、䐗本非公之深仇，流民皆有恋本[26]之志，今班师振旅[27]，选良牧守使招怀之[28]，则幽、冀之寇可不日而清，辽西流民将相帅而至[29]矣。"勒乃召苌等归，以武遂令李回为易北督护[30]，兼高阳[31]太守。马严士卒素服回威德，多叛严归之，严惧而出走，赴水死。冯䐗帅其众降。回徙居易京[32]，流民归之者相继于道。勒喜，封回为弋阳子[33]，增张宾邑千户，进位前将军，宾固辞不受。

丞相睿闻长安不守，出师露次[34]，躬擐甲胄[35]，移檄[36]四方，刻日北征。以漕运稽期[37]，丙寅[38]，斩督运令史淳于伯[39]。刑者以刀拭柱[40]，血逆流上，至柱末二丈余而下，观者咸以为冤。丞相司直刘隗上言[41]："伯罪不至死，请免从事中郎周莚[42]等官。"于是，右将军王导等上疏引咎[43]，请解职。睿曰："政刑失中[44]，皆吾昏塞[45]所致。"一无所问。

隗性刚讦[46]，当时名士多被弹劾，睿率皆容贷[47]，由是众怨皆归之[48]。南中郎将王含[49]，敦之兄也，以族强位显，骄傲自恣[50]，一请参佐及守长至二十许人[51]，多非其才；隗劾奏[52]含，文致甚苦[53]，事虽被寝[54]，而王氏深忌疾[55]之。

丞相睿以邵续为冀州刺史。续女婿广平刘遐[56]聚众河、济之间[57]，睿以遐为平原内史[58]。

拓跋普根之子又卒，国人立其从父郁律[59]。

（以上为第十四段，主要写西晋灭亡以后的余波。西晋重臣刘琨出重兵讨石勒遭惨败，西晋北方势力殆尽；江南丞相司马睿听说长安失守，外表上义愤填膺，发布檄文，欲出兵征讨，并杀人立威，而醉翁之意不在酒，在于帝位也！）

【注释】

[1]韩据：西晋乐平太守。坫（diàn）城：即沾县县城。坫，一作"沾"，"坫"或为讹字。[2]鲜卑之余谷：指平城所存的粮食。当时因箕澹、卫雄率众归刘琨，故平城归刘琨所管。[3]胡贼：指刘聪、石勒。[4]广牧：县名，县治在今山西寿阳县北。[5]垂至：将要来到。[6]岂易中还：还能够半路折回来吗？[7]逃溃：逃跑，溃散。不暇：只想着逃命，没有时间考虑其他的事情。[8]焉得：怎么可能做到。[9]孔苌（cháng）：后赵石勒心腹勇将。[10]阳：同"佯"，假装。[11]代郡：郡名，郡治在今河北蔚县东北的代王城。[12]乙卯朔：十二月一日。[13]司空长史：刘琨的长史。时刘琨任司空。李弘：刘琨的部将。[14]并州：刘琨的并州州治在阳曲，在今山西太原市。[15]进退失据：前进和后退都失去了依据，进退两难，不知道怎么办。[16]遣信邀之：派使者持书信邀请他。[17]己未：十二月五日。[18]飞狐：山口名，在今河北涞源县北、蔚县南，两崖峭立，一线微通，蜿蜒百里，自古以来为河北平原与山西北部边郡间的交通咽喉。蓟（jì）：县名，县治在今北京市，当时为幽州的州治所在地。段匹磾当时任幽州刺史。[19]结婚：结成儿女亲家。[20]分徙：强制搬迁。襄国：县名，县治在今河北邢台市西南，当时为石勒的大本营所在地。[21]置守宰：在乐平、阳曲二郡派驻郡守与县令。[22]马严、冯䐗（dǔ）：幽州、冀州地区的变民首领。[23]辽西：郡名，郡治阳乐，在

今辽宁义县西。［24］迭：不断地。［25］濮（pú）阳：郡名，因濮水而得名，郡治濮阳，在今河南濮阳市西南。［26］恋本：留恋本土。［27］班师振旅：将这些流民带回老家。振旅，是古代回师的一种仪式。［28］良牧守：好的州刺史与郡太守。招怀：招抚，怀柔。［29］相帅而至：相互招呼，前来归附。帅，通“率”。［30］武遂令：武遂县的县令。武遂，县名，县治在今河北武强县东。李回：汉赵人，时为武遂县令。易北：指易水以北地区。易，易水，源头位于易县西部山区，河溪纵横。［31］高阳：晋郡名，郡治博陆，在今河北蠡县。［32］易京：古城名，在今河北雄县西北。［33］弋阳子：封号名。弋阳，是封地，县名，县治在今江西弋阳县。子，是爵级，五等侯爵的第四等。［34］露次：住宿在荒郊野外，这是古代哀悼国破家亡的一种仪式。［35］躬擐甲胄：亲自穿戴盔甲。擐（huàn），穿戴。［36］移檄：发布文告晓示。檄，檄文，古代用于晓谕、征召、声讨等的文书。［37］漕运稽期：运送物资的船只耽误了日期。稽，停留，迟延。［38］丙寅：二字原无，据章校补。丙寅，十二月十二日。［39］督运令史：官名，掌督运军粮。淳于伯：时为督运令史，因漕运延期，被司马睿所杀。司马睿故作姿态，其实他根本不想出兵援救司马邺小朝廷。［40］拭柱：即杀害淳于伯。拭，杀。柱，将淳于伯绑于柱上，深埋作“人桩”。［41］丞相司直：官名，协助丞相察举不法。时司马睿为丞相。刘隗（wěi）：司马睿的属官，原为从事中郎，现为司直。［42］周莚（yán）：司马睿的属官，时为从事中郎。［43］引咎：把过失归于自己。咎，过失，过错。［44］政刑失中：政事、刑法宽严失当。［45］昏塞：昏聩闭塞，昏暗不明。［46］刚讦：刚直，好攻人之短。讦（jié），斥责别人的过失，揭发别人的阴私。［47］容贷：宽容，饶恕。［48］众怨皆归之：一切怨恨都集中到了刘隗身上。［49］王含：王敦之兄。时为南中郎将，累迁征东将军，都督扬州、江西诸军事。［50］自恣：任意放纵，随心所欲。［51］一请：一次就请求任用。二十许人：二十多人。［52］劾奏：指向皇帝检举官吏的过失、罪行。劾，弹劾。［53］文致甚苦：舞文弄法，罗织罪名。［54］被寝：被搁置。寝，休息，引申为止息。［55］忌疾：嫉恶，忌恨。疾，通“嫉”，嫉妒。［56］刘遐：字正长，广平易阳人，东晋将领。曾为坞主，果敢勇猛，在河、济之间筑垒，任为龙骧将军、平原内史。传见《晋书》卷八十一。［57］河、济之间：黄河、济水的夹角内，约当今之山东、河北、河南三省的交界地区。［58］平原内史：平原国的行政长官。平原，是当时的封国名，都城在今山东平原县南。［59］郁律：即拓跋郁律，北魏皇帝先祖。北魏建立后，追尊平文皇帝，庙号太祖。传见《魏书》卷一。

【点评】

西晋之亡。西晋从晋武帝司马炎建国到晋愍帝司马邺投降，前后经历四任皇帝，中间还有晋惠帝司马衷、晋怀帝司马炽，立国51年。从统一的角度来说，建国14年后灭亡吴国，而在灭亡12年前李特建立成汉国，故西晋真正统一的时间只有25年，是中国历史上较为短命的大一统王朝。

西晋灭亡，令人唏嘘，感慨不已。晋武帝司马炎时期，还力图进取，消灭吴国，希望实现统一，发展经济，百业兴旺，而进入惠帝司马衷时代，惠帝无能；八王之乱，权臣都卷入争斗当中，内部乌烟瘴气。结果，外族势力逐渐强大，李雄在巴蜀立国，刘渊在山西称帝，还有不少异族势力也非常强大，所谓“五胡乱华”，先后建立十六国，历时近三百年，整个天下四分五裂，满目疮痍。

掩卷沉思，其中似乎有着一种宿命。曹丕从汉献帝那儿受禅让，传承了五个皇帝，历时46年；而西晋司马炎从魏元帝手中得到皇位，即所谓禅让，与魏初如出一辙。西晋开国之初，晋武帝司马炎吸取了魏国灭亡的教训，大封亲王，权力都集中到司马氏手上，引起内乱。可以说一部西晋的历史，就是司马家族的相互争斗史，结果使西晋的元气耗尽，一步步滑向灭亡的深渊。

其实，西晋的灭亡，还有一些更为深层的原因，就是治国之纲没有树立，制度缺失，道德沦丧，使西晋立国的根本缺失，纲纪不张，邪恶嚣张。

而汉朝初起的兴盛，除了汉高祖刘邦的建国，还得益于文帝、景帝的励精图治和汉武帝的雄才大略。西晋从帝王到权臣，却没有真正能够撑起一个国家的杰出人才来统治和驾驭，任凭权臣作为，败乱朝政。

卷九〇　晋纪十二

晋元帝建武元年至大兴元年（317—318年）

【起强圉赤奋若（丁丑，317年），尽著雍摄提格（戊寅，318年），凡二年】

【大事提要】

本卷记事起公元317年，讫公元318年，凡二年，当晋元帝（司马睿）建武元年至太兴元年。本卷所载大事，主要是五个方面：其一，张寔发兵勤王。晋愍帝司马邺降汉被掳的凶信传到凉州，凉州刺史张寔的叔父张肃悲愤而死。晋朝黄门郎史淑等自长安逃奔至凉州，传令张寔协助琅邪王司马睿。张寔派遣太府司空韩璞等统军向长安进发，途中为羌人所阻而返。时关中大乱，唯有凉州安然无恙。其二，慕容廆归顺江东。公元317年，晋王司马睿拜鲜卑大都督慕容廆为都督辽左杂夷流民诸军事等，慕容廆拒绝接受。征虏将军鲁昌等人，认为司马睿在江东承皇帝旨意号令全国，为四海所系属，慕容廆应劝其承继帝位。慕容廆于是奉司马睿为正朔，派使者浮海至建康劝进。其三，司马睿称帝。公元318年，晋愍帝司马邺遇害的消息传到建康，晋王司马睿在诸臣的再三劝说下即位为帝，是为晋元帝，改元太兴。百官皆有奖赏，增位二等，赐诸官投书劝进者加位一等，百姓投书者皆任为吏，共有二十多万人。立王太子司马绍为皇太子。其四，慕容廆创定府朝仪法。公元318年，晋元帝司马睿再次遣使授予鲜卑慕容廆为龙骧将军、大单于、昌黎公，慕容廆辞昌黎公不受。慕容廆以游邃为龙骧长史，命其创定府朝仪法。后裴嶷献议，劝其趁晋室衰微，渐行兼并，慕容廆当即任命其为长史，委以军国之谋。其五，刘粲、刘曜相继即位。公元318年，汉主刘聪去世，太子刘粲继位，被辅政大臣、大司马靳准谋杀。镇守长安的刘聪族弟刘曜闻变，自立为皇帝，发兵攻打靳准。靳准为部下靳明所杀，共推靳明为主，投降刘曜，送传国玺至平阳，刘曜杀靳明及靳氏男女。

中宗元皇帝[1]上

建武[2]元年（丁丑，317年）

春，正月，汉[3]兵东略弘农[4]，太守宋哲奔江东[5]。

黄门郎史淑[6]、侍御史王冲[7]自长安奔凉州[8]，称愍帝[9]出降前一日[10]，使淑等赍诏赐张寔[11]，拜寔大都督[12]、凉州牧[13]、侍中[14]、司空[15]，承制行事[16]，且曰："朕已诏琅邪王[17]时摄大位[18]；君其协赞[19]琅邪，共济多难[20]。"淑等至姑臧[21]，寔大临三日[22]，辞官不受[23]。

初，寔叔父肃为西海太守[24]，闻长安危逼[25]，请为先锋入援；寔以其老，弗许。及闻长安不守，肃悲愤而卒。

寔遣太府司马韩璞[26]、抚戎将军张阆等帅步骑一万东击汉[27]；命讨虏将军陈安[28]、安故太守贾骞[29]、陇西太守吴绍各统郡兵为前驱[30]。又遗相国保书曰[31]："王室有事，不忘投躯[32]。前遣贾骞瞻公举动[33]，中被符命[34]，敕骞还军[35]，俄[36]闻寇逼长安，胡崧不进[37]，麹允[38]持金五百，请救于崧，遂决遣骞等进军度岭[39]。会闻朝廷倾覆[40]，为忠不遂，愤痛之深，死有余责。今更遣璞等，唯公命是从[41]。"璞等卒[42]不能进而还。

至南安[43]，诸羌[44]断路，相持百余日，粮竭矢尽。璞杀车中牛以飨士[45]，泣谓之曰："汝曹[46]念父母乎？"曰："念。""念妻子乎？"曰："念。""欲生还乎？"曰："欲。""从我令乎？"曰："诺。"乃鼓噪[47]进战，会张阆帅金城[48]兵继至，夹击，大破之，斩首数千级。

先是，长安谣曰："秦川[49]中，血没腕[50]，唯有凉州倚柱观。"及汉兵覆关中，氐、羌掠陇右[51]，雍、秦[52]之民，死者什八九[53]，独凉州安全。

二月，汉主聪[54]使从弟畅帅步骑三万攻荥阳[55]，太守李矩[56]屯韩王故垒[57]，相去七里，遣使招矩。时畅兵猝至[58]，矩未及为备，乃遣使诈降[59]于畅。畅不复设备[60]，大飨[61]，渠帅[62]皆醉。矩欲夜袭之，士卒皆恇惧[63]，矩乃遣其将郭诵[64]祷于子产祠[65]，使巫[66]扬言曰："子产[67]有教，当遣神兵相助。"众皆踊跃争进。矩选勇敢千人，使诵将之，掩击[68]畅营，斩首数千级，畅仅以身免。

（以上为第一段，写西晋灭亡后，凉州刺史张寔派遣将领韩璞攻打汉国，身处绝境，仍打败截断道路的羌人部族；汉军进攻荥阳，荥阳太守李矩用计袭击，斩首数千。）

【注释】

[1]中宗元皇帝：即东晋开国皇帝司马睿，字景文，恭王司马觐之子，晋武帝司马炎侄子，公元318年至公元323年在位。传见《晋书》卷六。中宗，犹言中兴之主。元，《谥法》曰："始建国都曰'元'。" [2]建武：晋元帝司马睿所建的东晋开国的年号。 [3]汉：十六国之一，匈奴人刘渊建立的政权（304—329），一般指前赵，也称"汉赵"。刘渊以复汉为名，在左国城（今山西吕梁市离石区北）即汉王位，改元元熙，国号汉。后正式称帝，改元永凤，迁都平阳。刘聪、刘曜相继当政，灭亡于后赵石勒。 [4]略：攻占，掠夺。弘农：郡名，郡治弘农县，在今河南灵宝市东北故函谷关城。 [5]太守：郡的最高行政长官。宋哲：西晋弘农太守，由弘农奔江东。江东：地区名，长江在芜湖市至南京市段作西南、东北流向，因此，自此以下长江东岸、南岸地区被称为江东。这里即指当时司马睿的统治区，东晋政权。 [6]史淑：西晋黄门郎，由长安奔凉州。[7]王冲：西晋侍御史，由长安奔凉州。 [8]长安：是中国历史上第一座被称为"京"的都城，晋时为关中重镇。凉州：治所姑臧县，在今甘肃武威市。 [9]愍帝：即司马业，一作司马业，字彦旗，晋武帝司马炎之孙，西晋末代皇帝。投降汉赵，被杀害。谥号愍。传见《晋书》卷五。愍，《谥法》曰："在国逢难曰'愍'。" [10]出降前一日：即建兴四年（316）十一月十日。晋愍帝司马邺降汉在十一月十一日。 [11]赍（jī）诏：带着诏书。赍，持。张寔（shí）：字安逊，安定乌氏（今甘肃平凉市）人，凉州刺史张轨长子，前凉国主。曾继任凉州刺史，封西平郡公。西晋灭亡，拥戴晋王司马睿即位，后自称凉王，建立前凉政权，为部下所杀，谥号昭公，孙子张祚称帝，追谥昭王。传见《晋书》卷八十六。当时，张寔坚持向晋朝称臣。 [12]大都督：统领中外诸军的最高军事长官。[13]凉州牧：凉州的最高行政长官。[14]侍中：执掌侍从皇帝，应对顾问。魏晋以后，事实上相当于宰相。 [15]司空：魏晋时三公之一，参议国政。以上"大都督、凉州牧"，是给张寔的实职，"侍中、司空"，是给张寔的加官，以示荣宠。 [16]承制行事：秉承皇帝的旨意行事，意即授予他临时制宜的权力，有先斩后奏之权。 [17]琅邪（yá）王：即司马睿，曾袭封琅邪王。[18]摄大位：代行皇帝职权。摄，代理。大位，指帝位。 [19]协赞：协同，赞助。 [20]共济多难：共同救助这个多难的国家。 [21]姑臧（zāng）：凉州州治，县名，在今甘肃武威市。[22]大临三日：率众哭吊了三天，以表示对国都沦陷、皇帝被俘的哀悼。大临，聚众哭吊告哀。[23]辞官不受：表示自己愿尽臣子之心为国效力，而不愿在这国难之时加官晋爵。 [24]肃：即张肃，西晋官员，曾为西海太守，忠于西晋。西海郡，郡治居延，在今内蒙古额济纳旗市东南。

［25］危逼：危迫，危急。［26］太府司马：张寔属下的司马官。太府，对凉州大都督府的敬称，部下设有太府司马、太府主簿；而张寔的凉州牧，则被敬称为少府，设有少府主簿等官。韩璞：西晋官员，时为张寔的太府司马。［27］抚戎将军：为杂号将军，张寔创置。张阆（làng）：西晋将领，时为抚戎将军，为张寔的属将。帅：同“率”，统帅，率领。［28］讨虏将军：杂号将军名号。曹魏曾置将军四十号，讨虏将军为第十九号。陈安：西晋将领，时为讨虏将军，为张寔的属将。［29］安故：郡名，张寔分金城、西平二郡地以置安故郡，郡治安故县，在今甘肃临洮县南。贾骞（qiān）：西晋官员，时为安故太守，隶属凉州刺史张寔管辖。［30］陇西：郡名，郡治狄道，在今甘肃临洮县南。吴绍：西晋官员，时为陇西太守。前驱：指先头部队。［31］遗（wèi）：给，送给。相国：为朝廷的最高官员。保：即司马保（296—320），字景度，司马懿四弟东武城侯司马馗曾孙，袭封南阳王。盘踞于秦州一带地区。被司马邺遥授为右丞相、大都督、侍中、相国。不久被杀。谥号元王。传见《晋书》卷三十七。［32］投躯：捐躯。［33］瞻公举动：观察您的动向，以便追随行事。瞻，瞻望，观看。［34］中被符命：途中接到您的命令。被，受命。符命，兵符，将令。［35］敕骞还军：我才让贾骞撤军回来。敕，敕令，命令。［36］俄：一会儿，不久。［37］胡崧（sōng）不进：建兴四年（316）八月，汉国干将刘曜率军进逼晋都长安，司马保派将军胡崧率军从秦州东下入援长安。胡崧在灵台击败汉军，却逗留不进。［38］麹（qū）允：西晋大臣，晋愍帝时，官至尚书左仆射、大都督、骠骑将军。允随司马邺降汉，遭羞辱，他悲愤自杀。谥节愍侯。传见《晋书》卷八十九。［39］遂决遣骞等进军度岭：主语为张寔。决遣，决意派遣。度岭，越陇山东出，以救京师之急。度，度过，越过。［40］倾覆：颠覆，覆没，此指晋愍帝司马邺投降汉国，西晋灭亡。［41］唯公命是从：绝对听从相国您的命令。［42］卒：最终。［43］南安：郡名，郡治豲道县，在今甘肃陇西县东南渭水东岸。［44］羌：中国西部的一个古老的民族，主要分布在四川阿坝藏族羌族自治州、绵阳市北川羌族自治县。［45］飨（xiǎng）士：犒赏士卒。［46］汝曹：你辈，你们。［47］鼓噪：击鼓呐喊。［48］金城：郡名，郡治榆中县，在今甘肃榆中县，属凉州管辖。［49］秦川：地区名，又称陕西关中平原，秦岭北麓的渭河冲积平原，它南倚秦岭、北界北山、西起宝鸡峡、东至潼关，东西长约360公里，有“八百里秦川”之说。［50］腕：此指脚腕。［51］氐（dī）：古代中西部的民族，集中分布于四川川西北地区、川东北地区，和甘肃陇南市。陇右：古地区名，以陇山为标志，指称其西（右）的广大地域，包括今天水市、平凉市、定西市、兰州市。［52］雍、秦：二州名，即雍州、秦州。雍州，州治长安，在今陕西西安市。秦州，州治冀县，在今甘肃甘谷县东，后移上邽，在今甘肃天水市。［53］什八九：即十分之八九、百分之八九十。［54］聪：即刘聪，字玄明，刘渊第四子。助父建国，任大司马、大单于。发动政变，弑杀皇帝刘和，夺权即位。派兵攻破洛阳、长安，俘虏并杀害晋怀帝、晋愍帝，覆灭西晋。谥号昭武皇帝。传见《晋书》卷一百二。［55］从弟：叔伯兄弟。畅：即刘畅，汉国将领。荥阳：郡名，郡治荥阳县，在今河南荥阳市东北之古荥镇。［56］李矩：字世回，代郡平阳（今山西临汾市）人，晋朝官员、将领。曾为梁王司马肜牙门将。晋元帝即位，

拜都督司州诸军事、安西将军、司州刺史，封平阳县侯。传见《晋书》卷六十三。［57］韩王故垒：荥阳一带地区战国时属韩国，故其地有韩王故垒。［58］猝至：突然到来。猝，突然地，出其不意地。［59］诈降：假意投降。诈，欺诈，蒙蔽。［60］设备：做好作战准备。［61］大飨：大张筵宴。飨，宴请，以酒食犒劳、招待。［62］渠帅：魁首，大头领。［63］恇（kuāng）惧：恐惧，惊慌。［64］郭诵：平阳人，晋朝将领，司州刺史李矩的外甥。所指挥的洛口战役，是东晋初期著名的以少胜多战例，后为扬武将军、吉阳亭侯，与李矩长期驻守荥阳，是东晋在北方的重要藩镇。［65］子产祠：郑人祭祀子产的神庙。春秋时子产相郑，人怀其惠，为之立祠。郑国后来被韩国所灭，故韩国的荥阳一带有子产祠。［66］巫：古代称能以舞降神的人，巫者兼行医术，现称为巫师、巫婆。［67］子产：姬姓，公孙氏，名侨，字子产，又字子美，春秋时代郑国良相。传见《史记》卷四十二。［68］掩击：乘敌不备，突然袭击。

辛巳[1]，宋哲至建康[2]，称受愍帝诏，令丞相琅邪王睿统摄万机[3]。

三月，琅邪王素服出次[4]，举哀三日。于是，西阳王羕[5]及官属等共上尊号[6]，王不许。羕等固请不已，王慨然流涕曰：“孤，罪人也。诸贤见[7]逼不已，当归琅邪[8]耳！”呼私奴[9]，命驾，将归国[10]。羕等乃请依魏、晋故事[11]，称晋王，许之。辛卯[12]，即晋王位，大赦，改元[13]，始备百官，立宗庙，建社稷[14]。

有司请立太子，王爱次子宣城公裒[15]，欲立之，谓王导[16]曰：“立子当以德。”导曰：“世子、宣城[17]，俱有朗隽[18]之美，而世子年长。”王从之。丙辰[19]，立世子绍为王太子；封裒为琅邪王，奉恭王后[20]，仍以裒都督青、徐、兖三州诸军事[21]，镇广陵[22]。以西阳王羕为太保[23]，封谯刚王逊[24]之子承为谯王[25]。逊，宣帝[26]之弟子也。

又以征南大将军王敦[27]为大将军、江州牧[28]，扬州刺史王导为骠骑将军[29]、都督中外诸军事[30]、领中书监[31]、录尚书事[32]，丞相左长史刁协[33]为尚书左仆射[34]，右长史周顗[35]为吏部尚书[36]，军咨祭酒贺循[37]为中书令[38]，右司马戴渊[39]、王邃为尚书[40]，司直刘隗[41]为御史中丞[42]，行参军刘超[43]为中书舍人[44]，参军事孔愉[45]长兼中书郎[46]，自余参军悉拜奉车都尉[47]，掾属拜驸马都尉[48]，行参军、舍人拜骑都尉[49]。

王敦辞州牧，王导以敦统六州，辞中外都督，贺循以老病辞中书令，王皆许之，以循为太常[50]。是时，承丧乱之后，江东草创[51]，刁协久宦中朝[52]，谙练旧事[53]，贺循为世儒宗[54]，明习礼学[55]，凡有疑议，皆取决焉[56]。

（以上为第二段，写西晋灭亡，丞相司马睿总摄国家所有事宜，在西阳王等人劝说下，即晋王位，改元建武，设立百官，建立宗庙社稷，以世子司马绍为王太子。）

【注释】

［1］辛巳：二月二十八日。［2］建康：东晋都城，在今江苏南京市。［3］丞相：琅邪王司马睿于永嘉七年（313），被晋怀帝司马炽遥授为丞相、大都督。统摄万机：隐指即皇帝位。统摄，统领，总辖。万机，代指朝廷一切政事。［4］素服出次：身穿丧服，到宫外居住。素服，白色丧服。出次，古代天子、诸侯常居治事的宫室叫"正寝"，凡遇国丧，天子、诸侯须避"正寝"，出外居住，称为"出次"。［5］西阳王羕（yàng）：即司马羕，字延年，司马懿之孙，汝南王司马亮第三子，受封西阳县公，进为西阳王，历任步兵校尉、侍中、抚军将军、镇军将军等职。南渡江南，官拜太宰、录尚书事。传见《晋书》卷三十七。［6］尊号：指即皇帝位。［7］见：古同"现"。［8］当归琅邪：我还是回去当琅邪王。［9］私奴：古时私家蓄养以供使唤的奴仆。［10］命驾，将归国：让人准备车驾，要回到自己本来的封地上去。故意装出一副不肯当皇帝的样子，还弄得十分逼真，其实是在作秀试探人心。［11］依魏、晋故事：按照当年曹丕篡汉、司马炎篡魏的程序行事，即第一步先称"晋王"，而后再称皇帝。［12］辛卯：三月九日。［13］改元：改用自己的新年号，即所谓"建武"。［14］建社稷：建立土神庙和谷神庙，是建立国家的象征。［15］宣城公：司马裒初封宣城郡公，后更封琅邪王。宣城，郡名，郡治宛陵，在今安徽宣城市宣州区。裒（póu）：即司马裒，字道成，晋元帝司马睿次子，晋明帝司马绍同母弟。传见《晋书》卷六十四。［16］王导：字茂弘，琅邪临沂（今山东临沂市）人，东晋开国元勋、名臣。官至司徒、丞相，辅立晋元帝司马睿、晋明帝司马绍、小皇帝司马衍三任皇帝，稳定东晋局势，谥"文献"。传见《晋书》卷六十五。［17］世子、宣城：指司马睿的两个儿子司马绍与司马裒。世子，帝王或诸侯王的法定继承人，这里指未来的晋明帝司马绍，字道畿，东晋第二位皇帝，公元322年至公元325年在位。晋明帝聪明有机断。在位期间，凭借弱势之中央，成功制衡权臣世家，平定王敦叛乱，重用丞相王导，稳定东晋局势，谥号明皇帝，庙号肃宗。传见《晋书》卷六。［18］朗隽：高雅，俊秀。隽（jùn），才德超卓。［19］丙辰：《建康实录》卷五作"四月丙辰"，即四月四日。［20］奉恭王后：继承恭王司马觐之后，世袭为琅邪王。恭王，即司马觐（jìn），是晋元帝司马睿的父亲。原应由司马睿继承其衣钵，但因司马睿已继承大统，为司马炎之后，其子司马绍又为己之后，故只有让次子司马裒承继司马觐。［21］都督青、徐、兖三州诸军事：即任命琅邪王司马裒为青州、徐州、兖

州三州的最高军事长官。青州，州治临淄，在今山东淄博市临淄区。徐州，州治彭城，在今江苏徐州市。兖州，州治廪丘，在今河南范县东南。［22］镇广陵：统率军队镇守广陵。镇，驻镇。广陵，郡名，治所射阳县，在今江苏宝应县东北射阳湖镇。［23］太保：官名，与太师、太傅合称“三公”，此时用为加官，以示荣宠。［24］谯（qiáo）刚王逊：即司马逊，字子悌，司马懿弟之子，西晋建立后，加封谯郡王。谥号为刚。传见《晋书》卷三十七。［25］承：即司马承，字敬才，谯刚王司马逊次子，袭封谯王。传见《晋书》卷三十七。谯王：封地谯郡，王都谯县，在今安徽亳州市。［26］宣帝：即司马懿。［27］征南大将军：高级将军名，“四征将军”之一，统领南方诸军事。魏晋时期国家设“四征”“四镇”八个大将军，皆地位崇重。王敦：字处仲，东晋将领、宰相、权臣。传见《晋书》卷九十八。［28］大将军：职掌统兵征战。汉武帝以后，为掌管国家军政大权的最高长官，地位在丞相之上，得干预朝政。魏、晋时期的执政大臣，多兼有“大将军”的官号。江州牧：同时兼任江州刺史。江州，州治浔阳，在今江西九江市。［29］扬州：晋时州治建康，在今江苏南京市。骠骑将军：高级将军名号，权位仅次于“大将军”。［30］都督中外诸军事：统领全国军队，为国家的最高军事长官。都督，总统，统率。中外，指朝内朝外。［31］领中书监：兼任中书省长官，主管为皇帝起草一切诏书、文件，处理皇帝诏令。领，兼管。［32］录尚书事：总管尚书省的一切事务。录，总管。尚书，即尚书省，中枢机构，长官为尚书令。东汉以后，常以中央高级官员“领尚书事”或“录尚书事”，权力遂集中于少数人或某一人。［33］丞相左长史：丞相府的重要属官，有左右两长史。长（zhǎng）史，诸史之长。刁协：字玄亮，渤海饶安（今河北盐山县）人，东晋大臣。官至尚书令，抑制门阀势力，维护皇权，引起士族的不满，后被杀。传见《晋书》卷六十九。［34］尚书左仆射：尚书令的副手，有左右两仆射。［35］周顗（yǐ）：字伯仁，汝南安成（今河南汝南县东南）人，东晋大臣。传见《晋书》卷六十九。［36］吏部尚书：吏部主管官员，掌管全国官吏的任免、考课、升降、调动等事项。［37］军咨祭酒：由军师祭酒改名，位在诸僚佐之上，参议、处理军机政务，约当今之军师、总参谋长。军咨，即军师，晋人为避司马师讳，改军师曰“军咨”。祭酒，为官名，本义是在大飨宴时以年老宾客一人立主位，面南举酒祭祀地神，而后开席。后用为官名，意为首席官员、主管官员。贺循：字彦先，会稽山阴（今浙江绍兴市）人，两晋名臣，孙吴中书令贺邵之子。传见《晋书》卷六十八。［38］中书令：与中书监同为中书省长官，权同宰相。由于尚书台权力过大，魏、晋以降逐渐实行三省制，增设中书省、门下省与尚书台分权，由中书决策，门下审议，尚书执行。三省长官权同宰相。［39］右司马：将军府属官，掌管军政和军赋等与军事相关的事务，有左右两司马。戴渊：字若思，广陵（今江苏扬州市）人，晋朝大臣、名士。八王之乱时，投靠东海王司马越，后归附琅邪王司马睿，官至征西将军。王敦之乱时，出任骠骑将军，兵败遇害。传见《晋书》卷六十九。［40］王邃（suì）：字处重，东晋大臣。［41］司直：丞相属下的司法官。刘隗（wěi）：字大连，彭城（今江苏徐州市）人，东晋大臣。传见《晋书》卷六十九。［42］御史中丞：御史台的长官，掌管督察纠弹。秦汉时设御史大夫一职，掌监察，御史中丞仅为其属官。西汉末，御史大夫改为司空，东汉光武帝始以御史中丞为御史台长官。［43］行参军：代理参军之职。行，代理。参军，大将军府的参谋人员。刘超：字世瑜，琅邪临沂（今山东临沂市）人，西汉城阳景王刘章之后，东晋大臣。传见《晋书》卷七十。［44］中书舍人：即通事舍人，中书令的属官，掌管传达诏命。《晋书·职官志》曰："中书舍人，案晋初置舍人、通事各一人，江左合舍人、通事，谓之通事舍人，掌呈奏案章。"［45］参军事：即军事参谋。孔愉：字敬康，会稽山阴（今浙江绍兴市）人，东晋名臣。传见《晋书》卷七十八。［46］长兼中书郎：中书郎即中书侍郎，是中书监与中书令的副职，参与朝政。此职由大将军的"参军"永久性兼任，可见朝廷机要部门被掌兵之人所控制的情状。胡三省曰："长兼，盖始于此。"［47］自余参军：其他的参谋人员。奉车都尉：皇帝的车马侍从官，平时为皇帝管理车马，外出任侍从，与驸马都尉、骑都尉同职。［48］掾属：指大将军王敦、骠骑将军王导的其他僚属。掾（yuàn），将军府办事人员的统称。驸马都尉：简称"驸马"，皇帝的侍从武官，为皇帝管理副车之马。［49］行参军、舍人：指兼任参军、舍人官职的人。舍人，为官府属官。骑都尉：掌管皇帝的羽林骑兵，为皇宫禁卫部队的骑兵指挥官。［50］太常：九卿之一，掌礼乐郊庙社稷事宜。［51］江东草创：指东晋政权刚刚建立。［52］久宦中朝：曾长期在西晋朝廷任职。中朝，东晋人以称国都洛阳时代的西晋朝廷。宦，仕宦，做官。［53］谙练旧事：熟悉旧日朝廷的规章法度。谙练，熟悉，熟练。［54］为世儒宗：即为当世的儒学宗师，犹言精通儒学的一代大师。儒，即儒学，以孔子的思想学说为代表。［55］明习：明了，熟习。礼学：关于礼的学问。礼，包括仪礼、礼法等，以规定社会行为的规范、传统习惯。［56］取决焉：意即以贺循的说法为定。取决，定夺，决定。焉，合音字，相当于"之""此"，指示代词。

刘琨[1]、段匹磾[2]相与歃血同盟[3]，期以翼戴晋室[4]。辛丑[5]，琨檄告华、夷[6]，遣兼左长史、右司马温峤[7]，匹磾遣左长史荣邵[8]，奉表及盟文诣建康劝进[9]。峤，羡之弟子也，峤之从母为琨妻[10]。琨谓峤曰："晋祚虽衰[11]，天命未改，吾当立功河朔[12]，使卿延誉江南[13]。行矣，勉之[14]！"

王以鲜卑大都督慕容廆[15]为都督辽左杂夷流民诸军事[16]、龙骧将军、大单于、昌黎公[17]。廆不受。征虏将军鲁昌[18]说廆曰："今两京覆没[19]，天子蒙尘[20]，琅邪王承制江东[21]，为四海所系属[22]。明公虽雄据一方，而诸部犹阻兵未服[23]者，盖以官非王命[24]故也。谓宜通使琅邪[25]，劝承大统[26]，然后奉诏令以伐有罪，谁敢不从！"处士辽东高诩曰[27]："霸王之资，非义不济[28]。今晋室虽微，人心犹附之，宜遣使江东，示有所尊[29]，然后仗大义以征诸部，不患无辞[30]矣。"廆从之，遣长史王济浮海[31]诣建康劝进。

汉相国粲[32]使其党王平谓太弟义曰[33]："适奉中诏[34]，云'京师[35]将有变'，宜衷甲以备非常[36]。"义信之，命宫臣[37]皆衷甲以居。粲驰遣告靳准、王沈[38]。准以白汉主聪[39]曰："太弟将为乱，已衷甲矣！"聪大惊曰："宁有是邪！"王沈等皆曰："臣等闻之久矣，屡言之，而陛下不之信也。"聪使粲以兵围东宫[40]。粲使准、沈收氐、羌酋长十余人[41]，穷问[42]之，皆悬首高格[43]，烧铁灼目，酋长自诬与义谋反。聪谓沈等曰："吾今而后知卿等之忠也！当念知无不言，勿恨往日言而不用也！"于是，诛东宫官属及义素所亲厚，准、沈等素所憎怨者大臣数十人，坑士卒万五千余人[44]。

夏，四月，废义为北部王[45]，粲寻使准贼杀之[46]。义形神秀爽[47]，宽仁有器度[48]，故士心多附之。聪闻其死，哭之恸[49]，曰："吾兄弟止[50]余二人而不相容，安得使天下知吾心邪！"氐、羌叛者甚众，以靳准行车骑大将军[51]，讨平之。

五月，壬午[52]，日有食之。

六月，丙寅[53]，温峤等至建康，王导、周顗、庾亮[54]等，皆爱峤才，争与之交。是时，太尉豫州牧荀组[55]、冀州刺史邵续[56]、青州刺史曹嶷[57]、宁州刺史王逊[58]、东夷校尉崔毖[59]等皆上表劝进，王不许。

（以上为第三段，写汉国内讧，相国刘粲设计谋害皇太弟刘义，诛杀东宫属官及士卒，惨无人道；刘琨、段匹磾、慕容廆、荀组等，各怀心思，都遣使到建康上表劝进。）

【注释】

[1]刘琨：字越石，晋朝并州刺史。永嘉之乱，坚守晋阳九载，抵御汉赵、后赵入侵。后拜司空、大将军、都督并冀幽诸军事，遭段匹磾杀害。传见《晋书》卷六十二。 [2]段匹磾（dī）：辽西鲜卑人，为辽西鲜卑左贤王，幽州刺史，受封为晋朝大臣。被人离间，杀害刘琨，降于后赵，封为冠军将军。传见《晋书》卷六十三。 [3]相与歃（shà）血同盟：意即刘琨、段匹磾二人宣誓结盟。建兴四年（316），石勒出兵进攻并州，刘琨全军尽出，中伏大败，丢失并州，只身投奔幽州刺史段匹磾，与其结为兄弟。歃血，古代定盟时的一种仪式，宣誓双方把牲畜之血涂于嘴上，以示信守誓

言的诚意的行为。［4］期以翼戴晋室：约定好共同扶持、共同拥戴晋王朝。翼戴，扶持，拥戴。［5］辛丑：三月十九日。［6］檄：檄文，古代官府用以征召或声讨的文书。华、夷：指汉朝和其他民族。［7］温峤（jiào）：字泰真，西晋吏部尚书温羡之弟之子，东晋名将。拜司空左长史。拥戴司马睿即位，官至平南将军、江州刺史，拜骠骑将军，封始安郡公。传见《晋书》卷六十七。［8］荣邵（shào）：晋人，为段匹磾左长史。［9］诣（yì）：往，前往。劝进：劝司马睿由晋王进一步登基称帝。［10］峤之从母为琨妻：温峤的姨母是刘琨的妻子，也即刘琨是温峤的姨夫。从母，母亲的姐妹。［11］晋祚（zuò）虽衰：晋朝的国运虽然已经衰微。祚，福，这里指晋之国运。［12］立功河朔：在北方建立功勋。河朔，地区名，古代泛指黄河以北的地区，即当时的并州、幽州，今山西、河北等一带地区。［13］延誉江南：向南方的朝廷禀报胜利的消息，以求在南方提高我们的名望。刘琨虽然备受挫折，但仍然雄心未已。延誉，博取声誉。［14］勉之：犹言好好把握机会。勉，自勉，勉励。［15］王：此指晋王司马睿。鲜卑：起源于东胡族，分布在中国北方。西汉时东胡被匈奴冒顿单于打败，分为两部，分别退保乌桓山和鲜卑山，均以山名作为族名，形成乌桓族和鲜卑族。大都督：古代最高军事统帅。慕容廆（guī）：字若洛廆，昌黎棘城（今辽宁义县）人，前燕政权建立者慕容皝之父，迁都大棘城，自称鲜卑大单于，名义上效忠于晋朝，拜为散骑常侍、车骑将军等，封辽东郡公。当时活动在今辽宁西部及邻近的内蒙古东南部地区。传见《晋书》卷一百八。［16］都督辽左杂夷流民诸军事：意即为今辽宁一带地区各少数民族、各臣民百姓的军事、行政总管。辽左，辽河以东。杂夷，指各少数民族。流民，指从中原地区北逃到辽东地区避难的汉族人。［17］龙骧将军：杂号将军之名。大单于：匈奴君王的称号。昌黎公：爵位封号。昌黎，郡名，郡治昌黎县，在今辽宁义县。［18］征虏将军：杂号将军之名。鲁昌：人名，慕容廆的部将。［19］两京覆没（mò）：指晋朝都城洛阳与长安相继沦陷。京，国家的首都。覆没，沦陷。［20］天子蒙尘：指晋怀帝司马炽、晋愍帝司马邺先后被匈奴人所俘。蒙尘，指帝王失位逃亡在外，蒙受风尘。［21］承制江东：接受晋愍帝司马邺的旨意，在江东建立政权，号令全国。承制，秉承皇帝旨意。江东，此指晋王司马睿所统辖的地区。［22］为四海所系属：为天下人所归心、所拥护。系属，归附，隶属。［23］阻兵未服：拥兵自重，不肯臣服。阻兵，拥兵自重的意思。［24］官非王命：您的职务不是由朝廷任命的。［25］谓宜：我认为您应该。琅邪：指琅邪王、晋王司马睿。［26］劝承大统：劝晋王司马睿正式接续为晋朝皇帝。大统，指帝位。［27］处士：称有才德而隐居不仕的人。高诩（xǔ）：辽东人，永嘉之乱时，避地隐居。东晋建武初年，高诩谒见慕容廆，劝其遣使江东，称尊晋王，被拜为郎中令，后迁玄菟太守，转左长史。后随燕王慕容皝攻打宇文逸豆归，为流矢所中而去世。［28］霸王之资，非义不济：即使有足以称霸称王的基础，没有合理的理由、名分仍是不行的。资，财物，资本，这里指王业。义，宜，充分的理由与合理的名分。济，成功。［29］示有所尊：以表示我们是拥护晋王朝的。［30］不患无辞：不担心找不到讨伐那些不服从我们的部落的借口。［31］王济：人名，慕容廆的部属，时为长史。浮海：乘船从海上行驶，到达目的地。［32］相国：国家最高行政长官，协助君王治理国家。粲

（càn）：即刘粲，字士光，汉国君主刘聪之子。封为河内王，领兵进入洛阳，攻取晋阳。为皇太子。刘聪去世后，即位，年号汉昌。后靳准发动叛乱，遇难，谥号隐皇帝。传见《晋书》卷一百二。［33］王平：汉国人，相国刘粲的死党。太弟义：即刘义，一作"刘乂"，刘渊之子，刘聪发动兵变即位，以刘义为皇太弟。后遭刘粲杀害。［34］适奉中诏：刚刚接到朝中的密令。适，刚刚，刚才。中诏，来自朝中、宫中的诏书。［35］京师：指首都。［36］宜衷甲以备非常：应该在外衣里面暗穿铠甲，以防备意想不到的事情发生。衷甲，外衣内暗穿铠甲。［37］宫臣：太弟宫中的人员。［38］靳准：匈奴族人，汉赵外戚、权臣。王沈：汉赵朝廷的侍卫官员，为中常侍，是刘粲安插在汉主刘聪身边的亲信。［39］白：报告，告知。聪：即刘聪，字玄明，刘渊第四子。助父建国，拜大司马、大单于。发动政变，弑杀皇帝刘和，夺权即位。派兵攻破洛阳、长安，俘虏并杀害晋怀帝及晋愍帝，覆灭西晋王朝。谥号昭武皇帝。传见《晋书》卷一百二。［40］东宫：皇位继承人刘义所居之宫。［41］收氐、羌酋长十余人：将太弟刘义身边的十多个氐人、羌人的首领逮捕起来。收，逮捕。氐、羌，当时西部地区的少数民族而被匈奴人所俘者。酋长，部落的首领。［42］穷问：寻根究源地审问。［43］悬首高格：人头朝下地吊在木架上。高格，用大木做成的类似单杠的高架子。［44］坑：坑杀，活埋。士卒万五千余人：都是护卫东宫的各支警卫军队。［45］北部王：匈奴五部中的北部首领。［46］寻：不久。贼杀：杀害。"贼""杀"二字同义。［47］形神：形貌，神情。秀爽：犹秀朗，秀美，爽朗。［48］器度：才量，风度。［49］恸（tòng）：痛哭失声。［50］止：只，仅有。［51］行：代理。车骑大将军：位次骠骑大将军。［52］壬午：五月一日。［53］丙寅：六月十五日。［54］庾亮：字元规。颍川鄢陵（今河南鄢陵县北）人，东晋名臣。传见《晋书》卷七十三。［55］太尉：为国家最高军事长官，三公之一。豫州牧：豫州的最高行政长官。豫州，州治陈县，在今河南周口市淮阳区。荀组：司徒荀勖第三子，字泰章，西晋大臣。传见《晋书》卷三十九。［56］冀州刺史：冀州的最高行政长官。冀州，州治信都，在今河北衡水市冀州区。邵续：字嗣祖，魏郡安阳人，晋朝大臣。时被司马睿遥授为冀州刺史。传见《晋书》卷六十三。［57］青州：州治临淄，在今山东淄博市临淄区。曹嶷（yí）：东莱郡掖县（今山东莱州市）人，西晋末年将领。晋亡，归附后赵，拜为征东大将军、青州刺史，驻守青州先后十二年，后受到后赵石勒的攻打，兵败被杀。［58］宁州：州治滇池，在今云南昆明市晋宁区东北。王逊：字邵伯，魏兴（今湖北郧西县西）人，西晋将领。传见《晋书》卷八十一。［59］东夷校尉：管理东北方少数民族事务的军事长官，驻地在今辽宁辽阳市。崔毖（bì）：西晋末年清河人，崔琰曾孙，幽州刺史王浚的妻舅，为平州刺史、最后一任汉人东夷校尉。后被报复，率家族和亲兵数千人逃亡高句丽，后人留居朝鲜，为朝鲜崔姓的始祖。

初，流民张平、樊雅各聚众数千人在谯[1]，为坞主[2]。王之为丞相也，遣行参军谯国桓宣[3]往说平、雅，平、雅皆请降。及豫州刺史祖逖出屯芦洲[4]，遣参军殷乂诣平、雅[5]。乂意轻平[6]，视其屋，曰："可作马厩[7]。"见大镬[8]，曰："可铸铁器。"平曰："此乃帝王镬[9]，天下清平方用之，奈何毁之！"乂曰："卿未能保其头，而爱镬邪！"平大怒，于坐斩乂，勒兵固守。逖攻之，岁余不下，乃诱其部将谢浮[10]，使杀之。

逖进据太丘[11]。樊雅犹据谯城[12]，与逖相拒。逖攻之不克，请兵于南中郎将王含[13]。桓宣时为含参军，含遣宣将兵五百助逖。逖谓宣曰："卿信义已著于彼，今复为我说雅。"宣乃单马从两人诣雅[14]曰："祖豫州[15]方欲平荡刘、石[16]，倚卿为援；前殷乂轻薄，非豫州意也。"雅即诣逖降。逖既入谯城，石勒遣石虎[17]围谯，王含复遣桓宣救之，虎解去。逖表宣为谯国内史[18]。

己巳[19]，晋王传檄天下[20]，称："石虎敢帅犬羊[21]，渡河纵毒[22]，今遣琅邪王裒等九军，锐卒三万，水陆四道，径造贼场[23]，受祖逖节度[24]。"寻[25]复召裒还建康。

秋，七月，大旱；司、冀、并、青、雍州[26]大蝗；河、汾溢[27]，漂[28]千余家。

汉主聪立晋王粲为皇太子，领相国、大单于[29]，总摄朝政如故[30]。大赦。

段匹磾推刘琨为大都督，檄其兄辽西公疾陆眷[31]及叔父涉复辰[32]、弟末杯等会于固安[33]，共讨石勒。末杯说疾陆眷、涉复辰曰："以父兄而从子弟，耻也；且幸而有功，匹磾独收之，吾属何有哉！"各引兵还。琨、匹磾不能独留，亦还蓟[34]。

以荀组为司徒[35]。

八月，汉赵固[36]袭卫将军华荟[37]于临颍[38]，杀之。

初，赵固与长史周振[39]有隙，振密谮[40]固于汉主聪。李矩之破刘畅也，于帐中得聪诏，令畅既克矩，还过洛阳，收固斩之，以振代固。矩送以示固，固斩振父子，帅骑一千来降[41]。矩复令固守洛阳。

（以上为第四段，写晋王司马睿发布檄文，出动精兵攻打汉国干将石勒，收降汉国将军赵固，令其镇守洛阳。）

【注释】

［1］流民：指因受灾而流亡外地、生活没有着落的人。张平、樊雅：晋人，流民首领。谯（qiáo）：郡名，郡治谯县，在今安徽亳州市。［2］坞主：东汉、魏、晋时代筑坞自卫的豪强大姓。坞（wù），土堡，小城。［3］桓宣：谯国铚县（今安徽濉溪县）人，东晋将领，初任丞相舍人，曾协助祖逖招抚离叛，迁谯国内史。后为平北将军、司州刺史，都督三州四郡诸军事、梁州刺史。传见《晋书》卷八十一。［4］祖逖（tì）：字士稚，范阳遒县（今河北涞水县）人，东晋名将。曾率部北伐，收复黄河以南大片领土，进号镇西将军。传见《晋书》卷六十二。芦洲：地名，在今安徽亳州市东的涡水北岸。［5］殷乂（yì）：东晋将官，为祖逖属将，时为参军。诣平、雅：到张平、樊雅屯兵居住的堡坞中去。［6］意：指态度。轻：瞧不起。［7］马厩（jiù）：马棚，养马的地方。［8］大镬（huò）：无脚大锅。［9］帝王镬：古代帝王铸的镬，具有文物价值。［10］谢浮：人名，流民首领张平的部将。［11］太丘：县名，县治在今河南永城市西北。［12］谯城：谯国的都城，在今安徽亳州市。［13］王含：东晋权臣王敦之兄。时为南中郎将，累迁征东将军，都督扬州、江西诸军事。王敦举兵时，为敦军元帅，与钱凤等率众攻打建康。兵败，奔荆州，被荆州刺史王舒沉杀于长江。［14］从两人诣雅：带着两个随从前往樊雅的堡坞。从，带领，使跟从。［15］祖豫州：即祖逖，时为豫州刺史，以官职称呼。［16］刘、石：即刘聪、石勒。石勒，字世龙，后赵开国皇帝，公元 330 年至公元 333 年在位。传见《晋书》卷一百四。［17］石虎：字季龙，石勒之父养子，后赵第三位皇帝，公元 334 年至公元 349 年在位。传见《晋书》卷一百六。［18］谯国内史：掌谯国政务。内史，西汉以来诸侯国内的行政长官称作“相”，职权相当于郡太守，内史在“相”之下，主管民政。［19］己巳：六月十八日。［20］传檄天下：发布告于全国。［21］犬羊：古代对北方游牧民族士兵的蔑称。［22］渡河纵毒：渡过黄河，骚扰、劫掠中原地区。河，指黄河。纵毒，纵情骚扰、劫掠。［23］径造贼场：直捣贼人的巢穴。径造，一直杀向。［24］受祖逖节度：接受祖逖的指挥。当时祖逖正在豫州，在今河南一带。节度，统领，指挥。［25］寻：不久。［26］司、冀、并、青、雍州：都是晋王朝的州名。司州的州治洛阳，当时已被匈奴刘汉政权所盘踞。冀州的州治信都，在今河北衡水市冀州区，正为石勒所占领。并州的州治太原，已在汉主刘聪之手。青州的州治临淄，尚在晋政权的名义下。雍州的州治长安，已经陷于匈奴刘汉的统治下。［27］河、汾溢：黄河、汾河发大水。溢，漫溢，冲破堤坝。［28］漂：漂流，随水漂走。［29］领相国、大单于：兼任相国与大单于之职。［30］总摄朝政如故：仍然像过去一样，辅佐汉主刘聪全面处理朝廷政务。总摄，总管。摄，管制。［31］疾陆眷：即段疾陆眷，东部鲜卑人，前任首领段务勿尘之子，段匹磾之兄，晋骠骑大将军、辽西公、段部鲜卑首领。传见《晋书》卷六十三。［32］涉复辰：即段涉复辰，简称段辰，段务勿尘之弟，前任首领段疾陆眷叔父，段部鲜卑的首领，为辽西公。疾陆眷去世，因其子年幼，涉复辰遂宣布继位。不久，被段末柸乘虚袭杀，末柸继位。［33］末柸（bēi）：即段末柸，一作段末波，段部鲜卑首领，石勒署其北平公、辽西公。疾陆眷去世，段涉复辰宣布继位。末柸袭杀涉复辰，自称单于、幽州刺史。传见《魏

书》卷一百三。固安：县名，县治在今河北易县东南。［34］蓟（jì）：县名，在今北京城的西南部，当时为段匹磾的幽州刺史所在地。［35］司徒：三公之一，掌教化，有时也职同丞相。魏、晋时期三公皆为虚衔，只是一种荣誉职务。［36］赵固：原为晋朝的雍州刺史，永嘉六年（312）向汉国投降，被汉主刘聪任命为荆州刺史兼河南郡郡守，镇守洛阳。［37］卫将军：将领名，掌握禁兵，预闻政务，位次于车骑将军。华荟（huì）：字敬叔，平原高唐（今山东禹城市西南）人；时为晋卫将军，河南尹。［38］临颍：县名，县治在今河南临颍县西北。［39］周振：晋人，时为赵固部下的长史。［40］谮（zèn）：诬陷，馋毁。［41］来降：指赵固又归降晋将李矩。

郑攀等相与拒王廙［1］，众心不壹［2］，散还横桑口［3］，欲入杜曾［4］。王敦遣武昌太守赵诱［5］、襄阳太守朱轨［6］击之，攀等惧，请降。杜曾亦请击第五猗于襄阳以自赎［7］。

廙将赴荆州，留长史刘浚镇扬口垒［8］。竟陵内史朱伺［9］谓廙曰："曾，猾贼［10］也，外示屈服，欲诱官军使西，然后兼道［11］袭扬口耳。宜大部分［12］，未可便西［13］。"廙性矜厉自用［14］，以伺为老怯，遂西行。曾等果还趋［15］扬口，廙乃遣伺归，裁至垒［16］，即为曾所围。刘浚自守北门，使伺守南门。马隽［17］从曾来攻垒，隽妻子先［18］在垒中，或欲皮其面以示之［19］。伺曰："杀其妻子，未能解围，但益其怒耳。"乃止。曾攻陷北门，伺被伤，退入船，开船底以出［20］，沈行［21］五十步，乃得免。曾遣人说伺曰："马隽德［22］卿全其妻子，今尽以卿家内外百口付隽，隽已尽心收视，卿可来也。"伺报曰："吾年六十余，不能复与卿作贼［23］，吾死亦当南归，妻子付汝裁之［24］。"乃就王廙于甑山［25］，病创而卒。

戊寅［26］，赵诱、朱轨及陵江将军黄峻与曾战于女观湖［27］，诱等皆败死。曾乘胜径造沔口［28］，威震江沔［29］。

王使豫章太守周访［30］击之。访有众八千，进至沌阳［31］。曾锐气甚盛，访使将军李恒督左甄［32］，许朝［33］督右甄，访自领中军。曾先攻左、右甄，访于阵后射雉以安众心［34］。令其众曰："一甄败，鸣三鼓；两甄败，鸣六鼓。"赵诱子胤［35］，将父余兵属左甄，力战，败而复合［36］，驰马告访。访怒，叱［37］令更进。胤号哭还战。自旦至申［38］，两甄皆败。访选精锐八百人，自行酒饮之［39］，敕不得妄动［40］，闻鼓音乃进。曾兵未至三十步[41]，访亲鸣鼓，将士皆腾跃奔赴，曾遂大溃[42]，杀千余人。访夜追之，诸将请待明日，访曰："曾骁勇[43]能战，向者彼劳我逸，故克之，宜及其衰乘之[44]，可灭也。"乃鼓行而进，遂定汉沔[45]。曾走保武当[46]。王廙始得至荆州。访以功迁梁州[47]刺史，屯襄阳。

冬，十月，丁未[48]，琅邪王裒薨。

十一月，己酉朔[49]，日有食之。丁卯[50]，以刘琨为侍中、太尉[51]。

征南军司戴邈[52]上疏，以为："丧乱以来，庠序隳废[53]。议者或谓平世尚文[54]，遭乱尚武，此言似之，而实不然。夫儒道深奥[55]，不可仓猝[56]而成；比天下平泰[57]，然后修之，则废坠[58]已久矣。又，贵游之子[59]，未必有斩将搴旗[60]之才，从军征戍之役[61]，不及盛年使之讲肄道义[62]，良可惜也[63]。世道久丧，礼俗日弊[64]，犹火之消膏[65]，莫之觉也。今王业肇建[66]，万物权舆[67]，谓宜笃道崇儒[68]，以励风化[69]。"王从之，始立太学[70]。

（以上为第五段，写晋王司马睿派遣豫章太守周访攻打变民首领杜曾，周访挑选精锐，出其不意，连夜追击，将其打败。司马睿听从征南军司戴邈建议，设立太学。）

【注释】

[1]郑攀：晋官员，陶侃为荆州刺史时的部将，因大将军王敦任命王廙代替陶侃为荆州刺史，众心不服，郑攀遂与马隽等联合变民首领杜曾发兵袭击王廙。王廙（yì）：字世将，丞相王导、大将军王敦从弟，官至左卫将军。传见《晋书》卷七十六。[2]众心不壹：众人的意见不统一。壹，一致，统一。[3]横桑口：地名，在今湖北天门市东南。[4]欲入杜曾：想使杜曾进入荆州。入，使进入。杜曾，新野人，晋朝将领。本是新野王司马歆帐下的南蛮司马，永嘉之乱中，占据湖北西部的汉水上游一带地区，自称南中郎将、竟陵太守，后作乱于荆州，被晋将周访讨灭。传见《晋书》卷一百。[5]武昌：郡名，郡治武昌县，在今湖北鄂州市。赵诱：字元孙，淮南人，晋朝将领。官至武昌太守，奉命讨杜曾，兵败战死。传见《晋书》卷五十七。[6]襄阳：郡名，郡治襄阳县，在今湖北襄阳市。朱轨：晋朝官员，时为襄阳太守。[7]第五猗（yī）：姓第五，名猗，西晋官员，荆州刺史，后第五猗与杜曾、郑攀等反叛，共拒王廙入荆州。自赎（shú）：指杜曾向王廙请求反击第五猗以弥补罪过。[8]刘浚：晋官员，时为荆州长史。扬口垒：扬口地区的军事堡垒。扬口，即古扬水注入汉水的汇流处，在今湖北潜江市西北。[9]竟陵内史：竟陵国

的民政官员。竟陵，诸侯国名，属荆州刺史管辖，王都在今湖北潜江市西北。朱伺：字仲文，安陆人，晋朝将领，时任广威将军、竟陵内史。传见《晋书》卷八十一。［10］猾贼：奸诈、狡猾的人。［11］兼道：犹言“兼程”，加倍速度地赶路。［12］大部分：加大对此防守的力度。部分，部署。［13］未可便西：不能就这样大意西进。［14］性：秉性，生性。矜厉自用：骄傲自负，听不进别人的意见。矜，夸矜，夸耀。［15］趋：赴，奔袭。［16］裁至垒：刚刚回到扬口垒。裁，通“才”。［17］马儁：晋人，原为陶侃为荆州刺史时的部将，因王敦忌才，免去陶侃的荆州刺史，让王廙取代，马儁等属将不服，遂西迎叛军首领杜曾，以抵御王廙的到任。［18］先：原来，原先。［19］或：有的人。皮其面以示之：割开他们的面皮让马儁看。皮，用如动词，割开皮肤。［20］开船底以出：凿开船底，从洞里逃出。［21］沈行：即潜泳。沈，通“沉”。［22］德：感恩，感激。［23］复与卿作贼：再与你一道背叛朝廷。［24］付汝裁之：交给你随意处置。裁，裁决，处理。［25］甑（zèng）山：山名，在今湖北汉川市东南。［26］戊寅：九月二十九日。［27］陵江将军：杂号将军之名。黄峻：晋朝官员，曾为陵江将军。女观湖：湖名，在今湖北江陵县东北，已湮。［28］径造：长驱直达。径，直。沔（miǎn）口：也称汉口，在今武汉市的汉水汇入长江之口。汉水在古代也称沔水。［29］江沔：指今长江、汉水流域的湖北西部地区。［30］豫章：郡名，郡治南昌，在今江西南昌市。周访：字士达，庐江寻阳（今江西九江市）人，晋朝名将。传见《晋书》卷五十八。［31］沌（zhuàn）阳：县名，县治在今湖北武汉市汉阳区东。［32］李恒：晋朝将领，时为豫章太守周访的部将。左甄：军队之左翼。甄（zhēn），军队的左右两翼。［33］许朝：晋朝将领，时为豫章太守周访的部将。［34］射雉以安众心：为了稳定军心，周访特意在阵后射猎野鸡，以示从容不迫。雉（zhì），野鸡。［35］胤（yìn）：即赵胤，字伯舒，扬州淮南人，赵诱之子，东晋将领。其父死后，继承父兵，参与平定杜曾之乱，又平定王敦、苏峻之乱，杀死叛乱的南顿王司马宗。历任右卫、建威、冠军、左卫、护军等号将军，为历阳太守，官至西中郎将、豫州刺史，封湘南县侯。［36］败而复合：被击溃之后立即集结起来再战。合，收拢，聚集。［37］叱（chì）：大声呵斥。［38］自旦至申：从天明到下午。旦，天亮，早晨。申，十五时至十七时。［39］自行酒饮之：亲自为他们摆酒，向他们敬酒。行酒，一一地敬酒。［40］敕不得妄动：告诫这选出的八百人，没有命令不准随意行动。敕，告诫。［41］未至三十步：当敌兵前进到离我还只剩下不到三十步远的时候。［42］溃：溃散，溃败。［43］骁勇：勇猛。［44］宜及其衰乘之：应该趁敌兵溃败无斗志的时候追击。乘，追击。［45］汉沔：意同江沔，指今长江、汉水流域的湖北西部地区。［46］武当：县名，县治在今湖北丹江口市西北，以武当山而得名。［47］梁州：州治南郑，在今陕西汉中市。此时梁州陷没于成国，故驻屯襄阳。［48］丁未：十月二十九日。［49］己酉朔：十一月一日。朔，农历的每月一日。［50］丁卯：十一月十九日。［51］侍中、太尉：在这里都是虚衔，以示荣宠。太尉，在秦、汉时，曾是全国最高军事长官，与丞相、御史大夫合称三公，魏晋时用作加官。［52］征南军司：征南将军府的属官。军司，即军司马，官名。戴邈：骠骑将军戴渊之弟，字望之，广陵人，东晋大臣，官至尚书仆射，卒赠卫将军，谥号穆。传见《晋书》卷六十九。［53］庠（xiáng）序：学校。周代叫“庠”，商代叫“序”。隳废：毁弃，废弃。隳（huī），毁坏。［54］平世尚文：和平的时代提倡文化教育。［55］儒道：儒学的道理。深奥：精深，奥妙。［56］仓猝：仓促，匆忙。［57］比天下平泰：等到天下太平之时。比，等到。［58］废坠：荒废，衰落。坠，坠落，坠毁。［59］贵游之子：贵族之家游手好闲的子弟。［60］斩将搴旗：斩敌之将，拔取敌军之旗。搴（qiān），拔取。［61］从军征戍之役：意即这些贵族子弟也没法完成从军征伐的任务。［62］不及盛年：不让他们趁着年轻力壮的时候。讲肄道义：意即读些儒家的经典，研究一些仁义道德的问题。讲肄，讲习。肄，学习，练习。［63］良可惜也：实在是一件令人遗憾的事情。良，甚，很。［64］礼俗日弊：礼仪风俗日益败坏。弊，败坏，衰落。［65］火之消膏：灯火消耗灯油。膏，油脂。［66］王业肇建：帝王大业刚刚建立。肇（zhào）建，初建。肇，始。［67］万物权舆：万事都要从头开始。权舆，开始。［68］谓宜：我觉得应当。笃道崇儒：追求王道，尊崇儒学。笃，热爱，追求。［69］以励风化：以改良社会风气。励，劝勉，改进。［70］太学：古代国家在京师建立的全国最高学府。

汉主聪出畋[1]，以愍帝[2]行车骑将军[3]，戎服执戟前导。见者指之曰：“此故长安天子也。”聚而观之，故老[4]有泣者。太子粲言于聪曰：“昔周武王岂乐杀纣乎[5]？正恐同恶相求[6]，为患故也。今兴兵聚众者，皆以子业为名[7]，不如早除之！”聪曰：“吾前杀庾珉辈[8]，而民心犹如是，吾未忍复杀也，且小观之[9]。”

十二月，聪飨[10]群臣于光极殿，使愍帝行酒洗爵[11]。已而更衣[12]，又使之执盖[13]。晋臣多涕泣，有失声者。尚书郎陇西辛宾[14]起，抱帝大哭，聪命引出，斩之。

赵固与河内太守郭默侵汉河东[15]，至绛[16]，右司隶部民[17]奔之者三万余人。骑兵将军刘勋[18]追击之，杀万余人，固、默引归。太子粲帅将军刘雅生等步骑十万屯小平津[19]。固扬言曰：“要当[20]生缚刘粲以赎天子。”粲表于聪曰：“子业若死，民无所望，则不为李矩、赵固之用，不攻而自灭矣。”戊戌[21]，愍帝遇害于平阳[22]。粲遣雅生攻洛阳，固奔阳城山[23]。

是岁，王命课督农功[24]，二千石、长吏以入谷多少为殿最[25]，诸军各自佃作[26]，即以为禀[27]。

氐王杨茂搜[28]卒，长子难敌[29]立，与少子坚头分领部曲[30]，难敌号左贤王[31]，屯下辨[32]，坚头号右贤王，屯河池[33]。

河南王[34]吐谷浑卒。吐谷浑者，慕容廆之庶兄也，父涉归[35]，分户一千七百以隶之[36]。及廆嗣位，二部马斗，廆遣使让[37]吐谷浑曰："先公分建有别[38]，奈何不相远异[39]，而令马有斗伤！"吐谷浑怒曰："马是六畜[40]，斗乃其常，何至怒及于人！欲远别甚易，恐后会为难[41]耳！今当去汝万里之外。"遂帅其众西徙。廆悔之，遣其长史乙那娄冯追谢之[42]。吐谷浑曰："先公尝称卜筮[43]之言云：'吾二子皆当强盛，祚流后世[44]。'我，孽子[45]也，理无并大[46]。今因马而别，殆天意乎[47]！"遂不复还，西傅阴山而居[48]。属永嘉之乱[49]，因度陇而西[50]，据洮水之西[51]，极于白兰[52]，地方数千里。鲜卑谓兄为阿干，廆追思之，为之作《阿干之歌》。吐谷浑有子六十人，长子吐延嗣[53]。吐延长大有勇力，羌、胡皆畏之。

（以上为第六段，写汉主刘聪百般羞辱晋愍帝司马邺，而后杀之；鲜卑首领慕容廆因马匹争斗，与庶兄吐谷浑闹僵，吐谷浑一路西行，占据洮水以西方圆数千里地，建立政权。）

【注释】

[1]出畋：出宫打猎。畋（tián），狩猎，打猎。[2]愍帝：即西晋末代皇帝司马邺。[3]行车骑将军：充当车骑将军之职，为汉主刘聪指挥参加打猎的车马。行，代理，通常指官阶高而代理较低职位。车骑将军，位次于大将军、骠骑将军。[4]故老：指晋朝与司马邺相识的人。[5]周武王：即西周开国之主姬发，周文王姬昌嫡次子。传见《史记》卷四。纣：指商朝末代之主商纣王。传见《史记》卷三。[6]同恶相求：狼狈为奸，同做坏事，指怀有共同仇恨的人聚在一起作乱。[7]皆以子业为名：都是打着司马邺的旗号。子业，即司马邺。名，名义，借口。[8]前杀庾珉（mín）辈：建兴元年（313），汉主刘聪在平阳南宫光极殿大宴群臣，命晋怀帝身穿青衣在席间行酒，庾珉、王俊等目睹故主受如此侮辱，不禁失声痛哭。事后，刘聪诛杀庾珉、王俊等晋国旧臣十余人。事见《资治通鉴》卷八十八愍帝建兴元年（313）。庾珉，侍中庾峻之子，字子据，西晋大臣。永嘉之乱，与晋怀帝一同被俘。传见《晋书》卷五十。[9]且小观之：再过一段时间看看。[10]飨（xiǎng）：即宴请，用酒食款待。[11]行酒洗爵：给参加宴会的人巡行斟酒，并为之洗酒杯。爵，古代的酒杯。[12]更衣：入厕的讳称，主语是刘聪。[13]执盖：手持便器之盖。[14]辛宾：陇西狄道（在今甘肃临洮县）人，西晋官员，随同被俘的晋愍帝司

马邺到汉都平阳，眼见汉主刘聪使司马邺行酒洗爵，悲愤不已，起而抱着司马邺大哭，为刘聪所杀。传见《晋书》卷八十九。［15］郭默：字玄雄，河内怀县（今河南武陟县）人，晋朝将领。传见《晋书》卷六十三。河东：郡名，郡治安邑，在今山西夏县西北禹王城，此时在汉主刘聪的统治下。［16］绛（jiàng）：县名，县治在今山西曲沃县西南，此时属汉国所有。［17］右司隶部民：刘聪右司隶统辖下的故晋之民。司隶，负责管理奴隶、俘虏。刘聪分司隶为左、右，各统所部汉民。［18］刘勋：汉国将领，时为骑兵将军。［19］刘雅生：汉国太子刘粲的部将，时为将军。小平津：地名，在今河南洛阳市孟津区东北。［20］要当：一定要。［21］戊戌：十二月二十日。［22］平阳：城名，在今山西临汾市西南，永嘉三年刘渊始建都于此。［23］阳城山：山名，俗名东岭山，又名马岭山，在今河南登封市东北。［24］课督农功：检查并督促发展农事的事务。［25］以入谷多少为殿最：把他们向朝廷缴纳谷物的多少作为考核政绩的标准。缴纳最多的名列第一，缴纳最少的名列最末。殿，最后。最，首位。［26］诸军各自佃作：军队都要就地垦荒种田。佃作，耕作。［27］即以为禀：种出来的粮食就作为军粮，由部队自己支配。禀（lǐn），通“廪”，原指仓库，用为动词，即指供应。［28］杨茂搜：本姓令狐，白马氐人，氐族第五任首领，自号辅国将军、右贤王。后建立仇池国，定都清水（今甘肃清水县），为第一任君主。后因病去世。传见《魏书》卷一百一。［29］难敌：即杨难敌，仇池国君杨茂搜的长子，为仇池国第二任君主。传见《宋书》卷九十八。［30］坚头：即杨坚头，杨茂搜的少子，杨难敌的弟弟，与其兄杨难敌分别统领部众。部曲：古代军队的编制单位。大将军营为五部，各设校尉一人；部有曲，曲设军候一人。引申为部下、部众。［31］左贤王：原为匈奴官名，与右贤王同为地位仅低于匈奴单于的两个君长。左贤王居于匈奴领土的东部，右贤王居于匈奴领土的西部。匈奴尚左，单于以下以左贤王最尊贵，多由单于之子或单于之弟充任，为单于的储副。古代北方民族亦多采用此制。［32］下辨：县名，县治在今甘肃成县西。［33］河池：县名，县治在今甘肃徽县西。［34］河南王：以河南郡为封地的诸侯王，王都在今河南沁阳市。［35］涉归：即慕容涉归，慕容部鲜卑酋长，多次协助西晋军队出征作战，建立功勋，受封大单于。后率军攻击晋国所属昌黎郡（今辽宁义县）。事见《晋书》卷一百八。［36］分户一千七百以隶之：分出一千七百户归吐谷浑所有。隶，属，管辖。［37］让：责让，责备。［38］分建有别：为我们分建了部落，划分了地区。［39］奈何不相远异：为什么不各自离得远一点。远异，远离而去，不相牵连。［40］六畜：指马、牛、羊、犬、豕、鸡六种家畜。此意为马是六畜之一。［41］难：困难。［42］乙那（nà）娄冯：人名，姓乙那娄，名冯，鲜卑族人，慕容廆的部属，为长史。谢：表示歉意，道歉。［43］卜筮：占卜。古代用龟甲占卜叫卜，用蓍草占卜叫筮，合称卜筮。［44］祚流后世：福祚流传给后代。意即建立政权，子孙相继称王。祚，福分，代指帝王之位。［45］孽（niè）子：古代称非正妻所生的儿子为庶子，亦即孽子。［46］理无并大：孽子与嫡子并列在一起，不可能同样强大。［47］殆天意乎：大概是上天有意让我强大起来吧。殆，大概，差不多。［48］西傅阴山而居：向西在靠近阴山的地方居住下来。西傅，意思是向西行。傅，同“附”，依傍，靠近。阴山，山名，在今内蒙古境内的阴山山脉，东西走向，是内地汉族与北方游牧民族交往的重要场所。［49］属永嘉之乱：正赶上永嘉年间的中国大乱，匈奴入侵，怀帝被俘等等。属，会，正赶上。永嘉，晋怀帝司马炽的年号，公元307年至公元312年。［50］因度陇而西：因而翻越陇山继续西行。度，度过，越过。陇，即陇山，一名陇坂，又名陇首、陇堤，在今陕西陇县、甘肃清水县一带。［51］据洮水之西：占据了洮水以西的大片土地。据，占据，占有。洮（táo）水，水名，在甘肃西南部，黄河上游支流，源出甘肃、青海边境的西倾山东麓，东流到岷县折向北，经临洮县到刘家峡附近入黄河，长500余公里，通称洮河。［52］极于白兰：势力范围到达白兰。极，至，抵达。白兰，山名，在今青海西南部。［53］长子吐延嗣：吐谷浑的大儿子吐延继承了其父的权位。嗣，继承。吐延，即慕容吐延，慕容吐谷浑长子，吐谷浑政权第二任君主。

大兴元年（戊寅，318年）

春，正月，辽西公疾陆眷卒，其子幼，叔父涉复辰自立。段匹磾自蓟[1]往奔丧，段末柸宣言："匹磾之来，欲为篡[2]也。"匹磾至右北平[3]，涉复辰发兵拒之。末柸乘虚袭涉复辰，杀之，并其子弟党与[4]，自称单于[5]。迎击匹磾，败之。匹磾走还蓟。

三月，癸丑[6]，愍帝凶问[7]至建康，王斩缞居庐[8]。百官请上尊号[9]，王不许。纪瞻[10]曰："晋氏统绝[11]，于今二年[12]，陛下当承大业[13]；顾望[14]宗室，谁复与让[15]！若光践大位[16]，则神、民有所凭依[17]；苟为逆天时[18]，违人事，大势一去，不可复还。今两都燔荡[19]，宗庙无主，刘聪窃号于西北[20]，而陛下方高让[21]于东南，此所谓揖让而救火[22]也。"王犹不许，使殿中将军韩绩[23]彻去御坐[24]。瞻叱[25]绩曰："帝坐上应列星[26]，敢动者斩！"王为之改容[27]。

奉朝请周嵩上疏曰[28]："古之王者，义全而后取，让成而后得[29]，是以享世长久，重光万载[30]也。今梓宫未返[31]，旧京未清[32]，义夫泣血，士女遑遑[33]。宜开延嘉谋[34]，训卒厉兵[35]，先雪社稷[36]大耻，副四海之心[37]，则神器将安适哉[38]！"由是忤旨[39]，出为新安太守[40]，又坐怨望[41]，抵罪[42]。嵩，顗之弟也。

丙辰[43]，王即皇帝位，百官皆陪列。帝命王导升御床共坐[44]，导固辞[45]曰："若太阳下同万物[46]，苍生何由仰照[47]！"帝乃止。大赦，改元，文武增位二等。帝欲赐诸吏投刺劝进[48]者加位一等，民投刺者皆除吏[49]，凡二十余万人。散骑常侍熊远[50]曰："陛下应天继统[51]，率土归戴[52]，岂独近者情重，远者情轻！不若依汉法[53]，遍赐天下爵[54]，于恩为普，且可以息检核之烦[55]，塞巧伪之端[56]也。"帝不从。

庚午[57]，立王太子绍[58]为皇太子。太子仁孝，喜文辞，善武艺，好贤礼士，容受规谏[59]，与庾亮、温峤等为布衣之交[60]。亮风格峻整[61]，善谈老、庄[62]，帝器重之，聘亮妹为太子妃。帝以贺循行太子太傅[63]，周𫖮为少傅，庾亮以中书郎侍讲东宫[64]。帝好刑名家[65]，以韩非书[66]赐太子。庾亮谏曰："申[67]、韩刻薄伤化[68]，不足留圣心[69]。"太子纳之。

（以上为第七段，写晋愍帝司马邺被汉国杀害的凶信传到江东，众大臣劝说晋王司马睿称帝，司马睿谦让一番，即位，改元大兴，文武官员晋升二级爵位，皆大欢喜；立好贤礼士的王太子司马绍为皇太子。）

【注释】

[1]蓟：县名，在今北京城西南部，当时为段匹磾的幽州刺史府所在地。[2]篡：即篡位，争夺地位。[3]右北平：郡名，郡治徐无县，在今河北遵化市东。[4]党与：同党之人。[5]单于：匈奴人对他们部落联盟首领的专称。[6]癸丑：三月七日。[7]凶问：死讯。问，通"闻"，消息。[8]斩缞居庐：身穿斩缞的丧服，出居于庐幕，为晋愍帝司马邺守丧。斩缞（cuī），也作"斩衰"，是"五服"中最重的丧服，是用最粗的生麻布制作，断处外露不包边，表示毫不修饰，以尽哀痛，服期三年。居庐，守丧者搬出卧室，另搭棚庐居住，所居之室称"倚庐"。[9]请上尊号：请晋王司马睿改用皇帝尊号。上，献上。尊号，皇帝的称号。[10]纪瞻：字思远，丹阳秣陵（今江苏南京市）人，东晋初年名士、重臣。传见《晋书》卷六十八。[11]晋氏统绝：晋国皇帝历代相传的世系断绝。统绝，皇统断绝。[12]于今二年：晋愍帝于建兴四年（316）十月向汉国递交投降书，晋朝便不复存在，至今大兴元年（318）三月，为十五个月。[13]当承大业：应当继承帝王的事业，意即登上帝位。[14]顾望：回顾，回望。[15]谁复与让：即复谁与让，还有谁值得向他推让呢？司马睿是司马懿三子司马伷的孙子，而司马懿二子司马昭的子孙在八王之乱中都死得差不多了，即使是幸存的，也没有什么资历和名望，故纪瞻认为司马睿继位是当仁不让的。[16]光践大位：荣登帝位。光，光大，光明正大地。[17]神、民有所凭依：神与黎民百姓就都有了依靠。凭依，依靠。[18]苟为：假如。逆天时：违背天意，迟迟不继承帝位。[19]两都燔荡：指长安、洛阳两个都城都已成为废墟。燔（fán）荡，焚毁，荡然无存。[20]刘聪窃号于西北：刘聪在西北方窃号自称皇帝。[21]高让：拱手相让。旧时表示推让、

辞让，往往高拱其手，故称。［22］揖让而救火：面临救火的紧急状况而让来让去，意谓不识时务，沽名钓誉。［23］殿中将军：官名，掌典禁兵，督守殿廷。韩绩：东晋官员，时为殿中将军。［24］彻去御坐：撤去纪瞻等为司马睿摆好的皇帝宝座。彻，通“撤”，搬开。［25］叱：斥责，大声责骂。［26］帝坐上应列星：人间帝王的座位与上天的星宿是彼此对应的。《天文志》曰：“帝坐在紫宫中。”［27］改容：即动容，被纪瞻的一番言行所感动。［28］奉朝请：朝廷给大臣的一种荣誉官名，意思是只让他们参加朝会，而没有具体职务。古代诸侯春季朝见天子叫朝，秋季朝见天子叫请。周嵩：字仲智，汝南安成人，周颛之弟，东晋直臣。为参军，拜奉朝请。官至御史中丞。时帝以王敦势盛，渐渐疏忌王导等。周嵩上疏谏，帝感悟，王导等得获全。传见《晋书》卷六十一。［29］义全而后取，让成而后得：意思是大义无亏时，然后可以获取，经过多次谦让后，才可以接受。［30］重光万载：亦即王业万年的意思。重光，比喻累世盛德，辉光相承，以喻后王能够继承前王的功业。［31］梓宫未返：晋怀帝、晋愍帝两位皇帝的灵柩还没有运回。梓宫，指皇帝、皇后或重臣的棺材，用梓木制成。［32］旧京未清：旧日的都城还在贼人的占领之下，没有光复。清，肃清，将占领的敌人赶出去。［33］遑（huáng）遑：通“惶惶”，震动、惊恐不安的样子。［34］开延嘉谋：意即广开言路，引进人才，制定正确的谋略。延，引进。［35］训卒厉兵：训练士卒，磨砺兵器。厉，通“砺”，磨刀石，用如动词，磨砺，磨炼。兵，兵器。［36］社稷：古代帝王、诸侯所祭的土神和谷神，代指国家。［37］副四海之心：符合天下人之心愿。副，符合，与之相称。［38］神器将安适哉：皇帝的宝座还会跑到别人那里去吗？神器，指帝位、国家政权。适，往。［39］忤（wǔ）旨：违背了司马睿的心思。司马睿不是不想即帝位，而是意图通过再三谦让以博得虚名，也欲以此观察大臣的心态。［40］出为新安太守：赶出京城，让他到新安郡去当太守。新安，郡名，郡治始新，在今浙江淳安县西北。［41］坐怨望：被指控为对皇帝有不满言行而受到相应的刑罚。坐，因犯罪或错误。怨望，怨恨，不满。［42］抵罪：即获罪，抵偿其应负的罪责，受到应有的处罚。［43］丙辰：三月十日。［44］升御床共坐：司马睿以此表示对王导的特殊恩宠。司马睿能够坐上皇位，王导功不可没，而司马睿此意，也是在试探王导，猜忌之心也渐渐产生。御床，皇帝宝座。［45］固辞：坚决推辞，不留余地。［46］若太阳下同万物：如果太阳落下来与地上的万物混在一起。［47］苍生何由仰照：百姓还会敬佩发光的太阳吗？苍生，百姓，民众。［48］投刺劝进：指直接写上姓名，上书劝司马睿登上帝位。刺，指名刺或名帖。［49］除吏：授予官职。除，任命官职。［50］熊远：字孝文，豫章南昌（今江西南昌市）人，东晋正直儒雅之臣。为官清正，屡进忠言，是晋元帝司马睿十分倚重的大臣。传见《晋书》卷七十一。［51］应天继统：顺应天命，承继皇统。［52］率土归戴：四海的民众都归心拥戴。率土，率土之滨，即四境之内。［53］汉法：汉朝的制度。［54］遍赐天下爵：谓遍赐天下民爵一级。汉代自惠帝刘盈继位，赐民爵一级，其后诸帝初即位，均赐民爵一级，以示皇恩浩荡。［55］息检核之烦：省去考察核实的麻烦。核，考验，核实。［56］塞巧伪之端：堵塞弄虚作假、徇私舞弊问题产生的源头。［57］庚午：三月二十四日。［58］王太子绍：即司马绍，元帝长子。［59］容受：容纳，接受。规谏：规劝，谏议。［60］布衣之交：不讲权位高低的忠实朋友。布衣，借指平民百姓。［61］风格峻整：品格严正、庄重。［62］老、庄：即老子、庄子。［63］行太子太傅：代理太子太傅之职。从汉代开始以太子太傅、太子少傅为太子的正副辅导官，承担教导训育之责。行，代理。［64］侍讲东宫：在东宫给太子讲学。东宫，古代宫殿名，因方位得名，太子居之，后借指储君。［65］刑名家：战国时的法家一派，以申不害为代表，强调循名责实，以强化上下关系。这里泛指法家。刑名，也作“形名”，“形”指形体、实体；“名”指名称、概念。［66］韩非书：指韩非的著作《韩非子》。韩非又称韩非子，先秦法家学派代表人物。传见《史记》卷六十三。［67］申：即申不害，亦称申子，战国时期法家重要创始人、思想家。以“术”著称，著有《申子》。传见《史记》卷六十三。［68］刻薄：冷酷无情，过分苛求。伤化：指损害教化。［69］不足留圣心：不值得让皇上学习仿效。留，留心，注意。

帝复遣使授慕容廆龙骧将军、大单于、昌黎公，廆辞公爵不受[1]。廆以游邃为龙骧长史[2]，刘翔为主簿[3]，命邃创定府朝仪法[4]。

裴嶷[5]言于廆曰：“晋室衰微，介居江表[6]，威德不能及远，中原之乱，非明公不能拯[7]也。今诸部虽各拥兵，然皆顽愚相聚，宜以渐并取[8]，以为西讨之资[9]。”廆曰：“君言大[10]，非孤所及[11]也。然君中朝名德[12]，不以孤僻陋而教诲之[13]，是天以君赐孤而佑其国也。”乃以嶷为长史，委以军国之谋，诸部弱小者，稍稍[14]击取之。

李矩使郭默、郭诵救赵固，屯于洛汭[15]。诵潜遣其将耿稚等夜济河袭汉营[16]，汉具丘王翼光觇知之[17]，以告太子粲，请为之备。粲曰：“彼闻赵固之败，自保不暇，安敢来此邪！毋为惊动将士！”俄而稚等奄至[18]，十道进攻[19]，粲众惊溃[20]，死伤太半，粲走保阳乡[21]。稚等据其营，获器械、军资，不可胜数。及旦，粲见稚等兵少，更与刘雅生[22]收余众攻之，汉主聪使太尉范隆[23]帅骑助之，与稚等相持，苦战二十余日，不能下。李矩进兵救之，汉兵临河拒守，矩兵不得济。稚等杀其所获牛马，焚其军资，突围奔虎牢[24]。诏以矩都督河南三郡[25]诸军事。

汉螽斯则百堂灾[26]，烧杀汉主聪之子会稽王康[27]等二十一人。

聪以其子济南王骥[28]为大将军、都督中外诸军事、录尚书[29]，齐王劢为大司徒[30]。

焦嵩[31]、陈安[32]举兵逼上邽[33]，相国保[34]遣使告急于张寔，寔遣金城太守窦涛督步骑二万赴之[35]。军至新阳[36]，闻愍帝崩，保谋称尊号[37]。破羌都尉张诜[38]言于寔曰："南阳王[39]，国之疏属[40]，忘其大耻[41]，而亟欲自尊[42]，必不能成功。晋王近亲[43]，且有名德[44]，当帅天下以奉之。"寔从之，遣牙门蔡忠奉表诣建康[45]，比至[46]，帝已即位。寔不用江东年号[47]，犹称建兴[48]。

夏，四月，丁丑朔[49]，日有食之。

加王敦江州牧[50]，王导骠骑大将军、开府仪同三司。

导遣八部从事行扬州郡国[51]，还，同时俱见。诸从事各言二千石官长[52]得失，独顾和[53]无言。导问之，和曰："明公作辅[54]，宁使网漏吞舟[55]，何缘采听风闻[56]，以察察为政[57]邪！"导咨嗟[58]称善。和，荣之族子[59]也。

成[60]丞相范长生[61]卒，成主雄[62]以长生子侍中贲[63]为丞相。长生博学，多艺能，年近百岁，蜀人奉之如神。

（以上为第八段，写鲜卑首领慕容廆渐生野心，欲拥兵自重；南阳王司马保欲自立为帝，不被诸大臣看好；司马睿即帝位，凉州刺史张寔不奉正朔，有反叛之意。）

【注释】

[1]廆辞公爵不受：慕容廆辞去昌黎公的爵位，不予接受，只接受龙骧将军、大单于的官职。胡三省曰："廆辞公爵不受，外为谦让，其志不肯郁郁于昌黎也。"[2]游邃（suì）：广平人，在晋，尝为昌黎太守。后仕辽东镇军将军慕容廆，为龙骧长史，慕容廆依为股肱，创定府朝仪法。与游纶、游统、游暢（畅）并称"广平四游"。[3]刘翔：前燕官员，曾为东夷护军、大将军长史，现为龙骧将军慕容廆的主簿。主簿：官名，掌文书簿籍，后渐变为统兵开府之大臣幕府中的幕僚之长，参与机要，总领府事。[4]府朝仪法：即慕容廆衙门的一切礼仪章程。府朝，六朝以前侯国郡守得征聘僚属，同于公府，其治所也称朝，是为府朝。仪法，礼仪法度。[5]裴嶷（yí）：字文冀，河东闻喜（今山西闻喜县）人，司隶校尉裴昶之子。初仕晋朝，官至荥阳太守。晋末大乱，因送兄丧南归，道路阻塞，遂投奔慕容廆，成为其得力参谋，担任辽东相，又改任乐浪太守，后为右部都督。传见《晋书》卷一百八。[6]介居江表：孤独地立朝于江南。介，孤独。江表，指长江以南地区。从中原看，其地在长江之外，故称江表。[7]拯：拯救。[8]宜以渐并取：应该逐渐地吞并他们。[9]以为西讨之资：以此为日后进兵中原做准备。西讨，指从辽东西进到中原。

资，本钱，资本。［10］君言大：你所提出的目标宏伟远大。［11］非孤所及：不是我所能达到的。及，达到。［12］中朝名德：晋王朝德高望重的人物。中朝，中国，此指东晋。名德，指有名望德行的人。［13］不以孤僻陋而教诲之：不嫌弃我地处偏僻、孤陋寡闻，而来投奔我，给我以教诲。僻陋，偏僻、鄙陋。［14］稍稍：渐渐，逐渐。［15］洛汭：洛水入黄河处，在今河南巩义市东。汭（ruì），河流汇合或弯曲处。［16］耿稚：晋人，李矩的部将。济河：渡河。河，指黄河。［17］具丘王翼光觇知之：被刘聪封为具丘王的刘翼光探听到了晋军渡河来袭的消息。具丘，地名，今河南禹城市西部。翼光，即刘翼光，汉国将领。觇（chān），窥视，观测。［18］奄至：忽然而至。［19］十道进攻：分成十路军队进攻汉军。［20］惊溃：惊惶，溃散。［21］走保阳乡：刘粲退到阳乡据守。阳乡，地名，在今河南沁阳市西南。［22］刘雅生：汉国将领。［23］范隆：字玄嵩，雁门人，博通经籍。晋惠帝时，天下将乱，范隆隐迹不应州郡之命。后依于刘渊，刘渊称王后，封为大鸿胪，为汉国谋主。［24］虎牢：关名，在今河南荥阳市汜水镇西北大邳山上。［25］河南三郡：此指河南、荥阳、弘农三郡。河南郡治野王，在今河南沁阳市。荥阳郡治荥阳县，在今河南荥阳市东北之古荥镇。弘农郡治弘农县，在今河南灵宝市东北故函谷关城。［26］汉螽斯则百堂灾：刘聪的螽斯则百堂被大火焚毁。螽（zhōng）斯则百堂，是刘聪的后妃与其子孙所居住的宫殿名，取《诗经·螽斯》之义。其中有所谓"宜尔子孙，振振兮""宜尔子孙，绳绳兮""宜尔子孙，蛰蛰兮"，以祝颂官僚贵族的子孙成群。螽斯，昆虫。［27］会稽王康：即刘康，汉主刘聪之子，封为会稽王。会稽，郡名，郡治在今浙江绍兴市。刘康所封为遥封，只是一种名义。［28］济南王骥：即刘骥，刘聪之子，封为济南王。刘聪临终时，拜封大司马，后来被靳准陷害谋反，被刘粲杀害。［29］录尚书：即录尚书事，总管国家政事的施行。录，统管，统领。［30］齐王劢（mài）：即刘劢，刘聪之子。封为齐王，任为大司徒，被靳准等诬陷与皇太弟刘义谋反作乱，被皇帝刘粲杀害。齐王，封地齐郡，在今山东淄博市临淄区，虚封。大司徒：三公之一，主管民政等事务。［31］焦嵩：西晋官员，安定人，为安定太守，率众驻扎在长安附近。为麹允举荐，不知恩图报，坐视麹允被围困，麹允被刘曜俘虏自杀，焦嵩亦为汉将刘曜所灭。传见《晋书》卷八十九。［32］陈安：西晋末期将领，趁乱拥兵十多万割据一方，自称大都督、大将军，雍凉秦梁四州州牧、凉王。被汉王刘曜讨灭。事附《晋书》卷一百三。［33］逼上邽（guī）：意即欲进一步向西扩展势力。上邽，县名，县治在今甘肃天水市西南。［34］相国保：相国司马保，司马模之子。相国，为朝廷的最高行政官员。司马保曾被晋愍帝司马邺遥授为相国，以示尊宠，而司马保却怀有二心。［35］金城：郡名，郡治在今甘肃兰州市。窦涛：晋官员，时为金城太守。［36］新阳：县名，县治在今甘肃秦安县东南。［37］谋称尊号：谋划着当晋朝皇帝。［38］张诜（shēn）：凉州牧张寔的属官，时任破羌都尉。［39］南阳王：司马保为南阳王司马模世子，司马模去世，司马保袭封，封地南阳郡，都城在今河南南阳市。［40］国之疏属：南阳王司马保之父司马模，是司马懿四弟东武城侯司马馗的孙子，于晋皇室为远支。［41］忘其大耻：意即司马保忘掉了晋国两个皇帝以及自己父亲司马模都被汉国人所杀的奇耻大辱。［42］亟欲自尊：迫不及待地想自己当皇帝。亟，急，赶快。自尊，自己登上皇位。［43］晋王近亲：司马睿之父司马觐是司马懿的孙子，于晋室为近亲。［44］名德：名望和德行。［45］牙门：即牙门将，官名，相当于偏将、副将。蔡忠：凉州牧张寔的部将，时为牙门将。［46］比至：等蔡忠到达建康。比，及，等到。［47］江东年号：即司马睿即帝位后的"太兴"年号。［48］犹称建兴：仍用晋愍帝司马邺的年号，即接续建兴五年、建兴六年。张氏用建兴年号，历九世四十九年。至孝宗（司马聃）升平五年（361），张天锡乃奉其年号。不用当今皇帝的年号，政治上称为"不奉正朔"，是一种反叛行为。［49］丁丑朔：四月一日。［50］江州牧：江州的最高行政官员。江州，州治在今江西九江市。［51］遣八部从事行扬州郡国：王导派遣八个担任部从事的官员前往扬州管辖下的郡国去视察。部从事，官名，即部郡国从事，郡国各一人，掌管文书和察举非法。行，巡察。扬州郡国，当时扬州管辖八个郡国，即丹阳、会稽、吴、吴兴、宣城、东阳、临海、新安，所以分遣部从事八人。［52］二千石官长：指郡守与诸侯王国的相，他们的秩禄都是二千石一级。［53］顾和：字君孝，吴郡吴县（今江苏苏州市）人，东吴荆州刺史顾容曾孙，东晋官员。传见《晋书》卷八十三。［54］明公作辅：您作为国家的辅弼大臣。［55］宁使网漏吞舟：宁肯使网眼大到能够漏掉吞舟之鱼，以喻为政应当宽缓。吞舟，吞舟之鱼，比喻罪行极大的人。［56］何缘采听风闻：何必去搜集那些道听途说的信息。采听风闻，听信传言。风闻，经传说得知的消息。［57］以察察为政：以苛察作为治政的准则。察察，严厉、苛刻的样子。［58］咨嗟（jiē）：感慨、叹息的样子。［59］荣：即顾荣，字彦先，吴郡吴县（今江苏苏州市）人，孙吴丞相顾雍之孙，西晋末年大臣，江南士族领袖。后任琅邪王司马睿安东军司，加散骑常侍。传见《晋书》卷六十八。［60］成：即成国，十六国之一。［61］范长生：字元，涪陵丹心（今重庆市黔江区）人，信奉道教，为天师道首领，官至大成政权丞相。传见《十六国春秋》卷八十。［62］成主雄：即李雄，字仲俊，成汉开国皇帝，公元304年至公元334年在位。传见《晋书》卷一百二十一。［63］贲：即范贲，成汉丞相范长生之子，接替其父为丞相。成汉灭亡，众将领拥立范贲为皇帝，后被益州刺史周抚、龙骧将军朱焘讨灭，益州平定。

汉中常侍王沈养女有美色[1]，汉主聪立以为左皇后。尚书令王鉴、中书监崔懿之、中书令曹恂谏曰[2]："臣闻王者立后，比德乾坤[3]，生承宗庙[4]，没配后土[5]，必择世德名宗[6]，幽闲令淑[7]，乃副[8]四海之望，称神祇[9]之心。孝成帝[10]以赵飞燕[11]为后，使继嗣绝灭[12]，社稷为墟[13]，此前鉴也。自麟嘉[14]以来，中宫之位[15]，不以德举。借使沈之弟女[16]，刑余小丑[17]，犹不可以尘污椒房[18]，况其家婢[19]邪！六宫[20]妃嫔，皆公子公孙，奈何一旦以婢主之！臣恐非国家之福也。"

聪大怒，使中常侍宣怀[21]谓太子粲曰："鉴等小子，狂言侮慢[22]，无复君臣上下之礼，其速考实[23]！"于是，收鉴等送市[24]，皆斩之。金紫光禄大夫王延[25]驰，将入谏，门者弗通。

鉴等临刑，王沈以杖叩[26]之曰："庸奴[27]，复能为恶乎？乃公[28]何与汝事！"鉴瞋目叱之曰[29]："竖子[30]！灭大汉者，正坐[31]汝鼠辈与靳准耳！要当[32]诉汝于先帝，取汝于地下治之。"准谓鉴曰："吾受诏收[33]君，有何不善？君言汉灭由吾也？"鉴曰："汝杀皇太弟[34]，使主上获不友之名[35]。国家畜养[36]汝辈，何得不灭！"懿之[37]谓准曰："汝心如枭镜[38]，必为国患，汝既食人，人亦当食汝。"

聪又立宣怀养女为中皇后。

司徒荀组在许昌[39]，逼于石勒，帅其属数百人渡江。诏组与太保西阳王羕[40]并录尚书事。

段匹磾之奔疾陆眷丧也，刘琨使其世子群[41]送之。匹磾败，群为段末柸所得。末柸厚礼之，许以琨为幽州刺史，欲与之袭匹磾，密遣使赍群书[42]，请琨为内应，为匹磾逻骑[43]所得。时琨别屯征北小城[44]，不知也，来见匹磾。匹磾以群书示琨曰："意亦不疑公，是以白公耳。"琨曰："与公同盟，庶[45]雪国家之耻，若儿书密达，亦终不以一子之故负公而忘义也。"匹磾雅重琨[46]，初无害琨意，将听还屯[47]。其弟叔军[48]谓匹磾曰："我，胡夷[49]耳，所以能服[50]晋人者，畏吾众也。今我骨肉乖离[51]，是其良图之日[52]；若有奉琨以起[53]，吾族尽矣。"匹磾遂留琨[54]。琨之庶长子遵惧诛[55]，与琨左长史杨桥[56]等闭门自守，匹磾攻拔之。代郡太守辟闾嵩[57]、后将军韩据复潜谋袭匹磾[58]，事泄，匹磾执嵩、据及其徒党，悉[59]诛之。

五月，癸丑[60]，匹磾称诏收琨[61]，缢杀[62]之，并杀其子侄四人。琨从事中郎卢谌[63]、崔悦等帅琨余众奔辽西[64]，依段末柸，奉刘群为主；将佐多奔石勒。悦，林之曾孙也。

朝廷以匹磾尚强，冀其能平河朔[65]，乃不为琨举哀。温峤表[66]："琨尽忠帝室，家破身亡，宜在褒恤。"卢谌、崔悦因[67]末柸使者，亦上表为琨讼冤[68]。后数岁，乃赠琨太尉、侍中，谥曰"愍[69]"。于是，夷、晋[70]以琨死，皆不附匹磾。

末柸遣其弟攻匹磾，匹磾帅其众数千将奔邵续[71]，勒将石越邀之于盐山[72]，大败之，匹磾复还保蓟。末柸自称幽州刺史。

初，温峤为刘琨奉表诣建康，其母崔氏固止之[73]，峤绝裾[74]而去。既至，屡求返命[75]，朝廷不许。会琨死，除散骑侍郎[76]。峤闻母亡，阻乱[77]不得奔丧、临葬[78]，固让不拜[79]，苦请北归。诏曰："凡行礼者，当使理可经通[80]。今桀逆未枭[81]，诸军奉迎梓宫[82]犹未得进，峤以一身[83]，于何济其私难[84]，而不从王命[85]邪！"峤不得已受拜。

（以上为第九段，写汉主刘聪立宦官王沈养女为皇后，朝野反对，杀掉尚书令王鉴等劝谏者；朝廷重臣刘琨被幽州刺史段匹磾残忍杀害，其子刘群等依附段末柸。）

【注释】

[1]中常侍：皇帝的侍卫官员，皇帝近臣，给事左右，职掌顾问应对，由宦官充任。王沈：汉赵的朝廷侍卫官员，为中常侍，是刘粲安插在汉主刘聪身边的亲信。养女：收养的非亲生的女儿。[2]王鉴、崔懿（yì）之、曹恂（xún）：均为汉国官员，时分别为尚书令、中书监、中书令。三人共同谏阻汉主刘聪纳王沈养女为左皇后，均被杀。[3]比德乾坤：意即与天地同德。比，并列。乾坤，通常以之称天地。《易·说卦》曰："乾为天，坤为地。"[4]生承宗庙：活着承祀祖先宗庙。[5]没配后土：死后比配土地神灵。没，通"殁"，死。后土，土神或地神。[6]世德：指祖上及本人均有美德。名宗：有名望的宗族。[7]幽闲令淑：指沉静安闲的好女子。幽闲，文静，雅致。闲，通"娴"，娴静。令淑，德行善美。[8]副：与之相称，相符合。[9]神祇（qí）：天神与地神，泛指神灵。[10]孝成帝：即西汉成帝刘骜。传见《汉书》卷十。[11]赵飞燕：初为汉成帝宫人，善歌舞，以体态轻盈号曰"飞燕"，受成帝爱幸，永始元年（前16）立为皇后。传见《汉书》卷九十七下。[12]继嗣绝灭：在汉成帝死前，流行"燕啄皇孙"的童谣，说赵飞燕阴谋毒害皇孙。其中曰："燕飞来，啄皇孙。皇孙死，燕啄矢。"成了宫妃残害皇族的著名典故，赵飞燕为此受到惩罚。疑为泼向赵飞燕的脏水。事见《资治通鉴》卷三十二汉哀帝建平元年（前6）。[13]社稷为墟：指国家灭亡。墟，废墟，荒地。[14]麟嘉：汉主刘聪的第四个年号，晋愍帝建兴四年，即汉麟嘉元年（316）。[15]中宫之位：指皇后的位置。中宫，皇后所居之宫，常用为皇后的代称。[16]借使：假使，即使。沈之弟女：王沈的妹妹。弟女，女弟，妹妹。[17]刑余小丑：对宦官的鄙称，此指王沈。[18]尘污椒房：污染后宫。椒房，即椒房殿，皇后所居殿名，以椒和泥涂壁，使温暖、芳香，并象征多子。[19]家婢：家中的婢女，论者将养女视同婢女。[20]六宫：古代皇帝有"六宫"之说，泛指后妃所居之处。[21]宣怀：汉国的朝廷侍卫官员，为中常侍，与王沈沆瀣一气，陷害忠良。[22]侮慢：对人轻忽，态度傲慢，乃至冒犯无礼。

［23］考实：调查核实他的罪名。［24］送市：古代处决犯人多在市场，并陈尸示众。［25］金紫光禄大夫：为加官及褒赠之官，加金章紫绶，在光禄大夫中最为尊贵。王延：字延元，西河人。年六十方仕于刘聪，稍迁尚书左丞，至金紫光禄大夫。靳准以延为左光禄大夫，王延大骂不受，遂杀之。［26］叩：敲，打。［27］庸奴：见识浅陋之人，含有鄙夷之意。［28］乃公：你老子，骂人语。何与汝事：与你有何相干。［29］瞋（chēn）目：发怒时瞪着眼睛。叱：大声责骂。［30］竖子：小子，对人的蔑称。［31］正坐：正是由于。［32］要当：自当，应当。［33］收：收捕，逮治，此指诛杀。［34］皇太弟：即刘义，一作"刘乂"。［35］不友之名：即杀弟之罪。不友，弟兄之间不友爱。儒家语有所谓"兄则友，弟则恭"。［36］畜养：豢养，如同养了一批畜生。［37］懿之：即中书监崔懿之。［38］枭镜：旧说枭为恶鸟，生而食母；镜为恶兽，生而食父。比喻不忠不孝与忘恩负义之人。镜，同"獍"，一种似虎、豹的猛兽。［39］许昌：郡名，郡治许昌，在今河南许昌市建安区张潘故城。［40］西阳王羕（yàng）：即司马羕，封为西阳王，封地西阳郡，在今湖北黄冈市东。［41］群：即刘群，字公度，中山魏昌（河北定州市）人，西晋司空刘琨之子，后赵大臣。传见《晋书》卷六十二。［42］赍群书：拿着刘群的书信。赍（jī），持。［43］逻骑：巡逻的骑兵。［44］征北小城：征北将军临时的驻兵之地。［45］庶：希望，为了。［46］雅重琨：素来敬重刘琨。雅，素来，一向。［47］将听还屯：准备让他返回驻地。听，听任，随其意。［48］叔军：即段叔军，段匹磾的二弟，好学有智谋，后来和段匹磾一起被杀。［49］胡夷：偏指胡族，泛指外族。胡，古代称西、北方的各族为胡。夷，古代称东方部落为夷。［50］服：使之顺从。［51］骨肉乖离：指段氏兄弟叔侄之间相互争斗。乖离，相互矛盾。［52］是其良图之日：是他们谋划袭取我们的好时机。［53］奉琨以起：拥戴刘琨，起兵以消灭段氏。［54］留琨：将刘琨扣留。［55］庶长子：非嫡妻所生的庶子，其年龄为长者。遵：即刘遵，刘琨的庶长子。［56］杨桥：晋人，司空刘琨的左长史。［57］代郡：郡治在今河北蔚县代王城。辟闾嵩：人名，复姓辟闾，名嵩，西晋人，受鲜卑段匹磾署为代郡太守。时欲攻袭段匹磾，事泄被诛。［58］后将军：掌典京师兵卫，或屯兵边境。韩据：西晋人，曾为刘琨军队的监军，时为后将军，谋袭段匹磾，事泄被杀。潜谋：密谋。［59］悉：全，都。［60］癸丑：五月八日。［61］称诏收琨：假托皇帝的旨意，正式逮捕刘琨。收，逮捕。称，声言。［62］缢（yì）杀：以绳勒颈，气绝而死。［63］从事中郎：郎官的一种，为帝王近侍官。卢谌（chén）：字子谅，范阳涿县（今河北涿州市）人，曹魏司空卢毓曾孙，仕晋为太尉掾。随父投奔刘琨，拜司空从事中郎。后仕后赵，历任中书侍郎、国子祭酒，迁侍中、中书监等职。冉魏时，任为中书监。传见《晋书》卷四十四。［64］崔悦：字道儒，清河东武城（今河北故城县）人，曹魏司空崔林的曾孙，为司空刘琨内侄，与卢谌一起辅佐刘琨，拜司空从事中郎。后投靠段末柸，为幽州佐史。进入后赵，效力于石虎，拜司徒左长史，封为关内侯，转新平相，后被杀。传见《晋书》卷四十四。辽西：郡名，郡治阳乐，在今辽宁义县西。时段末柸的驻地在此。［65］冀：期望。平河朔：平定黄河以北地区。［66］表：上表，上书。［67］因：通过，借助。［68］讼冤：申辩冤屈。讼，争辩是

非曲直。［69］愍（mǐn）：《谥法》曰："在国逢难曰'愍'。"［70］夷、晋：河北地区的少数民族与晋朝人。［71］将奔邵续：准备投奔邵续。邵续，字嗣祖，魏郡安阳人，晋朝大臣。后被后赵的石虎杀害。传见《晋书》卷六十二。［72］石越：石勒的将领。邀之于盐山：在盐山对段匹磾进行截击。邀，阻截，截击。盐山，县名，县治在今河北盐山县东南。［73］固止之：坚决地拦阻他。［74］绝裾（jū）：扯断了衣袖。［75］返命：指回刘琨处复命。［76］除散骑侍郎：朝廷授以散骑常侍之职。除，授官。散骑侍郎，皇宫侍卫官员。［77］阻乱：由于战乱而道路不通。［78］临葬：亲临并安葬。临，到，及。［79］固让不拜：坚决推辞，不接受朝廷的任命。让，推让，推辞。［80］当使理可经通：意即应让这种"礼"能符合人之常情，能够贯彻实行。是说温峤不宜矫情，应当考虑因为路阻而无法回去，应留在朝廷任职。［81］桀逆未枭：作乱的头子们尚未诛灭。桀逆，凶狠，忤逆，指刘聪、石勒等人。枭，枭首，杀人而悬其头于木。［82］奉迎梓宫：迎接晋怀帝司马炽、晋愍帝司马邺二帝灵柩。梓宫，指皇帝的棺材，用梓木做成。［83］峤（jiào）以一身：温峤只为自己一人考虑。［84］于何济其私难：为什么只为解决自家的难处。于何，为何。济，成，解决。［85］不从王命：不服从帝王的统一安排。王命，帝王的命令。

初，曹嶷既据青州[1]，乃叛汉来降。又以建康悬远[2]，势援[3]不接，复与石勒相结，勒授嶷东州大将军、青州牧，封琅邪公。

六月，甲申[4]，以刁协为尚书令，荀崧为左仆射[5]。协性刚悍[6]，与物多忤[7]，与侍中刘隗俱为帝所宠任。欲矫时弊[8]，每崇上抑下[9]，排沮豪强[10]，故为王氏所疾，诸刻碎之政[11]，皆云隗、协所建。协又使酒放肆[12]，侵毁[13]公卿，见者皆侧目惮之[14]。

戊戌[15]，封皇子晞[16]为武陵王。

刘虎[17]自朔方侵拓跋郁律西部[18]，秋，七月，郁律击虎，大破之。虎走出塞，从弟路孤[19]帅其部落降于郁律。于是，郁律西取乌孙[20]故地，东兼勿吉[21]以西，士马精强，雄于北方。

汉主聪寝疾[22]，征大司马曜[23]为丞相，石勒为大将军，皆录尚书事[24]，受遗诏[25]辅政。曜、勒固辞。乃以曜为丞相、领雍州牧，勒为大将军，领幽、冀二州牧，勒辞不受。以上洛王景为太宰[26]，济南王骥为大司马，昌国公颉[27]为太师，朱纪为太傅[28]，呼延晏[29]为太保，并录尚书事；范隆守[30]尚书令、仪同三司，靳准为大司空，领[31]司隶校尉，皆迭决[32]尚书奏事。

癸亥[33]，聪卒。甲子[34]，太子粲即位。尊皇后靳氏为皇太后，樊氏号弘道皇后，武氏号弘德皇后，王氏号弘孝皇后；立其妻靳氏为皇后，子元公[35]为太子。大赦，改元汉昌[36]。葬聪于宣光陵[37]，谥曰"昭武皇帝"[38]，庙号烈宗[39]。靳太后等皆年未盈二十[40]，粲多行无礼[41]，无复哀戚[42]。

（以上为第十段，写汉主刘聪病重去世，临死前进行重大人事安排，任命养子刘曜、大将石勒为辅佐大臣；皇太子刘粲即帝位，以刘元公为太子，改年号为汉昌。）

【注释】

[1]曹嶷（yí）：东莱郡掖县（今山东莱州市）人，西晋末年将领、青州刺史，受到后赵石勒的攻打，兵败被杀。青州：州治临淄，在今山东淄博市临淄区。 [2]悬远：隔绝，遥远。[3]势援：威势助援，犹后盾。 [4]甲申：六月九日。 [5]荀崧（sōng）：字景猷，颍川颍阴（今河南许昌市）人，东晋大臣，著名学者，曹魏太尉荀彧玄孙。传见《晋书》卷七十五。左仆射：即尚书左仆射。 [6]刚悍：刚直，强悍。 [7]与物多忤：总是和人闹矛盾。物，人。忤，违背，和不来。 [8]欲矫时弊：想要矫正当时的社会风气。矫，纠正。 [9]崇上抑下：尊君卑臣，强化等级秩序。 [10]排沮豪强：排斥、打击豪门世族。排沮，排斥，压制。 [11]刻碎之政：苛刻、烦琐的政治措施。 [12]使酒放肆：好耍酒疯，飞扬跋扈。 [13]侵毁：侵凌，诋毁。 [14]侧目惮之：不敢正眼看，表示畏惧和愤恨。惮，惧怕。 [15]戊戌：六月二十三日。 [16]皇子晞：即司马晞，字道叔，东晋元帝司马睿第四子，袭爵武陵郡王。传见《晋书》卷六十四。 [17]刘虎：本姓赫连，字乌路孤，匈奴铁弗部首领，南匈奴单于后裔，胡夏政权建立者赫连勃勃曾祖。曾为部落首领，臣附晋朝。传见《魏书》卷九十五。 [18]朔方：郡治朔方县，在今内蒙古鄂托克旗西北部。拓跋郁律：北魏皇帝先祖，拓跋力微重孙，拓跋弗之子。为鲜卑索头部首领，击退刘虎侵犯，西取乌孙故地，东并勿吉以西，称雄北方。后被杀害。北魏建立后，追尊为平文皇帝，庙号太祖。传见《魏书》卷一。 [19]路孤：刘虎的堂弟，名叫路孤。[20]乌孙：汉代西域国名，在今新疆伊犁河流域。乌孙先秦时原居敦煌、祁连间，与月氏为邻，后被匈奴逼迫西迁，攻占月氏地建立乌孙国。 [21]勿吉：古代北方少数民族名，居住在今吉林长白山松花江一带。两汉称沃祖，亦称挹娄，南北朝时称勿吉，后称女真，为满族的祖先。[22]寝疾：卧病不起。 [23]大司马曜（yào）：即前赵国主刘曜。传见《晋书》卷一百三。大司马，全国最高军事统帅。 [24]录尚书事：总管国家政事的施行。录，统管，统领。 [25]遗诏：皇帝临终时所发的诏书。 [26]上洛王景：即刘景，汉赵将领，曾为灭晋大将军，现为太宰。上洛王，以上洛郡为封地，上洛郡郡治在上洛县，在今河南洛阳市。太宰：朝廷高官之一。[27]昌国公颛（yǐ）：即任颛，汉赵高级官员，曾为吏部尚书、太保，现任为太师。昌国公，爵

位为公侯，封地昌国，在今山东淄博市张店区东南。［28］朱纪：汉赵官员，曾为右仆射、尚书令，现为太傅。［29］呼延晏：汉赵官员。曾为使持节、前锋大都督、前军大将军，率军进攻西晋都城，攻破洛阳，纵兵大掠，俘获晋怀帝司马炽；刘曜进驻关中，与呼延晏围攻长安。晋愍帝司马邺被迫出降，西晋灭亡。现为太保。［30］守：代理，官阶低而代理官阶高的职务叫“守”。［31］领：兼任，官阶高而兼理官阶低的职位叫“领”。［32］迭决：轮流处理。［33］癸亥：七月十九日。［34］甲子：七月二十日。［35］元公：即刘元公，汉赵皇太子。汉隐帝刘粲与靳皇后的儿子，太兴元年（318），汉国皇太子刘粲登基后，立其为太子。后执政的靳准杀死刘粲，刘元公被杀。［36］改元汉昌：刘聪麟嘉三年（318），刘粲即位后，改元汉昌。汉昌，汉隐帝刘粲年号，共三个月，公元318年七月至九月。八月，刘粲被靳准杀害，十月，刘曜称帝，改元光初。［37］宣光陵：汉昭武帝刘聪的陵墓，位于山西临汾市西南。［38］谥曰“昭武皇帝”：刘聪谥曰“昭武”，意即英明、威武。古代帝王、显官死后，往往要依其生前事迹追加一个称号，由礼官议上，称为谥号。［39］庙号烈宗：帝王死后在太庙立室供奉，并追尊以某祖、某宗的名号，称庙号。始于商代，汉承其制，其后历代封建帝王皆有庙号。［40］未盈二十：不满二十岁。盈，满。［41］多行无礼：将年轻貌美的父皇刘聪的后妃占为己有。［42］哀戚：悲伤，悲哀。

靳准阴有异志[1]，私谓粲曰：“如闻诸公欲行伊、霍之事[2]，先诛太保及臣，以大司马统万机[3]，陛下宜早图[4]之！”粲不从。准惧，复使二靳氏[5]言之，粲乃从之。收其太宰景、大司马骥、骥母弟车骑大将军吴王逞[6]、太师顗、大司徒齐王劢，皆杀之。朱纪、范隆奔长安[7]。

八月，粲治兵于上林[8]，谋讨石勒。以丞相曜为相国[9]、都督中外诸军事，仍镇长安。靳准为大将军、录尚书事。粲常游宴后宫，军国之事，一决于准[10]。准矫诏以从弟明为车骑将军[11]，康为卫将军[12]。

准将作乱，谋于王延。延弗从，驰，将告之，遇靳康，劫延以归。准遂勒兵升光极殿[13]，使甲士执粲[14]，数而杀之[15]，谥曰“隐帝”。刘氏男女，无少长皆斩东市[16]。发永光、宣光二陵[17]，斩聪尸，焚其宗庙。准自号大将军、汉天王，称制[18]，置百官。谓安定胡嵩[19]曰：“自古无胡人为天子者，今以传国玺[20]付汝，还如晋家[21]。”嵩不敢受，准怒，杀之。遣使告司州刺史李矩曰[22]：“刘渊[23]，屠各小丑[24]，因晋之乱，矫称天命，使二帝幽没[25]。辄率众扶侍梓宫[26]，请以上闻[27]。”

矩驰表于帝，帝遣太常韩胤等奉迎梓宫[28]。汉尚书北宫纯[29]等招集晋人，堡于东宫[30]，靳康攻灭之。准欲以王延为左光禄大夫，延骂曰："屠各逆奴，何不速杀我，以吾左目置西阳门，观相国之入[31]也；右目置建春门，观大将军之入[32]也！"准杀之。

相国曜闻乱，自长安赴[33]之。石勒帅精锐五万以讨准，据襄陵北原[34]。准数挑战，勒坚壁以挫之[35]。

冬，十月，曜至赤壁[36]。太保呼延晏等自平阳归之，与太傅朱纪等共上尊号。曜即皇帝位，大赦，惟靳准一门不在赦例。改元光初[37]。以朱纪领司徒，呼延晏领司空，太尉范隆以下悉复本位。以石勒为大司马、大将军，加九锡[38]，增封十郡，进爵为赵公。

勒进攻准于平阳，巴及羌、羯降者十余万落[39]，勒皆徙之于所部郡县[40]。

汉主曜使征北将军刘雅[41]、镇北将军刘策屯汾阴[42]，与勒共讨准。

（以上为第十一段，写汉国刘粲即位后，外戚靳准阴谋叛乱，设计让刘粲消灭刘氏重臣，然后杀掉刘粲，行使皇权；相国刘曜、大将军石勒起兵平叛；刘曜即帝位，改元光初。）

【注释】

[1]阴有异志：怀有篡位的野心。阴，暗中。 [2]如闻：好像听说。行伊、霍之事：指朝廷大臣发动宫廷政变，效法商朝伊尹、汉朝霍光，废掉现任皇帝，改立别人为帝。 [3]以大司马统万机：让大司马刘骥掌管朝廷的一切大权。统，统管，处理。万机，指当政者处理的各种重要事务。 [4]图：设法对付。 [5]二靳氏：指刘聪皇后和刘粲皇后，二人皆是靳准之女。 [6]骥母弟：刘骥的同母弟，既同父，又同母，极言其血缘关系之亲近。吴王逞：即刘逞，刘聪之子。封为吴王，后被刘粲处死。吴王，封地吴郡，在今江苏苏州市。 [7]奔长安：指前往投奔刘曜，时刘曜驻守长安。 [8]上林：帝王在京郊所建的园苑称上林苑，此指刘粲在平阳（今山西临汾市西南金殿村）所建的上林苑。 [9]相国：职同丞相，但比丞相位高而权专。 [10]一决于准：一概由靳准说了算。 [11]矫诏：诈称是奉了皇帝的命令。矫，假托，诈称。从弟：堂弟。明：即靳明，靳准的堂弟，靳准矫诏任其为车骑将军。 [12]康：即靳康，靳准的堂弟，靳准矫诏任其为卫将军。卫将军：总领京城南北军，是禁卫部队的统帅。 [13]勒兵：统率军队。升光极殿：登上汉国皇宫的殿堂。 [14]执粲：拘捕刘粲。 [15]数而杀之：一条一条地列说其罪状，然后将其杀死。数（shǔ），数说，谴责。 [16]东市：汉代处决犯人常在长安的东市，故后人遂以东市隐指刑场。 [17]发永光、宣光二陵：将刘渊、刘聪两人的陵墓挖开。发，挖掘。永光，刘

渊的陵墓名。宣光，刘聪的陵墓名。［18］称制：意即行使皇帝的职权。制，指皇帝的命令。［19］胡嵩：汉国官员，安定人，被靳准杀害。［20］传国玺：皇帝的印章。相传秦始皇得蓝田玉，雕为印，四周刻龙，正面刻有李斯手书篆文“受命于天，既寿永昌”八字。历代帝王争以得玺为符瑞。晋末大乱，洛阳沦陷，此玺遂迁于平阳。［21］还如晋家：把它归还给晋朝皇帝。［22］司州：汉时以司隶校尉督察畿辅，魏因之，晋改汉魏之司隶为司州，州治洛阳，在今河南洛阳市。李矩：西晋末年的著名将领，曾多次大破汉兵，被司马睿授为司州刺史，驻兵在今河南荥阳市一带。［23］刘渊：字元海，十六国之一汉赵的开国皇帝。传见《晋书》卷一百一。［24］屠各小丑：匈奴族的小痞子。屠各，刘渊所属部落名，是南匈奴的部落之一。［25］使二帝幽没（mò）：意即杀害了晋怀帝司马炽与晋愍帝司马邺。幽没，由囚禁而死亡。没，通“殁”，死。［26］辄率众扶侍梓宫：意谓我长期率领部众在北方为已逝的两位皇帝守护灵柩。辄，总是。扶侍，服侍，侍奉。［27］请以上闻：请把这些情况代向晋朝朝廷报告。［28］太常：九卿之一，主管朝廷礼仪与宗庙祭祀。韩胤：东晋官员，时为太常。［29］北宫纯：复姓北宫，凉州姑臧（今甘肃武威市）人，西晋末年名将，凉州刺史张轨部将。曾经两次带兵拯救洛阳，打退匈奴汉国的进攻。永嘉之乱后，兵败被俘。汉赵以为尚书。靳准作乱时，见机举兵，兵败被杀。［30］堡于东宫：在东宫构筑堡垒，坚守待援。［31］观相国之入：以刘曜将兵自西进入。相国，指刘曜。［32］观大将军之入：以石勒将兵自东进入。大将军，指石勒。［33］赴：趋往，奔往。［34］襄陵北原：襄陵县的城北高地。襄陵，县名，因晋襄公之陵而得名，县治在今山西临汾市东南古城庄村。［35］坚壁：深沟高垒，谨慎防守。挫：挫其锐气。［36］赤壁：即赤石川，在今山西河津市西北。［37］改元：原为刘粲的汉昌年号，只用了三个月，现改为光初。光初：汉主刘曜的年号，共十二年，公元318年十月至公元329年八月。［38］九锡：古代皇帝赐给诸侯、大臣有殊勋者的九种礼器，分别是车马、衣服、乐县、朱户、纳陛、虎贲、斧钺、弓矢、秬鬯，是最高礼遇的表示。锡，通“赐”。［39］十余万落：十多万个村落、部落。［40］所部郡县：自己管辖下的郡县。［41］刘雅：汉赵将领，曾为安西将军，现为征北将军。［42］刘策：汉赵将领，时为镇北将军。汾（fén）阴：晋县名，县治在今山西万荣县西南庙前村北古城。

十一月，乙卯[1]，日夜出[2]，高三丈。

诏以王敦为荆州牧，加陶侃[3]都督交州[4]诸军事；敦固辞州牧，乃听[5]为刺史。

庚申[6]，诏群公卿士各陈得失。御史中丞[7]熊远上疏，以为：“胡贼猾夏[8]，梓宫未返，而不能遣军进讨，一失也。群官不以仇贼未报为耻，务在调戏、酒食[9]而已，二失也。选官用人，不料实德[10]，惟在白望[11]，不求才干，惟事请托[12]；当官者以治事[13]为俗吏，奉法[14]为苛刻，尽礼为谄谀，从容[15]为高妙，放荡为达士[16]，骄蹇为简雅[17]，三失也。世之所恶者[18]，陆沈泥滓[19]；时之所善者[20]，翱翔云霄[21]；是以万机未整[22]，风俗伪薄[23]。朝廷群司[24]，以从顺为善，相违见贬[25]，安得朝有辨争[26]之臣，士无禄仕[27]之志乎！古之取士，敷奏以言[28]；今光禄不试[29]，甚违古义。又举贤不出世族[30]，用法[31]不及权贵，是以才不济务[32]，奸无所惩。若此道不改，求以救乱，难矣！”

先是，帝以离乱之际，欲慰悦[33]人心，州郡秀、孝[34]，至者不试，普皆署吏[35]。尚书陈頵[36]亦上言：“宜渐循旧制，试以经策[37]。”帝从之，仍诏[38]：“不中科[39]者，刺史、太守免官。”于是，秀、孝皆不敢行，其有到者，亦皆托疾，比三年[40]无就试者。帝欲特除孝廉已到者官[41]，尚书郎孔坦[42]奏议，以为：“近郡惧累君父[43]，皆不敢行；远郡冀于不试[44]，冒昧[45]来赴。今若偏加除署[46]，是为谨身奉法者失分[47]，侥幸投射者得官[48]，颓风伤教[49]，恐从此始。不若一切罢归，而为之延期，使得就学，则法均而令信矣。”帝从之，听孝廉申[50]至七年乃试。坦，愉之从子也。

（以上为十二段，写晋元帝司马睿下令群臣指陈治政得失，御史中丞熊远痛陈为政之失，积重难返；陈頵、孔坦认为应改革州郡举荐秀才、孝廉的用人制度，宜恢复考试择优录用，元帝从之。）

【注释】

[1]乙卯：十一月十三日。 [2]日夜出：黑夜里出了太阳。这可能是清早日全蚀给人造成的误解。 [3]陶侃（kǎn）：字士行，东晋名将。传见《晋书》卷六十六。 [4]交州：州治龙编，在今越南河内市东北。 [5]听：听任，同意。 [6]庚申：十一月十八日。 [7]御史中丞：御史台的长官，掌管督察纠弹。 [8]胡贼猾夏：匈奴等少数民族扰乱中原王朝。猾，乱，捣乱。夏，华夏，中原地区或中原王朝。 [9]务在调戏、酒食：把全部力量都用在玩乐与吃喝上。务，致力。调戏，戏弄、嘲谑，引申为玩乐，指清谈、纵欲、游山玩水等，都是当时贵族们所倾心追求并视为清高的活动。 [10]不料实德：不考察实际德行如何。料，考察，考虑。 [11]惟在白望：只是注重虚名、浮名。 [12]惟事请托：一切都靠拉关系、走后门。请托，请人帮忙、关照。[13]治事：处理公务。治，处理。 [14]奉法：按照章程办事，遵章守法。 [15]从容：不认真，

不抓紧，马马虎虎，敷衍了事。［16］达士：通脱阔达的人。达，不拘小节。［17］骄蹇（jiǎn）：傲慢，懒惰。简雅：简洁，雅致。［18］世之所恶者：那些被社会风气所讨厌的官员，指治事、奉法、尽礼的人。［19］陆沈泥滓：被人踩在脚下，不得出头。陆沈（chén），无水而沉，以喻被压抑、被埋没。沈，通“沉”。泥滓，泥渣，比喻卑下的地位。［20］时之所善者：那些被社会风气所赞赏的官员，指从容、放荡、骄蹇的人。［21］翱（áo）翔云霄：飞黄腾达。翱翔，飞翔，引申为高升。［22］万机未整：朝廷政事一塌糊涂。万机，代指朝廷各种政务。［23］伪薄：虚伪，浮华。［24］朝廷群司：朝廷上的各部门、各官长。司，主管，主管者。［25］相违见贬：谁跟当权者的意见不合，谁就立刻被贬逐。见，被。［26］辨争：敢于明辨是非，敢于坚持个人意见。［27］禄仕：为了获取俸禄而做官。禄，薪俸。仕，从政，做官。［28］敷奏以言：让他陈述对国家大事的见解。敷奏，展开陈述。［29］光禄不试：光禄大夫不对进入官场的人进行考试。光禄大夫，朝官名，主管朝廷礼仪与考试等事项。［30］不出世族：一概都是贵族子弟。世族，世家大族，指血脉相沿的家族，世代显贵的家族。［31］用法：施法，意即惩办犯罪。［32］才不济务：现任官员的才干都不足以胜任他们所承担的工作。济，胜任。［33］慰悦：安慰，讨好。［34］州郡秀、孝：州郡推举到朝廷来的秀才和孝廉。秀，秀才，才能优秀的人。孝，孝廉，孝子及廉洁之士。汉时，令州岁举秀才一人，郡国举孝、廉各一人，历代因之。［35］普皆署吏：全部都任以为官。［36］陈頵（jūn）：字延思，晋朝官员，正直儒学之吏。少好学，有文义，举孝廉，为参军，拜驸马都尉，为谯郡太守，入为尚书，敢于陈言，言政治得失，拜天门太守，官至梁州刺史。传见《晋书》卷七十一。［37］试以经策：测试他们对儒家经典的理解。经，指儒家经典。策，古代考试将问题书写在竹片或木片上，让应试的人作答，称为“策问”，也简称为“策”。［38］仍诏：于是下诏。仍，同“乃”。［39］不中科：推荐上来的人考试不合格。中科，中第，考试合格。［40］比三年：连续三年。比，挨，连续。［41］特除孝廉已到者官：特地授予已经到达州郡的孝廉官职。特除，特别予以任用，拜官授职。除，任用。［42］孔坦：字君平，孔愉的侄子，居会稽，正直的儒学之吏。官至尚书。传见《晋书》卷七十八。［43］近郡：指附近各郡的秀才、孝廉。惧累君父：害怕由于自己考试不及格而连累地方长官。累，连累。君父，指刺史、太守。［44］冀于不试：寄希望于万一不用考试。［45］冒昧：鲁莽，轻率。［46］偏加除署：全部任用了这些撞大运的人。偏，“徧”字形近之误。徧，即“遍”之异体字，普遍。除署，授官，任用。［47］谨身：自身谦谨。失分：得不到官职。分，职务。［48］侥幸：企求非分。投射：投机，押宝。射，下赌注。［49］颓风伤教：败坏风气，有害教化。颓，衰微，衰败。［50］申：通“伸”，伸展，这里是延缓、改期的意思。

靳准使侍中卜泰送乘舆、服御请和于石勒[1]，勒囚泰，送于汉主曜。曜谓泰曰：“先帝[2]末年，实乱大伦[3]。司空行伊、霍之权[4]，使朕及此[5]，其功大矣。若早迎大驾[6]者，当悉以政事相委，况免死乎！卿为朕入城，具宣此意。”泰还平阳，准自以杀曜母、兄[7]，沈吟[8]未从。

十二月，左、右车骑将军乔泰、王腾、卫将军靳康等[9]，相与杀准，推尚书令靳明[10]为主，遣卜泰奉传国六玺降汉[11]。石勒大怒，进军攻明，明出战，大败，乃婴城固守[12]。

丁丑[13]，封皇子焕[14]为琅邪王。焕，郑夫人之子，生二年矣，帝爱之，以其疾笃[15]，故王之。己卯[16]，薨。帝以成人之礼葬之。备吉凶仪服[17]，营起园陵[18]，功费甚广。琅邪国右常侍会稽孙霄[19]上疏谏曰：“古者凶荒杀礼[20]，况今海内丧乱[21]，宪章旧制[22]，犹宜节省，而礼典所无[23]，顾崇饰如是乎[24]！竭已罢之民[25]，营无益之事[26]，殚已困之财[27]，侔无用之费[28]，此臣之所不安也。”帝不从。

彭城内史周抚[29]杀沛国内史周默[30]，以其众降石勒。诏下邳内史刘遐[31]领[32]彭城内史，与徐州刺史蔡豹、泰山太守徐龛共讨之[33]。豹，质之玄孙也。

石虎帅幽、冀之兵会石勒攻平阳，靳明屡败，遣使求救于汉。汉主曜使刘雅、刘策迎之，明帅平阳士女万五千人奔汉。曜西屯粟邑[34]，收[35]靳氏男女，无少长皆斩之。曜迎其母胡氏之丧于平阳，葬于粟邑，号曰“阳陵”，谥曰“宣明皇太后”。石勒焚平阳宫室，使裴宪、石会修永光、宣光二陵[36]，收汉主粲已下百余口葬之，置戍[37]而归。

成梁州刺史李凤[38]数有功，成主雄兄子稚在晋寿[39]，疾[40]之。凤以巴西叛[41]。雄自至涪[42]，使太傅骧[43]讨凤，斩之；以李寿[44]为前将军，督巴西军事。

（以上为第十三段，写晋元帝司马睿为二岁的亡儿大办丧事，遭到大臣指责；汉国靳准反叛后，受到刘曜和石勒的两面夹攻，被杀，余党投降刘曜，皆被杀灭全族。）

【注释】

[1]卜泰：汉赵官员，时为侍中。送乘舆、服御：把当初刘聪称帝时用过的车驾与日常用品送给石勒，意即尊石勒为帝，离间他与刘曜的关系。乘舆，帝王所乘的车驾。服御，皇帝所用的礼服及各种生活用品。［2］先帝：指刘粲。［3］乱大伦：指刘粲与其父刘聪的后妃淫乱之

事。［4］司空：以称靳准。行伊、霍之权：意即行废立之事。［5］使朕及此：使我登上帝位。［6］迎大驾：指迎接刘曜进入汉都平阳。［7］杀曜母、兄：刘曜的母亲胡氏，为靳准所杀；兄则史失其名。［8］沈吟：即沉吟，犹豫不决的样子。沈，通“沉”，沉思。［9］乔泰、王腾：汉赵将领，时为左、右车骑将军。卫将军：将军名号，总领京城禁卫部队。靳康：靳准的堂弟，汉赵将领，靳准矫诏任为卫将军。［10］靳明：靳准的堂弟，汉赵将领，曾为车骑将军，时为尚书令。［11］传国六玺：皇帝的印玺。蔡邕《独断》曰：“皇帝六玺，皆玉螭虎纽，文曰‘皇帝行玺’‘皇帝之玺’‘皇帝信玺’‘天子行玺’‘天子之玺’‘天子信玺’，皆以武都紫泥封之。”降汉：投降刘曜。［12］婴城固守：意即据城坚守。婴城，环城四面拒敌。［13］丁丑：十二月五日。［14］皇子焕：即晋元帝司马睿第五子，司马焕，字耀祖，晋简文帝司马昱同母兄。受封琅邪王，早夭，年仅两岁，谥号为悼。［15］以其疾笃：因为他病势沉重。笃，病重。［16］己卯：十二月七日。［17］备吉凶仪服：给参与丧礼的人备办全套的丧服与丧礼过后更换的服装。吉凶仪服，即丧服、吉服。丧服，举办丧事所穿的礼服。吉服，丧礼结束后所更换的礼服。［18］营起：营造，营建。园陵：即陵园。［19］孙霄：人名，汉赵官员。［20］凶荒杀礼：凡遇战乱或灾荒之年，礼仪就要从简。凶荒，战乱与灾荒。杀，降，减。［21］丧乱：死亡，祸乱，形容时势、政局动乱。［22］宪章旧制：典章制度所规定的吉凶仪服之制。宪章，典章制度。［23］礼典所无：指给年幼的孩子出大殡，为古典所无。《仪礼·丧服》规定，男女未满八岁而死，丧礼无服。［24］顾崇饰如是乎：反而闹得如此铺张吗？顾，反而。崇饰，极力铺张。［25］竭已罢之民：对已经疲敝不堪的民众还如此竭力搜刮。竭，极力搜刮。罢，通“疲”，疲敝，衰微。［26］营无益之事：操办一种对国家毫无益处的事情。营，从事，操办。［27］殚已困之财：消耗原本就所剩无几的财富。殚，竭尽。［28］脩无用之费：花在毫无意义的开支上。脩，干枯，这里是消耗的意思。［29］周抚：晋官员，时为彭城内史，后投降汉国大将军石勒。［30］周默：东晋官员，时为沛国内史，被彭城内史周抚杀害。［31］刘遐：字正长，广平易阳人，东晋将领。时为彭城内史，后升任北中郎将、兖州刺史、徐州刺史。传见《晋书》卷八十一。［32］领：兼任。［33］蔡豹：字士宣，陈留圉城（今河南杞县）人，东汉大臣蔡质的玄孙，西晋阴平太守蔡宏之子，晋朝将领。传见《晋书》卷八十一。徐龛（kān）：西晋末年流民首领，割据泰山郡，被晋元帝司马睿任为泰山太守。后反复投降东晋与后赵之间，自称安北将军、兖州刺史。被后赵石虎攻杀。［34］粟邑：县名，县治在今陕西白水县西北，属冯翊郡。［35］收：拘捕。［36］裴宪：字景思，河东闻喜（今山西闻喜县）人，中书令裴楷之子，先仕西晋，后仕后赵。传见《晋书》卷三十五。石会：石勒部将。［37］置戍：留下一些守兵。［38］李凤：成汉官员，为平寇将军，在晋寿驻扎，多次进犯汉中立功。后遭成汉主李雄兄长的儿子李稚嫉恨，占据巴西背叛成汉，被斩杀。［39］稚：即李稚，成主李雄的侄子。晋寿：县名，县治在今四川广元市西南，属梓潼郡。［40］疾：通“嫉”，嫉妒。［41］以巴西叛：占据巴西发动叛变。巴西，郡名，郡治在今四川阆中市。［42］涪（fú）：县名，县治在今四川绵阳市东。［43］骧：即李骧，字元龙，成汉宗室大臣。［44］李寿：字武考，成武帝李雄堂弟，成汉第四位皇帝，公元338年至公元343年在位。传见《晋书》卷一百二十一。

【点评】

司马睿立国。公元318年，随着晋愍帝司马邺被汉主刘聪杀害，西晋王朝完完全全地画上了句号，结束了八王之乱、永嘉之乱。在司马邺被俘后，司马氏族的旁支，先后被封为琅邪王、安东将军、丞相的司马睿，在晋朝贵族与江东大族的支持下，在江东称晋王，建元建武；司马邺被杀后，司马睿在江东即帝位，为晋元帝，史称“东晋”。对司马睿的立国，如何评价呢？

其一，司马睿并非实力派，因占据了江东的有利地形渐成气候。在西晋八王之乱接近尾声的时候，时为琅邪王的司马睿作为配角，配合东海王司马越参与了一些活动，但从来没有以主角的身份出现，后来司马越失败，司马睿还差点遭遇不幸。司马睿到洛阳后，马上把家眷接出来，逃到自己的封地琅邪。永嘉之乱发生后，司马睿被封为安东将军，渡江来到建业。由于是司马氏旁支，他在皇族中声望不高，势力单薄，而得不到士族的支持。所以，无论是当了晋王，还是称帝以后，都是小心翼翼，战战兢兢。而他能够登上帝位，完全是因占据着有利地形，有长江天险庇护。中原地区一团乱麻，当时的豪强割据者还无暇顾及江东这块地方，当年石勒打算渡江而来，也由于天公不作美等种种原因而作罢。

其二，司马睿偏安江东，缺少收复中原、统一天下的雄心大志。当洛阳沦陷，司马邺在长安时，几次下令叫司马睿出兵北伐，而司马睿一百个不情愿，阳奉阴违，迟迟没有出兵，祖逖等强烈要求出兵，司马睿就封他为奋威将军，让他率领可怜的几千人北伐。后来，司马邺被俘，乃至被杀，消息传到江东，江东上下群情激愤，都要求打过长江去，收复中原失地，而司马睿为了满足群臣的情绪需要，虽然说得慷慨激昂，并号令以抚军大将军司马羕为首的九军出兵北伐，可滑稽的是，他又将司马羕召回，北伐之事不了了之。可见，司马睿根本无心收复中原，虽然有些行动，也是做做样子而已。诚如后人所评论说：“若（晋）元帝，仅能保区区之江左，略无规取中原之心。”

其三，司马睿始终受制于王导等士族，算是一个傀儡皇帝。有句成语叫“成也萧何，败也萧何”，司马睿即是如此。一开始，司马睿到江东去，就把出身魏晋名门琅邪王氏的王导带在身边，对王导的谋略言听计从。他称王导为“仲父”，并对王导说：“你就是我的萧何啊！”司马睿在即位为皇帝接受百官朝贺时，觉得王导功不可没，再三请王导同坐御床受贺，这一方面使王导受宠若惊，一方面也刻画出司马睿的小心翼翼。而王导再三辞让，说：“如果太阳也和地上的万物一样，那么老百姓该到哪里去沐浴光辉呢？”司马睿这才作罢。这似乎是一则政治笑话，但历史的事实确实如此。原来，王导当时在朝廷担任丞相，掌控朝政；其堂兄王敦手握强兵，控制着长江中游地区，更有专擅朝政的意图；朝野中有四分之三的官员都是王家人或者与王家相关的人。时人谓之“王与马，共天下”。

司马睿在江东立国，应当说是有着积极意义的，对当时的时局也产生了积极的影响，但因势单力薄，缺乏统一中原的雄心壮志，又处处受制于王氏士族，故没有什么大的作为，仅是苟全偏安而已。后人评论司马睿为“实一庸主，毫无远略”，虽然略有贬低之嫌，但也道出了实情，有可信之处。

卷九一　晋纪十三

晋元帝太兴二年至四年（319—321年）

【起屠维单阏（己卯，319年），尽重光大荒落（辛巳，321年），凡三年】

【大事提要】

本卷记事起公元319年，讫公元321年，凡三年，当晋元帝（司马睿）太兴二年至太兴四年。本卷所载大事，主要是五个方面。其一，刘曜迁都，改变国号。汉主刘曜为汉主刘聪之养弟。刘聪之父刘元海收养族子刘曜为养子，故为刘聪之养弟。刘曜勇武过人，尤好兵书，后任为相国，镇守长安。公元319年迁都长安，立晋惠帝司马衷羊皇后为后，又设立宗庙社稷，行南北郊礼，不再称“汉”，改国号为“赵”，史称“前赵”。以冒顿配天、刘渊配上帝祭祀。其二，司马保自称晋王。南阳王司马模之子司马保，初为南阳国世子，司马模降汉被杀后，司马保据上邽，自号大司马，后进位相国。西晋亡，司马睿在江左称帝，建立东晋政权。司马保不服，于公元319年自称晋王，改元为建康，署置百官，因部下不和而被掳杀。其三，石勒称王，后赵建国。前赵猛将石勒势力强盛，后与前赵主刘曜决裂，其将佐劝其自称尊号。公元319年，石勒于襄国即赵王位，依刘备在蜀、曹操在邺故事，创建赵国，史称“后赵”。建社稷宗庙，营造东西宫，设立百官，并作律令、礼仪，减赋、尊老。其四，慕容廆占据辽东。公元319年，东晋平州刺史崔毖见士民多归鲜卑族首领慕容廆，暗中联络高句丽、段氏、宇文氏合击，并分其地。慕容廆利用离间计，高句丽、段氏引兵归，又打败宇文氏，三部均请和，慕容廆尽占辽东，被东晋任为安北将军、平州刺史。其五，晋元帝疏忌王导兄弟。司马氏与琅邪王氏“共天下”，晋元帝司马睿对王导兄弟十分忌惮，引刘隗、刁协等人为心腹，以与其相抗，疏远王导兄弟。王导表现淡泊，王敦则心怀怨恨。大臣力陈王导有佐命之功，宜继续使用，晋元帝感悟，对待王导如初，王导由此获全。

中宗元皇帝中

太兴二年（己卯，319 年）

春，二月，刘遐、徐龛击周抚于寒山[1]，破斩之。初，掖人苏峻[2]帅乡里数千家结垒以自保[3]，远近多附之。曹嶷恶其强[4]，将攻之，峻率众浮海[5]来奔。帝以峻为鹰扬将军[6]，助刘遐讨周抚有功，诏以遐为临淮[7]太守，峻为淮陵内史[8]。

石勒遣左长史王修献捷于汉[9]，汉主曜[10]遣兼司徒郭汜[11]授勒太宰、领大将军[12]，进爵赵王，加殊礼，出警入跸[13]，如曹公辅汉故事[14]，拜王修及其副刘茂[15]皆为将军，封列侯[16]。修舍人曹平乐从修至粟邑[17]，因留仕汉，言于曜曰："大司马[18]遣修等来，外表至诚，内觇大驾强弱[19]，俟[20]其复命，将袭乘舆[21]。"时汉兵实疲弊[22]，曜信之。乃追汜还，斩修于市。

三月，勒还至襄国[23]。刘茂逃归，言修死状。勒大怒曰："孤[24]事刘氏，于人臣之职有加矣。彼之基业[25]，皆孤所为，今既得志，还欲相图[26]。赵王、赵帝，孤自为之，何待于彼邪！"乃诛曹平乐三族。

帝令群臣议郊祀[27]，尚书令刁协[28]等以为宜须还洛乃修之[29]。司徒荀组[30]等曰："汉献帝都许[31]，即行郊祀，何必洛邑[32]！"帝从之，立郊丘[33]于建康城之巳地[34]。辛卯[35]，帝亲祀南郊[36]。以未有北郊[37]，并地祇[38]合祭之。诏："琅邪恭王[39]宜称皇考[40]。"贺循[41]曰："《礼》[42]，子不敢以己爵加于父[43]。"乃止。

初，蓬陂坞主陈川自称陈留太守[44]。祖逖之攻樊雅也[45]，川遣其将李头[46]助之。头力战有功，逖厚遇之。头每叹曰："得此人为主，吾死无恨[47]。"川闻而杀之。头党冯宠[48]帅其众降逖，川益怒，大掠豫州[49]诸郡，逖遣兵击破之。夏，四月，川以浚仪叛[50]，降石勒。

周抚之败走也，徐龛部将于药[51]追斩之。及朝廷论功，而刘遐先之。龛怒，以泰山[52]叛，降石勒，自称兖州刺史[53]。

汉主曜还，都长安[54]，立妃羊氏[55]为皇后，子熙[56]为皇太子，封子袭为长乐王，阐为太原王，冲为淮南王，敞为齐王，高为鲁王，徽为楚王[57]，诸宗室皆进封郡王[58]。羊氏，即故惠帝后也。曜尝[59]问之曰："吾何如司马家儿？"羊氏曰："陛下，开基之圣主；彼，亡国之暗夫[60]，何可并言！彼贵为帝王，有一妇、一子及身三耳，曾不能庇[61]。妾于尔时[62]，实不欲生，意谓世间男子皆然。自奉巾栉[63]已来，始知天下自有丈夫[64]耳。"曜甚宠之，颇干预国事[65]。

（以上为第一段，写汉国大司马石勒派人向汉主刘曜献俘告捷，刘曜封之为赵王，随后又杀其使者，石勒勃然大怒；惠帝司马衷皇后羊氏被刘曜立为皇后，得到宠幸；晋元帝司马睿在南郊祭祀天地。）

【注释】

[1]寒山：地名，在今江苏徐州市铜山区东南。 [2]苏峻：字子高，掖县（今山东莱州市）人，东晋将领、叛臣。传见《晋书》卷一百。 [3]帅：通"率"，率领。结垒：各坞堡之间结成联盟，共同抗敌。永嘉之乱，苏峻纠合乡里数千家结垒自保。 [4]曹嶷（yí）：掖县人，西晋末年将领。时为晋王朝的青州刺史。恶（wù）：厌恶，讨厌。 [5]浮海：因陆路不通，乘船，从海路行进到江南。 [6]鹰扬将军：东汉时始建的杂号将军之名，主征伐。 [7]临淮：郡名，郡治盱眙，在今江苏盱眙县东北。 [8]内史：官名，淮陵国的民政长官。淮陵，既置太守，又置国，都城淮陵，在今江苏盱眙县西北。 [9]王修：后赵官员，时为石勒左长史。献捷：打胜仗后进献俘虏和战利品。刘聪、刘曜相继当政，灭亡于后赵石勒。 [10]汉主曜（yào）：即汉赵末代皇帝刘曜。[11]郭汜（sì）：汉赵官员，时任汉赵国司徒。 [12]太宰：周代亦名冢宰，为天官之长。晋避司马师讳，改太师为太宰，其职掌与冢宰不同。领大将军：兼任大将军职务。大将军，为全国军事统帅，此为给石勒的加官。 [13]出警入跸（bì）：指古代帝王出入时须警戒与清道。左右侍卫为警，止人清道为跸。帝王有时也把这一特权赐给地位显赫的权臣，以示恩宠。 [14]如曹公辅汉故事：效仿东汉末曹操辅佐汉献帝时进爵魏王、特加殊礼的成例。曹公，指曹操。 [15]刘茂：后赵官员，石勒属下，为献捷副使。 [16]列侯：或称"彻侯"，爵位名，秦制爵分二十等，彻侯位最高。汉代为避武帝刘彻讳，始改彻侯为列侯，魏、晋后仍然袭用。 [17]舍人：王公贵族的左右亲近属官。曹平乐：后赵官员，石勒部将王修的舍人，出使汉国，便在汉国做官，挑拨石勒与刘曜的关系，被石勒诛三族。粟邑：县名，县治在今陕西白水县西北，为当时新即位的汉主刘曜驻屯的地方。 [18]大司马：以称石勒。刘曜初即位，以石勒为大司马，故称之。 [19]内觇大驾强弱：真正目的是来探看您的虚实。觇（chān），窥视，暗中观察。大驾，尊称汉主刘曜。 [20]俟（sì）：等候，等待。 [21]将袭乘舆：将要对您发起攻击。乘舆，帝王乘坐的车驾，这里用以代称汉主刘曜。 [22]疲弊：疲劳不堪。弊，通"敝"，破旧，衰败。 [23]襄国：县名，县治在今河北邢台市西南，时石勒据以为都城。 [24]孤：古代王侯的自称。《老子》曰："侯、王自谓孤、寡、

不谷。”［25］基业：此指汉国建立的基础。意为汉国的江山，是他石勒打下来的。［26］还欲相图：还要想来谋害我。图，图谋，加害。［27］议郊祀：讨论在郊外祭祀天地的礼法章程以及地址选择。郊祀，又叫“郊社”“郊祭”，指帝王在郊外祭祀天地。［28］尚书令：尚书台省主管官员，负责处理政务。刁协：字玄亮，渤海饶安（今河北盐山县）人，东晋尚书令。传见《晋书》卷六十九。［29］宜须还洛乃修之：应该等到收复旧都洛阳之后再讲究这一套。须，等候。修，治，举行。［30］荀组：字泰章，颍川颍阴（今河南许昌市）人，西晋司徒荀勖第三子，任晋元帝司徒。传见《晋书》卷三十九。［31］都许：汉献帝被曹操迁出洛阳，建都许昌。许，汉献帝时的都城，在今河南许昌市东。［32］何必洛邑：何必要等到收复晋都洛阳！洛邑，洛阳的古称，在今河南洛阳市。［33］郊丘：古代帝王为祭祀天地神灵而筑起的土坛。祭天神时于地上筑圜丘，称太坛；祭地祇时于泽中筑方丘，称太折。［34］建康城：东晋的都城，在今江苏南京市。巳地：东南方。［35］辛卯：三月朔壬寅，无辛卯日，此处记载有误。应为二月辛卯。［36］祀南郊：在南郊祭祀天神。［37］未有北郊：还没有在北郊建造祭祀地祇的神台。［38］地祇（qí）：地神，地上的神灵，指地面上所有自然物的神化者，包括土地神、社稷神、山岳神、河海神、百物神等。［39］琅邪恭王：即司马觐，晋元帝司马睿生父，袭封琅邪王，拜冗从仆射，负责侍卫宫中。谥号“恭”。传见《晋书》卷三十八。［40］宜称皇考：司马睿想称自己的生父为“皇考”，升级到皇帝的序列中来。皇考，对亡父的尊称，指在位的皇帝对先皇的称呼。［41］贺循：孙吴中书令贺邵之子，字彦先。两晋名臣。东晋时，历官吴国内史、军咨祭酒、太常等职。传见《晋书》卷六十八。［42］《礼》：指儒家经典《士礼》，后来又称作《礼经》《仪礼》，是先秦六经之一，亦是南宋十三经之一。［43］子不敢以己爵加于父：做儿子的不能让自己的爵位超过父亲。意即司马睿既然已继承司马炎之统系称皇帝，就不能再称琅邪恭王司马觐为父亲。［44］蓬陂（pí）：地名，在今河南开封市南。坞（wù）主：依靠坞堡与匪盗相抗的武装头领。汉末、魏、晋时期，这种势力星罗棋布，到处都有。陈川：陈留郡一带的地方豪强势力。陈留：郡治陈留县，在今河南开封市陈留镇。［45］祖逖（tì）：字士稚，范阳遒县（今河北涞水县）人，东晋名将，曾率部北伐，收复黄河以南大片领土，进号镇西将军。传见《晋书》卷六十二。樊雅：晋人，是谯郡一带的堡坞势力，被军阀刘演授为谯郡太守。［46］李头：谯郡一带堡坞势力首领樊雅的将领。［47］死无恨：即死而无憾。恨，遗憾。［48］冯宠：樊雅将领李头的“铁杆兄弟”。［49］豫州：西晋治所陈县，在今河南周口市淮阳区。东晋太兴中移治谯县，在今安徽亳州市。［50］川以浚仪叛：陈川占据浚仪县叛变晋朝。浚仪，县名，县治在今河南开封市。［51］于药：流民首领徐龛的部将。［52］泰山：郡名，郡治奉高县，在今山东泰安市东。［53］兖州：州治廪丘，在今山东郓城县西。东晋建武初移治邹山县，在今山东邹城市东南。刺史：一州的最高行政长官。［54］都长安：汉主刘曜原来镇守长安，现正式定都，将汉国都城从平阳迁至长安。长安，在今陕西西安市。［55］羊氏：即晋惠帝皇后羊献容，永嘉五年（311）六月十二日汉军攻陷洛阳，被俘，刘曜纳其为妾，后立为皇后，生下三子。谥号献文皇后。传见《晋书》卷三十一。［56］熙：即刘熙，汉赵皇帝刘曜之子，为皇后羊献容所生，太兴二年（319）被封为皇太子。咸和三年（328），刘曜兵败为后赵所俘，刘熙成为汉赵实际上的统治者，但并未称帝。其后，后赵中山公石虎大破其军，刘熙被捕，不久被杀。传见《晋书》卷一百三。［57］“封子袭为长乐王”等六句：刘曜封刘袭等六子为王。即封刘袭为长乐王，都城在信都，在今河北衡水市冀州区旧城；刘阐为太原王，都城在晋阳，在今山西太原市；刘冲为淮南王，都城在寿春县，在今安徽寿县；刘敞为齐王，都城在临淄，在今山东淄博市临淄区；刘高为鲁王，都城在曲阜，在今山东曲阜市；刘徽为楚王，都城在彭城，在今江苏徐州市。［58］郡王：爵位名，位仅次于王。晋武帝开始以郡为国，封建其子弟宗室，后代多有仿效。［59］尝：曾经。［60］暗夫：昏庸愚昧的人。暗，昏暗，昏庸。［61］曾不能庇：竟然都不能保护。曾，竟然，根本。庇，庇护，保护。这里隐指晋惠帝司马衷在位时，皇后多次被废立，而司马衷只能听之任之，无能为力。［62］尔时：那时。［63］奉巾栉：伺候其日常生活，代指妻子。巾栉（zhì），洗沐用具。巾，毛巾，用以拭手。栉，梳篦，用以梳发。古代贵族认为奉执巾栉，是婢妾之事，故以之为做妻子的谦辞。［64］丈夫：妻子对男人的称呼，这里犹言“大丈夫”，指有所担当、有所作为的人。［65］颇：略微，稍。干预：过问，参与。

南阳王保[1]自称晋王[2]，改元建康，置百官，以张寔[3]为征西大将军、开府仪同三司[4]。陈安[5]自称秦州[6]刺史，降于汉，又降于成[7]。上邽[8]大饥，士众困迫，张春[9]奉保之南安祁山[10]。寔遣韩璞[11]帅步骑五千救之。陈安退保绵诸[12]，保归上邽。未几[13]，保复为安所逼，寔遣其将宋毅[14]救之，安乃退。

江东[15]大饥，诏百官各上封事[16]。益州刺史应詹[17]上疏曰：“元康[18]以来，贱经尚道[19]，以玄虚弘放为夷达[20]，以儒术清俭为鄙俗[21]，宜崇奖[22]儒官，以新俗化[23]。”

祖逖攻陈川于蓬关[24]，石勒遣石虎[25]将兵五万救之，战于浚仪，逖兵败，退屯梁国[26]。勒又遣桃豹[27]将兵至蓬关，逖退屯淮南[28]。虎徙川部众五千户于襄国，留豹守川故城。

石勒遣石虎击鲜卑日六延[29]于朔方[30]，大破之，斩首二万级，俘虏三万余人。孔苌攻幽州[31]诸郡，悉取之。段匹磾士众饥散，欲移保上谷[32]，代[33]王郁律[34]勒兵将击之，匹磾弃妻子奔乐陵[35]，依邵续[36]。

曹嶷遣使赂石勒，请以河为境[37]，勒许之。

梁州刺史周访[38]击杜曾[39]，大破之。马隽[40]等执曾以降，访斩之，并获荆州刺史第五猗[41]，送于武昌[42]。访以猗本中朝所署[43]，加有时望[44]，白[45]王敦不宜杀，敦不听而斩之。

初，敦患杜曾难制，谓访曰："若擒曾，当相论为荆州[46]。"及曾死而敦不用[47]。王廙[48]在荆州，多杀陶侃将佐[49]，以皇甫方回[50]为侃所敬，责其不诣己[51]，收斩之。士民怨怒，上下不安。帝闻之，征廙为散骑常侍[52]，以周访代廙为荆州刺史。王敦忌访威名，意难之。从事中郎郭舒[53]说敦曰："鄙州虽荒弊[54]，乃用武之国，不可以假人[55]，宜自领[56]之，访为梁州足矣。"敦从之。

六月，丙子[57]，诏加访安南将军[58]，余如故。访大怒，敦手书譬解[59]，并遗玉环、玉椀[60]以申厚意。访抵之于地[61]，曰："吾岂贾竖[62]，可以宝悦邪！"访在襄阳[63]，务农训兵，阴有图敦之志，守宰有缺辄补[64]，然后言上，敦患之而不能制。

魏该[65]为胡寇所逼，自宜阳率众南迁新野[66]，助周访讨杜曾有功，拜顺阳[67]太守。

赵固[68]死，郭诵留屯阳翟[69]，石生[70]屡攻之，不能克。

（以上为第二段，写司马保不臣服司马睿，自称晋王；祖逖北伐，被石勒派大军打败，退守淮南；周访进攻叛将杜曾，获得大胜，担任荆州刺史，与王敦渐生嫌隙。）

【注释】

[1]南阳王保：即司马保，字景度，南阳王司马模之子，袭封南阳王。盘踞于秦州一带地区。传见《晋书》卷三十七。 [2]自称晋王：司马保并不臣服于司马睿，司马睿于建武元年（317）称晋王、太兴元年（318）称帝，司马保也于太兴二年（319）自称晋王，改年号为建康，设置百官，而到了第二年五月，在内外交困时，被部将杀死，帝王梦灭。 [3]张寔（shí）：字安逊，安定乌氏（今甘肃平凉市）人，凉州刺史张轨长子，前凉（314—320）君主。传见《晋书》卷八十六。[4]征西大将军：为"四征将军"之一，主西方征伐之事。开府仪同三司：三司，即三公。汉制，唯三公可开府，魏、晋以后开府者日多，故别置开府仪同三司名号以为加官。晋代重臣多以将军开府，都督军事。 [5]陈安：西晋末期将领、割据势力。曾拥兵十多万，自称大都督、大将军，雍凉秦梁四州州牧、凉王。传见《晋书》卷一百三。 [6]秦州：初治冀县，在今甘肃甘谷县东，后移治上邽，在今甘肃天水市。 [7]成：即成国，李特之子李雄建立，割据今四川成都地区，十六

国之一。后来李寿自立为帝，将国号改为“汉”。故史书连称为“成汉”。［8］上邽（guī）：县名，县治在今甘肃天水市西南。［9］张春：司马保之部将。［10］之：往。南安：郡名，郡治豲道，在今甘肃陇西县东南渭水东岸。祁山：县名，县治在今甘肃西和县东北。［11］韩璞（pú）：西晋官员，时为凉州刺史张寔的太府司马。［12］绵诸：县名，县治在今甘肃清水县西南。［13］未几：不久。［14］宋毅：时为凉州刺史张寔的部将。［15］江东：此指代东晋司马睿的统治区。［16］封事：密封的章表，又叫封章。百官上书奏机密之事，用皂囊封缄呈进，以防泄露。［17］益州：州治成都，在今四川成都市。应詹：字思远，汝南南顿（今河南项城市）人。西晋时，历任赵王司马伦、成都王司马颖僚属，为刘弘镇南大将军长史；在东晋，被琅邪王司马睿拜为建武将军，后封观阳县侯，任使持节、都督江州诸军事、平南将军、江州刺史。传见《晋书》卷七十。［18］元康：晋惠帝司马衷的第三个年号，公元291年至公元299年，共九年。［19］贱经尚道：轻视儒家经典，崇尚道家学说。［20］玄虚：玄妙，虚无。弘放：疏阔，散漫。夷达：旷达。夷，旷。［21］儒术：儒家的一套学说。清俭：谨守儒教，行为检点。鄙俗：庸俗，浅薄。俗，风俗，习俗。［22］崇奖：提高，奖励。［23］以新俗化：使社会风气为之一新。俗化，习俗，教化。［24］蓬关：即前文所说的“蓬陂”，在今河南开封市南。［25］石虎：后赵第三位皇帝，公元334年至公元349年在位。［26］梁国：古诸侯国名，都城睢阳，在今河南商丘市南。［27］桃豹：字安世，范阳人。后赵石勒部将。石虎时期，被任命为横海将军，官拜太保。［28］淮南：郡名，郡治寿春，在今安徽寿县。［29］鲜卑：古代游牧民族名，兴起于大兴安岭，为魏晋南北朝时期对中国影响最大的游牧民族，起源于东胡族，分布在中国北方。日六延：鲜卑族的部落首领名。［30］朔方：郡名，郡治在今内蒙古杭锦旗西北之黄河南岸。［31］孔苌（cháng）：石勒的心腹大将，骁勇善战，屡立战功，常任先锋之职。［32］上谷：郡名，在谷之上头，故名，郡治沮阳，在今河北怀来县东南。［33］代：诸侯国名，北魏前身，都城盛乐，在今内蒙古和林格尔县北。［34］郁律：即拓跋郁律，北魏皇帝先祖，为鲜卑索头部首领，击退刘虎侵犯，西取乌孙故地，东并勿吉以西，称雄北方，为代国之主。后被杀害。北魏建立后，追尊平文皇帝，庙号太祖。传见《魏书》卷一。［35］乐陵：郡名，郡治厌次，在今山东阳信县东南。［36］邵续：字嗣祖，魏郡安阳人，坚持在敌后抗战的晋军统领。传见《晋书》卷六十二。［37］以河为境：以黄河为双方的分界线。时曹嶷已缘河置戍，现贿赂石勒，请以河为境，惧怕石勒的侵袭。［38］梁州：州治南郑，在今陕西汉中市。周访：字士达，庐江寻阳（今江西九江市）人，晋朝名将。传见《晋书》卷五十八。［39］杜曾：新野人，晋朝将领。永嘉之乱占据湖北西部的汉水上游一带地区，自称南中郎将、竟陵太守。后被杀。传见《晋书》卷一百。［40］马隽（jùn）：原为陶侃为荆州刺史时的部将，因王敦忌才，免去陶侃的荆州刺史，让王廙取代，马隽等属将不服，遂西迎叛军首领杜曾，以抵御王廙的到任。［41］第五猗（yī）：姓第五，名猗，晋官员，晋愍帝司马邺任命为安南将军、荆州刺史，猗到任却与晋叛将杜曾、郑攀等联合割据，至此被周访讨灭。［42］武昌：县名，县治在今湖北鄂州市，当时为大将军王敦的行营所在地。［43］中朝所署：西晋朝廷所任命。中朝，中原地区的晋朝朝廷。［44］时望：在现时有威信、有声望。［45］白：禀告，劝告。［46］当相论为荆州：我将推举你为荆州刺史。论，议论，建议，指讨论以周访为荆州刺史。荆州，州治江陵，在今湖北荆州市江陵城。［47］不用：不任用周访，因为他任用了亲党王廙。［48］王廙（yì）：字世将，丞相王导、大将军王敦从弟，晋元帝司马睿的姨弟。此时被任命为荆州刺史。［49］陶侃将佐：当年陶侃为荆州刺史时所任命的一些部属。［50］皇甫方回：姓皇甫，名方回，皇甫谧之子，安定朝那人，荆州地区的高士。后被王敦从弟王廙所杀。传见《晋书》卷五十一。［51］不诣己：不亲附、不来拜见自己。诣，往，到。这里指拜见。［52］散骑常侍：侍从皇帝左右，掌表诏和规谏，作参谋顾问之用。［53］从事中郎：郎官的一种，为帝王近侍官。郭舒：字稚行，西晋官员。曾担任参军，又转任从事中郎。王敦谋划造反，他极力劝谏，王敦非常敬重他的公正诚信，上表推荐其为梁州刺史。后病死。传见《晋书》卷四十三。［54］鄙州：郭舒曾在荆州历事刘弘、王澄，故谦称荆州为鄙州。荒弊：荒凉，凋敝。弊，通“弊”，衰败。［55］不可以假人：意即荆州不可以让别人来担任刺史。假人，假手于人。［56］自领：自己兼任。官阶高而兼任较低级的职务为“领”。［57］丙子：六月七日。［58］安南将军：“四安将军”之一，为杂号将军，主管南方军事事务。［59］譬解：晓谕，解释。［60］遗（wèi）：送给。玉环：玉制的环，用作佩饰。椀（wǎn）：古同“碗”。［61］抵之于地：扔在地上。抵，掷，扔。［62］贾竖：对商人的蔑称。［63］襄阳：郡名，郡治襄阳县，在今湖北襄阳市，东晋时的梁州刺史侨居于此。［64］守宰：这里指襄阳一带的地方官。辄（zhé）：总是，就。［65］魏该：济北东阿（今山东阳谷县东北）人，侨居京兆阴般（今陕西西安市临潼区东北），河间王司马颙以为将兵都尉。晋元帝承制，加冠军将军、河东太守，拜顺阳太守。历阳太守苏峻反时，以平北将军、雍州刺史率兵援台城。［66］宜阳：县名，县治在今河南宜阳县西。新野：县名，县治新野，在今河南新野县。魏该于怀帝司马炽末期，屯驻宜阳界一泉坞。［67］顺阳：郡名，郡治在今河南淅川县东南。［68］赵固：汉赵将领，曾为安北大将军。［69］郭诵：平阳人，晋朝将领，司州刺史李矩的外甥，与李矩长期驻守荥阳，是东晋在北方的重要藩镇。阳翟（dí）：县名，县治在今河南禹州市。［70］石生：羯族，后赵皇帝石勒从子。初任司州刺史，咸和五年（330），晋封为河东王，奉命镇守关中。八年（333），讨伐石虎，自称秦州刺史，被石虎击败，遭部下杀害。

汉主曜立宗庙[1]、社稷[2]、南北郊于长安[3]，诏曰：“吾之先，兴于北方。光文[4]立汉宗庙[5]以从民望。今宜改国号，以单于[6]为祖。亟议以闻[7]！”群臣奏：“光文始封卢奴伯[8]，陛下又王中山[9]；中山，赵分[10]也，请改国号为赵。”从之。以冒顿配天[11]，光文配上帝[12]。

徐龛寇掠济、岱[13]，破东莞[14]。帝问将帅可以讨龛者于王导，导以为太子左卫率[15]泰山羊鉴[16]，龛之州里冠族[17]，必能制之。鉴深辞[18]，才非将帅[19]；郗鉴亦表鉴非才[20]，不可使，导不从。秋，八月，以羊鉴为征虏将军、征讨都督[21]，督徐州刺史蔡豹[22]、临淮[23]太守刘遐、鲜卑段文鸯[24]等讨之。

冬，石勒左、右长史张敬、张宾[25]，左、右司马张屈六、程遐[26]等劝勒称尊号[27]，勒不许。十一月，将佐等复请勒称大将军、大单于、领冀州牧、赵王，依汉昭烈在蜀、魏武在邺故事[28]，以河内等二十四郡[29]为赵国[30]，太守皆为内史[31]，准《禹贡》[32]，复冀州之境[33]，以大单于镇抚百蛮[34]，罢并、朔、司三州[35]，通置部司以监之[36]。勒许之。戊寅[37]，即赵王位，大赦，依春秋时列国称元年[38]。

初，勒以世乱，律令烦多，命法曹令史贯志[39]，采集其要，作《辛亥制》[40]五千文，施行十余年，乃用律令。以理曹参军上党续咸[41]为律学祭酒[42]，咸用法详平[43]，国人称之。以中垒将军支雄[44]、游击将军王阳领门臣祭酒[45]，专主胡人辞讼，重禁胡人，不得陵侮衣冠华族[46]，号胡为国人[47]。遣使循行州郡，劝课农桑。朝会，始用天子礼乐，衣冠、仪物[48]，从容可观[49]矣。加张宾大执法[50]，专总朝政；以石虎为单于元辅[51]，都督禁卫诸军事[52]，寻加骠骑将军、侍中、开府[53]，赐爵中山公[54]。自余群臣，授位、进爵各有差。

张宾任遇[55]优显，群臣莫及，而谦虚敬慎[56]，开怀下士[57]，屏绝阿私[58]，以身帅物[59]，入则尽规[60]，出则归美[61]。勒甚重之，每朝，常为之正容貌[62]，简辞令，呼曰“右侯”而不敢名[63]。

（以上为第三段，写汉主刘曜奉单于为祖，改国号为赵，将冒顿配飨上天，刘渊配飨上帝；大将军石勒建立后赵国，自封赵王，用天子礼乐，制定历法，任用百官。）

【注释】

[1]宗庙：天子、诸侯祭祀祖先的场所。古代帝王把天下据为一家所有，世代相传，故将宗庙视为立国之本。刘曜力图摆脱汉人影响，故改国号，另立匈奴宗庙、社稷，以单于为祖先。[2]社稷：土神和谷神。此指天子、诸侯祭祀土、谷之神的场所。古代以农业为本，故建国必先立社稷坛；灭人之国，必变置所灭之国的社稷。因以社稷为国家政权的标志。 [3]南北郊于长安：意即冬至日在长安的南郊祭天，夏至日在长安的北郊祭地。这是历代帝王一直沿用的礼仪制度。

[4]光文：即汉赵开国皇帝刘渊。［5］立汉宗庙：刘渊当年建立汉国，作汉三祖、五宗神主而祭之。三祖，指汉高祖刘邦，为西汉建立者；汉光武帝刘秀，为东汉建立者；汉昭烈帝刘备，为蜀汉建立者。五宗，指刘恒（西汉文帝太宗）、刘彻（西汉武帝世宗）、刘询（西汉宣帝中宗）、刘庄（东汉明帝显宗）、刘炟（东汉章帝肃宗）。事见《资治通鉴》卷八十五晋惠帝永兴元年（304）。［6］单（chán）于：匈奴人对其首领的称呼。［7］亟议以闻：你们赶紧议论一下，上报给我。亟，赶快，急速。［8］卢奴伯：晋成都王司马颖曾封刘渊为卢奴伯。卢奴，为封地，县名，在今河北定州市。伯，为爵位。［9］中山：诸侯国名，都城在今河北定州市。此指战国时中山国，被赵武灵王所灭。［10］赵分：赵国疆土的一部分。分，即整体中的一部分。［11］以冒顿配天：在祭天时，把冒顿的灵位放在天神旁边，一同享受祭祀。冒（mò）顿（dú），匈奴单于，是匈奴历史上的一位雄主，他一统北方各游牧民族，西汉时建立起南起阴山、北抵贝加尔湖、东达辽河、西逾葱岭的庞大强盛的匈奴帝国。传见《史记》卷一百十。配，配享。［12］光文配上帝：在祭祀上帝时，让刘渊的灵牌一同享受祭祀。［13］济、岱：指今山东境内的济水、泰山一带地区。济，济水，源出今河南济源市西王屋山，其故道东流至山东，与黄河并行东流入海，后下游为黄河所夺。岱，岱岳，即泰山，在山东泰安市北。古称“东岳”，为“五岳”之一。［14］东莞（guān）：郡名，郡治在今山东莒县。［15］太子左卫率：官名，皇太子的侍卫官，统领禁兵，西晋武帝时分左、右卫率，惠帝时又加前、后二率。［16］羊鉴：字景期，泰山南城（今山东新泰市）人，晋朝官员。传见《晋书》卷八十一。［17］龛（kān）之州里冠族：是徐龛的同乡，在那一带是最显贵的豪门世族。冠，为首，第一。［18］深辞：坚决推辞。［19］才非将帅：认为自己并非将帅之才。羊鉴可谓有自知之明。［20］郗（xī）鉴：字道徽，高平金乡（今山东金乡县）人，东晋重臣。传见《晋书》卷六十七。郗鉴时任兖州刺史。非才：即非将帅之才。［21］征虏将军：杂号将军之名，主征战。征讨都督：临时设置的征讨总指挥。［22］蔡豹：字士宣，陈留圉城（今河南杞县）人，阴平太守蔡宏之子，晋朝将领。传见《晋书》卷八十一。［23］临淮：郡名，郡治徐县，在今江苏泗洪县南。［24］段文鸯：简称“段鸯”，辽西鲜卑人，辽西公段务勿尘之子，段疾陆眷之弟，为段氏家族最忠勇之士。事见《晋书》卷六十三。［25］张敬：后赵石勒的部属，为左长史。张宾：字孟孙，河北邢台人，汉赵谋主。传见《晋书》卷一百五。［26］司马：掌管军事的官员，包括兵役和军用物资，分左、右两司马。张屈六：后赵外戚、官员，石勒的部将，时为左司马。程遐：冀州（今河北高阳县西南）人，曾任后赵右长史。后为宁朔将军，兼冀州七郡诸军事，升任右长史，总揽后赵朝政，后介入朝廷纷争，被杀。［27］称尊号：自称皇帝的尊号，即称帝。［28］“依汉昭烈在蜀”句：依照刘备在蜀建立蜀汉称帝，以及魏武帝曹操在邺城称魏王的成例，先称王，后称帝。按：曹操本人只称王，未称帝，武帝之号为曹丕追加。［29］河内等二十四郡：指河内、魏、汲、顿丘、平原、清河、巨鹿、常山、中山、长乐、乐平、赵国、广平、阳平、章武、勃海、河间、上党、定襄、范阳、渔阳、武邑、汲国、乐陵等二十四郡。其地大致包括今河北、山西和河南北部。［30］赵国：即后赵（319—351），以与刘曜建立的汉赵相区别，是羯族首领石勒建立的赵

国。太兴二年（319），石勒在襄国自称赵王；十年后，灭汉赵，称大赵天王，不久称帝。后石虎篡位，称居摄天王。后来冉闵称帝，诛杀石氏子孙，改国号为魏，史称冉魏。［31］太守皆为内史：以上二十四郡的太守官皆改称“内史”。［32］准《禹贡》：按照《尚书·禹贡》的章程。准，按照。《禹贡》，《尚书》中的一篇，是我国最古老的地理书，记载了大禹治水与大禹分天下为九州的情形，记载囊括了冀、兖、青、徐、扬、荆、豫、梁、雍等九州的山川、地形、土壤、物产、贡赋等情况。［33］复冀州之境：重新设立冀州，并恢复旧时冀州的地盘。冀州，《禹贡》所载古九州之一，相传为尧时政治中心所在地，包括今山西与河北东南境之地。［34］大单于：匈奴君王的称号，有权号令少数民族部众。后来，成为对一些少数民族官员的一种虚衔。镇抚：镇守，安抚。百蛮：这里泛指赵国境内的各少数民族。［35］罢并、朔、司三州：撤销并州、朔州、司州三州的建制。罢，撤销。［36］通置部司以监之：在过去并州、朔州、司州三州的地面上设立部司，以监督官民的动向。部司，衙署。［37］戊寅：十一月朔戊戌，此月无戊寅日，当是记载有误。［38］依春秋时列国称元年：按照春秋时期各国都使用本国年号的旧例，称赵王元年。春秋，指东周前半期，始于周平王元年（前770）周平王东迁东周，止于周敬王四十四年（前476），共295年，史称“春秋时期”。［39］法曹令史：官名，汉、晋、十六国后赵皆置，低级官吏，掌文书庶务。法曹，古代司法机关或司法官员的称谓。贯志：姓贯名志，后赵官员，为法曹令史，曾奉赵主石勒诏纂集律令，即《辛亥制》，约5000字，施行十多年。［40］《辛亥制》：后赵法律条文，是现有史籍所载我国历史上入主内地的少数民族政权编定的第一部正式的成文法典，以条文极其简要而独具特色。［41］理曹参军：官名，西晋末司马睿丞相府及十六国后赵皆置，典刑狱。续咸：字孝宗，上党人，后赵文臣，文帝石弘师傅。著有《远游志》《异物志》《汲冢古文释》等，行于世间。传见《晋书》卷九十一。［42］律学祭酒：官名，石勒创置，主管制定和讲授律令。石勒曾置经学祭酒、律学祭酒、史学祭酒、门臣祭酒。［43］详平：周密，公平。［44］中垒将军：杂号将军之名，担任宫禁宿卫。支雄：月支人，后赵石勒部将，是石勒的八骑和十八骑之一，时为中垒将军，后为龙骧大将军、大司空等。传见《晋书》卷第一百四。［45］游击将军：杂号将军之名，主征伐。王阳：后赵将领，时为游击将军。门臣祭酒：后赵官名，石勒创置，负责在胡人中实行法令。［46］陵侮：欺凌，侮辱。陵，通“凌”。衣冠华族：指汉族士大夫。衣冠，穿衣戴帽。华族，中华之族。［47］号胡为国人：称胡人是本国的基本国民。［48］衣冠、仪物：君臣们的穿戴与礼仪章程。［49］从容可观：行为做派，气度非凡。［50］加张宾大执法：加封张宾为“总裁”“总指挥”。加，加官，这里指升迁。［51］单于元辅：石勒的首辅大臣。以其辅佐皇帝，并居大臣首位，故称元辅。［52］都督禁卫诸军事：总管宫廷防卫，统领禁卫诸军。［53］寻：不久。侍中：官名，帝王的侍从官员。开府：原指准许该臣设立办事衙门，聘任各部僚属，这里是对宠臣的加官名号。［54］中山公：封地中山，爵位为公侯，五等爵位“公、侯、伯、子、男”中的最高级别。中山，地名，为战国时中山国之地，都城在卢奴县，在今河北定州市。［55］任遇：信任与待遇。［56］敬慎：恭敬，谨慎。［57］开怀下士：胸襟开阔，礼贤下士。下，屈己尊人。［58］屏绝阿私：杜绝营私舞弊行为。屏，除。阿私，邪恶，不正当的行为。［59］以身帅物：以身作则。帅，同“率”，发挥表率作用。物，犹言“人”，公众。［60］入则尽规：在石勒面前，总是直言规谏。规，规劝。［61］出则归美：在处理具体事务时，总是把好处都推归石勒。［62］正容貌：态度端庄的样子。［63］右侯：石勒对张宾的尊称。古人以右为尊，故称所重者为右。不敢名：不敢直呼其名。

十二月，乙亥[1]，大赦。

平州刺史崔毖[2]，自以中州人望[3]，镇辽东[4]，而士民多归慕容廆[5]，心不平。数遣使招之，皆不至，意廆拘留之[6]，乃阴说高句丽[7]、段氏、宇文氏[8]，使共攻之，约灭廆，分其地。毖所亲勃海高瞻[9]力谏，毖不从。

三国合兵伐廆，诸将请击之，廆曰：“彼为崔瑟所诱，欲邀一切之利[10]。军势初合，其锋[11]甚锐，不可与战，当固守以挫[12]之。彼乌合[13]而来，既无统壹[14]，莫相归服[15]，久必携贰[16]，一则疑吾与毖诈而覆之[17]，二则三国自相猜忌[18]。待其人情离贰[19]，然后击之，破之必矣。”

三国进攻棘城[20]，廆闭门自守，遣使独以牛酒犒宇文氏。二国疑宇文氏与廆有谋，各引兵归。宇文大人悉独官[21]曰：“二国虽归，吾当独取之。”

宇文氏士卒数十万，连营四十里。廆使召其子翰[22]于徒河[23]。翰遣使白廆曰：“悉独官举国为寇，彼众我寡，易以计破，难以力胜。今城中之众，足以御寇，翰请为奇兵于外，伺其间[24]而击之，内外俱奋[25]，使彼震骇[26]不知所备，破之必矣。今并兵为一，彼得专意攻城，无复他虞[27]，非策之得者也。且示众以怯，恐士气不战先沮[28]矣。”廆犹疑之。辽东韩寿[29]言于廆曰：“悉独官有凭陵[30]之志，将骄卒惰，军不坚密[31]，若奇兵卒起[32]，掎其无备[33]，必破之策也。”廆乃听翰留徒河。

悉独官闻之曰：“翰素名骁果[34]，今不入城，或能为患，当先取之，城不足忧。”乃分遣数千骑袭翰。翰知之，诈为段氏使者，逆[35]于道曰：“慕容翰久为吾患，闻当击之，吾已严兵[36]相待，宜速进也。”使者既去，翰即出城，设伏以待之。宇文氏之骑见使者，大喜驰行，不复设备，进入伏中。翰奋击，尽获之，乘胜径进[37]，遣间使[38]语廆出兵大战。廆使其子皝[39]与长史裴嶷[40]将精锐为前锋，自将大兵继之。悉独官初不设备，闻廆至，惊，悉众[41]出战。前锋始交，翰将千骑从旁直入其营，纵火焚之，众皆惶扰[42]，不知所为，遂大败，悉独官仅以身免。廆尽俘其众，获皇帝玉玺三纽[43]。

崔毖闻之，惧，使其兄子焘诣棘城伪贺[44]。会[45]三国使者亦至，请和，曰："非我本意，崔平州[46]教我耳。"廆以示焘，临之以兵[47]，焘惧，首服[48]。廆乃遣焘归谓毖曰："降者上策，走[49]者下策也。"引兵随之。毖与数十骑弃家奔高句丽，其众悉降于廆。廆以其子仁[50]为征虏将军，镇辽东，官府、市里[51]，按堵如故[52]。

高句丽将如奴子据于河城[53]，廆遣将军张统掩击[54]，擒之，俘其众千余家，以崔焘、高瞻、韩恒、石琮[55]归于棘城，待以客礼。恒，安平人[56]；琮，鉴[57]之孙也。

廆以高瞻为将军，瞻称疾不就[58]，廆数临候[59]之，抚其心曰："君之疾在此[60]，不在他也。今晋室丧乱，孤欲与诸君共清世难，翼戴帝室[61]。君中州望族[62]，宜同斯愿[63]，奈何以华、夷之异[64]，介然疏之[65]哉！夫立功立事，唯问志略[66]何如耳，华、夷何足问乎！"瞻犹不起[67]，廆颇不平[68]。龙骧主簿宋该[69]，与瞻有隙[70]，劝廆除之，廆不从。瞻以忧卒。

（以上为第四段，写高句丽、宇文氏、段氏受平州刺史崔毖挑唆，联兵攻打鲜卑首领慕容廆，慕容廆用离间计使高句丽、段氏撤兵，然后打败宇文氏，三国归服。）

【注释】

[1]乙亥：十二月九日。 [2]平州：州治襄平，在今辽宁辽阳市，后移治昌黎，在今辽宁义县。崔毖（bì）：西晋末年清河人，崔琰曾孙，为平州刺史，子孙为冀州冠族。家族流入高句丽，为朝鲜崔姓的始祖。 [3]中州人望：中原地区有影响的人物。中州，中原，泛指黄河中下游地区。人望，众望所归。 [4]辽东：郡治襄平，在今辽宁辽阳市。 [5]慕容廆（guī）：字若洛廆，昌黎棘城（今辽宁义县）人，前燕政权建立者慕容皝之父，名义上效忠于晋朝，封辽东郡公。当时活动在今辽宁西部及邻近的内蒙古东南部地区。传见《晋书》卷一百八。 [6]意廆拘留之：怀疑

是慕容廆阻挠他们。意，怀疑，猜想。［7］阴说：暗中联络。高句（gōu）丽：又称句骊、高丽，古国名，首都在丸都，在今吉林集安市，是公元前一世纪至七世纪在今中国东北地区和朝鲜半岛存在的一个政权。［8］段氏：即鲜卑段氏部落，当时活动在今河北秦皇岛市一带。宇文氏：即鲜卑宇文氏部落，当时活动在今内蒙古赤峰市一带。［9］勃海：诸侯国名，都城南皮县，在今河北南皮县北。高瞻：字子前，渤海蓨县（今河北景县南）人，永嘉之乱，与叔父率数千家避乱幽州，后依附于慕容廆。传见《晋书》卷一百八。［10］邀：求。一切之利：一时的利益。［11］锋：锋芒，气势。［12］挫：挫折，挫败。［13］乌合：乌鸦见食，群集而聚啄之，人或惊之，则四散飞去，比喻以利合，没有组织，无所统一，像见食而聚的乌鸦一样。［14］统壹：即统一。［15］莫相归服：彼此互不服气。归服，归属，服从。［16］携贰：彼此生出二心，分崩离析。携，离。贰，二心的意思。［17］诈而覆之：骗其聚合一起，集中加以消灭。覆，覆没，消灭。［18］猜忌：猜疑，妒忌。［19］离贰：离散，涣散。［20］棘城：古城名，属于昌黎郡，在今辽宁义县西北。慕容廆的都城在此地。［21］大人：即部落首领。悉独官：人名，宇文部落的首领。［22］其子翰：即慕容翰（？—344），武宣帝慕容廆庶长子，勇武善射。传见《晋书》卷一百八。［23］徒河：县名，县治在今辽宁锦州市西北。时慕容翰驻兵于此。［24］伺其间：窥测其可乘之机。伺，等候。间（jiàn），空隙，空子。［25］内外俱奋：里外一齐发动进攻。内外，指被围困在城里的慕容廆以及在外的慕容翰。奋，奋战，尽力战斗。［26］震骇（hài）：震动，惊惶。［27］无复他虞：再没有其他的任何顾虑，专心一意地攻城。虞，虑，担心。［28］沮（jǔ）：沮丧，灰心丧气。［29］韩寿：辽东人，慕容廆的属官。［30］凭陵：欺侮人，不把人看在眼里。陵，通“凌”，欺凌。［31］坚密：坚强，团结。［32］卒起：突然对其发动攻击。卒（cù），通“猝”，猝然，突然。［33］掎其无备：打他个毫不提防、措手不及。掎（jǐ），从旁攻击。［34］骁果：骁勇，果敢。［35］逆：迎。［36］严兵：调集好军队。严，整饬，整顿。［37］径进：一直向前。径，径直，直向。［38］遣间使：派使者化装入城。间（jiàn）使，伺间隙单行的使者。［39］其子皝（huàng）：即慕容皝，字元真，慕容廆之子，建立前燕，迁都龙城（今辽宁朝阳市）。传见《晋书》卷一百九。［40］裴嶷（yí）：字文冀，河东闻喜（今山西闻喜县）人，司隶校尉裴祗之子。慕容廆的得力参谋。传见《晋书》卷一百八。［41］悉众：调动所有的部众。［42］惶扰：恐惧，混乱。［43］皇帝玉玺三纽：晋朝皇帝用过的印玺三方。三纽，借代三方玉玺。纽，玉玺或印章上用以提携的部分，多雕刻成鸟兽、人形。天子玺必用螭虎或龙虎纽。胡三省注曰：“皇帝玺，即宇文大人普回出猎所得者。”［44］兄子焘：即崔焘，晋人，崔毖的侄子。伪贺：假装道喜，借机探听虚实。［45］会：适逢，正赶上。［46］崔平州：即崔毖，时为平州刺史。［47］临之以兵：举着兵器威胁他。［48］首服：点头服罪。此处是指点头承认高句丽、段氏、宇文氏三国所说的是事实。［49］走：逃跑。［50］其子仁：即慕容廆之子慕容仁，字千年。其同母兄慕容皝继位后猜忌，他举兵反叛，兵败被赐死。事见《晋书》卷一百八。［51］市里：城市街巷。［52］按堵如故：各就各位，一切正常。按堵，安居。形容百姓不迁动，不扰乱。按，按，次第。堵，墙堵。

［53］如奴子：高句丽将领名。于河城：在今辽宁沈阳市东北。［54］张统：慕容廆所置乐浪郡太守。掩击：乘其不备，突然袭击。［55］崔焘、高瞻、韩恒、石琮：诸人匀中土士人，避难入高句丽，今归附慕容廆，得到慕容廆信用。韩恒为前燕重要谋臣，石琮官至常伯。［56］安平人：《晋书》作"灌津人"。安平，晋县名，在今河北安平县。［57］鉴：即石鉴，字林伯，乐陵厌次（今山东阳信县）人，西晋大臣。传见《晋书》卷四十四。［58］不就：不去上任就职。［59］数临候：多次亲自去看望问候。临，到其家。候，问候。［60］疾在此：意即是心病，指其忘不了晋王朝，不愿做别族的官。［61］翼戴帝室：辅佐、拥戴晋王朝。［62］望族：有声望的世家豪族。［63］宜同斯愿：应该有与此相同的志愿。斯，此，指"共清世难，翼戴帝室"。［64］华、夷之异：华夏人与少数民族的出身不同。［65］介然疏之：断然地拒绝我。介然，坚定不移的样子。疏，疏远。［66］志略：志向，才略。［67］不起：即不应，不答应在慕容廆手下做事。［68］不平：指心里不愉快。［69］龙骧主簿：龙骧将军的属官。慕容廆进号龙骧将军，以宋该为府主簿。主簿，掌军府文书簿籍，后渐变为统兵开府之大臣幕府中的幕僚之长，参与机要，总领府事。宋该：字宜宏，平原人，西晋末先依附鲜卑段氏，后投慕容廆，任龙骧主簿。廆称燕王，以为右长史。后以受贿荐韩偏为孝廉，判受四岁刑。［70］有隙：有裂痕，有矛盾。

初，鞠羡既死［1］，苟晞［2］复以羡子彭为东莱［3］太守。会曹嶷徇青州［4］，与彭相攻［5］，嶷兵虽强，郡人皆为彭死战，嶷不能克。久之，彭叹曰："今天下大乱，强者为雄。曹亦乡里［6］，为天所相［7］，苟可依凭［8］，即为民主［9］，何必与之力争，使百姓肝脑涂地［10］！吾去此［11］，则祸［12］自息矣。"郡人以为不可，争献拒嶷之策，彭一无所用，与乡里千余家浮海归崔毖［13］。北海郑林［14］客于东莱，彭、嶷之相攻，林情无彼此［15］。嶷贤之，不敢侵掠，彭与之俱去。比至辽东［16］，毖已败，乃归慕容廆。廆以彭参龙骧军事［17］，遗［18］郑林车牛粟帛，皆不受，躬［19］耕于野。

宋该劝廆献捷江东［20］，廆使该为表［21］，裴嶷奉之［22］，并所得三玺诣建康献之。

高句丽数寇辽东，廆遣慕容翰、慕容仁伐之。高句丽王乙弗利逆来求盟［23］，翰、仁乃还。

是岁，蒲洪［24］降赵，赵主曜以洪为率义侯［25］。

屠各路松多［26］起兵于新平、扶风［27］，以附晋王保［28］，保使其将杨曼、王连据陈仓[29]，张颉、周庸据阴密[30]，松多据草壁[31]，秦、陇[32]氐、羌多应之。赵主曜遣诸将攻之，不克，曜自将击之。

（以上为第五段，写鞠彭为东莱太守，青州刺史曹嶷前来争夺地盘，鞠彭退让离开东莱，渡海而去，避免争端；慕容廆向司马睿献俘告捷。）

【注释】

[1]鞠（jū）羡既死：晋怀帝永嘉元年（307）二月，王弥率暴乱之民寇掠青、徐二州，自称征东大将军。太傅司马越任命东莱鞠羡为东莱太守以讨王弥，被王弥击杀。 [2]苟晞：字道将，河内山阳（河南修武县）人，西晋末年将领。后为石勒所败杀。传见《晋书》卷六十一。 [3]彭：即鞠彭，曾任东晋的东莱太守，后投慕容廆任龙骧将军幕僚。东莱：郡国名，为春秋时莱子国，汉初置郡，西晋改为国，治所掖县，在今山东莱州市。 [4]会：适逢。徇（xùn）青州：巡行青州。徇，巡行。青州，州治临淄，在今山东淄博市临淄区。 [5]与彭相攻：曹嶷与苟晞虽然同为晋将，但因接受封拜的派系不同，故而彼此相攻。 [6]曹亦乡里：自己与曹嶷是同乡，都是齐人。乡里，同乡。 [7]相（xiàng）：扶助，辅助。 [8]苟可依凭：只要能够依靠。苟，假若，如果。 [9]即为民主：那他也就可以被看作是一方民众的主子。 [10]肝脑涂地：原指惨死，后引申为不惜一切代价，乃至牺牲生命。 [11]吾去此：只要我离开这个地方。去，离开。 [12]祸：祸乱，争斗。 [13]浮海归崔毖（bì）：渡渤海去了辽东。时崔毖为东夷校尉，驻兵在今辽宁辽阳市。 [14]北海：郡名，郡治平寿，在今山东潍坊市西南。郑林：北海人。 [15]林情无彼此：郑林的态度无所偏倚，一视同仁，谁来听谁的。 [16]比至辽东：等他们到达辽东。比，及。 [17]参龙骧军事：即为慕容廆当军事参谋。龙骧，龙骧将军的省称。晋代建置的杂号将军，掌军事。司马睿承制江东，遥拜慕容廆为龙骧将军。 [18]遗（wèi）：给予。 [19]躬：亲自。 [20]献捷江东：向司马睿王朝报告打败崔毖与高句丽、段氏、宇文氏之捷，并送上战利品。 [21]为表：起草报捷文书。 [22]奉之：捧着表章。奉，通“捧”。 [23]乙弗利：高句丽国王名。逆来求盟：前来请求讲和。逆，迎。 [24]蒲洪：即苻洪，字广世，略阳临渭（今甘肃秦安县）人，氐族，部落小帅蒲怀归之子，秦景明帝苻健之父，前秦政权奠基者。传见《晋书》卷一百一十二。 [25]率义侯：封侯取“率义”之名，谓其能观测风向，带头投靠刘曜之意。 [26]屠各路松多：屠各部落的首领名叫路松多。屠各，即休屠，匈奴部落名。后汉至西晋，杂居于并州、凉州、关中等地。 [27]新平：晋郡名，郡治漆县，在今陕西彬州市。扶风：晋郡名，郡治槐里，在今陕西兴平市东南，西晋移治池阳县，在今陕西泾阳县西北。 [28]晋王保：即司马保，不愿臣服于东晋司马睿，便自称晋王，但好景不长，被杀。 [29]杨曼、王连：司马保的部将。陈仓：晋县名，县治在今陕西宝鸡市东。 [30]张颉（yǐ）、周庸：司马保的部将。阴密：晋县名，县治在今甘肃灵台县西。 [31]松多据草壁：《水经注》曰：“陇山西南，降陇城北，有松多川，盖松多据此，因以为地名。”

草壁，晋地名，在阴密县东，今甘肃灵台县境内。［32］秦、陇：秦岭和陇山，指今陕西、甘肃之地。

三年（庚辰，320年）

春，正月，曜攻陈仓，王连战死，杨曼奔南氐[1]。曜进拔草壁，路松多奔陇城[2]，又拔阴密。晋王保惧，迁于桑城[3]。曜还长安，以刘雅[4]为大司徒。

张春谋奉晋王保奔凉州[5]，张寔遣其将阴监[6]将兵迎之，声言翼卫[7]，其实拒之。

段末柸[8]攻段匹磾，破之。匹磾谓邵续曰："吾本夷狄[9]，以慕义破家[10]。君不忘久要[11]，请相与共击末柸。"续许之，遂相与追击末柸，大破之。匹磾与弟文鸯攻蓟[12]。后赵王勒知续势孤，遣中山公虎将兵围厌次[13]，孔苌[14]攻续别营十一，皆下之。

二月，续自出击虎，虎伏骑断其后，遂执续，使降其城[15]。续呼兄子竺[16]等谓曰："吾志欲报国，不幸至此。汝等努力奉匹磾为主，勿有贰心。"匹磾自蓟还，未至厌次，闻续已没[17]，众惧而散，复为虎所遮[18]。文鸯以亲兵数百力战，始得入城，与续子缉、兄子存、竺等婴城固守[19]。虎送续于襄国[20]，勒以为忠，释而礼之，以为从事中郎[21]。因下令："自今克敌，获士人，毋[22]得擅杀，必生致之[23]。"

吏部郎刘胤[24]闻续被攻，言于帝曰："北方藩镇[25]尽矣，唯余邵续而已。如使复为石虎所灭，孤义士之心[26]，阻归本之路[27]，愚谓宜发兵救之。"帝不能从。闻续已没，乃下诏以续位任[28]授其子缉。

赵[29]将尹安、宋始、宋恕、赵慎[30]四军屯洛阳，叛，降后赵[31]。后赵将石生引兵赴之[32]，安等复叛，降司州刺史李矩[33]。矩使颍川太守郭默[34]将兵入洛[35]。石生虏宋始一军，北渡河。于是，河南之民皆相帅[36]归矩，洛阳遂空。

三月，裴嶷至建康[37]，盛称慕容廆之威德，贤隽[38]皆为之用，朝廷始重之。帝谓嶷曰："卿中朝[39]名臣，当留江东[40]，朕别诏龙骧[41]送卿家属。"嶷曰："臣少蒙国恩，出入省闼[42]，若得复奉辇毂[43]，臣之至荣。但以旧京沦没[44]，山陵穿毁[45]，虽名臣宿将[46]，莫能雪耻，独慕容龙骧[47]竭忠王室，志除凶逆，故使臣万里归诚[48]。今臣来而不返，必谓朝廷以其僻陋[49]而弃之，孤其向义之心[50]，使懈体[51]于讨贼，此臣之所甚惜，是以不敢徇私而忘公[52]也。”帝曰：“卿言是也。”乃遣使随嶷拜廆安北将军、平州刺史[53]。

（以上为第六段，写鲜卑首领段末柸打败段匹磾，晋将邵续出兵支援，打败段末柸；赵国石虎打败并活捉邵续，邵续忠晋之心不改；慕容廆报捷东晋，被封为安北将军。）

【注释】

［1］南氐（dī）：居住在陈仓以南的氐族部落，即仇池杨氏。［2］陇城：县城名，即两汉时的陇县县治，在今甘肃张家川县。后陇县废，故称陇城。［3］桑城：地名，在今甘肃临洮县西南。［4］刘雅：汉赵将领，曾为安西将军，时为大司徒。［5］凉州：州治姑臧县，在今甘肃武威市，是当时张寔政权的都城所在地。［6］阴监：晋人，凉州刺史张寔部将。［7］翼卫：拱卫，护卫。［8］段末柸（bēi）：一作段末波，辽西段部鲜卑首领，石勒署其北平公、辽西公。段疾陆眷、段匹磾从弟。素有勇名，石勒曾以其为人质。疾陆眷去世，段涉复辰宣布继位。末柸袭杀涉复辰，自称单于。后自称幽州刺史。传见《魏书》卷一百三。［9］夷狄：泛称除汉族以外的各族。［10］以慕义破家：由于坚持心向晋王朝，而使家庭分裂，指与弟末柸对立相攻。［11］不忘久要：不忘旧日的友好前盟。久要，旧时的约定，指共同忠于晋室。［12］蓟（jì）：县名，县治在今北京市，当时为幽州的州治所在地。［13］厌次：晋县名，县治在今山东阳信县东南，当时晋将邵续驻兵于此。［14］孔苌（cháng）：后赵石勒部将，骁勇善战，屡立战功，常任先锋之职。先后与刘琨、鲜卑拓跋部、鲜卑段氏以及诸多民变者争战，为石勒立足河北做出了贡献。［15］使降其城：石虎让邵续下令他所管辖的未破城镇投降石勒。降，招降。［16］兄子竺：即邵竺（zhú），冀州刺史邵续侄子。［17］没（mò）：指邵续被俘，全军覆没。［18］遮：阻拦，截击。［19］缉：即邵缉，冀州刺史邵续之子，继任其父职务。兄子存、竺：即邵续兄之子邵存、邵竺。婴城：环城，绕城。［20］襄国：晋县名，县治在今河北邢台市，当时石勒据以为都城。［21］从事中郎：为将帅的近侍、幕僚，掌机要和日常事务。［22］毋（wú）：不要。［23］生致之：活捉，押解回来。［24］刘胤（yìn）：字承胤，东莱掖县（今山东莱州市）人，晋朝官员、将领。八王之乱时，到辽东避乱，被幽州刺史王浚表任为渤海太守。回到东晋，官至都督江州诸军事、江州刺史等。传见《晋书》卷八十一。［25］藩镇：各地区的州刺史等军政长官，因其势力之大，相当于一个诸侯。［26］孤义士之心：使坚持敌后作战的义士感到孤立无援。［27］阻归本之路：断绝北方军民归附晋王朝的道路。归本，归附东晋朝廷。［28］位任：官位，职务。［29］赵：指刘曜的

汉赵政权。［30］尹安、宋始、宋恕、赵慎：汉赵主刘曜的四位将军，各领一军，驻于洛阳，后反叛，投降后赵石勒。［31］后赵：羯族首领石勒建立的政权。［32］石生引兵赴之：石勒的部将石生引兵前往受降。赴，趋往。［33］司州：州治在洛阳，其行政长官即司隶校尉。李矩：字世回，代郡平阳（今山西临汾市）人，晋朝官员、将领。时任荥阳太守。传见《晋书》卷六十三。［34］颍川：郡名，郡治许昌，在今河南许昌市东。郭默（？—330）：字玄雄，河内怀县（今河南武陟县）人，晋朝将领。传见《晋书》卷六十三。［35］入洛：进驻洛阳。［36］河南：黄河以南地区，此指洛阳周围一带地区。相帅：相率，连续不断。帅，通“率”。［37］建康：原名建业，因避晋愍帝司马邺（又名司马业）的名讳，改名建康。司马睿在此建都。在今江苏南京市。［38］贤隽（jùn）：才德出众。隽，通“俊”，俊秀。［39］中朝：指西晋王朝，因建都中州洛阳，故称“中朝”。［40］江东：此指司马睿建立的东晋王朝。［41］龙骧：即龙骧将军，敬称慕容廆。慕容廆被司马睿授予龙骧将军。［42］出入省闼（tà）：即出入禁中、宫中。裴嶷在西晋时曾经历任中书侍郎、给事黄门郎，故云。闼，宫门。［43］复奉辇毂：再回到皇帝身边。辇毂（gǔ），皇帝的车驾，这里用以敬称皇帝。［44］旧京：指西晋都城洛阳。沦没：沦陷，覆灭。［45］山陵穿毁：西晋诸帝的陵墓被挖掘、毁坏。山陵，山岳，代指帝王的坟墓。［46］宿将：经过多次战斗考验的有经验的老将。［47］慕容龙骧：即慕容廆，被封为龙骧将军，故称之。［48］归诚：向朝廷敬献忠心。［49］必谓：必然使慕容廆认为。僻陋：偏僻，简陋。［50］孤：有负，辜负。向义：归附正义。［51］懈体：胡三省注曰：“体，当依《载记》作‘怠’。”意即松弛、懈怠。［52］不敢徇私而忘公：胡三省注曰：“谓留江东乃是徇一身之私计，归棘城则可辅廆以讨贼，乃天下之公义也。嶷之心，盖以廆可与共功名，鄙晋之君臣宴安江沱，为不足与共事而已。”徇私，为了私情放弃原则，而做不合法的事情。［53］安北将军：主管北方地区的军事。平州：晋州名，州治襄平，在今辽宁辽阳市。

闰月[1]，以周𫖮为尚书左仆射[2]。

晋王保将张春、杨次[3]与别将杨韬不协[4]，劝保诛之，且请击陈安，保皆不从。

夏，五月，春、次幽保[5]，杀之，保体肥大，重八百斤，喜睡，好读书，而暗弱无断[6]，故及于难。保无子，张春立宗室子瞻为世子[7]，称大将军。保众散，奔凉州者万余人。陈安表于赵主曜，请讨瞻等。曜以安为大将军，击瞻，杀之。张春奔枹罕[8]。安执杨次，于保柩[9]前斩之，因以祭保。安以天子礼葬保于上邽[10]，谥曰“元王”。

羊鉴讨徐龛，顿兵下邳[11]，不敢前。蔡豹败龛于檀丘[12]，龛求救于后赵。后赵王勒遣其将王伏都[13]救之，又使张敬[14]将兵为之后继。勒多所邀求[15]，而伏都淫暴[16]，龛患之。张敬至东平[17]，龛疑其袭己，乃斩伏都等三百余人，复来请降[18]。勒大怒，命张敬据险以守之[19]。帝亦恶龛反覆，不受其降，敕鉴、豹[20]以时进讨。鉴犹疑惮[21]不进，尚书令刁协劾奏[22]鉴，免死除名[23]，以蔡豹代领其兵。王导以所举失人，乞自贬[24]，帝不许。

六月，后赵孔苌攻段匹磾，恃胜而不设备，段文鸯袭击，大破之。

京兆人刘弘客居凉州天梯山[25]，以妖术惑众，从受道者千余人，西平元公张寔左右皆事之。帐下阎涉[26]、牙门赵卬[27]，皆弘乡人，弘谓之曰："天与我神玺，应王凉州[28]。"涉、卬信之，密与寔左右十余人谋杀寔，奉弘为主。寔弟茂[29]知其谋，请诛弘。寔令牙门将史初收之[30]，未至，涉等怀刃而入，杀寔于外寝[31]。弘见史初至，谓曰："使君[32]已死，杀我何为！"初怒，截[33]其舌而囚之，轘于姑臧市[34]，诛其党与[35]数百人。左司马阴元[36]等以寔子骏[37]尚幼，推张茂为凉州刺史、西平公[38]，赦其境内，以骏为抚军将军[39]。

（以上为第七段，写晋王司马保暗弱无断，被部将杀害，部众星散；晋将羊鉴畏敌不前，被免职；凉州刺史张寔被部将杀害，弟张茂继任官职。）

【注释】

[1]闰月：太兴三年（320）的闰三月。 [2]周顗（yǐ）：字伯仁，汝南安成（今河南汝南县东南）人，东晋大臣。司马睿出镇建业，为军咨祭酒，出任宁远将军、荆州刺史、护南蛮校尉，官至尚书左仆射。传见《晋书》卷六十九。 [3]张春、杨次：两人均为司马保部将，因与司马保别将杨韬有隙，劝司马保斩杀杨韬，司马保没有听从而犯上杀主。汉赵主刘曜发兵攻讨，活捉杨次，在司马保灵柩前斩首，用来祭奠司马保。事见《晋书》卷三十七。 [4]杨韬：司马保的别将，被司马保属将张春、杨次杀害。不协：不协调，不和睦。 [5]春、次幽保：张春、杨次将司马保囚禁。幽，幽囚，囚禁。 [6]暗弱：懦弱而不明事理。无断：办事不果断。 [7]瞻：即司马瞻，司马氏宗室之子，被立为司马保的世子，被部下称为大将军，被杀。世子：帝王或诸侯王的接班人、继承人。 [8]枹（fú）罕：县名，县治在今甘肃临夏市。 [9]柩（jiù）：装着尸体的棺材。 [10]上邽（guī）：晋县名，县治在今甘肃天水市西南。 [11]顿兵下邳（pī）：中途屯兵于下邳而不敢前进。顿，停留，止息。下邳，诸侯国名，都城在今江苏睢宁县西北古邳镇东。 [12]檀丘：地名，在今山东泗水县东南。 [13]王伏都：后赵将领，非常贪暴，残忍，被斩杀。 [14]张

敬：后赵石勒的部属，为左长史。［15］邀求：指索取贿赂。邀求，索取，讨要。［16］淫暴：放纵，暴虐。［17］东平：晋诸侯国名，都城须昌，在今山东东平县西北。当时徐龛驻兵于此。［18］复来请降：又来请求归降于晋朝。［19］据险以守之：占据险要之地，以断徐龛的南逃之路。［20］敕鉴、豹：命令羊鉴、蔡豹。敕，敕令，命令。［21］疑惮：犹豫，畏惧。［22］劾奏：向皇帝检举弹劾某人的罪状。［23］除名：除去名籍，这里指撤销羊鉴征虏将军与征讨都督的官职。［24］乞自贬：请求给予降职处罚。［25］京兆：郡名，郡治长安，在今陕西西安城西北。刘弘：京兆人，以妖术惑众，被杀。天梯山：山名，在今甘肃武威市城南。［26］帐下：即帐下督，军中佐官。阎涉：一作"阎沙"，京兆人，前凉主张寔帐下督。同乡刘弘以传教为名策动起事，阎涉与同乡赵印等密谋杀张寔，奉刘弘为主。张寔被刺后，部将平乱，阎涉及同党均被捕杀。［27］牙门：此指牙门将，相当于主将帐下的偏将、副将。赵印（yǎng）：前凉主张寔属将，阎涉党羽，均被捕杀。［28］王（wàng）凉州：在凉州称王。［29］茂：即张茂，字成逊，凉武王张轨之子，凉昭王张寔胞弟，前凉第三位君主，公元320年至公元324年在位。传见《晋书》卷八十六。［30］牙门将史初：帐下亲兵统领名叫史初。收：拘捕。［31］外寝：古代宫室之制，有正寝、内寝之别。正寝又叫外寝，为君主治事之所。张寔虽名为晋臣，但实同于一方的藩镇割据，相当于诸侯，故有外寝之居。［32］使君：汉代以来对刺史、太守的敬称。时张寔为凉州刺史，故称之。［33］截：截下，割断。［34］轘（huàn）：古代用车分裂人体的一种酷刑。姑臧市：姑臧城的市场。姑臧，在今甘肃武威市，当时是凉州的州治所在地。古代处死罪犯，刑场常设于集市，以表示与市人共同蔑弃，故斩首也称"弃市"。［35］党与：同党之人。［36］阴元：晋人，凉州刺史张寔的属将，时为左司马。［37］骏：即张骏，字公庭，凉昭王张寔之子，前凉第四位君主，公元324年至公元346年在位。传见《晋书》卷八十六。［38］西平公：封地西平郡的公侯。西平，郡名，郡治西都，在今青海西宁市。［39］抚军将军：三国时曹魏始建的将军名号，掌军事。

丙辰[1]，赵将解虎及长水校尉尹车谋反[2]，与巴酋句徐、厍彭[3]等相结。事觉，虎、车皆伏诛。赵主曜囚徐、彭等五十余人于阿房[4]，将杀之，光禄大夫游子远谏曰[5]："圣王用刑，惟诛元恶[6]而已，不宜多杀。"争之，叩头流血。曜怒，以为助逆而囚之，尽杀徐、彭等，尸诸市[7]十日，乃投于水。于是，巴众尽反，推巴酋句渠知[8]为主，自称大秦，改元曰"平赵"。四山氐、羌、巴、羯[9]应之者三十余万，关中大乱，城门昼闭。子远又从狱中上表谏争，曜手毁其表曰："大荔奴[10]，不忧命在须臾[11]，犹敢如此，嫌死晚邪！"叱[12]左右速杀之。中山王雅、郭汜、朱纪[13]、呼延晏[14]等谏曰："子远幽囚，祸在不测，犹不忘谏争，忠之至也。陛下纵不能用，奈何杀之！若子远朝[15]诛，臣等亦当夕死，以彰[16]陛下之过。天下将皆舍陛下而去，陛下谁与居乎！"曜意解[17]，乃赦之。

曜敕内外戒严，将自讨渠知。子远又谏曰："陛下诚能用臣策，一月可定，大驾不必亲征也。"曜曰："卿试言之。"子远曰："彼非有大志，欲图非望[18]也，直[19]畏陛下威刑，欲逃死[20]耳。陛下莫若廓然[21]大赦，与之更始[22]，应前日坐虎、车等事[23]，其家老弱没入奚官[24]者，皆纵遣[25]之，使之自相招引[26]，听其复业。彼既得生路，何为不降！若其中自知罪重，屯结不散[27]者，愿假臣[28]弱兵五千，必为陛下枭之[29]。不然，今反者弥山被谷[30]，虽以天威临之[31]，恐非岁月[32]可除也。"曜大悦，即日大赦，以子远为车骑大将军、开府仪同三司、都督雍·秦征讨诸军事。

子远屯于雍城[33]，降者十余万。移军安定[34]，反者皆降。惟句氏宗党五千余家保于阴密[35]，进攻，灭之，遂引兵巡陇右[36]。先是氐、羌十余万落[37]，据险不服，其酋虚除权渠[38]自号秦王。子远进造其壁[39]，权渠出兵拒之，五战皆败。权渠欲降，其子伊余[40]大言于众曰："往者刘曜自来，犹无若我何[41]，况此偏师[42]，何谓降也[43]！"帅劲卒五万，晨压子远垒门[44]。诸将欲击之，子远曰："伊余勇悍[45]，当今无敌，所将之兵，复精于我，又其父新败，怒气方盛，其锋不可当也，不如缓之，使气竭而后击之。"乃坚壁[46]不战。伊余有骄色，子远伺其无备[47]，夜，勒兵蓐食[48]，旦，值大风尘昏[49]，子远悉众出掩之[50]，生擒伊余，尽俘其众。权渠大惧，被发、剺面[51]请降。子远启曜[52]，以权渠为征西将军、西戎公[53]，分徙伊余兄弟及其部落二十余万口于长安。曜以子远为大司徒、录尚书事[54]。

曜立太学，选民之神志可教者[55]千五百人，择儒臣以教之。作酆明观[56]及西宫，起陵霄台于滈池[57]，又于霸陵西南营寿陵[58]。侍中乔豫、和苞上疏谏[59]，以为："卫文公[60]承乱亡之后，节用爱民，营建宫室，得其时制[61]，故能兴康叔之业[62]，延九百之祚[63]。前奉诏书营酆明观，市道细民咸讥其奢[64]，曰：'以一观之功[65]，足以平凉州[66]矣！'今又欲拟阿房[67]而建西宫，法琼台[68]而起陵霄，其为劳费，亿万酆明[69]。若以资军旅[70]，乃可兼吴、蜀[71]而壹齐、魏[72]矣！又闻营建寿陵，周围四里，深三十五丈，以铜为椁[73]，饰以黄金，功费若此，殆[74]非国内所能办也。秦始皇下锢三泉[75]，土未干而发毁[76]。自古无不亡之国，不掘之墓，故圣王之俭葬，乃深远之虑也。陛下奈何于中兴[77]之日，而踵亡国之事[78]乎！"曜下诏曰："二侍中恳恳有古人之风[79]，可谓社稷之臣矣。其悉罢宫室诸役，寿陵制度，一遵霸陵之法[80]。封豫安昌子、苞平舆子，并领谏议大夫[81]，仍[82]布告天下，使知区区之朝[83]，欲闻其过[84]也。"又省酆水囿[85]以与贫民。

（以上为第八段，写汉赵主刘曜要滥杀反叛分子，光禄大夫游子远直言谏争，后出谋献计，平定叛乱；刘曜欲大兴劳作，建台观，起寿陵，被侍中乔豫、和苞谏止。）

【注释】

[1]丙辰：六月二十三日。 [2]解虎：时为赵国将领。曾与尹车一起暗中联络巴酋句徐、厍彭等企图反叛刘曜，事觉，被杀。长水校尉：汉武帝设置的八校尉之一，掌屯于长水与宣曲的骑兵。长水，关中河名。尹车：汉赵刘曜时，为长水校尉。 [3]巴酋：巴人部落的头领。巴，当时少数民族名，主要活动在今川东、鄂西一带。句（gōu）徐、厍（shè）彭：均为巴族的豪帅名。厍，姓。 [4]阿房：地名，指秦时的阿房宫旧址，亦称阿城，在今陕西西安西郊阿房村、太古村一带。[5]光禄大夫：官名，掌顾问应对。游子远：冯翊大荔（今陕西大荔县）人，汉赵大臣。拜光禄大夫，劝阻赵主刘曜杀害巴氏首领，触怒刘曜而被囚禁。关中氐羌大举起义后，建议宣布大赦，分化起义部众，被任为车骑大将军、都督雍秦征讨诸军事，平定氐羌叛乱，稳定了汉赵在关中的统治。官至大司徒、录尚书事。 [6]元恶：首恶。元，为首的。 [7]尸诸市：把他们的尸体摆列在市场上。尸，暴尸示众。 [8]句（gōu）渠知：巴族豪族，被推为起义首领。 [9]四山：多处山头，代指各地。羯（jié）：少数民族名，五胡之一，曾附属匈奴。魏晋时散居上党（今山西长治市潞城区附近各县），与汉人杂处，从事农牧业，信奉"胡天"。 [10]大荔奴：骂人语。大荔是古代西戎族的一支，居住在今陕西大荔县一带。游子远为大荔人，故刘曜骂他大荔奴。 [11]命在须臾：犹言命在旦夕，死到临头。须臾，顷刻。 [12]叱（chì）：大声呵斥。 [13]中山：指战国时中山国之地，都城在卢奴县，在今河北定州市。王雅、郭汜（sì）：汉赵官员，汉赵主刘曜属下。朱纪：匈奴人刘渊的部属，刘渊称王后，被封为太常。 [14]呼延晏：汉赵大将。率军灭

晋，俘获晋怀帝司马炽、晋愍帝司马邺。现为太保。［15］朝（zhāo）：早上。［16］彰：显扬，暴露。［17］意解：怒气消失。［18］非望：非常人所望，指谋夺帝位。［19］直：只不过，仅仅。［20］逃死：求得一条活路。［21］廓（kuò）然：空旷的样子，这里指豁然大度，不计前嫌。［22］与之更始：允许他们重新开始，指给他们一个改过自新、重新做人的机会。［23］坐虎、车等事：因受解虎、尹车等人的牵连。坐，受牵连而获罪。［24］没入奚官：意即被收进官府为奴隶。奚（xī）官，官署名，管理罪犯家属被罚没为奴隶、充当苦役者。［25］纵遣：释放。［26］自相招引：各自去召唤他们的子弟回乡。［27］屯结不散：集结不散，继续对抗。［28］愿假臣：请你授权给我。假，给予的谦称，此指授权、委托讨伐句渠知。［29］枭（xiāo）之：杀其人头悬于高竿示众。［30］弥山被谷：漫山遍野。弥，满。被，覆盖。［31］虽以天威临之：即使您御驾亲征。天威，敬称刘曜的威严。［32］岁月：犹言"一年半载"。［33］雍城：地名，雍县的县治所在地，在今陕西宝鸡市凤翔区南。［34］安定：郡名，郡治在今甘肃泾川县北。［35］阴密：县名，县治在今甘肃灵台县西。［36］巡：带兵巡行。陇右：地区名，以陇山为标志，指称其西至黄河以东的广大地域，包括今天水市、平凉市、定西市、兰州市。［37］十余万落：十多万户。［38］酋：部落的首领。虚除权渠：人名，氐、羌族部落首领，姓虚除，名权渠。［39］进造其壁：一直前进到他的营垒前面。壁，营房周围的防御工事。［40］伊余：人名，氐、羌族部落首领虚除权渠之子。［41］无若我何：对我无可奈何。［42］偏师：指全军的一部分，有别于主力大军。［43］何谓降也：怎么能投降呢？何谓，何为，为何。［44］压：迫近。垒门：犹上所谓壁门，营寨之门。［45］勇悍：勇猛，强悍。［46］坚壁：坚守营寨。［47］伺其无备：选择了一个对方没有防备的机会。伺，侦察，窥测。［48］勒兵：集合军队。蓐（rù）食：让士兵吃好。［49］尘昏：尘积昏暗。［50］悉众出掩之：全军出动，对其发动突然袭击。悉，全部。掩，突然袭击。［51］被发：散发以示请罪。被，通"披"。剺面：用刀划面表示认罪。剺（lí），用刀划，割。［52］启曜（yào）：禀明汉赵主刘曜。启，启奏，向皇上禀明其事。［53］西戎公：西戎部族的最高君长。公，爵位，比"王"低一等，比"侯"高一等。［54］录尚书事：初置时称"领尚书事"，管理尚书台事务。录，总领，总管。［55］神志可教者：指资质聪颖，可以栽培的人。［56］酆明观：台观名。酆（fēng），同"丰"。［57］陵霄台：台观名。滈池：地名，在今陕西西安市西南昆明池北。滈（hào），亦作"镐"。［58］霸陵：陵墓名，汉文帝刘恒的陵墓，因在霸水西岸，以为陵号，在今陕西西安市东北。营寿陵：为自己预建陵墓。寿陵，生人之墓。［59］乔豫：汉赵官员，为侍中，封安昌子，与弟弟乔苞并领谏议大夫。和苞：汉赵史官，为侍中，封平舆子，撰有《汉赵记》十卷。［60］卫文公：即卫辟疆，为春秋卫国第二十任国君（前659—前635）。即位后，节用爱民，减轻赋税，慎用刑罚，发展军事势力，使卫国一度得到稳定。传见《史记》卷三十七。［61］得其时制：适合一定的时机，合乎一定的规格。［62］故能兴康叔之业：意即使卫国又能兴旺起来。康叔，即姬封，周文王姬昌第九子，周成王之叔，故称卫康叔。封于卫，为卫国第一代国君。［63］延九百之祚：使卫国政权延续了九百余年。延，延续，享有。祚（zuò），福，这里指国运。［64］市道细民：街市、道路上的平民百姓。细民，小民，平民。咸讥其奢：都批评刘曜过于奢侈。咸，皆，都。［65］以一观之功：凭修这个台子所花费的人力物力。［66］足以平凉州：足以讨平凉州的张氏政权。平，讨平，平定。［67］拟阿（ē）房：模拟秦始皇修阿房宫。［68］法琼台：效法夏桀祭修琼台。法，模仿，效法。琼台，夏桀建造的台观。［69］亿万酆明：劳力和花费是建造酆明观的亿万倍。［70］资军旅：用于军事行动。资，助，用于。［71］兼吴、蜀：吞并江东的东晋政权与成都李氏政权。吴，吴地，即江东之地，代指司马睿建立的东晋王朝。蜀，蜀地，代指李雄在蜀地建立的成国政权。［72］壹齐、魏：统一山东的曹嶷与魏地的石勒政权。壹，统一。齐，指齐地，时曹嶷在齐地为青州刺史，割据一方。魏，指魏地，时石勒占据襄国，在赵魏之地建立后赵，此代指后赵政权。［73］椁（guǒ）：套在棺外的外棺。古代棺木有两重，内称棺，外称椁。［74］殆：大概，大约。［75］下锢三泉：指秦始皇陵的地宫之深，挖到三层泉水以下，再用铜汁以灌塞地宫的石缝，以防其渗水。锢，堵塞。［76］土未干而发毁：指始皇陵土未干而被发掘、焚毁。相传刘邦灭秦后，项羽焚秦宫室，有牧儿持火把从一个地洞进入始皇陵寻找亡羊，失火烧毁了始皇陵墓。发毁，发掘，毁灭。［77］中兴：指刘曜平靳准之乱后而重新强大。［78］踵亡国之事：继续那些奢侈亡国的事例。踵，脚后跟，这里是追随、步其后尘的意思。［79］二侍中：指乔豫、和苞。恳恳：诚挚、殷切的样子。［80］遵霸陵之法：按照汉文帝霸陵那种俭朴的样子，即因山为藏，不再起坟，山下川流不断绝，就其水名作为陵号等。［81］“封豫”二句：封乔豫为安昌子、和苞为平舆子，二人均为谏议大夫。安昌县治在今湖北枣阳市南。平舆县治在今河南平舆县北射桥镇古城村。子，爵位名。为公、侯、伯、子、男五等爵的第四等。谏议大夫，职掌议论，拾遗补阙。［82］仍：为“乃”的假借字，于是。［83］区区之朝：形容朝廷极小。区区，小小的，形容微不足道，自谦之词。［84］欲闻其过：愿意让人指出我们的缺点。过，过失，缺误。［85］酆水囿：刘曜在酆水两侧建立的苑囿。酆，同“丰”，河水名，出京兆南山，东北流注于渭。囿（yòu），古代帝王畜养禽兽的园林。

祖逖将韩潜[1]与后赵将桃豹分据陈川故城[2]，豹居西台[3]，潜居东台，豹由南门，潜由东门，出入相守[4]四旬。逖以布囊盛土如米状，使千余人运上台，又使数人担米，息于道。豹兵逐之，弃担而走。豹兵久饥，得米，以为逖士众丰饱，益惧。后赵将刘夜堂以驴千头运粮馈豹[5]，逖使韩潜及别将冯铁邀击于汴水[6]，尽获之。豹宵遁[7]，屯东燕城[8]，逖使潜进屯封丘[9]以逼之。冯铁据二台，逖镇雍丘[10]，数遣兵邀击后赵兵，后赵镇戍[11]归逖者甚多，境土渐蹙[12]。

先是，赵固、上官巳、李矩、郭默[13]，互相攻击，逖驰使[14]和解之，示以祸福[15]，遂皆受逖节度[16]。

秋，七月，诏加逖镇西将军[17]。逖在军，与将士同甘苦，约己务施[18]，劝课[19]农桑，抚纳新附[20]，虽疏贱者皆结[21]以恩礼。河上诸坞[22]，先有任子[23]在后赵者，皆听两属[24]，时遣游军伪抄之[25]，明其未附[26]。坞主皆感恩，后赵有异谋[27]，辄[28]密以告，由是多所克获[29]，自河[30]以南，多叛后赵归于晋。

逖练兵积谷，为取河北之计。后赵王勒患之，乃下幽州为逖修祖、父墓[31]，置守冢二家[32]，因与逖书，求通使及互市[33]。逖不报书[34]，而听[35]其互市，收利十倍。逖牙门童建[36]杀新蔡内史周密[37]，降于后赵，勒斩之，送首于逖曰："叛臣逃吏，吾之深仇，将军之恶，犹吾恶也。"逖深德之，自是后赵人叛归逖者，逖皆不纳，禁诸将不使侵暴后赵之民，边境之间，稍得休息。

八月，辛未[38]，梁州刺史周访卒。访善于抚纳[39]，士众皆为致死[40]。知王敦有不臣之心[41]，私常切齿[42]，敦由是终访之世[43]，未敢为逆。敦遣从事中郎郭舒[44]监襄阳军[45]，帝以湘州刺史甘卓为梁州刺史[46]，督沔北[47]诸军事，镇襄阳。舒既还[48]，帝征为右丞[49]，敦留不遣[50]。

（以上为第九段，写东晋北伐将领祖逖善于分化瓦解敌人，深得人心，使得黄河沿线的士民多背后赵而归附东晋，后赵主石勒深以为忧。王敦有不臣之心，逐渐显露。）

【注释】

[1]韩潜：豫州刺史祖逖的部将。 [2]陈川故城：即蓬陂，亦作"蓬关""蓬池"，在今河南开封市南。陈川，人名，曾为蓬陂坞主，后降石勒。 [3]台：古城四周所筑用以瞭望守卫的土垒。 [4]相守：各方自守，成对峙状态。 [5]刘夜堂：后赵将领。馈豹：供应桃豹。馈，送。[6]冯铁：豫州刺史祖逖的部将，时为别将。邀击于汴水：在汴水对刘夜堂发动截击。邀击，拦截，突然袭击。汴水，古运河名，在河南荥阳市北由黄河分出，东南流经今开封市南、商丘市北，复东南流经今安徽砀山县、萧县北，至江苏徐州市合泗水入淮河。上游又称鸿沟、蒗荡渠，中下游又称汲水、获水。 [7]宵遁：乘夜逃跑。 [8]东燕城：西汉南燕县的故城，在今河南延津县东。[9]封丘：县治在今河南封丘县。 [10]雍丘：县名，县治在今河南杞县。 [11]镇戍：城镇和

戍守的城堡、营垒。［12］渐蹙：越来越少。蹙，收缩，减缩。［13］赵固、上官巳、李矩、郭默：四人都是活动在豫州一带的晋军将领，依附汉国，由于派系不同，互相攻伐。祖逖北伐，均接受祖逖节制，成为北伐的敌后力量。［14］驰使：急速地派出使者。［15］示以祸福：告诉他们怎样做对国家与个人有利还是不利。［16］受逖节度：接受祖逖的统领、指挥。［17］镇西将军：主管西部地区的镇守、征伐事务的将军。［18］约己务施：严于律己，施恩于人。务，致力，从事。施，施恩，加惠。［19］劝课：鼓励，督责。［20］抚纳新附：安抚招纳从石勒占领区逃跑过来的军民。［21］疏贱者：关系疏远、地位低下的人。结，结识，示好。［22］河上诸坞：黄河沿岸的各个坞堡。坞，防卫用的小堡。［23］任子：人质，以亲属为其人质以获取安定。［24］皆听两属：都任凭他们接受两方面政权的管辖。［25］游军：负责巡逻的小部队。伪抄之：假装对他们进行掠夺。［26］明其未附：让石勒一方看起来这些堡坞像是没有归顺晋王朝。［27］有异谋：有向晋王朝进攻的阴谋。［28］辄（zhé）：就，总是。［29］多所克获：多有胜利，多有收获。［30］河：黄河。［31］下幽州为逖修祖、父墓：下令幽州的地方长官为祖逖的祖父、父亲修整坟墓。祖逖是范阳人，其祖父、父亲的坟墓都在范阳。范阳隶属幽州，即现在的河北涿州市。［32］置守冢二家：安排两户人专门为祖逖的祖父、父亲守墓。守墓的人家不再向官府缴粮纳税，而是把粮税代金，作为扫墓祭祀之用。［33］互市：相互通商，是古代的一种交易方式，一般盛行于边境地区。［34］不报书：不回信。报，回复，答复。［35］听：听任，放任，不加约束。［36］牙门：即牙门将，偏将，副将。童建：东晋人，祖逖的部将，时为牙门将。［37］新蔡：晋郡名，郡治在今河南新蔡县。内史：郡守的副官，负责民政等项事务。周密：东晋官员，时为新蔡内史。［38］辛未：八月朔癸巳，无辛未日，此处疑有讹误。［39］抚纳：安抚，接纳。“纳”字原无，据章校补。［40］致死：犹言豁出命来，效死、卖命。［41］不臣之心：指图谋篡逆的野心。［42］切齿：咬紧牙根，表示极端愤恨。［43］终访之世：犹言“周访在世的时候”。［44］从事中郎：晋时为将帅的幕僚。郭舒：东晋官员，时为从事中郎，是王敦的亲信。［45］监襄阳军：监督周访所统领的军队。周访任梁州刺史，梁州在成国统辖之下，故驻屯襄阳。襄阳，县名，在今湖北襄阳市。［46］湘州：晋州名，州治在今湖南长沙市。甘卓：字季思，丹阳（今安徽当涂县）人，孙吴将领甘宁的曾孙，东晋将领，官至镇南大将军，在平息叛乱中多有战功。后被王敦杀害。传见《晋书》卷七十。［47］沔北：汉水以北地区。沔，沔水，今之汉水，源出陕西宁强县北嶓冢山，东流经汉中市、安康市、襄阳市，至武汉市注入长江。［48］舒既还：周访一死，王敦反心即现，派郭舒为监军，控制周访的襄阳军。正逢晋元帝司马睿派甘卓代周访为梁州刺史，故郭舒又返回王敦处。［49］征为右丞：召他到朝廷任尚书右丞之职。征，征召，起用。右丞，即尚书右丞，为尚书令及仆射的属官。［50］敦留不遣：王敦把死党留在自己身边，以备大用。

后赵王勒遣中山公虎帅步骑四万击徐龛，龛送妻子为质，乞降，勒许之。蔡豹屯卞城[1]，石虎将击之，豹退守下邳[2]，为徐龛所败。虎引兵城封丘而旋[3]，徙士族[4]三百家置襄国崇仁里[5]，置公族大夫以领[6]之。

后赵王勒用法甚严，讳"胡"尤峻[7]，宫殿既成，初有门户之禁[8]。有醉胡乘马，突入止车门[9]。勒大怒，责宫门小执法冯翥[10]。翥惶惧[11]忘讳，对曰："向[12]有醉胡，乘马驰入，甚呵御之[13]，而不可与语[14]。"勒笑曰："胡人正自难与言。"恕而不罪。

勒使张宾领选[15]，初定五品[16]，后更定九品[17]。命公卿及州郡岁举秀才、至孝、廉清、贤良、直言、武勇[18]之士各一人。

西平公张茂立兄子骏为世子[19]。

蔡豹既败，将诣建康归罪[20]，北中郎将王舒止之[21]。帝闻豹退，遣使收[22]之。舒夜以兵围豹，豹以为他寇，帅麾下击之[23]，闻有诏，乃止。舒执豹送建康，冬，十月，丙辰[24]，斩之。

王敦杀武陵内史向硕[25]。

帝之始镇江东也，敦与从弟导同心翼戴[26]，帝亦推心任之[27]，敦总征讨[28]，导专机政[29]，群从子弟布列显要[30]，时人为之语曰："王与马[31]，共天下[32]。"后敦自恃有功，且宗族强盛，稍益骄恣[33]，帝畏而恶之[34]，乃引刘隗[35]、刁协等以为腹心，稍抑损[36]王氏之权，导亦渐见疏外[37]。中书郎孔愉陈导忠贤[38]，有佐命之勋[39]，宜加委任，帝出愉为司徒左长史[40]。导能任真推分[41]，澹如[42]也，有识皆称其善处兴废[43]。而敦益怀不平[44]，遂构嫌隙[45]。

初，敦辟[46]吴兴沈充为参军[47]，充荐同郡钱凤[48]于敦，敦以为铠曹参军[49]。二人皆巧谄凶狡[50]，知敦有异志，阴赞成之[51]，为之画策[52]。敦宠信之，势倾内外。敦上疏为导讼屈[53]，辞语怨望[54]。导封以还敦[55]，敦复遣奏之。左将军谯王承[56]，忠厚有志行[57]，帝亲信之。夜，召承，以敦疏示之，曰："王敦以顷年[58]之功，位任[59]足矣，而所求不已，言至于此，将若之何？"承曰："陛下不早裁[60]之，以至今日，敦必为患。"

刘隗为帝谋，出心腹以镇方面[61]。会敦表以宣城内史沈充代甘卓为湘州刺史[62]，帝谓承曰："王敦奸逆已著，朕为惠皇，其势不远[63]。湘州据上流[64]之势，控三州之会[65]，欲以叔父[66]居之，何如？"承曰："臣奉承诏命，惟力是视[67]，何敢有辞！然湘州经蜀寇之余[68]，民物凋弊[69]，若得之部[70]，比及三年[71]，乃可即戎[72]。苟未及此，虽复灰身[73]，亦无益也。"

十二月，诏曰："晋室开基[74]，方镇之任[75]，亲贤并用[76]，其以谯王承为湘州刺史。"长沙邓骞[77]闻之，叹曰："湘州之祸，其在斯乎！"承行至武昌[78]，敦与之宴，谓承曰："大王雅素佳士[79]，恐非将帅才也。"承曰："公未见知[80]耳，铅刀岂无一割之用[81]！"敦谓钱凤曰："彼不知惧而学壮语，足知其不武，无能为也。"乃听之镇[82]。时湘土荒残[83]，公私困弊[84]，承躬自[85]俭约，倾心绥抚[86]，甚有能名。

高句丽寇辽东[87]，慕容仁[88]与战，大破之，自是不敢犯仁境。

（以上为第十段，写晋元帝司马睿与权臣王导、王敦渐生裂痕，王导能忍，而王敦颇多怨，司马睿深感忧虑，积极防范，派遣谯王司马承出镇湘州，以抑制王敦。）

【注释】

[1]卞城：卞县县城，在今山东泗水县东南。 [2]下邳（pī）：诸侯国名，都城在今江苏睢宁县西北古邳镇东。 [3]城封丘：在封丘筑城。封丘，县名，在今河南封丘县。旋：返回，归来。[4]徙士族：强制豪门大族向石勒的辖区搬迁。 [5]襄国崇仁里：石勒在襄国修建崇仁里，以安置撤迁来的衣冠之族。襄国，石勒都城，在今河北邢台市。 [6]领：统率，管理。 [7]讳"胡"尤峻：特别忌讳人们说"胡"字。峻，严刻，严厉。 [8]门户之禁：出入宫廷的禁令。 [9]止车门：石勒的宫门名，官员人等至此须下车马步行。 [10]责：诘问，斥问。冯翥（zhù）：后赵人，后赵襄国都城的执法官员。 [11]惶惧：惊惶，恐惧。 [12]向：刚才。 [13]甚呵御之：我大声地吆喝他停止。御，制止。 [14]不可与语：无法与他交流，彼此听不懂对方的话。 [15]领选：主管选举工作。领，管理。 [16]五品：指把人分五等进行品评，是石勒初定选举制时的一种临时措施。 [17]九品：指把人分九等（即上上、上中、上下、中上、中中、中下、下上、下中、下下）进行品评。三国曹魏始立九品之制，各郡县均设中正官以评定人才高下。两晋南北朝沿袭此制。 [18]秀才、至孝、廉清、贤良、直言、武勇：均为公卿、州郡察举人才的不同科目，儒家学术和伦理道德标准是察举的基本准则。 [19]世子：诸侯王嗣子之称号，是诸侯王的法定继承人。 [20]诣：往，到。归罪：犹言"请罪"，请求处分。归，自首。 [21]北中郎将：主管北方军事事务，多有较固定的辖区和治所。王舒：字处明，丞相王导从弟，时任北中郎将，监青、徐二

州军事。传见《晋书》卷七十六。［22］收：拘捕，关押。［23］帅：通“率”，率领。麾（huī）下：部下，属下。［24］丙辰：十月二十五日。［25］武陵内史：武陵郡的内史官。武陵，郡名，郡治临沅，在今湖南常德市。向硕：东晋官员，时为武陵内史，被王敦杀害。［26］翼戴：辅佐，拥戴。［27］推心任之：推心置腹地加以委任，言听计从。［28］敦总征讨：王敦总管征讨方面的事务。胡三省注曰：“怀帝永嘉五年，帝以敦刺扬州，加都督征讨诸军事，其讨华轶、杜弢、王机、杜曾，皆其功也。”总，全面负责。［29］导专机政：王导全面管理政务。胡三省注曰：“尚书，万机之本，导录尚书事，是专机政也。”专，总揽。机政，机要，政务。［30］群从子弟：指王氏家族的诸多子弟。群从，王敦、王导的各个堂兄弟。布列显要：遍布于各个显要部门。［31］王与马：指王氏与司马氏。［32］共天下：一同治理天下。共，共有，共同。［33］骄恣：骄纵，放肆。［34］畏：畏惧，担心。恶（wù）：厌恶，讨厌。［35］刘隗（wěi）：字大连，彭城（今江苏徐州市）人，东晋大臣。官至镇北将军，镇守淮阴。后抵御王敦叛乱失败，投靠后赵，封太子太傅。传见《晋书》卷六十九。［36］抑损：抑制，限制。［37］疏外：疏远，见外。［38］孔愉：字敬康，会稽山阴（今浙江绍兴市）人，东晋名臣，能持古人之节。传见《晋书》卷七十八。陈：上书陈述，慷慨陈词。［39］佐命之勋：辅佐司马睿建立东晋王朝的功勋。命，指承受天命而为帝。［40］司徒左长史：司徒属官，掌礼仪教化。［41］任真推分：听任自然，守分自安。推，辞让。分，职务，名分。［42］澹（dàn）如：恬静、安然的样子。［43］有识：有识之士。善处兴废：在自己受提拔重用或被疏远废斥的时刻，都能恰当对待，宠辱不惊。处，对付，对待。兴废，指天下大乱、政权更迭的时代，也指个人被宠任与贬退的时候。［44］益怀不平：内心越来越不满、不愉快。［45］遂构嫌隙：于是，便和司马睿产生矛盾，结下怨仇。构，形成。嫌隙，因猜疑、不满而产生的隔阂、仇怨。［46］辟：聘任。［47］吴兴：郡名，郡治乌程，在今浙江湖州市。沈充：字士居，吴兴武康（今浙江德清县）人，王敦党羽，后参与王敦阴谋篡位之事，被杀。传见《晋书》卷九十八。参军：官名。又名“参军事”，晋以后军府和王国皆设此职，位任颇重。［48］钱凤：字世仪，东晋初年王敦的部下，担任铠曹参军，曾多次怂恿王敦反对东晋政权。王敦在武昌起兵，钱凤建议绕过晋军主力，直取建康。石头城守将周札不愿为朝廷卖力，当即投降，王敦顺利进入建康。后被杀。［49］铠曹参军：王公府及军府的佐吏，主管军中铠甲。［50］巧谄：巧语，谄媚。凶狡：凶暴，狡猾。［51］阴赞成之：暗中予以赞助、支持。［52］画策：谋划，制定计划、策略。［53］讼屈：申诉冤屈。讼，申诉，争辩是非曲直。［54］辞语怨望：给司马睿的上书中表现出怨恨不满的情绪。［55］封以还敦：密封起来退给王敦。时王导录尚书事，大臣上疏，先经王导之手，故可以中途扣下，封以退回。［56］左将军：将军名号，位次于车骑将军，主征讨。谯（qiáo）王丞（zhěng）：即谯王司马丞，字敬才，为司马懿六弟司马进之孙，谯王司马逊次子。继父位为谯王。辈分为元帝司马睿之叔，任为湘州刺史，居王敦上流以分其势。在王敦之乱中因起兵讨伐而被围困于湘州治所长沙（今湖南长沙市），最终长沙失陷，司马丞被捕，不久被杀。王敦之乱平后，被赠为车骑将军。［57］志行：志气，操守。［58］顷年：近年。顷，刚才，近来。［59］位任：职位和权力。［60］裁：压抑，节制。［61］出心腹以镇方面：派心腹大臣到各州各军镇任刺史、督军。方面，犹言“四方”“四面”，代指大区域的军政大权。［62］宣城：郡名，郡治宛陵，在今安徽宣城市宣州区。湘州：晋州名，西晋永嘉元年分荆、广二州而置，治所临湘县，在今湖南长沙市。［63］朕为惠皇，其势不远：我成为第二个晋惠帝的局势已经不远了，指皇帝受制于权臣。惠皇，指晋惠帝司马衷。［64］据上流：指相对南京而言，长沙在长江上游。［65］控三州之会：控制着荆州、交州、广州三州的交接点。会，交汇，汇合。［66］叔父：司马睿以称司马承。［67］惟力是视：不惜余力，尽力而为。［68］经蜀寇之余：指刚被杜弢严重地祸害过。杜弢原是巴蜀地区的地方官，后被变民拥为首领，率部周游于今四川、湖北、湖南一带地区，历经许多曲折才被陶侃、王敦等平定。事见《晋书》卷一百。蜀寇，谓杜弢之乱。［69］凋弊：衰败，残破。弊，通“敝”，破败。［70］之部：前往长沙军府。［71］比及三年：意即必须有三年的时间。［72］即戎：组建成军队。即，从，就。［73］灰身：犹言粉身碎骨。灰，碎裂。［74］晋室开基：晋王朝建国以来的惯例。开基，开创基业。［75］方镇之任：各地区军政大员的任用。方镇，指掌握一方大权的最高军政长官。［76］亲贤并用：既用司马氏皇室的兄弟子侄，也任用其他姓氏的贤才。这里的意思是不能让王氏家族通通把持各地区的军镇，也应该派一些姓司马的人前去担当。［77］邓骞（qiān）：字长真，长沙人。任湘州主簿。王敦起兵谋反，邓骞受刺史司马承之命往说梁州刺史甘卓乘虚袭武昌。经反复劝说，甘卓起兵，但因丧失战机为王敦所杀。［78］武昌：晋郡名，郡治武昌县，在今湖北鄂州市。时为王敦驻镇之地。［79］大王：称呼司马承，虽为敬称，但含有讥讽的意思。雅素佳士：一向是个风流倜傥的人。雅素，平素，平常。［80］公未见知：那是您还不了解我。见知，了解，知道。［81］铅刀岂无一割之用：指才能虽薄弱如铅刀，但尽其所能，未尝不可一用。《后汉书·班超传》有所谓：“昔魏绛列国大夫，尚能和辑诸戎，况臣奉大汉之威，而无铅刀一割之用乎？”此化用其意。铅刀，铅制的刀。铅质软，作刀不锐，故比喻无用的人和物。此为司马承的自谦之辞。［82］听之镇：任凭他前往长沙上任。听，听任，不加阻挡。之，到，往。［83］荒残：荒凉，残破。［84］困弊：困顿，疲惫。弊，通“敝”，凋敝。［85］躬自：亲自，亲身。［86］绥（suí）抚：安定，抚慰。［87］高句（gōu）丽：古国名，公元前一世纪至七世纪在今中国东北地区和朝鲜半岛存在的一个政权。辽东：晋朝郡国名，郡治襄平，在今辽宁辽阳市。［88］慕容仁：鲜卑首领慕容廆庶子，颇有勇略。时为征虏将军，镇守辽东。

四年（辛巳，321年）

春，二月，徐龛复请降。

张茂筑灵钧台，基高九仞[1]。武陵阎曾[2]夜叩府门，呼曰：“武公[3]遣我来，言‘何故劳民筑台！’”有司[4]以为妖，请杀之。茂曰：

“吾信劳民[5]。曾称先君之命以规我[6]，何谓妖乎！”乃为之罢役。

三月，癸亥[7]，日中有黑子[8]。著作佐郎河东郭璞[9]以帝用刑过差[10]，上疏，以为：“阴阳错缪[11]，皆繁刑所致。赦不欲数[12]，然子产[13]知铸刑书[14]非政之善[15]，不得不作者，须以救弊[16]故也。今之宜赦[17]，理[18]亦如之。”

后赵中山公虎攻幽州刺史段匹磾于厌次[19]，孔苌攻其统内诸城[20]，悉[21]拔之。段文鸯言于匹磾曰：“我以勇闻，故为民所倚望[22]。今视民被掠而不救，是怯也。民失所望，谁复为我致死！”遂帅壮士数十骑出战，杀后赵兵甚众。马乏，伏不能起。虎呼之曰：“兄与我俱夷狄[23]，久欲与兄同为一家。今天不违愿，于此得相见，何为复战！请释仗[24]。”文鸯骂曰：“汝为寇贼，当死日久[25]，吾兄不用吾策，故令汝得至此。我宁斗死，不为汝屈！”遂下马苦战，槊[26]折，执刀，战不已，自辰至申[27]。后赵兵四面解马罗披自鄣[28]，前执文鸯。文鸯力竭被执，城内夺气[29]。

匹磾欲单骑归朝[30]，邵续之弟乐安内史洎勒兵不听[31]。洎复欲执台使王英送于虎[32]。匹磾正色[33]责之曰：“卿不能遵兄之志[34]，逼吾不得归朝，亦已甚矣，复欲执天子使者，我虽夷狄，所未闻也！”洎与兄子缉、竺[35]等舆榇[36]出降。匹磾见虎曰：“我受晋恩，志在灭汝，不幸至此，不能为汝敬[37]也。”后赵王勒及虎素[38]与匹磾结为兄弟，虎即起拜之。勒以匹磾为冠军将军[39]，文鸯为左中郎将[40]，散诸流民[41]三万余户，复其本业，置守宰[42]以抚之。于是，幽、冀、并三州皆入于后赵。匹磾不为勒礼，常著朝服，持晋节[43]。久之，与文鸯、邵续皆为后赵所杀。

（以上为第十一段，写鲜卑首领段匹磾与段文鸯被后赵猛将石虎围困，段文鸯率领数十骑勇猛出战，力竭被俘；段匹磾被裹挟而投后赵，仍然心向晋朝，着朝服，持晋节。）

【注释】

[1]仞：古代长度单位。周制八尺、汉制七尺为一仞。 [2]阎曾：西晋武陵（今湖南常德市）

人，避地凉州。时凉州刺史张茂据有陇右，筑灵均台，人苦其役。阎曾夜叩门而谏，张茂为之罢役。［3］武公：张茂之父张轨的谥号。［4］有司：负责该项事务的官吏。［5］信劳民：确实是劳民伤财。信，的确。［6］称先君之命：假托是我先人的命令。称，声称，假托。先君，先人，已故的父亲。规：规劝，劝阻。［7］癸亥：三月四日。［8］黑子：即今天所说的“太阳黑子”，是一种太阳光球层上出现斑点的自然现象。黑子温度比光球低摄氏一千至二千度，和光球相比就成为暗淡的黑斑。黑子有强达几千高斯的磁场，常成群出现。其存在时间平均约一天，但少数大黑子可以存在数月甚至一年以上。［9］著作佐郎：史官名，掌编撰国史。郭璞（pú）：字景纯，河东闻喜（今山西闻喜县）人，晋朝文学家。博学，善辞赋、天文、历算、卜筮。永嘉之乱时，避乱南下，被征为参军，拜著作佐郎，与王隐共撰《晋史》。后为大将军王敦记室参军，因劝阻王敦谋反而被杀。追赠弘农太守。传见《晋书》卷七十二。［10］过差：过度，过分酷苛。［11］阴阳错缪：阴阳错乱。古人讲天人感应，故郭璞认为太阳产生黑子，是元帝用刑过繁，使得自然失序，阴侵阳，象见于天所致。缪，通“谬”，谬误。［12］赦不欲数：大赦不能用得太频繁。赦，指赦过宥罪。数，屡次，多次。［13］子产：春秋时郑国著名良相。传见《史记》卷一百一十九。［14］铸刑书：郑国执政者子产将郑国的法律条文铸在象征诸侯权位的金属鼎上，向全社会公布，史称“铸刑书”，开创了古代公布成文法的先例。刑书，刑法条文。［15］非政之善：不是治理国家的上策。儒家、道家都讲最高的太平境界是不用法律而天下自治，故用法律治好天下，就是低一个层次的治绩了。［16］须以救弊：需要用法律来补救因道德教化无力而产生的弊端和祸乱。须，待，靠。弊，弊病，弊害。［17］今之宜赦：现在国家因用法过苛，故而也应该用“恩德”“感化”来缓和一下。［18］理：道理。［19］厌次：县名，在今山东惠民县东北，当时为段匹磾的驻兵之地。［20］统内诸城：指段匹磾统辖的幽州境内各郡县城镇。［21］悉：尽，全部。［22］倚望：依赖，敬仰。［23］俱夷狄：都是华夏族以外的异族。石虎是羯族，段文鸯是鲜卑族，故如此说。［24］释仗：放下兵器，投降。仗，甲杖，兵器。［25］当死日久：犹言“早就该死”。［26］槊（shuò）：古代兵器，即长矛。［27］自辰至申：从辰时一直打到申时。辰，上午七时至九时。申，下午三时至五时。［28］马罗披：垂于马腹两侧，用以遮挡尘土的设备，又称为“障泥”。自鄣：以遮蔽自己。鄣，通“障”，遮蔽。［29］夺气：丧气，泄气。［30］归朝：归往东晋朝廷。［31］乐安：郡名，郡治高苑，在今山东博兴县西南。内史：郡守副官，主管民政等。洎（jì）：即邵洎，邵续之弟，大难临头，投降了后赵。勒兵：统兵，控制住兵马。［32］台使：东晋朝廷派来的使者。王英：晋人，东晋出使幽州的使者。［33］正色：神色庄重，态度严肃。［34］遵兄之志：邵续在兵败被俘时，曾经对兄弟子侄等人说：“我立志洗雪国难，以此来报答所受到的恩惠，不幸落到这步田地。你们继续努力，就奉段匹磾为主，不要有二心。”故段匹磾用来数落邵洎等人。［35］缉、竺：即邵续之子邵缉、邵竺，在其叔邵洎的裹挟下，都投降了后赵。［36］舆榇：古代帝王向人投降的通用仪式，用车拉着棺材，表示认罪服罪，接受处死。榇（chèn），棺材。［37］不能为汝敬：不可能向你表示恭敬、客气。［38］素：往常，旧时。［39］冠军将军：杂号将军之名。［40］左中郎将：西汉时皇帝的侍卫分置五官、左、右三署，三署各设中郎将，故有左中郎将的名号，位次于将军。东汉以后，统兵将领亦多用中郎将的称号。这里用为加官，以表宠信。［41］散诸流民：将俘获的段匹磾部下的军民释放。散，遣散。［42］置守宰：派遣官吏去管理这些人。守宰，指地方官员。［43］持晋节：手中时常拿着晋朝所赐予的旌节，以表示永远不忘晋朝。节，朝廷赐予使臣以及地方官、方面大员的一种信物。

五月，庚申[1]，诏免中州良民遭难为扬州诸郡僮客者[2]，以备征役。尚书令刁协之谋也，由是众益怨之。

终南山[3]崩。

秋，七月，甲戌[4]，以尚书仆射戴渊为征西将军[5]，都督司、兖、豫、并、雍、冀六州诸军事，司州[6]刺史，镇合肥[7]；丹杨尹刘隗为镇北将军[8]，都督青、徐、幽、平四州诸军事，青州刺史[9]，镇淮阴[10]，皆假节[11]领兵，名为讨胡，实备王敦也。

隗虽在外，而朝廷机事[12]，进退[13]士大夫，帝皆与之密谋。敦遗[14]隗书曰："顷承圣上顾眄足下[15]，今大贼未灭，中原鼎沸[16]，欲与足下及周生[17]之徒，戮力[18]王室，共静[19]海内。若其泰[20]也，则帝祚于是乎隆[21]；若其否[22]也，则天下永无望[23]矣。"隗答曰："'鱼相忘于江湖[24]，人相忘于道术[25]。'竭股肱之力，效之以忠贞[26]，吾之志也。"敦得书，甚怒。

壬午[27]，以骠骑将军王导为侍中、司空、假节、录尚书、领中书监。帝以敦故，并疏忌[28]导。御史中丞周嵩上疏[29]，以为："导忠素竭诚[30]，辅成大业[31]，不宜听孤臣[32]之言，惑疑似之说[33]，放逐旧德[34]，以佞伍贤[35]，亏既往之恩[36]，招将来之患[37]。"帝颇感寤[38]，导由是得全。

八月，常山[39]崩。

豫州刺史祖逖，以戴渊吴士，虽有才望[40]，无弘致远识[41]，且已翦荆棘[42]、收河南[43]地，而渊雍容[44]，一旦来统[45]之，意甚怏怏[46]，又闻王敦与刘、刁构隙[47]，将有内难，知大功不遂[48]，感激[49]发病。九月，壬寅[50]，卒于雍丘[51]。豫州士女[52]若丧父母，谯、梁[53]间皆为立祠。王敦久怀异志，闻逖卒，益无所惮[54]。

冬，十月，壬午[55]，以逖弟约[56]为平西将军、豫州刺史，领逖之众。约无绥御[57]之才，不为士卒所附。

初，范阳李产避乱依逖[58]，见约志趣异常[59]，谓所亲曰："吾以北方鼎沸，故远来就此，冀全宗族[60]。今观约所为，有不可测之志[61]。吾托名姻亲[62]，当早自为计，无事复陷身于不义也[63]，尔曹[64]不可以目前之利而忘长久之策。"乃帅子弟十余人间行[65]归乡里。

（以上为第十二段，写晋元帝司马睿进行重大人事调整，安排亲党进入重镇，防范大将军王敦；豫州刺史祖逖抑郁去世，统一北方大业搁浅，王敦更加肆无忌惮。）

【注释】

[1]庚申：五月二日。 [2]中州：中原，泛指黄河中游地区。良民：指安分守己的善良百姓。僮（tóng）客：奴仆。当时有很多中原地区的百姓逃难到淮河以南、长江以南，因无法生活而沦为淮南、江南当地百姓的奴隶。 [3]终南山：山名，又名"中南山""太乙山"，在今陕西西安市南，为秦岭主峰之一。 [4]甲戌：七月十七日。 [5]尚书仆射：尚书台主管官员。戴渊：字若思，广陵（今江苏扬州市）人，晋朝大臣、名士。王敦之乱时，出任骠骑将军，兵败遇害。传见《晋书》卷六十九。 [6]司州：州治在洛阳，其行政长官即司隶校尉。 [7]镇合肥：军府设在合肥，在今安徽合肥市。 [8]丹杨尹：丹杨郡的最高行政长官。丹杨，郡治建业，在今江苏南京市。镇北将军：杂号将军之名，镇守北部地区，主征伐。 [9]青州：州治临淄，在今山东淄博市临淄区。 [10]镇淮阴：指青州刺史的军府设在淮阴，在今江苏淮安市西南。 [11]假节：授予旌节，持节。 [12]机事：国家机密大事。 [13]进退：升迁与降免。 [14]遗（wèi）：送交。 [15]顷：近来。顾眄：这里的意思是垂青、看重。顾，还视。眄（miǎn），斜视。 [16]鼎沸：鼎中的开水沸腾，以喻时局纷扰动乱。 [17]周生：指周顗，王敦素来畏惧周顗，见面总是争论不休，故举以为言。 [18]戮（lù）力：并力，齐心协力。 [19]静：澄清，安定。 [20]泰：《易》卦名，与否卦相反，为好、顺的意思，这里指通畅，顺利。 [21]帝祚：即帝位，代指国运。隆：兴旺，兴盛。 [22]若其否：如果不顺利，言外之意是如果刘隗等不与王敦合作，故意与王敦等为难、作对。 [23]则天下永无望：意即朝廷政权就要遭到毁灭，这是王敦在威胁刘隗。 [24]鱼相忘于江湖：鱼在江湖之中，就活得自由自在，忘记一切，优哉游哉。 [25]人相忘于道术：人游于大道之中，就可以忘记一切而逍遥自适。以上出自《庄子·大宗师》。刘隗引用这两句话，是警告王敦安分守己，不要非分妄为，并表示不怕他的威胁，对他不予理睬。道术，指道家的无为之道。[26]竭股肱之力，效之以忠贞：意即自己既然是皇帝的左膀右臂，那就一定要为皇帝竭尽全力，献出一片忠心。二句引自《左传》僖公九年，是晋大夫荀息的话。股肱，大腿和胳膊，以喻辅佐君

主的大臣。忠贞，忠诚坚贞，忠心不二。［27］壬午：七月二十五日。［28］疏忌：疏远，猜忌。［29］御史中丞：为御史大夫的次官，具有外督部刺史、内领侍御史、受公卿章奏、纠察百官的职能。周嵩：字仲智，周顗之弟，东晋直臣。时任御史中丞。帝以王敦势盛，渐渐疏忌王导等。周嵩上疏谏，帝感悟，王导等得获全。后被诬害。传见《晋书》卷六十一。［30］忠素：忠心一以贯之。竭诚：竭尽心中诚意。［31］大业：指翼戴晋室，辅佐司马睿成功登上帝位。［32］孤臣：固执己见、言辞偏颇的大臣，指刘隗等。［33］惑疑似之说：被似是而非的说法所迷惑。疑似，犹言"似是而非"。［34］旧德：指德高望重的老臣。［35］以佞伍贤：好坏不分，把佞臣与贤臣排列在一起。佞，奸巧谄谀。伍，古代军队编制单位，五人为伍。这里是列、混同的意思。［36］亏既往之恩：使往日对王导的恩德荡然无存。胡三省注曰："向者亲倚导而今疏忌之，是亏既往之恩也。"亏，损坏。［37］招将来之患：为今后招来祸患。胡三省注曰："导或自疑，外而与敦同，是招将来之患也。"［38］感寤：即感悟，醒悟。寤，通"悟"。［39］常山：本名"恒山"，五岳中的北岳，主峰在今河北曲阳县西北。汉代避文帝刘恒讳，改名常山。［40］才望：才能，名望。［41］弘致：宏大的志趣。远识：高远的见识。［42］翦荆棘：用来比喻诛除胡夷，讨平叛逆。翦，同"剪"，剪除，消灭。［43］河南：指黄河以南地区。［44］雍容：从容闲暇的样子，这里指一点事情也没干，有未经战阵而坐享其成的意思。［45］来统：来取代祖逖的职务。统，统辖。戴渊都督六州诸军事，逖为豫州刺史，正受其节度。［46］怏（yàng）怏：不服气、不满意的样子。［47］刘、刁：刘隗、刁协。构隙：结怨，发生矛盾。［48］大功不遂：扫灭胡羯、平定北方的大业不能实现。遂，成功。［49］感激：感愤，生气而受到刺激。［50］壬寅：九月丁巳朔，无壬寅日，此处记载有误，疑与下文壬午错置。壬午，九月二十六日。［51］雍丘：古城名，在今河南杞县。［52］士女：泛指军民百姓。［53］谯、梁：二郡国名。谯，郡治在今安徽亳州市。梁，郡治在今河南开封市。［54］益无所惮：王敦所忌，周访、祖逖，周访卒而祖逖又死，就没有什么顾忌的了。惮，忌惮，害怕。［55］壬午：十月丙戌朔，无壬午日，疑与上文壬寅错置。壬寅，十月十七日。［56］约：即祖约（？—330），字士少，祖逖胞弟，东晋将领。祖逖死后，继任豫州刺史，为后赵石勒诛杀。传见《晋书》卷一百。［57］绥（suí）御：安抚，统率。［58］范阳：郡治涿州，在今河北涿州市。李产：字子乔，范阳人。与祖逖同郡，往依之。后投奔石勒，再投降慕容俊。［59］志趣异常：兴趣爱好都跟别人不一样。［60］冀全宗族：目的是想借以保全自己的家族。［61］有不可测之志：犹言"居心叵测""心怀异志"。［62］托名姻亲：名义上作为祖氏的亲戚。疑为当初托名与祖氏为姻亲前来投奔。托名，名义上是。姻亲，由婚姻而结成的亲戚关系。［63］无事：不能，不应该。不义：指行不义之事。［64］尔曹：犹言"汝辈""尔等"，以称其族中诸人。［65］帅：通"率"，率领。间行：犹今言"抄小路"。

十一月，皇孙衍[1]生。

后赵王勒悉召武乡耆旧诣襄国[2]，与之共坐欢饮[3]。初，勒微时[4]，与李阳[5]邻居，数争沤麻池[6]相殴[7]，阳由是独不敢来。勒曰："阳，壮士也；沤麻，布衣之恨[8]；孤方兼容天下[9]，岂仇匹夫乎[10]！"遽[11]召与饮，引阳臂[12]曰："孤往日厌卿老拳[13]，卿亦饱孤毒手[14]。"因拜参军、都尉[15]。以武乡比丰、沛[16]，复之三世[17]。

勒以民始复业，资储[18]未丰，于是重制禁酿[19]，郊祀宗庙[20]，皆用醴酒[21]，行之数年，无复酿者。

十二月，以慕容廆为都督幽、平二州、东夷[22]诸军事、车骑将军、平州牧，封辽东公，单于如故，遣谒者即授印绶[23]，听承制置官司守宰[24]。廆于是备置僚属[25]，以裴嶷、游邃为长史[26]，裴开为司马[27]，韩寿为别驾[28]，阳耽为军咨祭酒[29]，崔焘为主簿[30]，黄泓、郑林参军事[31]。廆立子皝为世子[32]。作东横[33]，以平原刘赞为祭酒[34]，使皝与诸生同受业，廆得暇，亦亲临听之。皝雄毅多权略[35]，喜经术[36]，国人称之。廆徙慕容翰镇辽东[37]，慕容仁镇平郭[38]。翰抚安民夷[39]，甚有威惠[40]；仁亦次之。

拓跋猗㐌[41]妻惟氏，忌代王郁律之强[42]，恐不利于其子，乃杀郁律而立其子贺傉[43]，大人[44]死者数十人。郁律之子什翼犍[45]，幼在襁褓[46]，其母王氏匿于袴中[47]，祝[48]之曰："天苟[49]存汝，则勿啼。"久之，不啼，乃得免。惟氏专制国政，遣使聘[50]后赵，后赵人谓之"女国使[51]"。

（以上为第十三段，写后赵主石勒仿效汉高祖刘邦，召集家乡父老宴饮，免其租税，收买人心；鲜卑首领慕容廆被东晋王朝授予平州牧，允许自行配置僚属。）

【注释】

[1]皇孙衍：即司马衍，晋明帝司马绍长子，字世根，东晋第三位皇帝。公元326年至公元342年在位。传见《晋书》卷七。 [2]武乡耆旧：武乡县的年长友好。武乡。县名，县治在今山西榆社县西北社城镇，是石勒的故乡。耆（qí）旧，年老的旧好，人年六十称耆。诣：到，往。[3]共坐欢饮：亦如当年刘邦之称帝后还乡。 [4]微时：未显达的时候。 [5]李阳：石勒少年时候的邻居，犹如汉淮阴侯韩信之屠户，后任参军、都尉。[6]沤麻池：沤麻用的水坑。沤（òu），浸泡。麻秆长到一定程度时，将其砍下浸在水中，过些天后，其表皮便与麻秆脱离，剥取其表皮，加工成制绳用的麻。魏收《地形志》曰："武乡郡三台岭上有李阳墓，有麻池，石勒与李阳争沤麻处

也。”［7］相殴：相互打架。殴，打击，捶击。［8］布衣之恨：平民时的一些小矛盾。意即不值得一提。布衣，平民的服装，代称平民。［9］兼容天下：广泛地容纳普天下的人。［10］岂仇匹夫乎：难道还和一个平民百姓记仇吗？匹夫，古代指平民中的男子，也泛指寻常的个人。［11］遽（jù）：疾，立刻。［12］引阳臂：拉着李阳的胳膊。［13］厌卿老拳：被你老兄的拳头打得不轻。厌，饱，饱受。［14］饱孤毒手：也被我这两手整治得不轻。饱，饱受。毒手，厉害的手掌。［15］参军：即参军事，为军队里的军事参谋。都尉：原为郡尉，辅助太守主管军事，后改为都尉。李阳任参军、都尉，是一种荣誉职务，说明石勒不记前仇。［16］比丰、沛：与当年刘邦给家乡丰沛的待遇相同，即免除其全县人的徭役租税。比，比照，相同。［17］复之三世：给武乡县的全县人免除三辈子的赋税徭役。复，免除赋税徭役。［18］资储：积蓄，贮备。［19］重制禁酿：用最严格的法规禁止造酒。酿，酿造。［20］郊祀：古代于郊外祭祀天地，南郊祭天，北郊祭地。郊谓大祀，祀为群祀。宗庙：供奉历朝历代国王牌位、举行祭祀的地方。［21］醴（lǐ）酒：甜酒，一宿而熟的酒，以示节俭。［22］幽：州名，州治蓟县，在今北京市。平：州名，州治襄平，在今辽宁辽阳市。东夷：指中原以东各部落、各民族。［23］谒者：掌宾赞及奉命出使。即授印绶：将封赐慕容廆的符节印绶都送到棘城，当面赐予。即，就，送到。［24］听承制：允许他用皇帝的名义。置官司守宰：建立自己管辖地区的各部门、各级别的官吏。［25］备置僚属：将各种僚属都任命齐全。备，完备。［26］游邃（suì）：广平人，在晋，尝为昌黎太守。后仕辽东镇军将军慕容廆，为龙骧长史，成为股肱，为慕容廆创定府朝仪法。与游纶、游统、游畼（畅）并称“广平四游”。长史：丞相、大将等权贵属下的诸史之长，位任崇重。［27］裴开：前燕官员，裴嶷的侄子，裴武之子。司马：将军属下的司法官员。［28］韩寿：辽东人，慕容廆的属官。别驾：州刺史的高级属官，因随州牧、刺史出巡时另乘一辆车，故称别驾。［29］阳耽（dān）：右北平无终人，原为晋朝的辽西太守，投奔前燕，为军咨祭酒、辽西太守、东夷校尉。军咨祭酒：为将帅府的首席参谋。［30］崔焘：平州刺史崔毖的侄子，后投奔鲜卑段氏。主簿：总领门下众事，掌管簿书，匡辅拾遗。［31］黄泓（hóng）：字始长，魏郡斥丘（今河北成安县）人，黄沈之子，晋朝大臣。博览经史，尤明礼易。后归附慕容廆，先为谋主，后为参军事，身兼多职。传见《晋书》卷九五。郑林：北海人。胡三省曰：“郑林不受廆车牛粟帛而躬耕于野，廆盖以是取之。”［32］世子：古代诸侯王嗣子之称号，是诸侯王的法定继承人。［33］东横：慕容廆都城里的太学，贵族子弟学校。横，学堂。［34］平原：郡治在今山东平原县南。刘赞：平原人，字彦真，经学博通，为世纯儒。慕容廆自称鲜卑大单于时，欲刑政修明，设立郡县管理流亡的人，重其德学，引为东庠祭酒，使其子慕容皝师事之。祭酒：管理太学的官员，亦称国子祭酒。［35］雄毅：勇武，刚毅。权略：指权谋，随机应变的谋略。［36］经术：犹经学。［37］辽东：慕容廆辖区的郡名，郡治在今辽宁辽阳市。［38］平郭：慕容廆辖区的县名，县治在今辽宁盖州市南。［39］抚安：安抚。民夷：犹民众，用于少数民族地区。［40］威惠：声威和恩泽。［41］拓跋猗（yī）㐌（yǐ）：拓跋沙漠汗长子，鲜卑索头部首领，北魏皇帝先祖。曾授中部大人，率军西征，降服二十多个部落；

交好西晋，接受大单于官职。北魏建立后，追谥为桓皇帝。传见《魏书》卷一。［42］代：诸侯国名，都城盛乐，在今内蒙古和林格尔县北。郁律：即代国国主拓跋郁律，北魏皇帝先祖，为鲜卑索头部首领，击退刘虎侵犯，西取乌孙故地，东并勿吉以西，称雄北方。后被杀害。北魏建立后，追尊平文皇帝，庙号太祖。传见《魏书》卷一。［43］贺傉（nù）：即拓跋贺傉，鲜卑索头部首领，北魏皇帝先祖。北魏建立后，追封“惠皇帝”。传见《魏书》卷一。［44］大人：鲜单、乌桓等族各部落首领称“大人”。［45］什翼犍：即拓跋什翼犍，字郁律旃，代国君主，北魏皇帝先祖，平文帝拓跋郁律次子，烈帝拓跋翳槐之弟。经略高远，为一时雄主，曾拥众数十万。北魏建立后，追谥为昭成皇帝，庙号高祖。传见《魏书》卷一。［46］襁（qiǎng）褓（bǎo）：背负小儿的背带和布兜。［47］匿（nì）：藏匿，隐藏。袴中：袴裆中。［48］祝：祷告。［49］苟：假如。［50］聘：古代国与国之间的友好访问。［51］女国使：女主掌权的国家派来的使者。

【点评】

前赵建国。前赵，原称汉，后改为赵，相对于石勒所建立的赵国而言称前赵。公元304年，匈奴人刘渊回到家乡并州发展，乘机宣布独立，打着汉朝的旗号，自称汉王，继承汉朝正统，后来又称帝，建立了政权，开启了“五胡十六国”时期。14年以后，刘曜当了皇帝。当时的形势发生了极大变化，西晋灭亡，汉国地盘日益扩大，刘曜要名正言顺地建立属于自己民族的国家，就将国号改为“赵”，以冒顿配天，以刘渊配帝祭祀，并将国都迁到长安。

首先，民族大融合，匈奴内迁，为汉国的建立提供了基础条件。汉国的开国者刘渊以及其父刘豹是南匈奴单于的后裔。早在汉献帝时期，南匈奴单于呼厨泉来朝庆贺，被扣留在邺城，魏王曹操借机分匈奴为五部，选汉人为司马加以监督，刘豹为左部帅，居于新兴，即今山西忻州市北。后来刘渊建国，就是以此地为基地。从总体上来看，北方各民族内迁，打破了中原各地原有的平衡，各民族在互相抗衡中也展开合作与融合。后来，各少数民族在中原的势力逐渐强大，大有威胁到西晋安全和稳定的势头，晋朝又采取了将各少数民族予以回迁的政策。很多少数民族已习惯了内地的生活，逐渐强大，希望有话语权，与其任人宰割，不如起而反之，用建立国家的形式捍卫自己的权利。

其次，汉国开国者刘渊具有一定的雄才和较高的人望。刘渊年幼时，可谓文武双全，爱好学习，精通兵法，又善于射箭，其智力、体力均超过常人。魏元帝时期，刘渊在洛阳做人质，受到权臣司马昭的厚待。到了西晋时期，并州人王浑多次向武帝司马炎推荐刘渊，武帝准备让他参与平吴事宜，但遭到大臣的劝谏而作罢。他们总认为刘渊是异族，不可重用，要予以提防。后来，刘渊的父亲去世，刘渊代父为左部帅，晋武帝则以刘渊为匈奴北部都尉。刘渊身在晋营心在汉，又得到晋朝重用；

再后来，刘渊借口到家乡去召集兵马助晋，扯旗造反，称王称帝，在很短的时间里就聚集了数万兵马。

最后，汉国后继之人并无宏大抱负，而是靠武力说话，及时行乐，注定了其国家不得长久。刘渊当了六年的汉国帝王，一命呜呼，而后内部互相倾轧，纷争不断。其长子刘和即位，就与庶弟刘聪发生火并。刘聪杀掉刘和，自立为帝，当了八年皇帝，灭掉西晋，屡攻长安，还算有一点作为。但他骄奢淫逸，贪图享乐，同时设立三个皇后，旷古未闻。而后，太子刘粲即位，沉湎酒色，与其父的四位皇后淫乱，将国政交给外戚靳准。靳准自立为帝，杀掉刘粲；旋即刘曜登位，继掌皇权，改国号为赵，迁国都至长安，与大将军石勒分道扬镳，东土丧失，仅存西境。后人评说是“淫酷屠戮，无复人理，祸亦不旋踵”，“徒知屠掠，毫无英雄气象，不过因晋室无人，遂至横行海内，否则跳梁小丑，亦何能为？”其说当是。

由上可见，汉赵的建立，是时势使然，虽然开国之主略有雄心，但后继者腐化堕落，完全不以国为念，而是为己淫乐，虽有才能却昏庸，虽强悍却失众，国家败亡，是不可避免的事情。果不其然，刘曜政权维持了十年，到公元 329 年，前赵弃都而灭亡。

卷九二　晋纪十四

晋元帝永昌元年至晋明帝太宁元年（322—323 年）

【起玄黓敦牂（壬午，322 年），尽昭阳协洽（癸未，323 年），凡二年】

【大事提要】

本卷记事起公元 322 年，讫公元 323 年，凡二年，当晋元帝（司马睿）永昌元年至晋明帝（司马绍）太宁元年。本卷所载大事，主要是五个方面：其一，王敦举兵反晋。公元 322 年，王敦以清君侧、除刘隗为名，在武昌举兵造反，江南大族沈充在吴兴起兵响应。王敦进至芜湖，晋元帝司马睿大怒，亲率六军征讨。王敦欲联合梁州刺史甘卓东下，共打晋朝，未成，又劝说湘州刺史司马承共反，遭到严词拒绝。其二，王敦攻占石头城。王敦反叛，晋元帝司马睿亲自被甲，督促诸军攻打王敦。王敦亦率军东进，采纳杜弘建议，攻入石头城。晋元帝兵败，封王敦为丞相。王敦成为晋朝实际主宰者，呼风唤雨，为所欲为，杀掉忠臣周顗、戴渊以及湘州刺史司马承，重用亲信死党。其三，司马绍继承皇位。王敦反叛成功，晋元帝司马睿名为天子，号令却不出宫门，渐渐忧愤成病，卧床不起，于公元 323 年去世，终年 47 岁。太子司马绍即位，改元太宁，是为明帝。王敦图谋篡位，暗示要朝廷征召自己入朝，司马绍顺之，亲写诏令，征召王敦入朝。其四，刘曜消灭陈安。陈安自称凉王。公元 323 年，前赵主刘曜亲率大军围攻陈安所占据的陇城。陈安率领精兵突围，出奔陕中，刘曜派将领追击，陈安弃马逃匿山中，被赵兵俘杀。随后陇城、上邽等地均投降。刘曜将秦州大姓迁到长安，氐人、羌人皆送质归降。其五，杨难敌投降成汉而又反悔。氐族首领杨难敌于公元 322 年向前赵主刘曜称藩，后刘曜攻灭陈安，杨难敌十分惊惧，南奔汉中，向成汉请降。成汉安北将军李遂将其派往武都。前赵军撤退，杨难敌于武都据险自守，不再听命成汉。成汉发兵进攻，却被打败。

中宗元皇帝下

永昌元年（壬午，322 年）

春，正月，郭璞复上疏[1]，请因皇孙生[2]，下赦令，帝从之。乙卯[3]，大赦，改元[4]。

王敦以璞为记室参军[5]。璞善卜筮[6]，知敦必为乱，已预其祸，甚忧之。大将军掾颍川陈述卒[7]，璞哭之极哀，曰："嗣祖，焉知非福[8]也！"

敦既与朝廷乖离[9]，乃羁录朝士有时望者置己幕府[10]。以羊曼[11]及陈国谢鲲[12]为长史。曼，祜之兄孙也。曼、鲲终日酣醉，故敦不委以事。敦将作乱，谓鲲曰："刘隗[13]奸邪，将危社稷，吾欲除君侧之恶，何如？"鲲曰："隗诚始祸[14]，然城狐社鼠[15]。"敦怒曰："君庸才，岂达大体[16]！"出为豫章太守，又留不遣。

戊辰[17]，敦举兵于武昌[18]，上疏罪状刘隗[19]，称："隗佞邪谗贼[20]，威福自由[21]，妄兴事役[22]，劳扰士民，赋役烦重，怨声盈路[23]。臣备位宰辅[24]，不可坐视成败，辄进军致讨，隗首朝悬，诸军夕退[25]。昔太甲[26]颠覆厥度[27]，幸纳伊尹之忠[28]，殷道复昌[29]。愿陛下深垂[30]三思，则四海乂安[31]，社稷永固矣。"沈充[32]亦起兵于吴兴以应敦，敦以充为大都督、督护东吴诸军事[33]。敦至芜湖[34]，又上表罪状刁协[35]。帝大怒，乙亥[36]，诏曰："王敦凭恃宠灵[37]，敢肆狂逆[38]，方朕太甲[39]，欲见幽囚[40]。是可忍也，孰不可忍[41]！今亲帅六军以诛大逆[42]，有杀敦者，封五千户侯。"敦兄光禄勋含[43]乘轻舟逃归于敦。

太子中庶子温峤[44]谓仆射周顗[45]曰："大将军此举似有所在[46]，当无滥邪[47]？"顗曰："不然，人主自非尧、舜[48]，何能无失？人臣安可举兵以胁之！举动如此，岂得云非乱乎！处仲狼抗无上[49]，其意宁有限邪[50]！"

（以上为第一段，写大将军王敦以诛除奸佞为名，上书陈述刘隗、刁协罪状，起兵反叛东晋王朝，江东大族沈充也起兵响应，晋元帝司马睿勃然大怒，下令发兵征讨。）

【注释】

[1]复上疏：郭璞于太兴四年（321）三月，因为日中有黑子，曾上疏给晋元帝请求大赦。现在又请求大赦，故曰"复"。复，又，再。 [2]皇孙生：皇孙，即司马衍（321—342），字世根，

于太兴四年（321）十一月出生。东晋第三位皇帝。［3］乙卯：正月一日。［4］改元：改变年号。将“太兴”年号改为“永昌”。［5］记室参军：王公与将军的属官，掌书记文书。［6］卜（bǔ）筮（shì）：占卜算卦。《礼记·曲礼上》曰：“龟为卜，蓍为筮。”［7］大将军掾：大将军属下办事人员。陈述：字嗣祖，时为大将军王敦的部属，任大将掾。［8］焉知非福：你的死谁能断定不是一种福分呢？语出《淮南子·人间》“塞翁失马，焉知非福”的典故，比喻暂时受到损失，却因此而得到好处，坏事可以变成好事。此指陈述死，不会再被卷入王敦之乱了。［9］乖（guāi）离：抵触，背离。［10］羁录：羁留录用。羁，马笼头，这里是羁缚、强留的意思。录，任用。时望：指当时有威信有声望。置已幕府：收罗在自己属下。幕府，古代将帅在外驻军时所居的营帐。这里即指军部、军事衙门。［11］羊曼：字祖延，泰山南城（今山东新泰市）人，东晋大臣，太傅羊祜侄孙。死于苏峻之乱。传见《晋书》卷四十九。［12］谢鲲（kūn）：字幼舆，陈郡阳夏（今河南太康县）人，西晋名士、官员，太保谢安伯父。避乱渡江后，成为江州牧王敦长史，封咸亭侯。曾劝阻王敦以“清君侧”为名反叛，出任豫章太守。传见《晋书》卷四十九。［13］刘隗（wěi）：东晋大臣。任镇北将军，镇守淮阴。后抵御王敦叛乱失败，投靠后赵。传见《晋书》卷六十九。［14］隗诚始祸：刘隗的确是第一个挑起祸端。指按照司马睿的指令，从事了一系列削弱王氏势力的活动。刘隗俨然是汉代的晁错，心系国家安危，但最后投降了后赵，令人不齿。［15］城狐社鼠：城墙中的狐狸，社稷坛里的老鼠。搜掘狐狸害怕毁坏城墙，熏杀老鼠害怕毁坏社庙，这里以比喻刘隗与晋元帝的关系。胡三省注曰：“后汉虞延曰：‘城狐社鼠，不畏熏烧。谓有所凭托也。’又，中山王胜曰：‘社鼷不灌，屋鼠不熏，所托者然也。’《尔雅翼》曰：‘管仲称社束木而涂之，鼠因往托焉，熏之则恐烧其木，灌之则恐败其涂，此鼠之所以不可得而杀者，以社故也。’以喻君之左右。”［16］岂达大体：哪里知道该如何处理重大问题。达，通晓。［17］戊辰：正月十四日。［18］武昌：郡名，郡治在今湖北鄂州市，当时为大将军王敦的驻镇所在地。［19］罪状刘隗：即陈述刘隗的罪状。罪状，用作动词，列数他人罪行。此王敦效法西汉吴楚七国之乱，以诛晁错为名起兵，而罪状刘隗、刁协。［20］佞邪：奸佞，邪恶。谗贼：诽谤中伤，残害良善。［21］威福自由：作威作福，都是由他个人说了算。自由，由自，出于自己。［22］妄兴事役：随随便便地兴风作浪。事役，赋税，劳役。［23］怨声盈路：怨恨的声音充满道路。盈，满。［24］备位宰辅：意即身处宰相之职。备位，谦辞，指聊以充数，徒占其位。王敦时为大将军、侍中，故自称备位宰辅。［25］隗首朝（zhāo）悬，诸军夕退：朝廷一旦处死刘隗，我们便立刻退兵。悬，悬首，斩首示众。［26］太甲：商朝第四位君王。即位后，一味享乐，暴虐百姓，朝政昏乱，伊尹将他放逐桐宫，让他反省，自己摄政当国，后太甲悔过自责，伊尹又将他迎回，还政于他。太甲修德，诸侯归顺，百姓安宁。传见《史记》卷三。［27］颠覆厥度：指败坏商汤的法度。颠覆，败坏。厥，其。度，谓法度、典刑。［28］纳伊尹之忠：采纳伊尹的一片忠心。纳，采纳，接受。［29］殷道复昌：殷朝的国运重新昌盛。［30］深垂：听取臣子们的意见。垂，垂听，听取。［31］乂（yì）安：太平无事。乂，安定。［32］沈充：字士居，东晋吴兴太守，参与王敦之乱，兵败被杀。传见《晋书》卷九十八。［33］大都督：古代军事统帅，督视各路兵马。督护东吴诸军事：总领东吴一带的各路兵马。督护，监督，节制。东吴，泛指太湖流域一带。［34］芜湖：县名，县治在今安徽芜湖市东。［35］罪状刁协：列数尚书令刁协的罪状。刁协，字玄亮，两晋大臣，官至左长史、左仆射、尚书令，抑制门阀势力，维护皇权，引起士族的不满。后死于王敦之乱。传见《晋书》卷六十九。［36］乙亥：正月二十一日。［37］凭恃宠灵：凭借着朝廷对他的恩宠。宠灵，恩宠，宠幸。［38］敢肆狂逆：竟敢肆行疯狂谋反。肆，放肆。［39］方朕太甲：把我比喻成太甲。方，比拟。［40］欲见幽囚：想把我囚禁起来。见，被。幽囚，幽执，囚禁。［41］是可忍也，孰不可忍：如果这样的事情都可以被容忍，那么，还有什么是不能容忍的呢？形容不可容忍到了极点。是，这。孰，什么。［42］大逆：指大逆不道之人，即谋反者。［43］含：即王含，权臣王敦之兄，任光禄勋。王敦举兵时，逃归于敦，任元帅，与钱凤等率众攻打建康。兵败，奔荆州，被荆州刺史王舒沉杀于长江。［44］太子中庶子：太子的辅导官。温峤（jiào）：字泰真，太原祁县（今山西祁县）人，东晋名将。传见《晋书》卷六十七。［45］仆（pú）射（yè）：尚书令副职。周顗（yǐ）：字伯仁，汝南安成（今河南汝南县南）人，安东将军周浚之子，东晋大臣。官至尚书左仆射。被叛臣王敦杀害。传见《晋书》卷六十九。［46］似有所在：好像是有预定的目标，指讨伐刘隗、刁协等。在，由。［47］当无滥邪：也许不会做得过分吧。当无，也许不会。滥，过分，越轨。温峤这里怀疑晋元帝司马睿亲率六军诛讨王敦，是否做得太过分。［48］自非尧、舜：当然不是帝尧和帝舜，言下之意是也会有犯错误的时候。［49］处仲：即王敦，字处仲。狼抗无上：如此暴戾无君。狼抗，傲慢，暴戾。胡三省曰：“狼似犬，锐头白颊，高前广后，贪而敢抗人，故以为喻。”［50］其意宁有限邪：他的欲望还会有止境吗？宁，岂。意，欲念，欲望。

敦初起兵，遣使告梁州刺史甘卓[1]，约与之俱下[2]，卓许之。及敦升舟[3]，而卓不赴[4]，使参军孙双诣武昌谏止敦[5]。敦惊曰：“甘侯前与吾语云何[6]？而更有异，正当虑吾危朝廷耳[7]！吾今但[8]除奸凶，若事济[9]，当以甘侯作公[10]。”双还报，卓意狐疑[11]。或[12]说卓：“且伪许[13]敦，待敦至都[14]而讨之。”卓曰：“昔陈敏[15]之乱，吾先从而后图之[16]，论者谓吾惧逼而思变[17]，心常愧之；今若复尔[18]，何以自明[19]！”

卓使人以敦旨告顺阳太守魏该[20]，该曰：“我所以起兵拒胡贼[21]者，正欲忠于王室耳。今王公举兵向[22]天子，非吾所宜与也。”遂绝之。

敦遣参军桓罴[23]说谯王承[24]，请承为军司[25]。承叹曰：“吾其死矣！地荒民寡[26]，势孤援绝，将何以济！然得死忠义，夫复何求！”承檄长沙虞悝为长史[27]，会悝遭母丧，丞往吊[28]之，曰："吾欲讨王敦，而兵少粮乏；且新到，恩信未洽[29]。卿兄弟，湘中之豪俊[30]，王室方危，金革之事，古人所不辞[31]，将何以教之？"悝曰："大王不以悝兄弟猥劣[32]，亲屈临[33]之，敢不致死！然鄙州荒弊[34]，难以进讨；宜且收众固守，传檄[35]四方，敦势必分[36]，分而图之，庶几可捷[37]也。"

丞乃囚桓罴，以悝为长史，以其弟望为司马[38]，督护[39]诸军，与零陵太守尹奉[40]、建昌太守长沙王循[41]、衡阳太守淮陵刘翼[42]、舂陵令长沙易雄[43]，同举兵讨敦。雄移檄远近，列敦罪恶，于是，一州之内皆应丞。唯湘东太守郑澹[44]不从，丞使虞望讨斩之，以徇四境[45]。澹，敦姊[46]夫也。

丞遣主簿邓骞至襄阳[47]，说甘卓曰："刘大连虽骄蹇失众心[48]，非有害于天下。大将军以其私憾[49]，称兵向阙[50]，此忠臣义士竭节[51]之时也。公受任方伯[52]，奉辞伐罪[53]，乃桓、文[54]之功也。"卓曰："桓、文则非吾所能，然志在徇国，当共详思之。"

参军李梁[55]说卓曰："昔隗嚣跋扈[56]，窦融保河西[57]以奉光武[58]，卒受其福[59]。今将军有重望于天下，但当按兵坐以待之，使大将军事捷，当委将军以方面，不捷，朝廷必以将军代之，何忧不富贵？而释此庙胜[60]，决存亡于一战[61]邪？"

骞谓梁曰："光武当创业之初[62]，故隗、窦可以文服从容顾望[63]。今将军之于本朝，非窦融之比[64]也；襄阳之于太府[65]，非河西之固[66]也。使大将军克刘隗，还武昌，增石城之戍[67]，绝荆、湘之粟[68]，将军将安归乎！势在人手[69]，而曰'我处庙胜'，未之闻也。且为人臣，国家有难，坐视不救，于义安乎！"卓尚疑之。

骞曰："今既不为义举[70]，又不承大将军檄[71]，此必至之祸[72]，愚智所见[73]也。且议者之所难[74]，以彼强而我弱也。今大将军兵不过万余，其留者不能[75]五千；而将军见众既倍之矣[76]。以将军之威名，帅此府之精锐，杖节鸣鼓[77]，以顺讨逆，岂王含所能御哉[78]！溯流之众，势不自救[79]，将军之举武昌[80]，若摧枯拉朽[81]，尚何顾虑邪！武昌既定，据其军实[82]，镇抚二州[83]，以恩意招怀[84]士卒，使还者如归[85]，此吕蒙[86]所以克关羽[87]也。今释必胜之策，安坐以待危亡，不可以言智矣。”

（以上为第二段，写湘州刺史司马丞派使者劝说凉州刺史甘卓出兵攻打王敦，而王敦也派人劝说甘卓，甘卓患得患失，犹豫不决，贻误大好战机，始终陷于被动状态。）

【注释】

［1］梁州刺史：凉州地区的最高行政长官。梁州，州治南郑，在今陕西汉中市。时凉州被成国占领，东晋侨置梁州，驻镇襄阳。甘卓：字季思，丹阳（今安徽当涂县）人，孙吴将领甘宁的曾孙，东晋镇南大将军、凉州刺史。王敦叛乱，首鼠两端，后一度起兵讨伐，但因为迟豫不决而延误时机，最终半途而返，退回驻地襄阳。不久即被王敦秘密命襄阳太守周虑杀害。传见《晋书》卷七十。［2］俱下：一同东下进攻东晋朝廷。当时甘卓镇襄阳（今湖北襄阳市），与王敦驻兵的武昌都在建康西面，进军建康是顺长江东下。下，顺长江从西往东行，称“下”。［3］升舟：登上船。［4］不赴：不往，意即不与之合作。赴，趋往，奔赴。［5］参军：即参军事，军事参谋。孙双：梁州刺史甘卓的参军。诣（yì）：到，至。［6］甘侯：对甘卓的称呼。前与吾语云何：犹今言“以前同我怎么说来着”，与今所言完全不同。云何，是怎么说的。［7］正当：正是。虑吾危朝廷：担心我干出对朝廷不利的事情。危，危害。［8］但：只，仅。［9］事济：事情获得成功。济，成功。［10］当以甘侯作公：一定让甘卓晋升公爵，或位列三公。［11］狐疑：犹豫不决。［12］或：有人。［13］伪许：假装应许。［14］都：都城，即建康，东晋王朝所在地，今江苏南京市。［15］陈敏：西晋末战乱，陈敏拥兵据有历阳，尽占吴越之地。反叛朝廷被打败、诛杀。传见《晋书》卷一百。［16］先从而后图之：晋惠帝永兴二年（305），军阀陈敏据历阳叛乱，时任吴王常侍的甘卓投归陈敏，结为姻亲，掌控了陈敏的坚甲精兵。时东海王司马越策反了受陈敏网罗的江东名士顾荣、周玘，与甘卓联合，消灭了陈敏。事见《资治通鉴》卷八十六晋惠帝永兴二年（305）、晋怀帝永嘉元年（307）。［17］惧逼而思变：谓惧怕顾荣、周玘的威逼而背叛陈敏，意思是经不住考验，见利忘义，没有节操。［18］复尔：又是这样。尔，如此，这样。［19］何以自明：如果是这样，将来如何说得清楚？自明，自我表白。［20］敦旨：王敦的意图。魏该：济北东阿（今山东阳谷县东北）人，时为顺阳太守。传见《晋书》卷六十三。［21］胡贼：指刘渊、刘聪、石勒、石虎等。［22］向：对着，面向。此指反叛。［23］桓罴（pí）：东晋将领，谯国龙亢（今安徽怀远县西龙亢镇北）人，曾为参军、荆州刺史桓豁之督护。［24］说：游说，劝说。谯（qiáo）王丞（zhěng）：即谯王司马丞，时任湘州刺史。传见《晋书》卷三十七。［25］军司：即军师。晋避司马师讳，改称军师为军司。［26］地荒民寡：土地荒芜，民众稀少。寡，少。［27］檄（xí）：古代官方文书用的木简，这里用作动词，意即“征召”。虞悝（kuī）：湖南长沙人，东晋节义之士。与弟虞望仕郡为治中、别驾。王敦举兵反，时虞母新丧，湘州刺史司马丞以吊丧为名，前往问计。悝建议固守长沙，传檄四方，各处同时发动。司马丞从之，任为长史。后长沙被攻陷，被害。追

赠襄阳太守。传见《晋书》卷八十九。［28］吊：祭奠死者，慰问死者家属。［29］未洽：未周全，未深入人心。洽，和谐，融洽。［30］湘中：湘州地区，在今湖南。豪俊：才智杰出之人。［31］金革之事，古人所不辞：古人凡遇国家危难，即使服丧，也义不容辞。金革，代指战争。金，兵器。革，革制的甲胄。［32］猥劣：卑贱，低下。猥，鄙陋。［33］屈临：屈尊光临。临，尊者往见卑者。［34］鄙州：本州。鄙，边远之地，廉辞。荒弊：荒凉，凋敝。弊，通"敝"，破败，衰微。［35］传檄：传布檄文。檄，讨伐王敦的檄文。［36］敦势必分：王敦必然要分兵以对付四方的反对者。势，军势，兵力。分，分散。［37］庶几可捷：这样就可以打败他。庶几，或许，差不多，表示推测。［38］望：即虞望，字子都，虞悝之弟。有操守，为乡党所称，曾仕为别驾。王敦叛，湘州刺史司马丞任为司马，率兵击杀王敦党与湘东太守郑澹。王敦将领魏乂攻打长沙，虞望力战而死，被追赠荥阳太守。［39］督护：统率。［40］零陵：郡名，郡治在今湖南永州市零陵区。尹奉：南阳人，曾为豫州督护，时为零陵太守，参与谯王司马丞发起的联盟，讨伐反叛的王敦。［41］建昌：晋郡名，治所在今湖北通城县西北。王循：东晋官员，时为建昌太守，曾从湘州刺史司马丞起兵讨伐王敦。［42］衡阳：郡名，郡治在今湖南湘潭市境内。淮陵：晋郡国名，治所淮陵县，在今安徽明光市女山湖镇。刘翼：东晋官员，淮陵人，时为衡阳太守，曾从湘州刺史司马丞起兵讨伐王敦。［43］舂（chōng）陵令：舂陵县的县令。古代万户以上的县者为令，不足万户者为长。舂陵，县名，县治在今湖南宁远县。易雄：字兴长，长沙浏阳人。司马丞为湘州刺史，任为舂陵令，草檄历数王敦罪状。王敦部将魏乂攻破长沙，被擒，英勇就义，以不畏死难而扬名天下。传见《晋书》卷八十九。［44］湘东：郡名，郡治在今湖南衡阳市珠晖区。郑澹（dàn）：东晋官员，时为湘东太守，为王敦党与。［45］以徇（xùn）四境：在湘州的四面边境巡行示众。［46］姊（zǐ）：姐姐。［47］主簿（bù）：各级主官属下掌管文书的佐吏，掌文书簿籍，后渐变为统兵开府之大臣幕府中的幕僚之长，参与机要，总领府事。邓骞（qiān）：字长真，长沙人，任湘州主簿。王敦起兵谋反，邓骞受刺史司马丞之命往说梁州刺史甘卓乘虚袭武昌。卓失战机，为王敦所杀。邓骞后官至大司农。传见《晋书》卷七十。［48］刘大连：指刘隗，字大连。骄蹇（jiǎn）：傲慢，不逊。［49］私憾：私人之间的怨恨。憾，悔恨失望，心中感到不满意。［50］称兵向阙：举兵杀向朝廷。称兵，举兵，兴兵。阙，古代宫门前的左右两台，以其两台之间有空缺，故名阙。这里代指帝王的宫殿。［51］竭节：尽忠，坚持操守。［52］受任方伯：为一方的诸侯之长，这里用以代称州刺史。［53］奉辞伐罪：如果能以皇帝的名义讨伐叛逆。辞，皇帝的命令。罪，指反叛之人，即王敦。［54］桓、文：指春秋时的霸主齐桓公、晋文公。［55］李梁：梁州刺史甘卓的参军。［56］隗（kuí）嚣：西汉末年割据陇西的军阀，后被光武帝讨灭。传见《后汉书》卷十三。跋扈（hù）：霸道、蛮横，独断专行。［57］窦融：西汉末割据河西的军阀，后归汉，讨灭隗嚣，成为东汉大功臣，封安丰侯，任大司空。传见《后汉书》卷二十二。保河西：占据并坚守河西地区。河西，地区名，泛指今甘肃黄河以西地区。［58］以奉光武：以拥戴汉光武帝刘秀。奉，拥戴。［59］卒受其福：指隗嚣被消灭后，窦融封侯为卿相。李梁说此，是劝甘卓像窦融对待隗嚣和刘秀那样，选好目标，为明主立功。［60］释此庙胜：放着这种不战而胜的路子不走。庙胜，指临战前朝廷做出的克敌取胜的谋略，这里指不战而胜的谋略。古人谋事必祭祖，故有庙谋、庙策、庙算、庙胜之称。［61］决存亡于一战：通过一场战斗来决定自己的生死。李梁劝甘卓坐山观虎斗，谁胜利投向谁，乃不辨是非、不思顺逆，是有奶就是娘的小人行径。［62］当创业之初：指还有许多反对势力尚未削平，尚待征讨。［63］文服：内心不服，只是口头上表示臣服。从容顾望：有时间可以游移、观望。［64］非窦（dòu）融之比：意即你与朝廷有君臣之分，有为国讨贼的义务，而窦融在当时只是割据势力。［65］襄阳之于太府：意即你甘卓与王敦的军事实力对比。襄阳，指甘卓梁州的军事实力。太府，指王敦军府的实力。［66］非河西之固：没有当年窦融占据河西时那么强大。［67］增石城之戍：增加在石城的驻兵，做出进攻甘卓的姿态。石城在今湖北钟祥市北，靠近甘卓的军镇襄阳。［68］绝荆、湘之粟：断绝汉水下游对襄阳军民的粮食供应。襄阳位于汉水中游，而石城在下游，正当南粮北运的咽喉，故能绝荆、湘之粟。荆、湘，即荆州、湘州，州治分别是今湖北荆州市、湖南长沙市。［69］势在人手：指自己的命运掌握在别人的手中。势，力量，威力。［70］不为义举：不亮明旗号讨伐王敦。义举，指勤王室，讨王敦。［71］不承大将军檄：不接受王敦的指令。承，接受，听从。檄，檄文，引申为号令。［72］必至之祸：无可躲避的祸患。［73］愚智所见：意即无论是愚昧的人，还是聪明的人，都能预料到，而独独李梁看不到，是比愚昧还愚昧，或者是别有用心。［74］难（nàn）：责难，诘问。［75］不能：不足。能，及，到。［76］见众：现有的兵力。见，同“现”。既倍：已经超过一倍。既，已，已经。［77］杖节：执持符节，表示师出有名。节，古代大将出征或大臣出使时皇帝授予的作为凭证和权力象征的符节。鸣鼓：又叫“鸣钟鼓”，表示声讨罪行。［78］岂王含所能御哉：哪里是王含所能抵抗的？王含，王敦留下守卫武昌的部将。御，抵抗。［79］溯流之众，势不自救：意思是王敦已经率兵东下，甘卓如果从襄阳顺汉水去攻打他的武昌大本营，王敦即使想逆流西上回师自救，也已无能为力。溯，逆流而上。［80］举武昌：攻克王敦的老巢武昌。［81］摧枯拉朽：摧折枯朽的草木，形容打垮王敦的守军轻而易举。［82］据其军实：占有他的一切军事物资。军实，指器械、粮饷和作战俘获的其他军用物资。［83］镇抚：镇守，抚慰。二州：指王敦统治下的荆州和江州。［84］招怀：招纳，安抚。［85］如归：像回到家里一样。［86］吕蒙：字子明，吴国名将。传见《三国志》卷五十四。［87］克关羽：吕蒙乘蜀将关羽在襄阳同曹军作战之机，潜军袭取江陵，吕蒙在荆州存恤百姓，抚慰关羽军将士家属，关羽军得讯，均无斗志。关羽退保麦城，被擒杀。

敦恐卓于后为变，又遣参军丹杨乐道融往邀之[1]，必欲与之俱东。道融虽事敦，而忿其悖逆[2]，乃说卓曰：“主上亲临万机[3]，自用谯王[4]为湘州，非专任刘隗也。而王氏擅权[5]日久，卒见分政[6]，便谓失职[7]，背恩肆逆[8]，举兵向阙。国家遇君[9]至厚，今与之同[10]，岂不违负[11]大义，生为逆臣，死为愚鬼，永为宗党[12]之耻，不亦惜乎！为君之计，莫若伪许应命[13]，而驰袭[14]武昌，大将军士众闻之，必不战自溃，大勋[15]可就矣。"

卓雅[16]不欲从敦，闻道融之言，遂决曰："吾本意也。"乃与巴东监军柳纯[17]、南平太守夏侯承[18]、宜都太守谭该[19]等，露檄数敦逆状[20]，帅所统致讨[21]。遣参军司马赞、孙双奉表诣台[22]；罗英[23]至广州，约陶侃同进[24]。戴渊在江西[25]，先得卓书，表上之，台内[26]皆称万岁。陶侃得卓信，即遣参军高宝[27]帅兵北下。武昌城中传卓军至，人皆奔散。

敦遣从母弟南蛮校尉魏乂[28]、将军李恒[29]，帅甲卒二万攻长沙[30]。长沙城池不完[31]，资储又阙[32]，人情震恐[33]。或说谯王承，南投陶侃或退据零、桂[34]。承曰："吾之起兵，志欲死于忠义，岂可贪生苟免[35]，为奔败[36]之将乎！事之不济[37]，令百姓知吾心耳。"乃婴城固守[38]。

未几[39]，虞望战死，甘卓欲留邓骞为参军，骞不可，乃遣参军虞冲与骞偕至长沙[40]，遗谯王承书，劝之固守，当以兵出沔口[41]，断敦归路，则湘围自解。承复书称："江左[42]中兴，草创[43]始尔，岂图恶逆萌自宠臣[44]。吾以宗室受任，志在陨命[45]；而至止尚浅[46]，凡百茫然[47]。足下能卷甲电赴[48]，犹有所及；若其狐疑[49]，则求我于枯鱼之肆[50]矣。"卓不能从。

（以上为第三段，写王敦派参军乐道融劝说甘卓一起反叛，而乐道融反而劝说甘卓突袭王敦老巢武昌，甘卓决定反击王敦；王敦出兵攻打长沙，司马承危在旦夕。）

【注释】

[1]乐道融：丹杨人，东晋初期的忠义之士。为大将军王敦参军。王敦反叛，派乐道融去劝说梁州刺史甘卓一起攻打东晋王朝，而乐道融则劝甘卓反戈一击，率领所统辖军队前往问罪。甘卓听之。传见《晋书》卷八十九。邀：邀约，邀请。 [2]忿：怨恨，怨怒。悖逆：违乱，忤逆。悖，叛乱。 [3]万机：指帝王日常处理的纷繁政务。 [4]谯王：指司马承。 [5]擅（shàn）权：专权。擅，独揽。 [6]卒见分政：突然见朝廷又给别人分出了一些权柄。卒（cù），通"猝"，突

然，忽然。分政，指分任司马承等充担要职，使政不专归王氏。［7］便谓失职：便说自己被架空了、被夺权了。失职，失去权柄。［8］背恩肆逆：违背皇恩，恣意乱为。［9］遇君：对待你。遇，对待，待遇。［10］与之同：与他同流合污。同，同心，合作。［11］违负：违背。［12］宗党：同宗同族。［13］应命：受命。应，许诺。［14］驰袭：奔袭。［15］勋：功勋，业绩。［16］雅：一向，素来。［17］巴东：晋郡名，郡治在今重庆市奉节县。监军：郡府的军事主管。柳纯：东晋官员，时为巴东监军。［18］南平：郡名，郡治在今湖北公安县西北。夏侯承：字文子。夏侯湛之子，参安东军事，稍迁南平太守。王敦谋反时，曾出兵征讨，后失败，王敦欲杀之，被外兄王廙苦请得免，寻为散骑常侍。传见《晋书》卷五十五。［19］宜都：郡名，郡治在今湖北宜都市。谭该：东晋官员，时为宜都太守，王敦谋反时，曾出兵征讨，后失败。［20］露檄：不缄封的文书，相当于现在的“公告”。檄，檄文，古代用于晓谕、征召、声讨等的文书。数敦逆状：罗列王敦的罪行。数（shǔ），一条条地列举谴责。［21］帅所统：率领自己统属的兵马。帅，通“率”。致讨：对其进行讨伐。［22］司马赞、孙双：梁州刺史甘卓属将，时为参军。诣台：到建康禀告朝廷。台，本为朝廷的官署名，如御史台、兰台、尚书台，这里代指朝廷。［23］罗英：东晋官员，梁州刺史甘卓属将。［24］约陶侃同进：邀约陶侃共同进兵攻打王敦。陶侃（kǎn），东晋名将。传见《晋书》卷六十六。［25］戴渊：字若思，广陵（今江苏扬州市）人，晋朝大臣、名士。传见《晋书》卷六十九。江西：区域名，当时习惯上称长江西北侧的淮水以南为江西，时戴渊驻兵合肥，在长江西北侧，故称在江西。［26］台内：犹言朝廷内。［27］高宝：东晋官员，广州刺史陶侃的属将，时为参军。［28］从母弟：姨表兄弟。从母，即姨母。南蛮校尉：主管荆州少数民族事务，典统地方武装军兵，立府置僚佐，治于襄阳，后改治江陵。魏乂（yì）：王敦的姨表兄弟，得力干将，在王敦反叛中，率领士兵围攻湘州长沙城，攻破城池，将湘州刺史司马承俘获。［29］李恒：大将军王敦的部将，与魏乂一起率领部队围攻湘州刺史司马承。［30］长沙：指长沙城，在今湖南长沙市，时为湘州刺史司马承的州治所在地。［31］不完：不完好，不坚固。［32］资储又阙：粮食、兵械等储备又很缺乏。阙，同“缺”。［33］震恐：震惊，恐慌。［34］零、桂：指零陵郡、桂阳郡。零陵，郡治泉陵县，在今湖南永州市；桂阳郡治在今湖南郴州市，当时都是湘州刺史的管辖区。［35］苟免：苟且免于损害。［36］奔败：奔逃，溃败。［37］事之不济：事情即使不能成功。济，完成，成功。［38］婴城固守：环绕城墙，四面坚守。婴城，绕城，环城。［39］未几：时间不长。［40］虞冲：为湘州刺史司马承的参军。偕（xié）：一同。［41］出沔口：从沔口出兵进入长江。沔（miǎn）口，以沔水入长江之口而得名。沔水即今汉水，沔口在今武汉市汉口。［42］江左：即江东，指长江下游南岸地区。古人在地理上以东为左，以西为右，故江东又名江左。［43］草创：指开始创建。［44］岂图：犹言“岂料”“哪里料到”。恶逆萌自宠臣：乱臣贼子从宠臣中冒了出来。恶逆，奸恶逆乱。萌，萌生，冒头。［45］陨命：丧命，为国捐躯。陨，古同“殒”，死亡。［46］至止尚浅：来湘州任职的时间短浅。至止，来此湘州。［47］凡百茫然：不熟悉情况，对各种事件不知如何处理，一切事情都还没有个头绪。凡百，一切，指各项政务。茫然，迷茫的样子。［48］卷甲电赴：意即飞兵前来。卷甲，为急速行军而脱下铠甲抱持而行。卷，收起，打点。电赴，像闪电一样快速来到。［49］若其：假使。狐疑：优柔寡断，犹豫不决。［50］求我于枯鱼之肆：意思是那样我就等不及了。此语出《庄子·外物》。庄子见到车辙中的鲋鱼，鲋鱼问道："君岂有斗升之水而活我哉？"庄子说："我且南游吴越之王，激西江之水而迎子，可乎？"鲋鱼说："吾得斗升之水然活耳，君乃言此，曾不如早索我于枯鱼之肆！"司马承引此来表明自己身陷困境，亟待救援。肆，店铺。

二月，甲午[1]，封皇子昱为琅邪王[2]。

后赵王勒[3]立子弘为世子[4]。遣中山公虎[5]将精卒四万击徐龛[6]。龛坚守不战，虎筑长围守之[7]。

赵主曜[8]自将击杨难敌[9]，难敌逆战[10]不胜，退保仇池[11]。仇池诸氐、羌[12]及故晋王保将杨韬[13]、陇西太守梁勋[14]皆降于曜。曜迁陇西万余户于长安，进攻仇池。会军中大疫，曜亦得疾，将引兵还，恐难敌蹑其后[15]，乃遣光国中郎将[16]王犷说难敌，谕[17]以祸福，难敌遣使称藩[18]。曜以难敌为假黄钺[19]，都督益、宁、南秦、凉、梁、巴[20]六州，陇上、西域[21]诸军事，上大将军[22]，益、宁、南秦三州牧，武都王[23]。

秦州刺史陈安求朝于曜[24]，曜辞以疾。安怒，以为曜已卒，大掠[25]而归。曜疾甚，乘马舆[26]而还。使其将呼延寔监辎重于后[27]，安邀击[28]，获之，谓寔曰："刘曜已死，子尚谁佐[29]！吾当与子共定大业。"寔叱[30]之曰："汝受人宠禄[31]而叛之，自视智能何如主上？吾见汝不日枭首于上邽市[32]，何谓大业！宜速杀我！"安怒，杀之，以寔长史鲁凭[33]为参军。

安遣其弟集[34]帅骑三万追曜，卫将军呼延瑜逆击[35]，斩之。安乃还上邽，遣将袭汧城[36]，拔之。陇上氐、羌皆附于安，有众十余万，自称大都督、假黄钺、大将军，雍、凉、秦、梁四州牧，凉王，以赵募[37]为相国。鲁凭对安大哭，曰："吾不忍见陈安之死也！"安怒，命斩之。凭曰："死自吾分，悬吾头于上邽市，观赵之斩陈安也！"遂杀之。曜闻之，恸哭[38]曰："贤人，民之望[39]也。陈安于求贤之秋而多杀贤者，吾知其无所为也。”

休屠王石武[40]以桑城降赵[41]，赵以武为秦州刺史，封酒泉王[42]。

（以上为第四段，写汉赵主刘曜自为统帅，发兵攻打仇池国，适逢军中疫病流行，说服仇池国主杨难敌归顺，而后退兵；秦州刺史秦安以为刘曜已死，拥兵反叛，自称大都督、大将军。）

【注释】

［1］甲午：二月十日。［2］皇子昱（yù）：即司马昱，字道万，晋元帝司马睿幼子，封琅邪王。桓温立为帝，在位仅八个月。谥号简文皇帝，庙号太宗。传见《晋书》卷九。［3］后赵王勒：指十六国后赵建立者石勒。传见《晋书》卷一百四。［4］子弘：即石弘，字大雅，石勒次子，后赵第二位皇帝，公元333年至公元334年在位。传见《晋书》卷一百五。［5］中山公虎：即石虎，字季龙，石勒之父养子，后赵第三位皇帝，公元334年至公元349年在位。传见《晋书》卷一百六。［6］徐龛（kān）：曾为东晋将领。西晋末年，聚集流民数千，割据泰山郡。投靠东晋，被晋元帝司马睿封为泰山太守，后反复在晋与后赵之间摇摆，最后被后赵石虎攻杀。［7］筑长围守之：围着城池修筑起一道长墙，对城中之敌进行长期围困，待其山穷水尽而灭之。长围，一种合围攻敌的栅栏、营垒。［8］赵主曜（yào）：即汉赵末代皇帝刘曜。传见《晋书》卷一百三。［9］杨难敌：白马氐人，为仇池国第二任君主。割据今甘肃的武都一带地区，根据地为仇池山，在今甘肃西和县西南。传见《宋书》卷九十八。［10］逆战：迎战。［11］仇池：山名。魏、晋时，氐族杨氏累世居此，后在此建立仇池国政权。［12］氐（dī）、羌（qiāng）：即氐族、羌族，当时西部地区的少数民族。［13］晋王保：即南阳王司马保。杨韬：司马保别将，后降于汉赵，被司马保属将张春、杨次杀害。［14］陇西：郡名，郡治襄武，在今甘肃陇西县东南。梁勋：晋朝陇西太守，后降于汉赵。［15］蹑其后：紧随其后而击之。蹑，追踪，跟随，轻步行走的样子。［16］光国中郎将：刘曜政权的官名，中郎将，是帝王的侍卫长官；光国，是加号的美名。［17］谕：晓谕，分析形势，指出前途。［18］称藩：犹言称臣。藩，藩国，属国。［19］假黄钺：古代帝王赐予大臣的一种特殊荣誉。黄钺（yuè），以黄金为饰的大斧，本天子所用，后世遂作为帝王的仪仗，有时也授予大臣，表示特别权力与特别荣宠。［20］益、宁、南秦、凉、梁、巴：都是当时的州名。益，益州，州治原在成都，因此时成都为李雄政权所占据，故寄治巴郡，在今重庆市；后又移治巴东，在今重庆市奉节县东白帝城。宁，宁州，晋置，州治滇池，在今云南昆明市晋宁区东北的晋城镇。南秦，前赵刘曜始置，州治下辨县，在今甘肃成县西。凉，凉州，州治臧姑，在今甘肃武威市。梁，梁州，州治南征，在今陕西汉中市。巴，巴州，前赵刘曜始置，州治在今重庆市奉节县东。［21］陇上、西域：皆地区名。陇上，指陇山所绵亘的今甘肃清水县、张家川回族自治县和陕西陇县、宝鸡市之间的一带地区。西域，是玉门关（今甘肃敦煌市西北）以西地区的总称。［22］上大将军：三国吴始置，掌军事，位在大将军上。［23］武都王：封地武

都郡，郡治下辨，在今甘肃成县西。刘曜为讨好杨难敌，给杨难敌加了许多荣誉称号，但大多数都有名无实，因为上述的许多州郡根本不在刘曜政府管辖之内。［24］秦州：州治冀县，在今甘肃甘谷县东，后移治上邽，在今甘肃天水市。陈安：西晋末期将领、割据势力。自称大都督、大将军，雍凉秦梁四州州牧、凉王。被杀。传见《晋书》卷一百三。求朝：请求拜见。［25］大掠：指大掠仇池附近。［26］马舆：马拉的车子，以区别于人抬的肩舆而言。［27］呼延寔（shí）：匈奴族，汉赵将领，刘曜出征返回，派将领呼延寔保护辎重，率军断后，陈安在中途拦击，全部俘获，后被陈安所杀。监辎重：意即押解军用物资。监，看护，押运。［28］邀击：半路袭击。邀，拦截，截杀。［29］子尚谁佐：你还在那里准备辅佐谁？［30］叱（chì）：大声呵斥。［31］受人宠禄：指陈安在太兴二年（319）降汉赵，刘曜以之为大将军。宠禄，谓荣宠与禄位。［32］不日：不久，过不了几天。枭（xiāo）首于上邽（guī）市：斩首悬挂于上邽的市场。上邽，在今甘肃天水市，当时为陈安的秦州刺史驻兵之地。［33］鲁凭：汉赵将军呼延寔的属官，时为长史。［34］集：即陈集，陈安之弟。［35］呼延瑜（yú）：匈奴族，汉赵将领，时为卫将军。逆击：迎击。［36］汧（qiān）城：汧县县治，故城在今陕西陇县东南。［37］赵募：凉王陈安的属下，时为相国，后被汉赵主刘曜属下杀死。［38］恸哭：失声痛哭。恸，极度悲哀。［39］民之望：众望所归的人物。［40］休屠王：匈奴的一个部落首领。休屠，县名，县治在今甘肃武威市北。匈奴休屠王曾都此。石武：即石虎，与石勒的部将石虎同名，但不是同一个人，为匈奴休屠王，任秦州刺史。［41］桑城：在今甘肃东部一带。赵：指刘曜的汉赵政权。永兴元年（304），刘渊建立汉国；大兴元年（318），刘曜平定靳准之乱，继承皇位，定都长安，认为当年刘渊为了收买汉人而立汉宗庙。现应改国号，以匈奴单于为祖。于是改国号为赵，立匈奴人的宗庙、社稷、南北郊，供奉、祭祀匈奴冒顿单于。从刘渊到刘曜，史总称为汉赵。［42］酒泉王：封地酒泉郡，酒泉郡治福禄，在今甘肃酒泉市。石武被刘曜封为酒泉王，疑只是封号，刘曜的势力当时不可能远达酒泉。

帝征戴渊、刘隗入卫建康。隗至，百官迎于道，隗岸帻大言[1]，意气自若[2]。及入见，与刁协劝帝尽诛王氏，帝不许，隗始有惧色[3]。

司空导帅其从弟中领军邃[4]、左卫将军廙[5]、侍中侃、彬[6]及诸宗族二十余人，每旦诣台待罪[7]。周顗将入，导呼之曰："伯仁，以百口累卿[8]！"顗直入不顾。既见帝，言导忠诚，申救甚至[9]，帝纳其言。顗喜饮酒，至醉而出，导犹在门，又呼之。顗不与言，顾左右曰："今年杀诸贼奴[10]，取金印如斗大，系肘[11]后。"既出，又上表明导无罪，言甚切至[12]。导不之知，甚恨之。

帝命还导朝服，召见之。导稽首[13]曰："逆臣贼子，何代无之，不意今者近出臣族！"帝跣[14]而执其手，曰："茂弘[15]，方寄卿以百里之命[16]，是何言邪[17]！”

三月，以导为前锋大都督[18]，加戴渊骠骑将军。诏曰：“导以大义灭亲[19]，可以吾为安东时节假之[20]。”以周𫖮为尚书左仆射，王邃为右仆射。帝遣王廙往谕止敦[21]，敦不从而留之，廙更为敦用。征虏将军周札[22]，素矜险[23]好利，帝以为右将军、都督石头[24]诸军事。敦将至，帝使刘隗军金城[25]，札守石头，帝亲被甲徇师于郊外[26]。以甘卓为镇南大将军、侍中、都督荆、梁二州诸军事，陶侃领江州[27]刺史，使各帅所统以蹑敦后[28]。

敦至石头，欲攻刘隗。杜弘[29]言于敦曰：“刘隗死士众多，未易可克，不如攻石头，周札少恩，兵不为用，攻之必败，札败则隗自走矣。”敦从之，以弘为前锋，攻石头，札果开门纳弘。敦据石头，叹曰：“吾不复得为盛德事矣[30]！”谢鲲曰：“何为其然也[31]！但使自今以往，日忘日去耳[32]。”

帝命刁协、刘隗、戴渊帅众攻石头，王导、周𫖮、郭逸、虞潭等三道出战[33]，协等兵皆大败。太子绍[34]闻之，欲自帅将士决战，升车[35]将出，中庶子温峤执鞚谏曰[36]：“殿下，国之储副[37]，奈何以身轻天下[38]！”抽剑斩鞅[39]，乃止。

敦拥兵不朝，放士卒劫掠[40]，宫省奔散[41]，唯安东将军刘超[42]按兵直卫[43]，及侍中二人侍帝侧。帝脱戎衣，著朝服[44]，顾而言曰[45]：“欲得我处[46]，当早言！何至害民如此！”又遣使谓敦曰：“公若不忘本朝[47]，于此息兵，则天下尚可共安[48]；如其不然[49]，朕当归琅邪以避贤路[50]。”

刁协、刘隗既败，俱入宫，见帝于太极东除[51]。帝执协、隗手，流涕呜咽，劝令避祸[52]。协曰：“臣当守死，不敢有贰[53]。”帝曰：“今事逼[54]矣，安可不行！”乃令给协、隗人马，使自为计。协老，不堪骑乘[55]，素无恩纪[56]，募从者[57]，皆委之[58]，行至江乘[59]，为人所杀，送首于敦。隗奔后赵，官至太子太傅而卒[60]。

（以上为第五段，写晋元帝重用刘隗、刁协，与王敦抗衡失败，司马睿让刘隗、刁协逃跑，刁协尚言忠贞不贰，刘隗一言不发，投降后赵，令人不齿。）

【注释】

[1]隗岸帻（zé）大言：指刘隗一副傲慢的样子。岸帻，推起头巾，露出前额，形容衣着简率不拘。帻，头巾，古代男子包裹鬓发、遮掩发髻的巾帕。大言，大声说话，形容说话无所顾忌。［2］意气自若：气概谈吐还与出事前的样子相同。自若，如常，极言其不知收敛，缺乏自知之明。［3］始有惧色：刘隗才感觉到了自己的问题严重。［4］从弟：堂弟。中领军：皇帝亲兵的统帅。邃（suì）：即王邃，字处重，王导堂弟，时任王敦之乱后，出镇守淮阴。传见《晋书》卷六十五。［5］左卫将军：将领名，统领朝廷禁卫部队。廙（yì）：即王廙，字世将，晋朝官员，丞相王导、大将军王敦堂弟，晋元帝司马睿的姨弟。传见《晋书》卷七十六。［6］侃、彬：即王导堂弟王侃、王彬。两人时为侍中，王导的亲信。传见《晋书》卷七十六。［7］诣台待罪：到朝廷听候处置。台，台省，代指朝廷。待罪，等待被治罪。［8］伯仁：即周顗，字伯仁，此时在朝任尚书仆射，领吏部。以百口累卿：意即请你搭救我们这全家一百多口人。百口，指王氏诸宗族。累，给你添麻烦，请你受累给解救一下。［9］申救甚至：帮着申冤救助，不遗余力，做得很卖力。［10］诸贼奴：骂人语，指王敦等逆臣。［11］系（jì）：结，扣。肘（zhǒu）：胳膊弯儿。［12］切至：非常恳切，话说得非常到位。［13］稽首：古代最虔敬的跪拜礼，行礼时，磕头至地。［14］跣（xiǎn）：光着脚，表示顾不上穿鞋，慌忙离座的样子。［15］茂弘：即王导，字茂弘。呼人称字，表示敬重。［16］方寄卿以百里之命：犹言“正要把整个国家的政令托付于你”。寄，托付。百里，谦言国家之小。命，指国家的政令。［17］是何言邪：你这是说的什么话呢？意思是你言重了。［18］前锋大都督：讨伐王敦的先锋部队的指挥官。［19］大义灭亲：为了维护正义，对犯罪的亲属不徇私情，言王导能与王敦划清界限。［20］以吾为安东时节假之：把我当年任安东将军时使用的旌节授予王导使用，表示对王导的绝对信任。安东，指安东将军，司马睿登基前镇扬州，领安东将军之职。节，旌节，朝廷授予出征将军以表示权威与荣宠的凭信。假，授予，给予。［21］往谕止敦：到王敦处，劝阻他不要造反。［22］征虏将军：杂号将军之名，主征伐。周札：字宣季，义兴阳羡（今江苏宜兴市）人，东晋将领，平西将军周处第三子，官至散骑常侍、右将军。传见《晋书》卷五十八。［23］矜险：骄傲而阴险。［24］石头：石头城，也叫“石首城”，简称“石城”，东汉建安十七年（212）孙权徙治秣陵，改名建业。第二年于城西筑石头城。遗址在今江苏南京市西清凉山后。［25］军金城：驻兵于金城。军，驻守，驻扎。金城，地名，在今江苏句容市北。［26］被甲：身穿铠甲，着戎装。被，同“披”。徇师：巡行检阅军队。徇，巡行，巡视。［27］江州：州名，西晋元康元年（291）分荆、扬二州而置，治所南昌县，在今江西南昌市。［28］所统：所统领的部队。蹑敦后：在王敦军队的西侧，进行跟踪、追踪。［29］杜弘：变民首领杜弢的部将，后投降王敦。［30］吾不复得为盛德事矣：意思是我不可能再被后世称赞为有美好品德的人了。盛德，美好的品德。胡三省注曰：“敦无君之心，形于言也。”［31］何为其然也：怎么可能是这个样子呢？［32］但使自今以往，日忘日去耳：意思是说随着时光推移，今后就一点一点地忘记了，过去君臣间的猜嫌也就随之消失了。日，犹言“一天天地”。去，去掉，消失。

[33]郭逸、虞潭：东晋将领。三道出战：三路出击。 [34]太子绍：即东晋第二位皇帝，司马绍。传见《晋书》卷六。 [35]升车：登车。 [36]中庶子：即太子中庶子，太子属官，辅导太子及主管奏事、谏议等。执鞚：拉住马笼头。鞚（kòng），马勒，有嚼口的马络头。 [37]储副：储君，未来的君位继承人。 [38]奈何以身轻天下：怎么能不顾国家，而亲自出去冒风险。 [39]斩鞅：斩断了马拉车的引绳。鞅（yāng），套在马颈上的皮带。 [40]放：放任，纵容。劫掠：抢劫，掠夺。 [41]宫省奔散：朝廷与宫廷的官员四散逃跑。省，设于皇宫内的官署，这里指皇宫官署的官员。 [42]刘超：字世瑜，琅邪临沂（今山东临沂市）人，东晋大臣，被叛军杀害。传见《晋书》卷七十。 [43]按兵直卫：掌握住手下士兵，照常值勤护卫。直，通“值”。 [44]脱戎衣，著朝服：表示不再进行战斗，要通过谈判解决王敦叛乱问题。此时，司马睿也没有什么“本钱”再战斗了。 [45]顾而言曰：环顾对四周的人说。 [46]欲得我处：想要我这个皇帝的座位。 [47]不忘本朝：意即还不忘本朝的旧恩，还承认我是皇帝。 [48]尚可共安：尚可相安共处，即仍维持“王与马，共天下”的局面。 [49]如其不然：意即存心要推翻晋王朝，要让我下台。 [50]归琅邪：让出帝位，回到我原来的封地去当琅邪王。以避贤路：来给你们当中的贤人让位。避，躲开，让。 [51]太极东除：太极殿的东台阶。除，台阶。 [52]劝令避祸：劝他们离开京城，找地方躲躲。 [53]贰：指二心，背离之心。 [54]逼：急迫，紧急。 [55]不堪骑乘：年老，受不了骑马、坐车的颠簸。不堪，不能。 [56]素无恩纪：平常对部下既无恩情，又无法纪。 [57]募从者：应募来的一些跟从刁协的人。 [58]皆委之：都抛下刁协，自己逃走。委，委弃，抛下。 [59]江乘：晋县名，县治在今江苏句容市北。 [60]官至太子太傅而卒：太子太傅，太子的师傅。刘隗投降后赵，任太子太傅，咸和八年（333），随从石虎征讨石生，战死于潼关。

帝令公卿百官诣石头[1]见敦，敦谓戴渊曰：“前日之战，有余力乎？”渊曰：“岂敢有余，但力不足耳[2]！”敦曰：“吾今此举，天下以为何如？”渊曰：“见形者谓之逆，体诚者谓之忠[3]。”敦笑曰：“卿可谓能言。”又谓周顗曰：“伯仁，卿负我[4]！”顗曰：“公戎车犯顺[5]，下官亲帅六军[6]，不能其事[7]，使王旅奔败[8]，以此负公[9]！”

辛未[10]，大赦，以敦为丞相、都督中外诸军、录尚书事、江州牧[11]，封武昌郡公，并让不受。

初，西都覆没[12]，四方皆劝进于帝[13]。敦欲专国政，忌帝年长[14]难制，欲更议所立，王导不从。及敦克建康，谓导曰：“不用吾言，几至覆族。”

敦以太子有勇略，为朝野所向[15]，欲诬以不孝而废之，大会百官，问温峤曰："皇太子以何德称？"声色俱厉[16]。峤曰："钩深致远[17]，盖非浅局所量[18]；以礼观之[19]，可谓孝矣[20]。"众皆以为信然，敦谋遂沮[21]。

帝召周𫖮于广室[22]，谓之曰："近日大事[23]，二宫无恙[24]，诸人平安，大将军固副所望[25]邪？"𫖮曰："二宫自如明诏[26]，臣等尚未可知。"护军长史郝嘏[27]等劝𫖮避敦，𫖮曰："吾备位大臣[28]，朝廷丧败，宁可复草间求活[29]，外投胡、越[30]邪！"敦参军吕猗[31]，尝为台郎[32]，性奸谄[33]，戴渊为尚书，恶之。猗说敦曰："周𫖮、戴渊，皆有高名[34]，足以惑众[35]，近者之言[36]，曾无怍色[37]，公不除之，恐必有再举之忧[38]。"敦素忌二人之才，心颇然之，从容[39]问王导曰："周、戴，南北之望[40]，当登三司[41]无疑也。"导不答。又曰："若不三司，止应令仆[42]邪？"又不答。敦曰："若不尔[43]，正当诛尔！"又不答。

丙子[44]，敦遣部将陈郡邓岳收𫖮及渊[45]。先是，敦谓谢鲲曰："吾当以周伯仁[46]为尚书令，戴若思[47]为仆射。"是日，又问鲲："近来人情[48]何如？"鲲曰："明公之举，虽欲大存社稷，然悠悠之言实未达高义[49]。若果能举用周、戴，则群情帖然[50]矣！"敦怒曰："君粗疏[51]邪！二子不相当[52]，吾已收之矣！"鲲愕然自失[53]。参军王峤[54]曰："'济济多士，文王以宁[55]。'奈何戮诸名士！"敦大怒，欲斩峤，众莫敢言。鲲曰："明公举大事，不戮一人。峤以献替忤旨[56]，便以衅鼓[57]，不亦过乎！"敦乃释之，黜为领军长史[58]。峤，浑[59]之族孙也。

𫖮被收，路经太庙[60]，大言[61]曰："贼臣王敦，倾覆社稷，枉杀忠臣，神祇[62]有灵，当速杀之！"收人[63]以戟伤其口，血流至踵[64]，容止自若[65]，观者皆为流涕。并戴渊杀之于石头南门之外。

帝使侍中王彬劳敦[66]。彬素与𫖮善，先往哭𫖮，然后见敦。敦怪其容惨[67]，问之。彬曰："向[68]哭伯仁，情不能已。"敦怒曰："伯仁自致刑戮，且凡人遇汝[69]，汝何哀而哭之？"彬曰："伯仁长者，兄之亲友，在朝虽无謇愕[70]，亦非阿党[71]，而赦后加之极刑[72]，所以伤惋[73]也。"因勃然数敦曰[74]："兄抗旌[75]犯顺，杀戮忠良，图为不轨[76]，祸及门户[77]矣！"辞气慷慨，声泪俱下。敦大怒，厉声曰："尔狂悖[78]乃至此，以吾为不能杀汝邪！”时王导在坐，为之惧[79]，劝彬起谢[80]。彬曰：“脚痛不能拜，且此复何谢[81]！”敦曰：“脚痛孰若颈痛[82]？”彬殊无[83]惧容，竟不肯拜[84]。

王导后料检中书故事[85]，乃见𫖮救己之表，执之流涕曰：“吾虽不杀伯仁，伯仁由我而死[86]，幽冥之中[87]，负此良友[88]！”

沈充拔吴国[89]，杀内史张茂[90]。

（以上为第六段，写王敦打败晋军，攻占石头城后耀武扬威，司马睿无可奈何，听任其胡作非为，竟派人慰劳叛军；王导是非不分，听从王敦杀害忠良，周𫖮、戴渊成了替罪羔羊。）

【注释】

[1]诣石头：到占据石头城的王敦军部。[2]岂敢有余，但力不足耳：怎敢留有余力，只是力量不足罢了。但，只是。[3]“见形者”二句：看你的行动的人，会认为你是叛逆；领会你真心的人，会认为你是忠臣。体，体察，领悟。诚，与“形”相对，谓无形，即内心。[4]卿负我：晋愍帝建兴元年（313），周𫖮为荆州刺史时被杜弢所困，曾到豫章投奔王敦，所以王敦认为自己对周𫖮有恩。[5]戎车犯顺：指王敦起兵进逼朝廷，是大逆不道。犯顺，犹言“作逆”，谋反。[6]六军：天子所统领的军队。[7]不能其事：不能胜任其事。能，胜任。[8]王旅：帝王的军队。奔败：奔逃，失败。[9]以此负公：这才是我真正对不起你的地方。[10]辛未：三月十八日。[11]江州牧：江州的最高军政长官。江州，州治在今江西九江市。[12]西都覆没：指长安陷落，晋愍帝司马炽被俘。西都，西晋以洛阳为都，洛阳沦陷后，司马炽在长安建立小朝廷，相对于洛阳而言，长安在西，故称西都。[13]劝进于帝：劝司马睿即皇帝位。事见《资治通鉴》卷九十元帝建武元年（317）。[14]忌帝年长：司马睿当时四十二岁。忌，担心。[15]所向：所向往，所仰慕。[16]声色俱厉：说话时声音和脸色都很严厉。[17]钩深致远：语出《易・系辞上》，意思是物在深处，能钓取它；物在远方，能招致它。这里指才德广博。钩，钩沉。致，招致。[18]非浅局所量（liáng）：不是我等这种器量狭小的人所能够妄加衡量的。局，气度，器量。量，衡量，评议。[19]以礼观之：仅从知礼这一点而论。礼，指儒家提倡的以孝事亲之礼。[20]可谓孝矣：可以说是大孝子。儒家讲究“百行孝为先”，故而这一条可以顶百条千条。[21]敦谋遂沮（jǔ）：王敦的阴谋遂告失败。沮，失败，废止。[22]广室：宫殿名。[23]近日大事：指王敦反叛，打败朝廷军队，而后独揽朝政的举动。[24]二宫无恙：两宫暂尚安好。此处指皇帝与太子，都没有被废除。恙，祸，灾。[25]固副所望：意即满足心愿、达到目的，不再有别的歪心思。副，符合，满足。[26]自如明诏：自然是像陛下所说。意即皇帝与太子不会被废。[27]郝嘏（gǔ）：东晋官员，周𫖮的部下。时周𫖮代戴渊为护军将军，以郝嘏为长史。

[28]备位大臣：意即身居大臣之位。备位是谦辞，犹言“充数”。周顗的人格比刘隗、刁协要高出一筹，刘隗、刁协是大难临头各自奔，而周顗面临灾难，岿然不动，高下立现。[29]宁可：岂可，怎么能。草间求活：指逃到草泽山间等荒僻之地苟活存世。草间，犹“草莽”“草棘”“草泽”，代指荒僻之地。[30]外投胡、越：意即外逃到北方或南方的少数民族地区。越，即百越，古时居住在今江、浙、闽、粤一带的少数民族。[31]吕猗：东晋官员，时为周顗的参军，奸诈之人。[32]台郎：即尚书郎，尚书省的办事人员。尚书台最高长官是尚书令，副手是左右仆射。令下又设若干曹尚书，每曹下更设尚书郎若干人，掌文书和诏令的起草。[33]奸谄：奸邪，谄媚。[34]皆有高名：都有很好的声誉和名望。高名，盛名，美名。[35]足以惑众：意即有威望，说话有号召力。[36]近者之言：指周顗、戴渊在石头城回答王敦时所说的话。[37]曾无怍色：竟然没有一点畏惧之情。曾（zēng），乃，竟。怍，惭愧，这里指畏惧。[38]必有再举之忧：我担心还得再一次起兵攻打您。[39]从容：假装漫不经心。[40]南北之望：周顗是汝南安城（今河南汝南县东南）人，戴渊是广陵（今江苏扬州市西北）人，一个是北方的名人，一个是南方的名人，晋室南迁，二人名冠当时。望，声望，名望。[41]当登三司：当处于三公之位。东汉曾改大司马为太尉，与司徒、司空并称“三公”，也称“三司”。[42]令仆：指尚书令及左右仆射。[43]若不尔：如果不是这样。意即既不打算让他们担任“三司”的高官，又不是仅担任“令仆”一类的官员，左右为难，那只好把他们杀掉了事。[44]丙子：三月二十三日。[45]邓岳：一名邓岱，字伯山，陈郡阳夏（今河南太康县）人，东晋将领。大将军王敦以为参军，迁西阳太守。参加王敦之乱，坐罪禁锢。王导用为从事中郎，再任西阳太守。参与平定苏峻之乱、郭默之乱，领兵攻打夜郎、成汉，屡立战功，拜平南将军，封宜城县开国伯。传见《晋书》卷八十一。收：逮捕。[46]周伯仁：即周顗，字伯仁。[47]戴若思：即戴渊，字若思。[48]人情：人们的反应，人们的看法。[49]悠悠之言：社会上的一般言论，指人们对王敦举兵向朝廷的非议。未达高义：不能理解你的崇高目的。[50]群情帖然：犹言众心安定。帖然，赞成、安定的样子。[51]粗疏：粗心。[52]不相当：不合适，指德识与官位不相称。[53]愕然自失：吃惊王敦态度的改变而自觉失言。愕然，吃惊的样子。[54]王峤（jiào）：字开山，太原晋阳人。东晋官员。时任王敦参军，爵九原县公。王敦反叛时，曾劝其不要杀名士周顗、戴渊。传见《晋书》卷七十五。[55]济济多士，文王以宁：意思是说有了威仪济济的众多贤士，文王的国家就因此安宁。语出《诗·文王》。王峤引此劝阻王敦不要杀害这些名士。济济，多而整齐的样子。多士，众多的士子。[56]以献替忤旨：由于提意见让你不开心。献替，“献可替否”的略语，意思是进献其可行者，除去不可行者，这里指提意见。忤旨，不对心思。忤，违背，违逆。[57]便以衅鼓：便将其杀头。古代新制鼓成，杀牲以祭，用其血涂抹缝隙，这里指杀人。[58]黜：贬官，降职。领军长史：领军将军（亦称中领军）的长史。魏晋以后，凡刺史带将军称号开府的，其幕府长史多兼任首郡太守，所以位任颇重。王峤以大将军府参军黜为领军长史，可见王敦府重于诸府。[59]浑：即王浑：字玄冲，魏晋名臣，入晋，官至司徒。王浑为晋灭吴的统军将军之

一。传见《晋书》卷四十二。［60］太庙：皇族的宗庙。［61］大言：放声，高声。［62］神祇（qí）：天神与地神，泛指神明。［63］收人：逮捕、押送周顗的人员。［64］踵（zhǒng）：脚后跟。［65］容止自若：面容、举止就和往常一样。自若，自如，照旧。［66］劳敦：慰劳、犒劳王敦。［67］容惨：面容悲怆。［68］向：刚才。［69］凡人遇汝：过去对待你就像对待普通人一样。遇，对待。［70］謇（jiǎn）愕：坚持真理，仗义正直的样子。愕，通"谔"，形容直话直说。［71］阿党：没有原则地顺从、讨好于人。阿，曲从。党，拉帮结派。［72］赦后加之极刑：先已饶过了人家，而后又将人处死。赦，指王敦进入石头城于三月十八日大赦天下之事。［73］伤惋：悲伤，惋惜。［74］因：随后，接着。勃然：因生气而变脸色的样子。数（shǔ）：指责，批评。［75］抗旌：对抗朝廷的旌旗。古代凡出征必建旌旗，这里代指朝廷的军队。［76］图为不轨：阴谋造反。不轨，越出常轨，不遵守法度。［77］祸及门户：意即将招致满门被杀。［78］狂悖：狂妄，无理。悖，违背道理，错误。［79］为之惧：为他感到害怕。［80］劝彬起谢：劝说王彬起来向王敦道个歉。谢，道歉，谢罪。王导如此说，显然是与王敦同流合污了。［81］复何谢：又有什么可道歉的。［82］脚痛孰若颈痛：脚痛怎么比得上割颈之痛。［83］殊无：毫无。［84］竟不肯拜：到头来也没有向王敦赔礼。竟，到头来，到底。［85］料检：整理，检查。中书故事：指中书省所保存的档案资料。［86］伯仁由我而死：愧悔当初王敦三问己而不答。按：王导作为朝廷重臣，王敦反，没有是非观点，周顗救了他，就认为是不该死，而周顗为国的一片忠诚，怎么就看不到呢！［87］幽冥之中：犹言黄泉之下。［88］负此良友：辜负了周顗这个好朋友。按：周顗救了一个白眼狼。王导辜负的，不仅是周顗，而是整个东晋王朝！［89］沈充拔吴国：沈充是王敦的死党，首先从吴兴起兵响应王敦，今又擅自灭吴国。吴是晋朝的诸侯国，都城在今江苏苏州市。［90］张茂：东晋官员，为吴国内史，被王敦的死党沈充杀害。

初，王敦闻甘卓起兵，大惧。卓兄子卬[1]为敦参军，敦使卬归说卓曰："君此自是臣节[2]，不相责也。吾家计急[3]，不得不尔。想便旋军襄阳[4]，当更结好。"卓虽慕忠义，性多疑少决[5]，军于猪口[6]，欲待诸方[7]同出军，稽留累旬[8]不前。敦既得建康[9]，乃遣台使以驺虞幡驻卓军[10]。卓闻周顗、戴渊死，流涕谓卬曰："吾之所忧，正为今日。且使圣上元吉[11]，太子无恙，吾临敦上流[12]，亦未敢遽危社稷[13]。适吾径据武昌[14]，敦势逼[15]，必劫天子以绝四海之望[16]，不如还襄阳，更思后图。"即命旋军。都尉秦康[17]与乐道融说卓曰："今分兵断彭泽[18]，使敦上下不得相赴[19]，其众自然离散，可一战擒也。将军起义兵而中止，窃为将军不取。且将军之下，士卒各求其利[20]，欲求西还，亦恐不可得也。”卓不从。道融昼夜泣谏，卓不听。道融忧愤而卒。卓性本宽和，忽更强塞[21]，径还襄阳，意气骚扰[22]，举动失常，识者知其将死矣。

王敦以西阳王羕[23]为太宰，加王导尚书令，王廙为荆州刺史，改易百官及诸军镇[24]，转徙黜免[25]者以百数；或朝行暮改，惟意所欲。敦将还武昌，谢鲲言于敦曰："公至都以来，称疾不朝，是以虽建勋而人心实有未达[26]。今若朝天子，使君臣释然[27]，则物情皆悦服矣[28]。”敦曰："君能保无变乎[29]？”对曰："鲲近日入觐[30]，主上侧席[31]，迟得见公[32]，宫省穆然[33]，必无虞[34]也。公若入朝，鲲请侍从。”敦勃然曰："正复[35]杀君等数百人，亦复何损于时！”竟不朝而去。夏，四月，敦还武昌。

初，宜都内史天门周级闻谯王承起兵[36]，使其兄子该[37]潜诣长沙[38]，申款于承[39]。魏乂等攻湘州[40]急，承遣该及从事邵陵周崎间出求救[41]，皆为逻者[42]所得。乂使崎语城中，称大将军已克建康，甘卓还襄阳，外援理绝[43]。崎伪[44]许之，既至城下，大呼曰："援兵寻[45]至，努力坚守！”乂杀之。乂考[46]该至死，竟不言其故[47]，周级由是获免。

乂等攻战日逼[48]，敦又送所得台中人书疏[49]，令乂射以示承。城中知朝廷不守，莫不怅惋[50]。相持且百日[51]，刘翼[52]战死，士卒死伤相枕[53]。癸巳[54]，乂拔长沙，承等皆被执。乂将杀虞悝，子弟对之号泣。悝曰："人生会当有死[55]，今阖门[56]为忠义之鬼，亦复何恨！”

乂以槛车[57]载承及易雄送武昌，佐吏皆奔散，惟主簿桓雄[58]、西曹书佐韩阶[59]、从事武延[60]，毁服为僮[61]从承，不离左右。乂见桓雄姿貌举止非凡人，惮[62]而杀之。韩阶、武延执志愈固[63]。荆州刺史王廙承敦旨[64]，杀承于道中，阶、延送承丧[65]至都，葬之而去。易雄至武昌，意气慷慨[66]，曾无惧容[67]。敦遣人以檄示雄而数之[68]，雄曰："此实有之，惜雄位微力弱，不能救国难耳。今日之死，固所愿也。”敦惮其辞正，释之，遣就舍。众人皆贺之，雄笑曰："吾安得生！”既而敦遣人潜杀之[69]。

魏乂求[70]邓骞甚急，乡人皆为之惧，骞笑曰：“此欲用我耳，彼新得州[71]，多杀忠良，故求我以厌人望[72]也。”乃往诣乂，乂喜曰：“君，古之解扬[73]也。”以为别驾[74]。

诏以陶侃领[75]湘州刺史，王敦上侃复还广州[76]，加散骑常侍[77]。

甲午[78]，前赵羊后[79]卒，谥曰“献文”。

甘卓家人皆劝卓备王敦，卓不从，悉散兵佃作[80]，闻谏，辄怒。襄阳太守周虑[81]密承敦意，诈言湖中多鱼，劝卓遣左右悉出捕鱼。五月，乙亥[82]，虑引兵袭卓于寝室，杀之，传首于敦，并杀其诸子。敦以从事中郎周抚[83]督沔北[84]诸军事，代卓镇沔中[85]。抚，访[86]之子也。

敦既得志，暴慢滋甚[87]，四方贡献多入其府，将相岳牧[88]皆出其门。以沈充、钱凤为谋主[89]，唯二人之言是从，所谮[90]无不死者。以诸葛瑶、邓岳、周抚、李恒、谢雍为爪牙[91]。充等并凶险骄恣[92]，大起营府，侵人田宅，剽掠市道[93]，识者咸知其将败焉[94]。

（以上为第七段，写王敦反叛，梁州刺史甘卓优柔寡断，观望犹豫，失去战机，而后又贸然撤回，被王敦暗杀；湘州刺史司马承抗争到底，城破被执，为国捐躯。）

【注释】

[1]卬（áng）：即甘卬，梁州刺史甘卓的侄子，时为大将军王敦的参军。 [2]自是臣节：自然是作为臣子的节义。 [3]吾家计急：我们家族所处的形势紧急，指晋元帝抑制、分散王氏势力，才起兵攻入建康。 [4]想便旋军襄阳：如果你现时能把军队撤回到襄阳。旋，回，撤回。[5]少决：缺乏决断。 [6]猪口：一作“堵口”，地名，即江夏云杜县东夏水注入沔水处，在今湖北仙桃市沔城镇西北。 [7]诸方：指讨伐王敦的各路人马。 [8]稽留累旬：一直驻兵不前几十天。稽留，停留。旬，十天为一旬。 [9]既得建康：意即已经控制了朝廷政权。 [10]乃遣台使：就以朝廷的名义派出一名使者。台使，朝廷的使者。以驺（zōu）虞幡驻卓军：以挥动驺虞幡为号，命令甘卓的军队停止前进。驺虞幡，一种画有驺虞的旗帜。晋代朝廷有白虎幡、驺虞幡。白虎威猛主杀，用于督促进军；驺虞仁兽，用以命令撤退。 [11]元吉：大吉。 [12]临敦上流：驻兵于王敦的上游，指王敦驻兵武昌，甘卓占据襄阳，可以威慑处于下游的王敦。 [13]亦未敢遽危社稷：意思是我看王敦也不敢对朝廷怎么样。遽，疾，立即。 [14]适吾径据武昌：如果我直接占据了武昌。适，假如。径据，直接占领。 [15]敦势逼：王敦所处的形势紧迫。 [16]绝四海之望：断绝天下人对晋王朝存在的希望，意思是还不如现时这样的局面。 [17]秦康：梁州刺史甘卓属官，时为都尉。 [18]断彭泽：驻兵彭泽，以断绝王敦的老巢武昌与他现在所占据建康之

间的联络。彭泽，县名，在今江西湖口县东，地处武昌与建康之间的水路要冲。［19］不得相赴：不能相互救援。赴，趋往。［20］各求其利：意即做成一件事情，每个人都能有所收获；如果贸然退兵，则一无所获。［21］忽更强塞：忽然变得固执己见，一意孤行。指甘卓听不进任何意见。更，变。强，强暴，横蛮。塞，窒塞而不疏通。［22］骚扰：烦躁不安。［23］西阳王羕（yàng）：即司马羕，字延年，受封西阳县公，进为西阳王。传见《晋书》卷三十七。西阳王，封地西阳郡，都城在今湖北黄冈市东。［24］改易百官及诸军镇：改换朝廷官员及各军镇守将，培植私党。［25］转徙黜（chù）免：调动、迁移、降职、罢免。［26］实有未达：不明白你到底想干什么。达，明白，理解。［27］释然：犹言“放心”，疑虑消除的样子。［28］物情：人心，人情。物，人。悦服：心悦诚服。［29］君能保无变乎：你能保证没有突然的情况发生吗？王敦害怕入朝发生变故，性命不保。［30］觐（jìn）：大臣朝见天子。［31］侧席：侧身而坐，表示诚心等待贤良，虚心对待臣下。［32］迟得见公：皇帝期待着见到你。迟，等待。［33］宫省穆然：整个宫廷必然是一片谦和肃静的样子。宫省，代指整个朝廷上下。［34］无虞：不会有任何问题。虞，虑，意外。［35］正复：即使。［36］宜都内史：宜都郡守的属官，掌管民政。宜都，郡名，郡治在今湖北宜都市。周级：晋时大庸（今湖南张家界市永定区）天门山人，为宜都内史。其侄子周该被杀，自己也险些丧命。他为晋元帝平定王敦叛乱，却没得到礼遇厚待，因而看破世俗，归隐天门山，悲愤一生，郁郁而终。传见《晋书》卷八十九。［37］兄子该：即周该，宜都内史周级的侄子，以义勇称。王敦起兵后，曾为周级送信于湘州刺史司马承，表明心意，后被俘，拷打致死。传见《晋书》卷八十九。［38］潜诣长沙：悄悄地到湘州刺史司马承的驻镇之处。［39］申款于承：向湘州刺史司马承表明拥护支持之意。申，申明，表示。款，款款之心，真心诚意。［40］湘州：州名，永嘉元年（307），分荆州、江州两州之衡阳、建昌、湘东、临湘、邵陵、营阳、桂阳、零陵八郡而置，州治临湘，辖境相当今湖南湘、资两水流域和湖北陆水流域。［41］邵陵：郡名，原为东吴置昭陵郡，晋避司马昭讳，改为邵陵，郡治邵陵，在今湖南邵阳市。此邵陵非颍川之邵陵。周崎（qí）：东晋邵陵人，曾任湘州从事。在王敦之乱时，坚守义节，为魏乂侦察兵所杀。传见《晋书》卷八十九。间出：偷偷出城。［42］逻者：敌方的巡逻骑兵。［43］外援理绝：等待外援来救的想法已经不可能实现。理绝，理应断绝。［44］伪：假装。［45］寻：不久。［46］考：通“拷”，拷打，拷问。［47］竟不言其故：到最终都没有说出事情的原委，保护了叔父周级。［48］日逼：日益急迫，日益危急。［49］台中人书疏：指司马承与朝廷官员之间的通信。［50］怅惋：感慨，惋惜。［51］且百日：将近一百天。且，将近。［52］刘翼：淮陵人，时为衡阳太守，曾从湘州刺史司马承起兵讨伐王敦。［53］相枕：互相枕藉、堆积，极言其多。［54］癸巳：四月十日。［55］会当：必然。［56］阖门：全家。虞悝弟弟虞望已在先前战斗中壮烈牺牲。阖，全，总共。［57］槛车：有栅栏的囚车。［58］桓雄：湘州长沙（今湖南长沙市）人，时任湘州主簿。忠义之士。传见《晋书》卷八十九。［59］西曹书佐：州刺史佐吏，晋改功曹书佐置，掌诸吏及选举事。韩阶：长沙人，时任湘州西曹书佐，忠义之士。传见《晋书》卷八十九。［60］从事：晋时为将帅的幕僚。武延：湘州从事，忠义之士，与韩阶等人一起陪侍被囚的司马承，一直将被杀的司马承的尸体安葬好后才离开。［61］毁服为僮：毁弃官服，化装为奴仆。［62］惮：惧怕。［63］执志愈固：意志更加坚定。执志，坚持自己的思想节操。［64］承敦旨：秉承王敦的意思。［65］承丧：司马承的灵柩。［66］慷慨：充满正气，情绪激昂。［67］曾无惧容：一点儿也没有害怕的样子。［68］檄（xí）：指以前易雄所写的列举王敦罪恶、号召天下起兵讨伐王敦的檄文。数（shǔ）：数落，指责。［69］既而：事后不久。潜杀：秘密杀害。［70］求：寻求，寻找。［71］新得州：刚刚攻下湘州。［72］以厌人望：以顺从众人的愿望。厌，满足，顺从。［73］解扬：春秋时晋国大夫。宣公十五年（前594），楚国攻打宋国。晋国派解扬到宋国宣布晋君的要求，让宋国不要降楚，并表明晋国救兵不久即到。解扬途中被楚军俘获，楚君以重金收买他，使反其言。他伪许，等登上楼车后，便把晋君的意图呼告给宋人。楚君感叹他的忠心，没有杀他。［74］别驾：官名，亦称别驾从事，州刺史的高级僚属，每出行，自乘一车，故称“别驾”。［75］领：代理，兼管。［76］上侃复还广州：上奏让陶侃仍回原地任广州刺史。［77］散骑常侍：侍从皇帝左右，掌表诏和规谏，起参谋顾问之用。此为给陶侃的加官。［78］甲午：四月十一日。［79］前赵羊后：即羊献容，晋惠帝司马衷皇后。晋亡，被前赵国主刘曜所虏，立为皇后，故称“前赵羊后”。传见《晋书》卷三十一。［80］佃（diàn）作：从事农业耕作。［81］周虑：时为襄阳太守，受叛首王敦密嘱，杀害梁州刺史甘卓。［82］乙亥：五月二十三日。［83］从事中郎：郎官的一种，为帝王近侍官。周抚：字道和，汝南安城（今河南平舆县）人，东晋名将，梁州刺史周访之子。传见《晋书》卷五十八。［84］沔（miǎn）北：即汉水以北。沔，沔水，水名，汉水的上游。古代也指整个汉水。［85］沔中：地区名，指今陕西汉中至湖北襄阳市汉水（沔水）流域地区。［86］访：即周访，字士达，晋朝名将。传见《晋书》卷五十八。［87］暴慢：凶暴，傲慢。滋甚：更加厉害，有过之而无不及。［88］岳牧：指一方的诸侯之长，传说舜时有四岳、十二牧。此处用以代指州刺史。［89］钱凤：字世仪，东晋初年王敦的部属谋士，担任铠曹参军，曾多次怂恿王敦反对东晋政权。谋主：主谋，言听计从的心腹谋士。［90］谮（zèn）：说人坏话，以挑拨、诬陷等手段加害于人。［91］诸葛瑶等人：王敦的心腹爪牙。爪牙：比喻武臣。［92］骄恣：骄傲，放纵。［93］剽掠市道：抢东西于市场，劫人财物于道路。剽掠，抢劫掠夺，击杀。［94］识者：有识之士。咸：皆，都。

秋，七月，后赵中山公虎拔泰山[1]，执徐龛送襄国[2]。后赵王勒盛之以囊[3]，于百尺楼上扑杀[4]之，命王伏都[5]等妻子刳而食之[6]，坑其降卒三千人。

兖州刺史郗鉴[7]在邹山三年[8]，有众数万。战争不息，百姓饥馑[9]，掘野鼠、蛰燕[10]而食之，为后赵所逼，退屯合肥[11]。尚书右仆射纪瞻[12]，以鉴雅望清德[13]，宜从容台阁[14]，上疏请征之，乃征拜尚书[15]。徐、兖间诸坞[16]多降于后赵，后赵置守宰以抚之[17]。

王敦自领宁、益二州都督[18]。

冬，十月，己丑[19]，荆州刺史武陵康侯王廙[20]卒。

王敦以下邳内史王邃都督青、徐、幽、平四州诸军事[21]，镇淮阴[22]；卫将军王含都督沔南[23]诸军事，领荆州刺史；武昌太守丹杨王谅[24]为交州[25]刺史，使谅收交州刺史修湛[26]、新昌太守梁硕[27]杀之。谅诱湛，斩之。硕举兵围谅于龙编[28]。

祖逖[29]既卒，后赵屡寇河南[30]，拔襄城、城父[31]，围谯[32]。豫州刺史祖约不能御[33]，退屯寿春[34]。后赵遂取陈留[35]，梁、郑之间复骚然矣[36]。

十一月，以临颍元公荀组[37]为太尉；辛酉[38]，薨。

罢司徒，并丞相府[39]。王敦以司徒官属为留府[40]。

帝忧愤成疾，闰月，己丑[41]，崩。司空王导受遗诏辅政。帝恭俭有余而明断[42]不足，故大业未复而祸乱内兴[43]。庚寅[44]，太子即皇帝位，大赦，尊所生母荀氏为建安君[45]。

十二月，赵主曜葬其父母于粟邑[46]，大赦。陵下周二里[47]，上高百尺，计用六万夫，作之百日乃成。役者夜作，继以脂烛，民甚苦之。游子远[48]谏，不听。

后赵濮阳景侯张宾[49]卒，后赵王勒哭之恸[50]，曰："天不欲成吾事邪，何夺吾右侯[51]之早也！"程遐[52]代为右长史。遐，世子[53]弘之舅也，勒每与遐议，有所不合，辄叹曰："右侯舍我去，乃令我与此辈共事，岂非酷乎[54]！"因流涕弥日[55]。

张茂[56]使将军韩璞帅众取陇西、南安之地[57]，置秦州[58]。

慕容廆[59]遣其世子皝[60]袭段末柸[61]，入令支[62]。掠其居民千余家而还。

（以上为第八段，写司马睿忧愤去世，太子司马绍即帝位，王导辅政，王敦左右朝政；石虎攻取泰山，残忍杀害徐龛；右侯张宾死，石勒十分伤心。）

【注释】

[1]拔：攻下。泰山：郡名，郡治奉高，在今山东泰安市东，时徐龛驻兵于此。[2]襄国：古都名，石勒都城，在今河北邢台市。[3]盛（chéng）：装。囊（náng）：袋子。[4]扑杀：摔下跌死。[5]王伏都：后赵将领，大兴三年（320），徐龛被晋国蔡豹打败，向后赵求救，后赵王石勒派王伏都等率军往救。后来徐龛叛变后赵，王伏都被徐龛杀死，同时被杀的还有三百多人。[6]刳而食之：割他的肉吃。刳（kū），剖，剖开，这里即指割。[7]兖州：晋时州治邹山县，在今山东邹城市东南。刺史：一州的行政长官。郗（xī）鉴：字道徽。高平郡金乡县（今山东金乡县）人。东晋重臣。传见《晋书》卷六十七。[8]在邹山三年：永嘉七年（313），时任中书侍郎的郗鉴率领高平居民一千多家，逃避战乱，退保邹山，琅邪王司马睿任命其为兖州刺史，镇守邹山。从那时算起，迄今已经九年。胡三省注曰："所谓三年有众数万者，言鉴既镇邹山之后，三年之间，民归之者有此数也。"[9]饥馑（jǐn）：饥荒，灾年。谷不熟为饥，蔬不熟为馑。[10]蛰（zhé）燕：冬季伏匿在岩穴中的燕子。[11]合肥：地名，在今安徽合肥市。[12]纪瞻：字思远，丹阳秣陵（今江苏南京市）人，东晋初年名士、重臣。官至尚书右仆射。传见《晋书》卷六十八。[13]雅望清德：美好的声望，廉洁的品德。[14]宜从容台阁：应该让他到朝廷里来为官。从容，悠闲自得的样子，形容其处理政事能够得心应手。台阁，尚书台的别称，这里指朝廷。[15]征拜：调到朝廷，授任以职。尚书：尚书台一般官员，掌文书和诏令的起草。[16]坞（wù）：本指防卫用的小堡。这里代指各地方武装势力。[17]守宰：太守与县令，指各级地方官。抚：镇守，安抚。[18]自领：自己任命。胡三省注曰："非君命，故史以自领书之。"宁、益二州：宁州，州治滇池，在今云南昆明市晋宁区东北。益州，州治成都，在今四川成都市。[19]己丑：十月九日。[20]武陵康侯王廙：王廙生前被封为武陵侯，死后谥号为康，故称之。[21]下邳（pī）内史：下邳郡的内史官员，主管民政事务。下邳，郡名，郡治下邳，在今江苏邳州市南部和睢宁县北部古邳镇。青、徐、幽、平四州：青州，州治临淄，在今山东淄博市临淄区。徐州，州治彭城，在今江苏徐州市。幽州，州治蓟县，在今北京市。平州，州治襄平，在今辽宁辽阳市，后移治昌黎，在今辽宁义县。[22]淮阴：县名，县治在今江苏淮安市淮阴区。[23]沔南：沔水以南地区。沔水，即汉水，长江第一大支流汉江，发源于秦岭南麓。流经沔县（今陕西勉县），故称沔水，东流至汉中，始称汉江，流经陕西、湖北两省，在湖北武汉市汉口龙王庙汇入长江。[24]武昌：郡名，郡治在今湖北鄂州市，为大将军王敦的驻镇所在地。王谅：字幼成，丹阳（今安徽当涂县东）人，王敦亲信，时任武昌太守，后为交州刺史，死于任上。传见《晋书》卷八十九。[25]交州：州名，州治龙编，在今越南河内市东北。[26]修湛（zhàn）：西晋官员，修则之子，被王敦的反对派新昌太守梁硕拥立为交州刺史。[27]新昌：郡名，吴孙皓建衡三年（271），分交趾立新兴郡，晋武帝太康三年（282），更名新昌郡，郡治麊泠县，在今越南永福麊泠县。梁硕：曾为交州太守顾秘的帐下督，后为新昌太守。[28]龙编：越南古地名，在今越南河内市东北，为交州和交趾郡治所。[29]祖逖（tì）：字士稚，东晋名将，曾率部北伐，收复黄河以南大片领土，任

豫州刺史，进号镇西将军。传见《晋书》卷六十二。［30］屡：多次，数次。寇：寇略，侵扰。河南：地区名，指今河南、安徽古黄河以南地区。［31］襄城、城父：皆晋县名。襄城，县治在今河南襄城县。城父，县治在今安徽亳州市东城父镇。［32］谯：晋郡名，郡治谯县，在今安徽亳州市。［33］豫州：州治陈县，在今河南周口市淮阳区。祖约：字士少，祖逖胞弟，祖逖死后，继任豫州刺史，接掌部众，参与平定王敦之乱，升任镇西将军。后起兵反叛，为后赵石勒诛灭。传见《晋书》卷一百。御：防御，控制。［34］寿春：县名，县治在今安徽寿县寿春镇。［35］陈留：晋代诸侯国名，都城小黄县，在今河南开封市东。［36］梁、郑之间：指今安徽砀山县至河南新郑市一带地区。梁、郑，皆古代国名，梁国都城在今河南商丘市城南，郑国都城在今河南新郑市。骚然：纷纷扰扰、动荡不安的样子。［37］临颍元公：指西晋大臣荀组，司徒荀勖第三子，生前封为临颍公，死后谥号为“元”，故称之。传见《晋书》卷三十九。［38］辛酉：十一月十二日。［39］罢司徒，并丞相府：此为王敦所为，将司徒所掌管的事务并归丞相府管理。司徒荀组调任后，司徒暂时无人，王敦时任丞相，便乘机将司徒的职权并为己有。［40］以司徒官属为留府：把司徒府的一班官员改组为王敦丞相府的驻京办事处，以加强对朝廷的控制。留府，驻京办事机构。［41］闰月，己丑：闰十一月十日。［42］明断：明察，决断。［43］大业未复：光复北方失地的事业没有任何成就。祸乱内兴：指发生大将军王敦的叛乱。［44］庚寅：闰十一月十一日。［45］建安君：即晋明帝司马绍的生母荀氏，为元帝司马睿宫人，初有宠，生明帝司马绍及琅邪王司马裒，为虞后所忌。自以位卑，每怀怨望，为帝所谴，渐见疏薄。及明帝即位，封建安君，别立宅第。太宁元年（323），帝迎还台内，供奉隆厚。赠豫章郡君，别立庙于京都。［46］粟邑：县名，县治在今陕西白水县西北。［47］陵下周二里：谓陵墓下沿周长二里，极言其奢侈。［48］游子远：冯翊大荔（今陕西大荔县）人，汉赵大臣。拜光禄大夫，官至大司徒、录尚书事。［49］濮阳景侯张宾：指后赵大臣张宾，石勒的智囊，生前封为濮阳侯，死后谥号为“景”，故称之。传见《晋书》卷一百五。［50］恸（tòng）：号啕大哭，非常伤心。［51］右侯：石勒对谋士张宾的尊称。张宾曾为右长史，又封侯，故称之。［52］程遐（xiá）：冀州（今河北高阳县西南）人，官至后赵右长史，介入朝廷纷争，被杀。［53］世子：诸侯王嫡长子之称，为王位继承人。［54］岂非酷乎：岂不是太惨了吗？胡三省注曰：“酷，惨也，虐也，言天夺张宾之年，何其虐我之惨也。”［55］弥（mí）日：一整天。弥，遍，满。［56］张茂：字成逊，凉武王张轨之子，凉昭王张寔胞弟，前凉第三位君主，公元320年至公元324年在位。传见《晋书》卷八十六。［57］韩璞（pú）：西晋官员，为凉州司马。陇西、南安：皆晋郡名。陇西，郡治襄武，在今甘肃陇西县东南。南安，郡治豲道县，在今甘肃陇西县东南渭水东岸。［58］秦州：张茂所置的秦州，州治陇西郡，在今甘肃陇西县东南。［59］慕容廆（guī）：字若洛廆，昌黎棘城（今辽宁义县）人，辽东割据者。传见《晋书》卷一百八。［60］皝（huàng）：即前燕建立者慕容皝，慕容廆之子，字元真。传见《晋书》卷一百九。［61］段末柸（bēi）：一作段末波，辽西鲜卑人，段部鲜卑首领，袭杀段涉复辰，自称单于。后自称幽州刺史。传见《魏书》卷一百三。［62］令支：县名，县治在今河北迁安市西，当时为段末柸的盘踞之地。

肃宗明皇帝[1]上

太宁元年（癸未，323年）

春，正月，成李骧、任回寇台登[2]，将军司马玖[3]战死，越嶲太守李钊、汉嘉太守王载皆以郡降于成[4]。

二月，庚戌[5]，葬元帝于建平陵[6]。

三月，戊寅朔[7]，改元[8]。

饶安、东光、安陵三县灾[9]，烧七千余家，死者万五千人。

后赵寇彭城、下邳[10]，徐州刺史卞敦与征北将军王邃退保盱眙[11]。敦，壶之从父兄也。

王敦谋篡位，讽朝廷征己[12]。帝手诏[13]征之。夏，四月，加敦黄钺、班剑[14]，奏事不名，入朝不趋，剑履上殿[15]。敦移镇姑孰[16]，屯于湖[17]。以司空导为司徒[18]，敦自领扬州牧。敦欲为逆，王彬谏之甚苦。敦变色，目左右[19]，将收[20]之。彬正色[21]曰："君昔岁杀兄[22]，今又杀弟邪！"敦乃止，以彬为豫章[23]太守。

后赵王勒遣使结好于慕容廆，廆执送建康。

成李骧等进攻宁州[24]，刺史褒中壮公王逊使将军姚岳等拒之[25]，战于螗蜋[26]，成兵大败。岳追至泸水[27]，成兵争济，溺死者千余人。岳以道远，不敢济而还。逊以岳不穷追，大怒，鞭之，怒甚，冠裂而卒。逊在州十四年，威行殊俗[28]。州人立其子坚行州府事[29]，诏除[30]坚宁州刺史。

广州刺史陶侃遣兵救交州，未至，梁硕拔龙编，夺刺史王谅节，谅不与，硕断其右臂。谅曰："死且不避，断臂何为！"逾旬而卒。

六月，壬子[31]，立妃庾氏为皇后[32]，以后兄中领军亮为中书监[33]。

梁硕据交州，凶暴失众心。陶侃遣参军高宝[34]攻硕，斩之。诏以侃领[35]交州刺史，进号征南大将军、开府仪同三司[36]。未几[37]，吏部郎阮放求为交州刺史[38]，许之。放行至宁浦[39]，遇高宝，为宝设馔[40]，伏兵杀之。宝兵击放，放走[41]，得免，至州少时[42]，病卒。放，咸之族子也[43]。

（以上为第九段，写太子司马绍即位，改元太宁，面临叛臣王敦淫威，选择忍让，手写诏书，征召入朝，尊崇无以复加；王敦阴谋夺位，王彬劝谏义正词严，被外放。）

【注释】

[1]肃宗明皇帝：即司马绍，谥号明皇帝，庙号肃宗，故称之。《谥法》曰："照临四方曰'明'。" [2]成：十六国之一。巴氐族领袖李特之子李雄在成都，自封为成都王，后称帝，国号成，史称成汉。后被东晋讨灭。李骧（xiāng）：字元龙，李特之弟，曾为骁骑将军。传见《晋书》卷一百二十一。任回：天水（今甘肃天水市）人。曾与李特等大姓率六郡流民入蜀就食。为李特将帅，屡立战功。寇台登：进犯台登县。台登县治在今四川冕宁县南泸沽镇。 [3]司马玖：东晋将领，曾为将军，在与成汉的战斗中战死。 [4]越嶲（xī）：郡治会元县，在今四川会理市西。李钊：东晋越嶲太守。王载：东晋汉嘉太守。汉嘉郡治在今四川雅安市北。两人兵败降于成汉。 [5]庚戌：二月二日。[6]建平陵：晋元帝陵墓，在今江苏南京市城北鸡笼山。[7]戊寅朔：三月一日。[8]改元：晋明帝改永昌二年为太宁元年。 [9]饶安、东光、安陵：皆晋县名。饶安，县治在今河北盐山县西南。东光，县治在今河北东光县东。安陵，县治在今河北吴桥县西北。灾：失火，火灾。 [10]彭城、下邳（pī）：皆郡国名。彭城郡治在今江苏徐州市，下邳国都城在今江苏睢宁县西北古邳镇东。 [11]卞敦：字仲仁，东晋名臣卞壸堂兄，济阴冤句（今山东菏泽市）人，为征虏将军、徐州刺史，从平王敦之乱，拜尚书，封益阳县侯。传见《晋书》卷七十。盱眙：县名，县治在今江苏盱眙县东北。 [12]讽朝廷征己：王敦给朝臣吹风，让皇帝把他从武昌调回朝廷。讽，用含蓄的语言示意。征，征调。 [13]手诏：亲自写诏书。 [14]黄钺：铜制的镀金大斧，原为帝王统兵征伐所执，后用为赐予权臣的一种仪仗，意即给予他生杀之权。班剑：手执木剑的仪仗队。胡三省引刘良《文选注》曰："班剑，谓执剑而从行者也。"引吕向曰："班，列也，言使勇士行列持剑以为仪仗也。"引李周翰曰："班剑，木剑无刃，假作剑形，画之以文，故曰班也。《晋志》，文武官公，给虎贲二十人，持班剑。"班，通"斑"。 [15]"奏事不名"三句：奏事不名，上朝时向皇帝禀奏事项不用司仪唱名拜见，此为特殊待遇。入朝不趋，上朝时不用小步急行之礼。古人见帝王和尊长时，须小步急行，即所谓"趋"，以示恭敬。剑履上殿，受赐者可以佩着剑、穿着靴进入殿堂见皇帝。 [16]姑孰：县名，在今安徽当涂县。 [17]屯于湖：驻兵在于湖城。于湖古城，在今安徽当涂县南。 [18]司徒：上年罢司徒官，并其职任于丞相，现征调王敦来到朝廷，又予以恢复。 [19]目左右：用眼睛向身边的侍从示意。目，名词动用，即使眼色。 [20]收：逮捕。[21]正色：态度严肃，神态严厉。 [22]昔岁杀兄：指怀帝永嘉六年（312）王敦杀王澄。时流民自巴蜀徙入荆湘，屯聚造反，王澄为荆州刺史，袭杀八千余人，激起更大规模的反抗，终难在荆湘久处。后应琅邪王司马睿征召，前去担任军咨祭酒，途经豫章，被族兄王敦所杀。王澄、王彬

皆王敦族人。［23］豫章：郡名，郡治南昌县，在今江西南昌市。［24］宁州：州名，州治滇池，在今云南昆明市晋宁区东北。［25］褒中壮公：王逊以功封褒中县公，谥号为壮，故称之。褒中，县名，县治在今陕西汉中市西北褒城镇。王逊：西晋将领。传见《晋书》卷八十一。姚岳：西晋将领，时为宁州将军。［26］螗（táng）蜋（láng）：一作"堂狼"，县名，县治在今云南巧家县东。［27］泸水：指今金沙江自四川攀枝花市会合雅砻江以后的河段。［28］威行殊俗：意即威震远方。殊俗，指风俗不同的边远地区。［29］坚：即王坚，宁州刺史王逊之子，其父去世后，代行州府之事，继任宁州刺史。行州府事：代理宁州刺史与南夷校尉府的职权。州，谓宁州。府，谓南夷校尉府。［30］诏除：朝廷正式任命。除，任命，授以职务。［31］壬子：六月六日。［32］立妃庾氏为皇后：主语为晋明帝司马绍。［33］中领军：即领军将军，统率皇帝的禁卫军。亮：即庾亮，字元规，东晋名臣。苏峻乱事平定后，出镇豫州，为征西将军，都督七州诸军事。传见《晋书》卷七十三。中书监：中书令的副职，离丞相只差一步。［34］高宝：广州刺史陶侃的属将，时为参军。［35］领：兼任他职。［36］进号：进升官爵的名号，指给陶侃加官"征南大将军"与"开府仪同三司"。［37］未几：不久。［38］吏部郎：即吏部郎中，主管选举。阮放：字思度，历任太学博士、太子中庶子、黄门侍郎、吏部侍郎，转交州刺史，诛杀陶侃部将高宝。赠廷尉。［39］宁浦：郡名，郡治在今广西横州市西南。［40］设馔：犹言"设宴"。馔（zhuàn），食物。［41］走：逃跑。［42］少时：不久。［43］咸：即阮咸，字仲容，魏晋名士，"竹林七贤"之一。传见《晋书》卷四十九。族子：同族兄弟之子。

陈安围赵征西将军刘贡于南安[1]，休屠王石武自桑城引兵趣上邽[2]以救之，与贡合击安，大破之。安收余骑八千，走保陇城[3]。

秋，七月，赵主曜自将围陇城，别遣兵围上邽。安频出战，辄败。右军将军刘干攻平襄[4]，克之，陇上[5]诸县悉降。安留其将杨伯支、姜冲儿[6]守陇城，自帅精骑突围，出奔陕中[7]。曜遣将军平先[8]等追之。安左挥七尺大刀，右运丈八蛇矛，近则刀、矛俱发，辄殪五六人[9]，远则左右驰射而走。先亦勇捷如飞，与安搏战，三交[10]，遂夺其蛇矛。会[11]日暮雨甚，安弃马与左右匿[12]于山中；赵兵索[13]之，不知所在。明日，安遣其将石容觇赵兵[14]，赵辅威将军呼延青人[15]获之，拷问安所在，容卒[16]不肯言，青人杀之。雨霁[17]，青人寻其迹，获安于涧曲[18]，斩之。安善抚将士[19]，与同甘苦，及死，陇上人思之。为作《壮士之歌》[20]。

杨伯支斩姜冲儿，以陇城降；别将宋亭斩赵募[21]，以上邽降。曜徙秦州[22]大姓杨、姜诸族二千余户于长安。氐、羌皆送任[23]请降；以赤亭羌酋姚弋仲为平西将军[24]，封平襄公。

帝畏王敦之逼，欲以郗鉴为外援，拜鉴兖州刺史，都督扬州、江西[25]诸军事，镇合肥。王敦忌之，表鉴[26]为尚书令。

八月，诏征鉴还，道经姑孰[27]，敦与之论西朝人士[28]，曰："乐彦辅[29]，短才耳，考其实，岂胜满武秋邪[30]！"鉴曰："彦辅道韵平淡[31]，愍怀[32]之废，柔而能正[33]；武秋失节之士[34]，安得拟[35]之！"敦曰："当是时，危机交急[36]。"鉴曰："丈夫当死生以之[37]。"敦恶[38]其言，不复相见，久留不遣。敦党皆劝敦杀之，敦不从。鉴还台[39]，遂与帝谋讨敦。

后赵中山公虎帅步骑四万击安东将军曹嶷[40]，青州郡县[41]多降之，遂围广固[42]。嶷出降，送襄国杀之，坑其众三万。虎欲尽杀嶷众，青州刺史刘征[43]曰："今留征，使牧民[44]也；无民焉牧[45]，征将归耳！"虎乃留男女七百口配征，使镇广固。

（以上为第十段，写汉赵主刘曜亲自出征，攻打割据陇上的陈安，将其消灭，陇上人作《壮士之歌》；王敦统揽朝政大权，郗鉴外放被召回，鉴与明帝共商讨伐王敦。）

【注释】

[1]刘贡：汉赵将领，时为征西将军。南安：郡名，郡治豲道县，在今甘肃陇西县东南渭水东岸。[2]桑城：地名，在今甘肃临洮县西南。趣上邽：奔向上邽城。趣，"趋"，急往。上邽，古城名，在今甘肃天水市西南，当时为陈安的驻镇之地。[3]陇城：即汉、魏陇县故城，在今甘肃张家川县。[4]刘干：陈安将领，时为右军将军。平襄：县名，县治在今甘肃通渭县西南。[5]陇上：陇山绵亘于甘肃清水县、张家川县和陕西陇县、宝鸡市之间，这一带通称陇上，当时是陈安的势力范围。[6]杨伯支、姜冲儿：陈安将领，曾留守陇城。陈安被杀，杨伯支斩姜冲儿，投降汉赵。[7]陕中：古城名，在今甘肃张家川县陇县故城。[8]平先：汉赵将领。[9]辄殪五六人：一出手就能杀死五六个敌兵。辄，则，总是。殪（yì），杀死。[10]三交：三次交手，三个回合。[11]会：适逢，正赶上。[12]匿：藏匿，隐藏。[13]索：搜索，寻找。[14]石容：陈安将领。觇（chān）：窥视，暗中侦察。[15]辅威将军：杂号将军之名，主征伐。呼延青人：姓呼延，名青人，汉赵将领，时为辅威将军。[16]卒：始终。[17]雨霁：雨过天晴。霁，雨停止。[18]涧曲：山沟拐角的地方。涧，山间流水的沟。曲，弯曲的地方。[19]善抚

将士：指对部下有恩。抚，体恤，爱护。［20］《壮士之歌》：歌词是："陇上壮士有陈安，躯干虽小腹中宽，爱养将士同心肝，騄骢父马铁瑕鞍。七尺大刀奋如湍，丈八蛇矛左右盘，十荡十决无当前。战始三交失蛇矛，弃我騄骢窜岩幽，为我外援而悬头；西流之水东流河，一去不还奈子何！"［21］别将：与主力部队配合作战的别路将领。宋亭：陈安的别将，陈安被杀，投降汉赵。赵募：陈安的将领，被陈安别将宋亭所杀。［22］徙：强制搬迁。秦州：州治冀县，在今甘肃甘谷县东南。［23］送任：派出人质。［24］赤亭羌酋：赤亭地区的羌族头领。赤亭，在今甘肃陇西县西，汉时烧当羌的一支徙居于此，后人称之为"赤亭羌"。姚弋仲：南安赤亭羌族首领，后秦开国皇帝姚苌之父。永嘉之乱后，率部东迁，自领雍州刺史、扶风郡公，先后投靠汉赵、后赵以及东晋。传见《晋书》卷一百十六。［25］江西：亦称"江右"，即长江以西，江南西部。［26］表鉴：上表请求改任郗鉴。［27］姑孰：即姑孰镇，位于安徽当涂县。［28］西朝人士：西晋王朝的重要人物。西朝，东晋人称建都洛阳的西晋政权为西朝。［29］乐彦辅：即乐广，字彦辅，南阳淯阳（今河南南阳市）人，西晋名士，与王衍同为西晋清谈领袖。传见《晋书》卷四十三。［30］岂胜满武秋邪：哪能比满奋强呢？岂胜，怎能超过。满武秋，即满奋，字武秋，高平昌邑（今山东巨野县）人，西晋大臣，曹魏太尉满宠之孙。［31］道韵平淡：风格朴实。道韵，气韵，气质。［32］愍（mǐn）怀：即愍怀太子司马遹，字熙祖，小字沙门，晋武帝司马炎之孙，晋惠帝司马衷长子，西晋太子。被皇后贾南风设计谋害，诬陷其谋反，囚于金墉城，后徙许昌宫，被杀害。后追谥为愍怀太子。传见《晋书》卷五十三。［33］柔而能正：指乐广表面谦和却能坚守刚正之节。按：太子司马遹被废为庶人，送许昌宫幽禁，下令宫臣不得辞送。江统、潘滔等冒禁至伊水拜辞涕泣，司隶校尉满奋收缚送狱，而河南尹乐广释放了所有被拘的官员。所以郗鉴说乐广"柔而能正"。［34］失节之士：指满奋收捕江统、潘滔等送太子的东宫官员以讨好贾南风。［35］拟：比拟，等同。［36］危机交急：指贾后、贾谧专权妄为，倾危朝政。王敦在这里似乎以赵王司马伦自况，篡位之心已溢于言表。［37］死生以之：为坚持真理而豁出生命。［38］恶（wù）：讨厌，厌恶。［39］还台：回到朝廷。［40］曹嶷（yí）：东莱郡掖县（今山东莱州市）人，西晋末年将领。任安东大将军、青州刺史，驻守青州十二年，后来受到后赵石勒的攻打，兵败被杀。［41］青州郡县：晋时青州郡治广固，下辖八郡，即齐郡、北海郡、乐安郡、高密郡、平昌郡、东莱郡、长广郡、东牟郡。［42］广固：古城名，在今山东青州市西北。时为安东将军曹嶷的驻镇之处。［43］刘征：后赵官员，时为青州刺史。［44］牧民：管理百姓，以放牧牲畜为喻。牧，统治。［45］无民焉牧：没有民众怎么管理。焉，疑问代词，怎么。

赵主曜自陇上西击凉州[1]，遣其将刘咸攻韩璞于冀城[2]，呼延晏[3]攻宁羌护军阴鉴于桑壁[4]，曜自将戎卒二十八万军于河上[5]，列营百余里，金鼓之声动地，河水为沸，张茂临河诸戍[6]，皆望风奔溃[7]。曜扬声欲百道俱济[8]，直抵姑臧[9]，凉州大震。

参军马岌[10]劝茂亲出拒战，长史氾祎[11]怒，请斩之。岌曰："氾公糟粕[12]书生，刺举小才[13]，不思家国大计。明公父子[14]欲为朝廷诛刘曜有年矣，今曜自至，远近之情[15]，共观明公此举，当立信勇之验以副秦、陇之望[16]，力虽不敌，势不可以不出[17]。"茂曰："善！"乃出屯石头[18]。茂谓参军陈珍[19]曰："刘曜举三秦之众[20]，乘胜席卷[21]而来，将若之何？"珍曰："曜兵虽多，精卒至少，大抵皆氐、羌乌合之众[22]，恩信未洽[23]，且有山东之虞[24]，安能舍其腹心之疾，旷日持久，与我争河西之地[25]邪！若二旬不退，珍请得弊卒[26]数千，为明公擒之。"茂喜，使珍将兵救韩璞。

赵诸将争欲济河，赵主曜曰："吾军势虽盛，然畏威[27]而来者三分有二，中军疲困[28]，其实难用。今但按甲[29]勿动，以吾威声震之，若出中旬[30]，张茂之表[31]不至者，吾为负卿[32]矣。"茂寻遣使称藩[33]，献马、牛、羊、珍宝不可胜纪[34]。曜拜茂侍中，都督凉、南北秦、梁、益、巴、汉、陇右、西域杂夷[35]、匈奴诸军事，太师、凉州牧，封凉王，加九锡[36]。

杨难敌闻陈安死，大惧，与弟坚头南奔汉中[37]，赵镇西将军刘厚[38]追击之，大获而还。赵主曜以大鸿胪田崧[39]为镇南大将军、益州刺史，镇仇池[40]。难敌送任请降于成[41]，成安北将军李稚受难敌赂[42]，不送难敌于成都。赵兵退，即遣归武都[43]，难敌遂据险不服。

稚自悔失计，亟[44]请讨之。雄遣稚兄侍中、中领军琀与稚出白水[45]，征东将军李寿[46]及琀弟玝出阴平[47]，以击难敌。群臣谏，不听。难敌遣兵拒之，寿、玝不得进，而琀、稚长驱至下辨[48]。难敌遣兵断其归路，四面攻之。琀、稚深入无继[49]，皆为难敌所杀，死者数千人。琀，荡之长子。有才望[50]，雄欲以为嗣，闻其死，不食者数日。

（以上为第十一段，写汉赵主刘曜率领大军攻打凉州张茂，张茂投降，遣使称藩；另一割据势力杨难敌畏惧而投奔成汉，而后反悔，据险自守，打败成汉围剿的将领。）

【注释】

[1]凉州：州治姑臧，在今甘肃武威市，时为凉州刺史张茂的驻镇之地。 [2]刘咸：汉赵将领。韩璞（pú）：西晋官员，时为凉州司马。冀城：县名，县治在今甘肃甘谷县南。 [3]呼延晏：汉赵将领，攻灭西晋俘获晋怀帝。现率兵攻打凉州刺史张茂的地盘。 [4]宁羌护军：官名，前凉置，统兵，管理羌族事务。阴鉴：前凉官员，时为宁羌护军。桑壁：地名，在今甘肃陇西县。[5]河上：黄河边上。 [6]临河诸戍：指张茂沿着黄河边部署的防守士兵。 [7]望风：听到风声，见到动静、气势。奔溃：奔逃，溃散。 [8]扬声：扬言。百道俱济：各路大军同时强渡黄河。百道，指各路大军。济，渡河。 [9]直抵姑臧：直取姑臧。姑臧，郡名，在今甘肃武威市，当时是张茂凉州政权的都城所在地。 [10]马岌（jí）：前凉将领，时为参军。前赵刘曜率众二十八万攻凉，河西大震，劝茂亲出拒敌，茂从之，寻称藩于赵而罢兵。张骏时迁酒泉太守。张祚时任尚书。祚淫暴不道，以切谏，被免官。晋桓温北伐入关，祚惧，乃复其官而与之谋。 [11]氾（fán）祎（yī）：字休臧，敦煌人，为福禄令，左迁居延令，后仕张寔为左长史。 [12]糟粕（pò）：造酒剩下的渣滓，比喻废弃无用。 [13]刺举小才：只有刺探揭发别人隐私的小聪明。 [14]明公父子：指张茂之父张轨，与其兄张寔及张茂本人。明公，对张茂的敬称。 [15]远近之情：全国各地区的人心动向。情，民情。 [16]当立信勇之验：应当做出一种既勇敢又有信义的样子。以副秦、陇之望：以顺应秦川、陇上一带人民的愿望。副，相称，符合。望，民众的期望。 [17]势不可以不出：无论如何我们不能不出兵抗敌。势，势必，无论如何。 [18]石头：城名，在今甘肃武威市东。 [19]陈珍：前凉将领，时为张茂参军。 [20]举三秦之众：把他占领的三秦地区的军民倾巢出动。 [21]乘胜：指新破陈安，乘胜而来。席卷：像卷起席子一样把东西全部卷进去，包括无余。 [22]乌合之众：形容一帮人没有严密组织而临时凑合，如群乌暂时聚合在一起。[23]恩信未洽：刘曜的恩惠与信义尚未深入人心。洽，浸润。 [24]山东之虞：华山以东的军事势力对他的威胁，指晋朝的兵力与后赵石勒的兵力。山东，华山或崤山以东，当时为石勒与晋朝正在彼此争夺的区域，这里主要指石勒的威胁。虞，忧虑。 [25]河西之地：指今甘肃黄河以西张茂统治的地区。 [26]弊卒：老弱残兵。弊，通“敝”，疲敝，衰弱。 [27]畏威：畏惧刘曜的声威。 [28]中军：指主要的作战部队。疲困：疲敝不堪。 [29]按甲：犹“按兵”，驻扎下来。[30]出中旬：过了这个月的中旬。 [31]张茂之表：指张茂的降表。 [32]吾为负卿：那就算我对不起将军。负，辜负，对不起。卿，指诸位将领。 [33]寻：不久。遣使称藩：派使臣来求和称臣。称藩，犹称臣。藩，王朝的属国。 [34]不可胜纪：无法统计。纪，通“计”。 [35]南北秦：即南秦州、北秦州。南秦州，东晋时期侨置州名，治所在南郑，在今陕西汉中市。北秦州，治所在安阳，在今甘肃秦安县北安伏镇。巴：巴州，汉赵刘曜始置，州治在今重庆市奉节县东。西域杂夷：西域的少数民族。西域，指玉门关、阳关以西，葱岭以东，巴尔喀什湖东、南及新疆广大地区。按：此为名义上的虚衔，多数地区并不在汉赵控制范围内。 [36]九锡：古代帝王赏赐给权臣的九种特殊器物，以示特别的恩遇。 [37]坚头：即杨坚头，杨茂搜的少子，杨难敌的弟

弟，与其兄杨难敌分别统领部众。汉中：晋郡名，郡治南郑，在今陕西汉中市。［38］刘厚：汉赵将领，时为镇西将军。［39］田崧（sōng）：字子岱，汉赵官员，为大鸿胪、镇南将军、益州刺史。［40］镇仇池：杨难敌出逃，刘曜派田崧出镇仇池，被杨难敌俘获杀死。［41］任：人质。成：即成国，李特之子李雄在成都建立的政权，十六国之一。［42］李稚：成王李雄兄长李荡之子，李雄部将，时任镇北将军。赂：贿赂。［43］武都：郡名，郡治下辨，在今甘肃成县西。［44］亟（jí）：急切，急迫。［45］琀（hán）：即李琀，李荡长子，成汉国主李雄之侄。李琀与弟李稚率军攻打武都杨难敌之战中被杀。白水：晋县名，县治在今四川青川县东北。［46］李寿：成汉第四位皇帝，公元338年至公元343年在位。传见《晋书》卷一百二十一。［47］弟玝（wǔ）：李寿之弟李玝，李荡第五子，成国主李雄之侄。李雄死，李班嗣位，李玝与弟李期、李越皆来奔丧。李期、李越杀李班。李玝奔晋，成为东晋官员，从桓温征西，战死于山阳。阴平：县名，县治在今甘肃文县西北。［48］下辨：县名，县治在今甘肃成县西北，为当时武都郡的郡治所在地。［49］无继：无后续部队。［50］有才望：有才能，有名望。

初，赵主曜长子俭[1]，次子胤[2]。胤年十岁，长七尺五寸，汉主聪[3]奇之，谓曜曰："此儿神气，非义真[4]之比也，当以为嗣。"曜曰："藩国[5]之嗣，能守祭祀足矣，不敢乱长幼之序。"聪曰："卿之勋德[6]，当世受专征之任[7]，非他臣之比也，吾当更以一国封义真[8]。"乃封俭为临海王，立胤为世子。既长，多力善射，骁捷[9]如风。靳准[10]之乱，没于黑匿郁鞠部[11]。

陈安既败，胤自言于郁鞠，郁鞠大惊，礼而归之。曜悲喜，谓群臣曰："义光[12]虽已为太子，然冲幼儒谨[13]，恐不堪今之多难。义孙[14]，故世子也，材器[15]过人，且涉历艰难。吾欲法周文王、汉光武[16]，以固社稷而安义光[17]，何如？"太傅呼延晏等皆曰："陛下为国家无穷之计[18]，岂唯臣等赖之，实宗庙四海[19]之庆。"左光禄大夫卜泰[20]、太子太保[21]韩广进曰："陛下以废立为是，不应更[22]问群臣；若以为疑，固乐闻异同之言。臣窃以为废太子，非也。昔文王定嗣于未立之前[23]，则可也；光武以母失恩而废其子[24]，岂足为圣朝之法[25]！向以东海为嗣[26]，未必不如明帝[27]也。胤文武才略，诚高绝于世；然太子孝友仁慈，亦足为承平贤主[28]。况东宫[29]者，民、神所系[30]，岂可轻动！陛下诚欲如是[31]，臣等有死而已，不敢奉诏。"曜默然。

胤进曰："父之于子，当爱之如一，今黜熙而立臣，臣何敢自安！陛下苟以臣为颇堪驱策[32]，岂不能辅熙以承圣业[33]乎！必若以臣代熙，臣请效死于此，不敢闻命。"因歔欷流涕[34]。曜亦以熙羊后所生，不忍废也，乃追谥前妃卜氏[35]为元悼皇后。泰，即胤之舅也，曜嘉其公忠，以为上光禄大夫[36]、仪同三司、领太子太傅[37]；封胤为永安王[38]，拜侍中、卫大将军、都督二宫禁卫[39]诸军事、开府仪同三司、录尚书事。命熙于胤尽家人之礼[40]。

（以上为第十二段，写汉赵主刘曜因儿子刘胤回来，有更易太子的打算，刘胤之舅卜泰等人则以为不可，认为不是明智之举，刘胤也极力反对，刘曜也只好作罢。）

【注释】

［1］长子俭：即刘俭，字义真，汉赵主刘曜长子，封为临海王。 ［2］次子胤（yìn）：即刘胤，表字义孙，汉赵主刘曜次子，因刘渊宠爱，立为世子。靳准反叛，他流落在外，乱平，回归后为南阳王、大单于，在渭城设单于台。刘曜被后赵俘获后，和弟弟太子刘熙试图恢复国家，但最终失败。传见《晋书》卷一百三。 ［3］聪：即刘聪，字玄明，刘渊第四子。十六国之一汉国第二任国主，公元316年至公元317年在位。西晋王朝的覆灭者。谥号昭武皇帝。传见《晋书》卷一百二。［4］义真：即长子刘俭，字义真。 ［5］藩国：大国国内的诸侯国，当时刘曜对刘聪自称藩国。［6］勋德：功勋与德行。 ［7］世受专征之任：世世代代地为一方诸侯，专主征伐。 ［8］更以一国封义真：另划出一块地盘，以封立你的大儿子义真。更，另外。 ［9］骁捷：勇猛，矫捷。［10］靳准：汉赵外戚、权臣。传见《晋书》卷一百二。 ［11］没于黑匿郁鞠部：被裹挟沦陷到一个首领名叫黑匿郁鞠的匈奴部落中。没，沦陷，沦落而不得归。黑匿（nì）郁鞠，鲜卑索头部首领。汉赵时归刘曜，封为忠义大将军、右贤王。后赵建武二年（336），率众三万附石虎，赵王石虎拜为亲赵王。 ［12］义光：即刘熙，光初二年（319）被立为皇太子。光初十一年（328），刘曜兵败为后赵所俘，刘熙主政，次年，被后赵中山公石虎攻杀。传见《晋书》卷一百三。 ［13］冲幼儒谨：年纪幼小，温良谨厚。冲，幼小。 ［14］义孙：即刘胤，字义孙。 ［15］材器：才能与器识。材，同"才"。［16］"吾欲法"句：此句指刘曜想效法周文王、汉光武帝立太子，立贤不立长。即打算废去单皇后所生子刘熙，改立前卜皇后所生子刘胤。 ［17］固社稷而安义光：使国家能保持稳固强大，让现在的太子义光也能安全无虞。固，稳固；安，安稳，皆使动用法。 ［18］为国家无穷之计：为国家长远利益考虑。 ［19］宗庙：供奉历朝历代国王牌位、举行祭祀的地方。四海：指全国各地。 ［20］左光禄大夫：掌顾问应对，相当于现今的国策顾问。卜泰：汉赵官员，原为侍中，现为左光禄大夫。卜泰是刘胤亲舅，明太义，识大局，力谏刘曜不要废太子刘熙而立刘胤。 ［21］太子太保：职同"太子太师"。 ［22］更：再，又。 ［23］文王定嗣于未立之前：周文

王立姬发为太子，在此之前，并没有立长子伯邑考为太子，故不存在改立的问题，只是择贤而立。［24］光武以母失恩而废其子：刘秀是因为先废了太子的母亲，故而后来才又废了太子。建武十七年（421），刘秀废郭皇后，太子刘强不自安，屡次表示愿备位藩国。十九年（423），遂废为东海王。［25］岂足为圣朝之法：哪里值得我们这个王朝学习。［26］向以东海为嗣：当初刘秀如果让东海王刘强接班。向，当初。东海，指东海王刘强。［27］未必不如明帝：未必就比改立的汉明帝刘庄差。明帝，即刘庄，本名刘阳，字子丽，光武帝刘秀第四子，东汉第二位皇帝，公元 57 年至公元 75 年在位。［28］承平贤主：继开国英主之后的和平时代的优秀君主。［29］东宫：太子所居之宫，这里指太子。［30］民、神所系：是全国上下与天地神灵所关心瞩目的。系，关心，瞩目。［31］诚欲如是：如果一定要更换太子。诚，果然，实在。［32］颇堪驱策：还能为国家做一些事情。颇，略微，稍微。堪，能，可以，足以。驱策，驱驰，奔走，指为国立功。［33］承圣业：继承您的神圣事业。［34］歔欷：哽咽、抽泣的样子。流涕：流泪。［35］卜氏：刘胤之母。［36］上光禄大夫：光禄大夫无固定职掌，相当于顾问。在前加“上”，有特别尊崇之意。［37］领太子太傅：兼任太子太傅的官职。太子太傅，太子的辅导官。［38］永安王：封地为永安郡，郡治永安县，在今山西霍州市。［39］都督二宫禁卫：统领汉主刘曜与太子刘熙两宫的禁卫军。［40］尽家人之礼：像平民家庭那样以兄弟之礼相论。刘熙是刘胤的同父异母弟，刘曜命刘熙不要因是太子而废兄弟之礼。

张茂大城姑臧[1]，修灵钧台[2]。别驾吴绍[3]谏曰：“明公所以修城筑台者，盖惩既往之患[4]耳。愚以为苟恩未洽[5]于人心，虽处层台[6]，亦无所益，适足以疑群下忠信之志[7]，失士民系托之望[8]，示怯弱[9]之形，启[10]邻敌之谋，将何以佐天子，霸诸侯乎！愿亟罢兹役[11]，以息劳费[12]。”茂曰：“亡兄一旦失身于物[13]，岂无忠臣义士欲尽节者哉！顾祸生不意[14]，虽有智勇无所施耳。王公设险[15]，勇夫重闭[16]，古之道也。今国家未靖[17]，不可以太平之理责人于屯邅之世[18]也。”卒为之。

王敦从子允之[19]，方总角[20]，敦爱其聪警[21]，常以自随。敦尝夜饮，允之辞醉[22]先卧。敦与钱凤谋为逆，允之悉闻其言[23]，即于卧处大吐，衣面并污。凤出，敦果照视[24]，见允之卧于吐中，不复疑之。会其父舒[25]拜廷尉，允之求归省父[26]，悉以敦、凤之谋白[27]舒。舒与王导俱启帝，阴为之备。

敦欲强其宗族，陵弱[28]帝室，冬，十一月，徙王含为征东将军、都督扬州江西诸军事，王舒为荆州刺史、监荆州沔南诸军事，王彬为江州刺史。

后赵王勒以参军樊坦为章武内史[29]，勒见其衣冠弊坏，问之，坦率然[30]对曰："顷为羯贼所掠[31]，资财荡尽。"勒笑曰："羯贼乃尔[32]无道邪！今当相偿。"坦大惧[33]，叩头泣谢。勒赐车马、衣服、装钱[34]三百万而遣之。

是岁，越嶲斯叟攻成将任回[35]，成主雄遣征南将军费黑[36]讨之。

会稽内史周札[37]，一门五侯[38]，宗族强盛，吴士莫与为比[39]，王敦忌之。敦有疾，钱凤劝敦早除周氏，敦然之。周嵩[40]以兄顗之死，心常愤愤。敦无子，养王含子应为嗣[41]，嵩尝于众中言应不宜统兵，敦恶之。嵩与札兄子莛[42]，皆为敦从事中郎。会道士李脱以妖术惑众，士民颇信事之。

（以上为第十三段，写凉王张茂大兴土木，修筑城墙，筑造灵钧台；东晋权臣王敦密谋叛乱之事，极力扩大王氏宗族势力，削弱、欺凌东晋皇室力量，但消息走漏。）

【注释】

[1]大城姑臧：在其都城姑臧大兴土木建筑城墙。城，筑城。姑臧，古城名，在今甘肃武威市。 [2]灵钧台：高台名。晋元帝太兴四年（321），张茂曾在姑臧建筑灵钧台，因阎曾谏阻而停止，现在又开始修建。 [3]吴绍：前凉官员，时为凉州别驾。 [4]惩既往之患：接受上次的教训，指刘曜大兵来攻。惩，接受教训。患，隐患。 [5]苟：假如。洽：浸润。 [6]层台：高台，代指坚固的城堡。 [7]疑群下忠信之志：让忠信的部下产生怀疑的心意。疑，使动用法。[8]失士民系托之望：让部下臣民对您失去依靠的期望。系托，依靠，仰仗。 [9]怯弱：胆小，软弱。 [10]启：引发，使其产生。 [11]亟罢兹役：赶紧停止这项工程。亟，急速，马上。兹，此。 [12]息：停息，停止。劳费：劳役，资费。 [13]亡兄：指死去的兄长张寔。一旦失身于物：指张寔因刘弘妖术惑众，被部下杀害。失身于物，指被人所杀。 [14]顾祸生不意：但事情突然发生，在意料之外。顾，但是。不意，不料，意料之外。 [15]王公设险：历代的帝王都要筑城建关，以守其国。《易》曰："王公设险以守其国，险之时用大矣哉。" [16]勇夫重闭：再勇敢的人，也要注意紧闭门户。重闭，内外门户层层关闭。 [17]未靖：尚未太平。靖，平安。[18]以太平之理：即以和平时期的道理。责人于屯邅之世：来批评动荡年代人们所采取的措施。责，要求，批评。屯邅（zhān），亦作"迍邅"，艰险难行，以比喻动荡、险恶的时局。 [19]从

子：侄子。允之：即王允之，字深猷，丞相王导、大将军王敦堂侄，东晋将领。传见《晋书》卷七十六。［20］方：正。总角：古代男女未成年的一种发式，束发为两髻，形状如角，故称总角。后用来代指童年。［21］聪警：聪明，伶俐。［22］辞醉：推说酒醉离席。［23］悉闻其言：全部听到了他们的说话。悉，尽。［24］照视：举灯照看。［25］舒：即王舒，字处明，侍御史王会之子，丞相王导从弟，东晋官员。传见《晋书》卷七十六。［26］求归省父：请求回家探看父亲。［27］白：告白，告知。［28］陵弱：逐渐衰弱。陵，通“凌”，欺凌。［29］樊坦：后赵将领，石勒的参军。章武内史：章武县的行政长官。章武，县名，县治在今河北黄骅市常郭镇故县村。［30］率然：坦率地，极自然地。［31］顷为羯（jié）贼所掠：刚刚遭到几个羯族匪盗的抢夺。顷，刚刚。羯，石勒所属的少数民族。［32］乃尔：竟然如此。［33］坦大惧：因石勒是羯人，自知失言。［34］装钱：即衣服置办费。［35］越巂（xī）：郡名，郡治邛都县，在今四川西昌市东南。斯叟：越巂郡的少数民族部落首领。［36］费黑：成汉将领，时为征南将军。［37］周札：周处的第三个儿子。［38］一门五侯：周札封东迁县侯；其兄周靖之子周懋，封清流亭侯；周懋弟周赞，封武康县侯；周赞弟周缙，封都乡侯；兄玘之子周勰，封乌程县侯。凡五侯。［39］吴士：谓吴郡一带士大夫。吴，晋郡名，郡治在今江苏苏州市。莫与为比：没有谁能够与之相比。［40］周嵩：字仲智，汝南安成人，周顗之弟，东晋直臣。传见《晋书》卷六十一。［41］应：即王应，王含之子，王敦之侄。王敦无子，以其为嗣。嗣（sì）：继承，接续。［42］莛（tíng）：即周莛，一作“周筳”，东晋右将军周札之兄周靖子，为黄门侍郎，死于王敦之难。传见《晋书》卷五十八。

【点评】

王敦乱国。王敦与王导曾是稳定江东、建立东晋举足轻重的人物。王导在朝廷出谋划策，左右朝局；王敦驻守荆州，平定乱局，控制着都城建康的上游地区。后来，王敦举兵反叛，占据石头城，接受百官朝拜；尽管如此，他还是不满足，又密谋叛乱，遂被晋明帝司马绍率兵平定。那么王敦之乱，是由哪些原因促成的呢？这值得我们深思。

首先，晋元帝司马睿毫无远略、缺谋少断。王敦谋反，是以诛杀晋权臣刘隗为名。王敦反势的养成，恰是贵为皇帝的司马睿造成的，所谓养虎为患，反遭虎噬。当初王敦确实为江东的稳定立下了汗马功劳，但是随着功劳越来越大，其胃口和野心也越来越大；而晋元帝司马睿开始时和王敦互相倚重，司马睿几乎满足了王敦在权力方面的所有要求，对其毫无节制；当发现情势不太好时，又赶忙采取措施，限制王导的权力，布局对付王敦的人事安排，结果惹恼了王敦。但可惜的是，司马睿重用的人才，没有哪一个能够具有与王敦抗衡的分量，即使是那些所谓的忠良联合起来，也不足以与王敦的势力相对抗。当王敦进攻石头城，就明显暴露出这些所谓忠良的致命弱点，经不起打击，遇到危难就投降。这说明司马睿缺乏识人、用人的眼光和能力，或者是由于长期的疏忽，导致事到临头却没有可堪重用之才。王敦之乱起，司马睿虽然亲率六军予以反击，但缺少具体的谋划，所谓的将才，在王敦面前，几乎不堪一击！

其次，晋朝大军师王导负有不可推卸的责任。王导襄助司马睿稳定江东，提高威望，建立东晋，确实是功不可没；但王敦造反，在某种程度上是以王导在朝廷的人望以及他所布局的笼盖朝野的王氏亲信为依托的。当王导在朝廷遇到信任危机时，王敦毫不犹豫地站起来指责朝廷，出言不逊；当王敦谋反时，王导却没什么有价值的谋略。比惠帝司马衷聪明许多的司马睿还想依靠王导，任用他为前锋大都督。可见，司马睿平叛失败，王导负有不可推卸的责任。王敦反叛成功后，王导也没有对王敦进行任何谴责，在一些重大事件上，王敦征求他的意见，他一言不发，不置可否，而没有坚持正道，据理力争。这种态度暧昧、置身事外的做法，难道是朝廷重臣应该持有的态度吗？后来，王敦掌控朝局，还加封王导的官职；晋明帝司马绍平叛成功后，又加封王导！

最后，王敦势力一股独大，没有谁能够与之抗衡。因此，他无所顾忌，再加之朝廷有大军师王导明里暗里帮助他，他更加肆无忌惮。但是，他的结局并不好，因为东晋继位的晋明帝司马绍，远不是西晋昏庸的惠帝司马衷可比，后来终于平叛成功，王敦落得身败名裂的下场！

卷九三　晋纪十五

晋明帝太宁二年至晋成帝咸和二年（324—327 年）

【起阏逢涒滩（甲申，324 年），尽强圉大渊献（丁亥，327 年），凡四年】

【大事提要】

本卷记事起公元 324 年，讫公元 327 年，凡四年，当晋明帝（司马绍）太宁二年至晋成帝（司马衍）咸和二年。本卷所载大事，主要有五个方面：其一，明帝讨平王敦。晋明帝司马绍即位后，继其父司马睿遗志，欲击灭王敦，而王敦亦欲篡位自立。公元 324 年，王敦病重，其党羽钱凤与沈充谋议举兵叛乱，率军直攻京师。司马绍以王导为大都督，连续出击，大败叛军。王敦去世，被剖棺掘尸，与沈充悬首示众。其二，明帝死，司马衍立。公元 325 年，晋明帝司马绍病重，令司马羕、王导、卞壸、郗鉴、庾亮、陆晔、温峤等辅佐太子，随即去世，年仅 27 岁。长子司马衍即位，是为成帝，改元咸和，尊庾皇后为皇太后，临朝称制，以王导、庾亮、卞壸参辅朝政，庾亮专权。其三，段辽杀段牙，自立。鲜卑人首领慕容廆与段氏和睦，劝段牙迁都。公元 325 年，段牙迁都令支，引起国人不满，段辽欲夺其位，乘机以迁都为罪，率领国人攻打段牙，杀之，而后自立。段氏自务勿尘以来，日益兴盛强大，统辖胡、晋三万多户，骑兵有数万人。其四，庾亮专权，杀司马宗。庾亮为晋明帝庾皇后的哥哥。晋成帝司马衍年幼，大权握在庾亮之手。他改变王导的宽和之政，引起豫州刺史祖约和历阳内史苏峻等人极端不满；宗室近亲司马宗被解除军职，深怀怨恨；又贬退太宰司马羕，召苏峻回京，引起其反叛。其五，石虎打败代王纥那，立翳槐为代王。后赵中山公石虎袭击鲜卑代王纥那，双方激战于句注陉北，纥那兵败，迁都于大宁躲避。纥那又与宇文部共击贺兰部，未能取胜。公元 329 年，贺兰部及诸大人共立拓跋翳槐为代王，翳槐派遣其弟什翼犍为质，与后赵修好。

肃宗明皇帝下

太宁二年[1]**（甲申，324年）**

春，正月，王敦诬周嵩、周莛与李脱[2]谋为不轨，收嵩、莛，于军中杀之；遣参军贺鸾就沈充于吴[3]，尽杀周札诸兄子[4]；进兵袭会稽[5]，札拒战而死。

后赵[6]将兵都尉石瞻[7]寇下邳、彭城[8]，取东莞、东海[9]，刘遐退保泗口[10]。

司州刺史石生击赵河南太守尹平于新安[11]，斩之，掠五千余户而归。自是二赵构隙[12]，日相攻掠，河东、弘农[13]之间，民不聊生矣。

石生寇许、颍[14]，俘获万计。攻郭诵于阳翟[15]，诵与战，大破之，生退守康城[16]。后赵汲郡内史石聪闻生败[17]，驰救之，进攻司州刺史李矩[18]、颍川太守郭默[19]，皆破之。

成主雄，后任氏无子，有妾子十余人，雄立其兄荡[20]之子班为太子[21]，使任后母之[22]。群臣请立诸子[23]，雄曰："吾兄，先帝之嫡统[24]，有奇材[25]大功，事垂克[26]而早世，朕常悼之。且班仁孝好学，必能负荷先烈[27]。"太傅骧[28]、司徒王达谏曰[29]："先王立嗣[30]必子者，所以明定分而防篡夺也[31]。宋宣公[32]、吴余祭[33]，足以观矣！"雄不听。骧退而流涕曰："乱自此始矣！"班为人谦恭下士[34]，动遵礼法[35]，雄每有大议[36]，辄令豫之[37]。

夏，五月，甲申[38]，张茂疾病，执世子骏[39]手泣曰："吾家世以孝友忠顺著称，今虽天下大乱，汝奉承之，不可失也。"且下令曰："吾官非王命[40]，苟以集事[41]，岂敢荣之[42]！死之日，当以白帢[43]入棺，勿以朝服敛[44]。"是日，薨。愍帝[45]使者史淑在姑臧[46]，左长史汜祎、右长史马谟等[47]，使淑拜骏大将军、凉州牧、西平公[48]，赦其境内。前赵主曜遣使赠茂太宰，谥曰"成烈王"；拜骏上大将军、凉州牧、凉王[49]。

（以上为第一段，写异族之事，后赵石瞻侵犯晋地下邳、彭城；汉赵与后赵结怨成仇，互相攻打劫掠；成汉主李雄立兄子李班为太子；凉州牧张茂去世，兄子张骏继任。）

【注释】

[1]太宁二年：公元324年。 [2]李脱：东晋道士，当时以妖术惑众之人。 [3]贺鸾：王敦的属将，为大将军府参军。就沈充于吴：到吴兴沈充处借用其势力以杀人。吴郡、吴兴、会稽三郡本一吴郡而分为三，称“三吴”，时沈充驻兵于吴兴（今浙江湖州市）。沈充，字士居，王敦死党，参与王敦阴谋篡位之事，被杀。传见《晋书》卷九十八。 [4]周札：字宣季，东晋将领，平西将军周处之子。传见《晋书》卷五十八。诸兄子：周札之兄有周玘、周靖二人。周玘有子周勰，周靖有子周懋、周莛、周赞、周缙。 [5]袭会稽：周札当时任会稽内史，驻兵会稽。周札献都城于王敦，王敦今又袭取之，是由于周氏家族的势力太大，一门五人为侯，故欲灭之。事见《晋书》卷五十八。会稽，郡治山阴县，在今浙江绍兴市。 [6]后赵：羯族首领石勒建立的政权，十六国之一。石勒去世后，侄子石虎篡位，迁都邺城；后冉闵称帝，改国号为魏，史称冉魏。 [7]将兵都尉：后赵置，为战时临时设置，未假以名号，主领兵。石瞻：即冉良，字弘武，自幼习武，多力善射。时年十二岁，石勒命石虎收为养子，因改姓名为石瞻，曾接受东晋“建节将军”的封号。[8]寇：寇略，侵扰。下邳、彭城：皆晋诸侯国名。下邳，都城在今江苏邳州市南。彭城，都城在今江苏徐州市。 [9]东莞（guǎn）、东海：皆郡名。东莞，郡治在今山东莒县。东海，郡治郯县，在今山东郯城县北。 [10]刘遐（xiá）：字正长，广平易阳人，东晋将领。传见《晋书》卷八十一。泗口：地名，在今江苏淮安市西南，因在古泗水注入淮水之口而得名，是古代淮北通往江南的要冲。刘遐当时为晋将，任兖州刺史。 [11]“司州”句：后赵司州刺史石生攻击驻节在新安的前赵河南太守尹平。此句“司州”与“河南”，均指一个地方，即司州的州治与河南郡的郡治均为洛阳城，在今河南洛阳市。东汉都洛阳，以司隶校尉督察畿辅，魏因之，晋改汉魏之司隶为司州，州治洛阳，此时为前赵据有，置为河南郡，太守尹平，驻节新安。石生，后赵皇帝石勒从子，被署为司州刺史，前去攻打尹平，石生夺取了新安，斩杀了尹平。新安，县名，县治在今河南渑池县东。 [12]构隙：结怨，发生矛盾。 [13]河东、弘农：二郡名。河东，郡治安邑，在今山西夏县西北之禹王城。弘农，郡治在今河南灵宝市东北之故函谷关。两郡地处前赵与后赵的交界处。 [14]许、颍：即许昌、颍阴，二县名。许昌县，县治在今河南许昌市东，颍阴县在今许昌市。 [15]郭诵：平阳人，东晋将领，司州刺史李矩的外甥。与李矩长期驻守荥阳，是东晋在北方的重要藩镇。阳翟（dí）：县名，县治在今河南禹州市。时晋将郭诵驻兵于此。 [16]康城：古城名，在今河南禹州市西北，夏少康的故邑。 [17]汲（jí）郡：郡名，郡治在今河南卫辉市西。内史：郡守的高级僚属，主管内务、民政等事项。石聪：后赵官员，时为汲郡内史。 [18]李矩：字世回，代郡平阳（今山西临汾市）人，在中原地区坚持抗敌的东晋名将。所领司州在前赵手中，李矩驻节在荥阳。传见《晋书》卷六十三。 [19]颍川：郡名，郡治许昌，在今河南许昌市。郭默：字玄雄，河内怀县（今河南武陟县）人，东晋将领。传见《晋书》卷六十三。 [20]荡：即李荡，字仲平，成汉宗室，李雄之弟。 [21]班为太子：班，即李班，字世文，父李荡为李雄之兄，李班为成武帝李雄之侄，被李雄立为太子。李雄死后，李班即位，同年，李班被李雄之子李越杀

害，谥号哀皇帝。传见《晋书》卷一百二十一。［22］母之：做李班的母亲。［23］请立诸子：意即请封李雄的诸子为王。［24］先帝之嫡统：意谓其兄李荡是他们的父亲李特正妻所生的长子。［25］奇材：杰出的才能。材，通“才”，才能。［26］垂克：垂成，将要成功。垂，将近，将及。［27］负荷先烈：继承先人的业绩。负荷，继承。［28］骧（xiāng）：即李骧，字元龙。李特之弟，李雄之叔，李寿之父，成国的一员骁将。［29］司徒：主管国家财赋收入，掌管民事。王达：成汉官员，时为司徒。［30］立嗣（sì）：确立继承人。［31］明定分：明确各自的身份，使长幼尊卑各有所安，不生非分之心。篡夺：用非正当手段夺取君位。［32］宋宣公：春秋时宋国第十三任君主，公元前747年至公元前729年在位，宣公病，把君位让给弟弟宋和，导致宋国后来子孙争位的动乱。事见《史记》卷三十八。［33］吴余祭：春秋时吴王寿梦有四个儿子，为诸樊、余祭、夷昧、季札。寿梦想立季札，季札年龄最小，辞让不受。便令诸樊摄位，约定兄死弟及，最终传位季札。吴王位经余祭传至夷昧。夷昧死，季札出走，国人立夷昧子僚为吴王。诸樊之子阖闾认为自己是嫡长，当立，遂刺杀僚自立，导致吴乱。事见《史记》卷三十一。［34］谦恭下士：指对地位不高但有才德的人谦虚而有礼貌。［35］动遵礼法：一切举动都严格遵守礼法。动，动不动的，即一切举动。［36］大议：商量重大问题，有重大决策。［37］辄（zhé）：总是。豫：通“与”，参加。［38］甲申：五月十四日。［39］骏：即张骏，字公庭，前凉第四位君主，公元324年至公元346年在位。传见《晋书》卷八十六。［40］官非王命：官职非晋朝皇帝所封，是张氏自称的。［41］苟以集事：只不过是为了成就事业。集，完成。［42］岂敢荣之：怎么敢以这种爵位、职务为荣。荣之，此指大办丧事。［43］白帢（qià）：古代未仕者戴的白帽。张茂认为自己的官非王命，所以用白帢为装裹。［44］敛：通“殓”，即收殓，谓将尸体装裹后置入棺木。［45］愍（mǐn）帝：即西晋末帝司马邺。［46］史淑：西晋官员，曾作为晋愍帝司马邺的使者出使凉州，长安沦陷无所归，故留在姑臧。姑臧：张茂的都城，在今甘肃武威市。［47］氾（fán）祎（yī）：字休臧，敦煌人，为福禄令，左迁居延令，后仕张寔为左长史。马谟（mó）：张茂部属，时为右长史。［48］使淑拜骏大将军、凉州牧、西平公：由于张氏过去的官职是出于自立，所以氾祎、马谟让史淑代表晋王室封张骏官职，以正其名。这是一种自欺欺人的做法，使者没有封拜的权力，更何况晋愍帝已经不存在了。大将军，统管军事。凉州牧，凉州地区的最高军事行政长官。西平公，爵位为公，五等侯爵的第一等。西平，郡名，郡治西都，在今青海西宁市。［49］拜骏上大将军、凉州牧、凉王：此前，凉州牧张茂在汉赵主刘曜大军压境的情况下，向汉赵称臣，接受刘曜的封号，故张茂去世后，刘曜继续封继承人张骏以官职。上大将军，位在大将军之上。凉王，以凉州之地称王。

王敦疾甚，矫诏拜王应为武卫将军以自副[1]，以王含[2]为骠骑大将军、开府仪同三司。钱凤[3]谓敦曰：“脱有不讳[4]，便当以后事付应[5]

邪？”敦曰：“非常之事[6]，非常人所能为[7]。且应年少，岂堪大事[8]！我死之后，莫若释兵散众，归身朝廷[9]，保全门户，上计也；退还武昌[10]，收兵自守，贡献不废[11]，中计也；及吾尚存，悉众而下，万一侥幸[12]，下计也。”凤谓其党曰：“公之下计，乃上策也。”遂与沈充[13]定谋，俟[14]敦死，即作乱。又以宿卫[15]尚多，奏令三番休二[16]。

初，帝亲任中书令温峤[17]，敦恶之，请峤为左司马[18]。峤乃缪为勤敬[19]，综其府事[20]，时进密谋以附其欲[21]。深结[22]钱凤，为之声誉[23]，每曰[24]：“钱世仪精神满腹[25]。”峤素有藻鉴[26]之名，凤甚悦，深与峤结好。会丹杨尹[27]缺，峤言于敦曰：“京尹[28]，咽喉之地，公宜自选其才，恐朝廷用人，或不尽理[29]。”敦然之，问峤：“谁可者？”峤曰：“愚谓无如钱凤。”凤亦推峤，峤伪辞之，敦不听。

六月，表峤为丹杨尹，且使觇伺朝廷[30]。峤恐既去而钱凤于后间止[31]之，因敦饯别[32]，峤起行酒[33]，至凤，凤未及饮；峤伪醉，以手版击凤帻坠[34]，作色[35]曰：“钱凤何人，温太真[36]行酒而敢不饮！”敦以为醉，两释之[37]。峤临去，与敦别，涕泗横流[38]，出阁复入者再三[39]。行后，凤谓敦曰：“峤于朝廷甚密，而与庾亮[40]深交，未可信也。”敦曰：“太真昨醉，小加声色[41]，何得便尔相谗[42]！”峤至建康，尽以敦逆谋告帝，请先为之备，又与庾亮共画讨敦之谋。敦闻之，大怒曰：“吾乃为小物[43]所欺！”与司徒导书曰：“太真别来几日[44]，作如此事！当募人生致之[45]，自拔其舌。”

（以上为第二段，写王敦病重，死党钱凤与沈充谋划叛乱，温峤被调任左司马，故作逢迎，取得信任，任为丹杨尹，将王敦逆谋报告明帝，使朝廷有了充分准备。）

【注释】

[1]矫诏：假托皇帝诏命。王应：王敦之兄王含之子。王敦无子，以其为养子，为继承人。武卫将军：杂号将军之名，是亲兵的统领。自副：充当自己的助手。副，佐，辅助。 [2]王含：东晋权臣王敦之兄。都督扬州江西诸军事。王敦起兵反叛，为元帅，兵败，奔荆州，被荆州刺史王舒沉入长江。 [3]钱凤：字世仪，王敦的部属，谋士，曾多次怂恿王敦反对东晋政权。后被杀。[4]脱有不讳：如果突然有不可讳言的事情发生，婉指王敦病死。脱，倘若。不讳，婉指对方的死。 [5]付应：托付给王应。付，交给。 [6]非常之事：指谋反篡位之事。 [7]非常人所能

为：不是平常人所能干得了的。［8］岂堪大事：怎么担当得起谋反这样的大事。堪，堪任，担负。［9］归身朝廷：指向朝廷请罪。［10］武昌：郡名，郡治在今湖北鄂州市，当时为大将军王敦的驻镇所在地。［11］贡献不废：向朝廷进贡不绝。意即向朝廷称臣。［12］万一侥幸：万一能够夺权成功。侥幸，偶然成功，隐指篡位称帝。［13］沈充：字士居，王敦同党，任宣城内史。参与王敦阴谋篡位之事，被杀。传见《晋书》卷九十八。［14］俟（sì）：等待，等候。［15］宿卫：指值宿宫禁，担任警卫的人员。［16］三番休二：把王敦身边的警卫人员分成三班，一班值勤，两班休假。番，轮流，更替。［17］中书令：中书省长官，权同宰相。由于尚书台权力过大，魏、晋以降逐渐实行三省制，增设中书省、门下省，与尚书台分权，由中书决策，门下审议，尚书执行。三省长官权同为宰相。温峤：东晋名臣。传见《晋书》卷六十七。［18］请峤为左司马：王敦奏请明帝要温峤出任自己军府的左司马，目的是调离皇帝身边的得力人才。左司马，魏晋时期，太子、公府、军府、王府及州的属僚，多置司马，掌府属事务及军事。［19］缪为勤敬：假装对王敦殷勤恭敬。缪，通“谬”，诈伪，假装。［20］综其府事：把王敦军府的事情管了起来。综，管理。［21］时：时常，不时地。附其欲：顺从王敦的愿望。附，附和。［22］深结：亲密结交。［23］为之声誉：为钱凤抬高声誉。［24］每曰：常常说，总是说。［25］钱世仪：即钱凤，字世仪。精神满腹：才学满腹，光彩照人。［26］藻鉴：指品评和鉴别人才。品评人物是当时文人的时尚。藻，指评价人的品德。鉴，指评价人的美丑、风度。［27］丹杨尹：东晋时改丹杨太守为尹，是朝廷所在郡的行政长官，犹如后代的首都市长。丹杨，郡名，又作“丹阳”，郡治建业县，在今江苏南京市。［28］京尹：治理国都的行政长官。［29］不尽理：不完全符合我们的愿望。［30］觇伺朝廷：窥视、侦察朝廷的一举一动。觇（chān），暗中察看。［31］间止：乘机劝阻。间（jiān），乘间隙。［32］因：乘机，借着。饯（jiàn）别：举办酒席为人送行。［33］行酒：敬酒。［34］以手版击凤帻坠：用手版打掉了钱凤的帽子。手版，即“笏”，古代官吏上朝时所执的木板，备记事用。帻（zé），头巾。坠，掉落。［35］作色：脸上变色，生气。［36］温太真：即温峤，字太真，此温峤故作醉态，自称字。［37］两释之：对双方都劝解作罢。［38］涕泗横流：眼泪鼻涕满脸乱淌，形容极度悲伤。涕泗，眼泪和鼻涕。［39］出阁复入者再三：故作难舍之状。阁，内室的门。［40］庾（yǔ）亮：字元规。颍川鄢陵（今河南鄢陵县北）人，东晋名臣，任丞相参军、中书郎。苏峻乱事平定后，出镇豫州，为征西将军，都督七州诸军事。传见《晋书》卷七十三。［41］小加声色：说话稍稍有些无礼。［42］何得便尔相谗：怎么能这样说人家坏话。［43］小物：小人。［44］别来几日：才离开几天。［45］生致之：活捉他。

帝将讨敦，以问光禄勋应詹[1]，詹劝成之[2]，帝意遂决。丁卯[3]，加司徒导大都督、领扬州刺史[4]，以温峤都督东安北部诸军事[5]，与右将军卞敦[6]守石头[7]，应詹为护军将军、都督前锋及朱雀桥南诸军事[8]，郗鉴行卫将军[9]、都督从驾诸军事[10]，庾亮领[11]左卫将军，以吏部尚书卞壸[12]行中军将军[13]。郗鉴以为军号无益事实[14]，固辞不受；请召[15]临淮太守苏峻[16]、兖州刺史刘遐[17]同讨敦。诏征峻、遐及徐州刺史王邃[18]、豫州刺史祖约[19]、广陵太守陶瞻[20]等入卫京师。帝屯于中堂[21]。

司徒导闻敦疾笃[22]，帅子弟为敦发哀[23]，众以为敦信死[24]，咸有奋志[25]。于是，尚书腾诏下敦府[26]，列敦罪恶曰："敦辄立兄息以自承代[27]，未有宰相继体[28]而不由王命者也。顽凶相奖[29]，无所顾忌；志骋凶丑[30]，以窥神器[31]。天不长奸[32]，敦以陨毙[33]；凤承凶宄[34]，弥复煽逆[35]。今遣司徒导等虎旅[36]三万，十道[37]并进；平西将军邃[38]等精锐三万，水陆齐势[39]；朕亲统诸军，讨凤之罪。有能杀凤送首[40]，封五千户侯。诸文武为敦所授用者[41]，一无所问[42]，无或猜嫌[43]，以取诛灭。敦之将士，从敦弥年[44]，违离[45]家室，朕甚愍[46]之。其单丁[47]在军，皆遣归家，终身不调[48]；其余皆与假三年，休讫还台[49]，当与宿卫同例三番[50]。"

敦见诏，甚怒，而病转笃[51]，不能自将。将举兵伐京师，使记室郭璞[52]筮[53]之，璞曰："无成。"敦素疑璞助温峤、庾亮，及闻卦凶，乃问璞曰："卿更筮吾寿几何？"璞曰："思向卦[54]，明公起事，必祸不久；若住武昌，寿不可测[55]。"敦大怒曰："卿寿几何？"曰："命尽今日日中[56]。"敦乃收璞，斩之。

敦使钱凤及冠军将军邓岳[57]、前将军周抚[58]等帅众向京师。王含谓敦曰："此乃家事[59]，吾当自行。"于是，以含为元帅。凤等问曰："事克之日[60]，天子云何[61]？"敦曰："尚未南郊，何得称天子[62]！便尽卿兵势，保护东海王及裴妃[63]而已。"乃上疏以诛奸臣温峤等为名。

（以上为第三段，写晋明帝司马绍调兵遣将，做好平叛的准备，以王导为大都督，为王敦发丧，激发士气；郗鉴建议调动各路大军入京护卫。）

【注释】

[1]应詹（zhān）：字思远，汝南南顿（今河南项城市）人，时任光禄勋。传见《晋书》卷七十。［2］劝成之：鼓励他一定要这样做，即平定王敦之乱。劝，赞成，鼓励。［3］丁卯：六

月二十七日。［4］大都督：东晋时为全国最高之军事统帅。领扬州刺史：兼任扬州地区的最高军政长官。扬州，州治建康，在今江苏南京市。对于东晋而言，扬州具有举足轻重的地位。［5］都督：总管，总揽。东安北部：指秦淮河以北。秦淮河水流经建康城中，西北入长江。［6］右将军：将军名号之一，主征伐。卞敦：字仲仁，济阴冤句（今山东菏泽市）人，廷尉卞俊之子。时为右将军，官至少府。传见《晋书》卷七十。［7］石头：即石头城，位于今江苏南京市西清凉山上，三国时孙吴就石壁筑城戍守，称石头城。［8］护军将军：杂号将军之名，掌管国家中级以上将领的考察选拔。朱雀桥南：指秦淮河以南。朱雀桥，朱雀门外秦淮河上桥名，在今江苏南京市区中华门内。［9］郗（xī）鉴：字道徽，东晋大臣，官至太尉。传见《晋书》卷六十七。行卫将军：代理卫将军之职。官阶高而所代理的职务低称"行"。卫将军，统领皇帝卫队的长官。［10］都督从驾诸军事：统管扈从御驾方面的军事。［11］领：兼任。［12］卞壸（kǔn）：字望之，济阴冤句（今山东菏泽市）人，中书令卞粹之子，东晋名臣。传见《晋书》卷七十。［13］中军将军：将军名号之一，居于主将所在的中军，古代行军作战分左、中、右或上、中、下三军，由中军发号施令，地位次于骠骑将军、车骑将军、卫将军。［14］军号无益事实：郗鉴认为朝廷只任命一些空头将军名号，对实际情况无益。［15］请召：主语为郗鉴。郗鉴颇有远见，他觉得仅靠京都的力量，不足以抵抗王敦的叛军。对此，胡三省评曰："以敦、凤同恶相济，率大众以犯阙，虽诸公忠赤，若只以台中见兵拒之，是复周、戴石头之事，微郗鉴建请而召刘遐、苏峻，殆矣！"［16］临淮：郡名，郡治盱眙，在今江苏盱眙县北。苏峻：字子高，掖县（今山东莱州市）人，时任临淮太守。传见《晋书》卷一百。［17］兖（yǎn）州：州治廪丘，后移治郓城，在今山东郓城县西北。刘遐，字正长，广平易阳人，时任兖州刺史。传见《晋书》卷八十一。［18］徐州：州治彭城，在今江苏徐州市。王邃（suì）：字处重，东晋大臣。累迁中领军、尚书右仆射。出任下邳太守、徐州刺史，征召入卫建康。［19］豫州：州治陈县，在今河南周口市淮阳区。祖约：字士少，豫州刺史祖逖胞弟，东晋将领。参与平定王敦之乱，升任镇西将军。后起兵反叛，为后赵石勒诛灭。传见《晋书》卷一百。［20］广陵：郡名，郡治广陵县，在今江苏扬州市。陶瞻：字道真，陶侃之子，东晋官员。传见《晋书》卷六十六。［21］中堂：地名，在都城建康宣阳门外。［22］疾笃（dǔ）：病势沉重。［23］为敦发哀：发布王敦已死的消息，为王敦办丧事。王导为王敦发哀，目的是使晋军将士误认为王敦已死，从而鼓舞士气。相对于上一次的王敦叛乱，王导不再暧昧，而是旗帜鲜明地平定叛乱。［24］以为敦信死：认为王敦是真的死了。［25］咸有奋志：都有了奋发战斗的勇气。咸，皆。［26］腾诏下敦府：把皇帝的诏书快速下达到王敦的军府。腾，飞快地传送。［27］辄（zhé）：擅自。兄息：兄子，指王敦兄王含之子王应。息，儿子。以自承代：以继承自己的职位。［28］宰相继体：宰相的继承人。［29］顽凶相奖：恶人相互扶助。顽凶，愚妄不顺，奸佞，指恶人。奖，援助。［30］志骋凶丑：向着凶恶、丑陋的方向行进。［31］窥神器：偷看国家政权，意即图谋篡位。［32］天不长奸：老天爷不助长恶人的嚣张气焰。长，助长，帮助。［33］敦以陨毙：王敦已经死亡。以，同"已"。陨，通"殒"，死亡。［34］凤承凶宄：钱凤继续为非作歹。凶，奸凶，指在外为乱。宄（guǐ），奸宄，指在内为乱。［35］弥复煽逆：更加严重地煽动叛乱。弥，更加。煽，煽动，鼓动。［36］虎旅：虎贲氏与旅贲氏的并称，代指勇猛的军队。［37］十道：十路。［38］平西将军邃：即王邃，王敦族人。讨伐王敦的将领很多，帝诏单举王氏而言，说明王敦众叛亲离，欲以刺激王敦，使其速死，与前面所说的"敦以陨毙"用意相同。［39］水陆齐势：水路、陆路并进。［40］有能杀凤送首：胡三省注曰："《考异》曰：《晋春秋》此诏在王导为敦发丧前，故云'有能斩送敦首，封万户侯，赏布万匹。'按此诏云'敦以陨毙'，是称敦已死也，不应复购敦首。今从《敦传》。"［41］文武：指文武官员，文臣武将。为敦所授用：接受过王敦的任职，曾经为王敦所用。［42］一无所问：一概不加追究。［43］猜嫌：犹"猜忌"，猜疑，怀疑，因怀疑朝廷算旧账而不脱离王敦阵营。［44］从敦弥年：跟随王敦长年在外。弥，满。［45］违离：背离，离开。［46］愍（mǐn）：同"悯"，同情，怜悯。［47］单丁：没有兄弟的男孩。［48］不调：不再征调服兵役。［49］休讫还台：假期满后回到朝廷为国所用。台，台省，代指朝廷。［50］宿卫：在宫中值宿，担任警卫。这里指担任宿卫的军事人员。同例三番：即"三番休二"，享受三班轮流值勤的待遇。［51］笃（dǔ）：指病势沉重。［52］记室：即记室参军，王敦军府的记室曹长官，掌文疏表奏。郭璞（pú）：字景纯，为大将军王敦记室参军，因劝阻王敦谋反而被杀。追赠弘农太守。传见《晋书》卷七十二。［53］筮（shì）：即占卜，古代用蓍草占卜吉凶的一种活动。［54］思向卦：根据刚才那一卦的情形推断。向，向才，刚才。［55］寿不可测：意即寿命长得很。［56］日中：中午。［57］冠军将军：杂号将军之名，主征伐。邓岳：一名邓岱，字伯山，为王敦参军，参加王敦之乱，被委为冠军将军。乱后为朝廷所用，屡立战功，拜平南将军，封宜城县开国伯。传见《晋书》卷八十一。［58］前将军：将军名号之一，主征伐。周抚：字道和，梁州刺史周访之子，东晋将领。参与王敦叛乱。王敦败亡，经王导引荐再度入仕，出镇襄阳，官至镇西将军，益州刺史。传见《晋书》卷五十八。［59］此乃家事：这是我们家庭中的大事，意即家里要出皇帝。［60］事克之日：意即攻下京城，推翻了晋王朝。［61］天子云何：对司马氏的皇帝如何处置？［62］尚未南郊，何得称天子：王敦认为晋明帝司马绍还没有举行南郊之礼，所以不能称为"天子"，也就是说，还不能算是皇帝。南郊，指帝王在都城的南郊祭天，这是汉代以来历代皇帝每年都要做的"大事"之一。［63］保护东海王及裴妃：王敦嘱钱凤等保护东海王司马冲及养母裴妃。按：晋惠帝封司马懿弟司马馗之孙司马越为东海王。裴妃为河东闻喜人裴康之女，东海王司马越之妃，此时为遗孀。永嘉初年，司马越任王敦为扬州刺史，加以信任，对王敦有恩。裴妃曾对晋元帝司马睿有恩。司马冲，晋元帝司马睿第三子。晋元帝为报裴氏之恩，将司马冲出继司马越与裴妃，以续香火，继爵为东海王。此时王敦欲报恩故主，故要求部属善待司马越的后代以及裴妃。

秋，七月，壬申朔[1]，王含等水陆五万奄至江宁南岸[2]，人情恟惧[3]。温峤移屯水北[4]，烧朱雀桁以挫其锋[5]，含等不得渡。帝欲亲将兵击之，闻桥已绝，大怒。峤曰："今宿卫寡弱，征兵未至，若贼豕突[6]，危及社稷[7]，宗庙[8]且恐不保，何爱[9]一桥乎！"

司徒导遗[10]含书曰："近承大将军困笃[11]，或云已有不讳[12]。寻知钱凤大严[13]，欲肆奸逆[14]，谓兄当抑制不逞[15]，还藩武昌[16]，今乃与犬羊俱下[17]。兄之此举，谓可得如大将军昔年之事[18]乎？昔者，佞臣乱朝[19]，人怀不宁[20]，如导之徒，心思外济[21]，今则不然。大将军来屯于湖[22]，渐失人心，君子危怖[23]，百姓劳弊[24]。临终之日，委重安期[25]，安期断乳几日[26]？又于时望[27]，便可袭宰相之迹邪[28]？自开辟[29]以来，颇有宰相以孺子为之者乎[30]？诸有耳者，皆知将为禅代[31]，非人臣之事也。先帝中兴[32]，遗爱[33]在民；圣主[34]聪明，德洽[35]朝野。兄乃欲妄萌逆节[36]，凡在人臣，谁不愤叹！导门小大[37]受国厚恩，今日之事，明目张胆[38]，为六军之首[39]，宁为忠臣而死，不为无赖[40]而生矣！"含不答。

或以为"王含、钱凤众力百倍，苑城[41]小而不固，宜及军势未成[42]，大驾[43]自出拒战。"郗鉴曰："群逆纵逸[44]，势不可当[45]；可以谋屈[46]，难以力竞[47]。且含等号令不一，抄盗相寻[48]，吏民惩往年暴掠[49]，皆人自为守。乘逆顺之势[50]，何忧不克！且贼无经略远图[51]，唯恃[52]豕突一战，旷日持久，必启[53]义士之心，令智力得展。今以此弱力敌彼强寇，决胜负于一朝[54]，定成败于呼吸[55]，万一蹉跌[56]，虽有申胥之徒[57]，义存投袂[58]，何补于既往[59]哉！"帝乃止。

帝帅诸军出屯南皇堂[60]。癸酉[61]夜，募壮士，遣将军段秀[62]、中军司马[63]曹浑等帅甲卒千人渡水，掩[64]其未备。平旦[65]，战于越城[66]，大破之，斩其前锋将何康[67]。秀，匹䃅之弟也。

敦闻含败，大怒曰："我兄，老婢[68]耳；门户衰，世事去矣！"顾谓参军吕宝[69]曰："我当力行[70]。"因作势[71]而起，困乏，复卧。乃谓其舅少府羊鉴及王应曰[72]："我死，应便即位，先立朝廷百官，然后营葬事[73]。"敦寻[74]卒，应秘不发丧[75]，裹尸以席，蜡涂其外[76]，埋于厅事[77]中，与诸葛瑶[78]等日夜纵酒淫乐。

（以上为第四段，写王含等率领叛军奔赴建康，王导写信劝导；郗鉴建议以谋屈而不以力竞；晋明帝司马绍选派勇士渡河突袭，打败叛军；王敦去世，秘不发丧。）

【注释】

［1］壬申朔：此处叙事有误，七月朔辛未，壬申应为七月二日。［2］奄至：忽然到达。奄，忽然，突然。江宁南岸：江宁县的秦淮河南岸。江宁，县名，县治在今江苏南京市江宁区。［3］恟惧：恐慌，惊惧。恟，恐惧，惊骇。［4］移屯水北：温峤本都督秦淮河以北诸军，此时又将秦淮河以南之军移屯河北。［5］朱雀桁：即朱雀桥，为东晋时建在内秦淮河上的一座浮桥，时为交通要道。桁（héng），此指浮桥。挫其锋：挫伤其进攻的锋芒。［6］豕突：豕受到惊吓便奔突难制，以喻王敦的军队犹如受到攻击的猪，不顾一切地横冲直撞，流窜侵扰。豕，猪。［7］社稷：土神与谷神，古时君王都祭祀社稷，后来就用社稷代表国家。［8］宗庙：帝王的祖庙。古人最重宗庙，把它视为立国之本。这里代指国家。［9］爱：爱惜，吝惜。［10］遗（wèi）：送交，送给。［11］承：参问起居。这里意为听说。困笃（dǔ）：病重，病危。［12］不讳：死的婉辞。［13］寻：接着，不久。大严：大规模地调兵遣将。严，戒严，军事动员。［14］肆：肆意妄为。奸逆：叛逆不忠。［15］谓兄当抑制不逞：原来我估计你会抑制钱凤，使他不能胡来。谓，原以为。不逞，即心怀不满，作乱叛变。［16］还藩武昌：把军队带回到武昌驻扎。藩，屏障，这里是戍卫的意思。［17］与犬羊俱下：跟着恶人们一道进犯京师。犬羊，对钱凤等叛军的蔑称。［18］可得如大将军昔年之事：指元帝永昌元年（322），王敦攻克石头城，又退回武昌之事。［19］佞臣：奸巧谄谀之臣，指刁协、刘隗等。此说表明王导对元帝司马睿曾高度信任的刁协、刘隗嗤之以鼻，而从侧面说明其对当年王敦的举动有恻隐之心。［20］人怀不宁：人心不安。［21］心思外济：心里盼着能有外头的人来解救。外济，投外自保。济，搭救。［22］于湖：地名，在今安徽当涂县南。从上年起，王敦自武昌移兵屯驻于此。［23］危怖：恐惧不安。危，畏惧。［24］劳弊：劳苦，疲困。弊，通“敝”，疲敝。［25］委重安期：把一切权力都托付给了王应。王应，字安期，王含之子，王敦之侄。王敦无子，过继王应以为嗣。委重，委以重任。［26］断乳儿日：极言王应年纪小，不能管事。［27］于时望：从其现有的名望上来说。时望，当时的声望。［28］便可袭宰相之迹邪：就能够承袭宰相之职吗？袭，承继。迹，职务，事业。［29］开辟：开天辟地，此指晋朝开创、创立。［30］颇有：可曾有过。颇，些许。孺（rú）子：儿童，幼儿。［31］将为禅代：指王敦将要进行的事，即用强制禅让的方式篡取皇帝之位。禅（shàn）代，指帝位的禅让和接替，用禅让的方式当皇帝，建立新的朝代，实即篡位。如曹丕篡汉、司马炎篡魏。［32］先帝中兴：指晋元帝司马睿建立东晋政权。［33］遗爱：遗留仁爱于后世。［34］圣主：指晋明帝司马绍。［35］德洽：恩德遍及。洽（qià），周遍，广博。［36］妄萌逆节：妄想篡夺皇位。萌，产生。逆节，叛逆的念头或行为。［37］小大：犹言大大小小。［38］明目张胆：亮明态度，表明决心，坚决站在朝廷的立场上，与叛逆分子决裂。［39］为六军之首：为朝廷大军的统领，冲锋在前。六军，代指朝廷所有的军队。［40］无赖：无所信赖，即无立场、无

信仰，随风飘摆的人，这里指叛逆。［41］苑城：即“台城”，当时的朝廷所在地，在今江苏南京市玄武湖。［42］军势未成：叛军的阵势尚未摆开，队伍尚未列好。［43］大驾：指皇帝司马绍。［44］纵逸：骄纵，疯狂。［45］势不可当：指来势迅猛，不可抵挡。当，同“挡”，阻挡，抵挡。［46］以谋屈：犹言以智取。屈，挫败，使其屈服。［47］力竞：用武力与之争逐。竞，争竞，竞斗。［48］抄盗相寻：抢劫、偷盗接连不断。相寻，相继，接连。［49］惩往年暴掠：吃过以前王敦叛军的苦头，接受教训。暴掠，抢劫，掠夺。［50］乘：利用。逆顺之势：指正义与非正义的客观形势。［51］经略远图：犹深谋远虑。经略，指政治上、军事上的经营规划。［52］恃：依赖，依靠。［53］启：诱发；使之兴起。［54］一朝：一个早晨所进行的战斗。［55］呼吸：一呼一吸，极言时间之短。［56］蹉（cuō）跌（diē）：失足跌倒，此言失败。［57］申胥之徒：像申胥一样的报国志士。申胥，即申包胥，芈姓，名包胥，因封于申邑，故称之，今湖北京山市人，春秋时楚国大夫。昔日好友、吴国大将伍子胥以吴国军队攻打楚国，攻入楚都，楚昭王出逃。申包胥为复国，向秦国借兵，在秦廷痛哭七天七夜，终于使秦哀公感动，出兵救楚，打败吴军。［58］义存投袂：意即能见义兴起，英勇救国。投袂，甩袖，形容由于愤怒而迅速做出反应，立即行动。袂，袖子。［59］既往：以往，过去，此指以往的既成事实。［60］南皇堂：地名，即中堂，在建康城宣阳门外，在今江苏南京市南。［61］癸酉：九月四日。［62］段秀：东晋将领，晋朝幽州刺史段匹磾之弟。太宁二年（324），王敦反，朝廷命段秀、中军司马曹浑率甲兵讨之。［63］中军司马：中军的作战指挥官。［64］掩：突然袭击。［65］平旦：天刚亮，黎明。［66］越城：在今江苏南京市秦淮河南。［67］前锋：先头部队。何康：东晋人，王敦叛军的前锋将领。［68］老婢：犹言老废物，软弱无能的老年妇女，骂人语。［69］吕宝：东晋人，大将军王敦的参军。［70］力行：勉强出征。力，尽力，勉强。［71］作势：形容人体的一种姿态，装模作样，装腔作势。［72］舅：此指妻子的兄弟。少府：朝廷管理帝王私财和生活事务的职能机构。羊鉴：字景期，东晋大臣。传见《晋书》卷八十一。［73］营葬事：筹办丧事。营，经营，筹办。［74］寻：不久。［75］秘不发丧：隐瞒王敦之死，不对外宣布。［76］蜡涂其外：用蜡涂抹席外，封闭尸体，防止臭味泄漏。［77］厅事：官署视事问案的厅堂，此指私人住宅的堂屋。［78］诸葛瑶：东晋人，王敦的部将、心腹爪牙。

帝使吴兴沈桢[1]说沈充，许以为司空[2]。充曰：“三司[3]，具瞻之重[4]，岂吾所任！币厚言甘[5]，古人所畏[6]也。且丈夫共事，终始当同，岂可中道改易，人谁容我乎！”遂举兵趣建康[7]。宗正卿虞潭[8]以疾归会稽[9]，闻之，起兵余姚[10]以讨充。帝以潭领会稽内史。前安东将军刘超[11]、宣城内史钟雅[12]皆起兵以讨充。义兴人周蹇[13]杀王敦所署太守刘芳[14]，平西将军祖约逐敦所署淮南太守任台[15]。

沈充帅众万余人与王含军合，司马顾飏[16]说充曰："今举大事，而天子已扼其咽喉[17]，锋摧气沮[18]，相持日久，必致祸败。今若决破栅塘[19]，因湖水以灌京邑[20]，乘水势，纵舟师以攻之，此上策也；藉初至之锐[21]，并东、西军[22]之力，十道俱进，众寡过倍[23]，理必摧陷[24]，中策也；转祸为福，召钱凤计事，因斩之以降，下策也。"充皆不能用，飏逃归于吴。

丁亥[25]，刘遐、苏峻等帅精卒万人至，帝夜见，劳之，赐将士各有差[26]。沈充、钱凤欲因北军初到疲困[27]，击之，乙未[28]夜，充、凤从竹格渚渡淮[29]。护军将军应詹、建威将军赵胤[30]等拒战，不利，充、凤至宣阳门[31]，拔栅[32]，将战，刘遐、苏峻自南塘横击[33]，大破之。赴水死者三千人。遐又破沈充于青溪[34]。

寻阳太守周光闻敦举兵[35]，帅千余人来赴[36]。既至，求见敦。王应辞以疾。光退曰："今我远来而不得见，公其死乎！"遽[37]见其兄抚曰："王公已死，兄何为与钱凤作贼！"众皆愕然[38]。

丙申[39]，王含等烧营夜遁[40]。丁酉[41]，帝还宫，大赦，唯敦党不原[42]。命庾亮督苏峻等追沈充于吴兴，温峤督刘遐等追王含、钱凤于江宁，分命诸将追其党与[43]。刘遐军人颇纵虏掠[44]，峤责之曰："天道助顺[45]，故王含剿绝[46]，岂可因乱[47]为乱也！"遐惶恐[48]拜谢。

王含欲奔荆州[49]，王应曰："不如江州[50]。"含曰："大将军平素与江州云何[51]，而欲归之？"应曰："此乃所以宜归也。江州当人[52]强盛时，能立同异[53]，此非常人所及；今睹困厄[54]，必有愍恻[55]之心。荆州守文[56]，岂能意外行事[57]邪！"含不从，遂奔荆州。王舒遣军迎之，沈[58]含父子于江。王彬闻应当来，密具舟以待之。不至，深以为恨[59]。

钱凤走至阖庐洲[60]，周光斩之，诣阙自赎[61]。沈充走失道，误入故将吴儒[62]家。儒诱充内重壁中[63]，因笑谓充曰："三千户侯矣[64]！"充曰："尔以义存我，我家必厚报汝；若以利杀我[65]，我死，汝族灭矣。"儒遂杀之，传首建康。敦党悉平。充子劲当坐诛[66]，乡人钱举匿[67]之，得免。其后，劲竟灭吴氏[68]。

（以上为第五段，写晋明帝司马绍统率大军，上下齐心合力，平定王敦叛乱。王敦干将王含父子投奔荆州，被沉江，钱凤被周光斩首，沈充被吴儒杀死。）

【注释】

[1]沈桢（zhēn）：东晋吴兴人，晋明帝司马绍的使者。 [2]司空：朝廷高官，三公之一。 [3]三司：即"三公"，指大司马、司徒、司空。 [4]具瞻之重：是全国上下共同瞻望、尊敬的人物。具瞻，全国瞩目。 [5]币厚言甘：礼送得多，话说得甜。币，礼品。 [6]古人所畏：古人都知道这里边有阴谋。《左传·僖公十年》曰："币重而言甘，诱我也。" [7]趣建康：杀向东晋都城建康。趣，同"趋"，奔向，杀向。建康，今江苏南京市。 [8]宗正卿：即宗正，朝廷九卿之一，掌管皇室亲族的事务。卿，疑为衍字。胡三省注曰："汉、晋以来，宗正列于九卿，然未以'卿'字系官；梁置十一寺，始系'卿'字。此'卿'字衍。"虞潭：一作虞谭，字思奥，东吴经学大师虞翻之孙，东晋忠臣，时任宗正，协助平定王敦之乱，官至卫将军。传见《晋书》卷七十六。 [9]会稽：郡名，郡治山阴县，在今浙江绍兴市。 [10]余姚：县名，县治在今浙江余姚市，上属会稽郡。 [11]安东将军："四安将军"之一，主征伐。刘超：字世瑜，琅邪临沂（今山东临沂市）人，东晋大臣，曾任安东将军。被叛军杀害。传见《晋书》卷七十。 [12]钟雅：字彦胄，颍川长社（今河南长葛市）人，曹魏太傅钟繇后代，入晋为著作佐郎、尚书郎。南渡江东，跟随晋王司马睿，历任记室参军、临淮太守、振威将军、北军中候等职，此时为宣城内史。传见《晋书》卷七十。 [13]周蹇：义兴（在今江苏宜兴市）人，起兵反对王敦叛乱，杀王敦所署太守刘芳。 [14]刘芳：为王敦所署的义兴郡太守，被周蹇所杀。 [15]淮南：晋郡名，郡治寿春，在今安徽寿县。任台：为王敦所署的淮南郡太守，被平西将军祖约驱逐离职。 [16]顾飏（yáng）：叛臣沈充的司马。 [17]扼：扼守，掐住。咽喉：比喻形势险要的交通孔道。 [18]锋摧：即摧锋，摧折锋芒。气沮：即沮气，丧气，情绪低落。沮，颓丧，或灰心失望。 [19]栅塘：有栅栏围护的水塘，此指玄武湖，在建康城北，今江苏南京市东北玄武门外。 [20]京邑：指建康城，在今江苏南京市。 [21]藉（jiè）：凭借，靠着。锐：锐气。 [22]东、西军：沈充自吴兴起兵，为东军；王含、钱凤自于湖起兵，为西军。[23]众寡过倍：王含、沈充之军众超过朝廷军的一倍。[24]理必摧陷：从道理上来说，一定会打败朝廷军队。摧陷，摧毁，攻陷。 [25]丁亥：九月十八日。 [26]各有差：按等级赏赐的多少各有不同。差，等级。 [27]北军：指刘遐、苏峻的北来之军。疲困：疲敝不堪。 [28]乙未：九月二十六日。 [29]竹格渚：地名，在今江苏南京市城南，镇淮桥西。渡淮：过秦淮河。 [30]赵胤（yìn）：字伯舒，扬州淮南人，参与平定杜曾之乱，又平定王敦、苏峻之乱，杀死叛乱的南顿王司马宗。官至西中郎将、豫州刺史，封湘南县侯。 [31]宣阳门：建康外城的南门。建康外城皆用篱笆环绕，各城门均以西晋都城洛阳城门命名。 [32]拔栅：拆除篱笆。栅，栅栏，篱笆。 [33]南塘：秦淮河南侧的堤岸。东晋在建康建都后，自秦淮河入江口起沿河筑堤。塘，即堤。横击：拦腰截击。 [34]青溪：水名，在今江苏南京市东。起源于钟山西南，为三国吴主孙权为泄玄武湖水而凿。青溪水屈曲穿过南京市区入秦

淮河，今湮。［35］寻阳：晋郡名，郡治在今湖北黄梅县西南。寻阳本县名，因水名县，水南注江，汉属庐江郡；惠帝永兴元年（304），分庐江、武昌立寻阳郡，治柴桑县。周光：东晋官员，周访之子，周抚之弟。十一岁时王敦即让他做宁远将军、寻阳太守。传见《晋书》卷五十八。［36］来赴：来投，即为王敦助阵。［37］遽（jù）：急，急速。［38］愕（è）然：惊讶的样子。［39］丙申：九月二十七日。［40］遁：逃走。［41］丁酉：九月二十八日。［42］不原：不赦免。原，宽恕，赦免。［43］党与：同党之人。与，朋党。［44］虏掠：抢劫，掠夺。虏，同"掳"，掳获。［45］天道助顺：天会赞助顺应天道的人。［46］剿绝：被消灭。剿，围剿，歼灭。［47］因乱：趁着战乱。因，乘机。［48］惶恐：惊慌，害怕。［49］荆州：州治江陵，在今湖北荆州市江陵城。当时王舒任荆州刺史。［50］江州：郡治豫章，在今江西南昌市。当时王彬任江州刺史。［51］平素：平常，平时。云何：意即关系如何。［52］人：指王敦。［53］能立同异：能站在不同立场，发表不同意见。指元帝永昌元年（322）王彬哭周顗、数王敦罪状和谏止王敦为逆等事。胡三省评曰："王应之见，犹能出乎寻常，此敦所以以之为后欤！"［54］困厄：困苦，危难，处境窘迫。［55］愍恻：可怜、同情。愍（mǐn），同"悯"。［56］守文：遵守法度，这里是指维护晋室而言。文，法度。［57］意外行事：做破格的事情，指放过王含父子。［58］沈：同"沉"，投入水中。［59］恨：遗憾。［60］阖庐洲：江心的小岛名，在今江苏南京市北长江中。［61］诣阙自赎：到朝廷请罪。阙，皇宫门前的双阙，代指皇帝所居之处。［62］吴儒：曾为晋将，退休在家，叛臣沈充误入其家，被杀之。［63］内重壁中：把他藏在厚厚的夹墙里。内，同"纳"，藏入。重壁，复壁，夹墙。［64］三千户侯矣：三千户侯的封赏到我手了。当时朝廷悬赏：斩钱凤的人封五千户侯，斩沈充的人封三千户侯。［65］以利杀我：指为封三千户侯而杀沈充。［66］劲：即沈劲，字世坚，沈充之子。因父亲参与王敦之乱而沦为刑家，立志建功以洗雪家族之耻，曾自募士卒千人，协守洛阳，任为冠军长史、扬武将军。后城破被俘，不屈遇害，追赠东阳太守。传见《晋书》卷八十九。当坐诛：应当受到牵连，定罪处死。坐，连坐，因某事牵连而获罪。［67］钱举：吴兴武康（今浙江湖州市）人，与沈劲同乡，隐藏叛臣之子沈劲。后沈劲灭吴儒之族，御北敌。匿：隐藏，掩护。［68］竟灭吴氏：竟然灭掉了杀害其父沈充的吴儒一门宗亲。

有司发王敦瘗[1]，出尸，焚其衣冠，跽而斩之[2]，与沈充首同悬于南桁[3]。郗鉴言于帝曰："前朝诛杨骏[4]等，皆先极官刑[5]，后听私殡[6]。臣以为王诛[7]加于上，私义[8]行于下，宜听敦家收葬，于义为弘[9]。"帝许之。司徒导等皆以讨敦功受封赏。

周抚与邓岳俱亡，周光欲资给[10]其兄而取岳。抚怒曰："我与伯山[11]同亡，何不先斩我！"会岳至，抚出门遥谓之曰："何不速去！今骨肉尚欲相危，况他人乎！”岳回舟[12]而走，与抚共入西阳蛮[13]中。明年，诏原敦党[14]，抚、岳出首[15]，得免死禁锢[16]。

故吴内史张茂妻陆氏[17]，倾家产[18]，帅茂部曲为先登以讨沈充[19]，报其夫仇[20]。充败，陆氏诣阙上书，为茂谢不克之责[21]。诏赠茂太仆[22]。

有司[23]奏："王彬等敦之亲族，皆当除名[24]。"诏曰："司徒导以大义灭亲，犹将百世宥之[25]，况彬等皆公之近亲[26]乎！"悉无所问。

有诏："王敦纲纪[27]除名，参佐[28]禁锢。"温峤上疏曰："王敦刚愎[29]不仁，忍[30]行杀戮，朝廷所不能制，骨肉所不能谏；处其朝者[31]，恒惧危亡[32]，故人士结舌[33]，道路以目[34]，诚贤人君子道穷数尽[35]，遵养时晦之辰[36]也；原其私心[37]，岂遑晏处[38]！如陆玩[39]、刘胤[40]、郭璞之徒[41]常与臣言，备知之[42]矣。必其赞导凶悖[43]，自当正以典刑[44]。如其枉陷奸党[45]，谓宜施之宽贷[46]。臣以玩等之诚，闻于圣听[47]，当受同贼之责[48]；苟默而不言，实负其心[49]。惟陛下仁圣裁之[50]！"郗鉴以为先王立君臣之教[51]，贵于伏节死义[52]。王敦佐吏[53]，虽多逼迫，然进[54]不能止其逆谋，退[55]不能脱身远遁，准之前训[56]，宜加义责[57]。帝卒从峤议。

冬，十月，以司徒导为太保[58]，领司徒[59]，加殊礼[60]，西阳王羕[61]领太尉[62]，应詹为江州刺史[63]，刘遐为徐州刺史，代王邃镇淮阴[64]，苏峻为历阳内史[65]，加庾亮护军将军[66]，温峤前将军[67]。导固辞不受。应詹至江州，吏民未安，詹抚而怀之[68]，莫不悦服[69]。

（以上为第六段，写东晋平定王敦之乱的善后事宜，叛首王敦开棺斩首，官刑私殓；叛臣周抚、邓岳逃之夭夭，躲过一劫；王导等有功之臣加官晋级。）

【注释】

[1]有司：有关主管部门官员。发王敦瘗：把王敦的尸体刨出来。发，刨，挖掘。瘗（yì），埋藏，这里指埋藏的王敦尸体。[2]跽而斩之：把他的尸体摆成一种跪着的姿势，而后将其斩首。跽（jì），长跪，双膝着地，上身挺直。[3]南桁（héng）：即朱雀桥。[4]杨骏：字文长，晋武帝司马炎皇后杨芷之父，西晋外戚、权臣，大权独揽，后坐罪被杀，夷灭三族。传见《晋书》卷四十。[5]先极官刑：先受到国法的惩治。极，尽，完成。[6]后听私殡：其后允许家属收葬。

杨骏被诛后，无人敢收尸，只有太傅舍人阎缵殡殓了他。听，听任。私殡，私人收殓，把死人的尸体埋葬。［7］王诛：国法的惩罚。［8］私义：私情，私人之间的情义。［9］于义为弘：从道理上说更为合适。弘，宏阔，阔大。［10］资给：提供钱财。这里指周光想逮捕邓岳交给朝廷，以赎其兄周抚之罪。［11］伯山：即邓岳，字伯山。［12］回舟：调转船头。［13］西阳蛮：西阳郡里的少数民族。西阳，郡名，郡治在今湖北黄冈市东。［14］诏原敦党：对王敦的党羽宣告宽赦。原，宽恕，赦免。［15］出首：出来自首。［16］禁锢：指不准其为官，犹今言永不录用。锢，禁闭，使隔绝。［17］吴内史：吴国的国相，称内史。吴，晋诸侯国名，都城在今江苏苏州市。张茂：晋朝官员，原为吴郡内史。此张茂与前凉张茂同名而非一人。［18］倾家产：拿出全部家产。倾，尽，全部。［19］帅茂部曲：率领着张茂的部下。帅，同“率”，统领，带领。部曲，豪门大族的私人军队。先登：先锋部队。［20］夫仇：指沈充反叛，攻下吴国，杀内史张茂，事见《资治通鉴》卷九十二晋元帝永昌元年（322）。［21］谢不克之责：对张茂没能阻止寇虐、为国家守住郡邑而表示歉意。谢，谢罪，请罪。不克，未能完成任务。［22］赠：追任。太仆：九卿之一，主管皇帝的舆马。［23］有司：有关部门，这里指主管司法、负责弹劾的官员。［24］除名：除去名籍，取消其原有的官职、待遇。［25］百世宥之：为褒奖某个功臣，使其身后百代的犯罪子孙都能得以赦免。百世，百代。宥（yòu），宽赦，赦免。［26］公之近亲：王彬、王舒皆王敦之弟、王导的堂兄弟，故称“近亲”。公，此指王导。［27］纲纪：总理府事之官，指王敦手下的主要僚佐，如主簿、别驾、长史等职。纲纪，犹今所谓骨干。［28］参佐：僚属，部下，受宠信的程度与“纲纪”略同。［29］刚愎：固执己见，不肯接受他人的意见。愎，执拗，固执。［30］忍：残忍，凶暴。［31］处其朝者：在王敦之府工作的属下。朝，指王敦的府朝。［32］恒惧危亡：意即经常处于生死的边缘。恒，常，经常。［33］结舌：不敢说话。［34］道路以目：在路途上相遇，只以眼睛示意，不敢说话，生怕惹上是非。［35］诚：确实，实在是。道穷数尽：穷途末路。数，气数，命运。［36］遵养时晦之辰：指辞官归隐以待时。遵养，谓顺应时势而积蓄力量。时晦，指黑暗残暴的政治环境。晦，暗昧，糊涂。之辰，犹言“之时”。辰，时辰，时刻。［37］原其私心：推究王敦僚属们的本心。原，推求其最初的想法。私心，个人的意念和心态。［38］岂遑晏处：哪一个能消消停停地待着。遑，闲暇，有时间，来得及。晏（yàn）处，安处，安闲地待着。［39］陆玩：字士瑶，为东吴丞相陆逊侄孙。东晋重臣，历任侍中、吏部尚书、尚书左仆射、司空等职。封兴平伯。传见《晋书》卷七十七。［40］刘胤（yìn）：表字义孙，汉赵主刘曜之子，封为南阳王。刘曜被后赵俘获后，刘胤和弟弟太子刘熙试图恢复国家，但最终失败。传见《晋书》卷一百三。［41］徒：辈，同类之人。［42］备知之：深刻地了解他们和王敦不是同一路人。备，详细，深入。［43］必其赞导凶悖：如果是真心赞成帮助王敦。赞导，帮助，引导。凶悖，此指凶暴、悖逆之人，即王敦。［44］正以典刑：犹言绳之以法。正，纠正，执行。典刑，刑法。［45］枉陷奸党：不明实情地陷入叛逆集团。枉，曲，屈就，违背心意，这里有被迫的意思。［46］谓宜：我认为应当如此。宽贷：宽恕，赦免，宽大处理。［47］闻于圣听：已经向皇帝奏明过。闻，让人知道，特指让上面的人知道。［48］当受同贼之责：理应被人说我是站在逆贼的立场上。同贼，指为陆玩等人辩护。责，责备，谴责。［49］苟默而不言，实负其心：如果让我闭上嘴不说话，那是违背我的良心的。意思是说陆玩等人“同贼”并不同污，如果避而不谈他们对朝廷的忠诚，实在辜负了他们的诚心。苟，假如，假使。负，辜负，违背。［50］惟陛下仁圣裁之：请皇上您秉持仁圣之心，对此做出正确的判断和处理。惟，请求，希望。裁，裁决，处理。［51］先王：谓古代圣王。君臣之教：君臣之间的关系准则。教，教化，这里指通过教化而建立的准则和规范。［52］贵于伏节死义：重点在倡导做臣子的要为坚守节义而死。伏节，指殉节，为维护某种事物或追求理想而死。死义，为义而死，谓恪守大义。［53］佐吏：左右僚属。［54］进：指在位为王敦做僚属。［55］退：指辞官离开王敦集团。［56］准之前训：用上面所说的准则来衡量这些人。准，准则，标准，这里是依据准则的意思。前训，指前面所说的先王之教。［57］宜加义责：理应受到严厉的谴责。义责，根据君臣大义来处罚。义，君臣大义。［58］太保：官名，此时用为加官，以示荣宠。［59］领司徒：兼任司徒之职。领，兼任。［60］殊礼：特殊的礼遇。如“剑履上殿”“入朝不趋”“赞拜不名”等。［61］西阳王羕（yàng）：指西阳王司马羕，字延年。传见《晋书》卷三十七。［62］领太尉：兼任太尉。［63］应詹为江州刺史：以取代王彬。［64］代：代替。王邃（suì）：字处重，王导堂兄。传见《晋书》卷六十五。淮阴：县名，在今江苏淮安市。［65］历阳：郡名，晋永兴元年（304），分淮南郡的历阳、乌江二县置历阳郡，郡治历阳，在今安徽和县历阳镇。内史：郡守副官，主管民政事务。［66］护军将军：为杂号将军，掌管国家中级以上将领的考察选拔。［67］前将军：将军名号，负责京师兵卫和边防屯警，一般职位高于杂号将军。［68］抚而怀之：安抚并关心施惠。怀，安抚。［69］莫不悦服：都心悦诚服。莫，没有哪一个人，无指代词。

十二月，凉州将辛晏据枹罕[1]，不服，张骏将讨之。从事刘庆[2]谏曰：“霸王之师，必须天时、人事相得[3]，然后乃起。辛晏凶狂安忍[4]，其亡可必[5]，奈何以饥年大举[6]，盛寒[7]攻城乎！”骏乃止。

骏遣参军王骘聘于赵[8]，赵主曜谓之曰：“贵州款诚和好[9]，卿能保之乎[10]！”骘曰：“不能。”侍中徐邈[11]曰：“君来结好，而云‘不能保’，何也？”骘曰：“齐桓[12]贯泽之盟[13]，忧心兢兢[14]，诸侯不召自至；葵丘之会[15]，振而矜之[16]，叛者九国[17]。赵国之化[18]，常如今日，可也；若政教陵迟[19]，尚未能察迩者之变[20]，况鄙州乎[21]！”曜曰：“此凉州之君子也，择使可谓得人矣！”厚礼而遣之。

是岁，代王贺傉[22]始亲国政，以诸部多未服，乃筑城于东木根山[23]，徙居之。

（以上为第七段，写凉王张骏派遣参军王骘访问汉赵，不卑不亢，被汉赵主刘曜认为是凉州的贤人君子；代王贺傉亲政，诸部不服，无力统治，迁都于东木根山。）

【注释】

［1］辛晏：凉州将领。枹（fú）罕：县名，县治在今甘肃临夏市。［2］刘庆：凉王张骏部属，为从事。［3］必须天时、人事相得：意谓即使自己的兵力很强大，但一定要等天时、人心等各种条件齐备。相得，相配，相称。［4］安忍：安于残忍而不以为异。［5］其亡可必：其很快灭亡是肯定的。可必，必定。必，肯定，必然。［6］饥年大举：在这灾荒年头发动战争。大举，举大事，指用兵。［7］盛寒：严寒。［8］王骘（zhì）：凉王张骏部属，为参军，出使汉赵，不辱使命。聘于赵：到汉赵进行友好访问。聘，国与国间的友好出使。［9］款诚和好：诚挚，友好。款诚，恳挚，诚恳。［10］卿能保之乎：您能够保证长久如此吗？保，保证，谓保证两国永远友好相处。［11］侍中：帝王的侍从官员。徐邈（miǎo）：汉赵官员，时为侍中。［12］齐桓：指春秋时的第一个霸主齐桓公。传见《史记》卷三十二。［13］贯泽之盟：齐桓公二十八年（前658）九月，齐桓公与宋桓公及江人、黄人在贯泽会盟。事见《左传》《公羊传》僖公二年。贯泽，地名，在今山东曹县南，当时为宋地。［14］忧心兢兢：谨慎戒惧的样子。兢兢，小心翼翼。［15］葵丘之会：齐桓公三十五年（前651）九月十三日，齐桓公在葵丘与诸侯会盟，参加会盟的有齐、鲁、宋、卫、郑、许、曹等国的国君，周襄王也派代表参加，对齐桓公极力表彰。这是齐桓公多次召集诸侯会盟中最盛大的一次，标志着齐桓公的霸业达到顶峰，齐桓公成为中原的首位霸主。葵丘，地名，在今河南民权县东北。［16］振而矜之：傲慢，矜夸。振，高傲的样子。矜，自以为是的样子。［17］叛者九国：九国具体所指不详。《公羊传》僖公九年有："九月戊辰，诸侯盟于葵丘。桓之盟不日，此何以日？危之也。何危尔？贯泽之会，桓公有忧中国之心，不召而至者，江人、黄人也；葵丘之会，桓公震而矜之，叛者九国。震之者何？犹曰'振振然'。矜之者何？犹曰'莫若我也'。"［18］化：政治状况，社会风气。［19］政教：政治，教化，代指国家治理。陵迟：衰微，衰败。陵，同"凌"。［20］迩者之变：指赵国内部发生政变。迩（ěr），近。［21］况鄙州乎：意即如果赵国衰败，连身边的变化都不能觉察，又何况我们呢？鄙州，边远的州郡，此指凉州，谦虚的说法。［22］代王：诸侯国名，都城盛乐，在今内蒙古和林格尔县北。贺傉（nù）：即拓跋贺傉，鲜卑索头部首领，北魏皇帝先祖。生性懦弱，继位后，无力统治部众，迁都东木根山。后忧愤而死。北魏建立后，追封其为"惠皇帝"。传见《魏书》卷一。［23］东木根山：地名，在今内蒙古兴和县西北。胡三省注曰："河西有木根山，在五原郡东北。此木根山在河东，故曰'东木根山'。"

三年（乙酉，325 年）

春，二月，张骏承元帝凶问[1]，大临[2]三日。会黄龙见嘉泉[3]，氾祎等请改年[4]以章休祥[5]，骏不许。辛晏以枹罕降[6]，骏复收河南之地[7]。

赠故谯王承、甘卓、戴渊、周𫖮、虞望、郭璞、王澄等官[8]。周札故吏为札讼冤[9]，尚书卞壸议以为："札守石头[10]，开门延寇[11]，不当赠谥。"司徒导以为："往年之事，敦奸逆未彰[12]，自臣等有识以上，皆所未悟，与札无异；既悟其奸，札便以身许国[13]，寻取枭夷[14]。臣谓宜与周、戴同例[15]。"郗鉴以为："周、戴死节，周札延寇，事异赏均[16]，何以劝沮[17]！如司徒议，谓往年有识以上皆与札无异，则谯王、周、戴皆应受责[18]，何赠谥之有！今三臣既褒，则札宜受贬明矣。"导曰："札与谯王、周、戴，虽所见有异同，皆人臣之节[19]也。"鉴曰："敦之逆谋，履霜日久[20]，缘札开门[21]，令王师不振[22]。若敦前者之举[23]，义同桓、文[24]，则先帝[25]可为幽、厉邪[26]！"然卒[27]用导议，赠札卫尉[28]。

后赵王勒加宇文乞得归[29]官爵，使之击慕容廆[30]。廆遣世子皝[31]、索头、段国[32]共击之，以辽东相裴嶷为右翼[33]，慕容仁[34]为左翼。乞得归据浇水[35]以拒皝，遣兄子悉拔雄[36]拒仁。仁击悉拔雄，斩之，乘胜与皝攻乞得归，大破之。乞得归弃军走，皝、仁进入其国城[37]，使轻兵追乞得归，过其国三百余里而还，尽获其国重器[38]，畜产以百万计，民之降附者数万。

（以上为第八段，写晋明帝司马绍追赠已故司马承、周𫖮等人的官衔与谥号，可是，却听从了司徒王导的意见，也追赠了开门放敌的周札官衔，真乃匪夷所思！）

【注释】

[1]承：接到。凶问：死讯。晋元帝司马睿逝世，距今已经二年三个月，但关山难越，中间又隔着许多割据政权，故而此时才知消息。孤悬数千里之外，凉州张氏几代人对晋王朝忠心不改。[2]大临：指聚哭告哀。[3]黄龙见嘉泉：即嘉泉出现了黄龙。黄龙，在古代是帝王的象征。自然是张氏所要的一种小手段，竟如此巧，听到司马睿的死讯，这边就出现了所谓"黄龙"。见，同"现"。嘉泉，地名，在今甘肃古浪县北。[4]氾（fán）祎（yī）：字休臧，敦煌人，为张骏左长

史。改年：即改元，改换年号。前任张茂年号永元，今改为太元。按：古代新帝王登基，或遇重大国事，或获符瑞，往往改元来纪念。［5］以章休祥：以显示这个帝王受到了上天的表彰。章，通“彰”，彰显，表彰。休祥，吉祥，上天所降的祥瑞。［6］辛晏以枹（fú）罕降：辛晏于上年据枹罕自立，现又归降于张氏。［7］河南之地：指今甘肃黄河以南地区。枹罕县在今甘肃临夏市，在黄河南。［8］“赠故谯王丞”句：追赠已故的谯王司马丞、甘卓、戴渊、周顗、虞望、郭璞、王澄等人的官职。诸人均遭王敦杀害，晋明帝为之昭雪。谯王丞，原作“承”，误书，据章校改。［9］为札讼冤：王敦忌周氏宗强，杀周札及其兄子四人，故周氏故吏为其讼冤。讼，替人辩冤。［10］石头：即石头城，当时吴都建业的城墙，旧址在今江苏南京市清凉山一带。［11］开门延寇：指晋元帝永昌元年（322），王敦进攻建康，来到石头城，派杜弘为先锋，攻打石头，周札守卫石头城，没有抵抗，就开门接纳杜弘进了城，使得王敦顺利攻取建康，掌控朝政。延，引，迎。［12］奸逆未彰：谋反作乱的情形尚未明显暴露。王导对周札的“开门”之罪予以开脱，实为为己、为王敦开脱。［13］以身许国：犹“以身殉国”，为国效死。这是王导的溢美之词，后来周札并没有任何以身许国的行为，只是一门五侯，宗族的力量太强大了，被王敦忌杀。许，给予。［14］寻取枭（xiāo）夷：指周札很快就被王敦杀害了，王导辩解其为以身殉国。取，被。枭夷，杀戮，诛灭。枭，被砍头并将首级悬挂示众。夷，灭，灭门。［15］同例：同等对待。王导并非伏节死义之士，周札又是矜险好利的小人，开门延寇，有目共睹，是非自明。王导言此，名为周札伸张，实为为自己开脱罪责。［16］赏均：受同样的奖赏。均，等，一样。［17］劝沮：鼓励为善者与黜斥为恶者。劝，鼓励。沮，黜止。［18］皆应受责：这是反话，意即强调周札开门延盗不应受赏，他和周、戴不是同一路人！如果周札受赏，岂不是周、戴有罪，而应受到惩罚吗？［19］皆人臣之节：都是表现出的作为人臣的节操。王导之说，竟是如此昏庸，良莠不分，也是私心在作祟。［20］履霜日久：形迹早有表现。《易》曰：“履霜坚冰至。”意思是秋天行于霜上而知严冬即将到来。此处用来比喻王敦反叛，蓄谋已久，形迹早有表现。［21］缘札开门：正是由于周札的开门揖盗。缘，因为，由于。［22］王师：指东晋王朝的军队。不振：指失败。振，振奋。［23］敦前者之举：指永昌元年（322）王敦进占石头城之事。［24］义同桓、文：其行动之正义性如同齐桓公和晋文公。二人皆打着尊王攘夷、屏藩周室的旗号征伐作乱的诸侯。［25］先帝：谓晋元帝司马睿。［26］可为幽、厉邪：难道可以说晋元帝司马睿是西周末年周幽王和周厉王两个昏暴之君吗？［27］卒：最后，最终。［28］赠札卫尉：赠谥，是朝廷的行为，起着惩劝的作用，周札开门延寇，竟然成了“英雄”，而司马绍谥号为“明”，此为“明”乎！房玄龄对此评曰：“朝廷议加荣赠，不其僭乎！有晋之刑政陵夷，用此道也。”［29］宇文乞得归：鲜卑宇文部首领，名乞得归，一作“乞得龟”，晋代中国北方宇文部首领，宇文逊昵延之子。曾奉石勒命出兵攻打慕容廆，被打得大败，都城被攻破。后宇文乞得归为其东部大人宇文逸豆归所逐，“走死于外”，《魏书》称“逸豆归杀乞得龟而自立”。传见《魏书》卷一〇三。［30］使之击慕容廆：后赵攻打慕容廆，起因于明帝太宁元年（323），后赵遣使结好于慕容廆，慕容廆将后赵使者捕送建康，因此与后赵结怨。慕容廆（guī），字若洛廆，前燕政权建立者慕容皝之父，效忠于晋朝，封辽东郡公。传见《魏书》卷九十五。［31］世子皝（huàng）：即慕容皝，字元真，前燕建立者。传见《晋书》卷一百九。［32］索头：即鲜卑索头部，首领为拓跋氏。段国：即鲜卑段部所建立的国家，首领为段氏。［33］辽东相：辽东国的国相。裴嶷（yí）：字文冀，河东闻喜（今山西闻喜县）人，司隶校尉裴昶之子。初仕晋朝，历任中书侍郎、给事黄门郎、荥阳太守。晋末大乱，因送兄丧南归，道路阻塞，遂投奔慕容廆，成为其得力参谋，担任辽东相。传见《晋书》卷一百八。右翼：军队作战时，称右面的部队或右方的阵地为右翼。［34］慕容仁：字千年，慕容廆之子，慕容皝同母弟。前燕将领。传见《晋书》卷一百八。［35］浇水：地名。一名"浇落水"，在今内蒙古西拉木伦河。［36］悉拔雄：即宇文悉拔雄，鲜卑宇文部首领宇文乞得归的侄子，与慕容仁交战，被斩。［37］国城：宇文乞得归的都城，在今辽宁朝阳市。［38］重器：宝器，国宝。

三月，段末柸[1]卒，弟牙[2]立。

戊辰[3]，立皇子衍[4]为太子，大赦。

赵主曜立皇后刘氏。

北羌王盆句除附于赵[5]，后赵将石佗[6]自雁门出上郡[7]袭之，俘三千余落[8]，获牛、马、羊百余万而归。赵主曜遣中山王岳[9]追之，曜屯于富平[10]，为岳声援，岳与石佗战于河滨[11]，斩之，后赵兵死者六千余人，岳悉收所虏而归。

杨难敌[12]袭仇池[13]，克之，执田崧[14]，立之于前[15]，左右令崧拜，崧瞋目叱之[16]曰："氐狗[17]！安有天子牧伯[18]而向贼拜乎！"难敌字谓之[19]曰："子岱[20]，吾当与子共定大业，子忠于刘氏，岂不能忠于我乎[21]！"崧厉色大言[22]曰："贼氐，汝本奴才，何谓大业！我宁为赵鬼，不为汝臣！"顾排一人[23]，夺其剑，前刺难敌，不中。难敌杀之。

都尉鲁潜[24]以许昌[25]叛，降于后赵。

夏，四月，后赵将石瞻攻兖州刺史檀斌于邹山[26]，杀之。

后赵西夷中郎将王腾[27]杀并州刺史崔琨[28]、上党内史王眘[29]，据并州降赵。

五月，以陶侃[30]为征西大将军，都督荆、湘、雍、梁四州诸军事，荆州刺史，荆州士女相庆[31]。侃性聪敏恭勤[32]，终日敛膝危坐[33]，军府众事，检摄无遗[34]，未尝少闲[35]。常语人曰："大禹[36]圣人，乃惜寸阴[37]，至于众人[38]，当惜分阴[39]。岂可但逸游荒醉[40]，生无益于时，死无闻于后，是自弃[41]也！"

诸参佐或以谈戏废事[42]者，命取其酒器、蒱博之具[43]，悉投之于江，将吏则加鞭扑[44]，曰："樗蒱[45]者，牧猪奴戏[46]耳！老[47]、庄[48]浮华[49]，非先王之法言[50]，不益实用[51]。君子当正其威仪[52]，何有蓬头、跣足[53]，自谓宏达[54]邪！"有奉馈[55]者，必问其所由[56]，若力作所致[57]，虽微必喜，慰赐参倍[58]；若非理得之[59]，则切厉诃辱[60]，还其所馈[61]。

尝出游，见人持一把未熟稻，侃问："用此何为？"人云："行道所见，聊取之[62]耳。"侃大怒曰："汝既不佃[63]，而戏贼人稻[64]！"执而鞭之。是以百姓勤于农作，家给人足。尝造船，其木屑竹头[65]，侃皆令籍而掌之[66]，人咸不解所以[67]。后正会[68]，积雪始晴，听事[69]前余雪犹湿，乃以木屑布地[70]。及桓温[71]伐蜀[72]，又以侃所贮竹头作丁装船[73]。其综理微密[74]，皆此类也。

（以上为第九段，写东晋朝廷任命聪明敏锐、务实勤奋、珍惜光阴、厌恶空谈及游乐的陶侃为征西大将军，都督荆、湘、雍、梁四州军事及荆州刺史，士民欢悦。）

【注释】

[1]段末柸（bēi）：一作段末波，辽西鲜卑人，段部鲜卑首领。传见《魏书》卷一百三。[2]牙：即段牙，鲜卑段部首领，前任首领段末柸之弟，封辽西公。段末柸去世后，段牙继位。后被其远房堂兄弟段辽攻杀。[3]戊辰：三月二日。[4]皇子衍：即晋成帝司马衍，晋明帝司马绍长子。字世根，东晋第三位皇帝，公元325年在位。传见《晋书》卷七。[5]北羌：古民族名，对今陕西关中渭北地区羌人的总称，曾掀起反抗汉赵、后赵的斗争。盆句除：东晋时北羌王。太宁三年（325），附前赵刘曜，为安国将军。被后赵石勒将领石佗攻击，败退至渭北西部。后得汉赵中山王刘岳兵援，击杀石佗于河滨。[6]石佗：后赵将领，率兵袭击北羌，初大胜，后被汉赵将领中山王刘岳率兵追击，被打败，被杀。[7]雁门：郡治广武，在今山西代县西南古城。上郡：郡治肤施，在今陕西榆林市东南，当时为北羌王盆句除部落的聚居地。[8]落：少数民族的聚居点，如同今之自然村。[9]中山王岳：即刘岳，汉赵将领，封中山王。中山王，封地中山郡，在今河北定州市。[10]富平：县名，县治在今陕西富平县西南。[11]河滨：黄河之滨。[12]杨难敌：白马氐人，为前仇池国第二任君主。传见《宋书》卷九十八。[13]仇池：郡名，郡治洛谷

城，在今甘肃成县西北。［14］田崧（sōng）：字子岱，汉赵官员，为大鸿胪、镇南将军、益州刺史。镇仇池，被杨难敌俘获，杀死。［15］立之于前：让田崧站在杨难敌面前。立，使之站立。［16］瞋目叱之：瞪着眼睛大骂杨难敌。瞋（chēn）目，张目，怒目。［17］氐（dī）狗：杨难敌是氐族人，故田崧如此骂之。［18］天子牧伯：天子的封疆大吏。天子，指前赵的首领刘曜。牧伯，汉代以后对州刺史的尊称，有如古代的诸侯方伯（霸主）。时田崧为前赵所封的镇南大将军、益州刺史。［19］字谓之：对田崧称其字，表示敬重。［20］子岱：即田崧，字子岱。［21］岂不能忠于我乎：难道就不能改为忠于我吗？［22］厉色大言：面色严厉地大声说。［23］顾排一人：转身打倒了一个杨氏的士兵。排，推开，打倒。［24］都尉：晋朝的都尉，级别相当于校尉，主管军事。鲁潜：字世甫，勃海赵安人，历属西晋、后赵。仕晋为都尉，镇守许昌。在后赵为官二十年，官至太仆卿、驸马都尉。传见《晋书》卷一百五。［25］许昌：郡名，郡治许昌，在今河南许昌市建安区张潘故城。［26］兖（yǎn）州：州治廪丘，在今河南范县东南。檀（tán）斌：东晋官员，时为兖州刺史。邹（zōu）山：也称蝉山，在今山东邹城市东南。［27］西夷中郎将：管理西部地区少数民族的将领。王腾：后赵将领，时为西夷中郎将。［28］并州：晋朝的并州辖境在今山西汾水中游地区，西晋以刘琨为并州刺史，镇并州，石勒打败刘琨后，占据并州，置刺史，州治上党。崔琨：后赵官员，时为并州刺史。［29］上党：郡名，郡治潞县，在今山西黎城县南古城，当时属于后赵。王眘（shèn）：后赵官员，为上党内史。胡三省注曰："王眘，章武人，初起兵，扰勒渤海、河间诸郡，后归于勒，使守上党。"［30］陶侃（259—334）：字士行，东晋名将。［31］荆州士女相庆：因陶侃前曾任荆州刺史，有惠政于民，故士民喜其回来。［32］聪敏：聪明，思维灵敏。恭勤：恭敬，勤勉。［33］敛膝危坐：意即严肃恭敬地端坐。敛膝，盘腿。敛，聚拢。危坐，挺直身子端坐。［34］检摄（shè）无遗：认真检查，滴水不漏。检摄，检查，管理。［35］未尝少闲：丝毫不敢有所怠慢。少闲，稍微有些空闲。［36］大禹：即夏禹，在上古治水有功，是夏王朝的奠基者。［37］乃惜寸阴：相传大禹特别珍惜时间，《淮南子》有所谓"禹不贵尺璧而贵寸阴"的说法。寸阴，日影移动一寸的时间，指极短暂的一点时间。俗语"一寸光阴一寸金"，即由此而来。阴，指日影、光阴。［38］众人：一般人，平常人。［39］分阴：比"寸阴"更少的时间。一分是一寸的十分之一。［40］但逸游荒醉：只顾吃喝玩乐。逸游，指玩赏打猎。逸，放纵。荒醉，指迷乱于酒色。荒，迷乱。［41］自弃：谓自甘堕落，不求进取。［42］参佐：将军府、王府僚属、部属。以谈戏废事：因清谈、游戏而耽误工作。清谈即侈谈老庄、佛教、楚辞等等，是晋代官僚、士人的一种时尚风气。谈，清谈，空谈。戏，游乐，赌博。［43］蒱（pú）博之具：赌博的用具。蒱博，也叫"樗蒱"，或"樗蒲"，是继六博戏之后，盛行于古代的一种棋类游戏。博戏中用于掷采的骰子最初是用樗木制成，故称樗蒲。又由于这种木制掷具系五枚一组，所以又叫"五木之戏"，或简称"五木"。胡三省注曰："晋人多好樗蒱，以五木掷之，其采有黑犊，有雉，有卢；得卢者胜。"［44］鞭扑：以鞭子、棍棒抽打。［45］樗（chū）蒱：见注［43］蒱博之具。［46］牧猪奴戏：对赌博的鄙称，认为是放牧猪羊之人的一种游戏。［47］老：此指先秦道家学派创始人老子，姓李名耳。被尊为始祖，称“太上老君”。著有《道德经》五千言传世。传见《史记》卷六十三。［48］庄：即庄子，姓庄，名周，道家学派代表人物，与老子并称老庄。著有《庄子》。传见《史记》卷六十三。［49］浮华：指老子和庄子的思想学说表面上华丽、动人，而实际内容空虚、无用。［50］法言：指儒家所讲的合乎礼法的言论。［51］不益实用：对实际工作没有用处。不益，无益。［52］正其威仪：端正自己的行为举止。正，整。威仪，神态，仪表。［53］蓬头：头发散乱的样子，形容脏乱的头发。跣（xiǎn）足：赤脚，光着脚。蓬头、光脚，在当时被认为是一种放达的行为，如刘伶、阮咸、胡毋辅之等，常有此行为。［54］宏达：广博通达，一般指才识，这里指不拘小节。［55］奉馈：赠送礼物。馈，进献，赠送。［56］所由：是从哪里来的。［57］力作所致：凭劳动所得。［58］慰赐参倍：予以慰问，并给予三倍的奖励。参，同“三”。［59］非理得之：非正当途径所得。［60］切厉诃辱：严厉地训斥、责骂，使其觉得羞耻。诃（hē），同“呵”，呵斥。［61］还其所馈：把他送来的东西退回去。［62］聊取之：随便地揪了一把。聊，姑且，随便。［63］不佃（tián）：不种田。［64］戏贼人稻：拿损害人家的稻子当儿戏。贼，害，损坏。［65］木屑竹头：剩余的边角废料，如锯末、刨花之类。［66］籍而掌之：登记后保存起来。籍，登记。掌，收藏。［67］咸不解所以：都不理解陶侃为什么要这么做。咸，皆，都。［68］正会：即晋时皇帝元旦朝会群臣的聚会。这里指陶侃接见群僚。［69］听事：即厅堂，官府的升堂理事之处。［70］布地：铺在湿地上。布，铺。［71］桓温：字元子，谯国龙亢（今安徽怀远县）人，宣城内史桓彝长子，东晋权臣。传见《晋书》卷九十八。［72］伐蜀：指桓温出镇荆州后，西伐占据巴蜀的成汉政权。桓温三战三胜，乘胜攻入成都，并焚毁小城，成汉主李势乘夜逃走，远遁九十里，最终决定投降。桓温接受投降，将李势送往建康。成汉政权至此灭亡。［73］贮（zhù）：贮存，储藏。作丁装船：用作造船用的钉子。丁，同“钉”，木钉。装船，造船。［74］综理微密：工作细致、精密。综理，总揽，管理。综，总合。理，管理，整理。

后赵将石生屯洛阳，寇掠河南[1]，司州[2]刺史李矩、颍川[3]太守郭默军数败，又乏食，乃遣使附于赵[4]。赵主曜使中山王岳将兵万五千人趣孟津[5]，镇东将军呼延谟[6]帅荆、司之众[7]自崤、渑[8]而东，欲会矩、默，共攻石生。岳克孟津、石梁二戍[9]，斩获五千余级，进围石生于金墉[10]。

后赵中山公虎[11]帅步骑四万，入自成皋关[12]，与岳战于洛西[13]。岳兵败，中流矢[14]，退保石梁。虎作堑栅环之[15]，遏绝内外[16]。岳众饥甚，杀马食之。虎又击呼延谟，斩之，曜自将兵救岳，虎帅骑三万逆战[17]。赵前军将军刘黑[18]击虎将石聪于八特阪[19]，大破之。曜屯于金谷[20]，夜，军中无故大惊，士卒奔溃[21]，乃退屯渑池；夜，又惊溃，遂归长安。

六月，虎拔石梁，禽[22]岳及其将佐八十余人，氐、羌三千余人，皆送襄国[23]，坑[24]其士卒九千人。遂攻王腾[25]于并州，执腾，杀之，坑其士卒七千余人。曜还长安，素服、郊次[26]，哭，七日乃入城，因愤恚[27]成疾。

郭默复为石聪所败，弃妻、子[28]，南奔建康[29]。李矩将士阴谋叛降后赵，矩不能讨，亦帅众南归，众皆道亡，惟郭诵[30]等百余人随之，卒于鲁阳[31]。矩长史崔宣[32]帅其余众二千降于后赵。于是，司、豫、徐、兖之地，率皆入于后赵，以淮为境[33]矣。

赵主曜以永安王胤[34]为大司马、大单于[35]，徙封南阳王[36]，置单于台[37]于渭城[38]，其左、右贤王[39]以下，皆以胡、羯、鲜卑、氐、羌豪桀[40]为之。

（以上为第十段，写后赵石勒与汉赵刘曜互相攻打，汉赵先胜后败，刘曜愤怒而病；后赵先败后胜，司州、豫州、徐州、兖州全部归入后赵。）

【注释】

[1]寇掠：侵犯，劫掠。河南：郡名，郡治在今河南洛阳市。 [2]司州：州治洛阳，在今河南洛阳市东。河南郡上属司州管辖。 [3]颍川：郡名，郡治许昌，在今河南许昌市东。颍川郡当时也属司州管辖。 [4]附于赵：归附于汉赵主刘曜。附，归附，依附。 [5]趣：同“趋”，奔赴。孟津：也作“盟津”，在今河南孟州市南。 [6]呼延谟（mó）：并州太原（今山西太原市）人，汉赵将领，任镇东将军。被后赵中山公石虎斩杀。 [7]荆、司之众：指从荆州和司州流落到关中的军民。荆、司，晋之二州名。当时荆州仍属晋，司州之地多入后赵。胡三省注曰：“或曰：刘聪以洛阳为荆州，此所谓荆、司，皆晋司州之众也。” [8]崤、渑：即崤山、渑池。崤（xiáo）山，山名，在今河南洛宁县西北，西接三门峡市陕州区，东接渑池县界，为关中通往中原的必经之地。渑（miǎn）池，县名，县治在今河南洛宁县西。 [9]孟津、石梁二戍：孟津的戍守据点在今河南洛阳市孟津区旧孟津城东黄河南岸。石梁的戍守据点在今河南洛阳市东北魏晋洛阳故城东的洛水北岸。戍，军事防守据点。 [10]金墉（yōng）：古城名，在今河南洛阳市东北魏晋洛阳故城的西北角。 [11]中山公虎：即石虎，石勒之父的养子，后赵第三位皇帝，公元334年至公元349年在位。传见《晋书》卷一百六。中山公，封地中山郡，爵位为公侯，五等爵中的第一位。中山，郡治卢奴县，在今河北定州市。 [12]入自成皋关：从成皋关杀过来。成皋

关，又名“虎牢关”，在今河南荥阳市西北大伾山上。［13］洛西：洛水之西。洛水，即洛河，黄河右岸重要支流。源出陕西渭南市华州区西南，流经陕西东南部及河南西北部，在河南巩义市注入黄河。［14］中（zhòng）流矢：主语为刘岳，被乱箭射中。［15］作堑（qiàn）栅环之：挖壕沟、修篱笆墙把他围困起来。环，围绕。［16］遏绝内外：断绝了他与外面的联系。遏，阻止，禁止。［17］逆战：迎战。逆，迎。《说文》曰：“关东曰‘逆’，关西曰‘迎’。”［18］前军将军：先锋部队的将领名号。刘黑：汉赵将领，为前军将军。［19］石聪：后赵将领。八特阪（bǎn）：地名，在今河南新安县东。《水经注》曰：“涧水出河南新安县东南，东北流，径函谷东阪东，谓之八特阪。”阪，同“坂”，山坡，斜坡。［20］金谷：山谷名，在今河南洛阳市西北。［21］奔溃（kuì）：奔逃，溃散。［22］禽：同“擒”，擒获，活捉。［23］襄国：地名，在今河北邢台市，时为后赵主石勒都城。［24］坑：活埋。［25］王腾：后赵将领，时为西夷中郎将。［26］素服：穿白色的丧服，表示对阵亡者的哀悼。郊次：驻扎在郊外，表示无颜回京。次，住宿。［27］愤恚（huì）：愤怒，怨恨。［28］妻、子：妻子与儿子。［29］建康：东晋都城，在今江苏南京市。此指代东晋。［30］郭诵：平阳人，西晋末至东晋初的重要将领，为司州刺史李矩的外甥。与李矩长期驻守荥阳，是东晋在北方的重要藩镇。［31］鲁阳：县名，县治在今河南鲁山县，属南阳郡。［32］崔宣：为司州刺史李矩的长史。［33］以淮为境：指东晋王朝与后赵石勒政权以淮河为分界线。［34］永安王胤（yìn）：指后赵永安王刘胤。永安，郡国名，郡治永安县，在今山西霍州市。［35］大司马：官名，掌管全国军事力量。大单于：匈奴君王的称号，有权力号令少数民族。［36］南阳王：封地南阳郡，郡治宛县，在今河南南阳市。［37］单于台：五胡十六国时期少数民族政权在“胡汉分治”政策下创立的用于专门管理和统治其他少数民族的政治机构，长官称为大单于，地位仅次于皇帝的最高级官员，大多由皇族宗室担任。［38］渭城：城名，即秦孝公所都之咸阳。汉高祖刘邦于此置新城县，汉武帝改称渭城，东汉并入长安县，故城在今陕西咸阳市东北。［39］左、右贤王：即左贤王、右贤王，位次仅次于匈奴单于的贵族首领。左贤王在匈奴官制中地位最高。贤王，匈奴贵族的封号。贤，聪明能干的意思。［40］胡、羯、鲜卑、氐、羌：即五胡，五个少数民族，趁中原因八王之乱而衰弱之际，先后在北方建立了十六国的政权而与南方东晋政权对峙。按：十六国中有前凉、成汉两个汉人政权。豪桀：有本事、有威望的人物。

秋，七月，辛未[1]，以尚书令郗鉴为车骑将军，都督徐、兖、青三州诸军事，兖州刺史，镇广陵[2]。

闰月[3]，以尚书左仆射荀崧[4]为光禄大夫、录尚书事，尚书邓攸[5]为左仆射。

右卫将军虞胤[6]，元敬皇后[7]之弟也，与左卫将军南顿王宗[8]俱为帝所亲任[9]，典禁兵[10]，直殿内[11]，多聚勇士以为羽翼[12]；王导、庾亮皆忌[13]之，颇以为言[14]，帝待之愈厚，宫门管钥[15]，皆以委[16]之。帝寝疾[17]，亮夜有所表[18]，从宗求钥[19]，宗不与，叱[20]亮使曰："此汝家门户邪！"亮益忿[21]之。及帝疾笃[22]，不欲见人，群臣无得进者。亮疑宗、胤及宗兄西阳王羕有异谋[23]，排闼入升御床[24]，见帝流涕，言羕与宗等谋废大臣，自求辅政，请黜[25]之。帝不纳[26]。

壬午[27]，帝引太宰羕[28]、司徒导、尚书令卞壸、车骑将军郗鉴、护军将军庾亮、领军将军[29]陆晔[30]、丹杨尹温峤，并受遗诏辅太子，更入殿将兵直宿[31]；复拜壸右将军，亮中书令，晔录尚书事。丁亥[32]，降遗诏；戊子[33]，帝崩[34]。帝明敏有机断[35]，故能以弱制强[36]，诛翦逆臣[37]，克复大业[38]。

己丑[39]，太子即皇帝位，生五年矣。群臣进玺[40]，司徒导以疾不至[41]。卞壸正色[42]于朝曰："王公岂社稷之臣[43]邪！大行在殡[44]，嗣皇未立[45]，宁是人臣辞疾之时也[46]？"导闻之，舆疾[47]而至。大赦，增文武位二等[48]，尊庾后[49]为皇太后。

群臣以帝幼冲[50]，奏请太后依汉和熹皇后故事[51]。太后辞让数四[52]，乃从之。

秋，九月，癸卯[53]，太后临朝称制[54]。以司徒导录尚书事，与中书令庾亮、尚书令卞壸参辅朝政，然事之大要[55]，皆决于亮。加郗鉴车骑大将军，陆晔左光禄大夫，皆开府仪同三司。以南顿王宗为骠骑将军，虞胤为大宗正[56]。

尚书召乐广[57]之子谟为郡中正[58]、庾珉[59]族人怡为廷尉评[60]，谟、怡各称父命不就。卞壸奏曰："人非无父而生，职非无事而立，有父必有命，居职必有悔[61]。有家各私其子[62]，则为王者无民[63]，君臣之道废矣。乐广、庾珉受宠圣世[64]，身非己有[65]，况及后嗣而可专哉[66]！所居之职，若顺夫群心[67]，则战戍者之父母，皆当命子以不处也[68]。"谟、怡不得已，各就职。

辛丑[69]，葬明帝于武平陵[70]。

冬，十一月，癸巳朔[71]，日有食之。

慕容廆与段氏方睦，为段牙谋，使之徙都。牙从之，即去令支[72]，国人不乐。段疾陆眷[73]之孙辽[74]欲夺其位，以徙都为牙罪，十二月，帅国人攻牙，杀之，自立。段氏自务勿尘[75]以来，日益强盛，其地西接渔阳[76]，东界辽水[77]，所统胡、晋三万余户，控弦[78]四五万骑。

荆州刺史陶侃以宁州刺史王坚不能御寇[79]，是岁，表零陵太守南阳尹奉为宁州刺史以代之[80]。先是，王逊[81]在宁州，蛮酋梁水太守爨量[82]、益州太守李逖[83]，皆叛附于成，逊讨之不能克。奉至州，重募徼外夷[84]刺爨量，杀之，谕降李逖[85]，州境遂安。

代王贺傉卒，弟纥那[86]立。

（以上为第十一段，写晋明帝司马绍去世，五岁的皇太子司马衍即位，庾太后临朝听政，司徒王导与中书令庾亮、尚书令卞壶等共同辅政，重大事项均由庾亮裁决。）

【注释】

[1]辛未：七月七日。 [2]广陵：郡名，郡治广陵县，在今江苏扬州市西北。 [3]闰月：这里应为闰八月。 [4]荀崧：原作“荀松”，据章校改，与《晋书》同。荀崧（sōng），字景猷，颍川颍阴（今河南许昌市）人，东晋大臣，著名学者，曹魏太尉荀彧玄孙。传见《晋书》卷七十五。[5]邓攸：字伯道，平阳襄陵（今山西襄汾县东北）人，两晋时期官员。传见《晋书》卷九十。[6]虞胤：济阳外黄（今河南民权县）人，东晋外戚大臣，元敬皇后虞孟母之弟。传见《晋书》卷九十三。 [7]元敬皇后：即虞孟母，晋元帝司马睿结发妻子，美貌贤惠，略通文墨，知晓理法。无子，抚养太子司马绍和琅邪王司马裒，早逝。司马睿登基后，谥为“敬皇后”。司马睿死后，从元帝谥为“元敬”。传见《晋书》卷三十二。 [8]南顿王：封地南顿郡，都城今河南项城市西南南顿镇。宗：即司马宗，字延祚，汝南王司马亮第四子。传见《晋书》卷五十九。 [9]帝：指晋明帝司马绍。亲任：亲近，信任。 [10]典禁兵：统领皇帝的亲兵，负责宫廷的警备和保卫。典，掌管，统领。 [11]直殿内：在宫殿内值勤。直，通“值”，值勤。 [12]羽翼：翅膀，引申为辅佐。 [13]忌：嫉妒，嫉恨。 [14]颇以为言：经常拿这件事对皇帝说。“以”下省代词“之”。颇，很，甚。 [15]管钥（yuè）：锁匙，钥匙。 [16]委：交给，托付。 [17]寝疾：病卧在床。[18]有所表：有事要奏明皇上。表，奏事。 [19]从宗求钥：向司马宗要钥匙。 [20]叱（chì）：大声呵斥。 [21]忿：同“愤”，气愤，愤怒。 [22]疾笃（dǔ）：病势沉重。 [23]有异谋：有叛逆的图谋。 [24]排闼：硬是推门而入。闼（tà），这里指宫门。入升御床：一直走到皇帝的卧榻旁边。升，登上。[25]黜：废免。[26]不纳：不采纳，不接受。[27]壬午：闰八月十九日。[28]太宰羕（yàng）：即西阳王司马羕，此时官拜太宰。太宰，位同丞相、相国。 [29]领军将军：领军中资重者之称，资轻者为中领军，为高级将军，掌禁兵。按晋制，领军将军位在护军将军

之上，庾亮为明帝司马绍皇后兄，以外戚的身份受遗诏辅政，故先书庾亮，后书陆晔。［30］陆晔（yè）：字士光，吴郡吴县（今江苏苏州市）人，东晋士族重臣，东吴丞相陆逊侄孙。传见《晋书》卷七十七。［31］更：轮流。直宿：在宫中夜间值勤。直，通“值”。［32］丁亥：闰八月二十四日。［33］戊子：闰八月二十五日。［34］帝崩：司马绍死时年二十七岁。［35］明敏：聪明，机敏。机断：随机应变，当机立断。［36］以弱制强：指平定王敦谋叛之事。由于王氏家族势力强大，把持朝政大权，将相岳牧皆出其门，王敦又蓄谋已久，故司马氏皇室明显处于弱势，但最后仍然取得平定叛乱的胜利。［37］诛翦逆臣：消灭了王敦、王含、沈充、钱凤等。翦（jiǎn），同“剪”，剪灭，消灭。［38］克复：能够恢复。大业：指帝业。［39］己丑：闰八月二十六日。［40］进玺（xǐ）：进献皇帝玉玺。［41］以疾不至：即称病，不参加。［42］正色：严肃的神色。［43］社稷之臣：指身负国家重任的大臣。［44］大行在殡：已故的皇帝尚未下葬。大行，原意是一去不返，后成为臣下对已故皇帝的讳称。殡，停灵待葬。［45］嗣皇未立：该接班的新皇帝尚未登基。［46］宁是人臣辞疾之时也：这难道是当臣子的请病假缺席的时候吗？宁，岂，难道。辞疾，即以疾辞。［47］舆疾：抱病登车。［48］增文武位二等：文武官员各提高爵位二级。［49］庾后：即庾文君，左将军庾琛之女，太尉庾亮、司空庾冰之妹，车骑将军庾翼之姐，晋明帝司马绍皇后。生司马衍、司马岳。司马衍即位，尊为皇太后，临朝摄政。苏峻叛乱，担心受辱，忧伤而死，谥号明穆皇后。传见《晋书》卷三十二。［50］幼冲：幼小。［51］依汉和熹皇后故事：意即母后临朝称制，代小皇帝行使政权。和熹皇后，即邓绥，东汉开国重臣邓禹孙女，汉和帝皇后。和帝死后，其子刘隆仅百日，面对“主幼国危”的局面，邓后以皇太后的身份临朝称制。刘隆立九个月死，邓太后又立安帝刘祜，称制终身。谥号和熹。传见《后汉书》卷十。［52］数四：再三，多次。［53］癸卯：疑与后面的“辛丑”错置。辛丑，九月九日。［54］临朝称制：登殿行使皇帝权力。自秦始皇以来，皇帝的命令称作“制”。［55］大要：主要，关键性的问题。［56］大宗正：宗正卿的别称。［57］尚书：指尚书省，其主官即尚书令卞壶。乐广：字彦辅，南阳淯阳（今河南南阳市）人，西晋名士，与王衍同为西晋清谈领袖。传见《晋书》卷四十三。［58］谟（mó）：乐谟，字弘范，乐广之子，晋朝官员，曾为郡中正。郡中正：乐广是南阳郡人，此郡当指南阳郡。魏晋南北朝时，各州、郡均置中正官，负责考察本州、本郡人才的品德，排出等级，供朝廷任用。［59］庾珉（mín）：字子据，西晋大臣，为晋怀帝侍中，封长岑县男。永嘉之乱，晋怀帝被俘，随从于平阳，与晋怀帝一同被杀。传见《晋书》卷五十。［60］怡：即庾怡，庾珉的族人，曾被召为廷尉评。廷尉评：汉置廷尉平，晋曰廷尉评，廷尉的属官，掌管平决诏狱。［61］居职：任职。必有悔：一定会忧虑、操心。悔，忧虑。［62］各私其子：都把儿子作为私家财产而不承担臣民的义务。［63］王者无民：作为天子而没有供自己差遣的人。［64］受宠圣世：指在西晋为官。［65］身非己有：等于说自身属于君、国所有，意即把自己献身给了国家。乐广在八王之乱中，坚持正义，最后竟以忧死。［66］后嗣：指乐谟、虞怡。而可专哉：能说不干就不干吗？专，自以为是，想怎么干就怎么干。［67］顺夫群心：顺应那种只为自己子孙考虑的私心。［68］则战戍者之父母，皆当命子以不处也：意为那些当兵打仗的差事，没有哪个父母愿意让他们的孩子去干。胡三省注曰："言人莫不恶死，若各顺其心，则有战戍之事，为父母者皆不欲使其子就死地也。"战戍，指战争与戍守。不处，指不处于死地，不赴死。［69］辛丑：疑当为"癸卯"。癸卯，九月十一日。［70］武平陵：晋明帝司马绍的墓葬，位于今江苏南京市江宁区鸡笼山。［71］癸巳朔：十一月一日。［72］去令支：放弃都城令支。去，离开。令支，即现在的河北迁安市。段牙将都城迁往何处，史书没有说明。［73］段疾陆眷：段部鲜卑首领。传见《晋书》卷六十三。［74］辽：即段辽，一作"段护辽"，段疾陆眷之孙，封辽西公。利用首领段牙迁都的机会，以迁都作为其罪名，率领国人攻击段牙。段牙被杀，段辽自立为王。即位后，数度与慕容部鲜卑作战，后覆灭，向前燕投降。传见《晋书》卷六十三。［75］务勿尘：即段务勿尘，段姓，字务勿尘，一作"务目尘"，辽西令支（今河北迁安市）人，段部鲜卑首领。受封大单于。在位时，段部鲜卑"据有辽西之地，而臣于晋。其所统三万余家，控弦上马四五万骑。"［76］渔阳：郡名，郡治在今北京市密云区西南。［77］辽水：在今辽河，自内蒙古流入吉林，南折入辽宁，至营口市入渤海。［78］控弦：拉弓，引申以称骑兵。［79］宁州：州治滇池，在今云南昆明市晋宁区东北。王坚：西晋官员，时为宁州刺史。御寇：抵挡敌人的进攻。［80］零陵：郡名，郡治在今湖南永州市零陵区。尹奉：南阳人，东晋官员，时为零陵太守，拟任宁州刺史。［81］王逊：字邵伯，魏兴（今湖北郧西县西）人，西晋将领。历官上洛太守、魏兴太守、宁州刺史。镇守宁州十四年，境内安定，新立平夷、南广、夜郎和梁水四郡。传见《晋书》卷八十一。［82］蛮酋：南方少数民族首领。酋，长官。梁水：晋郡名，郡治梁水县，在今云南开远市。爨（cuàn）量：又作爨亮、爨疊，建宁同乐（今云南陆良县）人，蛮酋。永嘉四年（310），为梁水太守。建兴二年（314），因为王逊严猛，和南中的雷炤、董霸投降成汉皇帝李雄。后晋朝宁州刺史尹奉雇人将他杀死。［83］益州：州名，治所在蜀郡成都，在今四川成都市。李逖（tì）：晋益州太守，曾叛晋附成国主李雄。［84］重募：用重金招募。徼外夷：边境线外的少数民族。徼（jiào），边境上所立的栅栏、界墙之类。［85］谕降李逖：劝说李逖投降。谕降，劝降。谕，晓谕，劝说。［86］纥（hé）那：即拓跋纥那，代国第十一任君主。继任代王后，迁都于大宁，后投奔宇文部。返回，被拥立为代王，后再次出奔前燕，不久被杀。北魏建立后，追谥"炀皇帝"。

显宗成皇帝[1]上之上

咸和元年（丙戌，326年）

春，二月，大赦，改元[2]。

赵以汝南王咸[3]为太尉、录尚书事，光禄大夫刘绥[4]为大司徒，卜泰[5]为大司空。刘后疾病，赵主曜问所欲言，刘氏泣曰："妾幼鞠于叔父昶[6]，愿陛下贵之；叔父皑之女芳有德色[7]，愿以备后宫[8]。"言终而卒。曜以昶为侍中、大司徒、录尚书事，立芳为皇后；寻[9]又以昶为太保。

三月，后赵主勒夜微行[10]，检察诸营卫[11]，赍金帛以赂门者[12]，求出[13]。永昌门候王假欲收捕之[14]，从者至，乃止。旦，召假，以为振忠都尉[15]，爵关内侯[16]。勒召记室参军徐光[17]，光醉不至，黜为牙门[18]。光侍直[19]，有愠色[20]，勒怒，并其妻子囚之。

夏，四月，后赵将石生寇汝南[21]，执内史祖济[22]。

六月，癸亥[23]，泉陵公刘遐[24]卒。癸酉[25]，以车骑大将军郗鉴领徐州刺史，征虏将军郭默为北中郎将、监淮北诸军事，领遐部曲[26]。遐子肇[27]尚幼，遐妹夫田防及故将史迭等不乐他属[28]，共以肇袭遐故位而叛。临淮太守刘矫掩袭遐营[29]，斩防等。遐妻，邵续[30]女也，骁果[31]有父风。遐尝为后赵所围，妻单将数骑，拔遐[32]出于万众之中。及田防等欲作乱，遐妻止之，不从，乃密起火，烧甲仗都尽，故防等卒败。诏以肇袭遐爵[33]。

司徒导称疾不朝，而私送郗鉴。卞壸奏："导亏法[34]从私，无大臣之节，请免官。"虽事寝[35]不行，举朝惮[36]之。壸俭素廉洁，裁断切直[37]，当官干实[38]，性不弘裕[39]，不肯苟同时好[40]，故为诸名士所少[41]。阮孚[42]谓之曰："卿常无闲泰[43]，如含瓦石，不亦劳乎！"壸曰："诸君子以道德恢弘[44]，风流相尚[45]，执鄙吝[46]者，非壸而谁！"时贵游子弟[47]多慕王澄[48]、谢鲲为放达[49]，壸厉色于朝曰："悖礼伤教[50]，罪莫大焉，中朝倾覆[51]，实由于此。"欲奏推之[52]，王导、庾亮不听，乃止。

成人[53]讨越嶲斯叟[54]，破之。

（以上为第十二段，写汉赵主刘曜遵刘后嘱托，重用叔父刘昶，立其堂妹为后；后赵主石勒微服私访，重用不徇私情的王假，贬退失职的徐光。）

【注释】

[1]显宗成皇帝：即司马衍，谥号成皇帝，庙号显宗，故称之。《谥法》曰："安民立政曰'成'。" [2]改元：更改年号，由晋明帝太宁三年改为咸和元年。 [3]汝南王咸：即刘咸，汉赵

将领，封为汝南王，任为太尉、录尚书事，掌管全国军事。［4］刘绥（suí）：汉赵官员，任为大司徒。［5］卜泰：汉赵官员，曾为侍中、左光禄大夫，任为大司空。［6］鞠于叔父昶：受到叔父刘昶的养育。鞠，养育，抚养。刘昶（chǎng），汉赵官员，叛军首领刘敏的弟弟，曾为广武将军。［7］皑：即刘皑（ái），汉赵官员，刘曜皇后的叔叔。芳：即刘芳，刘皑之女，被刘曜立为皇后。德色：既有德操又有姿色。［8］以备后宫：以补充皇后位子的空缺。备，补充。［9］寻：不久。［10］微行：便装出行。［11］检察：检举稽查，考察。诸营卫：各处的军事与保卫部门。营卫，营房，卫所。［12］赍金帛：把钱财送给人，意即行贿。赍（jī），送给。金帛，金钱与丝织物，这里即指钱财。赂（lù）：行贿，用钱、物买通别人。［13］求出：请求通过，出门。［14］永昌门候：守卫永昌门的军官。候，军候，校尉属下的军官。王假：人名，为永昌门候，后升为振忠都尉。收捕：逮捕，拘捕。［15］振忠都尉：级别同于校尉。振忠，都尉的名号。［16］爵：封爵，给予爵位。关内侯：比列侯低一等，只有爵位而没有封地。［17］记室参军：将军手下的书记兼参谋。徐光：后赵官员，为记室参军，后贬为牙门。［18］黜为牙门：降职为守卫牙门的小吏。黜（chù），贬官，降职。牙门，军帐前立大旗为标志的营门。牙，一种旗帜的名称。［19］侍直：站在门口值班。直，通“值”，值勤。［20］愠（yùn）色：怨怒的神色。［21］汝南：晋郡名，郡治原在今河南平舆县北，东晋移治悬瓠城，在今河南汝南县。［22］执：捕捉，捉拿。祖济：东晋人，为汝南内史。［23］癸亥：六月五日。［24］泉陵公刘遐（xiá）：刘遐封为泉陵公。泉陵，县名，在今湖南永州市零陵区。［25］癸酉：六月十五日。［26］领遐部曲：统领刘遐的部队。部曲，古代军队编制单位，代指军队。大将军营五部，校尉一人；部有曲，曲有军候一人。［27］肇（zhào）：即刘肇，东晋人，刘遐之子。［28］田防：东晋人，刘遐妹夫。史迭：东晋人，刘遐部属。［29］临淮：郡名，郡治盱眙，在今江苏盱眙县北。刘矫：东晋官员，时为临淮太守。掩袭遐营：刘遐原来屯驻泗口，在临淮、下邳之间，故临淮太守刘矫得以掩袭其营。掩袭，突然袭击。［30］邵续：字嗣祖，魏郡安阳人，晋朝大臣。后任冀州刺史，被后赵的石虎杀害。传见《晋书》卷六十二。［31］骁（xiāo）果：骁勇，果敢。［32］拔遐：救出刘遐。［33］袭遐爵：袭父刘遐爵，为泉陵公。［34］亏法：破坏法令。［35］事寝：事情被朝廷压下不提。寝，停止，平息。［36］惮（dàn）：畏惧，害怕。［37］裁断切直：处理事务直截了当。［38］当官干实：做什么官就认真地干什么事，也就是名副其实。干实，切实地干实际工作。［39］不弘裕：不宽宏，不随和。弘裕，宽宏，指心胸开阔。［40］不肯苟同时好：不随波逐流，不同流合污。时好，时俗，世俗。［41］所少：所诟病，所诽谤。少，轻视，看不起。［42］阮孚：字遥集，陈留尉氏（今河南尉氏县）人，晋朝大臣，始平太守阮咸之子。避难江东，官至广州刺史。［43］闲泰：闲暇，安适。［44］道德恢弘：这里实指当时“名士”们的夸夸其谈，大而无当。恢弘，宽阔，博广。［45］风流相尚：相互推崇攀比放荡不羁。风流，放荡不羁，无拘无束。［46］执鄙吝：坚持干那些被你们视为“庸俗”的工作。执，守，坚持，这里是死抱不放的意思。鄙吝，指庸俗，浅俗。［47］贵游子弟：没有官职的贵族子弟。［48］王澄：当时所谓“名士”的代表，是王衍之弟，以吃喝玩乐、居高官而不管事闻名。［49］谢鲲：字幼舆，陈郡阳夏（今河南太康县）人，西晋名士、官员，太保谢安伯父。生性豁达，平时以纵酒高谈为务，避乱渡江后，为江州牧王敦长史。传见《晋书》卷四十九。放达：放纵旷达，不拘礼法。［50］悖礼：违反儒家所倡导的纲常礼法。悖，违反。伤教：有损于儒家的名教。［51］中朝倾覆：指西晋王朝灭亡。中朝，东晋称建都中原时的西晋为“中朝”。倾覆，颠覆，覆灭。［52］欲奏推之：准备奏明皇帝，追问其罪责。推，推究，追究。［53］成人：成都的李雄政权的人，即成国将领。［54］讨越巂（xī）斯叟：事始于明帝太宁元年（323），“是岁，越巂斯叟攻成将任回，成主雄遣征南将军费黑讨之。”越巂，郡名，郡治邛都县，在今四川西昌市东南。斯叟，越巂郡的少数民族部落首领。

秋，七月，癸丑[1]，观阳烈侯应詹[2]卒。

初，王导辅政，以宽和得众。及庾亮用事，任法裁物[3]，颇失人心。豫州刺史祖约，自以名辈不后郗、卞[4]，而不豫顾命[5]，又望开府复不得，及诸表请多不见许，遂怀怨望。及遗诏褒进[6]大臣，又不及约与陶侃，二人皆疑庾亮删之。

历阳内史苏峻，有功于国[7]，威望渐著，有锐卒万人，器械甚精，朝廷以江外寄之[8]，而峻颇怀骄溢[9]，有轻朝廷之志，招纳亡命，众力日多[10]，皆仰食县官[11]，运漕相属[12]，稍不如意，辄肆忿言[13]。亮既疑峻、约[14]，又畏侃之得众，八月，以丹杨尹温峤为都督江州[15]诸军事、江州刺史，镇武昌[16]；尚书仆射王舒[17]为会稽内史，以广声援[18]；又修石头[19]以备之。

丹杨尹阮孚以太后临朝，政出舅族，谓所亲曰：“今江东创业尚浅[20]，主幼，时艰，庾亮年少[21]，德信未孚[22]，以吾观之，乱将作矣。”遂求出为广州刺史。孚，咸[23]之子也。

冬，十月，立帝母弟岳为吴王[24]。

南顿王宗自以失职怨望[25]，又素与苏峻善，庾亮欲诛之，宗亦欲废执政[26]。御史中丞钟雅劾宗谋反[27]，亮使右卫将军赵胤收之。宗以兵拒战，为胤所杀，贬其族为马氏[28]，三子绰、超、演皆废为庶人[29]，免太宰西阳王羕[30]，降封弋阳县王[31]，大宗正虞胤左迁桂阳太守[32]。宗，宗室近属[33]；羕，先帝保傅[34]，亮一旦翦黜[35]，由是愈失远近之心[36]。宗党卞阐亡奔苏峻[37]，亮符峻送阐[38]，峻保匿[39]不与。宗之死也，帝不之知，久之，帝问亮曰："常日白头公[40]何在？"亮对以谋反伏诛[41]。帝泣曰："舅言人作贼，便杀之；人言舅作贼，当如何？"亮惧，变色[42]。

（以上为第十三段，写晋成帝司马衍年幼，大权旁落帝舅庾亮之手。庾亮专政弄权，肆意妄为，杀南顿王司马宗，贬西阳王司马羕，晋室从此不太平，祸乱方兴。）

【注释】

[1]癸丑：七月二十五日。 [2]观阳烈侯应詹：应詹是晋王朝的忠臣，在平定王敦叛乱中有功，封爵为观阳侯，谥号为"烈"，故称之。观阳，县名，县治在今山东海阳市西北。 [3]任法裁物：按法断事，依法治人。任，听凭。裁，处理。物，人。 [4]名辈：名望和资历。辈，辈分。这里指年龄、资历。不后郗、卞：不在郗鉴、卞壸之下。 [5]不豫顾命：没有被先帝临终任命为托孤大臣。豫，参与，加入。顾命，临终任命。 [6]褒进：嘉奖提拔，此指明帝死前降遗诏加封卞壸、庾亮、陆晔一事。 [7]有功于国：指平定沈充、钱凤之乱。 [8]以江外寄之：把长江以北的军事托付给苏峻管理。当时苏峻驻兵历阳，在今安徽和县，地处长江的西北方。寄，寄托。 [9]骄溢：骄傲，自满。 [10]众力日多：士兵人数与军事实力一天天地增强。 [11]仰食县官：一切都由朝廷供养。仰食，依靠他人而得食。县官，指天子，也用以称朝廷、国家。 [12]运漕相属（zhǔ）：运送粮食的船只接连不断。漕，以船运送物资。属，连接不断。 [13]辄（zhé）：就，总是。肆忿言：毫无顾忌地口出怨言。忿，同"愤"，愤懑，怨愤。 [14]疑峻、约：怀疑苏峻、祖约很快造反。 [15]江州：晋州名，州治浔阳，在今江西九江市。 [16]武昌：晋郡名，郡治武昌，在今湖北鄂州市。 [17]王舒：字处明，侍御史王会之子，丞相王导从弟。东晋官员。传见《晋书》卷七十六。 [18]广声援：广树地方势力以为自己的援兵。 [19]修石头：加实加厚地修筑建康的石头城，以加强首都的防卫能力。 [20]今江东创业尚浅：指东晋在江东建立朝廷的时间不长。从晋元帝建武元年（317）到晋成帝咸和元年（326），还不满十年。 [21]庾亮年少：庾亮出生于西晋太康十年（289），当时为三十八岁。 [22]德信未孚：道德与威信都还不被臣民所信服。 [23]咸：即阮咸，字仲容，魏晋名士，文学家，"竹林七贤"之一。传见《晋书》卷四十九。 [24]岳：即庾岳，司马衍之母弟，封为吴王。吴王：封地吴郡，在今江苏苏州市。 [25]失职怨望：因未得到想要的职务而心怀不满。晋明帝司马绍在世的时候，宠信右卫将军虞胤和左卫将军司马宗，让他们典禁兵、值殿内，就连宫门钥匙都委托他们掌管。司马绍去世后，庾亮掌权，改命司马宗为骠骑将军，所以，司马宗心怀怨望。 [26]废执政：即废掉庾亮。庾亮因外戚当政，权倾一时。 [27]御史中丞：御史大夫的属官，主管纠弹朝廷大臣。劾宗谋反：弹劾司马宗阴谋反叛朝廷。劾，指控。 [28]贬其族为马氏：剥夺其姓"司马"的资格，

由皇族降为普通姓氏。族，指司马宗这一支派。［29］绰、超、演：即司马绰、司马超、司马演，南顿王司马宗之子，因司马宗被诬为谋反，皆被废为普通百姓。不久被赦免，恢复其宗族谱籍。司马绰为奉车都尉、奉朝请。皆废为庶人：都降为平民百姓。［30］西阳王羕（yàng）：即司马羕，为司马宗之兄。［31］降封弋阳县王：由原来的西阳郡王降为弋阳县王。弋阳县，在今河南潢川县西。［32］左迁：降职。古制，左迁为降，右迁为升。桂阳：晋郡名，郡治桂阳县，在今湖南郴州市。［33］宗，宗室近属：司马宗，出自司马懿第四子司马亮。而晋成帝司马衍出自司马懿的第三子司马伷，虽然辈分差得很远，但都是司马懿的后代，故认为是"近属"。［34］羕（yàng），先帝保傅：司马羕在元帝司马睿时曾任太保。［35］一旦翦黜：一下子就杀的杀，废的废。翦（jiǎn），同"剪"，剪灭，消灭。黜，废黜，废除。［36］失远近之心：庾亮的行为对宗室和官员均有触动，故失远近人心。［37］宗党：司马宗党羽、亲信。卞阐：东晋人，卞咸之兄。［38］符峻送阐：命令苏峻把卞阐送回朝廷。符，朝廷用来传达命令和调动军队的凭证，这里用如动词，即下命令。［39］保匿：保护，隐藏。［40］白头公：白头发的老头，指司马宗。［41］伏诛：受死刑。［42］变色：惊愕改变脸色。

赵将黄秀等寇酂[1]，顺阳太守魏该帅众奔襄阳[2]。

后赵王勒用程遐[3]之谋，营邺宫[4]，使世子弘[5]镇邺，配禁兵万人，车骑[6]所统五十四营悉配之，以骁骑将军领门臣祭酒王阳[7]专统六夷[8]以辅之。中山公虎自以功多，无去邺之意[9]，及修三台[10]，迁其家室[11]，虎由是怨程遐[12]。

十一月，后赵石聪攻寿春[13]，祖约屡表[14]请救，朝廷不为出兵。聪遂寇逡遒、阜陵[15]，杀掠五千余人。建康大震，诏加司徒导大司马、假黄钺[16]、都督中外诸军事以御之，军于江宁[17]。苏峻遣其将韩晃[18]击石聪，走之[19]；导解大司马[20]。朝议又欲作涂塘以遏胡寇[21]，祖约曰："是弃我也[22]！"益怀愤恚[23]。

十二月，济岷太守刘闿[24]等杀下邳内史夏侯嘉[25]，以下邳叛，降于后赵。石瞻攻河南太守王瞻于邾[26]，拔之。彭城内史刘续复据兰陵石城[27]，石瞻攻拔之。

后赵王勒以牙门将王波为记室参军[28]，典定九流[29]，始立秀、孝试经之制[30]。

张骏畏赵人之逼，是岁，徙陇西、南安民二千余家于姑臧[31]，又遣使修好于成[32]，以书劝成主雄去尊号[33]，称藩于晋[34]。雄复书曰："吾过为士大夫所推[35]，然本无心于帝王，思为晋室元功之臣[36]，扫除氛埃[37]，而晋室陵迟[38]，德声不振[39]，引领东望[40]，有年月矣。会获来贶[41]，情在暗至[42]，有何已已[43]。"自是聘使相继[44]。

（以上为第十四段，写后赵主石勒营建邺城，让世子石弘镇守，而惹恼中山公石虎，种下祸患；凉州王张骏畏惧汉赵之逼，派使者修好于成汉，劝其归顺东晋。）

【注释】

[1]黄秀：汉赵将领。寇酂（zàn）：侵扰酂县。酂，县名，县治在今湖北老河口市西北。[2]顺阳：郡名，郡治南乡县，在今河南淅川县滔河乡老人仓一带。魏该：济北东阿（今山东阳谷县东北）人。河间王司马颙以为将兵都尉。后占据一泉坞（今河南洛宁县东北），在中原地区坚持抗敌。晋元帝承制，加冠军将军、河东太守，为顺阳太守。苏峻反时，以平北将军、雍州刺史率兵援台城。传见《晋书》卷六十三。襄阳：县名，县治在今湖北襄阳市。 [3]程遐：冀州（今河北高阳县西南）人，石勒右长史，总揽后赵朝政，后介入朝中纷争，被杀。 [4]营邺（yè）宫：在邺县建筑宫殿。邺，县名，三国魏置邺城，晋避愍帝司马邺讳，改名为临漳，不久为石虎攻陷，县治在今河北临漳县西南。 [5]世子弘：即石弘，字大雅，石勒次子，后赵第二位皇帝，公元333年至公元334年在位。继位后，朝政大权完全掌握在石虎手中。被迫禅位于石虎，不久被杀。传见《晋书》卷一百五。 [6]车骑：指车骑将军石虎，当时驻兵邺城。 [7]骁骑将军领门臣祭酒王阳：王阳任骁骑将军，同时兼任门臣祭酒。门臣祭酒，后赵官名，石勒创置，负责处理胡人官司。王阳，后赵将领，曾为游击将军。 [8]六夷：指除汉人以外的其他北方少数民族，这里指六夷之兵。 [9]无去邺之意：不打算离开邺城。石虎自为魏郡太守以来，一直镇邺三台。现在后赵以邺为都，造邺宫，石虎作为诸侯，必须离开。 [10]修三台：曹操曾在邺城西北立铜雀、金虎、冰井三台，其址在今河北临漳县西南。此处原亦为石虎所居，现石勒派人整修三台，故而令石虎的家属搬迁。 [11]迁其家室：迁走石虎的家眷。 [12]怨程遐：石虎怨程遐帮助石勒出此计以削减自己之权。 [13]石聪：后赵官员，曾为汲郡内史。寿春：县名，时为淮南郡的郡治所在地，在今安徽寿县。当时祖约镇寿春。 [14]屡表：屡次上表，上书奏请朝廷。 [15]逡遒、阜陵：二县名。逡遒（qiú），县治在今安徽肥东县东。阜陵，县治在今安徽全椒县东。二县均属淮南郡，其地距建康近在咫尺。 [16]假黄钺（yuè）：将黄钺借给大臣，即代表皇帝行使征伐之权。假，同"借"，借给，用后即还。黄钺，以黄金为饰，古代帝王所用，后世用为仪仗。 [17]江宁：县名，晋分秣陵立临江县，后更名江宁，县治在今江苏南京市江宁区。 [18]韩晃：东晋将领，历阳内史苏峻部将。苏峻反叛时，为得力干将，后被杀。 [19]走之：将石聪赶跑。走，跑。 [20]导解大司马：王导辞掉了临时授予的大司马职务。解，辞掉。 [21]作涂塘：即截断涂河水，使上

游泛滥，形成大面积的淹没区，用以阻止后赵军队南下入侵。涂河，即滁河，在江苏南京市六合区，三国时，吴国曾作堂邑（在今南京市六合区北）涂塘以淹北道，阻止魏兵入侵。遏（è）：阻止，断绝。［22］是弃我也：作涂塘，则寿春被隔于涂塘之外，故镇守寿春的祖约说是“弃我”。［23］愤恚（huì）：愤怒，怨恨。［24］济岷：郡名，东晋置，治所在今江苏宿迁市北。刘闿（kǎi）：时为东晋济岷太守，后叛归后赵。［25］下邳（pī）：郡名，郡治在今江苏睢宁县古邳镇。夏侯嘉：东晋官员，时为下邳内史，被叛降后赵的济岷太守刘闿杀害。［26］石瞻：即冉良，石虎养子，后赵将领。河南：郡名，郡治在今河南洛阳市。王瞻：时为东晋河南太守。邾（zhū）：城名，在今山东邹城市东南。［27］彭城：郡名，郡治彭城县，在今江苏徐州市。刘续：时为东晋彭城内史。兰陵：县名，县治在今山东兰陵县西南的兰陵镇。石城：山名，在今山东兰陵县境。［28］牙门将：武官名，为主帅守卫军门，负责警卫的将军。王波：时为后赵石勒牙门将。记室参军：将军府的书记兼参谋。［29］典定九流：划分全国士人的等级。魏晋实行九品中正制，将全国士人分为九个等级，称九品，亦称九流。后赵也学这一套。典定，掌管，制定。九流，即九品人物。［30］始立秀、孝试经之制：指后赵开始运用晋代州举秀才，郡举孝廉，考试儒家经义以定优劣而取士的制度。［31］陇西、南安：二郡名。陇西，郡治襄武，在今甘肃陇西县南。南安，郡治豲道县，在今甘肃陇西县东南渭水东岸。姑臧：张茂的都城，在今甘肃武威市。［32］修好于成：与成都的李雄政权建立友好同盟。张骏已归附于汉赵，现又修好于成汉，也对东晋尊崇，脚踩三只船。［33］去尊号：取消自己称帝称王的名号。［34］称藩于晋：向晋王朝称臣。藩，属国。［35］吾过为士大夫所推：张骏自称先前接受群臣的推戴。过，过去，以往，先前。［36］思：想要。元功：大功。［37］扫除氛埃：平定战乱。氛埃，尘埃，以喻北方众多的少数民族的割据政权。［38］陵迟：衰微，衰败。陵，同“凌”。［39］德声：恩德和声望。不振：不振作，不兴旺。［40］引领：伸颈远望，喻盼望殷切。东望：眼睛看着东晋王朝。［41］会获来贶：正好在这时接到了你的来信。获，接到。贶（kuàng），赐予，指来信。［42］情在暗至：我为晋室立功的愿望正同你的来书暗合。胡三省注曰：“言引领望晋，此情常在，而骏书适至，暗与之合也。”［43］有何已已：我对你的感谢之情将永无止息。已已，停止，终结。［44］聘使相继：友好的使者往来不绝。聘，访问。

二年（丁亥，327年）

春，正月，朱提太守杨术[1]与成将罗恒战于台登[2]，兵败，术死。

夏，五月，甲申朔[3]，日有食之。

赵武卫将军刘朗帅骑三万袭杨难敌于仇池[4]，弗克，掠三千余户而归。

张骏闻赵兵为后赵所败，乃去赵官爵，复称晋大将军、凉州牧，遣武威太守窦涛[5]、金城太守张阆[6]、武兴太守辛岩[7]、扬烈将军宋辑[8]等帅众数万，会韩璞攻掠赵秦州诸郡[9]。赵南阳王胤[10]将兵击之，屯狄道[11]。枹罕护军辛晏[12]告急。

秋，骏使韩璞、辛岩救之。璞进度沃干岭[13]。岩欲速战，璞曰："夏末以来，日星数有变，不可轻动。且曜与石勒相攻，胤必不能久与我相守[14]也。"与胤夹洮[15]相持七十余日。

冬，十月，璞遣辛岩督运于金城[16]，胤闻之，曰："韩璞之众，十倍于吾。吾粮不多，难以持久。今虏分兵运粮，天授我也。若败辛岩，璞等自溃。"乃帅骑三千袭岩于沃干岭，败之，遂前逼璞营，璞众大溃。胤乘胜追奔，济河，攻拔令居，斩首二万级，进据振武[17]。河西大骇[18]。张阆、辛晏帅其众数万降赵，骏遂失河南之地[19]。

（以上为第十五段，写凉州牧张骏自废汉赵官爵，重又改称晋朝大将军、凉州牧，派遣将领攻打汉赵秦州诸郡，汉赵南阳王刘胤率军阻击，凉军被打败，尽失河南之地。）

【注释】

[1]朱提：郡名，郡治在今云南昭通市。杨术：东晋官员，时为朱提太守。 [2]罗恒：成汉将领。台登：县名，县治在今四川西昌市。 [3]甲申朔：五月一日。 [4]武卫将军：杂号将军之名。刘朗：汉赵皇族，刘聪之子，封为颍川王，为武卫将军。仇池：县名，县治在今甘肃成县西。 [5]窦涛：凉州牧张骏部属，时为武威太守。 [6]金城：郡名，郡治金城，在今甘肃兰州市西北。张阆：凉州牧张骏部属，时为金城太守。 [7]武兴：郡名，郡治在今甘肃金昌市永昌县水源镇。辛岩：凉州牧张骏部属，时为武兴太守。 [8]扬烈将军：杂号将军之名，主征伐。宋辑：凉州牧张骏属将，时为扬烈将军。 [9]韩璞（pú）：凉州牧张骏属将，时为凉州司马。秦州：州治冀县，在今甘肃甘谷县东南。 [10]南阳王胤（yìn）：即刘胤，汉赵刘曜世子，封南阳王。[11]狄道：县名，县治在今甘肃临洮县。 [12]枹（fú）罕：县名，在今甘肃临夏市。辛晏：凉州将领。曾据枹罕自立，后归降于张氏，为凉州牧张骏属将。 [13]度：越过。沃干岭：山名，一名"沃干阪"，在今甘肃兰州市西南。 [14]相守：相持不战。 [15]洮（táo）：洮河，黄河上游支流，源出甘肃、青海边境的西倾山东麓，东流到甘肃岷县折向北，经临洮县到今刘家峡水库附近入黄河。 [16]督运：督运粮草。 [17]据：占领。振武：古城名，在今甘肃永登县西北。[18]河西：此指黄河以西地区，即凉州牧张骏所统领的地区。骇（hài）：惊骇，震惊。 [19]河南之地：此指今甘肃境内黄河以南地区。

庾亮以苏峻在历阳[1]，终为祸乱，欲下诏征之[2]，访于司徒导，导曰："峻猜险[3]，必不奉诏，不若且苞容[4]之。"亮言于朝曰："峻狼子野心[5]，终必为乱。今日征之，纵不顺命，为祸犹浅；若复经年，不可复制，犹七国之于汉[6]也。"朝臣无敢难[7]者，独光禄大夫卞壶争之曰："峻拥强兵，逼近京邑，路不终朝[8]，一旦有变，易为蹉跌[9]，宜深思之！"亮不从。

壶知必败，与温峤书曰："元规[10]召峻意定，此国之大事。峻已出狂意[11]，而召之，是更速其祸[12]也，必纵毒蠚以向朝廷[13]。朝廷威力虽盛，不知果可擒不[14]；王公亦同此情[15]。吾与之争，甚恳切，不能如之何[16]。本出足下[17]以为外援，而今更恨足下在外，不得相与[18]共谏止之，或当相从[19]耳。"峤亦累书[20]止亮。举朝以为不可，亮皆不听。

峻闻之，遣司马何仍诣亮曰[21]："讨贼外任[22]，远近惟命[23]，至于内辅[24]，实非所堪[25]。"亮不许，召北中郎将[26]郭默为后将军、领屯骑校尉[27]，司徒右长史庾冰[28]为吴国内史[29]，皆将兵以备峻。冰，亮之弟也。

于是，下优诏[30]，征峻为大司农[31]，加散骑常侍，位特进[32]，以弟逸代领部曲[33]。峻上表曰："昔明皇帝亲执臣手，使臣北讨胡寇。今中原未靖[34]，臣何敢即安[35]！乞补青州[36]界一荒郡，以展鹰犬之用[37]。"复不许。峻严装[38]将赴召，犹豫未决。参军任让[39]谓峻曰："将军求处荒郡而不见许，事势如此，恐无生路，不如勒兵自守。"阜陵令匡术亦劝峻反[40]，峻遂不应命。

温峤闻之，即欲帅众下卫建康[41]，三吴[42]亦欲起义兵，亮并不听，而报峤书曰："吾忧西陲[43]，过于历阳[44]，足下无过雷池一步[45]也。"朝廷遣使谕峻，峻曰："台下[46]云我欲反，岂得活邪！我宁山头望廷尉，不能廷尉望山头[47]。往者国家危如累卵，非我不济，狡兔既死，猎犬宜烹[48]。但当死报造谋者[49]耳！"

（以上为第十六段，写东晋王朝幼儿司马衍为帝，外戚庾亮专政，不听王导、卞壶、温峤等劝阻，一意孤行，激化矛盾，历阳内史苏峻拒绝诏命入朝，密谋反叛。）

【注释】

［1］历阳：郡名，晋永兴元年（304），分淮南郡的历阳、乌江二县置历阳郡，郡治历阳，在今安徽和县历阳镇。［2］征之：调他到朝廷任职。征，征召，征调。［3］猜险：猜忌，阴险。［4］苞容：包容，容忍。苞，通“包”。［5］狼子野心：狼子虽幼，却有凶恶的本性。比喻凶暴的人居心狠毒，习性难改，不可驯服。《左传·宣公四年》曰：“谚曰：‘狼子野心。’是乃狼也，其可畜乎？”［6］七国之于汉：指汉景帝时，吴楚等七国反叛事。［7］难（nàn）：反对，提不同意见。［8］路不终朝（zhāo）：历阳（今安徽和县）与都城建康只一江之隔，用不了一个早上即可到达。终朝，一个早晨。［9］易为蹉跌：容易造成失败。蹉跌，失足跌倒，比喻失败。［10］元规：即庾亮，字元规。［11］已出狂意：其疯狂造反的心思已经显露。出，显出。狂，狂悖，逆乱。［12］速其祸：加速灾难的到来。［13］纵毒蠚以向朝廷：挺起毒刺面对朝廷。蠚（hē），指蜂、蝎子等用毒刺刺人或动物。［14］不（fǒu）：通“否”。［15］王公亦同此情：王导也和我的看法一样。王公，指王导。［16］不能如之何：对他没办法。如之何，如何，奈何，这里含有怎么对付的意思。［17］本出足下：当初把你派到外头。出，派出。［18］相与：互相，共同。［19］或当相从：意思是说，如果温峤在朝廷，共同谏止，庾亮或许能听从。［20］累书：连续发信。［21］何仍：时为历阳内史苏峻的参军。诣亮：到庾亮之处。诣，赴，往，到。［22］讨贼外任：如果朝廷派我出去讨伐叛逆。外任，指刺史、太守、内史等地方官，身兼守土与讨伐的职责，故称“讨贼外任”。［23］远近惟命：派我到哪里去都可以。惟命，唯命是听。［24］内辅：在朝内为辅佐之臣。［25］实非所堪：实在不是我所能担任的。堪，能承当。［26］北中郎将：将军名号，为出镇北方的地方军事长官，为刺史加官。［27］屯骑校尉：将官名，掌骑兵，属领军将军。［28］司徒右长史：司徒府僚属之长，佐司徒总管府内诸曹，位次左长史。庾冰：字季坚，征西将军庾亮之弟，时任司徒右长史。［29］为吴国内史：调庾冰任吴国内史以防备苏峻。吴国，诸侯国名，封地为吴郡，都城在今江苏苏州市。［30］优诏：好言慰勉、特别优待的诏书。［31］大司农：九卿之一，为国家财政主管长官。［32］位特进：朝廷对某个权臣特加荣宠的待遇，朝会时的位置仅在三公之下。位，班次。特进，官名，凡诸侯功德优盛，朝廷所敬畏者，赐位特进，一般多为加官。［33］以弟逸代领部曲：让苏峻的弟弟苏逸接替他统领部下。部曲，古代军队的编制名，一个将军统领若干部，部的长官称校尉；一部之下有若干曲，曲的长官称军候。此指苏峻手下军队。［34］中原：北方。未靖：未平，未安定。［35］即安：到安逸的地方来享福。安，贪图安逸。［36］乞补：恳请让我去担当。乞，恳请。补，补充那里的空缺。青州：州治临淄，在今山东淄博市东北。辖齐国、济南、乐安、城阳、东莱、长广六郡、国。此时皆为后赵占有。［37］鹰犬之用：谦称自己的能力。畋猎中用鹰和犬追逐猎物，用来比喻供驱使奔走的人。［38］严装：整装，收拾行装。［39］任让：历阳内史苏峻的参军。［40］皋陵：县

名，县治在今安徽全椒县。匡术：时为阜陵令，历阳内史苏峻的亲信。［41］下卫建康：顺江而下以保卫京城。温峤当时为江州刺史，镇武昌（今湖北鄂州市），从武昌东至建康，是顺江而下。［42］三吴：指吴国、吴兴、会稽三郡国。时庾冰为吴国内史，王舒为会稽内史，虞潭为吴兴太守。［43］西陲：西部边境，此处指陶侃所在的荆州。当时陶侃任荆州刺史，镇江陵。陲（chuí），边境。［44］历阳：郡名，郡治在今安徽和县，此指苏峻，时任历阳内史。［45］无过雷池一步：意即不要向东移动一步。雷池，即古之大雷水，今名杨溪河。源出湖北黄梅县界，经安徽宿松县，至望江县西南积而为池，称"雷池"，再东流经望江县南，至句容市注入长江。［46］台下：指朝廷官员。［47］我宁山头望廷尉，不能廷尉望山头：意思是我宁可先发制人，而不能为人所制。山头，苏峻自喻。廷尉，国家的最高司法官，掌刑狱。［48］狡兔既死，猎犬宜烹：比喻敌人消灭了，功臣也就要受到诛戮。古俗谚，西汉韩信被捕时曾引此，曰："狡兔死，走狗烹；高鸟尽，良弓藏；敌国破，谋臣亡。天下已定，我固当烹！"狡兔，狡猾的兔子，比喻敌人。［49］但当死报造谋者：现在我就是要豁出命，以惩治那个阴谋害人的人。死报，以死报复。造谋者，指庾亮。造谋，犹言设计谋划。

峻知祖约怨朝廷，乃遣参军徐会推崇约[1]，请共讨庾亮。约大喜，其从子智、衍并劝成之[2]。谯国内史桓宣[3]谓智曰："本以强胡未灭，将戮力[4]讨之。使君若欲为雄霸[5]，何不助国讨峻，则威名自举[6]。今乃与峻俱反，此安得久乎！"智不从。宣诣约请见，约知其欲谏，拒而不内[7]。宣遂绝约，不与之同[8]。

十一月，约遣兄子沛内史涣[9]、女婿淮南太守许柳[10]以兵会峻。逖妻[11]，柳之姊也，固谏不从。诏复以卞壶为尚书令，领右卫将军，以郐稽内史王舒行[12]扬州刺史事，吴兴太守虞潭督三吴等诸郡军事[13]。

尚书左丞孔坦[14]、司徒司马丹杨陶回[15]言于王导，请"及峻未至，急断阜陵[16]，守江西当利诸口[17]，彼少我众，一战决矣。若峻未来，可往逼其城[18]。今不先往，峻必先至；峻至，则人心危骇[19]，难与战矣。此时不可失也。"导然之，庾亮不从。

十二月，辛亥[20]，苏峻使其将韩晃、张健等袭陷姑孰[21]，取盐米，亮方悔之。

壬子[22]，彭城王雄[23]、章武王休[24]叛奔峻。雄，释之子也。

庚申[25]，京师戒严，假庾亮节[26]，都督征讨诸军事[27]，以左卫将军赵胤为历阳太守，使左将军司马流将兵据慈湖以拒峻[28]，以前射声校尉刘超为左卫将军，侍中褚翜典征讨军事[29]。亮使弟翼[30]以白衣领数百人备石头[31]。

丙寅[32]，徙琅邪王昱[33]为会稽王，吴王岳[34]为琅邪王。

宣城内史桓彝欲起兵以赴朝廷[35]，其长史裨惠[36]以郡兵寡弱，山民易扰[37]，谓宜且按甲[38]以待之。彝厉色[39]曰："'见无礼于其君者，若鹰鹯之逐鸟雀[40]。'今社稷危逼[41]，义无宴安[42]。"辛未[43]，彝进屯芜湖[44]。韩晃击破之，因进攻宣城，彝退保广德[45]，晃大掠诸县而还。徐州刺史郗鉴欲帅所领赴难[46]，诏以北寇[47]，不许。

是岁，后赵中山公虎击代王纥那[48]，战于句注陉北[49]，纥那兵败，徙都大宁[50]以避之。

代王郁律[51]之子翳槐[52]居于其舅贺兰部[53]，纥那遣使求[54]之，贺兰大人蔼头[55]拥护[56]不遣。纥那与宇文部[57]共击蔼头，不克。

（以上为第十七段，写镇西将军祖约不听劝阻，加入反叛行列；朝廷以庾亮为都督征讨诸军事，庾亮刚愎自用，不听孔坦等人建言，失去先机，使叛军通行无阻。）

【注释】

[1]徐会：时为苏峻的参军。推崇约：尊崇祖约，这里即吹捧，给祖约戴高帽。[2]智、衍：即祖智、祖衍，祖约侄子。劝成之：怂恿他就这么做。[3]桓宣：谯国铚县（今安徽濉溪县）人，东晋将领，初任丞相舍人，曾协助祖逖招抚离叛，迁谯国内史。后官至平北将军、都督三州四郡诸军事、梁州刺史，封为竟陵县男。传见《晋书》卷八十一。[4]勠（lù）力：合力，并力。[5]使君：对州郡长官的尊称，此称祖约。雄霸：称雄，称霸。[6]威名自举：威望与名声自己树立起来。[7]不内：不让他进屋。内，同"纳"。[8]不与之同：不与他合作，不与他同流合污。胡三省注曰："约于是赴历阳，宣将其众营于马头山。"[9]沛：诸侯国名，封地沛郡，都城在今江苏沛县。涣：即祖涣，祖逖之子，曾任沛国内史，随叔父祖约叛乱，攻打皖城，被毛宝击败。[10]许柳：祖约女婿，时为淮南太守，参与祖约叛乱。[11]逖妻：祖逖的妻子，祖约之嫂。[12]郐稽：郡国名。"郐"，原作"会"（读音 kuài），为避讳王舒之父王会（读音 huǐ）而改写为"郐"。内史：诸侯国的行政长官。王导欲出舒为外援而任为会稽内史。行：兼行。[13]吴兴：郡名，郡治乌程，在今浙江湖州市。三吴：指吴国、吴兴、会稽三郡国。[14]孔坦：字君平，孔子的第25世孙。居会稽，任世子文学，后补为太子舍人，迁尚书郎，任吴郡太守。累迁廷尉。曾建议申明贡举之制，崇修学校。传见《晋书》卷七十八。[15]司徒司马丹杨陶回：丹

杨人陶回时任司徒王导的司马官。司马，掌管军事，位次将军。［16］急断阜陵：赶紧扼守阜陵县。断，阻断，阻绝。阜陵，县名，县治在今安徽全椒县。其县有麻湖，派兵把守阜陵，可以阻止苏峻军队渡江。［17］江西当利诸口：守住长江西侧的当利等各个渡口。当利，即“当利浦”，在今安徽和县东南。口，渡口。胡三省注曰：“阜陵有麻湖之阻，守当利诸口，则峻兵不得渡江”。［18］往逼其城：前往攻打历阳县城。逼，靠近，进攻。［19］危骇（hài）：惊惶，恐惧。［20］辛亥：十二月一日。［21］张健：苏峻的干将。苏峻反叛时，曾攻陷姑孰等地。袭陷：袭击，攻下。姑孰：县名，县治在今安徽当涂县，东晋时置城戍守，囤积盐米。［22］壬子：十二月二日。［23］彭城王雄：即司马雄，彭城康王司马释之子，袭封彭城王，因投奔苏峻被杀。［24］章武王休：即司马休，义阳王司马望的孙子。章武王，封地章武郡，在今天津市静海区一带。［25］庚申：十二月十日。［26］假庾亮节：授予庾亮旌节，使其有至高无上的权力。［27］都督征讨诸军事：意即统领东晋王朝讨伐苏峻的所有兵马，相当于后之“总司令”。［28］司马流：时为左将军，曾将兵据慈湖以抵抗苏峻的叛军。慈湖：地名，在今安徽马鞍山市东北长江岸边。［29］褚（chǔ）翜（shà）：字谋远，太傅褚裒堂兄，忠勤王室。苏峻之乱，为侍中，典征讨军事。传见《晋书》卷七十七。典：掌管，主持。［30］翼：即庾翼，字稚恭，征西将军庾亮、晋明帝皇后庾文君之弟。历任参军、振威将军、南郡太守，镇守江陵；后任安西将军、荆州刺史，镇守武昌。传见《晋书》卷七十三。［31］白衣：古代未仕官者穿白衣。庾翼没有官职，以平民的身份领兵防守石头城。备：警备，防守。石头：即石头城，当时吴都建业的城墙，旧址在今江苏南京市清凉山一带。［32］丙寅：十二月十六日。［33］琅邪王昱：即司马昱（yù），字道万，晋元帝司马睿幼子。先后封琅玡王、会稽王，东晋第八位皇帝，公元371年至公元372年在位，仅八个月。传见《晋书》卷九。［34］吴王岳：即吴王司马岳，字世同，晋明帝司马绍嫡次子，东晋第四位皇帝，公元343年至公元344年在位。传见《晋书》卷七。［35］宣城：郡名，郡治宛陵，在今安徽南陵县东。桓彝（yí）：字茂伦，东晋名臣，大司马桓温父亲。传见《晋书》卷七十四。［36］禆（pí）惠：时为宣城内史。［37］山民易扰：山越之民容易作乱。山民，即山越之民，当时南方的少数民族，魏晋时一支居住在宣城郡西南。胡三省注曰：“宣城之西南，山越居之，自吴以来屡为寇乱。”［38］谓宜且按甲：我认为应当暂且按兵不动。［39］厉色：严厉的面色，愤怒的表情。［40］“见无礼于其君者”二句：意即见到对君王无礼的人，就要像苍鹰追逐鸟雀一样对待。语出《左传》文公十八年，鲁大夫臧文仲曰：“见有礼于其君者，事之，如孝子之养父母也；见无礼于其君者，诛之，如鹰鹯之逐鸟雀也。”鹰鹯，一种食肉猛禽，比喻忠勇的人。桓彝引此，表明自己疾恶如仇。［41］危逼：危迫，危急。［42］义无宴安：绝没有再追求安逸的道理。宴安，安闲，安乐。［43］辛未：十二月二十一日。［44］芜湖：县名，县治在今安徽芜湖市。［45］广德：县名，县治在今安徽广德市西南。［46］赴难：奔赴国难。［47］以北寇：因为有北方的敌人需要防备。北寇，主要指后赵。［48］代王纥（hé）那：即拓跋纥那，代王拓跋贺傉之弟。［49］句注陉北：句注山的山口之北。句注山，即雁门山，在今山西代县西北。陉（xíng），山脉中断的地方，山口。

[50]大宁：古城名，故址在今河北张家口市宣化区西北，拓跋纥那曾都于此。 [51]郁律：即拓跋郁律，北魏皇帝先祖，为鲜卑索头部首领，击退刘虎侵犯，西取乌孙故地，东并勿吉以西，称雄北方。传见《魏书》卷一。 [52]翳（yì）槐：即拓跋翳槐，拓跋郁律之子，鲜卑拓跋部（索头部）领袖，第七任代王。传见《魏书》卷一。 [53]贺兰部：古代部族，原依附于匈奴，在拓跋部兴起时，与拓跋部有姻亲关系，成为重要贵族。其后代形成契丹部落的主干。之后逐渐汉化，融入汉族中。 [54]求：索要。晋元帝太兴四年（321），拓跋猗㐌妻惟氏杀猗㐌兄子代王拓跋郁律，而立其子贺傉。郁律子翳槐及其弟什翼犍流亡。所以，纥那欲诛杀翳槐。 [55]贺兰大人：贺兰部首领。北方少数民族一般将首领称为“大人”。蔼（ǎi）头：即贺兰蔼头，鲜卑族，贺兰部大人。曾护卫从宇文部逃奔而来的拓跋翳槐，受到代王拓跋纥那和宇文部的共同攻击；后来，拓跋翳槐夺得代王之位，因贺兰蔼头对己不恭，准备召来加以杀害，而各部落全都反叛。拓跋纥那复位为王，拓跋翳槐逃奔后赵。 [56]拥护：扶助，保护。 [57]宇文部：古民族名，是古代鲜卑部族的一个支系，是晋代鲜卑六大部落（慕容部、宇文部、拓跋部、段部、秃发部、乞伏部）之一，分布于今天的内蒙古西拉木伦河和老哈河一带。

【点评】

晋明帝司马绍平叛。晋朝权臣王敦曾经谋反作乱，攻占石头城自封为丞相，凌驾于皇帝之上，司马睿气愤填膺，很快一命呜呼，把偌大一个国家丢给了儿子司马绍。司马绍临危受命，担起晋朝这座江山，就要铲除王敦这株毒草。

首先，司马绍善于忍耐，积蓄力量，等待时机。他即位时，王敦的势力非常强大，笼罩着整个东晋朝野。而这时候的王敦，看到晋元帝司马睿已死，行为更加狂妄，便谋求篡位，暗示朝廷征召自己。面对王敦的猖狂挑衅，司马绍表现得出奇地冷静：利用有利时机，培植亲信，积蓄力量，以选择合适的机会，给予致命一击。

其次，司马绍善于把握时机，时机成熟时，果断决策。王敦耀武扬威，不可一世，但他得了重病。在他即将走到生命的尽头时，司马绍立即发起对王敦的反击。他在调兵遣将、进行兵力部署的同时，抓住王敦让养子继承丞相之位的过错，下令历数其罪恶，表明他所率领的平叛之军是正义之师，同时宣布政策，首恶必办，胁从不问，以分化瓦解敌军。为了打好这一仗，他在王敦将要举兵向京师进发时，骑着骏马微服出行，单骑闯进敌营阵地，到王敦驻扎在于湖的营区环绕一圈，然后运用智谋安全脱身。

最后，司马绍善于用人，利用一切可以利用的人才，最大限度地孤立敌人。王导足智多谋，文韬武略，朝野威望极高，是举足轻重的人物。司马绍没有意气用事，并不因为他是王敦的兄弟就疏远他，否则，就会增加平叛阻力。司马绍为了取得平叛的胜利，团结一切可以团结的力量，利用一切可以利用的人，他仍然重用王导，让他打着皇帝的旗号，都督诸军。在这次平叛中，王导判若两人，真正发挥了中坚的作用。首先，他在王敦患病时，率领族中子弟为王敦发丧，使大家都以为王敦已死，激起众将士的士气，个个都勇往直前。这时候的王敦，成了一个“活死人”，即使活着，人们也认为他死了，他更加气愤，急火攻心，也就真的死了。王导还亲自给王敦写信，认为他已渐失人心，要抑制部下作乱，并表明自己的态度，旗帜鲜明，率领六军平乱，宁为忠臣而死。应当说，王导在这次平叛中起了重要的作用。

卷九四　晋纪十六

晋成帝咸和三年至六年（328—331 年）

【起著雍困敦（戊子，328 年），尽重光单阏（辛卯，331 年），凡四年】

【大事提要】

本卷记事起公元 328 年，讫公元 331 年，凡四年，当晋成帝（司马衍）咸和三年至咸和六年。本卷所载大事，主要是五个方面：其一，平定苏峻之乱。东晋流民之帅苏峻在江北拥有强大的军事力量且骄纵，东晋辅政大臣庾亮认为他是将来的祸患，强行征召入朝，苏峻与祖约合谋起兵反叛，攻下建康城，将皇宫化为灰烬，而后温峤设立行台，推举荆州刺史陶侃为盟主，四方响应，平定了叛乱。其二，前赵灭亡。其三，石勒称帝。其四，张骏称藩于后赵。其五，慕容廆献言北伐以求封。公元 331 年，鲜卑人首领慕容廆派使者至晋，与太尉陶侃商议兴兵北伐，共清中原。慕容廆僚属以此为其求官爵，以增声威，上书陶侃，求封燕王，行大将军事。陶侃复书说：慕容廆“忠义竭诚。今腾笺上听，可不、迟速，当在天台也。”

显宗成皇帝上之下

咸和三年（戊子，328 年）

春，正月，温峤入救建康，军于寻阳[1]。

韩晃袭司马流于慈湖[2]，流素懦怯，将战，食炙不知口处[3]，兵败而死。

丁未[4]，苏峻帅祖涣、许柳[5]等众二万人，济自横江[6]，登牛渚[7]，军于陵口[8]。台兵御之[9]，屡败。

二月，庚戌[10]，峻至蒋陵覆舟山[11]。陶回[12]谓庾亮曰：“峻知石头有重戍[13]，不敢直下，必向小丹杨南道步来[14]，宜伏兵邀[15]之，可一战擒也。”亮不从。峻果自小丹杨来，迷失道，夜行，无复部分[16]。亮闻，乃悔之。

朝士以京邑危逼[17]，多遣家人入东[18]避难，左卫将军刘超[19]独迁妻孥[20]入居宫内。

诏以卞壶[21]都督大桁东诸军事[22]，与侍中钟雅[23]帅郭默、赵胤[24]等军及峻战于西陵[25]。壶等大败，死伤以千数。

丙辰[26]，峻攻青溪栅[27]，卞壶率诸军拒击，不能禁。峻因风纵火，烧台省[28]及诸营、寺署[29]，一时荡尽[30]。壶背痈新愈[31]，创[32]犹未合，力疾[33]帅左右苦战而死；二子眕、盱[34]随父后，亦赴敌[35]而死。其母抚尸哭曰："父为忠臣，子为孝子，夫何恨乎[36]！"

丹杨尹羊曼[37]勒兵守云龙门[38]，与黄门侍郎周导[39]、庐江太守陶瞻皆战死[40]。庾亮帅众将陈于宣阳门[41]内，未及成列，士众皆弃甲走[42]，亮与弟怿、条、翼及郭默、赵胤俱奔寻阳。将行，顾谓钟雅曰："后事深以相委[43]。"雅曰："栋折榱崩[44]，谁之咎也！"亮曰："今日之事，不容复言[45]。"亮乘小船，乱兵相剥掠[46]，亮左右射贼，误中柁工[47]，应弦[48]而倒。船上咸失色欲散[49]，亮不动，徐[50]曰："此手何可使着贼[51]！"众乃安。

（以上为第一段，写历阳内史苏峻反叛之初，气势汹汹，直逼东晋都城，卞壶率军拒敌，无法阻挡，与其二子为国捐躯；叛军进入建康城，庾亮措手不及，仓皇出逃。）

【注释】

[1]寻阳：郡名，晋将郡治柴桑，在今江西九江市。 [2]韩晃：苏峻部将，攻杀驻军慈湖的司马流，后被平叛官军斩杀。 [3]食炙（zhì）：吃肉。炙，烧烤的肉。不知口处：不知道嘴在哪里，意即被吓呆了。口处，嘴的位置。 [4]丁未：正月二十八日。 [5]祖涣：东晋人，祖逖之子，曾任沛国内史，随叔父祖约叛乱，攻打皖城，被毛宝击败。许柳：祖约女婿，为淮南太守，参与祖约叛乱。 [6]济自横江：从横江浦渡过长江。横江浦，在今安徽和县东南，为长江北岸的渡口，与江南的采石矶隔江相对。 [7]牛渚：山名，在今安徽马鞍山市采石镇，山北为采石矶，为长江南岸的重要渡口。 [8]陵口：即陵石戍，在今安徽当涂县东北长江南岸牛渚山东北，为江滨戍守之处。 [9]台兵：东晋朝廷的军队。时称朝廷禁省为台，所以称朝廷之兵为台兵。御：抵御，抵抗。 [10]庚戌：二月一日。 [11]蒋陵：蒋山的丘陵。覆舟山：在南京市太平门内，北临玄武湖，与钟山形断而脉连，以山形如覆舟，故名之，又名玄武山、龙舟山、小九华山。 [12]陶回：字恭渊，丹阳（今安徽当涂县）人，东晋将领。传见《晋书》卷七十八。 [13]石头：即石

头城。重戍：重兵把守。［14］小丹杨：古城名。元帝司马睿南渡，建康置丹杨尹，治于台城西，在今江苏南京市鼓楼区一带，为区别于丹阳郡旧治，俗谓之“小丹杨”。丹杨郡旧治秣陵县，在今安徽当涂县东北，与今江苏南京市江宁区接界。步来：步行而来，意即不走长江水道，从陆路来。［15］邀：拦截，阻击。［16］无复部分：军队乱套，无法指挥。部分，部署，指挥。［17］京邑：指东晋都城建康。危逼：危迫，危急。［18］入东：退到京城以东，指建康以东的吴郡、会稽郡等地。［19］左卫将军：晋武帝司马炎分中卫将军为左右卫将军，统领朝廷禁卫部队。刘超：字世瑜，琅邪临沂（今山东临沂市）人，东晋大臣。苏峻叛乱，时为左卫将军。为护卫晋成帝司马衍，被叛军杀害。后追赠卫尉，谥号忠。传见《晋书》卷七十。［20］妻孥（nú）：妻子、儿女。［21］卞壸（kǔn）：字望之，东晋直臣。苏峻叛乱，率二子及兵勇奋力抵抗，以身殉国。传见《晋书》卷七十。［22］都督：统领，统率。大桁（háng）东：秦淮河以东。大桁，亦作“大航”，即朱雀桥。在秦淮河的众多浮桥中，此浮桥最大，故称“大航”。桁，浮桥。［23］钟雅：字彦胄，颍川长社（今河南长葛市）人，东晋忠臣。在苏峻之乱中，誓死护守小皇帝司马衍，被杀害，追赠光禄勋。传见《晋书》卷七十。［24］郭默：字玄雄，河内怀县（今河南武陟县）人，晋朝将领。平苏峻之乱，因功拜右军将军。传见《晋书》卷六十三。赵胤（yìn）：字伯舒，扬州淮南人，赵诱之子，东晋将领。其父死后，继承父兵，参与平定杜曾之乱，又平定王敦、苏峻之乱，杀死叛乱的南顿王司马宗。官至西中郎将、豫州刺史，封湘南县侯。［25］及：与。西陵：在今江苏南京市南。［26］丙辰：二月七日。［27］青溪栅：青溪上的栅栏。青溪，水名，三国吴赤乌四年（241），在建业城东南凿东渠，称青溪，其源出今南京市钟山西南麓，穿入城内，曲折达十余里，亦名九曲青溪，注入秦淮河，为防守要地。［28］台省：即“三台五省”的简称。汉代尚书为中台，御史为宪台，谒者为外台，合称“三台”。晋以尚书、中书、门下、秘书、集书为“五省”。这里泛指朝廷各行政官署。［29］诸营、寺署：各官署的房屋。营，军营。寺署，犹“官署”。寺，自秦以宦者任外廷之职，其官舍通称为“寺”。如大理寺、太常寺等。自汉以后，三公所居谓之府，九卿所居谓之寺。［30］一时荡尽：顷刻间全部烧光。［31］背痈（yōng）：背上所生的疮，是一种恶性脓疮，也称疽。新愈：刚刚愈合，还没有完全好。［32］创：伤口。［33］力疾：勉强支撑病体，竭尽全力。［34］眕（zhěn）、盱（xū）：即卞眕、卞盱，卞壸二子，和父亲一起与叛军战斗，皆壮烈牺牲，后卞眕追赠散骑侍郎，卞盱追赠奉车都尉。［35］赴敌：奔击敌人。赴，奔赴，投身进去。［36］夫何恨乎：这样还有什么遗憾呢？夫，发语词。恨，遗憾，不满足。［37］丹杨尹：东晋时改丹杨太守为尹，为东晋朝廷所在郡的行政长官。丹杨，郡名，又作“丹阳”，郡治建业县，在今江苏南京市。羊曼：字祖延，泰山南城（今山东新泰市）人，东晋大臣，在苏峻叛乱中被害，时任丹杨尹，追赠太常。传见《晋书》卷四十九。［38］勒兵：统兵，率领军队。云龙门：东晋建康台城第二重宫墙的东门。下文说羊曼战死云龙门，说明苏峻兵已从东面攻入建康城内。［39］周导：东晋官员，时为黄门侍郎，在苏峻之乱中抗击叛军，战死。［40］庐江太守：庐江郡的最高行政长官。庐江，郡名，郡治庐江县，在今安徽庐江县西南。陶瞻：字道真，陶侃之子，庐江太守，封都亭侯。在苏峻之乱中抗击叛军，战死。后追赠大鸿胪，谥愍悼世子。［41］宣阳门：建康城南面正南门。苏峻兵已从城东面渡过青溪，攻下建康东门入城，又从城内杀至城南面的宣阳门，使庾亮腹背受敌，故庾亮的军队未及成列，便弃甲而逃。［42］弃甲走：丢下兵器铠甲逃跑。［43］后事：指庾亮离开都城建康以后的朝廷军政大事。深以相委：全部委托。深，犹言“重”，重托。［44］栋折榱崩：比喻朝廷军队土崩瓦解。栋，房屋的正梁。榱（cuī），即椽子。［45］不容复言：犹言无须多言，意即事已如此，现在不是追究谁对谁错的时候。［46］剥掠：剥取其衣，抢夺其物。［47］柁工：船上掌舵的人。柁（duò），同“舵”。［48］弦：弓弦，用其弹性以发箭。［49］咸：皆，都。失色：因受惊或害怕脸色变得苍白。［50］徐：缓慢，从容。［51］此手何可使着贼：这双手怎么能射中敌人？故意做出一种漫不经心、自我解嘲的样子，意即不能射敌杀贼，而反射杀舵工，自恨、自嘲之辞。着，围棋称下子为着，这里指用箭发射。

峻兵入台城[1]，司徒导[2]谓侍中褚翜[3]曰：“至尊当御正殿[4]，君可启令速出。”翜即入上阁[5]，躬自抱帝登太极前殿；导及光禄大夫陆晔、荀崧、尚书张闿共登御床，拥卫帝[6]。以刘超为右卫将军，使与钟雅、褚翜侍立左右，太常孔愉[7]朝服守宗庙[8]。

时百官奔散，殿省萧然[9]。峻兵既入，叱[10]褚翜令下，翜正立不动，呵[11]之曰：“苏冠军来觐至尊[12]，军人岂得侵逼[13]！”由是峻兵不敢上殿，突入后宫[14]，宫人及太后左右侍人皆见掠夺[15]。峻兵驱役[16]百官，光禄勋王彬[17]等皆被捶挞[18]，令负担登蒋山[19]。裸剥士女[20]，皆以坏席苫草自鄣[21]，无草者坐地以土自覆[22]，哀号之声，震动内外。

初，姑孰[23]既陷，尚书左丞孔坦[24]谓人曰：“观峻之势，必破台城，自非[25]战士，不须戎服[26]。”及台城陷，戎服者多死，白衣者无他[27]。

时官[28]有布二十万匹，金银五千斤，钱亿万，绢数万匹，他物称是[29]，峻尽费之[30]；太官惟有烧余米数石以供御膳[31]。

或谓钟雅曰：“君性亮直[32]，必不容于寇仇[33]，盍早为之计[34]！”雅曰：“国乱不能匡[35]，君危不能济[36]，各遁逃以求免[37]，何以为臣[38]！”

丁巳[39]，峻称诏大赦，惟庾亮兄弟不在原例。以王导有德望，犹使以本官居己之右[40]；祖约为侍中、太尉、尚书令；峻自为骠骑将军、录尚书事[41]；许柳为丹杨尹；马雄[42]为左卫将军；祖涣为骁骑将军[43]。弋阳王羕[44]诣峻，称述峻功，峻以羕为西阳王、太宰、录尚书事[45]。

峻遣兵攻吴国内史庾冰[46]，冰不能御，弃郡奔会稽[47]，至浙江[48]，峻购[49]之甚急。吴铃下卒[50]引冰入船，以蘧蒢覆之[51]，吟啸鼓枻[52]，溯流[53]而去。每逢逻所[54]，辄以杖叩船曰[55]："何处觅[56]庾冰，庾冰正在此。"人以为醉，不疑之，冰仅免[57]。峻以侍中蔡谟[58]为吴国内史。

温峤闻建康不守，号恸[59]，人有候之者[60]，悲哭相对。庾亮至寻阳宣太后诏，以峤为骠骑将军、开府仪同三司，又加徐州刺史郗鉴司空。峤曰："今日当以灭贼为急，未有功而先拜官，将何以示天下！"遂不受。峤素重亮[61]，亮虽奔败[62]，峤愈推奉之[63]，分兵给亮。

后赵[64]大赦，改元太和[65]。

三月，丙子[66]，庾太后[67]以忧崩。

苏峻南屯于湖[68]。

（以上为第二段，写苏峻起兵反叛，攻下台城，东晋遭受灭顶之灾，朝廷储存的钱财尽数耗光，内外一片狼藉；庾亮惹出祸端，逃之夭夭；庾太后因忧愤而去世。）

【注释】

[1]台城：一名"苑城"，东晋时谓朝廷禁省为台，故改称"台城"，实为建康城内城，故址在今江苏南京市玄武湖南侧。 [2]司徒导：即王导。 [3]褚翜（shà）：字谋远，河南阳翟（今河南禹州市）人，时为侍中。传见《晋书》卷七十七。 [4]至尊：指晋成帝司马衍。当御正殿：应当坐在朝廷的正殿上。御，本指驾驭车马，这里指出坐正殿。 [5]上阁（gé）：指太极殿的东、西房。据《舆地纪胜》引《文昌杂录》曰："东晋太极殿有东、西阁，天子问以听政，其名始于此。" [6]"导及"二句：谓司徒王导，光禄大夫陆晔、荀崧，尚书张闿一同登上御床，护卫成帝。陆晔，孙吴丞相陆逊侄孙。传见《晋书》卷七十七。荀崧，曹魏太尉荀彧玄孙。传见《晋书》卷七十五。张闿，孙吴丞相张昭曾孙。传见《晋书》卷七十六。御床，指皇帝用的坐卧之具。 [7]孔愉：字敬康，会稽山阴（今浙江绍兴市）人，东晋名臣，能持古人之节。传见《晋书》卷七十八。 [8]朝服守宗庙：宗庙、社稷为立国之本，在此危难之时，孔愉身穿朝服守卫宗庙，表示其卫国的决心。朝服，古代在大祀、庆成、正旦、冬至、圣节及颁诏开读、进表、传制等重大典礼时使用的礼服。宗庙，供奉历朝历代国王牌位、举行祭祀的地方。 [9]殿省萧然：宫廷里一片凄清寂

静。殿省，指设在皇宫内的官署。萧然，萧条冷落的样子。［10］叱：大声呵斥。［11］呵：怒责，大声发怒地呵斥。［12］苏冠军：以敬称苏峻，苏峻由于讨叛军沈充有功，晋升为冠军将军。觐（jìn）：朝见，拜见。［13］军人：一般士兵。岂得侵逼：焉能逼近圣驾？侵逼，侵凌，威逼。［14］突入后宫：突如其来地闯入宫中的妃嫔所居之处。后宫，宫中妃嫔所居，也称后庭、内宫。［15］宫人：宫女的通称。皆见掠夺：都遭到了苏峻士兵的抢夺。见，被。［16］驱役：驱使从事各种劳役。［17］王彬：字世儒，权臣王敦和丞相王导堂弟。为人刚正不阿，时任光禄勋。传见《晋书》卷七十六。［18］捶挞：用棍子、鞭子痛打。捶，棒打。挞，鞭打。［19］负担：背驮肩挑重物。蒋山：即钟山，在今江苏南京市中山门外。汉末，秣陵尉蒋子文讨贼，战死于此，吴主孙权为立庙，因避祖讳，因改名"蒋山"。晋元帝渡江时，望山上有紫气，又改名"紫金山"。［20］裸剥士女：扒光成年男女的衣服。［21］苫草：编苫用的茅草。苫（shān），用茅草编成的覆盖物。自鄣：以遮蔽自己。鄣，同"障"，屏障，这里是遮挡的意思。［22］自覆：把自己盖起来。覆，遮盖。［23］姑孰：晋县名，在今安徽当涂县。［24］孔坦：字君平，正直的儒学之士，累迁廷尉，也称孔廷尉，时任尚书左丞。死后赠光禄勋，谥"简"。传见《晋书》卷七十八。［25］自非：若非，如果不是。［26］戎服：军服，这里指穿军服。［27］白衣者无他：穿平民服装者无恙。白衣，当时指平民之服。无他，无害，无恙。［28］官：官府，此指朝廷国库。［29］他物称是：其他物品的数量也与上述财物成比例。称是，比例相当。［30］费之：将其挥霍、消耗。［31］太官：掌管皇帝饮食宴会的部门，其长官有令、丞。以供御膳：以供皇帝饮食。［32］性：天性，性情。亮直：忠诚、耿直。［33］不容于寇仇：不被敌人所容纳。寇仇，仇寇，仇敌。［34］盍早为之计：何不早做打算。盍（hé），何不。［35］匡：匡正，扶正。［36］济：救助，周全。［37］遁逃：逃跑，躲避。求免：求得自己免于灾难。［38］何以为臣：凭什么作为皇帝的大臣。何以，即以何，用什么，凭什么。［39］丁巳：二月八日。［40］本官：原任的官职。王导原任司徒。居己之右：指使位次排在自己（苏峻）之上。右，古人以右为尊。［41］录尚书事：总管国家政事的施行。录，统管，统领。［42］马雄：参与苏峻叛乱，为干将，后被郗鉴参军李闳斩杀。［43］骁骑将军：杂号将军之名，主征伐。［44］弋（yì）阳王羕（yàng）：即弋阳王司马羕。［45］峻以羕为西阳王、太宰、录尚书事：司马羕因其弟南顿王司马宗谋反之事受到牵连，被庾亮罢免官职，由西阳王降封为弋阳县王。现到苏峻那里去称赞他的功绩，苏峻大为高兴，伪造诏书恢复他的爵位和官职。［46］吴国内史庾冰：庾亮之弟庾冰任吴国内史。［47］会稽：郡名，郡治山阴县，在今浙江绍兴市。［48］浙江：即钱塘江，古代亦称为"之江"，由于水流多曲折，故名"浙江"。自富春县（今浙江杭州市富阳区）以下称"富春江"，自钱塘县（今浙江杭州市）以下称"钱塘江"。［49］购：悬赏缉捕。［50］吴铃下卒：指庾冰的侍从、门卒。由于在铃阁之下，有情况便掣铃呼叫，故名。［51］蘧（qú）篨（chú）：指用竹或苇编的粗席。覆：覆盖。［52］吟啸：唱歌、吹口哨，形容闲暇无事的样子。鼓枻：划动船桨。枻（yì），短桨。［53］溯流：逆着水流，逆流而上。［54］逻所：渡口的巡逻哨所。［55］辄（zhé）：总是，就。叩船：敲打船帮、船舷。[56]觅：寻找，寻求。[57]仅免：才免于难。仅，才，极言其惊险、侥幸。[58]蔡谟（mó）：字道明，东晋重臣。苏峻之乱时，任侍中，参与平叛有功，升为太常，领秘书监，任征北将军。传见《晋书》卷七十七。[59]号恸：号啕大哭，哀声痛哭。因朝廷沦陷、皇帝落入贼手而痛哭。恸，大哭。[60]人有候之者：有来探访温峤的人。候，守候在旁。[61]素：平素，平常。重亮：敬重庾亮。[62]奔败：因失败而奔逃、逃亡。[63]愈推奉之：更加表现出对庾亮的拥戴。推奉，推戴，尊奉。[64]后赵（319—351）：羯族首领石勒建立的十六国之一，历七帝，享国三十二年。[65]太和：后赵主石勒的年号，公元328年至公元330年，共三年。[66]丙子：三月己卯朔，无丙子日。丙子，二月二十七。[67]庾太后：即庾文君，太尉庾亮、司空庾冰之妹，车骑将军庾翼之姐，晋明帝司马绍皇后。生司马衍、司马岳。司马衍即位，为皇太后，临朝摄政。苏峻叛乱，担心受辱，忧伤而死，谥号明穆。传见《晋书》卷三十二。[68]南屯于湖：移兵向南驻扎在于湖。于湖，地名，在今安徽当涂县南，王敦叛乱时也驻兵于此。

夏，四月，后赵将石堪攻宛[1]，南阳太守王国[2]降之，遂进攻祖约军于淮上[3]。约将陈光[4]起兵攻约，约左右阎秃[5]，貌类约，光谓为约而擒之，约逾垣[6]获免。光奔后赵。

壬申[7]，葬明穆皇后于武平陵[8]。

庾亮、温峤将起兵讨苏峻，而道路断绝，不知建康声闻[9]。会南阳范汪[10]至寻阳，言："峻政令不壹[11]，贪暴纵横[12]，灭亡已兆[13]，虽强易弱[14]，朝廷有倒悬[15]之急，宜时进讨[16]。"峤深纳[17]之。亮辟汪参护军事[18]。

亮、峤互相推为盟主[19]，峤从弟充[20]曰："陶征西[21]位重兵强，宜共推之[22]。"峤乃遣督护王愆期诣荆州[23]，邀陶侃与之同赴国难。侃犹以不豫顾命为恨[24]，答曰："吾，疆埸外将[25]，不敢越局[26]。"峤屡说，不能回[27]，乃顺侃意，遣使谓之曰："仁公且守[28]，仆当先下[29]。"

使者去已二日[30]，平南参军荥阳毛宝[31]别使还[32]，闻之，说峤曰："凡举大事，当与天下共之。师克在和[33]，不宜异同[34]。假令可疑[35]，犹当外示不觉[36]，况自为携贰[37]邪！宜急追信改书[38]，言必应俱进[39]；若不及前信[40]，当更遣使[41]。"峤意悟[42]，即追使者改书。侃果许之，遣督护龚登[43]帅兵诣峤。峤有众七千，于是列上尚书[44]，陈祖约、苏峻罪状，移告征镇[45]，洒泣登舟[46]。

陶侃复追龚登还。峤遗[47]侃书曰："夫军有进而无退，可增而不可减。近已移檄远近[48]，言于盟府[49]，刻后月半大举[50]，诸郡军并在路次[51]，惟须[52]仁公军至，便齐进耳。仁公今召军还，疑惑远近，成败之由[53]，将在于此。仆才轻任重，实凭仁公笃爱[54]，远禀成规[55]。至于首启戎行[56]，不敢有辞[57]，仆与仁公，如首尾相卫[58]，唇齿相依[59]也。恐或者不达高旨[60]，将谓仁公缓于讨贼[61]，此声难追[62]。仆与仁公并受方岳之任[63]，安危休戚[64]，理既同之[65]。且自顷之顾[66]，绸缪往来[67]，情深义重，一旦有急[68]，亦望仁公悉众见救[69]，况社稷之难[70]乎！今日之忧，岂惟仆一州[71]？文武莫不翘企[72]。假令此州不守[73]，约、峻树置官长[74]于此，荆楚西逼强胡[75]，东接逆贼[76]，因之以饥馑[77]，将来之危，乃当甚于此州之今日[78]也。仁公进[79]当为大晋之忠臣，参桓、文之功[80]；退[81]当以慈父之情，雪爱子之痛[82]。今约、峻凶逆无道，痛感天地，人心齐壹[83]，咸皆切齿[84]。今之进讨，若以石投卵[85]耳！苟复召兵还，是为败于几成[86]也。愿深察所陈[87]！"王愆期谓侃曰："苏峻，豺狼也，如得遂志[88]，四海虽广，公宁有容足之地乎[89]！"侃深感悟，即戎服登舟。瞻丧至不临[90]，昼夜兼道[91]而进。

（以上为第三段，写苏峻攻下东晋都城，庾亮出逃投奔温峤，两人共商平叛大计，温峤数请荆州刺史陶侃担任盟主，陶侃反复权衡利弊，决定率领大军日夜兼程讨伐叛逆。）

【注释】

[1]石堪：后赵将领，原为田氏子，以功被后赵主石勒收为养子，遂从石姓。宛：县名，县治在今河南南阳市。[2]南阳：郡名，郡治宛县，在今河南南阳市。王国：东晋官员，时为南阳太守，被后赵将石堪攻打，投降。[3]淮上：淮河之上。[4]陈光：祖约将领，后赵将石堪来攻，背主降之。[5]左右：身边的人。阎秃：祖约属将，貌似祖约，后赵将石堪来攻，陈光叛变，阎秃装扮祖约，使祖约逃脱，而后被活捉。[6]逾垣（yuán）：跳墙。[7]壬申：四月二十四日。[8]明穆皇后：即庾太后，晋明帝司马绍皇后，谥号明穆，故称之。武平陵：晋明帝司马绍的陵墓，位于今江苏南京市江宁区的鸡笼山。[9]声闻：音讯，消息。[10]范汪：字玄平，南阳顺阳（今河南淅川县）人，东晋大臣。传见《晋书》卷七十五。[11]不壹：不统一，不

一致。[12]纵横：肆意横行，无所忌惮。[13]灭亡已兆：灭亡的征兆和迹象已经显示出来了。[14]易：容易。[15]倒悬：头朝下脚朝上地倒挂，比喻处境极端困苦、危急。[16]宜时进讨：应即时进兵讨伐叛逆。时，立即。[17]深纳：认真采纳，全部采纳。[18]辟：聘任。参护军事：参与商讨军中大计，即任参谋之职。参护，犹参谋。[19]盟主：即首领，成为平定苏峻之乱的号令者。盟，本指在神明面前立誓缔约，引申为合作，建立统一的组织。[20]从弟充：温峤的堂弟温充。[21]陶征西：即东晋名将陶侃，时为征西大将军，都督荆、湘、雍、梁四州军事，控制长江上游地区。[22]宜共推之：应该推任他为义军盟主。[23]督护：官名，晋朝设立的专职军事职务，有直接指挥作战的权力。王愆（qiān）期：时为江州督护。荆州：州治江陵，在今湖北荆州市江陵城，时陶侃驻镇于此。[24]不豫顾命：当年明帝司马绍死时没有被任为顾命大臣。豫，参与，参加。恨：遗憾，遗恨。[25]疆埸外将：镇守边疆的朝外之臣。疆埸（yì），国界，边疆。外将，抵御外敌之将。[26]不敢越局：不敢超越权限。古代内辅外御，各有分工。陶侃为外将，干预内政便认为是越权。处于非常时机，陶侃如此说，实际上是对朝廷不满。局，棋盘，这里指权限。[27]不能回：不能改变陶侃的心意。回，回转。[28]仁公且守：你暂且镇守荆湘。汉、魏、晋时称呼宰辅、岳牧为明公。今温峤称陶侃为仁公，是取天下归仁之意，表示晋朝各征镇都推崇陶侃。[29]仆：自谦之辞。先下：先引军东下都城建康。[30]使者去已二日：温峤派去陶侃处的使者已经走了两天。去，离开，指离开温峤。[31]平南参军：即温峤的参谋，时温峤为平南将军。荥阳：郡名，郡治荥阳，在今河南荥阳市。毛宝：字硕真，荥阳阳武（今河南原阳县）人，东晋将领。传见《晋书》卷八十一。[32]别使还：到别处出使回来。[33]师克在和：军队之所以能打败敌人，关键在于内部和睦。克，制胜。和，和睦，团结。[34]不宜异同：同一个阵营里的人应该勠力同心，不分彼此。异同，分歧，不一心。[35]假令：假如。可疑：指合作者心怀异志，另有打算。[36]外示不觉：表面上仍须对人装作并未察觉的样子。[37]自为携贰：自己做出一种互不信任的样子。携贰，犹言离心、互不信任。携，离。贰，二心。[38]追信改书：追回使者，修改文书。信，信使，使者。[39]言必应俱进：说我们一定要共同出兵。[40]不及前信：赶不上已经派出的使者。[41]更遣使：重新另派使者。更，再，又。[42]悟：醒悟。[43]龚登：陶侃部将，时为督护。[44]列上尚书：意即以陶侃为盟主，庾亮、温峤都一同列名上报朝廷。尚书，即尚书省，掌管章奏文书。东汉政务皆归尚书；魏晋以后，主管官尚书令事实上即为宰相。在这里，“尚书”即指朝廷。[45]移告：传檄，通告。征镇：各征各镇将军，代指地方军政长官，监临军事，守卫地方。魏晋以来，有“四征”“四镇”八将军，位在杂号将军之上。[46]洒泣登舟：流着眼泪登上战船。洒泣，犹“挥泪”。[47]遗（wèi）：送，给。[48]移檄远近：犹言已通告全国。檄，檄文，征讨文书。[49]言于盟府：已经写信告诉了你。盟府，指盟军首领荆州刺史陶侃的军府。温峤、庾亮推陶侃为盟主，故称之。[50]刻后月半：约定好下月十五。刻，古代计时单位。古人以铜漏计时，一昼夜分为一百刻。这里指约定日期。大举：举行大规模的行动，指大军东下讨贼。[51]并在路次：都在进军的路上。次，行军途中住宿的处所。［52］惟须：只等。须，等候。［53］成败之由：犹言成败的关键。由于陶侃“召军还”，暗说如果这次行动失败，责任在陶侃。由，原因。［54］笃（dǔ）爱：厚爱，指陶侃答应出兵。［55］远禀成规：按照我们定好的行动计划。禀（bǐng），接受，奉行。［56］首启戎行：率先举兵，在前方开路。启，开路。戎行，前进的大军。［57］不敢有辞：不敢有二话。［58］首尾相卫：比喻互相援救。［59］唇齿相依：嘴唇和牙齿互相依靠，比喻双方关系密切，相互依存。［60］或者：不明真相的人。或，通“惑”。不达高旨：不了解你的深远的心意。达，通晓。［61］缓于讨贼：对讨贼义举不积极。缓，放松，懈怠。［62］此声难追：这种坏名声一旦传出去，就很难再挽回。声，指缓于讨贼的坏名声。难追，难以挽回。［63］方岳之任：指同为大州刺史，相当于古代一方诸侯。方岳，四方之岳。古代天子巡狩至其方岳，则其方诸侯即会期于此。后因以方岳称地方长官，如大州刺史等，为一方诸侯之长。岳，高大的山。［64］安危休戚：即成败、苦乐。休戚，喜乐和忧虑。［65］理既同之：理当共同承受。［66］自顷之顾：自不久前承蒙您的惠顾，指答应共同讨贼。顷，近来。顾，顾问，惠顾。［67］绸缪往来：关系紧密地相互往来。绸缪（móu），情意殷切。［68］一旦有急：言江州一旦遇到麻烦。［69］悉众见救：出动全部军队，给予救援。见救，救我。“见”字放在动词前，表示对自己怎么样。［70］社稷之难：指苏峻颠覆朝廷，是国家的灾难。［71］岂惟仆一州：岂止是我一个江州的忧患。［72］文武莫不翘企：满朝文武没有一个不盼着您给予解决。翘企，翘首举踵，形容盼望之急切。企，踮起脚跟。［73］此州不守：指温峤镇守的江州被苏峻攻占。［74］树置官长：改派他的党羽来担任刺史。树置，设立，扶植。［75］荆楚：指陶侃镇守的荆州。由于荆州是楚国最早的疆域，故称荆州为“荆楚”。西逼强胡：西边受到汉赵主刘曜、成汉主李雄的威胁。逼，逼近，迫近。强胡，指前赵和成国。［76］东接逆贼：东与祖约、苏峻相邻近。［77］因之以饥馑：接着再要闹上灾荒。饥馑，代指荒年，因粮食歉收，引起食物严重缺乏。［78］此州之今日：今天我们江州的处境。［79］进：即进一步说，往大处说。［80］参桓、文之功：指您陶侃中兴晋室之功可与齐桓公、晋文公鼎足而三。参，同“三”。［81］退：即退一步说，往小处说。［82］雪爱子之痛：为自己的儿子报仇。陶侃的儿子陶瞻已被苏峻所杀。［83］人心齐壹：人心相同。壹，“一”的大写字。［84］咸皆：都，全部。切齿：咬牙，表示极端痛恨。［85］以石投卵：用石头去砸鸡蛋，比喻以强攻弱，必胜无疑。［86］几成：眼看就要成功。［87］深察所陈：深入、仔细地考虑我说的话。［88］遂志：得志，按着他的意思办。遂，顺，如意。［89］宁有：岂有，难道还会有。容足之地：立足之地。［90］瞻丧：儿子陶瞻的遗体。不临：顾不上去哭吊。临，哭吊。［91］兼道：即兼程，以加倍的速度赶路。

郗鉴在广陵[1]，城孤粮少，逼近胡寇[2]，人无固志[3]。得诏书[4]，即流涕誓众[5]，入赴国难，将士争奋[6]。遣将军夏侯长等间行谓温峤曰[7]："或闻贼欲挟天子[8]东入会稽[9]，当先立营垒，屯据要害[10]，既防其越逸[11]，又断贼粮运，然后清野坚壁以待贼[12]。贼攻城不拔，野无所掠，东道[13]既断，粮运自绝，必自溃[14]矣。"峤深以为然。

五月，陶侃率众至寻阳。议者咸谓侃欲诛庾亮以谢天下[15]。亮甚惧，用温峤计，诣侃拜谢[16]。侃惊，止之曰："庾元规乃拜陶士行邪[17]！"亮引咎自责[18]，风止[19]可观，侃不觉释然[20]，曰："君侯修石头以拟老子[21]，今日反见求邪[22]！"即与之谈宴终日，遂与亮、峤同趣[23]建康。戎卒四万，旌旗七百余里，钲鼓[24]之声，震于远近。

苏峻闻西方兵起，用参军贾宁[25]计，自姑孰还据石头[26]，分兵以拒侃等。

乙未[27]，峻逼迁帝于石头，司徒导固争，不从。帝哀泣升车，宫中恸哭[28]。时天大雨，道路泥泞，刘超、钟雅步侍左右，峻给马，不肯乘，而悲哀慷慨。峻闻而恶[29]之，然未敢杀也。以其亲信许方等补司马督、殿中监[30]，外托宿卫[31]，内实防御超等。峻以仓屋[32]为帝宫，日来帝前肆丑言[33]。刘超、钟雅与右光禄大夫[34]荀崧、金紫光禄大夫华恒[35]、尚书荀邃[36]、侍中丁潭[37]侍从，不离帝侧。时饥馑[38]米贵，峻问遗[39]，超一无所受。缱绻朝夕[40]，臣节愈恭[41]；虽居幽厄[42]之中，超犹启帝[43]，授《孝经》《论语》[44]。

峻使左光禄大夫陆晔守留台[45]，逼迫居民，尽聚之后苑；使匡术守苑城[46]。

尚书左丞孔坦奔陶侃，侃以为长史[47]。

初，苏峻遣尚书张闿权督东军[48]，司徒导密令以太后诏谕三吴[49]吏士，使起义兵救天子。会稽内史王舒[50]以庾冰行奋武将军[51]，使将兵一万，西渡浙江，于是，吴兴太守虞潭[52]、吴国内史蔡谟、前义兴太守顾众等皆举兵应之[53]。潭母孙氏谓潭曰："汝当舍生取义，勿以吾老为累[54]！"尽遣其家僮[55]从军，鬻其环佩[56]以为军资。谟以庾冰当还旧任[57]，即去郡[58]以让冰。

苏峻闻东方兵起，遣其将管商、张健、弘徽[59]等拒之。虞潭等与战，互有胜负，未能得前。

陶侃、温峤军于茄子浦[60]。峤以南兵习水[61]，苏峻兵便步[62]，令："将士有上岸者死！"会峻送米万斛馈祖约[63]，约遣司马桓抚等迎之[64]。毛宝帅千人为峤前锋，告其众曰："兵法'军令有所不从[65]'，岂可视贼可击，不上岸击之邪！"乃擅[66]往袭抚，悉[67]获其米，斩获万计，约由是饥乏。峤表宝为庐江太守[68]。

陶侃表王舒监浙东军事[69]，虞潭监浙西[70]军事，郗鉴都督[71]扬州八郡诸军事；令舒、潭皆受鉴节度[72]。鉴帅众渡江，与侃等会于茄子浦，雍州刺史魏该[73]亦以兵会之。

（以上为第四段，写荆州刺史陶侃被温峤说动，率领四万将士奔赴建康；庾亮采用温峤计谋，向陶侃谢罪，化解了危机；苏峻逼迫小皇帝迁居石头城，哭声一片。）

【注释】

[1]广陵：郡名，郡治射阳，在今江苏宝应县东北射阳镇。时郗鉴为徐州刺史，镇广陵。[2]逼近：靠近。胡寇：指后赵。[3]固志：久留之心。[4]诏书：庾亮、温峤等以皇帝名义发出的号召讨伐苏峻的文书。[5]流涕：流泪，哭泣。誓众：带着众将士宣誓讨贼。[6]争奋：争先赴敌。奋，发扬，振作。[7]夏侯长：时为郗鉴属将。间行：犹微行，潜行，抄小路偷偷出行。[8]挟天子：挟持晋成帝司马衍。挟，夹持。[9]会稽：郡名，郡治山阴县，在今浙江绍兴市。[10]屯据要害：屯扎据守住军事要冲。[11]越逸：越境逃跑。越，逾越。逸，逃亡。[12]清野：转移人口、物资，使敌人无所获取。坚壁：加固壁垒，使敌人不易攻击。[13]东道：建康与东方吴郡、会稽一带的通道。建康粮运皆仰仗三吴，必走东道。[14]自溃：自我溃散，自我败亡。[15]以谢天下：以告慰天下人对庾亮的怨恨。谢，告慰，致歉。[16]拜谢：低头，请罪。[17]庾元规：即庾亮，字元规。乃：竟，居然。陶士行：即陶侃，字士行。[18]引咎自责：承认有罪，承担责任。咎，罪责，罪过。[19]风止：风度，举止。[20]释然：怨气消除的样子。[21]君侯：用为对达官贵人的敬称。以拟老子：以对付我。拟，对付，对准。老子，自称之词，意同"老夫"。[22]反见求邪：反而来求到我了。[23]趣：同"趋"，奔赴。[24]钲鼓：古代行军、作战时用的两种乐器。击钲则退，击鼓则进。可以节制行止，又可以助威、壮声势。钲（zhēng），古代打击乐器，青铜制，形似倒置铜钟，有长柄。一般行军中用。[25]贾宁：东晋人，苏峻的死党、谋士。[26]姑孰：县名，县治在今安徽当涂县。石头：即石头城。[27]乙未：五月十八日。[28]恸哭：放声大哭，号哭。[29]恶（wù）：讨厌，怨恨。[30]许方：苏峻的亲信。司马督：官名，为东宫武官，掌宫廷宿卫。殿中监：官名，掌宫廷张设及亲近供御之事。[31]外托宿卫：对外说是为了保卫皇帝。外托，对外托言，谎称。[32]仓屋：仓库。[33]日：每天。肆丑言：任意地说恶毒的话。肆，无所忌惮。[34]右光禄

大夫：掌顾问应对，隶属光禄勋。魏晋时，为加官及褒赠之官。［35］金紫光禄大夫：为加官及褒赠之官，加金章紫绶，在光禄大夫中最为尊贵。华恒：字敬则，曹魏太尉华歆曾孙，两晋大臣。传见《晋书》卷四十四。［36］荀邃（suì）：字道玄，颍川颍阴人，荀勖之孙，东晋官员。苏峻作乱，荀邃侍帝于石头。赠金紫光禄大夫，谥曰靖。［37］丁潭：字世康，会稽山阴（今浙江绍兴市）人，梁州刺史丁弥之子，东晋大臣。传见《晋书》卷七十八。［38］饥馑（jǐn）：灾荒，荒年。［39］问遗：馈赠。［40］缱绻朝夕：从早到晚地整天侍候在皇帝身边。缱（qiǎn）绻（quǎn），谦恭而尽心尽意的样子。［41］臣节：做臣子的规矩与礼数。愈恭：更加恭谦、恭敬。［42］幽厄：拘禁，囚禁。［43］启帝：开导皇帝。［44］授：教导，传授。《孝经》：儒家十三经之一。《论语》：孔子弟子及再传弟子记录孔子及其弟子言行而编成的语录集，较为集中地体现了孔子及儒家学派的政治主张、伦理思想、道德观念及教育原则等。［45］守留台：看守旧时的朝廷办公之处。苏峻逼迫成帝司马衍及朝廷官员从台城迁往石头城，故称朝廷留在台城的守卫人员为“留台”。［46］匡术：曾为阜陵令，苏峻的亲信、将领。苏峻逼迫成帝及百官迁往石头城，命其负责守卫。苑城：即台城。［47］长史：军府的高级僚属，为诸史之长。［48］权督东军：暂时监管东部地区的军队。权，姑且，暂时。［49］谕：晓谕，通告。三吴：东晋时指吴国、吴兴、会稽三郡国。［50］王舒：字处明，丞相王导从弟。传见《晋书》卷七十六。［51］行：代理，兼任。奋武将军：杂号将军之名。［52］吴兴：郡名，郡治乌程，在今浙江湖州市。虞潭：一作“虞谭”，字思奥，东晋将领。传见《晋书》卷七十六。［53］义兴：晋郡名，郡治在今江苏宜兴市。顾众（274—346）：字长始，吴郡吴县（今江苏苏州市）人，东晋名臣。传见《晋书》卷七十六。［54］为累：为累赘，为妨碍。［55］家僮：旧时对私家奴仆的统称。僮，古代指受奴役的未成年人。［56］鬻其环佩：卖掉了自己的钗环首饰与各种佩戴之物。鬻（yù），卖。环，圆形的玉饰，如指环、耳环、臂环。佩，玉佩、佩带的饰物。［57］旧任：指庾冰。庾冰本为吴国内史，二月，苏峻遣兵攻吴国，庾冰弃郡奔会稽。苏峻遂让侍中蔡谟为吴国内史。［58］去郡：离开吴国。指蔡谟主动离开吴国内史的职位。去，离开。［59］管商、张健、弘徽：均为苏峻属将，率军攻打三吴地区的起义士兵。［60］茄子浦：地名，在今江苏南京市西南。［61］南兵：指陶侃、温峤之兵。习水：水性好，这里指善于水上作战。［62］便步：善于在陆地上徒步作战。便，便于，利于。［63］斛（hú）：古代的容量单位，十斗为一斛，一斛为一担。馈：送，供应。指苏峻给祖约运送粮食。［64］司马：官名，军中的司法官。桓抚：时为祖约司马。［65］兵法：泛指用兵作战的方法，不专指某“兵法”之书。军令有所不从：语见《史记·孙子吴起列传》，原文作“将在军，君命有所不受”，《孙子兵法》中也有类似的意思。［66］擅：擅自，自作主张。［67］悉：全，全部。［68］表：上表向皇帝推荐，请皇帝照准。古代大臣写给皇帝的文书分章、奏、表、驳议四种，表多用于陈述衷情、提出建议等。庐江：晋郡名，郡治在今安徽舒城县。［69］监：监察，督促，实际是指统领。浙东：指今浙江钱塘江以东地区。［70］浙西：指今浙江钱塘江以西地区。［71］都督：总领，统领。［72］节度：节制，调度，亦即受其指挥。［73］雍州：

州名，东晋时的雍州侨治襄阳，在今湖北襄阳市。魏该：东晋官员。苏峻反叛时，率兵援台城。

丙辰[1]，侃等舟师直指石头，至于蔡洲[2]。侃屯查浦[3]，峤屯沙门浦[4]。峻登烽火楼，望见士众之盛，有惧色，谓左右曰："吾本知温峤能得众[5]也。"

庾亮遣督护王彰击峻党张曜[6]，反为所败。亮送节传以谢侃[7]。侃答曰："古人三败[8]，君侯始二[9]；当今事急，不宜数尔[10]。"亮司马陈郡殷融诣侃谢曰[11]："将军为此[12]，非融等所裁[13]。"王彰至曰："彰自为之[14]，将军不知也。"侃曰："昔殷融为君子，王彰为小人[15]；今王彰为君子，殷融为小人[16]。"

宣城内史桓彝[17]，闻京城不守，慷慨流涕，进屯泾县[18]。时州郡多遣使降苏峻，裨惠复劝彝宜且与通使[19]，以纾交至之祸[20]。彝曰："吾受国厚恩，义在致死[21]，焉能忍耻与逆臣通问[22]！如其不济[23]，此则命也。"彝遣将军俞纵守兰石[24]，峻遣其将韩晃攻之。纵将败，左右劝纵退军。纵曰："吾受桓侯[25]厚恩，当以死报。吾之不可负[26]桓侯，犹桓侯之不负国也。"遂力战[27]而死。晃进军攻彝，六月，城陷，执彝，杀之。

诸军初至石头，即欲决战，陶侃曰："贼众方盛[28]，难与争锋[29]，当以岁月[30]，智计[31]破之。"既而[32]屡战无功，监军部将李根[33]请筑白石垒[34]，侃从之。夜筑垒，至晓而成。闻峻军严声[35]，诸将咸惧其来攻。孔坦曰："不然。若峻攻垒，必须东北风急，令我水军不得往救；今天清静[36]，贼必不来。所以严者，必遣军出江乘[37]，掠京口以东矣[38]。"已而果然。侃使庾亮以二千人守白石[39]，峻帅步骑万余四面攻之，不克。

王舒、虞潭等数与峻兵战，不利。孔坦曰："本不须召郗公[40]，遂使东门无限[41]，今宜遣还，虽晚，犹胜不也[42]。"侃乃令鉴与后将军郭默还据京口，立大业、曲阿、庱亭[43]三垒以分峻之兵势。使郭默守大业。

壬辰[44]，魏该卒。

祖约遣祖涣、桓抚袭湓口[45]，陶侃闻之，将自击之。毛宝曰："义军恃公[46]，公不可动，宝请讨之。”侃从之。涣、抚过皖[47]，因攻谯国内史桓宣[48]。宝往救之，为涣、抚所败。箭贯宝髀[49]，彻鞍[50]，宝使人蹋鞍拔箭[51]，血流满靴。还击涣、抚，破走之，宣乃得出，归于温峤。宝进攻祖约军于东关[52]，拔合肥戍[53]。会峤召之，复归石头。

（以上为第五段，写陶侃率领大军到达前线阵地，庾亮率军与叛军战斗而败，陶侃予以宽容；宣城内史桓彝拒不投敌，被杀害；毛宝自告奋勇，救桓宣，破祖约。）

【注释】

[1]丙辰：闰五月九日。[2]蔡洲：地名，在今江苏南京市西南。原为长江中的沙洲，今已与陆地连接。[3]查浦：地名，在今江苏南京市西长江南岸的秦淮河入江口。[4]沙门浦：在今江苏南京市西查浦之西。[5]得众：得众心，受国人拥护。[6]王彰：庾亮属将，为督护。张曜（yào）：为苏峻党羽，参与苏峻叛乱。[7]节传：旌节、符传，皇帝赐予出征大臣用来行使权力的信物。庾亮把自己手中的节传送给陶侃，是承认自己无能，愿意让贤。谢侃：即谢于侃，向陶侃承认败军之罪，请求处治。谢，谢罪。[8]古人三败：据《史记·刺客列传》记载，鲁人曹沫为鲁将，同齐国人作战，三次败北，后来齐桓公与鲁庄公在柯盟约，曹沫执匕首劫齐桓公，迫使他退还了鲁国三战所失去的土地。[9]君侯始二：指庾亮兵败台城及派王彰击张曜失败二事。君侯，敬称庾亮。[10]数尔：屡屡做出这种请罪的样子。数，屡屡。尔，如此。[11]殷融：陈郡人，庾亮属将，为司马。诣（yì）：到，至。[12]将军为此：这些错误都是庾亮个人造成的。将军，指庾亮。[13]非融等所裁：不是我们僚属的意见。裁，断，决定。这里意为殷融在陶侃面前推卸责任。[14]彰自为之：这次作战失败，是我失责。王彰主动承担责任，为庾亮开脱。[15]昔殷融为君子，王彰为小人：具体事实不详。君子，指人格高尚、道德品行兼好之人。小人，指人格卑鄙的人。[16]今王彰为君子，殷融为小人：王彰主动揽过，为庾亮开脱，是君子行为。而殷融推卸责任，诿过于庾亮，是小人行为。[17]桓彝（yí）：字茂伦，谯国龙亢（今安徽怀远县）人，晋朝大臣。苏峻叛乱时任宣城内史，守卫经年，城破，被叛军杀害。传见《晋书》卷七十四。[18]泾（jīng）县：县名，县治在今安徽泾县西。[19]裨（pí）惠：为宣城内史桓彝属吏。且与通使：姑且和苏峻互通信使，以表现降服之意。[20]纾（yū）：缓解，舒缓。交至之祸：一个接一个的灾难。交至，并至，齐来。此时州郡多降苏峻，已对桓彝形成合围之势。[21]致死：犹效死、捐躯。儒家有所谓君子“临危致命”，即是说的这个意思。[22]通问：通消息，表示问候之意。问，闻，消息。[23]不济：不成功，指举义反对苏峻失败。[24]俞纵：宣城人，宣城内史桓彝部将，守卫兰石，与叛军力战而死。兰石：城名，在今安徽泾县东北。[25]桓侯：即宣城内史桓彝，为敬称。[26]负：辜负，对不起。[27]力战：拼死战斗，尽一切能力。[28]方盛：士气正旺盛。方，正当。[29]争锋：即争胜，取得胜利。[30]当以岁

月：应当等待时机。岁月，时间，这里指恰当时机。［31］智计：智谋，谋略。［32］既而：不久。［33］监军部将：郗鉴军中的部将。监，疑为“鉴”字。胡三省注曰：“是时同盟诸将无监军事者，窃意李根盖郗鉴军部将也。”监军，官名，也称监军事，又有军司、军师，皆为监军之职。李根：郗鉴属将。［34］白石垒：本名“白石陂”，又名“白下城”，因在其地筑垒，故名“白石垒”。在今江苏南京市北。［35］严声：军队紧急集合的声音。严，集合，整队。［36］清静：风清水静。［37］江乘：县名，县治在今江苏句容市北，是长江下游重要渡口、江防要地。［38］掠：攻打，掠夺。京口：城名，在今江苏镇江市，是长江下游的军事重镇，建康的东大门。以东：向东进军。［39］白石：即上文所说的白石垒。［40］本不须召郗公：本来是不必要召郗鉴向西的。意即应当让郗鉴防守都城建康东部地区。［41］东门：以喻东晋都城建康以东的军事要冲。无限：失去了守门的军队。限，门槛，以喻守门的军队。郗鉴率王舒、虞潭等东路军向西到茄子浦与陶侃、庾亮、温峤的西路军会合，使得京口等地空虚，等于为苏峻向东逃窜打开了门户。［42］犹胜不也：虽然让郗鉴回去晚了，但也比不让他回去要强。不，同“否”。［43］大业：地名，在今江苏丹阳市北。曲阿：晋县名，县治在今江苏丹阳市。庱（chěng）亭：地名，在今江苏丹阳市东南。［44］壬辰：六月十五日。［45］湓（pén）口：也叫“湓浦口”，湓水（今名龙开河）入长江之口，在今江西九江市西北。［46］恃公：都靠着您。恃，倚仗。［47］皖：县名，县治在今安徽潜山市。当时谯国内史桓宣驻扎在皖县的马头山。［48］因：乘机。谯国：诸侯国名，封地谯郡，在今安徽亳州市。桓宣：谯国铚县（今安徽濉溪县）人，东晋将领，时任谯国内史。传见《晋书》卷八十一。［49］贯宝髀：穿透了毛宝的大腿。贯，穿过。髀（bì），大腿。［50］彻鞍：又穿透了毛宝的马鞍。彻，穿，透过。［51］蹋鞍拔箭：用脚蹬着马鞍，用手拔毛宝腿上的箭。蹋，通“踏”，踩，蹬。［52］东关：关隘名，在今安徽巢湖市东南。［53］拔合肥戍：攻克了苏峻在合肥的据点。合肥，县名，县治在今安徽合肥市北，当时苏峻在这里驻兵把守。戍，这里指防守的据点。

祖约诸将阴[1]与后赵通谋，许为内应。后赵将石聪、石堪引兵济淮[2]，攻寿春[3]。

秋，七月，约众溃，奔历阳[4]，聪等虏[5]寿春二万余户而归。

后赵中山公虎[6]帅众四万自轵关西入[7]，击赵河东[8]，应之者五十余县，遂进攻蒲阪[9]。赵主曜遣河间王述发氐、羌之众屯秦州[10]，以备张骏、杨难敌，自将中外精锐水陆诸军以救蒲阪，自卫关北济[11]，虎惧，引退。曜追之，八月，及于高候[12]，与虎战，大破之，斩石瞻[13]，枕尸[14]二百余里，收其资仗亿计。虎奔朝歌[15]。曜济自大阳[16]，攻石生于金墉[17]，决千金堨[18]以灌之。分遣诸将攻汲郡、河内[19]，后赵荥阳太守尹矩、野王太守张进等皆降之[20]。襄国[21]大震。

张骏治兵，欲乘虚袭长安[22]。理曹郎中索询[23]谏曰："刘曜虽东征，其子胤[24]守长安，未易轻[25]也。借使[26]小有所获，彼若释东方之图[27]，还与我校[28]；祸难之期[29]，未可量[30]也。"骏乃止。

（以上为第六段，写汉赵主刘曜出动大军，与后赵大战，把后赵中山公石虎打得大败，尸体相枕二百余里；并乘胜追击，后赵大为震惊；张骏试图进攻汉赵，被劝止。）

【注释】

[1]阴：暗中。[2]石聪：后赵官员、将领，曾为汲郡内史。济淮：渡过淮水。[3]寿春：县名，县治在今安徽寿县。[4]历阳：郡名，郡治在今安徽和县。[5]虏：同"掳"，掳掠，挟持。[6]中山公虎：即石虎。[7]自轵关西入：从轵关向西进军。轵（zhǐ）关，关隘名，位于今河南济源市城西，当轵道之险，因曰"轵关"，是古轵道上的咽喉，有"封门天险"之称。[8]赵河东：刘曜政权管辖的河东郡，郡治安邑，在今山西夏县西北的禹王城。[9]蒲阪（bǎn）：县名，县治在今山西永济市西南的蒲州镇。[10]河间王述：即刘述，刘曜的部将。河间王，封地河间郡，都城乐成县，在今河北献县东。氐（dī）、羌（qiāng）：西部地区的少数民族名。秦州：州治冀县，在今甘肃甘谷县东南。[11]卫关：黄河渡口名，亦称"铜关"，在今河南卫辉市南。济：渡。[12]高候：地名，即高候原，在今山西闻喜县北。[13]石瞻：即冉良，冉闵生父，自幼习武。年十二岁时，石勒命石虎收为养子，因改姓名为石瞻，曾接受东晋"建节将军"的封号。[14]枕尸：尸体纵横，相枕而卧。[15]朝歌：晋县名，县治在今河南淇县东北。[16]济自大阳：从大阳向南渡过黄河。大阳，渡口名，在大阳县境，在今山西平陆县南的茅津渡。[17]石生：后赵皇帝石勒从子，时任司州刺史。金墉（yōng）：在今河南洛阳市东北。[18]千金堨：一名"千金堰"，古代水利工程名，位于河南洛阳市城东。堨（ài），筑堤截水。[19]汲郡：郡名，郡治在今河南卫辉市西南。河内：郡名，郡治野王县，在今河南沁阳市。[20]尹矩：后赵官员，时为荥阳太守。野王：原为县名，自汉以来属河内郡，后赵始置郡。张进：后赵官员，时为野王太守。[21]襄国：后赵都城，在今河北邢台市襄都区。[22]长安：城名，在今陕西西安市，时为汉赵刘曜的都城。[23]理曹郎中：张氏所置，掌刑狱。索询：张骏部属，时为理曹郎中。[24]胤（yìn）：即刘胤（？—329），表字义孙，汉赵主刘曜之次子。传见《晋书》卷一百三。[25]未易轻：不能对他太轻视。[26]借使：假使，假如。[27]释：放弃。东方之图：指向后赵进攻的打算。图，图谋，计划。[28]还与我校：回来和我们较量。校，较量，对抗。[29]祸难之期：将给我们造成的灾难。期，时期，时候。[30]未可量：不堪设想。量，估量，

估计。

苏峻腹心路永[1]、匡术、贾宁闻祖约败，恐事不济，劝峻尽诛司徒导等诸大臣，更树腹心[2]。峻雅敬导[3]，不许。永等更贰于峻[4]，导使参军袁耽[5]潜诱永使归顺[6]，九月，戊申[7]，导携二子与永皆奔白石[8]。耽，涣之曾孙也。

陶侃、温峤等与苏峻久相持不决[9]，峻分遣诸将东西攻掠，所向多捷，人情恟惧[10]。朝士之奔西军者皆曰[11]："峻狡黠有胆决[12]，其徒骁勇[13]，所向无敌。若天讨有罪，则峻终灭亡；止以人事言之[14]，未易除也。"温峤怒曰："诸君怯懦[15]，乃更誉贼[16]！"及累战[17]不胜，峤亦惮[18]之。

峤军食尽，贷[19]于陶侃。侃怒曰："使君前云不忧[20]无良将及兵食，惟欲得老仆为主[21]耳。今数战皆北[22]，良将安在！荆州接胡、蜀二虏[23]，当备不虞[24]；若复无食，仆便欲西归[25]，更思良算，徐来殄贼[26]，不为晚也。"峤曰："凡师克在和[27]，古之善教也。光武之济昆阳[28]，曹公之拔官渡[29]，以寡敌众，杖义[30]故也。峻、约小竖[31]，凶逆滔天[32]，何忧不灭！峻骤胜[33]而骄，自谓无前[34]，今挑之战，可一鼓而擒[35]也。奈何舍垂立之功[36]，设进退之计[37]乎！且天子幽逼[38]，社稷危殆[39]，乃四海臣子肝脑涂地[40]之日。峤等与公并受国恩，事若克济[41]，则臣主同祚[42]；如其不捷，当灰身以谢先帝[43]耳。今之事势，义无旋踵[44]，譬如骑虎，安可中下哉[45]！公若违众独返，人心必沮[46]；沮众败事，义旗将回指于公[47]矣。"

毛宝言于峤曰："下官能留陶公。"乃往说侃曰："公本应镇芜湖[48]，为南北势援[49]，前既已下[50]，势不可还。且军政[51]有进无退，非直整齐三军[52]，示众必死[53]而已。亦谓退无所据[54]，终至灭亡。往者杜弢[55]非不强盛，公竟灭之，何至于峻，独不可破邪！贼亦畏死，非皆勇健[56]，公可试与宝兵，使上岸断贼资粮。若宝不立效[57]，然后公去[58]，人心不恨[59]矣。"侃然之，加宝督护而遣之。竟陵太守李阳说侃曰[60]："今大事若不济[61]，公虽有粟，安得而食诸[62]！"侃乃分米五万石以饷[63]峤军。毛宝烧峻句容、湖孰积聚[64]，峻军乏食，侃遂留不去。

（以上为第七段，写温峤、陶侃在敌强我弱的情况下坚持与叛军作战；义军数战不利，温峤部队缺粮，陶侃欲回军西去，被温峤等人直言相劝留下，并借粮给温峤军。）

【注释】

［1］腹心：亲信，死党。路永：苏峻属将。［2］更树腹心：重新安置自己的死党。［3］雅敬导：平素一向敬重王导。［4］更贰于峻：又背叛了苏峻。贰，意即怀有二心。［5］袁耽：字彦道，东汉末郎中令袁涣曾孙。苏峻之乱时耽为王导参军，受王导之命，劝说苏峻心腹路永反叛，乱平，受封秭归男，拜建威将军、历阳太守。为王导从事中郎。传见《晋书》卷八十三。［6］潜诱：暗中劝导。归顺：与叛军决裂，归于朝廷的军队。［7］戊申：九月三日。［8］奔白石：当时庾亮率军驻于白石垒。［9］相持不决：相互争斗，很久分不出胜负。［10］恟惧：震动，恐惧。恟（xiōng），忧恐。［11］朝士：朝中官员。西军：指陶侃、温峤等沿江西来的军队。［12］狡黠（xiá）：狡猾，诡诈。有胆决：勇敢而果断。［13］骁勇：勇健，刚猛。［14］止：只。人事：人为，人的力量。［15］怯懦：胆小怕事。［16］乃更誉贼：竟然夸赞反叛者。［17］累战：屡战，连战。［18］惮：害怕。［19］贷：借。［20］不忧：不担心。［21］惟欲得老仆为主：只想让我来当主帅。仆，陶侃谦称自己。［22］皆北：全部失败。［23］接胡、蜀二虏：指北接汉赵、后赵，西接成国。虏，虏寇，对敌人的蔑称。［24］备不虞：防备意外的情况，这里是托词。不虞，意想不到的情况发生。［25］西归：撤兵返回荆州去。［26］徐来殄贼：慢慢地等机会，再来消灭逆贼。殄（tiǎn），消灭。［27］克：战胜。和：和睦。［28］光武：指汉光武帝刘秀。济昆阳：即昆阳之战，刘秀以三千士兵大破王莽数十万大军，是我国历史上著名的以寡胜众的战役，摧毁了新朝赖以统治的根基，奠定了刘秀日后夺取天下的基础。昆阳，汉县名，县治在今河南叶县。［29］曹公：指曹操。拔官渡：指曹操在官渡大破袁绍，史称官渡之战，奠定了曹操统一中国北方的基础。这也是我国历史上以弱胜强的著名战役。拔，夺取。官渡，渡口名，在今河南中牟县东北。［30］杖义：主持正义，站在正义的一方。杖，同“仗”。［31］小竖：小丑，小奴才。对人的鄙称。［32］凶逆滔天：凶恶悖逆，罪大恶极。［33］骤胜：连续取得了一些胜利。骤，屡。［34］无前：即“无敌”，打遍天下无敌手。［35］一鼓而擒：喻一战而胜。古代作战，击鼓进军。这里指擂第一通鼓时，便可活捉敌方主将，取得胜利。［36］垂立之功：马上就要到手的功劳。垂，将，将要。［37］设进退之计：打退兵的主意。设，立，采取。进退，偏正词组，这里实际指撤兵。［38］幽逼：被苏峻所拘禁、逼迫。［39］社稷危殆（dài）：国家危险。［40］肝脑涂地：指为国尽忠，不惜一切代价，乃至牺牲生命。［41］克济：能够成功。济，渡过，

引申为成功。［42］臣主同祚：臣子与君主一同享福。祚（zuò），福。［43］灰身：殒身，捐躯。以谢先帝：以此向先帝请罪。［44］义无旋踵：绝对没有转身退回的道理。旋踵，回身。踵，脚后跟。［45］安可中下哉：怎么能够中途跳下来呢？［46］沮（jǔ）：丧气，瓦解。［47］义旗将回指于公：一切正义的军队，都将转而讨伐你。回，掉转。指，指向。［48］芜湖：县名，县治在今安徽芜湖市。［49］为南北势援：为江南、江北两方面的义军作声援。芜湖在历阳和建康上游，且相距不远，随时可以增援。意思是说，如果当初您不亲自参战也是可以的。这是退一步的说法。［50］前既已下：可是您既然已经过来参战了。下，顺江东进，为之"下"。［51］军政：军法。［52］非直：不仅仅是为了。整齐：整顿，约束。［53］示众必死：告诉士兵只有勇往直前、不作生还的打算。［54］退无所据：只要向后一退，就再也收不住，难以再组织抵抗了。据，停脚点，防守点。［55］往者：以前，过去。杜弢（tāo）：字景文，蜀郡成都（今四川成都市）人，西晋末年流民首领，被陶侃消灭。传见《晋书》卷一百。［56］勇健：勇敢，强健。［57］立效：立刻见效，指战胜苏峻。［58］然后公去：那时您再撤兵而去。［59］不恨：不再留有遗憾。［60］竟陵：郡名，郡治石城，在今湖北钟祥市。晋惠帝元康九年（299），分江夏西界立竟陵郡。李阳：时为竟陵太守。［61］大事若不济：指被苏峻打败。［62］安得而食诸：你还怎么吃得上呢？意思是你的粮食不也是保不住吗，怎么就不能借给温峤呢？诸，"之乎"的合音字。［63］饷（xiǎng）：馈赠，奉送。［64］句容、湖孰：二县名。句容，县治在今江苏句容市。湖孰，县治在今江苏南京市江宁区东南的湖熟街道。积聚：指作战与生活所需要的各种物资。

张健、韩晃等急攻大业，垒中乏水，人饮粪汁。郭默惧，潜[1]突围出外，留兵守之。郗鉴在京口，军士闻之皆失色。参军曹纳[2]曰："大业，京口之扞蔽[3]也，一旦不守，则贼兵径至[4]，不可当[5]也。请还广陵，以俟后举[6]。"鉴大会僚佐[7]，责纳曰："吾受先帝顾托[8]之重，正复[9]捐躯九泉，不足报塞[10]。今强寇在近，众心危逼[11]，君腹心之佐[12]，而生长异端[13]，当何以帅先义众[14]，镇壹三军[15]邪！"将斩之，久乃得释。

陶侃将救大业，长史殷羡[16]曰："吾兵不习步战[17]，救大业而不捷，则大事去[18]矣。不如急攻石头，则大业自解[19]。"侃从之。羡，融[20]之兄也。

庚午[21]，侃督水军向石头。庾亮、温峤、赵胤帅步兵万人从白石南上[22]，欲挑战。峻将八千人逆战[23]，遣其子硕及其将匡孝分兵先薄赵胤军[24]，败之。峻方劳其将士，乘醉望见胤走[25]，曰："孝能破贼，我更不如邪[26]！”因舍其众，与数骑北下突陈[27]，不得入，将回趋白木陂[28]；马踬[29]，侃部将彭世、李千[30]等投之以矛，峻坠马；斩首，脔割[31]之，焚其骨，三军皆称万岁。余众大溃。峻司马任让等共立峻弟逸为主[32]，闭城自守。

温峤乃立行台[33]，布告远近，凡故吏二千石以下，皆令赴台[34]。于是，至者云集。韩晃闻峻死，引兵趣[35]石头。管商、弘徽攻虔亭垒[36]，督护李闳、轻车长史滕含击破之[37]。含，修之孙也。商走诣庾亮降，余众皆归张健。

（以上为第八段，写温峤、陶侃的义军与叛军交战，一直处于劣势，但时来运转，苏峻酒后逞能，单骑出动，突阵未成，坐骑失足，被投矛杀死，叛军大势已去。）

【注释】

[1]潜：秘密地，偷偷地。[2]曹纳：郗鉴部将，时为参军。[3]扞蔽：遮挡，护卫。[4]径至：一直来到我们跟前。径，径直，直达。[5]不可当：不可抵挡。当，同“挡”，抵挡，阻挡。[6]以俟后举：等以后有机会再来。俟，等候，等待。[7]僚佐：部下，僚属。[8]顾托：临终托付辅佐幼主。[9]正复：即使。[10]不足报塞：也报答不了。报塞，报答，回报。[11]危逼：畏惧不安。[12]腹心之佐：犹言心腹将领。[13]生长异端：产生与众不同的想法。[14]帅先义众：为义军大众起带头作用。帅先，领先，表率。帅，同“率”。[15]镇壹三军：统一全军的思想意志。[16]殷羡：字洪乔，陈郡长平（今河南西华县）人，时为陶侃长史。大业危急，陶侃打算派兵救援，殷羡建议攻打石头城，以解大业之危，果然扭转危局。授豫章太守，卒于光禄勋任上。传见《晋书》卷六十六。[17]不习步战：大业在今江苏丹阳市北、镇江市南，不在江边，故需要与叛军展开陆上战斗。而陶侃的水军惯于水战，陆上战斗是其所短。[18]大事去：指功亏一篑，平叛事业以失败告终。[19]急攻石头，则大业自解：急攻苏峻，围攻大业的张健、韩晃必还兵救之，大业之兵自解。石头，即石头城，在今江苏南京市西清凉山，靠近长江，当时苏峻驻兵于此。[20]融：即殷融，字洪远，西晋大臣、清谈家，光禄勋殷羡之弟。[21]庚午：七月二十四日。[22]从白石南上：自白石垒以南朝北，向石头城进军。[23]逆战：迎战。[24]硕：即苏硕，苏峻之子。参与苏峻之乱，苏峻死后，成为干将，后被温峤击杀。匡孝：苏峻部将。先薄：率先进击。薄，逼近。[25]胤走：赵胤逃跑。[26]更不如邪：反而不如他吗？更，反而，竟然。[27]北下：由北向南。突陈：攻击庾亮、温峤的军阵。突，急速冲击。陈，同“阵”。[28]回趋：往回奔走。趋，快走。白木陂（bēi）：地名，在今江苏南京市西北。陂，山坡，斜坡。[29]马踬（zhì）：马被绊倒。[30]彭世、李千：陶侃部将，

二人投矛以杀叛军首领苏峻。［31］脔割：分割，剁碎。脔（luán），切成小块的肉。［32］任让：苏峻参军。逸：即苏逸，苏峻之弟。苏峻被杀后，苏逸被推为首领，继续反叛事业，后兵败，被杀。［33］行台：朝廷的派出机构，以行使朝廷之权。东汉以后，朝廷政务由三公改归台阁（尚书），所以习称朝廷为"台"。晋以后，朝官称"台官"，军称"台军"，在地方代表朝廷行尚书省事的机构则称"行台"，往往因军事征伐而设置。［34］赴台：实即投到温峤部下。［35］趣：通"趋"，趋进，奔赴。［36］庱亭垒：庱亭地方的防御堡垒。庱（chěng）亭，地名，在今江苏丹阳市东南。［37］李闳（hóng）：东晋官员，曾为督护。滕含：夏阳人，滕并之子，滕修之孙。初为庾冰轻车长史，讨苏峻有功，封夏阳县开国侯，邑千六百户，授平南将军、广州刺史。

冬，十一月，后赵王勒欲自将救洛阳，僚佐程遐[1]等固谏曰："刘曜悬军[2]千里，势不支久。大王不宜亲动，动无万全[3]。"勒大怒，按剑叱[4]遐等出。乃赦徐光[5]，召而谓之曰："刘曜乘一战之胜，围守洛阳，庸人之情皆谓其锋不可当[6]。曜带甲十万，攻一城[7]而百日不克，师老卒怠[8]，以我初锐[9]击之，可一战而擒也。若洛阳不守，曜必送死冀州[10]，自河已北[11]，席卷[12]而来，吾事去矣[13]。程遐等不欲吾行，卿以为何如？"对曰："刘曜乘高候之势[14]，不能进临襄国[15]，更守金墉[16]，此其无能为[17]可知也。以大王威略临之，彼必望旗奔败。平定天下，在今一举，不可失也。"勒笑曰："光言是也。"乃使内外戒严[18]，有谏者斩。命石堪、石聪及豫州刺史桃豹[19]等各统见众会荥阳[20]，中山公虎进据石门[21]，勒自统步骑四万趣金墉，济自大堨[22]。

勒谓徐光曰："曜盛兵成皋关[23]，上策也；阻洛水[24]，其次也；坐守洛阳，此成擒[25]耳。"

十二月，乙亥[26]，后赵诸军集于成皋，步卒六万，骑二万七千。勒见赵无守兵，大喜，举手指天复加额[27]曰："天也[28]！"卷甲衔枚[29]，诡道兼行[30]，出于巩、訾之间[31]。

赵主曜专与嬖臣饮博[32]，不抚[33]士卒，左右或谏[34]，曜怒，以为妖言，斩之。闻勒已济河，始议增荥阳戍，杜黄马关[35]。俄而洛水候者与后赵前锋交战[36]，擒羯[37]送之。曜问："大胡自来邪[38]？其众几何[39]？"羯曰："王自来，军势甚盛。"曜色变，使摄[40]金墉之围，陈于洛西[41]，众十余万，南北十余里。勒望见，益喜。谓左右曰："可以贺我矣！”勒帅步骑四万入洛阳城。

己卯[42]，中山公虎引步卒三万自城北而西，攻赵中军，石堪、石聪等各以精骑八千自城西而北，击赵前锋，大战于西阳门[43]，勒躬贯甲胄[44]，出自阊阖门[45]，夹击之。曜少而嗜酒，末年[46]尤甚。将战，饮酒数斗。常乘赤马无故局顿[47]，乃乘小马。比出[48]，复饮酒斗余。至西阳门，挥陈就平[49]。石堪因而乘之[50]，赵兵大溃。曜昏醉退走，马陷石渠[51]，坠于冰上，被疮[52]十余，通中者三[53]，为堪所执。勒遂大破赵兵，斩首五万余级。下令曰："所欲擒者一人[54]耳，今已获之。其敕将士抑锋止锐[55]，纵其归命之路[56]。"

曜见勒曰："石王，颇忆重门之盟[57]否？"勒使徐光谓之曰："今日之事，天使其然，复云何邪！"乙酉[58]，勒班师[59]，使征东将军石邃[60]将兵卫送曜。邃，虎之子也。曜疮甚，载以马舆[61]，使医李永与同载。己亥[62]，至襄国，舍曜于永丰小城[63]，给其妓妾[64]，严兵围守。遣刘岳、刘震等从男女[65]盛服以见之[66]，曜曰："吾谓卿等久为灰土[67]，石王仁厚，乃全宥至今邪[68]！我杀石佗[69]，愧之[70]多矣。今日之祸，自其分[71]耳。"留宴终日而去。勒使曜与其太子熙[72]书，谕令[73]速降。曜但敕熙与诸大臣"匡维社稷[74]，勿以吾易意[75]也。"勒见而恶[76]之，久之，乃杀曜。

是岁，成汉[77]献王骧[78]卒，其子征东将军寿[79]以丧还成都。成主雄[80]以李玗[81]为征北将军、梁州[82]刺史，代寿屯晋寿[83]。

（以上为第九段，写后赵主石勒亲率大军突袭汉赵，大败之，活捉汉赵主刘曜；石勒令刘曜写信给太子刘熙，令其急速归降，而刘曜嘱其以国家为重，遂被杀。）

【注释】

[1]程遐（xiá）：冀州（今河北高阳县西南）人，后赵右长史。总揽后赵朝政，后介入朝廷纷争，被杀。 [2]悬军：远离根据地而深入敌境的军队。 [3]动无万全：一动就难免出问题。[4]叱（chì）：大声呵斥。 [5]赦：赦免。徐光：后赵官员，原为石勒的记室参军，因醉酒误事又不肯认错，被贬为牙门，下狱。 [6]庸人之情：平常人的看法。情，看法，见识。庸人，凡庸之人，此指没有见识的人。锋不可当：形容气势极盛，不可阻挡。锋，锋锐，势头。当，同"挡"，阻挡，抵抗。 [7]攻一城：指攻打洛阳。 [8]师老卒怠：军队疲惫，士兵松懈。老，衰落，疲

惫。怠，松懈，疲倦。［9］初锐：刚刚投入战斗的士气旺盛的部队。［10］送死冀州：到冀州送死，等于说攻打冀州。当时后赵都城襄国（今河北邢台市）在冀州境内。冀州，州治信都，在今河北衡水市冀州区。［11］自河已北：刘曜带着军队从黄河北边进军。已，通“以”。［12］席卷：如卷席一般，形容气势迅猛。［13］吾事去矣：我们就完了。事，大事，指消灭刘曜。［14］乘高候之势：乘着在高候打败石虎的势头。高候，地名，即高候原，在今山西闻喜县北。［15］不能进临襄国：不能乘势进攻我们的都城襄国。临，至，到达。襄国，后赵都名，在今河北邢台市襄都区。［16］更守金墉（yōng）：在那里围攻洛阳。守，围困。金墉，城名，即洛阳大城中的小城，这里即指洛阳。［17］无能为：不能干什么大事情。［18］内外戒严：国都与各地方的军队一律紧急动员。［19］豫州：州治陈县，在今河南周口市淮阳区。桃豹：字安世，范阳人，时任后赵豫州刺史。是石勒最初起家的十八骑之一，跟随石勒东征西讨。［20］见众：现有人马。见，同“现”。会荥阳：在荥阳与石勒的大军会师。荥阳，在今河南荥阳市东北的古荥镇。［21］石门：地名，在当时的荥阳以北。［22］济自大堨：从大堨渡口渡过黄河。大堨（è），堤堰名，在今河南滑县西南的古黄河边，距延津渡口不远。［23］盛兵：驻扎重兵。成皋关：关名，在今河南荥阳市西北的汜水镇西北，自古为戍守要地。［24］阻洛水：依靠洛水构筑防线。阻，阻止，这里是设兵防守的意思。洛水，源出今陕西洛南县西北的华山南麓，东流入河南，经卢氏县、洛阳市，至巩义市的洛口注入黄河。［25］成擒：必擒，定擒。［26］乙亥：十二月一日。［27］指天复加额：先指天，又把手放在额头，意思是老天爷真是保佑我。复，又，再。加，加在，放到。［28］天也：这真是天意啊！意即灭亡刘曜，在此一举。［29］卷甲：脱下铠甲，背负以行，以图轻快。衔枚：口衔小横棍。枚，形如筷子，行军时令士兵衔在口中，以防喧哗。［30］诡道：别道，隐秘的小道。兼行：以加倍的速度赶路。［31］出于巩、訾（zī）之间：经由巩县与訾城之间的小路直扑洛阳。巩，县名，县治在今河南巩义市。訾，城名，即东訾城，在今河南巩义市西南。［32］嬖（bì）臣：宠幸之臣，通常指男宠。饮博：饮酒、博弈。博弈是古代的一种棋戏，也可以用于赌博。［33］不抚：不关心，不管理。抚，安慰，体恤。［34］左右：指刘曜身边的人。或谏：有人劝谏。［35］杜黄马关：堵住黄马关。杜，堵塞，断绝。黄马关，在今河南荥阳市汜水镇西的黄河南岸。［36］俄而：顷刻，一会儿。洛水候者：在洛水边伺望、侦察的巡逻兵。［37］擒羯（jié）：捉到了一个石勒部队的羯族士兵。［38］大胡：以称石勒。胡，对北方少数民族的统称，石勒是羯族头领，故刘曜称为“大胡”。自来邪：亲自来了吗？［39］其众几何：共有多少人马？几何，多少。［40］摄：收拢，这里指撤除。［41］洛西：洛水以西。［42］己卯：十二月五日。［43］西阳门：即宣阳门，洛阳城西边南头第一门。［44］躬贯甲胄：亲自披甲戴盔。躬，亲自。贯，穿，以绳穿物，这里引申为穿戴。［45］阊阖门：洛阳城西边北头的城门。［46］末年：晚年。［47］常乘赤马：平常所骑的那匹红马。无故局顿：无缘无故地趴在地上，起不来。局顿，犹颠仆。局，腿屈曲不能伸直。顿，头低下不能抬起。［48］比出：临到要出战的时候。比，及，临到。［49］挥陈就平：指挥部队在平川上布阵。陈，同“阵”，军阵，阵列。就，趋向。［50］乘之：乘机发起进攻。［51］石渠：以石为岸的河沟。［52］被疮：受伤。疮，通“创”，创伤。［53］通中者三：有三处伤及内脏。中，内脏。［54］一人：指汉赵主刘曜。［55］敕将士：命令全军官兵。敕，敕令，命令。抑锋止锐：收起武器，停止追杀。［56］纵：放，放开。归命之路：往回逃命的路。［57］颇忆：还记得否。颇，有点，略微。重门之盟：指晋怀帝永嘉四年（310），刘曜与石勒同围河内之事。重门，城名，在今河南辉县市西北。［58］乙酉：十二月十一日。［59］班师：军队出征返回。班，回，还。［60］石邃：后赵武帝石虎长子，时任征东将军。传见《晋书》卷一百五。［61］马舆：两马相并做成的担架。舆，此处指担架。［62］己亥：十二月二十五日。［63］舍：安置住所。永丰小城：在当时襄国大城的区域内。［64］妓妾：泛指侍候其生活的女子。妓，歌女，表演歌舞的女子。妾，宫中使女。［65］刘岳：原为汉赵将领，封中山王。刘震：原为刘曜的部将。二人后来改投石勒。从男女：带着一群僚属与警卫人员。［66］盛服以见之：目的是向刘曜炫耀他们目前的生活之优越。盛服，穿着华丽的服装。［67］久为灰土：已死多时。灰土，尘土，代指死亡。［68］乃：竟。全宥：保全，赦免，让你们活到今天。宥（yòu），宽恕，原谅。［69］我杀石佗（tuó）：刘曜谓亲自杀石勒部将石佗。按：上卷太守三年，石佗为刘曜部将刘岳所杀，此刘曜称“我杀石佗”，联系上下文，似乎是石佗被俘而刘曜杀之，与石勒宽恕刘岳、刘震全然不同，故曰：“愧之多矣。”［70］愧之：愧于石勒。愧，惭愧，羞愧。之，代石勒。［71］自其分：都是自己应得的。分，本分，这里是“应该”的意思。［72］太子熙：即刘曜之子刘熙。［73］谕令：命令。［74］匡维社稷：治理好国家。匡，匡扶，扶持。维，维系，保全。社稷，土神和谷神，代指国家。［75］勿以吾易意：不要因为我被俘而改变主意。易，更易，改变。［76］恶（wù）：厌恶，讨厌。［77］成汉：指李雄建立的成国。［78］献王骧（xiāng）：即李骧，字元龙，巴氐人，成汉宗室大臣。［79］寿：指成汉第四位皇帝李寿。［80］成主雄：即李雄，李特第三子，成汉开国皇帝，公元304年至公元334年在位。［81］李玝（wǔ）：成国主李雄之侄。［82］梁州：州治南郑，在今陕西汉中市，当时属成汉政权。［83］晋寿：县名，县治在今四川广元市西南。当时在成汉政权境内。

四年（己丑，329年）

春，正月，光禄大夫陆晔及弟尚书左仆射玩[1]说匡术[2]，以苑城附于西军[3]。百官皆赴之[4]，推晔督宫城军事[5]。陶侃命毛宝守南城[6]，邓岳守西城[7]。

右卫将军刘超、侍中钟雅与建康令管旆[8]等谋奉帝出赴西军[9]，事泄，苏逸使其将平原任让将兵入宫收超、雅[10]。帝抱持[11]悲泣曰：“还我侍中、右卫！”让夺而杀之。初，让少无行[12]，太常华恒[13]为本州大中正[14]，黜其品[15]。及让为苏峻将，乘势多所诛杀，见恒辄恭敬[16]，不敢纵暴。及钟、刘之死，苏逸欲并杀恒，让尽心救卫[17]，恒乃得免。

冠军将军赵胤遣部将甘苗[18]击祖约于历阳，戊辰[19]，约夜帅左右数百人奔后赵，其将牵腾[20]率众出降。

苏逸、苏硕、韩晃并力攻台城，焚太极东堂及秘阁[21]，毛宝登城，射杀数十人。晃谓宝曰："君名勇果[22]，何不出斗？"宝曰："君名健将，何不入斗？"晃笑而退。

赵太子熙闻赵主曜被擒，大惧，与南阳王胤谋西保秦州。尚书胡勋[23]曰："今虽丧君，境土尚完，将士不叛，且当并力拒之；力不能拒，走未晚也。"胤怒，以为沮众[24]，斩之，遂帅百官奔上邽[25]，诸征镇[26]亦皆弃所守从之，关中大乱。将军蒋英、辛恕拥众数十万据长安[27]，遣使降于后赵，后赵遣石生帅洛阳之众赴之。

二月，丙戌[28]，诸军攻石头。建威长史[29]滕含击苏逸，大破之。苏硕帅骁勇[30]数百，渡淮[31]而战，温峤击斩之。韩晃等惧，以其众就张健于曲阿[32]，门隘[33]不得出，更相蹈藉[34]，死者万数。西军获苏逸，斩之。滕含部将曹据[35]抱帝奔温峤船，群臣见帝，顿首号泣请罪[36]。杀西阳王羕，并其二子播、充、孙崧及彭城王雄[37]。陶侃与任让有旧，为请其死[38]。帝曰："是杀吾侍中、右卫者[39]，不可赦也。"乃杀之。

司徒导入石头，令取故节[40]，陶侃笑曰："苏武节似不如是[41]。"导有惭色。

丁亥[42]，大赦。

张健疑弘徽等贰于己[43]，皆杀之，帅舟师自延陵将入吴兴[44]，乙未[45]，扬烈将军王允之与战[46]，大破之，获男女万余口。健复与韩晃、马雄等西趋故鄣[47]，郗鉴遣参军李闳[48]追之，及于平陵山[49]，皆斩之。

是时宫阙灰烬[50]，以建平园[51]为宫。温峤欲迁都豫章[52]，三吴之豪请都会稽[53]，二论纷纭[54]未决。司徒导曰："孙仲谋[55]、刘玄德[56]俱言‘建康，王者之宅’。古之帝王，不必以丰俭移都[57]，苟务本节用[58]，何忧凋弊[59]！若农事不修[60]，则乐土为墟[61]矣。且北寇游魂[62]，伺我之隙[63]，一旦示弱，窜于蛮越[64]，求之望实[65]，惧[66]非良计。今特宜镇之以静[67]，群情[68]自安。”由是不复徙都。以褚翜为丹杨尹[69]。时兵火之后，民物凋残[70]，翜收集散亡，京邑[71]遂安。

壬寅[72]，以湘州并荆州[73]。

（以上为第十段，写东晋众臣齐心，平定苏峻叛乱，诛杀变节的大臣司马羕，而建康宫阙也化为灰烬，一片残破景象；刘曜被杀，汉赵六神无主，太子刘熙退守秦州。）

【注释】

[1]玩：即陆玩，字士瑶，为东吴丞相陆逊侄孙，东晋重臣。传见《晋书》卷七十七。[2]匡术：苏峻的亲信将领。苏峻逼迫成帝及百官迁往石头，命其负责守卫。[3]苑城：即建康城，因是宫苑所在，故称苑城。附于西军：归附陶侃、温峤的西来勤王的大军。[4]皆赴之：都来投奔陆晔等人。赴，奔往。[5]督宫城军事：总管皇宫戍卫等事项。[6]南城：指苑城的南城，即大司马门、阊阖门一侧的苑城南部。[7]邓岳：一名邓岱，字伯山，东晋将领。传见《晋书》卷八十一。西城：指苑城的西城，即西掖门一侧的苑城西部。[8]建康令：都城建康的管理官员。管旆（pèi）：时为建康令。[9]出赴西军：出石头城往投陶侃、温峤的大军。当时苑城已为西军所有，而成帝所居的石头城仍在苏逸的控制之中。[10]任让：平原人，叛军首领苏逸的部将、死党。收：逮捕。[11]抱持：抱住刘超、钟雅。[12]无行：指没有善行，品行不好。[13]太常：九卿之一，掌礼乐郊庙社稷事宜。华恒：字敬则，曹魏太尉华歆曾孙，时为太常。传见《晋书》卷四十四。[14]本州：即任让所在的州。大中正：魏晋时州郡均设中正官，掌品评人物，选拔人才。州所设的称为“大中正”。[15]黜其品：由于其品行不好而贬退之。黜，贬斥，废免。[16]辄恭敬：总是恭恭敬敬。辄，每次，总是。[17]尽心：尽其心力。救卫：救护，保卫。[18]甘苗：东晋将领，冠军将军赵胤的部将。[19]戊辰：正月二十五日。[20]牵腾：叛军首领祖约的部将。[21]太极东堂：都城建康太极殿的东屋。秘阁：宫禁中的藏书之处，也称秘馆、秘府。[22]君名勇果：您素有勇敢、果断之名。[23]胡勋：汉赵官员，时为尚书，因谏止太子刘熙搬迁都城，被杀。[24]沮众：涣散军心。沮（jǔ），分散，瓦解。[25]上邽（guī）：县名，在今甘肃天水市。[26]诸征镇：“四征”与“四镇”。“四征”是征东、征西、征南、征北四将军；“四镇”是镇东、镇西、镇南、镇北四将军，都是镇守一方的将领。[27]蒋英、辛恕：汉赵将领，时镇守长安，后投降后赵。据：据守，镇守。[28]丙戌：二月十三日。[29]建威长史：建威将军的佐官。滕含原为庾冰的属官轻车长史，晋为建威将军长史。[30]骁

勇：勇敢敏捷，这里指勇捷之士。［31］渡淮：渡过秦淮河。［32］就：趋赴，投奔。曲阿：晋县名，县治在今江苏丹阳市。［33］门隘：城门的门口太狭窄。隘（ài），狭窄。［34］更相蹈藉：相互践踏。［35］曹据：滕含部将，尽心护卫小皇帝司马衍。［36］顿首：即磕头，以头叩地即举而不停留。号泣：痛哭流泪。［37］播：即司马播，司马羕世子。充：即司马充，司马播之弟。崧：即司马崧，司马播之子。三人皆因司马羕投靠苏峻而被杀。彭城王雄：即司马雄，晋宗室彭城康王司马释之子，袭封彭城王，因投奔苏峻被杀。彭城王，封地彭城郡，都城在今江苏徐州市。［38］请其死：陶侃请求赦免任让的死罪。［39］是杀吾侍中、右卫者：这人是杀了我的侍中钟雅、右卫将军刘超的人。［40］令取故节：让王导把前时丢失的旌节找出来。王导讨伐王敦时曾假节，指挥讨伐大军。成帝咸和三年（328）九月三日，王导从石头城逃往白石垒时将节遗弃。［41］苏武节似不如是：苏武对待自己的旌节似乎不是这样的。苏武，西汉外交家。汉武帝天汉元年（前100）奉命以中郎将持节出使匈奴，被扣留十九年，并被流放到北海（今贝加尔湖）边牧羊。他始终手执汉节不屈，年深日久，以致节毛尽落，十九年后终于回到汉朝。传见《汉书》卷五十四。［42］丁亥：二月十四日。［43］贰于己：对自己有二心，即离心离德。［44］延陵：县名，县治在今江苏丹阳市西南延陵镇。吴兴：郡名，郡治乌程，在今浙江湖州市南的下菰城。［45］乙未：二月二十二日。［46］扬烈将军：杂号将军名号，主征伐。王允之：字深猷，丞相王导、大将军王敦堂侄。东晋将领，平定苏峻之乱有功，获封番禺县侯。传见《晋书》卷七十六。［47］西趋：向西奔赴。故鄣：县名，县治在今浙江安吉县北安城村。［48］李闳：为郗鉴参军，追杀苏峻叛将张健等人。［49］平陵山：山名，在今江苏溧阳市西北。［50］宫阙：即东晋皇宫。灰烬（jìn）：一把火烧光。［51］建平园：疑即晋元帝司马睿建平陵的陵园。［52］豫章：郡名，郡治在今江西南昌市。［53］会稽：郡名，郡治山阴县，在今浙江绍兴市。［54］纷纭：争论不休。［55］孙仲谋：即三国时吴主孙权。［56］刘玄德：即三国时蜀主刘备。［57］不必以丰俭移都：不必因为城市的繁华与衰落而改换都城。［58］苟：只要。务本节用：发展农业，节省开支。本，指农业。［59］凋弊：衰败，萧条。弊，同“敝”，破败，衰微。［60］不修：不整治，不发展。［61］乐土为墟：乐土也会变成废墟。［62］北寇游魂：对汉赵、后赵的游骑和哨兵的蔑称。游魂，游荡的鬼魂。［63］伺我之隙：窥探我们的空隙，寻找可乘之机。隙，缝隙，空子。［64］窜：逃，逃到。蛮越：南方边远地区少数民族的泛称，这里即指豫章、会稽等地。［65］求之望实：从其名望与实际两方面考虑。［66］惧：通“俱”，皆，都。［67］特宜：只要，只需。镇之以静：即以静镇之，仍以建康为都城。［68］群情：犹民心。［69］褚翜（shà）：东晋大臣，时任丹杨尹，晋成帝司马衍身边的忠义之士。丹杨：晋郡名，又作“丹阳”，郡治建业县，在今江苏南京市。［70］凋残：零落，衰败。［71］京邑：京都，即东晋都城建康。［72］壬寅：二月二十九日。［73］以湘州并荆州：目的是扩大陶侃的军事势力范围。

三月，壬子[1]，论[2]平苏峻功，以陶侃为侍中、太尉，封长沙郡公，加都督交、广、宁州诸军事[3]；郗鉴为侍中、司空、南昌县公[4]；温峤为骠骑将军、开府仪同三司，加散骑常侍、始安郡公[5]；陆晔进爵江陵公[6]；自余赐爵侯、伯、子、男者甚众。卞壸及二子眕、盱、桓彝、刘超、钟雅、羊曼、陶瞻，皆加赠谥[7]。路永、匡术、贾宁，皆苏峻之党也，峻未败，永等去峻归朝廷，王导欲赏以官爵。温峤曰："永等皆峻之腹心，首为乱阶[8]，罪莫大焉。晚虽改悟，未足以赎前罪，得全首领[9]，为幸多矣，岂可复褒宠之哉！"导乃止。

陶侃以江陵[10]偏远，移镇巴陵[11]。

朝议欲留温峤辅政，峤以王导先帝所任[12]，固辞还藩[13]；又以京邑荒残[14]，资用不给[15]，乃留资蓄[16]，具器用[17]，而后旋于武昌[18]。

帝之出石头也，庾亮见帝，稽颡哽咽[19]，诏亮与大臣俱升御座[20]。明日，亮复泥首谢罪[21]，乞骸骨[22]，欲阖门投窜山海[23]。帝遣尚书、侍中手诏慰喻曰[24]："此社稷之难，非舅之责也。"亮上疏自陈："祖约、苏峻纵肆凶逆[25]，罪由臣发，寸斩屠戮[26]，不足以谢七庙之灵，塞四海之责[27]。朝廷复何理齿臣于人次[28]，臣亦何颜自次于人理[29]！愿陛下虽垂宽宥[30]，全其首领[31]；犹宜弃之，任其自存自没[32]，则天下粗知劝戒之纲[33]矣。"优诏[34]不许。亮又欲遁逃[35]山海，自暨阳[36]东出，诏有司录夺[37]舟船。亮乃求外镇自效[38]，出为都督豫州、扬州之江西、宣城诸军事、豫州刺史[39]，领宣城内史，镇芜湖。

陶侃、温峤之讨苏峻也，移檄征、镇，使各引兵入援。湘州刺史益阳侯卞敦[40]拥兵不赴[41]，又不给[42]军粮，遣督护将数百人随大军而已，朝野莫不怪叹[43]。及峻平，陶侃奏敦沮军[44]，顾望[45]，不赴国难，请槛车收付廷尉[46]。王导以丧乱之后[47]，宜加宽宥[48]，转敦安南将军[49]、广州刺史。病不赴[50]，征为光禄大夫、领少府[51]。敦忧愧[52]而卒，追赠本官[53]，加散骑常侍，谥曰"敬"。

臣光曰：庾亮以外戚辅政[54]，首发祸机[55]，国破君危，窜身苟免[56]；卞敦位列方镇[57]，兵粮俱足，朝廷颠覆，坐观胜负：人臣之罪，孰大于此！既不能明正典刑[58]，又以宠禄报之[59]，晋室无政[60]，亦可知矣。任是责者[61]，岂非王导乎！

（以上为第十一段，写平定苏峻之乱后，朝廷论功行赏，加封和褒奖陶侃、郗鉴、温峤、陆晔等有功之臣；对为国捐躯的卞壸、桓彝、刘超、钟雅等人予以追谥，对引发祸端的庾亮不予追究，反而封官，司马光提出了严厉批评。）

【注释】

[1]壬子：三月十日。[2]论：评论。[3]加都督交、广、宁州诸军事：增加统管交、广、宁三州的军事。交，即交州，州治龙编，在今越南河内市；广，即广州，州治番禺，在今广东广州市；宁，即宁州，州治滇池，在今云南昆明市东南。陶侃先督荆、襄、雍、梁四州，今加都督交、广、宁三州，共七州。囊括了东晋南方的全部地盘。[4]南昌县公：为公爵，封地为南昌县，都城在今江西南昌市。[5]始安郡公：为公爵，封地为始安郡，都城始安城，在今广西桂林市。[6]江陵公：为公爵，封地江陵县，都城在今湖北江陵县。[7]赠谥：追加谥号。以上所列的卞壸及其二子卞昣、卞盱，以及桓彝、刘超、钟雅、羊曼、陶瞻诸人，都是在平定苏峻之乱中为国捐躯的有功之臣，故追谥褒奖。[8]首为乱阶：带头为祸。乱阶，祸端，祸根。[9]得全首领：能够保其活命。[10]江陵：城名，为荆州治所，在今湖北荆州市江陵城。[11]移镇巴陵：将其指挥部向东迁到巴陵，目的是离建康近一些。巴陵，县名，县治在今湖南岳阳市。[12]先帝所任：是晋明帝司马绍当年确定的顾命大臣。[13]固辞还藩：坚决请求回到江州刺史任上。藩，地方方面长官的驻地。温峤本为江州刺史，其驻地在今江西九江市西南。[14]荒残：荒凉，残破。[15]不给（jǐ）：不充足，供应不上。[16]留资蓄：把自己军中的一些生活物资都留下来。[17]具器用：给朝廷提供各方面的器具用物。具，安排，提供。[18]旋于武昌：撤兵回归武昌。武昌，晋郡名，郡治在今湖北鄂州市，当时属于江州管辖。[19]稽颡：古代一种跪拜礼，屈膝下拜，以额触地，表示极度的虔诚、忏悔。颡（sǎng），额头。哽（gěng）咽（yè）：因极度悲痛哭时不能痛快地出声。[20]俱升御座：都坐到皇帝身边。御座，皇帝的宝座。[21]泥首：犹言囚首，以泥涂首自辱，表示服罪。谢罪：向人承认错误，请求原谅。[22]乞骸骨：请求辞官回家为民的委婉说法。骸（hái）骨，指身体。[23]阖（hé）门：全家。投窜山海：意即住到偏僻荒远的地方去。山海，山沟海边。[24]手诏：手持皇帝亲自写的诏书。慰喻：用好话慰解。[25]纵肆：放肆，放纵。凶逆：凶恶，悖逆。[26]寸斩：把犯人一寸一寸地斩碎。屠戮：宰杀。[27]不足以谢七庙之灵：也没法向列祖列宗请罪。古代皇帝的宗庙供奉七代神主，此时晋朝的七庙，指司马昭、司马炎、司马衷、司马炽、司马邺、司马睿、司马绍七帝的灵牌。庙，供祀祖宗的屋舍。从殷代开始，帝王死后，在太庙立室奉祀，并追尊以某祖、某宗的名号，称庙号。司马昭，庙号太祖；司马炎，世祖；司马睿，中宗；司马绍，肃宗；而司马衷、司马炽、司马邺三帝无庙号。塞四海之责：填平天下人对我的愤怒。[28]复何理：还有什么理由。理，道理，理

由。齿臣于人次：意即把我当作人。齿，次列。人次，人类之列，次序，行列。［29］何颜：有何面目。自次于人理：意即把自己当作人。自次，自己排列。人理，人伦，人类。［30］垂宽宥：对我加以宽饶。垂，谦辞，下赐。宥，宽赦，原谅。［31］全其首领：保全性命。首领，头颈。［32］任其自存自没：随其自生自灭，不再施恩关照。没，通“殁”，死。［33］粗知劝戒之纲：通过对我的惩治以让人们知道应该做什么和不该做什么。粗知，大致了解。劝戒，这里指该做什么与不该做什么。劝，劝勉，鼓励。戒，告诫，禁止。纲，纲常，准则。［34］优诏：好言慰解的诏书。［35］遁逃：逃奔，此指归隐。［36］暨（jì）阳：县名，县治在今江苏江阴市。［37］录夺：没收。［38］求外镇：请求到外头任地方官。自效：以为朝廷效力。效，效力，效劳。［39］豫州：晋时州治陈县，在今河南周口市淮阳区。扬州之江西：区域名，指长江下游北岸和淮河中下游以南地区。宣城：郡名，郡治宛陵，在今安徽宣城市宣州区。宣城原隶属扬州，现改属豫州。［40］益阳侯：封地益阳县，都城在今湖南益阳市。卞敦：字仲仁，廷尉卞俊之子。苏峻之乱时任湘州刺史，拥兵观望不勤王。传见《晋书》卷七十。［41］拥兵不赴：按兵不动。赴，奔赴，投入。［42］不给：不提供。［43］朝野：朝廷与民间。怪叹：惊奇，叹息。胡三省注曰：“不料其如此而乃如此，故怪之；又念其平昔为何如人而今乃为此，故叹之。”［44］敦沮军：指卞敦拥兵不赴国难。沮，通“阻”，把持，阻止。［45］顾望：左右观望，坐观成败。［46］槛车：押解犯人用的有栅栏的车。收付廷尉：押解到廷尉受审。陶侃是勤王大军的盟主，湘州又已并入荆州，卞敦此时已成了陶侃的部下，故陶侃有权解决他的问题。收，拘捕交付。廷尉，掌全国刑狱。［47］丧乱之后：意即人心尚未安定。［48］宽宥：宽容，饶恕。［49］转：改任。安南将军：将军名号，为“四安将军”之一。按：王导替卞敦说情，改任陶侃为广州刺史，加安南将军名号，使卞敦脱离陶侃管属。［50］病不赴：卞敦推说有病，不去上任。［51］光禄大夫：掌顾问应对，隶属光禄勋。领少府：兼任少府之职。少府，九卿之一，掌管宫中服御诸物、衣服、宝货、珍膳等生活日用，为皇帝的私家理财。［52］忧愧：忧郁，惭愧。［53］追赠本官：仍以湘州刺史相称。［54］以外戚辅政：以晋成帝司马衍之舅的身份操纵朝廷大权。［55］首发祸机：由于庾亮坚持调苏峻进京，引发了苏峻的造反。祸机，指隐伏待发的祸患。［56］窜身苟免：指庾亮贪图苟活，逃出京城。窜身，指咸和三年（328），建康失守，庾亮乘小船逃往寻阳一事。苟免，犹苟且偷生。免，免于难。司马光之意，即庾亮如果为国谋划，当与国共存亡。［57］位列方镇：为镇守一方的国家重臣。方镇，指掌握兵权、镇守一方的军事长官。［58］明正典刑：依法公开处置。典刑，常刑。司马光认为对庾亮、卞敦都应该处死。［59］又以宠禄报之：指任庾亮为豫州刺史，任卞敦为广州刺史、少府等。宠禄，优厚的俸禄，这里指官位和谥号。报，报偿。［60］无政：没有公正严格的政治制度。［61］任是责者：对此应该负责任的人。任，承担。

徙高密王纮[1]为彭城王。纮，雄之弟也。

夏，四月，乙未[2]，始安忠武公温峤[3]卒，葬于豫章。朝廷欲为之造大墓于元、明二帝陵[4]之北，太尉侃上表曰："峤忠诚著于圣世[5]，勋义[6]感于人神，使亡而有知[7]，岂乐今日劳费之事！愿陛下慈恩[8]，停其移葬。"诏从之。

以平南军司刘胤[9]为江州刺史。陶侃、郗鉴皆言胤非方伯[10]才，司徒导不从。或谓导子悦[11]曰："今大难之后，纪纲弛顿[12]，自江陵[13]至于建康三千余里，流民万计，布在江州[14]。江州，国之南藩[15]，要害之地，而胤以忲侈[16]之性，卧而对之[17]，不有外变，必有内患矣。"悦曰："此温平南之意[18]也。"

秋，八月，赵南阳王胤帅众数万自上邽趣[19]长安，陇东、武都、安定、新平、北地、扶风、始平[20]诸郡戎、夏[21]皆起兵应之。胤军于仲桥[22]；石生婴城自守[23]，后赵中山公虎帅骑二万救之。

九月，虎大破赵兵于义渠[24]，胤奔还上邽。虎乘胜追击，枕尸千里。上邽溃，虎执赵太子熙、南阳王胤及其将王公卿校以下三千余人，皆杀之，徙其台省文武[25]、关东流民、秦雍大族[26]九千余人于襄国；又坑五郡屠各[27]五千余人于洛阳。进攻集木且羌于河西[28]，克之，俘获数万，秦、陇悉平。氐王蒲洪[29]、羌酋姚弋仲[30]俱降于虎，虎表洪监六夷军事[31]，弋仲为六夷左都督。徙氐、羌十五万落于司[32]、冀州。

初，陇西鲜卑乞伏述延[33]居于苑川[34]，侵并邻部，士马强盛。及赵亡，述延惧，迁于麦田[35]。述延卒，子傉大寒[36]立；傉大寒卒，子司繁[37]立。

（以上为第十二段，写汉赵南阳王刘胤率军收复长安，声势浩大，后赵中山公石虎率军救援，大败汉赵，乘胜追击，攻破大本营上邽，擒获太子刘熙，汉赵灭亡。）

【注释】

[1]高密王纮（hóng）：即司马纮，字伟德，司马懿之弟东武城侯司马馗玄孙，封高密王。传见《晋书》卷三十七。[2]乙未：四月二十三日。[3]始安忠武公温峤：温峤封为始安郡公，谥号忠武，故称之。温峤去世时四十二岁，有东晋再造之功，也可谓英年早逝，天借其力而不借其寿。[4]元、明二帝陵：晋元帝司马睿的陵墓为建平陵，位于今江苏南京市北极阁；晋明帝司马绍的陵墓为武平陵，在今江苏南京市玄武区鸡笼山北侧。[5]著于圣世：闻名于当代。著，显

明。圣世，指晋成帝司马衍当政之时。［6］勋义：功勋，节义。［7］使：假如。亡而有知：犹今所谓“地下有灵”。亡，亡灵，代指温峤。［8］慈恩：称上对下的恩惠。［9］平南军司：平南将军的属官。温峤曾为平南将军。军司，即军事，参谋人员。刘胤（yìn）：字承胤，东莱掖县（今山东莱州市）人，两晋大臣。八王之乱时，到辽东避乱，途经幽州，幽州刺史王浚挽留并表任为渤海太守。后到建康，历任尚书吏部郎、平南将军、散骑常侍、都督江州诸军事、江州刺史等。后被害。传见《晋书》卷八十一。［10］方伯：镇守一方的诸侯之长，在晋代指具有军政大权的州刺史。［11］悦：即王悦，字长豫，丞相王导嫡长子。为东宫侍讲，教导太子司马绍；晋明帝即位，担任吴王司马岳之第二教育官“友”，累迁中书侍郎。先于父亲王导去世。［12］纪纲：朝廷法度。弛顿：松懈废止，不能贯彻实行。［13］江陵：县名，在今湖北江陵县，当时为荆州的州治所在地。［14］布在江州：散布在江州境内。布，分布。江州，晋州名，位于荆州与建康之间，州治武昌，在今湖北鄂州市。［15］南藩：南侧的屏障。［16］忲（tài）侈：奢侈，浮华。［17］卧而对之：指以纵逸的态度对待政务，不干正事。卧，不问政事。［18］此温平南之意：这是温峤生前的安排。温平南，温峤曾为平南将军。称官号而不称名，这是古代对人的一种尊敬。［19］趣：同“趋”，奔赴，奔向。［20］陇东、武都、安定、新平、北地、扶风、始平：皆郡名。陇东，郡治泾阳县，在今甘肃平凉市西北。武都，郡治下辨，在今甘肃成县西北。安定，郡治临泾，在今甘肃镇原县东南。新平，郡治在今陕西彬州市。北地，郡治在今陕西铜川市耀州区。扶风，郡治在今陕西眉县东。始平，郡治在今陕西兴平市东北。［21］戎、夏：少数民族与汉族人。［22］仲桥：地名，郑国渠上的桥名，因在仲山，故称“仲桥”，在今陕西泾阳县西北。［23］婴城自守：在长安城内坚守城池。婴城，环城。［24］义渠：秦、汉故县，东汉废，在今甘肃庆阳市西南。［25］台省文武：即朝廷的文武官员。台、省，都是当时朝廷官署的名称。［26］秦雍大族：秦州、雍州一带的名门望族。［27］五郡屠各：五个郡里的屠各人，即匈奴五部之众。屠各，匈奴部落名，匈奴诸部中最强大的一支，世为单于，汉赵的刘渊、刘聪就出身于这个部落。［28］集木且羌：当时的羌族部落之一，居住在今甘肃、青海的黄河以西地区。集木且，羌族种落之名。河西：地名，古代指黄河以西、北洛水以东的秦、陇地区。［29］蒲洪：即苻洪，字广世，略阳临渭（今甘肃秦安县）人，氐族，部落小帅蒲怀归之子，秦景明帝苻健之父，前秦政权奠基者。被氐族首领推为盟主，先后归附汉赵、后赵，试图谋取中原，被杀。其子苻健称帝后追谥为惠武皇帝，庙号太祖。传见《晋书》卷一百一十二。［30］姚弋仲：南安赤亭（今甘肃陇西县）人，羌族。后秦开国皇帝姚苌之父。传见《晋书》卷一百十六。［31］监：监管，统领。六夷：古指东夷、西南夷、西羌、西域、南匈奴、乌桓、鲜卑等各少数民族。［32］落：即户落，户数。司：即司州，晋州名。汉时以司隶校尉督察畿辅，魏因之，晋改汉魏之司隶为司州，州治洛阳，在今河南洛阳市。［33］乞伏述延：鲜卑族乞伏部落首领，名述延，承袭乞伏祁埿。乞伏祁埿死后，乞伏述延在叔父乞伏轲埿辅佐下，成为陇西鲜卑首领。在苑川大破鲜卑莫侯，部落二万余人投降，从此住在苑川。［34］苑川：城名，在今甘肃榆中县东北，有东西二城，相距七里，西城即乞伏的都城。［35］麦田：城名，在今甘肃靖远县东北。其地有无孤山，述延自苑川城迁于此。［36］傉（nù）大寒：即乞伏傉大寒，前凉时期陇西部鲜卑首领，承袭乞伏述延。［37］司繁：即乞伏司繁，前任首领乞伏傉大寒之子。将部落迁居度坚山（今甘肃靖远县西），投降前秦，封为南单于。后为使持节、都督讨西胡诸军事、镇西将军，镇守勇士川（今甘肃榆中县东北）。传见《晋书》卷一百二十五。

江州刺史刘胤矜豪[1]日甚，专务商贩[2]，殖财[3]百万，纵酒耽乐[4]，不恤[5]政事。

冬，十二月，诏征后将军郭默为右军将军[6]。默乐为边将，不愿宿卫[7]，以情诉于胤[8]。胤曰："此非小人之所及[9]也。"默将赴召，求资于胤[10]，胤不与，默由是怨胤。胤长史张满[11]等素轻默，或倮露[12]见之，默常切齿[13]。腊日[14]，胤饷默豚酒[15]，默对信[16]投之水中。

会有司[17]奏："今朝廷空竭[18]，百官无禄[19]，惟资江州运漕[20]；而胤商旅继路[21]，以私废公，请免胤官。"书下，胤不即归罪[22]，方自申理[23]。侨人盖肫掠人女为妻[24]，张满使还其家[25]，肫不从，而谓郭默曰："刘江州不受免[26]，密有异图[27]，与张满等日夜计议，惟忌郭侯一人[28]，欲先除之[29]。"默以为然，帅其徒候旦门开[30]袭胤。胤将吏欲拒默，默呵[31]之曰："我被诏[32]有所讨，动者诛三族！"遂入至内寝[33]，牵胤下，斩之。出，取胤僚佐张满等，诬以大逆[34]，悉斩之。传[35]胤首于京师，诈作诏书[36]，宣示内外[37]。掠胤女及诸妾并金宝还船[38]，初云"下都[39]"，既而停胤故府[40]。招引谯国内史桓宣[41]，宣固守不从。

是岁，贺兰部及诸大人[42]共立拓跋翳槐为代王[43]，代王纥那奔宇文部[44]。翳槐遣其弟什翼犍[45]质于赵以请和[46]。

河南王吐延[47]，雄勇多猜忌[48]，羌酋姜聪刺之[49]；吐延不抽剑[50]，召其将纥拕埿[51]，使辅其子叶延[52]，保于白兰[53]，抽剑而死。叶延孝而好学，以为礼公孙之子得以王父字为氏[54]，乃自号其国曰"吐谷浑[55]"。

（以上为第十三段，写江州刺史刘胤豪奢贪财，与后将军郭默结下仇怨，被杀；贺兰部推举拓跋翳槐为代王；河南王吐延被刺杀，儿子叶延继位，改国号为吐谷浑。）

【注释】

[1]矜豪：骄傲，狂放。 [2]专务商贩：一门心思都放在做买卖上。务，从事。商贩，贩卖。 [3]殖财：赚钱。殖，兴生财利，增长。 [4]耽乐：沉溺于声色。耽（dān），沉溺、迷恋。 [5]恤（xù）：抚恤，忧虑。 [6]右军将军：朝官名，掌管京城的守卫。魏明帝时有左军；晋武帝时，又先后置前军、右军及后军，此四军均为禁卫军。郭默自从平定苏峻之乱后，已回到寻阳，这时又被征返回京都。 [7]宿卫：值宿宫禁，担任警卫。 [8]以情诉于胤：把自己的心思告诉刘胤。 [9]此非小人之所及：这不是我所能办到的。当时的文武之士都自称“小人”。小人，相对于“大人”，是一种谦称。及，指力所能及。 [10]求资于胤：向刘胤求借盘缠。资，这里指路费。 [11]张满：时为江州长史，刺史刘胤的属官。 [12]倮露：赤身露体。倮（luǒ），同“裸”，指人的身体一丝不挂。据《晋书》卷六十三，此事发生在郭默被征平苏峻，路宿寻阳时。[13]切齿：紧咬牙齿，形容极端痛恨刘胤、张满等人。 [14]腊日：农历十二月八日，即今之腊八节，古代年终祭祀百神之日。《荆楚岁时记》曰：“十二月八日为腊日。” [15]饷默豚酒：送酒肉给郭默。饷，招待，这里即指送。豚（tún），小猪，代指猪肉。 [16]对信：当着送豚酒来人的面。对，面对，当着。信，使者，送豚酒的人。 [17]有司：有关主管部门。 [18]空竭：穷得一无所有。竭，无。 [19]无禄：发不出薪俸。禄，俸禄，相当于现在的工资。 [20]惟资江州运漕：就靠着江州运送物资支援朝廷。资，凭借，依赖。漕，水道运送物资。 [21]商旅：指刘胤的私人商船。继路：络绎不断。 [22]不即归罪：没有及时地到朝廷认罪自首。 [23]方自申理：正在为自己进行申辩。方，正要。申理，申辩，洗清罪责。 [24]侨人盖肫（zhūn）：一个名叫盖肫的寄居在江州的北方人。当时称流亡江南的北方人为侨人。掠：抢夺。 [25]使还其家：让盖肫把抢来的女子退给人家。 [26]刘江州：指刘胤。不受免：不接受免官的命令，指不离开江州。[27]密有异图：暗中图谋造反。异图，造反的意图。 [28]惟忌郭侯一人：就是防着您一个人。忌，畏惧，防备。郭侯，对郭默的敬称。 [29]欲先除之：想在起事前除掉你。 [30]候旦门开：等候天亮时刘胤的府门打开。 [31]呵（hē）：呵斥，怒责。 [32]被诏：奉诏，奉皇帝旨意。[33]内寝：卧室。[34]大逆：指谋反。[35]传：驿车，这里是指用驿车递送。[36]诈作诏书：伪造了一份皇帝的命令。诈，伪。 [37]宣示内外：张贴告示，布告天下。 [38]还船：回到自己的船上。 [39]下都：去下游都城建康。 [40]停胤故府：在刘胤的衙门里住了下来。停，留在。 [41]谯国：诸侯国名，以谯郡为封地，都城在今安徽亳州市。桓宣：此时为谯国内史，自去年归温峤，屯于武昌。 [42]贺兰部：古代部族，原依附于匈奴，在拓跋部兴起时，与拓跋部有姻亲关系，成为重要贵族。诸大人：即各部族首领。 [43]拓跋翳（yì）槐：鲜卑拓跋部（索头部）领袖，第七任代王。传见《魏书》卷一。代王：诸侯国名，都城盛乐，在今内蒙古和林格尔县北。[44]纥（hé）那：即拓跋纥那，代王拓跋贺傉之弟。宇文部：古民族名，是古代鲜卑部族的一个支系，是晋代鲜卑六大部落（慕容部、宇文部、拓跋部、段部、秃发部、乞伏部）之一，分布在今天的内蒙古西拉木伦河和老哈河一带。 [45]什翼犍：即拓跋什翼犍，字郁律旃，拓跋翳槐之弟。

经略高远，为一时雄主，曾拥众数十万。传见《魏书》卷一。［46］质于赵：到后赵去做人质。赵，指后赵的石勒政权，此时汉赵已被石勒所灭。请和：求和。［47］吐延：即慕容吐延，慕容吐谷浑长子，吐谷浑政权第二任君主。公元317年至公元329年在位。［48］雄勇：勇猛，威武。猜忌：猜疑，忌妒。［49］羌酋：羌族部落首领。姜聪：时为羌族首领。［50］不抽剑：中剑后不立抽，人可暂时不死，以交办后事。［51］纥（hé）拃（gǔ）埿：少数民族将领，河南王吐延的部将。［52］叶延：吐延之子，吐谷浑政权第三任君主。公元329年至公元351年在位。传见《魏书》卷一百一。［53］保于白兰：退却并坚守白兰山。白兰，山名，在今青海黄河源西北布尔汗布达山，是羌人所居地。［54］礼：按照礼义。公孙之子得以王父字为氏：诸侯孙子的儿子，可以用他爷爷的"字"当作自己的"氏"。《左传》隐公八年载，鲁众仲曰："天子建德，因生以赐姓，胙之土而命之氏。诸侯以字为谥，因以为族。"杜预注曰："诸侯之子称公子，公子之子称公孙，公孙之子以王父字为氏。"古代姓、氏有别，氏是姓的分支，用以区别子孙所自出。秦汉以后姓、氏始混而不分。［55］吐谷（yù）浑：即慕容吐谷浑，鲜卑族，原居于辽东地区，后率所部1700户西迁到内蒙古阴山，又从阴山南下，再西行到凉州一带，定居白兰山，建立了前凉政权。传见《晋书》卷九十七。

五年（庚寅，330年）

春，正月，刘胤首至建康。司徒导以郭默骁勇[1]难制，己亥[2]，大赦，枭胤首于大航[3]，以默为江州刺史。太尉侃闻之，投袂[4]起曰："此必诈[5]也。"即将兵讨之。默遣使送妓妾及绢[6]，并写中诏[7]呈侃。参佐多谏曰："默不被诏[8]，岂敢为此！若欲进军，宜待诏报[9]。"侃厉色[10]曰："国家[11]年幼，诏令不出胸怀[12]。刘胤为朝廷所礼[13]，虽方任非才[14]，何缘猥加极刑[15]！郭默恃勇[16]，所在贪暴[17]，以大难新除，禁网宽简[18]，欲因际会骋其从横[19]耳！"发使上表言状[20]，且与导书曰："郭默杀方州即用为方州[21]，害宰相便为宰相乎？"导乃收胤首[22]，答侃书曰："默据上流之势[23]，加有船舰成资[24]，故苞含隐忍[25]，使有其地[26]，朝廷得以潜严[27]；俟足下军到[28]，风发相赴[29]，岂非遵养时晦[30]以定大事者邪！"侃笑曰："是乃遵养时贼[31]也！"

豫州刺史庾亮亦请讨默。诏加亮征讨都督，帅步骑二万往与侃会[32]。

西阳太守邓岳、武昌太守刘诩[33]皆疑桓宣与默同[34]。豫州西曹王随[35]曰："宣尚不附祖约[36]，岂肯同郭默邪！"岳、诩遣随诣宣观之，随说宣曰："明府心虽不尔[37]，无以自明，惟有以贤子付随[38]耳！"宣乃遣其子戎[39]与随俱迎陶侃。侃辟戎为掾[40]，上宣为武昌太守[41]。

二月，后赵群臣请后赵王勒即皇帝位。勒乃称大赵天王，行皇帝事[42]。立妃刘氏为王后，世子弘[43]为太子。以其子宏[44]为骠骑大将军、都督中外诸军事、大单于，封秦王；斌[45]为左卫将军，封太原王；恢为辅国将军[46]，封南阳王。以中山公虎为太尉、尚书令，进爵为王；虎子邃为冀州刺史，封齐王；宣[47]为左将军；挺[48]为侍中，封梁王。又封石生为河东王，石堪为彭城王。以左长史郭敖[49]为尚书左仆射，右长史程遐为右仆射、领吏部尚书，左司马夔安[50]、右司马郭殷[51]、从事中郎李凤[52]、前郎中令裴宪[53]，皆为尚书，参军事徐光[54]为中书令、领秘书监。自余文武，封拜各有差[55]。

中山王虎怒，私谓齐王邃曰："主上自都襄国以来，端拱仰成[56]，以吾身当矢石[57]，二十余年，南擒刘岳[58]，北走索头[59]，东平齐、鲁[60]，西定秦、雍[61]，克[62]十有三州。成大赵之业者，我也；大单于当以授我[63]，今乃以与黄吻婢儿[64]，念之令人气塞[65]，不能寝食！待主上晏驾[66]之后，不足复留种[67]也。"

程遐言于勒曰："天下粗定[68]，当显明逆顺[69]，故汉高祖[70]赦季布[71]，斩丁公[72]。大王自起兵以来，见忠于其君者辄褒之[73]，背叛不臣者辄诛之，此天下所以归盛德[74]也。今祖约犹存，臣窃惑之[75]。"安西将军姚弋仲亦以为言。勒乃收约，并其亲属中外[76]百余人悉诛之，妻妾、儿女分赐诸胡[77]。

初，祖逖[78]有胡奴曰"王安"，逖甚爱之。在雍丘[79]，谓安曰："石勒是汝种类[80]，吾亦无在尔一人[81]。"厚资送[82]而遣之。安以勇干[83]，仕赵为左卫将军。及约之诛，安叹曰："岂可使祖士稚[84]无后乎？"乃往就市观刑。逖庶子道重[85]，始十岁，安窃取以归，匿[86]之，变服为沙门[87]。及石氏亡，道重复归江南。

郭默欲南据豫章，会太尉侃兵至，默出战不利，入城固守，聚米为垒[88]，以示有余。侃筑土山临之[89]。三月，庾亮兵至湓口[90]，诸军大集。夏，五月，乙卯[91]，默将宋侯[92]缚默父子出降。侃斩默于军门，传首建康，同党死者四十人。诏以侃都督江州[93]，领刺史[94]；以邓岳督交、广诸军事，领广州刺史。侃还巴陵，因移镇武昌[95]。庾亮还芜湖，辞爵赏不受。

（以上为第十四段，写东晋太尉陶侃出兵攻打杀害江州刺史刘胤的后将军郭默，将其斩首；后赵石勒称大赵天王，大封皇亲国戚，未封其侄中山王石虎为大单于，石虎怨恨不服。）

【注释】

[1]骁（xiāo）勇：勇猛，矫健。 [2]己亥：正月一日。 [3]枭（xiāo）胤首：把刘胤的人头挂在高竿示众。大航：即“朱雀航”，也称“朱雀桥”，位于江苏南京市秦淮区中华门城内的武定桥和镇淮桥间，是东晋秦淮河上二十四航（浮桥）中最大的一座，因面对都城正南门朱雀门，故名。 [4]投袂（mèi）：甩袖，形容吃惊、生气的样子。 [5]必诈：一定是欺骗、欺诈。陶侃不相信朝廷会以郭默为江州刺史，认为这是郭默假传圣旨，欺骗世人。 [6]妓妾：歌女与侍女。绢：一种薄而坚韧的丝织品，当时可以当作金钱购买东西。 [7]写中诏：抄了一份朝廷下达的诏书。写，模仿，照抄。中诏，朝廷下的诏书。 [8]不被诏：如果没有接到朝廷的诏书。被，接到。[9]待诏报：等待朝廷诏书的答复。 [10]厉色：面色严厉。 [11]国家：这里指小皇帝司马衍。[12]不出胸怀：不是出自他的内心。 [13]所礼：所礼遇，所看重。 [14]虽方任非才：虽然没有独当一面的才干，这里指任刺史一职。 [15]何缘：怎么能够。猥加极刑：胡乱地将其杀死。猥，曲，胡乱地。 [16]恃勇：仗着自己勇敢。恃，倚仗，仗恃。 [17]所在：所到之处，处处。贪暴：贪婪，暴虐。 [18]禁网：法令。国家法令布张如网，故称“禁网”。宽简：宽松，简略。[19]欲因际会：想趁着这个时机。际会，机遇，时机。骋其从横：恣意地胡作非为。骋，驰骋，尽情施展。从横，也作“纵横”，恣肆横行，无所忌惮。 [20]上表言状：给朝廷上书说明情况。状，情形，情况。 [21]杀方州即用为方州：杀了州刺史就用他为州刺史。方州，担当一方之任的州刺史。 [22]收胤首：把示众的刘胤的人头收起来。收，收回，指停止示众。 [23]据上流之势：占据着建康上游的有利地势。上流，上游。江州治武昌（今湖北鄂州市），对建康来说，是处于长江上游。 [24]成资：现成的军用物资。 [25]苞含隐忍：忍气吞声。苞含，容忍。苞，通“包”。 [26]使有其地：让他先占据那个地方。有，占有。其地，指江州。 [27]潜严：秘密地调集军队、积蓄力量。 [28]俟足下军到：以等待您的大军到来。俟，等待，等候。 [29]风发相赴：那时再雷厉风行地杀过去。风发，如风之起，形容迅猛。相赴，相接应。赴，奔赴，投入。 [30]遵养时晦：在条件不利时暂且隐忍，指对郭默暂时退让迁就，顺适其意，以待时机。遵，遵循，按照。时，通“是”，此。晦，昏暗，隐藏。 [31]是乃遵养时贼：这是在供养逆贼。

[32]往与侃会：前往与陶侃会师。[33]刘诩（xǔ）：时为武昌太守。[34]与默同：与郭默同心，指互相勾结。[35]西曹：官名，公府及州郡的佐吏，执掌署用吏属之事，有东曹、西曹。王随：时为豫州西曹。[36]不附祖约：当年祖约叛乱时，邀桓宣前去，桓宣不应。附，依附，投靠。[37]明府：也称“府君”，汉魏以来对太守、刺史的敬称。桓宣为谯国内史，相当于太守，故称之为“明府”。心虽不尔：您的内心虽然不是这样，指不依附郭默。[38]以贤子付随：让你的儿子跟我走。[39]戎：即桓戎，官至新野太守。传见《晋书》卷八十一。[40]辟戎为掾：聘用桓戎做自己的僚属。掾，部下属吏的通称。[41]上宣：建议朝廷任命桓宣。为武昌太守：上文写武昌太守为刘诩，或许刘诩另有他用，否则，不可能在已有武昌太守的情况下，再建议任用桓宣为武昌太守。[42]行皇帝事：代行皇帝的职权。行，代理，表示谦让。[43]世子弘：即石弘，字大雅，石勒次子，后赵第二位皇帝，公元333年至公元334年在位。传见《晋书》卷一百五。世子，王位的继承人。[44]宏：即石宏，后赵太祖石勒之子。石勒称帝，立石宏为秦王。后因对石虎专权有怨言，被石虎幽禁，与废帝石弘一起在崇训宫遭杀害。[45]斌：即石斌，后赵太祖石勒第六子，石勒为皇帝，任石斌为左卫将军，封太原王。[46]恢：即石恢，后赵太祖石勒第四子。石勒称帝，封为南阳王。[47]宣：即石宣，后赵太祖石虎次子，受封河间王。一度被立为皇太子，欲弑父石虎，事发，遭酷刑处死。[48]挺：即石挺，石虎之子，封为梁王。[49]郭敖：并州晋阳人，为随石勒起事的十八骑之一。为后赵左长史、尚书左仆射。[50]夔安：为随石勒起事十八骑之一。石勒称赵天王，任为尚书、镇军将军、左司马。石虎专权，迁为太保，带领文武百官劝虎称帝，为征讨大都督。[51]郭殷：初为石勒右司马。石勒称赵天王，署为尚书。石虎为赵天王，任为司空。[52]李凤：后赵官员，原为从事中郎，石勒称赵天王，署为尚书。[53]裴宪：字景思，先仕西晋，后仕后赵。传见《晋书》卷三十五。[54]徐光：字季武，后赵官员。石勒称赵天王，为中书令、领秘书监。后被石虎杀死。[55]各有差：都轻重不同地受到了封赏。[56]端拱：端坐拱手，形容清闲无事的样子，古代用以称帝王的无为而治。仰成：仰首等待成功，意即坐享其成。[57]身当矢石：亲自冒着箭与石块奋勇向前。古代作战，发矢抛石以打击敌人。[58]刘岳：原是前赵刘曜的部将，封中山王，被石虎所擒，遂降石勒。[59]北走索头：向北打跑了索头部。走，打跑。索头，即鲜卑索头部，其首领为拓跋氏。[60]东平齐、鲁：指打败曹嶷、徐龛等晋将，夺得今山东大片地区。[61]西定秦、雍：指打败刘胤、刘熙，消灭汉赵，平定今陕西、甘肃等大片地区。[62]克：攻克，占有。[63]大单于当以授我：即当以大单于之任授予我。大单于，原是匈奴族的最高君长，至前赵、后赵政权时，其最高君长改称皇帝，总统胡汉，这时的“大单于”只是北方少数民族的君长。[64]黄吻：雏鸟始生时嘴黄，常用来比喻幼童。婢儿：婢女所生之子，犹今言“丫头养的”，用来骂人。这里指石宏。[65]气塞：气闷，憋气。[66]晏驾：宫车晚出，隐指帝王的死亡。[67]不足复留种：意即要把他们杀得一个不留。不足，不值得，没必要。种，后嗣。[68]粗定：大略平定。[69]显明逆顺：明确什么样的人该赏，什么样的人该罚。逆，背叛，不忠。顺，顺从，忠诚。[70]汉高祖：即西汉

开国君主刘邦。［71］季布：楚地人，汉初大臣、侠士。原是项羽部将，多次围困刘邦。刘邦消灭项羽后，用千金重赏追捕季布，下令有胆敢窝藏季布者灭三族。游侠朱家托刘邦部将夏侯婴，以"臣各为主"的理由为季布说情，刘邦赦免了季布。季布后来官至中郎将、河东太守。传见《史记》卷一百。［72］丁公：名固，薛县人，西楚大将季布的同母异父弟弟，项羽的部将。在彭城之战时，丁公追击刘邦，刘邦向丁公求情，丁公放走了他。刘邦灭项羽后，丁公去向刘邦求赏，刘邦以丁公"为项王臣不忠"的罪名，杀了丁公。事见《史记》卷一百。［73］辄（zhé）褒之：总是表扬他。褒，表扬。［74］归盛德：归附你这位有盛德的君主。归，归附。盛德，大德。［75］臣窃惑之：我不明白为什么要留着祖约不杀。窃，私下，谦辞。惑，迷惑，糊涂。按：祖约，东晋名将祖逖之弟，继兄为豫州刺史，党附苏峻之乱，不忠于晋室，途穷投附石勒。石勒薄其人，不重用亦不杀，程遐言于石勒，请斩杀祖约。［76］亲属中外：父系亲属称中，母系亲属称外。［77］诸胡：古代对北方少数民族的称呼，这里指羯族。羯族为五胡之一，故称之。［78］祖逖（tì）：字士稚，东晋名将，任奋威将军、豫州刺史。后率部北伐，收复黄河以南大片领土，进号镇西将军。传见《晋书》卷六十二。［79］雍丘：县名，县治在今河南杞县。［80］是汝种类：和你是同一个民族。［81］无在尔一人：犹今言"不在乎有没有你这一个人"，即有你也不多，无你也不少。［82］厚资送：赠送他许多财物。［83］勇干：勇敢，干练。［84］祖士稚：即祖逖，字士稚。祖逖是祖约之兄，故其家属子女亦在祖约身边。［85］逖庶子道重：祖逖姬妾所生的儿子，名叫祖道重。祖约被杀时，祖道重被祖逖故吏王安所救，后赵灭亡后复归江南。［86］匿（nì）：隐藏。［87］变服为沙门：改变服饰，打扮成一个和尚的样子。［88］聚米为垒：用米袋垒成防御工事，以示粮食有余。垒，防御工事。［89］筑土山临之：筑成高高的土山，居高临下。［90］湓（pén）口：城名。以地当湓水入长江口而得名，在今江西九江市西北。后改称浔阳，为沿江镇守要地。［91］乙卯：五月十九日。［92］宋侯：郭默部将，在陶侃、庾亮大军压境时，绑缚郭默父子出降。［93］都督江州：即都督江州诸军事，总管江州的军事。［94］领刺史：兼任江州刺史。［95］移镇武昌：把他的军府移到武昌，以武昌为荆、江两州治所。武昌，晋郡名，郡治在今湖北鄂州市。

赵将刘征帅众数千[1]，浮海抄东南诸县[2]，杀南沙都尉许儒[3]。

张骏因前赵之亡，复收河南地，至于狄道[4]，置五屯护军[5]，与赵分境[6]。六月，赵遣鸿胪孟毅拜骏征西大将军[7]、凉州[8]牧，加九锡[9]。骏耻为之臣，不受，留毅不遣[10]。

初，丁零翟斌[11]，世居康居[12]，后徙中国，至是入朝于赵，赵以斌为句町[13]王。

赵群臣固请正尊号[14]，秋，九月，赵王勒即皇帝位。大赦，改元建平[15]。文武封进各有差。立其妻刘氏为皇后，太子弘为皇太子。

弘好属文[16]，亲敬儒素[17]。勒谓徐光曰："大雅愔愔[18]，殊不似[19]将家子。"光曰："汉祖[20]以马上取天下，孝文[21]以玄默守之[22]。圣人之后，必有胜残去杀者[23]，天之道也[24]。"勒甚悦。光因说曰："皇太子仁孝温恭[25]，中山王雄暴多诈[26]，陛下一旦不讳[27]，臣恐社稷非太子所有也。宜渐夺中山王权，使太子早参朝政。"勒心然[28]之，而未能从。

赵荆州监军郭敬[29]寇襄阳[30]。南中郎将周抚[31]监沔北[32]军事，屯襄阳。赵主勒以驿书敕敬退屯樊城[33]，使之偃藏[34]旗帜，寂[35]若无人。曰："彼若使人观察，则告之曰：'汝宜自爱坚守，后七八日，大骑[36]将至，相策[37]，不复得走[38]矣。'"敬使人浴马于津[39]，周而复始[40]，昼夜不绝。侦者还以告周抚，抚以为赵兵大至[41]，惧，奔武昌。敬入襄阳，中州[42]流民悉降于赵；魏该弟遐帅其部众自石城降敬[43]。敬毁襄阳城，迁其民于沔北，城樊城以戍之[44]。赵以敬为荆州刺史。周抚坐免官[45]。

休屠王羌[46]叛赵，赵河东王生[47]击破之，羌奔凉州。西平公骏[48]惧，遣孟毅还，使其长史马诜[49]称臣入贡于赵。

更造新宫[50]。

甲辰[51]，徙乐成王钦[52]为河间王[53]，封彭城王纮[54]子俊[55]为高密王。

冬，十月，成大将军寿[56]督征南将军费黑[57]等攻巴东、建平[58]，拔之。巴东太守杨谦、监军毌丘奥[59]退保宜都[60]。

（以上为第十五段，写前凉王张骏乘汉赵灭亡，收复河南失地，后依附后赵，遣使上供；后赵石勒称帝，改元建平，太子石弘为皇太子；后赵郭敬用浴马计占领襄阳。）

【注释】

[1]赵：此指后赵。刘征：后赵官员，曾为青州刺史。［2］浮海：在海上漂浮，此指从海上航行。抄：掠夺，抢劫。［3］南沙：海湾，在今广东广州市南沙区。许儒：为南沙都尉，被后赵将领刘征所杀。［4］狄道：县名，县治在今甘肃临洮县西南。［5］五屯护军：军官名。五屯，

指武卫、石门、候和、滠川、甘松五个屯兵据点。［6］与赵分境：与赵国划分疆界。［7］鸿胪：朝官九卿之一，掌朝贺庆吊中的赞导相礼。鸿，声。胪（lú），传。传声赞导宾客行礼，故称“鸿胪”。孟毅：后赵官员，为鸿胪。［8］凉州：州治姑臧，在今甘肃武威市。［9］九锡：古代皇帝赐给诸侯、大臣有殊勋者的九种礼器，分别是车马、衣服、乐县、朱户、纳陛、虎贲、斧钺、弓矢、秬鬯，是最高礼遇的表示。锡，通“赐”。［10］留毅不遣：扣留下刘毅，不让他返回赵国。留，扣留。［11］丁零：又称铁勒、高车、回纥、回鹘，古代北方少数民族名，汉时为匈奴属国，游牧于中国北部和西北部广大地区。翟（dí）斌：丁零部落首领。［12］康居：西域国名，约在今哈萨克斯坦共和国巴尔喀什湖和咸海之间。［13］句町（tǐng）：县名，汉武帝时在西南夷实行郡国并治制度，牂柯郡设十七县，句町县为其中之一。西晋时属兴古郡，县治在今广西西林县境内。［14］固请：坚决请求，再三请求。正尊号：正式地使用皇帝称号。正，正式。石勒此前称“行皇帝事”。［15］建平：石勒称帝后的第一个年号。［16］属（zhǔ）文：撰写文章。属，缀辑，撰写。［17］儒素：宿儒，名儒，泛指儒士。［18］大雅：即刘弘，字大雅。愔（yīn）愔：安闲和悦的样子。［19］殊不似：特别不像，一点儿也不像。殊，很，非常。［20］汉祖：即汉高祖刘邦。刘邦去世后，谥号高皇帝，庙号太祖，一般称“汉高祖”。［21］孝文：即汉文帝刘恒。［22］以玄默守之：以清静无为守住江山。玄默，沉默少言、清心寡欲的样子。《汉书·刑法志》曰：“及孝文即位，躬修玄默，劝趣农桑，减省租赋。”守，守成。［23］胜残：使残暴之人不再为恶。去杀：废除杀人的刑法。《论语·子路》孔子曰：“善人为邦百年，亦可以胜残去杀矣。”［24］天之道也：真正圣明天子的行为。［25］温恭：温和，恭敬。［26］中山王：即石虎，原为中山公，石勒行皇帝位后，封石虎为中山王，封地中山郡，都城在今河北定州市。雄暴：雄豪，暴掠。［27］不讳：对“死”的委婉说法。［28］心然：内心里赞同，认为是对的。［29］监军：官名，监管军队，掌稽核功罪赏罚。郭敬：字季子，太原鄔县（今山西阳曲县）人，以循环浴马计大败东晋周抚。辅佐石勒攻取樊城、襄阳，为东晋陶侃所败。［30］寇：寇略，进犯。襄阳：郡名，郡治在今湖北襄阳市。［31］南中郎将：四中郎将之一，率师征伐。周抚：字道和，汝南安城（今河南平舆县）人，东晋名将梁州刺史周访之子，拜鹰扬将军、武昌太守，为前将军，参与王敦叛乱。王敦败亡，王导引荐再度入仕，出镇襄阳，官至镇西将军、益州刺史。传见《晋书》卷五十八。［32］沔（miǎn）北：汉水以北，现汉水古称沔水。［33］驿（yì）书：通过驿站传递的文书。敕（chì）：敕令，命令。樊城：城名，在今襄阳市的汉水以北，南临汉水，与襄阳隔水相望，自古为兵家必争之地。［34］偃藏：收藏。偃（yǎn），放倒。［35］寂：寂静。［36］大骑：大队人马。［37］相策：相互策应，接应。［38］不复得走：到那时，你们就逃不掉了。［39］浴马于津：在汉水渡口给马洗澡。津，渡口。这里指汉水边上。［40］周而复始：指轮番洗马，从不间断，以此表示石勒大兵已到，人马极多。［41］大至：大举前来，大批到达。［42］中州：古豫州地处九州中间，称为中州，这里泛指东晋梁州东部、豫州西部及荆州北部一带，即黄河中游以南地区。［43］遐：即魏遐，魏该之弟，投降后赵。石城：县名，县治在今湖北钟祥市。［44］城樊城：修筑樊城的城墙。戍：戍守，警戒。［45］坐免官：因其怯懦弃地南逃而被罢官。坐，因某事而获罪。［46］休屠王羌：匈奴休屠部落的头领名“羌”，在此之前归附于石勒。休屠王，匈奴王族称号，驻地凉州休屠城，在今甘肃武威市，统领休屠部、独孤部、屠各部。［47］河东王生：即石生，石勒的部将，被封为河东王。封地河东郡，郡治蒲坂，在今山西永济市东南。［48］西平公骏：即张骏，前凉第四位君主，封西平公，为汉赵刘曜所封。西平公，封地西平郡，治所在西都，在今青海西宁市。［49］马诜（shēn）：张骏属官，为凉州长史。［50］更造新宫：主语是东晋王朝。［51］甲辰：九月十日。［52］乐成王钦：即司马钦，晋宗室封乐成王，封地乐成县。［53］河间王：诸侯王国名，封地河间郡，都城乐成县，在今河北献县东。［54］彭城王纮（hóng）：即司马纮，原封为高密王，其兄投靠苏峻，被杀后，改封为彭城王。彭城王，封地彭城郡，都城在今江苏徐州市。［55］俊：即司马俊，字道度，晋朝宗室大臣。出嗣族曾祖父司马略，袭封高密王。封地高密县，都城在今山东诸城市。［56］大将军：为国家最高官阶的武官。寿：即李寿，成汉主李雄堂兄弟，任大将军之职。［57］征南将军：为“四征将军”之一，主管南方军事。费黑：成汉将领，时为征南将军。［58］巴东、建平：晋之二郡名。巴东，郡治鱼复县，在今重庆市奉节县东白帝城。建平，郡治巫县，在今重庆市巫山县东。［59］杨谦：东晋官员，时为巴东太守。毌（guàn）丘奥：姓毌丘，名奥，时为巴东监军。［60］宜都：县名，县治夷道，在今湖北宜都市西北。

六年（辛卯，331 年）

春，正月，赵刘征复寇娄县[1]，掠武进[2]，郗鉴击却[3]之。

三月，壬戌朔[4]，日有食之。

夏，赵主勒如邺[5]，将营[6]新宫，廷尉上党续咸苦谏[7]，勒怒，欲斩之。中书令徐光曰：“咸言不可用，亦当容之，奈何一旦以直言斩列卿乎！”勒叹曰：“为人君，不得自专如是乎[8]！匹夫家赀满百匹[9]，犹欲市宅[10]，况富有四海乎！此宫终当营之，且敕停作[11]，以成吾直臣之气[12]。”因赐咸绢百匹，稻百斛[13]。又诏公卿以下岁举贤良、方正[14]，仍令举人得更相荐引[15]，以广[16]求贤之路。起明堂、辟雍、灵台[17]于襄国[18]城西。

秋，七月，成大将军寿攻阴平、武都[19]，杨难敌降之。九月，赵主勒复营邺宫，以洛阳为南都，置行台[20]。

冬，蒸祭太庙[21]，诏归胙[22]于司徒导，且命无下拜[23]，导辞疾[24]不敢当。初，帝即位冲幼[25]，每见导必拜；与导手诏则云“惶恐言”，中书作诏则曰“敬问”。有司议：“元会[26]日，帝应敬导不[27]？”博士郭熙、杜援[28]议，以为：“礼无拜臣之文，谓宜除敬[29]。”侍中冯怀[30]议，以为：“天子临辟雍[31]，拜三老[32]，况先帝师傅[33]，谓宜尽敬[34]。”侍中荀奕[35]议，以为：“三朝之首[36]，宜明君臣之体[37]，则不应敬。若他日小会，自可尽礼[38]。”诏从之。奕，组[39]之子也。

慕容廆[40]遣使与太尉陶侃笺[41]，劝以兴兵北伐，共清中原。僚属宋该等共议[42]，以“廆立功一隅[43]，位卑任重，等差无别[44]，不足以镇华、夷[45]，宜表请进廆官爵。”参军韩恒[46]驳曰：“夫立功者患信义不著[47]，不患名位不高。桓、文有匡复之功[48]，不先求礼命以令诸侯[49]。宜缮甲兵[50]，除群凶[51]，功成之后，九锡自至。比于邀君[52]以求宠，不亦荣乎！”廆不悦，出恒为新昌令[53]。

于是，东夷校尉封抽等疏上侃府[54]，请封廆为燕王，行大将军事。侃复书曰：“夫功成进爵，古之成制[55]也。车骑虽未能为官摧勒[56]，然忠义竭诚。今腾笺上听[57]，可不、迟速[58]，当在天台[59]也。”

（以上为第十六段，写后赵主石勒营建邺城宫室，招纳贤才，设置行台；东晋祭祀太庙，命送胙肉于司徒王导，以示敬重；鲜卑慕容廆请求东晋加封燕王，行大将军事。）

【注释】

[1]娄县：县名，县治在今江苏昆山市东北。[2]武进：县名，县治在今江苏常州市武进区。[3]击却：击退。[4]壬戌朔：三月一日。[5]如邺（yè）：到达邺城。邺城，在今河北临漳县西南，原为曹操的都城。[6]营：营建，建造。[7]廷尉：九卿之一，掌管刑狱。续咸：字孝宗，上党人，后赵文臣，文帝石弘师傅。著有《远游志》《异物志》《汲冢古文释》等，行于世。传见《晋书》卷九十一。[8]不得自专如是乎：竟连这么一点主也做不了么？自专，独断专行。如是，像这样。[9]匹夫家赀满百匹：平民人家有一百匹帛的家当。赀（zī），通“资”，钱财。[10]犹欲市宅：尚且想买一栋房子。市，买。[11]且敕停作：暂且下令停下来。且，暂且。敕，敕令，命令。[12]以成吾直臣之气：目的是要成全直言敢谏大臣的气节。气，志气，气节。[13]百斛：意即一百石。斛（hú），古代容量单位，十斗为一斛，一斛也叫一石。[14]岁举贤良、方正：每年向朝廷推荐有德行、正直敢言的人。贤良、方正，是地方官向朝廷推荐人才的科目名，自汉代始立，历代因之。贤良，有德行才能。方正，行为、品性正直无邪。[15]举人：被推荐的人，即贤良、方正。得更相荐引：可以互相介绍、推荐。更相，互相。[16]广：拓宽。

[17]明堂：古代帝王宣明政教的场所，凡朝会、祭祀、庆赏、选士、教学、养老等大典，均在明堂举行。辟雍：帝王为贵族子弟设立的大学，取四周有水，形如璧环为名。灵台：帝王观测天象的场所，始立于西周。［18］襄国：后赵都名，在今河北邢台市襄都区。［19］阴平、武都：二郡名。阴平，郡治在今甘肃文县。武都，郡治在今甘肃成县西北。当时为仇池国主杨难敌的势力范围。［20］行台：朝廷的派出机构。［21］蒸祭：祭祀的一种。蒸，通"烝"，冬祭。太庙：皇帝的祖庙。［22］归胙：又叫"归福"，祭祀完后归献胙肉。帝王通常用分赐胙肉来表示对大臣的礼遇和特别尊崇。归，通"馈"，赠送。胙（zuò），祭祀用的肉。［23］且命无下拜：而且还让他不要为此向皇帝答谢叩拜。这是效仿春秋时周天子赏赐齐桓公的做法。［24］辞疾：推说有病，不能接受这种大礼。［25］冲幼：年龄幼小。冲，幼弱。［26］元会：皇帝在元旦召见群臣，也叫"正会"。［27］帝应敬导不：皇帝应该向王导行礼吗？不，同"否"。［28］郭熙、杜援：时为东晋博士。［29］宜除敬：应该废除这种皇帝对臣子行礼的做法。［30］冯怀：字祖思，官至黄门侍郎、侍中、太常、护军将军。［31］临辟雍：到辟雍举行典礼的时候。按：东汉以后，历代皆有辟雍，作为尊儒学、行典礼的场所。［32］拜三老：天子尊礼三老的仪式。三老，即"三老五更"的省称。相传古代天子敬老，设三老、五更各一人，养于辟雍，尊事三老，兄事五更，示天下以孝悌。［33］先帝师傅：指王导。晋元帝司马睿死前曾遗诏王导辅佐明帝司马绍。先帝，指晋明帝司马绍。［34］宜尽敬：应当充分表示礼敬。［35］荀奕（yì）：字玄欣，荀勖之孙，东晋大臣。［36］三朝之首：元会的首要任务。三朝（zhāo），指"元会"。正月是一年的开头，初一是一月的开头，早晨是一天的开头。所以正月一日的早晨称作"三朝"。［37］宜明君臣之体：应当明确君臣之间的大礼，即君为臣纲。［38］尽礼：充分表达对王导的尊敬，向王导行礼。［39］组：即荀组（257—322）：字泰章，西晋司徒荀勖第三子。东晋大臣。传见《晋书》卷三十九。［40］慕容廆（guī）：字若洛廆，前燕政权建立者慕容皝之父。当时活动在今辽宁西部及邻近的内蒙古东南部地区。传见《晋书》卷一百八。［41］笺：古代的一种文体名称，即写给上级官僚或尊长者的书信。［42］僚属：指慕容廆的僚属。宋该：字宜宏，平原人。廆称燕王，以为右长史。［43］立功一隅（yú）：在东北地区一方土地上立了大功。隅，一方，一角。［44］等差无别：与中原诸华、夷的身份地位没有差别。等差，等级次序。［45］不足以镇华、夷：难以镇抚东北一方的汉族与少数民族的民众。［46］韩恒：字景山，灌津人。从小博览经书。事前燕慕容廆、慕容皝两代，又为太子慕容晔之师。传见《晋书》卷一百一十。［47］患信义不著：担心的是信义不能令人心服。患，担心，忧虑。不著，不显。［48］桓、文：指春秋时的齐桓公、晋文公。匡复之功：指扶助周天子，恢复国家的正常秩序。匡复，挽救将亡，恢复正统。匡，纠正，辅助。［49］不先求礼命：不首先伸手向朝廷要官要权。礼命，按礼制规定百官升迁的文书。以令诸侯：以对诸侯发号施令，作威作福。［50］缮（shàn）：修理，整治。甲兵：军队的铠甲和兵器。［51］除群凶：消灭那些背叛朝廷、肆意横行的邪恶势力。［52］邀君：向朝廷要这要那。邀，谋求，要挟。［53］新昌令：新昌县的县令。新昌，县名，县治在今辽宁海城市东北的向陶寨村。［54］东夷校

尉：官名，主管东北及华北北部地区的鲜卑慕容部、段部、宇文部和高句丽等少数民族事务。封抽：曾任幽州参军、投奔慕容廆，为长史、东夷校尉，后投奔高句丽。［55］成制：已有的制度。［56］车骑：敬称慕容廆，慕容廆当时被晋朝遥署为车骑将军。为官摧勒：为朝廷消灭石勒。官，指国家、朝廷。［57］腾笺上听：已把你们的上书快速呈报给皇帝。腾，快速转达。上听，让皇帝知道。［58］可不、迟速：犹言成与不成、办得快还是慢。可不，即可不可，行不行。不，同“否”。［59］当在天台：都由朝廷说了算。天台，谓尚书台、省，代指朝廷。

【点评】

苏峻之乱。苏峻之乱，是东晋成帝司马衍年间发生的一次大规模叛乱，由历阳内史苏峻发起，联结镇西将军祖约，以讨伐庾亮为名，起兵进攻东晋都城建康。公元327年起兵，次年攻破建康，皇宫化为灰烬，民物凋残，晋朝几亡。苏峻之乱相对于王敦之乱而言，破坏性、危害性更大。那么对于此次内乱的发生，有哪些需要反思呢？

首先，小皇帝司马衍之舅庾亮是这次内乱的直接导火线。晋明帝司马绍得重病去世后，由他的儿子司马衍即位为帝。司马衍当时只是个5岁的小孩子，便由庾太后临朝称制，庾亮与王导等共同辅政，但政事实际上都由庾亮决断。他一反王导的宽和做法，一意孤行。他杀掉了南顿王司马宗，当小皇帝问他那个白头翁（指司马宗）怎么看不到了，庾亮说白头翁因谋反而被杀，小皇帝突然说：如果有人认为舅舅你谋反，也要被杀吗？庾亮被问得哑口无言。苏峻在当时虽然有些怨言，但也相安无事，可庾亮固执地认为苏峻将来一定会叛乱，所有人的话一概不听，强行征召苏峻入朝，以便加以控制。结果苏峻反叛。苏峻之反，庾亮负有不可推卸的直接责任。

其次，王导负有不可推卸的间接责任。王导在东晋王朝德高望重，后来苏峻攻下台城，因为敬重王导的原因，仍让他官居原职，处于自己的位置之上。当庾亮提出召回苏峻，王导认为苏峻在外，还不至于马上发难，应当暂时包容，不要节外生枝。但是，他作为首辅大臣，没有真正发挥首辅的作用，既然想到却没有强力制止，致使乱事发生。苏峻攻占台城，控制小皇帝，王导谋划救出小皇帝，但谋划暴露，他则一走了之。后来，平叛胜利，论功行赏，王导又采用了惯用办法。路永等人原是苏峻死党，在平乱前归顺朝廷，也未见有多少将功补过的行为，王导却要为其封官，在温峤等人的劝说下才作罢；对于在平乱中拥兵不从、迟疑观望的大臣，理应受到处分，甚至问罪，可王导却将他们一律升官；更有甚者，西中郎将郭默矫诏杀掉江州刺史，王导代表朝廷处理此事，认为江州刺史是郭默杀掉的，那就让郭默担任江州刺史。诚如太尉陶侃责问的，如果有人杀掉宰相，就让其当宰相吗？

再次，庾太后临朝称制，纵容庾亮等人胡作非为，对这次内乱也负有责任。小皇帝不能理政，需要有人为他打理朝政，决策国事，庾太后的兄弟庾亮有了靠山，有恃无恐，成为朝廷的实际决策者，此即太后怂恿而为。后来苏峻叛乱，庾太后气愤身亡。呜呼哀哉。

最后，小皇帝司马衍糊涂。因庾亮是他的舅舅，挑起祸乱，抵抗失败后一逃了事，平叛胜利后，庾亮自我认罪，愿意避世于草野，保住性命，这应当是他最好的结局了。可是，小皇帝再三袒护，几次发出诏令，甚至还要他入朝辅政，最后外放。从这一事情看出，司马衍将来必定不是明君，要指望晋朝中兴，可能是天方夜谭了！

卷九五　晋纪十七

晋成帝咸和七年至咸康三年（332—337 年）

【起玄黓执徐（壬辰，332 年），尽强圉作噩（丁酉，337 年），凡六年】

【大事提要】

本卷记事起公元 332 年，讫公元 337 年，凡六年，当晋成帝（司马衍）咸和七年至咸康三年。本卷所载大事，主要有五个方面：其一，收复襄阳。东晋的襄阳城被后赵郭敬夺去，并将该城废弃，另建樊城戍守。公元 332 年，太尉陶侃派陶斌及桓宣攻下樊城，大破郭敬之军，收复襄阳。其二，成汉大业渐衰。成汉主李雄去世，立其兄李荡之子李班为帝，李雄亲子李期杀班自立，满朝不服。公元 335 年，李班舅父罗演与上官澹联合谋杀李期，立李班之子。事情败露，反被杀。李期自以为得志，朝中大政决于尚书令景骞等人，由此纲纪紊乱，大业衰落。其三，前凉收服西域。公元 335 年，前凉主张骏攻打龟兹、鄯善，西域诸国皆降，尽有陇西地，兵马强盛，焉耆、于阗等西域诸城竞派使者携贡物结好。凉州原来军无宁岁，张骏时期境内渐安，刑清国富。其四，慕容皝平定辽东。鲜卑族慕容仁占据辽东后，与慕容皝抗争多年。公元 336 年，慕容皝采纳高诩建议，亲率将士踏冰三百多里，直逼平郭城攻打慕容仁，收复辽东全境，而后听从封奕劝告，建立燕国，自称燕王，史称“前燕”。其五，石虎自称天王。后赵主石勒去世，中山王石虎劫持太子石弘，立为傀儡，凌驾于其上，而后废掉并杀死石弘，迁都邺城，自称大赵天王，立太子石邃为皇太子。石邃非常骁勇，得到石虎宠爱，亦因受宠而骄淫残忍，欲杀父夺权。败露后被杀，改立石宣为皇太子。

显宗成皇帝中之上

咸和七年（壬辰，332 年）

春，正月，辛未[1]，大赦。

赵主勒大飨[2]群臣，谓徐光[3]曰：“朕可方自古何等主？”对曰：“陛下神武谋略过于汉高[4]，后世无可比者。”勒笑曰：“人岂不自知！卿言太过。朕若遇汉高祖，当北面事之，与韩、彭比肩[5]；若遇光武[6]，当并驱中原[7]，未知鹿死谁手[8]。大丈夫行事，宜礌礌落落[9]，如日月皎然[10]，终不效曹孟德[11]、司马仲达[12]欺人孤儿、寡妇[13]，狐媚[14]以取天下也。”群臣皆顿首称“万岁”。

勒虽不学，好使诸生[15]读书而听之，时以其意[16]论古今得失，闻者莫不悦服[17]。尝使人读《汉书》，闻郦食其劝立六国后[18]，惊曰：“此法当失[19]，何以遂得天下[20]？”及闻留侯谏[21]，乃曰：“赖有此耳[22]。”

郭敬之退戍樊城[23]也，晋人复取襄阳[24]。夏，四月，敬复攻拔之，留戍[25]而归。

赵右仆射程遐言于赵主勒曰[26]：“中山王[27]勇悍权略[28]，群臣莫及；观其志[29]，自陛下之外，视之蔑如[30]；加以残贼安忍[31]，久为将帅，威振[32]内外，其诸子年长，皆典兵权[33]；陛下在[34]，自当无他[35]，恐非少主之臣[36]也。宜早除之，以便大计[37]。”勒曰：“今天下未安，大雅冲幼[38]，宜得强辅[39]。中山王骨肉至亲[40]，有佐命之功[41]，方当委以伊、霍之任[42]，何至如卿所言！卿正恐不得擅帝舅之权[43]耳；吾亦当参卿顾命[44]，勿过忧也。”遐泣曰：“臣所虑者公家[45]，陛下乃以私计拒之[46]，忠言何自而入[47]乎！中山王虽为皇太后所养[48]，非陛下天属[49]，虽有微功，陛下酬[50]其父子恩荣亦足矣，而其志愿无极[51]，岂将来有益者乎[52]！若不除之，臣见宗庙不血食[53]矣。”勒不听。

遐退，告徐光，光曰：“中山王常切齿[54]于吾二人，恐非但危国，亦将为家祸也。”他日，光承间[55]言于勒曰：“今国家无事，而陛下神色若有不怡[56]，何也？”勒曰：“吴、蜀[57]未平，吾恐后世不以吾为受命之王[58]也。”光曰：“魏承汉运，刘备虽兴于蜀，汉岂得为不亡乎[59]！孙权在吴，犹今之李氏[60]也。陛下苞括二都[61]，平荡八州[62]，帝王之统不在陛下，当复[63]在谁！且陛下不忧腹心之疾[64]，而更忧四支乎[65]！中山王借陛下威略[66]，所向辄克[67]，而天下皆言其英武亚于陛下[68]。且其资性[69]不仁，见利忘义，父子并据权位，势倾王室[70]，而耿耿[71]常有不满之心。近于东宫侍宴[72]，有轻皇太子之色[73]。臣恐陛下万年之后，不可复制也。”勒默然[74]，始命太子省可尚书奏事[75]，且以中常侍严震参综可否[76]，惟征伐断斩大事乃呈之[77]。于是，严震之权过于主相[78]，中山王虎之门可设雀罗[79]矣。虎愈怏怏[80]不悦。

（以上为第一段，写后赵主石勒略有自知之明，认为自己比不上汉高祖刘邦，虽没有读书，但善于学习，见解深刻；谋臣建议制约中山王石虎。）

【注释】

[1]辛未：正月十五日。[2]大飨（xiǎng）：举行盛大宴会以招待。飨，用酒食款待人。[3]徐光：字季武，顿丘人，后赵官员，石勒谋主。[4]过于汉高：比汉高祖刘邦强。[5]与韩、彭比肩：与韩信、彭越站在同一个行列中。按：石勒自比，与西汉开国功臣韩信、彭越相当。[6]光武：即东汉开国君主光武帝刘秀。[7]并驱中原：在中原大地上并驾齐驱，奔驰较量。中原，本指原野之中，演变为中原一带，泛指黄河中下游地区。[8]未知鹿死谁手：比喻共争帝位，不知道谁能获得。鹿，“禄”的谐音，比喻皇帝之位。典出《史记·淮阴侯列传》曰：“秦失其鹿，天下共逐之。”[9]礌礌落落：做事光明正大。礌（lěi），同“磊”，磊落，坦荡。[10]皎然：皎洁、光明的样子。[11]终不效：无论如何不能像某人那样。效，效仿，仿照。曹孟德：即曹操，字孟德，三国时魏国政权奠基者。[12]司马仲达：即司马懿，字仲达。曹魏政权的大权臣，西晋王朝的奠基人。[13]欺人孤儿、寡妇：孤儿，指汉献帝刘协、曹魏少帝曹奂。寡妇，指汉灵帝何皇后、魏明帝郭皇后。按：曹魏与西晋，都是从孱弱的前朝皇帝手上夺得政权的，名为禅让，实则巧取。曹操“挟天子以令诸侯”，政令皆出于曹氏。汉献帝实为傀儡，延康元年（220），正式禅让帝位，文帝曹丕登受禅台称帝，改国号为“魏”。司马懿发动高平陵事变，权归司马氏，司马炎为晋王后，指使劝说魏帝曹奂早点让位，而又假意多次推让，后受禅让，登上帝位，改国号为“晋”。[14]狐媚：俗说狐狸善以媚态惑人，这里比喻用诡诈的手段蛊惑人心，取得天下。[15]好（hào）：爱好，喜欢。诸生：众儒生。[16]时以其意：时常能按照他的意思理解。[17]悦服：心悦诚服。[18]“闻郦食其”句：郦食（yì）其（jī），西汉开国功臣之一，汉王刘邦的谋士与外事活动家。曾献计刘邦封六国后以树项羽之敌，被张良所否定。传见《史记》卷九十七。[19]此法当失：意即郦食其劝立六国后的法子极为不妥，如果此法得行，必遭失败。当，应当。失，过失，失策。[20]何以遂得天下：按照郦食其的说法去做，刘邦怎么能得到天下呢？遂，终，竟。[21]及闻留侯谏：指石勒听到张良劝刘邦不要这么做的“八不可”的谏说，大为称奇。留侯，指张良，封侯于留，故称。[22]赖有此耳：幸亏有张良的这套言论以及及时劝止，否则，刘邦大事去矣。[23]郭敬：字季子，太原邬县（今山西阳曲县）人，辅佐石勒攻取樊城、襄阳，后为东晋陶侃所败。戍：驻守，防守。樊城：城名，在今襄阳市的汉水以北地区，南临汉水，与襄阳城隔水相望，自古为兵家必争之地。[24]襄阳：城名，在今湖北襄

阳市。［25］留戍：留下一支防守部队。戍，戍守部队。［26］赵：指后赵。程遐（xiá）：冀州（今河北高阳县西南）人，曾任后赵右长史。介入朝廷纷争，被石虎所杀。［27］中山王：指石虎。为人残忍善战，石勒封中山王。后赵第三位皇帝，公元334年至公元349年在位。［28］勇悍：勇猛，强悍。权略：权谋，随机应变的谋略。权，计谋，诡变。［29］志：心意。［30］视之蔑如：视之若无，把谁也不看在眼里。蔑如，蔑然，小到没有的样子。［31］残贼：伤害，毁灭。《孟子·梁惠王下》曰："贼仁者谓之贼，贼义者谓之残，残贼之人，谓之一夫。"安忍：习于残忍，不以为异。［32］振：通"震"，震动，震惊。［33］典兵权：掌管军队。石虎之子石邃、石宣，石勒皆使之统领军队。典，掌管，统领。［34］在：在世。［35］自当无他：自然不会有其他变故。［36］恐非少主之臣：恐怕不是能为你儿子尽忠效力的臣子。少主，未来的小皇帝，指太子刘弘。［37］以便大计：以对国家社稷有利。大计，国家大业，此指太子石弘将来能够顺利继位。［38］大雅：指太子石弘，字大雅，石勒次子，后赵第二位皇帝，公元333年至公元334年在位。传见《晋书》卷一百五。冲幼：年纪幼小。冲，弱小，年幼。［39］强辅：强有力的辅佐大臣。［40］骨肉至亲：石虎的父亲是石寇觅，石勒的父亲石周曷朱将石虎视为己子抚养。石虎是石勒母亲养大，故可以说石勒与石虎是兄弟，但骨肉至亲，却是说不上，是石勒高估了他与石虎的感情。［41］佐命之功：辅佐石勒成为皇帝的功勋。古代帝王建立王朝，自谓承天受命，故称辅佐大臣的功劳为"佐命"。［42］委以伊（yī）、霍之任：授予像伊尹、霍光那样的重任。伊尹，商朝开国元勋。历事成汤、外丙、仲壬、太甲、沃丁五代君主，辅政五十余年，使商朝中兴。霍光，西汉大臣。受命汉武帝托孤辅政，辅佐汉昭帝、汉宣帝中兴汉朝。［43］擅：拥有，独揽。帝舅之权：身为国舅的大权。太子石弘是程遐之妹程皇后所生，故如此说。石勒对原来的谋主张宾言听计从，张宾去世，程遐继之，而对程遐多次流露不满情绪，故对程遐的谋议不予理睬。［44］参卿顾命：让你参与到顾命大臣的行列之中。参，使之参与。顾命，天子的临终之命，这里指受遗诏辅佐幼主。［45］公家：国家、社稷的大事。［46］乃以私计拒之：竟然从个人利益的角度来猜疑我、拒绝我。以，认为。私计，利于自己的计谋，指程遐为个人打算。拒，拒绝。［47］忠言何自而入：忠心耿耿的话，还怎么能让你听得进去呢。何自，自何，从哪里。［48］皇太后：指石勒的母亲。所养：所抚养。［49］非陛下天属：石虎与你不是有血缘关系的直系亲属。天属，本指天性相连，这里指血肉相连。［50］酬：报，答谢，指加官晋爵等等。［51］志愿无极：欲望无边，指石虎有觊觎君位之心。极，尽头。［52］岂将来有益者乎：这是日后对我们有好处的人吗？岂，岂是，难道是。益，对国家的益处。［53］宗庙不血食：无人祭祀宗庙，即指国家灭亡。血食，古时杀牲取血，用来祭祀。宗庙，祖宗之庙，古代帝王七庙，是供奉历朝历代帝王牌位、举行祭祀的地方。［54］切齿：紧咬牙齿，形容极端痛恨。［55］承间：趁机会。间（jiàn），空隙，机会。［56］不怡（yí）：不和悦，不愉快。［57］吴、蜀：指地处吴地的东晋与蜀地的成国，石勒以三国时曹魏自况。［58］受命之王：接受天命、统一天下的帝王。古代帝王往往托神权以巩固统治，称自己为帝王是受命于天。［59］"魏承汉运"三句：曹魏继承了汉朝的国运，虽然刘备在蜀地兴起，难道说汉朝没有灭亡吗？此意指石勒的后赵如同曹魏继承了汉朝的国运。即使有刘备在蜀，汉朝已经灭亡了，何况如今蜀地没有刘备呢？即石勒代表了正统。［60］李氏：指成都的李雄政权，即成汉国。［61］苞括二都：占据着西晋的东都洛阳和西都长安。苞括，犹占据，占有。苞，通“包”。［62］平荡八州：已经荡平了八个州的地方。石勒当时统治的八个州，是冀州、幽州、并州、青州、兖州、豫州、司州、雍州。［63］当复：还能。［64］腹心之疾：比喻祸患像要害处的疾病一样厉害。腹心，比喻要害处。此暗指石虎将是腹心之疾。疾，疾患。［65］更忧四支乎：反而去担忧四肢上的小病吗？更，另外，反而。四支，以喻不关紧要处，暗指江左东晋及李氏成汉。支，通“肢”。［66］借：凭借。威略：威名和谋略。［67］所向辄克：意即攻无不克。向，指向，这里指攻打、进军。辄，总是。克，战胜。［68］英武：英明，雄武。亚于陛下：仅次于您。指除了您，再没有人能和他比了。［69］资性：资质，天性，即生来的秉性。［70］势倾王室：指石虎比石勒家庭的权势还要大，谓石勒儿子皆不及石虎。倾，压倒。［71］耿耿：心怀不满、烦躁不安的样子。［72］于东宫侍宴：在东宫陪着太子石弘饮酒。东宫，太子所居之宫。［73］轻皇太子之色：流露出轻视、瞧不起太子石弘的神色。色，气色，神态。［74］默然：沉默不语的样子，徐光说到了要害，石勒无话可说。［75］省可：审阅和批示。省（xǐng），观看，检查。可，允许，许可。尚书：此指尚书令，掌文书及群臣章奏，为对君主负责、总揽一切政令的首脑。［76］中常侍：皇帝近臣，给事左右，职掌顾问应对。严震：后赵官员，时为中常侍。参综可否：参加决定国家大事，对太子石弘处理的政务具有否决权。参综，参与总揽。［77］征伐断斩大事：出兵打仗与斩杀大臣之类的事情。乃呈之：才呈报石勒决定，石勒具有决定权。乃，才。［78］过于主相：比丞相的权力还大。主相，人主之相，即辅佐大臣。［79］可设雀罗：可以架设网子逮鸟，极言石虎被剥夺权力之后的门庭冷落。雀罗，捕鸟的网。［80］怏（yàng）怏：不满意、不服气的样子。

秋，赵郭敬南掠江西[1]，太尉侃[2]遣其子平西参军斌及南中郎将桓宣[3]乘虚攻樊城，悉俘其众。敬旋救樊[4]，宣与战于涅水[5]，破之，皆得其所掠。侃兄子臻[6]及竟陵太守李阳攻新野[7]，拔之。敬惧，遁去。宣遂拔襄阳。

侃使宣镇襄阳。宣招怀初附[8]，简刑罚，略威仪[9]，劝课农桑[10]，或载锄、耒于轺轩[11]，亲帅民芸获[12]。在襄阳十余年，赵人再攻之[13]，宣以寡弱拒守，赵人不能胜，时人以为亚于祖逖、周访[14]。

成大将军寿寇宁州[15]，以其征东将军费黑[16]为前锋，出广汉，镇南将军任回出越巂[17]，以分宁州之兵[18]。

冬，十月，寿、黑至朱提[19]，朱提太守董炳城守[20]，宁州刺史尹奉[21]遣建宁太守霍彪引兵助之[22]。寿欲逆拒[23]彪，黑曰："城中食少，宜纵彪入城[24]，共消其谷[25]，何为拒之！"寿从之。城久不下，寿欲急攻之。黑曰："南中险阻难服[26]，当以日月制之[27]，待其智勇俱困，然后取之，溷牢之物[28]，何足汲汲[29]也。"寿不从，攻果不利，乃悉以军事任黑[30]。

十一月，壬子朔[31]，进太尉侃为大将军，剑履上殿[32]，入朝不趋[33]，赞拜不名[34]，侃固辞不受。

十二月，庚戌[35]，帝迁于新宫。

是岁，凉州僚属劝张骏称凉王[36]，领秦、凉二州牧，置公卿百官如魏武、晋文故事[37]。骏曰："此非人臣所宜言也。敢言此者，罪不赦！"然境内皆称之为王。骏立次子重华为世子。

（以上为第二段，写成汉大将军李寿侵犯宁州，重用征东将军费黑，攻下重镇朱提；东晋任命陶侃为大将军，给予特殊礼遇，被谢绝；晋成帝司马衍搬进新皇宫。）

【注释】

[1]江西：长江以西，这里指从邾城（今湖北黄冈市西北）以东至历阳（今安徽和县）的一带地区。 [2]太尉：国家最高军事长官，掌管全国军事武装。侃：即陶侃。时为平西参军。[3]桓宣：谯国铚县（今安徽濉溪县）人，时任东晋将领，武昌太守、南中郎将。传见《晋书》卷八十一。 [4]旋救樊：回师救援樊城。旋，回还，回来。 [5]涅（niè）水：水名，在今河南西南部白河支流赵河，源出今河南镇平县北，南流至新野县汇入白河，更南流至襄阳市注入汉江。[6]臻：即陶臻，字彦遐，陶侃侄子，东晋将领，时任南郡太守。传见《晋书》卷六十六。 [7]竟陵：郡名，西晋元康九年（299）析江夏郡置，郡治石城县，在今湖北钟祥市。李阳：时为竟陵太守。新野：县名，县治在今河南新野县。 [8]招怀：招集，安抚。初附：指刚刚归附过来的、原属后赵的人。 [9]略威仪：不摆做官的架子。略，省简。威仪，官员的仪仗和随从。 [10]劝课农桑：鼓励督促发展农业生产。劝，鼓励。课，督促完成指定的工作。农桑，种地与养蚕，泛指农业生产。 [11]或载锄、耒于轺轩：有时在自己乘坐的车子上带着农具。或，有时。载，装载。锄、耒（lěi），两种农具名。耒，古代一种像犁的农具。轺（yáo）轩，古代官吏乘坐的一种轻便马车。 [12]芸获：除草或收割庄稼。芸，通"耘"，除草。 [13]再攻之：多次对襄阳发动攻击。[14]亚：仅次于，仅次一等。此句指桓宣可与东晋名将祖逖、周访相媲美。 [15]宁州：晋州名，州治晋宁，在今云南昆明市东南。 [16]费黑：成汉将领。 [17]越嶲（xī）：郡名，郡治邛

都县，在今四川西昌市东南。［18］分宁州之兵：让宁州的兵力分散，不能集中攻击一处。指任回攻越嶲是分散东晋宁州之兵，以助李寿攻取宁州。［19］朱提：郡名，郡治在今云南昭通市。［20］董炳城守：朱提是成汉政权进入宁州的门户，朱提的存亡关系着宁州的安危，李寿攻打朱提，太守董炳据城守卫。［21］尹奉：南阳人，曾为豫州督护，时为零陵太守，参与谯王司马承发起的联盟，讨伐反叛的王敦。后为宁州刺史，成国李寿前来攻打，尹奉派兵抵抗，被打败，投降，为成国右丞相。［22］建宁：郡名，郡治在今云南曲靖市。霍彪：朱提（今云南昭通市）人，字承嗣，世官南中，拥有“霍家部曲”，为当地一霸。初仕越嶲太守，后为建宁郡守。成汉大将军李寿来攻，霍彪率军支援朱提，城破，投降，任宁州刺史。后被成汉建宁太守孟彦执送于晋。［23］逆拒：迎击，抵御。［24］纵彪入城：放霍彪入朱提城。纵，放纵，任随。［25］共消其谷：共同消耗朱提城里本来就不多的粮食。消，消耗，耗费。［26］南中：区域名，泛指今四川南部、云南东北部以及贵州西北部地区。险阻：指道路险恶而有阻碍，不容易通过。［27］以日月制之：指拖长时间来消磨他，假以时日，将其打败。日月，时间。［28］溷牢之物：养在圈里的猪羊。胡三省曰：“言城已受围，如犬豕在圂牢中，不患其逸出也。”溷（hùn），猪圈。牢，饲养牲畜的圈栏。［29］何足汲汲：何必这样着急呢？何足，哪里值得。汲（jí）汲，形容心情急切、努力追求的样子。［30］任黑：听凭费黑指挥。任，任凭，听凭。［31］壬子朔：十一月一日。［32］剑履上殿：古代大臣上殿不能穿靴子，不能佩刀剑。穿着鞋子、佩带宝剑入殿，是帝王给予大臣的特殊待遇。［33］入朝不趋：是帝王赐予大臣的特殊待遇。趋，小步快走，是古代臣子在君父面前所用的一种走路姿势。［34］赞拜不名：大臣拜见皇帝时，司仪高声唱名、宣读拜见行礼的仪式，而对于职位高、皇帝特别礼敬的大臣，则不唱名字，以示优宠。［35］庚戌：十二月二十九日。［36］凉州：州名，州治姑臧，又为前凉国都，在今甘肃武威市。张骏：字公庭，安定乌氏（今甘肃平凉市）人，凉昭王张寔之子，前凉第四位国主，公元324年至公元346年在位。张骏本人终生称晋臣，为凉州牧、护羌校尉，封西平郡公，尽有陇西之地，割据一方。［37］魏武、晋文故事：指效法魏武帝曹操和晋文帝司马昭先封王、后由子称帝的成例。

八年（癸巳，333年）

春，正月，成大将军李寿拔朱提，董炳、霍彪皆降，寿威震南中。

丙子[1]，赵主勒遣使来修好[2]，诏焚其币[3]。

三月，宁州刺史尹奉降于成，成尽有南中之地，大赦，以大将军寿领[4]宁州。

夏，五月，甲寅[5]，辽东武宣公慕容廆[6]卒。六月，世子皝[7]以平北将军行平州刺史[8]，督摄部内[9]，赦系囚[10]。以长史裴开为军咨祭酒[11]，郎中令高诩[12]为玄菟[13]太守。皝以带方太守王诞为左长史[14]，诞以辽东太守阳骛为才而让之[15]。皝从之，以诞为右长史。

赵主勒寝疾[16]，中山王虎入侍禁中[17]，矫诏[18]，群臣亲戚皆不得入。疾之增损[19]，外无知者。又矫诏召秦王宏[20]、彭城王堪[21]还襄国[22]。勒疾小瘳[23]，见宏，惊曰："吾使王处藩镇[24]，正备今日[25]，有召王者邪，将自来邪[26]？有召者，当按诛[27]之！"虎惧曰："秦王思慕[28]，暂还耳，今遣之[29]。"仍留[30]不遣。数日，复问之，虎曰："受诏即遣，今已半道矣。"广阿[31]有蝗，虎密使其子冀州刺史邃[32]帅骑三千游于蝗所[33]。

秋，七月，勒疾笃[34]，遗命曰："大雅兄弟[35]，宜善相保[36]，司马氏[37]，汝曹之前车[38]也。中山王宜深思周、霍[39]，勿为将来口实[40]。"

戊辰[41]，勒卒。中山王虎劫太子弘使临轩[42]，收右光禄大夫程遐、中书令徐光，下廷尉[43]，召邃使将兵入宿卫[44]，文武皆奔散。弘大惧，自陈劣弱[45]，让位于虎。虎曰："君终，太子立，礼之常也。"弘涕泣固让，虎怒曰："若不堪重任[46]，天下自有大义，何足豫论[47]！"弘乃即位，大赦。杀程遐、徐光[48]。夜，以勒丧潜瘗山谷[49]，莫知其处。己卯[50]，备仪卫[51]，虚葬于高平陵[52]，谥曰"明[53]帝"，庙号[54]高祖。

赵将石聪[55]及谯郡太守彭彪[56]，各遣使来降。聪本晋人，冒姓[57]石氏。朝廷遣督护乔球将兵救之[58]，未至[59]，聪等为虎所诛。

慕容皝遣长史勃海王济等来告丧[60]。

（以上为第三段，写辽东武宣公慕容廆去世，世子慕容皝继位；后赵石勒去世，中山王石虎控制朝廷，挟持太子石弘，排除异己，杀害右光禄大夫程遐、中书令徐光，后赵处于腥风血雨之中。）

【注释】

[1]丙子：正月二十六日。[2]修好：结好，继续维持双方的友好关系。[3]诏：诏令。币：礼品。古代常用玉璧、马匹、丝帛等作为国家之间友好访问的礼品。[4]领：兼任。[5]甲寅：五月六日。[6]武宣公慕容廆（guī）：字若洛廆，昌黎棘城（今辽宁义县）人，前燕主慕容皝之父，名义上效忠于晋朝，拜为散骑常侍、车骑将军等，封辽东郡公。其孙慕容俊称帝后，追谥为武宣皇

帝，庙号高祖。传见《晋书》卷一百八。［7］世子皝（huàng）：即慕容皝，字元真，慕容廆之子，前燕初代国君。传见《晋书》卷一百九。［8］平北将军：将军名号，“四平将军”之一，主北方军事与征伐。行平州刺史：兼任平州刺史。行，兼任，兼理。平州，州治在今辽宁辽阳市。［9］督摄部内：监督、统领其管辖区域的一切事务。部内，管辖区内，实指鲜卑慕容部。［10］赦系囚：释放监狱所关押的囚犯。［11］裴开：前燕官员，时为长史，升任为军咨祭酒。军咨祭酒：官名，由军师祭酒改名，诸将军府置，位在诸僚佐之上，谋划军机及处理政务。［12］高诩（xǔ）：辽东人，永嘉之乱时，避地隐居。东晋建武初年，高诩谒见慕容廆，劝其遣使江东，被拜为郎中令，后迁玄菟太守，因军功封汝阴侯，转左长史。后随燕王慕容皝攻打宇文逸豆归，为流矢所中而去世。［13］玄菟（tù）：晋时郡名，郡治高句丽，在今辽宁沈阳市东。［14］带方：晋时郡名，郡治在今朝鲜平壤市以南。王诞：前燕官员，为带方太守，慕容皝任为左长史。［15］辽东：郡名，郡治在今辽宁辽阳市。阳骛（wù）：字士秋，右北平无终（今天津市蓟州区）人，东夷校尉阳耽之子，前燕重臣，辅佐慕容氏四世。传见《晋书》卷一百十一。为才：为有才干的人。［16］寝疾：卧病在床，病重。［17］禁中：指皇帝、后妃等居住的地方。因宫中禁卫森严，臣下不得任意出入，故称之。［18］矫诏：假称石勒的命令。［19］疾之增损：即石勒之病的轻重。［20］召：命令。秦王宏：即石勒之子石宏。［21］彭城王堪：即石勒养子石堪。［22］还襄国：石虎召秦王宏、彭城王堪回到都城襄国，实为控制二王，并解除其兵权。襄国，后赵都城，在今河北邢台市。［23］小瘳：病情稍有好转。瘳（chōu），病愈。［24］处藩镇：占据着总领一方的军府。时石宏都督中外诸军事，镇邺城。［25］正备今日：就是为了防备像今天这样的非常时刻发生突然事件。［26］将自来邪：还是你自己主动来的呢？将，还是，转折语词。［27］按诛：审判、处死。按，按问，审讯。［28］思慕：想念父亲。［29］今遣之：我马上让他回去。今，将，立即。［30］留：强留，含有扣留的意思。［31］广阿：县名，县治在今河北隆尧县东，当时属石勒辖区。［32］邃（suì）：即石邃，石虎长子，时任冀州刺史、武卫将军等，封齐王。石虎废石弘自立，立其为皇太子。酒色过度，骄纵无道，荒淫残忍，被石虎杀死。传见《晋书》卷一百五。［33］游于蝗所：石虎恐石勒死后发生变故，使石邃率领骑兵巡行蝗区，装作捕蝗，实为外应。［34］疾笃（dǔ）：病情严重。［35］大雅兄弟：以称石弘与石宏。石弘，字大雅。［36］宜善相保：彼此应好好地友爱互助，互相保护。［37］司马氏：此指司马氏家族内部的彼此争斗仇杀，即“八王之乱”。［38］汝曹之前车：是你们的前车之鉴。汝曹，汝辈，你们，多用于长辈称呼晚辈，上级呼唤下级。［39］深思周、霍：好好学习周公和霍光辅佐幼主的做法。周公辅佐周成王、霍光辅佐汉昭帝，都是被后人称颂的辅佐幼主的典范。［40］勿为将来口实：不要成为被后世嘲笑、唾骂的谈资。口实，指话柄，谈话的资料。［41］戊辰：七月二十一日。［42］劫：劫持，迫使。临轩：意即临朝。古时皇帝不坐正殿而坐在殿外的平台上，称“临轩”。［43］下廷尉：交司法长官审判。廷尉，国家最高司法长官，九卿之一。［44］入宿卫：到宫廷值宿，担任警卫，实将小皇帝石弘控制起来。［45］劣弱：衰弱，懦弱。［46］不堪重任：没有当皇帝的能力。堪，承受。

［47］何足豫论：何必过早地说这些话。豫，通“预”，预先，提前。［48］杀程遐、徐光：此为小皇帝石弘在石虎的胁迫下所为。程遐、徐光二人曾向石勒进言制约石虎，为石弘即位扫清障碍，石勒不听，故有今日之祸。［49］勒丧：石勒的尸首。丧，丧事，此指尸体。潜瘗山谷：秘密地埋葬在一条山沟里。瘗（yì），掩埋，埋葬。［50］己卯：八月二日。［51］备仪卫：意即按照石勒所应该享受的规格举行葬礼。仪卫，仪仗队与护卫军。［52］高平陵：古陵墓名，为后赵主石勒的虚陵，在襄国城南，在今河北邢台市百泉村。［53］谥（shì）：即谥号，古代帝王或高官死后评定的称号。明：石勒的谥号，据《谥法解》，“照临四方曰明”，可在对待石虎的处理上，似乎并不明智，导致子孙惨遭荼毒。［54］庙号：指君主在庙中被供奉时所称呼的名号。［55］石聪：本汉族，石勒收为养子，故冒姓石氏，任汲郡内史。石勒死，石虎专权，因遣使东晋请降求援，救兵未至，被虎所杀。［56］谯郡：郡名，郡治在今安徽亳州市。彭彪：后赵官员，时为谯郡太守，投降东晋。［57］冒姓：改姓。［58］督护：与监军不同，有直接指挥作战的权力。乔球：晋军督护。［59］未至：指东晋的军队尚未到达石聪、彭彪的驻地时。［60］勃海：郡名，郡治南皮，在今河北南皮县南。王济：鲜卑慕容部官员，时为长史。慕容廆死，曾奉命出使东晋报丧。

八月，赵主弘以中山王虎为丞相、魏王、大单于[1]，加九锡，以魏郡等十三郡为国，总摄百揆[2]。虎赦其境内，立妻郑氏为魏王后，子邃为魏太子，加使持节[3]、侍中、都督中外诸军事、大将军、录尚书事；次子宣[4]为使持节、车骑大将军、冀州刺史，封河间王；韬[5]为前锋将军、司隶校尉，封乐安王；遵[6]封齐王，鉴[7]封代王，苞[8]封乐平王；徙太原[9]王斌[10]为章武王。勒文武旧臣，皆补散任[11]；虎之府寮[12]亲属，悉署台省要职[13]。以镇军将军夔安领左仆射[14]，尚书郭殷为右仆射[15]，更命太子宫曰“崇训宫”，太后刘氏以下皆徙居之。选勒宫人及车马、服玩之美者，皆入丞相府。

宇文乞得归为其东部大人逸豆归所逐[16]，走死于外。慕容皝引兵讨之，军于广安[17]。逸豆归惧而请和，遂筑榆阴、安晋二城而还[18]。

成建宁、牂柯[19]二郡来降，李寿复击取之。

赵刘太后谓彭城王堪曰：“先帝甫晏驾[20]，丞相遽相陵藉[21]如此。帝祚[22]之亡，殆不复久[23]，王将若之何[24]？”堪曰：“先帝旧臣，皆被疏斥，军旅不复由人[25]，宫省之内[26]，无可为者[27]，臣请奔兖州[28]，挟南阳王恢[29]为盟主[30]，据廪丘[31]，宣太后诏于牧、守、征、镇[32]，使各举兵以诛暴逆，庶几犹有济也[33]。”刘氏曰：“事急矣！当速为之。”九月，堪微服、轻骑袭兖州[34]，不克，南奔谯城[35]。丞相虎遣其将郭太[36]追之，获堪于城父[37]，送襄国，炙[38]而杀之。征南阳王恢还襄国。刘氏谋泄，虎废而杀之[39]，尊弘母程氏为皇太后。堪本田氏子[40]，数有功，赵主勒养以为子。刘氏有胆略，勒每与之参决军事，佐勒建功业，有吕后之风[41]，而不妒忌更过之[42]。

赵河东王生[43]镇关中，石朗镇洛阳[44]。冬，十月，生、朗皆举兵以讨丞相虎。生自称秦州刺史，遣使来降。氐帅蒲洪自称雍州刺史[45]，西附张骏。

虎留太子邃守襄国，将步骑七万攻朗于金墉[46]。金墉溃，获朗，刖而斩之[47]。进向长安，以梁王挺[48]为前锋大都督[49]。生遣将军郭权[50]帅鲜卑涉璝[51]众二万为前锋以拒之，生将大军继发，军于蒲阪[52]。权与挺战于潼关[53]，大破之，挺及丞相左长史刘隗[54]皆死，虎还奔渑池[55]，枕尸[56]三百余里。鲜卑潜与虎通谋，反击生。生不知挺已死，惧，单骑奔长安。权收余众，退屯渭汭[57]。生遂弃长安，匿于鸡头山[58]。将军蒋英据长安拒守[59]，虎进兵击英，斩之。生麾下[60]斩生以降，权奔陇右[61]。

虎分命诸将屯汧、陇[62]，遣将军麻秋[63]讨蒲洪。洪帅户二万降于虎，虎迎拜洪光烈将军、护氐校尉[64]。洪至长安，说虎徙关中豪杰及氐、羌以实东方[65]，曰：“诸氐皆洪家部曲[66]，洪帅以从[67]，谁敢违者！”虎从之，徙秦、雍民及氐、羌十余万户于关东[68]。以洪为龙骧将军、流民都督[69]，使居枋头[70]。以羌帅姚弋仲[71]为奋武将军、西羌大都督[72]，使帅其众数万徙居清河之滠头[73]。

虎还襄国，大赦。赵主弘命虎建魏台[74]，一如魏武王辅汉故事[75]。

（以上为第四段，写后赵中山王石虎控制朝政，刘太后与彭城王石堪密谋反抗，事泄被杀；后赵河东王石生镇守关中，石朗镇守洛阳，均起兵反叛石虎，被石虎打败、丧命。）

【注释】

[1]丞相、魏王、大单于：后赵石虎作为臣子兼此三职，权势到了无以复加的地步。丞相，统

管政事；魏王，加以王号；大单于，统管匈奴族事务。三职叠加可谓是权力全覆盖。［2］总摄百揆：总揽百事，总揽后赵的一切大权。百揆（kuí），百事，指军政大事。［3］子邃为魏太子：石虎立其长子石邃为魏国王太子，定为自己的接班人。使持节：皇帝授予大臣的旌节，对属下官员有生杀之权。［4］宣：即石宣，石虎次子，受封河间王。［5］韬（tāo）：即石韬，石虎第五子，封乐安王。［6］遵：即石遵，石虎第九子，封齐王。［7］鉴：即石鉴，石虎第三子，封为代王。后赵第六位皇帝。［8］苞：石苞，石虎第四子，封为乐平王。［9］太原：原文为平原，石斌曾被封为太原王，而非平原王。据严衍《资治通鉴补》改“平原”为“太原”。［10］斌：即石斌，初封太原王，改封章武王。按：以上石虎诸子封王，皆在石弘即位为傀儡皇帝、石虎大权独揽时所为，留下祸患，其后诸子争权，后赵内乱不已。［11］散任：闲散无实权的官职。［12］府寮：石虎魏王府的僚属。寮，通“僚”。［13］悉署：全部任命为。署，代理，暂任，这里即指任命。台省：当时朝廷官署的名称，代指朝廷。［14］夔安：为随石勒起事十八骑之一。石弘立，石虎专权，以镇军将军领左仆射。曾带领文武百官劝虎称帝，为征讨大都督。领左仆射：兼任尚书省重要官员。左仆射，尚书省副职，位仅次于尚书令。［15］郭殷：初为石勒右司马。石弘即位，为右仆射。后奉石虎命，废石弘为海阳王。石虎为赵天王，任为司空。右仆射：尚书省副官，右仆射位次于左仆射。［16］宇文乞得归：鲜卑宇文部首领，名乞得归，一作“乞得龟”，晋代北方鲜卑族宇文部首领，宇文逊昵延之子。曾奉石勒命出兵攻打慕容廆，被打得大败，都城被攻破。后宇文乞得归为其东部大人宇文逸豆归所逐，“走死于外”，《魏书》称“逸豆归杀乞得龟而自立”。逸豆归：遭到前燕慕容皝讨伐，兵败逃亡漠北和高丽，不知所终。宇文部自此散灭。［17］广安：地名，约在今辽宁凌源市境。［18］榆阴：城名，在今内蒙古翁牛特旗。安晋：城名，在今辽宁朝阳市西。［19］建宁、牂柯：二郡名。建宁，郡治在今云南曲靖市。牂柯，又作“牂牁”，晋时郡治万寿县，在今贵州瓮安县南。［20］甫晏驾：意即刚刚去世。甫（fǔ），刚刚。晏驾，宫车晚出，婉指帝王之死。［21］遽相陵藉：立刻就这样欺压我们。遽（jù），急速。陵藉，欺辱，践踏。陵，通“凌”，凌辱。［22］帝祚：国家政权，皇帝之位。祚（zuò），福，此指帝位。［23］殆不复久：看来时间是不会长了。殆，大概，恐怕。［24］王将若之何：你看该怎么办？王，以称彭城王石堪。［25］不复由人：不再由我们指挥。［26］宫省之内：指朝廷里的官员。宫省，设于皇宫内的官署。［27］无可为者：没有可与共谋大事的人。［28］兖（yǎn）州：州治廪丘，在今山东郓城县西北，当时属于后赵。［29］挟：扶持，辅助。南阳王恢：即石恢，后赵太祖石勒第四子，封为南阳王，辅国将军，镇守廪丘。后刘太后和石堪因为石虎专权，秘密谋立石恢，事情泄露，石恢被征召回都城襄国，与废帝石弘一起幽禁在崇训宫，不久被杀。［30］盟主：即首领，成为号令者。盟，本指在神明面前立誓缔约，引申为合作，建立统一的组织。［31］据廪（lǐn）丘：以廪丘为根据地，当时石恢率军驻扎于此。据，具有，占有。［32］牧、守、征、镇：指镇守各地的军政长官。牧，指州刺史。守，指郡太守。征，指征东、征西、征南、征北四将军。镇，指镇东、镇西、镇南、镇北四将军。［33］庶几：或许，差不多。犹有济：还有成功的希望。济，成，成功。［34］微服：为隐蔽身份而改穿平民服装，使人不识。袭：奔袭，出其不意。［35］谯（qiáo）城：城名，在今安徽亳州市。［36］郭太：后赵将领，为石虎干将。［37］城父：县名，县治在今安徽亳州市东南。［38］炙（zhì）：用火烤、火烧。［39］废而杀之：指石虎废除刘太后并将其杀害。［40］田氏子：姓田人家的儿子。［41］有吕后之风：指后赵刘太后有汉高祖刘邦的皇后吕雉那样的计谋手段与风采。［42］不妒忌更过之：胡三省曰："吕后能诛韩信、彭越，刘氏不能制虎，殆不及也。"即刘氏控制石虎手段不够狠毒，反而为石虎所制。［43］河东王生：即石生，石勒从子，宗室大臣。初任司州刺史，咸和五年（330），晋封为河东王，奉命镇守关中。八年（333），讨伐石虎，自称秦州刺史，被石虎击败，被部下杀死。［44］石朗：后赵将领，时镇守洛阳。洛阳：重镇，在今河南洛阳市。［45］蒲洪：即苻洪，字广世，氐族，前秦政权奠基者。先后归附前赵、后赵，后赵内乱时试图谋取中原，被杀，其子苻健称帝后追谥为惠武皇帝，庙号太祖。传见《晋书》卷一百一十二。雍州：后赵时州治长安，在今陕西西安市。［46］金墉：古城名，位于洛阳城（今河南洛阳市东）西北角。魏明帝曹叡时建筑，城小而固，为攻敌戍守要地。［47］刖而斩之：先剁了他的双脚，而后将其杀死。刖（yuè），古代的一种酷刑，把脚砍掉。［48］梁王挺：即石挺，石虎之子，后封为梁王。随石虎到关中征讨河东王石生，攻入长安，与郭权在潼关作战，兵败战死。梁王，封地梁郡，都城睢阳，在今河南商丘市睢阳区。［49］前锋大都督：官名，即先锋将，统率前锋部队。［50］郭权：后赵大将，效力于河东王石生，与石生等共同起兵反对石虎，控制北方关中、洛阳等后赵近三分之一国土。石生死后，割据关中与石虎对抗，历时四月，兵败遇害。［51］鲜卑涉璝：鲜卑族的涉璝部落。［52］蒲阪（bǎn）：津渡城名，在今山西永济市西的黄河边上。［53］潼关：关塞名，在今陕西潼关县东北。［54］刘隗（wěi）：字大连，东晋大臣。抵御王敦叛乱失败，投奔后赵，为从事中郎、太子太傅，在潼关之战中战死。传见《晋书》卷六十九。［55］渑（miǎn）池：县名，县治在今河南洛宁县西北。［56］枕尸：尸横遍野，相互枕藉，极言其伤亡之惨重。［57］渭汭：渭水入黄河之口处，约在今陕西潼关县北。汭（ruì），河流弯曲之地。［58］鸡头山：山名，在今陕西西安市鄠邑区东南，俗称"小武当山"。［59］蒋英：后赵将军，随同河东王石生反叛石虎，在潼关抵抗石虎军，兵败被杀。拒守：据险坚守。［60］麾下：部下。麾（huī），古代供指挥用的旌旗。［61］陇右：泛指陇山以西，相当于今甘肃东部、宁夏南部一带地区。［62］汧、陇：汧水、陇山，大约指今陕西与甘肃、宁夏交界的一带地区。汧（qiān）水，在今陕西千河，自甘肃华亭市流来，在陕西宝鸡市西入渭水。陇山，也称陇阪，在今陕西陇县西。［63］麻秋：后赵将领。传见《晋书》卷一百六。［64］光烈将军：杂号将军名号。此为石虎创置。护氐校尉：官名，掌边境氐族事务。［65］以实东方：以充实函谷关以东地区的人口。实，充实。当时中原长期战乱，人口逃亡，所剩无几。［66］部曲：原是军队编制名，这里指豪门贵族的私人军队。［67］洪帅以从：我带领他们投归于您。帅，同"率"，率领。［68］秦、雍：二州名。秦州，州治上邽，在今甘肃天水市。雍州，州治长安，在今陕西西安市的北部。关东：指函谷关以东。［69］龙骧（xiāng）将军：杂号将军之名。流民都督：官名，后赵所置，统领流民，并可统兵出征。［70］枋（fāng）头：地名，在今河南卫辉市西南的淇门渡。东汉建安九年（204），曹操曾在此用大枋木筑堰，截淇水使东北流入白沟，以通漕运。时人称为“枋头”，亦称“枋堰”，为军事要地。［71］姚弋仲：羌族。后秦开国皇帝姚苌之父，先后投靠前赵、后赵、东晋。传见《晋书》卷一百十六。［72］奋武将军：石虎封给姚弋仲的杂号将军名号。西羌大都督：后赵置，总管羌族事务。［73］清河：河水名，上游称白沟，自今河北威县以下始称清河，东北流经清河、枣强等县，至东光县西，此下略循今卫河、海河入海。滠（shè）头：地名，在今河北枣强县东北。［74］魏台：指石虎封国魏王的各官署。［75］一如魏武王辅汉故事：一律按当年曹操以“魏王”的身份控制汉献帝的旧例。

慕容皝初嗣位[1]，用法严峻，国人多不自安，主簿皇甫真切谏[2]，不听。

皝庶兄建威将军翰[3]、母弟征虏将军仁[4]，有勇略，屡立战功，得士心；季弟昭[5]，有才艺[6]，皆有宠于廆。皝忌之，翰叹曰：“吾受事于先公[7]，不敢不尽力，幸赖先公之灵，所向有功，此乃天赞[8]吾国，非人力也。而人谓吾之所办[9]，以为雄才难制[10]，吾岂可坐而待祸邪！”乃与其子出奔段氏[11]。段辽[12]素闻其才，冀收其用[13]，甚爱重之。

仁自平郭[14]来奔丧，谓昭曰：“吾等素骄[15]，多无礼于嗣君[16]，嗣君刚严[17]，无罪犹可畏[18]，况有罪乎！”昭曰：“吾辈皆体正嫡[19]，于国有分[20]。兄素得士心，我在内未为所疑，伺其间隙[21]，除之不难。兄趣举兵以来[22]，我为内应，事成之日，与我辽东[23]。男子举事，不克则死[24]，不能效建威偷生异域也[25]。”仁曰：“善！”遂还平郭。闰月[26]，仁举兵而西[27]。

或以仁、昭之谋告皝，皝未之信，遣使按验[28]。仁兵已至黄水[29]，知事露，杀使者，还据平郭。皝赐昭死。遣军祭酒封奕[30]慰抚辽东。以高诩为广武将军[31]，将兵五千与庶弟建武将军幼、稚[32]、广威将军军[33]、宁远将军汗[34]、司马辽东佟寿共讨仁[35]。与仁战于汶城[36]北，皝兵大败，幼、稚、军皆为仁所获；寿尝为仁司马，遂降于仁。前大农孙机[37]等举辽东城以应仁。封奕不得入，与汗俱还。东夷校尉封抽[38]、护军平原乙逸[39]、辽东相太原韩矫皆弃城走[40]。于是，仁尽有辽东之地。段辽及鲜卑诸部皆与仁遥相应援[41]。皝追思皇甫真之言，以真为平州别驾[42]。

（以上为第五段，写鲜卑慕容皝即位后，用法过严，不得人心，庶兄慕容翰逃归段氏，同母弟慕容仁、慕容昭密谋起兵反叛，慕容仁打败慕容皝，据有辽东地区。）

【注释】

[1]嗣（sì）位：继承君位。 [2]皇甫真：字楚季，前燕大臣，时任主簿。先后辅佐慕容廆、慕容皝、慕容俊、慕容暐四位君主，官至侍中、太尉。前秦灭亡前燕，皇甫真归顺前秦，担任奉车都尉，数年后去世。传见《晋书》卷一百十一。切谏：恳切劝谏。 [3]庶兄：庶出之兄。建威将军：杂号将军之名。翰：即慕容翰，字元邕。传见《晋书》卷一百八。 [4]母弟：同母之弟。征虏将军：杂号将军之名。仁：即慕容仁，字千年，慕容皝同母弟。曾拜征虏将军，镇守辽东，大破高句丽进犯。慕容皝继位后猜忌兄弟。他举兵反叛，自领平州刺史、辽东公，后被打败，赐死。传见《晋书》卷一百八。 [5]昭：即慕容昭，慕容皝的五弟，慕容皝继位，慕容昭与其四兄慕容仁密谋叛变，事发被擒，被赐自裁。 [6]才艺：才智和能力。 [7]受事：接受职权。先公：亡父。 [8]赞：辅助，辅佐。 [9]人谓吾之所办：有人认为这都是我干出来的。 [10]以为雄才难制：认为我的雄才大略难以控制。制，制服。 [11]段氏：当时占据今辽宁西部一带地区的段氏政权，此时的头领是段辽，鲜卑人，段疾陆眷之孙。 [12]段辽：一作“段护辽”，鲜卑段部首领，段疾陆眷之孙，封辽西公。传见《晋书》卷六十三。 [13]冀收其用：希望日后得到他的报效。冀，希望。 [14]平郭：县名，县治在今辽宁盖州市南，当时慕容仁镇守辽东，驻兵于此。 [15]素骄：一向骄纵傲慢。 [16]嗣君：继位的国君，指慕容皝。 [17]刚严：刚毅，严厉。 [18]犹：尚且。可畏：令人畏惧。 [19]皆体正嫡：都是先王正妻所生的儿子。 [20]于国有分：对这个国家也有我们该得的一份。 [21]伺：侦察，探测。间隙：空隙，机会。 [22]趣举兵以来：迅速带领部队杀过来。趣，通“促”，火速，赶快。 [23]与我辽东：把辽东郡分给我。当时辽东郡的郡治在今辽宁辽阳市。与，分给。 [24]不克则死：不成功则宁可战死。克，成功。 [25]建威：指慕容翰，时为建威将军，故称之。偷生异域：指慕容翰出逃投奔段氏。 [26]闰月：闰十月。 [27]举兵而西：兴兵向西进发。 [28]按验：调查，核实。 [29]黄水：即潢水，古水名，今内蒙古西拉木伦河及其下游西辽河。 [30]军祭酒：即军咨祭酒，为将帅府的首席参谋。封奕（yì）：字子专，燕重臣。幼年时即入仕慕容廆，任小都督，后参议军国政事，任军咨祭酒，官至太尉，领中书监，封武平公。传见《晋书》卷一百九。 [31]广武将军：以及下文的建武将军、广威将军、宁远将军，皆临时给出征将领所加的杂号将军之名。 [32]建武将军幼、稚：慕容皝任命自己的六弟慕容幼和七弟慕容稚为建武将军，随广武将军高诩出征慕容仁。 [33]广威将军：慕容皝以八弟慕容军为广威将军。 [34]宁远将军汗：慕容皝第九弟慕容汗为宁远将军。 [35]司马：军中主管司法的长官。佟（tóng）寿：辽东（今辽宁辽阳市）人，效力于鲜卑慕容氏。慕容仁反叛，佟寿奉命征讨，结果被打败。佟寿曾是慕容仁的司马，于是归降慕容仁。后慕容皝率兵打

败慕容仁，佟寿逃奔高句丽。［36］汶城：即汶县故城，在今辽宁营口市东南。［37］孙机：曾为东晋大农，故此称前大农，后投奔鲜卑慕容氏，驻守辽东城（在今辽宁辽阳市），举城响应慕容仁。后慕容仁兵败，孙机被慕容皝斩杀。［38］东夷校尉：管理东部少数民族的军政长官，当时的驻地也在辽阳城。封抽：曾任西晋的幽州参军、慕容廆的长史、慕容皝的东夷校尉，后投奔高句丽。［39］护军：即护军都尉，监领军队。护，监领的意思。乙逸：姓乙，名逸，平原郡（在今山东德州市）人，效力于鲜卑慕容氏，为东夷护军。［40］辽东相：辽东王国的行政官员，职同郡太守。韩矫：太原人，鲜卑慕容氏官员，时为辽东相，后为慕容皝左司马。［41］应援：呼应救援。［42］平州别驾：平州刺史的高级僚属，随刺史出行时，单乘一车，故称"别驾"。当时慕容皝自称平州刺史。平州，州治襄平，在今辽宁辽阳市。

十二月，郭权据上邽，遣使来降[1]。京兆、新平、扶风、冯翊、北地[2]皆应之。

初，张骏欲假道于成以通表建康[3]，成主雄[4]不许。骏乃遣治中从事张淳称藩于成以假道[5]。雄伪许之，将使盗覆诸东峡[6]。蜀人桥赞[7]密以告淳。淳谓雄曰："寡君使小臣行无迹之地[8]，万里通诚[9]于建康者，以陛下嘉尚忠义[10]，能成人之美[11]故也。若欲杀臣者，当斩之都市，宣示众目[12]曰：'凉州不忘旧德[13]，通使琅邪[14]，主圣臣明[15]，发觉杀之[16]。'如此，则义声[17]远播，天下畏威[18]。今使盗杀之江中，威刑不显[19]，何足以示天下乎[20]！"雄大惊曰："安有此邪[21]！"

司隶校尉景骞言于雄曰[22]："张淳壮士，请留之[23]。"雄曰："壮士安肯留！且试以卿意观之[24]。"骞谓淳曰："卿体丰大[25]，天热，可且遣下吏[26]，小住须凉[27]。"淳曰："寡君以皇舆播越[28]，梓宫未返[29]，生民涂炭[30]，莫之振救[31]，故遣淳通诚上都[32]。所论事重，非下吏所能传。使下吏可了[33]，则淳亦不来矣。虽火山汤海[34]，犹将赴之，岂寒暑之足惮[35]哉！"雄谓淳曰："贵主英名盖世，土险兵强，何不亦称帝自娱[36]一方？"淳曰："寡君祖考[37]以来，世笃忠贞[38]，以仇耻未雪，枕戈待旦[39]，何自娱之有[40]！"雄甚惭，曰："我之祖考本亦晋臣，遭天下大乱，与六郡之民[41]避难此州，为众所推，遂有今日。琅邪若能中兴大晋于中国者[42]，亦当帅众辅之。"厚为淳礼而遣之。淳卒致命于建康[43]。

长安之失守[44]也，敦煌计吏耿访[45]自汉中入江东，屡上书请遣大使慰抚凉州[46]。朝廷以访守治书御史[47]，拜张骏镇西大将军，选陇西贾陵等十二人配之[48]。访至梁州[49]，道不通，以诏书付[50]贾陵，诈为贾客以达之[51]。是岁[52]，陵始至凉州，骏遣部曲督王丰等报谢[53]。

（以上为第六段，写凉州与东晋道路不通，音信隔绝，张骏派张淳向成汉称臣以便借道，到建康呈送奏书，成汉主李雄打算暗中杀害张淳，张淳与李雄斗智斗勇，终于不辱使命，到达建康。）

【注释】

[1]来降：来向晋王朝归降。[2]京兆、新平、扶风、冯翊、北地：皆郡名。京兆，郡治长安县，在今陕西西安市。新平，郡治新平，在今陕西彬州市。扶风，郡治槐里，在今陕西兴平市东南。冯翊（yì），郡治临晋，在今陕西大荔县。北地，郡治泥阳，在今甘肃宁县东南。[3]假道于成：向成都的李氏政权借路。假道，借道，借路。假，通“借”。通表建康：打通向东晋朝廷呈送奏书的道路。建康，东晋都城，在今江苏南京市。[4]成主雄：即成汉国主李雄。[5]治中从事：刺史的高级佐官之一，主众曹文书，居中治事，故名治中。张淳：凉州府治中从事，张骏属官。称藩于成：先向成都的李氏政权称臣。称藩，犹言称臣。藩，皇帝属下的诸侯之国。[6]将使盗覆诸东峡：准备派匪盗制造翻船事故，把凉州的使者淹死在三峡的长江里。覆，覆灭，消灭。诸，“之于”的合音字。之，代指张淳。东峡，即长江三峡，三峡在成都以东，故称之。[7]桥赞：蜀人，成汉官员。[8]寡君：向他国谦称自己国家的君主。无迹之地：荒无人烟的地方。[9]通诚：把自己的诚心向人禀告。诚，诚心，忠心。[10]陛下：尊称李雄，以讨其喜欢。嘉尚忠义：赞美尊重有忠心、讲义气的人。嘉尚，赞美，崇尚。[11]能成人之美：意即能让我们通过蜀地到建康，向东晋皇帝表示忠心。[12]宣示众目：当众发布。[13]凉州：此指凉州君主张骏。旧德：指西晋对凉州君主的好处。张骏的祖父张轨当时任西晋的凉州刺史。[14]通使琅邪：意即向东晋通使。琅邪，东晋王朝的缔造者司马睿以世袭琅邪王起家，故这里以“琅邪”代指东晋。[15]主圣臣明：指凉州张氏政权有这样的明君贤臣。[16]发觉杀之：被我们成国发现了，我们要处死他们。[17]义声：好名声。这里是用反语谴责李雄。[18]畏威：害怕你的威风、势力。[19]威刑不显：你的威力不能显示于天下。威刑，严厉的刑法。显，昭明。[20]何足以示天下乎：你又怎么能向天下人炫耀呢？[21]安有此邪：怎么会有这样的事呢？[22]司隶校尉：官名，监督京师百官以及京城周边地方的监察官。景骞：成汉官员，为司隶校尉、尚书令。[23]留之：把他留在我们成国这里，让他为我们效力。[24]试以卿意观之：先以你的名义试探一下。[25]丰大：丰满，肥大，即身高体胖。[26]且遣下吏：先打发你手下的小吏前去。且，姑且。下吏，随行的小吏。[27]小住须凉：暂时留在这儿一段时间，等候天气凉爽。须，等候，

等待。［28］皇舆播越：天子流亡。皇舆，皇帝所乘之车，这里代指西晋皇帝和朝廷。播越，颠沛流离。［29］梓宫未返：晋怀帝司马炽、晋愍帝司马邺二帝的灵柩尚未迎回安葬。梓（zǐ）宫，此指皇帝的棺材。梓，木名。［30］生民涂炭：沦陷区的百姓正生活在水深火热之中。涂炭，烂泥与炭火，比喻黎民遭受的灾难困苦。［31］振救：拯救，挽救。［32］通诚上都：把自己的想法向皇帝报告。上都，敬指建康。［33］可了：可以办好。［34］汤海：浩瀚的大海。汤（shāng），水势浩大、水流很急的样子；也可指热水、开水。［35］足惮：足以吓住人。惮，害怕，畏惧。［36］自娱：自乐，自己享福。［37］祖考：祖父、父亲。考，古时称死去的父亲。张骏的祖父是张轨，父亲是张寔。［38］世笃忠贞：世世代代都忠贞不变。笃，坚定，专一不变。［39］枕戈待旦：头枕兵器，等待天明，形容杀敌心切。［40］何自娱之有：哪里有什么心思偷闲自乐！［41］六郡之民：指晋惠帝司马衷元康年间，雍、秦二州的天水、略阳、扶风、始平、武都、阴平六郡之汉、賨、氐等族百姓十万余口，因战乱与灾荒而流入今成都市一带地区，李雄先人李特兄弟的起家就是以这些流民为基础。李特兄弟死后，流民拥李特子李雄为主，在西川建立成国。［42］琅邪：琅邪王的子孙，指东晋皇帝。中国：指晋武帝司马炎在洛阳建立的西晋王朝，代指西晋时整个国土。［43］卒：终于。致命于建康：把张骏的意旨向东晋王朝做了表白。致命，传达所奉的使命。［44］长安之失守：指晋愍帝建兴四年（316）汉赵大司马刘聪攻破长安，司马邺被虏。［45］敦煌计吏耿访：敦煌郡派出到朝廷上计的官员姓耿名访。按：晋愍帝建兴四年（316），敦煌遣耿访至长安上计，未及还而长安陷落，归路断绝，因而取道汉中，东至建康。［46］大使：指朝廷特别派出的使节。慰抚：安抚，抚慰。［47］守：署理，代理。官阶低而代理高官阶的职务叫“守”。治书御史：又称“治书侍御史”，御史中丞的属官，职掌依据法律审理疑狱，位次略高于一般侍御史。治，原文为“侍”，据严衍《资治通鉴补》改。［48］贾陵：陇西人，为东晋朝廷出访官员。配之：给耿访做随行人员。配，分配，配给。［49］梁州：州治原在今陕西汉中市，后被前赵、后赵所占，东晋的梁州州治遂迁到襄阳，在今湖北襄阳市。［50］付：交给。［51］诈：假装，冒充。贾客：商人。以达之：将朝廷的诏书送到凉州。［52］是岁：这一年，指晋成帝咸和八年（333）。［53］部曲督：亦称“督将”，为州刺史的主要将领。王丰：为凉州部曲督，张骏部将。报谢：向朝廷答谢。

九年（甲午，334年）

春，正月，赵改元延熙[1]。

诏以郭权为镇西将军、雍州[2]刺史。

仇池王杨难敌卒，子毅[3]立，自称龙骧将军、左贤王、下辨[4]公；以叔父坚头之子盘为冠军将军、右贤王、河池公[5]，遣使来称藩[6]。

二月，丁卯[7]，诏遣耿访、王丰赍印绶[8]授张骏大将军，都督陕西、雍、秦、凉州[9]诸军事。自是每岁使者不绝[10]。

慕容仁以司马翟楷领东夷校尉[11]，前平州别驾庞鉴领辽东相[12]。

段辽遣兵袭徒河[13]，不克；复遣其弟兰与慕容翰共攻柳城[14]，柳城都尉石琮[15]、城大慕舆埿[16]并力拒守，兰等不克而退。辽怒，切责[17]兰等，必令拔之。休息二旬[18]，复益兵[19]来攻，士皆重袍蒙楯[20]，作飞梯[21]，四面俱进[22]，昼夜不息。琮、埿拒守弥[23]固，杀伤千余人，卒不能拔[24]。慕容皝遣慕容汗及司马封奕等共救之。皝戒汗曰:“贼气锐[25]，勿与争锋[26]。”汗性骁果[27]，以千余骑为前锋，直进[28]。封奕止之，汗不从。与兰遇于牛尾谷[29]。汗兵大败，死者太半[30]。奕整陈力战[31]，故得不没[32]。

兰欲乘胜穷追，慕容翰恐遂灭其国[33]，止之曰:“夫为将当务慎重[34]，审己量敌[35]，非万全[36]不可动。今虽挫其偏师[37]，未能屈其大势[38]。皝多权诈[39]，好为潜伏[40]，若悉国中之众自将以拒我[41]，我县军深入[42]，众寡不敌[43]，此危道也。且受命之日，正求此捷；若违命贪进，万一取败，功名俱丧，何以返面[44]！”兰曰:“此已成擒[45]，无有余理[46]，卿正虑遂灭卿国[47]耳！今千年在东[48]，若进而得志[49]，吾将迎之以为国嗣[50]，终不负卿[51]，使宗庙不祀[52]也。”千年者，慕容仁小字[53]也。翰曰:“吾投身相依，无复还理[54]；国之存亡，于我何有[55]！但欲为大国之计[56]，且相为惜功名[57]耳。”乃命所部欲独还，兰不得已而从之。

三月，成主雄分宁州置交州[58]，以霍彪为宁州刺史，爨深[59]为交州刺史。

赵丞相虎遣其将郭敖及章武王斌帅步骑四万西击郭权[60]，军于华阴[61]。夏，四月，上邽豪族杀权以降。虎徙秦州三万余户于青、并二州[62]。长安人陈良夫奔黑羌[63]，与北羌王薄句大等侵扰北地、冯翊[64]。章武王斌、乐安王韬[65]合击，破之，句大奔马兰山[66]。郭敖乘胜逐北[67]，为羌所败，死者什七八[68]。斌等收军还三城[69]。虎遣使诛郭敖。秦王宏有怨言[70]，虎幽之[71]。

慕容仁自称平州刺史、辽东公。

（以上为第七段，写鲜卑人慕容仁占有辽东地区，自称平州刺史、辽东公；段兰与慕容翰进攻柳城，打败慕容皝军队；后赵将领郭敖乘胜追击北羌，却大败，被石虎诛杀。）

【注释】

［1］改元：更改年号。延熙：后赵石弘的年号，共计一年，即公元334年。延熙元年十一月石虎即位沿用，次年改元建武元年。［2］雍州：州治长安，在今陕西西安市北部。［3］毅：即杨毅，杨难敌的长子。公元334年继位，为前仇池国第三任君主。继位后，自称龙骧将军、左贤王、下辨公，向东晋称臣，封为征南将军。后杨毅堂弟杨初叛乱，杨毅被杀死。［4］下辨：晋县名，县治在今甘肃成县西北，当时为武都郡的郡治所在地，时为仇池国所占。［5］“以叔父坚头”句：仇池国主杨毅叔父杨坚头别统一军部曲驻河池，其子杨盘继领其众，杨毅就势任命杨盘为冠军将军、右贤王、河池公。冠军将军，杂号将军之名。右贤王，匈奴王名。河池公，封爵公、侯、伯、子、男五等爵的最高级公爵。河池，县名，县治在今甘肃徽县，时为杨盘驻留地。［6］遣使来称藩：指杨毅派使者向东晋臣服，称为封疆藩臣。［7］丁卯：二月二十三日。［8］赍印绶：携带着朝廷封赠张骏的印绶。赍（jī），携带，持。绶，系印的丝带。［9］陕西、雍、秦、凉州：指陕西与雍、秦、凉三州。陕西是特指，即关中地区，重镇长安所在地。［10］使者不绝：杨毅称藩，梁、凉二州间的道路打通，故可使者不绝。［11］翟楷：鲜卑首领慕容皝的属官，为司马，领东夷校尉。领：兼任。［12］庞鉴：鲜卑首领慕容皝的属官，原为平州别驾，领辽东相。辽东相：相当于辽东郡的太守。辽东郡因西晋时为辽东国，故其行政长官称“相”。［13］徒河：县名，县治在今辽宁锦州市西北，当时在慕容氏政权的管辖之下。［14］兰：即段兰，段部鲜卑前任首领段辽之弟，辽西公国政权首领。辽西公国在后赵及前燕的夹击下覆亡，段兰逃亡，被宇文部鲜卑首领宇文逸豆归抓获，送至后赵，后赵主石虎命段兰率领从属的鲜卑部众五千人，回到辽西的故都令支（今河北迁安市）屯驻。柳城：县名，县治在今辽宁朝阳市西南。［15］石琮：前燕官员。段氏首领段辽派兵袭击鲜卑属地徒河（今辽宁锦州市），不克，马上又派大将段兰等攻打柳城，时任柳城都尉的石琮和城主慕舆埿一起，合力拒守，令段兰不克而退。后慕容皝称燕王，石琮被封为常伯。［16］城大：城主，一城之长。慕舆埿（ní）：复姓慕舆，名埿，前燕官员，为轻车将军、平北将军、武强公。段氏大将段兰等攻打柳城，时为城主的慕舆埿与柳城都尉石琮合力拒守，令段兰不克而退。慕容皝攻击高句丽，大败之，轻车将军慕舆埿追获其母周氏及妻而还。［17］切责：严厉责备。［18］旬：一旬十天。［19］益兵：增兵。益，增益，增加。［20］重（chóng）袍蒙楯：指攻城军穿两层战袍，以盾护身。蒙，覆盖，顶着。楯，同“盾”。［21］飞梯：云梯，古代攻城用的长梯。［22］四面俱进：将全城包围，四面同时进攻。［23］弥：更加。［24］卒：终，到底。拔：攻克，攻取。［25］气锐：士气旺盛。［26］争锋：犹争胜。［27］骁果：勇猛，果敢。［28］直进：长驱进发。［29］牛尾谷：地名，在柳城北，今辽宁朝阳市西南。［30］太

半：一大半。太，大。［31］整陈：压住阵脚。陈，通“阵”。力战：拼死战斗。［32］不没：没有全军覆没。［33］遂：于是。灭其国：谓灭掉自己慕容氏的故国。［34］当务慎重：应当谨慎从事。务，必须。［35］审己量敌：意即知己知彼。审，详察。量，衡量。［36］万全：万无一失。［37］偏师：指全军的一个部分，并非主力部队。［38］未能屈其大势：还没有从整体上予以挫败。屈，挫败。［39］权诈：权谋，诡诈。［40］好：喜好，善于。潜伏：埋伏。［41］悉：尽，全部。自将：自己亲自统率。［42］县军深入：远离自己的根据地而深入敌境的孤军。县，同“悬”，孤悬，悬远。［43］众寡不敌：双方的兵力多少不成比例。敌，相当，匹敌。［44］何以返面：怎么回去交差？［45］此已成擒：意即敌兵已到了山穷水尽之时，没有再战与逃跑的可能。成擒，现成的俘虏，即将被擒。［46］无有余理：再没有其他的可能。［47］卿正虑遂灭卿国：你就是怕一举灭了你的国家。卿，对对方的敬称。虑，担心，忧虑。遂灭，一举灭掉。［48］千年在东：你的兄弟慕容仁正在辽东。千年，即慕容仁，字千年。东，指东面的辽东。［49］得志：指满足意愿，一举消灭慕容皝。［50］迎之以为国嗣（sì）：迎接慕容仁来做你们国家的继承人。［51］终不负卿：无论如何不会对不起你。负，辜负。［52］使宗庙不祀：意即不会让你们的国家灭亡。按照字面理解，是使国家灭亡，其实不妥。前文说迎接慕容仁为接班人，故其意为不灭其国。宗庙，国君的祖庙，是古代国家的象征。不祀，不再有人祭祀。［53］小字：犹言“小名”。［54］无复还理：没有再回去的可能。［55］于我何有：即“于我有何”，和我有什么相干？［56］但欲为大国之计：都是为你们的国家考虑。大国，敬称段兰之国。［57］相为惜功名：是因为怕你遭到失败而丢了前程。［58］分宁州置交州：分宁州的兴古、永昌、牂柯、越嶲、夜郎等郡置交州。宁州，州治滇池，在今云南昆明市东南。交州，州治龙编，在今越南河内市东北。［59］爨（cuàn）深：建宁同乐（今云南陆良县）人，彝族。曾为兴古太守，奉刺史王逊命率军拒战成汉军队于堂狼（今云南巧家县）。后李雄再次南下，军至朱提，又奉宁州刺史尹奉命与霍彪率军相助。后降于李雄。李雄以其为交州刺史。［60］郭敖：并州晋阳人，后赵左长史、尚书左仆射。石勒早年在并州为盗时，有十八骑，郭敖是其中一员。公元330年，石勒称帝，郭敖为尚书左仆射。章武王斌：即石斌，石虎第六子。［61］华阴：县名，县治在今陕西华阴市东南。［62］青、并二州：青州，州治临淄，在今山东淄博市临淄区。并州，州治晋阳，在今山西太原市西南。［63］陈良夫：长安（今陕西西安市）人。黑羌：羌族的一支。［64］薄句大：为北羌王，称四角王，主要活动于陕西关中北部，曾侵扰北地、冯翊，被后赵将领打败，奔马兰山。北地、冯翊：二郡名。北地，郡治在今陕西铜川市耀州区东。冯（píng）翊（yì），郡治临晋，在今陕西大荔县。［65］乐安王韬（tāo）：即石韬，石虎第五子。［66］马兰山：山名，在今陕西白水县西北，为马兰羌所居之地。［67］逐北：追击败逃的敌兵。北，意思同“背”，败。［68］什七八：十分之七八。什，通“十”。［69］三城：在广武县，在今山西代县西南的古城。［70］秦王宏：即石宏，石勒之子。有怨言：指石勒病重时，石虎矫诏将其召回，失去兵权，怀怨于心。［71］幽之：将其囚禁。幽，幽禁，囚禁。

长沙桓公[1]陶侃，晚年深以满盈自惧[2]，不预[3]朝权，屡欲告老归国[4]，佐吏等苦留之。六月，侃疾笃[5]，上表逊位[6]。遣左长史殷羡[7]奉送所假节、麾、幢、曲盖[8]，侍中貂蝉、大尉章[9]，荆、江、雍、梁、交、广、益、宁八州刺史印传、棨戟[10]；军资、器仗、牛马、舟船，皆有定簿[11]，封印仓库，侃自加管钥[12]。以后事付右司马王愆期[13]，加督护统领文武[14]。

甲寅[15]，舆车出[16]，临津就船[17]，将归长沙，顾谓愆期曰："老子婆娑[18]，正坐诸君[19]！"乙卯[20]，薨于樊溪[21]。侃在军四十一年，明毅[22]善断，识察纤密[23]，人不能欺[24]；自南陵迄于白帝[25]，数千里中，路不拾遗。及薨，尚书梅陶与亲人曹识书曰[26]："陶公机神明鉴似魏武[27]，忠顺勤劳似孔明[28]，陆抗[29]诸人不能及也。"谢安[30]每言："陶公虽用法而恒得法外意[31]。"安，鲲之从子也。

（以上为第八段，写长沙桓公陶侃一生为国操劳，建有大功，年老，明哲谦退，不参与朝政，请求退位，派左长史殷羡奉还朝廷赐予的所有符节、官印、仪仗等。）

【注释】

[1]长沙桓公：陶侃的爵号是长沙公，谥号是"桓"，故称之。[2]以满盈自惧：以功大位高而感到害怕。[3]不预：不参与，不过问。[4]归国：回到自己的封地长沙郡去。[5]疾笃（dǔ）：病情严重。[6]逊位：退位，让出官爵、封地。逊，辞让，退让。[7]殷羡：字洪乔，陈郡长平（今河南西华县）人，扬州刺史殷浩的父亲。曾任陶侃的左长史、长沙相，平定苏峻之乱有功，授豫章太守，卒于光禄勋任上。传见《晋书》卷六十六。[8]奉送所假：把朝廷此前所封赠给自己的东西一概送回。节：指旌节。麾（huī）：大将的指挥旗。幢（chuáng）：古时作仪仗用的以羽毛为饰的一种旗帜。曲盖：仪仗用的曲柄伞。按晋制，凡镇守一方的军政长官，皇帝均赐给节、麾、幢、曲盖。[9]侍中貂蝉：朝官侍中所戴冠上的饰物。《后汉书·舆服志下》曰："侍中、中常侍加黄金珰，附蝉为文，貂尾为饰。"大尉章：即太尉的印章。陶侃被封为太尉，掌管全国的兵权。大，同"太"。章，印章。[10]印传：用印章编封的符信。晋崔豹《古今注》下曰："凡传皆以木为之，长尺五寸，书符信于上，又以一板封之，皆封以御史印章，所以为信也。"棨戟：古代官吏出行时所用的一种前导的木质仪仗，其形状如戟。棨（qǐ），木制的信符，在古代官吏出行时用来证明身份。以上八物，均朝廷所授。[11]定簿：固定的计簿，登记着各种器物。[12]自加管钥：陶侃亲自把仓库门锁起来，以备朝廷来人清点。自，亲自。管钥，锁匙。

[13]付：托付。王愆（qiān）期：东晋将领，为江州督护、右司马，提升为督护。［14］加督护：提升为督护之职。文武：指陶侃属下的文臣武将。［15］甲寅：六月十二日。［16］舆车出：乘车出了将军府。［17］临津就船：到江边登上船。津，渡口。就船，登船。［18］老子婆娑：我之所以直到这种样子才辞职退休。老子，意同“老夫”，陶侃自称。婆娑，衰老，行动缓慢不灵活的样子。［19］正坐诸君：都是让你们闹的。因为陶侃自己早就说退，而其参佐苦留。坐，因为。［20］乙卯：六月十三日。［21］薨于樊溪：路途中死在樊溪。薨（hōng），古代称诸侯或有爵位的大官死去。陶侃身为长沙公，是一方诸侯，故对其死称“薨”。樊溪，在今湖北鄂州市西北。［22］明毅：明智，刚毅。［23］识察：识知，察觉。纤密：缜密，细密。［24］欺：欺骗，隐瞒。［25］自南陵迄于白帝：东自南陵，西至白帝城，这里指陶侃所管辖过的地方。南陵，南陵戍，晋代的驻兵据点，在今安徽芜湖市南的南陵，当时属江州。迄（qì），到。白帝，白帝城，在今重庆市奉节县，当时属荆州。［26］梅陶：字叔真，汝州西平（今河南西平县）人，东晋大臣。初为王敦咨议参军，迁豫章太守。晋成帝初，入为尚书，拜光禄大夫。传见《晋书》卷七十。亲人：亲近的人，即“好友”。曹识：尚书梅陶的好友。［27］机神明鉴似魏武：指陶侃机智、明察，有如当年的魏武帝曹操。［28］忠顺勤劳似孔明：陶侃忠诚忠贞就像诸葛孔明。［29］陆抗：字幼节，吴国丞相陆逊次子，拜镇军将军，镇守西陵，假节，击退晋将羊祜的进攻，攻杀叛将西陵督步阐，被誉为吴国最后的名将。［30］谢安：西晋名士谢鲲之子，东晋名臣。［31］虽用法：虽然用法较严。恒得法外意：用法的目的不在于惩处人，而是为了达到一种更高的目的。恒，经常，常常。

成主雄生疡[1]于头，身素多金创[2]。及病，旧痕皆脓溃[3]，诸子皆恶[4]而远之，独太子班[5]昼夜侍侧，不脱衣冠，亲为吮脓[6]。雄召大将军建宁王寿受遗诏辅政[7]。丁卯[8]，雄卒，太子班即位。以建宁王寿录尚书事[9]，政事皆委于寿及司徒何点[10]、尚书令王瑰[11]，班居中[12]行丧礼，一无所预[13]。

辛未[14]，加平西将军庾亮征西将军、假节，都督江、荆、豫、益、梁、雍六州诸军事，领江、豫、荆三州刺史，镇武昌[15]。亮辟殷浩为记室参军[16]。浩，羡之子也，与豫章太守褚裒[17]、丹阳丞杜乂[18]，皆以识度清远[19]，善谈《老》《易》[20]，擅名江东[21]，而浩尤为风流所宗[22]。裒，䂮[23]之孙；乂，锡之子也。桓彝[24]尝谓裒曰：“季野有皮里《春秋》[25]。”言其外无臧否[26]，而内有褒贬[27]也。谢安曰：“裒虽不言，而四时之气亦备矣[28]。”

秋，八月，王济[29]还辽东，诏遣侍御史王齐祭辽东公廆[30]，又遣谒者徐孟[31]策拜慕容皝镇军大将军、平州刺史、大单于、辽东公，持节都督[32]，承制封拜[33]，一如廆故事[34]。船下马石津[35]，皆为慕容仁所留。

九月，戊寅[36]，卫将军江陵穆公陆晔[37]卒。

成主雄之子车骑将军越屯江阳[38]，奔丧至成都。以太子班非雄所生，意不服，与其弟安东将军期谋作乱。班弟玝劝班遣越还江阳，以期为梁州刺史，镇葭萌[39]。班以未葬，不忍遣，推心待之[40]，无所疑间[41]，遣玝出屯于涪[42]。

冬，十月，癸亥朔[43]，越因班夜哭，弑之于殡宫[44]，并杀班兄领军将军都；矫太后任氏令，罪状班而废之。

初，期母冉氏贱，任氏母养之[45]。期多才艺，有令名[46]；及班死，众欲立越，越奉期而立之。甲子[47]，期即皇帝位。谥班曰“戾太子[48]”。以越为相国，封建宁王；加大将军寿大都督[49]，徙封汉王；皆录尚书事。以兄霸为中领军[50]、镇南大将军；弟保[51]为镇西大将军、汶山[52]太守；从兄始[53]为征东大将军，代越镇江阳。丙寅[54]，葬雄于安都陵[55]，谥曰“武皇帝”，庙号太宗。

始欲与寿共攻期，寿不敢发。始怒，反谮寿于期[56]，请杀之。期欲借寿[57]以讨李玝，故不许，遣寿将兵向涪。寿先遣使告玝以去就利害[58]，开其去路[59]，玝遂来奔[60]。诏以玝为巴郡[61]太守。期以寿为梁州刺史，屯涪。

（以上为第九段，写成汉宫廷政变。成汉主李雄去世，让其兄李特之子李班继位，自己亲生的两子李越、李期不服气，便杀掉李班，由李期即位，李班弟弟李玝投奔东晋。）

【注释】

[1]疡（yáng）：溃烂的痈疮。[2]素多金创：平素在战场上受过很多次伤。素，平素，平时。金创（chuāng），指兵器对人所造成的创伤。[3]旧痕：旧伤疤。脓溃：溃烂，流脓。[4]恶（wù）：厌恶，讨厌。[5]太子班：即李班，字世文，李雄之侄，谦虚博纳，敬爱儒贤，为成汉第二位皇帝。李班深得叔父李雄的信任，被立为太子，李雄死后，李班即位，同年，李班被李雄之子李越杀害，谥号哀皇帝。传见《晋书》卷一百二十一。[6]吮（shǔn）脓：用嘴向外吸脓。

［7］建宁王寿：即李寿，字武考，李雄堂弟，成汉第四位皇帝，公元 338 年至公元 343 年在位。传见《晋书》卷一百二十一。遗诏：皇帝临终时所发的诏书。［8］丁卯：六月二十五日。［9］录尚书事：初置时称“领尚书事”，主管朝廷政务。录，总领，统管。［10］何点：成汉官员，时为司徒，参与主持国家政事。［11］尚书令：官名，尚书台省主管官员，负责国家政务处理。“令”字原无，据章校补。王瑰：时为尚书令，参与主持国家政事。［12］居中：在宫廷之中。［13］一无所预：指对国家政事一概不过问。预，干涉。［14］辛未：六月二十九日。［15］武昌：郡名，郡治在今湖北鄂州市，为荆州刺史驻镇之地。［16］辟：征召，聘任。殷浩：字深源，光禄勋殷羡之子，东晋大臣、将领。善玄谈，负虚名。拜建武将军、扬州刺史。欲以北伐立威，兵败而归。受到桓温弹劾，废为庶人，流放于东阳郡。后病死。传见《晋书》卷七十七。记室参军：官名，大将手下的文秘、参谋官员。［17］褚裒（póu）：字季野，西晋安东将军褚䂮（lüè）之孙，豫章太守。传见《晋书》卷九十三。［18］丹阳丞：丹阳郡的佐官。杜乂（yì）：字弘治，西晋镇南将军杜预之孙、尚书左丞杜锡之子。性情温良，容颜秀美，辟为公府掾，迁丹阳丞，袭封当阳侯，早逝。传见《晋书》卷九十三。［19］识度：见识与器度。清远：清高淡远，意即不愿以众事累心。［20］《老》《易》：即《老子》《周易》。［21］擅名：享有盛名。擅，专擅，独有。江东：此指司马睿建立的东晋王朝。［22］为风流所宗：为一批风流散荡的名士所推崇，奉之为领袖。风流，风流人物，洒脱放逸、风雅潇洒的人。宗，尊重，尊崇。［23］䂮：即褚䂮，有局量，以干用称。镇南将军羊祜言于武帝，始被升用，官至安东将军。［24］桓彝（yí）：字茂伦，东晋义烈名臣。传见《晋书》卷七十四。［25］季野：即褚裒，字季野。皮里《春秋》：指藏在心里不说出来的褒贬之言。皮里，指内心。《春秋》，即古代儒家典籍“六经”之一的《春秋》，这里指褒贬。［26］外无臧否：表面上对人对事不加褒贬评论。臧（zāng），称赞。否（pǐ），否定。［27］褒贬：赞扬和指责，借指评论好坏。褒，赞扬。贬，指出缺点。［28］四时之气：春、夏、秋、冬四季的气候不同，春主萌生，夏主生长，秋主收获，冬主肃杀，比喻对时局的判断。备：具备，具有。［29］王济：慕容廆的部属，为长史。慕容廆去世后，曾前往东晋朝廷报丧。［30］“诏遣”句：东晋成帝诏令侍御史王齐代表东晋朝廷出使辽东，祭祀辽东公慕容廆。［31］谒（yè）者：官名，皇帝的侍从官员，主管收发传达与赞礼等。徐孟：东晋谒者，曾出使辽东，宣拜慕容皝的官职。［32］持节都督：代皇帝统领诸州军事，兼任地方行政长官。“都督”二字原无，据章校增。［33］承制封拜：以皇帝的名义任命自己管辖地区的官员。承制，秉承皇帝的旨意。［34］一如廆（guī）故事：就和当年慕容廆的权力一样。［35］船下马石津：乘船到达马石津。马石津，渡口名，在今辽宁大连旅顺港西南，当时为慕容仁所占据。［36］戊寅：九月八日。［37］江陵穆公：陆晔生前封为江陵公，死后谥号穆。陆晔（yè）：字士光，东吴丞相陆逊侄孙。为东晋士族、重臣。传见《晋书》卷七十七。［38］车骑将军：位仅次骠骑将军。越：即李越。江阳：郡名，郡治江阳县，在今四川泸州市。［39］葭（jiā）萌：县名，县治在今四川广元市西南。［40］推心待之：推心置腹地相对待，指以至诚待人。［41］无所疑间：没有任何猜疑。间，隔阂，嫌隙。

[42]涪(fú):县名,县治在今四川绵阳市东。[43]癸亥朔:十月朔辛丑,癸亥为十月二十三日。"朔"字衍文,当削之。[44]弑(shì):古代指臣杀死君主。殡宫:临时停柩受祭之所。殡,停柩待葬。[45]母养之:以母亲的身份抚养了他。[46]令名:美名。令,美好。[47]甲子:十月二十四日。[48]戾太子:行为悖谬的太子。戾,悖谬。谥班曰"戾",明显在诬李雄。[49]大将军寿:即李寿,李特之弟,李骧之子。大都督:总督国家军事。[50]兄霸:即李期庶兄李霸。中领军:官名,统率亲兵卫士和禁军,掌管禁军,主持选拔武官,监督管制诸武将。李霸为中领军,不久病死,时人皆云为期鸩杀。[51]弟保:即李期庶弟李保。[52]汶(wèn)山:郡名,郡治汶江县,在今四川茂县北。[53]从兄始:即李始,字伯敬,四川流民首领李特长子,成汉皇帝李雄大哥,故并非李期的从兄,而是伯父。[54]丙寅:十月二十六日。[55]安都陵:成汉太宗李雄的陵寝,位于四川成都市北郊。[56]谮寿于期:李始在李期面前说李寿的坏话。谮(zèn),说人坏话,诬陷人。[57]借寿:借着李寿的力量。借,凭借,借助。[58]去就利害:何去何从的利害关系。[59]开其去路:给他让开一条逃跑的道路。开,让开。[60]来奔:来投奔东晋王朝。[61]巴郡:郡名,郡治江安,在今重庆市北。

赵主弘自赍玺绶诣魏宫[1],请禅位[2]于丞相虎。虎曰:"帝王大业,天下自当有议,何为自论此邪!"弘流涕还宫,谓太后程氏曰:"先帝种真无复遗矣[3]!"于是[4],尚书奏:"魏台[5],请依唐、虞禅让故事[6]。"虎曰:"弘愚暗[7],居丧无礼[8],不可以君万国[9],便当废之,何禅让也!"

十一月,虎遣郭殷持节[10]入宫,废弘为海阳[11]王。弘安步就车[12],容色自若,谓群臣曰:"庸昧不堪纂承大统[13],夫复何言!"群臣莫不流涕,宫人恸哭[14]。群臣诣魏台劝进[15],虎曰:"皇帝者,盛德之号[16],非所敢当,且可称居摄赵天王[17]。"幽弘及太后程氏、秦王宏、南阳王恢于崇训宫[18],寻皆杀之。

西羌大都督姚弋仲称疾不贺,虎累召之[19]回,乃至。正色[20]谓虎曰:"弋仲常谓大王命世英雄[21],奈何把臂受托而返夺之邪[22]?"虎曰:"吾岂乐此哉[23]!顾海阳年少[24],恐不能了家事[25],故代之耳。"心虽不平[26],然察其诚实,亦不之罪[27]。

虎以夔安为侍中、太尉、守尚书令[28],郭殷为司空,韩晞[29]为尚书左仆射,魏郡申钟[30]为侍中,郎闿为光禄大夫[31],王波[32]为中书令。文武封拜各有差。虎行如信都，复还襄国[33]。

慕容皝讨辽东，甲申[34]，至襄平[35]。辽东人王岌密信请降。师进，入城，翟楷、庞鉴[36]单骑走，居就、新昌[37]等县皆降。皝欲悉坑辽东民，高诩谏曰："辽东之叛，实非本图[38]，直畏仁凶威[39]，不得不从。今元恶[40]犹存，始克此城，遽加夷灭[41]，则未下之城，无归善之路[42]矣。"皝乃止。分徙辽东大姓于棘城[43]。以杜群为辽东相[44]，安辑[45]遗民。

十二月，赵徐州从事兰陵朱纵斩刺史郭祥，以彭城来降[46]，赵将王朗攻之，纵奔淮南[47]。

慕容仁遣兵袭新昌，督护新兴王寓[48]击走之，遂徙新昌[49]入襄平。

（以上为第十段，写后赵宫廷政变，魏王石虎权势熏天，后赵主石弘软弱，主动禅位，而石虎将其废为海阳王，而后杀之，群臣劝进，石虎即位，自称居摄天王。鲜卑族首领慕容皝攻打辽东慕容仁，居就、新昌等县归降。）

【注释】

[1]赍玺绶：拿着皇帝的印绶。赍（jī），持，拿。玺，皇帝的印章。绶，系印的丝带。诣（yì）：到，来到。魏宫：魏王石虎所居之宫。 [2]请禅位：请求让出皇帝之位。禅位，指统治者生前把帝王之位让给别人。禅，在祖宗面前大力推荐。 [3]先帝种：先帝的后裔。真无复遗：真的是要绝后了。意即石虎一定会将我杀死。遗，遗留。 [4]于是：这时候。 [5]魏台：魏王官署，这里以称呼石虎。 [6]请依唐、虞禅让故事：请按照唐尧、虞舜禅让的先例禅位。 [7]弘愚暗：石弘昏庸不明。 [8]居丧无礼：给其父守丧时不遵守礼节。 [9]不可以君万国：此六字原无，据章校补。君万国，为国家帝王。君，君临，担任帝王。 [10]持节：二字原无，据章校补。 [11]海阳：县名，县治在今河北滦州市西南。 [12]安步就车：缓步登车。 [13]庸昧：同前所谓"愚暗"，这里是石弘自叹。不堪纂承大统：不能继续充当皇帝之职。堪，能够，可以。纂（zuǎn），古同"缵"，继承。统，皇统，帝位。 [14]恸哭：痛哭，大哭。 [15]劝进：劝说石虎登帝位。 [16]盛德之号：是有盛德之人才能接受的称号。 [17]居摄赵天王：暂时代理赵国的天王之职。居摄，居皇帝之位，代为处理诸事。 [18]崇训宫：后赵皇宫内宫殿名。石虎于延熙元年（334）将太子宫更名为崇训宫，在今河北邢台市。 [19]累召之：多次召他到后赵都城襄国。 [20]正色：表情严肃。 [21]命世英雄：闻名于当世的英雄。命世，名世，著称于当世。 [22]奈何：怎么能。把臂：握着手臂，极言其态度诚恳的样子。受托：接受老皇帝的

委托。而返夺之：结果竟将人家的政权夺了过来。［23］吾岂乐此哉：我难道喜欢这么干吗？［24］顾海阳年少：但石弘的年岁太小。顾，但，只是。海阳，即石弘，石弘被石虎封为海阳王。［25］不能了家事：管理不了我们家的事情。了，完成，管好。［26］心虽不平：内心虽对姚弋仲不满。不平，愤慨，不满。［27］不之罪：即"不罪之"，未将姚弋仲治罪。［28］守尚书令：代理尚书令。级别低的人代理高级别的职务称"守"。［29］韩晞：后赵官员。石虎为居摄天王，任为尚书左仆射，职位仅次于尚书令。［30］申钟：魏郡魏县（今河北魏县）人，后赵、冉魏、前燕大臣，后赵时官至侍中、司徒，冉魏时官至太尉，入前燕官至大将军左长史。传见《周书》卷三十二。［31］郎闿（kǎi）：后赵大臣。石虎继位，封为光禄大夫；石鉴即位，封为司空。支持冉闵代赵自立为魏帝后，加封特进，后来冉闵穷兵黩武，执意与前燕决战，郎闿知此战必败，不愿受亡国之辱，饮药自尽。光禄大夫：官名，掌顾问应对。［32］王波：后赵官员，石虎时任为中书令。［33］行如信都，复还襄国：先到了信都，又从信都回到襄国。据《晋书·石季龙载记》，石虎因以谶文有"天子当从东北来"之语，于是"备法驾行自信都而还，以应之"。信都，冀州州治所在地，在今河北衡水市冀州区东北。［34］甲申：十一月十五日。［35］襄平：县名，在今辽宁辽阳市。当时是辽东郡的郡治。［36］翟楷、庞鉴：原为慕容皝的属官，翟楷为司马，领东夷校尉，庞鉴为平州别驾，领辽东相，后归属慕容仁。［37］居就、新昌：二县名，皆属辽东郡。居就，县治在今辽阳市东南的亮甲山上。新昌，县治在今辽宁海城市东北。［38］本图：本心，本意。［39］直：仅，只不过是。凶威：凶恶的威势。［40］元恶：元凶，罪魁祸首，谓慕容仁。［41］遽加夷灭：突然地把这些人都杀光。遽，突然，马上。夷灭，杀光。［42］无归善之路：指再不会有人投降。归善，投降。［43］棘城：县名，在今辽宁义县，当时为昌黎郡的郡治所在地，慕容皝政权的都城。［44］杜群：辽东慕容皝的属官，被任命为辽东相。［45］安辑：安抚，安定。［46］"赵徐州从事"二句：后赵徐州从事史兰陵人朱纵，杀了徐州刺史郭祥，以彭城投降东晋。从事，从事史，州郡长官的僚属。彭城，徐州治所，在今江苏徐州市。［47］纵奔淮南：朱纵遭到后赵将领王朗的攻击，放弃彭城，投奔东晋的淮南。淮南，在今安徽寿县城关镇。［48］新兴：郡名，郡治九原县，在今山西忻州市。王寓：人名，慕容皝的部属，时为督护。［49］徙新昌：指迁徙新昌县的吏民。

咸康元年[1]（乙未，335年）

春，正月，庚午朔[2]，帝加元服[3]。大赦[4]，改元[5]。

成、赵皆大赦，成改元玉恒[6]，赵改元建武[7]。

成主期立皇后阎氏，以卫将军尹奉为右丞相，骠骑将军、尚书令王瑰为司徒。

赵王虎命太子邃省可尚书奏事[8]，惟祀郊庙[9]、选牧守[10]、征伐、刑杀乃亲之[11]。虎好治[12]宫室，鹳雀台[13]崩，杀典匠少府任汪[14]；复使修之，倍于其旧[15]。邃保母刘芝封宜城君[16]，关预[17]朝权，受纳贿赂[18]，求仕进[19]者多出其门。

慕容皝置左、右司马，以司马韩矫、军祭酒封奕为之。

司徒导以羸疾[20]，不堪[21]朝会，三月，乙酉[22]，帝幸其府[23]，与群臣宴于内室[24]，拜导，并拜其妻曹氏。侍中孔坦密表切谏[25]，以为帝初加元服，动宜顾礼[26]，帝从之。坦又以帝委政于导[27]，从容[28]言曰："陛下春秋已长[29]，圣敬日跻[30]，宜博纳朝臣[31]，咨诹善道[32]。"导闻而恶[33]之，出坦为廷尉[34]。坦不得意，以疾去职[35]。

丹阳尹桓景[36]，为人谄巧[37]，导亲爱[38]之。会荧惑守南斗经旬[39]，导谓领军将军陶回曰[40]："斗，扬州之分[41]，吾当逊位以厌天谴[42]。"回曰："公以明德作辅[43]，而与桓景造膝[44]，使荧惑何以退舍[45]！"导深愧之。

导辟太原王濛为掾[46]，王述为中兵属[47]。述，昶之曾孙也。濛不修小廉[48]，而以清约见称[49]。与沛国刘惔[50]齐名，友善。惔常称濛性至通而自然有节[51]。濛曰："刘君知我，胜我自知。"当时称风流[52]者，以惔、濛为首。述性沈静[53]，每坐客辩论蜂起[54]，而述处之恬如[55]也。年三十，尚未知名，人谓之"痴"[56]。导以门地辟之[57]。既见，唯问在东米价[58]，述张目不答[59]。导曰："王掾不痴[60]，人何言'痴'也！"尝见导每发言，一坐莫不赞美，述正色[61]曰："人非尧、舜[62]，何得每事尽善[63]！"导改容谢[64]之。

（以上为第十一段，写后赵主石虎喜欢营建宫室，令太子石邃省可奏事；东晋重臣王导病重，成帝司马衍亲自探视；王导亲近谄谀之人桓景，重用清谈之人王述。）

【注释】

[1]咸康元年：公元335年。[2]庚午朔：正月一日。[3]加元服：即行冠礼。晋成帝十五岁，行加冠礼。古代男子二十岁行冠礼，表示成年，但国君可以提前加冠，目的是早立皇后，早生子，以确立君位继承人。元服，指冠。古称行冠礼为加元服。[4]大赦：对全国已判罪犯普遍赦免或减刑。古代封建帝王以施恩为名，常赦免犯人，如在皇帝登基、更换年号、立皇后、立太子等情况下，常颁布赦令。[5]改元：更改年号，即把咸和八年改为咸康元年。[6]玉恒：

成汉政权成幽公李期所改的年号。［7］建武：后赵武帝石虎的第一个年号。［8］省可尚书奏事：意即太子石邃代石虎批阅尚书省的请示报告。省（xǐng），阅。可，批准，批复。［9］祀郊庙：祭祀天地、宗庙。郊，指在京城的南北郊祭祀天地。庙，指在太庙祭祀列祖列宗。［10］选牧守：选任州与郡的地方长官。牧，州的长官称刺史，也称牧。守，郡的长官称太守。［11］亲之：石虎亲自主持、过问。［12］治：修建。［13］鹳（guàn）雀台：即铜雀台，曹操所建，在邺城，在今河北临漳县西南。［14］典匠少府：官名，前赵始置，掌管宫殿建筑，相当于汉代的将作大匠。任汪：后赵官员，为典匠少府，因铜雀台倒塌，被后赵主石虎杀害。［15］倍于其旧：比旧铜雀台规模大一倍。［16］保母：乳母，到宫廷中为帝王哺育孩子的妇女。宜城君：封号名，比侯爵低一级。［17］关预：参与，干预。［18］贿赂：指为谋取不正当利益，给予对方金钱或其他利益，以获得更大利益的行为。［19］求仕进：谋求进入官场。［20］羸疾：衰弱生病。羸（léi），瘦弱。［21］不堪：不能参加。［22］乙酉：三月十七日。［23］幸其府：到达王导家。幸，指帝王的驾临，令人感到幸运。［24］内室：里面的屋子。［25］孔坦：字君平，正直的儒学之吏。任世子文学，后补为太子舍人，迁尚书郎，任吴郡太守。累迁廷尉，也称孔廷尉。传见《晋书》卷七十八。密表切谏：秘密上表，劝皇帝不要这样做。［26］动宜顾礼：一切行为举动都要考虑到礼法的规定，不能随心所欲。顾，考虑。［27］委政于导：把一切政事都交付王导处置。委，托付。［28］从容：不慌不忙，镇定、悠闲的样子。［29］春秋已长：年龄已经长大。［30］圣敬日跻：皇帝的威望越来越高。跻（jī），登，升。［31］博纳朝臣：广泛接纳和任用朝臣，意即不要总是依靠某一个人。［32］咨诹善道：征求询问好的主张、言论。［33］恶（wù）：讨厌，厌恶。［34］出坦为廷尉：将孔坦逐出宫廷，使其不得亲近皇帝，任其为主管刑狱的廷尉。［35］以疾去职：装病辞职。去，离开。［36］丹阳尹：官名，元帝司马睿南渡，置丹阳尹于建康，治于台城西，在今江苏南京市鼓楼区一带。桓景：东晋丹阳尹，善于逢迎。［37］谄巧：巧言，善媚。［38］亲爱：关系密切，感情深厚。［39］会：正值，恰巧。荧惑守南斗：火星运行到南斗的附近。荧惑，火星的别名，因隐现不定，令人迷惑，故名。古人认为荧惑是执法之星，司无道，出入无常，礼失则罚出。守，近，靠近。南斗，即斗宿，是南斗六星的总称，二十八宿之一。斗宿六星联系起来像古代舀酒的斗形，故名。古人认为南斗是丞相、太宰之位，主管褒贤进士，禀授爵禄。经旬：历时十天。旬，十天为一旬。［40］领军将军：统领皇帝的羽林军，以守卫宫廷。陶回：字恭渊，丹阳（今安徽当涂县）人，时任东晋领军将军。传见《晋书》卷七十八。［41］斗，扬州之分：斗宿是扬州的分野。古人根据地上的区域来划分天上的星宿，把星宿分别指配于地上的州国，使之互相对应，叫分野。［42］逊位：辞退宰相之位。逊，谦退，让出。以厌天谴：以消解上天对人间的惩罚。厌，满足，消解。［43］以明德作辅：凭借高尚的道德为皇帝做辅导。以，凭借。辅，辅佐，辅政。［44］而与桓景造膝：却与桓景那种小人走得十分亲近。造膝，至于膝下，以喻亲近。造，到，去。［45］使荧惑何以退舍：像你这种行为怎么能让火星离开南斗？退舍，离开现在所处的位置。［46］辟：征召，聘任。王濛（méng）：字仲祖，东晋外戚、大臣。

女儿王穆之和孙女王法慧都是皇后。传见《晋书》卷九十三。为掾：做僚属。掾，属官的通称。[47]王述：字怀祖，曹魏将领王昶的曾孙，东晋官员。初为中兵属，官至尚书令。传见《晋书》卷七十五。中兵属：晋代公府诸曹属吏。[48]不修小廉：即不修小节，不注意生活上的小事，不讲究节俭。修，犹今言讲究、注重。[49]清约：政事清明、简约。见称：受到称颂。[50]刘惔（tán）：一作"刘恢"，字真长，沛国相县（今安徽宿州市朱仙庄镇）人，晋陵太守刘耽之子，晋明帝司马绍之婿，东晋大臣。为政清静，好老、庄，善清谈。曾得到王导赏识，为永和名士的风流之宗。历任司徒左长史、侍中、丹阳尹等，赠前将军。传见《晋书》卷七十五。[51]至通：最为通达，指能看透世俗的一切。自然：不拘礼法。有节：有节制，有限度。[52]风流：指名士风度，大体包括仪表、谈吐、兴趣爱好等，不同于一般人。[53]沈静：稳重，寡言。沈，通"沉"，沉稳。[54]辩论蜂起：为争论某个问题，在座者纷纷发言、各不相让的样子。蜂起，像群蜂飞舞，纷然并起。[55]恬如：恬然，不与众人相争的样子。恬，安静，安然。[56]人谓之"痴"：世俗之人认为王述不聪明、不懂人情世故、不会钻营。痴，不聪慧，迟钝。[57]以门地辟之：因他的出身门第高而聘用了他。门地，犹门第，指出身、地位。当时只要门第高就能做大官。[58]在东米价：东吴一带地区的米价。东，指王述所在的东吴，王述当时是从东吴至建康。[59]张目不答：睁大眼睛，说不出话，茫然无知的样子。[60]王掾不痴：当时的名士讲究蔑视俗物，衣食住行都是俗事。如果一旦知道米价，那就不是名士，而是俗人了。王述不知米价，所以王导说他不俗，并不是痴呆。掾，掾属，属官。[61]正色：神色庄重，一本正经。[62]人非尧、舜：意即人非圣贤，孰能无过。尧、舜，传说的上古贤明的君王。[63]尽善：十分完善、完美。[64]改容：改变仪容，动容。谢：感谢，指感谢王述的直言劝谏。

赵王虎南游[1]，临江而还。有游骑十余至历阳[2]，历阳太守袁耽表上之[3]，不言骑多少。朝廷震惧[4]，司徒导请出讨之。夏四月，加导大司马、假黄钺[5]、都督征讨诸军事。癸丑[6]，帝观兵广莫门[7]，分命诸将救历阳及戍慈湖、牛渚、芜湖[8]；司空郗鉴[9]使广陵相陈光[10]将兵入卫京师。俄闻赵骑至少[11]，又已去，戊午[12]，解严[13]，王导解大司马。袁耽坐轻妄[14]免官。

赵征虏将军石遇[15]攻桓宣于襄阳，不克。

大旱，会稽余姚米斗五百[16]。

秋，七月，慕容皝立子俊为世子[17]。

九月，赵王虎迁都于邺，大赦。

初，赵主勒以天竺僧佛图澄[18]豫言[19]成败，数有验，敬事之。及虎即位，奉之尤谨[20]，衣以绫锦[21]，乘以雕辇[22]。朝会之日[23]，太子、诸公扶翼上殿[24]，主者唱“大和尚”[25]，众坐[26]皆起。使司空李农[27]旦夕问起居[28]，太子、诸公五日一朝[29]。国人化之[30]，率多[31]事佛，澄之所在，无敢向其方面涕唾[32]者。争造寺庙，削发出家。

虎以其真伪杂糅[33]，或避赋役为奸宄[34]，乃下诏问中书曰：“佛，国家所奉，里闾小人无爵秩者[35]，应事佛不[36]？”著作郎王度等议曰[37]：“王者祭祀，典礼[38]具存。佛，外国之神，非天子诸华所应祠奉[39]。汉氏初传其道[40]，唯听西域人立寺都邑[41]以奉之，汉人皆不得出家[42]；魏世[43]亦然。今宜禁公卿以下毋得诣寺烧香、礼拜[44]；其赵人为沙门[45]者，皆返初服[46]。”虎诏曰：“朕生自边鄙[47]，忝君诸夏[48]，至于飨祀[49]，应从本俗[50]。其夷、赵百姓乐事佛者[51]，特听之[52]。”

赵章武王斌帅精骑二万，并秦、雍二州兵以讨薄句大，平之。

成太子班之舅罗演[53]，与汉王相天水上官澹谋杀成主期[54]，立班子。事觉，期杀演、澹及班母罗氏。

期自以得志，轻诸旧臣，信任尚书令景骞、尚书姚华、田褒[55]、中常侍许涪等[56]，刑赏大政，皆决于数人，希复关公卿[57]。褒无他才，尝劝成主雄立期为太子，故有宠。由是纪纲隳紊[58]，雄业始衰。

冬，十月，乙未朔[59]，日有食之。

慕容仁遣王齐等南还[60]。齐等自海道趣棘城[61]，齐遇风不至。十二月，徐孟[62]等至棘城，慕容皝始受朝命。

段氏、宇文氏各遣使诣慕容仁，馆于平郭城外[63]。皝帐下督张英[64]将百余骑间道潜行掩击[65]之，斩宇文氏使十余人，生擒段氏使以归。

是岁，明帝母建安君荀氏[66]卒。荀氏在禁中[67]，尊重[68]同于太后，诏赠豫章郡君[69]。

代王翳槐[70]以贺兰蔼头[71]不恭，将召而戮之，诸部皆叛。代王纥那[72]自宇文部入，诸部复奉之[73]。翳槐奔邺[74]，赵人厚遇之。

初，张轨[75]及二子寔、茂，虽保据河右，而军旅之事无岁无之。及张骏嗣位，境内渐平。骏勤修庶政[76]，总御文武[77]，咸得其用，民富兵强，远近称之，以为贤君。

骏遣将杨宣伐龟兹、鄯善[78]，于是，西域[79]诸国焉耆、于阗[80]之属，皆诣姑臧朝贡[81]。骏于姑臧南作五殿[82]，官属皆称臣。

骏有兼秦、雍之志，遣参军麹护上疏[83]，以为："勒、雄既死，虎、期继逆，兆庶离主[84]，渐冉经世[85]，先老消落[86]，后生不识[87]，慕恋之心[88]，日远日忘[89]。乞敕司空鉴、征西亮等泛舟江、沔[90]，首尾齐举[91]。"

（以上为第十二段，写后赵主石虎痴迷佛教，给予佛图澄至高无上的礼遇；成汉主李期志得意满，法度毁坏，基业衰败；凉州主张骏勤于政事，有兼并秦雍之志。）

【注释】

[1]南游：到南方巡游、巡视。 [2]游骑：小股的巡逻骑兵。历阳：郡名，郡治在今安徽和县。 [3]袁耽（dān）：字彦道，东晋历阳太守。传见《晋书》卷八十三。表上之：向朝廷上书，说了这件事。 [4]震惧：震惊，恐惧。 [5]假黄钺（yuè）：一作"假节钺"，重臣出征，以黄钺借之，代表皇帝行使征伐之权。假，借。黄钺，以黄金为饰，古代帝王所用，后世用为仪仗。晋朝时，假黄钺成为级别最高的君王授权方式，代替君主出征，拥有斩杀节将的权力。 [6]癸丑：四月十六日。 [7]观兵：检阅军队，示人以军威。广莫门：当时的建康城北门。 [8]戍：戍守，防守。慈湖：地名，在今安徽马鞍山市东北长江南岸。牛渚（zhǔ）：地名，即采石矶，在今安徽当涂县西北长江边。芜湖：县名，县治在今安徽芜湖市东。 [9]郗（xī）鉴：字道徽，东晋重臣，时为司空、侍中。传见《晋书》卷六十七。 [10]陈光：时为广陵（今为扬州市）相。[11]俄：不久，很快地。至少：极少。 [12]戊午：四月二十一日。 [13]解严：解除戒备状态。[14]轻妄：轻浮，妄言，轻举妄动。 [15]石遇：后赵将领，时为征虏将军。 [16]会稽余姚：会稽郡的余姚县，今为浙江余姚市。米斗五百：即一斗米值五百钱，价格昂贵。 [17]俊：即慕容俊，字宣英，慕容皝第二子，前燕开国皇帝。东晋封慕容皝为燕王，以慕容俊为假节、安北将军、东夷校尉、左贤王。后为燕王，率军消灭冉魏，称帝（348—360），国势鼎盛。谥号景昭皇帝，庙号烈祖。传见《晋书》卷一百十。世子：立为嗣子，为储君。 [18]天竺（zhú）：印度的古称。佛图澄：西域人。晋怀帝永嘉四年（310）东来洛阳，时值刘曜攻陷洛阳，潜居草野以观变。后因方术受到后赵石勒、石虎敬奉，称为"大和尚"。在赵国弘扬佛法，推行道化，所经州郡，建立佛寺，有八百九十三所。僧徒众多，弟子常有数百。传见《晋书》卷九十五。 [19]豫言：预先说出关于将来要发生什么事情的话。豫，同"预"。 [20]尤谨：尤其恭敬。 [21]衣以绫锦：让他穿着很华贵的丝织衣服。绫、锦，都是名贵的丝织品。 [22]乘以雕辇：让他坐着装饰华丽的车子。

雕辇，一种以雕镂图案为饰的用人力拉挽的车，自汉以来为帝王专用。雕，雕刻。［23］朝会：古代称臣见君为朝，君见臣为会，合称朝会。［24］诸公：指石虎的各个儿子。石虎自称“天王”，诸子封王者皆降爵为公。扶翼上殿：指搀扶佛图澄登上殿堂。扶翼，护持，搀扶。［25］主者唱“大和尚”：当司仪高声唱到“大和尚”的时候。主者，负责朝仪的官员。唱，唱名，高声呼名。［26］坐：古人铺席于地，两膝着席，臀部压在脚跟上，叫“坐”，这里指坐着的人。［27］李农：石虎亲信大臣，曾为大都督，时任司空。后石鉴即位，任为大司马，兼录尚书事，与冉闵共掌后赵军政大权。冉闵即皇帝位，建立冉魏政权，封李农为齐王、太宰、录尚书事。因功高震主，被冉闵杀害。传见《晋书》卷一百七。［28］旦夕问起居：每天早晚都要到大和尚那里请安问候。问，问候。起居，作息，举止，指日常生活。［29］五日一朝：每隔五天就朝拜一次大和尚。［30］国人化之：整个国家的人都跟着敬奉和尚，迷信佛教。化，因受影响而变化。［31］率多：大都。［32］涕唾（tuò）：流眼泪，吐唾沫。［33］真伪：指真心事佛和借事佛谋私利的人。杂糅（róu）：混杂，混合。［34］或避赋役：有的是为了逃避赋税徭役。为奸宄（guǐ）：为非作歹。古称外盗为奸，内盗为宄。［35］里闾小人：住在平常街巷里的平民百姓。爵秩：爵位、俸禄。秩，官阶、品级，代指官员。［36］应事佛不：是否应当信佛、礼佛？不，同“否”。［37］著作郎：官名，掌编纂国史，其下有著作佐郎、校书郎等。王度：后赵官员，时为著作郎。［38］典礼：指帝王祭祀天地、祖宗的礼仪制度。［39］诸华：指东晋等汉族政权以及受汉文化影响的少数民族政权。祠奉：祭祀。［40］汉氏初传其道：《后汉书》有“明帝梦见金人长大”，“于是遣使天竺，问其道术而图其形像”的记载，故知东汉明帝时是佛教传入中国之始。［41］唯听：只允许。西域人：指汉明帝派往天竺的使者郎中蔡愔所带回的僧人摄摩腾和竺法兰等人。立寺都邑：在都城洛阳建立佛寺，即白马寺。东汉初，汉明帝刘庄派往天竺的使者蔡愔用白马驮经回洛阳，最初舍于鸿胪寺。后在洛阳西门外三里立府宇，遂取“寺”名，为“白马寺”。［42］出家：指离开亲人、家庭、事业这样的世俗世界，到道观里做道士，或到寺院里做尼姑、和尚。［43］魏世：即曹丕建立的魏国。［44］毋（wú）得：不得，不可。礼拜：即礼而拜之，指信教者向神行礼致敬。［45］沙门：僧徒。［46］返初服：都回家穿原来的衣裳，即还俗。［47］边鄙：边远地区。鄙，小城镇。石虎为上党武乡的羯族人。［48］忝君诸夏：不好意思地当了华夏诸国的君长。忝（tiǎn），谦辞，犹如今之所谓“惭愧”“不好意思”。君，君临，统治。［49］飨祀：即祭祀。飨，同“享”，合祭。［50］本俗：本族的风俗。［51］夷：指其他地区的少数民族归附于赵者，如羌人、氐人，贺兰、宇文等部的鲜卑人。赵：指石虎统治区的羯人与汉人。［52］特听之：允许他们随自己的意思去做。特，特地，特别。［53］罗演：成汉将领，为太子李班之舅。［54］汉王相：汉王李寿之相。上官澹（tán）：复姓上官，名澹，天水（今甘肃天水市）人，成汉将领，时为汉王相。［55］姚华、田褒：成汉将领，时为尚书，为成汉主李班的宠臣。［56］中常侍：官名，皇帝近臣，给事左右，职掌顾问应对。许涪（fú）：成汉将领，时为中常侍，为成汉主李班的宠臣。［57］希复关公卿：很少再与公卿大臣商量。希，通“稀”，少。关，关联，相关。［58］纪纲：国家治理的法度。

隳紊：败坏，混乱。隳（huī），毁坏。［59］乙未朔：十月一日。［60］南还：指还建康。王齐是东晋王朝出使慕容皝政权的使者，被慕容仁所阻留。［61］趣棘城：奔向慕容皝的都城。当时的棘城，在今辽宁义县西北。趣，同“趋”，趋向，奔赴。［62］徐孟：东晋官员，时为谒者，曾出使辽东，宣拜慕容皝的官职。［63］馆：住客馆，这里指住宿。平郭城：古城名，当时慕容仁镇守辽东，驻兵于此，在今辽宁盖州市南。［64］帐下督：官名，军事统帅身边的卫士长。张英：后赵官员，时为慕容皝帐下督。［65］间道潜行：抄小路秘密而行。掩击：突然袭击。［66］建安君荀氏：晋明帝司马绍生母。本元帝宫人，由于地位卑贱，心怀怨望，被元帝送出宫。司马绍即位，封建安君，别立宅第。太宁元年（323），司马绍将她迎回宫中，供奉隆厚。成帝司马衍立，尊奉同于太后。建安，郡名，郡治建安，在今福建建瓯市。［67］禁中：皇宫之中。因门户有禁，非侍卫及通籍之臣不得入内，故称“禁中”。［68］尊重：地位的尊贵与隆重。［69］豫章郡君：赐予荀氏的名号。豫章，郡名，郡治在今江西南昌市。［70］代王：诸侯国名，都城盛乐，在今内蒙古和林格尔县北。翳（yì）槐：即拓跋翳槐，鲜卑拓跋部（索头部）领袖，第七任代王。传见《魏书》卷一。［71］贺兰蔼（ǎi）头：鲜卑族，拓跋翳槐之舅，鲜卑贺兰部首领。曾护卫从宇文部逃奔而来的外孙拓跋翳槐，受到代王拓跋纥那和宇文部的共同攻击。后来，拓跋翳槐夺得代王之位，贺兰蔼头因有拥立之功，对拓跋翳槐不恭，拓跋翳槐欲杀之，于是各部落全都反叛。拓跋纥那复位为王，拓跋翳槐逃奔后赵。［72］纥（hé）那：即拓跋纥那，曾投奔宇文部。返回，被拥立为代王。［73］复奉之：重新拥立纥那为代王。［74］奔邺（yè）：投奔后赵。邺，即邺城，后赵都城，在今河北临漳县西南。［75］张轨：字士彦，安定乌氏（今甘肃平凉市）人，前凉开国君主。传见《晋书》卷八十六。［76］勤修庶政：勤勤恳恳地治理国家，处理政务。修，治理。庶政，各种政务。［77］总御文武：严格地管好文武百官。总御，统领，驾驭。［78］杨宣：凉州张骏部将，曾率众攻打龟兹、鄯善等西域国家，使其臣服于张骏。龟（qiū）兹（cí）：又称丘慈、邱兹、丘兹，古代西域大国之一，位于天山南麓，当汉通西域北道的交通线上。以库车绿洲为中心，最盛时辖境相当于今新疆轮台、库车、沙雅、拜城、阿克苏、新和六县市。国都延城，在今新疆沙雅县北羊达克沁废城。鄯（shàn）善：原名楼兰，汉昭帝元凤四年（前77）改为鄯善，西域古国之一，国都扜泥城，在今新疆若羌县东北，扼丝绸之路的要冲。［79］西域：古区域名，狭义指玉门关、阳关以西，葱岭以东，巴尔喀什湖东、南及新疆广大地区。而广义指凡是通过狭义西域所能到达的地区，包括亚洲中、西部地区等。［80］焉耆、于阗：两西域国名。焉耆（qí），又称为乌夷、阿耆尼，新疆塔里木盆地古国，在今新疆焉耆回族自治县西南。于阗（tián），古西域国名，地处塔里木盆地南沿，盛时领地包括今和田、皮山、墨玉、洛浦、策勒、于田、民丰等县市，国都西城，在今新疆和田市约特干遗址。西晋时，与鄯善、焉耆、龟兹、疏勒等并为西域大国。［81］姑臧（zāng）：时为前凉国都，在今甘肃武威市。朝贡：朝拜与进贡，是一方将财富以某种形式给予另一方，表示顺从或结盟。［82］五殿：张骏在姑臧城兴建五大殿，中殿为谦光殿，四面各起一殿，东为宜阳青殿，春三月居之；南为朱阳赤殿，夏三月居之；西为政刑白殿，秋三月居之；北为玄武黑殿，冬三月居之。殿中章服器物均随方色。［83］麴（qū）护：张骏参军。上疏：麴护出使东晋，上奏朝廷东西并举讨伐后赵。［84］兆庶离主：西晋地区的民众离开了东晋王朝的皇帝。兆庶，犹言万民。主，指东晋皇帝。［85］渐冉经世：已经渐渐地过去了漫长的时光。渐冉，逐渐，渐渐过去。经世，所历世代。［86］先老消落：沦于北方的西晋旧臣都已经逐渐去世。先老，先世长老。消落，消散，凋零。［87］后生不识：北方陷落后出生的西晋人的后代，都已不知亡国之耻。［88］慕恋之心：人们对当年西晋王朝的仰慕眷恋之情。［89］日远日忘：正随着时间的推移，一天天地淡忘。［90］乞敕：乞求皇帝下令。敕，敕令，命令。司空鉴：即郗鉴，时为司空。征西亮：即庾亮，陶侃去世后，亮为征西将军，兼领江、荆、豫三州刺史，都督七州诸军事。泛舟江、沔：乘船由长江、汉水逆流而上。江，长江。沔，沔水，即今汉水。［91］首尾齐举：当时郗鉴镇京口（今江苏镇江市），庾亮镇武昌（今湖北鄂州市），与张骏从西方同时出兵，前后夹击。

二年（丙申，336年）

春，正月，辛巳[1]，彗星见于奎、娄[2]。

慕容皝将讨慕容仁，司马高诩曰："仁叛弃君亲，民神共怒，前此海未尝冻[3]，自仁反以来，连年冻者三矣。且仁专备[4]陆道，天其或者[5]欲使吾乘海冰以袭之也。"皝从之。群僚皆言涉冰危事，不若从陆道。皝曰："吾计已决，敢沮[6]者斩！"

壬午[7]，皝帅其弟军师将军评[8]等自昌黎[9]东，践冰[10]而进，凡三百余里。至历林口[11]，舍辎重[12]，轻兵趣平郭[13]。去城[14]七里，候骑[15]以告仁，仁狼狈出战[16]。张英之俘二使也[17]，仁恨不穷追[18]；及皝至，仁以为皝复遣偏师轻出寇抄[19]，不知皝自来，谓左右曰："今兹[20]当不使其匹马得返矣！"

乙未[21]，仁悉众陈[22]于城之西北。慕容军帅所部降于皝[23]，仁众沮动[24]，皝从而纵击[25]，大破之。仁走，其帐下皆叛，遂擒之。皝先为[26]斩其帐下之叛者，然后赐仁死。丁衡、游毅、孙机[27]等，皆仁所信用也，皝执而斩之。王冰[28]自杀。慕容幼、慕容稚、佟寿、郭充、翟楷、庞鉴[29]，皆东走，幼中道而还，皝兵追及楷、鉴，斩之。寿、充奔高丽[30]。自余吏民为仁所诖误[31]者，皝皆赦之。封高诩为汝阳[32]侯。

二月，尚书仆射王彬[33]卒。

辛亥[34]，帝临轩[35]，遣使备六礼逆[36]故当阳侯杜乂[37]女陵阳[38]为皇后，大赦，群臣毕贺。

夏，六月，段辽遣中军将军李咏[39]袭慕容皝。咏趣武兴[40]，都尉张萌[41]击擒之。辽别遣段兰将步骑数万屯柳城西回水[42]，宇文逸豆归攻安晋以为兰声援[43]。皝帅步骑五万向柳城，兰不战而遁。皝引兵北趣安晋，逸豆归弃辎重走。皝遣司马封奕帅轻骑追击，大破之。皝谓诸将曰："二虏耻无功，必将复至，宜于柳城左右设伏以待之。"乃遣封奕帅骑数千伏于马兜山[44]。七月[45]，段辽果将数千骑来寇抄。奕纵击，大破之，斩其将荣伯保[46]。

前廷尉孔坦卒。坦疾笃，庾冰省之[47]，流涕。坦慨然[48]曰："大丈夫将终，不问以济国[49]安民之术，乃为儿女子相泣邪！"冰深谢之。

九月，慕容皝遣长史刘斌[50]、兼郎中令辽东阳景[51]送徐孟等还建康。

（以上为第十三段，写辽东公慕容皝利用海水结冰的机会，出动大军从海路攻打慕容仁，慕容仁只防备陆路，措手不及，被攻灭。）

【注释】

［1］辛巳：正月十八日。［2］彗星见于奎、娄：彗星出现在奎、娄二宿附近。彗星，星名，俗名"扫帚星"，以曳长尾如彗，故名。奎（kuí），即奎宿，二十八宿之一，为西方白虎七宿的首宿，有星十六颗，以形似胯而得名。古人认为是天之武库，主禁暴，又主沟渎。娄，即娄宿，二十八宿之一，白虎七宿的第二宿，有星三颗。古人认为是天狱，主苑牧牺牲，供给郊祀。奎、娄二宿是徐州的分野，史家书此，预示徐州将有战乱。［3］"前此"句：在此以前大海从未结冰封冻。［4］备：防备，戒备。［5］天其或者：老天爷也许是。其，大约，大概。［6］敢沮（jǔ）：谁敢阻拦。沮，阻止，破坏。［7］壬午：正月十九日。［8］评：即慕容评，慕容皝之弟，任慕容皝军师将军，在打败叛军慕容仁、消灭冉魏中立下赫赫军功，升任司徒、骠骑大将军，封上庸王，后为辅政大臣，摄政，和可足浑皇太后共同掌权。传见《晋书》卷一百九。［9］昌黎：郡名，郡治在今辽宁义县东。［10］践冰：踩着冰面。践，踩，踏。［11］历林口：地名，在今辽宁辽河下游西岸一带的地区。［12］舍辎重：放下一切沉重而又暂时无用的东西，如备用的器械、粮草、营帐、服装等。［13］趣平郭：奔向平郭城。趣，通"趋"，趋向，奔向。［14］去城：距离平郭城。［15］候骑：慕容仁部下的侦察、巡逻的骑兵。［16］狼狈出战：慕容皝率领军队突然而至，慕容仁仓促应战，狼狈不堪。［17］张英：后赵官员，时为慕容皝帐下督。俘二使：俘获段辽派来慕容仁处的两个使者。［18］恨不穷追：后悔当时没有穷追不舍。恨，遗憾，

后悔。［19］偏师：非主力的小股部队。轻出寇抄：随便地出来抢东西。轻，指轻装。寇抄，抢劫，掠夺。［20］今兹：此次，这一回。［21］乙未：二月三日。［22］陈：通“阵”，列阵，布阵。［23］慕容军：曾为慕容皝广威将军，被慕容仁俘虏，因降之，现又投降慕容皝。帅：通“率”，率领，统率。［24］沮（jǔ）动：瓦解、动摇。沮，沮丧，泄气。［25］纵击：纵兵出击。［26］先为：先替慕容仁。［27］丁衡、游毅、孙机：慕容仁的亲信官员，慕容仁兵败被杀后，皆被慕容皝所杀。［28］王冰：慕容仁属将，兵败后，自杀。［29］慕容幼、慕容稚、佟寿：都是在咸和八年（333）出兵攻打慕容仁，被打败而投降的慕容皝的属将。郭充、翟楷、庞鉴：皆是慕容仁的属将，兵败后，出逃向东，投奔高丽，翟楷、庞鉴被追及，杀之。［30］高丽：古国名，京城丸都，在今吉林集安市。［31］自余：其余，其他。诖误：诱骗，贻误。诖（guà），欺骗。［32］汝阳：县名，县治在今河南商水县西南。［33］王彬：字世儒，丞相王导堂弟，终官尚书仆射。传见《晋书》卷七十六。［34］辛亥：二月十九日。［35］临轩：站在楼上的前廊上。轩，殿堂的前檐处。［36］六礼：古人成婚的六种礼仪，即纳采、问名、纳吉、纳征、请期、亲迎等。逆：迎，迎娶。［37］杜乂：字弘治，西晋镇南将军杜预之孙，袭封当阳侯爵位，早逝。传见《晋书》卷九十三。［38］陵阳：即杜陵阳，杜乂之女，晋成帝司马衍皇后。美貌出众，知书达礼，咸康二年（336），被晋成帝司马衍聘娶为皇后。咸康七年（341）去世，谥号成恭皇后。传见《晋书》卷三十二。［39］李咏：鲜卑段氏将领，时为中军将军。［40］武兴：城名，在今河北卢龙县。［41］张萌：为慕容皝部将，时为都尉。［42］柳城：县名，县治在今辽宁朝阳市西南。回水：一作“曲水”，在今辽宁朝阳市西南。［43］安晋：城名，在今辽宁朝阳市西。声援：显其声威，遥作支援。［44］马兜山：山名，在今辽宁朝阳市西南。［45］七月：原为“三月”，据张敦仁《资治通鉴刊本识误》改。［46］荣伯保：段氏鲜卑将领，率军劫掠，为慕容氏司马封奕击杀。［47］庾冰：字季坚，征西将军庾亮之弟，东晋大臣，官至三公。传见《晋书》卷七十三。省：探视，看望。［48］慨然：感慨、愤激的样子。［49］济国：治国安邦。［50］刘斌：前燕官员，时为慕容皝长史，后官至大司农。［51］阳景：辽东人，时为慕容皝郎中令。

冬，十月，广州刺史邓岳[1]遣督护王随等击夜郎、兴古[2]，皆克之。加岳督宁州。

成主期以从子尚书仆射武陵公载[3]有隽才，忌之，诬以谋反，杀之。

十一月，诏建威将军司马勋[4]将兵安集汉中[5]，成汉王寿击败之。寿遂置汉中守宰[6]，戍南郑[7]而还。

索头郁鞠帅众三万降于赵[8]，赵拜郁鞠等十三人为亲赵王，散其部众于冀、青等六州。

赵王虎作太武殿[9]于襄国，作东、西宫[10]于邺，十二月，皆成。太武殿基高二丈八尺，纵六十五步，广七十五步，甃以文石[11]。下穿伏室[12]，置卫士五百人。以漆灌瓦[13]，金珰[14]，银楹[15]，珠帘，玉壁，穷极工巧[16]。殿上施白玉床、流苏帐[17]，为金莲华以冠帐顶[18]。又作九殿于显阳殿[19]后，选士民之女以实之[20]，服珠玉、被绮縠[21]者万余人。教宫人占星气、马步射[22]。置女太史[23]，杂伎工巧[24]，皆与外同[25]。以女骑千人为卤簿[26]，皆著紫纶巾[27]，熟锦裤[28]，金银镂带[29]，五文织成靴[30]，执羽仪[31]，鸣鼓吹[32]，游宴以自随[33]。

于是[34]，赵大旱，金一斤直粟二斗[35]，百姓嗷然[36]，而虎用兵不息，百役[37]并兴。使牙门张弥徙洛阳钟虡[38]、九龙[39]、翁仲[40]、铜驼[41]、飞廉[42]于邺，载以四轮缠辋车[43]，辙广四尺[44]，深二尺[45]。一钟没于河[46]，募浮没[47]三百人入河，系以竹絙[48]，用牛百头，鹿栌引之[49]，乃出，造万斛之舟以济之[50]。既至邺，虎大悦，为之赦二岁刑[51]。赉百官谷帛[52]，赐民爵一级[53]。又用尚方令解飞[54]之言，于邺南投石于河，以作飞桥，功费数千万亿，桥竟不成，役人饥甚，乃止。使令长帅民入山泽采橡及鱼以佐食[55]，复为权豪所夺，民无所得。

初，日南夷帅范稚[56]，有奴曰“范文[57]”，常随商贾往来中国，后至林邑[58]，教林邑王范逸作城郭[59]、宫室、器械，逸爱信之，使为将。文遂谮逸诸子[60]，或[61]徙或逃。是岁，逸卒，文诈迎逸子于他国，置毒于椰酒而杀之，文自立为王。于是，出兵攻大岐界、小岐界、式仆、徐狼、屈都、乾鲁、扶单[62]等国，皆灭之，有众四五万，遣使奉表入贡。

赵左校令成公段[63]作庭燎于杠末[64]，高十余丈，上盘置燎，下盘置人[65]，赵王虎试而悦之。

（以上为第十四段，写后赵主石虎大兴宫室，在襄国建造太武殿，在邺城建造东西二宫，装填美物到邺城，极尽奢华，又搬运洛阳的宝物，而民众徭役繁重，苦不堪言。）

【注释】

［1］邓岳：一名邓岱，字伯山，大将军王敦参军，参加叛乱，坐罪禁锢。王导重新启用，屡立战功，时为广州刺史。传见《晋书》卷八十一。［2］王随：东晋官员，曾为豫州西曹，时为广州督护。夜郎、兴古：二郡名，当时被成国占有。夜郎，郡治在今贵州桐梓县东南。兴古：郡治宛温，在今云南砚山县北。［3］武陵公载：即李载，成汉皇帝李雄的孙子，封武陵公。李期为成汉主时，李载才能俊逸出众，李期心中妒忌，便诬陷李载谋反，将其杀害。［4］司马勋：字伟长，时为梁州刺史，授建威将军，率众安集汉中。传见《晋书》卷三十七。［5］安集汉中：安定、招集汉中地区的离散之民。汉中，郡名，郡治原在南郑，在今陕西汉中市，当时是晋与后赵、成汉三方争夺的地区。［6］汉中守宰：汉中地区的太守与其下属的各县县令。宰，县长，县令。［7］戍南郑：在南郑屯兵把守。戍，戍守，守卫。［8］索头：鲜卑的一个部族。由于部落男人有梳发辫的习俗，故谓之“索头”。郁鞠：鲜卑索头部首领。汉赵时归附刘曜，封为忠义大将军、右贤王。后赵建武二年（336），率众三万归附后赵主石虎，石虎拜为亲赵王。［9］太武殿：宫殿名，后赵主石虎在曹魏文昌殿旧址所建，在今河北临漳县西南。［10］东、西宫：太子选居东宫，石虎居西宫。［11］甃以文石：整个台子是用有文采的石头垒砌而成。甃（zhòu），垒石为壁。［12］下穿伏室：有通道从台上进入地下室。伏室，窟室，犹今地下室。［13］以漆灌瓦：用漆灌注屋瓦，既牢固，又好看。［14］金珰：屋檐的椽头用金装饰。珰（dāng），椽头的装饰。［15］银楹：厅堂的前柱用银装饰。楹，堂屋前部的柱子。［16］穷极工巧：工艺之巧登峰造极。穷极，极尽，极其。［17］施：摆，设置。流苏帐：用五彩羽毛或丝线制成的穗子装饰的帷帐。［18］为金莲华：制作金莲花。华，同“花”。以冠帐顶：装饰在帷帐的顶上。［19］显阳殿：宫殿名，在今河北临漳县西南，为后赵石虎所建九华宫正殿。［20］士民之女：士大夫和庶民家的女子。以实之：以充满宫廷。实，充实。［21］被绮縠：身披华贵的丝织物。绮，红色的丝织品。縠（hú），有皱纹的纱。［22］宫人：宫女。占星气：一种凭观星象、云气以测知吉凶的迷信行业。马步射：骑马射箭与在平地射箭。［23］女太史：女史官，掌管图书文籍，兼司天文、历法等事。［24］杂伎：指各种游戏技艺。工巧：指技艺高明的工匠。［25］皆与外同：都与社会上男人所从事的职业相同。［26］女骑：女骑手。卤簿：帝王车驾外出时扈从的仪仗队。［27］紫纶（guān）巾：古时用青丝带编织的头巾，又名“诸葛巾”，相传为三国时诸葛亮所创。［28］熟锦裤：精细的丝织套裤。［29］金银镂带：用雕镂金银做装饰的腰带。［30］五文织成靴：用五种色彩的丝线编织成靴子。［31］羽仪：仪仗中用羽毛装饰的旌旗之类。［32］鸣鼓吹：即击鼓吹笙。［33］游宴以自随：石虎每逢出游、赴宴都带着她们。［34］于是：这时候。［35］直粟二斗：只能买二斗粮食。直，同“值”。［36］嗷然：凄惨、哀号的样子。嗷（áo），因饥寒劳苦而发出的哀号声。［37］百役：指各种工程、劳役。［38］张弥：后赵将领，为牙门将，曾为石虎到洛阳搬运铜驼等珍贵物品到后赵都城邺城。徙洛阳钟虡：把洛阳前代王朝的钟鼎器物搬迁过来。虡（jù），古时悬挂钟鼓的架子。［39］九龙：以九条龙为原型的雕饰之物。［40］翁仲：本

是传说中的秦时巨人名。据说秦始皇刚统一六国，有长人出现在临洪，高五丈，足迹六尺。始皇令人摹写长人形状，铸成金人。后来“翁仲”多指铜像或墓道石像。这里指三国魏明帝景初元年，用铜所铸的两尊巨人像。［41］铜驼：铜铸的骆驼，古代置于宫门外。本是洛阳之物。当初，汉皇铸造铜驼一对，精工巧细，堪为极品，伫立于洛阳中阳门外。《邺中记》曰：“二铜驼如马形，长一丈，高一丈，足如牛，尾长二尺，脊如马鞍，在中阳门外，夹道相向。”［42］飞廉：传说中的神禽名。爵头，有角，鹿身，蛇尾，豹纹，能致风气。以上钟虡、九龙、翁仲、铜驼、飞廉五物，均魏明帝曹叡所铸。［43］四轮缠辋车：四个车轮，每个轮子都用绳子缠起来，既能载重物，又不太颠簸的大车。与汉代所说的“安车蒲轮”意思相同。缠，缠绕。辋（wǎng），车轮的外周，轮圈。［44］辙广四尺：车子过后留下的车辙宽度为四尺。辙，车轮压出的痕迹。广，横长。［45］深二尺：车辙陷下去二尺深，极言车上所装器物之重。［46］没于河：掉在了黄河里。没，沉没。［47］募浮没：招募善于潜泳、能在水中打捞东西的人。浮没，在水中能浮能没，这里指善于潜泳的人。［48］系以竹絙：用竹编的粗索把沉在河里的器物拴住。絙（gēng），粗绳索。［49］鹿栌引之：用起重的轴辘向外拖拉。鹿栌（lú），一作“鹿卢”，即辘轳，古代民间的起重机械，是绞车的一种类型。［50］万斛之舟：能载重万斛的大船。斛，古容量单位，十斗为一斛，一斛为一担。以济之：以运送它渡过黄河。［51］赦二岁刑：二年徒刑以下的犯人通通赦免。［52］赉百官谷帛：赏赐文武百官以不同数量的谷物与绢帛。赉（jī），拿东西送人，赏赐。［53］赐民爵一级：给每个成年男子赏赐爵位一级。秦汉时期平民也有爵级，爵级可以抵罪，可以冲抵徭役，也可以卖钱。［54］尚方令：官名，属少府，掌管为宫廷制造各种御用刀剑、珍玩等器物。解飞：人名，时为后赵尚方令。［55］令长：县令、县长。大县的长官称县令，小县的长官称县长。橡：即“橡实”，又名“栎实”，栎树的果实，似栗而小，可食。佐食：辅助解决粮食奇缺的问题。［56］日南：郡名，地域在今越南中部地区，治西卷县，在今越南广治省东河市。范稚：日南人，为夷帅，少数民族首领。［57］范文：人名，日南夷帅范稚的奴隶。［58］林邑：小国名，本汉时象林县，国都在今越南广南省维川县南。［59］范逸：时为林邑国王。城郭：内城叫城，外城叫郭。［60］谮逸诸子：说范逸诸子的坏话。谮（zèn），挑拨，诬陷。［61］或：有的人，指范逸诸子。［62］大岐界、小岐界、式仆、徐狼、屈都、乾鲁、扶单：当时林邑国周围的小国家。［63］左校令：官名，属少府，领工徒修造宫室、宗庙、陵园、道路等。成公段：人名，复姓成公，名段，为后赵左校令。［64］庭燎：宫苑中的照明灯，设于宫门外的叫大烛，设于宫门内的叫庭燎。燎，火炬。杠末：高竿的顶端。［65］下盘置人：让许多人站在高高的盘里。

三年（丁酉，337 年）

春，正月，庚辰[1]，赵太保夔安等文武五百余人入上尊号[2]，庭燎油灌下盘，死者二十余人。赵王虎恶[3]之，腰斩成公段。辛巳[4]，虎依殷、周之制，称大赵天王，即位于南郊[5]，大赦。立其后郑氏为天王皇后，太子邃为天王皇太子，诸子为王者皆降为郡公[6]，宗室为王者降为县侯[7]。百官封署各有差。

国子祭酒袁瑰[8]、太常冯怀[9]，以江左浸安[10]，请兴学校，帝从之。辛卯[11]，立太学，征集生徒。而士大夫习尚老、庄[12]，儒术终不振[13]。瑰，涣之曾孙也。

三月，慕容皝于乙连城东筑好城以逼乙连[14]，留折冲将军兰勃[15]守之。夏，四月，段辽以车数千两输乙连粟[16]，兰勃击而取之。六月，辽又遣其从弟扬威将军屈云[17]将精骑夜袭皝子遵于兴国城[18]，遵击破之。

初，北平阳裕[19]事段疾陆眷及辽五世[20]，皆见尊礼[21]。辽数与皝相攻，裕谏曰："'亲仁善邻，国之宝也[22]。'况慕容氏与我世婚，迭为甥舅[23]，皝有才德，而我与之构怨[24]，战无虚月[25]，百姓凋弊，利不补害，臣恐社稷之忧将由此始。愿两追前失[26]，通好如初，以安国息民。"辽不从，出裕为北平相[27]。

赵太子邃素骁勇[28]，赵王虎爱之。常谓群臣曰："司马氏父子兄弟自相残灭，故使朕得至此，如朕，有杀阿铁理否[29]？"既而邃骄淫残忍[30]，好妆饰美姬，斩其首，洗血置盘上，与宾客传观之，又烹其肉共食之。河间公宣、乐安公韬[31]皆有宠于虎，邃疾[32]之如仇。虎荒耽酒色[33]，喜怒无常。使邃省可尚书事[34]，每有所关白[35]，虎恚[36]曰："此小事，何足白也！"时或不闻[37]，又恚曰："何以不白！"诮责笞棰[38]，月至再三[39]。邃私谓中庶子李颜等曰[40]："官家难称[41]，吾欲行冒顿之事[42]，卿从我乎？"颜等伏不敢对。

秋，七月，邃称疾不视事[43]，潜帅宫臣文武五百余骑饮于李颜别舍[44]，因谓颜等曰："我欲至冀州杀河间公[45]，有不从者斩！"行数里，骑皆逃散。颜叩头固谏[46]，邃亦昏醉[47]而归。其母郑氏闻之，私遣中人诮让邃[48]。邃怒，杀之。

佛图澄谓虎曰："陛下不宜数往东宫[49]。"虎将视邃疾，思澄言而还，既而瞋目大言曰[50]："我为天下主，父子不相信乎[51]！"乃命所亲信女尚书往察之。邃呼前与语，因抽剑击之。虎怒，收李颜等诘问[52]，颜具言其状，杀颜等三十余人。幽[53]邃于东宫，既而赦之，引见太武东堂，邃朝而不谢[54]，俄顷即出[55]。虎使谓之曰："太子应朝中宫[56]，岂可遽去[57]！"邃径出不顾[58]。虎大怒，废邃为庶人。其夜，杀邃及其妃张氏，并男女二十六人同埋于一棺，诛其宫臣支党二百余人；废郑后为东海太妃。立其子宣为天王皇太子，宣母杜昭仪[59]为天王皇后。

安定侯子光[60]，自称佛太子，云"从大秦国[61]来，当王小秦国"，聚众数千人于杜南山[62]，自称"大黄帝"，改元龙兴[63]。石广[64]讨斩之。

（以上为第十五段，写后赵主石虎、太子石邃荒淫酒色，残忍无道，父子二人渐生嫌隙而反目为仇，石邃欲杀父反叛，阴谋泄露，石虎拘禁太子并废杀，立石宣为太子。）

【注释】

[1]庚辰：有误。正月朔戊子，无庚辰。庚辰是二月二十四日。 [2]入上尊号：进宫请求石虎使用"皇帝"的名号，即劝石虎正式称帝。 [3]恶（wù）：讨厌，厌恶。 [4]辛巳：二月二十五日。 [5]"虎依殷、周之制"三句：石虎依照殷朝、周朝天子称王的旧例，称大赵天王，在南郊祭天，正式登位，而不称帝。南郊，古代天子在京都南面的郊外筑圜丘以祭天的地方。 [6]郡公：封地为一个郡的公爵。公，五等爵位的第一等。 [7]宗室：皇族，石虎的族人。县侯：封地为一个县的侯爵。 [8]国子祭酒：官名，国子监（太学）的长官。袁瑰：字山甫，陈郡阳夏（今河南太康县）人。曹魏郎中令袁涣曾孙，东晋官员，时任国子祭酒。传见《晋书》卷八十三。 [9]太常：九卿之一，主管朝廷礼仪与祭祀。冯怀：字祖思，东晋官员。历官黄门侍郎、侍中、太常、护军将军。 [10]江左：即江东，此指代东晋。浸安：逐渐安定。浸，渐。 [11]辛卯：三月五日。 [12]习尚老、庄：习惯于崇尚老子、庄子。当时的士大夫崇尚清谈，而清谈的重要内容之一即老子、庄子。 [13]儒术：指先秦儒家的学说、原则、思想。不振：不兴旺，不兴隆。 [14]乙连城：城名，在段国的东境、曲水以西，在今辽宁建昌县，一说在今河北青龙县。好城：城名，在今辽宁建昌县或河北青龙县一带。以逼乙连：以威胁乙连城。 [15]兰勃：辽东慕容皝的部将，为折冲将军。 [16]两：通"辆"。输乙连粟：向乙连城运送粮食。 [17]屈云：鲜卑段兰的部将，时为扬威将军。 [18]遵：即慕容遵，又作慕容逮，鲜卑慕容皝之子。其兄慕容俊称帝，封其为临贺王。兴国城：城名，在今辽宁大凌河上游一带。 [19]阳裕：字士伦，右北平无终（今天津市蓟州区）人，东夷校尉阳耽侄子。初为平州主簿。投奔辽西鲜卑段部，历仕五主，拜燕郡太守。后石虎攻破令支，归降后赵，拜北平太守，迁尚书左丞。后为前燕所俘，深得慕容皝

重用，拜郎中令，迁大将军。传见《晋书》卷一百九。［20］段疾陆眷：也称“段陆眷”，段部鲜卑首领。传见《晋书》卷六十三。五世：指段疾陆眷、段涉复辰、段末柸、段牙、段辽，凡五世。［21］皆见尊礼：受到五代君主的尊敬。［22］亲仁善邻，国之宝也：《左传·隐公六年》陈五父的话。亲仁，亲近仁义。善邻，与邻国和睦相处。［23］迭为甥舅：犹言交互通婚。［24］构怨：结仇。构，结。［25］战无虚月：没有一个月不打仗。虚月，空闲的月份。［26］两追前失：双方都采取补救措施，改变过去的失误。追，悔，改变。［27］出裕：把阳裕赶出朝廷，到地方上任职。北平相：北平国的行政长官。北平，郡国名，在今河北遵化市东。［28］骁勇：矫捷，勇猛。［29］有杀阿铁理否：有杀石邃的道理吗？阿铁，石邃的小名。［30］骄淫：骄纵，放荡。残忍：凶狠，狠毒。［31］河间公宣：即石宣，石虎之子。河间公，封爵河间郡，都城在今河北献县东。乐安公韬：即石韬，石虎之子。乐安公，封爵乐安郡，都城在今山东博兴县西南。［32］疾：痛恨。［33］荒耽酒色：荒淫，沉溺于酒色。荒，迷乱。耽，沉溺，喜好过度。［34］省（xǐng）可：审阅，审批。尚书事：即尚书奏事。［35］关白：禀报，请示。［36］恚（huì）：恼怒。［37］时或不闻：有时有的事情石邃没有向他请示。不闻，未向上禀报。［38］诮责笞棰：加以责备，甚至用板子棍子打。诮（qiào），责备，训斥。笞棰，竹板、棍子，这里用如动词，以竹木之类的棍条抽打。［39］月至再三：每个月都发生两三回。［40］中庶子：太子的侍从官员。李颜：后赵太子石邃的中庶子。［41］官家难称：我们办的事难以让天王满意。官家，指石虎。胡三省曰：“称天子为官家，始见于此。西汉谓天子为县官，东汉谓天子为国家，故兼而称之。或曰：五帝官天下，三王家天下，故兼称之。”称，称心，满意。［42］行冒顿之事：即效法匈奴冒顿杀父自立。事见《史记》卷一百十《匈奴列传》。［43］不视事：不管事，不处理政务。［44］潜：悄悄，私下。别舍：正宅以外的其他住所。［45］河间公：即石宣，石虎之子，当时任冀州刺史，州治信都，在今河北衡水市冀州区。［46］固谏：恳切地劝阻。［47］昏醉：酒醉以后神志不清。［48］私遣中人：暗地里派她身边的太监。中人，宦官。诮让：责备，批评。［49］数往东宫：屡屡到东宫看望太子。［50］既而：过了一会儿。瞋（chēn）目大言：瞪着眼睛，大声说话。［51］父子不相信乎：难道父子之间也这么互不信任吗？［52］诘（jié）问：责问，追问。［53］幽：囚禁。［54］朝而不谢：拜见石虎，但是自己不认错，不请罪。谢，谢罪。［55］俄顷即出：只在石虎跟前待了一会儿就出来了。俄顷，一会儿，片刻。［56］应朝中宫：应去拜见皇后。［57］岂可遽去：怎能这么快就离开？遽，急忙，匆忙。［58］径出不顾：头也不回地扬长而去。径，径直，一直。顾，回头看。［59］杜昭仪：石虎的嫔妃，太子石宣的生母。昭仪，嫔妃封号，时为最高位妃嫔称号，仅次于皇后，位相当于丞相，爵比诸侯。［60］安定：郡名，郡治临泾，在今甘肃泾川县北，当时属后赵管辖。侯子光：后赵安定人，自称“佛太子”，用宗教迷信手段聚集数千人于杜南山（今终南山），自称“大黄帝”，改元龙兴。被后赵镇西将军石广所灭，并被斩首。［61］大秦国：我国古代对罗马帝国的称呼。因在大海西，亦称“海西国”。［62］杜南山：山名，在今陕西西安市东南。［63］龙兴：后赵农民起义领袖侯子光的年号，共计一个月，即公元 337 年七月。［64］石广：后赵将领。

九月，镇军左长史封奕等劝慕容皝称燕王，皝从之。于是，备置群司[1]，以封奕为国相，韩寿为司马[2]，裴开为奉常[3]，阳骛为司隶[4]，王寓为太仆[5]，李洪为大理[6]，杜群为纳言令[7]，宋该、刘睦、石琮为常伯[8]，皇甫真、阳协为冗骑常侍[9]，宋晃、平熙、张泓为将军[10]，封裕为记室监[11]。洪，臻之孙；晃，奭之子也。

冬，十月，丁卯[12]，皝即燕王位，大赦。十一月，甲寅[13]，追尊武宣公[14]为武宣王，夫人段氏曰“武宣后”；立夫人段氏为王后，世子俊为王太子，如魏武、晋文辅政故事[15]。

段辽数侵赵边，燕王皝遣扬烈将军宋回称藩于赵[16]，乞师以讨辽，自请尽帅国中之众以会之，并以其弟宁远将军汗为质[17]。赵王虎大悦，厚加慰答[18]，辞其质[19]，遣还，密期以明年[20]。

是岁，赵将李穆纳拓跋翳槐于大宁[21]，其故部落多归之。代王纥那奔燕，国人复奉翳槐为代王[22]，翳槐城盛乐[23]而居之。

仇池氐王杨毅族兄初[24]，袭杀毅，并有其众，自立为仇池公[25]，称臣于赵。

（以上为第十六段，写辽东慕容皝听从镇军左长史封奕劝说，即燕王位，向后赵称臣，乞求派军攻打段氏；拓跋翳槐回到大宁，又为代王；杨初谋杀仇池王杨毅，自立为王。）

【注释】

［1］备置：设置齐全。群司：燕王属下各种官僚机构。［2］韩寿：前燕官员，原为慕容廆的属将，为别驾，慕容皝称帝后，封为司马。司马：这里排在国相之后，类似于大司马，统领全国军事，并非一般的军中司马官。［3］奉常：旧称太常，掌管朝廷与宗庙的礼仪，为九卿之一。［4］司隶：司隶校尉的省称，掌纠察朝廷百官及京郊诸郡。［5］太仆：为皇帝掌管车马及牧畜之事，为九卿之一。［6］李洪：西晋东夷校尉李臻之孙，前燕官员。慕容皝称燕王，任为大理。大理：秦汉称廷尉，是国家最高司法长官，为九卿之一。［7］杜群：前燕官员，原为辽东相，慕容皝称燕王，为纳言令。纳言令：前燕官名，掌传达王命，犹晋之尚书令。［8］宋该、刘睦、石琮：三人均为前燕官员。慕容皝称燕王，三人任常伯。常伯：秦汉时称侍中，侍从皇帝左右，出入宫廷，应对顾问。至魏、晋时，地位已相当于宰相。［9］阳协：前燕官员。慕容皝称燕

王，任为冗骑常侍。冗（rǒng）骑常侍：即散骑常侍，魏时把秦汉所置的散骑与中常侍二官合而为一，故名，侍从皇帝左右，掌规谏，不典事。至晋代，以散骑常侍共平章尚书奏事，后亦掌章表诏命。［10］宋晃、平熙、张泓：三人均为前燕官员。慕容皝称燕王，任为将军。宋晃，宋奭之子。［11］封裕：渤海蓨县人，封抽之子，前燕官员。慕容皝称燕王，任为记室监。后迁河间太守。永和元年（345），封裕上书，大胆提出了"薄赋而藏于百姓"等经济主张，对当时朝政产生了积极的影响。记室监：又称"记室督""记室参军"，诸王、三公及大将军均设此官，掌章表书记文檄。［12］丁卯：十月十四日。［13］甲寅：十一月朔癸未，无甲寅，疑为十二月之误。甲寅，十二月二日。［14］武宣公：即慕容廆，谥号曰"武宣"。［15］魏武、晋文辅政故事：指魏武帝曹操和晋文帝司马昭先称王辅政，死后由王太子继位，再追尊为帝的成例。［16］宋回：前燕将领，为扬烈将军，曾出使后赵。称藩于赵：意即向后赵称臣。藩，屏藩，藩臣。［17］汗：即慕容汗，辽东公慕容廆第九子，慕容皝之弟。为质：到后赵国做人质。［18］慰答：抚慰，答复。［19］辞其质：让慕容皝政权不必派人质，以表示尊重、信任。［20］密期以明年：秘密约好时间为明年，共同讨伐鲜卑段氏。［21］李穆：后赵将领。纳拓跋翳（yì）槐于大宁：用武力把拓跋翳槐送到大宁，让拓跋部落接受他为君主。纳，武力送入。大宁，城名，在今河北张家口市宣化区西北，当时为鲜卑拓跋部落的大本营所在。［22］为代王：三字原无，据章校补。代王，诸侯国名，都城盛乐，在今内蒙古和林格尔县北。［23］翳槐：二字原无，据章校补。城盛乐：在盛乐修筑城池。盛乐，本汉成乐县，县治在今内蒙古和林格尔县北的土城子。三国魏甘露三年（258），拓跋力微始迁于此。晋愍帝建兴元年（313），力微孙代王猗卢城盛乐以为北都。［24］杨毅：杨难敌之子，前仇池国第三任君主。初：即杨初，杨坚头长子。咸康三年（337）篡权继位，为前仇池国第四任君主。［25］仇池公：以仇池郡为封地。仇池，郡名，东晋时仇池杨氏内附，置之，治所洛谷城，在今甘肃成县西北。

【点评】

石勒其人。石勒是羯人首领，后赵政权开创者，公元333年去世。他在战国时赵国的故地上建立的后赵政权，共维持了32年。

从奴隶到将军，石勒都具有传奇色彩，传说他出生时红光满屋，这固然有传说的成分，而他由奴隶到将军，则是他英勇善战的最好证明。石勒20岁时，曾被劫掠为奴隶，过着非人的生活。就是这样的生活经历，使他养成了坚韧不屈的顽强意志。后来，石勒逐渐成为强者，并发展壮大。

石勒投奔汉主刘渊后，立下了赫赫战功。刘渊称帝时，授予石勒持节、平东大将军，成为刘汉的高级将领；到了刘聪称帝时，加封石勒为征东大将军、并州刺史；到了刘曜称帝，石勒的势力则可以与之抗衡，受封为太宰、领大将军，进爵赵王，他俨然是当年的曹操了。

石勒的野心也非常大，早有谋据江汉的想法，攻下邺城后，经营襄国，作为立基的根本；在背叛前赵，与之对抗的过程中，逐渐占了上风，先打败并擒杀了刘曜，后又擒获并杀掉太子刘熙，绝其根本，前赵在他的手上灭亡了。而后他称霸北方，自称为大赵天王，行皇帝事，并设立百官。

石勒的侄子石虎，在他的培养和携带下，逐步成为一员猛将，在战场上所向无敌，为后赵打下了大片的土地，成为后赵无与伦比的猛将，石勒也给予石虎极大的荣誉和奖赏。可是，石虎并不满足。而石勒所立的太子石弘又比较文弱，在石虎面前，连眼睛都不敢睁。石勒去世后，石弘被石虎挟制，最终，石勒子孙被石虎尽灭。

卷九六　晋纪十八

晋成帝咸康四年至七年（338—341 年）

【起著雍阍茂（戊戌，338 年），尽重光赤奋若（辛丑，341 年），凡四年】

【大事提要】

本卷记事起公元 338 年，讫公元 341 年，凡四年，当晋成帝（司马衍）咸康四年至咸康七年。本卷所载大事，主要有五个方面：其一，段辽灭亡。辽西鲜卑人段部首领段辽常与辽东鲜卑慕容部首领慕容皝相攻，慕容皝称王后，便向后赵称藩，于公元 318 年灭段辽。其二，李寿称帝，改国号为“汉”。其三，拓跋什翼犍继位代王。公元 338 年，代王拓跋翳槐病重，命立其弟拓跋什翼犍为代王。拓跋什翼犍继立后，始置百官，分掌众务，制定反逆、杀人、奸盗之法，号令严明，政事清简，百姓安居，国势强盛，四境扩大，南临阴山，北尽沙漠，有部众数十万人。其四，东晋王导去世。王导历任东晋元、明、成三帝，官至大司马、丞相。曾受命参加平定华轶、徐龛、王敦、苏峻、祖约之乱；曾两次接受遗命，担任辅国重臣，深得信任，尤为成帝司马衍敬重。主政期间，率领南迁士族，联合江南豪门望族，共同维持东晋稳定。其五，东晋册封前燕主慕容皝大将军、燕王，以其世子慕容俊为东夷校尉、左贤王。

显宗成皇帝中之下

咸康四年（戊戌，338 年）

春，正月，燕王皝遣都尉赵槃如赵[1]，听师期[2]。赵王虎将击段辽，募骁勇者三万人，悉拜龙腾中郎[3]。会辽遣段屈云袭赵幽州[4]，幽州刺史李孟退保易京[5]。虎乃以桃豹为横海将军[6]，王华为渡辽将军[7]，帅舟师十万出漂渝津[8]；支雄为龙骧大将军[9]，姚弋仲为冠军将军[10]，帅步骑七万为前锋以伐辽。

三月，赵槃还至棘城[11]。燕王皝引兵攻掠令支[12]以北诸城。段辽将追之，慕容翰曰："今赵兵在南，当并力御之；而更与燕斗，燕王自将而来，其士卒精锐，若万一失利，将何以御南敌[13]乎！"段兰怒曰："吾前为卿所误[14]，以成今日之患[15]；吾不复堕卿计中[16]矣！"乃悉将见众[17]追之。皝设伏以待之，大破兰兵，斩首数千级，掠五千户及畜产万计以归。

赵王虎进屯金台[18]。支雄长驱入蓟[19]，段辽所署渔阳、上谷、代郡守相皆降[20]，取四十余城。北平相阳裕帅其民数千家登燕山以自固[21]。诸将恐其为后患，欲攻之。虎曰："裕儒生，矜惜名节[22]，耻于迎降耳，无能为也。"遂过之[23]，至徐无[24]。段辽以其弟兰既败，不敢复战，帅妻子、宗族、豪大[25]千余家，弃令支，奔密云山[26]。将行，执慕容翰手泣曰："不用卿言，自取败亡；我固甘心[27]，令卿失所[28]，深以为愧。"翰北奔宇文氏[29]。

辽左右长史[30]刘群、卢谌、崔悦[31]等封府库请降。虎遣将军郭太、麻秋[32]帅轻骑二万追辽，至密云山，获其母、妻[33]，斩首三千级。辽单骑走险[34]，遣其子乞特真奉表及献名马于赵[35]，虎受之。

虎入令支宫[36]，论功封赏各有差。徙段国民二万余户于司、雍、兖、豫四州[37]；士大夫之有才行[38]，皆擢叙[39]之。阳裕诣军门[40]降。虎让之曰："卿昔为奴虏走[41]，今为士人来[42]，岂识知天命[43]，将逃匿无地邪[44]？"对曰："臣昔事王公[45]，不能匡济[46]；逃于段氏，复不能全[47]。今陛下天网高张[48]，笼络四海[49]，幽、冀豪杰莫不风从[50]，如臣比肩[51]，无所独愧。生死之命，唯陛下制[52]之！"虎悦，即拜北平太守。

夏，四月，癸丑[53]，以慕容皝为征北大将军、幽州牧，领平州刺史[54]。

（以上为第一段，写后赵主石虎率领水陆大军攻打鲜卑段部首领段辽，段辽大败，带领妻子、宗族和当地豪强一千多家弃城逃跑，递上降书，献上名马，向后赵投降。）

【注释】

［1］赵槃（pán）：前燕官员，时为都尉，曾出师后赵，商讨合击鲜卑段氏。如赵：到后赵去。如，到，前往。赵，羯族首领石勒建立的政权。因与历史上其他赵国相区别，一般称“后赵”。［2］听师期：打听起兵攻打段辽的日期。［3］悉拜：全部升任。龙腾中郎：后赵所置武官名。龙腾，形容骁勇。中郎，帝王的侍从人员。［4］会：适逢，正值。段屈云：段辽从弟，扬威将军。咸康三年（337）七月，率骑夜袭慕容部边塞兴国城，不克而还。次年正月，率军攻后赵幽州。幽州：州治蓟县，在今北京市。［5］李孟：时为前燕幽州刺史。易京：本汉易县，东汉末公孙瓒据幽州，移镇其地，盛修营垒楼观，称易京，在今河北雄县西北。［6］桃豹：字安世，范阳人。后赵石勒部将。石虎时期，被任命为横海将军，官拜太保。横海将军：将军名号，西汉始置，韩说曾任此职，为杂号将军。胡三省注为“盖石氏创置”，误。［7］王华：后赵将领，为渡辽将军。［8］舟师：水军。漂渝津：渡口名，在今天津市东。［9］支雄：月支人，后赵龙骧大将军。大将军：高于一般的将军。［10］姚弋（yì）仲：后秦开国皇帝姚苌之父，石虎任为冠军将军。［11］棘（jí）城：燕王慕容皝的都城，在今辽宁义县。［12］令支：县名，县治在今河北迁安市西，当时为段辽的都城。［13］御南敌：对付南来的敌人，指后赵兵。［14］前为卿所误：指前年与慕容皝作战，段兰要乘胜追击，被慕容翰阻挠未追之事。［15］以成今日之患：所以才给今天留下了祸患。段兰认为，如果前年乘胜追击慕容皝，就一定会把慕容皝消灭，所以恨恨而言。［16］堕卿计中：落入你的圈套。堕，落，落入。［17］将见众：率领现有的兵力。见，同“现”。［18］金台：即黄金台，亦名“燕台”，在今河北易县东南易水南岸。相传为战国燕昭王所筑，置千金于台上，以延请天下贤士。［19］蓟（jì）：蓟县，县治在今北京市。当时属段辽管辖。［20］所署：所任命的。渔阳、上谷、代郡：皆郡名。渔阳，郡治在今北京市密云区西南。上谷，郡治在今河北怀来县东南。代郡，郡治在今河北蔚县东北的代王城。三郡当时都属段辽。守相：郡守与诸侯国相，当时都是郡一级的地方长官。［21］燕山：山名，指今河北遵化市一带的燕山山脉。自固：自守。［22］矜惜名节：珍惜自己的名声操守。矜（jīn），矜持，注重。［23］遂过之：指越过了北平国的地面。［24］徐无：县名，县治在今河北遵化市东。［25］豪大：犹言“豪帅”，豪族的头领。是时东北夷谓主帅为大，部帅曰“部大”，城主曰“城大”。［26］密云山：山名，在今河北承德市北武烈河上源诸山。［27］甘心：指怨不得别人。［28］失所：失去栖身之处。处，处所，栖身之地。［29］宇文氏：鲜卑族的另一个部落政权，其头领为宇文乞得归。当时活动在今内蒙古赤峰市一带地区。［30］左右长史：即左长史、右长史。长史，诸史之长，相当于后世的秘书长。［31］刘群、卢谌、崔悦：三人皆段辽长史。刘群，西晋司空刘琨之子。传见《晋书》卷六十二。卢谌（chén），字子谅，曹魏司空卢毓曾孙，尚书卢志长子。随父投奔刘琨。传见《晋书》卷四十四。崔悦，字道儒，清河东武城（今河北故城县）人，曹魏司空崔林曾孙，与卢谌一起辅佐刘琨。传见《晋书》卷四十四。［32］郭太：后赵将领，为石虎干将。麻秋：羯族，后赵将领。［33］获其母、妻：抓获了段辽的母亲、妻子。［34］走险：逃往深山的险阻之处，以自

保。［35］乞特真：即段乞特真，鲜卑段部首领段辽之子。咸康四年（338），段辽被后赵石虎打败，表示降服，派儿子段乞特真向后赵石虎奉上降表，献上名马。奉表：献上投降的表章。［36］令支宫：即令支城内段辽所居住的宫室。段氏以令支为都，以其所居为宫。［37］司、雍、兖、豫四州：司州，州治洛阳，在今河南洛阳市。雍州，州治长安，在今陕西西安市。兖州，州治廪丘，在今山东郓城县西北。豫州，州治陈县，在今河南周口市淮阳区。［38］才行：才智和德行。［39］擢（zhuó）叙：提拔、任用。叙，量才任用，分级进用。［40］诣军门：到石虎的营门。诣，到，至。［41］为奴虏走：像奴才一样地逃走，指愍帝建兴二年（314）石勒攻克蓟城，灭王浚，阳裕不应召，逃奔令支。［42］今为士人来：今天又像一个有身份的士大夫前来投降。［43］岂识知天命：莫非是你看清了时务，看清了谁是天命所归的真命天子而来。石虎为后赵主，自认为是天命所归，故言。［44］将逃匿无地邪：还是由于你再也没有地方可逃，而来投降我。匿，躲避，隐藏。［45］事王公：指在王浚部下。王公，即王浚，字彭祖，西晋将领。［46］不能匡济：未能帮着王浚治好州郡、打败敌人。匡济，辅佐，帮助。［47］复不能全：又没能使段辽得以保全。［48］天网高张：形容后赵主石虎实力强大，无处不至，犹如一张无形的大网，笼罩天下。［49］笼络四海：意即延揽四海豪杰。笼络，统括，控制。四海，四海之内，代指全天下。［50］风从：顺风而从。［51］如臣比肩：都和我的情形一样。比肩，并排而立，以喻声望、地位相等。［52］制：裁断，决定。［53］癸丑：四月三日。［54］领：代理，兼任。平州刺史：平州的最高军政长官。平州，州治襄平，在今辽宁辽阳市。

成主期骄虐日甚，多所诛杀，而籍没[1]其资财、妇女，由是大臣多不自安。汉王寿素贵重，有威名[2]，期及建宁王越[3]等皆忌之。寿惧不免[4]，每当入朝，常诈为边书[5]，辞以警急[6]。

初，巴西处士龚壮[7]，父、叔皆为李特所杀。壮欲报仇，积年不除丧[8]。寿数以礼辟之[9]，壮不应；而往见寿，寿密问壮以自安[10]之策。壮曰："巴、蜀[11]之民本皆晋臣，节下若能发兵西取成都[12]，称藩于晋，谁不争为节下奋臂[13]前驱者！如此则福流子孙，名垂不朽，岂徒[14]脱今日之祸而已！"寿然之。阴与长史略阳罗恒、巴西解思明[15]谋攻成都。

期颇闻[16]之，数遣许涪[17]至寿所，伺[18]其动静；又鸩杀[19]寿养弟安北将军攸[20]。寿乃诈为妹夫任调[21]书，云期当取[22]寿；其众[23]信之，遂帅步骑万余人自涪[24]袭成都，许赏以城中财物，以其将李奕为前锋。期不意[25]其至，初不设备[26]。寿世子势为翊军校尉[27]，开门纳之，遂克成都，屯兵宫门。期遣侍中劳寿。寿奏建宁王越、景骞、田褒、姚华、许涪[28]及征西将军李遐、将军李西[29]等怀奸乱政，皆收杀之。纵兵大掠，数日乃定。寿矫以太后任氏令，废期为邛都县公[30]，幽[31]之别宫。追谥戾太子曰“哀皇帝”[32]。

罗恒、解思明、李奕等劝寿称镇西将军、益州[33]牧、成都王，称藩于晋，送邛都公于建康；任调及司马蔡兴、侍中李艳等劝寿自称帝。寿命筮[34]之，占者曰：“可数年天子。”调喜曰：“一日尚足[35]，况数年乎！”思明曰：“数年天子，孰与[36]百世诸侯？”寿曰：“朝闻道，夕死可矣[37]。”遂即皇帝位。改国号曰“汉”[38]，大赦，改元汉兴。以安车束帛征龚壮为太师[39]。壮誓不仕，寿所赠遗[40]，一无所受。

寿改立宗庙[41]，追尊父骧[42]曰“献皇帝”。母昝氏曰“皇太后”，立妃阎氏为皇后，世子势为皇太子，更以旧庙[43]为大成庙，凡诸制度，多所更易。以董皎[44]为相国，罗恒为尚书令，解思明为广汉太守，任调为镇北将军、梁州刺史，李奕为西夷校尉[45]，从子权为宁州刺史[46]。公、卿、州、郡，悉用其僚佐代之，成氏旧臣、近亲及六郡士人[47]，皆见疏斥[48]。

邛都公期叹曰：“天下主乃[49]为小县公，不如死！”五月，缢而卒[50]。寿谥曰“幽公”，葬以王礼。

（以上为第二段，写成主李期日益骄横暴虐，多所诛杀；汉王李寿位高权重，采纳处士龚壮建议，攻下成都，废掉李期，贬杀旧臣，即帝位，改国号为汉，年号汉兴。）

【注释】

[1]籍没：没收被杀者的财物、妇女入官。 [2]汉王寿：即李寿，字武考，成武帝李雄堂弟，成汉第四位皇帝，公元338年至公元343年在位。素贵重：李寿是李雄的堂兄弟，而且东征西战，功勋卓著，向来位高权重。有威名：享有盛名。 [3]建宁王越：即李越，李期之兄，封为建宁王。建宁王，封地建宁郡，都城味县，在今云南曲靖市内。 [4]不免：即不免于死，难逃一死。[5]诈：假装。边书：报告边境紧急军情的信件。 [6]辞以警急：推说军情紧急，不参加朝会。警急，危急。 [7]龚壮：字子伟，巴西隐士。李寿驻守汉中与李期争斗时，以龚壮善谋，多次前往请教。龚壮教其先取成都，然后称藩于晋。李寿依计发兵夺位，却改国号称帝。龚壮后被聘为太师，预见李寿前途渺茫，便托病还家，以经史自娱，终身不去成都。传见《晋书》卷九十四。

[8]积年：累年，多年。不除丧：一直身穿孝服。[9]数：多次。辟：聘任，请他出来做官。[10]自安：如何保障自己的安全。[11]巴、蜀：指四川盆地及其附近地区，地处中国西南地区，在今四川中东部及陕南、鄂西等地。时为成汉政权占领，此用以指李期政权。[12]节下：对对方的敬称。秦汉以来称皇帝为陛下，称太子为殿下，称持节、假节外出当方面者为节下。成都：郡名，郡治在今四川成都市，时为成汉政权的都城所在地。[13]奋臂：挥臂，以言其兴奋踊跃之状。[14]岂徒：岂止。[15]罗恒：成汉官员，李寿部属，时为长史。解思明：成汉官员，李寿干将。[16]颇闻：稍微听到。颇，略，略微。[17]许涪（fú）：成汉将领，时为中常侍，为成汉主李期的宠臣。[18]伺：侦探，观察。[19]鸩杀：用毒酒杀人。鸩（zhèn），传说中一种有毒的鸟，喜欢吃蛇，羽毛为紫绿色，放在酒中可毒死人。[20]养弟：领养的弟弟，并无血缘关系。安北将军：主管北部军事。攸：即李攸，成汉主将领，为安北将军，被成汉主李期杀害。[21]诈为：伪造。任调：成汉人，李寿妹夫，时在成都，故李寿伪造其来信以激怒部下。[22]取：袭取，袭捕。[23]其众：指李寿的部下。[24]涪：即涪县，县治在今四川绵阳市东，当时李寿率军驻此。[25]不意：完全没有想到。[26]初不设备：完全没有准备。初，完全，从来。[27]世子：嫡长子，为法定继承人。势：即李势，字子仁，成汉末代皇帝，公元 343 年至公元 347 年在位。翊（yì）军校尉：位次于将军，为护驾官。[28]建宁王越：即李越，李期之兄。景骞（qiān）、田褒、姚华、许涪：诸人皆成汉官员，成汉主李期宠臣，时景骞为尚书令，姚华、田褒为尚书，许涪为侍中，均被造反的李寿所杀。[29]李遐（xiá）、李西：成汉将领，成汉主李期宠臣，李遐为征西将军，李西为将军，被造反的李寿所杀。[30]邛（qióng）都县公：贬李期为公爵，领地为邛都县。邛都，在今四川西昌市。[31]幽：幽闭，囚禁。[32]“追谥”句：李寿改谥被李期废杀的戾太子李班为“哀皇帝”。[33]益州：州治在蜀郡的成都，在今四川成都市。[34]筮（shì）：占卜，即用蓍草占卜吉凶。[35]一日尚足：即使能做一天皇帝也满足。[36]孰与：怎么能与之相比。[37]朝闻道，夕死可矣：如能早晨得到真理，即使晚上死了也值得。李寿的意思是，如果能够当皇帝，即使是当上一个早上，也是心满意足的啊！语出《论语·里仁》。[38]改国号曰“汉”：在此以前国号为“成”，现改为“汉”，故一般称之为“成汉”。[39]安车：安稳的车子。车轮用软物包裹，以使行路不颠簸。束帛：帛五匹为束，古代以此作为馈赠的礼物。太师：与太傅、太保合为“三公”，为辅弼国君之臣。[40]赠遗（wèi）：馈赠的礼物。[41]改立宗庙：另立李骧一支的宗庙。改立，另立。李特、李雄一支的宗庙也予以供奉，但以李骧一支的宗庙为主庙。[42]骧（xiāng）：即李骧，字元龙，李特之弟，李寿之父。曾为骁骑将军，李雄称帝后，封为太傅。死后谥汉献王。李寿即位后，追谥为献皇帝。传见《晋书》卷一百二十一。[43]旧庙：指原来供奉李特、李雄的宗庙。[44]董皎：成汉官员，成汉主李寿的相国。[45]西夷校尉：持节、统兵，掌益州少数民族事务。[46]权：即李权，成汉将领，为李寿之侄，任为宁州刺史。宁州：州治滇池，在今云南昆明市晋宁区东北。[47]六郡士人：指与李特兄弟一起入蜀的秦雍一带的士大夫。六郡，指秦、雍二州之天水、略阳、扶风、始平、武

都、阴平六郡。[48]皆见疏斥：都被疏远弃逐。见，被。[49]乃：却，竟然。[50]缢（yì）而卒：上吊而死。李期死时二十五岁。

赵王虎以燕王皝不会赵兵攻段辽而自专其利[1]，欲伐之。太史令赵揽谏曰："岁星守燕分[2]，师必无功。"虎怒，鞭之。

皝闻之，严兵设备[3]。罢六卿、纳言、常伯、冗骑常侍官[4]。赵戎卒数十万，燕人震恐。皝谓内史高诩曰[5]："将若之何？"对曰："赵兵虽强，然不足忧，但坚守以拒之，无能为也。"

虎遣使四出，招诱民夷[6]，燕成周内史崔焘[7]、居就令游泓[8]、武原令常霸[9]、东夷校尉封抽[10]、护军宋晃等皆应之[11]，凡得三十六城。泓，邃[12]之兄子也。

冀阳流寓之士共杀太守宋烛以降于赵[13]。烛，晃之从兄也。营丘内史鲜于屈亦遣使降赵[14]；武宁令广平孙兴晓谕吏民共收屈[15]，数[16]其罪而杀之，闭城拒守。朝鲜令昌黎孙泳[17]帅众拒赵。大姓王清等密谋应赵[18]，泳收斩之；同谋数百人惶怖请罪[19]，泳皆释之，与同拒守。乐浪太守鞠彭[20]以境内皆叛，选乡里壮士二百余人共还棘城[21]。

戊子[22]，赵兵进逼棘城。燕王皝欲出亡[23]，帐下将慕舆根谏曰[24]："赵强我弱，大王一举足则赵之气势遂成[25]，使赵人收略国民[26]，兵强谷足，不可复敌。窃意[27]赵人正欲大王如此耳，奈何入其计中乎！今固守坚城，其势百倍[28]，纵[29]其急攻，犹足枝持[30]，观形察变，间出[31]求利；如事之不济[32]，不失于走[33]，奈何望风委去[34]，为必亡之理[35]乎！"皝乃止，然犹惧形于色。

玄菟太守河间刘佩曰[36]："今强寇在外，众心恟惧[37]，事之安危，系于一人。大王此际无所推委[38]，当自强以厉[39]将士，不宜示弱。事急矣，臣请出击之，纵无大捷，足以安众。"乃将敢死数百骑出冲赵兵，所向披靡[40]，斩获而还，于是士气自倍。

皝问计于封奕[41]，对曰："石虎凶虐已甚，民神共疾[42]，祸败之至，其何日之有[43]！今空国[44]远来，攻守势异[45]，戎马虽强[46]，无能为患[47]，顿兵积日[48]，衅隙[49]自生，但坚守以俟之[50]耳。"皝意乃安。

或说[51]皝降，皝曰：“孤方取天下，何谓降也！”

（以上为第三段，写后赵主石虎攻打前燕，大兵压境，前燕不少郡县投降后赵，慕容皝心生恐惧，打算逃跑，在大臣劝说下，予以坚守，等待时机，绝地反击。）

【注释】

［1］自专其利：独占其利，指慕容皝趁段氏被打败，掠夺段氏人口、畜产，不待赵师至而北归。［2］岁星：即木星，又名“应星”“经星”“纪星”。古人根据岁星十二年绕天一周，每年行经一个特定的星空区域，因据以纪年。古人为了说明日月五星的运行和节气的变化，把黄道附近一周天按由西向东的方向分为十二个等分，叫十二次。每次都有二十八宿中的某些星宿作标志。换言之，星宿的分野即是以十二次为纲，而配以列国。守燕分：指岁星靠近燕国的分野，也就是守候在尾宿、箕宿所配属的燕国上空。［3］严兵：调集军队。设备：做好防御准备。［4］罢：撤销其建制。六卿、纳言、常伯、冗骑常侍：都是只有皇帝才能设置的官职。六卿，指去年慕容皝设置的国相、司马、奉常、司隶、太仆、大理六个高级职务。《资治通鉴》卷九十五载，慕容皝称燕王后，“以封奕为国相，韩寿为司马，裴开为奉常，阳骛为司隶，王寓为太仆，李洪为大理，杜群为纳言令，宋该、刘睦、石琮为常伯，皇甫真、阳协为冗骑常侍。”也就是说，时隔一年，将以上的任命全部取消。［5］内史：即前燕内史，掌管法令、拟定文书，协助国君策命诸侯及卿大夫，负责爵禄的废置。高诩（xǔ）：辽东人，永嘉之乱时，避地隐居，为前燕重臣，时为内史。［6］招诱：招引，引诱。民夷：汉族和少数民族的百姓。［7］成周内史：成周国的行政长官。成周，是西周初期建筑的都城，在今洛阳市。慕容氏政权将当时逃到燕地的中州百姓集中起来，设官管理，称这片居民点叫“成周”。崔焘：平州刺史崔毖之侄，后投奔鲜卑段氏。时为成周内史。［8］居就令游泓：居就县令姓游名泓。居就，县名，县治在今辽宁鞍山市东南。［9］武原：县名，县治在今江苏邳州市西北邳城镇。常霸：为前燕武原令，后投降后赵。［10］东夷校尉：管理东北方少数民族事务的军事长官，驻地在今辽宁辽阳市。封抽：慕容廆的长史、慕容皝的东夷校尉，后投降后赵。［11］护军：即护军都尉，监领军队。护，监领的意思。宋晃：前燕官员。慕容皝称燕王，任为将军，时为护军都尉。［12］邃（suì）：即游邃，广平人，与游纶、游统、游畅（畅）并称“广平四游”。［13］冀阳：郡名，建于东晋建武初年（317），是鲜卑慕容廆以流迁到辽东的冀州人设立，郡治平冈，在今辽宁凌源市。流寓之士：外地逃难到冀阳的人士。流寓，流亡在外，寓居他乡。宋烛：前燕官员，时为冀阳太守，被流寓之士所杀。［14］营丘内史：营丘国的行政长官。营丘，是西周初齐国建国时的都城，在今山东淄博市临淄区西北。慕容氏政权把当时逃到燕地的齐地百姓组织在一起，设官管理，即称这一片居民点叫“营丘”。内史，相当于郡太守。鲜于屈：姓鲜于，名屈，前燕官员，时为营丘内史，投降后赵，被杀。［15］孙兴：广平人，前燕官员，时为武宁县令。晓谕：开导，明白地告知。收屈：拘捕鲜于屈。［16］数（shǔ）：责骂，一一列举。［17］孙泳：前燕官员，时为朝鲜令。［18］大姓：指豪族。王清：人名，豪族

首领。［19］惶怖：惊惶，恐惧。请罪：指主动承认过错并请求处罚。［20］乐浪：郡名，郡治朝鲜县，在今朝鲜平壤市大同江南岸。鞠（jū）彭：曾为东晋的东莱太守，后为慕容廆的龙骧将军幕僚，时为前燕的乐浪太守，官至大长秋。［21］棘城：又名“大棘城”，在今辽宁义县西北，前燕主慕容皝的都城。［22］戊子：五月九日。［23］出亡：出逃，逃亡。［24］帐下将：即帐下将领。慕舆根：鲜卑人，前燕将领。初为帐下将，后为折冲将军、领军将军、太师。燕帝慕容儁病重，由慕容恪、慕容评、阳骛、慕舆根参辅朝政，最终因祸乱朝纲被诛杀。［25］一举足：犹言一抬脚，指逃跑。赵之气势遂成：意即助长了后赵军的嚣张气焰，将一发不可收拾。［26］收略国民：收抢我们国家的人口与资财。国民，燕国之民。［27］窃意：我想。窃，私下，谦辞。［28］其势百倍：我们的士气超过敌人百倍。［29］纵：纵然，即使。［30］枝持：支持，抵拒。枝，通“支”。［31］间出：伺机出其不意地出击。［32］不济：不成，抵抗不了。［33］不失于走：意即再走不迟。［34］委去：弃城而逃。委，抛弃，丢下。［35］为必亡之理：制造一种必定灭亡的结局。［36］玄菟（tú）：郡名，汉武帝灭朝鲜所置郡。刘佩：河间人，前燕官员，时为玄菟太守。［37］恟惧：震惊，恐惧。恟（xiōng），惊恐。［38］无所推委：没有推卸责任、退却的余地。［39］厉：通“励”，激励，激发。［40］所向披靡：所向无敌，所到之处，敌人如草木随风而倒。披靡，草木随风散乱地倒下，这里形容敌军溃败。［41］封奕：字子专，前燕重臣。传见《晋书》卷一百九。［42］共疾：共同仇恨。［43］何日之有：即“尚有何日”，还有多少时日，意思是说石虎不久即将失败。［44］空国：举国。［45］攻守势异：双方攻守的形势发生了变化。［46］戎马：军马，借指从军、作战的军事力量。［47］无能为患：不可能给我们造成危害。患，危害。［48］顿兵积日：停留的时间一长。顿，逗留，停留。积日，累日，多日。［49］衅隙：漏洞、矛盾，各种可乘之机。衅，嫌隙，争端。［50］但坚守以俟之：我们尽管等待就是了。俟，等待。［51］或说：有的人劝说。

赵兵四面蚁附缘城［1］，慕舆根等昼夜力战。凡十余日［2］，赵兵不能克，壬辰［3］，引退。皝遣其子恪［4］帅二千骑追击之，赵兵大败，斩获三万余级。赵诸军皆弃甲逃溃［5］，惟游击将军石闵一军独全［6］。闵父瞻［7］，内黄人，本姓冉，赵主勒破陈午［8］，获之，命虎养以为子。闵骁勇善战，多策略，虎爱之，比于诸孙。

虎还邺［9］，以刘群为中书令，卢谌为中书侍郎。蒲洪［10］以功拜使持节、都督六夷诸军事、冠军大将军，封西平郡公［11］。石闵言于虎曰：“蒲洪雄俊，得将士死力，诸子皆有非常之才。且握强兵五万，屯据近畿［12］，宜密除之，以安社稷［13］。”虎曰：“吾方倚其父子以取吴、蜀［14］，奈何杀之！”待之愈厚。

燕王皝分兵讨诸叛城，皆下之。拓境至凡城[15]，崔焘、常霸奔邺，封抽、宋晃、游泓奔高句丽[16]。皝赏鞠彭、慕舆根等而治[17]诸叛者，诛灭甚众；功曹刘翔为之申理[18]，多所全活。

赵之攻棘城也，燕右司马李洪之弟普以为棘城必败[19]，劝洪出避祸。洪曰："天道幽远，人事难知[20]，且当委任[21]，勿轻动取悔！"普固[22]请不已。洪曰："卿意见明审[23]者，当自行之。吾受慕容氏大恩，义无去就[24]，当效死[25]于此耳。"与普流涕而诀[26]。普遂降赵，从赵军南归，死于丧乱。洪由是以忠笃[27]著名。

赵王虎遣渡辽将军曹伏[28]将青州之众戍海岛[29]，运谷三百万斛以给之；又以船三百艘运谷三十万斛诣高句丽[30]，使典农中郎将王典[31]帅众万余屯田海滨[32]，又令青州造船千艘，以谋击燕。

赵太子宣帅步骑二万击朔方鲜卑斛摩头[33]，破之，斩首四万余级。

冀州八郡大蝗，赵司隶请坐守宰[34]。赵王虎曰："此朕失政所致，而欲委咎守宰，岂罪己之意邪！司隶不进谠言[35]，佐朕不逮[36]，而欲妄陷无辜，可白衣领职[37]！"

虎使襄城公涉归[38]、上庸公日归[39]帅众戍长安。二归告镇西将军石广私树恩泽[40]，潜谋不轨[41]，虎追广至邺，杀之。

（以上为第四段，写后赵大军攻打前燕都城，连续十几天，不能取胜，败下阵来，前燕予以反攻，并收复投降后赵的郡县；石虎并不死心，继续做好攻打前燕准备。）

【注释】

[1]蚁附缘城：像蚂蚁一样密集地附城而上。缘，攀缘。 [2]十余日：从戊子到壬辰，仅四天，非十余日。 [3]壬辰：五月十三日。 [4]恪（kè）：即慕容恪，字玄恭，前燕主慕容皝第四子，慕容俊之弟。曾以"连环马"之计擒杀后赵主冉闵，后为太宰，封太原王，尽心辅佐幼主。谥为桓王。后世尊为十六国第一名将。传见《晋书》卷一百十一。 [5]逃溃：溃败，逃奔。 [6]游击将军：杂号将军之名。石闵（mǐn）：字永曾，小名棘奴，后赵主石虎养孙，以勇猛著称。授游击将军，封修成侯。拥立石鉴，后屠胡灭石，即位称帝，建立冉魏。为燕王慕容俊擒杀。传见《晋书》卷一百七。 [7]瞻：即石瞻，姓冉，名良，字弘武，滑州内黄人（今河南内黄县西北），冉

闵生父，自幼习武，12岁被石虎收为养子，改名为石瞻。传见《晋书》卷一百七。［8］陈午：西晋永嘉末年陈留的乞活帅，曾为振武将军、陈留内史，石勒曾与其相攻于蓬关，被杀。［9］邺：后赵主石勒的都城，在今河北临漳县西南。［10］蒲洪：即苻洪，字广世，原为陕、甘、川交界地区的氐族头领，先后归附汉赵、后赵，时为石虎部将。［11］西平郡公：封地西平郡，为公爵，五等侯爵的第一等。西平郡，都城西都，在今青海西宁市。［12］近畿（jī）：国都的近郊。当时蒲洪屯枋头，在今河南浚县西南八十里，距石虎的邺城（今河北临漳县西南）不算太远。［13］社稷：土神与谷神的祭坛。社稷为国家政权的标志，故代指国家。［14］吴、蜀：本为三国时的吴国与蜀国，此石虎以三国之魏自居，故将吴、蜀分指江东的东晋王朝、成都的李寿政权。［15］拓境：拓展疆域。拓，拓展，扩大。凡城：城名，在今河北平泉市南。［16］高句（gōu）丽（lí）：古国名，是存在于公元1世纪至公元7世纪的中国古代边疆政权，首都丸都，在今吉林集安市。［17］治：惩治，惩处。［18］功曹：亦称功曹史，为郡守、县令的主要佐吏，主管考察记录业绩。刘翔：前燕官员，曾为东夷护军、大将军长史、主簿，现为功曹。申理：申诉重审。［19］李洪：前燕官员。慕容皝称燕王，任为大理，现为右司马。普：即李普，李洪之弟，前燕官员。［20］天道幽远，人事难知：成败若决定于天道，那么天道遥远莫测；若决定于人事，那么人事难以知晓。［21］且当委任：应该暂且接受任务。当，承受。委任，此指委任的官职。［22］固：坚持。［23］意见明审：如果你对未来看得清楚。明审，明白，透彻。［24］义无去就：意即绝无离去之理。去就，这里指去。［25］效死：竭尽全力，献出生命。［26］诀：话别，告别。［27］忠笃：忠诚。［28］曹伏：后赵将领，时为渡辽将军。［29］青州：州治临淄，在今山东淄博市东北。戍海岛：据《晋书》卷一百七，乃是石虎遣曹伏渡海戍蹋顿城，无水而还，因戍于海岛。此海岛应在今山东北部的沿海地区。［30］诣高句丽：送粮于高句丽，欲收买之，使其攻击慕容氏政权于东侧。［31］典农中郎将：古代分置于屯田的地区，掌管农业生产、民政和田租的武官，职权同于太守。王典：后赵将领，时为典农中郎将。［32］屯田海滨：在今山东北部的海滨地区屯田，以备日后渡海攻打前燕。［33］朔方：汉郡名，约当今内蒙古河套一带地区。鲜卑：古代游牧民族名，兴起于大兴安岭，为魏晋南北朝时期对中国影响最大的游牧民族，起源于东胡族，分布在中国北方。斛摩头：人名，鲜卑族。［34］请坐守宰：请求查办冀州所属八郡的太守与各县县令的罪责。西汉以来迷信天人感应，说各种自然灾害都是上天对人类的惩罚，因而要杀八郡守宰以抵罪。今冀州大蝗，赵司隶不自己请求抵罪，反而推罪于属下的太守与县官。［35］不进谠言：不说正直的话。谠（dǎng），正直的言论。［36］佐朕不逮：犹言帮助我克服缺点。不逮，不及，指缺点、错误。［37］白衣领职：罢其职务，以平民的身份代理司隶之职。白衣，古时未仕者穿白衣，犹后世所称"布衣"。［38］襄城公：封地襄城郡，爵为公侯。襄城，郡名，郡治襄城，在今河南襄城县。涉归：即慕容涉归，鲜卑慕容部首领之一。传见《晋书》卷一百八。［39］上庸公：封地上庸郡，爵为公侯。上庸郡，郡治上庸县，在今湖北竹山县西南。日归：慕容日归，依附于石氏。［40］告：告发。私树恩泽：私施恩惠以结党羽。树，种植，比喻培养人。恩泽，指受其恩泽之人。［41］谋不轨：指谋反。轨，法则，法度。

乙未[1]，以司徒导为太傅，都督中外诸军事，郗鉴为太尉，庾亮为司空。六月，以导为丞相，罢司徒官[2]以并丞相府。

导性宽厚，委任诸将赵胤、贾宁等[3]，多不奉法，大臣患之。庾亮与郗鉴笺[4]曰："主上自八九岁以及成人，入则在宫人[5]之手，出则唯武官、小人[6]，读书无从受音句[7]，顾问未尝遇君子[8]。秦政[9]欲愚其黔首[10]，天下犹知不可，况欲愚其主[11]哉！人主春秋既盛[12]，宜复子明辟[13]。不稽首归政[14]，甫居师傅之尊[15]，多养无赖[16]之士；公与下官并荷托付之重[17]，大奸不扫[18]，何以见先帝[19]于地下乎！"欲共起兵废导，鉴不听。

南蛮校尉陶称[20]，侃之子也，以亮谋语导。或劝导密为之备，导曰："吾与元规休戚是同[21]，悠悠之谈[22]，宜绝智者之口[23]。则如君言，元规若来，吾便角巾还第[24]，复何惧哉！"又与称书，以为："庾公，帝之元舅[25]，宜善事之！"征西参军孙盛密谏亮曰[26]："王公常有世外之怀[27]，岂肯为凡人事[28]邪！此必佞邪之徒欲间内外耳[29]。"亮乃止。盛，楚之孙也。是时，亮虽居外镇，而遥执朝廷之权，既据上流[30]，拥强兵，趣势者[31]多归之。导内不能平[32]，常遇西风尘起，举扇自蔽，徐曰[33]："元规尘污人[34]！"

导以江夏李充为丞相掾[35]。充以时俗崇尚浮虚[36]，乃著《学箴》[37]，以为："老子云'绝仁弃义，民复孝慈[38]'，岂仁义之道绝，然后孝慈乃生哉？盖患乎情仁义者寡[39]，而利仁义者众[40]，将寄责于圣人[41]，而遗累乎陈迹[42]也。凡人，见形者众[43]，及道者鲜[44]，逐迹逾笃[45]，离本[46]逾远。"故作《学箴》以祛其蔽[47]，曰："名之攸彰，道之攸废[48]；及损所隆[49]，乃崇所替[50]。非仁无以长物[51]，非义无以齐耻[52]，仁义固不可远[53]，去其害仁义者[54]而已。"

（以上为第五段，写东晋朝廷内部的党派斗争，庾亮曾经导致苏峻之乱，现在又神气起来，认为王导是大奸之人，应予清除，驻守外镇，却权势显赫，遥控朝政。）

【注释】

[1]乙未：五月十六日。［2］罢司徒官：西汉称丞相为大司徒，东汉去大，为司徒。东晋以王导为司徒，实即丞相。时以王导为丞相，故罢司徒。导卒，复置司徒。［3］赵胤（yìn）：字伯舒，扬州淮南人，赵诱之子，东晋将领。其父死后，继承父兵，参与平定杜曾之乱，又平定王敦、苏峻之乱，杀死叛乱的南顿王司马宗。官至西中郎将、豫州刺史。贾宁：原为历阳内史苏峻的死党、谋士。［4］笺（jiān）：文体名，实即书信。［5］宫人：包括宫女、太监及主管皇帝日常生活事务的官员。［6］武官：指赵胤、贾宁等人。小人：旧指仆隶，此为佞幸、优伶、男宠等人。［7］音句：文字的读音与文章的断句。［8］顾问：问讯，有疑问寻求解答。未尝：从未。君子：指人格高尚、道德品行兼好之人。［9］秦政：即秦始皇嬴政。［10］愚其黔首：指秦始皇焚诗书，实行愚民政策。黔（qián）首，庶民，平民。［11］愚其主：想让他的主子越来越傻。主，人主，皇帝。［12］春秋既盛：指正年轻。春秋，谓年龄。［13］复子明辟：把国家政权交给皇帝。语出《尚书·洛诰》，曰："周公拜手稽首曰：'朕复子明辟。'"意思是说，周成王已经成年，我把君主的大权交回去。庾亮引此，目的是督促王导归政于晋成帝司马衍。复子，还政。明辟，贤君，明君。［14］稽首：古代最虔敬的跪拜礼，行礼时，磕头至地。归政：把政权交还皇帝。［15］甫居师傅之尊：贪恋着帝王师傅的尊贵地位。甫，始，刚刚。师傅，指帝师、帝傅，教导、辅佐帝王。［16］无赖：没有品行、没有才干。［17］公：敬称郗鉴。下官：谦称自己。并荷托付之重：共同接受晋明帝司马绍的托孤重任。荷（hè），承当，担任。［18］大奸不扫：即大奸不除。大奸，指王导。扫，扫除，清理。［19］先帝：指晋明帝司马绍。［20］南蛮校尉：亦称护南蛮校尉，主管荆州少数民族事务，隶属荆州刺史。陶称：大司马陶侃之子，任东中郎将、南蛮校尉，揭发庾亮欲图王导，迁南中郎将、江夏相。行至夏口，为荆州刺史庾亮论罪处死。传见《晋书》卷六十六。［21］元规：即庾亮，字元规。休戚是同：即"同休戚"，在今之所谓"同甘苦，共患难"。休戚，喜乐与哀愁。［22］悠悠之谈：没有根据的流言。悠悠，庸俗。［23］宜绝智者之口：应当在智者的口中结束，意即不再向下传。王导此言是在责备陶称不该传播这种悠悠之谈。［24］角巾还第：即换上平民服装，悠闲地回到自己家里去。角巾，有棱角的头巾，是古代隐士的打扮。相传东汉名士郭林宗外出遇雨，头巾被淋湿，角巾的一角陷下，时人见之纷纷效仿而形成风气。［25］元舅：大舅。［26］征西参军：征西将军庾亮的参军，即军事参谋。孙盛：字安国，西晋冯翊太守、文学家孙楚之孙，东晋史学家、官员。先后担任陶侃、庾亮、庾翼、桓温的僚佐，曾随桓温灭成汉、北伐收复洛阳，官至长沙太守，封吴昌县侯。晚年官至秘书监、给事中，著《魏氏春秋》二十卷等。传见《晋书》卷八十二。［27］世外之怀：辞官隐居，优游于人世之外的心怀。［28］凡人事：世俗争权夺利之事，指篡取政权。［29］佞邪：奸邪之人。佞（nìng），巧言谄媚。欲间内外：想离间朝里大臣与地方大臣的关系。间（jiàn），挑拨，离间。内，指在朝中执政的王导。外，指镇守荆州的庾亮。［30］据上流：庾亮当时镇守武昌，在建康的上游，随时可以顺长江而下，控制朝廷。［31］趣势者：趋炎附势、看风使舵的人。趣，同"趋"，趋附，迎

合。［32］内不能平：心中不满意，愤愤不平。［33］徐曰：慢慢地，有意无意地说。［34］元规尘污人：双关语，既指从西边刮来的尘土沾污人，也隐指庾亮镇守荆州的霸道、邪恶之气侵逼人。胡三省曰："史言导不平之心不能自禁于言语之间者，惟此而已。"［35］李充：字弘度，江夏钟武（今湖北安陆市）人，东晋文学家。爱好刑名之学，初为丞相王导掾，累迁至中书侍郎。开中国图书经、史、子、集四部分类法的先河。著有《翰林论》《学箴》等。传见《晋书》卷九十二。丞相掾：丞相府的属官。掾，辅助，助手，为古代副官、佐吏的通称。［36］崇尚浮虚：指喜好清谈，崇尚老庄等。浮虚，浮躁虚华，指魏晋清谈的虚无玄理。［37］《学箴》：东晋李充作，对道家意旨进行阐述。认为人们应把仁、义当成提高自身修养的准则，但不应成天把它们挂在嘴边，借此来沽名钓誉。箴（zhēn），劝告，规诫，也指旧时的一种文体，是规诫性的文章。［38］绝仁弃义，民复孝慈：二句见《老子》十九章。老子认为儒家的仁义理论造成了社会道德的沦丧，只有摒弃仁义，使百姓无知无欲，人类行为才能再合乎道德。而李充对老子这段话却有另一种理解。孝慈，对上孝敬，对下慈爱。［39］患乎情仁义者寡：忧虑真心崇尚仁义的少。情仁义，从内心里讲究仁义。［40］利仁义者众：利用仁义谋取私利的多。［41］寄责于圣人：把罪责推卸给圣人。寄责，推卸责任。圣人，道德高尚的人。［42］遣累乎陈迹：把社会的弊病归因于《六经》。遣累，排除毛病。陈迹，指儒家的《六经》。《庄子·天运》曰："夫《六经》，先王之陈迹也。"［43］凡：大凡，通常说来。见形者众：只看见仁义学说表面现象的人很多。［44］及道者鲜：真正理解仁义之道的人很少。鲜，少。［45］逐迹逾笃：对仁义学说的表面现象追求得越坚定。逾，通"愈"，越，更加。笃，实在，用力。［46］离本：背离仁义学说的精神实质。［47］袪其蔽：去除它的弊病。袪（qū），袪除，除去。蔽，同"弊"，弊端，弊病。［48］名之攸彰，道之攸废：名声越是闹得大，真正的实质性内容就越少。攸，则。彰，彰显。［49］及损所隆：等你不再吹捧某种东西了。损，减少。隆，推崇。［50］乃崇所替：那就说明你在开始重视曾经被你所废弃的东西。崇，推崇，重视。替，废弃。［51］长物：使事物成长、发展。［52］齐耻：使人们具有相同的道德准则。耻，廉耻，引申为道德标准。［53］固不可远：原本不可以丢弃。固，本来。远，使之远，即抛弃，丢弃。［54］害仁义者：有损仁义的东西。害，有损，违背。

汉李奕从兄广汉太守乾[1]告大臣谋废立。秋，七月，汉主寿使其子广[2]与大臣盟于前殿，徙乾为汉嘉[3]太守；以李闳[4]为荆州刺史，镇巴郡[5]。闳，恭[6]之子也。

八月，蜀中久雨，百姓饥疫[7]。寿命群臣极言得失[8]。龚壮上封事[9]称："陛下起兵之初，上指星辰[10]，昭告[11]天地，歃血[12]盟众，举国称藩[13]，天应[14]人悦，大功克集[15]；而论者未谕[16]，权宜称制[17]。今淫雨[18]百日，饥疫并臻[19]，天其或者将以监示陛下故也[20]。愚谓宜遵前盟，推奉建康[21]，彼必不爱高爵重位以报大功[22]，虽降阶一等[23]，而子孙无穷，永保福祚[24]，不亦休哉[25]！论者或言二州附晋则荣[26]，六郡人事之不便[27]，昔公孙述在蜀[28]，羁客用事[29]，刘备在蜀[30]，楚士多贵[31]。及吴、邓西伐[32]，举国屠灭，宁分客主[33]！论者不达安固之基[34]，苟惜名位[35]，以为刘氏守令方仕州郡[36]；曾不知彼乃国亡主易[37]，岂同今日义举[38]，主荣臣显[39]哉！论者又谓臣当为法正[40]。臣蒙陛下大恩，恣臣所安[41]；至于荣禄，无问汉、晋[42]，臣皆不处[43]，复何为效法正乎[44]！”寿省书内惭[45]，秘而不宣[46]。

九月，汉仆射任颜[47]谋反，诛。颜，任太后[48]之弟也。汉主寿因[49]尽诛成主雄诸子。

冬，十月，光禄勋颜含以老逊位[50]。论者以王导帝之师傅，名位隆重，百僚宜为降礼[51]，太常冯怀[52]以问含。含曰：“王公虽贵重，理无偏敬[53]。降礼之言，或是诸君事宜[54]。鄙人[55]老矣，不识时务[56]。”既而[57]告人曰：“吾闻伐国不问仁人[58]，向冯祖思问佞于我[59]，我岂有邪德[60]乎！”郭璞[61]尝遇含，欲为之筮[62]。含曰：“年[63]在天，位[64]在人。修己而天不与者，命也；守道而人不知者，性也[65]；自有性命，无劳蓍龟[66]。”致仕[67]二十余年，年九十三而卒。

（以上为第六段，写龚壮向成汉主李寿上书，反复陈述向东晋称臣，才是大功告成，而李寿不听；东晋光禄勋颜含对朝廷欲让群臣向重臣王导行拜礼，颇有微词。）

【注释】

[1]乾：即李乾：成汉官员，时为广汉太守。 [2]广：即李广，李寿之子，成汉后主李势之弟，汉王，官至大将军。李势无子，李广欲为皇太弟，李势派人攻打，李广自杀。 [3]汉嘉：郡名，郡治在今四川雅安市北。 [4]李闳（hóng）：成汉官员，为荆州刺史。 [5]巴郡：郡名，郡治在今重庆市。 [6]恭：即李恭，成汉官员，李闳之父。 [7]饥疫：饥荒和瘟疫。 [8]极言得失：尽情地说出国家政事的缺失之处。极言，尽情说出。 [9]封事：密封的章奏。古代百官上书讲机密事，为防泄露，用皂囊封缄呈进，故称封事，也称封章。 [10]上指星辰：即对天发誓。 [11]昭告：明告，公开谕告。 [12]歃（shà）血：古时会盟、起誓，双方口含牲畜之血或以血涂口旁，表示信誓。 [13]称藩：犹言称臣，指称臣于晋。藩，屏藩，藩臣。 [14]天应：上天顺应我们行为的举动。应，应和，相应。古人讲天人感应，把人事与天象合在一起，认

为天气变化、灾异产生，都与君主的举动及人事政治有关。［15］大功克集：犹言大功告成。克集，能成功。［16］论者：指当时怂恿李寿称帝的人。未谕（yù）：没有明白李寿称帝的利害得失。谕，了解，明白。［17］权宜：随着事势的发展而采取临时变通的措施。称制：指李寿即位称帝。制，皇帝的命令。［18］淫雨：久雨。［19］饥疫并臻：灾荒与疫情一起到来。臻（zhēn），至，到。［20］其：表示推测的副词，表示或许、大概的意思。监示：提醒、告诉陛下将要发生什么事情。［21］推奉建康：拥戴东晋王朝。推奉，推崇，拥戴。［22］彼：指东晋王朝。不爱高爵重位：不吝惜高官厚禄。爱，吝惜，吝啬。以报大功：以酬劳我们对他们的推奉之功。报，报答，酬谢。［23］降阶一等：从皇帝降一等称王。［24］永保福祚：永保子孙在成都称王的福禄。祚，福。［25］不亦休哉：这不是很好的事情吗？休，美，善。［26］或言：有的人说。二州：谓成汉政权所据的梁、益二州。这里指二州的本地人。则荣：则感到光荣。［27］六郡人事之不便：指客居成都在李寿手下做事的六郡的异乡人对附晋感到不便。六郡，秦、雍二州里的天水、略阳、扶风、始平、武都、阴平六个郡。［28］公孙述在蜀：公孙述在蜀称帝的时候。公孙述，字子阳，扶风茂陵（今陕西兴平市）人，新莽末年割据势力。后为东汉大司马吴汉讨灭。传见《后汉书》卷十三。［29］羁客用事：外来户掌权。羁客，寄居做客之人，这里指公孙述手下的荆邯、王元、田戎、延岑等人。［30］刘备在蜀：指东汉末三国鼎立，刘备在蜀建立政权。［31］楚士多贵：掌权的多是荆楚之人，指刘备手下的庞统、黄忠、董和、刘巴、马良兄弟、吕乂、廖立、李严、杨仪、魏延、蒋琬、费祎、董允等人。［32］吴、邓西伐：指吴汉为刘秀统兵伐灭公孙述，邓艾为司马昭率兵伐灭刘禅。［33］宁分客主：哪里还分什么客居人、本地人。宁，岂，难道。［34］达：通晓。安固之基：国家安定的根本。安固，长治久安。基，基础，根本。［35］苟惜名位：就怕丢失自己的名利地位。苟，苟且，不明大局。惜，爱惜，保守。［36］以为刘氏守令方仕州郡：以为刘氏皇室的太守、县令，投降后就会升任刺史与郡守了。刘氏，明指三国蜀汉刘备、刘禅父子，实则暗指李寿与其族人。方，即将。仕，为官，任职。［37］曾：却，可是。彼乃国亡主易：跟着刘禅降魏，那是蜀国灭亡、主子改换。［38］岂同今日义举：哪里比得上我们今天的光荣举动。义举，指举国归附于东晋王朝。［39］主荣臣显：君臣一起获得光荣显贵。显，显耀，高贵。［40］当为法正：应该学习蜀汉的法正，效忠于李寿，在李寿手下为官。按：龚壮曾劝李寿取李期，故论者以他与法正相比。法正，字孝直，善奇谋，为刘备谋主。法正原为刘璋部下，劝说刘璋投降刘备，而后死心塌地为刘备效劳，喻龚壮应死心塌地为李寿效劳。［41］恣臣所安：让我喜欢怎么生活就怎么生活。指不强迫他为官，让他在家当隐士。恣，恣意，随心所欲。［42］无问汉、晋：不论在汉国，还是在东晋王朝。无问，犹，无论，不管。［43］臣皆不处：我一律不做官，不追求荣华富贵。［44］复何为效法正乎：我为什么要学习法正呢？法正教刘备取蜀，自己做了高官，故龚壮视法正为耻。［45］寿省书内惭：李寿看了书信之后，内心十分惭愧。省（xǐng），视，阅。［46］秘而不宣：隐藏起来不对别人说。秘，隐藏，藏匿。宣，公开。［47］任颜：成汉官员，李寿时为仆射，谋反被诛。［48］任太后：成汉的建立者成武帝李雄的皇后。一生没有生育，虽然李雄有许多庶子，但李雄立由任皇后抚养的侄子李班为皇太子。李雄死后，被尊为皇太后。［49］因：随即。［50］颜含：字弘都，琅邪莘县（今山东临沂市兰山区方城镇）人，颜回第26世孙。东晋名臣。传见《晋书》卷八十八。逊（xùn）位：退位，这里指告老回乡。［51］百僚：百官，群臣。降礼：指下拜。［52］冯怀：东晋太常。［53］理无偏敬：没有享受特别礼敬的道理。偏，独特。［54］或是诸君事宜：也许是你们诸位应该做的。［55］鄙人：鄙陋之人，自谦之词。［56］不识时务：不认识当前重要的事态和时代的潮流。［57］既而：一会儿，不久。［58］伐国不问仁人：攻打别的国家，不要询问仁义之人。语出《春秋繁露》卷九，董仲舒曰："昔者鲁君问于柳下惠曰：'吾欲攻齐，何如？'柳下惠对曰：'不可。'退而有忧色，曰：'吾闻之也，谋伐国者，不问于仁人也，此何为至于我！'"伐国，讨伐别国。［59］向：从前，不久前。冯祖思：即冯怀，字祖思。问佞于我：拿拍马屁的事情来向我征求意见。佞，以巧媚讨好于人。［60］邪德：恶德，坏的品质。［61］郭璞（pú）：字景纯，晋朝文学家。博学，善卜筮。永嘉之乱时，避乱南下，为大将军王敦记室参军，因劝阻王敦谋反而被杀。传见《晋书》卷七十二。［62］欲为之筮：想给他算一卦。筮，以蓍草占卜。［63］年：年寿，寿命。［64］位：官位，爵位。［65］"修己"四句：意谓努力修养自己而上天不给寿命，我则听之于天，安之若命；恪守正道而别人不了解，我则只求尽我之禀性。儒家强调要尽性知命，性是内在于自己，命是外在之天，因此要尽我之性，听命于天。修己，修养自己。不与，指不与长寿。守道，恪守道德准则。［66］无劳蓍龟：用不着占卜。蓍（shī）龟，蓍草和龟甲，都是古时卜筮所用，这里即指占卜，卜用龟甲，筮用蓍草。［67］致仕：退休，辞官居家。

代王翳槐之弟什翼犍质于赵[1]，翳槐疾病，命诸大人[2]立之。翳槐卒，诸大人梁盖[3]等以新有大故[4]，什翼犍在远，来未可必[5]；比其至[6]，恐有变乱，谋更立君[7]。而翳槐次弟屈[8]，刚猛多诈，不如屈弟孤[9]仁厚，乃相与杀屈而立孤。孤不可[10]，自诣[11]邺迎什翼犍，请身留为质[12]。赵王虎义[13]而俱遣之。十一月，什翼犍即代王位于繁畤[14]北，改元[15]曰"建国"，分国之半以与孤。

初，代王猗卢[16]既卒，国多内难，部落离散，拓跋氏浸衰[17]。及什翼犍立，雄勇有智略，能修祖业，国人附之。始置百官，分掌众务。以代人燕凤[18]为长史，许谦[19]为郎中令。始制反逆、杀人、奸盗之法，号令明白，政事清简，无系讯连逮之烦[20]，百姓安之。于是，东自涉貊[21]，西及破落那[22]，南距阴山[23]，北尽沙漠，率皆归服[24]，有众数十万人。

十二月，段辽自密云山遣使求迎于赵[25]，既而中悔，复遣使求迎于燕。

赵王虎遣征东将军麻秋帅众三万迎之，敕[26]秋曰："受降如受敌，不可轻也！"以尚书左丞[27]阳裕，辽之故臣，使为秋司马。

燕王皝自帅诸将迎辽，辽密与燕谋覆赵军[28]。皝遣慕容恪伏精骑七千于密云山，大败麻秋于三藏口[29]，死者什六七[30]。秋步走[31]，得免，阳裕为燕所执[32]。

赵将军范阳鲜于亮失马[33]，步缘山[34]不能进，因止，端坐，燕兵环之，叱令[35]起。亮曰："身是贵人，义不为小人所屈[36]；汝曹能杀亟杀[37]，不能则去！"亮仪观丰伟[38]，声气雄厉[39]，燕兵惮之，不敢杀，以白皝。皝以马迎之，与语，大悦，用为左常侍[40]，以崔毖之女妻之[41]。

皝尽得段辽之众。待辽以上宾之礼，以阳裕为郎中令。

赵王虎闻麻秋败，怒，削其官爵。

（以上为第七段，写代王拓跋翳槐去世，众大臣欲立其弟拓跋孤，拓跋孤亲自到邺城去把在后赵做人质的兄长什翼犍换回为君，己身为质；什翼犍雄健有谋略，代国迅速强大起来。）

【注释】

[1]什翼犍：即拓跋什翼犍，字郁律旃，鲜卑族。代国君主，公元338年至公元376年在位，北魏皇帝先祖。传见《魏书》卷一。质于赵：在后赵国为人质。 [2]诸大人：各位部落头领。 [3]梁盖：人名，鲜卑拓跋部部落首领。 [4]大故：大丧事。 [5]来未可必：未必一定能够回来。 [6]比其至：等到他回来。这里的意思是即使他能够回来。比，及，等到。 [7]谋更立君：想要改立他人为君。更，另外。 [8]屈：即拓跋屈，北魏平文帝拓跋郁律第三子，烈帝拓跋翳槐、昭成帝拓跋什翼犍之弟。刚猛多诈，不如弟弟拓跋孤仁厚，什翼犍去世时，众臣合力将其杀死，欲让其弟弟拓跋孤即位。传见《魏书》卷十四。 [9]孤：即拓跋孤，拓跋郁律第四子，不顾众臣推举和拥戴，前往后赵，迎接什翼犍回国继位，自己留为人质。什翼犍即位后，与其平分领土。追封高凉王，谥号神武。传见《魏书》卷十四。 [10]孤不可：拓跋孤不认可，不同意。 [11]诣（yì）：往，至。 [12]请身留为质：请求自己留下来，替什翼犍为人质。身，自己本人。 [13]义：认为拓跋孤为人正义。 [14]繁畤：县名，县治在今山西浑源县西。 [15]改元：什翼犍即位，改元"建国"。 [16]猗（yī）卢：即拓跋猗卢，为西部大人，击败匈奴和乌桓，受封大单于、代国

王。为右贤王拓跋六修弑杀。追谥穆皇帝。传见《魏书》卷一。［17］浸衰：逐渐衰败。浸：逐渐，渐渐。［18］燕凤：字子章，北魏开国功臣。先后辅佐代国拓跋什翼犍、拓跋寔以及拓跋珪、拓跋嗣、拓跋焘五代君主。历任吏部郎、给事黄门侍郎、行台尚书，赐爵平舒侯，加镇远将军。传见《魏书》卷二十四。［19］许谦：字元逊，北魏开国功臣。代王什翼犍时为郎中令，后兼掌文记，参赞军事。传见《魏书》卷二十四。［20］系讯：逮捕审讯。系（jì），拘囚。连逮：连坐，一人犯法，其他人连带受罚。［21］涉（huì）貊（mò）：古代东北地区的少数民族名，依涉水而居，故名。涉水，在今辽宁凤城市东。［22］破落那：地名，汉时为大宛国，都城为渴塞城，在今乌兹别克斯坦塔什干东南的卡散赛。［23］南距阴山：向南直抵阴山。距，抵达。阴山，山名，在今内蒙古境内连绵于包头市、呼和浩特市以北的大山。［24］率皆：大都。归服：归顺，归附。［25］求迎于赵：愿意投降于后赵，因怕前燕国劫击，请求后赵国派兵迎接。［26］敕（chì）：告诫，嘱咐。［27］尚书左丞：尚书令的佐官，总领纲纪。［28］谋覆赵军：阴谋设埋伏以袭击赵军。覆，覆灭，打败。［29］三藏口：地名，在今河北承德市北高寺台附近武烈河东、北、西三源汇合处。［30］什六七：十分之六七。什，同“十”。［31］步走：徒步逃跑。［32］执：活捉，俘获。［33］范阳：郡名，郡治涿县，在今河北涿州市。鲜于亮：范阳人，前燕将领。初仕后赵主石虎，为别将。后仕前燕，为左常侍。失马：被打下马来。［34］步缘山：徒步沿山而行。［35］叱（chì）令：喝令。［36］义不为小人所屈：无论如何不能向你们这些下等人低头。屈，屈服，低头。［37］汝曹：汝辈，你们这些人。能杀亟（jí）杀：想杀就快点杀。［38］仪观丰伟：身材高大，相貌堂堂。仪观，仪表，容貌。［39］声气：说话的声音和语气。雄厉：雄壮，敞亮。［40］左常侍：掌侍从左右，赞相礼仪，献替谏诤，为高级执行官。晋制，诸王国，大国置左、右常侍。［41］崔毖：原为晋朝的东夷校尉，驻兵于今辽宁辽阳市，因附近的慕容氏、段氏等部势力强大，崔毖作战屡败，其家属亦归附于慕容氏政权。妻（qì）之：将女儿嫁给他。

五年（己亥，339年）

春，正月，辛丑[1]，大赦。

三月，乙丑[2]，广州刺史邓岳将兵击汉宁州[3]，汉建宁太守孟彦执其刺史霍彪以降[4]。

征西将军庾亮欲开复[5]中原，表桓宣[6]为都督沔北前锋诸军事、司州[7]刺史，镇襄阳[8]；又表其弟临川太守怿[9]为监梁、雍二州诸军事，梁州刺史，镇魏兴[10]；西阳太守翼为南蛮校尉[11]，领南郡[12]太守，镇江陵；皆假节。又请解豫州[13]，以授征虏将军毛宝[14]。诏以宝监扬州之江西诸军事、豫州刺史，与西阳太守樊峻帅精兵万人戍邾城[15]。以建威将军陶称为南中郎将、江夏相[16]，入沔中[17]。称将二百人下见亮[18]，亮素恶称轻狡[19]，数称[20]前后罪恶，收[21]而斩之。后以魏兴险远，命庾怿徙屯半洲[22]；更以武昌太守陈嚣[23]为梁州刺史，趣汉中[24]。遣参军李松攻汉巴郡、江阳[25]。夏，四月，执汉荆州刺史李闳、巴郡太守黄植[26]送建康。汉主寿以李奕为镇东将军，代闳守巴郡。

庾亮上疏，言："蜀甚弱而胡尚强，欲帅大众十万移镇石城[27]，遣诸军罗布江、沔为伐赵之规[28]。"帝下其议。丞相导请许之。太尉鉴议[29]，以为："资用未备，不可大举。"

太常蔡谟[30]议，以为："时有否泰[31]，道有屈伸[32]，苟不计强弱而轻动[33]，则亡不终日[34]，何功之有[35]！为今之计，莫若养威以俟时[36]。时之可否系胡之强弱[37]，胡之强弱系石虎之能否[38]。自石勒举事，虎常为爪牙[39]，百战百胜，遂定中原，所据之地，同于魏世[40]。勒死之后，虎挟嗣君[41]，诛将相[42]；内难既平，翦削外寇[43]，一举而拔金墉[44]，再战而禽石生[45]，诛石聪如拾遗[46]，取郭权如振槁[47]，四境之内，不失尺土。以是观之，虎为能乎，将不能也[48]？论者以胡前攻襄阳不能拔[49]，谓之无能为。夫百战百胜之强，而以不拔一城为劣，譬如射者百发百中而一失，可以谓之拙乎？

"且石遇[50]，偏师[51]也；桓平北[52]，边将[53]也；所争者，疆埸之土[54]，利则进，否则退，非所急[55]也。今征西以重镇名贤[56]，自将大军欲席卷河南[57]，虎必自帅一国之众来决胜负，岂得以襄阳为比哉！今征西欲与之战，何如石生？若欲城守，何如金墉？欲阻沔水[58]，何如大江？欲拒石虎，何如苏峻[59]？凡此数者，宜详校之[60]。

"石生猛将，关中精兵，征西之战殆不能胜[61]也。又当是时[62]，洛阳、关中皆举兵击虎，今此三镇[63]反为其用；方之于前[64]，倍半之势[65]也；石生不能敌其半[66]，而征西欲当其倍[67]，愚所疑也。苏峻之强不及石虎，沔水之险不及大江，大江不能御苏峻而欲以沔水御石虎，又所疑也。昔祖士稚在谯[68]，佃于城北界[69]，虑胡来攻[70]，豫置军屯以御其外[71]。谷将熟，胡果至，丁夫[72]战于外，老弱获[73]于内，多持炬火[74]，急则烧谷而走[75]。如此数年，竟不得其利[76]。当是时，胡唯据河北[77]。方之于今，四分之一[78]耳，士稚不能捍其一[79]，而征西欲以御其四，又所疑也。

"然此但论征西既至之后[80]耳，尚未论道路之虑[81]也。自沔以西，水急岸高，鱼贯溯流[82]，首尾百里。若胡无宋襄之义[83]，及我未阵而击之，将若之何？今王土[84]与胡，水陆异势[85]，便习不同[86]，胡若送死[87]，则敌之有余[88]，若弃江远进[89]，以我所短击彼所长，惧非庙胜之算[90]。"

朝议[91]多与谟同。乃诏亮不听移镇[92]。

（以上为第八段，写征西将军庾亮打着收复中原的幌子，安排亲信在各州郡任职，挟嫌报复，杀掉陶侃之子陶称，提出移镇石头城，出兵攻打后赵，遭到群臣反对，被晋成帝否定。）

【注释】

[1]辛丑：正月二十五日。 [2]乙丑：记载有误，三月朔丙子，无乙丑日，疑为二月之误。二月乙丑为二月二十日。 [3]邓岳：一名邓岱，字伯山，时为广州刺史。传见《晋书》卷八十一。宁州：州治滇池县，在今云南昆明市晋宁区东北晋城街道。 [4]建宁：郡名，郡治在今云南曲靖市。孟彦：成汉官员，时为建宁太守。执：捉拿。霍彪：东晋朱提（今云南昭通市）人，字承嗣，世官南中，拥有"霍家部曲"，为当地一霸。初仕越嶲太守，后降汉为宁州刺史，被成汉建宁太守孟彦执送于晋。 [5]开复：恢复。 [6]桓宣：东晋将领。庾亮表为司州刺史，出镇襄阳。传见《晋书》卷八十一。 [7]沔北：汉水之北。沔，沔水，即汉水，长江第一大支流，发源于秦岭南麓。流经沔县（今陕西勉县），故称沔水，东流至湖北武汉市汉口龙王庙汇入长江。司州：州治在洛阳，在今河南洛阳市，行政长官即司隶校尉。 [8]襄阳：郡名，郡治襄阳县，在今湖北襄阳市，当时为军事重镇。 [9]怿（yì）：即庾怿，字叔预，征西将军庾亮次弟，庾亮表为梁州刺史，出镇魏兴。传见《晋书》卷七十三。[10]魏兴：郡名，郡治西城县，在今陕西安康市西北的汉水北岸。[11]西阳：郡名，郡治在今湖北黄冈市东。翼：即庾翼，字稚恭。征西将军庾亮弟。庾亮升转庾翼为南郡太守，出镇汉陵，使庾氏家族控制东晋各重要军事重镇。传见《晋书》卷七十三。南蛮校尉：主管荆州少数民族事务。 [12]南郡：郡名，郡治江陵，在今湖北荆州市江陵城。 [13]解豫州：解除自己的豫州刺史职务。豫州，西晋时州治陈县，在今河南周口市淮阳区，东晋太兴中移治谯县，在今安徽亳州市。 [14]毛宝：字硕真，庾亮亲信，为征虏将军、监扬州之江西诸军事、豫州刺史。传见《晋书》卷八十一。 [15]樊峻：东晋将领，为西阳太守，驻守战略要地邾城，后赵主石虎率大军来攻，城破，樊峻率六千人突围而去。邾（zhū）城：古城名，故城在今湖北黄冈

市西北。［16］陶称：陶侃之子，时为南蛮校尉，镇江陵。陶称非庾亮亲信，庾亮转陶称为南中郎将，江夏相，目的是把他移出军事重镇江陵，并在调转途中予以杀害。江夏相：江夏国的行政长官，相当于郡太守。江夏，三国时，吴国、魏国均设江夏郡，晋平吴后，改吴江夏郡为武昌郡，将原魏江夏郡的郡治迁回安陆旧城，在今湖北安陆市。［17］入沔中：到汉水流域去。沔中，地区名，指今陕西汉中市至湖北襄阳市汉水（沔水）流域地区。［18］下见亮：顺长江而下至武昌（今湖北鄂州市）见庾亮。下，从上游往下游走。庾亮镇武昌，在江陵的下游。［19］轻狡：轻狂，狡猾。［20］数（shǔ）称：指责陶称。数，数落，列举过失加以指责。［21］收：逮捕，收治。庾亮素怨陶侃，而陶称又离间庾亮于王导，盖以私愤杀之。［22］半洲：城名，属江州，在今江西九江市西。［23］陈嚣：时为武昌太守，升任梁州刺史，驻守汉中。［24］趣汉中：奔赴汉中。趣，同"趋"，趋赴，奔赴。汉中，郡名，郡治南郑，在今陕西汉中市。［25］李松：时为参军。巴郡、江阳：均郡名。巴郡，郡治江州，在今重庆市北。江阳，郡治在今四川泸州市。［26］黄植：成汉官员，时为巴郡太守，被俘，押送东晋都城建康。［27］石城：地名，在今湖北钟祥市。［28］罗布江、沔：分据在长江、汉水流域的各要害之处。罗布，分布，摆列。规：规划，打算。按：庾亮以北伐为名，调置诸将，加强庾氏掌控朝政的权力，发展私家势力。［29］太尉鉴议：太尉郗鉴发表意见。鉴，即郗鉴。传见《晋书》卷六十七。［30］蔡谟（mó）：字道明，陈留考城（今河南民权县）人，东晋重臣。传见《晋书》卷七十七。［31］时有否泰：时机有好有坏。否（pǐ）、泰，本为《周易》的两个卦名。否卦，显示的是一种天地不交、上下隔阂、闭塞不通的现象；泰卦，显示的是一种上下交通的景象，引申为通畅、安宁。于是，后人就习惯地把世道的盛衰、人世的通塞、命运的好坏、事情的顺逆称为"否泰"。［32］道有屈伸：大道有时行得通，有时行不通。屈伸，屈曲与伸舒。［33］苟：假使，假如。不计强弱：不考虑敌我双方谁强谁弱。计，考虑。轻动：不计后果，轻举妄动。［34］亡不终日：连一天也撑不下去。终日，一天。［35］何功之有：即有何功，倒装句。［36］养威：养精蓄锐，增加威势。俟（sì）时：等待时机的到来。［37］系胡之强弱：取决于北方胡人的强弱。系，联系，决定于。［38］系石虎之能否：取决于石虎是有能力还是没有能力。［39］爪（zhǎo）牙：干将，得力帮手。［40］同于魏世：有如当年曹操、曹丕所占据的土地。魏世，曹魏时代，即曹操为魏王、曹丕为魏帝之时。［41］挟嗣君：挟制了石勒的继承人石弘。石弘继位，朝政大权完全掌握在石虎手中，不到一年就被废杀。挟，挟持，控制。［42］诛将相：石勒一去世，石虎就诛杀了程遐、徐光、石堪、石生等重臣、干将。［43］翦削：消灭，削弱。翦，同"剪"，歼灭。［44］拔金墉（yōng）：攻克洛阳，杀了起兵讨伐石虎的石勒旧将石朗。金墉，古城名，在今河南洛阳市东北魏晋洛阳故城的西北角。［45］禽：通"擒"，擒获。石生：后赵皇帝石勒从子，后赵大将。初任司州刺史，咸和五年（330），晋封为河东王，奉命镇守关中。咸和八年（333），讨伐石虎，自称秦州刺史，初战获胜，其后失败，被部下杀死。［46］石聪：本汉族，石勒收为养子，故冒姓石氏，后赵将领。石勒死，石虎专权，石聪欲率部降晋，遣使向东晋求援，救兵未至，被石虎所截杀。如拾遗：像俯身拾起掉在地上的东西，以喻极端容易。［47］郭权：后赵大将，效力于河东王石生，与石生等共同起兵反对石虎，控制北方关中、洛阳等近后赵三分之一国土。后归降东晋，封为镇西将军、雍州刺史。石生死后，割据关中与石虎对抗，历时四月，兵败遇害。如振槁：像摇落枝头的枯叶一样，以喻事情极易成功。槁，枯木。［48］将不能也：还是没有能力呢？将，抑，还是。［49］前攻襄阳不能拔：指陶侃命桓宣镇守襄阳，后赵来攻，双方多次易手，桓宣据守十余年，赵人两夺两失，攻之终不能胜。［50］石遇：后赵将领，为征虏将军，咸康七年（341）攻打襄阳的主帅。［51］偏师：在主力军侧翼协助作战的部队，也指非主力的小部队。［52］桓平北：即桓宣，时为平北将军，故称之。［53］边将：守卫国家边疆的将领。［54］疆埸（yì）之土：边界上的土地。埸，边境。土，原为“士”，据章校改。［55］非所急：不是危及国家，需要朝廷上下所特别操心的事情。［56］征西：即庾亮，时为征西将军。以重镇名贤：作为一个大区的著名统帅。重镇，一个重大地区的军事总部。［57］席卷河南：收复黄河以南。席卷，如卷席一般，形容全部占有。［58］阻沔水：依据汉水为屏障以抗击进攻之敌。［59］苏峻：此指苏峻之乱，庾亮被苏峻逐出晋都，差点丢了性命。此谓庾亮敌不过一个叛臣，岂是石虎对手。［60］宜详校之：应该详细地衡量比较。校，比较，对比。［61］殆不能胜：恐怕打不过人家。殆，大概，恐怕。［62］当是时：指咸和八年（333），石生、石朗、郭权举兵反石虎之时。［63］三镇：指当时石生所据的关中、石朗所占的洛阳和郭权所占的秦州上邽。［64］方之于前：和以前的形势相比。方，比较。［65］倍半之势：敌方之强，较前增倍；我方之弱，较前减半。［66］不能敌其半：不能抵挡相当于现在一半的兵力。［67］当其倍：去对抗加倍强大了的敌人。当，对，抵挡。［68］祖士稚在谯：祖逖镇守谯郡，率部北伐，收复黄河以南大片领土。祖士稚，即祖逖。［69］佃于城北界：在城北边种植了庄稼。佃，耕种田地。城北，指当时的亳县城北。［70］虑胡来攻：防备胡兵来攻。虑，忧虑，引申为防备。此字原无，据张敦仁《资治通鉴刊本识误》补。［71］豫置军屯以御其外：在军屯地点预先布置了防守据点。豫，同“预”，预先。军屯，即防守据点。汉代以来，政府利用军队垦种土地，征取收成以为军饷，战时又可使军队迅速投入战斗，称为“军屯”。御，防备，抵御。［72］丁夫：青壮年男子，这里指防守据点里的士兵。［73］获：收割庄稼。［74］炬火：火把。［75］急则烧谷而走：实在来不及收割的庄稼，就把它烧毁。［76］竟不得其利：到底还是没能打败敌人。竟，从始至终。［77］胡唯据河北：祖逖与石勒对峙时，石勒仅占据着黄河以北地区。［78］四分之一：当初刘聪、石勒所占的地盘，与今天石虎所占据的地盘相比，今天仅占其中四分之一。［79］捍：抵御，抵抗。［80］但论征西既至之后：这还只是说庾亮到达中原以后的事情。既，已经。［81］尚未论道路之虑：还没有说到从后方运兵运粮到前线的沿途的艰难。虑，忧虑，担心。［82］鱼贯溯流：舟船排成长队逆水而上，不能并行。溯（sù），沿水逆流而上。［83］无宋襄之义：不像当年的宋襄公那么讲仁义，而在中途袭击我们的运输船队。宋襄春秋时与楚国在泓水交战，他讲究“仁义”，要待楚兵渡河列阵后再战，结果大败，自己也受伤重而死。此役史称泓水之战。事见《史记》卷三十八。［84］王土：天子的国土，指东晋统治的江东地区。［85］水陆异势：国土面貌不同，敌方多陆地，我方多沟渠。［86］便习不同：各自的习惯与长处不同，指南方长于用船，北方长于用马。［87］胡若送死：指胡兵渡江进攻东晋。［88］敌之有余：战胜他们绰绰有余。敌，对抗，消灭。［89］弃江远进：离开长江向北进攻。弃，放弃长江的险阻优势。［90］惧非庙胜之算：恐怕不是在朝堂上就能制定的克敌制胜之策。庙胜，决胜于朝廷。庙，宗庙，朝廷。［91］朝议：指朝廷大臣的评议、决议。［92］不听：不准，不允许。移镇：移动其指挥部。镇，都督的办公所在地。

燕前军师慕容评、广威将军慕容军、折冲将军慕舆根、荡寇将军慕舆埿袭赵辽西[1]，俘获千余家而去。赵镇远将军石成、积弩将军呼延晃、建威将军张支等追之[2]，评等与战，斩晃、支首。

段辽谋反于燕，燕人杀辽及其党与[3]数十人，送辽首于赵。

五月，代王什翼犍会诸大人于参合陂[4]，议都灅源川[5]。其母王氏曰：“吾自先世以来，以迁徙为业[6]；今国家多难，若城郭而居，一旦寇来，无所避之。”乃止。

代人谓他国之民来附者皆为乌桓[7]，什翼犍分之为二部，各置大人以监之。弟孤监其北[8]，子寔君[9]监其南。

什翼犍求昏[10]于燕，燕王皝以其妹妻之。

秋，七月，赵王虎以太子宣为大单于，建天子旌旗。

庚申[11]，始兴文献公王导薨[12]，丧葬之礼视汉博陆侯及安平献王故事[13]，参用天子之礼。导简素[14]寡欲，善因事就功[15]，虽无日用之益而岁计有余[16]。辅相三世[17]，仓无储谷[18]，衣不重帛[19]。

初，导与庾亮共荐丹杨尹何充[20]于帝，请以为己副，且曰：“臣死之日，愿引充内侍[21]，则社稷无虞[22]矣。”由是加吏部尚书。及导薨，征庾亮为丞相、扬州刺史、录尚书事[23]，亮固辞。辛酉[24]，以充为护军将军，亮弟会稽内史冰为中书监[25]、扬州刺史，参录尚书事[26]。

冰既当重任，经纶时务[27]，不舍昼夜，宾礼朝贤[28]，升擢后进[29]，由是朝野翕然[30]称之，以为贤相。初，王导辅政，每从宽恕[31]，冰颇任威刑[32]，丹杨尹殷融[33]谏之。冰曰：“前相之贤，犹不堪其弘[34]，况如吾者哉！”范汪[35]谓冰曰：“顷天文错度[36]，足下宜尽消御之道[37]。”冰曰：“玄象[38]，岂吾所测[39]，正当勤尽人事[40]耳。”又隐实[41]户口，料出无名[42]万余人，以充军实[43]。冰好为纠察[44]，近于繁细，后益矫违[45]，复存宽纵[46]，疏密自由[47]，律令无用[48]矣。

八月，壬午[49]，复改丞相为司徒。

南昌文成公郗鉴疾笃，以府事付长史刘遐[50]，上疏乞骸骨[51]，且曰：“臣所统错杂[52]，率多北人[53]，或逼迁徙[54]，或是新附，百姓怀土，皆有归本之心。臣宣国恩[55]，示以好恶[56]，处与田宅[57]，渐得少安[58]。闻臣疾笃，众情骇动[59]，若当北渡[60]，必启寇心[61]。太常臣谟[62]，平简贞正[63]，素望所归[64]，谓[65]可以为都督、徐州刺史。”诏以蔡谟为太尉军司[66]，加侍中[67]。

辛酉[68]，鉴薨，即以谟为征北将军，都督徐、兖、青三州诸军事[69]，领[70]徐州刺史，假节。

（以上为第九段，写前燕逐渐强盛，袭击后赵，打败后赵的追击，杀掉欲投降后赵的段辽；东晋丞相王导为三朝元老，寿终正寝，庾冰接任，勤于政事，颇得好评。）

【注释】

[1]前军师：据《晋书》，当作“前军帅”，前军的统领。慕容评、慕容军：均慕容廆之子，慕容皝之弟。慕舆根：前燕将领。慕舆埿（ní）：前燕将领。袭赵辽西：四将领奉前燕主慕容皝之令，攻打后赵辽西。辽西，郡名，郡治阳乐，在今辽宁义县西。 [2]石成、呼延晃、张支：后赵将领。三将联兵追击前燕军，战败，呼延晃、张支被斩杀。 [3]党与：同党之人。 [4]大人：部落首领。参合陂（bēi）：水边的堤坝名，在今内蒙古凉城县东北岱海南侧。 [5]议都：讨论都城的地址。灅源川：城名，在今河北遵化市。灅（lěi），水名，河北遵化市沙河的古称。 [6]以迁徙为业：谓逐水草而居，草尽水竭则迁徙到其他地方，没有固定的居所。 [7]乌桓：我国东北部的少数民族名，东胡的别支。秦末匈奴冒顿强盛，灭其国，避乱徙至乌桓山（当在今内蒙古阿鲁科尔沁旗西北）以自保，遂称乌桓。 [8]孤：即拓跋孤。监：监守，监管。 [9]寔（shí）君：即拓跋寔，拓跋什翼犍庶长子，担任南部大人，曾举兵发动政变，弑杀父王拓跋什翼犍及诸弟。前秦天王苻坚趁机攻破代国，寔君兵败被俘，被处以车裂极刑。传见《魏书》卷十五。 [10]昏：同“婚”。[11]庚申：七月十八日。 [12]始兴文献公：王导的封号为始兴公，谥号为文献。薨（hōng）：古代称诸侯或有爵位的大官死去。因王导的地位相当于诸侯，故称其死曰“薨”。 [13]视汉博陆

侯及安平献王故事：王导丧事的规格，与汉代的博陆侯霍光和晋代的安平献王司马孚一样。霍光和司马孚死时都被皇帝特别加恩，赐用部分天子的礼仪以治办丧事。［14］简素：简约，朴素。［15］因事就功：凭借现有的客观条件而取得成功。［16］虽无日用之益而岁计有余：指王导治理国家，虽然每日用度没有多少宽裕，但国家年度收支却有节余。胡三省引庄子曰："日计之不足，岁计之有余。向秀注云：日计之不足，无旦夕小利也；岁计之有余，顺时而大穰也。"益，增益，增加。岁计，一年内收入和支出的计算。［17］辅相三世：为晋元帝司马睿、晋明帝司马绍、晋成帝司马衍三世宰相。［18］仓无储谷：指王导自己没有什么余财。［19］衣不重帛：外面罩着一层丝绸的衣服，里边套的都是粗布衫，极言其生活俭朴。［20］何充：字次道，庐江潜县（今安徽霍山县东北）人，东晋重臣。传见《晋书》卷七十七。［21］引充内侍：让何充进宫侍候皇帝，意即让其任辅相之职。［22］社稷无虞：国家没有后顾之忧。虞，忧虑。［23］录尚书事：总管国家政事的施行。录，统管，统领。［24］辛酉：七月十九日。［25］中书监：中书省长官，主管为皇帝起草诏书、文件，处理皇帝诏令。［26］参录尚书事：参与总领朝廷政事，一般由他官兼领。［27］经纶时务：筹划、处理国家大事。经纶，整理丝缕、理出丝线和编丝成绳，统称经纶，这里指治理国家。［28］宾礼朝贤：对朝中贤臣以礼敬之。［29］升擢（zhuó）：提拔，选拔。后进：后辈，指学识或资历较浅而努力上进的人。［30］翕（xī）然：顺从、服帖的样子。［31］宽恕：宽大，仁恕。［32］威刑：严厉的刑法。［33］殷融：原为庾亮属将，为司马，现为丹杨尹。［34］犹不堪其弘：尚且受不了宽宏所带来的问题。不堪，不能承受。弘，宽宏，宽大。［35］范汪：字玄平，东晋大臣，都督徐兖青冀四州及扬州之晋陵诸军事，安北将军、徐兖二州刺史、假节。晚年屏居吴郡。赠散骑常侍。传见《晋书》卷七十五。［36］顷：近来，不久前。天文错度：日、月及五星运行的次序错乱。［37］宜尽消御之道：应当想办法化解这种天象错乱的问题。消御，消解，恢复。［38］玄象：天象，自然界的问题。［39］岂吾所测：哪里是我所能理解的。测，推测，预知。［40］正当勤尽人事：只有把人世间的事情尽量做好。正，只有。［41］隐实：审核，查清。［42］料出无名：清查出没有户籍的人口。料，调查，清查。［43］以充军实：把查出来的无户籍人口编入军队。军实，军队。［44］纠察：查究，督察。［45］矫违：谓庾冰矫正前之繁细，又流于宽纵，愈发违背正道。矫，矫正。［46］复存宽纵：又变得过于放纵。［47］疏密自由：想宽想严，都由他说了算。疏密，宽舒，严密。［48］律令无用：意即不按法律条文办事。［49］壬午：八月十日。［50］府事：太尉府的一切事务，当时郗鉴任太尉，国家的最高军事长官。长史：太尉府的高级僚属。刘遐（xiá）：字正长，时任郗鉴长史。相当于秘书长。传见《晋书》卷八十一。［51］乞骸骨：古代官吏因年老或生病请求退职，称乞骸骨，是一种谦卑的说法。骸骨，尸骨。［52］所统错杂：所管辖的人来自不同地区、不同行业、不同种族，错综复杂。［53］率：大率，大概。多北人：以北方的人为多。［54］逼迁徙：指由于西晋沦陷，被逼迫迁移过来。［55］宣国恩：意即宣扬东晋朝廷的恩德，以笼络人心。［56］示以好恶：告诉他们应该爱什么、恨什么。［57］处与田宅：分给他们土地、房屋。［58］少安：稍微安定。

少，同“稍”，稍稍，稍微。［59］骇动：惊动。骇，惊惧。［60］若当北渡：如果真要渡江北移。当时有人主张把郗鉴在京口（今江苏镇江市）的军事机关迁往江北。［61］必启寇心：必定引发北方敌人的南侵之心。［62］臣谟（mó）：即前文上书以驳庾亮的蔡谟。［63］平简：平和，简易。贞正：忠厚，正直。［64］素望所归：一向有声望，被大家看好。［65］谓：认为，以为。［66］太尉军司：太尉的僚属。［67］加侍中：加有朝官侍中的职衔。［68］辛酉：九月二日。［69］都督徐、兖（yǎn）、青三州诸军事：意即为徐州、兖州、青州三州的最高军事长官，总管三州军事。徐州，州治彭城，在今江苏徐州市。兖州，州治廪丘，在今河南范县东南。青州，州治临淄，在今山东淄博市临淄区。［70］领：兼任，代理。此字原无，据章校补。

时左卫将军陈光请伐赵，诏遣光攻寿阳[1]，谟上疏曰：“寿阳城小而固。自寿阳至琅邪[2]，城壁相望[3]，一城见攻，众城必救。又，王师在路五十余日，前驱未至，声息久闻[4]，贼之邮驿[5]，一日千里，河北之骑，足以来赴。夫以白起、韩信、项籍之勇，犹发梁焚舟，背水而阵[6]。今欲停船水渚，引兵造城，前对坚敌，顾临归路，此兵法之所诫[7]。若进攻未拔[8]，胡骑卒至[9]，惧桓子不知所为而舟中之指可掬也[10]。今光所将皆殿中精兵，宜令所向有征无战。而顿之坚城之下[11]，以国之爪士击寇之下邑[12]，得之则利薄而不足损敌，失之则害重而足以益寇[13]，惧[14]非策之长者也。”乃止。

初，陶侃在武昌，议者以江北有邾城，宜分兵戍之。侃每不答，而言者不已。侃乃渡水猎，引将佐语之曰：“我所以设险而御寇者，正以长江耳。邾城隔在江北，内无所倚[15]，外接群夷。夷中利深[16]，晋人贪利，夷不堪命[17]，必引虏入寇。此乃致祸之由，非以御寇也。且吴时戍此城[18]用三万兵，今纵有兵守，亦无益于江南；若羯虏[19]有可乘之会[20]，此又非所资[21]也。”

及庾亮镇武昌，卒使毛宝、樊峻戍邾城。赵王虎恶[22]之，以夔安为大都督[23]，帅石鉴、石闵、李农、张貉、李菟[24]等五将军、兵五万人寇荆、扬北鄙[25]，二万骑攻邾城。毛宝求救于庾亮，亮以城固，不时遣兵[26]。

九月，石闵败晋兵于沔阴[27]，杀将军蔡怀[28]；夔安、李农陷沔南[29]；朱保败晋兵于白石[30]，杀郑豹[31]等五将军；张貉陷邾城，死者六千人，毛宝、樊峻突围出走，赴江溺死。夔安进据胡亭[32]，寇江夏[33]；义阳将军黄冲、义阳太守郑进皆降于赵[34]。

安进围石城[35]，竟陵太守李阳[36]拒战，破之，斩首五千余级，安乃退。遂掠汉东[37]，拥七千余户迁于幽、冀[38]。

是时，庾亮犹上疏欲迁镇石城，闻邾城陷，乃止。上表陈谢[39]，自贬三等，行安西将军[40]，有诏复位。以辅国将军庾怿为豫州刺史[41]，监宣城、庐江、历阳、安丰[42]四郡诸军事，假节，镇芜湖[43]。

（以上为第十段，写征西将军庾亮志大才疏，镇守武昌，派人镇守江北邾城，后赵派五将军前来攻打，晋军无力抵抗，大败，邾城沦陷，庾亮自贬谢罪。）

【注释】

[1]寿阳：县名，县治在今安徽寿县。 [2]琅邪：郡名，郡治在今山东临沂市。此时的寿阳、琅邪都在石虎政权的统治下，从琅邪到寿阳，是后赵与东晋的分界线。 [3]城壁相望：敌人的军城与堡垒一线拉开，彼此相连，互相关顾。 [4]声息久闻：我方的消息，敌方早早就知道了。 [5]贼之邮驿：敌方消息的传送。邮驿，古代传送文书的驿站。步递曰“邮”，马递曰“驿”。[6]“夫以白起”三句：列举前世名将白起、韩信、项籍，他们取胜还要挖断桥梁、焚毁舟船，背水而战，激发战士死战。白起，战国时秦名将，长平之战灭赵40余万大将。韩信，西汉开国大将，为刘邦取天下破魏、灭赵、取代、下齐，打下半壁江山。项籍，即项羽，灭秦的西楚霸王。发梁焚舟，《战国策·中山策》载，白起破楚，“发梁焚舟”。又，项羽巨鹿大战，破釜沉舟，大破秦军。背水而陈，韩信灭赵的井陉之战，背水置阵取得大胜。 [7]“今欲停船水渚”五句：此五句与前“夫以白起”三句正反相对，谓陈光北伐，把战船停在水边，出征战士面对强敌，却时时回头想着退路，犯兵法之大忌。水渚（zhǔ），水边。渚，水中的小洲。造城，到达城市。造，到，至。顾临，回头望着，形容担心的样子。所诫，所忌讳，所应该回避。 [8]未拔：敌城未能攻下。[9]胡骑卒至：敌人的骑兵大队突然来到。卒（cù），同“猝”，突然。 [10]“惧桓子”句：恐怕又要重演中行桓子兵败如山倒，砍断手指可捧的悲剧啊！桓子，指春秋时晋国正卿荀林父。不知所为，公元前597年，荀林父率领晋军救郑，与楚庄王作战时被打败，惊慌不知所措。舟中之指可掬（jū），晋军溃逃，争相渡河，先上船的急着开船，未上船的扒住船沿不放手，船上的人抽刀砍掉攀船人的手，于是船上手指多得可以用手向外捧。掬，捧。 [11]顿：放置。坚城：坚固而不能攻下的城池，此指寿阳。 [12]国之爪士：爪牙之士，以喻国家的精兵、勇士。下邑：边远而不重要的城镇，亦指寿阳。 [13]益寇：使敌人得到好处，增长敌兵的气焰。 [14]惧：恐怕。 [15]内无所倚：向内没有倚靠，友邻部队都在远远的长江以南。 [16]夷中利深：敌占区可以让人贪图的东西很多。利深，犹言利多。 [17]夷不堪命：敌区边境的人忍受不了晋人的掠

夺。［18］此城：指邾城。［19］羯（jié）虏：指后赵石虎政权。［20］有可乘之会：有了可以对之动手的时机。会，时机。［21］此又非所资：意即靠着他们这点兵力也无法完成任务。资，依托，凭借。［22］恶（wù）：厌恶，讨厌，憎恨。［23］夔安：为随石勒起事十八骑之一，拥立石虎称帝，后赵重臣。大都督：统领各路征伐大军的总指挥。［24］石鉴、石闵、李农、张貉（hé）、李菟（tú）：后赵的五员大将。石鉴，石虎之子。石闵，石虎养孙。李农，石虎亲信大臣。［25］荆、扬北鄙：荆、扬二州的北部边境，在今江苏、安徽的淮河以南及湖北的北部地区。［26］不时遣兵：没有及时地派兵增援。时，按时，及时。［27］沔阴：即沔南。此指沔阴戍，在今湖北随州市西南的汉水东侧。沔，汉水上游称沔水。阴，指水之南。［28］蔡怀：东晋将领。［29］陷沔南：攻下沔水（即汉水）以南地区。陷，攻陷，攻下。［30］朱保：后赵将领。白石：山名，在今安徽含山县西南。［31］郑豹：东晋将领，被后赵所杀。［32］胡亭：地名，在今安徽阜阳市。［33］寇：寇略，侵扰。江夏：郡名，郡治安陆，在今湖北云梦县。［34］义阳：郡名，郡治在今河南信阳市。黄冲：东晋将领，时为义阳将军，投降后赵。郑进：东晋官员，时为义阳太守，投降后赵。［35］石城：城名。晋惠帝元康元年（291）置竟陵郡，治此，在今湖北钟祥市。［36］李阳：东晋官员，时为竟陵太守，率兵阻击后赵将领夔安的进攻，将其打败。［37］汉东：汉水以东。［38］幽、冀：二州名。幽，即幽州，州治蓟县，在今北京市。冀，即冀州，州治信都，在今河北衡水市冀州区。［39］陈谢：陈情，请罪。［40］行安西将军：代理安西将军。官阶低而代理职务高的，称“行”。晋代地方高级军政长官均带将军名号，有征、镇、安、平四种。庾亮本是征西将军，自贬三级，但仍代理安西将军之职。［41］辅国将军：杂号将军之名。庾怿（yì）：字叔预，征西将军庾亮次弟，东晋外戚大臣。传见《晋书》卷七十三。［42］宣城、庐江、历阳、安丰：四郡名。宣城，郡治宛陵，在今安徽宣城市宣州。庐江，郡治在今安徽舒城县。历阳，郡治在今安徽和县。安丰，郡治安丰县，在今安徽霍邱县城关镇许集村。［43］芜湖：县名，别称江城，在今安徽芜湖市。

赵王虎患贵戚豪恣［1］，乃擢殿中御史李巨为御史中丞［2］，特加亲任，中外肃然。虎曰：“朕闻良臣如猛虎，高步旷野而豺狼避路，信哉！”

虎以抚军将军李农为使持节，监辽西、北平［3］诸军事，征东将军、营州牧［4］，镇令支［5］。农帅众三万与征北大将军张举攻燕凡城［6］。燕王皝以榼卢城大悦绾为御难将军［7］，授兵一千，使守凡城。及赵兵至，将吏皆恐，欲弃城走。绾曰：“受命御寇，死生以之。且凭城坚守，一可敌百，敢有妄言惑众者斩！”众然后定。绾身先士卒，亲冒矢石，举等攻之经旬［8］，不能克，乃退。虎以辽西迫近燕境，数遭攻袭，乃悉徙其民于冀州之南。

汉主寿疾病，罗恒、解思明复议奉晋，寿不从。李演[9]复上书言之，寿怒，杀演。

寿常慕汉武、魏明[10]之为人，耻闻父兄时事，上书者不得言先世政教，自以为胜之也。舍人杜袭作诗十篇[11]，托言应璩以讽谏[12]。寿报[13]曰："省诗知意[14]。若今人所作，乃贤哲之话言[15]；若古人所作，则死鬼之常辞[16]耳。"

燕王皝自以称王未受晋命，冬，遣长史刘翔、参军鞠运来献捷论功[17]，且言权假之意[18]，并请刻期大举，共平中原。

皝击高句丽[19]，兵及新城[20]，高句丽王钊乞盟[21]，乃还。又使其子恪、霸击宇文别部[22]。霸年十三，勇冠三军。

张骏立辟雍、明堂[23]以行礼。十一月，以世子重华行凉州事。

十二月，丁丑[24]，赵太保桃豹[25]卒。

丙戌[26]，以骠骑将军琅邪王岳[27]为侍中、司徒。

汉李奕寇巴东[28]，守将劳杨[29]败死。

（以上为第十一段，写前燕、后赵、前凉、成汉四方史事。写后汉出兵攻打前燕的凡城，城主悦绾挺身而出，前燕打败后赵进攻，前燕主慕容皝向东晋献捷报功，并请约期出兵平定中原；成汉主李寿病重骄狂，滥杀大臣；前凉主张骏设立辟雍，宣教礼仪。）

【注释】

[1]豪恣：不守王法，肆意妄为。[2]擢（zhuó）：提拔，提升。殿中御史：即殿中侍御史，三国魏时官名，派御史二人居殿中，察非法，后以之为官名，东晋沿置。李巨：后赵官员。御史中丞：掌管监察的主要长官。[3]辽西、北平：二郡名。辽西，郡治阳乐，在今辽宁义县西。北平，郡治徐无县，在今河北遵化市遵化镇西。[4]营州牧：营州的最高军政长官。营州，州治令支城，在今河北迁西县东，时为后赵所占。[5]令支：县名，西晋时辽西鲜卑段辽都于此，时为后赵所占。前燕、后燕时为辽西郡治所。[6]凡城：城名，在今河北平泉市南。[7]榼（kē）卢：大约在今辽宁秦皇岛市抚宁区之东。城大：城主，一城之长。悦绾（wǎn）：本姓悦力氏，昌黎人，鲜卑族，前燕贤臣、名将，历仕慕容皝、慕容俊、慕容暐三朝。初为榼卢城大人，后为御难将军，官至尚书左仆射。传见《晋书》卷一百十一。御难将军：杂号将军之名。[8]攻之经旬：攻打了十多天。[9]李演：成汉官员，因谏说成汉主李寿奉事东晋，被杀。[10]汉武、魏明：指汉武帝刘彻和魏明帝曹叡。[11]舍人：帝王的侍从官名，掌诏诰呈奏之事。杜袭：成汉官员，时为

成汉主李寿舍人。［12］托言应璩：假说是当年应璩写的。应璩（qú），字休琏，曹魏文学家、大臣。曹芳即位，大将军曹爽擅权，举措失当，应璩曾作《百一诗》讽劝。传见《三国志》卷二十一。讽谏：用暗示、比喻的方法委婉地规劝。［13］报：回答，复信。［14］省诗知意：看诗后明白了你的意思。省（xǐng），察，阅。［15］话言：犹善言。［16］常辞：老生常谈，平常的言论。［17］刘翔：慕容皝长史，受命至东晋献捷论功，并求封意。东晋册命慕容皝为燕王。刘翔返燕，被封为东夷护军、领大将军长史。献捷：战胜后进奉俘虏和战利品。论功：向朝廷表述自己的功劳。［18］且言权假之意：向朝廷提出能否让自己暂为代理燕王。权假，暂时代理，求封燕王的外交辞令。［19］高句（gōu）丽：又称句丽、句骊，古国名，都城在丸都，在今吉林集安市，是公元前1世纪至7世纪在今中国东北地区和朝鲜半岛存在的一个政权。［20］新城：在高句丽西部，在今辽宁东部一带。［21］高句丽王钊（zhāo）：高句丽的国王，名钊。乞盟：请求结盟，缔结友好关系。［22］恪（kè）、霸：慕容皝第四子慕容恪、第五子慕容霸。宇文别部：宇文部落的分支。当时的宇文部落活动在今内蒙古赤峰市一带地区。［23］辟雍：古代帝王为贵族子弟所设的大学，取四周有水，形如璧环为名。大学有五，南为成均，北为上庠，东为东序，西为瞽宗，中为辟雍。明堂：古代帝王宣明政教的地方。凡朝会、祭祀、庆赏、选士、养老、教学等大典，均在此举行。［24］丁丑：十二月七日。［25］桃豹（？—339）：字安世，范阳人。后赵石勒部将。石虎时期，被任命为横海将军，官拜太保。［26］丙戌：十二月十六日。［27］琅邪王岳：即司马岳，字世同，晋成帝司马衍同母弟。封吴王，改封琅邪王。咸康八年，继皇帝位。谥号康。传见《晋书》卷七。［28］巴东：郡名，郡治在今重庆市奉节县。［29］劳杨：东晋将领，巴东守将，被成汉将领李奕袭击而死。

六年（庚子，340年）

春，正月，庚子朔[1]，都亭文康侯[2]庾亮薨。以护军将军、录尚书何充为中书令。庚戌[3]，以南郡[4]太守庾翼为都督江、荆、司、雍、梁、益六州诸军事，安西将军、荆州刺史，假节，代亮镇武昌。时人疑翼年少，不能继其兄。翼悉心[5]为治，戎政严明，数年之间，公私充实，人皆称其才。

辛亥[6]，以左光禄大夫陆玩为侍中、司空[7]。

宇文逸豆归[8]忌慕容翰[9]才名，翰乃阳狂酣饮[10]，或卧自便利[11]，或被发[12]歌呼，拜跪乞食。宇文举国贱[13]之，不复省录[14]，以故得行来自遂[15]，山川形便，皆默记之。燕王皝以翰初非[16]叛乱，以猜嫌出奔[17]，虽在他国，常潜为燕计[18]，乃遣商人王车通市于宇文部以窥翰[19]。翰见车，无言，抚膺颔之而已[20]。皝曰："翰欲来[21]也。"复使车迎之。翰弯弓三石[22]余，矢尤长大，皝为之造可手弓矢[23]，使车埋于道旁[24]而密告之。

二月，翰窃逸豆归名马，携其二子过取弓矢[25]，逃归。逸豆归使骁骑[26]百余追之。翰曰："吾久客[27]思归，既得上马，无复还理[28]。吾向日阳愚以诳汝[29]，吾之故艺[30]犹在，无为相逼，自取死也！"追骑轻之，直突[31]而前。翰曰："吾居汝国久恨恨[32]，不欲杀汝；汝去我百步立汝刀，吾射之，一发中者汝可还，不中者可来前。"追骑解刀立之，一发，正中其环[33]。追骑散走。皝闻翰至，大喜，恩遇甚厚。

（以上为第十二段，写鲜卑慕容翰当年因忧虑出走段部，后至宇文部，宇文氏猜忌其才能，慕容翰装疯卖傻，骗过宇文氏，在前燕主慕容皝支持下，打败追兵，回归前燕。）

【注释】

[1]庚子朔：正月一日。[2]都亭文康侯：庾亮封为都亭侯，谥号文康，故称之。[3]庚戌：正月十一日。[4]南郡：郡名，郡治江陵，在今湖北荆州市。[5]悉心：尽心，花全副精力。[6]辛亥：正月十二日。[7]左光禄大夫：掌顾问应对。陆玩：字士瑶，东吴丞相陆逊侄孙，东晋重臣。传见《晋书》卷七十七。[8]宇文逸豆归：一作宇文俟豆归、宇文归，鲜卑宇文部末代首领，北周太祖宇文泰五世祖。初为宇文部东部大人，驱逐了部落首领宇文乞得龟，自立为主。传见《周书》卷一。[9]慕容翰：字元邕，前燕文明帝慕容皝长兄，前燕将领。翰勇武善射，因遭慕容皝猜忌，投奔鲜卑段部，后又回到前燕。曾献计击败高句丽，打败鲜卑宇文部。后被杀。传见《晋书》卷一百八。[10]阳狂：装疯。阳，通"佯"，假装。酣（hān）饮：畅饮，醉酒。[11]便利：小便，撒尿。[12]被发：披发。被，通"披"。[13]贱：轻视，厌恶。[14]不复省录：没有人监视、收留。[15]行来自遂：往来自便，行动自由。行来，往来。[16]初非：开始并不是。[17]以猜嫌出奔：由于猜忌、怀疑而逃出燕国。[18]潜为燕计：暗中替燕国考虑。[19]通市：经商，做买卖。窥翰：暗中观察慕容翰心意。[20]抚膺：抚摩胸口。颔（hàn）之：向着商人王车点头。[21]翰欲来：慕容翰想要回来。[22]三石：指拉弓所需要的力量。一百二十斤为一石，三石为三百六十斤。[23]为之造可手弓矢：预先给他制造了一套称手的弓箭。因现在他身边不能携带武器，故预先准备好供他逃跑时使用。可手，便手，称手。[24]使车埋于道旁：让王车给他埋藏在道边。[25]过取弓矢：路过时把弓箭取出来。[26]骁骑：勇猛的骑兵。[27]客：客居在外。[28]无复还理：没有再回到你那里去的道理。[29]向日：往日。阳愚以诳汝：装傻以骗你。阳，同"佯"，假装。诳（kuáng），欺骗，迷惑。[30]故艺：

原来的本领。[31]直突：径直突进。[32]恨恨：恋恋之情。原为“恨恨”，据章校改。[33]环：刀头上的环。

庚辰[1]，有星孛于太微[2]。

三月，丁卯[3]，大赦。

汉人攻拔丹川[4]，守将孟彦、刘齐、李秋[5]皆死。

代王什翼犍始都云中之盛乐宫[6]。

赵王虎遗汉主寿书，欲与之连兵入寇，约中分江南[7]。寿大喜，遣散骑常侍王嘏、中常侍王广使于赵[8]。龚壮谏，不听。寿大修舟舰，缮兵[9]聚粮。

秋，九月，以尚书令马当为六军都督[10]，征集士卒七万余人为舟师[11]，大阅于成都，鼓噪盈江[12]。寿登城观之，有吞噬[13]江南之志。解思明谏曰：“我国小兵弱，吴、会[14]险远，图之未易。”寿乃命群臣大议利害。龚壮曰：“陛下与胡通[15]，孰若[16]与晋通？胡，豺狼也，既灭晋，不得不北面事之[17]；若与之争天下，则强弱不敌，危亡之势也，虞、虢之事[18]，已然之戒[19]，愿陛下熟虑之！”群臣皆以壮言为然，叩头泣谏[20]，寿乃止。士卒咸[21]称“万岁”。

龚壮以为人之行[22]莫大于忠孝，既报父、叔之仇[23]，又欲使寿事晋，寿不从。乃诈称耳聋，手不制物[24]，辞归，以文籍[25]自娱，终身不复至成都。

赵尚书令夔安卒。

赵王虎命司、冀、青、徐、幽、并、雍七州之民五丁取三，四丁取二，合邺城旧兵，满五十万，具船万艘，自河[26]通海，运谷千一百万斛于乐安城[27]。徙辽西、北平、渔阳[28]万余户于兖、豫、雍、洛[29]四州之地。自幽州以东至白狼[30]，大兴屯田。悉括取民马[31]，有敢私匿[32]者腰斩，凡得四万余匹。大阅于宛阳[33]，欲以击燕。

燕王皝谓诸将曰：“石虎自以乐安城防守重复[34]，蓟城南北必不设备[35]，今若诡路[36]出其不意，可尽破也。”冬，十月，皝帅诸军入自蠮螉塞[37]，袭赵，戍将当道者皆禽之[38]，直抵蓟城。赵幽州刺史石光[39]

拥兵数万，闭城不敢出。燕兵进破武遂津[40]，入高阳[41]，所至焚烧积聚，略[42]三万余家而去。石光坐懦弱征还[43]。

（以上为第十三段，写后赵主石虎相约成汉主李寿联手攻打东晋，李寿在大臣劝说下停止行动；前燕主慕容皝攻打后赵，一直打到蓟城，将其军需物资焚毁一空。）

【注释】

[1]庚辰：二月十一日。[2]有星孛于太微：有流星划过太微垣。孛（bèi），火光四射的样子。太微，即太微垣，为三垣之一，是三垣的上垣，位于紫微垣之下的东北方，北斗之南。[3]丁卯：三月二十九日。[4]丹川：城名，在今云南曲靖市附近。[5]孟彦、刘齐、李秋：东晋将领，丹川城守将，在抵御成汉侵夺中战死。[6]云中：郡名，在今内蒙古和林格尔县西北，后来改称盛乐。盛乐宫：宫殿名，在云中郡。[7]中分：平分。江南：此指东晋。[8]王嘏（gǔ）：成汉官员，时为散骑常侍，奉命出使后赵，商谈联合攻晋事宜。王广：成汉官员，时为中常侍。[9]缮（shàn）兵：修治兵器。[10]马当：成汉官员，时为尚书令。六军：代指帝王所统领的军队。[11]舟师：即水军。[12]鼓噪：鸣鼓，喧哗。盈江：满江。[13]吞噬：吞并。噬（shì），咬。[14]吴、会：吴郡、会稽郡，二郡皆属东晋。吴郡郡治吴县，在今江苏苏州市姑苏区。会稽郡治山阴，在今浙江绍兴市。这里用以代指东晋王朝。[15]通：通好，联盟。[16]孰若：如何，怎么比得上。[17]北面事之：意即向石虎称臣。[18]虞、虢（guó）之事：指春秋时晋献公假道于虞灭虢之事。[19]已然之戒：是以往的现成教训。[20]叩头泣谏：四字原无，据章校补。[21]咸：皆，都。[22]行：行为。[23]报父、叔之仇：指借李寿之手灭掉李特子孙。[24]手不制物：不能拿任何东西。[25]文籍：图书典籍。[26]自河：经由黄河。[27]斛（hú）：古容量单位，十斗为一斛，一斛为一担。乐安城：城名，在今河北昌黎县西南。[28]渔阳：郡名，郡治在今北京市密云区十里堡镇。[29]洛：即洛州。石虎在邺城（在今河北临漳县西南古邺城）置司州，改晋之司州为洛州。[30]白狼：县名，县治在今辽宁喀喇沁左翼蒙古族自治县西南。[31]悉：尽，皆。括取：征调。[32]匿：隐藏。[33]大阅于宛阳：在宛阳举行盛大阅马式。宛阳，又名阅马台，在今河北临漳县西南古邺城。[34]重复：重重防守，意即牢固。[35]蓟（jì）城：蓟县县城，在今北京市。设备：防守，防备。[36]诡路：走隐秘的小路。诡，诡秘，隐秘。[37]蠮（yē）螉（wēng）塞：关塞名，在今北京市昌平区西北之居庸关。[38]当道：阻挡前进。当，同“挡”。禽：通“擒”，擒拿，活捉。[39]石光：后赵将领，时为幽州刺史。[40]武遂津：渡口名，在今河北武强县西北。[41]高阳：县名，县治在今河北高阳县东。[42]略：同“掠”，掠夺，抢夺。[43]坐懦弱征还：因畏敌不敢出击，被调回邺城。坐，因。

赵王虎以秦公韬[1]为太尉，与太子宣迭日省可[2]尚书奏事，专决赏刑[3]，不复启白[4]。司徒申钟[5]谏曰："赏刑者，人君之大柄[6]，不可以假人[7]，所以防微杜渐[8]，消逆乱于未然也[9]。太子职在视膳[10]，不当豫政[11]；庶人邃以豫政致败[12]，覆车未远[13]也。且二政分权[14]，鲜不阶祸[15]。爱之不以道[16]，适[17]所以害之也。"虎不听。

中谒者令申扁以慧悟辩给有宠于虎[18]，宣亦昵[19]之，使典[20]机密。虎既不省事[21]，而宣、韬皆好酣饮、畋猎[22]，由是除拜、生杀皆决于扁[23]，自九卿已下率皆望尘而拜[24]。

太子詹事孙珍病目[25]，求方[26]于侍中崔约，约戏[27]之曰："溺中则愈[28]。"珍曰："目何可溺？"约曰："卿目睕睕[29]，正耐溺中[30]。"珍恨之，以白宣。宣于兄弟中最胡状目深[31]，闻之怒，诛约父子。于是公卿以下畏珍侧目[32]。

燕公斌督边州[33]，亦好畋猎，常悬管而入[34]。征北将军张贺度每裁谏之[35]，斌怒，辱贺度。虎闻之，使主书礼仪持节监之[36]。斌杀仪，又欲杀贺度，贺度严卫驰白之[37]。虎遣尚书张离帅骑追斌，鞭之三百，免官归第，诛其亲信十余人。

张骏遣别驾马诜[38]入贡于赵，表辞蹇傲[39]。赵王[40]虎怒，欲斩诜。侍中石璞[41]谏曰："今国家所当先除者，遗晋[42]也；河西僻陋[43]，不足为意。今斩马诜，必征张骏，则兵力分而为二，建康复延数年之命矣。"乃止。璞，苞之曾孙也。

初，汉将李闳[44]为晋所获，逃奔于赵，汉主寿致书于赵王虎以请之[45]，署[46]曰"赵王石君"，虎不悦，付外议之[47]。中书监王波[48]曰："令李闳以死自誓[49]曰：'苟得归骨于蜀[50]，当纠帅宗族，混同王化[51]。'若其信[52]也，则不烦一旅[53]，坐定梁、益[54]；若有前却[55]，不过失一亡命之人，于赵何损！李寿既僭大号[56]，今以制诏与之[57]，彼必酬返[58]，不若复为书与之。"会挹娄国[59]献楛矢石砮[60]于赵，波因请以遗汉[61]，曰："使其知我能服远方[62]也。"虎从之，遣李闳归，厚为之礼。闳至成都，寿下诏曰："羯使来庭[63]，贡其楛矢。"虎闻之，怒，黜[64]王波，以白衣领职[65]。

（以上为第十四段，写后赵主石虎让太子石宣和太尉石韬轮流执政，为所欲为；前凉王张骏向后赵呈献贡物，言辞傲慢，石虎大怒；成汉与后赵互相算计，交恶。）

【注释】

［1］韬（tāo）：即石韬，石虎第五子，封乐安王，石虎任为太尉，与太子石宣共掌朝政。后与太子石宣不和，争权，被石宣派刺客杀死，石宣亦被石虎残杀。［2］迭日：一人一天。省可：审阅，批准。［3］专决赏刑：想杀谁、想赏谁，都由他们说了算。［4］不复启白：不再向后赵主石虎禀报。启白，启告，禀报。［5］申钟：魏郡魏县（今河北魏县）人，历仕后赵、冉魏、前燕。传见《周书》卷三十二。［6］大柄：大权。柄，权柄，权力。［7］假人：假手于人，让给别人。［8］防微杜渐：在错误和坏事萌芽时，及时加以制止，不使其扩大发展。杜，堵塞。［9］逆乱：叛乱，变乱。未然：尚未形成。［10］视膳（shàn）：意即侍候父母，父母进食时，太子在旁侍候，问寒暖及食物好坏。［11］豫政：过问政事。豫，通“与”，参与。［12］庶人：泛指无官爵的平民、百姓。邃（suì）：即石邃，石虎长子。石虎废石弘自立，立邃为皇太子。酒色过度，骄纵无道，荒淫残忍，因欲谋杀其父被废为庶人，后被杀死。传见《晋书》卷一百五。［13］覆车未远：犹言教训就在眼前。覆车，翻车，指石邃由太子废为庶人。［14］二政分权：国家的权力一分为二，指太子石宣与秦公石韬迭日决事。［15］鲜不阶祸：很少有不招致祸患的。鲜，少。阶祸，招致祸患。［16］不以道：不用好的办法。道，正道。［17］适：恰好。［18］申扁：时为后赵主石虎宠臣。慧悟：聪明，颖悟。辩给：能说会道，能言善辩。［19］昵（nì）：亲近，亲爱。［20］典：掌管。［21］不省事：不过问政事。［22］畋猎：打猎。畋（tián），古指种田或打猎。［23］由是：因此。除拜：授官，除旧职，拜新官。拜，任命官职。生杀：决定生与死。［24］已下：即以下。已，同“以”。望尘而拜：指迎候显贵，望见来车车尘就磕头行礼，形容卑躬屈膝的神态。尘，车子行走带起的风尘。［25］孙珍：时为太子詹事。病目：害眼病。［26］求方：寻求药方。［27］约戏：崔约与孙珍开玩笑。［28］溺中则愈：对着眼睛撒泡尿就能好了。［29］睕（wān）睕：眼窝深陷的样子。［30］正耐溺中：正适合往里头撒尿。耐，适宜。［31］最胡状：长得最像胡人，胡人的特征最明显。目深：眼窝深陷。［32］侧目：不敢正眼相看。［33］斌：即石斌，石虎第六子。督边州：石斌原称章武王，自石虎自称“大赵天王”后，诸子皆由王降公，石斌被封燕公，总督燕地诸事。边州，指北部边疆之州。［34］悬管而入：自身挂着城门的钥匙，以便其早晚自由出入。悬，挂。管，这里指城门钥匙。［35］张贺度：后赵将领，时为征北将军。裁谏：劝阻。裁，节制。［36］主书：中书省属官，负责文秘工作。礼仪：姓礼名仪，后赵官员，时为主书。持节监之：手执石虎所赐的旌节，以监督石斌的行事。［37］严卫：严密防卫。驰白之：跑到邺城向石虎报告。［38］马诜（shēn）：张骏属官，为凉州长史、别驾。［39］表辞蹇（jiǎn）傲：用语傲慢。［40］赵王：原文无，据章校补。［41］石璞（pú）：一作“石朴”，字玄真。西晋大司马石苞曾孙，后赵大臣。位至司徒。传见《晋书》卷三十三。［42］遗晋：残存的东晋王

朝。遗，遗留，遗存。［43］河西：指凉州的张骏政权，据有今甘肃河西走廊之地。僻陋：谓地处僻远，风俗粗野。［44］李闳（hóng）：初为成汉官员，为荆州刺史，咸康五年（339），被东晋将李松俘获，送至建康。［45］请之：请求放还成汉国。［46］署：书信开头的称呼。［47］付外议之：交给外面的朝臣讨论。［48］王波：后赵官员，时为中书监。［49］以死自誓：用生命担保。［50］苟得归骨于蜀：意即假如能回到成汉。［51］混同王化：归依后赵，成为子民，和你固有的国民一起受你的教化。混同，合一，统一。［52］信：信守诺言。［53］不烦一旅：犹言用不着一旅的兵力。古以五百人为一旅。［54］坐定梁、益：轻而易举地平定据有梁、益二州的成汉。坐，不消劳动，极言其省力。［55］前却：一前一却，犹今言首鼠两端，即指反悔。却，退却，后退。［56］僭大号：盗用皇帝的名号。僭（jiàn），越分。［57］制诏与之：对他使用皇帝的诏令。［58］彼必酬返：他必然也用同样的态度回敬我们。酬返，回答，回信。［59］会：恰逢，适逢。挹（yì）娄（lóu）国：我国古代东北地区的少数民族名，周至西汉称肃慎，东汉至晋称挹娄。其国西南通扶余，南接北沃沮，东濒大海，在今黑龙江、乌苏里江流域，国都位于黑龙江双鸭山市。［60］楛矢石砮：用楮木做杆的箭，与石制的箭头。楛（kǔ），指荆一类的植物，茎可制箭杆。砮（nǔ），石箭头。早在周朝，肃慎就进献过这种礼品，以表示朝贺归附。［61］因：于是，趁势。请以遗（wèi）汉：请求把这楛矢石砮转送给汉国。遗，赠送。［62］服远方：使远方之国臣服。服，服从。［63］羯使来庭：意谓赵国遣使来朝。羯（jié），对赵国的蔑称。来庭，即来朝，来向我们朝贺、归服。庭，通“廷”，朝廷，宫廷。［64］黜：贬职，废免。［65］以白衣领职：以平民的身份仍代理原来的职务。白衣，古代平民之服，即指平民，此指受处分而被削职的官员。

七年（辛丑，341年）

春，正月，燕王皝使唐国内史阳裕[1]等筑城于柳城之北、龙山[2]之西，立宗庙、宫阙[3]，命曰“龙城[4]”。

二月，甲子朔[5]，日有食之。

刘翔至建康，帝引见，问慕容镇军[6]平安。对曰：“臣受遣之日，朝服拜章[7]。”

翔为燕王皝求大将军、燕王章玺[8]。朝议以为：“故事[9]：大将军不处边。自汉、魏[10]以来，不封异姓[11]为王，所求不可许。”翔曰：“自刘、石构乱[12]，长江以北，翦为戎薮[13]，未闻中华公卿之胄有一人能攘臂挥戈[14]，摧破凶逆者也。独慕容镇军父子竭力，心存本朝，以寡击众，屡殄[15]强敌，使石虎畏惧，悉徙边陲之民[16]散居三魏[17]，蹙国千里[18]，以蓟城为北境。功烈[19]如此，而惜海北之地不以为封邑[20]，何哉？昔汉高祖不爱王爵于韩、彭，故能成其帝业[21]；项羽刓印不忍授，卒用危亡[22]。吾之至心[23]，非苟欲尊其所事[24]，窃惜圣朝疏忠义之国[25]，使四海无所劝慕[26]耳。”

尚书诸葛恢[27]，翔之姊夫也，独主异议，以为：“夷狄相攻，中国之利；唯器与名，不可轻许[28]。”乃谓翔曰：“借使[29]慕容镇军能除石虎，乃是复得一石虎也，朝廷何赖[30]焉！”翔曰：“嫠妇犹知恤宗周之陨[31]。今晋室阽危[32]，君位侔元、凯[33]，曾[34]无忧国之心邪？向使靡、鬲之功不立[35]，则少康[36]何以祀夏[37]！桓、文之战不捷，则周人皆为左衽矣[38]。慕容镇军枕戈待旦[39]，志殄凶逆，而君更唱邪惑之言[40]，忌间[41]忠臣。四海所以未壹[42]，良由君辈[43]耳！”翔留建康岁余，众议终不决。

翔乃说中常侍彧弘[44]曰：“石虎苞[45]八州之地，带甲百万，志吞江、汉[46]，自索头、宇文暨诸小国[47]，无不臣服；唯慕容镇军翼戴[48]天子，精贯白日[49]，而更不获殊礼[50]之命，窃恐天下移心解体[51]，无复南向[52]者矣。公孙渊[53]无尺寸之益于吴，吴主[54]封为燕王，加以九锡。今慕容镇军屡摧贼锋[55]，威震秦、陇[56]，虎比遣重使[57]，甘言厚币[58]，欲授以曜威大将军[59]、辽西王，慕容镇军恶其非正[60]，却[61]而不受。今朝廷乃矜惜虚名[62]，沮抑忠顺[63]，岂社稷之长计乎！后虽悔之，恐无及已。”

弘为之入言于帝，帝意亦欲许之。会皝上表，称：“庾氏兄弟擅权召乱[64]，宜加斥退[65]，以安社稷。”又与庾冰书，责其当国秉权[66]，不能为国雪耻。冰甚惧，以其绝远[67]，非所能制[68]，乃与何充奏从其请[69]。

乙卯[70]，以慕容皝为使持节、大将军、都督河北诸军事、幽州牧、大单于、燕王，备物、典策[71]，皆从殊礼。又以其世子儁[72]为假节、安北将军、东夷校尉、左贤王；赐军资器械以千万计。又封诸功臣百余人，以刘翔为代郡[73]太守，封临泉[74]乡侯，加员外散骑常侍[75]。翔固辞不受。

（以上为第十五段，写前燕主慕容皝派遣使臣刘翔到东晋，请求加封为燕王，东晋朝廷内部意见不统一，刘翔一边游说，据理力争，一边指陈朝廷的腐败风气，而后朝廷同意加封。）

【注释】

［1］唐国内史：唐国地区的行政长官。此唐国应是当时山西人聚居的地方，故以“唐国”称之，亦犹东晋境内的侨郡。阳裕：字士伦，右北平无终（今天津市蓟州区）人，东夷校尉阳耽侄子。深得慕容皝重用，拜郎中令，迁大将军，时为唐国内史，督建龙城。传见《晋书》卷一百九。［2］柳城：县名，县治在今辽宁朝阳市西南。龙山：地名，靠近柳城。［3］宗庙：供奉历朝历代国王牌位、举行祭祀的地方。宫阙：古时帝王所居住的宫殿，因宫门外有双阙，故称宫阙。［4］龙城：慕容皝的新都城，在今辽宁朝阳市。［5］甲子朔：二月一日。［6］慕容镇军：以称慕容皝，东晋王朝封慕容皝为镇军将军，而一直未答应他们自请的“燕王”，故如此称之。［7］朝服：慕容皝身穿朝服。拜章：慕容皝亲自对着上奏的表章行叩拜之礼，以表现其对东晋王朝的恭谨。［8］章玺：章印。玺，皇帝的印章。［9］故事：先例，旧日的典章制度。［10］汉、魏：指东汉曹魏。［11］异姓：指非皇族的人员。［12］刘、石构乱：指刘渊与石勒，即前赵、后赵给晋朝制造的祸乱。［13］翦为戎薮：尽变为五胡的势力范围。翦，通“尽”，全部。戎，古少数民族名，此处代指匈奴、鲜卑、羯、氐、羌各族。薮（sǒu），湖泽的通称，是鱼和兽聚居的地方，此处喻称各少数民族的聚集、杂居之地。［14］胄（zhòu）：后代，苗裔。攘臂挥戈：捋袖出臂，挥舞兵器，形容奋起杀敌的样子。［15］殄（tiǎn）：消灭，灭绝。［16］悉徙边陲之民：把他北部边境的百姓全部搬迁。悉，尽，全都。徙，搬迁。边陲，边疆，靠近边界的地方。［17］三魏：指赵都邺城周围的三个郡，即魏郡（治邺，在今河北临漳县西南）、阳平郡（治元城，在今河北大名县东北，后又移治馆陶，在今河北馆陶县）、广平郡（郡治在今河北鸡泽县东南）。［18］蹙（cù）国千里：指后赵国境向南收缩了上千里，削弱了东晋强敌后赵的势力。［19］功烈：功勋，业绩。［20］惜：吝啬，舍不得。海北之地：渤海以北之地，包括今河北之东北部及辽宁全境，时为慕容氏所据有。不以为封邑：不封给慕容皝做领地。［21］“昔汉高祖”二句：从前汉高祖刘邦不吝啬王爵，封韩信、彭越为王，所以能成就帝业。［22］“项羽”二句：与前“昔汉高祖”二句相对，指项羽舍不得封王，最终败亡。刓（wán）印不忍授，《史记·淮阴侯列传》载韩信曰：“项王之为人也……使人有功当封爵者，印刓敝，忍不能予，此所谓妇人之仁也。”刓敝，抚摩，弄掉了棱角。刓，通“玩”，抚摩。不忍，不愿意，舍不得。卒用危亡，最后就是因为吝啬而灭亡。用，以，因此。［23］至心：至诚之心。［24］非苟欲尊其所事：并不是随随便便地尊崇自己侍奉的主人。苟，勉强，随便。事，侍，侍奉。［25］窃惜圣朝：我是为你们晋王朝感到惋惜。窃，谦辞。圣朝，敬称东晋王朝。疏：疏远，疏忽。［26］无所劝慕：得不到鼓励，看不到可效法的榜样。劝，鼓励。慕，仰慕。［27］诸葛恢：字道明，东晋重臣。官至尚书令。成帝死，受顾命。传见《晋书》

卷七十七。［28］唯器与名，不可轻许：只有礼器和名号，不可以轻易赠人。语出《左传·成公二年》："唯器与名，不可以假人。"器，古代标志名位、爵号的器物。名，表示身份、地位的封爵、名号等，此指王爵。［29］借使：假使，假如。［30］何赖：有何利益。［31］嫠妇犹知恤宗周之陨：一个民间寡妇都知道关心国家的灭亡，以言忘私忧国的热切。语出《左传·昭公二十四年》："嫠不恤其纬，而忧宗周之陨，为将及焉。"嫠（lí）妇，寡妇。恤，关心，忧虑。宗周，西周。西周为诸侯所崇仰，故称。陨，通"殒"，灭亡。［32］晋室：此指东晋王朝。将晋朝分为西晋、东晋，是后人的说法，当时东晋沿称晋朝。阽危：面临危险。阽（diàn），近。［33］位侔（móu）元、凯：位同"八元""八恺"一样的国家大臣。尧舜时代有所谓"八元""八恺"，均为善良、和顺、有才德的贤臣，后人用以比喻皇帝的辅佐大臣。侔，相等，相同。凯，同"恺"。［34］曾：难道，竟然。［35］向使靡、鬲之功不立：当初假如没有靡、鬲二者的功劳。向使，假使当初。靡，即伯靡，夏朝大臣。寒浞杀死夏朝的第五任君主相后，伯靡拒降，逃亡到有鬲氏，集结斟灌氏及斟鄩氏二国遗民讨伐寒浞，协助少康恢复了夏朝。鬲（gé），即鬲国，又称有鬲氏，古国名，在今山东德州市南部。［36］少康：即姒少康，又名杜康，姒相之子，夏朝君主。父亲被寒浞所杀，少康长大后为有仍氏牧正，又逃至虞国（今河南虞城县）任庖正，志在复国，与夏后氏遗臣伯靡等人合力，攻灭寒浞，建都纶城（在今虞城县西），恢复了夏朝统治。史称"少康中兴"。［37］何以祀夏：何以能中兴夏朝，继续夏朝的世袭。祀夏，继承夏朝的基业。祀，祭祀，此指祭祀祖先，古代有国者必立宗庙，宗庙废，则国亡。［38］"桓、文"二句：谓春秋时若齐桓公、晋文公指挥的战争不能取胜，那么周朝人都将披发左衽，沦为异族人了。周人皆为左衽（rèn），意即周王朝的领土都将被楚国占据，中原地区的人都将穿起楚人的服装。我国古代少数民族的服装，前襟向左，不同于中原地区服装的前襟向右。人们称左衽为少数民族服饰。《论语·宪问》记载孔子称道管仲辅佐齐桓公的贡献说："微管仲，吾其被发左衽矣。"［39］枕戈待旦：头枕兵器，等待天明，形容杀敌决心。［40］更唱：反而高唱。唱，通"倡"，倡导。邪惑之言：为邪道迷惑的言论。［41］忌间（jiàn）：猜忌，离间。［42］未壹：未能统一。［43］良由君辈：都是因你们这些人胡闹。良，实在。［44］彧（yù）弘：姓彧，名弘，东汉官员，时为中常侍。［45］苞：通"包"，包裹，兼并。［46］江、汉：长江、汉水，代指东晋国土。［47］索头：指鲜卑族的拓跋氏部落，即前文所说的建都盛乐的"代国"。鲜卑拓跋部人皆编发为辫，故东晋、南朝称之为"索头"，含有蔑视之意。宇文：即鲜卑宇文氏。暨：同"及"，以及。［48］翼戴：拥护，拥戴。［49］精贯白日：忠诚之心上贯天日，形容极端忠诚。精，精魂，精神。贯，通，达。［50］殊礼：特殊的礼遇，指获得大将军的职位、封为燕王等请求。［51］移心：改变心意。解体：崩溃，瓦解。［52］无复南向：不再尊崇东晋王朝。［53］公孙渊（？—238）：字文懿，三国时割据辽东的军阀，为曹魏讨灭。传见《三国志》卷八。［54］吴主：指三国时吴主孙权。［55］屡摧贼锋：多次摧败攻势凌厉的敌军。［56］威震秦、陇：辽东距秦、陇甚远，且中隔后赵，这里是指声威所及，形容慕容皝的功劳很大。［57］比遣：接连派遣。重使：级别很高的使臣。［58］甘言厚币：说好话，送厚礼。币，指用作礼物的车、马、玉、帛等。［59］曜威大将军：为杂号大将军之名。曜，通“耀”。［60］恶其非正：讨厌他不是正统。恶（wù），厌恶，讨厌。［61］却：拒绝。［62］乃：竟，居然。矜惜虚名：吝啬一个空洞的名号。矜（jīn）惜，怜惜，珍惜，引申为吝啬。［63］沮抑：阻止，压制。沮（jǔ），通“阻”，阻止。忠顺：忠诚，顺从。［64］庾氏兄弟：指庾亮、庾冰、庾怿、庾翼诸兄弟。擅权召乱：指庾亮专权招致苏峻、祖约之变，及戍邾城引来后赵之兵；庾亮死，弟翼握兵于外，弟冰专政于内。［65］斥退：贬斥，黜退。［66］当国秉权：主持国事，掌握政权。秉，秉持，执。［67］绝远：隔绝，遥远。［68］非所能制：根本无法控制。［69］奏从其请：奏请皇帝答应他的请求。［70］乙卯：记载有误，二月无乙卯，疑为三月之误。乙卯，三月二十二日。［71］备物：皇帝对有功大臣所赐的器物，如车辂、旗章、弓矢、斧钺、佩饰等。典策：亦作“典册”。典，典法，律法。策，诏命，策书。［72］世子俊：即慕容皝长子慕容俊。［73］代郡：郡名，郡治在今河北蔚县代王城。［74］临泉：地名，在今安徽临泉县。［75］员外散骑常侍：闲职显官。员外，指正员以外的官员。

翔疾江南士大夫以骄奢酣纵相尚［1］，尝因朝贵宴集［2］，谓何充等曰：“四海板荡［3］，奄逾三纪［4］，宗社为墟［5］，黎民涂炭［6］，斯乃庙堂焦虑之时［7］，忠臣毕命［8］之秋也。而诸君宴安江沱［9］，肆情纵欲，以奢靡为荣，以傲诞［10］为贤；謇谔之言［11］不闻，征伐之功不立，将何以尊主济民乎！”充等甚惭。

诏遣兼大鸿胪郭悕［12］持节诣棘城册命燕王［13］，与翔等偕北［14］。公卿饯［15］于江上，翔谓诸公曰：“昔少康资一旅［16］以灭有穷［17］，句践［18］凭会稽以报强吴［19］；蔓草［20］犹宜早除，况寇仇［21］乎！今石虎、李寿，志相吞噬［22］，王师纵未能澄清北方［23］，且当从事巴蜀［24］。一旦石虎先人举事［25］，并寿［26］而有之，据形便之地［27］以临东南，虽有智者，不能善其后矣。”中护军谢广［28］曰：“是吾心也［29］！”

三月，戊戌［30］，皇后杜氏崩。夏，四月，丁卯［31］，葬恭皇后于兴平陵［32］。

诏实［33］王公以下至庶人皆正土断、白籍［34］。

秋，七月，郭悕、刘翔等至燕，燕王皝以翔为东夷护军、领大将军长史，以唐国内史阳裕为左司马，典书令［35］李洪为右司马，中尉郑林为军咨祭酒［36］。

八月，辛酉[37]，东海哀王冲[38]薨。

九月，代王什翼犍筑盛乐城[39]于故城南八里。代王妃慕容氏卒。

冬，十月，匈奴刘虎[40]寇代西部[41]，代王什翼犍遣军逆击[42]，大破之。虎卒，子务桓[43]立，遣使求和于代，什翼犍以女妻之。务桓又朝贡于赵，赵以务桓为平北将军、左贤王。

赵横海将军王华帅舟师自海道袭燕安平[44]，破之。

燕王皝以慕容恪为渡辽将军，镇平郭[45]。自慕容翰、慕容仁之后，诸将无能继者。及恪至平郭，抚旧怀新[46]，屡破高句丽兵，高句丽畏之，不敢入境。

十二月，兴平康伯[47]陆玩薨。

汉主寿以其太子势领大将军、录尚书事。初，成主雄[48]以俭约宽惠得蜀人心。及李闳、王嘏还自邺，盛称邺中繁庶[49]，宫殿壮丽，且言赵王虎以刑杀御下[50]，故能控制境内。寿慕之，徙旁郡民三丁以上者以实成都[51]，大修宫室，治器玩；人有小过，辄杀以立威。左仆射蔡兴、右仆射李嶷[52]，皆坐直谏死。民疲于赋役，吁嗟[53]满道，思乱者众矣。

（以上为第十六段，写匈奴铁弗部首领刘虎侵犯代国西部，被打败后求和，又向后赵称臣；成汉主李寿大修宫室，暴酷刑罚，赋役繁重，百姓疲敝不堪，纷纷欲图谋作乱。）

【注释】

[1]疾：痛恨。骄奢酣（hān）纵：骄横奢侈，纵酒放荡。相尚：互相标榜、夸耀。 [2]朝贵：朝中权贵。宴集：宴饮集会。 [3]板荡：指政局变化，社会动荡不安。《诗·大雅》有《板》《荡》二篇，讥刺周厉王无道，败坏国家。 [4]奄逾三纪：转眼就过去三十多年了。奄（yǎn），忽，急速的样子。三纪，三十六年。一纪为十二年。 [5]宗社：宗庙社稷，代指国家。为墟（xū）：成为废墟。 [6]涂炭：烂泥和炭火，在今所谓“水深火热”，比喻灾难困苦。 [7]斯：此，这些。庙堂：宗庙明堂，古代帝王有大事则告于宗庙，议于明堂。此代指朝廷。 [8]毕命：献出生命。[9]宴安江沱：躲在江边吃喝玩乐。宴安，安闲享乐。江沱（tuó），这里指长江以南的建康城。沱江是长江的支流。 [10]傲诞：骄傲，放诞。 [11]謇谔之言：正直的话。謇（jiǎn）谔（è），正直敢言。 [12]郭悕：东晋官员，时为大鸿胪。 [13]诣：到，至。棘城：古都城名，在今辽宁义县，前燕政权的都城。册命：任命。册，上写皇帝封拜命令的简册。 [14]偕北：相伴北行。[15]饯：设酒食给人送行。 [16]资一旅：凭借着一旅人马起家。《左传·哀公元年》曰：“虞思

于是妻之以二姚而邑诸纶，有田一成，有众一旅，能布其德而兆其谋，以牧夏众，抚其官职，……遂灭过、戈，复禹之绩。”［17］灭有穷：灭掉了篡夺夏王朝的有穷氏部落。有穷，即有穷氏，是夏朝时位于山东半岛的一个善射的部落，后羿曾为其酋长。［18］句（gōu）践：春秋时越国君主。传见《史记》卷四十一。［19］凭会稽以报强吴：句践先是被吴国大败于夫椒，带着所剩的五千人躲在会稽山上。后来他卧薪尝胆，发愤图强，终于灭掉了吴国，成为当时的霸主。会稽，山名，在今浙江绍兴市东南。报，报仇雪恨。［20］蔓草：指一种爬蔓的草，滋长延伸而不断。［21］寇仇：仇寇，仇敌。［22］吞噬：犹吞并、兼并。噬（shì），吞，咬。［23］澄清北方：指消灭居于北方的后赵石虎，收复北方。［24］从事巴蜀：指消灭成汉，收复巴、蜀二郡。［25］先人：先于人，抢先一步。举事：指发兵攻打东晋。［26］并寿：吞并李寿，即消灭成汉政权。［27］形便之地：指有利的地势。［28］谢广：东晋将领，时为中护军，禁军将领。［29］是吾心也：这也正是我的想法。［30］戊戌：三月五日。［31］丁卯：四月五日。［32］兴平陵：晋成帝司马衍的皇陵，位于现今江苏南京市江宁区鸡笼山。［33］实：查实，查清。［34］皆正土断、白籍：都要正式地按“土断”或者按“白籍”进行登记造册。土断，即依据所住之地进行登记。不论本地人或外地迁来的人，只要在本郡本县居住，就在本郡本县登记户口，纳税服役。户籍用黄纸书写，故称“土断”。白籍，是指东晋在江南建都后，过江的北方人口按地区集中居住，称为侨户；其所借居之地也以原来北方的郡县为名，称作侨置郡县。户籍用白纸书写，故称“白籍”。［35］典书令：官名，西晋王国属官，位在常侍下、侍郎上。［36］中尉：官名，负责治安、纠察事项。郑林：前燕官员，时为中尉。军咨祭酒：官名，位在诸僚佐之上，参议、处理军机政务，约当今之参谋长。军咨，即军师，晋人为避司马师讳，改曰“军咨”。祭酒，为官名，本义是在大飨宴时以年老宾客一人立主位，面南举酒祭祀地神，而后开席。后用为官名，意为首席官员、主管官员。［37］辛酉：八月一日。［38］东海哀王冲：即司马冲，字道让，晋元帝司马睿第三子，以奉东海王司马越之后，继承其爵位，封为东海王，谥号哀。传见《晋书》卷六十四。［39］盛乐城：古城名，是鲜卑拓跋部及所建代国的北都，盛乐城遗址位于今内蒙古和林格尔县西北的土城子。［40］刘虎：字乌路孤，南匈奴单于后裔，十六国时匈奴铁弗部首领，胡夏政权建立者赫连勃勃曾祖。［41］代西部：代王拓跋氏领土的西部，约当今内蒙古河套一带地区。［42］逆击：迎击，狙击。［43］务桓：即刘虎之子刘务桓，武烈帝赫连勃勃祖父。咸康七年（341）即位，求和于代国，迎娶代王拓跋什翼犍之女。朝贡于后赵，拜平北将军、左贤王。后追赠宣皇帝。［44］安平：县名。据胡注，此安平指辽东郡的西安平县，县治在今辽宁丹东市东北。［45］平郭：县名，县治在今辽宁盖州市南。［46］抚旧怀新：安抚旧居民，施惠于新居民。［47］兴平康伯：陆玩封为兴平伯，兴平是封地名，谥号康。［48］成主雄：即成汉开国主李雄。［49］繁庶：繁华，热闹。庶，多。［50］御下：驾驭、管理部下。［51］以实成都：以充实成都城市的人口。［52］左仆射：尚书省副职，位仅次于尚书令。蔡兴、李嶷（yí）：成汉主李寿时为尚书左右仆射。李寿为人所惑，调发民众，营建宫殿。二人屡次直谏，由此得罪。李寿以他罪，下狱杀之。［53］吁（yù）嗟（jiē）：

哀伤，叹息。

【点评】

王导功过。公元339年，王导寿终正寝，应当说，王导是谋臣、权臣，而非直臣、奸臣，他善于权衡，善于自保，因而能始终立于不败之地。

首先，王导多智善谋，对东晋政权的建立与巩固有大贡献。王导有先见之明，当琅邪王司马睿还在洛阳时，王导劝说他尽快回到藩国，远离是非之地。司马睿担任安东将军，又是王导建议其出镇建业，并相随南渡，为司马睿尽心谋划，谋人望，谋稳定，使得司马睿能够在江东地区站稳脚跟，最终建立东晋王朝。

其次，王导善于谋划，但其致命弱点在于隐忍、屈从，以致东晋几次蒙受灾难。在东晋元帝、明帝、成帝三代，无论是名义上还是实际上，王导始终居于首辅地位。王导的处世哲学是言而不争，对于一些事情可能产生的后果，他是可以预测到的，也提出建议，但往往点到而止，如苏峻之乱，对于庾亮的过激行为，他作为首辅大臣劝阻过，但庾亮不予采纳，他也就作罢，没有采取果断的措施。从这个角度来说，苏峻之乱的产生王导也负有不可推卸的责任。庾亮是皇帝的亲舅舅，曾经势焰熏天，王导则采取忍让、屈从的态度。唐代诗人曾说，“王导难遮庾亮尘”，指的就是此事。苏峻之乱后，庾亮咸鱼翻身，掌握着建康上游的军政大权，又遥控朝廷，气焰甚嚣尘上，甚至还要扳倒王导，王导心中自是不平，尝遇西风尘起，王导用扇子遮蔽自己，说“庾亮的尘土真是污人”，流露出一种无可奈何之状，而没有任何的抗争之举。更有甚者，他不说也不争，任其所为。周顗的被杀，就是典型的一例。王敦反叛后，周顗担任平叛主帅，而王导近似阶下囚，要周顗相救，周顗口里未应却热心救护，也没有表露出来，王导并不知情，因此内心含恨。后来平叛失败，王敦捉住周顗，曾经就如何处置周顗三问王导，王导一句话都没有说。

再次，王导缺乏树立朝廷正气的举措，缺乏统一中原的雄心。纵观史书，王导辅政，缺乏严正的纲纪，信奉的是一种“糊涂”哲学。据《世说新语》记载：王导晚年完全不理政务，只是签字画押而已。他自己感叹道：“人们说我糊涂，但后人会怀念我这种糊涂的。”这实际上是一种安抚士族、缓和与长江上下游势力矛盾的消极举措，虽然有一些积极效果，但带来的副作用也很大。在当时的情境下，缓和矛盾，维护稳定，是东晋王朝的重中之重。但是在这种居安甚至苟安思想的指导下，整个朝廷缺少进取精神。司马光曾批评说：“既不能明正典刑，又以宠禄报之，晋室无政，亦可知矣。任是责者，岂非王导乎！”苏辙评论说：“能弥缝一时之阙，而无百年长久之计也。”后来前燕之臣刘翔来到建康，指陈东晋朝廷上下骄奢、酣饮、放纵、苟安江东的种种弊端，与王导的这种举措是有很大关系的。如此说，王导前期有功，而后期则有过矣。

最后，王导善明哲保身。王敦之乱起因于王导，是他为王导打抱不平无果而生怨，当然，也有他的个人野心。而对于王敦的反叛，王导则采取了不置可否的态度。后来王敦病重，军中也有人反叛。王导见王敦大势已去，彻底和王敦划清界限。王导的如此行为，在于保全自己与家族，以个人利益为重。这样的情事在苏峻之乱中也发生过。

如此说，王导善于谋划，可谓智人矣；善于保身，可谓哲人矣；疏于护国，可谓罪人矣！

卷九七　晋纪十九

晋成帝咸康八年至晋穆帝永和三年（342—347 年）

【起玄黓摄提格（壬寅，342 年），尽强圉协洽（丁未，347 年），凡六年】

【大事提要】

本卷记事起公元 342 年，讫公元 347 年，凡六年，当晋成帝（司马衍）咸康八年至晋穆帝（司马聃）永和三年。本卷所载大事，主要有五个方面：其一，晋成帝死，康帝、穆帝相继立。公元 342 年，东晋成帝司马衍病重，两个儿子尚在襁褓，在庾冰等人的蛊惑下，去世后让同母弟司马岳即位，是为康帝，委政于庾冰、何充。两年后司马岳又去世，其 5 岁的儿子司马聃即位，是为穆帝，改年号为永和，由褚太后临朝称制。其二，前燕迁都龙城，袭击高句丽，获得全胜。其三，前燕慕容皝消灭宇文部，开地千余里。其四，张骏称凉王。其五，桓温攻灭成汉。公元 347 年，东晋征西将军桓温采纳袁乔建议，上书朝廷，不等回复就率兵攻打成汉，三战三胜，一直打到成汉都城成都，成汉主李势投降，被送往建康，成汉被消灭。成汉故尚书王誓等举兵反叛，旋即被平定。

显宗成皇帝下

咸康八年[1]**（壬寅，342 年）**

春，正月，己未朔[2]，日有食之。

乙丑[3]，大赦。

豫州刺史庾怿以酒饷江州刺史王允之[4]，允之觉其毒，饮犬，犬毙，密奏之。帝曰："大舅已乱天下[5]，小舅复欲尔[6]邪！"二月，怿饮鸩[7]而卒。

三月，初以武悼后配食武帝庙[8]。

庾翼在武昌[9]，数有妖怪，欲移镇乐乡[10]。征虏长史王述与庾冰笺曰[11]："乐乡去武昌千有余里，数万之众，一旦移徙，兴立城壁，公私劳扰。又江州当溯流数千里供给军府[12]，力役增倍。且武昌实江东镇戍[13]之中，非但扞御[14]上流而已，缓急赴告[15]，骏奔[16]不难。若移乐乡，远在西陲，一朝江渚有虞[17]，不相接救。方岳重将[18]，固当居要害之地，为内外形势[19]，使窥阎[20]之心不知所向。昔秦忌亡胡之谶[21]，卒为刘、项之资[22]；周恶檿弧之谣[23]，而成褒姒之乱。是以达人[24]君子，直道而行，禳避[25]之道，皆所不取，正当择人事之胜理[26]，思社稷之长计耳。"朝议亦以为然。翼乃止。

夏，五月，乙卯[27]，帝不豫[28]。六月，庚寅[29]，疾笃[30]。或诈为尚书符[31]，敕宫门无得内宰相[32]，众皆失色。庾冰曰："此必诈也。"推问[33]，果然。帝二子丕、奕[34]，皆在襁褓[35]。庾冰自以兄弟秉权[36]日久，恐易世[37]之后，亲属愈疏[38]，为他人所间[39]，每说帝以国有强敌，宜立长君，请以母弟琅邪王岳为嗣[40]，帝许之。中书令何充曰："父子相传，先王旧典易之者鲜不致乱[41]。故武王不授圣弟[42]，非不爱也。今琅邪践阼，将如孺子何[43]！"冰不听。下诏，以岳为嗣，并以奕继琅邪哀王[44]。

壬辰[45]，冰、充及武陵王晞、会稽王昱、尚书令诸葛恢并受顾命[46]。癸巳[47]，帝崩。帝幼冲嗣位[48]，不亲庶政[49]，及长，颇[50]有勤俭之德。

甲午[51]，琅邪王即皇帝位，大赦。

己亥[52]，封成帝子丕为琅邪王，奕为东海王。

康帝亮阴不言[53]，委政于庾冰、何充。

秋，七月，丙辰[54]，葬成帝于兴平陵[55]。帝徒行[56]送丧，至阊阖门[57]，乃升素舆至陵所[58]。既葬，帝临轩[59]，庾冰、何充侍坐。帝曰："朕嗣鸿业[60]，二君之力也。"充曰："陛下龙飞，臣冰之力也；若如臣议，不睹升平之世[61]。"帝有惭色。己未[62]，以充为骠骑将军，都督徐州、扬州之晋陵诸军事[63]，领[64]徐州刺史，镇京口[65]，避诸庾[66]也。

（以上为第一段，写豫州刺史庾怿送毒酒给江州刺史王允之，事觉，自杀；荆州刺史庾翼镇守武昌，因发生妖异，欲移镇乐乡，被劝止；成帝司马衍病重，庾冰力荐司马岳继位。）

【注释】

［1］咸康八年：公元342年。［2］己未朔：正月一日。［3］乙丑：正月七日。［4］豫州：州名，晋时治所陈县，在今河南周口市淮阳区。庾怿（yì）：字叔预，征西将军庾亮次弟，豫州刺史。传见《晋书》卷七十三。饷：馈赠。江州：州治浔阳，在今江西九江市。王允之：字深猷，丞相王导堂侄，时任江州刺史。传见《晋书》卷七十六。［5］大舅：指庾亮，成帝司马衍大舅，东晋权臣，专决朝政，引发苏峻之乱。［6］复欲尔：又想这样。尔，如此。［7］鸩（zhèn）：传说中一种有毒的鸟，喜欢吃蛇，羽毛为紫绿色，放在酒中能毒死人。这里指毒酒。［8］武悼后：指晋武帝皇后杨芷，谥号武悼皇后。配食武帝庙：将其灵位摆在晋武帝司马炎灵牌的旁边，一同享受祭祀。按：杨芷皇后被晋惠帝皇后贾南风诬为谋反，被废为庶人冻饿而死。怀帝永嘉元年（307），杨芷已恢复尊号，但神主不配食武帝，至此方配食武帝庙。配食，即附祭，配享。［9］庾翼：字稚恭。征西将军庾亮之弟，为荆州刺史，镇守武昌。［10］乐乡：城名，在今湖北松滋市东北长江南岸的涴市镇。［11］王述：即征虏将军庾冰的长史。庾冰：字季坚，征西将军庾亮之弟，时为中书监、扬州刺史。笺：文体名，书札，此指王述写给庾冰的信。［12］溯流：逆长江而上。溯，逆着水流的方向走。军府：此指荆州刺史、荆州都督的办公机构，犹今之司令部。［13］镇戍：镇守，戍守。［14］扞御：捍卫。［15］缓急赴告：朝廷一旦有危急之事或者有需要快速禀报的事。缓急，偏义复词，这里即指紧急。赴告，奔告。［16］骏奔：急速奔走，这里指援救朝廷。［17］江渚：江边，这里隐指长江下游的东晋都城。渚（zhǔ），水中小块陆地。虞（yú）：忧虑，忧患，此指发生突然变故。［18］方岳：方伯、四岳，古代的一方诸侯之长，这里指刺史、都督等高级地方长官。重将：重要的将领，高级将领。［19］为内外形势：意即维护朝廷与地方的安全。为形势，为起拱卫与威慑作用。［20］窥（kuī）阍（yú）：窥测时机，指内外敌人之图谋不轨。窥，从小孔、缝隙或隐蔽处偷看，窥视。［21］秦：指秦始皇。忌：忌讳。亡胡之谶（chèn）：秦始皇三十二年（前215），卢生奏《录图书》，曰："亡秦者胡也。"胡，指胡亥，秦二世名。始皇见图书，不知此为人名，反使蒙恬北伐胡。最终胡亥亡秦，成就了刘邦、项羽的功业。谶，秦汉间巫师、方士编造的预示吉凶的隐语。［22］卒为刘、项之资：最终成为刘邦、项羽利用的资本。［23］周：此指周宣王。恶檿弧之谣：《国语·郑语》载，周宣王时有童谣说："檿弧箕服，实亡周国。"宣王听说有一对夫妇正卖这种弓箭，派人去抓捕。宫中小妾私产一女，害怕周王追究，将其抛弃，正被那对逃避追捕的夫妇收养，带到褒国，长大成人就是褒姒，成为灭亡西周的祸阶。檿（yǎn）弧，山桑所制的弓。［24］达人：通达事理的人。［25］禳避：指通过迷信手段以祈求去除灾难与回避祸殃。禳（ráng），去邪除恶的祭祀。［26］择人事之胜理：意即多在改良政治、处理好人事方面做些有益的工作。人事，现实的事物，与鬼事相对而言。［27］乙卯：记

载有误，五月朔丁巳，无乙卯日。乙卯，疑为“己卯”之误。己卯，即五月二十三日。［28］不豫：不舒服，对天子有病的讳称。豫，安闲，舒适。［29］庚寅：六月五日。［30］疾笃（dǔ）：病势沉重。［31］或诈为：有人伪造。尚书符：尚书省发出的命令。符，以竹木或金玉为之，上书文字，剖而为二，朝廷和接受命令之人各存其一，用时相合以为信。［32］敕：敕令，命令。无得内宰相：不要让宰相进宫见皇帝。内，同“纳”，放进。［33］推问：推究，审问。［34］丕、奕：晋成帝的两位皇子司马丕、司马奕。［35］襁（qiǎng）褓（bǎo）：背小孩的背带和布兜，此指婴孩。［36］秉权：掌权。［37］易世：换代，新皇帝即位。［38］亲属愈疏：亲属关系更加疏远，指庾氏与皇室司马氏的亲戚关系。庾亮、庾冰兄弟为成帝司马衍之舅，如果让成帝的儿子上台，就又隔了一代。［39］间：离间。［40］母弟：同母弟，胞弟。琅邪王岳为嗣：即以司马岳作为接班人继承帝位。［41］旧典：旧时的制度、法则。鲜不致乱：很少不出乱子的。鲜，少。［42］武王：指周武王姬发。不授圣弟：不传位给被称为“圣人”的弟弟周公。［43］将如孺子何：将对晋成帝的两个小儿子如何安排。孺子，指司马丕、司马奕。［44］以奕继琅邪哀王：元帝司马睿初以其子司马裒奉琅邪恭王司马觐后，卒，谥号孝，其子司马安国立，不满一年，卒，谥号哀，称哀王；元帝又以皇子司马焕嗣封，当日卒；复以皇子司马昱为琅邪王。咸和初，司马昱徙封会稽王，以司马岳为琅邪王。今司马岳即帝位，故以司马奕继哀王司马安为琅邪国后。［45］壬辰：六月七日。［46］并受顾命：即武陵王司马晞、会稽王司马昱、尚书令诸葛恢三人均为顾命大臣，共同辅佐晋康帝司马岳。［47］癸巳：六月八日。［48］帝幼冲嗣位：指成帝司马衍年幼继位。冲，幼小。［49］庶政：各种政务。庶，众多。［50］颇：略微，稍。［51］甲午：六月九日。［52］己亥：六月十四日。［53］康帝：即司马岳，谥号“康”。亮阴不言：居丧守孝，不问政事。亮阴，也作“亮暗”，指帝王居丧。［54］丙辰：七月一日。［55］兴平陵：晋成帝陵，在今江苏南京市江宁区鸡笼山。［56］徒行：步行。［57］阊阖门：东晋都城建康西门。［58］乃：才。素舆：帝王所乘用于凶、丧的白车。［59］临轩：不坐正殿而坐于殿前的平台上。轩，殿前屋檐下有栏杆的平台，即廊檐，如车之轩。［60］嗣鸿业：继承大业，即继位称帝。鸿业，指帝业。鸿，大。［61］不睹升平之世：不会看到你统治的太平盛世。何充主张由司马衍的儿子即帝位，而其弟司马岳即位，将来会引发矛盾，埋下祸根。［62］己未：七月四日。［63］都督徐州、扬州之晋陵诸军事：徐州在江北实际只有广陵、堂邑、钟离三郡，而扬州境内的晋陵郡由于迁徙过来的徐州流民过多，因而也属徐州。都督，总管，统领。晋陵，郡名，郡治京口，在今江苏镇江市。［64］领：兼任。［65］京口：古镇名，在今江苏镇江市京口区。［66］诸庾：即庾氏兄弟，庾亮去世后，由庾冰、庾翼主政。

冬，十月，燕王皝迁都龙城，赦其境内。

建威将军翰言于皝曰：“宇文强盛日久，屡为国患。今逸豆归篡窃得国[1]，群情不附；加之性识庸暗[2]，将帅非才，国无防卫，军无部伍[3]。臣久在其国，悉其地形；虽远附强羯[4]，声势不接[5]，无益救援；今若击之，百举百克。然高句丽去国密迩[6]，常有窥阈之志[7]。彼知宇文既亡，祸将及己，必乘虚深入，掩[8]吾不备。若少留兵则不足以守，多留兵则不足以行。此心腹之患也，宜先除之。观其势力，一举可克。宇文自守之虏，必不能远来争利。既取高句丽，还取宇文，如返手[9]耳。二国既平，利尽东海，国富兵强，无返顾[10]之忧，然后中原可图也。"皝曰："善！"

将击高句丽。高句丽有二道，其北道平阔，南道险狭，众欲从北道。翰曰："虏以常情料之，必谓大军从北道，当重北而轻南。王宜帅锐兵从南道击之，出其不意，丸都不足取也。别遣偏帅从北道，纵有蹉跌[11]，其腹心[12]已溃，四支[13]无能为也。"皝从之。

十一月，皝自将劲兵[14]四万出南道，以慕容翰、慕容霸[15]为前锋；别遣长史王寓等将兵万五千出北道以伐高句丽。高句丽王钊[16]果遣弟武帅精兵五万拒北道，自帅羸兵[17]以备南道。慕容翰等先至，与钊合战，皝以大众继之。左常侍鲜于亮[18]曰："臣以俘虏蒙王国士之恩[19]，不可以不报；今日，臣死日也。"独与数骑先犯高句丽陈[20]，所向摧陷[21]。高句丽陈动[22]，大众因而乘之，高句丽兵大败。左长史韩寿斩高句丽将阿佛和度加，诸军乘胜追之，遂入丸都。钊单骑走，轻车将军慕舆埿[23]追获其母周氏及妻而还。会王寓等战于北道，皆败没。由是皝不复穷追。遣使招钊，钊不出。

皝将还，韩寿曰："高句丽之地，不可戍守。今其主亡[24]民散，潜伏[25]山谷；大军既去，必复鸠聚[26]，收其余烬[27]，犹足为患。请载其父尸、囚其生母而归，俟其束身自归[28]，然后返之[29]，抚以恩信，策之上也。"皝从之。发钊父乙弗利墓[30]，载其尸，收其府库累世之宝，虏[31]男女五万余口，烧其宫室，毁丸都城而还。

十二月，壬子[32]，立妃褚氏为皇后。征豫章太守褚裒[33]为侍中、尚书。裒自以后父[34]，不愿居中任事，苦求外出，乃除建威将军、江州刺史，镇半洲[35]。

（以上为第二段，写前燕王慕容皝采纳建威将军慕容翰提出的消灭宇文部，首先要消灭高句丽的谋划，又听其言，率领精兵由南北两道进攻，出其不意，打败高句丽。）

【注释】

［1］逸豆归：即宇文逸豆归，初为宇文部东部大人，驱逐了部落首领宇文乞得龟，自立为主，群情不附，遭到前燕慕容皝讨伐，惧而请和。后兵败逃亡漠北和高丽，不知所终。宇文部自此散灭。篡窃得国：宇文逸豆归驱逐乞得龟，而篡其国。［2］性识庸暗：资质、才能平庸、愚昧。［3］军无部伍：军队的编制没有章法。部伍，部曲、行伍，都是古代军队的编制名。［4］强羯：指后赵石虎政权。羯（jié），古代北方的民族名，石虎即为羯族。［5］声势不接：指不能及时地互通消息、相互救助，即宇文氏不能及时得到后赵的支援。声，声闻，消息。鲜卑宇文部都于辽西紫蒙川，在今辽宁朝阳市西北，在慕容部的辖境以北，与石虎的辖地不相接。［6］高句（gōu）丽：又称句丽、句骊、高丽，古国名，首都在丸都，在今吉林集安市，是公元前1世纪至7世纪在今中国东北地区和朝鲜半岛存在的一个政权。去国密迩（ěr）：和我们的都城很接近。去，相距。密迩，两相靠近。［7］窥阚之志：窥探图谋的心思。［8］掩：突然袭击。［9］返手：即反手，把手掌翻过来，比喻解决问题轻而易举。返，通“反”。［10］返顾：即反顾，犹后顾。［11］纵有蹉（cuō）跌（diē）：即使我们在北路受点损失，有点受挫。［12］腹心：心脏部位，比喻高句丽都城丸都。［13］四支：即四肢，比喻高句丽的边远地区。支，通“肢”。［14］劲兵：强劲之兵，精锐之兵。［15］慕容霸：即慕容垂，字道明，原名霸，慕容皝第五子。才兼文武，骁勇善战，一生未打过败仗，被称为十六国第一战神。其后成为后燕的开国君主。传见《晋书》卷一百二十三。［16］高句丽王钊（zhāo）：高句丽的国王，名钊。［17］羸（léi）兵：疲弱之兵。［18］鲜于亮：范阳人，原后赵将领，战败降燕，为左常侍。后以功迁扬威将军，历任章武（今河北大城县）、齐郡（今山东淄博市）太守。［19］国士之恩：像对待国士一样待我的恩德。国士，一国之内的杰出之士。［20］陈：通“阵”，战阵。［21］摧陷：攻破，陷落。［22］陈动：阵脚松动。［23］慕舆埿（ní）：复姓慕舆，名埿，前燕官员，为轻车将军。［24］主亡：指高句丽国主钊单骑逃亡。［25］潜伏：隐匿，躲藏。［26］鸠（jiū）聚：聚集。［27］收其余烬：集合起残兵败将。余烬，以比喻残余势力。烬，灰烬。［28］俟：等候，等待。束身自归：意即主动请罪归降。束身，将自己捆起。［29］然后返之：到那时再放他们回去。返，遣返。［30］发：挖掘。乙弗利：高句丽国王名，国王钊的父亲。［31］虏：通“掳”，俘虏，活捉。［32］壬子：十二月二十九日。［33］褚（chǔ）裒（póu）：字季野，豫章太守。为侍中、尚书，出为建威将军、江州刺史。传见《晋书》卷九十三。［34］后父：晋康帝褚皇后之父。［35］半洲：城名，在今江西九江市西。

赵王虎作台观四十余所于邺，又营[1]洛阳、长安二宫，作者四十余万人；又欲自邺起阁道至襄国[2]，敕河南四州治南伐之备[3]，并、朔、秦、雍严西讨之资[4]，青、冀、幽州为东征之计[5]，皆三五发卒[6]。诸州军造甲者五十余万人，船夫十七万人，为水所没、虎狼所食者三分居一。加之公侯、牧宰竞营私利[7]，百姓失业愁困。贝丘人李弘因众心之怨[8]，自言姓名应谶[9]，连结党与[10]，署置百寮[11]；事发，诛之，连坐[12]者数千家。

虎畋猎[13]无度，晨出夜归，又多微行[14]，躬察作役[15]。侍中、京兆韦謏[16]谏曰："陛下忽天下之重[17]，轻行斤斧之间[18]，猝有狂夫之变[19]，虽有智勇，将安所施！又兴役无时[20]，废民耘获[21]，吁嗟盈路[22]，殆非仁圣之所忍为也。"虎赐謏谷帛，而兴缮滋繁[23]，游察自若[24]。

秦公韬有宠于虎，太子宣恶之。右仆射张离[25]领五兵尚书[26]，欲求媚于宣，说之曰："今诸侯吏兵过限[27]，宜渐裁省，以壮本根[28]。"宣使离为奏："秦、燕、义阳、乐平四公[29]，听[30]置吏一百九十七人，帐下兵二百人；自是以下[31]，三分置一[32]，余兵五万[33]，悉配东宫[34]。"于是，诸公咸怨，嫌衅[35]益深矣。

青州上言："济南平陵城[36]北石虎一夕移于城东南，有狼狐千余迹随之[37]，迹皆成蹊[38]。"虎喜曰："石虎者，朕也；自西北徙而东南者，天意欲使朕平荡[39]江南也。其敕[40]诸州兵明年悉集，朕当亲董六师[41]，以奉天命[42]。"群臣皆贺，上《皇德颂》者一百七人。制[43]："征士[44]五人出车一乘，牛二头，米十五斛[45]，绢十匹，调不办者[46]斩。"民至鬻子以供军须[47]，犹不能给[48]，自经于道树者相望[49]。

（以上为第三段，写后赵主石虎大兴宫室，在邺城营建台观四十多所，又营建洛阳、长安二宫，并沉迷于打猎，还准备发动大军攻打东晋，赋税繁重，民众苦不堪言，以至于自杀者众。）

【注释】

[1]营：建造。[2]阁道：复道，架木而成的空中通道。襄国：后赵都城名，在今河北邢台市襄都区。石虎即帝位，迁都到邺城，计划修建阁道连接邺城到襄国。[3]河南四州：指洛、豫、

徐、兖四州。河南，黄河以南。治南伐之备：作向南攻打东晋王朝的准备。治，作。［4］并、朔、秦、雍：四州当今山西、陕西、甘肃大部疆土，后赵的西部地区。严西讨之资：筹备向西征伐凉王张骏的兵员、物资。严，紧急动员，积极筹备。［5］青、冀、幽州：三州为后赵东部地区，当今山东北部及河北地区。东征之计：向东讨伐前燕王慕容皝的计划。［6］三五发卒：三丁征二，五丁征三。［7］牧宰：泛指州县长官。州官称牧，县官称宰。竞营：争相谋取。［8］贝丘：地名，在今山东博兴县南。李弘：人名。［9］应谶：和谶语所说的情况相同。谶（chèn），一种预言吉凶的流言，是别有用心的人所编造的当今天子出世的谣言。［10］连结党与：联络、结交，形成同盟、死党。［11］署置百寮：任命百官。署，委任。寮，通“僚”，官吏。［12］连坐：一人犯罪，其家属、亲友、邻居等都要连带受处罚的法令。［13］畋猎：打猎。畋（tián），古指种田或打猎。［14］微行：便装出行，不使人知其尊贵的身份。［15］躬察作役：亲自去查看工地施工的情景。躬察，亲自视察。作役，正在劳作的役徒。［16］韦谀（xiǎo）：字宪道，初仕前赵刘曜，为黄门郎。后入后赵，为散骑常侍，历守七郡，以清化著名，时为侍中、京兆尹。传见《晋书》卷九十一。［17］忽天下之重：指不顾自己的安危。忽，不重视。天下之重，即身系国家安危的帝王。［18］轻行斤斧之间：轻率地在施工现场穿行。轻，轻率。斤斧之间，指施工现场。斤，也是斧，泛指劳动工具。［19］猝：突然，忽然。狂夫：谓心怀杀机的人，隐指刺客、奸细。［20］兴役无时：大兴劳役，不管农闲农忙。［21］废民耘获：妨碍农业生产。耘获，泛指农业生产。耘，除草。获，收割。［22］吁（yù）嗟（jiē）：哀伤，叹息。盈路：满路。［23］兴缮滋繁：开工的工程越来越繁多。缮，修整，整治，这里指劳役工程。滋繁，日益繁重，越来越繁重。［24］游察自若：到处游猎、到处检查的行为依然照旧。自若，自如，照旧。［25］张离：右仆射，领五兵尚书，专总兵要。曾劝太子石宣削公侯吏兵。［26］领五兵尚书：兼任五兵尚书，掌管中兵、外兵、骑兵、别兵、都兵等五种兵。［27］诸侯：指石虎的其他儿子，石宣的众多兄弟封王。过限：超过规定。限，限度，限额。［28］以壮本根：以加强皇太子的势力。本根，指皇太子，其他诸侯则为枝叶。［29］秦、燕、义阳、乐平四公：即秦公石韬、燕公石斌、义阳公石鉴、乐平公石苞。［30］听：听凭，允许。［31］自是以下：四公以下的其他官员。［32］三分置一：都把自己属下的官员、警卫，裁去三分之二，留下三分之一。置，留下。［33］余兵五万：裁减下来的五万人。［34］悉配东宫：全部调拨给太子所居之宫。［35］嫌衅：相互猜疑、相互矛盾。嫌，猜疑。衅，裂痕。［36］济南：郡名，郡治历城，在今山东济南市。平陵城：平陵县县城，属济南郡，在今山东济南市章丘区西。［37］迹随之：追踪尾随着它。［38］迹皆成蹊：言狼狐之多，以至踏成小路。蹊（xī），小路。［39］平荡：扫荡，平定。［40］敕：敕令，命令。［41］亲董六师：亲自统率全国军队。董，统率。六师，也称“六军”，指天子的军队。按周制，天子有六军，诸侯大国有三军，中国有二军，小国有一军。每军一万二千五百人。［42］以奉天命：以奉行天命，讨伐不顺者。［43］制：皇帝的命令，此指石虎下令。［44］征士：被征调的士兵。［45］斛（hú）：古代容量单位，十斗为一斛，一斛也叫一石。［46］调不办者：没有按照命令带足车、牛以及各种物品的士兵。[47]鬻（yù）子：卖孩子。军须：即军需，指军队所需用的东西，也就是上文所说的车、牛以及各种物品。[48]不能给：不能完成，不能交足。给，足。[49]自经：自缢，上吊。相望：从这一个可以望到另一个，极言其多。

康皇帝[1]

建元元年[2]（癸卯，343年）

春，二月，高句丽王钊遣其弟称臣入朝于燕，贡珍异以千数。燕王皝乃还其父尸，犹留其母为质。

宇文逸豆归遣其相莫浅浑[3]将兵击燕，诸将争欲击之，燕王皝不许。莫浅浑以为皝畏之，酣饮[4]纵猎，不复设备。皝使慕容翰出击之，莫浅浑大败，仅以身免，尽俘其众。

庾翼为人慷慨[5]，喜功名，不尚浮华[6]。琅邪内史桓温[7]，彝之子也，尚南康公主[8]，豪爽有风概[9]，翼与之友善，相期以宁济海内[10]。翼尝荐温于成帝曰："桓温有英雄之才，愿陛下勿以常人遇之，常壻畜之，宜委以方、邵之任[11]，必有弘济艰难之勋[12]。"

时杜乂、殷浩并才名冠世[13]，翼独弗之重[14]也，曰："此辈宜束之高阁，俟天下太平，然后徐议其任[15]耳。"浩累辞征辟，屏居墓所[16]，几将十年，时人拟之管、葛[17]。江夏相谢尚[18]、长山令王濛[19]常伺其出处[20]，以卜江左兴亡[21]。尝相与省之[22]，知浩有确然之志[23]，既返，相谓曰："深源不起[24]，当如苍生何[25]！"尚，鲲之子也。翼请浩为司马，诏除侍中、安西军司[26]，浩不应。翼遗浩书曰："王夷甫[27]立名非真，虽云谈道[28]，实长华竞[29]。明德君子，遇会处际[30]，宁可然乎[31]！"浩犹不起。

殷羡[32]为长沙相，在郡贪残，庾冰与翼书属之[33]。翼报[34]曰："殷君骄豪，亦似由有佳儿[35]，弟故小令物情容之[36]。大较[37]江东之政，以妪煦豪强[38]，常为民蠹[39]，时有行法[40]，辄施之寒劣[41]。如往年偷石头仓米一百万斛，皆是豪将[42]辈，而直杀仓督监以塞责[43]。山遐为余姚长[44]，为官出豪强所藏二千户[45]，而众共驱之[46]，令遐不得安席。虽皆前宰之惛谬[47]，江东事去[48]，实此之由。兄弟[49]不幸，横陷此中[50]，自不能拔足于风尘之外[51]，当共明目[52]而治之。荆州所统二十余郡，唯长沙最恶。恶而不黜[53]，与杀督监复何异邪！”遐，简之子也。

翼以灭胡取蜀为己任，遣使东约燕王皝，西约张骏，刻期[54]大举。朝议多以为难，唯庾冰意与之同，而桓温、谯王无忌[55]皆赞成之。无忌，承之子也。

秋，七月，赵汝南太守戴开[56]帅数千人诣翼降。丁巳[57]，下诏议经略中原[58]。翼欲悉所部之众北伐，表桓宣[59]为都督司、雍、梁三州、荆州之四郡[60]诸军事，梁州刺史，前趣丹水[61]；桓温为前锋都督[62]、假节，帅众入临淮[63]；并发所统六州奴[64]及车牛驴马，百姓嗟怨[65]。

（以上为第四段，写东晋征西将军庾翼为人慷慨，喜好功名，琅邪内史桓温为人豪爽，而有风范、气概，皆以北定中原为己任；晋康帝司马岳下令讨论经略中原之事。）

【注释】

[1]康皇帝：即司马岳，东晋第四任皇帝，公元343年至公元344年在位，谥号康。《谥法》曰：“温柔好乐曰‘康’。” [2]建元元年：公元343年。 [3]莫浅浑：鲜卑宇文部首领宇文逸豆归的丞相，被前燕将领慕容翰打败，仅以身免。 [4]酣饮：开怀畅饮。 [5]慷慨：意气风发，情绪激昂。 [6]不尚浮华：四字原文无，据章校补。 [7]桓温：字元子，谯国龙亢（今安徽怀远县）人，宣城内史桓彝长子，东晋权臣。曾溯江而上灭亡成汉政权，三次出兵北伐，攻打前秦、羌族姚襄、前燕，后独揽朝政十余年，操纵废立之事，晚年逼迫朝廷加其九锡，未能如愿。谥号宣武。传见《晋书》卷九十八。 [8]尚南康公主：娶明帝司马绍女南康公主为妻。尚，高攀，以敬称娶皇帝之女。 [9]风概：风采，气概。 [10]相期：彼此希望，共同希望。宁济海内：安定天下，拯救天下。 [11]宜委以方、邵之任：应该像周宣王那样委之以方叔、邵虎那样的征伐重任。方，指周宣王时贤臣方叔。先后奉命征伐淮夷，击退北方少数民族猃狁的侵扰，又率兵车三千讨伐不听号令的楚国，擒获许多战俘，使楚国畏服，建立了赫赫功勋，使衰落的西周王朝出现了中兴的曙光，为周室中兴一大功臣。邵，指邵虎，一作“召虎”，召公奭次子的后人。当时周厉王暴虐，召虎多次劝谏不从，引发国人暴动。召虎藏匿太子，牺牲儿子，太子于是脱险。后来拥立周宣王即位，尽心辅佐。曾征伐淮夷，开辟疆土。谥号穆，故称召穆公。 [12]弘济艰难：改变国家的艰难局面。弘，光大。济，救助。勋：功劳，功勋。 [13]杜乂（yì）：字弘治，西晋镇南将军杜预之孙、尚书左丞杜锡之子。传见《晋书》卷九十三。殷浩：字深源，东晋大臣、将领。善谈玄，负虚名，一度隐居不出以沽名誉。传见《晋书》卷七十七。冠世：超人出众，天下一流。 [14]弗

之重：弗重之，不重视他们。［15］徐议其任：慢慢地讨论他们能够干些什么。［16］屏居墓所：隐居在他们先人的坟墓旁。屏居，退居，隐居。屏，掩蔽，隐藏。［17］拟之管、葛：把殷浩比作管仲、诸葛亮。［18］谢尚：字仁祖。东晋名士、将领，豫章太守谢鲲之子、太傅谢安从兄。历任江夏相、江州刺史、尚书仆射，进号镇西将军，都督豫、冀、幽、并四州军事。传见《晋书》卷七十九。［19］长山令：长山县县令。王濛（méng）：字仲祖，太原晋阳（今山西太原市）人，东晋外戚、大臣。善于谈玄，女儿王穆之和孙女王法慧都是皇后。传见《晋书》卷九十三。［20］伺其出处：观察殷浩的出山与归隐。伺，探察。出，出仕。处，在家当隐士。［21］以卜江左兴亡：以判断东晋政治局面是昌盛还是衰微。［22］相与省之：结伴去拜访殷浩。省（xǐng），看望，探视。［23］确然之志：即下定决心不出山。确然，坚固、坚定。［24］深源不起：这殷浩总是不出山。深源，即殷浩，字深源。起，离家入仕。［25］当如苍生何：这黎民百姓可怎么办呢？意思是治国平天下非殷浩不行。［26］除：任命。安西军司：安西将军庾翼的司马官。军司，即军司马。［27］王夷甫：即王衍，字夷甫，西晋重臣，玄学清谈领袖。传见《晋书》卷四十三。［28］谈道：指老子、庄子之道。［29］实长华竞：实际是在助长官场上的浮华豪奢与奔竞之风。长，助长。［30］遇会处际：谓处于动荡变迁、建立功名的好时机。遇会，遇风云之会。处际，处功名之际。际，时候，时机。［31］宁可然乎：能够老是这种样子吗？宁，岂，难道。［32］殷羡：字洪乔，殷浩之父。曾任江州（陶侃）长史、长沙相，平定苏峻之乱有功，授豫章太守，卒于光禄勋任上。传见《晋书》卷六十六。［33］属（zhǔ）之：委托，为之说情。［34］报：回信。［35］由有佳儿：还有一个出色的儿子殷浩。由，通“犹”，还。［36］弟：庾翼自称。庾翼是庾冰之弟。小令物情容之：稍微让舆论对他有所宽容。物情，人心，社会舆论。［37］大较：大略，大概。［38］妪煦豪强：对豪门贵族宽容放纵。妪煦（xǔ），爱护，养育。天降气以养物曰煦，地赋物以形体曰妪。［39］常为民蠹：总是侵夺、损害百姓的利益。蠹（dù），蛀虫，喻侵夺或损害人民利益的人。［40］行法：施法，惩罚犯法者。［41］辄施之寒劣：总是抓几个贫苦的下等人来充数。辄，总是。寒劣，寒门百姓。［42］豪将：有权势的武官。［43］直：只，仅仅。仓督监：管理仓库的小吏。塞责：搪塞上头的查问。［44］山遐：字彦林，西晋司徒山涛之孙，山简之子，官为余姚令。传见《晋书》卷四十三。余姚长：余姚县的县令。余姚，县名，县治在今浙江余姚市。［45］为官：为了国家的利益。官，国家，公家。出豪强所藏二千户：查出了某豪门掩护下的两千多家黑户口。西晋末，由于战乱，大量北方流民南迁，地方豪强为了与官府争利，往往隐瞒一些黑户口。［46］驱之：指驱逐县令山遐。［47］前宰之惛谬：上一代宰相的昏庸所造成。前宰，指王导。惛（hūn）谬，糊涂，荒谬。惛，同“昏”，迷乱。［48］江东事去：东晋王朝的大业日渐衰微。［49］兄弟：此指庾冰与庾翼自己。［50］横陷此中：即深陷于其中。［51］不能拔足于风尘之外：意即不能看着这种腐败政治流行而不管。拔足，犹言“脱身”。风尘，指世俗的善恶、纠纷。［52］明目：睁开眼睛，犹言不回避。［53］黜：废免，贬退。指长沙相殷羡恶迹昭著，却不见废免。［54］刻期：订好日期。［55］谯王无忌：即司马无忌，字公寿，谯愍王司马承之子。袭封谯王，历任屯骑校尉、中书侍郎、黄门侍郎，迁御史中丞，出任辅国将军，进号前将军。传见《晋书》卷三十七。谯（qiáo）王，封地谯郡，都城在今安徽亳州市。［56］戴开：后赵官员，时为汝南太守。［57］丁巳：七月八日。［58］议经略中原：讨论收复中原的方略。经略，经营，攻取。［59］桓宣：谯国铚县（今安徽濉溪县）人，东晋将领，官至平北将军、司州刺史，迁平北将军、都督三州四郡诸军事、梁州刺史。传见《晋书》卷八十一。［60］荆州之四郡：指南阳、新野、襄阳、南乡四郡。［61］趣丹水：进军丹水县。丹水，县名，县治在今河南淅川县西南的丹江之北。趣，同"趋"，趋赴，奔赴。［62］前锋都督：先锋部队的总督官。"都"，原为"小"字，据严衍《资治通鉴补》改。［63］临淮：郡名，郡治盱眙，在今江苏盱眙县东北。［64］六州奴：庾翼所统辖的江、荆、司、雍、梁、益六州境内的奴隶。奴，指罪人，罪人之子和家奴等被剥夺人身自由者。［65］嗟怨：叹气，怨恨。

代王什翼犍复求婚于燕，燕王皝使纳马千匹为礼[1]。什翼犍不与，又倨慢无子婿礼[2]。八月，皝遣世子俊帅前军师评等击代[3]。什翼犍帅众避去，燕人无所见而还。

汉主寿[4]卒，谥曰"昭文"，庙号中宗。太子势[5]即位，大赦。

赵太子宣击鲜卑斛谷提[6]，大破之，斩首三万级。

宇文逸豆归执段辽弟兰[7]，送于赵，并献骏马万匹。赵王虎命兰帅所从鲜卑五千人屯令支。

庾翼欲移镇襄阳[8]，恐朝廷不许，乃奏云移镇安陆[9]。帝及朝士皆遣使譬止[10]翼，翼遂违诏北行，至夏口[11]，复上表请镇襄阳。翼时有众四万，诏加翼都督征讨诸军事。先是车骑将军、扬州刺史庾冰屡求出外[12]，辛巳[13]，以冰都督荆、江、宁、益、梁、交、广七州，豫州之四郡[14]诸军事，领江州刺史、假节[15]，镇武昌，以为翼继援[16]。征[17]徐州刺史何充为都督扬、豫、徐州之琅邪[18]诸军事，领扬州刺史，录尚书事，辅政。以琅邪内史桓温为都督青、徐、兖三州诸军事，徐州刺史，征江州刺史[19]褚裒为卫将军，领中书令。

冬十一月，己巳[20]，大赦。

（以上为第五段，写东晋征西将军庾翼不听招呼，移镇襄阳；晋康帝司马岳下令加授为都督征讨诸军事；任命庾冰、何充、桓温为地方镇守大员，做好征讨准备。）

【注释】

[1]礼：聘礼。[2]倨(jù)慢：傲慢，自大。无子婿礼：没有个做女婿的样子。子婿，女婿。[3]世子俊：即慕容俊，字宣英，慕容皝第二子，前燕开国皇帝。前军师：前军将军的军师。评：即慕容评，慕容皝之弟，任慕容皝军师将军。代：即什翼犍治下的代国。拓跋什翼犍即代王位，设置百官，转变为国家形式。[4]汉主寿：即成汉国主李寿。[5]太子势：即李势，字子仁，李寿之子，成汉末代国主，公元343年至公元347年在位。[6]赵太子宣：后赵太子石宣。斛(hú)谷提：人名。[7]段辽弟兰：即段部鲜卑前任首领段辽之弟段兰，辽西公国政权首领。辽西公国在后赵及前燕的夹击下覆亡，段兰逃亡，被宇文部鲜卑首领宇文逸豆归抓获，送至后赵，后赵主石虎命段兰率领从属的鲜卑部众五千人，回到辽西的故都令支（今河北迁安市）屯驻。传见《晋书》卷一百十。[8]襄阳：郡名，郡治襄阳县，在今湖北襄阳市襄州区。征西将军庾翼镇武昌，欲移镇襄阳以利北伐。[9]安陆：晋县名，县治在今湖北安陆市。[10]譬止：劝阻。[11]夏口：在今湖北武汉市汉口，地当汉水入江之口，因汉水自沔阳以下兼称夏水，故称夏口，与江南的武昌隔水相望。[12]出外：离开建康，到外埠担任都督。[13]辛巳：八月二日。[14]豫州之四郡：即宣城、历阳、庐江、安丰四郡。[15]假节：借以符节，给予一定的特权。[16]以为翼继援：作为庾翼的后援。[17]征：调，召回。[18]徐州之琅邪：西晋永嘉之乱后，琅邪国（治所开阳县，在今山东临沂市北）人随元帝过江者千余户。元帝太兴三年，在琅邪人聚居地丹阳郡置怀德县（县治在今江苏南京市鼓楼区一带），又在丹阳置琅邪相，但无其地。桓温为琅邪内史，镇江乘之蒲洲金城（在今江苏句容市北），求割丹阳之江乘县（县治在今江苏句容市北）境立琅邪郡。即所谓“徐州之琅邪”。[19]征江州刺史：此五字原无，据章校补。征，征调，从地方调到朝廷。[20]己巳：十一月二十二日。

二年（甲辰，344年）

春，正月，赵王虎享群臣于太武殿[1]，有白雁百余集马道之南[2]，虎命射之，皆不获。时诸州兵集者百余万，太史令赵揽[3]密言于虎曰：“白雁集庭，宫室将空之象，不宜南行。”虎信之，乃临宣武观大阅而罢[4]。

汉主势改元太和[5]，尊母阎氏为皇太后，立妻李氏为皇后。

燕王皝与左司马高诩[6]谋伐宇文逸豆归，诩曰：“宇文强盛，今不取，必为国患，伐之必克，然不利于将。”出而告人曰：“吾往必不返，然忠臣不避也。”于是，皝自将伐逸豆归。以慕容翰为前锋将军[7]，刘佩[8]副之；分命慕容军[9]、慕容恪[10]、慕容霸[11]及折冲将军慕舆根[12]将兵，三道并进[13]，高诩将发，不见其妻，使人语以家事而行。

逸豆归遣南罗大涉夜干将精兵逆战[14]，皝遣人驰谓慕容翰曰："涉夜干勇冠三军，宜小[15]避之。"翰曰："逸豆归扫其国内精兵以属涉夜干[16]，涉夜干素有勇名，一国所赖也；今我克之，其国不攻自溃矣。且吾孰知[17]涉夜干之为人，虽有虚名，实易与[18]耳，不宜避之以挫吾兵气。"遂进战。翰自出冲陈[19]，涉夜干出应之；慕容霸从傍邀击[20]，遂斩涉夜干。宇文士卒见涉夜干死，不战而溃，燕军乘胜逐之，遂克其都城。逸豆归走死漠北[21]，宇文氏由是散亡。皝悉收其畜产、资货，徙其部众五千余落于昌黎[22]，辟地千余里。更命涉夜干所居城曰"威德城[23]"，使弟彪戍之而还[24]。高诩、刘佩皆中流矢卒。

诩善天文，皝尝谓曰："卿有佳书[25]而不见与，何以为忠尽[26]！"诩曰："臣闻人君执要[27]，人臣执职[28]。执要者逸，执职者劳。是以后稷[29]播种，尧不预焉[30]。占候[31]、天文，晨夜甚苦，非至尊之所宜亲[32]，殿下将焉用之[33]！"皝默然[34]。

初，逸豆归事赵甚谨，贡献属路[35]。及燕人伐逸豆归，赵王虎使右将军白胜[36]、并州刺史王霸自甘松[37]出救之，比至[38]，宇文氏已亡，因攻威德城，不克而还。慕容彪追击，破之。

慕容翰之与宇文氏战也，为流矢所中，卧病积时[39]不出。后渐差[40]，于其家试骋马[41]。或[42]告翰称病而私习骑乘，疑欲为变。燕王皝虽藉翰勇略[43]，然中心终忌之，乃赐翰死。翰曰："吾负罪出奔，既而复还，今日死已晚[44]矣。然羯贼跨据中原[45]，吾不自量，欲为国家荡壹区夏[46]。此志不遂[47]，没有遗恨[48]，命矣夫！"饮药而卒。

代王什翼犍遣其大人长孙秩迎妇于燕[49]。

夏，四月，凉州将张瓘[50]败赵将王擢于三交城[51]。

初，赵领军王朗[52]言于赵王虎曰："盛冬雪寒，而皇太子使人伐宫材[53]，引于漳水，役者数万，吁嗟[54]满道，陛下宜因出游[55]罢之。"虎从之。太子宣怒。会荧惑守房[56]，宣使太史令赵揽言于虎曰："房为天王[57]，今荧惑守之，其殃不细[58]。宜以贵臣王姓者当之[59]。"虎曰："谁可者？"揽曰："无贵于王领军[60]。"虎意惜朗，使揽更言其次。揽无以对，因曰："其次唯中书监王波[61]耳。"虎乃下诏，追罪波前议楛矢事[62]，腰斩之，及其四子，投尸漳水。既而愍[63]其无罪，追赠司空，封其孙为侯。

赵平北将军尹农攻燕凡城[64]，不克而还。

汉太史令韩皓[65]上言："荧惑守心[66]，乃宗庙不修之谴[67]。"汉主势命群臣议之。相国董皎、侍中王嘏[68]以为："景、武创业[69]，献、文承基[70]，至亲不远[71]，无宜疏绝[72]。"乃更命祀成始祖、太宗[73]，皆谓之汉[74]。

（以上为第六段，写前燕主慕容皝自为统帅，以慕容翰为前锋将军，攻打鲜卑宇文部，慕容翰打败了勇冠三军的涉夜干，消灭宇文部，因练习骑乘而被诬告，含冤而死。成汉国，合成与汉为汉国。）

【注释】

[1]享：宴会，以酒食招待群臣。太武殿：后赵宫殿名，石虎在曹魏文昌殿旧址建造，在邺北城北部，今河北临漳县西南。[2]白雁：天鹅。马道：宫廷中为驰马往来所筑之道。[3]赵揽：后赵官员，时为太史令。[4]宣武观：古楼观名，在今河北临漳县西南古邺北城外。大阅而罢：检阅了一回军队后便结束。[5]太和：成汉政权汉末主李势，改太和三年（346）为嘉宁元年。[6]高诩（xǔ）：辽东人，永嘉之乱时，避地隐居。东晋建武初年，高诩谒见慕容廆，劝其遣使江东，称尊晋王，被拜为郎中令，后迁玄菟太守，因平卤仁功，封汝阴侯，转左长史。后随燕王慕容皝攻打宇文逸豆归，为流矢所中而去世。[7]前锋将军：先锋部队的统帅。[8]刘佩：前燕官员，原为玄菟太守，时为前锋副将。[9]慕容军：前燕将领，为慕容皝广威将军，曾被慕容仁俘虏，因降之，后又投降慕容皝。[10]慕容恪（kè）：字玄恭，前燕名将，前燕主慕容皝第四子、慕容俊之弟。曾以"连环马"之计擒杀后赵主冉闵，后为太宰，封太原王。传见《晋书》卷一百十一。[11]慕容霸：即慕容垂，字道明，原名霸，慕容皝第五子，后燕开国君主。才兼文武，骁勇善战。为征南大将军、荆州牧。建立后燕，谥号武成皇帝，庙号世祖，一生未打过败仗，被称为十六国第一战神。传见《晋书》卷一百二十三。[12]慕舆根：前燕将领，为折冲将军。[13]三道并进：分三路进军。[14]南罗大涉夜干：南罗城的城主名叫涉夜干。南罗城，即威德城。大，城大，城主。将：率领。逆战：迎战。[15]小：稍稍，略微。[16]扫其国内精兵：尽其全国所有的精锐部队。以属：全部交给。属，交付。[17]孰知：深刻了解。孰，同"熟"。[18]易与：容易对付。[19]陈：同"阵"，战阵。[20]傍：通"旁"，旁边，侧面。邀击：半路截击。[21]走死漠北：逃跑到漠北，并死于此。[22]落：户落，户。昌黎：郡名，郡治在今辽宁义县。[23]威德城：城名，在今内蒙古西辽河上源西拉木伦河或老哈河流域一带。[24]彪：即

慕容彪，辽东公慕容廆之子，多有战功，前燕建立后，被慕容俊封武昌王。还：主语为前燕主慕容皝。［25］佳书：指其所藏的天文、占候之书。［26］忠尽：竭尽忠心。［27］执要：掌管最重要的东西。指国家大权。［28］执职：做好具体工作。［29］后稷：姬姓，名弃，上古尧舜时人，周之先祖。弃为童时，好种树、麻、菽。成人后，有相地之宜，善种谷物，教民耕种与稼穑之术。尊为农神，号后稷。传见《史记》卷四。［30］不预焉：不参与其事。预，参与。［31］占候：观测天象变化以测人事吉凶。［32］所宜亲：所应当亲自参与的。［33］焉用之：又怎么用得到呢？［34］默然：沉默不语、无话可说的样子。［35］属路：络绎于路。属（zhǔ），连接。［36］白胜：后赵将领，时为右将军。［37］并州：州治晋阳，在今山西太原市西南。王霸：后赵将领，时为并州刺史。甘松：胡三省以为在濡源之东，突门岭之西。［38］比至：等到到达。［39］积时：积日，好长时间。［40］渐差：病情渐好。差（chài），通“瘥”，病好。［41］骋马：纵马奔驰。［42］或：有的人。［43］虽藉翰勇略：倚仗慕容翰的勇敢与谋略。藉，借助，仰仗。［44］死已晚：意即早就该死了。［45］羯（jié）贼：指石虎后赵政权。石虎是羯族，故称之。跨据：据有，占据。［46］荡壹区夏：统一中国。荡壹，混一，统一。区夏，诸夏之地，指华夏、中国。［47］不遂：没有达到，未能实现。［48］没有遗恨：意即死不瞑目，终生抱憾。没（mò），通“殁”，死。［49］大人：部落首领。长孙秩：人名。［50］张瓘（guàn）：前凉主张氏族人。张骏时为宁戎校尉，曾败后赵将王擢。后为河州刺史。［51］王擢（zhuó）：匈奴屠各人，先后投靠后赵、东晋、前燕、前凉，为秦州刺史。因受凉主张祚排挤，又投向前秦，任尚书。传见《晋书》卷一百七。三交城：在今陕西宝鸡市西。［52］王朗：后赵将领，时为领军将军。［53］宫材：营建宫殿所需的木材。［54］吁（yù）嗟（jiē）：唉声叹气。［55］因出游：趁着出游的机会。［56］会荧惑守房：正好这时在天文上出现了火星运行到房宿的位置。荧惑，火星，因其隐现不定，令人迷惑，故名。守，守候，这里指靠近。房，星宿名，二十八宿之一，苍龙七宿的第四宿，有星四颗，亦称“天驯”。［57］房为天王：《晋书·天文志》曰：“房四星……亦曰‘天驷’，为天马，主车驾。……房星明，则王者明。”［58］其殃不细：其祸不小。殃，灾祸，灾殃。细，细小，小。［59］以贵臣王姓者当之：要杀一个姓王的国家大臣来冲抵上天对我们国事的警告。当，冲抵，抵消。［60］无贵于王领军：没有比领军将军王朗更合适的了。贵，这里意即合适。［61］中书监：中书令的副职，离丞相只差一步。王波：后赵官员，石虎即位，以王波为中书令。为石虎上奏《玄玺颂》，转任中书监。后被石虎腰斩，丢入漳水。后来石虎怜悯王波无罪遭刑，追赠为司空。［62］前议楛矢事：指王波劝石虎放成汉将领李闳回蜀，并劝石虎将挹娄进献的楮矢一并转赠李寿。［63］愍（mǐn）：同“悯”，同情，可怜。［64］尹农：时为后赵平北将军。凡城：城名，在今河北平泉市南。［65］韩皓：十六国时成汉官员，时为太史令。［66］荧惑守心：火星运行到了心宿的附近。心宿，是二十八宿之一，苍龙七宿的第五宿，有星三颗。《晋书·天文志》曰：“心三星，天王正位也。中星曰明星，天子位。……前星为太子，后星为庶子。”［67］乃宗庙不修之谴：这是上天谴责我们没有很好地祭祀宗庙。不修，没有做好。谴，谴责，降罪。［68］董皎：十六国时成汉官员，李寿时为相国。王嘏（gǔ）：成汉官员，曾为散骑常侍，奉命出使后赵，商谈联合攻晋事宜。现为侍中。［69］景、武创业：即成汉景帝李特、武帝李雄为成汉创业之主。［70］献、文承基：指李骧、李寿父子两代是继承了李特、李雄的基业。李骧被李寿追谥为献皇帝，李寿谥号昭文皇帝，故并称献文。［71］至亲不远：李骧与李特是亲兄弟，李寿与李雄是堂兄弟，所以说他们都是“至亲”。［72］无宜疏绝：不应该与他们断绝关系。指李寿即位后改国号、另立宗庙而言。［73］祀成始祖：重新祭祀李特，称其庙号曰“始祖”。太宗：重尊李雄，称其庙号曰“太宗”。［74］皆谓之汉：前后都称为“汉国”。李特、李雄时代，称自己的政权曰“成”，咸康四年（338），李寿改国号为汉，更立汉宗庙，以李特、李雄旧庙为大成庙。此时始以大成庙为汉宗庙，一并祭祀。

征西将军庾翼使梁州刺史桓宣击赵将李罴于丹水[1]，为罴所败，翼贬宣为建威将军。宣惭愤成疾，秋，八月，庚辰[2]，卒。翼以长子方之为义城太守[3]，代领宣众；又以司马应诞为襄阳太守[4]，参军司马勋[5]为梁州刺史，戍西城[6]。

中书令褚裒固辞枢要[7]，闰月，丁巳[8]，以裒为左将军、都督兖州[9]、徐州之琅邪诸军事、兖州刺史，镇金城[10]。

帝疾笃[11]，庾冰、庾翼欲立会稽王昱[12]为嗣，中书监何充建议立皇子聃[13]，帝从之。九月，丙申[14]，立聃为皇太子。戊戌[15]，帝崩于式乾殿[16]。己亥[17]，何充以遗旨奉太子即位，大赦。由是冰、翼深恨充。尊皇后褚氏[18]为皇太后。时穆帝方二岁，太后临朝称制[19]。何充加中书监、录尚书事。充自陈既录尚书，不宜复监中书。许之，复加侍中。

充以左将军褚裒，太后之父，宜综朝政[20]，上疏荐裒参录尚书。乃以裒为侍中、卫将军、录尚书事，持节、督、刺史如故。裒以近戚，惧获讥嫌[21]，上疏固请居藩[22]。改授都督徐、兖、青三州、扬州之二郡[23]诸军事，卫将军，徐、兖二州刺史，镇京口[24]。尚书奏：“裒见太后，在公庭则如臣礼，私觌则严父[25]。”从之。

冬，十月，乙丑[26]，葬康帝于崇平陵[27]。

江州刺史庾冰有疾，太后征冰辅政，冰辞，十一月，庚辰[28]，卒。庾翼以家国情事[29]，留子方之为建武将军，戍襄阳。方之年少，以参军毛穆之为建武司马以辅之[30]。穆之，宝之子也。翼还镇夏口。诏翼复督江州，又领豫州刺史。翼辞豫州，复欲移镇乐乡，诏不许。翼仍缮修[31]军器，大佃积谷[32]，以图后举。

赵王虎作河桥于灵昌津[33]，采石为中济[34]，石下，辄随流，用功[35]五百余万而桥不成，虎怒，斩匠而罢。

（以上为第七段，写东晋朝廷的变故，晋康帝司马岳病重，按照何充建议，立两岁的儿子司马聃为皇帝，由褚太后临朝称制，庾氏控制朝政的局面一去不复返。而征西将军庾翼仍然修治兵器，大举屯田，积谷蓄物，以图后举。）

【注释】

［1］李罴：十六国时后赵将领。丹水：本为水名，起于古上洛，今陕西商洛市商州区凤凰山，经商州区、丹凤县、商南县、古丹水县流出进入河南境地汇入丹江水库。此指丹水县，在今河南淅川县西丹水北岸。［2］庚辰：八月七日。［3］方之：即庾方之，庾翼长子。桓宣死后任义城太守，统领桓宣部众。后为桓温所废。义城：郡名。据胡三省注，城，当作“成”。《五代志》曰：“襄阳郡谷城县，旧曰义城，置义城郡。”沈约曰：“义成郡，晋孝武立，治襄阳。”［4］司马：官名，宫门守将，大将军、将军、校尉的属官，边郡亦置司马，掌管司法、军事。应诞：晋朝应詹之子，应玄之弟，历任军中司马、六郡太守、龙骧将军，死后追赠冀州刺史。［5］司马勋：字伟长，东晋中期将领、叛臣，司马懿之弟曹魏大长秋司马恂玄孙。传见《晋书》卷三十七。［6］西城：县名，县治在今陕西安康市西北。［7］固辞枢要：坚决辞去朝廷要害部门的职权。枢要，机要，要害部门。［8］闰月，丁巳：闰八月，十四日。［9］兖（yǎn）州：晋时州治邹山县，在今山东邹城市东南。［10］金城：在当时的江乘县之蒲州（今江苏南京市东），当时也是琅邪侨郡的郡治所在地。［11］疾笃：晋康帝病势沉重。笃，病重。［12］会稽王昱（yù）：即司马昱，字道万，晋元帝司马睿幼子，晋明帝司马绍异母弟。先后封琅玡王、会稽王，为抚军将军，升抚军大将军，总统朝政，进位丞相、录尚书事。桓温立其为帝，东晋第八位皇帝，在位仅八个月。谥号简文皇帝，庙号太宗。传见《晋书》卷九。庾氏兄弟主张立司马昱为嗣，目的是有利于庾氏继续把持朝政。［13］皇子聃（dān）：即司马聃，字彭子，晋康帝司马岳长子，东晋第五位皇帝。两岁即位，朝事先后由何充、蔡谟、司马昱等人把持，在位期间，曾对北方和周边割据政权进行了数次战争，互有胜负。庙号孝宗，谥号穆皇帝。传见《晋书》卷八。［14］丙申：九月二十四日。［15］戊戌：九月二十六日。［16］式乾（qián）殿：宫殿名，帝王的寝宫。建康宫殿皆用洛都旧名。［17］己亥：九月二十七日。［18］褚氏：褚裒之女。［19］临朝称制：指古代由皇后、皇太后或太皇太后等女性统治者代理皇帝，掌握国家最高权力，行使皇帝权力。［20］宜综朝政：应该总理朝权。综，综合，总理。［21］惧获讥嫌：害怕遭到群臣的非议和猜疑。［22］居藩：出外为一方诸侯

之任，指刺史、都督之类。［23］扬州之二郡：即晋陵、义兴二郡。［24］京口：在今江苏镇江市。［25］私觌：私下相见。觌（dí），见，相见。严父：以父亲为尊。严，尊。［26］乙丑：十月二十三日。［27］崇平陵：晋康帝司马岳陵墓，位于江苏南京市江宁区蒋山。［28］庚辰：十一月九日。［29］以家国情事：以兄弟之情，则当赴庾冰之丧；以国事，则当治兵继续谋求北伐。［30］毛穆之：字宪祖，豫州刺史毛宝长子，东晋将领。从桓温平蜀取洛，多有战功，后从温伐燕，凿巨野百余里，引汶会于济川。前秦围襄阳时奉命往救，始至而朱序败，后救援梁、益二州，抵御前秦，病卒于巴东。传见《晋书》卷八十一。建武司马：建武将军庾方之的司马官。［31］缮（shàn）修：维修，整治。［32］大佃积谷：大力发展农垦，积蓄粮食。佃，耕种土地。［33］灵昌津：津渡名，延津的别名，在今河南卫辉市东的古黄河上。［34］采石：采集石块。为中济：在河道的中心为架桥堆筑桥柱的基础。［35］用功：即工费，工程所需的费用。功，同“工”。

孝宗穆皇帝[1]上之上

永和[2]元年（乙巳，345年）

春，正月，甲戌朔[3]，皇太后设白纱帷于太极殿[4]，抱帝临轩。

赵义阳公鉴[5]镇关中，役烦赋重；文武有长发者，辄拔为冠缨，余以给宫人[6]。长史取发白[7]赵王虎，虎征鉴还邺，以乐平公苞[8]代镇长安。发雍、洛、秦、并州十六万人治长安未央宫。

虎好猎，晚岁[9]，体重不能跨马，乃造猎车千乘，刻期校猎[10]。自灵昌津南至荥阳东极阳都为猎场[11]，使御史监察。其中禽兽，有犯者罪至大辟[12]。民有美女、佳牛马，御史求之不得，皆诬以犯兽，论死[13]者百余人。发诸州二十六万人修洛阳宫。发百姓牛二万头配朔州[14]牧官。增置女官二十四等，东宫十二等，公侯七十余国皆九等，大发民女三万余人，料[15]为三等以配之。太子、诸公私令采发[16]者又将万人。郡县务求美色，多强夺人妻，杀其夫及夫自杀者三千余人。至邺，虎临轩简第[17]，以使者为能，封侯者十二人。荆楚、扬、徐之民流叛略尽[18]，守令坐不能绥怀[19]，下狱诛者五十余人。金紫光禄大夫逯明因侍切谏[20]，虎大怒，使龙腾拉杀之[21]。

燕王皝以牛假贫民[22]，使佃苑中[23]，税其什之八[24]，自有牛者税其七。记室参军封裕上书谏[25]，以为“古者什一而税[26]，天下之中正[27]也。降及魏、晋，仁政衰薄[28]，假官田、官牛者[29]不过税其什六，自有牛者中分[30]之，犹不取其七八也。自永嘉[31]以来，海内荡析[32]，武宣王绥之以德[33]，华夷[34]之民，万里辐凑[35]，襁负而归[36]之者，若赤子之归父母，是以户口十倍于旧，无田者什有三四。及殿下继统[37]，南摧强赵，东兼高句丽，北取宇文，拓地三千里，增民十万户，是宜悉罢苑囿以赋新民[38]，无牛者官赐之牛，不当更收重税也。且以殿下之民用殿下之牛，牛非殿下之有，将何在哉！如此，则戎旗南指[39]之日，民谁不箪食壶浆以迎王师[40]，石虎谁与处矣[41]！川渎沟渠有废塞者[42]，皆应通利[43]，旱则灌溉，潦则疏泄[44]。一夫不耕，或受之饥[45]，况游食[46]数万，何以得家给人足乎！今官司猥多[47]，虚费廪禄[48]，苟才不周用[49]，皆宜澄汰[50]。工商末利[51]，宜立常员[52]。学生三年无成，徒塞[53]英俊之路，皆当归之于农。殿下圣德宽明[54]，博察刍荛[55]，参军王宪、大夫刘明并以言事忤旨[56]，主者处以大辟[57]，殿下虽恕其死，犹免官禁锢[58]。夫求谏诤[59]而罪直言，是犹适越而北行，必不获其所志[60]矣。右长史宋该等阿媚苟容[61]，轻劾谏士[62]，已无骨鲠[63]，嫉人有之，掩蔽耳目，不忠之甚者也。"

皝乃下令，称："览封记室之谏，孤实惧焉。国以民为本，民以谷为命，可悉罢苑囿以给民之无田者。实贫者，官与之牛；力有余愿得官牛者，并依魏、晋旧法。沟渎果有益[64]者，令以时修治。今戎事方兴，勋伐[65]既多，官未可减，俟中原平壹[66]，徐更议之。工商、学生皆当裁择[67]。夫人臣关言于人主[68]，至难也，虽有狂妄，当择其善者而从之。王宪、刘明，虽罪应废黜，亦由孤之无大量也，可悉复本官，仍居谏司[69]。封生蹇蹇[70]，深得王臣之礼，其赐钱五万。宣示[71]内外，有欲陈孤过者，不拘[72]贵贱，勿有所讳[73]！"

皝雅好文学[74]，常亲临庠序[75]讲授，考校[76]学徒至千余人，颇有妄滥者[77]，故封裕及之[78]。

（以上为第八段，写后赵主石勒喜好打猎，大肆兴建，广征宫女，民怨沸腾；前燕主慕容皝则相反，从善如流，借牛助耕，减轻民赋，还雅好文学，亲临讲授。）

【注释】

[1]孝宗穆皇帝：即司马聃，庙号孝宗，谥号穆皇帝。穆，《谥法》曰：“中情见貌曰穆。”[2]永和：东晋皇帝晋穆帝司马聃的第一个年号，共12年，公元345年至公元356年。[3]甲戌朔：记载有误，正月朔辛未。[4]太极殿：建康都城皇宫正殿。[5]义阳公鉴：即石鉴，字大郎，石虎第三子，封义阳公，后赵第六位皇帝，公元349年至公元350年在位。[6]给宫人：给后宫的侍女做假发。[7]白：下级对上级的陈诉，禀告。[8]乐平公苞：即石苞，石虎第四子，封乐平王，后改封乐平公。石鉴继位后，复立为乐平王，被派往刺杀冉闵，事败后被灭口。传见《晋书》卷一百七。[9]晚岁：晚年。[10]刻期校猎：定期进行狩猎活动。校猎，设栅栏圈围野兽，然后猎取。[11]荥阳：县名，县治在今河南荥阳市东北的古荥镇。东极阳都：向东直到阳都县。阳都县县治在今山东沂水县南。[12]犯者：指伤害禽兽。大辟：死刑。[13]论死：判处死刑。[14]朔州：州名，州治在今内蒙古乌拉特前旗西南。[15]料：区分，划分。[16]采发：选取、征集。[17]简第：评定等级。[18]流叛略尽：差不多都流亡叛逃光了。[19]守令：郡守、县令。坐不能绥怀：因不能安抚、体恤百姓而犯罪被判刑。绥（suí）怀，安抚，关怀。[20]逯（lù）明：后赵为金紫光禄大夫。切谏：直言强谏。[21]龙腾：石虎身边的卫士。石虎募勇士，拜为龙腾中郎。拉杀：扯断而死。[22]以牛假贫民：把耕牛借给穷人使用。[23]佃苑中：耕种皇家园林的土地。[24]税其什之八：征收百姓租税为其收成的十分之八。[25]记室参军：官名，将军府的书记兼参谋。封裕：渤海蓨县人，封抽之子，前燕慕容皝称燕王，任为记室监。后迁河间太守。永和元年（345），封裕上书，大胆提出了“薄赋而藏于百姓”等经济主张，对前燕朝政产生了积极的影响。[26]什一而税：以收入的十分之一充当租税。什一，十分之一。[27]中正：公平的标准。[28]衰薄：衰微，凉薄。[29]假官田、官牛者：向公家租土地、租耕牛的佃户。假，借，租用。[30]中分：收取一半的租税。[31]永嘉：晋怀帝司马炽的年号，公元307年至公元312年。[32]荡析：动荡，分裂，离散。[33]武宣王：即慕容廆（guī），字若洛廆，慕容皝之父，名义上效忠于晋朝，封辽东郡公。其孙慕容儁称帝，追谥武宣皇帝，庙号高祖。传见《晋书》卷一百八。绥：安抚，关怀。[34]华夷：华夏汉族和五胡等少数民族。[35]辐凑：也作“辐辏”。从四面八方前来归附，犹如车子的辐条集中于轴心。[36]襁（qiǎng）负而归：用襁褓背着孩子前来投奔。[37]继统：继承帝统，即位。[38]苑囿：古代畜养禽兽供帝王玩乐的园林。赋新民：分配给前来归附的新国民。赋，分配，给予。[39]戎旗南指：指南下征讨后赵。戎旗，军旗。[40]箪食壶浆以迎王师：语出《孟子·梁惠王下》，用竹筐盛着饭，用茶壶提着水，以欢迎仁义之师。箪（dān），盛饭的圆形竹筐。浆，用米熬成的酸汁，古人用以代酒。[41]石虎谁与处矣：还有谁会忠于石虎呢？谁与处，谁还和他在一起。[42]川渎沟渠：指各种水利灌溉设施。废塞：堵塞。[43]皆应通利：都应该把它们疏通好。通利，畅通顺利。[44]潦（lào）：古同“涝”，雨水过多，水淹。疏泄：疏通，排泄。[45]一夫不耕，或受之饥：语出贾谊《论积贮疏》，意即有一个人不干活儿，就有人因此而挨饿。[46]游食：游手好闲而不从事劳动的人。

[47]官司猥多：官府多，官吏多，人浮于事。猥多，没有道理地多。 [48]廪禄：官府供应的禄米。廪（lǐn），粮仓。禄，禄米。古代官吏俸给皆以米计，称禄米。 [49]才不周用：才能不够用。周，足。 [50]澄汰：清洗，淘汰。 [51]工商末利：指从事工商活动以求赢利。末，即工商业，古代以农为本，轻视工商，故称之为末业。 [52]常员：固定人员，固定人数。 [53]徒塞：白白妨碍，言其空占地位，而影响别人进用。 [54]宽明：宽宏，明察。 [55]博察刍荛：广泛征求意见，广泛了解情况。刍荛（ráo），指割草打柴的人，引申为草野之人。刍，割草。荛，打柴。 [56]王宪、刘明：后赵官员。忤（wǔ）旨：违背了你的心思。 [57]主者：指主持处理王宪、刘明之案的官员。大辟：杀头。 [58]禁锢：勒令不准做官，犹后世的永不叙用。锢，禁闭，使隔绝。 [59]求谏诤：征求反对意见。 [60]所志：所追求的东西，所想达到的目的。 [61]宋该：字宜宏，时为前燕右长史。后以受贿荐韩偏为孝廉，被判刑。阿媚苟容：阿谀谄媚，苟合取容。 [62]轻劾谏士：随随便便地弹劾谏官。 [63]己无骨鲠：自己不能坚持原则。骨鲠（gěng），兽骨和鱼刺，比喻刚直、有气节。 [64]果有益：确实对发展农业有好处。果，原文为“各”，据章校改。 [65]勋伐：功劳，功勋。 [66]俟中原平壹：等中原平定统一之后。俟，等候，等待。平壹，统一。 [67]裁择：权衡，选择。 [68]关言于人主：向帝王禀报事情。关言，进言，禀报，这里指直言君主之过。 [69]谏司：主管谏诤的部门。 [70]蹇（jiǎn）蹇：通“謇謇”，忠贞直言的样子。 [71]宣示：布告，昭告。 [72]拘：拘泥，拘谨。 [73]讳（huì）：忌讳，畏惧。 [74]雅好文学：一向爱好儒家学术。雅，平素，一向。文学，儒家的经典学问。 [75]庠（xiáng）序：古代地方所设的学校，与帝王的辟雍、诸侯的泮宫相对而言。后泛指学校，这里指太学。 [76]考校：考试，考查。 [77]颇有妄滥者：其中混有一些无知充数的人。颇，有些。 [78]故封裕及之：封裕提到“学生三年无成，徒塞英俊之路，皆当归之于农”等等。

诏征卫将军褚裒，欲以为扬州刺史、录尚书事。吏部尚书刘遐[1]、长史王胡之[2]说裒曰：“会稽王令德雅望[3]，国之周公[4]也，足下宜以大政[5]授之。”裒乃固辞，归藩。壬戌[6]，以会稽王昱为抚军大将军，录尚书六条事[7]。

昱清虚寡欲，尤善玄言[8]，常以刘惔[9]、王濛及颍川韩伯[10]为谈客，又辟郗超为抚军掾[11]，谢万为从事中郎[12]。超，鉴之孙也，少卓荦不羁[13]。父愔，简默冲退而啬于财[14]，积钱至数千万，尝开库任超所取。超散施亲故，一日都尽。万，安之弟也，清旷秀迈[15]，亦有时名。

燕有黑龙、白龙见于龙山[16]，交首游戏，解角[17]而去。燕王皝亲祀以太牢[18]，赦其境内，命所居新宫曰“和龙”。

都亭肃侯庾翼疽发于背[19]，表子爰之行辅国将军、荆州刺史，委以后任；司马义阳朱焘为南蛮校尉[20]，以千人守巴陵[21]。秋，七月，庚午[22]，卒。

翼部将干瓒[23]等作乱，杀冠军将军曹据[24]。朱焘与安西长史江虨[25]、建武司马毛穆之、将军袁真[26]共诛之。虨，统之子也。

八月，豫州刺史路永[27]叛奔赵，赵王虎使永屯寿春[28]。

庾翼既卒，朝议皆以诸庾世在西藩[29]，人情所安[30]，宜依翼所请，以庾爰之代其任。何充曰：“荆楚，国之西门，户口百万，北带强胡[31]，西邻劲蜀，地势险阻，周旋[32]万里，得人则中原可定[33]，失人则社稷[34]可忧，陆抗[35]所谓‘存则吴存，亡则吴亡[36]’者也，岂可以白面少年当之哉[37]！桓温英略过人，有文武器干[38]，西夏[39]之任，无出温者[40]。”议者又曰：“庾爰之肯避温乎[41]？如令阻兵[42]，耻惧不浅[43]。”充曰：“温足以制之，诸君勿忧。”

丹杨尹刘惔每奇温才，然知其有不臣之志[44]，谓会稽王昱曰：“温不可使居形胜之地[45]，其位号常宜抑之[46]。”劝昱自镇上流[47]，以己为军司[48]，昱不听；又请自行[49]，亦不听。

庚辰[50]，以徐州刺史桓温为安西将军、持节，都督荆、司、雍、益、梁、宁六州诸军事，领护南蛮校尉、荆州刺史，爰之果不敢争。又以刘惔监沔中[51]诸军事，领义成太守[52]，代庾方之。徙方之、爰之于豫章。

桓温尝乘雪欲猎，先过[53]刘惔，惔见其装束甚严[54]，谓之曰：“老贼欲持此何为[55]？”温笑曰：“我不为此，卿安得坐谈乎[56]！”

（以上为第九段，写东晋朝廷的人事变更，荆州刺史庾翼去世，遗令儿子庾爰之接替他的职务；朝廷评议，何充力主以徐州刺史桓温接替庾翼的职务，镇守荆州。）

【注释】

[1]刘遐（xiá）：字正长。传见《晋书》卷八十一。 [2]王胡之：字修龄。传见《晋书》卷七十六。 [3]会稽王：即司马昱，司马睿之子，当时的皇帝司马聃的叔祖。令德雅望：美好的品德，清高的名望。令，美。雅，高雅。 [4]周公：西周开国功臣，辅佐周武王、周成王两代君主

的贤相姬昌，周文王之子，周武王之弟。［5］大政：国家的根本大权。东晋扬州刺史镇建康，故多以扬州刺史辅政，执掌大权。［6］壬戌：二月二十二日。［7］录尚书六条事：官名，位在“录尚书事”之下，参录、分录尚书事之意。［8］玄言：精微玄妙之言，多为辨析老庄学说的义理，以及佛经、楚辞等等。［9］刘惔（tán）：一作“刘恢”，字真长，晋陵太守刘耽之子，晋明帝司马绍之婿，东晋大臣。为政清静，好老、庄，善清谈。曾得到王导赏识，为永和名士的风流之宗。传见《晋书》卷七十五。［10］韩伯：字康伯，颍川长社（今河南长葛市西）人，东晋玄学家。官至丹杨尹、吏部尚书、领军将军。传见《晋书》卷七十五。［11］辟：征用。郗（xī）超：字景兴，太尉郗鉴之孙，会稽内史郗愔之子，东晋官员。历任抚军掾、征西掾、大司马参军等职。为桓温谋主，曾劝说桓温废帝立威。传见《晋书》卷六十七。抚军掾：抚军将军司马昱的掾属。［12］谢万：字万石，太保谢安之弟，东晋大臣，时为从事中郎。传见《晋书》卷七十九。从事中郎：官名，郎官的一种，为帝王近侍官。［13］卓荦不羁：人品出众，倜傥超俗。卓荦（luò），卓越，突出。羁，束缚，拘束。［14］简默：简约，静默。冲退：谦让，淡泊。啬（sè）：吝啬，过分节俭。［15］清旷秀迈：清虚高远，风采卓异。［16］龙山：山名，在当时燕国都城的东侧。［17］解角：指“交首之戏”结束，二龙的头部分开。［18］太牢：牛、羊、豕各一头的祭品叫太牢。如果只有猪羊而无牛，则称少牢。［19］都亭肃侯：庾翼封为都亭侯，谥号为肃，故称之。疽（jū）：毒疮。［20］朱焘：义阳（今河南信阳市）人，名将朱序的父亲，南蛮校尉，掌荆州少数民族事务。［21］巴陵：县名，县治在今湖南岳阳市。［22］庚午：七月三日。［23］干瓒（zàn）：庾翼的部将，作乱，被杀。［24］曹据：庾翼部将冠军将军，被干瓒杀害。［25］江彪（bīn）：字思玄，江统之子，安西将军长史。东晋简文帝时为相。［26］袁真：字贵诚。传见《晋书》卷九十八。［27］路永：苏峻属将、亲信，一度投后赵，后归顺朝廷。［28］寿春：县名，县治在今安徽寿县。［29］世在西藩：庾氏世代镇守东晋西部地区，为西部屏藩。［30］人情所安：西部百姓都服从庾氏的统辖。［31］北带强胡：北部与石虎政权为邻。带，环绕相接如衣带。［32］周旋：边境盘曲连延。［33］中原可定：中原地区可被我收复。［34］社稷：代指国家，此指东晋王朝。［35］陆抗：字幼节，吴国名将。传见《三国志》卷五十八。［36］存则吴存，亡则吴亡：指庾翼所镇守的荆楚地区极端重要，其存亡关系到东晋朝廷的存亡。［37］白面少年：不经世事的纨绔子弟。当之：担当此地长官。［38］器干：才干。［39］西夏：华夏西部，此指荆州一带地区。［40］无出温者：没有比桓温更合适的了。出，超过。［41］肯避温乎：肯让给桓温吗？避，避开，让开。［42］如令阻兵：如果庾爰之一旦拥兵作乱。阻兵，拥兵。阻，倚仗，凭借。［43］耻惧不浅：日后的耻辱担心少不了。耻惧，耻辱与忧虑。耻，给朝廷造成的麻烦。不浅，不会少。［44］不臣之志：不甘屈为人臣，意即志欲称帝称王。［45］形胜之地：位置险要，影响国家安全的地区。［46］常宜抑之：应该经常有所弹压，不能让其太嚣张。［47］自镇上流：自己统辖长江上游地区，指荆州。［48］以己为军司：让刘惔为之做军师，执掌监察诸军。军司，军中的关键僚属。司，控制，监管。［49］自行：刘惔自己前去担任桓温的军司，以监督桓温的行动。胡三省曰："刘惔，谈客耳；其言桓温无不中，盖深知温之才者。设使昱镇上流，惔为司马，未足以敌燕、秦。扬子曰：'非苟知之，亦允蹈之；非知之难，行之为难也。'"［50］庚辰：九月十三日。［51］沔（miǎn）中：即沔中督区，得名于沔水，在今之汉江，指今湖北襄阳市以上的汉江流域。［52］领：兼任。义成：郡名，东晋侨置郡，治襄阳，在今湖北襄阳市汉水南岸襄阳城。《晋书·桓宣传》载："宣与阳遂平襄阳，侃使宣领之，以其淮南部曲立义成郡。"［53］过：访问，探望。［54］甚严：很威武，很整齐。［55］欲持此何为：打扮成这个样子，想要干什么？［56］我不为此，卿安得坐谈乎：没有我们这些人保卫国家，你们能够每天在那里清谈吗？坐谈，空谈。

汉主势之弟大将军广[1]，以势无子，求为太弟[2]，势不许。马当、解思明[3]谏曰："陛下兄弟不多，若复有所废，将益孤危。"固请许之。势疑其与广有谋，收当、思明斩之，夷其三族[4]。遣太保李奕袭广于涪城[5]，贬广为临邛[6]侯，广自杀。思明被收，叹曰："国之不亡，以我数人在也，今其殆[7]矣！"言笑自若而死。思明有智略，敢谏诤[8]；马当素得人心。及其死，士民无不哀之。

冬，十月，燕王皝使慕容恪攻高句丽，拔南苏[9]，置戍[10]而还。

十二月，张骏伐焉耆[11]，降之。是岁，骏分武威等十一郡为凉州[12]，以世子重华[13]为刺史；分兴晋等八郡为河州[14]，以宁戎校尉张瓘为刺史[15]；分敦煌等三郡及西域都护三营为沙州[16]，以西胡校尉杨宣为刺史[17]。骏自称大都督、大将军、假凉王[18]，督摄[19]三州。始置祭酒、郎中、大夫、舍人、谒者等官[20]，官号皆仿天朝[21]，而微变其名；车服旌旗拟于王者[22]。

赵王虎以冠军将军姚弋仲[23]为持节、十郡六夷[24]大都督、冠军大将军。弋仲清俭鲠直[25]，不治威仪[26]，言无畏避，虎甚重之。朝之大议，每与参决[27]，公卿皆惮而下之[28]。武城[29]左尉，虎宠姬之弟也，尝入弋仲营[30]，侵扰其部众。弋仲执而数之曰："尔为禁尉[31]，迫胁小民；我为大臣，目所亲见，不可纵也[32]。"命左右斩之。尉叩头流血，左右固谏，乃止。

燕王皝以为古者诸侯即位，各称元年，于是始不用晋年号，自称十二年。

赵王虎使征东将军邓恒[33]将兵数万屯乐安[34]，治攻具，为取燕之计。燕王皝以慕容霸为平狄将军[35]，戍徒河[36]；恒畏之，不敢犯。

（以上为第十段，写成汉主李势残酷杀害请求担任皇太弟的弟弟李广；前凉主张骏称假凉王，统领凉州、河州、沙州三州，仿效皇帝排场；前燕主慕容皝废去东晋年号。）

【注释】

[1]广：即成汉主李势之弟李广，现任大将军之职，统兵驻在涪城。 [2]太弟：皇太弟之省称，即被立为接班人的皇帝之弟，以区别于其他一般兄弟。 [3]马当、解思明：成汉官员，是成汉主李寿的干将，被即位后的李势杀害。 [4]夷其三族：灭掉了他们的三族。夷，平，灭绝。三族，指父族、母族、妻族。胡三省曰："储君不可求，使马当、解思明为国计，固当从容言之，使其主自悟，安可固以为请也！相从而就死，宜矣。" [5]李奕（yì）：成汉官员，时为太保。涪城：县名，在今四川绵阳市。 [6]临邛（qióng）：县名，县治在今四川邛崃市。 [7]殆（dài）：危险，危亡。 [8]谏诤：直言劝谏，并规劝其改正。 [9]南苏：城名，在今辽宁抚顺市东苏子河与浑河合流处。 [10]置戍：设置戍守哨所。 [11]焉耆（qí）：西域国名，都城员渠城，在今新疆境内的焉耆回族自治县。 [12]武威：郡名，郡治姑臧，在今甘肃武威市。十一郡：指武威、武兴、西平、张掖、酒泉、建康、西郡、湟河、晋兴、须武、安故。凉州：州治在今甘肃武威市。 [13]世子重华：即张骏长子张重华。传见《晋书》卷八十六。 [14]兴晋：郡名，郡治枹罕，在今甘肃临夏市。八郡：指兴晋、金城、武始、南安、永晋、大夏、武成、汉中。河州：州治金城，在今甘肃兰州市西北。 [15]宁戎校尉：前凉所置官名，驻镇枹罕，在今甘肃临夏市。张瓘（guàn）：前凉官员。初任河州刺史。在三交城与后赵将领王擢交战，将其打败。张祚废哀公张曜灵自立后，遣兵攻张瓘，张瓘率部众杀张祚，立张玄靓为凉王，自为凉州牧，专断军政要务。后被杀。 [16]敦煌：郡名，郡治在今甘肃敦煌市。三郡：一为敦煌，一为晋昌，另一郡不详。沙州：州治在今甘肃敦煌市。 [17]西胡校尉：前凉所置官名，管理民族事务。杨宣：前凉将领，为沙州刺史，曾率众越流沙，伐龟兹、鄯善，于是西域皆降于前凉。 [18]假凉王：代理凉王，因其标榜拥戴晋王朝，而尚未得到东晋加封，故称之。 [19]督摄：监督，统领。 [20]祭酒：官名，首席执行官。郎中：官名，分掌各司事务，其职位仅次于丞相、尚书、侍郎的高级官员。大夫：官名，为中层官员，位次于卿。舍人：官名，帝王的侍从官名，掌诏诰呈奏之事。谒（yè）者：官名，皇帝的侍从官员，主管收发传达与赞礼等。 [21]皆仿天朝：都依照晋王朝的样子。天朝，对其拥戴的中原王朝的敬称。 [22]拟于王者：与晋朝的皇帝差不多。拟，相似，相等。 [23]姚弋仲：羌族。后秦开国皇帝姚苌之父。先后投靠汉赵、后赵、东晋。传见《晋书》卷一百十六。 [24]六夷：对东夷、西南夷、西羌、西域、南匈奴、乌桓、鲜卑等各族的总称。 [25]鲠直：同"耿直"，也作"梗直"，指性格正直，直爽。 [26]不治威仪：不愿意搞那些表面形式的一套。威仪，指表

示其身份、权势的宅第、卫队、车马仪仗等。［27］每与参决：很多时候都让他参加谋划决定。［28］惮而下之：敬畏之而居于其下。惮，害怕，畏惧。下之，谓不同他争位次。［29］武城：此指东武城，上属清河郡，在今山东武城县西北。［30］弋仲营：当时姚弋仲驻兵于满头，在今河北清河县城东，离武城不远。［31］禁尉：对县尉之称。县尉职责是负责督办盗贼、查禁奸邪，故称之。［32］不可纵也：不能放过你。纵，释放。［33］邓恒：后赵征东将军，善于领兵。［34］乐安：赵郡名，郡治在今山东淄博市西北。［35］平狄将军：杂号将军之名。［36］徒河：城名，在今辽宁锦州市。

二年（丙午，346年）

春，正月，丙寅[1]，大赦。

己卯[2]，都乡文穆公[3]何充卒。充有器局[4]，临朝正色[5]，以社稷为己任，所选用皆以功效[6]，不私亲旧。

初，夫余居于鹿山[7]，为百济[8]所侵，部落衰散，西徙近燕，而不设备。燕王皝遣世子俊帅慕容军、慕容恪、慕舆根三将军、万七千骑袭夫余。俊居中指授，军事皆以任恪，遂拔夫余，虏其王玄及部落五万余口而还[9]。皝以玄为镇军将军，妻以女[10]。

二月，癸丑[11]，以左光禄大夫蔡谟[12]领司徒，与会稽王昱同辅政。

褚裒荐前光禄大夫顾和[13]、前司徒左长史殷浩。三月，丙子[14]，以和为尚书令，浩为建武将军、扬州刺史。和有母丧，固辞不起，谓所亲曰："古人有释衰绖从王事[15]者，以其才足干时[16]故也；如和者，正足以亏孝道，伤风俗[17]耳。"识者美之。浩亦固辞。会稽王昱与浩书曰："属当厄运[18]，危弊理极[19]，足下沈识淹长[20]，足以经济[21]。若复深存挹退[22]，苟遂本怀[23]，吾恐天下之事于此去矣。足下去就，即时之废兴，则家国不异[24]，足下宜深思之！"浩乃就职。

夏，四月，己酉朔[25]，日有食之。

五月，丙戌[26]，西平忠成公[27]张骏薨。官属上世子重华为使持节、大都督、太尉、护羌校尉[28]、凉州牧、西平公、假凉王，赦其境内，尊嫡母[29]严氏为大王太后，母马氏为王太后。

赵中黄门严生恶尚书朱轨[30]，会[31]久雨，生谮轨[32]不修道路，又谤讪[33]朝政，赵王虎囚之。蒲洪[34]谏曰："陛下既有襄国、邺宫，又修长安、洛阳宫殿，将以何用！作猎车千乘，环数千里以养禽兽，夺人妻女十余万口以实后宫，圣帝明王之所为，固若是乎！今又以道路不修，欲杀尚书。陛下德政不修，天降淫雨[35]，七旬乃霁[36]。霁方二日，虽有鬼兵百万，亦未能去道路之涂潦[37]，而况人乎！政刑如此，其如四海何，其如后代何！愿止作徒[38]，罢苑囿，出宫女，赦朱轨，以副众望[39]。"虎虽不悦，亦不之罪，为之罢长安、洛阳作役[40]，而竟诛[41]朱轨。又立私论朝政之法，听吏告其君[42]，奴告其主。公卿以下，朝觐[43]以目相顾，不敢复相过从[44]谈语。

赵将军王擢击张重华，袭武街[45]，执护军曹权、胡宣[46]，徙七千余户于雍州[47]。凉州刺史麻秋[48]、将军孙伏都攻金城[49]，太守张冲[50]请降，凉州震恐。

重华悉发境内兵，使征南将军裴恒[51]将之以御赵。恒壁于广武[52]，久而不战。凉州司马张耽[53]言于重华曰："国之存亡在兵，兵之胜败在将。今议者举将，多推宿旧[54]。夫韩信之举[55]，非旧德[56]也。盖明主之举，举无常人[57]，才之所堪[58]，则授以大事。今强寇在境，诸将不进[59]，人情危惧。主簿谢艾[60]，兼资文武，可用以御赵。"重华召艾，问以方略。艾愿请兵七千人，必破赵以报。重华拜艾中坚将军，给步骑五千，使击秋。艾引兵出振武[61]，夜有二枭鸣于牙中[62]，艾曰："六博得枭者胜[63]。今枭鸣牙中，克敌之兆也。"进与赵战，大破之，斩首五千级。重华封艾为福禄伯[64]。

麻秋之克金城也，县令敦煌车济[65]不降，伏剑而死。秋又攻大夏[66]，护军梁式执太守宋晏[67]，以城应秋，秋遣晏以书诱致宛戍都尉敦煌宋矩[68]，矩曰："为人臣，功既不成，唯有死节耳。"先杀妻子，而后自刎。秋曰："皆义士也。"收而葬之。

（以上为第十一段，写前燕出兵攻打并消灭夫余，掳获夫余王玄；前凉王张骏去世，后赵乘机出兵攻打，袭击武街，攻打金城，前凉出动大军，由谢艾率领，大败后赵。）

【注释】

［1］丙寅：正月一日。［2］己卯：正月十四日。［3］都乡文穆公：何充被封为都乡公，谥号文穆。［4］器局：才识与度量。［5］正色：态度严正。色，表情，神色。［6］以功效：从功绩、实效的角度考虑问题。［7］夫余：古国名，也作"扶余"，位于松花江流域，是朝鲜半岛北部与今中国东北地区的一个政权国家。西晋太康六年（285），为慕容廆所败，其王依虑自杀。从公元前2世纪立国到494年东夫余国被高句丽灭国为止，历时约700年。鹿山：地名，在今辽宁辽阳市东。［8］百济：古国名，本出夫余，古为马韩诸国之一。传说为东汉末夫余王尉仇台之后，初以百家济海而立国，因以为名。自晋以后，吞并诸国，尽有今朝鲜半岛的南部地区。［9］虏：同"掳"，活捉。其王玄：夫余国的国王，名玄。［10］妻（qì）以女：以女嫁之。［11］癸丑：二月十九日。［12］蔡谟（mó）：字道明，东晋重臣。传见《晋书》卷七十七。［13］顾和：字君孝，左光禄大夫、仪同三司。传见《晋书》卷八十三。［14］丙子：三月十二日。［15］释衰绖从王事：不在家守丧，而去为帝王效力。衰（cuī）绖（dié），指丧服。穿于身者曰"衰"，有齐衰、斩衰之分；系于头者曰"绖"，有首绖、腰绖之分。［16］才足干时：其才能足以治国安民。干时，能办好当时的国家要务。［17］正足以亏孝道，伤风俗：顾和说，像我这种没有本事的人，不在家守孝，出去又干不好国家大事，那就是有亏于孝道，有伤于风俗了。［18］属当厄运：当下正是时局艰难的时候。［19］危弊理极：危难衰败已达到了极点。［20］沈识淹长：学识渊博，目光远大。沈识，谓见解深刻。沈，同"沉"。淹长，久长，长远。［21］足以经济：完全可以经国济民。［22］深存挹退：总是想着谦抑、退让。挹（yì），同"抑"，谦抑。［23］苟遂本怀：只想满足个人的隐士情怀。［24］家国不异：谓国兴家亦兴，国亡家也亡，不为国做事，也就不可能有家。［25］己酉朔：记载有误，四月朔甲午，己酉当为四月十六日。［26］丙戌：五月二十三日。［27］西平忠成公：张骏封为西平公，谥号忠成。西平，郡国名，治所西都，在今青海西宁市。［28］上：推举，拥戴。护羌校尉：官名，管理羌族事务。［29］嫡母：妾生的子女称父的正妻为嫡母。重华为张骏妾马氏所生，故尊其嫡母为大王太后。［30］中黄门：宦官名，给事宫中。严生：后赵宦官。朱轨：后赵官员，时为尚书。［31］会：恰巧，恰逢。［32］生谮轨：谮（zèn），在尊长面前说人坏话，这里即指严生诬陷、中伤朱轨。［33］谤讪（shàn）：诽谤，诋毁。［34］蒲洪：即苻洪，字广世，氐族，部落小帅蒲怀归之子，先后归附汉赵、后赵，曾为石虎部将。后赵内乱时试图谋取中原，被杀，其子苻健称帝后追谥惠武皇帝，庙号太祖。传见《晋书》卷一百一十二。［35］淫雨：久雨，雨连降三日以上。［36］霁（jì）：指雨雪停止，天气放晴。［37］涂潦：泥和水。潦，积存的雨水。［38］止作徒：停止一切土木工程的劳作。［39］以副众望：以满足臣民的希望。副，称，使之满意。［40］作役：劳役，犹今之所谓土木工程。［41］竟诛：最后还是杀掉了。［42］吏告其君：下级官吏举告他的上级。古代下级官吏称其主官曰"君"。［43］朝觐（jìn）：朝见皇帝。春见曰"朝"，秋见曰"觐"。［44］不敢复相过从：不敢互相来往。胡三省曰："石虎之法，虽周厉王之监谤，秦始皇之禁耦语，不如是之甚也。"

[45]武街：晋县名，县治在今甘肃临洮县东南。[46]护军：军中监督官。曹权、胡宣：前凉官员，时为护军，为后赵擒获。[47]雍州：州名，后赵时州治长安，在今陕西西安市。[48]麻秋：羯族，后赵将领。后被苻洪之子苻健所杀。传见《晋书》卷一百六。[49]孙伏都：后赵将领，为征西将军、龙骧将军，三朝老臣。金城：郡名，郡治在今甘肃兰州市西北的黄河南岸。[50]张冲：前凉官员，时为金城太守，投降后赵。[51]裴恒：前凉重将，时为征南将军。[52]壁于广武：屯兵驻扎于广武城。壁，修筑壁垒。广武，郡名，郡治在今甘肃永登县东南。[53]张耽：前凉官员，时为凉州司马。[54]宿旧：有名望的老将。[55]韩信之举：指西汉开国功臣韩信脱离项羽后往投刘邦，被刘拜为大将。此誉谢艾是韩信一样的人才。[56]非旧德：并不在于韩信跟随刘邦的时间长与年龄大、威望高。[57]举无常人：并没有一定的条条框框，以及资历、地位的限制。[58]才之所堪：只要他具有承当这项工作的才干。堪，胜任。[59]不进：相互观望不前。[60]主簿：官名，总领门下众事，掌管簿书，匡辅拾遗。谢艾：凉州敦煌（今甘肃敦煌市）人，儒生出身，时为凉州主簿，张耽推为将，曾三次以少胜多，击败后赵名将麻秋，迫使石虎放弃灭亡前凉的企图。官至酒泉太守，后张重华病逝，被篡位的张祚诛杀。传见《晋书》卷八十六。[61]振武：城名，在今甘肃永登县北，属广武郡。[62]二枭（xiāo）：两只猫头鹰。牙中：衙门之中，这里指中军大帐。牙，通“衙”，旧时的官署之称。[63]六博：古代的一种博戏，共十二子，六黑六白，两人相博，每人六子，故名。《尔雅翼》云：“博之采有枭者。博兼行恶道，故以枭为采。”得枭者胜：六博中的枭，犹如扑克牌中的鬼牌，或象棋中的帅，得者胜。[64]福禄伯：封地福禄县，爵位为伯。福禄，县名，酒泉郡治，在今甘肃酒泉市。[65]车济：字万度，前凉官员。张重华当政时，任为金城县令，金城被石虎的将军麻秋攻陷，车济宁死不屈。前凉王张重华以最高的礼仪为车济治丧，追封为宜禾都尉。[66]大夏：凉郡名，取郡西大夏水以名，郡治在今甘肃临夏县东南。[67]梁式：前凉官员，时为大夏护军，在后赵大军压境时，杀大夏太守而投降。宋晏：前凉官员，时为大夏太守。[68]诱致：引诱往降。宛戍：城堡名，属大夏郡。宋矩：敦煌人，字处规，前凉官员，为宛戍都尉。后赵石虎遣将攻大夏，执之逼降。不屈，杀妻子后自刎。前凉主张重华赞赏他的气节，赠他振威将军的称号。

冬，汉太保李奕自晋寿[1]举兵反，蜀人多从之，众至数万。汉主势登城拒战，奕单骑突门，门者[2]射而杀之，其众皆溃。势大赦境内，改元嘉宁[3]。

势骄淫[4]，不恤[5]国事，多居禁中[6]，罕接[7]公卿，疏忌[8]旧臣，信任左右，谗谄[9]并进，刑罚苛滥[10]，由是中外离心。蜀土先无獠[11]，至是始从山出，自巴西至犍为、梓潼[12]，布满山谷十余万落[13]，不可禁制[14]，大为民患，加以饥馑[15]，四境之内[16]，遂至萧条[17]。

安西将军桓温将伐汉，将佐皆以为不可。江夏相袁乔[18]劝之曰："夫经略大事[19]，固非常情所及[20]，智者了[21]于胸中，不必待众言皆合也。今为天下之患者，胡、蜀二寇而已，蜀虽险固，比胡为弱，将欲除之，宜先其易者。李势无道，臣民不附，且恃其险远，不修战备。宜以精卒万人轻赍疾趋[22]，比[23]其觉之，我已出[24]其险要，可一战擒也。蜀地富饶，户口繁庶[25]，诸葛武侯用之抗衡中夏[26]，若得而有之，国家之大利也。论者恐大军既西，胡必窥觎[27]，此似是而非。胡闻我万里远征，以为内有重备，必不敢动；纵有侵轶[28]，缘江[29]诸军足以拒守，必无忧也。"温从之。乔，瑰之子也。

十一月，辛未[30]，温帅益州刺史周抚、南郡太守谯王无忌伐汉，拜表即行[31]，委安西长史范汪以留事[32]，加抚都督梁州之四郡[33]诸军事，使袁乔帅二千人为前锋。

朝廷以蜀道险远，温众少而深入，皆以为忧，唯刘惔以为必克。或问其故，惔曰："以博知之[34]。温，善博者也，不必得则不为[35]。但恐克蜀之后，温终专制朝廷[36]耳。"

（以上为第十二段，写成汉太保李奕在晋寿起兵反叛，成汉主李势骄纵淫逸，境内离心离德，风雨飘摇，东晋安西将军桓温上书讨伐成汉，随即行动。）

【注释】

[1]晋寿：县名，县治在今四川广元市西南，属梓潼郡。[2]门者：守城门的人。[3]改元嘉宁：成汉皇帝李势更改年号太和为嘉宁。[4]骄淫：骄纵，放荡。[5]恤（xù）：忧虑，关心。[6]禁中：帝王宫中，因门户有禁，非侍卫及通籍之臣，不得入内，故名。[7]罕接：很少接待。罕，少，稀少。[8]疏忌：疏远，猜忌。[9]谗谄：好谗谮谄谀之人。[10]苛滥：既残酷，又细碎，宽严失度。[11]蜀土先无獠：蜀地原先没有獠人。獠（liáo），少数民族名，分布在今广西、湖南、四川、云南、贵州等地区，是当今壮族的先民。[12]巴西、犍为、梓潼：皆郡名。巴西，在巴郡以西，郡治阆中县，在今四川阆中市西。犍（qián）为，郡治武阳，在今四川眉山市彭山区东。梓潼，郡治涪县，在今四川绵阳市涪城区。[13]落：村落。[14]禁制：禁止，制止。[15]饥馑：荒年，谷不熟为饥，蔬不熟为馑。[16]四境之内：指整个成汉国的国土。[17]萧条：一片破败、荒凉景象。[18]袁乔：字彦叔，陈郡阳夏（今河南太康县）人，东汉末郎中令袁涣玄孙，东晋国子祭酒袁瑰之子，东晋官员、将领。长期担任桓温属官和谋士，参

与了晋灭成汉之战，成功消灭成汉，战后不久即去世。［19］经略大事：意即征伐之事。经略，指开拓疆土而言。［20］非常情所及：不是一般人所想得到、看得到的。［21］了：了然，明白。［22］轻赍：轻装。赍（jī），随身携带。疾趋：快速奔袭。［23］比：等到。［24］出：通过，越过。［25］繁庶：众多。［26］诸葛武侯：即蜀相诸葛亮，凭借蜀汉五次北伐中原。传见《三国志》卷三十五。中夏：指中原地区，这里代指曹魏。［27］胡必窥觎：后赵主石虎必乘隙对我进攻。窥觎（yú），偷看，伺机。［28］侵轶：侵扰。轶（yì），袭击。［29］缘江：沿长江一线。［30］辛未：十一月十一日。［31］拜表即行：桓温给皇帝上表后，随即起兵上路，不等朝廷的指令，以免延误军机。［32］范汪：字玄平，南阳顺阳（今河南淅川县）人，东晋大臣，时任安西将军桓温的长史。传见《晋书》卷七十五。留事：留守荆州，处理日常事务。［33］梁州之四郡：即涪陵、巴东、巴西、巴郡。［34］以博知之：以博弈的道理可以知其必胜。［35］不必得则不为：没有十分的把握则绝对不干。［36］专制朝廷：控制朝廷，对朝廷发号施令。

三年（丁未，347年）

春，二月，桓温军至青衣[1]。汉主势大发兵，遣叔父右卫将军福、从兄镇南将军权、前将军昝坚等将之[2]，自山阳趣合水[3]。诸将欲设伏于江南[4]以待晋兵，昝坚不从，引兵自江北鸳鸯碕渡向犍为[5]。

三月，温至彭模[6]，议者欲分为两军，异道俱进，以分汉兵之势。袁乔曰："今悬军[7]深入万里之外，胜则大功可立，不胜则噍类无遗[8]，当合势齐力，以取一战之捷。若分两军，则众心不一，万一偏败[9]，大事去矣。不如全军而进，弃去釜甑[10]，赍[11]三日粮，以示无还心，胜可必也。"温从之。留参军孙盛、周楚[12]将羸兵守辎重[13]，温自将步卒直指成都。楚，抚之子也。

李福进攻彭模，孙盛等奋击，走之。温进，遇李权，三战三捷，汉兵散走归成都，镇东将军李位都迎诣温降[14]。昝坚至犍为，乃知与温异道，还，自沙头津济[15]，比至，温已军于成都之十里陌[16]，坚众自溃。

势悉众出战于成都之笮桥[17]，温前锋不利，参军龚护[18]战死，矢及温马首。众惧，欲退，而鼓吏误鸣进鼓[19]，袁乔拔剑督士卒力战，遂大破之。温乘胜长驱至成都，纵火烧其城门。汉人惶惧，无复斗志。势夜开东门走，至葭萌[20]，使散骑常侍王幼[21]送降文于温，自称"略阳[22]李势叩头死罪"，寻舆榇面缚诣军门[23]。温解缚焚榇[24]，送势及宗室十余人于建康，引汉司空谯献之等以为参佐[25]，举贤旌善[26]，蜀人悦之。

日南太守夏侯览贪纵[27]，侵刻胡商[28]，又科调船材[29]，云欲有所讨，由是诸国恚愤[30]。林邑王文[31]攻陷日南，将士死者五六千，杀览，以尸祭天，檄交州刺史朱蕃[32]，请以郡北横山[33]为界。文既去，蕃使督护刘雄戍日南[34]。

汉故尚书仆射王誓、镇东将军邓定、平南将军王润、将军隗文等皆举兵反，众各万余[35]。桓温自击定，使袁乔击文，皆破之。温命益州刺史周抚镇彭模，斩王誓、王润。温留成都三十日，振旅还江陵[36]。李势至建康，封归义侯。夏，四月，丁巳[37]，邓定、隗文等入据成都，征虏将军杨谦弃涪城[38]，退保德阳[39]。

（以上为第十三段，写东晋安西将军桓温听从袁乔建议，集中兵力攻打成汉，长驱直入，攻入都城，成汉主李势投降；后来成汉将军邓定、隗文反叛，又攻占了成都。）

【注释】

[1]青衣：蜀县名，县治在今四川雅安市北。 [2]福：即李福，成汉将领，成汉主李势叔父，时为右卫将军。权：即李权，成汉将领，成汉主李势从兄，时为镇南将军。昝（zǎn）坚：成汉将领，时为前将军。 [3]山阳：蜀地名，约在今四川峨眉山市南，大渡河龚嘴水电站。趣合水：扑向合水。趣，同“趋”，奔赴。合水，地名，为青衣江注入岷江处，在今四川乐山市东南。 [4]江南：岷江之南。 [5]鸳鸯碕：蜀地名，在今四川眉山市彭山区东。碕（qí），曲折的堤岸。犍为：郡名，郡治武阳，在今四川眉山市彭山区东。 [6]彭模：蜀地名，在今四川眉山市彭山区东，距成都二百里。 [7]悬军：深入敌方的孤军。 [8]噍类无遗：一个活人也留不下。噍（jiào），嚼，以人能咀嚼，故称。 [9]偏败：两路进军，其中一路失败。 [10]釜甑：丢掉做饭的锅碗瓢盆之类，轻装前进。釜，金属制的烹饪器皿，无足的锅。甑（zèng），瓦制的煮器。按：桓温此举，效法项羽破釜沉舟，激励全军死战。 [11]赍（jī）：持，带着。 [12]参军：军事参谋。孙盛、周楚：东晋将领，时为桓温参军。 [13]羸兵：老弱病残之兵。羸，瘦弱。辎（zī）重：沉重的武器与暂时不用的军需物资。 [14]镇东将军：将军名号，为“四镇将军”之一。东，原为“军”字，据章校改。李位都：成汉将领，时为镇东将军。 [15]自沙头津济：在沙头津渡过岷江。沙头津，渡口名，在今四川眉山市彭山区北二十里的岷江上。 [16]十里陌：蜀地名，在今四川成都市城南。 [17]笮（zuó）桥：桥名，在今四川成都市西南郊外，因以竹索制成，故名之。 [18]龚护：

东晋将领，时为桓温参军，在进攻成汉国的笮桥战役中战死。［19］误鸣进鼓：本来让鸣金收兵，结果误击了进军之鼓。古代打仗，鸣金收兵，击鼓进军。［20］葭（jiā）萌（méng）：县名，县治在今四川广元市西南。［21］王幼：成汉官员，时为散骑常侍，为投降的成汉主李势送降文于桓温。［22］略阳：郡名，郡治临渭县，在今甘肃天水市。［23］寻：紧接着。舆榇面缚：以车载棺跟随，表示请死；两手反绑于身后，而面向前，表示投降。榇（chèn），棺材。诣（yì）军门：到桓温的营门。［24］解缚焚榇：解开绳索，烧掉棺木。古代受降仪式，表示宽大而赦免其死罪。［25］谯献之：巴西南充县（今四川南充市）人，成汉官员，为司空。桓温灭成汉，李势投降，桓温任用谯献之等人作为参佐。参佐：僚属，辅助。［26］旌善：表彰善人。旌，表扬。［27］日南：郡名，郡治西卷，在今越南广治市甘露河与广治河的合流处。夏侯览：时为日南太守。贪纵：贪财，放纵。［28］侵刻胡商：侵扰剥削少数民族的商人。［29］科调船材：征收造船的木材。科调，征集，征收。［30］诸国恚（huì）愤：日南一带诸小国全都对之怨恨不已。［31］林邑王文：林邑国王，名文。林邑，古国名，原是汉代的象林县，县治在今越南广南省维川县南的茶桥。东汉象林县人区连，杀县令，自称林邑王，遂为林邑国。［32］檄：发布檄文，用檄文晓谕。交州：晋州名，州治龙编，在今越南河内市东北。朱蕃：时为交州刺史。［33］横山：山名，胡三省注以为当在日南郡的北界。［34］刘雄：时为交州督护。戍日南：戍守日南。戍，戍守，镇守。［35］“汉故尚书仆射王誓”二句：原成汉国的大臣旧将，尚书仆射王誓、镇东将军邓定、平南将军王润、将军隗（wěi）文等，他们暂时归服桓温，后又举兵反叛，各有一万多人，被桓温一一平定。王誓、王润被杀；邓定、隗文攻入成都。［36］振旅：整顿部队，这里指胜利回师。振，整顿。江陵：郡名，在今湖北荆州市，时为荆州刺史驻镇地。［37］丁巳：四月二十九日。［38］征虏将军：杂号将军之名。杨谦：晋朝的守将。涪（fú）城：涪县县城，在今四川绵阳市东。［39］德阳：县名，县治在今四川遂宁市东南。

赵凉州刺史麻秋攻枹罕[1]。晋昌太守郎坦[2]以城大难守，欲弃外城。武成太守张悛[3]曰：“弃外城则动众心，大事去矣。”宁戎校尉张璩[4]从悛言，固守大城。秋帅众八万围堑[5]数重，云梯地突[6]，百道皆进，城中御之，秋众死伤数万。赵王虎复遣其将刘浑[7]等帅步骑二万会之。郎坦恨言不用，教军士李嘉[8]潜引赵兵千余人登城，璩督诸将力战，杀二百余人，赵兵乃退。璩烧其攻具，秋退保大夏[9]。

虎以中书监石宁[10]为征西将军，帅并、司州[11]兵二万余人为秋等后继。张重华将宋秦[12]等帅户二万降于赵。重华以谢艾为使持节、军师将军，帅步骑三万进军临河[13]。艾乘轺车[14]，戴白帢[15]，鸣鼓而行。

秋望见，怒曰："艾年少书生，冠服如此，轻我也。"命黑稍龙骧[16]三千人驰击之。艾左右大扰[17]。或劝艾宜乘马，艾不从，下车，踞胡床[18]，指麾处分[19]，赵人以为有伏兵，惧不敢进。别将张瑁自间道引兵截赵军后[20]，赵军退，艾乘势进击，大破之，斩其将杜勋、汲鱼[21]，获首虏[22]万三千级，秋单马奔大夏。

五月，秋与石宁复帅众十二万进屯河南[23]，刘宁、王擢略地晋兴、广武、武街[24]，至于曲柳[25]。张重华使将军牛旋[26]拒之，退守枹罕，姑臧大震[27]。重华欲亲出拒之，谢艾固谏。别驾从事索遐曰[28]："君者，一国之镇[29]，不可轻动。"乃以艾为使持节、都督征讨诸军事、行卫将军[30]，遐为军正将军[31]，帅步骑二万拒之。别将杨康[32]败刘宁于沙阜[33]，宁退屯金城[34]。

六月，辛酉[35]，大赦。

秋，七月，林邑复陷[36]日南，杀督护刘雄。

隗文、邓定等立故国师范长生[37]之子贲为帝[38]而奉之，以妖异惑众，蜀人多归之。

赵王虎复遣征西将军孙伏都、将军刘浑帅步骑二万会麻秋军，长驱济河，击张重华，遂城长最[39]。谢艾建牙[40]誓众，有风吹旌旗东南指，索遐曰："风为号令，今旌旗指敌，天所赞也。"艾军于神鸟[41]，王擢与艾前锋战，败，走[42]还河南。

八月，戊午[43]，艾进击秋，大破之，秋遁归[44]金城。虎闻之，叹曰："吾以偏师定九州[45]，今以九州之力困于枹罕，彼有人焉，未可图也！"艾还，讨叛虏斯骨真[46]等万余落，皆破平之[47]。

赵王虎据十州之地[48]，聚敛金帛，及外国所献珍异，府库财物，不可胜纪，犹自以为不足，悉发前代陵墓，取其金宝。

沙门吴进[49]言于虎曰："胡运[50]将衰，晋当复兴，宜苦役晋人以厌其气[51]。"虎使尚书张群[52]发近郡男女十六万人，车十万乘，运土筑华林苑及长墙于邺北，广袤数十里[53]。申钟、石璞、赵揽[54]等上疏陈天文错乱，百姓凋弊[55]。虎大怒曰："使苑墙朝成，吾夕没，无恨矣。"促张群使然烛[56]夜作，暴风大雨，死者数万人。郡国前后送苍麟[57]

十六，白鹿七，虎命司虞张曷柱[58]调之以驾芝盖[59]，大朝会[60]列于殿庭。

九月，命太子宣出祈福[61]于山川，因行游猎。宣乘大辂[62]，羽葆华盖[63]，建天子旌旗，十有六军戎卒十八万出自金明门[64]，虎从其后宫升陵霄观[65]望之，笑曰："我家父子如此，自非[66]天崩地陷，当复何愁！但抱子弄孙，日[67]为乐耳。"

宣所舍[68]，辄[69]列人为长围，四面各百里，驱禽兽，至暮皆集其所[70]，使文武皆跪立，重行围守[71]，炬火如昼，命劲骑[72]百余驰射其中，宣与姬妾乘辇[73]临观，兽尽而止。或兽有迸逸[74]，当围守者，有爵[75]则夺马，步驱[76]一日，无爵则鞭之一百。士卒饥冻死者万有余人，所过三州十五郡，资储皆无孑遗[77]。

虎复命韬继出[78]，自并州至于秦、雍[79]，亦如之。宣怒其与己钧敌[80]，愈嫉之。宦者赵生得幸于宣，无宠于韬，微[81]劝宣除之，于是，始有杀韬之谋矣。

赵麻秋又袭张重华将张瑁，败之，斩首三千余级。枹罕护军李逵[82]帅众七千降于赵，自河以南，氐、羌[83]皆附于赵。

（以上为第十四段，写后赵与前凉的攻斗，前凉将领谢艾用智谋退敌，后赵主石勒大为惊叹；后赵拥有十州之地，石虎及其太子、秦公等尽情享受，物资储备全都挥霍无遗。）

【注释】

［1］枹（fú）罕：县名，县治在今甘肃临夏市，属大夏郡。［2］晋昌：凉郡名，郡治在今甘肃瓜州县东南。郎坦：前凉官员，时为晋昌太守。［3］武成：凉郡名。张悛（quān）：前凉官员，时为武成太守。［4］宁戎校尉：官名，十六国前凉置，领兵，管理少数民族事务。张璩（qú）：字元玉，前凉名将。年十四拜奉车都尉。曾从梁肃破后赵石虎将王擢。前凉主张重华任张璩为宁戎校尉，赵将麻秋率众八万攻枹罕，张璩固守大城，杀伤数万，又击退凉将郎坦。［5］围堑：环城挖壕沟。堑，防御用的壕沟，护城河。［6］云梯：用云梯从高空攻城。地突：挖地道至城中以突然袭击。［7］刘浑：后赵将领。［8］李嘉：前凉官员，时为晋昌太守郎坦军士。［9］大夏：郡名，在今甘肃临夏市。原属凉州张氏，此时被后赵将麻秋占领。［10］石宁：后赵官员，时为中书监。［11］并：即并州，州治晋阳，在今山西太原市。司州：州治洛阳，在今河南洛阳市东。［12］宋秦：前凉将领，投降后赵。［13］临河：地名，东临黄河，与黄河东岸的枹罕相隔不远。

[14]轺车：一匹马拉的轻便小车。《晋书·舆服志》曰："古之军车也，一马曰'轺车'，二马曰'轺传'。"[15]白帢：白色的便帽，未仕者所戴。帢（qià），帽。谢艾乘轺车，戴白帢，是一个文雅书生打扮。[16]黑矟龙骧：勇士、敢死队的名号，持黑槊，像龙虎一样凶猛。矟（shuò），同"槊"，矛一类的兵器。龙骧，龙矫健，善腾跃，用以比喻勇士。[17]大扰：大乱。[18]踞胡床：坐在一把椅子上。胡床，一种可以折叠的轻便坐具，即椅子、板凳之类。[19]指麾处分：指挥、调动。指麾，即指挥。麾，同"挥"。处分，调动，分配。[20]别将：配合主力军作战的部队将领。张瑁（mào）：前凉将领，时为别将。间（jiàn）道：偏僻的小路。[21]杜勋、汲（jí）鱼：后赵将领，在随同麻秋进攻前凉的战斗中被前凉将领谢艾所杀。[22]首虏：斩敌之首与俘获生敌。[23]河南：在今甘肃之临夏市与青海同仁市一带地区，地处黄河之南，距前次作战之枹罕相隔不远。[24]刘宁：后赵将领。略地：拓展地盘，此指袭击、攻击。晋兴：郡名，郡治在今青海民和县西北。广武：郡名，郡治在今甘肃永登县。武街：地名，在今甘肃临洮县东。[25]曲柳：城名，在今甘肃武威市东南。[26]牛旋：前凉将领。[27]姑臧（zāng）：郡名，郡治在今甘肃武威市。大震：震惊，惊恐。[28]别驾从事：四字原无，据章校补。别驾从事，州刺史的高级僚属，每出行，自乘一车，故称"别驾"。索遐（xiá）：前凉官员。张重华时，为别驾从事，拜军正将军，迁司直。[29]一国之镇：犹言一国之主。古称一方的主山为镇，以喻君为一国主宰。[30]行卫将军：同时兼任卫将军。卫将军，官名，帝王禁卫部队的统领。[31]军正将军：官名。十六国前凉置，主管军中法律事务。[32]别将：张重华属下另一支部队的将领。杨康：前凉官员。[33]刘宁：后赵将领。沙阜：地名，在今甘肃武威市。[34]金城：郡名，郡治在今甘肃兰州市西北。[35]辛酉：六月五日。[36]陷：被攻陷，攻破。[37]范长生：字元，天师道首领，任大成政权丞相，封为"四时八节天地太师"，为成国的谋士、军师。传见《晋书》卷一百二十一。[38]贲：即范长生之子范贲，被成汉旧将拥立为成汉皇帝，后被益州刺史周抚、龙骧将军朱焘打败，斩杀，益州平定。传见《晋书》卷一百二十一。[39]城长最：在长最筑城驻军。长最，地名，在今甘肃永登县南。[40]建牙：建旗，竖起大旗。[41]神鸟：城名，在今甘肃武威市南。[42]走：逃走，逃跑。[43]戊午：八月三日。[44]遁归：逃归，躲藏。[45]偏师：指在主力军翼侧协助作战的部队，即非主力部队。九州：意即全国，古称中国境内有九州。[46]斯骨真：人名，前凉人，后赵进攻，叛降后赵，后赵败退后，予以讨伐。[47]破平之：打败叛军，平定地方。[48]十州之地：指幽、并、冀、司、豫、兖、青、徐、雍、秦十州。[49]沙门吴进：一个名叫吴进的和尚。沙门，僧徒。[50]运：运命，气数。[51]苦役晋人：加重对晋国遗民的奴役。以厌其气：以镇压晋王朝的气数。厌，同"压"，镇压，压抑。[52]张群：后赵官员，时为尚书。[53]广袤（mào）数十里：园林的长宽各数十里。古时称东西的长度叫广，南北的长度叫袤。[54]申钟、石璞、赵揽：后赵大臣。申钟，时为侍中、司徒。石璞（pú），一作"石朴"，字玄真，时为司徒。赵揽，时为太史令。[55]凋弊：衰败，困苦。[56]然烛：点起灯笼火把。然，同"燃"。[57]苍麟：青黑色的大公鹿。[58]司虞：主管驯养

禽兽的工人。张曷（hé）柱：人名，禽兽驯养师。［59］调之以驾芝盖：训练它们，让它们拉着一种仙人乘坐的车驾。芝盖，篷顶呈灵芝形的车子，本为仙人之车，这里供帝王乘坐。［60］大朝会：百官朝见帝王，一种礼仪规格最高的朝仪。［61］祈福：祈求福佑。［62］大辂：天子之车，也作"大路"。［63］羽葆华盖：以编织鸟羽为饰的车盖。华盖，指帝王车上的伞盖。［64］金明门：邺城的西门，又名"西明门"。［65］陵霄观：楼观名，石虎时建，在今河北临漳县西南古邺北城后宫内。［66］自非：除非，如果不是。［67］日：天天，每天。［68］所舍：所居住、所休息的地方。舍，止息。［69］辄（zhé）：就，总是。［70］集其所：聚集在石宣的居住之处。［71］重行围守：层层围住那些被驱赶来的野兽。［72］劲骑：骁勇的骑兵。［73］辇（niǎn）：辇车，皇帝、皇后乘坐的用人拉的车。［74］迸（bèng）逸：逃脱，逃走。［75］有爵：有爵位的人。［76］步驱：徒步追捕逃兽。［77］无孑（jié）遗：花费得一点不剩。［78］虎复命韬继出：石虎又命令石韬相继出游。石韬，太子石宣之弟。［79］并州：州治晋阳，在今山西太原市西南。秦、雍：二州名，秦州州治上邽，在今甘肃天水市；雍州州治长安，在今陕西西安市北部。［80］钧敌：规格相同，待遇相等。钧，通"均"。［81］微：暗中，悄悄地。［82］李逵：前凉将领，时为枹罕护军，投降于后赵。［83］氐、羌：即氐族、羌族，十六国时活跃于西部地区的两个少数民族。

冬，十月，乙丑[1]，遣侍御史俞归至凉州[2]，授张重华侍中、大都督，督陇右、关中诸军事，大将军、凉州刺史、西平公。归至姑臧，重华欲称凉王，未肯受诏，使所亲沈猛[3]私谓归曰："主公奕世为晋忠臣[4]，今曾不如鲜卑[5]，何也？朝廷封慕容皝为燕王，而主公才[6]为大将军，何以褒劝[7]忠贤乎！明台宜移河右[8]，共劝[9]州主为凉王。人臣出使，苟利社稷[10]，专之可也[11]。"归曰："吾子失言[12]！昔三代之王[13]也，爵之贵者莫若上公[14]，及周之衰[15]，吴、楚始僭号称王[16]，而诸侯不之非[17]，盖以蛮夷畜之[18]也。借使[19]齐、鲁称王，诸侯岂不四面攻之乎！汉高祖封韩、彭为王，寻皆诛灭[20]，盖权时之宜[21]，非厚之也。圣上以贵公[22]忠贤，故爵以上公，任以方伯[23]，宠荣[24]极矣，岂鲜卑夷狄[25]所可比哉！且吾闻之，功有大小，赏有重轻。今贵公始继世[26]而为王，若帅河右之众，东平胡羯[27]，修复陵庙[28]，迎天子返洛阳，将何以加之乎？"重华乃止。

武都氐王杨初[29]遣使来称藩，诏以初为使持节、征南将军、雍州刺史、仇池公。

十二月，振威护军萧敬文[30]杀征虏将军杨谦，攻涪城，陷之，自称益州牧；遂取巴西，通于汉中。

（以上为第十五段，写东晋派侍御史俞归授予前凉主张重华大都督、凉州刺史、西平公等官职，张重华自比燕王慕容皝，在俞归劝说下，放弃了称王的打算。）

【注释】

[1]乙丑：十月十一日。 [2]侍御史：接受公卿奏事，举劾非法行为。俞归：豫章（今江西南昌市）人，东晋官员。晋永和三年（347）以侍御史奉命至姑臧，授张重华为侍中、大将军、凉州刺史。时张重华方谋称凉王，不受诏，因说之以始继父位，未有功于晋，不宜求为王。重华乃止。至兴宁元年（363）方为张天锡送返。 [3]沈猛：前凉官员，为前凉主张重华亲信。 [4]主公：沈猛对张重华的尊称。奕（yì）世：累世，世代。 [5]曾：居然，竟然。鲜卑：指慕容廆、慕容皝父子，皆被晋朝封为燕王。 [6]才：仅仅。 [7]褒劝：褒奖，激励。 [8]明台：两汉魏晋时称御史府为“御史台”。俞归以侍御史的身份奉帝命出使凉州，故尊称之曰“明台”。移河右：通告河西地区。移，传檄，犹今通告。河右，即河西，凉州地处河西走廊，故称。 [9]共劝：共同推奉、拥戴。 [10]苟：假如，假使。社稷：代指国家。 [11]专之可也：自己拿一回主意是可以的。专，做主，先斩后奏。 [12]吾子：敬称对方沈猛。子是男子的美称，称“吾子”，表示亲近，如同今之“您”。失言：说了错话。 [13]昔三代之王：当初夏、商、周三代天子称王的时候。[14]爵之贵者：勋臣最尊贵的爵位。上公：公爵的上等。 [15]周之衰：周朝走向衰亡。西周灭亡，平王东迁，不但丧失了西周的财富和军队，连土地也丧失了许多，周朝由此衰败。诸侯国造反成功，反杀周天子，震惊了当时的众多诸侯国主，于是，众多诸侯国蠢蠢欲动，周朝一步步走下坡路。 [16]吴、楚始僭号称王：吴国、楚国这些不守王化的国家，开始盗用天子名号，自己擅自称王，如吴王阖闾、吴王夫差、楚文王、楚庄王之类。僭（jiàn），超越本分，古时指地位在下的人冒用地位在上的人的名义或礼仪、器物。 [17]不之非：不非之，不责难他们。 [18]以蛮夷畜之：像对待蛮夷那样对待他们。畜，养，看待。 [19]借使：假使。 [20]“汉高祖”二句：汉高祖刘邦封韩信、彭越为王，不多久就把他们诛灭了。 [21]权时之宜：权宜之计，根据当时的形势而采取的临时措施。 [22]贵公：敬称张氏父子。张氏父子被封为西平公。 [23]方伯：一方的诸侯之长。 [24]宠荣：恩宠与殊荣。 [25]鲜卑夷狄：少数民族之人，这里代指前燕主慕容皝。[26]始继世：刚刚继承父位，管理国事。 [27]东平胡羯：向东平定石虎。按：石勒、石虎是羯族，刘渊、刘聪是胡人，这时胡已经被羯所灭。“胡羯”连称为偏义复词。 [28]修复陵庙：收复西晋王朝的河山，重修晋朝的皇陵、宗庙。 [29]杨初：杨坚头长子。咸康三年（337），杀前仇池国君杨毅，自立为仇池公，为前仇池国第四任国主，向后赵称臣；永和三年（347），遣使向东晋

称藩，封为使持节、征南将军、雍州刺史、仇池公。改封为天水公，后死于内讧。传见《宋书》卷九十八。［30］萧敬文：东晋官吏。永和初，跟随桓温征蜀，为征西督护、振威将军。永和三年（347），杀害镇守涪城的征虏将军杨谦，攻陷涪城，得到巴西，势力达于汉中，自号益州牧。被晋军诛灭。按：胡三省曰："萧敬文以晋新并蜀，又有范贲之乱，故亦乘之而反。"

【点评】

东晋皇帝多短命。在公元342年至公元347年的六年中，东晋的两位皇帝先后去世。东晋皇室多艰，皇帝早逝，国家焉能振兴？明帝司马绍，平定了王敦之乱，稳定了东晋皇朝的局势，时年二十七岁，正当年轻有为时，生病去世，五岁的儿子司马衍继位。司马衍当了十几年的傀儡皇帝，其间经历了苏峻之乱，到了该亲政有所作为的时候，又去世，由他的弟弟司马岳继位。司马岳当了两年的皇帝，二十三岁时去世，由他两岁的儿子司马聃做小皇帝。司马聃尽管做了十几年的小皇帝，到了十九岁时，又生病去世。

东晋皇帝早逝，这是东晋皇室的悲哀，也是历史的悲哀。这些皇帝的早逝，据历史的记载，就是得了重病而去世，只有后面的司马丕是因服药过量而死。

关于东晋几位皇帝的死因，也许不是如史书所说的生病，即使是生病而死，其中也许另有隐情。那么究竟是什么隐情？则有待于发掘新的历史资料。如此，几位皇帝连自己的性命都不能掌控，遑论其作为和功绩？

卷九八　晋纪二十

晋穆帝永和四年至六年（348—350年）

【起著雍涒滩（戊申，348年），尽上章阉茂（庚戌，350年），凡三年】

【大事提要】

本卷记事起公元348年，讫公元350年，凡三年，当晋穆帝（司马聃）永和四年至永和六年。本卷所载大事，主要有五个方面：其一，前燕慕容俊即王位。公元348年，前燕主慕容皝“雄毅多权略”，崇尚汉族文化，平定内部叛乱，击败宇文部和段部，击退后赵进攻，破高句丽，威震北方。去世时，年五十二岁。慕容俊即位，遣使向东晋朝廷告丧。东晋派遣谒者陈沈至前燕，封慕容俊为燕王。其二，石虎杀子，后赵国大乱。其三，石闵屠胡，建国称帝。其四，蒲洪自称三秦王，改姓苻氏。其五，苻健建立前秦。氐族首领蒲洪于公元350年称王后，被后赵将领麻秋毒死。世子苻健杀掉麻秋自立，遣使向东晋告丧请命。苻健自称晋征西大将军，率军向长安进攻，大军长驱直入，攻下长安，即天王位，称大单于，建国号大秦，建元皇始，史称前秦。

孝宗穆皇帝上之下

永和四年（戊申，348年）

夏，四月，林邑寇九真[1]，杀士民什八九[2]。

赵秦公韬有宠于赵王虎，欲立之，以太子宣长，犹豫未决。宣尝忤旨[3]，虎怒曰：“悔不立韬也！”韬由是益骄，造堂于太尉府[4]，号曰“宣光殿”，梁长九丈。宣见之，大怒，斩匠，截梁[5]而去。韬怒，增之至十丈。宣闻之，谓所幸杨杯、牟成、赵生曰[6]：“凶竖傲愎乃敢尔[7]！汝能杀之，吾入西宫[8]，当尽以韬之国邑[9]分封汝等。韬死，主上必临丧[10]，吾因行大事[11]，蔑不济[12]矣。”杯等许诺。

秋，八月，韬夜与僚属宴于东明观[13]，因宿于佛精舍[14]。宣使杨杯等缘猕猴梯[15]而入，杀韬，置[16]其刀箭而去。旦日[17]，宣奏之，虎哀惊气绝，久之方苏。将出临其丧，司空李农[18]谏曰："害秦公者未知何人，贼在京师，銮舆[19]不宜轻出。"虎乃止，严兵发哀于太武殿[20]。宣往临韬丧，不哭，直言"呵呵"[21]，使举衾[22]观尸，大笑而去。收大将军记室参军郑靖、尹武等[23]，将委之以罪[24]。

虎疑宣杀韬，欲召之，恐其不入，乃诈言其母杜后哀过危惙[25]。宣不谓见疑[26]，入朝中宫[27]，因留之[28]。建兴人史科[29]知其谋，告之。虎使收杨杯、牟成，皆亡去[30]，获赵生，诘[31]之，具服[32]。虎悲怒弥甚[33]，囚宣于席库[34]，以铁环穿其颔而锁[35]之，取杀韬刀箭舐[36]其血，哀号震动宫殿。佛图澄[37]曰："宣、韬，皆陛下之子，今为韬杀宣，是重祸[38]也。陛下若加慈恕[39]，福祚[40]犹长；若必诛之，宣当为彗星下扫邺宫[41]。"虎不从。积柴于邺北，树标其上[42]，标末置鹿卢[43]，穿之以绳，倚梯柴积[44]，送宣其下，使韬所幸宦者郝稚、刘霸[45]拔其发，抽其舌[46]，牵之登梯；郝稚以绳贯其颔[47]，鹿卢绞上。刘霸断其手足，斫眼溃肠[48]，如韬之伤。四面纵火，烟炎际天[49]。虎从昭仪已下[50]数千人登中台以观之[51]。火灭，取灰分置诸门交道[52]中。杀其妻子[53]九人。宣少子才数岁，虎素爱之，抱之而泣，欲赦之，其大臣不听[54]，就抱中取而杀之。儿挽[55]虎衣大叫，至于绝带，虎因此发病。又废其后杜氏为庶人，诛其四率[56]已下三百人，宦者五十人，皆车裂节解[57]，弃之漳水[58]。洿其东宫[59]，以养猪牛。东宫卫士十余万人皆谪戍凉州[60]。先是[61]，赵揽[62]言于虎曰："宫中将有变，宜备之。"及宣杀韬，虎疑其知而不告，亦诛之。

（以上为第一段，写后赵太子石宣密谋杀掉其弟太尉石韬，被后赵主石虎查出实情，对石宣进行惨无人道的惩处，诛杀全家，石虎也因此得病，命不久，后赵衰微矣！）

【注释】

[1]林邑：古国名，在今越南中部地区。这时的林邑王名文，姓范氏。九真：郡名，在交州交趾郡南，日南郡、九德郡北，治所胥浦县，在今越南清化省东山县。 [2]什八九：十分之八九，极言其杀人之多。 [3]忤旨：违抗旨意。忤（wǔ），不顺从，违逆。 [4]造堂于太尉府：即秦

王石韬在自己的太尉府建造一座殿堂，称“宣光殿”。按：当时石韬任太尉之职。［5］截梁：截断殿梁。宣光殿触犯太子宣名讳，故太子大怒。［6］所幸：宠幸之人，这里指宦官、太监。杨杯、牟成、赵生：后赵太子石宣死党。［7］凶竖：凶恶的小子。竖，小子，奴才，这里是骂人语。傲愎乃敢尔：居然敢如此狂妄傲慢。愎，固执任性。尔，如此。［8］吾入西宫：意即我日后为赵王时。当时石虎居于西宫，石宣居于东宫。入西宫，即指继位为赵王。［9］国邑：领地、城池。［10］临丧：皇上亲自前来哭丧。临，亲自前来，这里指石虎哭丧石韬。［11］行大事：指杀父篡位。［12］蔑不济：不可能不成功。蔑，无，没有。济，成功。［13］东明观：台观名，在邺城东城。［14］佛精舍：佛教寺庙的宿舍。精舍，和尚修行居住之所，即佛寺。［15］猕猴梯：小而长的梯子，人如猕猴攀缘而上，故称。猕猴，一种小猴子，活泼好动。［16］置：丢下，丢弃。［17］旦日：天亮之后。［18］李农：后赵将领、重臣，赵武帝石虎亲信大臣，时任司空。后与冉闵共掌后赵军政大权。冉闵即皇帝位，建立冉魏政权，封李农为齐王、太宰、录尚书事。因功高震主，被冉闵杀害。传见《晋书》卷一百七。［19］銮舆：即銮驾，天子的车驾，这里即称石虎本人。銮，皇帝车驾上有銮铃，借指皇帝的车驾。［20］严兵：派兵严加戒备。太武殿：石虎于曹魏文昌殿旧址建，在邺城北部，今河北临漳县西南古邺城北。［21］直言“呵呵”：只是干笑了两声。直，只。呵呵，干笑声。［22］举衾：掀起大被。衾（qīn），被。［23］收：逮捕。大将军记室参军：大将军府的属官。郑靖、尹武：后赵官员，石宣指为石韬被杀的替罪羊。［24］将委之以罪：准备给他们强加罪名。将，将要，即将。委，加。［25］诈言：谎称。杜后：石宣、石韬二人的生母杜皇后。哀过危惙：由于悲哀过度而病危。惙（chuò），哀痛，忧伤。［26］不谓见疑：没有想到自己已被石虎所怀疑。见，被。［27］入朝中宫：到皇后所居之宫来拜见他的母亲。中宫，皇后所居之宫。［28］因留之：因而被石虎扣留。留，扣留，拘留。［29］建兴：赵郡名，郡治在今河北广宗县。史科：人名，建兴人，后赵官员。［30］亡去：逃走。［31］诘（jié）：诘问，拷问。［32］具服：全部招认。［33］弥甚：更加厉害。弥，更加。［34］席库：收藏席子的仓库。［35］颔（hàn）：下巴。鏁（suǒ）：同“锁”。［36］舐（shì）：舔。［37］佛图澄：西域高僧。时来到东土弘扬佛法，僧徒众多，弟子常有数百。传见《晋书》卷九十五。［38］重祸：祸上加祸。［39］若加慈恕：指饶过石宣。［40］福祚：指国祚、国运。祚，福。［41］当为彗星：将会变成彗星。彗星，俗名扫帚星，以曳长尾似扫帚，故名。古人认为彗星出现，将有灾难发生。下扫邺宫：指后赵国将遭受灾难。邺宫，都城邺城宫殿，代指后赵国。［42］树标其上：在柴堆上竖起一根高杆。树，竖立，建立。标，标杆，木杆。［43］标末置鹿卢：高杆的顶端装有滑轮。末，顶端。鹿卢，起重用的滑轮。［44］倚梯柴积：倚梯于柴积，在柴堆旁竖起梯子。［45］郝稚、刘霸：后赵宦官，石韬的宠臣。［46］抽其舌：拔去石宣的舌头。［47］贯其颔：套住石宣的脖子。颔，下巴，这里即指脖子。［48］斫眼：凿瞎石宣的眼睛。斫（zhuó），用刀斧砍、击。溃肠：剖腹出肠。溃，打烂。［49］烟炎际天：烟火冲天。际，至，接连。［50］从：使跟从，即带领。昭仪：帝王妃嫔的称号。魏制，王后、夫人之下有昭仪，爵比县侯。昭仪，言昭显其仪，以示尊宠。已下：即以下。已，同“以”。［51］中台：即铜雀台。曹操曾在邺城西北立三台，中台名铜雀台，南台名金虎台，北台名冰井台。遗址在今河北临漳县西南。［52］取灰分置诸门交道：将石宣的骨灰撒在行人过往之处，供过往众人践踏。交道，一纵一横的十字大道。［53］妻子：其妻与其子。［54］大臣不听：大臣不答应，不放过。大臣所以“不听”者，是怕留下祸根，所谓“斩草要除根”。［55］挽：拉住，揪住。［56］四率（shuài）：秦汉时设卫率，主领兵卒和门卫以卫东宫。后世又置司御率、清道率、监门率，合称“四率”，皆太子属官。［57］车裂：即所谓“五马分尸”，一种以车撕裂人体的酷刑，把人的头和四肢分别绑在五辆车上，套上马匹，分别向不同的方向拉，把人的身体硬撕裂为五块。节解：一种断四肢、分解骨节的酷刑。［58］漳水：河北南部的河水名，流经当时邺城的城北。［59］洿其东宫：把石宣居住的东宫掘成泥塘。洿（wū），掘成水池。［60］谪戍凉州：发配到赵国西部的凉州前线戍边。当时后赵与凉州张氏政权的交界线在今甘肃、青海的黄河一线。后赵曾在今甘肃兰州市西北的金城一带设立凉州。谪戍，因罪被罚戍边。［61］先是：以此之前。［62］赵揽：后赵官员，时为太史令。

朝廷论平蜀之功，欲以豫章郡封桓温。尚书左丞荀蕤[1]曰：“温若复平河洛[2]，将何以赏之？”乃加温征西大将军、开府仪同三司，封临贺郡公[3]；加谯王无忌前将军[4]；袁乔龙骧将军[5]，封湘西伯[6]。蕤，崧之子也。

温既灭蜀，威名大振，朝廷惮之。会稽王昱[7]以扬州刺史殷浩有盛名，朝野推服[8]，引为心膂[9]，与参综朝权[10]，欲以抗温[11]。由是与温浸相疑贰[12]。

浩以征北长史荀羡[13]、前江州刺史王羲之[14]，夙有令名[15]，擢羡为吴国内史，羲之为护军将军，以为羽翼。羡，蕤之弟；羲之，导之从子也。羲之以为内外协和[16]，然后国家可安，劝浩不宜与温构隙[17]，浩不从。

燕王皝有疾，召世子俊属之曰：“今中原未平，方资贤杰以经世务[18]。恪智勇兼济[19]，才堪任重[20]，汝其委之[21]，以成吾志[22]！”又曰：“阳士秋士行高洁[23]，忠干贞固[24]，可托大事，汝善待之！”九月，丙申[25]，薨[26]。

赵王虎议立太子，太尉张举[27]曰：“燕公斌有武略[28]，彭城公遵[29]有文德，惟陛下所择。”虎曰：“卿言正起吾意[30]。”戎昭将军张豺曰[31]："燕公母贱，又尝有过[32]，彭城公母[33]前以太子事废，今立之，臣恐不能无微恨[34]，陛下宜审思[35]之！"

初，虎之拔上邽[36]也，张豺获前赵主曜幼女安定公主[37]，有殊色[38]，纳于虎，虎嬖[39]之，生齐公世[40]。豺以虎老病，欲立世为嗣，冀[41]刘氏为太后，己得辅政，乃说虎曰："陛下再立太子[42]，其母皆出于倡贱[43]，故祸乱相寻[44]。今宜择母贵子孝者立之。"虎曰："卿勿言，吾知太子处[45]矣。"虎再与群臣议于东堂[46]，虎曰："吾欲以纯灰三斛自涤其肠[47]，何为专生恶子，年逾二十辄[48]欲杀父！今世方十岁，比其二十，吾已老矣。"乃与张举、李农定议，令公卿上书请立世为太子。大司农曹莫[49]不肯署名，虎使张豺问其故，莫顿首[50]曰："天下重器[51]，不宜立少，故不敢署。"虎曰："莫，忠臣也，然未达朕意。张举、李农知朕意矣，可令谕[52]之。"遂立世为太子，以刘昭仪为后[53]。

冬，十一月，甲辰[54]，葬燕文明王[55]。世子俊即位，赦境内，遣使诣建康告丧。以弟交为左贤王，左长史阳骛为郎中令。

十二月，以左光禄大夫、领司徒、录尚书事蔡谟[56]为侍中、司徒。谟上疏固让，谓所亲[57]曰："我若为司徒，将为后代所哂[58]，义不敢拜[59]也。"

（以上为第二段，写东晋朝廷讨论平定成汉的功劳，桓温受封，显现骄色；前燕主慕容皝去世，太子慕容俊即位；后赵主石勒听从张豺建议，立幼子石世为太子。）

【注释】

[1]尚书左丞：尚书台副官。荀蕤（ruí）：字令远，东晋金紫光禄大夫荀崧之子，初为秘书郎，稍迁尚书左丞，朝廷讨论平蜀之功，欲以豫章郡封赏桓温，荀蕤止封，朝野瞋目。出补东阳太守，除建威将军、吴国内史。[2]河洛：黄河与洛水，这里指该两流域的中原地区，即后赵区域。[3]临贺郡公：临贺郡是其封地，公是封爵名。临贺，郡治临贺县，在今广西贺州市八步区贺街镇，属荆州管辖。[4]谯王无忌：即司马无忌，字公寿，谯愍王司马承之子，袭封谯王。传见《晋书》卷三十七。谯（qiáo）王，封地谯郡，爵位为王，都城在今安徽亳州市。前将军：将军名号。[5]袁乔：字彦叔，长期担任桓温属官和谋士，参与了晋灭成汉之战，立功，为龙骧将军，战后不久即去世。[6]湘西伯：封地湘西，封爵为伯，五等爵位的第三等。[7]会稽王昱：即司马昱，字道万，晋元帝司马睿幼子，先后封琅琊王、会稽王，为抚军将军，升抚军大将军，总统朝政，进位丞相、录尚书事。桓温立为帝，在位仅八个月。谥号简文皇帝，庙号太宗。传见《晋书》

卷九。［8］推服：推崇，佩服。［9］心膂：犹心腹。膂（lǚ），脊骨。心和膂都是人体重要部分，因以喻骨干亲信。［10］参综朝权：参加管理朝廷政事。参综，参与总揽。［11］抗温：抗衡桓温，不使桓温一人独断。抗，抗衡，对抗。［12］浸（jìn）相疑贰：彼此越来越相互猜疑、对立。浸，渐渐，逐渐。贰，变节，背叛。［13］征北长史：征北将军的属官。荀羡：字令则，荀蕤之弟，东晋将领。初娶晋元帝之女寻阳公主，拜驸马都尉，擢为建威将军、吴国内史，迁北中郎将，拜徐州刺史，成为东晋立国以来最年轻的刺史。赠骠骑将军。传见《晋书》卷七十五。［14］王羲之：字逸少，丞相王导侄子，东晋书法家，有“书圣”之称。历任护军将军、秘书郎、宁远将军、江州刺史，为会稽内史，领右将军，习称“王右军”。传见《晋书》卷八十。［15］夙（sù）：平素，平常。令名：美名。［16］内外协和：朝官和地方官协调一致。朝官指殷浩，地方官指桓温。［17］劝浩：劝说殷浩。构隙：结怨，闹矛盾。［18］方资贤杰：正需要依靠贤才英杰。方，正在，正要。资，凭借。以经世务：以管理国家事务。经，经营，治理。［19］恪（kè）：即慕容恪，字玄恭，慕容皝第四子、慕容俊之弟。曾以“连环马”之计擒杀后赵主冉闵，后为太宰，封太原王，尽心辅佐幼主。谥为桓王。后世尊为十六国第一名将。传见《晋书》卷一百十一。智勇兼济：有勇有谋。兼济，兼长，兼通。［20］才堪任重：才能足够胜任所交付给他的重任。堪，胜任。任重，即重任，重要的职任。［21］汝其委之：你要委任他、重用他。其，表示祈求或命令，“要”“一定”的意思。［22］以成吾志：以实现我的愿望，即平定中原。［23］阳士秋：即阳骛（wù），字士秋，东夷校尉阳耽之子，前燕重臣，曾辅佐慕容氏四世。传见《晋书》卷一百十一。［24］忠干贞固：忠诚干练，坚贞可靠。［25］丙申：九月十七日。［26］薨（hōng）：古代称诸侯王或大官等人的死亡。［27］张举：后赵将领，为征北大将军、太尉。［28］燕公斌：即石斌，后赵武帝石虎第六子。石虎临终，任其为大都督、丞相、总领尚书职事，后被刘皇后杀害。武略：军事谋略。［29］彭城公遵：即石遵，字大祗，石虎第九子，封彭城公，后为彭城王。石世继位，为左丞相，不久石遵废杀石世，自立为帝，改元青龙，是后赵第五位国主，在位一百八十三日，为石鉴所杀。传见《晋书》卷一百七。［30］正起吾意：正符合我的心意。起，萌发，动念头。［31］戎昭将军：杂号将军之名，位在左右卫将军上。张豺：后赵大臣，录尚书事、都督中外诸军事、丞相。矫诏处死燕王石斌，扶立十岁的石世为帝，独揽大权。彭城王石遵以清君侧为名起兵，进攻邺城，张豺无法制止，被夷三族。传见《晋书》卷一百七。［32］尝有过：曾经有过失，指咸康六年（340）燕公石斌因好猎而杀礼仪（人名），并欲杀张贺度未果。［33］彭城公母：指前太子邃与彭城公石遵之母郑樱桃，初为天王皇后，后以太子邃事，被废为东海太妃。［34］微恨：略有怨恨。［35］审思：仔细考虑。［36］拔上邽（guī）：前赵主刘曜被石勒打败俘获，刘曜的儿子刘熙退保上邽。石虎率军攻克上邽，又活捉了刘熙、刘胤等。事见《资治通鉴》卷九十四成帝咸和四年（329）。上邽，在今甘肃天水市西南。［37］安定公主：刘曜之女，后赵皇帝石虎皇后。刘曜被俘，石虎贪恋公主美色，纳为昭仪，生子石世。后石世立为太子，并继位。刘氏知燕王石斌没有当上太子，非常痛恨自己，于是设计杀害石斌。彭城王石遵以清君侧为名，乘机起兵，石世被废，刘氏被杀。传见《晋书》卷一百七。［38］殊色：绝色，特别美丽。［39］嬖（bì）：宠幸，宠爱。［40］齐公世：即安定公主刘后所生石世，字元安，石虎幼子，被封为齐公，十岁时被立为太子，同年继位，为后赵第四位国主。彭城王石遵率军反叛，攻打都城邺城，自立为帝，废石世为谯王，不久被杀害。传见《晋书》卷一百七。［41］冀：希冀，希望。［42］再立太子：以往的两次立太子，指先后所立石邃、石宣两太子。再，两次。［43］出于倡贱：出身于低贱的歌女。倡，泛指古代表演歌舞杂戏的艺人。［44］祸乱相寻：指石邃、石宣两任太子都不得善终。相寻，相继，连续不断。［45］知太子处：知道立谁为太子，即立幼子石世为太子。［46］东堂：即太极正殿的东厢房，为政事堂，简称"东堂"。［47］纯灰三斛（hú）：纯净的石灰三石。古一斛也即一石。自涤（dí）其肠：好好洗洗我的肠子。涤，洗涤，清洗。［48］辄（zhé）：总是，就。［49］曹莫：后赵官员，时为大司农。［50］顿首：即磕头，为跪拜礼之一，以头叩地即举而不停留，为正礼。［51］天下重器：国家政权，非同小可，意思是必须严肃认真地选择接班人。重器，犹言大器，比喻关系国家、社稷的重要人物。［52］谕（yù）：晓谕，解说。［53］以刘昭仪为后：将石世生母刘昭仪立为皇后。［54］甲辰：十一月二十六日。［55］燕文明王：即燕王慕容皝，谥号文明。［56］蔡谟（mó）：字道明，东晋重臣。传见《晋书》卷七十七。［57］所亲：所亲信的人，即亲信。［58］所哂（shěn）：所笑，所讥笑。［59］义不敢拜：按道义我绝不能接受这个重任。义，按照道义。蔡谟自谦资历不够。

五年（己酉，349 年）

春，正月，辛未朔[1]，大赦。

赵王虎即皇帝位，大赦，改元太宁；诸子皆进爵为王。

故东宫高力[2]等万余人谪戍凉州，行达雍城[3]，既不在赦例，又敕雍州刺史张茂送之[4]，茂皆夺其马，使之步推鹿车[5]，致粮戍所[6]。高力督定阳梁犊因众心之怨[7]，谋作乱东归，众闻之，皆踊抃[8]大呼。犊乃自称晋征东大将军，帅众攻拔下辨[9]。安西将军刘宁自安定击之[10]，为犊所败。高力皆多力善射，一当十余人，虽无兵甲，掠民斧，施一丈柯[11]，攻战若神，所向崩溃。戍卒皆随之，攻陷郡县，杀长吏、二千石[12]，长驱而东，比至长安，众已十万。乐平王苞尽锐拒之，一战而败。犊遂东出潼关，进趣洛阳。赵主虎以李农为大都督、行大将军事[13]，统卫军将军张贺度等步骑十万讨之[14]，战于新安[15]，农等大败；战于洛阳，又败，退壁成皋[16]。

犊遂东掠荥阳、陈留[17]诸郡，虎大惧，以燕王斌为大都督，督中外诸军事，统冠军大将军姚弋仲[18]、车骑将军蒲洪[19]等讨之。弋仲将其众八千余人至邺[20]，求见虎。虎病，未之见，引入领军省[21]，赐以己所御食[22]。弋仲怒，不食，曰："主上召我来击贼，当面见授方略[23]，我岂为食来邪！且主上不见我，我何以知其存亡邪？"虎力疾[24]见之，弋仲让虎[25]曰："儿死，愁邪，何为而病？儿幼时不择善人教之，使至于为逆；既为逆而诛之，又何愁焉！且汝久病，所立儿幼，汝若不愈，天下必乱，当先忧此，勿忧贼也！犊等穷困思归，相聚为盗，所过残暴，何所能至[26]！老羌为汝一举了之[27]！"弋仲性狷直[28]，人无贵贱皆汝之[29]，虎亦不之责[30]。于坐授使持节[31]、征西大将军，赐以铠马[32]。弋仲曰："汝看老羌堪破贼否[33]？"乃被铠[34]跨马于庭中，因[35]策马南驰，不辞而出。

遂与斌等击犊于荥阳，大破之，斩犊首而还，讨其余党，尽灭之。虎命弋仲剑履上殿[36]，入朝不趋[37]，进封西平郡公[38]；蒲洪为车骑大将军、开府仪同三司，都督雍、秦州诸军事，雍州刺史，进封略阳郡公[39]。

始平人马勖[40]聚兵，自称将军，赵乐平王苞讨灭之，诛三千余家。

（以上为第三段，写后赵主石虎即帝位，改元太宁，原太子石宣的一万多被流放的士兵没有得到宽赦，便举而反叛，攻陷郡县，发展到十万人，后被冠军大将军姚弋仲率兵平定。）

【注释】

[1]辛未朔：记载有误，正月朔戊寅，无辛未。辛未是二月二十四日。[2]高力：大力士，石宣生前曾挑选大力士护卫东宫，称为高力，并置督将以统领之。[3]雍城：城名，本春秋时秦国的都城，后置雍县，县治在今陕西宝鸡市凤翔区西南的豆腐村与河南屯村之间。[4]敕（chì）：皇帝的命令。张茂：后赵官员，时为雍州刺史。送之：押送这些"高力"继续西行。[5]步推鹿车：步行，用人力推着小车运送粮食。鹿车，原指用鹿拉的一种小车，此指人力推拉，故称步推。[6]致粮戍所：运送粮食到被发配戍守的地方。[7]高力督：管理高力卫士的官员。梁犊：为后赵东宫高力护卫都督，他在雍城率被流放的一万多高力卫士反叛，自称晋征东大将军，所遇城塞无不摧陷。不久拥众十余万，大败关中守将石苞，杀出潼关，后赵朝廷震动，石虎调遣重兵镇压，兵败被杀。[8]踊抃（biàn）：跳跃、拍手，欢欣鼓舞的样子。[9]下辨：县名，县治在今

甘肃成县西，当时属于后赵。［10］刘宁：后赵将领，时为安西将军。安定：赵郡名，郡治在今甘肃泾川县北。［11］施一丈柯（kē）：把斧子头安装在一丈长的大棍子上。施，安装。柯，斧子柄。［12］长吏：泛指郡、县的官吏。二千石：指郡一级长官。［13］行大将军事：代理大将军，统领后赵军队。［14］卫军将军：将军名号。张贺度：后赵将领，原为征北将军，现为卫军将军。［15］新安：县名，县治在今河南渑池县东。当时属于后赵。［16］退壁成皋：退到成皋防守。壁，军营的外围工事，这里意即防守。成皋，县名，县治在今河南荥阳市西北的汜水镇。［17］荥阳、陈留：二郡名。荥阳，郡治在今河南荥阳市东北的古荥镇。陈留，郡治在今河南开封市东南。［18］姚弋仲：原为冠军将军，现升格为冠军大将军。羌族。后秦开国皇帝姚苌之父。传见《晋书》卷一百十六。［19］蒲洪：即苻洪（285—350），字广世，氐族，秦景明帝苻健之父，前秦政权奠基者。先后归附前赵、后赵。传见《晋书》卷一百一十二。［20］至邺：自温头戍赶到邺城。温头戍在今河北枣强县东北，自咸和八年（333）石虎使姚弋仲率众戍于此。［21］领军省：领军将军的衙署。汉制，总群臣而听政为省，治公务之所为寺。尚书、中书、门下各官署皆设于禁中，故也称省。领军将军统率帝王的禁卫军，故其衙署亦在宫内。［22］己所御食：石虎自己准备要吃的东西。御食，皇上食物。［23］当面见授方略：姚弋仲要当面向皇上交代退敌的计谋策略。［24］力疾：勉强支撑病体。［25］让虎：责备石虎。［26］何所能至：即“能至何所”的倒装，意即又能走到哪里，成不了什么气候。［27］老羌：我姚弋仲。姚弋仲为羌人，故自称“老羌”。一举了之：一仗解决他。了，收拾，解决。［28］狷（juàn）直：暴躁，耿直。［29］皆汝之：都直称对方曰“你”。汝，你，这里用为动词。［30］不之责：不责怪他。［31］于坐：就在这君臣对坐的时刻。使持节：皇帝授予大臣的旌节，分使持节、持节、假节三种，使持节的权力最大，对属下官员有生杀之权。［32］铠（kǎi）马：铠甲，马匹。［33］堪破贼否：能否打败叛军。堪，能够，可以。［34］被铠：穿上铠甲。被，同“披”，披上，穿上。［35］因：即，随即。［36］剑履上殿：帝王赐给有功大臣的特殊待遇，受赐者可以佩剑穿履朝见皇帝。［37］入朝不趋：也是帝王赐给有功大臣的特殊待遇，受赐者在进入朝堂时可以不必小步疾行。趋，小步疾行，这是古代臣子在君父面前行走的一种特殊姿势。［38］西平郡公：封地西平郡，爵位为公，五等侯爵的第一等。西平，郡治西都，在今青海西宁市。［39］略阳郡公：封地略阳郡，郡治临渭县，在今甘肃天水市。［40］马勖（xù）：始平（在今陕西西安市北）人，曾起兵反抗后赵，被后赵乐平王石苞攻灭。

夏，四月，益州刺史周抚、龙骧将军朱焘击范贲[1]，斩之，益州平。

诏遣谒者陈沈如燕[2]，拜慕容儁为使持节、侍中、大都督、督河北诸军事，幽、平二州牧，大将军、大单于、燕王。

桓温遣督护滕畯[3]帅交、广之兵击林邑王文于卢容[4]，为文所败，退屯九真[5]。

乙卯[6]，赵王虎病甚，以彭城王遵为大将军，镇关右[7]；燕王斌为丞相，录尚书事；张豺为镇卫大将军、领军将军、吏部尚书：并受遗诏辅政。

刘后恶斌辅政，恐不利于太子，与张豺谋去[8]之。斌时在襄国[9]，遣使诈谓斌曰："主上疾已渐愈，王须猎者[10]，可少停[11]也。"斌素好猎、嗜酒，遂留猎，且纵酒。刘氏与豺因矫诏称[12]斌无忠孝之心，免官归第，使豺弟雄帅龙腾五百人守之[13]。

乙丑[14]，遵自幽州至邺，敕朝堂受拜[15]，配禁兵三万遣之，遵涕泣而去。是日，虎疾小瘳[16]，问："遵至未？"左右对曰："去已久矣。"虎曰："恨不见之[17]！"

虎临西阁[18]，龙腾中郎二百余人列拜于前，虎问："何求？"皆曰："圣体不安，宜令燕王入宿卫[19]，典兵马[20]。"或言："乞以为皇太子[21]。"虎曰："燕王不在内邪？召以来！"左右言："王酒病，不能入。"虎曰："促持辇迎之[22]，当付玺绶[23]。"亦竟无行者。寻惛眩[24]而入。张豺使张雄矫诏杀斌。

戊辰[25]，刘氏复矫诏以豺为太保、都督中外诸军，录尚书事，如霍光故事[26]。侍中徐统[27]叹曰："乱将作矣，吾无为预之[28]。"仰药而死。

己巳[29]，虎卒，太子世即位，尊刘氏为皇太后。刘氏临朝称制，以张豺为丞相，豺辞不受，请以彭城王遵、义阳王鉴[30]为左右丞相，以慰其心，刘氏从之。

豺与太尉张举谋诛司空李农，举素与农善，密告之。农奔广宗[31]，帅乞活数万家保上白[32]，刘氏使张举统宿卫诸军围之。豺以张离[33]为镇军大将军，监中外诸军事，以为己副。

彭城王遵至河内[34]，闻丧。姚弋仲、蒲洪、刘宁及征虏将军石闵、武卫将军王鸾等讨梁犊还，遇遵于李城[35]，共说遵曰："殿下长且贤，先帝亦有意以殿下为嗣，正以末年惛惑[36]，为张豺所误。今女主临朝，奸臣用事，上白相持未下，京师宿卫空虚，殿下若声[37]张豺之罪，鼓行[38]而讨之，其[39]谁不开门倒戈而迎殿下者！”遵从之。

五月[40]，遵自李城举兵，还趣邺[41]，洛州刺史刘国帅洛阳之众往会之。檄至邺，张豺大惧，驰召[42]上白之军。

丙戌[43]，遵军于荡阴[44]，戎卒九万，石闵为前锋。豺将出拒之[45]，耆旧羯士皆曰[46]：“彭城王[47]来奔丧，吾当出迎之，不能为张豺守城也！”逾城而出，豺斩之，不能止。张离亦帅龙腾二千，斩关[48]迎遵。刘氏惧，召张豺入，对之悲哭曰：“先帝梓宫未殡[49]，而祸难至此！今嗣子冲幼[50]，托之将军，将军将若之何？欲加遵重位[51]，能弭之乎[52]？”豺惶怖不知所出[53]，但云“唯唯[54]”。乃下诏，以遵为丞相，领大司马、大都督、督中外诸军，录尚书事，加黄钺、九锡[55]。己丑[56]，遵至安阳亭[57]，张豺惧而出迎，遵命执[58]之。

庚寅[59]，遵擐甲曜兵[60]，入自凤阳门[61]，升太武前殿，擗踊[62]尽哀，退如东阁[63]。斩张豺于平乐市[64]，夷其三族。假刘氏令[65]曰：“嗣子幼冲，先帝私恩[66]所授，皇业至重，非所克堪[67]，其以遵嗣位[68]。”于是，遵即位，大赦，罢[69]上白之围。辛卯[70]，封世为谯王[71]，废刘氏为太妃[72]，寻[73]皆杀之。

李农来归罪[74]，使复其位。尊母郑氏为皇太后，立妃张氏为皇后，故燕王斌子衍[75]为皇太子。以义阳王鉴为侍中、太傅，沛王冲[76]为太保，乐平王[77]苞为大司马，汝阴王琨[78]为大将军，武兴公闵[79]为都督中外诸军事、辅国大将军。

（以上为第四段，写后赵主石虎去世，皇太后刘氏与张豺谋杀燕王石斌；彭城王石遵起兵造反，自立为帝，废杀继位的皇帝石世，后赵国内一片大乱。）

【注释】

[1]范贲：涪陵丹心（今重庆市黔江区）人，成汉丞相范长生之子。初为侍中，接替其父为丞相。成汉灭国后，范贲在永和三年（347）被成汉旧将隗文、邓定奉之，于成都称帝，以妖异惑众，后被益州刺史周抚、龙骧将军朱焘讨灭。[2]谒（yè）者：掌宾赞及奉命出使。陈沈：东晋官员，时为谒者。如燕：为东晋使者前往燕国。如，往。[3]滕畯（jùn）：南郡江陵人，征西将军桓温督护，历守西阳、长沙二郡，桓温的府僚之一，曾率交、广二州兵马讨伐林邑国。[4]林邑王文：林邑国王，名文。林邑，古国名，都城林邑在今越南广南省维川县南。卢容：县名，县治

在今越南承天顺化省广田县，当时属日南郡。日南郡在今越南中部，当时属晋。［5］九真：郡名，郡治爰州，在今越南河内市南。［6］乙卯：四月九日。［7］关右：即关西，泛指函谷关以西地区。［8］去：去除，铲除。［9］斌时在襄国：燕王石斌驻镇襄国。襄国，后赵原来的都城，在今河北邢台市。［10］王须猎者：你要是想打猎的话。须，同“需”，需要。［11］少停：可以再停留一段时间。少，同“稍”，稍稍，略微。［12］矫诏称：假传石虎的命令说。矫诏，假传圣旨。［13］雄：即张雄，张豺之弟。帅：同“率”，率领。龙腾：石虎卫队的名号，取其英武矫健之意。守之：围守燕王石斌。［14］乙丑：四月十九日。［15］敕朝堂受拜：让他在朝廷的正殿接受任命，意思是不让他拜见父亲石虎。敕，皇帝的诏令。［16］小瘳（chōu）：病情稍有好转。［17］恨不见之：遗憾没有见到他。恨，遗憾。［18］西阁：邺城皇宫太武殿的西阁。［19］入宿卫：进宫保卫皇帝。宿卫，在宫中值宿，担任警卫。［20］典兵马：主管宫中禁卫部队。典，执掌，主管。［21］乞以为皇太子：请求让石斌成为皇太子。乞，乞求，请求。［22］促持辇迎之：赶紧派车接他进来。促，火速。辇（niǎn），皇帝的车子。［23］当付玺绶：我要把皇帝的印玺交给他掌管。古代印玺上系有彩色丝带，称绶，这里即称印玺。［24］寻惛眩：很快又昏迷过去。寻，接着。惛（hūn），迷乱，糊涂。［25］戊辰：四月二十二日。［26］如霍光故事：刘氏矫诏张豺辅政，依照当年西汉的霍光辅佐年幼的汉昭帝的旧例。［27］徐统：后赵官员。官至司隶校尉、侍中。有知人之鉴，见过氐族首领苻洪的孙子苻坚后说：“此儿有霸王之相。”徐统见皇后刘氏假传诏令，以张豺总揽朝政，觉得大祸将要来临，便服毒自尽。传见《晋书》卷一百一十四。［28］吾无为预之：我没有必要卷在这里头。预，参与。［29］己巳：四月二十三日。［30］义阳王鉴：即石鉴，字大郎，石虎第三子，封义阳王。后石鉴为后赵第六位皇帝。传见《晋书》卷一百七。［31］广宗：县名，县治在今河北威县东，当时属赵。［32］乞活：到有粮之地就食以求生的流民。《晋书·东海王越传》曰：“初，东嬴公腾之镇邺也，携并州将田甄……部众万余人至邺，遣就谷冀州，号为‘乞活’。”是后流徙逐粮者亦曰“乞活”。上白：城名，在今河北威县南。［33］张离：后赵右仆射，领五兵尚书，张豺死党。［34］至河内：彭城王石遵由关西回邺城，中途到达河内郡。河内，郡治野王，在今河南沁阳市。［35］李城：城名，在今河南温县。［36］惛惑：昏庸糊涂，被人蛊惑。惛，迷乱，昏聩。［37］声：声讨。［38］鼓行：击鼓前进，公开地对其进行讨伐。古人行军，击鼓则进，鸣金则止，因称进军为鼓行。［39］其：表示估计、推测的副词，“大概”“或许”的意思。［40］五月：二字原无，据章校补。［41］还趣邺：回军，直奔邺城而去。趣，同“趋”，奔赴。［42］驰召：火速召之使回。［43］丙戌：五月十一日。［44］荡阴：县名，也称“汤阴”，县治在今河南汤阴县西南。［45］豺将出拒之：五字原无，据章校补。［46］耆旧（qí）：故老，年老的旧好，这里指旧部，老部下。羯（jié）士：羯人与汉人。［47］彭城王：即石遵，封为彭城王。彭城，在今江苏徐州市。［48］斩关：砍掉邺城城门的锁，这里指打开城门。［49］梓宫未殡：棺材尚未下葬。帝王常以梓木做棺材，故称其灵柩曰“梓宫”。停灵以接受祭吊称作“殡”。这里的“未殡”，指尚未安葬。［50］嗣（sì）子：继承皇位之子，即石虎幼子石世。冲幼：年纪幼小。［51］加遵重位：提高石遵的官爵。［52］能弭之乎：能消除这场灾难吗？弭，停止，结束。［53］惶怖：恐惧，慌乱。不知所出：不知道如何是好。［54］唯唯：犹言“哦哦”，应答词，顺应而不表示可否，这是人在惊慌失措时的表现。［55］黄钺（yuè）：以黄金为饰的斧。古代为帝王所专用，或特赐给专主征伐的重臣。九锡：古代帝王赏赐给权臣的九种特殊器物，分别是车马、衣服、乐县、朱户、纳陛、虎贲、斧钺、弓矢、秬鬯，是最高礼遇的表示。锡，通“赐”，赐给。［56］己丑：五月十四日。［57］安阳亭：安阳地区的亭名，在今河北临漳县西南的古邺城附近。［58］执：捉拿，拘捕。［59］庚寅：五月十五日。［60］擐甲曜兵：身穿铠甲，手持兵器。擐（huàn），穿，贯。曜，亮出，手执。［61］凤阳门：邺城南面西门，门头上有金凤凰，故名。［62］擗踊：捶胸顿足，极其悲痛的样子。擗（pǐ），连续拍打，捶胸。［63］如：到，至。东阁：太武殿的东阁。［64］平乐市：邺城中的集市名。［65］假刘氏令：假传刘太后的命令。［66］私恩：个人的喜爱感情，意即不顾国家的礼法与利益。［67］非所克堪：不是幼儿石世所能胜任的。克堪，胜任。［68］其以遵嗣（sì）位：现在让石遵继承帝位。其，表示命令的副词。［69］罢：解除。［70］辛卯：五月十六日。［71］谯王：封地谯郡，在今安徽亳州市。石世即位为帝，凡三十三日，即被贬为谯王。［72］太妃：古代用来尊封给先朝嫔御的位号。刘氏原为皇后，皇帝去世后，应封为皇太后，因其子石世贬为谯王，故降格为太妃。［73］寻：接着，时隔不久。［74］归罪：自首，投案。［75］衍：即石衍，燕王石斌之子。石虎死后，刘太后和张豺除掉了石斌。石遵杀了刘太后和石世，自立为帝，立石衍为太子。不久石鉴、冉闵篡位，又杀害了石遵、石衍。［76］沛王冲：即石冲，石虎之子，最终被冉魏皇帝冉闵杀死。［77］乐平王：原为乐平公，据章校改。封地乐平郡，都城沾县，在今山西昔阳县西南。［78］汝阴王琨：即石琨，石虎第八子，封汝阴王，封地汝阴郡，国都汝阴县，在今安徽阜阳市。［79］武兴公闵：即石闵，也称“冉闵”，石虎的养孙。武兴公，封地武兴，爵位为公。石闵从此开始掌握后赵大权。

甲午[1]，邺中暴风拔树，震电，雨雹大如盂升[2]。太武晖华殿灾[3]，及诸门观阁荡然无余，乘舆服御[4]，烧者太半[5]，金石皆尽，火月余乃灭。

时沛王冲镇蓟[6]，闻遵杀世自立，谓其僚佐曰：“世受先帝之命，遵辄[7]废而杀之，罪莫大焉！其敕[8]内外戒严，孤将亲讨之。”于是，留宁北将军沭坚戍幽州[9]，帅众五万自蓟南下，传檄燕、赵[10]，所在云集[11]，比至常山[12]，众十余万，军于苑乡[13]，遇遵赦书[14]，冲曰：“皆吾弟也，死者不可复追，何为复相残乎！吾将归矣。”其将陈暹[15]曰：“彭城篡弑自尊[16]，为罪大矣！王虽北旆[17]，臣将南辕[18]，俟平京师[19]，擒彭城，然后奉迎大驾[20]。”冲乃复进。遵驰遣王擢以书喻[21]冲，冲弗听。遵使武兴公闵及李农帅精卒十万讨之。战于平棘[22]，冲兵大败，获冲于元氏[23]，赐死，坑[24]其士卒三万余人。

武兴公闵言于遵曰：“蒲洪，人杰也，今以洪镇关中，臣恐秦、雍之地非国家之有。此虽先帝临终之命，然陛下践阼[25]，自宜改图[26]。”遵从之，罢洪都督，余如前制。洪怒，归枋头[27]，遣使来降[28]。

燕平狄将军慕容霸[29]上书于燕王俊曰：“石虎穷凶极暴，天之所弃，余烬[30]仅存，自相鱼肉[31]。今中国倒悬[32]，企望仁恤[33]，若大军一振[34]，势必投戈[35]。”北平太守孙兴亦表言[36]：“石氏大乱，宜以时进取中原。”俊以新遭大丧[37]，弗许。

霸驰诣龙城[38]，言于俊曰：“难得而易失者，时也。万一石氏衰而复兴，或有英雄据其成资[39]，岂惟失此大利，亦恐更为后患。”俊曰：“邺中虽乱，邓恒[40]据安乐[41]，兵强粮足，今若伐赵，东道不可由[42]也，当由卢龙[43]；卢龙山径[44]险狭，虏乘高断要[45]，首尾为患，将若之何？”霸曰：“恒虽欲为石氏拒守，其将士顾[46]家，人怀归志，若大军临之，自然瓦解。臣请为殿下前驱，东出徒河[47]，潜趣令支[48]，出其不意，彼闻之，势必震骇[49]，上不过闭门自守，下不免弃城逃溃[50]，何暇[51]御我哉！然则殿下可以安步而前[52]，无复留难[53]矣。”

俊犹豫未决，以问五材将军封奕[54]，对曰：“用兵之道，敌强则用智，敌弱则用势[55]。是故以大吞小，犹狼之食豚[56]也；以治易乱[57]，犹日之消雪[58]也。大王自上世[59]以来，积德累仁，兵强士练[60]。石虎极其残暴，死未瞑目[61]，子孙争国，上下乖乱[62]。中国之民，坠于涂炭[63]，延颈企踵以待振拔[64]。大王若扬兵南迈[65]，先取蓟城，次指邺都，宣耀威德[66]，怀抚遗民[67]，彼孰不扶老提幼以迎大王[68]？凶党将望旗冰碎[69]，安能为害乎！”从事中郎黄泓[70]曰：“今太白经天[71]，岁集毕北[72]，阴国受命[73]，此必然之验也，宜速出师，以承天意[74]。”折冲将军慕舆根[75]曰：“中国之民困于石氏之乱，咸思易主[76]以救汤火之急，此千载一时，不可失也。自武宣王[77]以来，招贤养民，务农训兵，正俟[78]今日。今时至不取，更复顾虑，岂天意未欲使海内平定邪，将[79]大王不欲取天下也？”

俊笑而从之。以慕容恪为辅国将军，慕容评为辅弼将军，左长史阳骛为辅义将军，谓之“三辅”。慕容霸为前锋都督、建锋将军，选精兵二十余万，讲武戒严[80]，为进取之计。

六月，葬赵王虎于显原陵[81]，谥曰“武帝”[82]，庙号太祖。

（以上为第五段，写后赵诸子争国，乱成一团，前燕动了觊觎之心，慕容霸、封奕、黄泓、慕舆根等认为是千载难逢的机会，前燕主慕容俊最终拍板，做好攻战后赵的准备。）

【注释】

[1]甲午：五月十九日。[2]盂（yú）：盛汤浆或食物的敞口器皿。升：容量单位。[3]太武晖华殿：宫殿名，即太武殿、晖华殿，后赵皇宫宫殿，在今河北临漳县西南古邺城北。灾：失火。[4]乘舆服御：皇帝的车驾、衣服以及各种生活日用的东西。御，使用。[5]太半：一大半。[6]镇蓟：镇守蓟城。蓟，在今北京市。[7]辄（zhé）：便，就。[8]敕：敕令，命令。[9]宁北将军：杂号将军之名。沭坚：人名，后赵将领，时为宁北将军。戍幽州：驻守幽州。幽州，州治即蓟城。[10]传檄燕、赵：发出讨伐石遵的檄文于燕、赵地区。檄，檄文，声讨文书。[11]所在云集：极言响应者之多。[12]比至常山：等到达常山郡时。比，等到。常山，郡名，郡治真定，在今河北正定县南。[13]苑乡：县名，县治在今河北邢台市任泽区东北。[14]赦书：赦免石冲兴兵问罪的诏书。[15]陈暹（xiān）：后赵将领，时为沛王石冲的亲信。[16]彭城：即石遵，封为彭城王。篡弑自尊：杀君夺位，自称皇帝。[17]北旆：犹言向北回师。旆（pèi），古时末端像燕尾形状的旗子。[18]南辕：车向南走，指继续向南，杀向邺城。辕，车前驾牲畜的两根直木，代指车。[19]俟：等待，等到。京师：京都，此指后赵都城邺城。[20]奉迎大驾：意即到那时再迎接您到邺城称帝。大驾，指石冲。[21]王擢（zhuó）：匈奴屠各人，后赵将领，为西中郎将、秦州刺史。先后投靠多个政权。传见《晋书》卷一百七。喻：劝说，晓谕。[22]平棘（jí）：县名，县治在今河北赵县东南。[23]元氏：县名，县治在今河北元氏县西北。[24]坑：坑杀。[25]践阼（zuò）：指登上帝位。阼，大堂前东西的台阶。[26]改图：改变主意。[27]枋（fāng）头：地名，在今河南卫辉市西南。东汉建安九年（204），曹操曾在此用大枋木筑堰，截淇水使东北流入白沟，以通漕运。时人称为“枋头”，亦称“枋堰”，为军事要地。[28]遣使来降：派使者来东晋请求投降。[29]慕容霸：即慕容垂。[30]余烬（jìn）：残灰，比喻残余势力。[31]自相鱼肉：自相残杀。[32]中国倒悬：中原之民深陷水深火热之中。倒悬，头向下脚向上地倒挂着，以喻其处境极其困苦危急。[33]企望仁恤：盼着仁义之师去解救他们。企望，举足翘望。企，提起脚后跟。恤，体恤，周济。[34]振：动。[35]投戈：

丢下兵器，表示投降。［36］北平：郡名，西晋改右北平郡置，郡治徐无县，在今河北遵化市东，时属前燕管辖。孙兴：前燕北平太守。表：上表，上书。［37］大丧：指前燕主慕容皝去世。［38］驰诣（yì）：飞马奔到。龙城：前燕都城，慕容皝新建，在今辽宁朝阳市。［39］据其成资：将其现有的资本接收过去。成资，现有的资本、基础。［40］邓恒：后赵征东将军，善于领兵。［41］安乐：据胡三省注，“安乐”应作“乐安”。乐安，县名，在今河北昌黎县西南。［42］不可由：不可通行。［43］卢龙：山道名，即卢龙塞，在今河北迁西县北喜峰口一带。曹操征乌桓，与慕容俊进兵中原，均经由此道。［44］山径：山道，山路。［45］乘高断要：居高临下地将我们拦腰截断。要，同“腰”，半腰。［46］顾：顾念。［47］徒河：县名，县治在今辽宁锦州市西北，当时属前燕。［48］潜趣令支：暗中奔向令支。趣，同“趋”，疾走，奔赴。令支，城名，在今河北遵化市东南、昌黎县西北。［49］震骇（hài）：震惊，惊惧。［50］逃溃（kuì）：逃跑，溃奔。［51］何暇：哪里顾得上。暇，空闲。［52］安步而前：安稳地前进。［53］无复留难：不会再有任何阻挠、障碍。留难，无理阻止，故意刁难。［54］五材将军：慕容氏所置的将军名号。封奕（yì）：字子专，前燕重臣。传见《晋书》卷一百九。［55］势：势力，威力。［56］豚（tún）：小猪。［57］以治易乱：以一个安定统一的国家去对付一个内部混乱的国家。易，改变，对付。［58］消雪：融化积雪。［59］上世：犹上代，指慕容皝。［60］练：精明，干练。［61］死未瞑目：刚死，还没有闭上眼睛，极言赵国的变乱发生之快。［62］上下乖乱：上下相互冲突，相互叛乱。乖，背离，违背。［63］坠（zhuì）：坠落，掉下。涂炭：烂泥和炭火，在今所谓水深火热。［64］延颈企踵（zhǒng）：伸长脖子，踮起脚跟，形容盼望解救之殷切。企，抬起脚后跟站着。振拔：拯救。［65］扬兵南迈：即出兵南下。迈，行。［66］宣耀威德：宣扬、显示燕王的兵威与德政。［67］怀抚遗民：安抚那些战乱之下剩余的百姓。［68］孰：谁。提幼：携幼。［69］冰碎：谓溃散。［70］从事中郎：郎官的一种，为帝王近侍官。黄泓（hóng）：字始长，晋朝大臣，归附慕容廆，先为谋主，后为参军事，官至西海太守，兼领太史令。传见《晋书》卷九五。［71］太白经天：太白星白天出现。太白，即金星，一名启明星，应在清晨出现。现在白天出现，意味着将有重大战争发生。《汉书·天文志》曰：“太白经天，天下革民更王。”［72］岁集毕北：木星运行到了毕星的北侧。岁，即岁星，又名木星。《汉书·天文志》曰：“岁星所在，国不可伐，可以伐人。”毕，即毕星，星宿名，二十八宿之一，有星八颗。昴、毕二宿是赵国和冀州的分野，而燕国正在毕星之北。［73］阴国受命：我们燕国正好接受天命，为全国之王。昴、毕二宿间为主国界的天街二星。天街西南为阴国，正下应燕；而岁集毕北，明阴国当受命而王。［74］以承天意：以顺应上天的旨意。［75］慕舆根：前燕将领。初为帐下将，后为折冲将军、领军将军、太师。［76］咸思易主：都想更换一个君主。咸，皆，都。易，改换。［77］武宣王：即慕容廆。其孙慕容俊称帝，追谥为武宣皇帝，庙号高祖。传见《晋书》卷一百八。［78］俟（sì）：等待，等候。［79］将：抑或，还是，转折语词。［80］讲武：讲习武事，操练军队。戒严：严密戒备，做好攻战准备。［81］显原陵：后赵武帝石虎的陵寝，位于河北邢台市百泉村。［82］谥曰“武帝”：四字原无，据章校补。

桓温闻赵乱，出屯安陆[1]，遣诸将经营北方。赵扬州刺史王浃举寿春降[2]；西中郎将陈逵[3]进据寿春。征北大将军褚裒[4]上表请伐赵，即日戒严，直指泗口[5]。朝议以裒事任贵重[6]，不宜深入[7]，宜先遣偏师[8]。裒奏言："前已遣前锋督护王颐之[9]等径造彭城[10]，后遣督护麋嶷进据下邳[11]，今宜速发，以成声势[12]。"秋，七月，加裒征讨大都督，督徐、兖、青、扬、豫五州诸军事。裒帅众三万，径赴彭城，北方士民降附者日以千计。

朝野皆以为中原指期可复，光禄大夫蔡谟独谓所亲[13]曰："胡灭，诚为大庆，然恐更贻朝廷之忧[14]。"其人曰："何谓也？"谟曰："夫能顺天乘时济群生[15]于艰难者，非上圣[16]与英雄不能为也，自余则莫若度德量力[17]。观今日之事，殆非时贤所及[18]，必将经营分表[19]，疲民以逞[20]，既而才略疏短[21]，不能副心[22]，财殚力竭[23]，智勇俱困，安得不忧及朝廷乎！"

鲁郡民五百余家相与起兵附晋，求援于褚裒，裒遣部将王龛、李迈将锐卒三千迎之[24]。赵南讨大都督李农帅骑二万与龛等战于代陂[25]，龛等大败，皆没于赵[26]。八月，裒退屯广陵[27]。陈逵闻之，焚寿春积聚，毁城遁还[28]。裒上疏乞自贬[29]，诏不许，命裒还镇京口[30]，解征讨都督。时河北大乱，遗民二十余万口渡河欲来归附，会裒已还，威势不接[31]，皆不能自拔[32]，死亡略尽。

（以上为第六段，写东晋在后赵大乱后的举动，征西大将军桓温出兵驻扎安陆，派遣大将开辟北方；褚裒率军出击，朝廷授予征讨大都督，大败亏输，无功而还。）

【注释】

[1]安陆：县名，县治在今湖北安陆市西北。 [2]王浃（jiā）：后赵将领，时为扬州刺史。举寿春降：带领寿春城投降东晋朝。寿春，县名，县治在今安徽寿县。 [3]陈逵：字林道，三国名士陈群的后裔，东晋西中郎将，领梁、淮南二郡太守，镇戍历阳。殷浩北伐，进军许昌、洛阳，陈逵担任前锋。袭父爵封为广陵公，赠卫将军。 [4]褚裒（póu）：字季野，东晋大臣、外戚。时任左将军、兖州刺史，进号征北大将军。传见《晋书》卷九十三。 [5]直指泗口：兵锋直接指向泗口。泗口，即泗水入淮河之口，在今江苏淮安市淮阴区西南。 [6]事任贵重：职位过高。褚裒为

褚太后之父，建元二年（344），拜徐、兖二州刺史，镇京口。［7］不宜深入：四字原无，据章校补。［8］宜先遣偏师：应该先派一支小部队打一下试试。偏师，非主力部队。［9］前锋督护：先锋部队的统领。前锋，二字原无，据章校补。督护，方面镇将的部将，专职军事职务。王颐之：时为征北大将军褚裒前锋督护。［10］径造：直达，直取。彭城：郡名，郡治在今江苏徐州市，当时属后赵。［11］麋（mí）嶷（yí）：时为征北大将军褚裒督护。下邳（pī）：郡名，郡治在今江苏邳州市南，当时属后赵。［12］以成声势：以造成一种大举北伐的声威阵势。［13］所亲：左右亲近之人，亲信。［14］更贻朝廷之忧：又给朝廷带来新的忧患。贻，遗留，造成。［15］济群生：拯救黎民百姓。［16］上圣：大圣，德才最高之人。［17］自余：其余的人。度德量力：衡量自己的品德能否服人，估计自己的能力能否胜任。《左传·隐公十一年》曰："度德而处之，量力而行之。"［18］殆非时贤所及：恐怕不是眼下这些人所能做到的。蔡谟并不看好褚裒等人的德行和能力，后来的事实也证明是如此。时贤，指褚裒等人。及，达到，完成。［19］经营分表：做一些他们能力达不到的事情。分表，分量之外，指力量所达不到。［20］疲民以逞：靠着劳民伤财，以满足他们的心愿。逞，得逞，满足意愿。［21］才略疏短：即才疏略短。略，谋略，计谋。疏，粗疏，不周密。［22］副心：称心。［23］财殚力竭：资财耗尽，筋疲力尽。殚、竭，竭尽。［24］王龛（kān）、李迈：褚裒部将。将锐卒：率领精锐士兵。［25］代陂（bēi）：堤坝名，在今山东滕州市。［26］皆没于赵：都被赵人所俘获。没，覆没，尽灭。［27］广陵：郡名，郡治在今江苏扬州市。［28］遁还：逃回长江一线。遁，潜逃。［29］乞自贬：请求降自己的职。［30］京口：县名，在今江苏镇江市。［31］威势不接：声威气势已去，不能接应。［32］自拔：自救，自己逃脱。

赵乐平王苞谋帅关右之众攻邺，左长史石光、司马曹曜[1]等固谏，苞怒，杀光等百余人。苞性贪而无谋，雍州[2]豪杰知其无成，并[3]遣使告晋，梁州刺史司马勋[4]帅众赴之[5]。

杨初袭赵西城[6]，破之。

九月，凉州官属共上张重华[7]为丞相、凉王，雍、秦、凉三州牧。重华屡以钱帛赐左右宠臣，又喜博弈[8]，颇[9]废政事。征事索振[10]谏曰："先王夙夜[11]勤俭以实府库，正以仇耻未雪，志平海内故也。殿下嗣位[12]之初，强寇侵逼，赖重饵[13]之故，得战士死力，仅保社稷[14]。今蓄积已虚而寇仇[15]尚在，岂可轻有耗散，以与无功之人乎！昔汉光武躬亲万机[16]，章奏诣阙[17]，报不终日[18]，故能隆中兴之业[19]。今章奏停滞[20]，动经时月[21]，下情[22]不得上通，沈冤困于囹圄[23]，殆[24]

非明主之事也。”重华谢[25]之。

司马勋出骆谷[26]，破赵长城戍[27]，壁于悬钩[28]，去长安二百里，使治中刘焕攻长安[29]，斩京兆太守刘秀离[30]，又拔贺城[31]；三辅豪杰多杀守令以应勋[32]，凡三十余壁[33]，众五万人。赵乐平王苞乃辍[34]攻邺之谋，使其将麻秋、姚国等将兵拒勋[35]。赵主遵遣车骑将军王朗[36]帅精骑二万以讨勋为名，因劫苞送邺。勋兵少，畏朗，不敢进[37]。冬，十月，释悬钩[38]，拔宛城[39]，杀赵南阳太守袁景[40]，复还梁州。

初，赵主遵之发李城[41]也，谓武兴公闵曰：“努力！事成，以尔为太子。”既而立太子衍。闵恃功，欲专朝政[42]，遵不听。闵素骁勇[43]，屡立战功，夷、夏宿将皆惮之[44]。既为都督，总内外兵权，乃抚循[45]殿中将士，皆奏为殿中员外将军[46]，爵关外侯[47]。遵弗之疑[48]，而更题名善恶以挫抑之[49]，众咸怨怒。中书令孟准[50]、左卫将军王鸾[51]劝遵稍夺闵兵权，闵益恨望[52]，准等咸劝诛之。

十一月，遵召义阳王鉴、乐平王苞、汝阴王琨、淮南王昭等入议[53]于郑太后前，曰：“闵不臣之迹渐著，今欲诛之，如何？”鉴等皆曰：“宜然！”郑氏曰：“李城还兵，无棘奴[54]，岂有今日！小骄纵之[55]，何可遽杀[56]！”鉴出，遣宦者杨环驰以告闵。闵遂劫李农及右卫将军王基[57]密谋废遵，使将军苏彦、周成帅甲士三千人执遵于南台[58]。遵方与妇人弹棋[59]，问成曰：“反者谁也？”成曰：“义阳王鉴当立。”遵曰：“我尚如是，鉴能几时[60]！”遂杀之于琨华殿[61]，并杀郑太后、张后、太子衍、孟准、王鸾及上光禄张斐[62]。

鉴即位，大赦。以武兴公闵为大将军，封武德王，司空李农为大司马，并录尚书事，郎闿[63]为司空，秦州刺史刘群[64]为尚书左仆射，侍中卢谌[65]为中书监。

（以上为第七段，写东晋凉州刺史司马勋攻打后赵，功绩式微；后赵王室内讧不已，你方唱罢我登台，石遵即位不久，义阳王石鉴借石闵之手杀石遵而自立为帝。）

【注释】

[1]石光：后赵官员，时为左长史。曹曜（yào）：后赵官员，时为司马。 [2]雍州：州治长

安，在今陕西西安市，时属后赵。［3］并：一齐，不约而同。［4］梁州：州治南郑，在今陕西汉中市。司马勋：字伟长，梁州刺史，率军攻打后赵；拜征虏将军、监关中军事、西戎校尉，封通吉亭侯。后反叛，自称梁益二州牧、成都王。兵败被杀。传见《晋书》卷三十七。［5］帅众赴之：率军到雍州援救那些反赵的豪杰。［6］杨初：白马氐人，杨坚头长子，武都郡氐族头领。咸康三年（337）篡权继位，为前仇池国第四任君主，遣使向东晋称藩。西城：县名，县治在今陕西安康市西北。［7］共上：共同给东晋王朝上书拥戴。张重华：张骏之子，前凉第五位国主，公元346年至公元353年在位。［8］博弈：下棋赌博。［9］颇：稍，略微。［10］征事：官名，丞相属官。索振：前凉国主张重华征事。［11］夙夜：从早到晚。夙（sù），早晨。［12］嗣位：继位。嗣，继承。［13］重饵：指收买笼络战士所用的钱帛重赏。饵，钓鱼用的鱼食。［14］仅保社稷：仅仅保住了国家不致灭亡。仅，勉强。［15］寇仇：指石氏政权。［16］汉光武：即东汉开国皇帝刘秀。躬亲万机：亲自处理国家的各种事务。［17］诣阙：送到朝廷。阙（què），宫门两侧的台观，这里指朝廷。［18］报不终日：不到一整天就能作出批复。终日，一整天。［19］隆中兴之业：使东汉的中兴大业得以昌盛。隆，兴隆，兴盛，使动用法。［20］停滞：受到阻碍，不能顺利地运行。滞，滞留。［21］动经时月：常常一拖延就是一个月，乃至几个月。动，常常，动不动地。时，一个季度，即三个月。［22］下情：犹民情，百姓们的意见。［23］沈冤：含有重大冤枉的人。沈，同“沉”。困于囹（líng）圄（yǔ）：被陷入牢狱，欲告无门。［24］殆：大概，恐怕。［25］谢：谢罪，表示歉意。［26］骆谷：山谷名，在今陕西周至县西南，是汉中地区通往关中的一条山路的北段。［27］长城戍：古军事堡垒，在今陕西周至县，三国时魏国的邓艾曾在此与蜀将姜维对峙。［28］壁于悬钩：在悬钩构筑工事进行防守。悬钩，地名，在今陕西周至县西南骆谷的北口。［29］治中：即治中从事，刺史的高级佐官，主众曹文书，居中治事，故名治中。刘焕：东晋官员，时为司马勋治中从事。［30］京兆：三国魏时改京兆尹为京兆郡，郡治在今陕西西安市。刘秀离：时为后赵京兆太守。［31］贺城：城名，在今陕西周至县。［32］三辅：西汉都城长安周围的三个郡，即京兆尹、左冯翊、右扶风，相当于今陕西的关中地区。守令：郡守，县令。［33］三十余壁：三十多座营寨、壁垒。［34］辍（chuò）：停止，中止。［35］麻秋（？—350）：太原（今山西太原市）人，羯族，后赵将领。后被蒲洪之子健所杀。传见《晋书》卷一百六。姚国：后赵将领。［36］王朗：后赵将领，时为车骑将军。［37］畏朗，不敢进：胡三省曰：“使桓温于是时攻关中，关中可取也。”［38］释悬钩：放弃了悬钩要塞。［39］拔宛城：攻克宛城。宛城，在今河南南阳市，当时为后赵南阳郡的郡治所在地。［40］袁景：后赵官员，时为南阳太守，被杀。［41］发李城：从李城出发的时候。李城，城名，在今河南温县。［42］专朝政：独揽朝政大权。［43］骁勇：勇猛，矫健。［44］夷、夏宿将：少数民族、汉族的资深老将。惮（dàn）：畏惧，害怕。［45］抚循：同“抚慰”，安抚，关心。［46］殿中员外将军：殿中将军的候补人员。员外，视同“编外”。［47］关外侯：爵位名，为汉献帝建安二十年曹操所置，无国邑，位在关内侯下。［48］弗之疑：即“弗疑之”，不怀疑他这样做的目的。［49］题名善恶：在爵位前加上表明善恶的字样。挫抑：压制。［50］中书令：与中书监同为中书省长官，权同宰相。孟准：后赵大臣，石遵时为中书令。曾劝说后赵主石遵把石闵杀掉，后反被石闵所杀。［51］左卫将军：主管宫廷护卫。王鸾（luán）：后赵大臣，石遵时为左卫将军。［52］恨望：犹怨望、怨恨。［53］入议：入宫商议。［54］棘奴：石闵的小名。［55］小骄纵之：意思是他的行为表现是有些娇惯放纵，但我们还是应该稍微宽容一点。小，意思同“稍”。骄纵，自以为是，非常骄傲和放纵。［56］何可遽杀：怎么能够突然置之于死地。遽（jù），突然，立即。［57］王基：后赵将领，时为右卫将军。［58］苏彦、周成：后赵将领，石闵死党。南台：邺城三台之一，原名金虎台，石虎置金凤凰于台顶，改名金凤台。［59］弹棋：古代棋类游戏，是汉成帝时发明，盛行于魏、晋的一种博戏。［60］能几时：能维持多久？［61］琨华殿：后赵都城邺城的宫殿名。［62］张斐（fēi）：后赵官员，时为上光禄大夫，石闵发动宫廷政变时被杀。［63］郎闿（kǎi）：后赵大臣。石虎继位，封为光禄大夫；石鉴即位，封为司空。［64］刘群：字公度，西晋司空刘琨之子，后赵大臣。传见《晋书》卷六十二。［65］卢谌（chén）：字子谅，曹魏司空卢毓曾孙，进入后赵朝廷，历任中书侍郎、国子祭酒，迁侍中、中书监等职。

秦、雍流民相帅西归［1］，路由枋头［2］，共推蒲洪为主，众至十余万。洪子健［3］在邺，斩关出奔枋头。鉴惧洪之逼，欲以计遣［4］之，乃以洪为都督关中诸军事、征西大将军、雍州牧、领秦州刺史。洪会官属，议应受与不［5］？主簿程朴［6］请且与赵连和，如列国［7］分境而治。洪怒曰：“吾不堪为天子邪［8］，而云列国乎［9］！”引［10］朴斩之。

都乡元穆侯［11］褚裒还至京口，闻哭声甚多，以问左右，对曰：“皆代陂死者之家［12］也。”裒惭愤发疾，十二月，己酉［13］，卒。以吴国内史［14］荀羡为使持节，监徐兖二州、扬州之晋陵［15］诸军事，徐州刺史，时年二十八，中兴方伯未有如羡之少者［16］。

赵主鉴使乐平王苞、中书令李松、殿中将军张才夜攻石闵、李农于琨华殿，不克，禁中搅乱。鉴惧，伪若不知者，夜斩松、才于西中华门［17］，并杀苞。

新兴王祗，虎之子也，时镇襄国，与姚弋仲、蒲洪等连兵，移檄中外，欲共诛闵、农。闵、农以汝阴王琨为大都督，与张举及侍中呼延盛［18］帅步骑七万分讨祗等。

中领军石成、侍中石启［19］、前河东太守石晖［20］谋诛闵、农，闵、农皆杀之。龙骧将军孙伏都、刘铢[21]等帅羯士三千伏于胡天[22]，亦欲诛闵、农。鉴在中台[23]，伏都帅三十余人将升台挟鉴[24]以攻之。鉴见伏都毁阁道[25]，临问[26]其故。伏都曰："李农等反，已在东掖门[27]，臣欲帅卫士讨之，谨先启知[28]。"鉴曰："卿是功臣，好为官陈力[29]，朕从台上观，卿勿虑无报[30]也。"于是，伏都、铢帅众攻闵、农，不克，屯于凤阳门[31]。闵、农帅众数千毁金明门[32]而入。鉴惧闵之杀己，驰招闵、农，开门内之[33]，谓曰："孙伏都反，卿宜速讨之。"闵、农攻斩伏都等，自凤阳至琨华[34]，横尸相枕，流血成渠。宣令内外六夷[35]，敢称兵仗[36]者斩！胡人或斩关[37]、或逾城[38]而出者，不可胜数。

闵使尚书王简，少府王郁[39]帅众数千守鉴于御龙观[40]，悬食以给[41]之。下令城中曰："近日孙、刘构逆[42]，支党伏诛，良善一无预[43]也。今日已后[44]，与官同心[45]者留，不同者各任所之[46]。敕[47]城门不复相禁。"于是，赵人[48]百里内悉入城，胡、羯去者填门[49]。闵知胡之不为己用[50]，班令内外[51]："赵人斩一胡首送凤阳门者，文官进位三等，武官悉拜牙门[52]。"一日之中，斩首数万。闵亲帅赵人以诛胡、羯，无贵贱、男女、少长皆斩之，死者二十余万，尸诸城外[53]，悉为野犬豺狼所食，其屯戍四方者[54]，闵皆以书命赵人为将帅者诛之，或高鼻多须滥死者半[55]。

燕王俊遣使至凉州，约张重华共击赵。

高句丽王钊[56]送前东夷护军宋晃于燕[57]，燕王俊赦之，更名曰"活"，拜为中尉[58]。

（以上为第八段，写氐族首领蒲洪欲与后赵分道扬镳；后赵宫廷政变继续发酵，后赵主石鉴派将领攻打石闵、李农，失败；石闵得势，控制石鉴，尽杀胡人羯人。）

【注释】

[1]秦、雍流民：指咸和四年（329）与八年（333）被石虎迁往关东和司、冀二州的氐、羌及秦、雍之民。相帅：相继，陆续。西归：重新返回到雍州、秦州一带。 [2]路由枋头：在他们路过枋头的时候。枋（fāng）头，地名，在今河南卫辉市西南的淇门渡。 [3]健：即蒲健，初名蒲罴，字建业，氐族，蒲洪第三子，前秦开国皇帝。传见《晋书》卷一百十二。 [4]遣：派遣，差遣。 [5]应受与不：是否应该接受后赵的封拜？不（fǒu），同"否"。 [6]程朴：后赵官

员，时为蒲洪主簿。［7］列国：并列之国。［8］吾不堪为天子邪：难道我就不能做皇帝吗？不堪，不能，不可。［9］而云列国乎：怎么能说我与他是并列之国呢？［10］引：牵出，拉出。［11］都乡元穆侯：褚裒封为都乡侯，谥号元穆，故称之。穆，此字原无，据章校补。［12］家：家属。［13］己酉：十二月七日。［14］吴国内史：朝廷派到吴国的行政长官。吴国，诸侯国名，封地为吴郡，吴王只享有俸禄，行政长官由朝廷派出，称内史，相当于郡太守。［15］扬州之晋陵：扬州境内的晋陵郡由于迁徙过来的徐州流民过多，因而也属徐州。晋陵，郡名，孙吴时称毗陵。永嘉五年（311）避东海王越世子司马毗讳，改为晋陵。郡治京口，在今江苏镇江市。西晋末大乱，徐州、淮北流民相继逃到江南，居于晋陵郡界。咸和四年（329），郗鉴又徙淮南流民于晋陵各县，并立侨郡以统辖。［16］中兴方伯：东晋建国以来的州刺史、督军等方面大员。少：年少。［17］西中华门：后赵都城邺城的西中门。［18］呼延盛：后赵官员，时为侍中。［19］中领军：官名，统率亲兵卫士和禁军，掌管禁军，主持选拔武官，监督管制诸武将。石成、石启：后赵官员，时为中领军，率军攻打石闵、李农，兵败被杀。［20］石晖：后赵河东太守，率军攻打石闵、李农，兵败被杀。［21］孙伏都、刘铢（zhū）：后赵将领，两人集结三千羯族死士，准备在邺城假意挟持石鉴，再诱杀冉闵、李农等。然事败，被诛。传见《晋书》卷一百七。［22］胡天：石氏宫中的官署名。［23］中台：即铜雀台，曹操所建，在邺城，在今河北临漳县西南。［24］升台挟鉴：登上铜雀台挟持石鉴。［25］阁道：复道，楼阁之间的空中通道。［26］临问：从上俯身向下问。［27］东掖门：石氏皇宫的东旁门。［28］启知：禀告。［29］好为官陈力：好好地为国家出力。官，指国家，也指皇帝。陈力，贡献力量。［30］勿虑无报：不要担心得不到酬劳。报，报酬，酬劳。［31］凤阳门：邺城城门名，为南面西门。［32］金明门：邺城的西门，又名“西明门”。［33］开门内之：打开殿门，让他们进来。内，同“纳”，接纳，使进入。［34］琨华：即琨华殿，后赵都城邺城宫殿名。［35］六夷：古指东夷、西南夷、西羌、西域、南匈奴、乌桓、鲜卑等各族，这里泛指石氏政权下的各少数民族。［36］称兵仗：携带刀枪。称，举，这里即指携带。兵仗，泛指兵器。［37］斩关：砍断门闩，打开城门。［38］逾城：跨越城墙。［39］王简：后赵尚书，石闵亲信。王郁：后赵少府，石闵亲信。［40］守鉴：看守石鉴。御龙观：宫观名，曹魏筑，在今河北临漳县西南古邺城北部。［41］悬食以给：用绳索系吊食物给他。［42］孙、刘：即龙骧将军孙伏都、刘铢。构逆：发动叛乱。［43］良善一无预：良善之人一概不受牵连。［44］已后：以后。已，同“以”。［45］与官同心：意即拥护现在皇帝的人。此处的“官”字即指皇帝。［46］各任所之：任凭他们想去哪里就去哪里。［47］敕（chì）：敕令，命令。［48］赵人：此指战乱之前的赵地人，即汉族人。［49］填门：沿着门口向外挤，形容出城的胡人羯人之多。［50］胡之不为己用：胡人、羯人是不会拥护自己，成为自己的子民的。胡，这里也兼指羯。胡是刘渊、刘聪、刘曜等人的种族，即匈奴人，羯是石勒、石虎所属的种族。［51］班令内外：向朝廷内外发布命令。班，颁布，发布。［52］牙门：牙门将的省称，指负责在牙门里统领士兵指挥作战的将领，泛指偏将，副将。［53］尸诸城外：陈尸于城外。尸，投尸，陈尸。诸，“之于”的合音字。［54］屯戍四方者：此指镇守各地的胡人、羯人。［55］高鼻多须滥死者：指外貌像胡、羯而被无辜杀死的汉人。滥死，不当死而死。半：占死者的一半。［56］高句丽王钊：高句丽的国王名钊。［57］东夷护军：即东夷护军校尉，三国魏置，掌鲜卑慕容部、段部、宇文部及高句丽事，西晋沿置，前燕亦置。宋晃：本慕容皝将领，咸康四年（338）降赵，赵攻棘城大败，宋晃惧，投奔高句丽。［58］中尉：官名，秦汉时为武职，主管京畿治安，指挥禁卫军部队，为负责京师安全的高级军官。

六年（庚戌，350 年）

春，正月，赵大将军闵欲灭去石氏之迹[1]，托以谶文[2]有"继赵李[3]"，更国号曰"卫"，易姓李氏[4]，大赦，改元青龙[5]。太宰赵庶[6]、太尉张举，中军将军张春[7]、光禄大夫石岳[8]、抚军石宁[9]、武卫将军张季及公侯、卿、校、龙腾[10]等万余人，出奔襄国[11]，汝阴王琨奔冀州[12]。抚军将军张沈据滏口[13]，张贺度据石渎[14]，建义将军段勤据黎阳[15]，宁南将军杨群据桑壁[16]，刘国据阳城[17]，段龛据陈留[18]，姚弋仲据滠头[19]，蒲洪据枋头，众各数万，皆不附于闵。勤，末柸之子；龛，兰之子也。

王朗、麻秋自长安赴洛阳。秋承闵书[20]，诛朗部胡千余人。朗奔襄国。秋帅众归邺，蒲洪使其子龙骧将军雄[21]迎击，获之，以为军师将军。

汝阴王琨及张举、王朗帅众七万伐邺，大将军闵帅骑千余与战于城北。闵操两刃矛，驰骑击之，所向摧陷[22]，斩首三千级，琨等大败而去。闵与李农帅骑三万讨张贺度于石渎。

闰月[23]，卫主鉴密遣宦者赍书[24]召张沈等，使乘虚袭邺。宦者以告闵、农，闵、农驰还，废鉴，杀之，并杀赵主虎二十八孙，尽灭石氏。姚弋仲子曜武将军益、武卫将军若帅禁兵数千斩关奔滠头[25]。弋仲帅众讨闵，军于混桥[26]。

司徒申钟[27]等上尊号于闵[28]，闵以让李农，农固辞。闵曰："吾属故晋人也，今晋室犹存，请与诸君分割州郡，各称牧、守、公、侯，奉表迎晋天子还都洛阳何如[29]？尚书胡睦[30]进曰："陛下圣德应天，宜登大位[31]。晋氏衰微[32]，远窜江表[33]，岂能总驭[34]英雄，混壹四海[35]乎！”闵曰：“胡尚书之言，可谓识机知命[36]矣。”乃即皇帝位，大赦，改元永兴[37]，国号大魏。

（以上为第九段，写后赵大将军石闵专政，更国号为卫；后赵主石鉴欲除石闵，结果惹火烧身，被废杀；石闵又尽杀石氏子孙，自立为帝，更改年号为永兴，立国号为大魏。）

【注释】

[1]欲灭去石氏之迹：想消除石氏政权的一切痕迹。[2]托以谶文：假托预言吉凶的谶文。谶（chèn）文，古代阴谋家为实现某种目的而编造的一种预言。如秦末出现的“灭秦者，胡也”，汉代尹敏编造的“君无口，为汉辅”等，皆是其显例。[3]继赵李：继承后赵政权的人，姓李。[4]易姓李氏：意谓石闵改姓“李”。“姓”与“氏”本来有区别，“姓”是一个大的族群，里面再分若干支派叫“氏”。后来人们将其混用、连用。[5]改元青龙：后赵皇帝石鉴的年号，历时1年，即公元350年。冉闵拥立石鉴，改国号为卫，改石氏为李氏，改后赵年号太宁为青龙。[6]赵庶：后赵太宰，位同丞相。[7]张春：后赵中军将军。[8]石岳：后赵光禄大夫。[9]石宁：后赵抚军将军，后为凉州刺史。[10]张季：后赵武卫将军。龙腾：后赵宫廷卫队的名号，取其英武矫健之意。[11]出奔襄国：投奔石祗。石祗是石虎的儿子，当时驻兵襄国，在今河北邢台市。[12]冀州：州治在今河北衡水市冀州区。[13]张沈：后赵抚军将军。滏（fǔ）口：山口名，在今河北磁县西北鼓山，两山夹峙，形成长约千米、宽仅百米的狭长通道，是古都邑邺（今河北临漳县西南）西出太行之要道。[14]石渎（dú）：也称石窦堰，在今河北临漳县西南的古邺城东。[15]建义将军：杂号将军之名，后赵所置。段勤：兵变首领之一，鲜卑人，段部鲜卑首领、辽西公段末柸之子。段氏灭亡后归后赵，时为冉闵的建义将军，据守黎阳，后集结胡、羯部众一万余人据守绎幕（今山东平原县），自称赵帝。不久，投降前燕，被杀。传见《晋书》卷一百四。黎阳：古镇名，也是古黄河的渡口名，在今河南卫辉市东。[16]杨群：后赵宁南将军。桑壁：据胡注，桑壁指汉桑中县故城，俗称石勒城，在今河北平山县东南。[17]阳城：遗址在今河南内黄县东北。[18]段龛（kān）：鲜卑族，前任首领段兰之子。永和六年（350），趁乱占据广固（今山东青州市），自称齐王。传见《晋书》卷一百十。陈留：赵郡名，郡治小黄县，在今河南开封市东。[19]滠（shè）头：地名，在今河北枣强县东北。[20]承闵书：按照石闵来信的要求。承，接受。[21]雄：即蒲雄，字元才，氐族，前秦惠武帝蒲洪少子，蒲坚之父，前秦开国功臣。传见《晋书》卷一百十二。[22]所向摧陷：所向无敌的意思。摧陷，攻破，陷落破败。[23]闰月：闰二月。[24]赍（jī）书：带着密信。[25]益：即姚益，姚弋仲之子。若：即姚若，姚弋仲之子。[26]混桥：桥名，在今河北临漳县西南古邺城东北。[27]申钟：魏郡魏县（今河北魏县）人，

司徒。传见《周书》卷三十二。［28］上尊号于闵：拥戴石闵为皇帝。尊号，古代尊崇皇帝、皇后的称号。［29］何如：二字原无，据章校补。［30］胡睦：后赵尚书，曾劝石闵称帝。［31］大位：即帝位。［32］晋氏：即东晋司马氏。衰微：衰败，微弱。［33］江表：指长江以南的地区，从中原地区看，地处长江之外，泛称江表。［34］总驭：统领，驾驭。总，凝聚，统领。［35］混壹：犹言“统一”。四海：代指整个国家。［36］识机知命：识时务，知天命。机，时机。［37］改元：更改年号。永兴：十六国时冉魏政权冉闵年号，公元350年闰二月至公元352年四月，共计3年。

朝廷闻中原大乱，复谋进取。己丑[1]，以扬州刺史殷浩为中军将军、假节，都督扬、豫、徐、兖、青五州诸军事；以蒲洪为氐王[2]、使持节、征北大将军、都督河北诸军事、冀州刺史、广川郡公[3]；蒲健[4]为假节、右将军、监河北征讨前锋诸军事、襄国公[5]。

姚弋仲、蒲洪各有据关右[6]之志。弋仲遣其子襄[7]帅众五万击洪，洪迎击，破之，斩获三万余级。洪自称大都督、大将军、大单于、三秦[8]王，改姓苻氏[9]。以南安雷弱儿[10]为辅国将军；安定梁楞[11]为前将军，领左长史；冯翊鱼遵为后将军[12]，领右长史；京兆段陵[13]为左将军，领左司马；王堕为右将军，领右司马[14]；天水赵俱[15]、陇西牛夷[16]、北地辛牢[17]皆为从事中郎，氐酋毛贵为单于辅相[18]。

二月，燕王儁使慕容霸将兵二万自东道出徒河[19]，慕舆于自西道出蠮螉塞[20]，儁自中道出卢龙塞[21]以伐赵。以慕容恪、鲜于亮[22]为前驱，命慕舆埿槎山通道[23]。留世子晔守龙城[24]，以内史刘斌[25]为大司农，与典书令皇甫真留统后事[26]。

霸军至三陉[27]，赵征东将军邓恒惶怖[28]，焚仓库，弃安乐[29]，遁去[30]，与幽州刺史王午共保蓟[31]。徒河南部都尉孙泳急入安乐[32]，扑灭余火，籍其谷帛[33]。霸收安乐、北平[34]兵粮，与儁会临渠[35]。

三月，燕兵至无终[36]，王午留其将王佗[37]以数千人守蓟，与邓恒走保鲁口[38]。乙巳[39]，儁拔蓟，执王佗，斩之。儁欲悉坑其士卒千余人[40]，慕容霸谏曰：“赵为暴虐，王兴师伐之，将以拯民于涂炭而抚有中州[41]也，今始得蓟而坑其士卒，恐不可以为王师之先声[42]也。”乃释之[43]。儁入都于蓟[44]，中州[45]士女降者相继。

燕兵至范阳[46]，范阳太守李产[47]欲为石氏拒燕，众莫为用，乃帅八城令长[48]出降。俊复以产为太守。

产子绩为幽州别驾[49]，弃其家从王午在鲁口。邓恒谓午曰："绩乡里在北[50]，父已降燕，今虽在此，恐终难相保，徒为人累，不如去之[51]。"午曰："此何言也！夫以当今丧乱[52]，而绩乃能立义捐家[53]，情节之重[54]，虽古烈士[55]无以过，乃欲以猜嫌[56]害之，燕、赵之士闻之，谓我直相聚为贼[57]，了无意识[58]。众情[59]一散，不可复集，此为坐自屠溃[60]也。"恒乃止。午犹虑诸将不与己同心，或致非意[61]，乃遣绩归[62]。绩始辞午往见燕王俊，俊让[63]之曰："卿不识天命，弃父邀名[64]，今日乃始来邪！"对曰："臣眷恋[65]旧主，志存微节[66]，官身所在，何事非君[67]。殿下方以义取天下，臣未谓得见之晚也[68]。"俊悦，善待之。

俊以弟宜为代郡城郎[69]，孙泳为广宁[70]太守，悉置幽州郡县守宰。

甲子[71]，俊使中部俟厘慕舆句督蓟中留事[72]，自将击邓恒于鲁口。军至清梁[73]，恒将鹿勃早[74]将数千人夜袭燕营，半已得入，先犯[75]前锋都督慕容霸，突入幕下[76]，霸起奋击，手杀十余人，早不能进，由是燕军得严[77]。俊谓慕舆根曰："贼锋甚锐，宜且避之。"根正色曰："我众彼寡，力不相敌，故乘夜来战，冀万一获利[78]。今求贼得贼[79]，正当击之，复何所疑！王但安卧，臣等自为王破之！"俊不能自安，内史李洪[80]从俊出营外，屯高冢[81]上。根帅左右精勇数百人从中牙[82]直前击早，李洪徐整骑队[83]还助之，早乃退走。众军追击四十余里，早仅以身免，所从士卒死亡略尽[84]。俊引兵还蓟[85]。

（以上为第十段，写北方战乱，东晋再次谋划进取中原；姚弋仲、蒲洪都怀有占据关中的志向，相互火并；前燕出动三路大军攻打石闵，占据了蓟城。）

【注释】

[1]己丑：闰二月十八日。[2]以蒲洪为氐王：蒲洪原是氐族人，去年遣使来降，今经略中原，故授任以怀来之。[3]广川郡公：封地广川郡，爵位为公。广川郡，郡治广川县，在今河北景县西南广川镇。[4]蒲健：即苻健，蒲洪第三子。[5]襄国公：封地襄国，爵位为公。襄国，地名，在今河北邢台市。[6]关右：即关西，泛指函谷关以西地区。[7]襄：即姚襄，字

景国，羌族首领姚弋仲第五子，姚苌异母兄。初随父姚弋仲归顺后赵，父死后归顺东晋，受到殷浩排挤，率部北归，为大司马桓温击破。后追杀前秦名将邓羌，兵败被杀。追封魏王，谥为魏武王。传见《晋书》卷一百十六。［8］三秦：指今陕西关中一带地区。［9］改姓苻（fú）氏：据说蒲洪是由于看到谶文上有所谓“草付应王”及其孙蒲坚背上生有“艸付”字样，故而改姓“苻”，其孙蒲坚遂改名苻坚。［10］雷弱儿：南安（今甘肃陇西县）人，十六国时前秦名将、大臣。事见《晋书》卷一百十二。［11］梁楞：安定（甘肃镇原县）人，前秦开国元勋，前秦八位辅政大臣之一。［12］鱼遵：冯翊（在今陕西大荔县）人，十六国时前秦大臣，为蒲（苻）洪后将军，后为前秦国主蒲（苻）健的太师、广宁公。后将军：后，原文为“右”字，据章校改。［13］段陵：十六国时前秦将领，任为左将军，领左司马。［14］王堕为右将军，领右司马：十字原无，据章校补。王堕，字安生，京兆霸城人，十六国时前秦宰相、天文学家，为右将军，领右司马。传见《晋书》卷一百十二。［15］赵俱：天水人，十六国时前秦大臣，任从事中郎，后为河内太守，戍守温县（今河南温县）。［16］牛夷：人名，陇西人，十六国时前秦官员。［17］辛牢：北地人，十六国时前秦开国功勋，任从事中郎、右司马、尚书令、吏部尚书、丞相。［18］氐酋：氐族人的头领。毛贵：氐族人，十六国时前秦大臣。苻健时任太傅，受苻健遗命辅政。因天文官进言有“三年内国有大丧，大臣戮死”，即位不足三个月的苻生残忍杀之以应天文。单于辅相：掌管境内少数民族事务。［19］徒河：县名，县治在今辽宁锦州市西北。［20］慕舆于：人名，十六国时前燕将领。蠮（yē）螉（wēng）塞：关塞名，在今北京市昌平区西北的居庸关。［21］卢龙塞：关塞名，在今河北喜峰口附近，古有山道自今天津市蓟州区南来，东北行经遵化，再经喜峰口东北行，通往辽西到大凌河流域。［22］鲜于亮：范阳人，前燕将领。初仕后赵主石虎，为别将。成康四年（338）战败投降前燕，为左常侍，后以功迁扬威将军，历章武（今河北大城县）、齐郡（今山东淄博市）太守。［23］慕舆埿（ní）：复姓慕舆，名埿，前燕官员，多有战功，为轻车将军、平北将军、武强公。槎山通道：劈山开路，开通道路。槎（zhà），砍，削。［24］世子晔（yè）：即慕容晔，景昭帝慕容俊嫡长子，先为世子，攻打冉魏时，让他驻守龙城。慕容俊即帝位后，立为皇太子，后病逝，谥为献怀太子。龙城：前燕都城，在今辽宁朝阳市。［25］刘斌：前燕官员，为慕容皝长史，后为慕容俊内史，升为大司农。［26］典书令：官名，位在常侍下、侍郎上。皇甫真：字楚季，安定朝那（今宁夏固原市）人，前燕重臣，先后辅佐慕容廆、慕容皝、慕容俊、慕容暐四位君主，担任辽东国侍郎、平州别驾，官至侍中、太尉。太和五年（370），前秦灭亡前燕，皇甫真归顺前秦，担任奉车都尉，数年后去世。传见《晋书》卷一百十一。留统后事：统管后方事宜。［27］三陉：地名，在今河北滦县北的横山上。［28］邓恒：后赵征东将军，善于领兵。惶怖：恐惧，惊慌。［29］安乐：当作“乐安”，地名，在今河北昌黎县西南。［30］遁去：逃跑，逃走。［31］共保蓟（jì）：邓恒、王午两人协防，共同保卫蓟县。［32］孙泳：前燕国将领，时为河南部都尉。安乐：当作“乐安”。邓恒退出乐安，孙泳立即进驻。［33］籍其谷帛：将救下来的粮食、绢帛都登记入册。籍，登记造册。［34］安乐：当作“乐安”。北平：郡名，郡治徐无县，在今河北遵化市遵化镇西。［35］临渠：一名临沟城，以临沟渠得名，在今河北三河市东。［36］无终：县名，县治在今天津市蓟州区。［37］王佗（tuó）：后赵将领，时为幽州刺史王午部将。［38］鲁口：城名，在今河北饶阳县。［39］乙巳：三月五日。［40］悉：尽。坑：坑杀。［41］涂炭：烂泥与炭火，比喻黎民遭受的灾难困苦。抚有中州：安定并占有中原地区。抚有，据有，占有。中州，以河南为中心的黄河中游地区。［42］不可以为王师之先声：王者之师的开头不应该是这种样子。先声，犹先导、开端。［43］乃释之：三字原无，据章校补。［44］入都于蓟：进驻蓟县，并以蓟县作为燕国的都城。［45］中州：中原地区。［46］范阳：郡名，郡治在今河北涿州市。［47］李产：字子乔，为后赵范阳太守，前燕大军压境，率领八县令长投降，复以为范阳太守，后为尚书，转太子太保。［48］帅：同"率"，率领。八城令长：范阳所属的八个县的县令、县长。八城，即八县，指涿县、良乡、方城、长乡、遒县、故安、范阳、容城。［49］绩：即李绩，字伯阳，李产之子，前燕官员。少以风节知名，清辩有辞理。初为后赵郡功曹。后投降前燕，迁太子中庶子，曾在前燕主慕容儁面前评价慕容暐不如已故的太子慕容晔，慕容儁非常厌恶。后前燕太宰慕容恪想任命李绩为右仆射，慕容儁坚决不同意，李绩忧愤而死。［50］乡里在北：王绩为范阳人，范阳在鲁口之北。［51］去之：意即杀了他。［52］丧乱：死亡，战乱。［53］乃能立义捐家：竟然能够为了道义而不顾家。捐，舍弃，丢下。［54］情节：情义、气节。重：犹言"高"，崇高。［55］古烈士：古代史书所表彰的那些为大义而献身的刚烈之士。［56］猜嫌：猜忌，嫌疑。［57］直相聚为贼：只是偶然聚集起来的一群强盗。直，只是，仅仅是。［58］了无意识：全然没有一点思想、道德。［59］众情：犹言"人心"。［60］坐自屠溃：坐等着受宰割，被瓦解。坐，坐等着。溃，散乱，瓦解。［61］或致非意：做出违背自己本意的事，谓杀掉李绩。［62］乃遣绩归：于是打发李绩回了范阳。［63］让：指责，批评。［64］邀名：求得一个不背旧主的名声。邀，邀求，求取。［65］眷恋：依恋，怀念。［66］志存微节：想保留一点微小的气节。志，志欲，志在。［67］官身所在，何事非君：意即我为谁任职，就应该为谁效命，我的身子是官家的，就听从官家的安排，什么事不由官家作主呢？意为以前是为后赵效力，现在就把自己交给您了，为您效力。［68］未谓得见之晚也：我看不出现在来投奔您就算是多么晚。［69］宜：即慕容宜，慕容儁之弟。永和六年（350），前燕攻打后赵，任其为代郡城郎，全部安置了幽州郡县的地方官，后为散骑常侍，封为庐江王。代郡城郎：代郡郡城的军政长官。城郎，也称"城大""城主"，鲜卑所置。代郡，郡城在今河北蔚县东北的代王城。［70］广宁：燕郡名，郡治在今河北涿鹿县。［71］甲子：三月二十四日。［72］中部俟（sì）厘：鲜卑本部族的首领之称。俟厘，少数民族官名，为鲜卑部落帅名的音译，前燕始置。慕舆句：前燕官员，为太子太保。慕容廆时，曾掌府库，主财务。慕容儁使其督蓟中留事。督蓟中留事：管理蓟县的留守事宜，实即留守蓟县都城。［73］清梁：城名，在今河北保定市清苑区东南清凉城村，也作"清凉城"。［74］鹿勃早：人名，后赵征东将军邓恒麾下猛将。前燕慕容儁等分兵三路向后赵进攻，鹿勃早奉命率领数千精兵，穿行太行山，奔赴清梁，夜袭敌营。［75］先犯：首先进攻。［76］幕下：帐篷之内。［77］燕军得严：给燕军争取到了进行抵抗的时间。严，武装自己，严阵以待。［78］冀万一获利：意即侥幸取胜。冀，希冀，希望。［79］求贼得贼：我们不是要打敌人么，敌人已经送上门来了。［80］李洪：前燕官员，时为慕容俊内史。［81］高冢：高丘之顶。冢，山顶。［82］中牙：指慕容俊的中军大帐。牙，通“衙”。［83］骑队：骑兵队伍。［84］死亡略尽：大概都死了。略，大略，大概。［85］引兵还蓟：慕容俊还蓟，亦因鹿勃早挫其锋，否则将直攻鲁口。

魏主闵复姓冉氏[1]，尊母王氏为皇太后，立妻董氏为皇后，子智[2]为皇太子，胤、明、裕皆为王[3]。以李农为太宰、领太尉、录尚书事，封齐王，其子皆封县公。遣使者持节赦诸军屯[4]，皆不从[5]。

麻秋说苻洪曰：“冉闵、石祗方相持，中原之乱未可平也。不如先取关中，基业已固，然后东争天下，谁敢敌之？”洪深然之[6]。既而秋因宴鸩洪[7]，欲并其众，世子健收秋斩之。洪谓健曰：“吾所以未入关者，以为中州可定，今不幸为竖子所困[8]。中州非汝兄弟所能办[9]，我死，汝急入关！”言终而卒。健代统其众，乃去大都督、大将军、三秦王之号，称晋官爵，遣其叔父安来告丧，且请朝命[10]。

赵新兴王祗即皇帝位于襄国，改元永宁[11]。以汝阴王琨为相国，六夷据州郡者[12]皆应之。祗以姚弋仲为右丞相[13]、亲赵王，待以殊礼[14]。弋仲子襄，雄勇多才略，士民多爱[15]之，请弋仲以为嗣，弋仲以襄非长子[16]，不许；请者日以千数，弋仲乃使之将兵。祗以襄为骠骑将军、豫州刺史、新昌公[17]。又以苻健为都督河南诸军事、镇南大将军、开府仪同三司、兖州牧、略阳郡公[18]。

夏，四月，赵主祗遣汝阴王琨将兵十万伐魏。

魏主闵杀李农及其三子，并尚书令王谟、侍中王衍、中常侍严震、赵升[19]。闵遣使临江[20]告晋曰：“逆胡乱中原，今已诛之；能共讨者，可遣军来也。”朝廷不应。

五月，庐江太守袁真[21]攻魏合肥，克之，虏其居民而还。

六月，赵汝阴王琨进据邯郸，镇南将军刘国自繁阳[22]会之。魏卫将军王泰[23]击琨，大破之，死者万余人。刘国还繁阳。

初，段兰卒于令支[24]，段龛代领其众，因石氏之乱，拥部落南徙。

秋，七月，龛引兵东据广固[25]，自称齐王。

（以上为第十一段，写冉魏主石闵恢复冉姓，大封诸子；后赵新兴王石祗即位，汝阴王石琨攻打冉魏，被冉魏卫将军王泰打败；鲜卑段部首领段龛占据广固，自称齐王。）

【注释】

[1]复姓冉氏：石闵为石虎的养孙，父亲石瞻，本姓冉，名良，十二岁时，因作战勇敢，石勒命石虎收为养子，因改姓名为石瞻。现石闵又恢复冉姓，表明与石氏再无瓜葛。复，又，再。[2]智：即冉智，魏平帝冉闵之子，冉魏末代太子兼国君。永兴三年（352），其父冉闵战败，为燕王慕容俊俘虏并杀害，冉智在邺城领导冉魏公卿北御前燕。同年，邺城守将降燕，冉智被俘，慕容俊封之为“海宾侯”，后被杀害。传见《晋书》卷一百七。 [3]胤、明、裕：皆冉闵之子，冉智之弟。皆为王：并封为王。冉胤封为太原王，为大单于、骠骑大将军，配备了一千名投降的胡族士兵。冉闵败亡，冉明、冉裕二王下落不明。 [4]赦诸军屯：宽恕那些反对他的屯驻在外的各位后赵将领，如张沈等。 [5]皆不从：都不买冉闵的账，不理睬他。 [6]深然之：即以其所说为然，认为很正确。 [7]鸩洪：麻秋用毒酒杀掉苻洪。鸩（zhèn），一种毒鸟，羽毛有剧毒，放入酒中能置人于死地。此用作动词，鸩杀，毒杀。 [8]为竖子所困：被麻秋困在这里，指自己中毒将死。竖子，骂人语，犹谓小子，此指麻秋。 [9]所能办：所能平定统一。办，平定，治理。 [10]且请朝命：愿意接受东晋王朝的指挥。 [11]改元永宁：后赵君主石祗即位于襄国，改太宁年号为永宁。此是后赵最后的年号，共二年，公元350年三月至公元351年四月。 [12]六夷据州郡者：那些占据州郡，号令一方的胡、羯、氐、羌、段氏、鲜卑及巴蛮的各州郡首领。 [13]右丞相：地位略低于相国。相国仅次于诸侯王，排在太师、太傅、太保之前，而丞相则在太保之后。 [14]殊礼：特殊的礼遇。 [15]士民：士人和庶民。爱：拥戴，拥护。 [16]以襄非长子：姚襄是姚弋仲的第五子。 [17]新昌公：封地新昌郡，爵位为公。 [18]略阳郡公：封地略阳郡，爵位为公。略阳，郡名，郡治临渭县，在今甘肃天水市。 [19]王谟（mó）、王衍、严震、赵升：冉魏官员，时王谟为尚书令，王衍为侍中，严震、赵升为中常侍，皆被魏主冉闵所杀。 [20]临江：到长江边，即到达东晋都城建康。 [21]袁真：字贵诚，陈郡阳夏（今河南太康县）人，东晋庐江太守。[22]繁阳：县名，县治在今河南内黄县东北。 [23]王泰：冉魏官员，时为卫将军，曾打败后赵汝阴王石琨的进攻。 [24]段兰：段部鲜卑前任首领段辽之弟，辽西公国覆亡，段兰逃亡被抓获送给后赵，后赵主石虎命段兰率领从属的鲜卑部众五千人，回到辽西的故都令支（今河北迁安市）屯驻。卒于令支：段兰死在令支。其子段龛代领其众。令支，县名，在今河北昌黎县西北。 [25]广固：城名，在今山东青州市西北的尧王山之南。段龛自陈留而东据广固。

八月，代郡人赵榼帅三百余家叛燕归赵并州刺史张平[1]。燕王俊徙广宁、上谷二郡民于徐无[2]，代郡民于凡城[3]。

王朗之去[4]长安也，朗司马杜洪据长安[5]，自称晋征北将军、雍州刺史，以冯翊张琚[6]为司马；关西夷、夏[7]皆应之。苻健欲取之[8]，恐洪知之，乃受赵官爵[9]。以赵俱为河内太守，戍温[10]；牛夷为安集将军，戍怀[11]；治[12]宫室于枋头，课民[13]种麦，示无西意[14]，有知而不种者，健杀之以徇[15]。既而自称晋征西大将军、都督关中诸军事、雍州刺史；以武威贾玄硕[16]为左长史，略阳梁安[17]为右长史，段纯[18]为左司马，辛牢为右司马，京兆王鱼、安定程肱、胡文等为军咨祭酒[19]，悉众而西。以鱼遵为前锋，行至盟津[20]，为浮梁以济[21]。遣弟辅国将军雄帅众五千自潼关入，兄子扬武将军菁[22]帅众七千自轵关[23]入。临别，执菁手曰："若事不捷，汝死河北，我死河南，不复相见。"既济，焚桥，自帅大众随雄而进。

杜洪闻之，与健书，侮嫚[24]之。以张琚弟先为征虏将军[25]，帅众万三千逆战于潼关之北[26]。先兵大败，走还[27]长安。洪悉召关中之众以拒健。洪弟郁劝洪迎健[28]，洪不从；郁帅所部降于健。

健遣苻雄徇渭北[29]。氐酋毛受屯高陵[30]，徐磋屯好畤[31]，羌酋白犊屯黄白[32]，众各数万，皆斩洪使，遣子降于健。苻菁、鱼遵所过城邑，无不降附。洪惧，固守长安。

（以上为第十二段，写苻健在中州，欲夺取长安，先做伪装，瞒过镇守长安的杜洪，然后自称晋朝征西大将军，兵分两路向长安进发，渡过黄河，沿途望风归附。）

【注释】

[1]赵榼（ē）：人名。张平：后赵官员，时为并州刺史。 [2]广宁、上谷：二郡名，时属前燕管辖。广宁，郡治在今河北涿鹿县。上谷，郡治在今河北怀来县东南。徐无：县名，县治在今河北遵化市西。 [3]凡城：城名，在今河北平泉市南。 [4]去：离开。 [5]司马：官名，军中主管司法的长官。杜洪：京兆长安（今陕西西安市）人，后赵末年，杜洪乘机率地方武装占领了长安城，自称征北将军、雍州刺史。当时关中西北部的少数民族部落大多归附杜洪。后被前秦将领苻雄打败，被部将张琚杀死。 [6]张琚（jū）：字本兴，杜洪占据长安后，以张琚为其司马。后趁杜洪战败而杀主自称秦王，设置百官，年号建昌。后被前秦苻健率兵打败。 [7]关西夷、夏：关中地区的各少数民族与汉族人。 [8]欲取之：想要夺取杜洪的部众与地盘。 [9]受赵官爵：谓

表面上接受后赵主石祗所授予的官爵。［10］戍温：苻健任命赵俱为河内太守，驻镇温县。温县为河内郡治，在今河南温县西南。［11］牛夷：人名，时为苻健任命的安集将军。戍怀：牛夷驻镇怀县，县治在今河南武陟县西南。［12］治：营建。［13］课民：督促百姓。［14］示无西意：做出一种不打算再向西部进兵的样子。［15］杀之以徇（xùn）：杀死后载其尸体巡行示众。徇，巡行示众。［16］贾玄硕：姑臧（今甘肃武威市）人，前秦开国皇帝苻健的左长史。［17］略阳："略"字原为"洛"，据章校改。梁安：略阳人，苻健任为右长史。后为前秦大将、国丈，官至左仆射，其女梁氏为前秦皇帝苻生皇后。梁安曾随雷弱儿以诈降计大破晋国殷浩军，受苻健遗命辅政。后因天文官进言"三年内国有大丧，大臣戮死"，父女二人都被苻生杀害。［18］段纯：任苻健左司马，前秦开国大臣，任尚书令、右仆射、太保，受遗命辅政。苻生即位后，忙着改元为"寿光"，段纯认为"尚未逾年而改元，于礼不合"，被污蔑杀害。［19］王鱼、程肱（gōng）、胡文：王鱼，京兆人；程肱，安定（今甘肃镇原县）豪门；胡文，亦安定人，苻健任命三人为军咨祭酒。军咨祭酒：官名，为将帅府的首席参谋。［20］盟津：渡口名，也称"孟津"，在今河南孟州市西南的黄河上。［21］为浮梁：搭建浮桥。济：渡河，此指渡过黄河。［22］菁（jīng）：即苻菁，苻健之侄，前秦骁将，封平昌王，官至太尉。曾率偏师与苻雄会攻长安，又在颍水大破晋将谢尚。后发动政变，意图杀太子苻生自立，失败后被处死。传见《晋书》卷一百十二。［23］轵（zhǐ）关：山口名，位于河南济源市西北，关当轵道之险，因曰"轵关"，为太行八陉第一陉。是古轵道上的咽喉，有"封门天险"之称，为历代军事要塞。［24］侮嫚（màn）：侮辱，谩骂。［25］先：即张先，张琚的弟弟，时为后赵征虏将军。征虏将军：杂号将军之名。［26］逆战：迎战。潼关：陕西东部的关塞名，在今陕西省渭南市潼关县。［27］走还：逃归。［28］郁：即杜郁，杜洪的弟弟。迎健：意即向苻健投降。［29］徇渭北：攻取渭水以北之地。［30］氐（dī）酋：氐族首领。毛受：人名。高陵：县名，县治在今陕西西安市高陵区西南。［31］徐磋（cuō）：人名。好畤（zhì）：县名，县治在今陕西乾县东好畤村东南。［32］白犊：人名，羌人首领。黄白：城名，本秦之曲梁宫，在今陕西三原县东北。

张贺度、段勤、刘国、靳豚会于昌城[1]，将攻邺。魏主闵自将击之，战于苍亭[2]，贺度等大败，死者二万八千人，追斩靳豚于阴安[3]，尽俘其众而归。闵戎卒三十余万，旌旗、钲鼓绵亘[4]百余里，虽石氏之盛，无以过也。

故晋散骑常侍陇西辛谧[5]，有高名，历刘、石之世[6]，征辟皆不就[7]，闵备礼征为太常[8]。谧遗闵书，以为"物极则反，致至则危[9]。君王功已成矣，宜因兹大捷[10]，归身晋朝，必有由、夷之廉[11]，享松、乔之寿[12]矣。”因不食而卒。

九月，燕王俊南徇冀州[13]，取章武、河间[14]。初，勃海贾坚[15]，少尚气节[16]，仕赵为殿中督[17]。赵亡，坚弃魏主闵还乡里，拥部曲[18]数千家。燕慕容评徇勃海，遣使招之，坚终不降，评与战，擒之。俊以评为章武太守，封裕[19]为河间太守。俊与慕容恪皆爱贾坚之材[20]，坚时年六十余，恪闻其善射，置牛百步上[21]以试之。坚曰："少之时能令不中，今老矣，往往中之。"乃射再发[22]，一矢拂脊[23]，一矢磨腹[24]，皆附肤落毛[25]，上下如一[26]，观者咸服其妙。俊以坚为乐陵[27]太守，治高城[28]。

苻菁与张先战于渭北，擒之，三辅[29]郡县堡壁皆降。冬，十月，苻健长驱至长安，杜洪、张琚奔司竹[30]。

燕王俊还蓟，留诸将守之。俊还至龙城[31]，谒陵庙[32]。

十一月，魏主闵帅步骑十万攻襄国。署[33]其子太原王胤为大单于、骠骑大将军，以降胡一千配之为麾下[34]。光禄大夫韦谀[35]谏曰："胡、羯，皆我之仇敌，今来归附，苟存性命耳；万一为变，悔之何及。请诛屏[36]降胡，去单于之号，以防微杜渐[37]。"闵方欲抚纳群胡，大怒，诛谀及其子伯阳[38]。

甲午[39]，苻健入长安，以民心思晋，乃遣参军杜山伯诣建康献捷[40]，并修好[41]于桓温。于是，秦、雍夷夏皆附之，赵凉州刺史石宁独据上邽[42]不下，十二月，苻雄击斩之。

蔡谟除司徒，三年不就职。诏书屡下，太后遣使谕意，谟终不受。于是帝临轩[43]，遣侍中纪据、黄门郎丁纂征谟[44]。谟陈疾笃[45]，使主簿谢攸陈让[46]。自旦至申[47]，使者十余返，而谟不至。时帝方八岁，甚倦，问左右曰："所召人何以至今不来？临轩何时当竟[48]？"太后以君臣俱疲，乃诏："必不来者[49]，宜罢朝。"中军将军殷浩奏免吏部尚书江虨[50]官。会稽王昱令曹[51]曰："蔡公傲违上命[52]，无人臣之礼。若人主卑屈于上[53]，大义[54]不行于下，亦不知所以为政矣。"公卿乃奏："谟悖慢傲上[55]，罪同不臣[56]，请送廷尉以正刑书[57]。"谟惧，帅子弟素服诣阙稽颡[58]，自到廷尉待罪[59]。殷浩欲加谟大辟[60]，会徐州刺史荀羡入朝，浩以问羡，羡曰："蔡公今日事危[61]，明日必有桓、文之举[62]。"浩乃止。下诏免谟为庶人[63]。

（以上为第十二段，写冉魏主冉闵有士兵三十多万，兴盛一时；苻健进入长安，献捷建康，秦雍地区民心归附；东晋蔡谟不接受朝廷任命，惹怒君臣，差点被杀头。）

【注释】

[1]靳豚（tún）：后赵大将。率军进攻冉魏邺城，冉魏主冉闵亲自统领军队反击，在苍亭交战，被打败，追到阴安，杀了靳豚，将其兵众全部俘虏后返国。昌城：城名，在今河南南乐县西北。[2]苍亭：古渡口名，在今山东莘县南的古黄河上。[3]阴安：县名，县治在今河南清丰县北。[4]钲鼓：古代行军时用以指挥进退、动静的两种乐器。钲（zhēng），形似钟而狭长，有长柄可执，用时口朝上，以槌敲击。行军时用来节制步伐。击钲使士兵肃静，击鼓使士兵前进。绵亘（gèn）：连绵不断的样子。[5]辛谧（mì）：字叔重，陇西狄道（今甘肃临洮县）人，幽州刺史辛怡之子，西晋大臣。永嘉末年，以散骑常侍慰抚关中。汉赵主刘聪拜为太中大夫，固辞不受。冉闵即位，复备礼征为太常，因不食而卒。传见《晋书》卷九十八。[6]刘、石之世：指汉赵刘氏、后赵石氏。[7]征辟：古代选拔官吏的一种形式，皇帝征召为征，官府征召为辟。不就：不答应，不应召出仕。[8]太常：官名，九卿之一，主管朝廷礼仪与宗庙祭祀。[9]致至则危：极点到了就会有危险。至，尽头，极点。[10]因兹大捷：趁着这次大获全胜的时机。[11]由、夷之廉：获得像许由、伯夷一样廉洁的名声。由，即许由，字武仲，传说是上古时代的一位高尚清节之士，不接受帝尧的让位，归隐于箕山。夷，即伯夷，商末孤竹国君之子，父死让位于弟叔齐，以成父志，叔齐亦不肯即位，兄弟二人逃隐于首阳山。二人传见《史记》卷七十一《伯夷叔齐列传》。[12]松、乔之寿：获得像赤松子、王子乔一样的长寿。赤松子、王子乔，都是传说中的仙人。[13]徇（xùn）：巡行，攻打。冀州：州治信都，在今河北衡水市冀州区。[14]章武、河间：二郡国名。章武郡治东平舒，在今河北大城县。河间郡治乐城，在今河北献县东南。[15]贾坚：字世固，勃海郡（郡治在今河北沧州市）人，以箭术精妙而闻名当时。在后赵任殿中督，冉魏建立后不愿为官，于是返回乡里，招募部曲数千家，以求自保。后被慕容评俘虏，投降前燕，任为乐陵太守。东晋攻陷泰山山茌县，俘虏贾坚，坚宁死不降，为前燕死义尽忠。[16]尚气节：崇尚节气。[17]殿中督：官名，为皇帝近臣，殿中武官。[18]拥部曲：拥有军民合一的私人武装。部曲，地方豪门大族团聚许多乡民，组成一种军民合一的、独立的自卫组织。[19]封裕：前燕河间太守。[20]材：同"才"，才能，才华。[21]百步上：百步以外。[22]再发：射了两箭。[23]拂脊：擦其脊背而过。拂，掠过，轻轻擦过。[24]磨腹：贴着肚皮而过。[25]附肤落毛：不伤皮肤地射断了一些牛毛。附，靠近。[26]如一：完全一样。[27]乐陵：郡名，郡治在今山东惠民县东北。[28]治高城：慕容儁把乐陵郡的郡治改到了高城县，县治在今河北盐山县东

南。［29］三辅：关中地区。［30］司竹：即司竹园，在今陕西周至县东南，设有司竹长丞管理。［31］龙城：前燕都城，在今辽宁朝阳市。［32］谒（yè）陵庙：到祖陵和宗庙告祭祖先。谒，到陵庙表示敬意。［33］署：任命，这里是使代理的意思。［34］麾下：部下。麾，古代供指挥用的旌旗。［35］韦谀（xiǎo）：字宪道，京兆杜陵（今陕西西安市）人。初仕前赵刘曜，为黄门郎。后入后赵，为散骑常侍，历守七郡，以清化著名。冉闵继位，为光禄大夫。因劝谏，被杀，赠大司徒。传见《晋书》卷九十一。［36］诛屏：意即诛灭、诛除。屏（bǐng），除去，排除。［37］防微杜渐：在事物刚刚出现不良现象时，即加以限制，不使扩大发展。［38］伯阳：即韦伯阳，韦谀之子，被冉魏主冉闵所杀。［39］甲午：记载有误。十一月朔戊戌，无甲午日。甲午，应是十月二十七日。［40］杜山伯：时为苻健参军。献捷：战胜后向朝廷进奉俘虏和战利品。［41］修好：结好，搞好关系。［42］上邽（guī）：郡名，郡治在今甘肃天水市。［43］临轩：皇帝不坐正殿而坐到殿前的堂阶之间，表示急切等待的样子。殿前近檐之处两边有栏杆，如车之轩，故称“轩”。［44］侍中：官名，宫廷里应对顾问、往来奏事的官员，地位颇重。纪据：东晋官员，时为侍中。黄门郎：官名，给事黄门侍郎的省称，掌宫内侍奉。丁纂（zuǎn）：东晋官员，时为黄门郎。［45］疾笃（dǔ）：病重。［46］主簿：官名，总领门下众事，掌管簿书，匡辅拾遗。谢攸：东晋官员，时为主簿。陈让：辞让。［47］自旦至申：从早晨到下午。旦，早晨。申，即申时，十五时至十七时。［48］何时当竟：何时算是结束。竟，终了。［49］必不来者：如果他一定不来。者，语气词，表示假设，相当于“……的话”。［50］奏免：请求皇帝罢免。江彪（bīn）：字思玄，陈留圉县（今河南杞县圉镇镇）人，江统之子。博学知名，举为秀才，累官国子祭酒。每访政事，多所补益，转护军将军，领国子祭酒，曾为东晋简文帝相。［51］令曹：下令给尚书曹。时司马昱录尚书六条事。尚书省下设若干曹，曹下置尚书若干人，此指尚书台主管官吏任免的尚书。［52］傲违上命：傲慢地违背皇帝的命令。［53］人主：指皇帝。卑屈于上：指皇帝说话，蔡谟不听。［54］大义：人臣应该服从君主的一般道理。［55］悖（bèi）慢傲上：狂悖，傲慢，藐视皇上。［56］罪同不臣：应该与那些不忠于君主或背叛君主的罪过相同。［57］送廷尉：送交司法部门。廷尉，是朝廷的最高司法长官，秩中二千石。以正刑书：犹后世之所谓“正法”“以正典刑”，亦即维护刑法条文的尊严。刑书，法典，刑法的条文。［58］素服：二字原无，据章校补。诣阙稽颡：到朝廷磕头请罪。阙，宫廷正门前的双阙，这里代指宫廷。稽颡（sǎng），磕头至地。颡，额头。［59］待罪：听候处治。［60］大辟：即杀头。［61］事危：谓被处以死刑。［62］必有桓、文之举：谓将有人举兵以讨伐司马昱与殷浩之罪。桓、文，指春秋时霸主齐桓公、晋文公。［63］庶人：平民，百姓。

【点评】

后赵之乱。后赵是由羯人首领石勒建立的政权，共历七主，历时32年，实际上，只是石勒、石虎两代的政权，石勒当政十五年，石虎当政十六年。石虎去世，国家大乱，继任者互相争斗，两败俱伤，不到一年的时间，政权就被石闵篡去，改国号为大魏，后赵不复存在。回顾后赵之乱这一段惨痛的历史，其祸根是怎么种下的呢？

首先，后赵是建立在血腥屠杀的基础之上，强者为王，刀箭上出政权，无复仁德和信义。后赵的开国者石勒是一个乱世中的枭雄。他在前赵时代，在汉人张宾辅佐下，立下赫赫战功，以襄国为根据地，先后消灭了王浚、邵续与段匹磾等晋朝在北方的势力，而后与前赵主刘曜决裂，自称赵王；再就是消灭了前赵，自建赵国，史称后赵，成为当时北方最为强盛的国家。石勒自己也觉得仅靠强力建立起来的国家是不能长久的，因此，他将比较儒雅的石弘立为皇太子，还是有一点深意的，但是他的设想被残酷的现实击得粉碎，残忍无赖的石虎篡夺了政权，后赵进入了更加黑暗的时代。

其次，石虎残酷地压榨民众，过着极度奢侈荒淫的生活。石虎在位十多年，志得意满，充分表现了其奢侈、残暴的一面。他大造宫殿，挥霍无度，在襄国建造太武殿，又在邺城营建东西二宫、四十多所台观，又营建洛阳、长安二处宫室，参与劳作人数达到四十多万。他整天沉迷于荒淫的极乐世界，广选宫女，充实各宫，大肆征选民女三万多人，太子、各王公又私下发令征选美女将近万人。他还喜欢狩猎，流连忘返，将大片民田划为猎场，晚年身体沉重不能骑马，就建造打猎用的车子一千辆，定期进行打猎比赛。

最后，石虎视立太子为儿戏，国家焉得不乱？石虎首先立的太子是石邃，开始对太子非常宠爱，不注重教育，任其胡作非为。石邃沉溺于酒色，骄纵无道，荒淫残忍，曾想杀父篡位，被石虎废为庶人并杀死。其后，立石宣为太子，也是如此，而石虎又宠爱石宣的弟弟石韬，以致石宣和石韬闹得不可开交，石宣密谋杀了石韬，石虎得知内情，怒不可遏，残忍地杀害石宣，惨不忍睹。石宣杀害石韬，固然罪不可赦，但石虎如此摧残石宣，真是丧心病狂！接着再立石世为太子，更是有些滑稽可笑。石世的哥哥们手握重兵，而石虎这样做，只是因宠妃刘氏而爱屋及乌。石虎曾经说："为什么我专生凶恶无赖的儿子，年龄一过二十就要杀害父亲！如今石世年方十岁，等到他二十岁时，我已经老了！"他自认为娃娃还小，对自己构不成威胁。这哪里是为国家着想？石虎去世，石世才十一岁，只当了二十一天的皇帝，也算是做了一场皇帝梦。石虎这样做，结果是害了娃娃，葬送了国家。

以上三点，可以说是后赵之乱的根源：道德不立，没有治国纲领；奢侈残暴，失去民心支持；太子非人，导致祸乱发生。

卷九九　晋纪二十一

晋穆帝永和七年至十年（351—354年）

【起重光大渊献（辛亥，351年），尽阏逢摄提格（甲寅，354年），凡四年】

【大事提要】

本卷记事起公元351年，讫公元354年，凡四年，当晋穆帝（司马聃）永和七年至永和十年。本卷所载大事，主要有五个方面：其一，殷浩北伐失败。其二，石氏灭绝。其三，冉魏亡国。其四，慕容俊称帝。前燕主慕容俊趁中原战乱之机，屡派大军南下，先打败后赵，再消灭冉魏，讨平河北各个小股势力。公元352年，群臣上尊号，慕容俊即帝位，自谓获得传国玺，改元元玺。龙都建留台，迁都于蓟，置百官，封诸王，立世子慕容暐为皇太子。其五，桓温北伐。公元354年，东晋将领桓温统率四万大军，从江陵出发，分兵三路，孤军深入，进攻长安，企图速战速决。前秦主苻健派兵五万在峣关抵抗，被打得落花流水。苻健逃回长安，挖了深沟坚守。桓温胜利进军，到了灞上。长安附近的官员纷纷投降。

孝宗穆皇帝中之上

永和七年（辛亥，351年）

春，正月，丁酉[1]，日有食之。

苻健左长史贾玄硕等请依刘备称汉中王故事[2]，表健[3]为都督关中诸军事、大将军、大单于、秦王。健怒曰："吾岂堪为秦王[4]邪！且晋使[5]未返，我之官爵，非汝曹[6]所知也。"既而密使梁安讽玄硕等上尊号[7]，健辞让再三，然后许之。

丙辰[8]，健即天王、大单于位，国号大秦，大赦，改元皇始[9]。追尊父洪为武惠皇帝，庙号太祖；立妻强氏为天王后，子苌为太子[10]，靓为平原公，生为淮南公，觌为长乐公，方为高阳公，硕为北平公，腾为淮阳公，柳为晋公，桐为汝南公，廋为魏公，武为燕公，幼为赵公[11]。以苻雄为都督中外诸军事、丞相、领车骑大将军、雍州牧、东海公[12]；苻菁为卫大将军、平昌公[13]，宿卫二宫[14]；雷弱儿为太尉，毛贵为司空，略阳姜伯周为尚书令[15]，梁楞为左仆射[16]，王堕为右仆射，鱼遵为太子太师[17]，强平为太傅[18]，段纯为太保[19]，吕婆楼[20]为散骑常侍。伯周，健之舅；平，王后之弟；婆楼，本略阳氐酋也。

段龛请以青州内附。二月，戊寅[21]，以龛为镇北将军，封齐公。

魏主闵攻围襄国百余日。赵主祇[22]危急，乃去皇帝之号，称赵王，遣太尉张举乞师于燕，许送传国玺[23]；中军将军张春乞师于姚弋仲。弋仲遣其子襄帅骑二万八千救赵，诫之曰："冉闵弃仁背义，屠灭石氏[24]。我受人厚遇[25]，当为复仇，老病不能自行；汝才十倍于闵，若不枭擒[26]以来，不必复见我也！"弋仲亦遣使告于燕[27]。燕主俊遣御难将军悦绾[28]将兵三万往会之。

（以上为第一段，写苻健占据关中后，即位，国号大秦，改元皇始；冉魏主冉闵围攻襄国，后赵主石祇告急，姚弋仲受其厚恩，出兵救援；前燕主慕容俊亦发兵相助。）

【注释】

[1]丁酉：正月一日。 [2]贾玄硕：姑臧（今甘肃武威市）人，前秦开国皇帝苻健左长史、军师将军、中书令。依刘备称汉中王故事：贾玄硕等劝说苻健依照当年刘备在汉中自称汉中王的旧例，称秦王。 [3]表健：上表于东晋朝廷，请求封苻健为秦王。 [4]岂堪为秦王：怎么能担任秦王。而实际的意思是我就只能担任秦王吗？就不能当皇帝吗？岂堪，岂可，怎能。 [5]晋使：苻健派去晋朝的使者，即参军杜山伯。 [6]汝曹：你辈，你们，含有轻蔑的意思。 [7]梁安：前秦大将。讽：暗示，隐微示意。上尊号：根据下文，是请求苻健使用"天王"的名号。 [8]丙辰：正月二十日。 [9]改元皇始：称天王，故改年号为皇始。 [10]苌（cháng）：即苻苌，苻健嫡长子，正式册立为太子。率军抵抗东晋大司马桓温北伐，中箭受伤。皇始四年（354）十月，领军平定乔秉叛乱，病逝于军中。传见《晋书》卷一百一十二。 [11]"靓为平原公"等十一句：苻健给太子以下十一个弟弟，自己的十一个儿子封爵。苻靓（jìng），封为平原公，次年，进封平原王。封地平原，都城陵县，在今山东德州市陵城区。苻生，封为淮南公。封地淮南郡，都城寿春县，在今安徽寿县寿春镇。苻觌，封为长乐公。封地长乐郡，都城信都，在今河北衡水市冀州区。苻方，封为高阳公，进封高阳王。封地高阳郡，都城高阳，在今河北高阳县。苻硕，封为北平公。

封地北平郡，都城徐无县，在今河北遵化市东。苻腾，封为淮阳公。封地淮阳郡，都城角城县，在今江苏淮安市淮阴区西南古淮水与泗水交会处。苻柳，封为晋公。封地晋地，在今山西地区。苻桐，封为汝南公。封地汝南郡，都城瓠城，在今河南汝南县。苻廋，封为魏公。封地魏郡，都城在今河北临漳县西南。苻武，封为燕公。封地燕地，都城蓟县，在今北京市。苻幼，封为赵公。封地赵地，都城在今河北地区。［12］苻雄：字元才，苻健之弟，开国功臣。有谋略，擅骑射，为前秦政权的建立立下汗马功劳。其子苻坚即位后，追尊为文桓皇帝。传见《晋书》卷一百十二。东海公：封地东海郡，都城郯县，在今山东郯城县北。［13］苻菁（jīng）：苻健之侄，封平昌公，后升为平昌王，官至太尉。传见《晋书》卷一百十二。平昌公：封地平昌郡，都城在今山东诸城市。［14］宿卫二宫：保卫苻健所居与太子苻苌所居之宫。宿卫，值宿并保卫。［15］姜伯周：略阳郡人，是苻洪妻子姜夫人的兄弟，苻健的舅父。苻健即天王位，任姜伯周为尚书令。尚书令：官名，尚书台主管官员，负责处理国家政务。［16］梁楞（léng）：安定（甘肃镇原县）人，前秦开国元勋，前秦八位辅政大臣之一，被苻生杀害。左仆（pú）射（yè）：尚书省副职，位仅次于尚书令。［17］鱼遵：前秦国主苻健的太师、广宁公，兼太子太师。太子太师：太子辅导官，与太子太傅、太子太保并称为"东宫三师"。［18］强平：略阳（今甘肃天水市）人，氐族。前秦外戚大臣，强太后之弟，苻生之舅。太傅：即太子太傅，强生兼任。［19］太保：即太子太保，官名，负责教习太子。［20］吕婆楼：略阳（今甘肃天水市）人，氐族首领。苻健任为散骑常侍。后凉政权建立者吕光之父，官至司隶校尉、尚书、太尉，辅助苻坚发动云龙门之变，杀暴君苻生夺位。又向苻坚推荐王猛，邀其出山协助前秦。在王猛辅佐下，苻坚平定前燕、李俨、五公之乱。［21］戊寅：二月十三日。［22］赵主祗（zhī）：即石祗，石虎之子，后赵末代皇帝，公元350年至公元351年在位。［23］许送传国玺：答应把当年消灭西晋所获得的传国玉玺送给燕国。据说西晋当年的玉玺，是从秦朝，历经汉、魏一直传下来的，上有李斯所刻的"受命于天，既寿永昌"八个字。刘渊攻陷洛阳后，传国玺到了汉都平阳；刘曜亡国后，又到了后赵。［24］屠灭石氏：冉闵杀掉石鉴及赵主石虎二十八孙，尽灭石氏。事见《资治通鉴》卷九十八晋穆帝永和六年（350）。［25］厚遇：厚待，指石虎对他的厚恩。咸和三年（328），前汉主刘曜被后赵石勒打败，姚弋仲归降后赵，当时向石虎建议迁移陇右豪族，以削弱其实力并充实京畿地区，石虎采纳，并推荐姚弋仲为行安西将军、六夷左都督。所谓"厚遇"，即指此。［26］枭擒：擒枭，将其擒拿而来，枭首示众。枭（xiāo），一种恶鸟。也指古代的一种刑罚，把头割下来悬挂在木杆上示众。［27］燕：即前燕，当时国主为慕容儁。［28］御难将军：前燕所置杂号将军之名。悦绾：人名。前燕御难将军。

冉闵闻儁欲救赵，遣大司马从事中郎广宁常炜[1]使于燕。儁使封裕诘[2]之曰："冉闵，石氏养息[3]，负恩作逆，何敢辄称大号[4]？"炜曰："汤放桀，武王伐纣，以兴商、周之业[5]；曹孟德养于宦官，莫知所出，卒立魏氏之基[6]：苟非天命，安能成功[7]！推此而言，何必致问[8]！”裕曰：“人言冉闵初立，铸金为己像以卜成败，而像不成，信乎？”炜曰：“不闻。”裕曰：“南来者皆云如是，何故隐[9]之？”炜曰：“奸伪之人欲矫天命以惑人者，乃假符瑞[10]、托蓍龟以自重[11]。魏主握符玺[12]，据中州[13]，受命何疑[14]？而更反真为伪[15]，取决于金像乎[16]！”裕曰：“传国玺果安在[17]？”炜曰：“在邺。”裕曰：“张举言在襄国。”炜曰：“杀胡之日，在邺者殆无孑遗[18]；时有迸漏[19]者，皆潜伏沟渎中[20]耳，彼安知玺之所在乎！彼求救者[21]，为妄诞之辞[22]，无所不可[23]，况一玺乎！”

俊犹以张举之言为信，乃积柴其旁[24]，使裕以其私诱之[25]，曰：“君更熟思，无为徒取灰灭[26]！”炜正色[27]曰：“石氏贪暴，亲帅大兵攻燕国都[28]，虽不克[29]而返，然志在必取[30]。故运资粮、聚器械于东北[31]者，非以相资[32]，乃欲相灭也。魏主诛翦石氏[33]，虽不为燕，臣子之心[34]，闻仇雠之灭[35]，义当如何？而更为彼责我[36]，不亦异乎[37]！吾闻死者骨肉下于土，精魂升于天。蒙君之惠，速益薪纵火，使仆得上诉于帝足矣[38]！”左右请杀之。俊曰：“彼不惮杀身以徇其主[39]，忠臣也。且冉闵有罪，使臣何预[40]焉！”使出就馆[41]。夜，使其乡人赵瞻往劳之[42]，且曰：“君何不以实言？王怒，欲处君于辽、碣之表[43]，奈何？”炜曰：“吾结发[44]以来，尚不欺布衣[45]，况人主乎！曲意苟合[46]，性[47]所不能；直情尽言，虽沈东海[48]，不敢避也！”遂卧向壁，不复与瞻言。瞻具以白俊，俊乃囚炜于龙城[49]。

赵并州刺史张平遣使降秦[50]，秦王以平为大将军、冀州牧。

燕王俊还蓟[51]。

三月，姚襄及赵汝阴王琨[52]各引兵救襄国。冉闵遣车骑将军胡睦拒襄于长芦[53]，将军孙威拒琨于黄丘[54]，皆败还，士卒略尽。

闵欲自出击之，卫将军王泰[55]谏曰：“今襄国未下[56]，外救云集，若我出战，必腹[57]背受敌，此危道也。不若固垒[58]以挫其锐，徐观其衅[59]而击之。且陛下亲临行陈[60]，如失万全[61]，则大事去矣[62]。”闵将止，道士法饶[63]进曰：“陛下围襄国经年[64]，无尺寸之功；今贼至，又避不击，将何以使将士[65]乎！且太白入昴[66]，当杀胡王[67]，百战百克，不可失也！”闵攘袂大言曰[68]：“吾战决矣，敢沮众[69]者斩！”乃悉众出，与襄、琨战。悦绾适以[70]燕兵至，去魏兵数里，疏布骑卒[71]，曳柴扬尘[72]，魏人望之恟惧[73]，襄、琨、绾三面击之，赵王祗自后冲之，魏兵大败，闵与十余骑走还邺[74]。

降胡栗特康等执大单于胤[75]及左仆射刘琦[76]以降赵，赵王祗杀之。胡睦及司空石璞、尚书令徐机、中书监卢谌等并将士死者凡十余万人。闵潜还[77]，人无知者。邺中震恐，讹言闵已没[78]。射声校尉张艾[79]请闵亲郊[80]以安众心，闵从之，讹言乃息。闵支解[81]法饶父子，赠韦谀大司徒[82]。姚襄还滠头[83]，姚弋仲怒其不擒闵，杖之一百。

（以上为第二段，写后赵襄国被冉魏围困，形势危急，姚弋仲派遣姚襄、慕容俊派遣悦绾，与后赵石琨合力攻打，三面围攻，冉魏大败，损兵折将，冉闵逃还邺城。）

【注释】

[1]大司马从事中郎：大司马将军府属官。常炜（wěi）：广宁郡洛县（在今河北涿鹿县西）人，知识渊博，通晓经史，仕冉魏，为大司马从事中郎。曾受冉闵派遣，出使前燕，舌战燕臣，大义凛然。面对不屈于燕的常炜，燕主慕容俊只得将其从龙城（今辽宁朝阳市）释放，留之居于凡城（今河南辉县南）。慕容暐时，任为廷尉监。 [2]诘（jié）：责问，追问。 [3]养息：养大的孩子。冉闵之父冉瞻为石虎养子，从姓石氏。冉闵篡弑建立魏国后，始复姓冉氏。息，子嗣。 [4]辄称大号：竟然称起皇帝的名号。辄，便，竟然。大号，帝号。 [5]“汤放桀”三句：商汤王放逐夏桀王，周武王讨伐殷纣，成就了商朝、周朝的王业。 [6]“曹孟德”三句：曹孟德被宦官养大，没人知道他的出身，终于开创了曹魏的基业。孟德是曹操的字。 [7]苟非天命，安能成功：如果不是有上天的旨意，他们能够成功吗？ [8]推此而言，何必致问：由前人改朝换代来推理，你又何必提出这样的问题呢？按：冉闵既是以臣弑君，又是以养子为乱，所以常炜引汤、武、曹操为据以驳之。推，推论，推究。致问，发问，责难。 [9]隐：隐瞒，隐藏。 [10]假符瑞：假借“符瑞”以骗人。汉代以来，统治者鼓吹天人感应，说上天对下界的某个帝王满意，就出现祥瑞，如凤凰出、麒麟来等等，于是骗子们就纷纷搞这一套。 [11]托蓍（shī）龟以自重：借着占卜、算卦来抬高自己。 [12]握符玺：亲自握有帝王的兵符与传国玉玺。 [13]据中州：实际占据着黄河中下游的中原地区。 [14]受命何疑：这是秉承天命而为帝，难道还有什么疑问吗？受命，受命为帝。 [15]而更反真为伪：难道还能抛弃真的不顾，而另造作一套假的？而更，反而却。

[16]取决于金像乎：凭金像能说明什么呢？金像，即上文所说的传言冉闵铸金为己像。[17]果安在：究竟在哪里。[18]殆无孑遗：几乎杀得一个不剩。殆，几乎。无孑（jié）遗，一个没剩。[19]时有迸（bèng）漏：即使有个别人逃脱。[20]潜伏沟渎（dú）中：都深藏在阴沟里。潜伏，埋伏，躲藏。[21]彼求救者：有人为了骗得救兵。[22]为妄诞之辞：故意编造骗人的鬼话。妄诞，虚妄，荒诞。[23]无所不可：什么好听的话都能编得出来。[24]积柴其旁：在常炜身边堆满木柴，以准备点火烧死常炜相威胁。[25]以其私诱之：用个人的私下关心来引诱。[26]无为徒取灰灭：不要白白地被烧死。徒，白白地。灰灭，如灰烬之消散泯灭。[27]正色：态度严肃，神态严厉。[28]攻燕国都：指成帝咸康四年（338），石虎曾率军进攻燕都棘城。[29]克：战胜。[30]然志在必取：他的志向是一定要灭掉燕国。[31]运资粮、聚器械于东北：指咸康六年（340），石虎调兵五十万，借船万艘，自河通海，运送一千一百万斛粮食于乐安城事。资粮，财物和粮食。[32]非以相资：并不是想把那些东西送给你。[33]魏主：指冉魏主冉闵。诛翦：屠灭，杀绝。翦，同“剪”。石氏：指石祗建立的后赵政权。[34]臣子之心：臣子，指封裕。意思说封裕既是燕臣，固应不忘旧仇，应与燕王同仇敌忾。[35]闻仇雠之灭：听到石氏即将被灭的消息。仇雠（chóu），仇人，仇敌。[36]为彼责我：替石氏来责怪我们。[37]不亦异乎：这难道不是很奇怪的事情吗？[38]仆：谦称自己。上诉于帝：到天上向上帝告状。诉，告状。帝，上帝。[39]惮（dàn）：害怕，畏惧。徇其主：为其主而死。徇，通“殉”，为了某人或某种目的而死。[40]何预：犹言“何干”“何关”。预，参与，关联。[41]就馆：到他住宿的宾馆去。[42]赵瞻：前燕官员，与冉闵使者常炜为同乡。劳：慰劳，慰问。[43]处君于辽、碣之表：想把你押送到辽海、碣石山的边沿。辽，辽海，在今渤海。碣，即碣石山，在今河北昌黎县北。表，外，边。[44]结发：长大成人。古代男子二十岁开始束发，从此进入成年。[45]不欺布衣：对一般平民都没有说过假话。[46]曲意苟合：违背自己的意愿，以屈从于别人。[47]性：本性，天性。[48]沈：同“沉”，沉没。东海：此泛指汪洋大海。[49]龙城：燕国的都城，在今辽宁朝阳市。[50]并州：州治晋阳，在今山西太原市。张平：后赵官员，时为并州刺史。[51]还蓟（jì）：自龙城回到国都蓟城。[52]汝阴王琨：即石琨，石虎第八子。[53]胡睦：后赵官员，时为冉魏车骑将军。长芦：胡三省注为水名，而此宜作地名，在今河北沧州市西。[54]孙威：冉魏将领。黄丘：地名，在今河北辛集市东南。[55]王泰：冉魏官员，时为卫将军，曾打败后赵汝阴王石琨的进攻。[56]未下：未能攻下。[57]腹：原为“覆”字，据章校改。[58]固垒：坚守营壁。[59]徐观其衅：慢慢地寻找他们的破绽。衅（xìn），破绽，漏洞。[60]亲临行陈：犹言亲临前线。行陈，军队的行列阵势，这里指前线。陈，同“阵”。[61]如失万全：如果遇到不测，万一性命不保。[62]大事去矣：隐指国家灭亡。大事，国事。[63]道士：古代道教人员。《太霄琅书经》称：“人行大道，号为道士。士者何也，理也事也，身心顺理，唯道是从，从道为事，故称道士。”法饶：道士，曾劝冉魏主冉闵出阵破敌，被打败，后被杀。[64]经年：超过一年。[65]使将士：指挥全军。使，使唤，指挥。[66]太

白入昴：金星运行到了昴星的位置。太白，即金星，又名启明星。金星在夜晚的天空出现时，大而白，故曰“太白”，主杀伐。昴（mǎo），星宿名，二十八宿之一，西方白虎七宿的第四宿，有星六颗。［67］当杀胡王：《汉书·天文志》曰：“昴曰旄头，胡星也。”所以法饶说：“太白入昴，当杀胡王。”［68］攘袂（mèi）：捋袖出臂，激昂奋起的样子。大言：大声说话。［69］沮众：意即阻止自己亲自率兵作战。沮（jǔ），阻止，阻挠。［70］适以：刚好率领着。［71］疏布骑卒：摆开骑兵阵势。［72］曳柴扬尘：驱马拖柴奔跑，扬起尘土，以为疑兵。曳，拖，拉。［73］恂惧：恐惧。胡三省曰：“自棘城之败，赵人固畏燕兵，见其至而势盛，故恂惧。”［74］走还：逃奔，逃归。邺：冉魏的都城，在今河北临漳县西南。［75］栗特康：人名。大单于胤（yìn）：即冉胤，冉魏皇帝冉闵之子。冉闵即位，封为太原王、大单于、骠骑大将军，配备了一千名投降的胡族士兵。［76］刘琦：冉魏官员，为左仆射，降赵后被后赵主石祗所杀。［77］潜还：悄悄返回。［78］没（mò）：同“殁”，死亡。［79］张艾（ài）：冉魏官员，时为射声校尉。［80］亲郊：亲自到郊外祭祀天地。古代帝王冬至日在南郊祭天称为“郊”，夏至日在北郊祭地称作“祀”。［81］支解：古时的一种分解四肢的酷刑，即剁下四肢。支，同“肢”。［82］赠韦谀大司徒：为韦谀平反，追封为大司徒。韦谀初仕前赵刘曜，为黄门郎。入后赵，为散骑常侍、太子太傅。冉闵即位，为光禄大夫。永和六年（350）因劝谏冉闵去掉其子冉胤大单于称号，被处死。至是赠大司徒。传见《晋书》卷九十一。［83］滠（shè）头：地名，在今河北枣强县东北。

初，闵之为赵相也，悉散仓库以树私恩[1]，与羌、胡相攻，无月不战。赵所徙青、雍、幽、荆四州之民及氐、羌、胡、蛮数百万口，以赵法禁不行[2]，各还本土，道路交错[3]，互相杀掠，其能达者什有二三[4]。中原大乱，因以饥疫[5]，人相食，无复耕者。

赵王祗使其将刘显[6]帅众七万攻邺，军于明光宫[7]，去邺二十三里。魏主闵恐，召王泰，欲与之谋，泰恚[8]前言之不从，辞以疮甚[9]。闵亲临问之，泰固称疾笃[10]。闵怒，还宫，谓左右曰：“巴奴[11]，乃公岂假汝为命邪[12]！要将[13]先灭群胡，却斩王泰[14]。”乃悉众出战，大破显军，追奔至阳平[15]，斩首三万余级。显惧，密使请降[16]，求杀祗以自效[17]，闵乃引归[18]。有告王泰欲叛入秦者，闵杀之，夷[19]其三族。

秦王健分遣使者问民疾苦，搜罗隽异[20]，宽重敛[21]之税，弛离宫之禁[22]，罢无用之器[23]，去侈靡之服[24]，凡赵之苛政不便于民者，皆除之。

杜洪、张琚遣使召梁州刺史司马勋[25]。夏，四月，勋帅步骑三万赴之，秦王健御之于五丈原[26]。勋屡战皆败，退归南郑[27]。健以中书令贾玄硕始者不上尊号，衔之，使人告玄硕与司马勋通，并其诸子皆杀之。

渤海人逄约[28]因赵乱，拥众数千家，附于魏，魏以约为渤海太守。故太守刘准，隗之兄子也[29]；土豪封放，奕之从弟也，别聚众自守[30]。闵以准为幽州刺史，与约中分渤海。燕王俊使封奕讨约，使昌黎太守高开讨准、放[31]。开，瞻之子也。

奕引兵直抵约垒，遣人谓约曰："相与乡里[32]，隔绝[33]日久，会遇[34]甚难。时事利害[35]，人皆有心[36]，非所论[37]也。愿单出一相见，以写伫结之情[38]。"约素信重[39]奕，即出，见奕于门外，各屏[40]骑卒，单马交语[41]。奕与论叙平生[42]毕，因说之曰："与君累世[43]同乡，情相爱重[44]，诚欲君享祚无穷[45]；今既获展奉[46]，不可不尽所怀[47]。冉闵乘石氏之乱，奄有成资[48]，是宜天下服其强矣，而祸乱方始，固知天命不可力争也。燕王奕世载德[49]，奉义讨乱，所征无敌。今已都蓟，南临赵、魏[50]，远近之民，襁负[51]归之。民厌荼毒[52]，咸思有道[53]。冉闵之亡，匪朝伊夕[54]，成败之形[55]，昭然易见。且燕王肇开[56]王业，虚心贤隽[57]，君能翻然改图[58]，则功参绛、灌[59]，庆流苗裔[60]，孰与为亡国将，守孤城以待必至之祸哉！"约闻之，怅然[61]不言。奕给使张安[62]，有勇力；奕豫戒之[63]，俟约气下[64]，安突前持其马鞚[65]，因挟之而驰[66]。至营，奕与坐，谓曰："君计不能自决，故相为决之[67]，非欲取君以邀功[68]，乃欲全君[69]以安民也。"

高开至渤海，准、放迎降。俊以放为渤海太守，准为左司马，约参军事。以约诱于人而遇获[70]，更其名曰"钓"。

刘显弑赵王祗及其丞相乐安王炳[71]、太宰赵庶[72]等十余人，传首于邺[73]。骠骑将军石宁奔柏人[74]。魏主闵焚祗首于通衢[75]，拜显上大将军、大单于、冀州牧。

五月，赵兖州刺史刘启自鄄城来奔[76]。

秋，七月，刘显复引兵攻邺，魏主闵击败之。显还，称帝于襄国。

（以上为第三段，写后赵主石祗派大将刘显率军攻打邺城，被冉魏主冉闵打败，刘显杀石祗投降，后又反叛，在襄国称帝；前秦主苻健改革弊政，逐渐强大起来。）

【注释】

[1]悉散仓库：全部散出仓库存贮的财物。以树私恩：以收买人心，即增植亲信，建立私党。[2]以：由于。赵法禁不行：后赵法律不能实行，即一切没有章法。[3]交错：本指道路纵横，这里指各路士兵和流民在道路上互相碰撞、摩擦。[4]什有二三：十分之二三。什，同“十”。[5]因以饥疫：再加上饥饿与疫病流行。[6]刘显：后赵末期将领。后赵主石祗曾派他率兵攻打邺城，被打败。刘显杀死石祗、丞相石炳等十多人，把石祗的首级送到邺城，冉魏主冉闵授予上大将军、大单于、冀州牧。后再次率兵攻打邺城，又被打败，返回襄国称帝。被杀死。传见《晋书》卷一百七。[7]军：驻军，驻扎。明光宫：石氏所建的离宫。[8]恚（huì）：恼怒。[9]疮甚：疮口伤得厉害。[10]疾笃：病情严重。王泰声称伤得厉害，意思是不肯再为冉闵出力。[11]巴奴：王泰为巴人，故冉闵称其为“巴奴”，骂人之语。[12]乃公岂假汝为命邪：你老子难道没有你就不行吗！乃公，你爸爸，自大的骂人话。假，同“借”。[13]要将：重要的将是。要，重要，首要。[14]却斩王泰：回来再杀王泰。却，回转，返回。[15]阳平：县名，县治在今山东莘县。[16]密使请降：秘密派人请求投降。[17]以自效：作为对你的报效。[18]引归：率领士兵回归邺城。[19]夷：消灭，除去。[20]隽异：才德超卓的人。隽（jùn），通“俊”，《鹖冠子·博选》曰：“故德万人者谓之隽，德千人者谓之豪，德百人者谓之英。”[21]重敛：苛税，沉重的税赋负担。[22]弛离宫之禁：放宽对离宫别馆的管理禁令。离宫，指石氏过去在长安修筑的离宫。[23]罢无用之器：停止征收那些没用的东西。罢，停止。[24]侈靡之服：奢侈靡丽的服饰。[25]杜洪：关中的割据者。张琚：杜洪部属，任司马。司马勋：东晋梁州刺史。句意谓杜洪、张琚为了抗拒秦王苻健的进攻，召请东晋梁州刺史司马勋支援自己。[26]御：挡住，抵抗。五丈原：地名，在今陕西眉县西南的斜谷之口西侧。[27]南郑：县名，县治在今陕西汉中市东。时为梁州刺史司马勋的驻镇之地。[28]逄（páng）约：渤海（郡治在今河北沧州市）人。永兴二年（351）四月，因后赵内乱，他拥众数千家，投附冉魏，冉闵以他为渤海太守。[29]“故太守刘准”二句：渤海郡原太守刘准，是刘隗哥哥的儿子。[30]“土豪封放”三句：渤海郡地方豪强封放，是前燕太尉封奕的堂弟，也拉起了一支队伍。别，另外。按：渤海郡出现了三支力量：逄约、刘准、封放。[31]昌黎：郡名，郡治在今辽宁义县。高开：前燕官员，高瞻之子，时为昌黎太守。[32]相与乡里：彼此都是乡亲。相与，彼此。[33]隔绝：离别，分开。[34]会遇：见面，相会。[35]时事利害：客观形势的利与害。[36]人皆有心：每个人都有自己的看法。[37]非所论：不是我们今天所要谈论的。[38]写：通“泻”，宣泄，倾吐。伫结之情：积集心中的思念之情。伫（zhù）结，积存，聚集。[39]信重：信任，看重。[40]屏（bǐng）：支开，使离开。[41]交语：交谈。[42]论叙平生：叙述、回忆往事。[43]累世：几代，几

辈子。［44］爱重：喜爱，尊重。［45］享祚无穷：无穷无尽地享乐、享福。祚（zuò），福。［46］既获展奉：既然有了见面交谈的机会。展，省视。奉，承教。［47］尽所怀：好好地说说心里话。［48］奄有成资：完全有了现成的基业。奄（yǎn），覆盖，引申为完全。［49］奕世载德：累世奉行仁义之政。奕，累积。载德，犹积德，施行德政。［50］南临赵、魏：指前燕南边与后赵、冉魏相邻。［51］襁负：用襁褓背负。襁（qiǎng），襁褓，婴儿的被子或布幅。［52］民厌荼毒：百姓们厌恶暴政。荼毒，荼是一种苦菜，毒是一种毒虫，蛇蝎之类，比喻毒害、残害百姓。［53］咸：皆，都。思有道：思念有道之君。有道，指施行仁政，救民于水火。［54］匪朝伊夕：非朝即夕，不是早晨就是晚上。意思是不会多久。匪，同"非"。［55］形：形势。［56］肇（zhào）开：犹肇始，开始建立。［57］虚心贤隽：礼贤下士。贤隽，贤才。［58］翻然改图：很快而彻底地另做打算，指归依慕容儁。翻然，形容改变得很快而彻底的样子。［59］功参绛、灌：你的功劳将和当年西汉的开国功臣周勃、灌婴一样。参，相比高。绛（jiàng），指绛侯周勃；灌，即灌婴。［60］庆流苗裔：遗福于子孙后代。庆，福，福泽。［61］怅然：因不如意而感到不痛快，心情失落的样子。［62］给使：左右供差遣的人，即随从、内侍。张安：前燕将领封奕的随侍。［63］豫戒之：预先告诫，嘱咐。豫，通"预"。［64］俟：等候，等待。气下：意志衰减，放松警惕。［65］持其马鞚：拉住他的马缰绳。鞚（kòng），带嚼子的马络头。［66］挟之而驰：把逄约拉了过来。挟，挟持，迫使。［67］相为决之：代替你作出决策。［68］邀功：求取功劳，把别人的功劳抢过来当作自己的。［69］全君：使阁下得以保全。［70］"以约"句：因为逄约是受人劝诱才归附的，所以慕容儁给他改名逄钓。意谓逄约像条鱼，是用饵食钓过来的，有意挖苦，为逄约投晋埋下祸根。诱于人，被别人劝说。遇获，归附，投降。［71］乐安王炳：即石炳，后赵丞相，被刘显所杀。［72］赵庶：后赵末期官员，石祗时为太宰，被刘显所杀。［73］传首于邺：用马驿车将人头送到邺城。传，驿车。［74］骠骑将军：高级将军名号，位仅次于大将军。石宁：后赵将领，任石祗骠骑将军，大难临头，逃奔柏人县。柏人：县名，县治在今河北柏乡县西南。［75］通衢（qú）：四通八达的道路路口。［76］兖州：后赵时州治鄄城，在今山东鄄城县。刘启：后赵末期将领，为兖州刺史，投奔东晋朝廷。

八月，魏徐州刺史周成、兖州刺史魏统、荆州刺史乐弘、豫州牧张遇以廪丘、许昌等诸城来降；平南将军高崇、征虏将军吕护执洛州刺史郑系，以其地来降[1]。

燕王儁遣慕容恪攻中山[2]，慕容评攻王午于鲁口[3]，魏中山太守上谷侯龛[4]闭城拒守。恪南徇常山[5]，军于九门[6]，魏赵郡太守辽西李邽[7]举郡降，恪厚抚之，将邽还围中山[8]，侯龛乃降。恪入中山，迁其将帅、土豪数十家诣蓟，余皆安堵[9]，军令严明，秋豪不犯。慕容评至南安[10]，王午遣其将郑生[11]拒战，评击斩之。

悦绾还自襄国，俊乃知张举之妄[12]而杀之。常炜有四男二女在中山，俊释炜之囚，使诸子就见之。炜上疏谢恩。俊手令[13]答曰："卿本不为生计[14]，孤以州里相存[15]耳。今大乱之中，诸子尽至，岂非天所念邪！天且念卿，况于孤乎！"赐妾一人，谷三百斛[16]，使居凡城[17]。以北平太守孙兴[18]为中山太守，兴善于绥抚[19]，中山遂安。

库傉官伟帅部众自上党降燕[20]。

姚弋仲遣使来请降。冬，十一月[21]，以弋仲为使持节、六夷大都督、督淮北[22]诸军事、车骑大将军、开府仪同三司、大单于、高陵郡公[23]；又以其子襄为持节、平北将军、都督并州诸军事、并州刺史、平乡县公[24]。

逢钓亡归渤海[25]，招集旧众以叛燕。乐陵太守贾坚[26]使人告谕[27]乡人，示以成败[28]，钓部众稍散[29]，遂来奔。

吐谷浑叶延卒[30]，子碎奚[31]立。

（以上为第四段，写冉魏徐州刺史周成、羌族酋长姚弋仲等，纷纷向东晋投降；前燕主慕容俊派将领慕容恪攻打中山，扩大领地，杀掉了后赵谎送传国玉玺的张举。）

【注释】

[1]"魏徐州刺史周成"三句：周成，冉魏徐州刺史；魏统，冉魏兖州刺史；乐弘，冉魏荆州刺史；张遇，冉魏豫州牧；高崇，冉魏平南将军。诸人同时投奔东晋，献出他们所占据的地方。廪（lǐn）丘，县名，县治在今山东郓城县西北，时为周成所据；许昌，县名，县治在今河南许昌市西南，时为张遇所据，两大重镇，归属东晋。洛州，前秦初置，州治宜阳，多次移治，时在洛阳县，在今河南洛阳市东北。 [2]慕容恪（kè）：前燕主慕容俊之弟，后世尊为十六国第一名将。传见《晋书》卷一百十一。中山：古国名，时为郡，都城卢奴为郡治，在今河北定州市。 [3]慕容评：慕容皝之弟，前燕大将。王午：占有鲁口的冉魏旧将。鲁口：城名，在今河北饶阳县。[4]侯龛（kān）：冉魏中山太守。慕容恪率军攻打中山，侯龛闭城拒守，当冉魏赵郡太守李邽降燕后，随即开门投降，为中尉。 [5]南徇（xùn）常山：向南扩展地盘到常山。徇，略地，拓展地盘。常山，郡名，郡治真定，在今河北正定县南。 [6]九门：县名，县治在今河北石家庄市藁城区西北。 [7]李邽（guī）：冉魏赵郡太守，投降前燕，前燕灭亡，后又投降前秦，为尚书。

[8]将邦还围中山：慕容恪带着李邦回军再围中山，展示李邦降燕。侯龛见大势已去，也就开门投降。 [9]安堵：安居，各就各位。 [10]南安：地名，在今河北冀中地区。 [11]郑生：冉魏将领王午属将。 [12]张举之妄：指张举赴燕为石祗求救时，说传国玉玺在襄国，是虚妄的、假的。 [13]手令：亲自写信。 [14]不为生计：没有作活着的打算。 [15]以州里相存：看在同乡的分上，让你活了下来。慕容俊是昌黎郡人，常炜是广宁郡人，昌黎、广宁二郡同属幽州，故云"同乡"。 [16]斛（hú）：古代容量单位，十斗为一斛，一斛也叫一石。 [17]凡城：城名，在今河北平泉市南。 [18]孙兴：前燕官员，时为北平太守。 [19]绥（suí）抚：安抚，抚慰。 [20]库傉（nù）官伟：乌桓族的部落首领，前燕、后燕官员。曾率领部众从上党投降前燕。后为后燕太尉、太师、安定王。上党：郡名，郡治在今山西长治市东北。 [21]十一月：原文作十月，据章校改。 [22]淮北：原文作江北，据严衍《资治通鉴补》改。 [23]高陵郡公：封地高陵郡，爵位为公。 [24]平乡县公：封地平乡县（今属河北），爵位为公。 [25]逄（páng）钧：即冉魏渤海太守逄约，降燕被改名逄钧。亡归：逃回。 [26]乐陵：郡名，郡治在今山东乐陵市东南。贾坚：字世固，时为前燕乐陵太守。后东晋攻陷泰山山茌县，俘虏贾坚，贾坚宁死不降，为前燕死义尽忠。 [27]告谕：告诉，晓谕。 [28]示以成败：给他们分析谁胜谁败的形势。 [29]稍散：渐渐离散。 [30]吐谷（yù）浑：亦称吐浑，慕容氏，西北游牧民族慕容吐谷浑所建国名。叶延：吐谷浑政权第三任国主，公元 329 年至公元 351 年在位。传见《魏书》卷一百一。 [31]碎奚：吐谷浑第四任国主，公元 352 年至公元 371 年在位。

初，桓温闻石氏乱，上疏请出师经略[1]中原，事久不报[2]。温知朝廷杖殷浩以抗己，甚忿[3]之；然素知浩之为人，亦不之惮[4]也。以国无他衅，遂得相持弥年[5]，虽有君臣之迹[6]，羁縻[7]而已，八州士众资调殆不为国家用[8]。屡求北伐，诏书不听。十二月，辛未[9]，温拜表辄行[10]，帅众四五万顺流而下，军于武昌[11]。朝廷大惧。

殷浩欲去位[12]以避温，又欲以驺虞幡驻温军[13]。吏部尚书王彪之[14]言于会稽王昱[15]曰："此属皆自为计[16]，非能保社稷，为殿下[17]计也。若殷浩去职，人情离骇[18]，天子独坐[19]。当此之际，必有任其责者[20]，非殿下而谁乎！"又谓浩曰："彼若抗表问罪[21]，卿为之首。事任如此[22]，猜衅已成[23]，欲作匹夫[24]，岂有全地[25]邪！且当静以待之[26]。令相王与手书[27]，示以款诚[28]。为陈成败[29]，彼必旋师[30]；若不从，则遣中诏[31]；又不从，乃当以正义相裁[32]。奈何无故匆匆，先自猖獗[33]乎！"浩曰："决大事正自难[34]，顷日来欲使人闷[35]。闻卿此谋，意始得了[36]。”彪之，彬之子也。

抚军司马高崧[37]言于昱曰：“王宜致书，谕以祸福，自当返旆[38]。如其不尔，便六军整驾[39]，逆顺于兹判[40]矣！”乃于坐为昱草书曰：“寇难宜平[41]，时会宜接[42]。此实为国远图[43]，经略大算[44]，能弘斯会[45]，非足下而谁！但以比兴师动众[46]，要当以资实为本[47]。运转之艰[48]，古人所难，不可易之于始而不熟虑[49]。顷所以深用为疑[50]，惟在此耳。然异常之举[51]，众之所骇[52]，游声噂嗒[53]，想足下亦少闻之[54]。苟患失之，无所不至[55]，或能望风振扰[56]，一时崩散[57]。如此则望实并丧[58]，社稷之事去[59]矣。皆由吾暗弱[60]，德信不著[61]，不能镇静群庶[62]，保固维城[63]，所以内愧于心，外惭良友。吾与足下，虽职有内外[64]，安社稷，保国家，其致一[65]也。天下安危，系之明德[66]，当先思宁国而后图其外[67]，使王基克隆[68]，大义弘著[69]，所望于足下。区区诚怀[70]，岂可复顾嫌[71]而不尽哉！”温即上疏惶恐致谢[72]，回军还镇[73]。

朝廷将行郊祀[74]。会稽王昱问于王彪之曰：“郊祀应有赦否[75]？”彪之曰：“自中兴[76]以来，郊祀往往有赦，愚意常谓非宜[77]。凶愚之人[78]，以为郊必有赦，将生心于徼幸[79]矣！”昱从之。

燕王俊如龙城[80]。

丁零翟鼠帅所部降燕[81]，封为归义王。

（以上为第五段，写东晋方镇大将桓温乘后赵大乱，数次请求出兵收复中原，不等朝廷同意就擅自出兵，朝廷恐慌，殷浩打算辞职，丞相会稽王司马昱听从抚军司马高崧的建议，致信桓温，桓温返军。）

【注释】

[1]经略：这里指收复。桓温上疏当在永和五年（349）出屯安陆时，于此已有两年多。[2]不报：朝廷没有回音。[3]忿：同“愤”，怨愤，怨恨。[4]不之惮（dàn）：不惮之，不害怕他，桓温觉得殷浩没有什么能耐。[5]相持弥（mí）年：共处数年。弥，满。此指连绵，满了一年又一年。[6]虽有君臣之迹：六字原无，据章校补。此指权臣桓温与东晋朝廷保持了名义上的君臣名分，朝廷不敢过问。[7]羁縻而已：勉强地维持现状而已，意即没有公开作对。羁，马笼头；縻，牵牛绳，松松地笼着，以比喻朝廷对地方庞大势力不敢干预，只求其能保持对朝廷的表

面奉承而已。［8］八州：指桓温统辖下的荆、司、雍、益、梁、宁、交、广八州。资调：财赋与兵员的调动权。殆：大概，几乎。［9］辛未：十二月十一日。［10］拜表辄行：送上奏章不等朝廷批准，即自江陵率兵东下。辄，于是，就。［11］武昌：城名，在今湖北鄂州市。［12］去位：离开职位，即请求辞职。［13］以驺（zōu）虞幡驻温军：用驺虞幡制止桓温军队的前进。驺虞幡，书有驺虞的旗帜。朝廷有白虎幡、驺虞幡。白虎威猛主杀，用于督战；驺虞是仁兽，用以解兵。这里即用以使桓温所带的军队撤退。［14］王彪之：字叔虎，右仆射王彬之子，东晋名臣，官至尚书令，曾联合谢安对抗权臣桓温。传见《晋书》卷七十六。［15］会稽王昱（yù）：即会稽王司马昱，晋明帝司马绍异母弟。东晋第八位皇帝。［16］此属：这些人，指殷浩、桓温两方。皆自为计：都是为自己打算。［17］殿下：敬称会稽王司马昱，时为东晋朝廷主事者。［18］离骇（hài）：谓人心涣散、恐惧。［19］天子独坐：指皇帝成为孤家寡人，朝廷无人管事。［20］必有任其责者：肯定得有人对这种局面负责。［21］彼：指桓温。抗表：给皇帝上奏表。问罪：要求惩办罪魁祸首。［22］事任如此：事情的责任本来就是如此。指殷浩当时主持朝政。［23］猜衅已成：你们之间的矛盾已经形成。猜衅，彼此之间的猜疑与裂痕。［24］欲作匹夫：现在辞职，想去当个普通百姓。匹夫，泛指平民百姓。［25］岂有全地：哪里还能找到安全的地方。全地，全身之地。［26］静以待之：意即静观其变，不要辞职了。［27］相王：身为丞相的王爷，指会稽王司马昱。与手书：给桓温写一封亲笔信。［28］示以款诚：向他表示诚意。款诚，真诚，诚意。［29］为陈成败：给他分析利弊。陈，陈述，说明。［30］彼必旋师：他必然能收兵回去。旋师，回师，撤军。［31］遣中诏：请皇帝亲自下令，让他回来。中诏，皇帝不经主管官吏而直接颁行的亲笔诏令。［32］以正义相裁：即公开地谴责桓温的举兵逼向朝廷之罪。裁，裁抑，声讨。［33］奈何无故匆匆，先自猖獗：你自己怎么能先匆匆忙忙地逃跑呢。奈何，怎么能。匆匆，慌忙的样子，指匆匆去职。猖獗（jué），肆意胡来，这里指逃避，躲逃。［34］正自难：本来就难。［35］顷日来：近几天的形势。欲使人闷：简直令人一筹莫展。［36］意始得了：心里才有了一些主意。了，省悟，明白。［37］抚军司马高崧：会稽王司马昱的僚属。当时司马昱为抚军大将军，高崧为其任司马。司马，负责军事事务。［38］返旆（pèi）：指回师撤军。旆，旌旗。［39］六军整驾：即集合起皇帝的警卫部队，准备一战。六军，指天子的军队。整驾，指整治车马，出兵征讨。［40］逆顺于兹判：谁是叛逆，谁是正义，就立刻分明了。判，分别，分清。［41］寇难宜平：作乱于北方的胡寇应该扫平。［42］时会宜接：时机难得，正应紧紧抓住。时会，时运，时机，指中原大乱，北方将领相继来降，正是北伐的大好时机。接，承接，抓住。［43］远图：作长远谋划。［44］经略大算：安国经邦的大谋略。算，计谋，谋略。［45］能弘斯会：能够抓住这个重要机会的人。弘，弘扬。［46］以比兴师动众：连续地出兵北伐。前一次桓温出屯安陆，经络中原是在永和五年（349）。比，比年，连年。［47］要当以资实为本：重要的是要做好军粮、物资等各项准备工作。资实，粮食物资充实。［48］运转之艰：向前方运送粮草物资的艰难。［49］不可易之于始而不熟虑：不能从一开始就认为容易，而不加以认真考虑。熟虑，深思熟虑。［50］顷所以深用为疑：近来，之所以对你的举动怀疑。顷，进来。用，以。［51］异常之举：超乎寻常的举动，指桓温率兵顺流而下一事。［52］众之所骇（hài）：引起了众人的震惊、恐惧。［53］游声噂喈：谣言四起，议论纷纷。噂（zǔn）喈（tà），议论纷纷，攻讦诋毁。［54］亦少闻之：也会有所耳闻。［55］苟患失之，无所不至：指桓温而言。语出《论语·阳货》，孔子说："鄙夫可与事君也与哉？其未得之也，患得之；既得之，患失之。苟患失之，无所不至矣。"意思是说，假若生怕失去其职位，便会无所不用其极了。［56］望风振扰：看见形势不好就震惊、逃跑。此指桓温之军而言。［57］一时崩散：顷刻间东逃西散。一时，片刻。崩散，崩溃，逃散。［58］望实并丧：声名与实力都受到损失。丧，丧失，损失。［59］社稷之事去：若桓温失败，名利皆无，而国家亦失去倚靠，只能是两败俱伤。社稷，指国家。［60］暗弱：不明事理，懦弱无能。［61］德信：恩德与威信。著：著名，显露。［62］镇静群庶：管好百姓，不让他们胡说八道。镇静，使之情绪稳定。群庶，群众，百姓。［63］保固维城：保卫好国家朝廷，使其不受伤害。维城，这里指朝廷。《诗·板》曰："宗子维城。"宗子就像是城墙。宗子，帝王的嫡子，这里以喻东晋朝廷。［64］职有内外：司马昱在朝廷，为内；桓温镇守一方，为外。［65］其致一：所要达到的目的是一致的。致，极，最终目标。［66］系之明德：取决于是否有德高望重之大臣。系，决定于，取决于。明德，有美德的人。［67］先思宁国：先把自己的国家巩固起来。后图其外：而后再谋求对外用兵。［68］王基克隆：国家的事业兴旺发达。王基，国家的基业、事业。［69］大义弘著：大臣忠君报国的义理天下皆知。［70］区区诚怀：这是我的一些真诚的想法。区区，不足道，用于自称的谦辞。［71］顾嫌：顾忌嫌疑。［72］致谢：表示歉意。［73］还镇：退回原来的驻地荆州治所。［74］郊祀：古代于郊外祭祀天地，南郊祭天，北郊祭地。郊为大祀，祀为群祀。［75］应有赦否：是不是应该同时颁布大赦令。［76］中兴：指东晋朝廷。［77］愚：王彪之自我的谦称。非宜：不适宜。［78］凶愚之人：行凶作恶而不明事理的人。［79］徼幸：即侥幸。［80］如：到，至。龙城：燕国的都城，在今辽宁朝阳市。［81］丁零：也作"丁令""丁灵"，生活在今俄罗斯贝加尔湖一带的少数民族名。秦汉时为匈奴属国，游牧于中国北部和西北部广大地区。东晋时有一支入居于中山，在今河北定州市一带。翟鼠：丁零部落的首领。

八年（壬子，352 年）

春，正月，辛卯[1]，日有食之。

秦丞相雄等请秦王健正尊号[2]，依汉、晋之旧[3]，不必效石氏之初[4]。健从之，即皇帝位，大赦。诸公皆进爵为王。且言单于所以统壹百蛮[5]，非天子所宜领[6]，以授太子苌。

司马勋既还汉中，杜洪、张琚屯宜秋[7]。洪自以右族[8]轻琚，琚遂杀洪，自立为秦王，改元建昌[9]。

刘显攻常山，魏主闵留大将军蒋干使辅太子智守邺[10]，自将八千骑救之。显大司马清河王宁以枣强降魏[11]。闵击显，败之，追奔至襄国。显大将军曹伏驹[12]开门纳闵，闵杀显及其公卿已下[13]百余人，焚襄国宫室，迁其民于邺。赵汝阴王琨[14]以其妻妾来奔，斩于建康市[15]，石氏遂绝[16]。

（以上为第六段，写前秦苻健接受丞相苻雄请求，即位为帝；后赵雍州刺史杜洪被司马张琚杀害，张琚自立为秦王，改元建昌；后赵石虎之子石琨投奔东晋被杀，石氏根绝。）

【注释】

[1]辛卯：正月一日。 [2]正尊号：明确地自称皇帝。 [3]依汉、晋之旧：依从汉朝、晋朝的旧制，刘邦、曹丕直接即位为皇帝。 [4]石氏之初：谓石虎等人皆先称“天王”，然后即皇帝位。 [5]单于所以统壹百蛮：单于的职责是统率诸蛮。单于，健称帝前自称大单于。百蛮，总称苻氏所辖境内的诸多少数民族。 [6]非天子所宜领：不应该由皇帝兼任。领，兼任。 [7]宜秋：城名，在今陕西泾阳县西北。 [8]右族：即豪门大族。也称“右姓”。 [9]改元建昌：张琚自称秦王，改年号为建昌。当年即被苻健讨灭。 [10]蒋干：冉魏将领，时为大将军。太子智：冉智，冉魏末代太子兼国君。永兴三年（352），其父冉闵战败，为燕王慕容俊俘虏并杀害，冉智在邺城领导冉魏公卿北御前燕。同年，邺城守将降燕，冉智被俘，慕容俊封之为海宾侯，后被杀害。传见《晋书》卷一百七。 [11]清河王宁：清河郡人姓王名宁。清河，郡治在今河北清河县东南。枣强：县名，县治在今河北枣强县东南。 [12]曹伏驹：时为刘显大将军。 [13]已下：以下。已，同“以”。 [14]汝阴王琨：即石琨，石虎之子，被封为汝阴王。 [15]建康市：东晋都城建康城的市场上。 [16]石氏遂绝：石勒、石虎曾经雄霸一时，至此，灭族绝种。胡三省曰：“自古无不亡之国，宗族诛夷，固亦有之，未有至于绝姓者。石氏穷凶极暴，而子孙无遗种，足以见天道之不爽矣。”

尚书左丞孔严[1]言于殷浩曰：“比来众情[2]，良可寒心[3]，不知使君[4]当何以镇之。愚谓宜明受任之方[5]，韩、彭专征伐[6]，萧、曹守管籥[7]，内外之任[8]，各有攸司[9]；深思廉、蔺屈身之义[10]，平、勃交欢之谋[11]，令穆然无间[12]，然后可以保大定功[13]也。观近日降附之徒[14]，皆人面兽心，贪而无亲，恐难以义感[15]也。”浩不从。严，愉之从子也[16]。

浩上疏请北出许、洛[17]，诏许之，以安西将军谢尚[18]、北中郎将荀羡为督统[19]，进屯寿春[20]。谢尚不能抚尉张遇[21]，遇怒，据许昌叛，使其将上官恩据洛阳[22]，乐弘攻督护戴施于仓垣[23]，浩军不能进。三月，命荀羡镇淮阴[24]，寻加监青州诸军事[25]，又领兖州刺史[26]，镇下邳[27]。

乙巳[28]，燕王俊还蓟，稍徙军中文武兵民家属于蓟。

姚弋仲有子四十二人，及病，谓诸子曰："石氏待吾厚，吾本欲为之尽力。今石氏已灭，中原无主。我死，汝亟[29]自归于晋，当固执臣节[30]，无为不义也！"弋仲卒，子襄秘不发丧[31]，帅户六万南攻阳平、元城、发干[32]，破之，屯于碻磝津[33]；以太原王亮为长史[34]，天水尹赤为司马[35]，太原薛瓚[36]、略阳权翼为参军[37]。

襄与秦兵战，败，亡三万余户，南至荥阳[38]，始发丧。又与秦将高昌、李历战于麻田[39]，马中流矢而毙。弟苌[40]以马授襄，襄曰："汝何以自免？"苌曰："但令兄济[41]，竖子必不敢害苌！"会救至，俱免。尹赤奔秦，秦以赤为并州刺史，镇蒲阪[42]。

襄遂帅众归晋，送其五弟为质。诏襄屯谯城[43]。襄单骑渡淮，见谢尚于寿春。尚闻其名。命去仗卫[44]，幅巾待之[45]，欢若平生[46]。襄博学，善谈论，江东[47]人士皆重之。

（以上为第七段，写东晋朝廷同意殷浩请求，出兵北上许昌、洛阳，驻扎寿春；姚弋仲去世，其子姚襄与前秦军队交战，被打败，率军归附东晋，受到江东人士推重。）

【注释】

[1]尚书左丞：官名，尚书令的佐官，总领纲纪。孔严：一作孔岩，字彭祖，东晋大臣。传见《晋书》卷七十八。 [2]比来众情：前些日子表现出的朝臣们的心思。情，心思，情态，指桓温蔑视朝廷，朝臣一片混乱。 [3]良可寒心：实在是令人心寒。 [4]使君：敬称殷浩。汉时称刺史太守为使君，汉以后成为对州郡长官的尊称。此时殷浩为扬州刺史，参综朝政，故称之。[5]明受任之方：弄清各个官员的职务权限。方，方位，引申为区域，职权范围。 [6]"韩、彭"句：指西汉开国功臣韩信、彭越专事征伐。 [7]"萧、曹"句：萧何、曹参留守理财。管籥，仓

库钥匙，喻理财。楚汉战争，萧何留守关中，保障前线足食足兵。曹参随韩信征伐，未参与留守后方。西汉建国，萧、曹相继为丞相，理政天下，此句即言此，谓萧、曹理内政。［8］内外之任：守管钥为内，专征伐为外。任，责任，职责。［9］各有攸司：各有所管，各负其责。攸，助词，所。司，主管，掌管。［10］“深思廉、蔺”句：深深思考廉颇、蔺相如为国家利益而不计前嫌的大义。廉蔺将相和，先国家而后私仇，这才是高尚的情操大义。屈身，指蔺相如委屈避让廉颇的情操。［11］平、勃交欢之谋：陈平、周勃为了制止外戚吕氏专权而结为至交的谋略。交欢之谋，刘邦去世后，吕后临朝，诸吕擅权，陈平从其谋，与太尉周勃结交，二人互相配合，终诛诸吕。［12］穆然无间：和睦相亲的样子。无间，一点缝隙也没有。［13］保大定功：保卫光大王室的基业，为国家建立功勋。［14］降附之徒：指归顺东晋朝廷的段龛、张遇、姚襄等人。［15］难以义感：很难靠恩义使之感动。感，感化。［16］愉：即孔愉，字敬康，东晋名臣，能持古人之节。传见《晋书》卷七十八。从子：从兄之子，侄子。［17］许、洛：许昌、洛阳，在今河南。［18］安西将军：主管西部征伐。谢尚：字仁祖。豫章太守谢鲲之子、太傅谢安从兄。历任江夏相、江州刺史、尚书仆射，进号镇西将军，都督豫、冀、幽、并四州军事。时镇历阳（今安徽和县）。传见《晋书》卷七十九。［19］北中郎将：将军名号，沿袭东汉“四中郎将”的名称，有较固定的辖区和治所。荀羡：字令则，光禄大夫荀崧之子，东晋将领。传见《晋书》卷七十五。荀羡时镇京口（今江苏镇江市）。督统：官名，犹言都督、统帅。［20］寿春：县名，县治在今安徽寿县。［21］不能抚慰张遇：张遇原是冉魏国的豫州牧，见冉魏乱而降附，为谢尚部下，谢尚未能很好地加以抚慰。［22］上官恩：张遇将领。据：占据，拥有。［23］乐弘：张遇将领。戴施：东晋官员，为辅国将军、河南太守。曾受命率军救援冉智，得到了传国玉玺，后来镇守洛阳，前燕来攻，戴施弃城南奔。仓垣（yuán）：城名，一名仓垣亭，在今河南开封市西北。［24］淮阴：县名，位于淮河南岸，现为江苏淮安市淮阴区。［25］寻：不久，随即。青州：州治临淄，在今山东淄博市东北。［26］领：兼任。兖（yǎn）州：州治廪丘，在今山东郓城县西北。［27］下邳：郡名，郡治在今江苏邳州市西南。［28］乙巳：正月十五日。［29］亟（jí）：急，赶快。［30］固执：坚守，坚决保持。臣节：作为臣子的节操，即不作叛臣。［31］秘不发丧：不让外界知道姚弋仲已死的消息。发丧，宣布死讯，将人死的消息公告于众。［32］阳平、元城、发干：皆县名。阳平，县治在今河北馆陶县。元城，县治在今河北大名县东。发干，县治在今山东聊城市西。三县均在滠头南面。［33］碻（qiāo）磝（áo）津：津渡名，在今山东聊城市茌平区西南古黄河南岸，其东为碻磝城，东晋、南北朝时为军事要地。［34］太原：郡名，郡治晋阳，在今山西太原市西南汾水东岸。王亮：姚襄长史。长史：官名，为诸史之长，首席僚属。［35］天水：郡名，郡治在今甘肃与天水市。尹赤：天水人，羌族。本是姚弋仲、姚襄父子旧部，后投降前秦，为前秦并州刺史。又投降姚襄。［36］薛瓒：太原人，早年追随姚弋仲，是羌人滠头集团中的重要谋士，后来在姚襄手下当参军。姚襄兵败被前秦苻黄眉击杀后，他跟随姚苌，投向了前秦，苻坚时，为中书侍郎。后在前秦淝水之战失败后，又投靠了后秦。［37］略阳：郡名，郡治临渭县，在今甘肃天水市。权翼：字子良，略阳人，前秦名臣，汉朝左辅都尉权忠后代，早年追随姚弋仲、姚襄，为滠头集团中的重要谋士。升平元年（357），投向前秦，官至司隶校尉，权翼和苻坚关系亲密。参军：官名，即军事参谋。［38］荥（xíng）阳：郡名，郡治荥阳县，在今河南荥阳市东北之古荥镇。［39］高昌、李历：前秦将领。麻田：地名，在今河南洛阳市东。［40］苌（cháng）：即姚苌，字景茂，后秦开国皇帝，公元384年至公元394年在位。传见《晋书》卷一百十五。［41］济：成功，这里指渡过难关。［42］蒲阪（bǎn）：县名，县治在今山西永济市西南的蒲州镇。［43］谯城：城名，在今河南夏邑县北。［44］仗卫：仪仗队与卫队。［45］幅巾待之：指不穿官服，穿着便服相见，表示平等亲密。幅巾，古代男子用一幅绢带束发，称为幅巾，是平民的打扮。［46］欢若平生：像是接待平素相识的老朋友一样高兴。平生，平素，平时。［47］江东：长江下游南岸地区被称为江东。这里代指东晋。

魏主闵既克襄国[1]，因游食常山、中山诸郡[2]。赵立义将军段勤聚胡、羯万余人保据绎幕[3]，自称赵帝。夏，四月，甲子[4]，燕王俊遣慕容恪等击魏，慕容霸等击勤。

魏主闵将与燕战，大将军董闰、车骑将军张温[5]谏曰："鲜卑乘胜锋锐[6]，且彼众我寡，宜且避之，俟其骄惰[7]，然后益兵以击之。"闵怒曰："吾欲以此众平幽州，斩慕容俊；今遇恪而避之，人谓我何！"司徒刘茂、特进郎闿[8]相谓曰："吾君此行，必不还矣，吾等何为坐待戮辱！"皆自杀。

闵军于安喜[9]，慕容恪引兵从之。闵趣常山，恪追之，丙子[10]，及于魏昌之廉台[11]。闵与燕兵十战，燕兵皆不胜。闵素有勇名，所将兵精锐，燕人惮之。慕容恪巡陈[12]，谓将士曰："冉闵勇而无谋，一夫敌[13]耳！其士卒饥疲，甲兵[14]虽精，其实难用[15]，不足破也！"闵以所将多步卒，而燕皆骑兵，引兵将趣林中[16]。恪参军高开曰："吾骑兵利平地，若闵得入林，不可复制[17]。宜亟遣轻骑邀之[18]，既合而阳走[19]，诱致平地，然后可击也。"恪从之。魏兵还就平地，恪分军为三部，谓诸将曰："闵性轻锐[20]，又自以众少，必致死于我[21]。我厚集中军之陈[22]以待之，俟其合战[23]，卿等从旁击之，无不克矣。"乃择鲜卑善射者五千人，以铁锁连其马，为方陈[24]而前。闵所乘骏马曰"朱龙"，日行千里。闵左操两刃矛，右执钩戟[25]，以击燕兵，斩首三百余级。望见大幢[26]，知其为中军，直冲之。燕两军从旁夹击，大破之。围闵数重，闵溃围东走二十余里，朱龙忽毙[27]，为燕兵所执。燕人杀魏仆射刘群，执董闵[28]、张温及闵，皆送于蓟。闵子操奔鲁口[29]。高开被创而卒。慕容恪进屯常山，俊命恪镇中山。

己卯[30]，冉闵至蓟。俊大赦。立闵而责之曰："汝奴仆下才，何得妄称帝？"闵曰："天下大乱，尔曹夷狄禽兽之类犹称帝[31]，况我中土[32]英雄，何为不得称帝[33]邪！"俊怒，鞭之三百，送于龙城。

慕容霸军至绎幕，段勤与弟思聪举城降。

甲申[34]，俊遣慕容评及中尉侯龛帅精骑万人攻邺。癸巳[35]，至邺，魏蒋干及太子智闭城拒守，城外皆降于燕，刘宁及弟崇帅胡骑三千奔晋阳[36]。

秦以张遇为征东大将军、豫州牧。

五月，秦主健攻张琚于宜秋[37]，斩之。

邺中大饥，人相食，故赵时宫人被食略尽。蒋干使侍中缪嵩、詹事刘猗奉表请降[38]，且求救于谢尚。庚寅[39]，燕王俊遣广威将军慕容军、殿中将军慕舆根、右司马皇甫真等帅步骑二万助慕容评攻邺。

辛卯[40]，燕人斩冉闵于龙城。会大旱、蝗，燕王俊谓闵为祟[41]，遣使祀之，谥曰"悼武天王"。

初，谢尚使戴施据枋头[42]，施闻蒋干求救，乃自仓垣徙屯棘津[43]，止干使者求传国玺[44]。刘猗使缪嵩还邺白干，干疑尚不能救[45]，沈吟未决[46]。六月，施帅壮士百余人入邺，助守三台[47]，绐[48]之曰："今燕寇在外，道路不通，玺未敢送也。卿[49]且出以付我，我当驰白[50]天子。天子闻玺在吾所，信卿至诚，必多发兵粮以相救饷[51]。"干以为然，出玺付之。施宣言使督护何融迎粮[52]，阴令怀玺送于枋头[53]。甲子[54]，蒋干帅锐卒五千及晋兵出战，慕容评大破之，斩首四千级，干脱走[55]入城。

（以上为第八段，写前燕将领慕容恪率军攻打冉魏，前燕多骑兵，冉魏多步卒，慕容恪用计诱使魏军至平原，大败魏军，活捉冉闵，斩杀于龙城，东晋镇西将军谢尚得到冉魏的传国玉玺。）

【注释】

［1］襄国：后赵都城，在今河北邢台市襄都区。［2］因：即。游食：带着军队到处找食物吃，哪里有吃的就到哪里去，可见当时的社会之贫困。常山：郡名，郡治真定，在今河北正定县南。中山：郡名，郡治卢奴县，在今河北定州市。［3］立义将军：后赵杂号将军之名。段勤：鲜卑人，辽西公段末柸之子。段氏灭亡后归后赵，时为立义将军，据守黎阳。后集结胡、羯部众一万余人据守绎幕（今山东平原县），自称赵帝。不久，投降前燕，被杀。传见《晋书》卷一百四。［4］甲子：四月五日。［5］董闰、张温：冉魏主冉闵主要部将，一为大将军，一为车骑将军。［6］锋锐：士气旺盛，锋芒毕露。［7］俟（sì）：等待，等候。骄惰：骄傲，丧失警惕。惰，懈怠。［8］特进：汉制，凡大臣功德最盛者，得赐位特进，位在三公下。魏南北朝因之，皆为加官。郎闿：后赵大臣，官至司空，冉闵时，加封特进。冉闵伐燕，郎闿与司徒刘茂知此战必败，不愿受亡国之辱，饮药自尽。［9］军：驻扎，驻军。安喜：县名，县治在今河北定州市东南。［10］丙子：四月十七日。二字原无，据章校补。［11］及于魏昌之廉台：追到魏昌县的廉台，追上了。及，追及，追到。魏昌，县名，县治在今河北定州市东南。廉台，地名，在今河北无极县东北。［12］巡陈：到自己的军阵前面巡视。陈，同“阵”。［13］一夫敌：只能对付一个人，言其有勇无谋，只凭武力厮杀。［14］甲兵：甲盾，兵器，这里代指士兵。［15］其实难用：难以发挥他们的作用。用，发挥，使用。［16］引兵：率领士兵。将趣林中：准备进入树林。趣，同“趋”，进入。［17］制：制伏，将其打败。［18］亟：急，赶快。邀：半路截击，袭击。［19］既合而阳走：开战以后，再假装败逃。合，遇合，开战。阳，通“佯”，假装。［20］轻锐：喜好进攻求战。［21］致死于我：找到我们，就会拼命、决一死战。［22］厚集中军之陈：集中主力部队的人马不要动。中军，古代作战常分左、右、中（或上、下、中）三军，由主将所处的中军发号施令。陈，同“阵”。［23］俟其合战：等他的主力与我们的主力正式开战后。俟，等待，等候。［24］方陈：古代作战时军队排列的方形阵势。陈，同“阵”。［25］钩戟：长刃矛。［26］大幢：主将的华盖。幢，古代仪仗的一种，形状像伞。［27］毙：倒毙，倒在地上死去。［28］董闵：胡三省注曰：“董闵，当作‘董闰’。”章校：孔本正作“闰”。［29］操：即冉操，冉闵之子逃到鲁口王午之处。王午自称安国王。把冉操送给燕军。鲁口：城名，在今河北饶阳县。［30］己卯：四月二十日。［31］尔曹：你们，你们这类人，含有轻蔑的成分。夷狄：对中国周边少数民族的称呼。［32］中土：即中原、中国。［33］何为不得称帝：怎么就不能称帝？“何为不得”，原为“何得不”，据章校改。［34］甲申：四月二十五日。［35］癸巳：五月五日。［36］刘宁：原为刘显大司马，清河王，以枣强投降冉魏。崇：即刘崇，刘宁之弟，冉魏将领。晋阳：城名，在今山西太原市西南，时为太原郡的郡治所在地。［37］宜秋：城名，在今陕西泾阳县西北。［38］缪嵩：冉魏官员，为侍中。刘猗：冉魏官员，为太子詹事。请降：请降于东晋朝廷。［39］庚寅：五月二日。［40］辛卯：五月三日。［41］为祟（suì）：谓死者的鬼魂在作怪。［42］据枋头：驻兵枋头。枋（fāng）头，在今河南浚县西南，北距邺城不远。［43］棘津：渡口名，一名“南津”，亦

名“石济津”，在今河南滑县西南的古黄河上。［44］止干使者：扣留了蒋干所派的使者。传国玺：即传国玉玺，是秦代丞相李斯奉始皇帝之命，用蓝田玉镌刻而成，正面刻有李斯所书“受命于天，既寿永昌”八字，作为“皇权天授、正统合法”之信物。［45］疑尚不能救：怀疑谢尚能否派兵来邺城相救。［46］沈吟未决：拿不定主意，犹豫是不是把传国玺送给戴施。沈，通“沉”，深思。［47］三台：即铜雀台、金虎台、冰井台，都在当时邺城城内的西北部。［48］绐（dài）：欺骗。［49］卿：古代对人的敬称。［50］驰白：飞禀，迅速禀告。［51］救饷：派兵相救，运粮以供军食。［52］宣言：扬言，表面上说。督护：有直接指挥作战的权力。何融：东晋濮阳太守戴施帐下都护。东晋北伐，何融率领精兵，攻入邺城，于冉魏太子冉智处获得秦汉玉玺，飞送建康，献给晋帝。迎粮：迎接兵粮。［53］阴令：暗中派人。怀玺送于枋头：传国玉玺至此始归东晋。此前东晋无玺，中原称之为“白版天子”。［54］甲子：六月六日。［55］脱走：脱逃，逃走。

甲申[1]，秦主健还长安[2]。

谢尚、姚襄共攻张遇于许昌。秦主健遣丞相东海王雄[3]、卫大将军平昌王菁略地关东[4]，帅步骑二万救之。丁亥[5]，战于颍水之诫桥[6]，尚等大败，死者万五千人。尚奔还淮南[7]，襄弃辎重[8]，送尚于芍陂[9]，尚悉以后事付襄。殷浩闻尚败，退屯寿春[10]。秋，七月，秦丞相雄徙张遇及陈、颍、许、洛[11]之民五万余户于关中，以右卫将军杨群[12]为豫州刺史，镇许昌。谢尚降号建威将军[13]。

赵故西中郎将王擢遣使请降[14]，拜擢秦州[15]刺史。

丁酉[16]，以武陵王晞为太宰[17]。

丙辰[18]，燕王俊如[19]中山。

王午闻魏败，时邓恒已死，午自称安国王。八月，戊辰[20]，燕王俊遣慕容恪、封奕、阳骛[21]攻之，午闭城自守，送冉操诣燕军[22]，燕人掠其禾稼而还[23]。

庚午[24]，魏长水校尉马愿[25]等开邺城纳燕兵，戴施、蒋干悬缒[26]而下，奔于仓垣[27]。慕容评送魏后董氏、太子智、太尉申钟[28]、司空条攸[29]等及乘舆服御[30]于蓟。尚书令王简、左仆射张乾、右仆射郎肃[31]皆自杀。燕王俊诈云董氏得传国玺献之[32]，赐号奉玺君，赐冉智爵海宾侯。以申钟为大将军右长史，命慕容评镇邺。

桓温使司马勋助周抚讨萧敬文于涪城[33]，斩之。

谢尚自枋头迎传国玺至建康，百僚毕贺[34]。

秦以雷弱儿为大司马，毛贵为太尉，张遇为司空。

（以上为第九段，写东晋谢尚、姚襄出兵攻打前秦将领张遇，被打败；前燕将领慕容恪攻打冉魏邺城，魏将王午闭城自守；冉魏将官马愿等打开城门，投降前燕，冉魏灭亡。）

【注释】

［1］甲申：六月二十六日。［2］还长安：谓其从宜秋返回长安。［3］东海王雄：即苻雄，前秦主苻健之弟，时被封为东海王。东海，郡名，郡治郯县，在今山东郯城县北。［4］平昌王菁（jīng）：即苻菁，前秦主苻健之子，被封为平昌王。平昌，郡名，郡治在今山东诸城市。略地关东：出函谷关，向东拓展地盘。略地，占领、侵占土地。关东，区域名，指函谷关以东地区。［5］丁亥：六月二十九日。［6］颍水：河水名，发源于河南登封市嵩山，经周口市、安徽阜阳市，在寿县正阳关（今蚌埠市淮上区沫河口镇）注入淮河，为淮河最大的支流。诫桥：据吴熙载《资治通鉴·地理今释》："诫（原文作诫）桥，疑河南许州襄城县之颍桥。"在今河南襄城县东北。［7］淮南：郡名，郡治寿春，在今安徽寿县。［8］弃辎（zī）重：丢下沉重的军用物资。［9］芍（què）陂（bēi）：堤坝名，又名"安丰塘"，由春秋时楚相孙叔敖主持修建的淮水流域最为著名的水利工程，在今安徽寿县南。［10］寿春：县名，时为淮南郡的郡治所在地，在今安徽寿县。［11］陈、颍、许、洛：即陈郡、颍川、许昌、洛阳，皆郡名。陈郡，郡治项县，在今河南沈丘县。颍川，以颍水而得名，郡治许昌，在今河南许昌市东。［12］杨群：前秦将领，时为右卫将军、豫州刺史。［13］降号建威将军：谢尚原为安西将军，为方镇将领，现为建威将军，为杂号将军，故称降号。［14］西中郎将：将军名号。王擢（zhuó）：匈奴屠各人，后赵将领，为西中郎将、秦州刺史。投靠东晋，仍为秦州刺史。传见《晋书》卷一百七。［15］秦州：州治冀县，在今甘肃甘谷县东南。［16］丁酉：七月十日。［17］武陵王晞：即司马晞，字道叔，司马睿第四子。袭爵武陵郡王。传见《晋书》卷六十四。太宰：官位相当于丞相。［18］丙辰：七月二十九日。［19］如：到，至。［20］戊辰：八月十一日。［21］阳骛（wù）：字士秋，前燕重臣，曾辅佐慕容氏四世。官至三公。传见《晋书》卷一百十一。［22］冉操：冉闵之子。诣（yì）：到，至。［23］燕人掠其禾稼而还：胡三省曰："慕容恪善用兵，知鲁口之未可取，徒久攻以毙士卒，故掠其禾稼，全师而退。金城汤池，非粟不守，孤城之外，春取其麦而秋取其禾，彼将焉仰哉！"禾稼，泛指庄稼。禾，在秦汉前皆指粟，今谓之小米，后世始以稻为禾。［24］庚午：八月十三日。［25］马愿：冉魏将领，为长水校尉，冉闵被杀，投降前燕。［26］悬缒：以绳将人从城上悬下。缒（zhuì），用绳子拴住人从上往下送。［27］仓垣（yuán）：城名，一名仓垣亭，在今河南开封市西北。［28］申钟：历经后赵、冉魏、前燕三国的大臣。历仕后赵侍中、司徒，冉魏太尉，前燕大将军左长史。传见《周

书》卷三十二。［29］条攸：人名，原冉魏司空，冉闵败亡后，投降前燕。攸，原为“枚”字，据严衍《资治通鉴补》改。［30］乘舆服御：泛指帝王所用的衣服车马之类。［31］王简、张乾、郎肃：皆冉魏官员，冉魏主冉闵败亡后，不愿投降前燕，自杀。［32］燕王俊诈云董氏得传国玺献之：历代帝王均以得传国玺为福瑞，慕容俊诈称董氏献玺，是为表明天命所在，为登帝位制造舆论。董氏，指冉魏皇后。［33］周抚：字道和，东晋镇西将军，出镇襄阳。讨萧敬文于涪城：萧敬文，原为成汉将领，桓温灭成汉回师后，留杨廉守西蜀，当时蜀人作乱，重占成都，萧敬文杀杨谦，占据涪城，自称益州牧。涪城，城名，在今四川绵阳市。［34］百僚毕贺：百官都向晋穆帝祝贺。毕，都。

殷浩之北伐也，中军将军王羲之[1]以书止之，不听。既而无功，复谋再举。羲之遗[2]浩书曰：“今以区区江左[3]，天下寒心[4]，固已久矣，力争武功[5]，非所当作。自顷处内外之任者[6]，未有深谋远虑，而疲竭根本[7]，各从所志[8]，竟无一功可论，遂令天下将有土崩之势[9]；任其事者[10]，岂得辞四海之责哉！今军破于外，资竭于内，保淮之志[11]，非所复及[12]，莫若还保长江，督将[13]各复旧镇；自长江以外，羁縻而已[14]。引咎责躬[15]，更为善治，省其赋役，与民更始[16]，庶可以救倒悬之急也[17]！使君起于布衣[18]，任天下之重，当董统[19]之任，而败丧[20]至此，恐阖朝群贤未有与人分其谤者[21]。若犹以前事为未工[22]，故复求之分外[23]，宇宙虽广，自容何所[24]！此愚智所不解[25]也。”

又与会稽王昱笺[26]曰：“为人臣谁不愿尊其主[27]，比隆前世[28]，况遇难得之运[29]哉！顾[30]力有所不及，岂可不权轻重[31]而处之也！今虽有可喜之会[32]，内求诸己[33]，而所忧乃重于所喜。功未可期[34]，遗黎歼尽[35]，劳役无时[36]，征求日重[37]，以区区吴、越经纬天下十分之九[38]，不亡何待！而不度德量力[39]，不弊不已[40]，此封内所痛心叹悼而莫敢吐诚者也[41]。‘往者不可谏，来者犹可追[42]。’愿殿下更垂三思[43]，先为不可胜之基[44]，须根立势举[45]，谋之未晚[46]。若不行，恐麋鹿之游，将不止林薮而已[47]！愿殿下暂废虚远之怀[48]，以救倒悬之急，可谓以亡为存[49]，转祸为福也。”不从。

九月，浩屯泗口[50]，遣河南太守戴施据石门[51]，荥阳太守刘遁据仓垣。浩以军兴[52]，罢遣太学生徒[53]，学校由此遂废。

冬，十月，谢尚遣冠军将军王侠攻许昌，克之。秦豫州刺史杨群退屯弘农[54]。征尚为给事中[55]，戍石头[56]。

（以上为第十段，写东晋权臣殷浩北伐，遭到失败，还想再次出征，以挽回颜面和损失，中军将军王羲之写信严厉劝阻，希望其度德量力，改弦更张，但殷浩听不进去。）

【注释】

[1]王羲之：字逸少，东晋官员、书法家，有“书圣”之称，时任中军将军。传见《晋书》卷八十。 [2]遗（wèi）：赠，送。 [3]区区江左：意谓东晋王朝如今只有江东的区区之地。区区，小小的，微不足道。江左，即江东，指长江下游以东地区，这里指东晋而言。 [4]天下寒心：所有的人，一想起来就非常担心，怕被北方的少数民族所灭。天下，天下之人，此指东晋人。寒心，失望。 [5]力争武功：想靠武力与北方政权争胜，获得功勋。 [6]自顷：近些年来。处内外之任者：谓做朝官和任地方官的人。 [7]疲竭根本：指为北伐而消耗国力。疲竭，极度疲劳。根本，国力，民力。 [8]各从所志：都是按着他们个人的想法行事。从，按照。所志，指个人的打算，自己的想法。 [9]将有土崩之势：指民不堪命，将有揭竿而起之忧。汉代徐乐将国内发生内战比作瓦解，将人民起义比作土崩。 [10]任其事者：犹谓执政的人、当权的人，此指殷浩等人而言。 [11]保淮之志：指向北推进，以淮河为边界并加以守卫的设想。 [12]非所复及：不是你们能够做到的事情。 [13]督将：为北伐征调来的各路将领。 [14]羁縻而已：维持相安的状况就可以了。羁，马笼头。縻，牵牛绳。意即对长江以北、淮河以南的土地与人民，不一定要视为自己所有，能隶属更好，不能隶属也不勉强。 [15]引咎责躬：承认过去的急躁冒进，深刻地作自我批评。咎，过错，过失。[16]与民更始：与百姓一起从头奋斗。更始，重新开始。[17]庶：大致可以。倒悬：头朝下脚朝上地倒挂着，比喻黎民百姓处境极端困苦。 [18]使君：敬称殷浩。起于布衣：出身于平民。 [19]董统：总统，总理国家大事。董，治理。 [20]败丧：失败和损失。丧，丧失，损失。 [21]阖朝群贤：指满朝文武大臣。阖（hé），全，总共。分其谤：分担责任，分担罪名。谤，诽谤，引申为罪过。 [22]犹以前事为未工：还认为上次的北伐有可改进之处。未工，有局部的毛病。前事，指殷浩派谢尚、姚襄攻打许昌之事。 [23]复求之分外：还想去干一些本来做不到的事情。分外，指不能预料后果的事，能力所不能达到的事。分，料想。[24]自容何所：意思是说，如果再次失败，你还能到哪里去寻找容身之处呢？ [25]此愚智所不解：这是我的智力所不能理解的。愚，王羲之自我的谦称。 [26]笺（jiān）：文体名，写给高级官僚的书信。 [27]尊其主：提高其主子的威望。 [28]比隆前世：与以往的兴隆盛世相比美。前世，指西晋。 [29]难得之运：千古难逢的好时机，指中原大乱。运，时运，机会。 [30]顾：转折语词，相当现在的“问题在于”“关键在于”。[31]权轻重：衡量自己的实际情况。权，衡量。

轻重，犹言“利弊”“短长”。［32］可喜之会：有利的好时机。［33］内求诸已：对内，检查一下我们国家的自身情况。求，寻求，思考。［34］功未可期：建功立业的希望是很渺茫的。期，希望，期待。［35］遗黎歼尽：所剩不多的汉族百姓也将要死光。遗黎，遗民，此指北方沦陷区南渡的汉族百姓。黎，黑色。汉人黑发，普通百姓又不戴冠，故称为“黔首”或“黎民”。歼，灭。［36］劳役无时：不分季节、遥遥无期地服劳役。无时，没有固定时间与期限。［37］征求日重：国家的赋税一天比一天加重。征求，征收，征调。［38］吴、越：此处指东晋。东晋王朝地处春秋时代吴国和越国（约当今江苏、浙江一带）的地盘。经纬：犹言“经略”“经营”，规划治理。这里是收复、对抗的意思。天下十分之九：指广大的长江以北地区。把中国分成十份，东晋只占十分之一，其余占十分之九。［39］度德量力：衡量自己的品德能否服人，估计自己的能力能否胜任。［40］不弊不已：不把最后的家当耗费光不罢休。弊，困穷，败坏。［41］封内：四境之内，这里指东晋士民。叹悼：感叹，伤心。吐诚：倾诉真情，说真话。［42］往者不可谏，来者犹可追：语出《论语·微子》中的楚狂接舆歌，意即过去的失败是无法挽回了，但未来的事情还是可以力争做得好一点。谏，劝阻，这里有“挽回”的意思。犹可追，还赶得上，这里是“还来得及改正”的意思。［43］愿殿下更垂三思：希望您能够再三考虑。垂，敬辞，给予、加以。［44］先为不可胜之基：首先要创造使自己不致被敌人战胜的条件。基，基础，条件。此语乃化用《孙子·军形篇》中“善战者，先为不可胜，以待敌之可胜”之意。［45］须根立势举：等到基础牢固，时机成熟。须，等。［46］谋之未晚：那时再谋求北伐也不算晚。［47］“恐麋鹿之游”二句：恐怕麋鹿就不只是在山林水泽边游走了。麋（mí）鹿，俗称“四不像”，古代比较普遍的一种野生动物，现在成了濒临绝种的珍稀动物。将不止林薮（sǒu），意思是荒野中的麋鹿要到我们的都城、我们的皇宫里来。相传当年伍子胥劝谏吴王夫差有所谓“臣今见麋鹿游姑苏之台也”，意思是我们的都城、宫殿将要成为废墟，成为麋鹿出没的场所。林薮，山林与川泽。［48］暂废虚远之怀：暂时停止一下清虚玄远的雅兴。司马昱好谈玄，故王羲之以此讥之。［49］以亡为存：转亡为存，改变危亡的处境。［50］泗口：泗水与淮水的汇合之口，在今江苏淮安市洪泽区西。［51］石门：地点不详。［52］以军兴：用军事紧急动员的名义。［53］罢遣太学生徒：暂停各地区向都城太学派送学生的做法。元帝建武元年（317）始立太学，至今废免。罢遣，废除和遣散。［54］杨群：前秦将领，时为右卫将军，封为豫州刺史。弘农：郡名，郡治在今河南灵宝市东北之故函谷关。［55］给事中：侍从皇帝左右，备顾问应对，参议政事，因执事于殿中，故名。［56］戍石头：镇守石头城。石头，即石头城，也叫“石首城”，简称“石城”，在建康城西，遗址在今江苏南京市西清凉山后。

丁卯[1]，燕王俊还蓟。

故赵将拥兵据州郡者，各遣使降燕。燕王俊以王擢为益州刺史，夔逸[2]为秦州刺史，张平[3]为并州刺史，李历[4]为兖州刺史，高昌[5]

为安西将军，刘宁[6]为车骑将军。

慕容恪屯安平[7]，积粮，治[8]攻具，将讨王午。丙戌[9]，中山苏林起兵于无极[10]，自称天子，恪自鲁口还讨林。闰月，戊子[11]，燕王俊遣广威将军慕舆根助恪攻林，斩之。王午为其将秦兴[12]所杀。吕护杀兴，复自称安国王。

燕群僚共上尊号于燕王俊[13]，俊许之。十一月，丁卯[14]，始置百官，以国相封奕为太尉，左长史阳骛为尚书令，右司马皇甫真为尚书左仆射，典书令张悕为右仆射[15]；其余文武，拜授有差[16]。

戊辰[17]，俊即皇帝位，大赦，自谓[18]获传国玺，改元元玺[19]。追尊武宣王[20]为高祖武宣皇帝，文明王[21]为太祖文明皇帝。时晋使适至燕，俊谓曰："汝还白[22]汝天子，我承人乏[23]，为中国[24]所推，已为帝矣！"改司州[25]为中州；建留台于龙都[26]。以玄菟太守乙逸为尚书[27]，专委留务[28]。

秦丞相雄攻王擢于陇西[29]，擢奔凉州[30]，雄还屯陇东[31]。张重华[32]以擢为征虏将军、秦州刺史，特宠待[33]之。

（以上为第十一段，写原后赵占据州郡的将领，各派使者向前燕投降，接受前燕的重新任命；前燕主慕容俊被拥立为帝，设置百官，改元元玺，在原国都龙城建立留台。）

【注释】

[1]丁卯：十月十一日。 [2]夔（kuí）逸：前燕官员，时为秦州刺史。 [3]张平：原为后赵并州刺史，投降前燕，亦任并州刺史。 [4]李历：前燕官员，时为兖州刺史。 [5]高昌：前燕将领，时为安西将军。 [6]刘宁：原为后赵刘显大司马，清河王，以枣强投降冉魏，冉魏灭亡，又投降前燕，时为车骑将军。 [7]安平：县名，县治在今河北安平县。 [8]治：制造，修整。[9]丙戌：闰十月一日。 [10]无极：县名，县治在今河北无极县。 [11]闰月，戊子：闰十月，三日。 [12]秦兴：后赵王午部将。王午据鲁口割据一方，自称安国王，继续对抗前燕。秦兴为名利所诱杀王午。不久，吕护又杀秦兴，继承安国王。 [13]群僚：百官。尊号：即皇帝之号。[14]丁卯：十一月十二日。 [15]典书令：官名，西晋王国属官，位在常侍下、侍郎上。张悕（xī）：清河东武城县（今河北故城县）人，前燕大臣。慕容俊为燕王时，为典书令。即位时，为尚书右仆射。 [16]拜授：任命官职。有差：各有不同。 [17]戊辰：十一月十三日。 [18]自谓：自称，声称。 [19]改元元玺：慕容俊称帝，建立前燕第一个年号元玺。因废去东晋年号，故云

改元。［20］武宣王：追尊前燕奠基人慕容廆为武宣王。［21］文明王：追尊前燕建立者慕容皝（huàng）为文明王。［22］白：禀告，告知。［23］承人乏：谦辞，意思是说该职位一时暂无适当人选，故只好由自己充数。承，接受，担任。［24］中国：中原地区。［25］司州：行政区名，汉时以司隶校尉督察畿辅，三国魏因之，晋改汉魏之司隶为司州，治洛阳。后赵时期，在襄国（今河北邢台市）附近设司州，前燕改称中州。［26］留台：即留都，留守朝廷，朝廷的派出机构。台，东晋时谓朝廷禁省为台，称禁城为台城。龙都：即龙城，在今辽宁朝阳市西南。燕国初都棘城，在今辽宁义县。咸康七年（341），慕容皝在柳城之北、龙山之西，今辽宁朝阳市西南筑新城，命名龙城，咸康八年（342）迁都于此。后来又迁都于蓟，故建留台于龙城，称龙都。［27］玄菟（tú）：郡名，汉武帝置，郡治在今辽宁沈阳市附近，辖境相当我国辽宁东部及朝鲜咸镜道一带。乙逸：姓乙，名逸，平原人，效力于鲜卑慕容氏，为东夷护军。慕容皝嗣位，慕容仁反叛，攻占襄平城（今辽宁辽阳市），乙逸弃城奔还，迁玄菟（今辽宁新宾县）太守、幽州（今辽宁朝阳市）刺史。后慕容儁称帝，迁都蓟，建留台于龙城（今辽宁朝阳市），以乙逸为尚书，专委留务，后征为左光禄大夫。［28］留务：管理留守朝廷的一切事务。［29］陇西：郡名，郡治襄武，在今甘肃陇西县东南。［30］凉州：州治姑臧，在今甘肃武威市，时为前凉政权所在地。［31］陇东：郡名，郡治泾阳，在今甘肃平凉市西北。［32］张重华：字泰临，张骏之子，前凉第五位国主，公元346年至公元353年在位。传见《晋书》卷八十六。［33］宠待：指皇帝给予恩遇。

九年（癸丑，353年）

春，正月，乙卯朔[1]，大赦。

二月，庚子[2]，燕主儁立其妃可足浑氏[3]为皇后，世子暐[4]为皇太子，皆自龙城迁于蓟宫[5]。

张重华遣将军张弘、宋修会王擢帅步骑万五千伐秦，秦丞相雄、卫将军菁拒之，大败凉兵于龙黎[6]，斩首万二千级，虏张弘、宋修；王擢弃秦州，奔姑臧[7]。秦主健以领军将军苻愿为秦州刺史，镇上邽[8]。

三月，交州刺史阮敷讨林邑[9]，破五十余垒[10]。

赵故卫尉常山李犊[11]聚众数千人叛燕。

西域胡刘康诈称刘曜子[12]，聚众于平阳[13]，自称晋王。夏，四月，秦左卫将军苻飞[14]讨擒之。

以安西将军谢尚为尚书仆射。

五月，张重华复使王擢帅众二万伐上邽，秦州郡县多应之。苻愿战败，奔长安。重华因上疏请伐秦，诏进重华凉州牧。

燕主俊遣卫将军恪讨李犊，犊降，遂东击吕护于鲁口。

六月，秦苻飞攻氐王杨初[15]于仇池，为初所败。丞相雄、平昌王菁帅步骑四万屯于陇东。

秦主健纳张遇继母韩氏为昭仪[16]，数于众中谓遇曰："卿，吾假子[17]也。"遇耻之，因雄等精兵在外，阴结关中豪杰，欲灭苻氏，以其地来降。秋，七月，遇与黄门刘晃[18]谋夜袭健，晃约开门以待之。会健使晃出外，晃固辞，不得已而行。遇不知，引兵至门，门不开，事觉，伏诛。于是，孔持起池阳，刘珍、夏侯显起鄠，乔秉起雍，胡阳赤起司竹，呼延毒起灞城，众数万人[19]，各遣使来请兵[20]。

秦以左仆射鱼遵为司空。

九月，秦丞相雄帅众二万还长安，遣平昌王菁略定上洛[21]，置荆州于丰阳川[22]，以步兵校尉金城郭敬为刺史[23]。雄与清河王法[24]、苻飞分讨孔持等。

姚襄屯历阳[25]，以燕、秦方强，未有北伐之志，乃夹淮[26]广兴屯田，训厉[27]将士。殷浩在寿春，恶其强盛，囚襄诸弟，屡遣刺客刺之，刺客皆以情告襄[28]。

安北将军魏统[29]卒，弟憬代领部曲[30]。浩潜遣[31]憬帅众五千袭之，襄斩憬，并其众。浩愈恶之，使龙骧将军刘启守谯[32]，迁襄于梁国蠡台[33]，表授梁国内史[34]。

魏憬子弟数往来寿春，襄益疑惧，遣参军权翼使于浩[35]，浩曰："身与姚平北[36]共为王臣，休戚同之[37]；平北每举动自专[38]，甚失辅车之理[39]，岂所望也[40]！"翼曰："平北英姿绝世，拥兵数万远归晋室者，以朝廷有道，宰辅明哲[41]故也。今将军轻信谗慝[42]之言，与平北有隙，愚谓猜嫌之端[43]，在此不在彼[44]也。"浩曰："平北姿性豪迈[45]，生杀自由，又纵小人掠夺吾马，王臣之体[46]，固若是乎？"翼曰："平北归命[47]圣朝，岂肯妄杀无辜！奸宄[48]之人，亦王法所不容也，杀之何害[49]！"浩曰："然则掠马何也？"翼曰："将军谓平北雄武难制，终将讨之，故取马欲以自卫耳。"浩笑曰："何至是也[50]！"

初，浩阴遣人诱梁安、雷弱儿[51]，使杀秦主健，许以关右之任[52]。弱儿伪许之，且请兵应接。浩闻张遇作乱，健兄子辅国将军黄眉[53]自洛阳西奔，以为安等事已成。冬，十月，浩自寿春帅众七万北伐，欲进据洛阳，修复园陵[54]。吏部尚书王彪之上会稽王昱笺，以为："弱儿等容有诈伪[55]，浩未应轻进。"不从。

浩以姚襄为前驱[56]。襄引兵北行，度浩将至，诈令部众夜遁，阴伏甲以邀之[57]。浩闻而追襄至山桑[58]。襄纵兵击之，浩大败，弃辎重[59]，走保谯城[60]。襄俘斩万余，悉收其资仗[61]，使兄益[62]守山桑，襄复如淮南[63]。会稽王昱谓王彪之曰："君言无不中，张、陈无以过[64]也！"

（以上为第十二段，写前秦主苻健娶司空张遇继母韩氏为昭仪，张遇以为耻，密谋夜袭苻健，失败被杀；东晋殷浩受命攻打许昌、洛阳，被六夷大都督姚襄算计，大败而归。）

【注释】

[1]乙卯朔：正月一日。[2]庚子：二月十七日。[3]可足浑氏：前燕景昭帝慕容俊的皇后。育有前燕献怀太子慕容晔、燕幽帝慕容暐、济北王慕容泓、中山王慕容冲。慕容俊去世后，慕容暐继位，可足浑太后干政，听信小人谗言，逼走慕容垂，致使其投前秦；前燕亡，可足浑氏与儿子慕容泓等一起被前秦俘虏，受到善待。[4]世子晔（yè）：即慕容晔。[5]蓟（jì）宫：蓟城的皇宫。蓟城，前燕都城，在今北京市西南。[6]龙黎：地名，吴熙载《资治通鉴地理今释》以为在陕西凤翔府之陇州，在今陕西陇县。[7]姑臧：在今甘肃武威市，当时凉州张氏政权的都城。[8]上邽（guī）：在今甘肃天水市，当时为秦州的州治所在地。[9]交州：州名，州治龙编，在今越南河内市东北。阮敷：时为交州刺史。林邑：古国名，都城象林县，在今越南广南省维川县南。[10]五十余垒：五十多个军事据点。[11]李犊：原后赵官员，投奔前燕，为卫尉，后又反叛。[12]西域：区域名，狭义指玉门关、阳关以西，葱岭以东，巴尔喀什湖东、南及新疆广大地区。而广义指凡是通过狭义西域所能到达的地区，包括亚洲中、西部地区等。刘康：十六国时西域匈奴人。[13]平阳：县名，前赵早期的都城，在今山西临汾市西南部。[14]苻飞：氐族，前秦宗室名将，曾讨平阳造反的平西域胡人刘康，斩除盘踞在鄠县（今陕西西安市鄠邑区）的反秦大族刘珍、夏侯显。被封为新兴王。[15]杨初：杨坚头长子，咸康三年（337）篡权继位，为前仇池国第四任国主。[16]昭仪：帝王妃嫔的位号名，位在皇后之下。[17]假子：养子，义子。[18]刘晃：前秦宦官，中黄门。皇始三年（353）七月，司空张遇与其联合关中大族叛秦，

事泄，张遇遭诛。刘晃逃到雍城（今陕西宝鸡市凤翔区）投靠叛秦的大族乔秉。后被前秦太子苻苌剿杀。［19］“孔持起池阳”六句：其时孔持在池阳起事，刘珍、夏侯显在鄠县起事，乔秉在雍县起事，胡阳赤在司竹起事，呼延毒在灞城起事，各有数万人。孔持，又作孔特，起事诸人都是各地的大豪强。池阳，县治在今陕西泾阳县西北。鄠，县名，县治在今陕西西安市鄠邑区。雍，县名，县治在今陕西宝鸡市凤翔区西南。司竹，古园名，在今陕西周至县东南。灞（bà）城，县治在今陕西西安市长安区东北。［20］请兵：向东晋王朝请兵援助攻打前秦。［21］略定上洛：平定上洛郡。上洛，郡名，郡治在今陕西商洛市商州区。［22］丰阳川：地名，即上洛郡的丰阳县，今陕西山阳县。［23］金城：郡名，郡治在今甘肃兰州市西北。郭敬：字季子，太原邬县（今山西阳曲县）人。初仕前秦，拜步兵校尉，迁荆州刺史，后东晋大司马桓温派兵进入淅川，攻取上洛，擒获郭敬。［24］清河王法：即苻法，苻坚、苻融异母兄。得知前秦主苻生将不利于己，与苻坚、吕婆楼等起兵废杀苻生，以帝位让给苻坚。苻坚母亲苟氏见其门车马辐辏，恐其不利于苻坚，赐死。［25］历阳：县名，在今安徽和县。［26］夹淮：在淮河两岸。［27］训历：训练、教育。［28］以情告襄：把真情实况告知姚襄。［29］魏统：原为冉魏国的兖州刺史，永和七年（351）八月投降东晋，为安北将军。［30］憬（jǐng）：即魏憬，魏统之弟。部曲：古代军队的编制名，一个将军统领若干曲，曲的长官称校尉；一部之下有若干曲，曲的长官称军候。此指魏统手下军队。［31］潜遣：秘密派遣。［32］刘启：将领，时为龙骧将军。谯（qiáo）：县名，县治在今安徽亳州市。［33］梁国蠡（lǐ）台：睢阳城内的高台，又名升台，在今河南商丘市南古睢阳城内。梁，郡名，郡治在今河南商丘市南。［34］表：上表推荐。梁国内史：梁国的军事行政长官。内史，相当于郡守。［35］参军：官名，相当于军事参谋。权翼：字子良，前秦名臣。传见《晋书》卷一百二十三。［36］身：自称之词，犹言“我”。姚平北：敬称姚襄，姚襄时为平北将军。［37］休戚同之：犹言同甘苦、共患难。休，喜乐。戚，哀愁。［38］自专：自作主张，独断专行。［39］甚失辅车之理：意即不顾同僚之谊，不明唇亡齿寒之理。辅车，“辅车相依，唇亡齿寒”的简缩。辅，颊骨。车，牙床。二者相互依存。《左传·僖公五年》曰：“谚所谓辅车相依，唇亡齿寒者，其虞、虢之谓也。”［40］岂所望也：这哪里是人们所希望的样子呢？［41］明哲：英明，睿智。［42］谗慝：好进谗言的邪恶之人。慝（tè），邪恶，罪恶。［43］猜嫌之端：矛盾的开始。猜嫌，猜忌，嫌怨。［44］在此不在彼：产生嫌疑在你（殷浩）不在他（姚襄）。［45］姿性豪迈：性情豪放不羁，这里实指性情暴戾。［46］王臣之体：作为一个朝廷大臣的作风。体，行为，作风。［47］归命：归顺，投降。［48］奸宄（guǐ）：犯法作乱的坏人，由内而起为奸，由外而起为宄。［49］何害：何妨。害，妨害。［50］何至是也：哪里会到这样的地步呢？［51］梁安、雷弱儿：此时为前秦主苻健的部将。［52］关右之任：关中地区的最高长官。关右，即关中，潼关、函谷关以西地区。［53］辅国将军：杂号将军之名。黄眉：即苻黄眉，又名苻眉，苻健兄长之子，苻生、苻坚堂兄，前秦辅国将军。苻生即位后，封为广平王，后贬其出京为左冯翊。后与他人密谋推翻苻生，被发觉，灭族。［54］园陵：指西晋诸帝的陵墓，在洛阳。［55］容有诈伪：

或许可能有假。容，或许，可能。[56]前驱：前锋。[57]伏甲以邀之：埋伏军队以袭击之。邀，袭击，截击。[58]山桑：县名，县治在今安徽蒙城县北。[59]辎（zī）重：军队携带的粮草物资。[60]谯城：城名，在今河南夏邑县北。[61]资仗：资财，武器。仗，同“杖”。[62]益：即姚益，姚襄之弟。[63]淮南：郡名，郡治寿春，在今安徽寿县。[64]张、陈无以过：西汉开国谋臣张良、陈平也无法超过你。

西平敬烈公[1]张重华有疾，子曜灵[2]才十岁，立为世子，赦其境内。重华庶兄长宁侯祚[3]，有勇力、吏干[4]，而倾巧善事内外[5]，与重华嬖臣赵长、尉缉[6]等结异姓兄弟。都尉常据请出之[7]，重华曰：“吾方以祚为周公[8]，使辅幼子，君是何言也！”

谢艾[9]以枹罕之功[10]，有宠于重华，左右疾[11]之，谮艾[12]，出为酒泉[13]太守。艾上疏言：“权幸用事[14]，公室[15]将危，乞听臣入侍[16]。”且言：“长宁侯祚及赵长等将为乱，宜尽逐之。”十一月，己未[17]，重华疾甚，手令征艾为卫将军[18]，监中外诸军事，辅政，祚、长等匿[19]而不宣。

丁卯[20]，重华卒，世子曜灵立，称大司马、凉州刺史、西平公。赵长等矫重华遗令，以长宁侯祚为都督中外诸军事、抚军大将军，辅政。

殷浩使部将刘启、王彬之[21]攻姚益于山桑，姚襄自淮南击之，启、彬之皆败死。襄进据芍陂。

赵末，乐陵朱秃、平原杜能、清河丁娆、阳平孙元各拥兵分据城邑，至是皆请降于燕。燕主俊以秃为青州刺史，能为平原太守，娆为立节将军，元为兖州刺史，各留抚其营[22]。

秦丞相雄克池阳，斩孔持。十二月，清河王法、苻飞克鄠，斩刘珍、夏侯显。

姚襄济淮，屯盱眙[23]，招掠流民，众至七万，分置守宰[24]，劝课[25]农桑，遣使诣建康罪状殷浩[26]，并自陈谢[27]。诏以谢尚都督江西、淮南诸军事，豫州刺史，镇历阳[28]。

凉右长史赵长等建议，以为“时难未夷[29]，宜立长君，曜灵冲幼[30]，请立长宁侯祚。”张祚先得幸[31]于重华之母马氏，马氏许之，乃废张曜灵为凉宁侯，立祚为大都督、大将军、凉州牧、凉公。祚既得志，恣为淫虐[32]，杀重华妃裴氏及谢艾。

燕卫将军恪、抚军将军军、左将军彭[33]等屡荐给事黄门侍郎霸有命世之才[34]，宜总大任[35]。是岁，燕主俊以霸为使持节、安东将军、北冀州刺史，镇常山[36]。

（以上为第十三段，写前凉主张重华去世，十岁的太子张曜灵即位，长宁侯张祚为人狡诈，夺其位，废其为凉宁侯；东晋殷浩派部将刘启、王彬之攻打姚益，姚襄从淮南出兵反击，东晋军全军覆没。）

【注释】

[1]西平敬烈公：西平公是张重华的封爵，敬烈是其谥号。 [2]曜灵：即张曜灵，字元舒，凉桓王张重华之子，前凉第六位国主。传见《晋书》卷八十六。 [3]长宁侯祚：即张祚，字太伯，凉桓王张重华堂兄，废凉哀公张耀灵，前凉第七位国主。传见《晋书》卷八十六。 [4]吏干：有当官的干才，管理能力。干，精明，干练。 [5]倾巧：狡诈而善于看风行事。善事内外：善于和朝里朝外的人搞好关系。 [6]嬖（bì）臣：宠臣，多带有男宠的性质。赵长、尉缉：前凉主张重华的宠臣。 [7]常据：字元琰，前凉敦煌人，前凉征东将军。东晋太元元年（376），苻坚遣姚苌攻打前凉，常据战死，前凉灭亡。请出之：请将张祚、赵长等调出京城。 [8]周公：指张重华看重张祚才干，倚以为西周的周公，辅佐张曜灵。 [9]谢艾：凉州敦煌（今甘肃敦煌市）人，前凉著名将领。后被篡位的张祚诛杀。传见《晋书》卷八十六。 [10]以枹罕之功：指谢艾打败赵将麻秋多次进攻凉州之功。事见《资治通鉴》卷九十晋穆帝永和三年（347）。枹（fú）罕，县名，县治在今甘肃临夏市。 [11]疾：嫉妒。 [12]谮（zèn）艾：在前凉主张重华面前说谢艾的坏话。[13]酒泉：郡名，在今甘肃酒泉市。 [14]权幸：有权势而又被帝王宠幸的人。幸，宠幸。用事：掌权。 [15]公室：帝王的家族。 [16]乞听臣入侍：请让我进宫侍奉主上。乞，乞求，请求。 [17]己未：十一月十日。 [18]卫将军：帝王禁卫军的统领长官。 [19]匿：藏匿，隐瞒。[20]丁卯：十一月十八日。 [21]刘启、王彬之：殷浩部将，攻打姚益，皆败死。 [22]各留抚其营：各自留下来统领自己的军队。指前燕主慕容俊对投靠他的后赵各自拥兵的地方势力，乐陵人朱秃、平原人杜能、清河人丁娆、阳平人孙元，任命为各地的地方长官，守卫自己占有的地盘，改换门庭为前燕守土。在当时战乱中，不失为高明之举。 [23]盱眙：县名，县治在今江苏盱眙县东北。 [24]守宰：郡守、县令，地方长官。 [25]劝课：鼓励与督责。 [26]罪状殷浩：向朝廷列举殷浩的罪状。 [27]自陈谢：向朝廷说明自己的不对之处。陈谢，道歉，请罪。 [28]历阳：郡名，郡治在今安徽和县。 [29]未夷：未平，未安定。 [30]冲幼：幼小。 [31]幸：宠幸，实指与马氏私通。 [32]恣为淫虐：肆无忌惮地荒淫残暴。 [33]左将军：将军名号，位仅次于车骑将军，主管征讨。彭：原文为"彪"，据严衍《资治通鉴补》改。下文有"左将军彭为武昌王"，

可证以“彭”为是。［34］霸：即慕容霸，又名慕容垂，前燕主慕容皝之子、慕容俊之弟。命世之才：著称于世的杰出人才。［35］宜总大任：意即可担任丞相之职。总，总管，总领。［36］常山：城名，也称“正定”“真定”，在今石家庄市东北部，当时为常山郡的郡治所在地。

十年（甲寅，354年）

春，正月，张祚自称凉王，改建兴[1]四十二年为和平元年，立妻辛氏为王后，子太和为太子，封弟天锡[2]为长宁侯，子庭坚为建康侯，曜灵弟玄靓为凉武侯，置百官，郊祀[3]天地，用天子礼乐。尚书马岌[4]切谏，坐免官。郎中丁琪[5]复谏曰：“我自武公[6]以来，世守臣节，抱忠履谦五十余年[7]，故能以一州之众，抗举世之虏[8]，师徒岁起[9]，民不告疲[10]，殿下勋德[11]未高于先公，而亟谋革命[12]，臣未见其可也。彼士民所以用命[13]，四远所以归向者[14]，以吾能奉晋室[15]故也。今而自尊[16]，则中外离心，安能以一隅[17]之地拒天下之强敌乎！”祚大怒，斩之于阙下[18]。

故魏降将周成反[19]，自宛[20]袭洛阳。辛酉[21]，河南太守戴施奔鲔渚[22]。

秦丞相雄克司竹[23]，胡阳赤奔霸城[24]，依呼延毒。

中军将军、扬州刺史殷浩连年北伐，师徒屡败，粮械都尽，征西将军桓温因朝野之怨，上疏数浩之罪，请废之。朝廷不得已，免浩为庶人，徙东阳之信安[25]。自此内外大权一归于温矣。

浩少与温齐名，而心竞不相下[26]，温常轻之。浩既废黜，虽愁怨不形辞色[27]，常书空作“咄咄怪事”字[28]。久之，温谓掾郗超[29]曰：“浩有德有言[30]，向为令仆[31]，足以仪刑百揆[32]，朝廷用违其才[33]耳。”将以浩为尚书令，以书告之。浩欣然许焉，将答书，虑有谬误[34]，开闭者十数[35]，竟达空函[36]。温大怒，由是遂绝，卒于徙所[37]。以前会稽内史王述为扬州刺史[38]。

二月，乙丑[39]，桓温统步骑四万发江陵[40]；水军自襄阳入均口[41]，至南乡[42]；步兵自淅川趣武关[43]；命司马勋出子午道[44]以伐秦。

燕卫将军悏围鲁口，三月，拔之。吕护奔野王[45]，遣弟奉表谢罪于燕，燕以护为河内[46]太守。

姚襄遣使降燕。

燕王俊以慕容评为镇南将军，都督秦、雍、益、梁、江、扬、荆、徐、兖、豫十州诸军事，权镇洛水[47]；以慕容强[48]为前锋都督，督荆、徐二州、缘淮[49]诸军事，进据河南[50]。

桓温别将攻上洛[51]，获秦荆州刺史郭敬；进击青泥[52]，破之。司马勋掠秦西鄙[53]，凉秦州刺史王擢攻陈仓[54]以应温。秦主健遣太子苌、丞相雄、淮南王生、平昌王菁、北平王硕帅众五万军于峣柳[55]以拒温。

夏，四月，己亥[56]，温与秦兵战于蓝田[57]。秦淮南王生单骑突陈[58]，出入以十数，杀伤晋将士甚众。温督众力战，秦兵大败；将军桓冲[59]又败秦丞相雄于白鹿原[60]。冲，温之弟也。

温转战而前，壬寅[61]，进至灞上[62]。秦太子苌等退屯城南，秦主健与老弱六千固守长安小城，悉发精兵三万，遣大司马雷弱儿等与苌合兵以拒温。三辅郡县皆来降。温抚谕[63]居民，使安堵[64]复业。民争持牛酒迎劳，男女夹路观之，耆老有垂泣者[65]，曰："不图今日复睹官军[66]！"

秦丞相雄帅骑七千袭司马勋于子午谷[67]，破之，勋退屯女娲堡[68]。

（以上为第十四段，写东晋殷浩连年率军北伐，都以失败告终，桓温上书弹劾，殷浩被罢官流放；桓温统领大军北伐，转战前进，打败前秦主力部队，到达灞上，三辅归服。）

【注释】

[1]建兴：晋愍帝的年号。张氏心向晋室，故张重华始终奉建兴年号至四十二年，张祚篡位，改元为和平。第二年，前凉众将拥立曜灵弟张玄靓即位，复改元为建兴四十三年，继续袭用西晋晋愍帝的年号。 [2]天锡：即张天锡，字纯嘏，小名独活，凉文王张骏之子，凉威王张祚之弟，后为前凉第九位国主，公元 363 年至公元 376 年在位。传见《晋书》卷八十六。 [3]郊祀：古代于郊外祭祀天地，南郊祭天，北郊祭地。郊谓大祀，祀为群祀。 [4]马岌（jí）：前凉将领，时为尚书。张祚淫暴不道，以切谏，被免官。晋桓温北伐入关，祚惧，乃复其官而与之谋。 [5]丁琪：前凉官员，时为郎中。因直谏被张祚斩杀。 [6]武公：指前凉开创者张轨，晋封西平郡公，故

称。［7］抱忠履谦：恪守忠信，保持谦逊。履，施行，执行。指张氏从未建国称王。五十余年：自惠帝永宁元年（301）张轨镇凉州，至此已五十四年。［8］抗举世之虏：指进攻过凉州的各个少数民族政权，如前赵、后赵、前秦等。［9］师徒岁起：每年都得出兵抗敌。师徒，士兵，这里指战争。岁起，年年发生。［10］民不告疲：但百姓们从未诉说痛苦、表示厌倦。［11］勋德：功绩和德行。［12］亟谋革命：着急于改朝换代，指张祚改晋年号，自己称王。革命，改换天命。古代统治者都说自己受命于天，因而称朝代更换为“革命”。亟，急，急迫。［13］用命：接受张氏政权的统治。［14］四远：四方远近的少数民族、百姓。归向：归依。［15］能奉晋室：能拥戴晋王朝，听从晋王朝的命令。［16］自尊：自己称帝称王。［17］一隅（yú）：一角，一方。［18］阙下：宫殿的正门之前。古代宫殿的正门左右筑有两台，称作“观”，也称作“阙”，以发布命令。［19］周成反：周成原是冉闵的部将，于咸和七年（332）投降东晋，驻兵于宛县。［20］宛：县名，县治在今河南南阳市。［21］辛酉：正月十三日。［22］鲔（wěi）渚：地名，在今河北巩义市北。［23］司竹：古园名，在今陕西周至县东南。［24］霸城：也写作“灞城”，在今陕西西安市东北。［25］徙东阳之信安：流放到东阳郡的信安县。徙，流放，发配。东阳，郡治长山，在今浙江金华市婺城区。信安，县治在今浙江衢州市。［26］心竞不相下：暗中争胜，互不服气。竞，争胜，相互较劲。［27］不形辞色：在形迹上不表露出来。辞色，言辞，面色。［28］书空：用手指在空中虚画字形。咄（duō）咄：感叹声。怪事：奇特而难以理解的事情。［29］掾：僚属的总称。郗超：字景兴，一字敬舆，小字嘉宾，高平金乡（今山东金乡县）人，太尉郗鉴之孙，会稽内史郗愔之子，东晋官员。为桓温谋主，曾劝说桓温废帝立威，没有被采纳。传见《晋书》卷六十七。［30］有德有言：古人所讲究的“三不朽”（立德、立功、立言）中的两项。［31］向为令仆：前不久任尚书仆射，即主持朝政的时候。令仆，指尚书令与尚书省的正、副两位主官，职同丞相。［32］仪刑百揆：为朝廷百官的榜样。仪刑，也作“仪形”，犹言法式、楷模。百揆（kuí），百官。［33］用违其才：即所用非其所长，指明明不会用兵，却偏要让他去当统帅，以致弄得身名俱败。［34］虑有谬误：怀疑信中有诈。谬误，错误。［35］开闭者十数：封好后又打开看，一直折腾了十来回，极言殷浩的患得患失之状。［36］竟达空函：结果竟然寄回去了一个空信封。达，寄送。空函，空信封。［37］卒于徙所：死在了流放之地，在今浙江衢州市。［38］会稽内史：会稽国的主管官员。王述：字怀祖，初为中兵属，后为功曹，历任宛陵县令、临海太守、会稽内史、扬州刺史，转卫将军，升尚书令、散骑常侍。传见《晋书》卷七十五。［39］乙丑：此语有误，二月朔己卯，无乙丑日。乙丑疑为己丑之误。己丑，是二月十一日。［40］江陵：县名，县治在今湖北荆州市江陵城，时为荆州州治所在地。［41］襄阳：县名，在今湖北襄阳市。均口：县名，在今湖北老河口市，为均水（今丹江）入汉水之口。［42］南乡：郡名，郡治在今河南淅川县西南。［43］淅（xī）川：县名，疑为析县，北魏时才在析县地置淅川县，县治在今河南西峡县。武关：关塞名，在今陕西丹凤县东南的武关镇。［44］子午道：山道名，是从关中翻越秦岭，南到汉中的南北通道。古人以北为子，以南为午，故名。其北口杜陵，在今陕西西安市长安区东北；其南口在今陕西石泉县东南。［45］野王：县名，在今河南沁阳市。［46］河内：郡名，郡治怀县，在今河南武陟县。野王县即属河内郡。［47］权：临时，暂且。洛水：河水名，自今河南卢氏县一带流来，在洛阳市东北入黄河。此指洛水地区。［48］慕容强：字元修，鲜卑族人，慕容廆之弟慕容运长子，为左护将军、西平公、洛阳王。［49］缘淮：沿淮河。［50］河南：黄河以南。［51］别将：与桓温主力相配合作战的将领。上洛：郡名，郡治在今陕西商洛市商州区。［52］青泥：城名，在今陕西蓝田县。［53］西鄙：西部的边境地区。［54］陈仓：县名，县治在今陕西宝鸡市东，地当故道（由雍县到汉中的通道）的北口，为关中、汉中间的交通要冲。［55］峣（yáo）柳：城名，《水经注》曰："蓝田县南有峣关，地名峣柳，道通荆州。"曹魏曾在城中置青泥军，故亦谓之青泥城。峣柳已为温将所破，秦军不应军于峣柳，盖或军于城东南的峣关。［56］己亥：四月二十二日。［57］蓝田：县名，县治在今陕西蓝田县西北。［58］陈：同"阵"，战阵。［59］桓冲：字幼子，小字买德郎，宣城内史桓彝第五子，大司马桓温之弟，东晋名将。传见《晋书》卷七十四。［60］白鹿原：地名，一名霸陵原，在今陕西西安市东、蓝田县西的灞、浐二水之间，南连秦岭，北抵灞岸。［61］壬寅：四月二十五日。［62］灞（bà）上：地名，也作"霸上"，在今陕西西安市东白鹿原的北头。［63］抚谕：安抚，告慰。［64］安堵：安居，生活照旧。［65］耆（qí）老：西晋遗留下来的老人，六十为耆，七十为老。［66］不图：没有想到。官军：朝廷的军队。［67］子午谷：山道名，即前文所说的子午道。［68］女娲堡：地名，在今陕西西安市长安区南。女娲，传说中的神话人物。

戊申[1]，燕主俊封抚军将军军为襄阳王，左将军彭为武昌王；以卫将军恪为大司马、侍中、大都督、录尚书事，封太原王；镇南将军评为司徒、骠骑将军，封上庸王；封安东将军霸为吴王；左贤王友为范阳王，散骑常侍厉为下邳王，散骑常侍宜为庐江王，宁北将军度为乐浪王；又封弟桓为宜都王，逮为临贺王，徽为河间王，龙为历阳王，纳为北海王，秀为兰陵王，岳为安丰王，德为梁公，默为始安公，偻为南康公；子臧[2]为乐安王，亮为勃海王，温为带方王，涉为渔阳王，暐为中山王；以尚书令阳骛为司空，仍守[3]尚书令。

命冀州刺史吴王霸徙治信都[4]。初，燕王皝奇霸之才，故名之曰"霸"，将以为世子，群臣谏而止，然宠遇犹逾于世子。由是俊恶之，以其尝坠马折齿，更名曰"𡙇"；寻以其应谶文[5]，更名曰"垂"[6]；迁侍中，录留台事[7]，徙镇龙城。垂大得东北之和[8]，俊愈恶之，复召还。

五月，江西流民郭敞[9]等千余人[10]，执陈留内史刘仕[11]，降于姚襄。建康震骇[12]，以吏部尚书周闵为中军将军[13]，屯中堂[14]，豫州刺史谢尚自历阳还卫京师，固江备守。

王擢拔陈仓，杀秦扶风内史毛难[15]。

北海王猛[16]，少好学，倜傥[17]有大志，不屑细务[18]，人皆轻之。猛悠然自得，隐居华阴[19]。闻桓温入关，披褐诣之[20]，扪虱而谈当世之务[21]，旁若无人。温异[22]之，问曰："吾奉天子之命，将锐兵十万为百姓除残贼，而三秦[23]豪杰未有至者，何也？"猛曰："公不远数千里，深入敌境，今长安咫尺而不渡灞水[24]，百姓未知公心[25]，所以不至[26]。"温嘿然[27]无以应，徐曰[28]："江东无卿比[29]也！"乃署猛军谋祭酒[30]。

温与秦丞相雄等战于白鹿原，温兵不利，死者万余人。初，温指[31]秦麦以为粮，既而秦人悉芟麦[32]，清野[33]以待之，温军乏食。六月，丁丑[34]，徙关中三千余户而归。以王猛为高官督护[35]，欲与俱还，猛辞不就。

呼延毒帅众一万从温还。秦太子苌等随温击之[36]，比至潼关[37]，温军屡败，失亡以万数。

温之屯灞上也，顺阳太守薛珍[38]劝温径进逼长安[39]，温弗从。珍以偏师独济[40]，颇有所获。及温退，乃还，显言[41]于众，自矜其勇而咎温之持重[42]，温杀之。

秦丞相雄击司马勋、王擢于陈仓，勋奔汉中[43]，擢奔略阳[44]。

（以上为第十五段，写前燕主慕容俊大封诸王，而对被父亲宠爱的弟弟慕容霸非常嫉恨，调其出京城；东晋权臣桓温北伐，开始略有胜利，因军粮缺乏而最终失败。）

【注释】

[1]戊申：五月二日。是日，前燕主慕容俊大封宗室为王。 [2]子臧：即慕容俊之子慕容臧。"臧"，原文作"咸"，据严衍《资治通鉴补》改。 [3]守：兼任。 [4]信都：城名，在今河北衡水市冀州区。 [5]寻：不久。应谶文：和一种迷信预言的说法相合。谶（chèn），迷信的人指将

来要应验的预言、预兆。［6］更名曰“垂”：据《晋书》卷一百二十三“慕容垂载记”曰：慕容俊借即位，改霸名为“鈌”，表面上是仰慕春秋晋国名将郄鈌而改名，内实恶而改之。不久，由于应谶，又去“夬”，以“垂”为名。［7］录留台事：管理留台的事务。录，统领，主管。留台，前燕迁都前的旧都龙城（在今辽宁朝阳市）改为留台，即陪都。［8］大得东北之和：指慕容垂在留台深得前燕东北地的人心。东北，留台龙城在前燕新都蓟城（在今北京市西南）的东北。和，人心所向。［9］郭敞：东晋时的流民领袖之一，主要活动于今安徽一带。永和十年（354），郭敞等上千人劫持了陈留内史刘仕，归附了姚襄，使姚襄得到了南下袭击建康的通道，建康一片震骇。［10］千余人：三字原无，据章校补。［11］陈留内史：陈留郡的行政长官。陈留，原是今河南境内的郡名，郡治在今河南开封市东。这里所指的是东晋内的侨郡，郡治在今安徽亳州市东。刘仕：东晋官员，时为陈留内史，被流民领袖郭敞拘执，投降姚襄。［12］震骇（hài）：震惊，害怕。［13］周闵：字子骞，东晋光禄大夫、尚书仆射周𫖮长子，承袭武成侯爵，颇有父亲刚直之风。中军将军：统领皇帝警卫部队的长官。［14］屯中堂：将指挥部设在宫廷内部。中堂，宫廷中的殿堂。［15］扶风：郡名，郡治池阳县，在今陕西泾阳县西北。内史：官名，职守相当于郡守。毛难（？—354）：前秦扶风内史。在东晋征西大将军桓温率军北伐中，被前凉大将王擢所杀。［16］王猛：字景略，北海剧县（今山东寿光市）人，前秦名臣。传见《晋书》卷一百一十四。［17］倜（tì）傥（tǎng）：卓异，豪迈。［18］不屑细务：犹言“不拘小节”。不屑，不顾，不重视。细务，细节，小事情。［19］华阴：县名，因在华山之北，故名，县治在今陕西华阴市东南。［20］披褐诣之：穿着一件粗布衣服去求见他。这就是上文所说的“不屑细务”。褐（hè），粗布衣，贫者所服。诣，到，往，这里指求见。［21］扪虱：捉虱子。王猛当着贵客的面捉虱子，放在桌上用指甲碾死，一种旁若无人的姿态。扪（mén），捉，摸。谈当世之务：纵谈当前的时局以及如何治国安邦的大事情。［22］异：惊奇，认为不同凡响。［23］三秦：指今陕西关中一带地区。［24］长安咫尺：极言离长安之近。八寸曰咫，十寸曰尺。不渡灞水：意即不向长安进兵。灞水，水名，也作“霸水”，从南山流来，经当时的长安城东北流入渭水。［25］未知公心：不知道你究竟是怎么想的。公心，犹谓您的真正意图。［26］所以不至：所以没有人来投奔你。［27］嘿（hēi）然：即默然，不言语，无言可答的样子。［28］徐曰：过了一会儿才说。徐，慢慢地，缓慢地。［29］江东无卿比：东晋没有一个像你这样的人才。无卿比，即“无比卿”，意为没有比得上你的。［30］署：任命，这里是代理或暂时试任的意思。军谋祭酒：军中参谋人员的首席长官。军谋，原作“军师”，为避“司马师”之讳，改称军谋。祭酒，部门长官。［31］指：指望，计划利用。［32］悉芟麦：把麦子全部割走了。芟（shān），收割。［33］清野：把田野收拾得干干净净，谓战时转移人口物资，使入侵者无所掠夺。［34］丁丑：六月一日。［35］高官督护：官职为督护，而外加高官。［36］随温击之：尾随桓温，伺机攻击。随，跟随，尾随。［37］比至：及至，到。潼关：关塞名，在今陕西潼关县境内。［38］顺阳：郡名，郡治南乡，在今河南淅川县南。薛珍：东晋官员，为顺阳太守，当时勇将。从桓温征讨前秦，劝桓温以轻兵直取长安，温不从，遂自引军独进，斩获颇丰。桓温以粮尽退军后，薛珍自矜其勇，归咎于温，为温所杀。［39］径进逼长安：直接进攻长安城。径，径直，不停顿。进逼，向目标逼近。［40］独济：单独地渡过了灞水，目标直指长安。［41］显言：公开地张扬、宣言。［42］自矜：自我夸耀。矜，夸耀。咎温之持重：责怪桓温过于谨慎小心。咎，责怪，归罪。持重，慎重。［43］汉中：郡名，郡治在今陕西汉中市。［44］略阳：郡名，郡治在今甘肃天水市。

秦以光禄大夫赵俱为洛州[1]刺史，镇宜阳[2]。

秦东海敬武王雄[3]攻乔秉于雍，丙申[4]，卒。秦主健哭之呕血[5]，曰："天不欲吾平四海邪！何夺吾元才[6]之速也？"赠魏王，葬礼依晋安平献王故事[7]。雄以佐命元勋[8]，位兼将相[9]，权侔人主[10]，而谦恭泛爱[11]，遵奉法度，故健重之，常曰："元才，吾之周公[12]也。"子坚袭爵。坚性至孝，幼有志度[13]，博学多能，交结英豪，吕婆楼、强汪[14]及略阳梁平老[15]皆与之善。

燕乐陵太守慕容钩[16]，翰之子也，与青州刺史朱秃共治厌次[17]。钩自恃宗室[18]，每陵侮[19]秃。秃不胜忿，秋，七月，袭钩，杀之，南奔段龛[20]。

秦太子苌攻乔秉于雍，八月，斩之，关中悉平。秦主健赏拒桓温之功，以雷弱儿为丞相，毛贵为太傅，鱼遵为太尉，淮南王生为中军大将军，平昌王菁为司空。健勤于政事，数延公卿咨讲治道[21]；承赵人苛虐[22]奢侈之后，易以宽简、节俭[23]，崇礼[24]儒士，由是秦人悦之。

燕大调兵众，因发诏之日，号曰"丙戌举[25]"。

九月，桓温还自伐秦[26]，帝遣侍中、黄门劳温于襄阳[27]。

或告燕黄门侍郎宋斌等谋奉冉智为主而反[28]，皆伏诛。斌，烛之子也。

秦太子苌之拒桓温也，为流矢所中，冬，十月，卒，谥曰"献哀"。

燕王俊如龙城。

桓温之入关也，王擢遣使告凉王祚，言温善用兵，其志难测。祚惧，且畏擢之叛己，遣人刺之。事泄，祚益惧，大发兵，声言东伐，实欲西保敦煌[29]，会温还而止。既而遣秦州刺史牛霸[30]等帅兵三千击擢，破之。十一月，擢帅众降秦，秦以擢为尚书，以上将军啖铁[31]为秦州刺史。

秦王健叔父武都王安[32]自晋还[33]，为姚襄所虏，以为洛州刺史。十二月，安亡归秦，健以安为大司马、骠骑大将军、并州刺史，镇蒲阪[34]。

是岁，秦大饥，米一升直[35]布一匹。

（以上为第十六段，写前秦名将苻雄去世，前秦主苻健非常伤心，其子苻坚继承爵位；太子苻苌打败反叛的雍州大族乔秉，后抵御东晋桓温的进攻，被流箭射杀。）

【注释】

[1]洛州：前秦初置州名，州治宜阳。州，原为“阳”，据章校改。 [2]宜阳：县名，县治在今河南宜阳县西北。 [3]东海敬武王雄：即苻雄，前秦主苻健之弟，被封为东海王，谥号敬武。[4]丙申：六月二十日。 [5]呕血：吐血。 [6]元才：即苻雄，字元才。 [7]依晋安平献王故事：葬礼的规格如同西晋王朝安葬司马懿的弟弟司马孚一样。司马孚九十三岁去世，诏赐东园温明秘器、朝服一具、衣一袭、绯练百匹、绢布各五百匹、钱百万、谷千斛以供丧事，晋武帝司马炎亲自临丧，拜吊尽哀。及葬，又幸都亭，望柩而拜。给銮辂轻车，介士武贲百人，吉凶导从二千余人，前后鼓吹，配享太庙。安平献王，即司马孚，封安平王，谥号献，故称安平献王。 [8]佐命元勋：意即是帮着苻健即位称帝的大功臣。古代帝王都自称“承天受命”，故称其大功臣为“佐命元勋”。[9]位兼将相：四字原无，据章校补。 [10]权侔人主：权势大得与帝王一样。侔（móu），相同，相等。 [11]泛爱：博爱，对任何人都有爱心。 [12]吾之周公：指苻健倚重苻雄为前秦的周公。周公，周武王之弟姬旦，西周开国功臣，辅佐周武王、周成王两代人的贤相。 [13]志度：志向，气度。 [14]强汪：前秦领军将军、特进、光禄大夫，《晋书》称其有王佐之才。 [15]梁平老：人名。 [16]慕容钩：前燕慕容翰之子，乐陵太守。曾与青州刺史朱秃共治厌次（今山东阳信县东），慕容钩自恃宗室，常常侮辱朱秃，朱秃怒杀慕容钩，南奔段龛。 [17]共治厌次：时慕容钩乐陵郡的郡治与朱秃青州的州治都在厌次县。厌次，县名，县治在今山东惠民县东北。 [18]恃：倚仗，凭恃。宗室：帝王的同族。 [19]陵侮：欺凌，侮辱。陵，同“凌”。 [20]段龛（kān）：鲜卑段兰之子，投降前燕后，为青州刺史，驻兵于今山东青州市的广固城。 [21]数延：总是邀请。咨讲治道：征询、研讨治理国家的办法。 [22]苛虐：苛刻，暴虐。 [23]易以宽简、节俭：改而实行一种宽大简明、勤俭节约的政策。易，改变。 [24]崇礼：尊崇，礼遇。 [25]丙戌举：

犹今所谓代号，丙戌行动，即在丙戌日举事。丙戌，即八月十一日。［26］还自伐秦：从伐秦前线返回荆州。［27］襄阳：县名，在今湖北襄阳市襄州区，当时为荆州刺史的驻地。［28］宋斌：前燕冀阳太守宋烛之子，前燕官员，时为黄门侍郎。冉智：冉闵的太子。永和八年（352），邺城陷落，被前燕军俘虏，慕容儁封其为海宾侯。［29］敦煌：郡名，郡治敦煌县，在今甘肃敦煌市西。［30］牛霸：前凉将领，时为秦州刺史，曾打败王擢的部队。［31］啖（dàn）铁：前秦将领，为上将军，任秦州刺史。淝水之战后，投奔后秦。后又据方山以叛后秦，姚兴遣姚绍等讨斩之。［32］武都王安：即苻安，氐族人，前秦奠基者苻洪之弟。苻健时，为大司马、骠骑大将军、并州刺史等。苻生时，为太尉、大司马、武都王、司空。［33］自晋还：苻洪去世时，苻健曾在永和六年（350）三月，派苻安到东晋都城建康报丧，然在他返回的途中，被羌族割据势力姚襄扣下，逼其任洛州刺史。事见《资治通鉴》卷九十八晋穆帝永和六年（350）。［34］蒲阪（bǎn）：城名，在今山西永济市西的黄河边上。［35］直：通“值”，价值。

【点评】

殷浩误国。东晋皇朝自明帝司马绍去世后，国运衰落，其原因一是皇室继嗣无能，皇位形同虚设；二是所用非人，朝廷起用的那些将相臣子，很少是以国家利益为重，而完全是从自身利益的角度来考虑如何固位显荣；三是世风日下，朝野上下崇尚空谈，奢侈挥霍，目光短浅，苟且偷安。从本卷的内容来看，朝廷重用殷浩，是一种误国之举。

第一，空谈误国。殷浩年轻时名气很大，似有才干，其实不然。他只擅长清谈，讲论玄理。有人曾经问殷浩：“将要做官而梦见棺材，将要发财而梦见大粪，这是为何？”殷浩回答说：“官本是臭腐之物，所以将要做官而梦见死尸；钱本是粪土，所以将要发财而梦见粪便。”实是故弄玄虚。殷浩的空洞理论，很有诱惑力，时人非常崇拜。例如，镇西将军谢尚年轻时就特意去拜访殷浩。殷浩给他提示一些道理，不但谈吐举止风雅，而且辞藻也丰富多彩，很能动人心弦，谢尚全神贯注，倾心向往。殊不知，这种清谈之风弥漫朝野，形成了一种只重清谈，不重实干，甚至以实干为耻的社会风气。在这样的风气下，能把国家治理好吗？

第二，归隐误国。殷浩的清谈水平很高，在注重清谈的东晋，可以说是官运亨通，很快就做到司徒长史。可是，殷浩执意要归隐。这又是一种具有很坏的导向性的社会风气，好像做实际工作的都是一些凡夫俗子，而飘然世外的人才具有真才实学。

第三，出仕误国。时人把殷浩比作管仲、诸葛亮，认为只有他才能扭转乾坤，挽救国家，纷纷要求他出来做官，甚至认为殷浩不出，则晋室危矣，苍生有难，果真如此吗？其实不是。盛名之下，其实难副。这时候，东晋非常能干的地方大员桓温灭掉了成汉，当时的朝廷坚决反对灭成汉之役，而桓温力排众议，当年发兵，次年即告成功，朝野震惊，桓温也声名大振。司马昱力请殷浩出山，其目的是共同对付桓温，哪里是真正为了国家？

第四，北伐误国。殷浩出仕，诸子争夺皇位，势成水火，最后是数败俱伤。大书法家王羲之曾经批评殷浩“没有深谋远虑，却任意挥霍摧残国家的根基”。

殷浩对于治国，并没有什么才能，而人们却寄希望于他，这样的国家怎么能兴旺？而朝廷用他做官的根本目的，就是为了压制桓温，互相掣肘。

卷一〇〇　晋纪二十二

晋穆帝永和十一年至升平三年（355—359年）

【起旃蒙单阏（乙卯，355年），尽屠维协洽（己未，359年），凡五年】

【大事提要】

本卷记事起公元355年，讫公元359年，凡五年，当晋穆帝（司马聃）永和十一年至升平三年。本卷所载大事，主要有四个方面：其一，张祚被杀，张玄靓继位。前凉主张祚废掉张曜灵为凉宁侯后，淫虐无道，引起上下怨愤。他嫉恨河州刺史张瓘强盛，派兵袭击，张瓘起兵废掉张祚，复迎立张曜灵。张祚杀掉张曜灵，后张祚亦被杀。张瓘拥立年仅七岁的张玄靓为凉州牧，后为凉王，掌控朝政。公元356年臣服前秦。其二，前燕征服段龛。鲜卑人段氏首领段龛自称齐王，欲与前燕分庭抗礼。段龛致书前燕主慕容俊，表示非议。慕容俊大怒，派慕容恪发兵向段氏进攻。慕容恪率军渡过黄河，大破段兵，段龛逃到广固城据守。后被围困，投降前燕，被杀，段龛的势力至此被消灭。其三，桓温攻打姚襄，收复洛阳。公元356年，东晋以桓温为征讨大都督，出兵征讨叛将姚襄。晋军逼近洛阳，姚襄撤围抵抗，结果被桓温杀败，退至襄陵。固守在洛阳城的周成亦率众出降；桓温即以将领谢尚镇守洛阳，拜谒西晋诸陵，并派人修缮，配置守陵令。其四，前秦主苻生被杀，苻坚继位。苻生残虐滥杀，引起朝廷上下怨愤。公元357年，苻坚与其兄苻法等人率军发动政变，攻入长安宫寝，杀死苻生，群臣共推苻坚即位。苻坚自称大秦天王，改元永兴。太后苟氏见苻法门前车马辐辏，恐对苻坚将来不利，下令赐死。

孝宗穆皇帝中之下

永和十一年（乙卯，355年）

春，正月，故仇池公杨毅[1]弟宋奴使其姑子梁式王[2]刺杀杨初[3]；初子国[4]诛式王及宋奴，自立为仇池公。桓温表国为镇北将军、秦州[5]刺史。

二月，秦大蝗，百草无遗，牛马相啖毛[6]。

夏，四月，燕主儁自和龙还蓟[7]。先是，幽、冀之人以儁为东迁[8]，互相惊扰[9]，所在屯结[10]。群臣请讨之，儁曰："群小[11]以朕东巡，故相惑[12]为乱耳；今朕既至，寻当自定，不足讨也。"

兰陵太守孙黑、济北太守高柱、建兴太守高瓮及秦河内太守王会、黎阳太守韩高皆以郡降燕[13]。

秦淮南王生[14]幼无一目，性粗暴，其祖父洪[15]尝戏之曰："吾闻瞎儿一泪[16]，信乎[17]？"生怒，引佩刀自刺出血，曰："此亦一泪也。"洪大惊，鞭之。生曰："性耐刀槊[18]，不堪鞭棰[19]！"洪谓其父健[20]曰："此儿狂悖[21]，宜早除之；不然，必破人家[22]。"健将杀之，健弟雄[23]止之曰："儿长[24]自应改，何可遽尔[25]！"及长，力举千钧[26]，手格猛兽[27]，走及奔马[28]，击刺骑射，冠绝一时[29]。献哀太子[30]卒，强后[31]欲立少子晋王柳[32]，秦主健以谶文[33]有"三羊五眼[34]"，乃立生为太子。以司空、平昌王菁[35]为太尉，尚书令王堕为司空，司隶校尉梁楞为尚书令。

姚襄所部多劝襄北还，襄从之。五月，襄攻冠军将军高季于外黄[36]，会季卒，襄进据许昌[37]。

六月，丙子[38]，秦主健寝疾[39]。庚辰[40]，平昌王菁勒兵入东宫[41]，将杀太子生而自立。时生侍疾西宫[42]，菁以为健已卒，攻东掖门[43]，健闻变，登端门[44]，陈兵自卫。众见健惶惧，皆舍仗[45]逃散。健执菁，数[46]而杀之，余无所问。

壬午[47]，以大司马、武都王安[48]都督中外诸军事。甲申[49]，健引太师鱼遵、丞相雷弱儿、太傅毛贵、司空王堕、尚书令梁楞、左仆射梁安、右仆射段纯、吏部尚书辛牢等受遗诏辅政[50]。健谓太子生曰："六夷酋帅[51]及大臣执权者，若不从汝命，宜渐除之[52]。"

臣光曰："顾命大臣，所以辅导嗣子[53]，为之羽翼[54]也。为之羽翼而教使翦[55]之，能无毙[56]乎！知其[57]不忠，则勿任而已矣；任以大柄[58]，又从而猜[59]之，鲜有不召乱者也[60]。

乙酉[61]，健卒，谥曰"景明皇帝"，庙号[62]高祖。丙戌[63]，太子生即位，大赦，改元寿光[64]。群臣奏曰："未逾年而改元，非礼也[65]。"

生怒，穷推议主[66]，得右仆射段纯，杀之。

（以上为第一段，写前秦主苻健不顾公卿反对，听信谶言，立独眼的苻生为太子，临终时，嘱咐苻生杀掉那些不听从命令的大臣；苻生即位，暴虐成性，首先杀掉顾命大臣段纯。）

【注释】

［1］杨毅：杨难敌长子，前仇池国第三任国主。［2］宋奴：即杨宋奴，前仇池国主杨毅之弟。梁式王：仇池公杨初的内侍。［3］杨初：杨坚头长子，武都郡氐族头领。咸康三年（337）篡权继位，为前仇池国第四任国主，被杨毅之弟杨宋奴的内侍梁式王杀死。［4］国：即杨国，杨初之子，前仇池国第五任国主。［5］秦州：州治冀县，在今甘肃甘谷县东南。［6］牛马相啖毛：无草可食，故互相啃毛。啖（dàn），吃，啃。［7］和龙：即龙城，城名，在今辽宁朝阳市，为前燕的前都城。蓟（jì）：城名，在今北京市西南，时为前燕的都城。［8］东迁：和龙城在幽州、冀州东北，故有人疑其东迁。［9］惊扰：惊动，受惊而扰动。［10］所在屯结：到处都有人集聚起来，准备武装自卫。所在，处处，到处。屯结，屯聚，结集。［11］群小：谓社会地位卑下的人，一般指名门望族以外的庶民。［12］相惑：相互鼓动、蛊惑。［13］“兰陵太守孙黑”句：东晋兰陵太守孙黑、济北太守高柱、建兴太守高瓮，以及前秦河内太守王会、黎阳太守韩高全都带着郡县投降前燕。兰陵，郡治丞县，在今山东枣庄市之峄城。济北，郡治卢县，在今山东济南市长清区南。建兴，郡治在今山西晋城市西。河内，郡治怀县，在今河南武陟县西南。黎阳，郡治在今河南浚县东南。［14］淮南王生：即前秦淮南王苻生，字长生，苻健第二子，前秦第二位国主，公元355年至公元357年在位。［15］洪：即苻洪，前秦政权奠基者。［16］一泪：只有一只眼睛流泪。［17］信乎：果真如此吗？［18］性耐刀槊：能够忍受刀矛的砍刺。耐，承受，忍受。槊（shuò），长矛。［19］不堪鞭棰：不能忍受鞭子抽、棍子打。鞭棰，在这里用如动词。棰，杖，棍棒。［20］健：即苻健，前秦开国皇帝。［21］狂悖（bèi）：狂妄，悖理。悖，不可理喻，不听招呼。［22］必破人家：一定会使家破人亡。人家，自家，我们家。［23］雄：即苻雄，字元才，苻洪少子，苻坚之父。有谋略，擅骑射，为前秦政权的建立立下汗马功劳，开国功臣。［24］长：长大，成人。［25］何可遽尔：怎么能就这样处理？遽（jù），急速，一下子。尔，如此。［26］钧：古代重量单位，三十斤为一钧。［27］手格猛兽：空手与猛兽格斗。格，格斗，搏斗。［28］走及奔马：奔跑之快能赶得上飞奔的马。及，追及，赶上。［29］冠绝一时：同时期没有人能够与之相比。冠，谓超出众人，位居第一。时，同一个时代。［30］献哀太子：即苻苌（cháng），苻健嫡长子，前秦建立后，册立为太子。后出征，中箭受伤。皇始四年（354）十月，领军平定乔秉叛乱时病逝于军中，谥号献哀。［31］强（jiàng）后：前秦主苻健皇后，光禄大夫强平的姐姐。生献哀太子苻苌和苻生。苻生即位后，尊为皇太后。后得知弟弟强平遇害，绝食而死，谥号为德，史称“明德皇后”。［32］晋王柳：即苻柳，苻健第八子，苻苌、苻生之弟，封为晋公，进封

晋王。［33］谶（chèn）文：古代别有用心的人为实现某种目的而编造的一种预言吉凶的流言。［34］三羊五眼：三羊有六眼，五眼缺一眼，苻生缺一眼，合于谶文当大贵，故苻健立以为太子。［35］平昌王菁：即苻菁（jīng），苻健之侄，骁将，封平昌王，官至太尉。平昌，郡名，郡治在今山东诸城市。［36］外黄：县名，县治在今河南民权县西北。［37］许昌：郡名，郡治在今河南许昌市。［38］丙子：六月六日。［39］寝疾：病重，卧病在床。［40］庚辰：六月十日。［41］平昌王：原文为平昌公，“公”作“王”，据章校改。勒兵入东宫：带兵进入太子苻生所居之宫。勒兵，统兵，率兵。东宫，太子所居之宫。［42］西宫：秦主苻健所居之宫。［43］东掖门：西宫的东门。掖（yè）门，宫廷的旁门。［44］端门：西宫的南门。［45］舍仗：丢掉武器。仗，器杖，武器。［46］数（shǔ）：列举其罪状。［47］壬午：六月十二日。［48］武都王安：即苻安，苻健的叔父，封武都王，时为苻健大司马、骠骑大将军、并州刺史。［49］甲申：六月十四日。［50］等受遗诏辅政：等，指前秦大臣太师鱼遵、丞相雷弱儿、太傅毛贵、司空王堕、尚书令梁楞、左仆射梁安、右仆射段纯、吏部尚书辛牢等八位大臣，受苻健皇帝的遗诏为苻生的顾命大臣，掌理国政。受遗诏辅政：即老皇帝临终前委托以辅佐幼主的大臣，称顾命大臣。顾命，是《尚书》中的名篇，取临终遗命之意。［51］六夷酋帅：各少数民族的头领。［52］宜渐除之：对有权力而不听命的大臣，就应该逐渐把他们除掉。按：苻生残暴无比，他借谶语，指使太史令奏称“三年内国有大丧，大臣戮死”，将太师鱼遵并其七子、十孙诛杀，丞相雷弱儿及其九子、二十多个孙子诛杀，太傅毛贵、左仆射梁安与其女、右仆射段纯、吏部尚书辛牢等辅政大臣皆被诛杀。毛贵是苻生之舅，梁安是苻生丈人，其女梁氏为苻生皇后，皆以应天文无辜被杀。［53］嗣（sì）子：有继承权的儿子。［54］羽翼：本义为翅膀，比喻辅佐的人。［55］翦：同“剪”，剪除，去掉。［56］毙：谓自取灭亡。［57］其：指受顾命的六夷酋帅和执政大臣。［58］大柄：大权，重任。［59］猜：猜忌，不信任。［60］鲜有：很少有。召乱：招来祸乱。［61］乙酉：六月十五日。［62］庙号：古代皇帝死后，在太庙立室奉祀时特起的名号。［63］丙戌：六月十六日。［64］改元寿光：前秦厉王苻生即位，改年号为寿光。［65］非礼也：未逾年而改元不合礼制。按古礼，老国君死，太子即位，应在次年的正月一日改用自己的年号。［66］穷推议主：彻底追查谁是提这个非礼意见的主谋。议主，意同“主谋”。

秋，七月，以吏部尚书周闵[1]为左仆射。

或告会稽王昱[2]曰：“武陵王[3]第中大修器仗[4]，将谋非常[5]。”昱以告太常王彪之[6]，彪之曰：“武陵王之志，尽于驰骋畋猎而已耳[7]，深愿静之[8]，以安异同之论[9]，勿复以为言[10]！”昱善之。

秦主生尊母强氏曰“皇太后”，立妃梁氏为皇后。梁氏，安之女也。以其嬖臣太子门大夫南安赵韶为右仆射[11]，太子舍人赵诲为中护军[12]，著作郎董荣为尚书[13]。

凉王祚[14]淫虐无道，上下怨愤。祚恶河州刺史张瓘之强[15]，遣张掖太守索孚代瓘守枹罕[16]，使瓘讨叛胡，又遣其将易揣、张玲[17]帅步骑万三千以袭瓘。张掖人王鸾知术数[18]，言于祚曰："此军出，必不还，凉国将危。"并陈祚三不道[19]。祚大怒，以鸾为妖言[20]，斩以徇[21]。鸾临刑曰："我死，军败于外，王死于内，必矣！"祚族灭之。瓘闻之，斩孚，起兵击祚，传檄州郡[22]，废祚，以侯还第[23]，复立凉宁侯曜灵[24]。

易揣、张玲军始济河[25]，瓘击破之。揣等单骑奔还，瓘军蹑[26]之，姑臧振恐[27]。骁骑将军敦煌宋混兄修[28]，与祚有隙[29]，惧祸。八月，混与弟澄西走[30]，合众万余人以应瓘，还向姑臧[31]。祚遣杨秋胡将曜灵于东苑[32]，拉[33]其腰而杀之，埋于沙坑，谥曰"哀公"。

秦主生封卫大将军黄眉为广平王[34]，前将军飞[35]为新兴王，皆素所善也。征大司马武都王安[36]领太尉。以晋王柳为征东大将军、并州牧[37]，镇蒲阪[38]；魏王廋[39]为镇东大将军、豫州[40]牧，镇陕城[41]。

中书监胡文[42]、中书令王鱼言于生曰[43]："比有星孛于大角[44]，荧惑入东井[45]。大角，帝坐[46]，东井，秦分[47]，于占[48]不出三年，国有大丧[49]，大臣戮死[50]，愿陛下修德以禳之[51]！"生曰："皇后与朕对临[52]天下，可以应大丧[53]矣。毛太傅、梁车骑、梁仆射受遗辅政[54]，可以应大臣[55]矣。"九月，生杀梁后及毛贵、梁楞、梁安。贵，后之舅也。

右仆射赵韶、中护军赵诲，皆洛州刺史俱之从弟也[56]，有宠于生，乃以俱为尚书令。俱固辞以疾，谓韶、诲曰："汝等不复顾祖宗，欲为灭门之事！毛、梁何罪，而诛之？吾何功，而代之？汝等可自为，吾其死矣！"遂以忧卒。

凉宋混军于武始大泽[57]，为曜灵发哀[58]。闰月[59]，混军至姑臧，凉王祚收张瓘弟琚及子嵩，将杀之。琚、嵩闻之，募市人[60]数百，扬言："张祚无道，我兄大军已至城东，敢举手[61]者诛三族！"遂开西门纳混兵。领军将军赵长[62]等惧罪，入阁呼张重华母马氏出殿，立凉武侯玄靓[63]为主。易揣等引兵入殿，收长等，杀之。祚按剑殿上，大呼，叱左右力战。祚素失众心，莫肯为之斗者，遂为兵人所杀。混等枭其首，宣示中外，暴尸道左，城内咸称万岁。以庶人礼葬之，并杀其二子。混、琚上[64]玄靓为大将军、凉州牧、西平公，赦境内，复称建兴四十三年[65]。时玄靓始七岁。

张瓘至姑臧，推玄靓为凉王，自为使持节、都督中外诸军事、尚书令、凉州牧、张掖郡公，以宋混为尚书仆射。陇西人李俨据郡[66]，不受瓘命，用江东年号[67]，众多归之。瓘遣其将牛霸[68]讨之，未至，西平人卫綝[69]亦据郡叛，霸兵溃，奔还。瓘遣弟琚击綝，败之。酒泉太守马基[70]起兵以应綝，瓘遣司马张姚、王国[71]击斩之。

（以上为第二段，写前凉宫廷政变，前凉主张祚淫虐无道，憎恨河州刺史张瓘，使用连环计陷害，被识破，遭到反噬，被枭首示众；张瓘拥戴张玄靓为凉王，自封为凉州牧。）

【注释】

[1]周闵（mǐn）：字子骞，东晋光禄大夫、尚书仆射周顗长子，承袭武成侯爵，颇有父亲刚直之风，官至吏部尚书、尚书左仆射。 [2]会稽王昱（yù）：即司马昱，字道万，晋元帝司马睿幼子，后为东晋第八位皇帝。 [3]武陵王：即司马晞，字道叔，晋元帝司马睿第四子，袭爵武陵郡王。晋成帝司马衍病危，为顾命，进拜太宰。后被桓温诬为谋反，遭流放而死。 [4]第中：庭院内。第，宅第。器仗：古代武器的总称。 [5]非常：非常之事，指图谋篡位称帝。 [6]王彪之：字叔虎，晋太常。传见《晋书》卷七十六。 [7]尽于：到头也不过是。畋（tián）猎：打猎。[8]深愿静之：非常希望你们能够沉住气。静，安抚，使安静。 [9]以安异同之论：让那些种种猜测平息下来。安，安定，这里指平息。 [10]勿复以为言："以"下省"之"字，意即不要再提这件事情。 [11]嬖（bì）臣：宠臣，男宠。太子门大夫：官名，为太子宫看管门户。赵韶：甘肃天水人，前秦主苻生的奸臣，历任太子门大夫、尚书右仆射、尚书左仆射。因其祸国殃民，被发动政变后夺取帝位的苻坚斩杀。 [12]太子舍人：官名，执掌东宫宿卫，兼管秘书、侍从之职。赵诲：甘肃天水市人，前秦主苻生的奸臣，亦为苻坚斩杀。中护军：原名护军，掌管禁军，主持选拔武官，监督管制诸武将。 [13]董荣：字龙，前秦苻生的佞臣，任前秦尚书、右仆射。与赵韶一同进谗陷杀雷弱儿，因其祸国殃民，被苻坚斩杀。 [14]凉王祚（zuò）：即张祚，字太伯，前凉第七位国主。 [15]河州：凉州张氏所设的州名，州治枹罕，在今甘肃临夏市。张瓘（guàn）：前凉河州刺史，起兵攻杀张祚，立张玄靓为凉王，自为凉州牧，专断军政要务。后被杀。 [16]张

掖：郡名，郡治在今甘肃张掖市甘州区西北。索孚：前凉张掖太守，被张瓘所杀。枹（fú）罕：晋县名，在今甘肃临夏市。［17］易揣（chuǎi）、张玲：前凉张祚部将。［18］王鸾（luán）：张掖人，知术数。曾上书给前凉主张祚，称“军出不利”，祚怒，以为妖言，斩之。术数：以观测天文星象推演阴阳五行之理，以预言人事吉凶的方术，如占候、卜筮等。［19］陈祚三不道：指出张祚有三项不合仁义之道的行为。陈，陈说，列举。［20］妖言：邪说，蛊惑人心的言论。［21］斩以徇：斩其人头，持之巡行示众。［22］传檄州郡：给凉州地区的各州郡发出通告。檄，文体名，犹今所谓通告、通报。［23］以侯还第：让张祚以侯爵的身份回家赋闲。［24］复立凉宁侯曜灵：重新接回被张祚所废的张重华的儿子张曜灵为凉王。［25］济河：渡过黄河。张瓘驻兵的枹罕在黄河以东，凉州的都城（今甘肃武威市）在黄河以西，故易揣等欲攻枹罕，需要渡过黄河。［26］蹑（niè）：放轻脚步，跟踪追击。［27］振恐：震动，恐慌。振，同“震”。［28］宋混：字玄一，祖籍敦煌，前凉骠骑大将军、尚书令。兄修：宋混哥哥宋修。［29］与祚有隙：宋修与前凉主张祚有矛盾。［30］混与弟澄西走：宋混与弟弟宋澄逃向西面，集结部众，杀回姑臧。宋混死后，宋澄代为领军将军。［31］姑臧：郡名，在今甘肃武威市，当时是前凉政权的都城所在地。［32］杨秋胡：前凉主张祚的属将。将曜灵于东苑：把张曜灵挟持到东郊猎场。将，扶，携带，这里是劫持的意思。［33］拉：拉扯，折断。［34］黄眉：即苻黄眉，又名苻眉，苻生封为广平王，后贬其出京为左冯翊，密谋推翻苻生，被发觉，灭族。［35］飞：即苻飞，前秦宗室名将，官至左卫将军、前将军、新兴王，有关羽、张飞之勇。［36］武都王安：即苻安，前秦奠基者苻洪之弟。苻健时，为大司马。苻生时，为太尉、大司马、武都王、司空。［37］并州牧：并州地区的最高军政长官。并州，州治晋阳，在今山西太原市。［38］蒲阪（bǎn）：城名，在今山西永济市西的黄河边上。［39］魏王廋（sōu）：即苻廋，苻生之弟，封为魏公，进封魏王。［40］豫州：晋时治所陈县，在今河南周口市淮阳区。［41］陕城：即陕州城，在今河南三门峡市西南。［42］胡文：时为中书监。前凉官员，主管为皇帝起草诏书、文件，传达诏令。［43］中书令：与中书监同为中书省长官，权同宰相。王鱼：京兆郡（今陕西西安市）人，前秦中书令。［44］比有：近来有。星孛（bèi）于大角：彗星出现在亢宿的附近，意即将有战事于帝王之廷，于人主不利。星孛，即彗星。大角，星名，属亢宿。《晋书·天文志》曰：“亢四星，天子之内朝也，总摄天下奏事。”［45］荧惑入东井：火星运行到了井宿的附近。说明秦国的礼失，将有大丧，有大臣被杀。荧惑，即火星，因其隐现不定，令人迷惑，故名。东井，星宿名，即井宿。井宿在参宿东，故称东井。井宿是雍州、秦国的分野。［46］帝坐：上帝的座位附近。［47］秦分：前秦地区的分野。从春秋战国开始，人们根据地上的区域来划分天上的星宿，把天上的星宿分别指配于地上的州、国，使它们互相对应。就天文说称分星；就地上说称分野。［48］于占：根据这种占测。［49］大丧：指帝王、皇后或其嫡长子的丧事。［50］戮死：被杀死。戮，杀。［51］愿：希望。修德以禳之：帝王的修德，可以改变星宿运行的方向，可以免除人世的灾难。禳（ráng），通过祭祀以除去灾难。［52］对临：共同掌管。临，君临，统治。［53］可以应大丧：可以承担上天所降的大灾难。应，对应，承担。［54］毛太傅：即毛贵，时为太傅。梁车骑：即梁楞，时为车骑将军。梁仆射：即梁安，时为左仆射。［55］应大臣：承担大臣该受的罪责。［56］洛州：州名，前秦初置，州治宜阳，在今河南宜阳县西。俱：即赵俱，天水人，前秦大臣，任从事中郎、河内太守、光禄大夫、洛州刺史、尚书令，后因羞愧同族赵韶等人戕害忠良，最终忧愤而死。从弟：叔伯兄弟，堂弟。［57］武始大泽：水泽名，即古谷水，今甘肃武威市西北之石羊河。［58］发哀：即发丧，将人死的消息公告于众，并举行祭奠。［59］闰月：闰九月。［60］募市人：召集市民。［61］举手：动手，指动手收捕张琚、张嵩。［62］赵长：前凉为领军将军，宠臣。［63］玄靓（jìng）：即张玄靓，一作张玄靖，字元安，凉桓王张重华之子，张曜灵之弟，前凉第八位国主，公元355年至公元363年在位。［64］上：尊奉。［65］复称建兴四十三年：仍恢复张重华及张重华以前使用的西晋皇帝的年号，既不自立年号，也不奉行东晋的正朔，表明张氏并不承认东晋政权。［66］李俨据郡：李俨，陇西郡人，其时割据陇西，为人反复无常。先后仕东晋、前凉、前秦，最终被前秦丞相王猛抓获，苻坚封李俨为光禄勋、归安侯。传见《晋书》卷一百十三。［67］用江东年号：用东晋穆帝的“永和”年号。［68］牛霸：前凉将领，曾为秦州刺史。［69］卫綝（lín）：前凉将领，据郡反叛。［70］马基：前凉酒泉太守，反叛被杀。［71］张姚、王国：前凉将领。

冬，十月，以豫州刺史谢尚[1]督并、冀、幽三州，镇寿春[2]。

镇北将军段龛与燕主俊书，抗中表之仪[3]，非其称帝[4]。俊怒，十一月，以太原王恪为大都督、抚军将军，阳骛副之，以击龛。

秦以辛牢守尚书令[5]，赵韶为左仆射，尚书董荣为右仆射，中护军赵诲为司隶校尉。

十二月，高句丽王钊遣使诣燕纳质修贡[6]，以请其母[7]。燕主俊许之，遣殿中将军刁龛[8]送钊母周氏归其国，以钊为征东大将军、营州[9]刺史，封乐浪[10]公，王如故[11]。

上党人冯鸯[12]逐燕太守段刚[13]，据安民城[14]，自称太守，遣使来降。

秦丞相雷弱儿性刚直，以赵韶、董荣乱政，每公言于朝，见之常切齿。韶、荣谮之于秦主生，生杀弱儿及其九子、二十七孙。于是诸羌皆有离心。

生虽谅阴[15]，游饮自若[16]，弯弓露刃[17]，以见朝臣，锤钳锯凿[18]，可以害人之具，备置左右。即位未几[19]，后妃、公卿已下至于仆隶，凡杀五百余人，截胫、拉胁、锯项、刳胎者[20]，比比有之。

燕主俊以段龛方强，谓太原王恪曰："若龛遣军拒河[21]，不得渡者，可直取吕护而还[22]。"恪分遣轻军先至河上[23]，具舟楫以观龛志趣[24]。龛弟罴[25]，骁勇[26]有智谋，言于龛曰："慕容恪善用兵，加之众盛，若听其济河，进至城下，恐虽乞降[27]，不可得也。请兄固守，罴帅精锐拒之于河，幸而战捷，兄帅大众继之，必有大功。若其不捷，不若早降，犹不失为千户侯也。"龛不从。罴固请不已，龛怒，杀之。

（以上为第三段，写鲜卑段部首领段龛非议前燕主慕容俊称帝，慕容俊发兵攻打；前秦丞相雷弱儿性格刚直，公开指责奸臣赵韶、董荣，遭构陷，被杀灭族。）

【注释】

[1]谢尚：字仁祖。太傅谢安从兄。历任江夏相、江州刺史、尚书仆射，进号镇西将军，都督豫、冀、幽、并四州军事。传见《晋书》卷七十九。 [2]镇寿春：胡三省称寿春、谯城、芜湖、郏城、牛渚皆为"建康西藩"，并说"进取则屯寿春，守江则多在历阳、芜湖二处"。寿春，县名，县治在今安徽寿县。 [3]抗中表之仪：行表兄弟的对等之礼。抗，对等。中表，父亲姐妹（姑母）的儿女叫外表，母亲的兄弟（舅父）姐妹（姨母）的儿女叫内表，互称中表。慕容俊的母亲为段氏女，故段龛与之"抗中表之仪"。 [4]非其称帝：谴责他擅自称帝。非，非议，批评。 [5]辛牢：人名。守尚书令：暂时代理尚书令的职务。守，以低级别代理高职务。 [6]纳质修贡：派出人质，重新按照原来的样子进贡。修，照以前的样子。 [7]请其母：请求将他的母亲放还。慕容皝曾率兵攻打高句丽，俘获钊母周氏及其妻。事见《资治通鉴》卷九十七晋成帝咸康八年（342）。[8]刁龛（kān）：前燕殿中将军，负责宫廷禁卫，殿内宿卫。 [9]营州：前燕州名，州治令支城，在今河北迁西县东。高句丽王钊遥领营州刺史，是荣誉虚职。 [10]乐浪：郡名，郡治朝鲜县，在今朝鲜平壤市大同江南岸的土城洞城址。 [11]王如故：使其照旧为高句丽王。 [12]冯鸯：上党人，前燕京兆太守。曾据安民城投降东晋朝廷。 [13]段刚：平阳郡人，前燕建威将军、上党太守。 [14]安民城：为慕容俊上党郡的郡治所在地，在今山西襄垣县北。永嘉中，刘琨遣张倚所筑，以安上党之民，因以为名。 [15]谅阴：也称"谅暗"，居丧时所住的房子，指天子、诸侯为其父母守丧。其仪式包括离室居住、不问朝政、摒弃酒色、静心独居，等等。 [16]游饮自若：游猎饮酒如常。自若，如常，像原来那样。 [17]弯弓露刃：弓上弦，剑出鞘。 [18]锤钳（qián）锯凿：泛指可以摧残人体的各种刑具。 [19]未几：没多久，不久。 [20]截胫：截断小腿。拉胁：折断两肋。锯项：锯断脖子。刳（kū）胎：剖出胎儿。 [21]拒河：在黄河边拒守。[22]可直取吕护而还：可以只攻取吕护所占据的野王县（今河南沁阳市）而后收兵。直，只。吕护，十六国时北方割据军阀，为人反复无常，一生多次往返投奔过后赵、冉魏、前燕、东晋政权。隆和

元年（362），前燕派吕护进攻洛阳，遭晋军击败，战中负伤，不久去世。［23］轻军：快速部队。河上：黄河边上。［24］具舟楫：准备渡河船只。舟楫，船和桨，泛指船只。观龛志趣：观察段龛的意图与动向。［25］罴（pí）：即段罴，段兰之子，段龛之弟，骁勇而有智谋，后被段龛所杀。［26］骁勇：勇猛。［27］乞降：请求投降。

十二年（丙辰，356年）

春，正月，燕太原王恪引兵济河，未至广固[1]百余里，段龛帅众三万逆战。丙申[2]，恪大破龛于淄水[3]，执其弟钦，斩右长史袁范等。齐王友辟闾蔚被创[4]，恪闻其贤，遣人求[5]之，蔚已死，士卒降者数千人。龛脱走，还城固守，恪进军围之。

秦司空王堕性刚峻，右仆射董荣、侍中强国皆以佞幸进[6]，堕疾之如仇，每朝，见荣未尝与之言。或谓堕曰："董君贵幸无比，公宜小降意接之[7]。"堕曰："董龙[8]是何鸡狗，而令国士[9]与之言乎！"会有天变[10]，荣与强国言于秦主生曰："今天谴[11]甚重，宜以贵臣应之[12]。"生曰："贵臣惟有大司马及司空耳[13]。"荣、国[14]曰："大司马，国之懿亲[15]，不可杀也。"乃杀王堕。将刑，荣谓之曰："今日复敢比董龙于鸡狗乎？"堕瞋目叱之[16]。洛州刺史杜郁[17]，堕之甥也，左仆射赵韶恶之，谮于生，以为贰于晋[18]而杀之。

壬戌[19]，生宴群臣于太极殿，以尚书令辛牢为酒监[20]，酒酣[21]，生怒曰："何不强人酒而犹有坐者[22]！"引弓[23]射牢，杀之。群臣惧，莫敢不醉，偃仆失冠[24]，生乃悦。

匈奴大人刘务桓卒[25]，弟阏头立，将贰于代[26]。二月，代王什翼犍引兵西巡临河[27]，阏头惧，请降。

燕太原王恪招抚段龛诸城[28]。己丑[29]，龛所署徐州刺史阳都公王腾举众降[30]，恪命腾以故职还屯阳都。

秦征东大将军晋王柳遣参军阎负、梁殊[31]使于凉，以书说凉王玄靓。负、殊至姑臧，张瓘见之，曰："我，晋臣也，臣无境外之交，二君何以来辱[32]？"负、殊曰："晋王与君邻藩[33]，虽山河阻绝[34]，风通道会[35]。故来修好，君何怪焉！"

璀曰："吾尽忠事晋，于今六世[36]矣。若与苻征东[37]通使，是上违先君[38]之志，下隳[39]士民之节，其可乎！"负、殊曰："晋室衰微，坠失天命[40]，固已久矣，是以凉之二王北面二赵[41]，唯知机也[42]。今大秦威德方盛，凉王若欲自帝河右[43]，则非秦之敌；欲以小事大，则曷若[44]舍晋事秦，长保福禄乎！"璀曰："中州好食言[45]，向者石氏使车适返[46]，而戎骑已至[47]，吾不敢信也。"

负、殊曰："自古帝王居中州者，政化各殊[48]，赵为奸诈[49]，秦敦信义[50]，岂得一概待之[51]乎！张先、杨初皆阻兵不服[52]，先帝讨而擒之[53]，赦其罪戾[54]，宠以爵秩[55]，固非石氏之比也。"璀曰："必如君言，秦之威德无敌，何不先取江南，则天下尽为秦有，征东何辱命焉[56]！"

负、殊曰："江南文身[57]之俗，道污先叛，化隆后服[58]。主上以为江南必须兵服[59]，河右可以义怀[60]，故遣行人先申大好[61]。若君不达天命[62]，则江南得延数年之命，而河右恐非君之土也。"璀曰："我跨据三州[63]，带甲十万，西苞葱岭[64]，东距大河[65]，伐人有余，况于自守，何畏于秦！"

负、殊曰："贵州山河之固，孰若崤、函[66]？民物之饶，孰若秦、雍[67]？杜洪、张琚[68]，因赵氏成资[69]，兵强财富，有囊括关中、席卷四海之志，先帝戎旗西指[70]，冰消云散，旬[71]月之间，不觉易主[72]。主上若以贵州不服，赫然奋怒[73]，控弦[74]百万，鼓行[75]而西，未知贵州将何以待之[76]？"璀笑曰："兹事[77]当决之于王，非身所了[78]。"

负、殊曰："凉王虽英睿夙成[79]，然年在幼冲[80]；君居伊、霍之任，国家安危，系君一举耳。"璀惧，乃以玄靓之命[81]遣使称藩于秦，秦因玄靓所称官爵而授之[82]。

（以上为第四段，写前秦主苻生暴虐成性，稍不如意，就随便杀害大臣；前秦晋王苻柳派参军阎负、梁殊出使前凉，游说权臣张璀，使前凉称藩，前凉听命，举国投降前秦，接受前秦的封爵。）

【注释】

[1]广固：城名，在今山东淄博市东南。 [2]丙申：正月三十日。 [3]淄水：河水名，今名淄河，源出山东济南市莱芜区东北，流经淄博之临淄区东，北流合于小清河注入莱州湾。[4]齐王友辟闾蔚：段龛的僚属，姓辟名闾蔚。友，在这里可看作是一种官名，是对僚属的一种敬称，意思说他不是段龛的僚属，而只是一种朋友关系，在他身边起参谋作用。当时段龛自称齐王，故称辟闾蔚为齐王友。被创：被燕军的兵器所伤。 [5]求：寻访，寻找。 [6]强国：氐族，前秦侍中，善于弄权。佞幸：以花言巧语、献媚逢迎而受到宠幸。佞，以巧言求媚于人。 [7]小降意接之：稍微屈尊一点与他往来。小，稍稍。降意，客气一点，放下点架子。接，交往，往来。[8]董龙：董荣的小名叫"龙"。称人小名，表示轻蔑。 [9]国士：国中才德出众的人。 [10]会有天变：这时正好天象有变，如日食、月食之类。会，正巧赶上。 [11]天谴：犹言天罚，老天爷对人类社会进行惩罚。谴，谴责，惩罚。 [12]宜以贵臣应之：应该杀死大臣来冲抵上天的惩罚。应，回应，冲抵。 [13]大司马：指武都王苻安，秦主苻生的叔祖，时任大司马。司空：即王堕，时任司空。 [14]国：此字原无，据章校补。上文是"荣与强国言于秦主生"，此处宜有"国"字。[15]国之懿亲：国家、帝王的至亲至重之人。懿（yì），美，崇高，引申为重要。 [16]瞋（chēn）目：瞪大眼睛，表示愤怒。叱（chì）：大声呵斥。 [17]洛州：前秦初置，州治宜阳，在今河南宜阳县西。杜郁：前秦官员，时为洛州刺史，被奸臣赵韶残害。 [18]贰于晋：给东晋王朝当奸细。贰，二心，居秦而暗通于东晋。 [19]壬戌：二月二十六日。 [20]酒监：宴会上临时派定的监督该饮酒而逃避不饮的人。 [21]酒酣（hān）：酒喝得很畅快的时候。 [22]强人酒：强迫人饮酒。犹有坐者：还有坐在那儿没有喝酒的人。 [23]引弓：弯弓，拉弓。 [24]偃仆：纷纷醉倒的样子。偃（yǎn），向后躺倒。仆，向前摔倒。失冠：把帽子弄到了地上。 [25]大人：头领。刘务桓：匈奴铁弗部首领，咸康七年（341）即位，求和于代国，迎娶代王拓跋什翼犍之女。朝贡于后赵，拜平北将军、左贤王。追赠宣皇帝。 [26]将贰于代：想要脱离代国。以刘务桓为首领的匈奴部落，当时活动在今内蒙古西部地区，在此之前依附于代国。代国，是鲜卑族拓跋氏建立的国家，都城盛乐，在今内蒙古和林格尔县北。 [27]临河：临近内蒙古河套一带地区的黄河。 [28]招抚段龛诸城：段龛坚守广固城未下，故慕容恪先招抚其境内其他城池。 [29]己丑：记载有误，二月朔丁酉，无己丑日，疑为乙丑之误。乙丑是二月二十九日。 [30]署：任命。王腾：东晋封为阳都公，后投降前燕，被东晋徐州刺史阳羡率兵攻打，被杀。 [31]阎负、梁殊：为前秦参军，曾出使凉州劝降，不辱使命，舌战前凉群臣，终于使凉王张玄靓归附，换来了一方和平。因功被任为尚书郎。后为使臣，再次出使前凉，劝说叛秦降晋的张天锡来归。恼羞成怒的张天锡拒绝投降，并将二人杀害。 [32]何以来辱：有何事情来找我。辱，谦辞，意即因来光顾我而使你蒙受耻辱。[33]晋王与君邻藩：我们的晋王苻柳，与你身任凉州牧的张君，都是邻近国家的诸侯。邻藩，诸侯对皇帝称"藩"，苻柳时称晋王，是前秦国的诸侯；张瓘封为张掖郡公，是前凉国的诸侯，二国相邻，故对二臣以"邻藩"相称。 [34]山河阻绝：当时苻柳驻兵蒲阪，在今山西永济市西南的蒲

州镇，张瓘身为凉国大臣，远在姑臧，在今甘肃武威市，山高水远，故称“山河阻绝”。［35］风通道会：意即彼此相隔遥远，但通过风云、通过道路，还是可以相互沟通的。［36］六世：指张轨、张寔、张茂、张骏、张重华、张曜灵。张祚是篡位称王，又是被张瓘等所杀，故将其排除在世数之外。［37］苻征东：即苻柳，时为征东将军。［38］先君：指历代的凉州君主。［39］隳（huī）：毁坏，丧失。［40］坠（zhuì）失天命：丢掉了上天的任务，已经不再受上天的眷顾了。［41］凉之二王：指张茂、张骏。北面二赵：曾先后向前赵、后赵称臣。张茂曾向前赵的刘曜称臣，张骏曾向后赵的石勒称臣。北面，旧时帝王接见诸侯大臣，皆面向南坐以接受朝拜，故后世遂以“北面”代指向人称臣。［42］唯知机也：这是一种识时务的表现。机，事物变化的迹象、征兆。［43］自帝河右：在河西地区自己称帝。河右，区域名，即河西，与河东并称，又称凉州、雍州，位于甘肃西北部、内蒙古西部。［44］曷（hé）若：何如，哪里比得上。［45］中州：此谓中原之国，如前赵、后赵等。食言：形容说话不算数，不守信用。［46］使车适返：友好谈判的使者的车子刚走。适返，刚刚返回。［47］戎骑已至：侵略的军队已经来到门前。如永和二年（346）张重华即位，遣使奉章于石虎，石虎进而遣王擢进攻凉州。［48］政化各殊：所推行的政策路线各不相同。殊，不同。［49］奸诈：奸伪，狡猾。［50］敦信义：讲究诚信、仁义。敦，重视，讲究。［51］一概待之：同等对待，不加区别。概，量米粟时刮平斗斛用的木板。［52］张先：十六国时后赵官员，张琚的弟弟，杜洪的征虏将军。曾与前秦苻菁战于渭北，兵败被擒。事见《资治通鉴》卷九十八晋穆帝永和六年（350）。阻兵不服：依恃武力强盛，不肯归附前秦。阻兵，拥兵。阻，依仗，凭借。［53］先帝讨而擒之：张先被前秦将领苻菁所擒获，而杨初被前秦擒获之事。［54］罪戾：罪过。［55］宠以爵秩：封给他们很高的爵位。爵秩，爵位和俸禄。秩，级别，等级。［56］何辱命焉：意谓何劳你来教训我！辱，谦辞，犹言承蒙。［57］文身：古代吴、越一带有断发文身的风俗，即截短头发，身绘花纹，以避水中蛟龙之害。阎负、梁殊引此意图说明江南落后。［58］道污先叛，化隆后服：意谓如果中原朝廷道德沦丧，则江南率先叛乱；如果中原朝廷教化隆盛，则江南最后顺服，极言江南人的生性之坏。［59］主上：谓前秦主苻生。兵服：依靠武力征服。［60］河右：河西，指张氏凉州政权。义怀：通过道义的说服使之归附。怀，使之因感恩而接受统治。［61］行人：使者。申：申明。大好：友好。［62］达天命：通晓天意，明白天命所在。古代帝王以天命自居，自称受天命为帝。［63］三州：谓凉、河、沙三州，均为张茂、张骏所分置，均在今甘肃境内。［64］西苞葱岭：向西一直越过葱岭。苞，同“包”，包括。葱岭，古代对帕米尔高原和昆仑山、喀喇昆仑山脉西部诸山的总称。［65］东距大河：向东一直到今甘肃、青海东部的黄河沿岸。距，到。［66］孰若崤、函：与崤山、函谷关相比，如何？崤、函，崤山与函谷关，十分险峻。崤山，在今河南洛宁县北，山分东、西二崤，相距三十五里，十分险峻。函谷关，关名，今河南灵宝市北。东自崤山，西至潼关，深险如函，故名函谷。［67］秦、雍：秦州和雍州。秦州，州治在今甘肃天水市。雍州，州治长安，在今陕西西安市西北。［68］杜洪、张琚：两人一度割据关中，杜洪自称征北将军、雍州刺史。张琚为其将，杀洪自称秦王，被苻健讨灭。[69]成资：成就基业，成功地占有一片土地。[70]先帝：指苻健。戎旗：军旗，这里即指大兵。[71]旬：十天为一旬。[72]不觉易主：关中地区不知不觉地就成了苻家的天下，言苻健以仁义得天下，使百姓未受惊扰。事见《资治通鉴》卷九十八永和六年（350）。[73]赫然：勃然大怒。奋怒：愤怒。奋，同“愤”。[74]控弦：拉弓，引申称士兵。[75]鼓行：擂鼓公然而进，极言其气势之足，无需用诡诈的手段。[76]何以待之：如何对待？如何应对？何以，以何，凭什么。[77]兹事：此事。[78]非身所了：不是我可以做主的。身，自身，犹言“我”。了，决定。[79]英睿夙成：聪明才智与生俱来。夙（sù），早。[80]幼冲：幼弱。冲，幼小。[81]以玄靓之命：假借张玄靓的名义。[82]因玄靓所称官爵而授之：意即秦王苻生按着张玄靓、张瓘的封任又重新任命了一回。

将军刘度攻秦青州刺史王朗于卢氏[1]，燕将军慕舆长卿入轵关[2]，攻秦幽州刺史强哲于裴氏堡[3]。秦主生遣前将军新兴王飞[4]拒度，建节将军邓羌拒长卿[5]。飞未至而度退。羌与长卿战，大破之，获长卿及甲首[6]二千余级。

桓温请移都洛阳，修复园陵[7]，章[8]十余上，不许。拜温征讨大都督，督司、冀二州诸军事，以讨姚襄。

三月，秦主生发三辅民治渭桥[9]，金紫光禄大夫程肱[10]谏，以为妨农，生杀之。

夏，四月，长安大风，发屋[11]拔木。秦宫中惊扰，或称贼至，宫门昼闭，五日乃止。秦主生推告贼者[12]，刳[13]出其心。左光禄大夫强平[14]谏曰：“天降灾异[15]，陛下当爱民事神[16]，缓刑崇德以应之，乃可弭[17]也。”生怒，凿其顶[18]而杀之。卫将军广平王黄眉、前将军新兴王飞、建节将军邓羌，以平，太后之弟，叩头固谏，生弗听，出黄眉为左冯翊、飞为右扶风、羌行咸阳太守，犹惜其骁勇，故皆弗杀。五月，太后强氏以忧恨卒，谥曰“明德”。

姚襄自许昌攻周成[19]于洛阳。

六月，秦主生下诏曰：“朕受皇天[20]之命，君临万邦[21]；嗣统[22]以来，有何不善，而谤讟[23]之音，扇满[24]天下！杀不过千，而谓之残虐[25]！行者比肩[26]，未足为希[27]。方当峻刑极罚[28]，复如朕何[29]！”

自去春以来，潼关[30]之西，至于长安，虎狼为暴，昼则继道[31]，夜则发屋，不食六畜[32]，专务[33]食人，凡杀七百余人。民废耕桑，相聚邑居[34]，而为害不息。秋，七月，秦群臣奏请禳灾[35]，生曰："野兽饥则食人，饱当自止，何禳之有[36]！且天岂不爱民哉，正以犯罪者多，故助朕杀之耳！"

丙子[37]，燕献怀太子晔[38]卒。

姚襄攻洛阳，逾月不克。长史王亮[39]谏曰："明公英名盖世，兵强民附。今顿兵坚城之下[40]，力屈威挫[41]，或为他寇所乘[42]，此危亡之道也！"襄不从。

（以上为第五段，写东晋权臣桓温多次上书，请求将朝廷搬到洛阳，但未被采纳；前秦主苻生不顾民生疾苦，天怨人怒；大将军姚襄率军攻打洛阳，受阻坚城。）

【注释】

[1]卢氏：县名，在今河南卢氏县。 [2]慕舆长卿：前燕将军，鲜卑族人，曾受燕主慕容儁所遣，率众七千精兵经过轵关，攻打前秦幽州刺史强哲于裴氏堡（在今山西垣曲县），被前秦建节将军邓羌击败并俘获。轵（zhǐ）关：关名，关当轵道之险，故名，在今河南济源市西北。 [3]强哲：前秦幽州刺史。裴氏堡：地名，在今山西闻喜县境内。 [4]新兴王飞：即苻飞，苻健之子，被封为新兴王。 [5]建节将军：杂号将军之名。邓羌：安定郡人，前秦名将，多立战功，被后世誉为"前秦第一将"。传见《晋书》卷一百十二。 [6]甲首：春秋车战，兵车一乘，马四匹，车上立三人，左执弓，披甲，谓之甲首。这里指披甲的战士。 [7]园陵：西晋诸帝的陵墓。陵墓所占地盘叫园，园中墓穴上突起的土山叫陵。 [8]章：奏章，向皇帝陈述事由的文书。 [9]三辅：汉朝长安京畿地区分为三个行政区，即京兆尹、左冯翊、右扶风，后世合称三辅，此指代关中。渭桥：长安附近渭水上的桥梁，有中、东、西三座渭桥。 [10]程肱（gōng）：安定（在今甘肃镇原县东南）豪门，为前秦军咨祭酒、金紫光禄大夫。前秦主苻生发三辅人营建渭桥，程肱以妨农害时，上疏极谏，惹怒苻生，被杀。 [11]发屋：风卷屋瓦，掀翻屋顶。 [12]推告贼者：推问喊叫有贼的人。推，审问。告，报告，传言。 [13]刳（kū）：剖，剖开。 [14]强平：略阳（今甘肃天水市）人，氐族，强太后之弟，苻生之舅。力谏苻生缓刑崇德，苻生不听忠告，竟用铁锤将强平颅骨凿裂而死。 [15]灾异：反常的自然现象，如日食、月食、地震、洪水等，阴阳家们把这些说成是上天对人间帝王的警告。 [16]事神：恭敬地侍奉神灵。 [17]乃可弭：才可以消除这些可怕的天谴。弭，消除，化解。 [18]顶：头顶。 [19]周成：原是冉魏将领，为徐州刺史，冉闵死后，一度投降东晋，去年又叛变，攻占了晋将施逸所驻守的洛阳城。 [20]皇天：对天的尊称。[21]君临：统治。邦：国。 [22]嗣统：继承皇位。统，帝王的统系。 [23]谤讟（dú）：怨恨，毁谤。 [24]扇满：散布得沸沸扬扬。扇，宣扬，弥漫。 [25]残虐：残酷，暴虐。 [26]比

肩：一个挨一个，形容路上的行人之多。［27］未足为希：不能说是人口稀少。希，通“稀”。［28］方当峻刑极罚：我正想实行严厉的法制。峻刑，严刑，酷刑。［29］复如朕何：看你们又能对我怎么样。［30］潼关：关塞名，在今陕西潼关县境内，地处陕西、河南、山西三省的交界点。［31］继道：道路上络绎不绝。［32］六畜：牛、马、羊、鸡、猪、犬。［33］专务：专门，专一。［34］相聚邑居：都聚集在村镇里居住。［35］禳灾：祭祀鬼神以求消灾。禳（ráng），祭名，祈祷消除灾殃、去邪除恶之祭。［36］何禳之有：有什么可祭祀祈求的呢？［37］丙子：七月十二日。［38］献怀太子晔（yè）：即慕容晔，慕容儁嫡长子，先为世子，攻打冉魏时，让他驻守龙城。慕容儁即帝位，立为皇太子，后病逝，谥为献怀太子。［39］王亮：前秦右长史、护军将军，后为北魏太史令。［40］顿兵坚城之下：把军队投放在久攻不克的城池之下。顿，投，扔在。［41］力屈威挫：战斗力与勇气消耗殆尽。［42］所乘：所乘隙攻击。

桓温自江陵北伐，遣督护高武据鲁阳［1］，辅国将军戴施屯河上［2］，自帅大兵继进。与寮属登平乘楼［3］，望中原，叹曰：“遂使神州陆沈［4］，百年丘墟［5］，王夷甫诸人不得不任其责［6］！”记室陈郡袁宏［7］曰：“运［8］有兴废，岂必诸人之过［9］？”温作色［10］曰：“昔刘景升［11］有千斤大牛，啖刍豆［12］十倍于常牛，负重致远［13］，曾不若一羸牸［14］，魏武［15］入荆州，杀以享军［16］。”

八月，己亥［17］，温至伊水［18］，姚襄撤围拒之，匿精锐［19］于水北林中，遣使谓温曰：“承亲帅王师以来［20］，襄今奉身归命［21］，愿敕三军小却［22］，当拜伏道左［23］。”温曰：“我自开复中原［24］，展敬山陵［25］，无豫君事［26］。欲来者便前，相见在近，无烦使人［27］。”

襄拒水［28］而战，温结陈而前［29］，亲被甲督战，襄众大败，死者数千人，襄帅麾下数千骑奔于洛阳北山［30］。其夜，民弃妻子随襄者五千余人。襄勇而爱人，虽战屡败，民知襄所在，辄［31］扶老携幼，奔驰而赴之。温军中传言襄病创［32］已死，许、洛［33］士女为温所得者，无不北望而泣。襄西走，温追之不及。弘农杨亮自襄所来奔［34］，温问襄之为人，亮曰：“襄神明器宇［35］，孙策之俦［36］，而雄武［37］过之。”

周成［38］帅众出降，温屯故太极殿［39］前，既而徙屯金墉城［40］。

己丑［41］，谒诸陵［42］，有毁坏者修复之，各置陵令［43］。表镇西将军谢尚都督司州诸军事，镇洛阳。以尚未至，留颍川太守毛穆之［44］、督护陈午[45]、河南太守戴施以二千人戍洛阳[46]，卫山陵[47]，徙降民三千余家于江、汉之间，执周成以归。

姚襄奔平阳[48]，秦并州刺史尹赤复以众降襄[49]，襄遂据襄陵[50]。秦大将军张平[51]击之，襄为平所败，乃与平约为兄弟，各罢兵。

（以上为第六段，写东晋征西将军桓温率军北伐，攻打洛阳，打败反叛的姚襄，拜谒西晋皇帝诸陵墓，设置陵园令；姚襄率军逃到平阳，又被前秦将领打败。）

【注释】

[1]高武：东晋将领，时为桓温的督护。鲁阳：县名，县治在今河南鲁山县。 [2]戴施：东晋官员，为辅国将军、河南太守。曾受命率军救援冉智，得到了传国玉玺，后来镇守洛阳，前燕来攻，戴施弃城南奔。河上：河南洛阳附近的黄河边上。[3]寮：同“僚”。平乘楼：大船上的楼台。[4]陆沈：大地像沉没于大海一样地沦陷于他族的统治之下。沈，通“沉”。 [5]丘墟：废墟，荒地。 [6]王夷甫：即王衍，字夷甫，西晋重臣，玄学清谈领袖。西晋灭亡，投降石勒，被活埋。任其责：担负西晋被灭亡的责任。 [7]袁宏：字彦伯，小字虎，时称袁虎，陈郡阳夏（今河南太康县）人，东晋玄学家、文学家、史学家。初为谢尚参军，后担任桓温记室，出任东阳太守。编著《后汉纪》三十卷，著有《竹林名士传》三卷及《东征赋》《北征赋》《三国名臣颂》等。传见《晋书》卷九十二。 [8]运：国运。 [9]岂必诸人之过：难道一定是王衍等人的过错吗？ [10]作色：面容变色，生气的样子。 [11]刘景升：即东汉末割据荆州的刘表，字景升。传见《后汉书》卷七十四下。 [12]啖刍豆：平时所吃的草料。啖（dàn），吃。刍（chú），喂牲畜的草。 [13]负重致远：拉着车子运送东西到远方去。 [14]曾不若一羸牸：远比不上一头瘦母牛。羸，病瘦。牸（zì），母牛。 [15]魏武：即魏武帝曹操。 [16]杀以享军：杀了这头废物牛以犒赏士兵。桓温讲这个故事，乃是以牛之无用与可憎，比喻东晋当时那些居高官、享厚禄、尚清谈，而无经世安邦之用的一大群废物。享，宴享，犒劳。 [17]己亥：八月六日。 [18]伊水：今名伊河，源出河南卢氏县东南，东北流往嵩县、伊川县、洛阳市，至洛阳市偃师区南注入洛河。此时桓温所到达的即洛阳城南的伊水。 [19]匿精锐：把精锐部队埋伏起来。 [20]承：承蒙，对人敬称的常用语。亲帅王师：亲自统率东晋军队。王师，对东晋军队的敬称。以：而。 [21]奉身归命：意即亲身前来归顺。奉，进献，送上。 [22]愿敕三军小却：希望你命令你的军队稍稍向后退一点。敕，命令。小却，略退一点。 [23]拜伏道左：我将拜伏于道左参见你，以示谦卑。古代尊崇右，以左为较低级的位置。 [24]开复中原：收复中原。开复，开拓，收复。 [25]展敬山陵：对先朝的列祖列宗表示敬意。展敬，表示敬意。山陵，以称帝王的陵墓。 [26]无豫君事：和你没有关系，不关你什么事。豫，干系，相关。 [27]无烦使人：没有必要让别人向后退。 [28]拒水：以伊水为依托。 [29]结陈而前：列阵前进。结陈，布阵。 [30]洛阳北山：洛阳城北的北邙山，

是洛阳北面的一道天然屏障，也是军事上的战略要地。［31］辄（zhé）：总是，就。［32］病创：受伤。［33］许、洛：许昌、洛阳。［34］弘农：县名，县治在今河南灵宝市北。杨亮：弘农人。［35］神明：神圣，英明。器宇：犹言器宇轩昂，气概、风度豪放、豁达。［36］孙策之俦（chóu）：孙策一般的人物。［37］雄武：雄才武略。［38］周成：东晋驻守宛城的叛将，袭占洛阳。［39］太极殿：洛阳皇宫的正殿名。［40］既而：不久。金墉城：洛阳城内的小城名，位于洛阳故城的西北隅。［41］己丑：九月二十六日。［42］谒诸陵：拜祭西晋历代帝王的陵墓。谒，拜见，拜祭。［43］陵令：管理帝王陵墓的官员，上属太常，其级别相当于县令，负责陵墓的维护与日常祭扫。［44］毛穆之：字宪祖，桓温部将。［45］陈午：为桓温督护，职同监军。［46］河南：郡名，郡治在今河南洛阳市。戍：戍守，镇守。［47］山陵：指西晋皇帝的陵墓。古代皇帝因山为陵，故名。［48］平阳：城名，在今山西临汾市西南部。［49］并州：州治晋阳，在今山西太原市西南。尹赤：天水人，羌族。本是姚弋仲、姚襄父子的司马，永和八年（352），姚襄败于前秦，尹赤投降前秦，为并州刺史，后又投降姚襄。［50］襄陵：县名，县治在今山西临汾市东南古城庄村。［51］张平：长期为并州刺史，先后仕赵、前燕、前秦、东晋，谁强就投靠谁，是一个反复无常的小人。

段龛遣其属段蕴来求救[1]，诏徐州刺史荀羡将兵随蕴救之。羡至琅邪[2]，惮燕兵之强，不敢进。王腾寇鄄城[3]，羡进攻阳都[4]，会霖雨[5]，城坏，获腾[6]，斩之。

冬，十月，癸巳朔[7]，日有食之。

秦主生夜食枣多，旦而有疾，召太医令程延[8]，使诊之，延曰："陛下无他疾，食枣多耳。"生怒曰："汝非圣人，安知吾食枣？"遂斩之。

燕大司马恪围段龛于广固，诸将请急攻之，恪曰："用兵之势，有宜缓者，有宜急者，不可不察。若彼我势敌[9]，外有强援，恐有腹背之患[10]，则攻之不可不急。若我强彼弱，无援于外，力足制之者，当羁縻守之[11]，以待其毙；兵法十围五攻[12]，正谓此也。龛兵尚众，未有离心；济南之战[13]，非不锐[14]也，但龛用之无术，以取败耳。今凭阻坚城，上下戮力[15]，我尽锐攻之，计数日可拔，然杀吾士卒必多矣。自有事中原[16]，兵不暂息[17]。吾每念之，夜而忘寐，奈何轻用其死[18]乎！要在取之[19]，不必求功之速也！"诸将皆曰："非所及也。"军中闻之，人人感悦。于是，为高墙深堑以守之[20]。齐人争运粮以馈[21]燕军。

龛婴城[22]自守，樵采路绝，城中人相食。龛悉众出战，恪破之于围里[23]，先分骑屯诸门[24]，龛身自冲荡[25]，仅而得入[26]，余兵皆没。于是，城中气沮[27]，莫有固志[28]。十一月，丙子[29]，龛面缚[30]出降，并执朱秃送蓟[31]。恪抚安[32]新民，悉定齐地，徙鲜卑、胡、羯三千余户于蓟。燕王俊具朱秃五刑[33]，以段龛为伏顺将军。恪留慕容尘[34]镇广固，以尚书左丞鞠殷为东莱太守[35]，章武太守鲜于亮为齐郡太守[36]，乃还。

殷，彭之子也。彭时为燕大长秋[37]，以书戒殷曰："王弥、曹嶷[38]，必有子孙，汝善招抚，勿寻旧怨，以长乱源！"殷推求[39]，得弥从子立、嶷孙岩于山中[40]，请与相见，深结意分[41]，彭复遣使遗[42]以车马衣服，郡民由是大和[43]。

荀羡闻龛已败，退还下邳[44]，留将军诸葛攸[45]、高平太守刘庄将三千人守琅邪[46]，参军谯国戴逯将二千人守泰山[47]。燕将慕容兰屯汴城[48]，羡击斩之。

诏遣兼司空、散骑常侍车灌[49]等持节如洛阳，修五陵[50]。十二月，庚戌[51]，帝及群臣皆服缌[52]，临于太极殿三日[53]。

司州都督谢尚以疾不行，以丹阳尹王胡之代之[54]，胡之，廙之子也。

是岁，仇池公杨国从父俊杀国自立，以俊[55]为仇池公。国子安[56]奔秦。

（以上为第七段，写前燕大司马慕容恪在广固包围段龛，采用筑高墙、挖深壕的办法来围困，城内人相食，段龛率领精兵出城作战，被打败，只好出城投降。）

【注释】

[1]属：僚属，部下。段蕴（yùn）：一作"段缊"，时为段龛部将。来求救：来东晋求救，因其所据的青州被前燕军所攻。 [2]琅邪：郡国名，治所开阳，在今山东临沂市北。 [3]鄄（juàn）城：侨县名，在今山东沂水县。胡三省注曰："此非古鄄城县，盖侨县也。"据《资治通鉴地理通释》："此指山东沂州府沂水县。" [4]阳都：县名，县治在今山东沂水县南。 [5]会：恰巧，正碰上。霖（lín）雨：连下几天的大雨。 [6]腾：即王腾。 [7]癸巳朔：十月一日。 [8]太医令：为掌管国家医药的最高官职。程延：安定（在今甘肃镇原县东南）豪门，前秦太医令。与胞兄程

朴、程肱一起，史上有“程氏三杰”之誉。被苻生所杀。［9］势敌：即势均力敌，兵力相当。敌，相等。［10］腹背之患：谓遭受内外夹攻。［11］羁縻守之：稍微宽松地围困着它。羁縻，束缚，控制。羁，马笼头。縻，牵牛绳。［12］十围五攻：《孙子兵法·谋功》曰：“十则围之，五则攻之。”意思是说，有十倍于敌的绝对优势兵力，就要四面包围，使敌屈服；有五倍于敌的优势兵力，就要进攻敌人。［13］济南之战：济水之南的战役，即本年年初的淄水之战。济南，济水之南。济水发源于今河南济源市，东流经今河南封丘县，山东菏泽市定陶区、济南市、淄博市，入于渤海。［14］非不锐：并不是不精锐，指段龛的军队。［15］戮（lù）力：努力，合力。［16］有事中原：谓用兵于中原。［17］兵不暂息：出兵打仗没有停息的时候。［18］轻用其死：轻易地牺牲士兵。［19］要在取之：关键在于攻取，意即不在于用什么方式，也不在于用多长时间。［20］高墙深堑：修筑高墙，挖掘深沟，以防止被围之敌反攻，做好长久围困的准备。堑（qiàn），防御用的壕沟。守：围困。［21］馈（kuì）：赠送。［22］嬰城：环城，四面防守。嬰，绕，围绕。［23］围里：包围圈里。因慕容恪在城外筑成长围，故称为“围里”。［24］屯诸门：牢牢地堵住广固城的各个城门。［25］身自冲荡：亲自率军来回冲击。［26］仅而得入：只剩了他一个人逃进城去。［27］气沮：士气低落，军心涣散。［28］莫有固志：没有一点坚守城池的信心。［29］丙子：十一月十四日。［30］面缚：两手反绑于身后而面向前，表示投降。［31］并执朱秃送蓟：把朱秃也逮捕起来，送到蓟城。朱秃，前燕叛将，南奔段龛，至是具五刑而死。蓟（jì），即蓟城，为前燕都城，在今北京市西南。［32］抚安：安抚，抚慰。［33］具朱秃五刑：让朱秃受遍了各种刑法。具，设置。五刑，指墨、劓、刵、宫、大辟五种刑罚。［34］慕容尘：前燕宗室、将领，慕容儁时，任镇南将军、青州刺史。［35］鞠（jū）殷：乐浪太守鞠彭之子。慕容儁时为尚书左丞。慕容恪克广固，迁为东莱太守。至郡，遵父命寻得王弥、曹嶷之后，厚待之，郡民大安。东莱：郡名，郡治在今山东莱州市。［36］章武：郡名，郡治东平舒，在今河北大城县。鲜于亮：范阳人，前燕将领。初仕后赵主石虎，为别将。成康四年（338）战败投降前燕，为左常侍，后以功迁扬威将军，历章武、齐郡太守。齐郡：郡名，郡治在今山东淄博市临淄区。［37］大长秋：官名，皇后的近侍，掌宫中宣命。［38］王弥（mí）、曹嶷（yí）：两人均为东莱（今山东莱州市）人，西晋变民领袖，转战青、徐、莱、豫，有众数万，归附汉赵刘渊，王弥为征东将军，曹嶷为王弥司马。在征战中，王弥为石勒所杀，曹嶷一度归晋为青州刺史，为石虎所杀。［39］推求：寻求，查找。［40］立：即王立，王弥之侄。岩：即曹岩，西晋青州刺史曹嶷之孙。［41］深结意分：建立了浓厚的情谊。意分，情分，情谊。［42］遗（wèi）：赠送。［43］大和：和睦、融洽，情绪稳定。［44］下邳（pī）：郡治在今江苏睢宁县西北古邳镇东。［45］诸葛攸：东晋将领，时为徐州刺史荀羡将军。［46］高平：郡名，郡治昌邑，在今山东巨野县。刘庄：东晋官员，时为高平太守。琅邪：郡名，郡治在今山东临沂市。［47］谯（qiáo）国：诸侯国名，都城在今安徽亳州市。戴逯：东晋将领，时为参军，守卫泰山郡。泰山：郡治在今山东泰安市东南。［48］慕容兰：后燕宗室、将领，为慕容垂的堂弟，镇北将军、阳城王。汴（biàn）城：据胡三省注，“汴”当作“下”，即下县县城，在今山东泗水县东南。［49］车灌：东晋官员，为尚书、司空、散骑常侍，受命持节前往洛阳，修整先帝的五座陵墓。［50］五陵：指晋宣帝司马懿高原陵、景帝司马师峻平陵、文帝司马昭崇阳陵、武帝司马炎峻阳陵、惠帝司马衷太阳陵。［51］庚戌：十二月十九日。［52］服缌（sī）：身穿孝服。缌，即缌麻丧，古代丧服名，五服中之最轻的一种。凡疏远的亲属、亲戚都服缌麻。［53］临于太极殿三日：在建康城里的太极殿一连哭了三天。临，哭吊死者。［54］丹阳尹：官名，元帝司马睿南渡，置丹阳尹于建康，治于台城西，在今江苏南京市鼓楼区一带。王胡之：字修龄，武陵县侯王廙次子，东晋大臣。传见《晋书》卷七十六。［55］俊：即杨俊，杨坚头次子，上任首领杨国叔父，为前仇池国第六任君主。东晋永和十二年（356）杀杨国自立，继位为仇池公，称左贤王，公元356年至公元360年在位。后被杨国的儿子杨安派内应投毒而死。［56］安：即杨安，前仇池国国主杨国之子，其父被杀后投奔前秦。传见《晋书》卷一百十三。

升平[1]元年（丁巳，357年）

春，正月，壬戌朔[2]，帝加元服[3]，太后诏归政[4]，大赦，改元[5]，太后徙居崇德宫[6]。

燕主俊征幽州刺史乙逸[7]为左光禄大夫。逸夫妇共载鹿车[8]，子璋从数十骑[9]，服饰甚丽，奉迎于道。逸大怒，闭车不与言，到城[10]，深责[11]之，璋犹不悛[12]。逸常忧其败，而璋更被擢任[13]，历中书令、御史中丞[14]。逸乃叹曰：“吾少自修立[15]，克己守道，仅能免罪[16]。璋不治节检[17]，专为奢纵[18]，而更居清显[19]，此岂惟璋之忝幸[20]，实时世之陵夷[21]也。”

二月，癸丑[22]，燕主俊立其子中山王暐[23]为太子，大赦，改元光寿[24]。

太白入东井[25]。秦有司[26]奏：“太白，罚星[27]，东井，秦分[28]，必有暴兵[29]起京师。”秦主生曰：“太白入井[30]，自为渴耳，何所怪乎！”

姚襄将图[31]关中，夏，四月，自北屈进屯杏城[32]，遣辅国将军姚兰略地敷城[33]，曜武将军姚益生[34]、左将军王钦卢[35]各将兵招纳诸羌、胡。兰，襄之从兄；益生，襄之兄也。羌、胡及秦民归之者五万余户。秦将苻飞龙[36]击兰，擒之。襄引兵进据黄落[37]，秦主生遣卫大将军广平王黄眉、平北将军苻道[38]、龙骧将军东海王坚、建节将军邓羌将步骑万五千以御之。襄坚壁不战。羌谓黄眉曰："襄为桓温、张平所败，锐气丧矣。然其为人强狠[39]，若鼓噪扬旗[40]，直压其垒[41]，彼必忿恚[42]而出，可一战擒也。"

五月，羌帅骑三千压其垒门而陈[43]，襄怒，悉众出战。羌阳不胜[44]而走，襄追之至于三原[45]，羌回骑[46]击之，黄眉等以大众继至，襄兵大败。襄所乘骏马曰"黧眉騧[47]"，马倒，秦兵擒而斩之，弟苌[48]帅其众降。襄载其父弋仲之柩在军中[49]，秦主生以王礼葬弋仲于孤磐[50]，亦以公礼葬襄。广平王[51]黄眉等还长安，生不之赏[52]，数众辱黄眉[53]。黄眉怒，谋弑生，发觉，伏诛[54]，事连王公亲戚，死者甚众。

（以上为第八段，写东晋穆帝司马聃行加冠礼，开始主持朝政；前燕主慕容儁立慕容暐为太子，改元光寿；羌酋姚襄欲图谋关中，前秦派苻黄眉等率军围攻，姚襄被擒杀。）

【注释】

[1]升平：东晋穆帝司马聃的第二个年号。 [2]壬戌朔：正月一日。 [3]加元服：行加冠礼。元服，即帽子。古代帝王行加冠礼，意味着已到成年，开始亲自掌管国家大权。 [4]诏归政：太后宣告天下，自己把政权交给皇帝。 [5]改元：即更改年号，将"太和"改为"升平"。 [6]徙居崇德宫：搬出了皇帝居住的西宫。崇德宫，太后居住之处。 [7]幽州：州治蓟县，在今北京市。乙逸：姓乙，名逸，前燕幽州刺史。慕容儁称帝，迁都蓟，建留台于龙城（辽宁朝阳市），以乙逸为尚书，专委留务，后征为左光禄大夫。 [8]共载鹿车：共同乘坐着鹿拉的小车。以言其简朴，不张扬。 [9]璋：即乙逸之子乙璋。从数十骑：带领着几十号人马。从，使跟从，带领。 [10]城：指燕都蓟城。 [11]深责：重责，严厉批评。 [12]不悛（quān）：不思悔改。 [13]擢（zhuó）任：提拔，重用。 [14]御史中丞：官名，国家掌管监察的主要长官。 [15]修立：修身立名。 [16]仅能免罪：才勉勉强强地保持不犯错误。 [17]不治节检：不注意检点节制。治，讲究，注重。检，自律。 [18]奢纵：奢侈，放纵。 [19]而更居清显：反而一再地身居要职。清显，位高而权重的职务。 [20]忝（tiǎn）幸：有愧于皇帝的宠幸。忝，谦辞，表示辱没他人，自己有愧。 [21]时世之陵夷：社会政治、社会风气的堕落，意思是说由于整个社会道德水准的低下，所以乙璋的问题才不成为问题。陵夷，衰微，衰败。 [22]癸丑：二月二十三日。 [23]中山王暐（wěi）：即慕容暐，字景茂，慕容儁第三子，初封中山王，为皇太子，后即位为前燕末代皇帝，公元360年至公元370年在位。传见《晋书》卷一百十一。 [24]光寿：前燕景昭帝慕容儁的第二个年号。 [25]太白入东井：太白即金星，金星运行到了井宿的位置。东井，

星宿名，二十八宿之一。［26］有司：主管该项事务的官吏。古代设官分职，各有专司，故称“有司”。［27］罚星：古人认为太白星主杀伐，故称罚星。［28］东井，秦分：东井是秦国的分星。［29］暴兵：暴乱之兵。［30］入井：进入水井。［31］图：谋划，谋取。［32］北屈：县名，县治在今山西吉县东北，西距黄河不远。杏城：城名，在今陕西黄陵县西南故邑村。［33］姚兰：姚襄的堂哥，为辅国将军。略地敷城：向敷城一带扩展地盘。敷城，城名，在今陕西洛川县东北。［34］曜武将军：杂号将军之名。姚益生：姚弋仲之子，后归降前秦政权。［35］左将军：将军名号，地位略高于杂号将军。王钦卢：陇西豪族之一，曾随姚弋仲仕后赵，为左将军。［36］苻飞龙：前秦宗室将领，任广武将军。［37］黄落：地名，在今陕西铜川市西南的黄堡镇。［38］平北将军：将军名号，为“四平将军”之一。苻道：前秦宗室，任平北将军。羌酋姚襄率部欲争关中，苻道率军抵抗，采用激将法，引姚襄出战，然后夹击，姚襄马倒，被擒斩于三原（今陕西三原县东），襄军大溃。［39］强狠：争强好胜。［40］鼓噪扬旗：大张旗鼓。鼓噪，击鼓呼叫。［41］直压其垒：我们的大军一直向着他们的营垒冲过去。垒，营垒，营盘。［42］忿恚：愤怒。恚，恼怒。［43］压其垒门而陈：堵着他的营门，摆开阵势。陈，同“阵”，列阵。［44］阳不胜：假装失败。阳，通“佯”，假装。［45］三原：地名，以其地西有孟侯原，南有丰原，北有白鹿原，故名，在今陕西淳化县东。［46］回骑：回马，掉转马头。［47］黧眉䯄：马名。䯄（guā），黑嘴的黄马。［48］苌（cháng）：即姚苌，字景茂，姚襄之弟，后秦开国国主。传见《晋书》卷一百十五。［49］弋仲：即姚弋仲，姚襄、姚苌之父。传见《晋书》卷一百十六。柩（jiù）：装有尸体的棺材。人死，在床曰“尸”，在棺曰“柩”。［50］孤磐：地名，在今甘肃甘谷县新兴镇。［51］广平王：三字原无，据章校补。［52］不之赏：即“不赏之”，不进行封赏。［53］数众辱黄眉：多次当众侮辱苻黄眉。众，当众。［54］伏诛：受死刑。

戊寅[1]，燕主俊遣抚军将军垂、中军将军虔、护军将军平熙帅步骑八万攻敕勒于塞北[2]，大破之，俘斩十余万，获马十三万匹，牛羊亿万头。

匈奴单于贺赖头[3]帅部落三万五千口降燕，燕人处之代郡平舒城[4]。

秦主生梦大鱼食蒲[5]，又长安谣曰：“东海大鱼化为龙，男皆为王女为公。”生乃诛太师、录尚书事、广宁公鱼遵并其七子、十孙。金紫光禄大夫牛夷[6]惧祸，求为荆州[7]，生不许，以为中军将军，引见，调[8]之曰：“牛性迟重[9]，善持辕轭[10]；虽无骥足[11]，动负百石[12]。”夷曰：“虽服[13]大车，未经峻壁[14]，愿试重载[15]，乃知勋绩[16]。”生笑曰：

"何其快也[17]，公嫌所载轻[18]乎？朕将以鱼公爵位处公[19]。"夷惧，归而自杀。

生饮酒无昼夜，或连月不出。奏事不省[20]，往往寝落[21]，或醉中决事，左右因以为奸，赏罚无准。或至申酉乃出视朝[22]，乘醉多所杀戮[23]。自以眇目[24]，讳言"残、缺、偏、只、少、无、不具"之类，误犯而死者，不可胜数。好生剥牛、羊、驴、马，焊[25]鸡、豚、鹅、鸭，纵之殿前，数十为群，或剥人面皮，使之歌舞，临观以为乐。尝问左右曰："自吾临天下，汝外间何所闻？"或对曰："圣明宰世[26]，赏罚明当，天下唯歌太平。"怒曰："汝媚我也[27]！"引[28]而斩之。他日又问，或对曰："陛下刑罚微过[29]。"又怒曰："汝谤我也[30]！"亦斩之。勋旧亲戚[31]，诛之殆[32]尽，群臣得保一日，如度十年。

东海王坚，素有时誉[33]，与故姚襄参军薛赞、权翼[34]善。赞、翼密[35]说坚曰："主上猜忍[36]暴虐，中外离心，方今宜主秦祀[37]者，非殿下而谁[38]！愿早为计，勿使他姓得之！"坚以问尚书吕婆楼[39]，婆楼曰："仆，刀镮上人[40]耳，不足以办大事。仆里舍有王猛[41]，其人谋略不世出[42]，殿下宜请而咨之[43]。"坚因婆楼以招猛，一见如旧友，语及时事，坚大悦，自谓如刘玄德之遇诸葛孔明[44]也。

六月，太史令康权[45]言于秦主生曰："昨夜三月并出，孛星入太微[46]，连东井[47]，自去月上旬，沈阴不雨[48]，以至于今，将有下人谋上[49]之祸。"生怒，以为妖言，扑杀[50]之。

（以上为第九段，写前秦主苻生作恶多端，暴虐无道，将勋旧亲戚杀害殆尽，上下怨声载道，自绝于天下；东海王苻坚暗地里积蓄力量，伺机而动，欲取而代之。）

【注释】

[1]戊寅：五月十九日。 [2]敕勒：我国古代的北方民族名，又称赤勒、高车、狄历、铁勒、丁零，最早生活在贝加尔湖附近，其先臣服于匈奴，其习多乘高车，故北魏时也称为高车部。塞北：指古长城以北，包括今甘肃、宁夏以及内蒙古的北部地区等。 [3]贺赖头：匈奴单于，前燕元玺六年（357），率三万五千人投降前燕主慕容儁，任为宁西将军、云中郡公，安置在代郡平舒城。后来，贺赖氏与拓跋鲜卑融合，即是南北朝时的贺兰氏。 [4]代郡：郡名，郡治在今河北

蔚县代王城。平舒城：城名，即汉代平舒县县治，在今山西大同市平城村。［5］蒲：植物名，又名甘蒲、香蒲。苻氏，本姓蒲。［6］牛夷：人名，前秦安集将军、金紫光禄大夫。［7］求为荆州：请求出京城去任地方官，当荆州刺史。前秦政权的荆州州治丰阳，在今陕西山阳县。［8］调（tiáo）：调笑，开玩笑。［9］迟重：迟缓，笨拙。［10］善持辕轭：意即善于拉车。持，负带。辕，车辕。轭（è），套牛拉车用于其项的部件。［11］无骥足：没有骏马跑得那样快。骥（jì），好马。［12］动负百石：很容易地就能拉动重百石的车。动，动不动地，以言其容易。石（dàn），容量单位，十斗等于一石。［13］虽服：虽然能拉动。［14］未经峻壁：没有拉车行过险路。峻壁，峭壁，高耸陡峭的山崖。［15］重载：更艰难的任务，指出任荆州刺史，与东晋王朝的桓温一较高低。［16］乃知勋绩：到那时才能看出我所能建立的功勋。［17］何其快也：你这头笨重的牛怎么突然变得快速起来了。［18］所载轻：拉的东西少，意即嫌官小。［19］处公：任用你，让你担任。［20］奏事不省：群臣上的奏章不看。省（xǐng），阅，批示。［21］往往寝落：经常如石沉大海。寝落，被搁置，没有回音。［22］申酉：相当于现在的下午三时至七时。申，十五时至十七时。酉，十七时至十九时。乃出视朝：才出来看大臣们一眼。视朝，临朝，出见群臣。［23］杀戮：杀害，屠杀。［24］眇（miǎo）目：瞎了一只眼睛。［25］焊：用热水脱毛。［26］圣明宰世：圣明的天子主宰天下。［27］汝媚我也：你是在讨好我。［28］引：拖，拉出去。［29］微过：稍微过头一点。［30］汝谤我也：你是在诽谤我。［31］勋旧：有功绩的旧臣。亲戚：宗亲，外戚。［32］殆：几乎，差不多。［33］素有时誉：一向受到当时人们的赞扬。［34］薛赞、权翼：两人为前秦苻坚心腹大臣。薛赞，参与苻坚发动的云龙门之变，任中书侍郎。权翼，官至司隶校尉、侍中、尚书右仆射，封安丘郡公。是唐朝宰相权德舆先祖。［35］密：私下里，暗地里。［36］猜忍：猜忌，残忍。［37］宜主秦祀：意即适合在秦国做皇帝，因为只有皇帝才能主持对天地宗庙的祭祀。［38］非殿下而谁：如果不是您，其他还能有谁？意即苻坚是唯一合适的人选。［39］吕婆楼：略阳（今甘肃天水市）人，氐族。前秦名臣，后凉政权建立者吕光之父，官至司隶校尉、尚书、太尉，辅助苻坚发动云龙门之变，杀暴君苻生夺位。又向苻坚推荐王猛，邀其出山协助前秦。在王猛辅佐下，平定前燕、李俨、五公之乱。追尊为景昭王。传见《晋书》卷一百二十二。［40］刀镮上人：魏、晋期间常以刀环击杀人，吕婆楼这里是说自己随时可能被苻生所杀。或曰，刀是以刀锋为用，而环是无用之物，以比喻自己的无能。镮，同“环”。［41］里舍：住在同一里巷，也就是邻居。王猛：字景略，北海剧县（今山东寿光市）人，前秦名臣，为苻坚谋主，人称“功盖诸葛第一人”。传见《晋书》卷一百一十四。［42］不世出：人世不常出现的人物。［43］请而咨之：请向他询问。而，结构助词，无义。［44］刘玄德之遇诸葛孔明：就好像是刘备遇到了诸葛亮，兴起了蜀汉事业。苻坚以王猛喻蜀之诸葛亮。［45］康权：前秦官员，时为太史令。［46］孛星入太微：流星出现在太微垣附近。孛（bèi），火光四射的样子。太微，在北斗之南，轸宿和翼宿之北，有星十颗。古人认为这是天子之星。流星入太微，不利于天子。［47］连东井：流星与东井相连。东井是秦地的分星，与流星相连，意味着将不利于秦国。

[48]沈阴不雨：黑云密布，阴沉沉的，但就是不下雨。沈，同“沉”。［49］谋上：谋害君王。上，谓天子。［50］扑杀：摔死，击杀，古代把犯人从高处掷到地上处死的刑罚。

特进、领御史中丞梁平老等谓坚曰：“主上失德，上下嗷嗷[1]，人怀异志，燕、晋二方，伺隙而动，恐祸发[2]之日，家国俱亡。此殿下之事[3]也，宜早图之！”坚心然之，畏生趫勇[4]，未敢发。

生夜对侍婢言曰：“阿法兄弟[5]亦不可信，明[6]当除之。”婢以告坚及坚兄清河王法。法与梁平老及特进、光禄大夫强汪帅壮士数百潜入云龙门[7]，坚与吕婆楼帅麾下三百人鼓噪继进，宿卫将士皆舍仗归坚[8]。生犹醉寐[9]，坚兵至，生惊问左右曰：“此辈何人？”左右曰：“贼也！”生曰：“何不拜之！”坚兵皆笑。生又大言：“何不速拜，不拜者斩之！”坚兵引生置别室，废为越王，寻杀之，谥曰“厉王”[10]。

坚以位让法，法曰：“汝嫡嗣[11]，且贤，宜立。”坚曰：“兄年长，宜立。”坚母苟氏[12]泣谓群臣曰：“社稷事重，小儿[13]自知不能，他日有悔[14]，失在诸君[15]。”群臣皆顿首[16]请立坚。

坚乃去皇帝之号，称大秦天王，即位于太极殿，诛生幸臣[17]中书监董荣、左仆射赵韶等二十余人。大赦，改元永兴[18]。追尊父雄为文桓皇帝[19]，母苟氏为皇太后，妃苟氏为皇后，世子宏[20]为皇太子，以清河王法为都督中外诸军事、丞相、录尚书事、东海公，诸王皆降爵为公。以从祖右光禄大夫、永安公侯[21]为太尉，晋公柳为车骑大将军、尚书令。封弟融为阳平公，双为河南公，子丕为长乐公，晖为平原公，熙为广平公，睿为巨鹿公[22]。以汉阳李威[23]为左仆射，梁平老为右仆射，强汪为领军将军，吕婆楼为司隶校尉，王猛为中书侍郎。

融好文学，明辨过人[24]，耳闻则诵[25]，过目不忘，力敌百夫，善骑射击刺，少有令誉[26]，坚爱重之，常与共议国事。融经综内外[27]，刑政修明，荐才扬滞[28]，补益弘多[29]。丕亦有文武才干，治民断狱，皆亚于融[30]。

威[31]，苟太后之姑子也，素与魏王雄友善，生屡欲杀坚，赖威营救得免。威得幸[32]于苟太后，坚事之如父。威知王猛之贤，常劝坚以国事任之。坚谓猛曰："李公知君，犹鲍叔牙之知管仲也[33]。"猛以兄事之。

（以上为第十段，写东海王苻坚起兵潜入云龙门，废除并杀掉前秦主苻生，与庶兄苻法谦让一番，即位自称大秦天王，去帝号，改元永兴，诸王全部降为公。）

【注释】

[1]嗷（áo）嗷：众声嘈杂，形容人们的怨愤情绪。[2]祸发：指背叛，造反。[3]此殿下之事：这是殿下你应该关心、注意的事情，意思是劝他及早动手。[4]趫（qiáo）勇：轻捷，勇猛。[5]阿法兄弟：指清河王苻法，与其弟苻坚。苻法、苻坚，都是苻雄之子，苻生的堂兄弟。[6]明：天亮之后。[7]强汪：十六国时氐族人，前秦领军将军、特进、光禄大夫，《晋书》称其有王佐之才。云龙门：长安皇宫的正南门。[8]舍仗归坚：放下兵器，投降苻坚。[9]犹醉寐：还醉醺醺地睡觉。[10]谥曰"厉王"：《谥法解》曰："杀戮无辜曰'厉'。"[11]嫡嗣：嫡子。苻坚之母苟氏是苻雄的正妻，故称之。[12]苟氏：即苟太后，前秦国丞相、东海王苻洪第四子、丞相苻雄的王妃，苻坚、苻融、苻双的生母，被前秦天王苻坚尊为皇太后。[13]小儿：指其子苻坚。[14]他日有悔：日后如有办事不当。悔，过错。[15]失在诸君：这错立君主的责任应当由诸位来负责。苻坚之母大有见识，在此紧要时刻为其子帮了大忙。[16]顿首：即磕头，为跪拜礼之一，以头叩地即举而不停留，为正礼。[17]幸（xìng）臣：宠臣，奸臣。[18]永兴：前秦宣昭帝苻坚的第一个年号。[19]文桓皇帝：《谥法解》曰："经纬天地曰'文'；道德博闻曰'文'；慈惠爱民曰'文'。""辟土服远曰'桓'；辟土兼国曰'桓'。"[20]宏：即苻宏，苻坚即天王位，一岁的苻宏被封为太子。前秦于淝水之战大败，苻宏带领家人投奔东晋，被安置在江州（今江西九江市），官至辅国将军。后为篡位称帝的桓玄所重用，为梁州刺史，并为前锋，被杀。[21]侯：即苻侯，前秦创始人苻洪之弟，苻坚从祖，永安威公，任右光禄大夫、太尉。[22]"封弟融为阳平公"等六句：谓苻坚封两弟及四子为公爵。弟苻融，封为阳平公；弟苻双，封河南公，后改封赵公。苻丕、苻晖、苻熙、苻睿，苻坚四子；苻丕封长乐公，苻晖封平原公，苻熙封广平公，苻睿封巨鹿公。苻丕后为前秦第四位国主。[23]李威：前秦名将，也是前秦苟太后的情夫。苻坚即位，拜为卫将军、尚书左仆射。传见《晋书》卷一百十三。[24]明辨过人：观察识别的能力比一般人都要强。[25]耳闻则诵：耳朵听一遍就能念出来。诵，背诵。[26]令誉：美好的名声。[27]经综内外：管理朝内朝外的各种事务。经综，综理，总揽。[28]扬滞：提拔被埋没的人才。[29]弘多：很多。弘，大。[30]亚于融：比不上苻融。亚，次，仅次一等。[31]威：即李威。[32]幸：宠幸，私通的婉转说法。《玉篇》曰："幸，御所亲爱也。"[33]"李公知君"二句：李威了解王猛，就像鲍叔牙了解管仲一样。鲍叔牙，春秋时齐国大夫，他荐管仲辅齐桓公称霸，知名后世。此喻李威为鲍叔牙，王猛为管仲。

燕主俊杀段龛，坑其徒三千余人。

秋，七月，秦大将军、冀州牧张平遣使请降[1]，拜并州刺史。

八月，丁未[2]，立皇后何氏。后，故散骑侍郎庐江何准[3]之女也。礼如咸康而不贺[4]。

秦王坚以权翼为给事黄门侍郎[5]，薛赞为中书侍郎，与王猛并掌机密。九月，追复太师鱼遵等官，以礼改葬，子孙存者皆随才擢叙[6]。

张平据新兴、雁门、西河、太原、上党、上郡[7]之地，壁垒[8]三百余，夷、夏十余万户，拜置征镇[9]，欲与燕、秦为敌国[10]。冬，十月，平寇略[11]秦境，秦王坚以晋公柳都督并、冀州诸军事，加并州牧，镇蒲阪[12]以御之。

十一月，癸酉[13]，燕主俊自蓟徙都邺。

秦太后苟氏游宣明台[14]，见东海公法之第门车马辐凑[15]，恐终不利于秦王坚，乃与李威谋，赐法死。坚与法诀于东堂[16]，恸哭欧血[17]，谥曰"献哀公"，封其子阳为东海公[18]，敷为清河公[19]。

十二月，乙巳[20]，燕主俊入邺宫，大赦。复作铜雀台[21]。

以太常王彪之为左仆射。

秦王坚行至尚书[22]，以文案不治[23]，免左丞程卓官[24]，以王猛代之。坚举异材[25]，修废职[26]，课农桑[27]，恤困穷[28]，礼百神，立学校，旌节义[29]，继绝世[30]，秦民大悦。

（以上为第十一段，写前燕主慕容俊杀掉段龛，由蓟城迁都到邺城；前秦大将军张平投降东晋，任为并州刺史；太后苟氏见权臣苻法势力强盛，怕对苻坚不利，赐死。）

【注释】

[1]张平遣使请降：张平原为后赵的并州刺史，投降前燕，为并州刺史；永和七年（351）投降前秦，为大将军、冀州牧，今又来东晋请降，为并州刺史。[2]丁未：八月十九日。[3]何准：字幼道，庐江人，晋成帝时宰相何充之弟，其女法倪为穆章何皇后。准有高名，终身不仕。家居奉佛，修营塔庙，不及人事。传见《晋书》卷九十三。[4]礼如咸康：迎娶何氏为皇后之礼，与咸康二年（336）晋成帝迎娶杜皇后的礼节一样，都是具备六礼，即纳采、问名、纳吉、纳征、请期、亲迎六项。不贺：成帝娶杜皇后时除备"六礼"外，还接受百官的朝贺，这次穆帝娶何皇后，免去了这一项，以示谦谨。[5]给事黄门侍郎：官名，皇帝的贴身近臣，负责为之起草文件、诏令等

事。［6］随才擢叙：根据才能授予适当的官职。擢（zhuó），拔。叙，任用。［7］新兴、雁门、西河、太原、上党、上郡：都是在今山西和与之相近的陕西境内的郡名。新兴，郡治在今山西忻州市；雁门，郡治在今山西代县；西河，郡治在今山西吕梁市离石区；太原，郡治晋阳，在今山西太原市西南；上党，郡治潞县，在今山西长治市东北；上郡，郡治在今陕西榆林市南。［8］壁垒：营垒，军事据点。时遭乱离，豪族自相保聚所筑。［9］拜置征镇：设置并任命"四征""四镇"等高级武官。［10］为敌国：为同等地位的国家。敌，势均力敌，地位相等。［11］寇略：进攻，侵犯。略，占地。［12］蒲阪（bǎn）：城名，在今山西永济市西的黄河边上。［13］癸酉：十一月十七日。［14］宣明台：古台名，在长安城。［15］第门：宅门，家门。车马辐凑：到东海公苻法府第的宾客车马之多，有如车轮辐条集中于轴心。辐凑，也作"辐辏"。［16］诀（jué）：指无会期的离别，死别。东堂：正殿东厢的厅堂。［17］恸（tòng）哭：大声号哭。欧血：吐血。欧，通"呕"，呕吐。［18］阳：即苻阳，献哀公苻法之子，官拜大司农、东海公。后与前秦已故丞相王猛的儿子王皮背叛前秦，苻坚不忍让兄长苻法绝后，并未诛杀苻阳，将其徙于高昌郡。后被鄯善王所杀。［19］敷：即苻敷，苻法之子，封清河公。［20］乙巳：十二月十九日。［21］复作铜雀台：铜雀台，在今河北临漳县西南，原是三国时曹操所建，至石虎时大力增修，毁于兵乱，今又重修，恢复原来模样。［22］尚书：此指尚书台，尚书省的治事衙门。［23］文案不治：各种文书案卷混乱而不齐全。不治，掌管处理得不好。［24］左丞：即尚书左丞，与尚书右丞分管尚书省所辖各个部门的事务。程卓：前秦尚书左丞，因前秦主苻坚突击抽查，文案不治，被免官。［25］举异材：提拔有特殊才干的人。［26］修废职：重建或改革不干实事的政府部门。修，修治，整理。［27］课农桑：督促、检查发展农业。课，督促。［28］恤困穷：救济困穷无依的人。恤，抚恤。［29］旌：表彰、奖励。节义：节操与义行。［30］继绝世：恢复已灭绝的贤者的世祀。《论语·尧曰》："兴灭国，继绝世，举逸民，天下之民归心焉。"

二年（戊午，358年）

春，正月，司徒昱稽首归政[1]，帝不许。

初，冯鸯[2]既以上党来降，又附于张平，又自归于燕，既而复叛燕。二月，燕司徒上庸王评[3]讨之，不克。

秦王坚自将讨张平，以邓羌为前锋督护，帅骑五千，军于汾上[4]；平使养子蚝御之[5]。蚝多力趫捷[6]，能曳牛却走[7]；城无高下，皆可超越[8]。与羌相持旬余[9]，莫能相胜。三月，坚至铜壁[10]，平尽众[11]出战，蚝单马大呼，出入秦陈[12]者四、五。坚募人生致[13]之，鹰扬将军吕光[14]刺蚝，中之，邓羌擒蚝以献，平众大溃。平惧，请降。坚拜平右将军，以秏为虎贲中郎将[15]。秏，本姓弓，上党人也，坚宠待甚厚，常置左右。秦人称邓羌、张秏皆万人敌。光，婆楼之子也。坚徙张平部民三千余户于长安。

甲戌[16]，燕主俊遣领军将军慕舆根将兵助司徒评攻冯鸯。根欲急攻之，评曰："鸯壁坚，不如缓之。"根曰："不然。公至城下经月，未尝交锋。贼谓国家力止于此，遂相固结[17]，冀幸万一[18]。今根兵初至，形势方振[19]，贼众恐惧，皆有离心，计虑未定，从而攻之，无不克者。"遂急攻之。鸯与其党果相猜忌，鸯奔野王依吕护[20]，其众尽降。

夏，四月，秦王坚如雍[21]，祠五畤[22]，六月，如河东[23]，祠后土[24]。

秋，八月，豫州刺史谢奕卒[25]。奕，安之兄也。司徒昱[26]以建武将军桓云[27]代之。云，温之弟也。访[28]于仆射王彪之，彪之曰："云非不才，然温居上流[29]，已割[30]天下之半，其弟复处西藩[31]，兵权萃于一门[32]，非深根固蒂[33]之宜。人才非可豫量[34]，但当令不与殿下作异[35]者耳。"昱颔之[36]曰："君言是也。"壬申[37]，以吴兴太守谢万为西中郎将[38]，监司、豫、冀、并[39]四州诸军事，豫州刺史。

王羲之与桓温笺[40]曰："谢万才流经通[41]，使之处廊庙[42]，固是[43]后来之秀，今以之俯顺荒余[44]，近是违才易务[45]矣。"又遗[46]万书曰："以君迈往不屑之韵[47]，而俯同群碎[48]，诚难为意[49]也。然所谓通识[50]，正当随事行藏[51]耳。愿君每与士卒之下者同甘苦[52]，则尽善[53]矣。"万不能用。

徐、兖二州刺史荀羡有疾，以御史中丞郗昙[54]为羡军司[55]，昙，鉴之子也。

九月，庚辰[56]，秦王坚还长安[57]，以太尉侯守[58]尚书令。于是[59]，秦大旱，坚减膳彻乐[60]，命后妃以下悉去罗纨[61]，开山泽之利，公私共之[62]，息兵养民，旱不为灾[63]。

王猛日亲幸用事[64]，宗亲勋旧多疾之[65]，特进、姑臧侯樊世[66]，本氐豪，佐秦主健定关中，谓猛曰："吾辈耕之，君食之邪？"猛曰："非徒使君耕之，又将使君炊之[67]！"世大怒曰："要当[68]悬汝头于长安城门，不然，吾不处世[69]！”猛以白坚，坚曰：“必杀此老氐，然后百僚可肃[70]。”会世入言事，与猛争论于坚前，世欲起击猛，坚怒，斩之。于是，群臣见猛，皆屏息[71]。

（以上为第十二段，写前秦主苻坚出征攻打反叛的并州刺史张平，张平投降；东晋以谢万守边，才非所用；王猛被前秦重用，前秦老臣樊世反唇相讥，被杀，百官震肃。）

【注释】

[1]归政：归还权秉，即辞职。［2］冯鸯：十六国时上党人，原为前燕京兆太守，于永和十一年据安民城请降于东晋，周旋于前燕与东晋之间，反复无常之人。［3］上庸王评：即慕容皝之弟慕容评。［4］汾上：汾水之上。汾水自山西西北流来，经太原市、临汾市、侯马市，西折至河津市入黄河。［5］蚝（háo）：即张蚝，本姓弓，上党泫氏（今山西高平市）人，后赵将领张平养子，投降前秦后，先后平定五公之乱，攻灭前燕、代国，又参与淝水之战，是前秦名将。传见《晋书》卷一百十三。御：抵御，抵挡。［6］趫（qiáo）捷：矫健，敏捷。［7］曳（yè）牛却走：拉着牛尾，使牛倒退。曳，拖，向后拉。却，退行。［8］超越：攀登，跨越。［9］旬余：十几天。［10］铜壁：地名，据吴熙载《资治通鉴地理今释》：“铜壁，疑山西汾州府介休县石桐水之壁。”石桐水，又名绵水，又名洪山水，在今山西介休市东。［11］尽众：出动全部人马。［12］陈：同“阵”，战阵。［13］生致：生擒，活捉。［14］吕光：字世明，前秦太尉吕婆楼之子，后凉政权建立者。传见《晋书》卷一百二十二。［15］虎贲中郎将：统领虎贲禁兵，主宿卫，隶属光禄勋。［16］甲戌：三月二十日。［17］固结：牢固地团结。［18］冀幸万一：侥幸等待万一的可乘之机以破敌制胜。［19］形势方振：形势正好，指士气正盛。［20］野王：后赵始置郡，郡治在今河南沁阳市。吕护：北方割据军阀，一生多次往返投奔过后赵、冉魏、前燕、东晋政权。传见《晋书》卷一百七。［21］如：到，至。雍（yōng）：县名，县治在今陕西宝鸡市凤翔区南。［22］祠五畤（zhì）：到秦汉时代留传下来的五座祭祀上帝的高台举行祭祀大典。祠，祭祀。五畤，即鄜畤、吴阳上畤、吴阳下畤、畦畤、北畤。在当时的雍县城南。［23］河东：郡名，郡治在今山西夏县西北。［24］祠后土：祭祀后土之神。古时称地神或土神为后土，汉武帝立后土祠于河东郡汾阴县的脽丘，在今山西万荣县的荣河镇。［25］豫州：东晋时州治邾城，在今湖北黄冈市西北。谢奕（yì）：字无奕，太保谢安长兄、车骑将军谢玄和东晋才女谢道韫之父，东晋大臣。曾为桓温幕府司马，官至安西将军、豫州刺史。［26］司徒昱：司徒，三公之一，位同丞相。昱，司马昱。［27］桓云：字云子，宣城内史桓彝次子，桓温之弟，东晋大臣。传见《晋书》卷第七十四。［28］访：拜访，咨询。［29］上流：东晋都城建康的上游。当时桓温为荆州刺史，镇江陵，在建康的上游。［30］割：拥有。［31］西藩：在都城的西侧把持一个地区的军政大权。东晋时的豫州州治邾城，在今湖北黄冈市西北。因其地处建康的西方，故称之。［32］萃

于一门：集中到一个家族。萃，聚集，聚拢。［33］深根固蒂：以比喻巩固皇室的权力而言。蒂，花或瓜果跟枝茎相连的部分。［34］非可豫量：不好对他们的未来做出估计。豫，同“预”，预先，事先。［35］作异：作对，唱反调。［36］颔之：点头同意。颔，下巴，这里用如动词，即点头。［37］壬申：八月二十一日。［38］吴兴：郡治在今江苏苏州市。谢万：字万石，太保谢安之弟，东晋大臣、名士。传见《晋书》卷七十九。西中郎将：官名，东汉献帝时所置四中郎将之一，率师征伐。魏、晋沿置，镇守西部地区。［39］司、豫、冀、并：四州名，东晋时皆为侨郡，州治并非原来的治所。［40］笺：文体之名，此指信笺。［41］才流经通：谓其才具在同辈中卓异，可以经邦济世。才流，犹言才智横溢。［42］处廊庙：意即在朝廷做官。廊，大殿四周的走廊。庙，太庙。这些都是古代帝王和大臣议论政事的地方。［43］固是：的确是。固，本来。［44］俯顺荒余：意即让他去管理一个兵荒马乱、动荡不定的地区。俯顺，俯就，安抚。俯，意思同“抚”。顺，安抚，使顺从。荒余，边郡兵民，都属兵荒的残余，故称荒余。［45］近是违才易务：差不多可以说既是朝廷用非其才，也是让谢万去干其所不能胜任的事情。违才，指非谢万之才而用之。易务，指谢万可以处朝廷，而今使之处边鄙，从事其不能胜任的工作。务，事务。［46］遗（wèi）：赠予，送给。［47］以君迈往不屑之韵：就凭你这种率性而为、不拘小节的风度。迈往，率意而为，不瞻前顾后。不屑，不拘细节。韵，风度，气派。［48］俯同群碎：勉强地去做那些具体而琐碎的事情。俯，勉强，勉为其难。群碎，指军中的诸多琐细军务。［49］诚难为意：实在不是你可以应付得了的。难为意，难以想象，不可思议。意，心思。［50］所谓通识：一般人对世事的看法与处理事务的态度。通识，通达的见识。［51］随事行藏：在什么位置就说什么话、做什么事。《论语·述而》有所谓“用之则行，舍之则藏，唯我与尔有是夫！”谓出仕为官即实行所学之道，否则便退隐藏道以待时机。后用“行藏”指出世或退隐。［52］每与：多与。每，经常，常常。士卒之下者：最下等的士兵。同甘苦：即同甘共苦。［53］尽善：最好不过。［54］郗（xī）昙（tán）：字重熙，东晋太尉郗鉴之子，时为御史中丞。［55］羡：原本无，据章校加。军司：意同“军师”，协助主官总理军中事务的官员。［56］庚辰：记载有误，九月朔壬午，无庚辰日。庚辰应是八月二十九日。［57］秦王坚还长安：前秦国主苻坚从征讨张平的前线汾上回到都城长安。［58］守：兼任，暂任。［59］于是：这时。［60］减膳（shàn）彻乐：古代帝王遇天灾或天象变异时，常以减膳、撤乐等表示自责。减膳，指素食或降低伙食标准。彻乐，停止声色之乐。彻，同“撤”，撤去。［61］罗纨（wán）：泛指精美的丝织品。［62］公私共之：国家与百姓私人都可以开采。共，共同分享。［63］旱不为灾：虽然天旱，但没有造成灾害。［64］日：日益，更加。亲幸：受到宠幸。用事：执政，当权。［65］宗亲：指同宗的亲属。勋旧：有功勋的旧臣。疾：同“嫉”，嫉妒，妒忌。［66］特进：汉制，凡诸侯功德优胜为朝廷所敬重者，得封此官，位在三公之下，通常为闲散职务。后世多沿置，为本职外的加官。樊世：氐族，前秦豪帅、特进。跟随苻洪、苻健入关中，有大功，封姑臧侯。性格狂傲不羁，非常藐视王猛等人，数与之争论，欲当庭殴打，苻坚大怒，将其斩首。［67］又将使君炊之：还要让你给我做熟了。[68]要当：一定要。[69]吾不处世：我就不在这个世上活着。[70]百僚可肃：其他文武百官才能安定。肃，整肃，整顿。[71]屏息：憋住气，不敢大声呼吸。

赵之亡也，其将张平、李历、高昌[1]皆遣使降燕，已而降晋，又降秦，各受爵位，欲中立以自固。燕主俊使司徒评讨张平于并州，司空阳骛讨高昌于东燕[2]，乐安王臧[3]讨李历于濮[4]。阳骛攻昌别将于黎阳[5]，不拔。历奔荥阳[6]，其众皆降。并州壁垒[7]百余降于燕，俊以右仆射悦绾[8]为并州刺史以抚之。平所署征西将军诸葛骧[9]等帅壁垒百三十八降于燕，俊皆复其官爵[10]。平帅众三千奔平阳[11]，复请降于燕。

冬，十月，泰山太守诸葛攸攻燕东郡[12]，入武阳[13]，燕主俊遣大司马恪统阳骛及乐安王臧之兵以击之。攸败走，还泰山，恪遂渡河，略地河南[14]，分置守宰[15]。

燕主俊欲经营秦、晋[16]，十二月，令州郡校实见丁[17]，户留一丁，余悉发为兵，欲使步卒满一百五十万，期[18]来春大集洛阳。武邑刘贵上书[19]，极陈[20]"百姓凋弊[21]，发兵非法[22]，必致土崩之变[23]。"俊善之，乃更令三五发兵[24]，宽其期日，以来冬[25]集邺。

时燕调发繁数[26]，官司[27]各遣使者，道路旁午[28]，郡县苦之。太尉、领[29]中书监封奕请："自今非军期严急[30]，不得遣使，自余赋发皆责成州郡[31]，其群司所遣弹督[32]在外者，一切摄还[33]。"俊从之。

燕泰山太守贾坚屯山茌[34]，荀羡引兵击之；坚所将才七百余人，羡兵十倍于坚。坚将出战，诸将皆曰："众少，不如固守。"坚曰："固守亦不能免，不如战也。"遂出战，身先士卒，杀羡兵千余人，复还入城。羡进攻之，坚叹曰："吾自结发[35]，志立功名，而每值穷厄[36]，岂非命乎！与其屈辱而生，不若守节而死。"乃谓将士曰："今危困，计无所设，卿等可去，吾将止死[37]。"将士皆泣曰："府君[38]不出，众亦俱死耳。"乃扶坚上马，坚曰："我如欲逃，必不相遣[39]。今当为卿曹[40]决斗。若势不能支，卿等可趣去[41]，勿复顾我也！"乃开门直出。羡兵四集，坚立马桥上，左右射之，皆应弦而倒。羡兵众多，从堑下斫桥[42]，坚人马俱陷，生擒之，遂拔山茌。羡谓坚曰："君父、祖世为晋臣，奈何背本不降？"坚曰："晋自弃中华[43]，非吾叛也。民既无主，强则托命[44]。既已事人，安可改节！吾束脩自立[45]，涉赵历燕[46]，未尝易志，君何匆匆相谓降乎[47]！"羡复责之，坚怒曰："竖子[48]，儿女御乃公[49]！"羡怒，执置雨中，数日，坚愤惋[50]而卒。

燕青州刺史慕容尘遣司马悦明救泰山[51]，羡兵大败，燕复取山茌。燕主俊以贾坚子活为任城太守[52]。

荀羡疾笃[53]，征还，以郗昙为北中郎将，都督徐、兖、青、冀、幽五州诸军事，徐、兖二州刺史，镇下邳。

燕吴王垂[54]娶段末柸[55]女，生子令[56]、宝[57]。段氏才高性烈，自以贵姓[58]，不尊事可足浑后[59]，可足浑氏衔之[60]。燕主俊素不快于垂，中常侍涅皓[61]，因希旨[62]告段氏及吴国典书令辽东高弼[63]为巫蛊[64]，欲以连污垂[65]，俊收段氏及弼下大长秋、廷尉考验[66]，段氏及弼志气确然[67]，终无挠辞[68]。掠治日急[69]，垂愍[70]之，私使人谓段氏曰："人生会当[71]一死，何堪楚毒如此[72]！不若引服[73]。"段氏叹曰："吾岂爱[74]死者耶！若自诬以恶逆[75]，上辱祖宗，下累于王[76]，固不为也！"辩答益明[77]，故垂得免祸，而段氏竟死于狱中。出垂为平州[78]刺史，镇辽东[79]。垂以段氏女弟为继室[80]；可足浑氏黜[81]之，以其妹长安君妻[82]垂；垂不悦，由是益恶之。

匈奴刘阏头[83]部落多叛，惧而东走，乘冰渡河，半渡而冰解，后众悉归刘悉勿祈[84]，阏头奔代。悉勿祈，务桓之子也。

（以上为第十三段，写前燕主慕容俊出兵攻打反叛的张平、李历、高昌，尽数攻下，又欲图谋前秦、东晋，大肆征兵；东晋将领荀羡攻打前燕泰山太守贾坚，坚兵少力战而死。慕容俊欲陷害慕容垂，拷掠其妻段氏，欲以连污垂，段氏宁死不屈，垂得以免祸，娶段氏女弟为妻以报之。）

【注释】

[1]李历、高昌：两人原为后赵将领，后赵灭亡后，投降前燕，后又投降东晋，今再投降前秦。[2]东燕：郡名，郡治南燕县，在今河南延津县东北。[3]乐安王臧：即慕容臧，慕容俊庶长子，慕容暐兄长，封乐安王。前秦来攻前燕，慕容臧受命率军援救金墉，在石门击破秦

军，进屯荥阳，被秦国大将梁成击败，退回。后邺城被秦军攻下，他和慕容暐投奔龙城，前燕灭亡。［4］濮（pú）：郡国名，郡治濮阳，在今河南范县濮城镇东。［5］黎阳：县名，县治在今河南浚县东北。［6］荥阳：晋县名，县治在今河南荥阳市东北的古荥镇。［7］壁垒：营垒，城堡。［8］悦绾（wǎn）：本姓悦力氏，昌黎人，鲜卑族，前燕贤臣、名将，历仕慕容皝、慕容儁、慕容暐三朝。传见《晋书》卷一百十一。［9］诸葛骧：后赵旧将张平任为征西将军，后投降前燕。［10］复其官爵：恢复其原来的封号与职务，即原任何职，归燕后仍任其职。［11］平阳：郡名，郡治平阳，在今山西临汾市西南部。［12］泰山：郡名，郡治在今山东泰安市东南。诸葛攸：东晋官员，时任泰山太守。［13］武阳：县名，县治在今山东莘县朝城镇西。［14］河南：即黄河以南。［15］守宰：指地方长官，即郡守、县令。［16］经营秦、晋：谋划攻打前秦、东晋。［17］校实见丁：统计、核实成年男子的数目。校，核查。见，同“现”，现有。［18］期：约定时间，定好时间。［19］武邑：郡国名，郡治武邑，在今河北武强县旧城村。刘贵：前燕官员，敢于直言。［20］极陈：极力陈诉。［21］凋弊：衰败，困苦。［22］发兵非法：认为“户留一丁，余悉发为兵”的规定不合古法。［23］土崩之变：指农民起义。汉代徐乐给汉武帝上书，称吴楚七国之乱为“瓦解”，称陈涉、吴广起义为“土崩”，认为“瓦解”危害不会太大，而“土崩”之害最为致命。［24］三五发兵：即三丁抽二，五丁抽三。［25］来冬：明年冬天。［26］调发：征集、调用人力、物资。繁数：频繁，次数多而密。［27］官司：朝廷的各个职能部门、各个办事衙门。［28］道路旁午：在道路上你来我往，纵横交错。旁午，相互穿插、碰撞的样子，以形容来往的使者之多。［29］领：兼任。［30］军期：军事方面约定的限期。严急：严厉，急迫。［31］自余赋发：军事动员以外的其他征调。自余，其余。赋，指敛取钱财。发，指征调人力。责成州郡：交给州郡地方长官去办。［32］群司：政府各部门。弹督：负责检查与督促的人员。弹，检查，弹劾。［33］摄还：收回，召回。［34］贾坚：字世固，勃海人，箭术精妙，受到慕容儁、慕容恪赏识，任为乐陵太守。后东晋攻陷泰山山茌县，俘虏贾坚，坚宁死不降，为前燕死义尽忠。山茌（chí）：县名，县治在今山东济南市长清区东北。［35］结发：束发。古代男子自成童开始束发，因以指初成年。［36］值：当，遇到。穷厄：困厄，灾难。［37］止死：留下战死，与城池共存亡。［38］府君：也称“使君”，两汉、魏、晋时对太守的敬称。［39］相遣：打发你们走。［40］卿曹：卿等，你们诸位。卿，敬称对方。曹，辈，类。［41］趣去：赶紧逃走。趣，同“促”，速。［42］堑（qiàn）：护城河。斫（zhuó）：砍，削。［43］自弃中华：自己扔掉了中原地区。［44］强则托命：把命运托付给力量强大的人。［45］束脩（xiū）自立：从入学读书，便有志于自立。束脩，十条肉干，老师的酬金。脩，干肉。古人入学求师必先奉赠束脩，故后人遂以“束脩”指入学读书。［46］涉赵历燕：贾坚原为后赵的殿中督，赵亡，回乡拥部曲自保。永和六年（350），被慕容评擒获，燕主慕容儁爱其才，以为乐陵太守。涉，经历。［47］君何匆匆相谓降乎：你为什么总是对我说“投降”这两个字呢？匆匆，一下子。［48］竖子：骂人语，犹谓“小子”“奴才”。［49］儿女御乃公：小子们竟想管老子的事。儿女，小孩子，小子们。御，管，驾驭。［50］愤惋：

悲愤、叹息。［51］司马：军事官员。悦明：前燕青州司马。［52］活：即贾活，贾坚之子。任城：郡名，郡治在今山东济宁市东南。［53］疾笃：病重。［54］垂：即前燕名将慕容垂。传见《晋书》卷一百二十三。［55］段末柸（bēi）：一作段末波，辽西鲜卑人，段部鲜卑首领。传见《魏书》卷一百三。［56］令：即慕容令，一作慕容全，慕容垂嫡长子，骁勇刚毅、多谋善断，随父投靠前秦天王苻坚。后回归前燕，被异母弟慕容麟告密，死在部下手中。慕容垂建立后燕，追赠献庄太子。慕容盛即位，追封献庄皇帝。［57］宝：即慕容宝，字道佑，小字库勾，慕容垂第四子，后燕第二位皇帝。传见《晋书》卷一百二十四。［58］以：以为，认为。贵姓：名门大姓。段氏与慕容氏均为鲜卑大族，两部对立又为抗衡之国，故自以为"贵姓"。［59］不尊事可足浑后：对慕容俊的王后可足浑氏不尊敬，不以礼相待。尊事，尊敬，侍奉。［60］衔之：对之怀恨在心。衔，怀恨。［61］涅皓：前燕中常侍。慕容俊时，曾诬告慕容垂妻段氏及典书令高弼为巫蛊。［62］希旨：迎合慕容俊的心思。［63］吴国典书令：吴王慕容垂属下的官员，当时在诸侯王国均置典书令、典祠令和学官令。典书令掌选拔和任免官吏。高弼：辽东（今辽宁辽阳市）人，前燕典书令、郎中令。被可足浑后诬告使用巫蛊邪术加祸于人，想以此株连慕容垂。前秦主慕容俊拘捕高弼，送交廷尉审问。高弼意志坚定，始终没有屈招。［64］巫蛊：一种祈求鬼神以加害于人的巫术。［65］欲以连污垂：想把罪名加到慕容垂头上。污，玷污。［66］收段氏及弼下大长秋、廷尉考验：把段妃与高弼交给大长秋与廷尉审问。收，收执，逮捕。下，交给。大长秋，主管皇后宫事务的官员。廷尉，主管全国刑狱的最高长官。考验，审问，验证。［67］志气确然：意志坚定，气度轩昂。［68］终无挠辞：始终没有一句认错、屈服的话。［69］掠治日急：严刑逼供越来越厉害。掠治，用棍棒打人以逼供。［70］愍（mǐn）：同"悯"，怜悯，同情。［71］会当：必有。［72］何堪楚毒如此：怎么能忍受如此残酷的折磨？楚毒，残酷，狠毒。本作"焚炙"，即古代炮烙之刑。这里泛指酷刑。［73］引服：认罪，服罪。［74］爱：吝惜。［75］自诬以恶逆：委屈地承认了这种大逆不道的罪名。恶逆，大逆不道。［76］下累于王：向下连累到你。累，牵连。［77］辩答益明：辩论、回答得越来越清楚。明，明确，清晰。［78］平州：州治在今辽宁辽阳市。［79］辽东：郡名，郡治在今辽宁辽阳市。［80］女弟：即妹妹。继室：续娶之妻，也称"续弦"。［81］黜（chù）：废免不要。［82］妻（qì）：嫁给。［83］刘阏头：一作刘阏陋头，本姓赫连氏，十六国时匈奴铁弗部首领，后夏景帝刘虎之子，后夏宣帝刘务桓之弟。刘务桓去世后，正式继立。背叛代国，为从子刘悉勿祈所逐，逃亡代郡，不知所终。［84］后众：因为河冰融解而没有渡河的后续部众。刘悉勿祈：刘阏头之侄。东晋升平二年（358），驱逐领导无方的前任首领刘阏头后，正式继位。

三年（己未，359 年）

春，二月，燕主俊立子泓为济北王[1]，冲为中山王[2]。

燕人杀段勤[3]，勤弟思来奔。

燕主俊宴群臣于蒲池[4]，语及周太子晋[5]，潸然流涕[6]曰："才子[7]难得。自景先[8]之亡，吾鬓发中白[9]。卿等谓景先何如？"司徒左长史李绩[10]对曰："献怀太子之在东宫[11]，臣为中庶子[12]，太子志业[13]，敢不知之[14]！太子大德有八：至孝，一也；聪敏，二也；沈毅[15]，三也；疾谀喜直[16]，四也；好学，五也；多艺，六也；谦恭，七也；好施[17]，八也。"俊曰："卿誉之虽过，然此儿在，吾死无忧矣。景茂[18]何如？"时太子晫侍侧，绩曰："皇太子天资岐嶷[19]，虽八德已闻，而二阙未补[20]，好游畋而乐丝竹[21]，此其所以损[22]也。"俊顾谓晫曰："伯阳[23]之言，药石之惠[24]也，汝宜诫之！"晫甚不平[25]。

俊梦赵王虎啮其臂[26]，乃发虎墓[27]，求尸不获[28]，购以百金[29]；邺女子李菟[30]知而告之，得尸于东明观[31]下，僵而不腐。俊蹋[32]而骂之曰："死胡[33]，何敢怖生天子[34]！"数[35]其残暴之罪而鞭之，投于漳水[36]，尸倚桥柱不流。及秦灭燕，王猛为之诛李菟，收而葬之。

秦平羌护军高离据略阳叛[37]，永安威公侯[38]讨之，未克而卒。夏，四月，骁骑将军邓羌、秦州刺史啖铁讨平之[39]。

匈奴刘悉勿祈卒，弟卫辰[40]杀其子而代之。

五月，秦王坚如河东[41]。六月，大赦，改元甘露[42]。

凉州牧张瓘，猜忌苛虐[43]，专以爱憎为赏罚。郎中殷郇[44]谏之。瓘曰："虎生三日，自能食肉，不须人教也。"由是人情不附。辅国将军宋混，性忠鲠[45]，瓘惮[46]之，欲杀混及弟澄，因废凉王玄靓而代之，征兵数万，集姑臧[47]。混知之，与澄帅壮士杨和等四十余骑奄入南城[48]，宣告诸营曰："张瓘谋逆，被太后令[49]诛之。"俄而[50]众至二千，瓘帅众出战，混击破之。瓘麾下玄胪[51]刺混，不能穿甲[52]，混擒之，瓘众悉降。瓘与弟琚皆自杀，混夷其宗族。

玄靓以混为使持节、都督中外诸军事、骠骑大将军、酒泉郡侯，代瓘辅政。混乃请玄靓去凉王之号，复称凉州牧。混谓玄胪曰："卿刺我，幸而不伤，今我辅政，卿其惧乎？"胪曰："胪受瓘恩，唯恨刺节下[53]不深耳，窃无所惧！"混义之，任为心膂[54]。

高昌[55]不能拒燕，秋，七月，自白马奔荥阳[56]。

（以上为第十四段，写前燕主慕容儁怀念已故太子慕容晔，司徒左长史李绩认为其有八德，得罪现太子慕容暐；凉州牧张瓘暴虐成性，欲废王自立，被宋混谋杀。）

【注释】

［1］泓：即慕容泓，前燕主慕容儁之子，初封济北王。前燕灭亡后，前秦任为长史。后建立西燕政权，年号燕兴，后被弑杀。传见《晋书》卷一百十四。［2］冲：即慕容冲，小字凤皇，前燕主慕容儁之子，初封中山王，后为西燕第二位国主。传见《晋书》卷一百十三。［3］段勤：段部鲜卑首领、辽西公段末柸之子。永和八年（352），与弟段思投降前燕。［4］蒲池：湖水名，在邺城。［5］语及周太子晋：慕容儁谈及东周灵王太子姬晋之事。按：姬晋，东周第十一位周王，即周灵王之太子，字子乔，称为太子晋、王子乔，有跨鹤吹箫的传说。聪慧，早死，弟姬贵立，是为景王。景王死，其子姬朝、姬匄争立，周朝遂乱。参见《左传》昭公二十二年。［6］潸（shān）然流涕：情不自禁地流下眼泪。［7］才子：有才干的儿子。［8］景先：即慕容晔，前燕主慕容儁的太子，字景先。［9］中白：犹半白。［10］李绩：字伯阳，李产之子，前燕官员，少以风节知名，清辩有辞理。弱冠为郡功曹，累迁太子中庶子。时为司徒长史，因评价故太子慕容晔，褒扬其有大德八，无形中得罪了太子慕容暐，后遭报复，忧郁而死。［11］献怀太子之在东宫：意即慕容晔为太子的时候。献怀太子，即慕容晔，死后谥献怀。在东宫，指为太子。东宫，是太子居住的地方。［12］中庶子：即太子中庶子，太子的属官，职如侍中，职比散骑常侍。［13］志业：其雄心大志与其未来可建的功业。［14］敢不知之：怎么会不知道呢？敢，岂敢，怎能。［15］沈毅：沉稳，刚毅。沈，同“沉”。［16］疾谀喜直：讨厌谄媚奉承，喜欢正直敢言。［17］好施：喜欢给予别人恩惠。［18］景茂：指现时的燕太子慕容暐，字景茂。［19］岐（qí）嶷（yí）：峻茂的样子，后多借以形容幼年聪慧。［20］二阙未补：还有两个缺点没有纠正。阙，同“缺”，缺点，错误。补，补正，纠正。按：李绩谓今太子慕容暐亦有前太子的八德，只是多了两个缺点。直言如此，可谓忠臣。［21］好游畋：喜欢打猎。畋（tián），畋猎，打猎。乐丝竹：喜欢音乐歌舞。丝，指弦乐器。竹，指管乐器。这里泛指音乐。［22］损：亏损，缺陷。［23］伯阳：即李绩。李绩，字伯阳。［24］药石之惠：像是给病人药物一般的恩惠。药石，都是治病所用，后人多用来比喻规诫、劝谏。药，方药。石，砭石。［25］不平：不满意，不服气。［26］赵王虎：即后赵武帝石虎。［27］发虎墓：挖开石虎的坟墓。发，发掘，开挖。［28］不获：不得。［29］购以百金：悬百金之赏以寻找石虎尸骨所在的消息。金，汉时的一金相当于铜钱一万枚。购，重赏收买。［30］李菟（tù）：人名。［31］东明观：台观名，在古邺城的城东。胡三省注曰：“洹水东北流径邺城南，又东分为二水，北径东明观下。”［32］蹋：同“踏”，用脚踩。［33］死胡：已死的胡人，犹言“死鬼”，骂人语。石虎本属羯族，当时人们常把羯族石勒、石虎的后赵，与匈奴人刘渊、刘曜的前赵，统称为“胡人”的政权。［34］怖生天子：吓唬活着的皇帝。怖，恐怖，吓唬。

[35]数（shǔ）：数落，责备。［36］漳水：水名，发源于山西境内，东流经当时邺城的西北侧，东北流入古清河。［37］高离：前秦将领，时为平羌护军，背叛前秦。略阳：郡名，郡治临渭县，在今甘肃天水市。［38］永安威公侯：即苻侯，封为永安公，谥号威。永安，郡治永安县，在今山西霍州市。［39］秦州：州治冀县，在今甘肃甘谷县东南。啖（dàn）铁：前秦将领，为上将军、秦州刺史。［40］卫辰：即刘卫辰，匈奴铁弗部首领，叔父刘悉勿祈去世后，刘卫辰杀其子，夺权继任。割据朔方，偷袭北魏道武帝拓跋珪，兵败逃亡，途中被杀。［41］如：到，至。河东：郡治蒲坂，在今山西永济市东南。［42］改元甘露：前秦主苻坚改年号永兴为甘露。［43］猜忌：猜疑，妒忌。苛虐：苛刻，暴虐。［44］殷郇（xún）：前凉郎中。曾劝谏凉州牧张瓘，瓘不听。［45］忠鲠（gěng）：忠贞，正直。［46］惮：畏惧，害怕。［47］姑臧：前凉都城，在今甘肃武威市。［48］杨和：前凉壮士。奄入南城：突然冲入张瓘等所据的姑臧城南城。奄，忽然，突然。［49］被太后令：接受了太后的命令。被，奉，接受。［50］俄而：顷刻之间，一会儿工夫。［51］玄胪（lú）：人名，前凉权臣张瓘属将。［52］不能穿甲：不能刺透铠甲。［53］节下：对将军的敬称，指持节将军跟前之人与跟前之地，与敬称人曰“殿下”“阁下”意思相同。节，指将军所持的旌节。［54］心膂：心腹、亲信。膂（lǚ），脊梁骨。［55］高昌：原是后赵主石虎的将领，赵亡后，据南燕城（今河南延津县东北）投降前燕，又投降东晋，后又投降前秦，各受爵位，欲中立以自固。［56］白马：县名，也是渡口名，在今河南滑县东北。荥阳：郡名，郡治荥阳县，在今河南荥阳市东北之古荥镇。

秦王坚自河东还，以骁骑将军邓羌为御史中丞。八月，以咸阳内史王猛为侍中、中书令，领[1]京兆尹。特进、光禄大夫强德[2]，太后之弟也，酗酒[3]，豪横，掠人财货[4]、子女，为百姓患。猛下车[5]收德，奏未及报[6]，已陈尸于市；坚驰使赦之，不及。与邓羌同志[7]，疾恶纠案[8]，无所顾忌，数旬之间，权豪、贵戚，杀戮、刑免[9]者二十余人，朝廷震栗[10]，奸猾屏气[11]，路不拾遗。坚叹曰：“吾始今知天下之有法也！”

泰山太守诸葛攸将水陆二万击燕，入自石门[12]，屯于河渚[13]。燕上庸王评、长乐太守傅颜[14]帅步骑五万与攸战于东阿[15]，攸兵大败。

冬，十月，诏谢万军下蔡[16]、郗昙军高平[17]以击燕。万矜豪傲物[18]，但以啸咏自高[19]，未尝抚众[20]。兄安深忧之，谓万曰：“汝为元帅，宜数接对诸将[21]以悦其心，岂有傲诞如此而能济事也[22]！”万乃召集诸将，一无所言，直以如意指四坐[23]，云：“诸将皆劲卒[24]。”诸将益恨之[25]。安虑万不免[26]，乃自队帅以下[27]，无不亲造[28]，厚相亲托[29]。既而万帅众入涡、颍[30]以援洛阳。郗昙以病退屯彭城[31]。万以为燕兵大盛[32]，故昙退，即引兵还，众遂惊溃[33]。万狼狈单归，军士欲因其败而图之[34]，以安故而止。既至，诏废万为庶人，降昙号建武将军[35]。于是，许昌、颍川、谯、沛[36]诸城相次皆没于燕[37]。

秦王坚以王猛为吏部尚书，寻迁太子詹事[38]，十一月，为左仆射，余官如故。

十二月，封武陵王晞子璲[39]为梁王。

大旱。

辛酉[40]，燕主俊寝疾[41]，谓大司马太原王恪曰："吾病必不济[42]。今二方未平[43]，景茂冲幼[44]，国家多难，吾欲效宋宣公[45]，以社稷属汝[46]，何如？"恪曰："太子虽幼，胜残致治[47]之主也。臣实何人，敢干正统[48]？"俊怒曰："兄弟之间，岂虚饰邪[49]！"恪曰："陛下若以臣能荷天下之任[50]者，岂不能辅少主乎！"俊喜曰："汝能为周公[51]，吾复何忧！李绩清方忠亮[52]，汝善遇之。"召吴王垂还邺。

秦王坚以王猛为辅国将军、司隶校尉，居中宿卫[53]，仆射、詹事、侍中、中书令、领选如故[54]。猛上疏辞让，因荐散骑常侍阳平公融，光禄散骑西河任群[55]，处士京兆朱彤自代[56]。坚不许，而以融为侍中、中书监、左仆射，任群为光禄大夫、领太子家令[57]，朱彤为尚书侍郎、领太子庶子[58]。猛时年三十六，岁中五迁[59]，权倾内外[60]，人有毁之者，坚辄[61]罪之。于是，群臣莫敢复言。以左仆射李威领护军[62]；右仆射梁平老为使持节、都督北垂[63]诸军事、镇北大将军，戍朔方[64]之西；丞相司马贾雍为云中护军[65]，戍云中之南。

燕所征郡国兵悉集邺城[66]。

（以上为第十五段，写前秦重臣王猛用非常手段斩除邪恶，纠正冤案，惩处权贵，无所顾忌，朝野震动，奸猾之辈屏声敛气，境内风清气正；王猛被重用，一岁五次升迁。）

【注释】

［1］领：兼任。［2］强德：前秦官员，为特进、光禄大夫，前秦主苻坚的太后之弟。［3］酗（xù）酒：饮酒无节制。［4］财货：财物，泛指动产。［5］下车：从车上下来，后指官吏初到任。语出《礼记·乐记》："武王克殷反商，未及下车而封黄帝之后于蓟。"［6］奏未及报：奏章上去，还没有等到苻坚的批复。报，指苻坚的答复。［7］同志：志同道合。［8］疾恶：憎恨坏人坏事。纠案：审查、处置。［9］杀戮、刑免：或遭杀戮，或被处罚免官。［10］震栗：震惊，恐惧。栗，战栗。［11］奸猾屏气：奸险狡猾的恶人，都吓得大气不敢出。屏，憋，强忍。［12］石门：地名，在今山东平阴县北。［13］河渚：黄河边上。渚（zhǔ），水边平地。［14］长乐：郡名，郡治信都，在今河北衡水市冀州区旧城。傅颜：前燕大将，历任右卫将军、护军将军、长乐太守。传见《晋书》卷一百十一。［15］东阿：县名，县治在今山东阳谷县东北阿城镇。［16］军：驻扎。下蔡：县名，县治在今安徽凤台县。［17］高平：郡治昌邑，在今山东巨野县南。［18］矜（jīn）豪傲物：骄矜狂放，傲视众人。［19］以啸咏自高：长啸吟咏，自命风流。啸，吹口哨。咏，吟咏诗文。自高，自负。［20］抚众：统领将士。抚，关心，管理。［21］宜数接对诸将：应该经常地接待部下，回答他们提出的种种问题。接对，接待，应对。［22］傲诞：骄傲，放诞。济事：办成事情，完成任务。［23］直以如意指四坐：只是用手中所拿的如意指着在座的将军们。如意，当时贵族、文人喜欢手持的一种表示"风雅"的器物，柄端作手指形，用以搔痒，可如人意，因此得名。古时持以指划，近代则供玩赏，多以玉为之。［24］诸将皆劲卒：你们都是精壮的兵士。［25］诸将益恨之：古时行伍出身的将领，多忌讳"卒""兵"等字眼。已经为将，又称之为"卒"，故越发痛恨。［26］虑万不免：担心谢万要落得个丧师辱国、身败名裂的下场。［27］自队帅以下：指上自副将，下至队帅的各个高级和下级军官。队帅，犹队主、队长。［28］亲造：亲自登门。［29］厚相亲托：深深地表达请他们多加关照、多多帮忙之情。亲托，亲自嘱托。［30］涡、颍：二水名。涡水从河南太康县一带流来，东行经安徽亳州市、涡阳县，在安徽怀远县入淮河。颍水从河南登封市一带流来，经周口市、项城市，再经安徽阜阳市，至颍上县入淮河。［31］彭城：郡名，郡治在今江苏徐州市。［32］大盛：太多。［33］惊溃：惊惶，溃散。［34］欲因其败而图之：想趁着失败而杀掉谢万。［35］降昙号建武将军：郗昙出征前，为北中郎将，都督徐、兖、青、幽、扬州之晋陵诸军事，领徐、兖二州刺史，假节，现仅为建武将军，由方镇大员降为杂号将军。［36］许昌、颍川、谯、沛：皆古郡名。许昌，郡治许昌，在今河南许昌市建安区张潘故城。颍川，郡治阳翟，在今河南禹州市。谯，郡治在今安徽亳州市。沛，郡治在今江苏沛县。［37］相次：依次。皆没于燕：都一个接一个地沦陷在前燕人的手里。［38］寻：不久。太子詹事：官名，掌太子宫的事务。太子庶子、家令等皆属詹事。［39］瑨（jīn）：即司马瑨，武陵王司马晞之子。司马翘无子，诏令嗣位司马翘。曾担任永安太仆。最终与亲父司马晞一同被桓温所废，迁往新安后不久死亡。［40］辛酉：十二月十七日。［41］寝疾：病重，卧床不起。［42］不济：不能痊愈。［43］二方未平：指南有东晋，西有前秦。［44］景茂：即太子慕容暐，

字景茂。冲幼：年幼。［45］效宋宣公：和宋宣公一样，把帝位传于弟。慕容俊如此考虑，实际上是在试探慕容恪。宋宣公，春秋时宋国第十三任国主，在位十九年。病重时，舍弃自己的儿子与夷，让位给弟弟公子和。公子和再三推让之后，才肯接受，继任君位，是为宋穆公。［46］以社稷属汝：把我们国家的政权交付给你。［47］胜残致治：战胜凶残，使天下获得太平。［48］敢干正统：怎敢破坏国家的正常统系。干，干扰，破坏。正统，正常的父子相传。［49］岂虚饰邪：怎么能讲客套？虚饰，虚情假意。［50］能荷天下之任：能担当起治理国家的重任。荷（hè），承当，担任。［51］为周公：像周公那样辅佐年幼的周成王管理天下。［52］清方忠亮：廉洁公正，忠诚无私。亮，真诚，坦荡。［53］居中宿卫：在宫中值夜，担任警卫。［54］领选如故：还像过去一样兼管官员任命方面的事。领，兼任。选，选拔、任命官员。［55］光禄散骑：以光禄大夫职务充当为散骑常侍。任群：前秦光禄散骑。［56］处士：未仕或不仕的士人。朱肜：人名，处士。自代：以上述三个人来分别代替自己的职务。［57］太子家令：官名，太子宫的管理官员。［58］尚书侍郎：尚书台的官员。尚书台置尚书令、仆射各一人，下属各曹设尚书、左右丞各一人，尚书郎六人。专掌文书诏令的起草，初任时称守尚书郎，满一年称尚书郎，至三年称侍郎。太子庶子：太子宫的管理官员，上属詹事，掌侍从规谏，职比散骑常侍、中书监令。［59］岁中五迁：一年之中五次提升职务。指王猛由尚书左丞迁咸阳内史；又迁侍中、中书令，领京兆尹；又迁吏部尚书；不久又迁太子詹事，为左仆射；今又迁辅国将军、司隶校尉。［60］权倾内外：权力压倒了朝内朝外的所有官员。［61］辄（zhé）：总是，就。［62］护军：护军将军的简称，为禁卫军中的高级将领，统领禁军，并主管武官的选任。［63］北垂：北部边疆。垂，同“陲”，边陲，边地。［64］朔方：郡名，郡治在今内蒙古乌拉特前旗。［65］丞相司马：官名，丞相属下主管武事的司马官。贾雍：前秦将领，为云中护军。云中护军：云中郡里主管军事的官员。云中郡治盛乐，在今内蒙古和林格尔县西北的土城子。［66］悉集邺城：全部聚集到邺城。去年开始征集，至今征集完毕。

【点评】

苻健立嗣。苻健是前秦立国的关键人物。其父苻洪好施舍，多机变，有谋略，勇猛威武，公元350年被人毒杀后，苻健继其位，统领部众，成功入关，定都长安；次年僭称天王，建立前秦，年号皇始；又次年在太极前殿即皇帝位，自立为帝。苻健屡次作战，谋勇俱备，征服了其他反抗前秦的关内势力，也打败了北伐晋军，稳定了关中等地。但令人不可思议的是，他选的皇帝差点儿把国家彻底葬送。

苻健当了皇帝后，立长子苻苌为太子。苻苌在战斗中被流箭射中，箭疮复发而死。苻生被选为继承人。

苻生的德行优秀吗？不是。他的祖父苻洪十分讨厌他。他天生一只眼睛，小时候，祖父和他开玩笑，问身边的侍者说：“我听说瞎儿只有一只眼睛流泪，你信吗？”侍者说：“当然。”这本来是一句玩笑话，而苻生大怒，拔出佩刀就刺自己的那只瞎眼，鲜血直流，说：“这只眼也在流泪啊！”祖父大惊，就鞭打他。他说：“我生性能忍受刀剑刺击，就是不能忍受鞭子抽打的侮辱。”祖父认为这个孙子狂暴悖逆，应该尽早除掉，不然一定会导致家破人亡。苻生生性嗜酒，整天昏昏然，他后来被捉拿时，也是醉意不消，要前来捉拿他的人向他跪拜。他的心理灰暗，特别忌讳别人说“残、缺、偏、只、少、无”等字眼，因不小心说出这些字眼而被杀的大臣不计其数。

难道是苻生的谋略突出吗？也不是。苻生力能举千钧，雄健勇猛好杀，能徒手与猛兽格斗，跑得比马还快，不论击刺骑射，都是超绝一时。曾经单骑冲入敌阵，前后斩将夺旗十多次。但其谋略却没有体现出来，他做事不考虑后果，随心所欲，胡作非为。可见，苻生徒有力气，完全是匹夫之勇。

那么，雄勇聪慧的苻健为什么要选他当皇帝？原来是因为“三羊五眼”的谶言，才立苻生为太子，而后即位为皇帝。

苻健如此做法，把国家推向了灭亡的深渊，苻生也丢掉了性命。如果后来不是苻坚掌握国家政权，励精图治，前秦国家也不会存在了。

卷一〇一　晋纪二十三

晋穆帝升平四年至晋海西公太和三年（360—366年）

【起上章涒滩（庚申，360年），尽著雍执徐（戊辰，368年），凡九年】

【大事提要】

本卷记事起公元360年，讫公元368年，凡九年，当晋穆帝（司马聃）升平四年至海西公（司马奕）太和三年。本卷所载大事，主要有四个方面。其一，前燕慕容儁去世，慕容暐即位。其二，东晋穆帝司马聃去世，司马丕、司马奕相继即位。东晋穆帝司马聃即位时只有2岁，由褚太后临朝听政。临朝期间，用大将桓温驱逐了庾氏势力。桓温势力日益强大，企图篡夺帝位。公元361年，司马聃病死。由于无子，由晋成帝司马衍长子、司马聃的堂弟司马丕即位，改元隆和。其三，前凉张天锡杀张玄靓自立，称大都督等。其四，前燕军攻下东晋洛阳。

孝宗穆皇帝下

升平四年（庚申，360年）

春，正月，癸巳[1]，燕主儁大阅于邺[2]，欲使大司马恪、司空阳骛[3]将之入寇[4]，会疾笃，乃召恪、骛及司徒评、领军将军慕舆根等受遗诏[5]辅政。甲午[6]，卒。戊子[7]，太子暐即皇帝位。年十一，大赦，改元建熙[8]。

秦王坚分司隶置雍州[9]，以河南公双[10]为都督雍、河、凉三州诸军事，征西大将军，雍州刺史，改封赵公，镇安定[11]。封弟忠为河南公[12]。

仇池公杨俊卒，子世立。

二月，燕人尊可足浑后[13]为皇太后。以太原王恪为太宰，专录[14]朝政；上庸王评为太傅，阳骛为太保，慕舆根为太师，参辅朝政。

根性木强[15]，自恃先朝勋旧[16]，心不服恪，举动倨傲[17]。时太后可足浑氏颇预外事[18]，根欲为乱，乃言于恪曰："今主上幼冲[19]，母后干政[20]，殿下宜防意外之变，思有以自全。且定天下者，殿下之功也。兄亡弟及[21]，古今成法[22]，俟毕山陵[23]，宜废主上为王，殿下自践尊位[24]，以为大燕无穷之福。"恪曰："公醉邪？何言之悖[25]也！吾与公受先帝遗诏[26]。云何而遽有此议[27]？"根愧谢而退。恪以告吴王垂[28]，垂劝恪诛之。恪曰："今新遭大丧[29]，二邻观衅[30]，而宰辅自相诛夷[31]，恐乖远近之望[32]，且可忍之。"秘书监皇甫真[33]言于恪曰："根本庸竖[34]，过蒙[35]先帝厚恩，引参顾命。而小人[36]无识，自国哀已来[37]，骄很日甚[38]，将成祸乱。明公今日居周公[39]之地，当为社稷深谋[40]，早为之所[41]。"恪不听。

根又言于可足浑氏及燕主暐曰："太宰、太傅[42]将谋不轨，臣请帅禁兵[43]以诛之。"可足浑氏将从之，暐曰："二公，国之亲贤[44]，先帝选之，托以孤嫠[45]，必不肯尔[46]，安知非太师欲为乱也！"乃止。根又思恋东土[47]，言于可足浑氏及暐曰："今天下萧条，外寇非一，国大忧深，不如还东。"恪闻之，乃与太傅评谋，密奏根罪状，使右卫将军傅颜[48]就内省[49]诛根，并其妻子、党与[50]，大赦。

是时新遭大丧，诛夷狼籍[51]，内外恟惧[52]，太宰恪举止如常，人不见其有忧色，每出入，一人步从[53]。或说以宜自严备[54]，恪曰："人情方惧，当安重[55]以镇之，奈何复自惊扰，众将何仰[56]！"由是人心稍定。

（以上为第一段，写前燕主慕容儁去世，太子慕容暐即位，太宰慕容恪等辅政；慕容恪总揽大权，尊崇礼法，不独断专行；太师慕舆根欲为乱事，被诛杀，人心趋稳。）

【注释】

[1]癸巳：正月二十日。 [2]大阅：古代三年阅兵称大阅，这里泛指大规模地检阅军队。邺（yè）：即邺城，时为前燕都城，在今河北临漳县西南。 [3]司空：三公之一，参议国政。阳骛（wù）：字士秋，右北平无终（今天津市蓟州区）人，东夷校尉阳耽之子，前燕重臣，曾辅佐慕容氏四世。官至尚书令、司空、太保，累迁太尉，封建宁郡公。传见《晋书》卷一百十一。 [4]将（jiàng）之：指率领这批经过前燕主检阅的部队。将，率领，统帅。入寇：指南下攻打东晋。

[5]遗诏：皇帝临终时所发的诏书。[6]甲午：正月二十一日。[7]戊子：记载有误，正月甲戌朔，戊子为正月十五，在甲午前，故慕容暐即位恐是戊戌。戊戌，正月二十五日。[8]改元建熙：前燕主慕容暐即位，改年号光寿为建熙。[9]分司隶置雍州：司隶，古官名，即司隶校尉，掌纠察京师百官及所辖三辅、三河及弘农七郡，相当于州刺史，治所在长安城内，在今陕西西安市西北部。魏、晋以后，在司隶校尉所属地区置司州。晋之司州辖河南、荥阳、弘农、上洛、平阳、河东、汲郡、河内、广平、阳平、魏郡、顿丘十二郡，治所在洛阳城内。另分司隶所辖置雍州，下辖京兆、冯翊、扶风、安定、北地、始平、新平七郡，治所在长安城内。十六国时，前秦苻健都长安，于雍州置司隶校尉。至苻坚时，又分司隶置雍州。[10]河南公双：即苻双，字仲群，前秦主苻坚之弟，封河南公，后改封赵公，后因参与五公之乱，被前秦名将王鉴斩杀。[11]安定：郡名，郡治在今甘肃泾川县北泾河北岸。[12]忠：即苻忠，苻坚幼弟。河南公苻双改封赵公，故以苻忠为河南公。[13]可足浑后：前燕主慕容儁皇后，育有前燕献怀太子慕容晔、燕幽帝慕容暐、济北王慕容泓、中山王慕容冲。慕容暐去世，为皇太后，以巫蛊诅咒为由诬陷慕容垂夫人段氏，段氏宁死不屈，后慕容垂称帝，追废可足浑氏为庶人。[14]专录：专权，独揽。[15]木强：朴直，倔强。[16]先朝勋旧：上一任皇帝时就任职的有功勋的老臣。[17]倨（jù）傲：骄傲，傲慢。[18]颇预外事：经常干预朝政。外事，后宫以外的朝廷之事，即朝廷大政。[19]幼冲：年幼，幼小。[20]干政：干涉政治政务，干预政事。[21]兄亡弟及：哥哥死了，弟弟继承皇位。及，接续。[22]成法：自古已存的继统法，指殷代而言。[23]俟（sì）毕山陵：等到把老皇帝安葬完毕。山陵，帝王的坟墓。[24]自践尊位：自己登上皇帝宝座，当皇帝。践，登。[25]何言之悖（bèi）：所说的话怎么这么荒谬、糊涂？[26]受先帝遗诏：意即接受先帝的临终嘱托共同辅佐幼主。[27]云何而遽有此议：怎么忽然说出这样的话来？遽（jù）有，突然提出。[28]垂：即慕容垂。[29]大丧：皇帝的丧礼。[30]二邻：指东晋与前秦。观衅（xìn）：窥伺敌人的间隙以便行动。[31]诛夷：诛杀。夷，平，也是"杀"的意思。[32]乖远近之望：远背全国人士的希望。乖（guāi），违背。[33]秘书监：官名，专掌国家藏书与编校工作的机构和官名。皇甫真：字楚季，前燕大臣。先后辅佐慕容廆、慕容皝、慕容儁、慕容暐四位君主，担任辽东国侍郎、平州别驾，官至侍中、太尉。太和五年（370），前秦灭亡前燕，皇甫真归顺前秦，担任奉车都尉，数年后去世。传见《晋书》卷一百十一。[34]庸竖：见识浅陋的卑贱小人。竖，小子，奴才，骂人语。[35]过蒙：错误地蒙受，不该蒙受而蒙受。[36]小人：指慕舆根。[37]国哀：犹国丧，指老皇帝的死。已来：以来。已，同"以"。[38]骄很：傲慢，悖拗。很，通"狠"，强狠。日甚：一天比一天厉害。[39]居周公之地：处于周公辅佐年幼的侄子周成王的地位，有生杀予夺之权。[40]为社稷深谋：为国家的长治久安作长远打算。[41]早为之所：及早给他安排个地方，意即动手解决他。[42]太宰、太傅：指慕容恪、慕容评。[43]禁兵：皇帝的警卫部队。[44]亲贤：既亲近又贤明。慕容恪、慕容评二人均为慕容儁之弟，慕容暐之叔。[45]托以孤嫠：把我们孤儿寡母托付给他们。孤嫠（lí），孤儿寡妇。孤，丧父；嫠，

丧夫。［46］不肯尔：不会做这样的事。尔，如此，这样。［47］思恋东土：想要回到东北的旧都龙城去。龙城在邺城东北，故称之。［48］右卫将军：官名，与左卫将军分掌京城兵马。傅颜：前燕大将，历任右卫将军、护军将军、长乐太守。传见《晋书》卷一百十一。［49］就内省：趁便在宫内。［50］妻子：妻子、儿女。党与：同党之人。［51］诛夷狼籍：指杀慕舆根连及杀人不少。狼籍，纵横散乱，形容多的样子。籍，同“藉”。［52］恟（xiōng）惧：害怕，惊惧。［53］一人步从：只有一个人跟在身边，极言其内心之平静从容。［54］严备：严加戒备。［55］安重：安详，稳重。［56］众将何仰：大家还能依靠谁、仰仗谁？仰，仰仗，倚靠。

恪虽综大任[1]，而朝廷之礼，兢兢严谨[2]，每事必与司徒评议之，未尝专决[3]。虚心待士，咨询善道，量才授任，人不逾位[4]，官属[5]、朝臣或有过失，不显其状[6]，随宜他叙[7]，不令失伦[8]，唯以此为贬[9]。时人以为大愧，莫敢犯者。或有小过，自相责曰：“尔复欲望宰公迁官邪[10]！”朝廷初闻燕主俊卒，皆以为中原可图。桓温曰：“慕容恪尚在，忧方大耳[11]。”

三月，己卯[12]，葬燕主俊于龙陵[13]，谥曰“景昭皇帝”，庙号烈祖。所征郡国兵，以燕朝多难，互相惊动，往往擅自散归，自邺以南，道路断塞[14]。太宰恪以吴王垂为使持节、征南将军、都督河南诸军事、兖州牧、荆州刺史，镇梁国之蠡台[15]；孙希[16]为并州刺史，傅颜为护军将军，帅骑二万，观兵河南[17]，临淮而还，境内乃安。希，泳[18]之弟也。

匈奴刘卫辰遣使降秦，请田内地[19]，春来秋返，秦王坚许之。夏，四月，云中护军贾雍遣司马徐赟帅骑袭之[20]，大获而还。坚怒曰：“朕方以恩信怀戎狄[21]，而汝贪小利以败之，何也！”黜雍以白衣领职[22]，遣使还其所获，慰抚之。卫辰于是入居塞内[23]，贡献相寻[24]。

夏，六月，代王什翼犍妃慕容氏卒。秋，七月，刘卫辰如代会葬[25]，因求婚，什翼犍以女妻[26]之。

八月，辛丑朔[27]，日有食之，既[28]。

（以上为第二段，写前燕太宰慕容恪总揽大权，处事妥帖；前秦主苻坚怀抚前来投降的匈奴人，允许到内地耕种，并果断处理派兵袭匈奴的官员，匈奴入贡前秦。）

【注释】

[1]综大任：总揽朝权。 [2]兢（jīng）兢：小心谨慎的样子。严谨：形容态度严肃谨慎。[3]专决：独断，一人决定。 [4]人不逾位：意即各就各位，人尽其才。 [5]官属：自己部下的僚属。[6]不显其状：不当众指出他的毛病。显，曝光。状，过错。[7]随宜他叙：根据情况，适当地另外安排其他职务。叙，按次序提升。 [8]不令失伦：不会让他乱了等级秩序。 [9]唯以此为贬：就是依据这个准则来调整官员的职务。 [10]尔复欲望宰公迁官邪：你莫非也想让宰相大人给你调换个地方吗？宰公，时慕容恪为太宰，故尊称之为“宰公”。迁官，贬官，降职。[11]忧方大耳：可忧虑的事情正大得很呢。说明慕容恪能辅助幼主，桓温有料敌之明。 [12]己卯：三月六日。 [13]龙陵：陵在龙城，因以为名，在今辽宁朝阳市。 [14]道路断塞：指道路上纷纷攘攘，充满了乱兵。 [15]鼒台：方位不详，疑在今河南商丘市附近。 [16]孙希：前燕并州刺史。 [17]观兵河南：到黄河以南向东晋炫耀武力。观兵，向敌方展示、炫耀武力。[18]泳：即孙泳，慕容皝时代的燕国将领，曾任朝鲜令，带兵抗击石虎的入侵军。 [19]请田内地：请求到内地垦种荒地，以获取粮食。田，用如动词。[20]徐赟（yūn）：前秦云中司马。袭之：袭击了这些来内地耕种荒地的匈奴人。 [21]怀：使之感恩，意即招抚、招纳。戎狄：北狄和西戎，代指北方少数民族。 [22]以白衣领职：以平民的身份代理云中护军之职。 [23]塞内：边关内。塞，边界上隔绝内外的屏障，泛指易于据守御敌的险要地方。 [24]贡献相寻：向前秦进贡、送礼不断。相寻，相继，接连不断。 [25]会葬：参加葬礼，会合送葬。 [26]妻（qì）：嫁给。 [27]辛丑朔：八月一日。 [28]既：食尽，即很快地变成了日全食。

谢安少有重名，前后征辟[1]，皆不就，寓居会稽[2]，以山水、文籍自娱[3]。虽为布衣[4]，时人皆以公辅期之[5]，士大夫至相谓曰：“安石不出，当如苍生何[6]！”安每游东山[7]，常以妓女[8]自随。司徒昱闻之曰：“安石既与人同乐，必不得不与人同忧。召之必至。”安妻，刘惔[9]之妹也，见家门贵盛[10]，而安独静退[11]，谓曰：“丈夫不如此也[12]！”安掩鼻[13]曰：“恐不免耳[14]。”及弟万废黜[15]，安始有仕进之志，时已年四十余。征西大将军桓温请为司马，安乃赴召，温大喜，深礼[16]重之。

冬，十月，乌桓独孤部、鲜卑没奕干[17]各帅众数万降秦，秦王坚处之塞南[18]。阳平公融谏曰：“戎狄人面兽心，不知仁义。其稽颡内附[19]，实贪地利，非怀德[20]也；不敢犯边，实惮兵威，非感恩也。今处之塞内，与民杂居，彼窥郡县虚实，必为边患，不如徙之塞外以防未然[21]。”

坚从之。

十一月，封桓温为南郡公[22]，温弟冲为丰城县公[23]，子济为临贺县公[24]。

燕太宰恪欲以李绩为右仆射[25]，燕主暐不许。恪屡以为请，暐曰："万机之事[26]，皆委之叔父；伯阳一人[27]，暐请独裁[28]。"出为章武[29]太守，以忧卒。

（以上为第三段，写东晋谢安从小名重一时，闲居会稽，时人寄寓厚望，桓温召为司马；前燕太宰慕容恪欲任命李绩为右仆射，前燕主慕容暐不同意，李绩被调出朝廷，忧郁而死。）

【注释】

[1]征辟：朝廷之征与大官之辟。征、辟，都是聘请、聘任的意思。 [2]寓居会稽：居住于会稽郡。谢安祖籍陈郡，后迁于豫章，又迁于会稽。寓居，寄居，侨居。会稽，在今浙江绍兴市。[3]文籍：文章、书籍。自娱：即自娱自乐，自我陶醉。 [4]布衣：指平民百姓最普通的廉价衣服，代指普通百姓。 [5]以公辅期之：估计他日后定能任三公、辅相之职。期，期望，期待。公辅，三公和辅相。 [6]当如苍生何：黎民百姓，也就是整个国家的事情可怎么办呢？ [7]东山：山名，在今浙江绍兴市上虞区南。 [8]妓女：古代以歌舞为业的女子。妓，同"伎"，如今之歌星、舞星。 [9]刘惔（tán）：一作"刘恢"，字真长，晋陵太守刘耽之子，晋明帝司马绍之婿，东晋大臣、名士。传见《晋书》卷七十五。 [10]家门贵盛：谢氏一门所出的谢尚、谢奕、谢万当时都是镇守一方的国家重臣。 [11]静退：恬淡谦逊，不竞名利，过着安静的退隐生活。 [12]丈夫不如此也：意思是说出身于这样一种家庭的人，不能甘于白衣不仕。 [13]掩鼻：捂鼻，表示轻蔑和不屑于此。 [14]恐不免耳：恐怕免不了还是要走诸兄弟的这条路的，是一种很自负的口气。[15]弟万废黜（chù）：其堂弟谢万任豫州刺史，率兵北伐，被燕军大败，废为庶人，见《资治通鉴》卷一百穆帝升平三年（359）。 [16]深礼：厚礼，给予很高的礼遇。 [17]独孤部：匈奴的一个分支。没奕（yì）干：破多罗氏，名没弈干，别称没奕于、木易干等，十六国时鲜卑破多兰部落首领。最初依附于前秦，为骠骑将军；后投归西秦，为车骑将军、高平公；收留匈奴铁弗部首领赫连勃勃，被其袭杀。传见《北史》卷九十八。 [18]塞南：约今内蒙古长城以南地区。 [19]稽颡内附：磕头至地，请求臣服。稽（qǐ）颡（sǎng），古代一种跪拜礼，屈膝下拜，以额触地，表示极度的虔诚。 [20]非怀德：不是出于感谢我们的恩德。怀，感念。 [21]防未然：即防患于未然，意为在边患尚未发生时就做好准备。 [22]南郡公：封号名，封地南郡，郡治在今湖北荆州市江陵县。 [23]冲：即桓冲，字幼子，小字买德郎，大司马桓温之弟，东晋名将。桓温死，继温领兵，历中军将军、车骑将军，荆州、江州刺史，助东晋于淝水之战中获胜。传见《晋书》卷

七十四。丰城县公：同是公爵，“县公”比“郡公”低一级。丰城县，在今江西境内。［24］济：即桓济，字仲道，大司马桓温次子。升平四年（360），封临贺县公，官至驸马都尉，给事中。传见《晋书》卷九十八。临贺县公：封地临贺县，汉武帝平南越，在今广西贺州市北部及昭平县置临贺县，县治在今广西贺州市贺街镇。［25］李绩：字伯阳，曾在前燕主慕容儁面前评价慕容暐不如已故的太子慕容晔，慕容儁非常厌恶。后前燕太宰慕容恪想任命李绩为右仆射，慕容儁坚决不同意，李绩忧愤而死。［26］万机之事：指整个国家的大事。万机，指朝廷日常纷繁的政务。［27］伯阳一人：意即只有李绩一个人的升迁处置。李绩曾认为慕容暐不如已经死去的太子慕容晔，当面指出他的两个缺点，事见《资治通鉴》卷一百升平三年（359）。伯阳，李绩，字伯阳。［28］暐请独裁：请让我自己决定。独裁，独自裁断，自己做决定。［29］章武：郡名，郡治在今河北大城县。

五年（辛酉，361年）

春，正月，戊戌[1]，大赦。

刘卫辰掠秦边民五十余口为奴婢以献于秦，秦王坚责之，使归所掠[2]。卫辰由是叛秦，专附于代[3]。

东安简伯郗昙[4]卒。二月，以东阳太守范汪[5]都督徐、兖、冀、青、幽[6]五州诸军事，兼徐、兖二州刺史。

平阳[7]人举郡降燕，燕以建威将军段刚[8]为太守，遣督护韩苞[9]将兵共守平阳。

方士丁进[10]有宠于燕主暐，欲求媚[11]于太宰恪，说恪令杀太傅评。恪大怒，奏收斩之。

高昌卒，燕河内太守吕护并其众，遣使来降，拜护冀州刺史。护欲引晋兵以袭邺。三月，燕太宰恪将兵五万，冠军将军皇甫真将兵万人，共讨之。燕兵至野王[12]，护婴城[13]自守。护军将军傅颜请急攻之，以省大费。恪曰：“老贼经变[14]多矣，观其守备，未易猝攻[15]，而多杀士卒。顷攻黎阳[16]，多杀精锐，卒不能拔，自取困辱。护内无蓄积，外无救援，我深沟高垒，坐而守之，休兵养士，离间其党，于我不劳而贼势日蹙[17]，不过十旬[18]，取之必矣，何为多杀士卒以求旦夕[19]之功乎！”乃筑长围守之。

夏，四月，桓温以其弟黄门郎豁[20]都督沔中七郡[21]诸军事，兼新野、义城[22]二郡太守，将兵取许昌[23]，破燕将慕容尘[24]。

凉骠骑大将军宋混疾甚，张玄靓及其祖母马氏往省之，曰："将军万一不幸，寡妇孤儿将何所托！欲以林宗[25]继将军，可乎？"混曰："臣子林宗幼弱，不堪[26]大任。殿下傥未弃臣门[27]，臣弟澄政事愈于臣，但恐其儒缓[28]，机事不称[29]耳。殿下策励而使之[30]，可也。"混戒澄及诸子曰："吾家受国大恩，当以死报，无恃势位以骄人。"又见朝臣，皆戒之以忠贞。及卒，行路为之挥涕[31]。玄靓以澄为领军将军[32]，辅政。

五月，丁巳[33]，帝崩，无嗣。皇太后令曰："琅邪王丕[34]，中兴正统[35]，义望情地[36]，莫与为比，其以王奉大统[37]！"于是，百官备法驾[38]迎于琅邪第。庚申[39]，即皇帝位，大赦。壬戌[40]，改封东海王奕为琅邪王[41]。秋，七月，戊午[42]，葬穆帝于永平陵[43]，庙号孝宗。

燕人围野王数月，吕护遣其将张兴出战，傅颜击斩之，城中日蹙。皇甫真戒部将曰："护势穷奔突[44]，必择虚隙[45]而投之，吾所部士卒多羸[46]，器甲不精，宜深为之备。"乃多课橹楯[47]，亲察行夜[48]者。护食尽，果夜悉精锐趋真所部，突围，不得出；太宰恪引兵击之，护众死伤殆尽[49]，弃妻子奔荥阳[50]。恪存抚[51]降民，给其廪食[52]，徙士人、将帅于邺，自余各随所乐，以护参军广平梁琛[53]为中书著作郎。

九月，戊申[54]，立妃王氏为皇后。后，濛[55]之女也。穆帝何皇后[56]称穆皇后，居永安宫[57]。

（以上为第四段，写前燕河内太守吕护背叛前燕，投降东晋，太宰慕容恪率兵攻打，取胜；前凉骠骑大将军宋混病重，推荐其弟宋澄担任辅臣；东晋穆帝司马聃去世，司马丕即位。）

【注释】

[1]戊戌：正月一日。[2]使归所掠：让他把劫掠的边民都放回去。[3]代：即代国，西晋鲜卑索头部首领拓跋猗卢建立的北方少数民族政权，北魏王朝前身。[4]郗（xī）昙（tán）：字重熙，东晋太尉郗鉴之子，为北中郎将、徐兖二州刺史，曾与北方鲜卑人建立的前燕政权进行战争，但失败而回。封东安伯，谥号简。[5]东阳：郡名，郡治长山，在今浙江金华市婺城区。范汪：字玄平，南阳顺阳（今河南淅川县）人，曾任东阳太守，大兴学校，迁中领军、本州大中正，官至都督徐兖青冀四州扬州之晋陵诸军事、安北将军、徐兖二州刺史、假节。传见《晋书》卷

七十五。［6］徐、兖、冀、青、幽：皆州名。徐州，州治彭城，在今江苏徐州市。兖（yǎn）州，晋时州治邹山县，在今山东邹城市东南。冀州，州治信都，在今河北衡水市冀州区。青州，州治临淄，在今山东淄博市东北。幽州，州治蓟县，在今北京市。［7］平阳：郡治在今山西临汾市西南部，当时属张平。［8］段刚：平阳郡人，前燕建威将军、太守。［9］督护：官名，职同都督，有直接指挥作战的权力。韩苞：前燕督护，与太守段刚统军共同守卫平阳。［10］方士：即方术士，指专门从事星占、神仙、房中、巫医、占卜等术的人。丁进：方士。［11］求媚：即讨好，为得到好感而去迎合某人。［12］野王：县名，县治在今河南沁阳市。［13］嬰城：环城四面。嬰，环绕，围绕。［14］经变：犹"韬略"，指阅历、应对突发事故以及变乱的经验。［15］猝攻：一下子就能攻下。猝（cù），突然，立刻。［16］顷攻黎阳：前不久的前燕将领阳骛攻打黎阳。顷，不久前。黎阳，古城名，也是古黄河渡口名，在今河南浚县东南。［17］日蹙：日困，越来越艰难。蹙（cù），萎缩。［18］十旬：百日。旬，十天为一旬。［19］旦夕：早晚，喻短时间，在短时间内，即很快。［20］黄门郎：皇帝的侍从人员。豁：即桓豁，字朗子，大司马桓温之弟，东晋将领，官至右将军、荆州刺史。传见《晋书》卷七十四。［21］沔中七郡：指汉水流域的魏兴、新城、上庸、襄阳、义成、竟陵、江夏七郡。沔（miǎn）中，沔水流域。沔水，即今汉水。［22］新野、义城：二郡名。新野，郡治在今河南新野县。义城，应作"义成"，郡治在今湖北襄阳市襄州区。［23］许昌：古城名，在今河南许昌市东。［24］慕容尘：前燕宗室、将领，慕容俊时，任镇南将军、青州刺史。［25］林宗：即宋林宗，宋混之子。［26］不堪：无能。［27］傥未弃臣门：意即假如您还想让我们家里的人出任此职。傥，同"倘"，假如。［28］儒缓：优柔寡断，办事舒缓。儒，通"懦"，优柔，懦弱。［29］机事不称：随机应变的能力跟不上。［30］策励而使之：在使用的过程中多加督促、勉励。策励，鞭策，激励。［31］行路：路上的行人，以喻那些平素毫无关系者。挥涕：伤心，拭泪。［32］领军将军：高级武官名，领军中资重者之称，资轻者为中领军，统领朝廷禁军。［33］丁巳：五月二十二日。［34］琅邪王丕：即司马丕，字千龄，晋成帝司马衍长子，晋成帝死时，庾亮以其年幼为由，改立司马衍之弟司马岳。后袭封琅邪王，后即帝位为东晋第六位皇帝，公元362年至公元365年在位。传见《晋书》卷八。［35］中兴：指东晋建国以来。正统：指嫡系继承人。因司马丕是晋成帝的嫡长子，晋成帝是晋明帝司马绍的嫡长子，司马绍是晋元帝司马睿的嫡长子，一脉相承，故称"正统"。［36］义望情地：其人的道德声望与其在皇族中的血缘关系。义望，美好的声望。情地，亲情关系上的地位。［37］其：表示命令、祈请的副词。以王奉大统：以琅邪王司马丕承继皇位。大统，帝位的传承系统。［38］法驾：皇帝的车架。《史记·吕太后本纪》之《集解》引蔡邕曰："天子有大驾、小驾、法驾。法驾，上所乘，曰'金根车'，驾六马，有五时副车，皆驾四马，侍中参乘，属车三十六乘。"［39］庚申：五月二十五日。［40］壬戌：五月二十七日。［41］"改封"句：把东海王司马奕改封为琅邪王。奕（yì）：即司马奕，字延龄，晋成帝司马衍次子，晋哀帝司马丕胞弟，东晋第七位皇帝，公元365年至公元371年在位。［42］戊午：七月二十三日。［43］永平陵：古陵墓名，晋穆帝司马聃的陵墓，位于今江苏南京市和平门外幕府山南麓。［44］势穷：穷途末路。奔突：突围，逃跑。［45］虚隙：空隙，指包围圈的薄弱环节。［46］吾所部：我所统领的这部分军队。部，统率，指挥。羸（léi）：原指瘦弱，这里，指老弱病残的人多，战斗力不强。［47］多课橹楯：更多地制作一些大小盾牌。课，督促检查。橹，大盾牌。楯，通“盾”，盾牌。［48］行夜：巡夜，夜间巡逻。［49］殆（dài）尽：几乎全军覆没。［50］荥阳：古城名，在今河南荥阳市东北古荥镇。［51］存抚：安抚。存，抚恤。［52］廪（lǐn）食：官府供给的粮食，这里即指粮食。廪，本指粮仓，引申指粮食。［53］梁琛（chēn）：原吕护参军，慕容恪量才使用，任为中书著作郎，中书省属官。［54］戊申：九月十四日。［55］濛：即王濛（méng），字仲祖，太原晋阳（今山西太原市）人，东晋外戚、大臣。晋哀帝司马丕岳父，官至司徒左长史。赠光禄大夫。传见《晋书》卷九十三。［56］何皇后：即何法倪，庐江灊县（今安徽霍山县）人，司空何充侄女，晋穆帝司马聃皇后。升平元年（357）八月，被立为皇后，升平五年（361），尊为穆皇后。元兴三年（404），去世，葬于永平陵。传见《晋书》卷三十二。［57］永安宫：宫殿名，东晋时，穆皇后所居之宫。

凉右司马张邕[1]恶宋澄专政，起兵攻澄，杀之，并灭其族。张玄靓以邕为中护军，叔父天锡为中领军，同辅政。

张平袭燕平阳，杀段刚、韩苞；又攻雁门[2]，杀太守单男。既而为秦所攻，平复谢罪于燕以求救。燕人以平反覆，弗救也，平遂为秦所灭。

乙亥[3]，秦大赦。

徐、兖二州刺史范汪，素为桓温所恶，温将北伐，命汪帅众出梁国[4]。冬，十月，坐失期，免为庶人，遂废，卒于家。

子宁[5]，好儒学，性质直，常谓王弼、何晏[6]之罪深于桀、纣[7]。或[8]以为贬之太过。宁曰：“王、何蔑弃典文[9]，幽沈仁义[10]，游辞浮说[11]，波荡后生[12]，使搢绅之徒[13]翻然改辙[14]，以至礼坏乐崩[15]，中原倾覆[16]，遗风余俗，至今为患。桀、纣纵暴[17]一时，适足以丧身覆国，为后世戒，岂能回百姓之视听[18]哉！故吾以为一世之祸[19]轻，历代之患[20]重；自丧之恶[21]小，迷众之罪[22]大也！”

吕护复叛，奔燕，燕人赦之，以为广州刺史[23]。

凉张邕骄矜淫纵[24]，树党专权，多所刑杀，国人患之。张天锡所亲敦煌刘肃[25]谓天锡曰：“国家事欲未静[26]！”天锡曰：“何谓也？”肃曰：“今护军[27]出入，有似长宁[28]。”天锡惊曰：“我固疑之[29]，未敢出口。计将安出？”肃曰：“正当速除之耳！”天锡曰：“安得其人[30]？”肃曰：“肃，即其人也！”肃时年未二十。天锡曰：“汝年少，更求其助。”肃曰：“赵白驹[31]与肃二人足矣。”

十一月，天锡与邕俱入朝。肃与白驹从天锡[32]，值邕于门下[33]，肃斫[34]之不中，白驹继之，又不克[35]，二人与天锡俱入宫中，邕得逸走[36]，帅甲士三百余人攻宫门。天锡登屋大呼曰：“张邕凶逆无道，既灭宋氏，又欲倾覆我家。汝将士世为凉臣，何忍以兵相向[37]邪！今所取者[38]，止[39]张邕耳，他无所问[40]！”于是，邕兵悉散走，邕自刎死，尽灭其族党。玄靓以天锡为使持节、冠军大将军、都督中外诸军事，辅政。十二月，始改建兴四十九年[41]，奉升平年号[42]。诏以玄靓为大都督、督陇右诸军事、凉州刺史、护羌校尉、西平公[43]。

燕大赦。

秦王坚命牧伯守宰[44]各举孝悌、廉直、文学、政事[45]，察其所举，得人[46]者赏之，非其人[47]者罪之。由是人莫敢妄举，而请托不行[48]，士皆自励[49]，虽宗室外戚[50]，无才能者皆弃不用。当是之时[51]，内外之官，率[52]皆称职，田畴修辟[53]，仓库充实，盗贼屏息[54]。

是岁，归义侯李势[55]卒。

（以上为第五段，写前凉右司马张邕憎恨首辅大臣宋澄独专朝政，起兵攻杀之；张邕被任为中领军，也是专横跋扈，叔父张天锡又把张邕杀了，独辅前凉朝政。）

【注释】

[1]张邕（yōng）：凉州牧张瓘之弟，前凉权臣，曾为右司马、中护军、大司马。 [2]雁门：郡名，郡治广武，在今山西代县西南古城。 [3]乙亥：记载有误，此年九月朔乙未，无乙亥日。乙亥，当是十月十二日。 [4]梁国：晋代的诸侯国名，都城在今河南商丘市城南。 [5]子宁：即范汪之子范宁，字武子，东晋著名学者。崇儒学，抑浮虚，起家余杭令，兴学重教，迁临淮太守，封阳遂乡侯。后被谗，出为豫章太守，大办学校，学生至千余人。长于经学，注《尚书》《论语》，并撰《春秋谷梁传集解》传世。传见《晋书》卷七十五。 [6]王弼、何晏：两人为曹魏经学家，玄学家。 [7]桀、纣：即夏桀王、殷纣王，夏、殷两代的末代君主，并为暴虐之君的代名词。 [8]或：有的，有的人。 [9]蔑弃典文：否定与抛弃儒家的经典文献。蔑弃，轻视，鄙弃。[10]幽沈仁义：贬斥孔、孟的仁义学说。幽沈，贬斥使之不能行于世。沈，同“沉”。 [11]游辞浮说：指侈谈浮虚不实的玄学理论。游辞，指虚浮不实的言辞。 [12]波荡后生：严重地影响了

后一代。波荡，鼓动，影响。［13］搢（jìn）绅之徒：指各级官僚与所有的文人士大夫。古代仕宦之人都系带垂绅、腰插笏板，故称为“搢绅”。也泛指朝野一切有身份的人。搢，插。绅，大带。［14］翻然改辙（zhé）：改变了从前读儒书、行仁义，讲究修身养性、齐家治国的一套，而崇尚虚无、企慕老庄，居官而不任事，甚或醉酒放荡等等。翻然，形容转变得很快的样子。改辙，改变行车的路线，比喻改变原来的方法。辙，车轮压的痕迹。［15］礼坏乐崩：形容社会纲纪紊乱，骚动不宁的时代。礼、乐，即礼仪、音乐，引申为一个国家一段时间的社会习俗、典章制度与国民精神。［16］中原倾覆：指西晋灭亡、中原沦陷。倾覆，翻台，垮台。［17］纵暴：骄纵，暴虐。［18］回百姓之视听：改变黎民百姓对问题的看法。回，改变。视听，犹今所谓固有的思想、信念。［19］一世之祸：波及一代人的灾难。［20］历代之患：影响世世代代的祸患。［21］自丧之恶：造成自身灭亡的罪过。［22］迷众之罪：迷惑整个社会的罪恶。［23］以为广州刺史：前燕无广州，仅以广州刺史的名号授予吕护。［24］骄矜（jīn）：骄傲，自负。淫纵：邪恶，放纵。［25］敦煌：郡名，郡治在今甘肃敦煌市。刘肃：前凉敦煌人，为右将军，权臣张天锡的亲信。［26］国家事欲未静：我们国家的局势将要动荡不安了。欲，将要。未静，不安定。［27］今护军：现在的中护军，指张邕。［28］有似长宁：好像是当年的长宁侯张祚。张祚，一度篡夺前凉政权，为前凉第七位国主，被斩首示众。［29］固疑之：本来就怀疑他。［30］安得其人：哪里有能办如此大事的人？［31］赵白驹：权臣张天锡的亲信。［32］从天锡：跟随在张天锡身后。［33］值邕于门下：五字原文，据章校补。值，正值，恰巧。门下，即门下省，为官署名称，初名侍中寺，是宫内侍从官的办事机构。［34］斫（zhuó）：用刀砍。［35］不克：指不能杀死张邕。［36］逸走：逃走。［37］以兵相向：用兵器互相砍杀。［38］所取者：我们要捉拿的人。取，捉拿。［39］止：同“只”，只有。［40］他无所问：除张邕以外的其他人，一概不予追究。问，追问，追究。［41］建兴四十九年：建兴是西晋愍帝司马邺的年号，建兴四年（316）西晋亡，而前凉君主沿用该年号，表示奉正朔，拥护晋王室，但不用东晋年号，又多位君主改元为前凉年号，则表示前凉的独立性，不完全承认偏安的东晋王朝。张玄靓在东晋永和十一年（355）改元为太始，至是太始七年，公元 361 年，又重新改用建兴年号，至是为建兴四十九年。［42］奉升平年号：从现在起，凉州开始使用东晋皇帝的年号。升平，是东晋穆帝的第二个年号。［43］陇右：泛指陇山以西，相当于今甘肃东部、宁夏南部一带地区。护羌校尉：管理羌族事务。西平公：封地西平郡，治所西都，在今青海西宁市。［44］牧伯守宰：泛指各级地方官。牧伯，指州刺史。刺史也称“牧”，因其是一方诸侯之长，故也称“方伯”。守，指太守，郡的长官。宰，县令。［45］孝悌、廉直、文学、政事：均为不同类型的人才科目名。悌（tì），弟弟顺从兄长。［46］得人：所举荐的确实是人才。［47］非其人：所举荐的不是真正的人才。［48］请托：犹今言“走后门”，找关系。［49］自励：自勉，自己发愤进取。［50］宗室：帝王的同族。外戚：指帝王的母亲和妻子方面的亲戚。［51］当是之时：当时。［52］率：大概，一般。［53］田畴修辟：土地得以开垦耕种。田畴（chóu），田亩，耕种的土地。修辟，修整，开垦。［54］屏息：憋住气不敢出，这里指盗贼绝迹。[55]李势：字子仁，成汉末代国主，公元343年至公元347年在位。东晋大司马桓温于永和三年（347）率军攻打，李势兵败投降，将其东迁建康，封归义侯。传见《晋书》卷一百二十一。

哀皇帝[1]

隆和[2]元年（壬戌，362年）

春，正月，壬子[3]，大赦，改元。

甲寅[4]，减田租[5]，亩收二升。

燕豫州刺史孙兴[6]请攻洛阳，曰："晋将陈祐弊卒[7]千余，介守[8]孤城，不足取[9]也！"燕人从其言，遣宁南将军吕护屯河阴[10]。

二月，辛未[11]，以吴国内史庾希为北中郎将[12]，徐、兖二州刺史，镇下邳[13]，龙骧将军袁真[14]为西中郎将，监护豫、司、并、冀四州诸军事，豫州刺史，镇汝南[15]，并假节。希，冰之子也。

丙子[16]，拜帝母周贵人为皇太妃[17]，仪服拟于太后[18]。

燕吕护攻洛阳。三月，乙酉[19]，河南太守戴施奔宛[20]，陈祐告急。五月，丁巳[21]，桓温遣庾希及竟陵太守邓遐[22]帅舟师三千人助祐守洛阳。遐，岳之子也。

温上疏请迁都洛阳，自永嘉之乱[23]播流江表[24]者，一切北徙[25]，以实河南[26]。朝廷畏温，不敢为异[27]，而北土萧条，人情疑惧，虽并知不可，莫敢先谏。

散骑常侍领著作郎孙绰[28]上疏曰："昔中宗龙飞[29]，非惟信顺协于天人[30]，实赖万里长江画而守之[31]耳。今自丧乱已来[32]，六十余年，河、洛丘墟[33]，函夏萧条[34]。士民播流江表，已经数世[35]，存者老子长孙[36]，亡者丘陇成行[37]，虽北风之思感其素心[38]，目前之哀实为交切[39]。若迁都旋轸之日[40]，中兴五陵[41]，即复缅成遐域[42]。泰山之安，既难以理保[43]，烝烝之思[44]，岂不缠[45]于圣心哉！温今此举，诚欲大览始终[46]，为国远图[47]，而百姓震骇[48]，同怀危惧[49]，岂不以反旧之乐赊[50]，趋死之忧促[51]哉！何者[52]？植根江外[53]，数十年矣，一朝顿欲拔之[54]，驱蹙于穷荒之地[55]，提挈万里[56]，逾险浮深[57]，离坟墓[58]，弃生业[59]，田宅不可复售[60]，舟车无从而得，舍安乐之国，适习乱之乡[61]，将顿仆[62]道途，飘溺江川[63]，仅有达者[64]。此仁者所宜哀矜[65]，国家所宜深虑也！臣之愚计，以为且宜遣将帅有威名、资实[66]者，先镇洛阳，扫平梁、许[67]，清壹河南[68]。运漕之路[69]既通，开垦之积已丰，豺狼远窜[70]，中夏小康[71]，然后可徐议迁徙耳。奈何舍百胜之长理[72]，举天下而一掷[73]哉！”

绰，楚[74]之孙也。少慕高尚[75]，尝著《遂初赋》以见志[76]。温见绰表，不悦，曰："致意兴公[77]，何不寻君《遂初赋》[78]，而知人家国事邪[79]！"

（以上为第六段，写东晋大将军桓温弄权，与朝廷较力，提出迁都洛阳，将中原流落而来的人再迁回去，显然不切实际，群臣不敢持有异议，而孙绰上书，极力反对。）

【注释】

[1]哀皇帝：即晋哀帝司马丕，字千龄，晋成帝长子，公元361年至公元365年在位。谥号"哀皇帝"。《谥法》曰："恭仁短折曰哀。"[2]隆和：或作"崇和"，晋哀帝改元的第一个年号。[3]壬子：正月二十日。[4]甲寅：正月二十二日。[5]减田租：成帝咸和五年（330），始丈量百姓田地，每亩国家征收收成的十分之一，即收税米三升。今减税，每亩收二升的租税。[6]豫州：州名，晋时治所陈县，在今河南周口市淮阳区。孙兴：前燕官员，曾为武宁县令、北平太守，时为豫州刺史。[7]陈祐：东晋将领，曾为冠军将军，守卫洛阳。弊卒：困弱疲惫之兵。[8]介守：独守。[9]不足取：犹言不堪一击。足，值得。[10]宁南将军：十六国后赵置，前燕及北魏沿置，为领兵武职。河阴：县名，县治在今河南洛阳市东北的黄河南岸。[11]辛未：二月十日。[12]庾希：字始彦，司空庾冰之子，东晋外戚大臣。时任北中郎将、徐兖二州刺史。反对大司马桓温废帝，举兵讨伐，兵败被杀。传见《晋书》卷七十三。北中郎将：将军名号，为出镇北方的地方军事长官，此为刺史加官。[13]下邳：城名，在今江苏邳州市西南。[14]袁真：字贵诚。东晋庐江太守、龙骧将军，官至假节、西中郎将、豫州刺史。随大司马桓温北伐慕容暐，挫败。桓温归罪于他，据寿阳反叛，交通慕容暐，被册封为扬州刺史，封宣城公。传见《晋书》卷九十八。[15]汝南：郡名，治所悬瓠城，在今河南汝南县。[16]丙子：二月十五日。[17]周贵人：晋成帝司马衍妃嫔，晋哀帝司马丕、晋废帝司马奕生母。以良家子选入后宫，服侍晋成帝。咸康八年（342），册封贵人。为皇太妃：晋哀帝即位后，尊周贵人为皇太妃。[18]仪服拟于太后：所使用的仪仗和所穿戴的服饰，都与太后相同。拟，相等，相同。[19]乙酉：此语有误，三月朔壬辰，无乙酉日。疑为己酉之误。己酉，三月十八日。[20]河南：郡名，治所洛阳，在今河南洛阳市。戴施：东晋官员，为辅国将军、河南太守，镇守洛阳。前燕来攻，畏敌弃

城南奔至宛。宛（yuān）：县名，县治在今河南南阳市。［21］丁巳：五月二十七日。［22］竟陵：郡名，西晋元康九年（299）析江夏郡置，郡治石城县，在今湖北钟祥市。邓遐（xiá）：字应远，陈郡陈县（今河南周口市淮阳区）人，平南将军邓岳之子，东晋名将。桓温以为参军，拜冠军将军、竟陵太守。枋头之败后，桓温心怀耻忿，免其官。不久，郁郁而终。追赠庐陵太守。［23］永嘉之乱：指晋怀帝永嘉年间，西晋的都城洛阳沦陷，怀帝司马炽被匈奴人所俘，中原沦陷于胡人之手的大事变。永嘉，晋怀帝的年号，公元307年至公元312年。［24］播流江表：逃难到长江以南。播流，漂泊，流浪。江表，犹言“江外”，长江以南地区。从中原看，地在长江之外，故称之。［25］一切北徙：让原先的北人一律向北搬迁。［26］以实河南：以充实河南郡的人口。桓温上疏建议迁都洛阳，所以要求永嘉之乱流亡到江南的人都迁回河南郡，以充实京师。［27］不敢为异：不敢提出反对意见。［28］孙绰（chuò）：字兴公，太原中都（今山西平遥县）人，东晋文学家，玄言诗派代表人物。晋哀帝时，迁散骑常侍、领著作郎。传见《晋书》卷五十六。［29］中宗龙飞：指晋元帝司马睿在长江以南建立东晋王朝。中宗，即东晋建立者，第一位皇帝司马睿。传见《晋书》卷六。龙飞，人们习惯地用“龙飞”称一个普通人忽然登基做了皇帝。［30］信顺协于天人：诚信与顺从都得到了上天与百姓的认可。古人认为天所帮助的是顺从的人，人所帮助的是诚信的人。《易大传》曰：“天之所助者顺也，人之所助者信也。”［31］画而守之：给作战双方划出了各自防守的界线。画，通“划”，划分界线。［32］自丧乱已来：指自八王之乱以来。已，同“以”。［33］河、洛：指黄河与洛河流域，即东部洛阳一带。丘墟：废墟，荒地，形容荒凉残破。［34］函夏：包含诸夏、华夏之意，指中原地区。函，包容。夏，华夏。萧条：指清冷、荒凉的样子。［35］已经数世：已经过去了好几代。［36］存者老子长孙：指还活着的北方遗民，只是现已年老的当年的人子，现已长大成人的当年的人孙。［37］亡者丘陇成行：已经死去者的坟墓，已经成行成列，极言其多。丘陇，小坟为丘，大坟为陇。陇同“垄”。［38］北风之思：指怀念北方故土的心情。古诗有“胡马依北风，越鸟巢南枝”之句，以喻人的思乡情切。感其素心：经常在其心中泛起。素心，经常存在的心思。［39］目前之哀：指眼下北方形势的艰难，与以往北伐的失败等等。哀，凄哀、凄惨的景象。交切：迫切，急迫。［40］迁都旋轸（zhěn）之日：将都城迁回洛阳的时候。旋轸，回车，即回归旧都洛阳。轸，车。［41］中兴五陵：指埋在建康附近的五个东晋皇帝的陵墓，指元帝建平陵、明帝武平陵、成帝兴平陵、康帝崇平陵、穆帝永平陵。［42］即复缅成遐域：又立刻成了当今皇帝所朝思暮想的遥远坟茔。缅成，远远地成为。遐域，遥远的墓地。域，墓地，坟地。［43］泰山之安，既难以理保：意即以理推断，迁都洛阳，与北方民族争高低，很难保证洛阳能像泰山那样稳固平安。泰山，山名，五岳之一，位于山东泰安市。难以理保，难以按理保全。［44］烝烝之思：萦回心头的对中兴五陵的深沉思念。烝（zhēng）烝，浓重深厚、无限思念的样子。思，孝思，对祖先陵寝的思念。［45］缠（chán）：缠绕，缠绵。［46］大览始终：纵观前后。［47］为国远图：为国家作长远打算。［48］震骇（hài）：震惊，害怕。［49］同怀危惧：都怀有害怕一败涂地的心情。［50］反旧之乐赊（shē）：打回老家去的美梦过于遥远。反旧，返回故乡。乐，乐趣，快乐。赊，遥远。［51］趋死之忧促：自寻失败灭亡的痛苦就在眼前。促，紧迫。［52］何者：为什么这么说？［53］植根江外：北方逃到南方来的人都已经在南方扎下了根。［54］一朝顿欲拔之：忽然想把他们都连根拔起。顿，即时，立刻。［55］驱蹙（cù）于穷荒之地：驱赶他们到一片穷荒破落的地方上去。驱蹙，驱赶，驱驰。［56］提挈（qiè）万里：让他们扶老携幼地颠簸于万里长路。［57］逾险浮深：跨越险难的高山，渡过幽深的大河。［58］离坟墓：离开新埋在江南的父、祖之坟。［59］弃生业：抛弃自己所熟悉的谋生的职业。［60］不可复售：没法再卖给别人。［61］适习乱之乡：到一个动乱不休的地方去。适，往。习乱，惯于动乱。［62］顿仆：困顿，跌倒。［63］飘溺：被冲走，被淹死。江川：江水，川流。［64］仅有达者：只有少数的人才能到达目的地。［65］哀矜（jīn）：同情，可怜。［66］资实：有资历，有实际才干。［67］梁、许：梁国与许昌。梁国都城在今河南商丘市南，许昌古城在今河南许昌市东。二城都在洛阳的东南方。［68］清壹河南：扫清和统一整个黄河以南地区。壹，同“一”。［69］运漕之路：全国各地向洛阳运送粮食的道路。陆路运输曰“运”，水路运输曰“漕”。［70］豺狼远窜：占领中原地区的少数民族都已被赶走。［71］中夏小康：中原地区的人民生活呈现小康状态。［72］舍：放弃不顾。长理：即常理，通常的道理。［73］举天下而一掷（zhì）：拿整个国家来孤注一掷，做没有把握的冒险。一掷，犹孤注一掷，意思是竭尽全力做最后一次的冒险。［74］楚：孙楚（220—293），字子荆，孙绰祖父，曹魏骠骑将军孙资之孙，南阳太守孙宏之子，西晋官员、文学家，官至冯翊太守，卒于任上。传见《晋书》卷五十六。［75］高尚：指不屑于仕途，想当隐士。［76］《遂初赋》：孙绰的代表作之一，主旨即侈谈自己蔑弃仕途、追求隐逸的思想情趣，但自己并不能忘却松树般的志向，虽然表明自己不再追逐名利，可不想做枫树、柳树这样的平庸之辈。遂初，遂其初愿，谓去官隐居。见志：显志，表达志向。见，同“现”。［77］致意兴公：你们替我问问孙绰。致意，把自己的意见表达于人。兴公，即孙绰，字兴公。［78］何不寻君《遂初赋》：你为什么不按着你写的《遂初赋》去当隐士？寻，沿着，按照。［79］而知人家国事邪：而来过问别人所管的国家大事呢？知，过问。

时朝廷忧惧，将遣侍中止温，扬州刺史王述[1]曰：“温欲以虚声威朝廷[2]耳，非事实也，但从之[3]，自无所至[4]。”乃诏温曰：“在昔丧乱[5]，忽涉五纪[6]，戎狄肆暴[7]，继袭凶迹[8]，眷言西顾[9]，慨叹盈怀[10]。知欲躬帅三军[11]，荡涤氛秽[12]，廓清中畿[13]，光复旧京[14]，非夫外身徇国[15]，孰[16]能若此！诸所处分[17]，委之高算[18]。但河、洛丘墟，所营者广[19]，经始之勤[20]，致劳怀也[21]。”事果不行。

温又议移洛阳钟虡[22]，述曰：“永嘉不竞[23]，暂都江左[24]，方当荡平区宇[25]，旋轸旧京[26]。若其不尔[27]，宜改迁园陵[28]，不应先事钟虡[29]！”温乃止。

朝廷以交、广[30]辽远，改授温都督并、司、冀三州[31]；温表辞不受[32]。

秦王坚亲临太学[33]，考第诸生经义[34]，与博士讲论[35]，自是每月一至焉。

六月，甲戌[36]，燕征东参军刘拔[37]刺杀征东将军、冀州刺史、范阳王友于信都[38]。

秋，七月，吕护退守小平津[39]，中流矢[40]而卒。燕将段崇[41]收军北渡，屯于野王[42]。邓遐进屯新城[43]。八月，西中郎将袁真进屯汝南[44]，运米五万斛以馈[45]洛阳。

冬，十一月，代王什翼犍纳女于燕[46]，燕人亦以女妻之[47]。十二月，戊午朔[48]，日有食之。

庾希自下邳退屯山阳[49]，袁真自汝南退屯寿阳[50]。

（以上为第七段，写桓温继又提出迁移钟虡，朝廷识破了他的虚言，王述提出迁都旧京，首先应迁陵墓，桓温解决不了这个难题，迁都之议，只好作罢。）

【注释】

[1]王述：字怀祖，太原晋阳（今山西太原市）人，东晋扬州刺史，转卫将军，升尚书令、散骑常侍。传见《晋书》卷七十五。 [2]以虚声威朝廷：以大话威吓朝廷群臣。虚声，大话，虚张声势。威，震慑，使慑服。 [3]但从之：尽管随他去，听从他的说法。 [4]自无所至：他什么也干不成。 [5]在昔丧乱：指先前西晋国破家亡。 [6]忽涉五纪：已经很快地过去了六十年。五纪，六十年。十二年为一纪。从惠帝永兴元年（304）刘渊始乱，至隆和元年（362），已五十九年。 [7]戎狄：指北方少数民族，即匈奴刘渊、羯族石勒等。肆暴：滥施暴力、行凶。 [8]继袭凶迹：一代接一代地继续其罪恶活动。 [9]眷言西顾：很怀恋已经沦陷多年的旧日都城的情景。眷言，眷念、回顾。言，语气词。 [10]慨叹：感慨，叹息。盈怀：充满胸怀，满腹伤感。[11]知欲躬帅三军：听说你要亲自统领大军。躬，亲自。三军，古代大诸侯国有中军、上军、下军三支大军，这里即泛指“大军”。 [12]荡涤氛秽：扫除一切妖氛邪气。氛秽（huì），指少数民族的统治势力。 [13]廓清中畿：肃清中原地区的一切罪恶势力。廓，澄清。中畿（jī），又称王畿，古称天子所领之地，后指京城管辖的地区。据《周礼》，古代有九畿，即侯、甸、男、采、卫、蛮、夷、镇、蕃，各五百里。王畿方千里，在九畿之中，故称中畿。 [14]光复旧京：收复旧日

的都城。光复，恢复。［15］非夫外身徇国：倘若不是舍身为国的义士。非夫，倘若不是。外身，即舍身，把自己的利益置之度外。徇国，为国家而献身。徇，同“殉”。［16］孰：谁。［17］诸所处分：你的各项安排。处分，处置，安排。［18］委之高算：可以委派有能力的僚属去分别进行。委，委派。高算，妙算，指智谋高、能力强的人。［19］所营者广：需要做的事情是很多的。［20］经始之勤：开始经营的辛劳。勤，辛劳。［21］致劳怀也：是会很让人伤脑筋的，这些就都得麻烦你了。［22］移洛阳钟虡：把洛阳旧日朝廷与宗庙里所陈列与所使用的钟虡都迁到东晋都城建康来。钟虡为国家重器，故桓温要将它由洛阳移往建康。钟，编钟。虡（jù），悬挂编钟的架子。［23］不竞：软弱，不强。［24］江左：古地区名，指长江下游南岸地区。古人在地理上以东为左，以西为右，故江东又名江左。［25］方当荡平区宇：我们正要扫平天下，统一全国。区宇，全部国土。［26］旋轸旧京：返回我们旧日的京城。旋轸（zhěn），还车，回车。［27］不尔：不能这样，指不能返回旧京。［28］改迁园陵：将洛阳的陵墓迁到建康来。［29］先事钟虡：先动这些钟虡。事，行事，运作。［30］交、广：二州名。交州，州治龙编，在今越南河内市东北。广州，州治番禺，在今广东广州市。［31］改授温都督并、司、冀三州：意思是将偏远的交州、广州收回朝廷，将中原地区的并州、司州、冀州划归桓温管辖。并州，都城晋阳，在今山西太原市西南。司州，州治在今河南洛阳市。冀州，州治在今河北衡水市冀州区。［32］温表辞不受：因当时并州、司州、冀州基本都在北方民族的统治下，当这些地区的长官是有名无实，故桓温“表辞不受”。［33］太学：古代的国立最高学府。［34］考第：考试与评定名次。第，成绩的等级。经义：指儒家经典的义理。［35］博士：即国子博士，当时太学里的教官。讲论：讲谈，论议。［36］甲戌：六月十五日。［37］征东参军：征东将军的参军。参军，军事参谋。刘拔：前燕官员，为征东参军。［38］范阳王友：即慕容友，前燕主慕容儁之弟，为征东将军、冀州刺史，封为范阳王。范阳王，封地范阳郡，都城涿州，在今河北涿州市。信都：郡名，郡治在今河北衡水市冀州区。［39］小平津：渡口名，在今河南洛阳市孟津区东北。［40］流矢：乱飞的或无端飞来的箭。［41］段崇：历任前燕尚书，后燕右长史、太保。［42］屯：驻扎。野王：县名，县治在今河南沁阳市。［43］新城：县名，县治在今河南伊川县西南。［44］汝南：郡名，治所悬瓠城，在今河南汝南县。［45］斛（hú）：古代容量单位，十斗为一斛，一斛也叫一石。馈（kuì）：赠送。［46］纳女于燕：嫁女于前燕主慕容暐。［47］以女妻（qì）之：前燕也将女子嫁给代王什翼犍。［48］戊午朔：十二月一日。［49］山阳：郡名，郡治在今江苏淮安市。［50］寿阳：县名，县治在今安徽寿县，当时称作寿春。

兴宁[1]元年（癸亥，363年）

春，二月，己亥[2]，大赦，改元。

三月，壬寅[3]，皇太妃周氏薨于琅邪第[4]。癸卯[5]，帝就第治丧[6]，诏司徒会稽王昱总内外众务。帝欲为太妃服三年[7]，仆射江虨[8]启：“于礼，应服缌麻[9]。”又欲降服期[10]，虨曰：“厌屈私情[11]，所以上严祖考[12]。”乃服缌麻。

夏，四月，燕宁东将军慕容忠[13]攻荥阳太守刘远[14]，远奔鲁阳[15]。

五月，加征西大将军桓温侍中、大司马、都督中外诸军、录尚书事[16]，假黄钺[17]。温以抚军司马王坦之为长史[18]。坦之，述之子也。又以征西掾郗超[19]为参军，王珣为主簿[20]，每事必与二人谋之。府中为之语曰：“髯参军[21]，短主簿[22]，能令公[23]喜，能令公怒。”温气概高迈[24]，罕有所推[25]，与超言，常自谓不能测[26]，倾身待之[27]，超亦深自结纳[28]。珣，导之孙也，与谢玄[29]皆为温掾，温俱重之[30]。曰：“谢掾年四十必拥旄杖节[31]，王掾当作黑头公[32]，皆未易才[33]也。”玄，奕之子也。

以西中郎将袁真都督司、冀、并三州诸军事，北中郎将庾希都督青州诸军事。

癸卯[34]，燕人拔密城[35]，刘远奔江陵[36]。

秋，八月，有星孛于角、亢[37]。

张玄靓祖母马氏卒，尊庶母郭氏为太妃[38]。郭氏以张天锡专政，与大臣张钦[39]等谋诛之。事泄，钦等皆死。玄靓惧，以位让天锡，天锡不受。右将军刘肃等劝天锡自立。闰月[40]，天锡使肃等夜帅兵入宫，弑玄靓，宣言暴卒[41]，谥曰“冲公”。天锡自称使持节、大都督、大将军、凉州牧、西平公，时年十八。尊母刘美人[42]曰太妃。遣司马纶骞奉章诣建康请命[43]，并送御史俞归[44]东还。

癸亥[45]，大赦。

冬，十月，燕镇南将军慕容尘攻陈留太守袁披于长平[46]，汝南太守朱斌乘虚袭许昌，克之。

代王什翼犍击高车[47]，大破之，俘获万余口，马、牛、羊百余万头。

以征虏将军桓冲为江州[48]刺史。十一月，姚襄故将张骏杀江州督护赵毗[49]，帅其徒北叛[50]，冲讨斩之。

（以上为第八段，写东晋哀帝司马丕生母周氏去世，要守丧三年，后改为一年；桓温为大司马，越发权倾朝野；权臣张天锡谋杀前凉主张玄靓，自任凉州牧。）

【注释】

[1]兴宁：东晋哀帝司马丕的第二个年号，共三年，即公元363年二月至公元365年。[2]己亥：记载有误，二月丁巳朔，无己亥日。疑为乙亥之误。乙亥，二月十九日。[3]壬寅：三月十七日。[4]琅邪第：琅邪王在京都建康的府第。[5]癸卯：三月十八日。[6]治丧：办理丧事。[7]服三年：服丧三年。古礼，诸侯对天子，子、未嫁女对父母，媳对公婆，承重孙对祖父母，妻对夫，都服斩衰，服丧三年。[8]江虨（bīn）：字思玄，西晋官员江统之子。博学知名，举为秀才，累官国子祭酒。每访政事，多所补益，转护军将军，领国子祭酒，曾为东晋简文帝相。[9]应服缌（sī）麻：江虨认为周氏是哀帝为琅邪王时的生母，不是皇太后（皇太后是穆帝生母褚蒜子），且既为帝，已成为褚后之子，故应对其生母降服缌麻。缌麻，丧服名，用疏织细麻布制成的孝服，服丧三月。凡疏远亲属都服缌麻。或者诸侯死，天子也为之服缌衰（缌麻、缌服）。另外，过继给别人的男子，父母死，服斩衰三年；而亲生父母死，则降服缌麻，减少服期。[10]降服期：降为服丧一年。降，降低服丧等级。期，一年。[11]厌屈私情：抑制个人的私情。厌屈，抑制，压制。私情，指哀帝对生母的私人感情。[12]上严祖考：是为了对先祖统系的尊重，过继于人就得按过继的章程办事。严，尊重，敬重。祖考，祖先。[13]慕容忠：前燕开国皇帝慕容儁之孙，西燕烈文帝慕容泓之子，西燕第六位皇帝。[14]刘远：时为东晋荥阳太守。[15]鲁阳：县名，县治在今河南鲁山县。[16]都督中外诸军：即统管全国的军队。中外，即朝廷内外。录尚书事：官名，主管朝廷政务。录，总领，统管。[17]假黄钺：授予黄钺，即授予其征讨大权、生杀大权。黄钺（yuè），金色的大斧。[18]抚军司马：抚军将军的司马官，即军事参谋。王坦之：字文度，太原晋阳（今山西太原市）人，尚书令王述之子，东晋名臣。传见《晋书》卷七十五。长史：诸史之长，大将手下的高级僚属，权任甚重。[19]征西掾（yuàn）：征西将军桓温的僚属。掾，原为佐助的意思，后为副职官员或官署属员的通称。郗（xī）超：字景兴，一字敬舆，小字嘉宾，高平金乡（今山东金乡县）人，太尉郗鉴之孙，会稽内史郗愔之子，任桓温参军，为其谋主。传见《晋书》卷六十七。[20]王珣（xún）：字元琳，小字法护，丞相王导之孙，东晋大臣、书法家，桓温任为主簿，深受敬重；太傅谢安当政，授秘书监，迁左仆射、尚书令。传见《晋书》卷六十五。主簿：官名，总领门下众事，掌管簿书，匡辅拾遗。[21]髯参军：犹言大胡子参军。郗超两颊多毛，故人戏称曰“髯参军”。胡须之在腮曰“须”，在颊曰“髯”。[22]短主簿：王珣个子矮小，故人戏称曰“短主簿”。短，身材矮小。[23]公：对大将军桓温的尊称。[24]气概：所表现出来的态度、气势。高迈：高超，飘逸。[25]罕有所推：很少有被桓温推重的人。推，推重，看重。[26]不能测：不能摸透其思想。[27]倾身待之：桓温虚心对待郗超。

倾身，倾心，尽心。［28］深自结纳：郗超也尽量与桓温搞好关系。结纳，结交。［29］谢玄：字幼度，豫州刺史谢奕之子，太傅谢安之侄，东晋名将。传见《晋书》卷七十九。［30］温俱重之：桓温对王珣、谢玄两人都很看重。［31］拥旄杖节：意即为大将。拥，持。旄（máo），竿顶用旄牛尾为饰的旗，作为古代大将出征时的仪仗。杖节，手持旌节。古代大将出征，皇帝授予旌节，作为权力的象征。［32］黑头公：指少壮而居高位。黑头，头发未白。公，三公，朝廷的最高爵位。［33］皆未易才：都是不可多得的人才。［34］癸卯：七月二十日。［35］密城：密县县治，在今河南新密市东南。［36］江陵：县名，县治在今湖北荆州市。［37］有星孛于角、亢：有流星出现在角、亢两个星座的附近。孛（bèi），火光四射的样子，这里即指彗星。角、亢，都是二十八宿中的星名，二星的分野是郑国与兖州。角，星宿名，有星二颗。亢（kàng），星宿名，有星四颗。［38］庶母：父亲的侧室，诸子女称之为庶母。郭氏本张玄靓的生母，但因其母非正室，故也得称之为庶母。太妃：以称父皇遗留下的妃嫔。［39］张钦：前凉官员，与张玄靓庶母、太妃郭氏谋诛张天锡，事泄，被杀。［40］闰月：闰八月。［41］暴卒：得暴病，突然死亡。［42］刘美人：张骏之妃，张天锡的生母。张天锡是张骏的庶子，张重华的异母弟。［43］纶骞（qiān）：前凉官员，奉章到建康请命。请命：请东晋朝廷照准、加封自己所称的一系列爵位与官号。［44］俞归：东晋侍御史，穆帝永和三年（347）十月出使凉州。［45］癸亥：九月十一日。［46］长平：县名，县治在今河南西华县东北。［47］高车：也称“敕勒”，以乘高轮车为俗，故人称之“高车”，当时活动在今蒙古乌兰巴托市的西北方。［48］江州：州治浔阳，在今江西九江市。［49］张骏：姚襄故将，当年桓温打败姚襄，俘获姚襄的部将张骏、杨凝等，迁之于寻阳，此时张骏等杀江州督护赵毗，率部北逃。赵毗（pí）：曾任江州督护，被姚襄故将张骏所杀。［50］北叛：指张骏背叛东晋，向北逃跑。

二年（甲子，364年）

春，正月，丙辰[1]，燕大赦。

二月，燕太傅评、龙骧将军李洪略地河南[2]。

三月，庚戌朔[3]，大阅户口[4]，令所在土断[5]，严其法制[6]，谓之“庚戌制[7]”。

帝信方士言，断谷饵药[8]以求长生。侍中高崧[9]谏曰：“此非万乘[10]所宜为；陛下兹事[11]，实日月之食[12]。”不听。辛未[13]，帝以药发[14]，不能亲万机[15]，褚太后[16]复临朝摄政[17]。

夏，四月，甲辰[18]，燕李洪攻许昌、汝南，败晋兵于悬瓠[19]，颍川[20]太守李福战死，汝南太守朱斌奔寿春，陈郡太守朱辅退保彭城[21]。

大司马温遣西中郎将袁真等御之，温帅舟师屯合肥。燕人遂拔许昌、汝南、陈郡，徙万余户于幽、冀二州，遣镇南将军慕容尘屯许昌。

五月，戊辰[22]，以扬州刺史王述为尚书令。加大司马温扬州牧、录尚书事。壬申[23]，使侍中召温入参朝政，温辞不至。

王述每受职，不为虚让[24]，其所辞必于不受[25]。及为尚书令，子坦之白述："故事当让[26]。"述曰："汝谓我不堪[27]邪？"坦之曰："非也，但克让[28]，自美事耳。"述曰："既谓堪之[29]，何为复让[30]！人言汝胜我，定不及也。"

六月，秦王坚遣大鸿胪[31]拜张天锡为大将军、凉州牧、西平公。

秋，七月，丁卯[32]，诏复征大司马温入朝。八月，温至赭圻[33]，诏尚书车灌止之[34]，温遂城赭圻[35]居之，固让内录[36]，遥领[37]扬州牧。

秦汝南公腾[38]谋反，伏诛。腾，秦主生之弟也。是时，生弟晋公柳[39]等犹有五人，王猛[40]言于坚曰："不去五公[41]，终必为患。"坚不从。

燕侍中慕舆龙诣龙城，徙宗庙及所留百官皆诣邺。

燕太宰恪将取洛阳，先遣人招纳[42]士民，远近诸坞[43]皆归之；乃使司马悦希军于盟津[44]，豫州刺史孙兴军于成皋[45]。

初，沈充之子劲[46]，以其父死于逆乱[47]，志欲立功以雪旧耻；年三十余，以刑家不得仕[48]。吴兴太守王胡之为司州[49]刺史，上疏称劲才行[50]，请解禁锢[51]，参其府事[52]，朝廷许之。会胡之以病，不行。及燕人逼洛阳，冠军将军陈祐守之[53]，众不过二千。劲自表[54]求配祐效力，诏以劲补冠军长史[55]，令自募壮士，得千余人以行。劲屡以少击燕众，摧破之。而洛阳粮尽援绝，祐自度不能守，乃以救许昌为名，九月，留劲以五百人守洛阳，祐帅众而东。劲喜曰："吾志欲致命[56]，今得之矣。"祐闻许昌已没，遂奔新城[57]。燕悦希引兵略河南诸城，尽取之。

秦王坚命公国各置三卿[58]，并余官皆听自采辟[59]，独为置郎中令。富商赵掇等车服僭侈[60]，诸公竞引以为卿[61]。黄门侍郎安定程宪[62]言于坚[63]，请治之[64]。坚乃下诏称："本欲使诸公延选英儒[65]，乃更猥滥[66]如是！宜令有司推检[67]，辟召非其人[68]者，悉降爵为侯，自今国官皆委之铨衡[69]。自非命士已[70]上，不得乘车马；去京师百里内[71]，工商、皂隶[72]，不得服金银、锦绣[73]。犯者弃市[74]！”于是平阳、平昌、九江、陈留、安乐五公皆降爵为侯。

（以上为第九段，写东晋哀帝司马丕辟谷吃药，中毒病发；前燕太宰慕容恪攻打东晋洛阳，城中粮尽，守将军陈祐逃跑，沈劲率残兵坚守；前秦主苻坚严肃处理违规用人的五公。）

【注释】

[1]丙辰：正月六日。 [2]李洪：前燕将领，为龙骧将军、光禄大夫、司空。河南：黄河以南地区。 [3]庚戌朔：三月一日。 [4]大阅户口：大规模地清查、核实户口。 [5]令所在土断：不论本地人还是外地迁来的人，一律在当时生活的所在郡县落实户口，并在此地纳税服役。西晋末年以来，由于战乱，中原豪族多迁居江南，仍用原来郡籍，形成诸多侨置郡县。桓温实行土断法，以此作为一种加强中央统治，与豪门争夺劳动力、扩大赋役和兵源的手段。 [6]严其法制：强制严格实行。 [7]庚戌制：即庚戌之日颁布实行的土断制度。 [8]断谷饵药：不吃粮食，专门吃药。饵药，服药。药，指方士炼制的所谓可使人长生不死的丹、散等药物。 [9]高崧：会稽王司马昱的僚属，曾任司马，时为侍中。 [10]万乘：指皇帝。周制，天子地方千里，置兵车万乘。故人们遂习惯地以“万乘”称天子。 [11]兹事：此事，这种事。 [12]实日月之食：实在是像日食、月食似的一个污点。《论语·子张》曰：“君子之过也，如日月之食焉，过也，人皆见之；更也，人皆仰之。”[13]辛未：三月二十二日。 [14]以：因为。药发：药性发作，即药物中毒。 [15]亲万机：亲自处理政事。万机，指当政者处理的各种重要事务。 [16]褚太后：即褚蒜子，阳翟（今河南禹州市）人，太傅褚裒之女，晋康帝司马岳皇后。褚太后三度临朝称制约四十年，扶立六位皇帝。谥号康献皇后。传见《晋书》卷三十二。 [17]复临朝摄政：褚太后是晋康帝司马岳之妻、晋穆帝司马聃之母，穆帝初年曾临朝执政；穆帝死后无子，故立穆帝之堂弟司马丕为嗣；今司马丕有疾不能临朝，故仍由褚太后摄政。 [18]甲辰：四月二十五日。 [19]悬瓠（hù）：古城名，在今河南汝南县，东晋时为军事要地，置重兵戍守于此。 [20]颍川：郡名，郡治许昌，在今河南许昌市东。 [21]陈郡：郡名，郡治项县，在今河南沈丘县。彭城：郡名，郡治在今江苏徐州市。 [22]戊辰：五月二十日。 [23]壬申：五月二十四日。 [24]虚让：假意辞让。 [25]必于不受：一定不予接受。 [26]故事当让：从过去的先例上来说，都是要表示一番推辞的。 [27]不堪：不能胜任。 [28]克让：能表示谦让。 [29]堪之：能够胜任这件事情。 [30]何为复让：为什么还要再谦让呢？ [31]大鸿胪（lú）：古代朝廷掌管诸侯及藩属国事务的官员。 [32]丁卯：七月二十日。 [33]赭（zhě）圻（qí）：古城名，在今安徽芜湖市繁

昌区西。［34］车灌：东晋官员，先后为尚书、司空、散骑常侍。止之：让桓温半路上停下来。［35］城赭圻：谓停止前进，驻扎在赭圻城。［36］固让内录：坚决拒绝入朝任录尚书事的职务。让，辞让，推让。内录，指录尚书事。［37］遥领：谓只担任职名，不到任管事。［38］汝南公腾：即苻腾，前秦暴虐国主苻生之弟，封为淮阳公，进封淮阳王。苻生被废，苻坚称天王，苻腾降为汝南公。后反叛苻坚，事情败露，被诛杀。汝南公，封地汝南郡，都城悬瓠，在今河南汝南县。［39］晋公柳：即苻柳，苻生之弟，封为晋公，进封晋王。苻坚时，为车骑大将军、尚书令、并州牧。后与苻双、苻廋、苻武等发动内乱，被王猛斩杀。晋公，封地为春秋时晋国所在地，在今山西。［40］王猛：字景略，前秦名臣，苻坚谋主。［41］五公：指前秦主苻生的四个弟弟，即淮南公苻幼、晋公苻柳、魏公苻廋、燕公苻武，以及苻坚的弟弟赵公苻双。曾于东晋兴宁三年（365）和太和二年—三年（367—368）发生两次叛乱，史称“五公之乱”。［42］招纳：招募，招收。［43］诸坞：各坞堡的武装居民。坞（wù），战乱年代筑垒自保的集居民众。［44］司马：官名，在军中主管司法。悦希：前燕大臣，曾任太宰慕容恪的司马。盟津：即孟津，古黄河渡口名，在今河南洛阳市孟津区东北，为历代会盟兴兵的战略要地。［45］孙兴：前燕官员，时为豫州刺史。成皋：别称虎牢，在今河南荥阳市虎牢关。［46］沈充：字士居，东晋权臣王敦亲信，参与王敦阴谋篡位之事，被杀。传见《晋书》卷九十八。劲：即沈劲，沈充之子，东晋将领。因父亲参与王敦之乱而沦为刑家，立志建功以洗雪家族之耻，曾自募士卒千人，协守洛阳，任为冠军长史、扬武将军。后城破被俘，不屈遇害，传见《晋书》卷八十九。［47］死于逆乱：沈充是跟随王敦作乱的骨干分子，为部将吴儒所杀。［48］以刑家不得仕：因出身于罪人之家，不能居官任职。刑家，曾受刑罚的家族。［49］吴兴：郡名，郡治在今江苏苏州市。王胡之：字修龄，武陵县侯王廙次子，东晋吴兴太守，改任司州刺史、平北将军，准备率军收复河洛，临行而卒。传见《晋书》卷七十六。司州：州治洛阳，在今河南洛阳市。［50］才行：才能和品德。［51］请解禁锢：解除禁令，允许其进入仕途。禁锢，禁闭，禁止进入仕途，犹后世的“永不叙用”。［52］参其府事：让沈劲在自己的刺史府内充当僚属。参，加入，协助谋划事务。［53］陈祐守之：东晋冠军将军陈祐守卫洛阳。［54］自表：沈劲向朝廷上表自荐。［55］冠军长史：冠军将军陈祐的长史。长史，官名，将军府的高级僚属。［56］志欲致命：立志为国捐躯。致命，效命，献出生命。［57］新城：县名，在今河南伊川县南。［58］公国：爵位为公的各诸侯国。三卿：指郎中令、中尉、大农三官。晋制，王国置郎中令、中尉、大农，为三卿。前秦沿用其制。［59］听自采辟：任由诸公自行选任。［60］赵掇（duō）：前秦富商。僭侈：超越等级规定的奢侈豪华。僭（jiàn），越分。［61］竞：竞相，争相。引以为卿：引以为自己的高级僚属。卿，爵位低于“公”的高级官员。［62］程宪：安定人，前秦官员，时为黄门侍郎，掌宫内侍奉。［63］言于坚：三字原无，据章校补。［64］请治之：请求对诸公予以惩治。［65］延选英儒：延请、选拔有才学的儒生到自己身边。［66］猥滥：低俗而杂乱。猥（wěi），浅薄，低俗。滥，泛滥，良莠错杂。［67］有司：有关主管部门。推检：追究，审查。［68］辟召非其人：选拔任用了不合资格的人。辟召，聘请，任用。

［69］国官：诸公国的下属官吏。皆委之铨衡：一律由朝廷的吏部进行选任。铨（quán）衡，衡量轻重的工具，这里即指掌管官吏选拔和任免的吏部尚书。铨，衡量，旧指选用官吏。［70］自非命士：除了接受朝廷任命的官员与有身份的人。命士，受过朝廷赐予仪物、爵位或任命为官职的人。已：同“以”。［71］去京师百里内：离京城方圆百里之内。［72］工商：手工业者、商人。皂隶：古代贱役、奴仆，后称衙门里的差役，因穿黑色衣服，故名。隶，奴隶。［73］不得：不允许。服金银、锦绣：穿戴有金银为饰的衣服，以及丝绸衣服。［74］弃市：死刑的一种，在人众集聚的闹市，对犯人执行死刑，以示为大众所弃。

三年（乙丑，365 年）

春，正月，庚申[1]，皇后王氏崩。

刘卫辰复叛代，代王什翼犍东渡河，击走之。什翼犍性宽厚，郎中令许谦[2]盗绢二匹，什翼犍知而匿[3]之，谓左长史燕凤[4]曰：“吾不忍视谦之面，卿慎勿泄[5]，若谦惭而自杀，是吾以财杀士[6]也。”尝讨西部叛者，流矢中目，既而获射者，群臣欲脔割[7]之，什翼犍曰：“彼各为其主斗耳，何罪！”遂释之。

大司马温移镇姑孰[8]。二月，乙未[9]，以其弟右将军豁监荆州、扬州之义城[10]、雍州之京兆[11]诸军事，领[12]荆州刺史；加江州刺史桓冲监江州及荆、豫八郡[13]诸军事，并假节[14]。

司徒昱闻陈祐弃洛阳，会大司马温于洌洲[15]，共议征讨。丙申[16]，帝崩于西堂[17]，事遂寝[18]。

帝无嗣。丁酉[19]，皇太后诏以琅邪王奕承大统[20]。百官奉迎于琅邪第[21]，是日，即皇帝位，大赦。

秦大赦，改元建元[22]。

燕太宰恪、吴王垂共攻洛阳。恪谓诸将曰：“卿等常患吾不攻，今洛阳城高而兵弱，易克也，勿更畏懦而怠惰！”遂攻之。三月，克之，执扬武将军沈劲。劲神气自若，恪将宥[23]之。中军将军慕舆虔[24]曰：“劲虽奇士，观其志度[25]，终不为人用，今赦之，必为后患。”遂杀之。

恪略地至崤、渑[26]，关中大震，秦王坚自将屯陕城[27]以备之。

燕人以左中郎将慕容筑为洛州[28]刺史，镇金墉[29]；吴王垂为都督荆、扬、洛、徐、兖、豫、雍、益、凉、秦十州诸军事，征南大将军，荆州牧，配兵一万，镇鲁阳[30]。

太宰恪还邺，谓僚属曰："吾前平广固[31]，不能济辟闾蔚[32]；今定洛阳，使沈劲为戮[33]，虽皆非本情，然身为元帅，实有愧于四海[34]。"朝廷嘉劲之忠，赠东阳[35]太守。

臣光曰：沈劲，可谓能子[36]矣！耻父之恶，致死以涤之[37]，变凶逆之族为忠义之门。《易》[38]曰："干父之蛊，用誉[39]。"《蔡仲之命》[40]曰："尔尚盖前人之愆[41]，惟[42]忠惟孝。"其是之谓乎[43]！

太宰恪为将，不事威严[44]，专用恩信[45]；抚士卒务综大要[46]，不为苛令[47]，使人人得便安[48]。平时营中宽纵[49]，似若可犯；然警备严密，敌至莫能近者，故未尝负败[50]。

壬申[51]，葬哀帝及静皇后于安平陵[52]。

（以上为第十段，写东晋哀帝司马丕去世，无子，由琅邪王司马奕继任大统；前燕太宰慕容恪率军攻打洛阳，守将沈劲殉职，东晋朝廷嘉奖沈劲的忠诚，追赠为东阳太守；东晋葬哀帝于安平陵。）

【注释】

[1]庚申：正月十六日。 [2]许谦：字元逊，北魏开国功臣。少有文才，善天文图谶之学。代国建立，举家归附，为郎中令，后官至幽州刺史。传见《魏书》卷二十四。 [3]匿（nì）：隐瞒，不给他张扬。 [4]燕凤：字子章，代国开国功臣，任左长史，先后辅佐拓跋什翼犍、拓跋寔、拓跋珪、拓跋嗣、拓跋焘五代国主。历任吏部郎、给事黄门侍郎、行台尚书。传见《魏书》卷二十四。 [5]卿慎勿泄：四字原无，据章校补。 [6]以财杀士：为了一点财物而杀人。 [7]脔（luán）割：碎割，分尸。 [8]姑孰：城县名，一作"姑熟"，在今安徽当涂县。因当时桓温兼任扬州牧，故可公然东移。 [9]乙未：二月二十一日。 [10]荆州、扬州之义城：当初桓宣曾随祖约退屯淮南郡（属扬州），后镇襄阳（属荆州），陶侃便将他们带到襄阳的淮南部曲安置在谷城，置义成郡。又在郡下侨置淮南郡的平阿、下蔡二县。这就使本属于荆州的义成郡，又统领扬州淮南的平阿、下蔡二县，所以称荆州、扬州之义成。义成，故治在今湖北老河口市西北。按：义成郡，取义于"义成军"之义，后人又误作"义城"。 [11]雍州之京兆：京兆郡属雍州，当时亦侨置于襄阳，故令桓豁兼管。 [12]领：代理。 [13]江州及荆、豫八郡：桓冲为江州刺史，领西阳、谯二郡太守，今又加监荆州的江夏、随郡，豫州的汝南、西阳、新蔡、颍川，共八郡。 [14]并假节：意谓令桓豁、桓冲皆假节。假节，朝廷给予大将象征权力与荣宠符节，最显

贵的是“使持节”，其次是“持节”，再其次是“假节”。［15］洌（liè）洲：地名，在今江苏南京市江宁区西的长江中。此洲可泊舟以避烈风，故名烈洲，又称洌洲。洲上有山，山形如栗，因此亦称溧洲。［16］丙申：二月二十二日。［17］西堂：建康宫太极殿有东西堂，东堂接见群臣，西堂为皇帝的就近安歇之处，哀帝司马丕即死于此。［18］事遂寝：指桓温与司马昱所议论的“征讨”之事，遂因皇帝之死而搁置。寝，停止，搁置。［19］丁酉：二月二十三日。［20］琅邪王奕（yì）：即司马奕，晋成帝司马衍之子，晋哀帝司马丕胞弟。其兄入承大统后，司马奕继任为琅邪王。承大统：此又以司马奕继承帝位。［21］琅邪第：司马奕在都城建康的府第。［22］改元建元：前秦主苻坚改甘露年号为建元。［23］宥（yòu）：宽恕，赦免。［24］慕舆虔：前燕将领，为中军将军，封零陵公。曾率军攻打敕勒部族，彻底攻破，俘获斩首十多万人。［25］志度：志向、气度。［26］崤、渑：崤山与渑池。崤山，在今河南三门峡市东南；渑池，县名，县治在今河南渑池县西。［27］陕城：古城名，在今河南三门峡市陕州区。［28］慕容筑：前燕官员，为洛州、荆州刺史，征虏将军，左中郎将，武威王。洛州：前秦初置，州治宜阳，在今河南宜阳县西，后移治洛阳，在今河南洛阳市东北。［29］金墉：洛阳城内的小城名，在当时洛阳城的西北部。［30］鲁阳：古代军事要塞名，在今河南鲁山县。［31］广固：古城名，在今山东青州市西北的尧山之南。［32］不能济辟闾蔚：没能救活辟闾蔚。慕容恪在淄水大破段龛的部队，齐国的王友辟闾蔚负伤，慕容恪听说过他的贤明，便派人去寻找他，但他已经死了。事见《资治通鉴》晋穆帝永和十二年（356）。济，救活。辟闾蔚，段龛的僚属，为齐王友（一种官职）。［33］为戮：被杀。［34］有愧于四海：即有愧于国，没能为国家保有人才。四海，即四海之内，古人以为中国四境有海环绕，故代指整个国家。［35］东阳：郡名，郡治长山，在今浙江金华市婺城区。［36］能子：有才能的好儿子。［37］致死以涤（dí）之：不惜用自己的生命来洗刷父亲的耻辱。［38］《易》：即《周易》，相传为周文王姬昌所作。［39］干父之蛊（gǔ），用誉：能改变父亲留下的坏名声，因此受到称赞。干，匡正，纠正。蛊，食物因腐败而生虫，用以比喻毁坏国家的邪恶之人，即指沈充而言。用，因此。两句出自《易·蛊卦》。［40］《蔡仲之命》：古文《尚书》的篇名。蔡叔度被流放后，爵位也被剥夺，儿子蔡仲有德行，于是周公又把蔡仲封在了蔡国，并且写了《蔡仲之命》来告诫他。［41］尚盖前人之愆：善于为先人掩盖过失。尚，表示祈求、劝勉，这里意即“善于”。愆（qiān），罪过，过失。［42］惟：同“唯”，唯有，只有。［43］其是之谓乎：这就是说的沈劲这种事吧。［44］不事：不重视，不讲究。威严：威势，威信。［45］恩信：恩德，诚信。［46］务综大要：讲究的是抓大事、抓大节。综，综理，注重。［47］不为苛令：不制定苛刻、烦琐的法令。［48］便安：便利，安适。［49］宽纵：宽容放纵，不加约束。［50］负败：失败。［51］壬申：三月二十九日。［52］静皇后：即晋哀帝司马丕的皇后王穆之，太原晋阳人。司徒左长史王濛之女，初封琅邪王妃，晋哀帝即位后，立为皇后，谥号“哀靖皇后”。静，《晋书》作“靖”。安平陵：古陵墓名，东晋哀帝陵墓，在今江苏南京市江宁区鸡笼山南。

夏，四月，壬午[1]，燕太尉武平匡公封奕[2]卒。以司空阳骛为太尉，侍中、光禄大夫皇甫真为司空，领中书监。骛历事四朝[3]，年耆望重[4]，自太宰恪以下皆拜之。而骛谦恭谨厚，过于少时；戒束[5]子孙，虽朱紫罗列[6]，无敢违犯其法度者。

六月，戊子[7]，益州刺史建城襄公周抚[8]卒。抚在益州三十余年[9]，甚有威惠[10]。诏以其子楚为太守楚[11]代之。

秋，七月，己酉[12]，徙会稽王昱复为琅邪王[13]。

壬子[14]，立妃庾氏为皇后。后，冰[15]之女也。

甲申[16]，立琅邪王昱子昌明为会稽王[17]。昱固让，犹自称会稽王。

匈奴右贤王曹毂、左贤王刘卫辰皆叛秦。毂帅众二万寇杏城[18]，秦王坚自将讨之，使卫大将军李威、左仆射王猛辅太子宏留守长安。八月，坚击毂，破之，斩毂弟活[19]，毂请降，徙其豪杰六千余户于长安。建节将军邓羌[20]讨卫辰，擒之于木根山[21]。

九月，坚如朔方[22]，巡抚[23]诸胡。冬，十月，征北将军、淮南公幼帅杏城之众乘虚袭长安，李威击斩之。

鲜卑秃发椎斤[24]卒，年一百一十，子思复鞬代统其众。椎斤，树机能[25]从弟务丸之孙也。

梁州刺史司马勋，为政酷暴，治中、别驾及州之豪右[26]，言语忤意[27]，即于坐枭斩[28]之，或亲射杀之。常有据蜀[29]之志，惮周抚，不敢发。及抚卒，勋遂举兵反；别驾雍端、西戎司马隗粹[30]切谏，勋皆杀之，自号梁、益二州牧，成都王。十一月，勋引兵入剑阁[31]，攻涪[32]，西夷校尉毌丘暐[33]弃城走。乙卯[34]，围益州刺史周楚于成都。大司马温表鹰扬将军江夏相义阳朱序[35]为征讨都护以救之。

秦王坚还长安，以李威守太尉，加侍中。以曹毂为雁门公[36]，刘卫辰为夏阳公[37]，各使统其部落。

十二月，戊戌[38]，以尚书王彪之[39]为仆射。

（以上为第十一段，写前秦主苻坚率兵打败背叛前秦的匈奴右贤王曹毂、左贤王刘卫辰；梁州刺史司马勋为政残酷暴虐，起兵反叛东晋，自称成都王，入成都。）

【注释】

[1]壬午：四月九日。［2］武平匡公封奕（yì）：封奕的爵位为公，封地为武平县，在今福建武平县，谥曰“匡”。《谥法解》曰：“贞心大度曰‘匡’。”［3］历事四朝：指封奕历仕慕容廆、慕容皝、慕容儁、慕容暐四代君主。［4］年耆（qí）：年老，年纪大。望重：名望大，威望高。［5］戒束：管教、约束。［6］朱紫罗列：指阳骛家门子孙官大爵高，服饰华贵。朱紫，指高级官员的朱衣、紫绶。［7］戊子：六月十六日。［8］益州：州治成都，在今四川成都市。建城襄公：封地建城郡，郡治在今江西高安市；谥号为襄；爵位为公。《谥法解》曰：“因事有功曰‘襄’。”周抚：字道和，汝南安城（今河南平舆县）人，梁州刺史周访之子，东晋名将。传见《晋书》卷五十八。［9］抚在益州三十余年：穆帝永和三年（347），桓温平蜀，留周抚镇守益州，至今只十九年。大概因东晋在未得益州以前置益州于巴东县，周抚先已为益州刺史；桓温克蜀之后，周抚仍为益州刺史，进镇彭模城（在今四川眉山市彭山区东南），两者相加，故称三十余年。［10］甚：很。威惠：声威，恩泽。［11］犍（qián）为：郡名，郡治武阳，在今四川眉山市彭山区东。楚：即周楚，字元孙，周抚之子，东晋将领。从父入蜀，拜鹰扬将军、犍为太守。父死后，监管梁、益二州，拜冠军将军、监益宁二州诸军事、益州刺史，袭爵建城公。谥号定。［12］己酉：七月七日。［13］复为琅邪王：司马昱是晋元帝司马睿之子，元帝即位后，司马昱顶替司马睿继其祖为琅邪王，后改为会稽王。今司马奕入承大统，琅邪王位缺，故又移封司马昱为琅邪王。［14］壬子：七月十日。［15］冰：即庾亮之弟庾冰，东晋大臣、外戚。［16］甲申：八月十三日。［17］昌明：即司马曜（yào），字昌明，简文帝司马昱第六子，封会稽王，东晋第九位皇帝，公元372年至公元396年在位。传见《晋书》卷九。会稽王：封地会稽郡，都城在今浙江绍兴市。［18］杏城：县名，县治在今陕西黄陵县西北。［19］活：即曹活，匈奴右贤王曹毂之弟。曹毂举兵反叛前秦，前秦主苻坚率军讨伐，曹毂派其弟曹活在同官川迎战，被打败斩杀。［20］邓羌：安定郡人，前秦建节将军，曾击斩羌族首领姚襄。受任御史中丞，与王猛协作，整肃长安治安，大见成效。再平刘卫辰、苻柳之乱。于石门大破燕军十余万，后又参与灭代之战，成功平定蜀地叛乱，被后世誉为“前秦第一将”。传见《晋书》卷一百十二。［21］木根山：山名，在今内蒙古鄂托克旗西南。［22］朔方：郡名，治所临戎县，在今内蒙古磴口县北。［23］巡抚：巡视，抚慰，后来逐渐演变为官名。［24］秃发椎斤：一作“秃发推斤”，秃发鲜卑首领，前任首领秃发务丸之孙，年一百一十岁去世，由子秃发思复鞬继承其位。［25］树机能：即秃发树机能，秃发务丸之堂兄，河西鲜卑族首领。英勇善战，颇有谋略。不满于西晋民族政策，率部叛乱，多次击败西晋将领，攻陷凉州，纵横西北，威震天下。后受到西晋将军马隆攻击，兵败被杀。传见《晋书》卷一百二十六。［26］豪右：豪强大户。［27］言语忤（wǔ）意：说话不合司马勋心意。［28］枭斩：斩首后悬挂木上示众。［29］据蜀：据蜀独立称王。［30］雍端：梁州刺史司马勋别驾，因谏诤而被杀。隗（wěi）粹：西戎校尉府的司马官，因切谏，被梁州刺史司马勋所杀。［31］剑阁：蜀郡北边的县名，县治在今四川剑阁县东北的古剑门镇，地形险要，李白曾称它“一夫当关，万夫

莫开”。司马勋任梁州刺史，州治在今陕西汉中市，离成都不远。而自汉中入成都，必须经由剑阁。［32］涪（fú）：县名，在今四川绵阳市。［33］毌（guàn）丘晖：东晋西夷校尉，被梁州刺史司马勋攻击，弃城逃跑。［34］乙卯：十一月十五日。［35］朱序：字次伦，义阳平氏（今河南桐柏县）人，西蛮校尉、益州刺史朱焘之子，东晋名将。桓温表为鹰扬将军、江夏相，升任征虏将军，调任兖州刺史。后历任兖、青二州刺史，都督司、雍、梁、秦四州军事，雍州刺史等。赠左将军、散骑常侍。传见《晋书》卷八十一。［36］雁门公：封地雁门郡，郡治在今山西代县西北。［37］夏阳公：封地夏阳郡，郡治在今陕西韩城市。［38］戊戌：十二月二十九日。［39］王彪之：字叔虎，右仆射王彬之子，东晋名臣。传见《晋书》卷七十六。

海西公[1]上

太和[2]元年（丙寅，366年）

春，三月，荆州刺史桓豁使督护桓罴攻南郑[3]，讨司马勋。

燕太宰、大司马恪，太傅、司徒评，稽首归政[4]，上章绶[5]，请归第[6]，燕主暐不许。

夏，五月，戊寅[7]，皇后庾氏[8]崩。

朱序、周楚击司马勋，破之，擒勋及其党，送大司马温；温皆斩之，传首建康。

代王什翼犍遣左长史燕凤入贡于秦。

秋，七月，癸酉[9]，葬孝皇后于敬平陵[10]。

秦辅国将军王猛、前将军杨安、扬武将军姚苌等帅众二万寇荆州，攻南乡郡[11]；荆州刺史桓豁救之，八月，军于新野[12]。秦兵掠安阳[13]民万余户而还。

九月，甲午[14]，曲赦[15]梁、益二州。

冬，十月，加司徒昱丞相、录尚书事，入朝不趋[16]，赞拜不名[17]，剑履上殿[18]。

张天锡遣使至秦境上，告绝于秦。

燕抚军将军下邳王厉寇兖州[19]，拔鲁、高平[20]数郡，置守宰而还。

初，陇西李俨以郡降秦，既而复通于张天锡。十二月，羌敛岐以略阳[21]四千家叛秦，称臣于俨。俨于是拜置牧守，与秦、凉绝。

南阳督护赵亿据宛城[22]降燕，太守桓澹走保新野[23]。燕人遣南中郎将赵盘自鲁阳戍宛。

徐、兖二州刺史庾希，以后族故，兄弟贵显[24]，大司马温忌之。

（以上为第十二段，写东晋将领朱序、周楚率军攻打反叛的司马勋，擒获并杀之，平定了梁、益二州；前燕抚军将军慕容厉率军攻下了东晋兖州的鲁、高平数郡。）

【注释】

[1]海西公：即司马奕，是东晋唯一一位在位期间被废的皇帝。兴宁三年（365），继承帝位，在位六年。太和六年（371），为大司马桓温所废，降封东海王。咸安二年（372），降封海西郡公。史称晋废帝、海西公。[2]太和：东晋废帝司马奕的年号。[3]督护：刺史属官，有直接指挥作战的权力。桓罴（pí）：荆州刺史桓豁督护。南郑：县名，县治在今陕西汉中市东，当时为汉中郡的郡治与梁州的州治所在地。[4]稽首归政：磕头请求辞职。[5]上章绶：把官印与绶带交还朝廷。章，印章。绶，用来系印的丝带。古代常用不同颜色的绶带，标志官位的等级不同。[6]请归第：意即请求离开朝廷，回到家里。[7]戊寅：五月十二日。[8]皇后庾氏：即司空庾冰之女庾道怜，晋废帝司马奕皇后。司马奕为权臣桓温废为海西公，皇后亦被贬为海西公夫人。传见《晋书》卷三十二。[9]癸酉：七月八日。[10]孝皇后：即皇后庾氏，谥号“孝”。敬平陵：即晋废帝海西公司马奕与其妻孝庾皇后合葬的陵寝，大致位于今江苏苏州市吴中区、相城区一带。[11]南乡郡：郡治在今河南淅川县西南。[12]新野：县名，县治在今河南新野县。[13]安阳：此语疑误，胡三省以为应作“汉阳”，汉水之北，今河南南阳市一带地区。[14]甲午：九月二十九日。[15]曲赦：因特殊情况而赦免。意即因司马勋谋反被平定，特赦其党羽与胁从者。[16]入朝不趋：上朝时不快走，是帝王赐予大臣的特殊待遇。趋，小步快走，是古代臣子在君父面前所用的一种走路姿势。[17]赞拜不名：大臣拜见皇帝时，司仪高声唱名、宣读拜见行礼的仪式，而对于皇帝特别礼敬的大臣，则不唱名字，以示优宠。[18]剑履上殿：古代大臣上殿不能穿靴子，不能佩刀剑。穿着鞋子、佩带宝剑入殿，是帝王给予大臣的特殊待遇。[19]下邳王厉：即慕容厉，任散骑常侍，抚军将军，封下邳王。下邳王，封地下邳郡，都城在今江苏睢宁县古邳镇境内。兖（yǎn）州：州治廪丘，在今山东郓城县西北。[20]鲁、高平：二郡名。鲁郡，郡治在今山东曲阜市。高平郡，郡治在今山东金乡县西北。[21]羌敛岐：羌族的首领，名叫“敛岐”。略阳：郡名，郡治在今甘肃天水市。[22]宛（yuān）城：宛县县城，在今河南南阳市，当时为南阳郡的郡治所在地。[23]走保新野：逃到新野，据守新野城。[24]兄弟贵显：庾希之弟有庾袭、庾友、庾蕴、庾倩、庾邈、庾柔等人。都任高官。庾倩最有才器，最被桓温所忌。

二年（丁卯，367 年）

春，正月，庾希坐不能救鲁、高平，免官。

二月，燕抚军将军下邳王厉、镇北将军宜都王桓[1]袭敕勒[2]。

秦辅国将军王猛、陇西太守姜衡、南安太守南安邵羌[3]、扬武将军姚苌等帅众万七千讨敛岐。

三月，张天锡遣前将军杨遹向金城[4]，征东将军常据向左南[5]，游击将军张统向白土[6]，天锡自将三万人屯仓松[7]，以讨李俨。敛岐部落先属姚弋仲[8]，闻姚苌至，皆降。王猛遂克略阳，敛岐奔白马[9]。秦王坚以苌为陇东[10]太守。

夏，四月，燕慕容尘寇竟陵[11]，太守罗崇[12]击破之。

张天锡攻李俨大夏、武始[13]二郡，下之。常据败俨兵于葵谷[14]，天锡进屯左南。俨惧，退守枹罕[15]，遣其兄子纯谢罪[16]于秦，且请救。秦王坚使前将军杨安、建威将军王抚帅骑二万，会王猛以救俨。

猛遣邵羌追敛岐，王抚守侯和[17]，姜衡守白石[18]，猛与杨安救枹罕。天锡遣杨遹逆战[19]于枹罕东，猛大破之，俘斩万七千级，与天锡相持于城下。邵羌禽敛岐于白马，送之。猛遗天锡书曰："吾受诏救俨，不令与凉州战，今当深壁高垒，以听后诏。旷日持久，恐二家俱弊[20]，非良算也。若将军退舍[21]，吾执俨而东，将军徙民西旋[22]，不亦可乎！"天锡谓诸将曰："猛书如此，吾本来伐叛，不来与秦战。"遂引兵归。

李俨犹未纳秦师[23]，王猛白服乘舆[24]，从者数十人，请与俨相见。俨开门延[25]之，未及为备，将士继入，遂执俨。以立忠将军彭越为平西将军[26]、凉州刺史，镇枹罕。

张天锡之西归也，李俨将贺肫说俨曰："以明公神武，将士骁悍[27]，奈何束手于人！王猛孤军远来，士卒疲弊，且以我请救，必不设备[28]，若乘其怠[29]而击之，可以得志。"俨曰："求救于人以免难，难既免而击之，天下其谓我何！不若固守以老之[30]，彼将自退。"猛责俨以不即出迎，俨以贺肫之谋告，猛斩肫，以俨归。至长安，坚以俨为光禄勋，赐爵归安侯。

燕太原桓王恪[31]言于燕主暐曰："吴王垂，将相之才十倍于臣，先帝以长幼之次，故臣得先之[32]。臣死之后，愿陛下举国以听吴王。”五月，壬辰[33]，恪疾笃，暐亲视之，问以后事。恪曰：“臣闻报恩莫大于荐贤，贤者虽在板筑[34]，犹可为相，况至亲[35]乎！吴王文武兼资[36]，管、萧之亚[37]，陛下若任以大政，国家可安，不然，秦、晋必有窥窬[38]之计。”言终而卒。

秦王坚闻恪卒，阴有图燕之计，欲觇[39]其可否，命匈奴曹毂发使如燕朝贡，以西戎主簿郭辩[40]为之副。燕司空皇甫真兄腆及从子奋、覆皆仕秦[41]，腆为散骑常侍。辩至燕，历造公卿[42]，谓真曰：“仆本秦人，家为秦所诛，故寄命曹王[43]，贵兄常侍及奋、覆兄弟并相知有素[44]。”真怒曰：“臣无境外之交[45]，此言何以及我[46]！君似奸人[47]，得无因缘假托乎[48]！”白暐[49]，请穷治之[50]，太傅评不许。辩还，为坚言：“燕朝政无纲纪，实可图也。鉴机识变[51]，唯皇甫真耳。”坚曰：“以六州之众[52]，岂得不使有智士一人哉！”

（以上为第十三段，写前凉主张天锡攻打前秦李俨，前秦派辅国将军王猛等前去救援，逼退张天锡，救出李俨；前燕首辅大臣慕容恪去世，临终极力推荐吴王慕容垂为首辅。）

【注释】

[1]宜都王桓：即慕容桓，前燕文明帝慕容皝之子，封为宜都王。前秦讨伐燕国，慕容桓率军抵抗，被前秦名将郭庆击败，退往龙城防御，后被前秦大将朱嶷所杀。其子慕容颉为西燕皇帝。[2]敕（chì）勒：即敕勒人，当时活动在今蒙古国境内的少数民族名，为森林渔猎游牧部落，又称赤勒、高车、狄历、铁勒、丁零（或丁灵），最早生活在贝加尔湖附近。[3]姜衡：前秦将领，官拜陇西太守。南安：郡名，郡治在今甘肃陇西县东南。邵羌：前秦骁将，苻坚时任南安太守，在白马打败并擒获羌人首领敛岐，送往长安。[4]杨遹（yù）：前凉将领，时为前将军。金城：城名，在今甘肃兰州市西北，时为金城郡的郡治所在地。[5]常据：字元琰，前凉敦煌人，年十四，拜奉车都尉，从梁肃征陇右，大破王擢，由是显名。张天锡时为征东将军。东晋孝武帝太元元年（376），苻坚遣姚苌攻打前凉，常据战死，前凉灭亡。左南：县名，前凉张轨置，属晋兴郡，县治所在今青海民和县东南黄河北岸。[6]张统：前凉将领，时为游击将军。白土：县名，县治在今青海循化县北的黄河北岸。[7]仓松：县名，县治在今甘肃武威市东，后凉改名为昌松。[8]姚弋仲：后秦开国皇帝姚苌之父。传见《晋书》卷一百十六。[9]白马：城名，当时白马氐族居住的地区，在当时的武都郡（郡治下辨，在今甘肃成县西）境内。[10]陇东：郡名，郡治泾阳，

在今甘肃平凉市西北。［11］竟陵：郡名，郡治在今湖北钟祥市。［12］罗崇：东晋将领，时任竟陵太守。前燕慕容恪攻取洛阳后，遣燕军南侵，罗崇击败燕将慕容尘，攻下宛城，追破赵亿、赵盘军，擒获赵盘。［13］大夏、武始：二郡名，十六国前凉张骏十八年，分武始、兴晋、广武置大夏郡，治所大夏县，在今甘肃广河县西北。武始郡，郡治狄道，在今甘肃临洮县。［14］葵谷：地名，在今甘肃永靖县境内。［15］枹罕：县名，县治在今甘肃临夏市。［16］纯：即李纯，前秦叛将李俨之侄。谢罪：表示认错，请求原谅。［17］侯和：县名，据吴熙《资治通鉴地理今释》："侯和在甘肃巩昌府岷州西北。"在今甘肃岷县。［18］白石：县名，县治在今甘肃临夏县。［19］逆战：迎战。［20］二家：指前秦、前凉双方。弊：败，疲困。［21］退舍：退却，退兵。［22］西旋：西归，回师前凉。［23］未纳秦师：不准秦兵进入自己据守的枹罕。［24］白服乘舆：身穿便衣，乘着和平时期的轿车。白服，白衣，古未仕者穿白衣。舆，平时乘坐的车子，以区别战车而言。王猛如此装扮，表示以私人身份相见。［25］延：引进，迎接。［26］彭越：安定卢水胡，前秦将领，为立忠将军，升为平西将军、凉州刺史，镇枹罕。［27］骁悍（xiāo）：勇猛，强悍。［28］设备：设防，防备。［29］怠：懈怠，松懈。［30］固守以老之：坚守城池，使围城之敌陷于疲惫。［31］太原桓王恪：慕容恪封为太原王，谥号桓，故称之。［32］先之：领先享有了更高的职务与爵位，位次在慕容垂之前。［33］壬辰：记载有误，五月壬戌朔，无壬辰日。壬辰，应是六月二日。［34］板筑：筑墙用的工具。板，夹板。筑，杵。筑墙时，以两板夹土，用杵夯实，使之坚固。相传殷高宗武丁曾举傅说于板筑之间，使之为相，后因以"板筑"指隐遁之士或地位低微的人。［35］至亲：慕容垂是慕容俊、慕容恪的弟弟，慕容暐的叔父。［36］兼资：兼备，双全，指能文能武。［37］管、萧之亚：管仲、萧何一流的人物。亚，犹言"匹"，同类型，同一流。［38］秦、晋：即前秦、东晋。窥窬（yú）：窥视，伺隙而动，意即打我们的主意。［39］觇（chān）：窥视，观测。［40］西戎主簿：西戎校尉的副手，是管理西戎少数民族事务的长官。郭辩：前秦西戎主簿。［41］"燕司空"句：前燕司空皇甫真的哥哥皇甫腆，还有皇甫真的两个侄儿皇甫奋、皇甫覆都在前秦做官。［42］历造：逐个拜访。公卿："三公九卿"的简称，泛指朝廷高官。［43］寄命曹王：寄托在曹毂手下。寄命，使生命有所寄托，这里即"依附"的意思。［44］常侍：即皇甫腆，时为散骑常侍，故称之。并相知有素：都是相知很久的老朋友。［45］无境外之交：没有境外的交往，他在前燕做官，与在前秦为官的兄弟皇甫腆和侄子皇甫奋、皇甫覆没有私下的交往。［46］何以及我：与我有什么关系！及，连及，关联。［47］奸人：奸细，密探。［48］得无因缘假托乎：莫非是假装的使臣吗。得无，莫非是。因缘，得便而为。假托，假装。［49］白暐：告诉前燕国主慕容暐。［50］穷治之：彻底审问前秦使者郭辩。［51］鉴机识变：善于观察局势并迅速作出反应。鉴机，察看时机。识变，了解动向。［52］六州：指燕国统辖的幽、并、冀、司、兖、豫六州。

曹毂寻[1]卒，秦分其部落为二，使其二子分统之，号东、西曹[2]。

荆州刺史桓豁、竟陵太守罗崇攻宛，拔之。赵亿走，赵盘退归鲁阳。豁追击盘于雉城[3]，擒之，留兵戍宛而还。

秋，七月，燕下邳王厉等破敕勒，获马牛数万头。

初，厉兵过代地，犯其穄田[4]，代王什翼犍怒。燕平北将军武强公埿[5]以幽州兵戍云中[6]。八月，什翼犍攻云中，埿弃城走，振威将军慕舆贺辛战没[7]。

九月，以会稽内史郗愔[8]为都督徐、兖、青、幽、扬州之晋陵[9]诸军事，徐、兖二州刺史，镇京口[10]。

秦淮南公幼[11]之反也，征东大将军、并州牧、晋公柳[12]，征西大将军、秦州刺史赵公双[13]，皆与之通谋。秦王坚以双，母弟至亲[14]，柳，健之爱子，隐而不问。柳、双复与镇东将军、洛州刺史魏公廋[15]，安西将军、雍州刺史燕公武[16]谋作乱[17]，镇东主簿南安姚眺[18]谏曰："明公以周、邵之亲[19]，受方面之任[20]，国家有难，当竭力除之，况自为难[21]乎！"廋不听。坚闻之，征柳等诣长安。冬，十月，柳据蒲阪[22]，双据上邽[23]，廋据陕城[24]，武据安定[25]，皆举兵反。坚遣使谕[26]之曰："吾待卿等，恩亦至[27]矣，何苦而反！今止不征[28]，卿宜罢兵，各定其位，一切如故。"各啮梨[29]以为信。皆不从。

代王什翼犍击刘卫辰，河冰未合，什翼犍命以苇絙约流澌[30]。俄而冰合[31]，然犹未坚，乃散苇于其上，冰草相结，有如浮梁[32]，代兵乘之以渡。卫辰不意兵猝至[33]，与宗族[34]西走，什翼犍收其部落什六七[35]而还。卫辰奔秦，秦王坚送卫辰还朔方[36]，遣兵戍之[37]。

十二月，甲子[38]，燕太尉建宁敬公阳骛[39]卒。以司空皇甫真为侍中、太尉，光禄大夫李洪为司空。

（以上为第十四段，写东晋北伐，荆州刺史桓豁攻下宛城；前秦苻健之子苻柳、苻廋、苻武以及苻坚之弟苻双反叛作乱；代王什翼犍踏冰打跑匈奴首领刘卫辰。）

【注释】

[1]寻：不久。 [2]东、西曹：据胡三省注，当时曹毂的部众集中居住在贰城周围。苻坚将贰城以西的两万余落，使毂长子玺统领，号西曹；将贰城以东两万余落，使毂次子寅统领，号

东曹。［3］雉城：雉县县城，在今河南南召县东南。［4］穄田：种着穄子的农田。穄（jì），也叫糜子，类黍却不黏。［5］武强公埿：即慕舆埿（ní）。复姓慕舆，名埿，前燕官员，为轻车将军、平北将军、武强公。段氏大将段兰等攻打柳城，时为城主的慕舆埿与柳城都尉石琮合力拒守，令段兰不克而退。慕容皝攻击高句丽，大败之，轻车将军慕舆埿追获高句丽王钊母周氏及妻而还。武强公封地武强郡，都城在今河北武强县旧城村。［6］云中：郡名，郡治在今内蒙古托克托县东北。［7］慕舆贺辛：前燕振威将军，在与拓跋什翼犍的战斗中战死。战没：战死。没，同“殁”。［8］会稽：郡国名，郡治在今浙江绍兴市。内史：为诸侯王国的最高行政长官。晋朝太康十年（289）十一月，将王国的相改为内史，相当于郡太守。郗愔（yīn）：字方回，东晋太尉郗鉴长子，王羲之内弟，东晋官员。袭爵南昌县公，为何充及褚裒的长史，迁黄门侍郎，转临海太守，官至平北将军、徐兖二州刺史。传见《晋书》卷六十七。［9］晋陵：郡名，郡治丹徒，在今江苏镇江市。［10］京口：县名，在今江苏镇江市。［11］淮南公幼：即苻幼，前秦暴主越厉王苻生之弟。［12］晋公柳：即苻柳，苻生之弟。［13］赵公双：即苻双，前秦主苻坚胞弟。［14］母弟至亲：苻坚与苻双是同母胞弟，都是苻雄与苟太后的儿子。［15］魏公廋：即苻廋，苻生之弟。［16］燕公武：即苻武，苻生之弟。［17］谋作乱：公元367年九月，前秦苻生之弟晋公苻柳、魏公苻廋、燕公苻武、淮南公苻幼，与苻坚胞弟赵公苻双，共同起兵两次反叛苻坚，史称前秦五公之乱。苻坚讨乱，平定后只杀了魏公廋，赦免他的七个儿子，由长子继承魏公，余子封县公，其他反叛四公也一概赦免。苻坚的大度，使前秦转危为安。［18］姚眺（tiào）：前秦官员，时为镇东将军的主簿。［19］周、邵之亲：像周公姬旦、邵公姬奭与周武王那样的兄弟关系。周公姬旦与邵公姬奭，两人都是周文王姬昌之子、周武王之弟，辅佐武王建立西周，后又辅佐周武王之子周成王，成为历史佳话。前秦五公与苻坚都是兄弟关系，此比拟苻庾等五公为周公、邵公。［20］受方面之任：镇守一个地区的军政长官。方面，谓镇守一方、独当一面。［21］自为难：指造反，反对自己的国家政权。［22］蒲阪：县名，县治在今山西永济西，临近黄河。［23］上邽：县名，在今甘肃天水市，当时为秦州的州治所在地。［24］陕城：陕县县城，在今河南三门峡市西南。［25］安定：县名，安定郡的郡治所在地，也是前秦所置的雍州州治所在地，在今甘肃镇原县东南。［26］谕：晓谕，告诉。［27］至：极，到家。［28］今止不征：我收回调你们进京的命令。［29］啮（niè）梨：咬梨。咬梨极易，比喻亲人离叛，则国力脆弱，极易为敌人所乘。故苻坚咬梨分送诸王以为凭信。［30］苇絙（gēng）：用芦苇搓成的大绳。絙，大绳索。约流澌：把河水上的浮冰笼结、固定起来。流澌（sī），初结冰时尚未凝聚在一起的冰块。［31］俄而冰合：很快地冰块就凝结在一起了。［32］浮梁：浮桥。［33］猝（cù）至：突然到来。［34］宗族：同一父系的家族。［35］什六七：十分之六、七。［36］朔方：郡名，在今内蒙古河套一带地区。［37］遣兵戍之：派兵驻扎在他们居住的地方，一方面是监督，一方面是保卫。［38］十二月，甲子：疑是“十一月甲子”之误。十一月甲子，即十一月六日。［39］建宁敬公阳骛：阳骛封为建宁郡公，谥号敬。

三年（戊辰，368 年）

春，正月，秦王坚遣后将军杨成世[1]、左将军毛嵩[2]分讨上邽、安定，辅国将军王猛、建节将军邓羌攻蒲阪，前将军杨安、广武将军张蚝[3]攻陕城。坚命蒲、陕之军皆距城三十里，坚壁勿战，俟秦、雍已平[4]，然后并力取之。

初，燕太宰恪有疾，以燕主暐幼弱，政不在己[5]，太傅评多猜忌[6]，恐大司马之任不当其人[7]，谓暐兄乐安王臧[8]曰："今南有遗晋[9]，西有强秦，二国常蓄[10]进取之志，顾[11]我未有隙耳。夫国之兴衰，系于辅相[12]。大司马总统六军[13]，不可任非其人，我死之后，以亲疏言之，当在汝及冲[14]。汝曹虽才识明敏[15]，然年少，未堪多难[16]。吴王天资英杰[17]，智略超世[18]，汝曹若能推[19]大司马以授之，必能混壹四海[20]，况外寇，不足惮[21]也，慎无冒利而忘害[22]，不以国家为意也。"又以语太傅评。及恪卒，评不用其言。二月，以车骑将军中山王冲为大司马。冲，暐之弟也。以荆州刺史吴王垂为侍中、车骑大将军、仪同三司。

秦魏公廋以陕城降燕，请兵应接。秦人大惧，盛兵守华阴[23]。

燕魏尹范阳王德上疏[24]，以为："先帝应天受命[25]，志平六合[26]；陛下纂统[27]，当继而成之[28]。今苻氏骨肉乖离[29]，国分为五[30]，投诚请援[31]，前后相寻[32]，是天以秦赐燕也。天与不取，反受其殃[33]，吴、越之事[34]，足以观矣。宜命皇甫真引并、冀之众径趋[35]蒲阪；吴王垂引许、洛之兵驰解廋围，太傅总京师虎旅为二军后继，传檄三辅[36]，示以祸福[37]，明立购赏[38]，彼必望风响应[39]，浑壹之期[40]，于此乎在[41]矣！"时燕人多请救陕，因[42]图关中者，太傅评曰："秦，大国也，今虽有难，未易可图。朝廷[43]虽明，未如先帝[44]；吾等智略，又非太宰[45]之比。但[46]能闭关保境足矣。平秦[47]，非吾事也。"

魏公廋遗吴王垂及皇甫真笺曰："苻坚、王猛，皆人杰也，谋为燕患久矣，今不乘机取之，恐异日燕之君臣将有甬东之悔[48]矣！"垂谓真曰："方今为人患者必在于秦，主上富于春秋[49]，观太傅识度[50]，岂能敌苻坚、王猛乎？”真曰：“然，吾虽知之，如言不用何[51]！”

（以上为第十五段，写前秦主苻坚组织力量平定叛乱；前燕太宰慕容恪去世，后继者慕容评优柔寡断，坐失前秦混乱而乘机讨伐的良机。）

【注释】

［1］杨成世：前秦后将军。［2］毛嵩：前秦左将军。太和二年（367）十月，前秦宗室苻柳、苻双、苻廋、苻武相继举兵反叛，毛嵩率军抵抗，被苻武打败。［3］张蚝（háo）：本姓弓，上党泫氏（今山西高平市）人，前秦名将。传见《晋书》卷一百十三。［4］俟秦、雍已平：等到上邽与安定攻下后。［5］政不在己：大权不在前燕幼主慕容暐手里。［6］猜忌：猜疑，嫉妒。［7］恐大司马之任不当其人：担心自己去世后，继任自己为大司马的人品质、才干有问题。不当其人，任职的人与其职务不相符。［8］乐安王臧：即慕容臧，慕容俊庶长子，慕容暐兄长，封乐安王。前秦来攻前燕，慕容臧受命率军援救金墉，在石门击破秦军，进屯荥阳，被秦国大将梁成击败，退回。后邺城被秦军攻下，他和慕容暐投奔龙城，前燕灭亡。［9］遗晋：遗存下来的东晋，含有蔑视的成分。［10］蓄：积蓄，含有。［11］顾：关键在于。［12］系于：全在于。辅相：首辅，宰相。［13］总统：总领，统帅。六军：国家军队的总称。［14］汝及冲：你慕容臧与慕容冲。慕容冲，小字凤皇，前燕主慕容俊之子，慕容暐、慕容泓之弟，西燕第二位皇帝。初封中山王，为车骑将军，任大司马。前秦任为平阳太守。后被西燕慕容泓立为皇太弟，称帝，年号更始，被攻杀，追谥威皇帝。传见《晋书》卷一百十三。［15］汝曹：你们，你们这一辈。才识：才智，胆识。明敏：聪明，机敏。［16］未堪多难：没法对付这个多灾多难的复杂局面。堪，应对，应付。［17］吴王：即慕容垂，封为吴王。天资：天赋，资质。英杰：才智杰出。［18］智略：智慧，谋略。超世：即超世出群，远远超出一般人。［19］推：推荐，推举。［20］混壹四海：统一天下。壹，同“一”。［21］不足惮（dàn）：用不着害怕。惮，害怕，畏惧。［22］无冒利而忘害：只顾争利而忘掉危害，指贪于获得大司马的职位。冒利，为利所蔽，为获利而不顾一切。［23］华阴：县名，县治在今陕西华阴市东南。位于陕城之西，有潼关之险，是进入关中的门户。［24］魏尹：官名，十六国后赵、前燕京都行政长官，即魏郡太守。石虎自襄国迁都于邺，邺为魏郡治所，故改魏郡太守而置，相当于京兆尹。范阳王德：即慕容德，字玄明，前燕慕容皝幼子，慕容俊、后燕武成帝慕容垂之弟，曾任幽州刺史，册封范阳王。历事前燕、前秦、后燕。后建立南燕政权，称帝。谥号献武，庙号世宗。传见《晋书》卷一百二十七。上疏：上奏书。疏，奏章。［25］应天受命：即顺应天命而为帝王。［26］志平六合：早就有雄心统一天下。六合，上下四方的范围之内，即全国。［27］纂（zuǎn）统：继承帝位。纂，通“缵”，继承。统，大统，帝位。［28］继而成之：继续先帝的未竟之功，以完成统一天下的大业。［29］骨肉乖（guāi）离：叔侄之间、兄弟之间相互背离，相互争斗。［30］国分为五：苻柳据蒲阪，苻双据上邽，苻廋据陕城，苻武据安定，苻坚都长安。［31］投诚请援：投降前燕，请求援助。［32］前后相寻：一起接一

起。相寻，相继。［33］天与不取，反受其殃：该灭的敌人不灭，日后反而要遭受他的祸难。殃，灾祸。［34］吴、越之事：春秋末期，吴王夫差在夫椒（今太湖中的洞庭西山）大败越军，而吴王夫差没有及时灭掉越国，后来越王勾践奋发图强，乘夫差北上与晋国争霸中原之际，一举灭掉了吴国。夫差在灭亡前又向勾践求和。勾践说："昔天以越赐吴，而吴不受；今天以吴赐越，孤敢不听天之命而听君之令乎？"［35］径趋：直接奔赴。［36］传檄：指传布檄文。檄，古代官府用以征召或声讨的文书。三辅：指秦都长安与其周边的京兆尹、左冯翊、右扶风三郡地区。［37］示以祸福：给那里的军民讲明形势，指明出路。［38］明立购赏：明确标出杀掉或俘获什么人，给什么样的赏钱。［39］望风响应：看到对方有什么举动，就积极响应。［40］浑壹之期：全国一统的日子。浑壹，统一，同一。壹，同"一"。［41］于此乎在：即在乎此，在于这一次的行动。［42］因：顺便。［43］朝廷：隐称其主慕容暐。［44］先帝：指慕容俊。［45］太宰：指慕容恪。［46］但：仅仅。［47］平秦：削平、消灭前秦。［48］甬（yǒng）东之悔：像当年吴王夫差被越国所灭时所表现的悔恨。勾践败吴后，想不杀夫差，让夫差去居于甬东，享受一百户人家的供奉。夫差说："孤老矣，不能事君王也。吾悔不用子胥之言，自令陷此。"甬东，甬县以东，在今浙江舟山市。［49］富于春秋：指年纪轻。［50］太傅：即慕容评，前燕太傅，首辅大臣。识度：见识与器度。［51］如言不用何：我们说话人家不听，那有什么办法呢？如何，奈何。

三月，丁巳朔[1]，日有食之。

癸亥[2]，大赦。

秦杨成世为赵公双将苟兴[3]所败，毛嵩亦为燕公武所败，奔还。秦王坚复遣武卫将军王鉴[4]、宁朔将军吕光[5]、将军冯翊郭将、翟傉[6]等帅众三万讨之。夏，四月，双、武乘胜至于榆眉[7]，以苟兴为前锋。王鉴欲速战，吕光曰："兴新得志，气势方锐，宜持重[8]以待之。彼粮尽必退，退而击之，蔑不济[9]矣！"二旬而兴退。光曰："兴可击矣。"遂追之，兴败，因击双、武，大破之，斩获万五千级，武弃安定，与双皆奔上邽，鉴等进攻之。

晋公柳数出挑战，王猛不应。柳以猛为畏之，五月，留其世子良[10]守蒲阪，帅众二万西趋长安。去蒲阪百余里，邓羌帅精骑七千夜袭，败之。柳引军还，猛邀击[11]之，尽俘其众。柳与数百骑入城，猛、羌进攻之。

秋，七月，王鉴等拔上邽，斩双、武，宥[12]其妻、子。以左卫将军苻雅为秦州[13]刺史。八月，以长乐公丕[14]为雍州刺史。

九月，王猛等拔蒲阪，斩晋公柳及其妻、子。猛屯蒲阪，遣邓羌与王鉴等会攻陕城。

燕王公、贵戚多占民为荫户[15]，国之户口，少于私家，仓库空竭，用度[16]不足。尚书左仆射广信公悦绾[17]曰："今三方鼎峙[18]，各有吞并之心。而国家政法[19]不立，豪贵恣横[20]，至使民户殚尽[21]，委输无入[22]，吏断常俸[23]，战士绝廪[24]，官贷粟帛以自赡给[25]，既不可闻于邻敌[26]，且非所以为治[27]，宜一切罢断诸荫户，尽还郡县。"燕主暐从之，使绾专治其事，纠擿奸伏[28]，无敢蔽匿[29]，出户[30]二十余万，举朝怨怒。绾先有疾，自力厘校户籍[31]，疾遂亟[32]。冬，十一月，卒。

十二月，秦王猛等拔陕城，获魏公廋，送长安。秦王坚问其所以反，对曰："臣本无反心，但以弟兄屡谋逆乱，臣惧并死，故谋反耳。"坚泣曰："汝素长者，固知非汝心也。且高祖[33]不可以无后。"乃赐廋死，原[34]其七子，以长子袭[35]魏公，余子皆封县公，以嗣越厉王[36]及诸弟之无后者。苟太后[37]曰："廋与双俱反，双独不得置后，何也？"坚曰："天下者，高祖之天下，高祖之子不可以无后。至于仲群[38]，不顾太后，谋危宗庙[39]，天下之法，不可私也！"以范阳公抑[40]为征东大将军、并州刺史，镇蒲阪；邓羌为建武将军、洛州刺史，镇陕城。擢姚眺为汲郡[41]太守。

加大司马温殊礼[42]，位在诸侯王上。

是岁，以仇池公杨世为秦州刺史，世弟统为武都[43]太守。世亦称臣于秦，秦以世为南秦州[44]刺史。

（以上为第十六段，写前秦诸将平定了叛乱，苻坚对苻廋网开一面，赦免了他的七个儿子；前燕大臣悦绾彻查"阴户"，查出二十多万户，因劳累而去世。）

【注释】

[1]丁巳朔：三月一日。 [2]癸亥：三月七日。 [3]苟兴：前秦赵公苻双的将领，反叛前秦，曾打败前秦将领杨成世。 [4]武卫将军：掌宿卫禁军。王鉴：武都人，前秦名将，为武卫将军、豫州刺史，曾率军平定"五公之乱"。 [5]吕光：字世明，前秦太尉吕婆楼之子，初为前秦名将，后为后凉开国君主。传见《晋书》卷一百二十二。 [6]冯翊（yì）：郡名，郡治临晋，在今陕西大荔县。郭将、翟傉（nù）：前秦将领，曾率军讨伐叛军。 [7]榆眉：县名，县治在今陕

西千阳县东。［8］持重：稳重，指不轻易出战。［9］蔑不济：没有不成功，意即一定成功。蔑（miè），无。济，渡，引申为成功。［10］良：即苻良，苻柳世子，与其父一起叛秦，进攻京城长安，被前秦大军击败，被杀。［11］邀击：拦腰截杀。［12］宥（yòu）：宽恕，原谅。［13］苻雅：前秦宗室名将，任左卫将军、秦州刺史、西县侯、广平王。秦州：州治冀县，在今甘肃甘谷县东南。［14］长乐公丕：即苻丕，字永叔，秦宣昭帝苻坚庶长子，封为长乐公，奉命镇守襄阳、邺城。苻坚去世，苻丕登基，为前秦第四位国主。传见《晋书》卷一百十五。［15］荫户：躲避在豪族世家门下不向国家交纳赋税的农户，为贵族私人部曲，不编入国家户口。晋代规定，凡宗室、官员、国宾、先贤之后，皆可按官品等级，占有一定的农户，称作“荫户”。［16］用度：指国家的开支。［17］悦绾：前燕将领，为御难将军，封广信公。广信公，封地广信县，都城在今广西梧州市。［18］三方鼎峙：指前燕、东晋、前秦三方并立。鼎峙（zhì），三方对立。鼎有三足，故名。［19］政法：政治，法度。［20］豪贵恣横：豪强、贵族任意横行，放纵蛮横。［21］民户殚尽：归于国家的户口很少。殚尽，净尽。［22］委输无入：没有人向国家交纳租税、粮食。委输，转运，此代指物资。［23］吏断常俸：做官的领不到每月的俸禄。常俸，平素的俸禄。［24］战士绝廪（lǐn）：当兵的得不到国家的粮食供应。廪，本指粮仓，这里用如动词，意即供应。［25］官贷粟帛以自赡（shàn）给：甚至连皇帝也得向别人借吃的穿的，以使自己存活。官，国家，皇帝。赡，养，供给。［26］不可闻于邻敌：不能让邻近的敌人知道。［27］非所以为治：这不是治理国家的办法。［28］纠擿（tī）奸伏：把所有隐秘的坏人坏事都清查出来。纠擿，清查，揭发。奸伏，隐伏未露的坏人坏事。［29］蔽匿：隐藏，隐瞒。［30］出户：清查出的黑户口。［31］自力厘校户籍：自己努力支撑着清理、核查户籍。厘校，清理，订正。［32］亟（jí）：急，急速。［33］高祖：即苻健，庙号高祖。苻廋为苻健之子。［34］原：赦免。［35］袭：袭封，继承。［36］嗣（sì）：继承。越厉王：即苻生。苻生被推翻后，先被降为越王，后又被杀，谥号厉，故称之。［37］苟太后：前秦国丞相东海王苻雄的王妃，苻坚、苻融、苻双的生母，被前秦主苻坚尊为皇太后。［38］仲群：即苻双，字仲群，苻坚的同母弟。［39］谋危宗庙：图谋危害国家。宗庙，是帝王祭祀祖先的处所，封建帝王把天下据为一家所有，世代相传，故以宗庙作为“王室”“国家”的代称。［40］范阳公抑：即苻抑，前秦官员，时为征东大将军、并州刺史，镇守蒲阪。［41］汲郡：郡治汲县，在今河南卫辉市南。［42］殊礼：特殊的礼遇。［43］统：即杨统，杨俊之子。东晋太和五年（370），杨统在武都起兵与杨篡争位。前秦主苻坚发兵七万攻打仇池，杨统率先降秦，直接促使了仇池国灭。之后，杨统被封为平远将军、南秦州刺史。传见《晋书》卷一百十三。武都：郡名，郡治在今甘肃成县西北。［44］南秦州：十六国前秦苻坚置，治所武都县，在今甘肃成县西北。

【点评】

论晋哀帝司马丕。晋成帝司马衍病重不治，谁来继位？司马丕是晋成帝司马衍的长子，而且是嫡子，按照当时的皇位继承法，他是最有资格当皇帝的。可是，当时他还幼小，只有一岁，而朝廷执掌大权的是晋成帝的舅舅庾冰。庾冰担心皇帝换代以后，自己与皇帝亲属之间的关系愈加疏远，受到他人的离间，就以国家外有强敌为由，劝说司马衍册立年纪大的为君王，请求立其同母弟司马岳为皇位继承人。于是，司马岳坐上了龙廷，把司马丕封为琅邪王。

司马岳只当了两年的皇帝就去世了。他的书法代表作《陆女帖》，被收进宋代《淳化阁帖》。《淳化阁帖》是中国最早的一部汇集各家书法墨迹的法帖，被后世誉为中国法帖之冠和“丛帖始祖”。司马岳去世后，司马聃继位。司马聃在位十七年，当他开始懂事而有些能力当皇帝的时候，却生病去世了。司马聃没有留下一子半嗣，于是皇位又回到了成帝嫡子手上。司马丕即位，是为哀帝，其时司马丕二十岁矣。司马丕在位不足五年，实行了土断法，划定州、郡、县领域，居民按实际居住地编定户籍。这一政策有利于行政统一和节省开支。应当说，这样做在当时是有积极意义的，但后来还是被废了。司马丕在位，还做了两件匪夷所思的事，关系东晋国运。司马丕不听大臣劝谏，追求长生不老。他按照道士传授的长生法，断谷、服丹药，摧残了身体，一是绝了生育，没了儿子继位；二是毒发，在他二十四岁时英年早逝。他本来命运坎坷，好不容易继位了，过了四年就死了，他实行的土断法也因此而终。此后，东晋再无中兴希望，令人唏嘘。司马丕谥为哀，《谥法》曰：“恭仁短折曰哀”，不亦可乎！

卷一〇二　晋纪二十四

晋海西公太和四年至五年（369—370 年）

【起屠维大荒落（己巳，369 年），尽上章敦牂（庚午，370 年），凡二年】

【大事提要】

本卷记事起公元 369 年，讫公元 370 年，凡二年，当晋海西公（司马奕）太和四年至太和五年。本卷所载大事，主要有三个方面。其一，桓温第三次北伐失败。公元 369 年，东晋大司马桓温率领五万大军北伐，攻打前燕，一路势如破竹，打到距前燕都城仅几十里的枋头，遭遇殊死抵抗，因粮尽撤退，归途中被前燕大将慕容垂设伏打败，又被赶来支援前燕的前秦军队劫了归路，仅剩万余人回归。其二，前燕慕容垂奔秦，慕容评乱政。前燕吴王慕容垂大败东晋大将军桓温，威名大振，却遭到总揽朝政太傅慕容评的忌恨，两人嫌隙日深。太后可足浑氏也憎恶慕容垂，便密谋将其杀害。慕容垂被迫于公元 369 年外出逃奔前秦，被任命为冠军将军，封宾徒侯。慕容垂出走后，慕容评更加骄横自负，还贪污受贿，令朝野怨愤。加上太后可足浑氏干预朝政，皇帝慕容暐奢侈无度，前燕政局动荡，让前秦有机可乘。其三，前秦覆灭前燕。公元 370 年，前秦主苻坚任命司徒王猛为统帅，率领杨安、张蚝、邓羌等十将，步骑六万人，东征前燕。一路攻下壶关、晋阳。前燕太傅慕容评集中精兵三十万驻扎潞川。两军相持，王猛派骑兵绕到前燕军后方，烧毁辎重，前燕军大败。前秦军乘胜围攻邺城、龙城，前燕灭亡。前燕自慕容廆统一部落，至此，凡四世，85 年；自慕容皝杀掉冉闵入主中原，至此为 19 年。

海西公下

太和四年（己巳，369 年）

春，三月，大司马温请与徐、兖二州刺史郗愔、江州刺史桓冲、豫州刺史袁真等伐燕。初，愔在北府[1]，温常云：“京口酒可饮，兵可用[2]。”深不欲愔居之[3]。而愔暗于事机[4]，乃遗温笺[5]，欲共奖王室[6]，请督所部出河上[7]。愔子超为温参军[8]。取视[9]，寸寸毁裂[10]，乃更作愔笺[11]，自陈非将帅才，不堪军旅[12]，老病，乞闲地[13]自养，劝温并领己所统。温得笺大喜，即转愔冠军将军[14]、会稽内史[15]。温自领徐、兖二州刺史。夏，四月，庚戌[16]，温帅步骑五万发姑孰[17]。

甲子[18]，燕主暐立皇后可足浑氏，太后从弟尚书令豫章公翼[19]之女也。

大司马温自兖州[20]伐燕。郗超曰："道远，汴水[21]又浅，恐漕运难通[22]。"温不从。六月，辛丑[23]，温至金乡[24]，天旱，水道绝，温使冠军将军毛虎生[25]凿巨野[26]三百里，引汶水会于清水[27]。虎生，宝之子也。温引舟师自清水入河[28]，舳舻[29]数百里。郗超曰："清水入河，难以通运[30]。若寇不战，运道又绝，因敌为资[31]，复无所得，此危道也。不若尽举见众直趋邺城[32]，彼畏公威名，必望风逃溃，北归辽、碣[33]。若能出战，则事可立决。若欲城邺而守之[34]，则当此盛夏，难为功力[35]，百姓布野，尽为官有[36]，易水以南必交臂请命[37]矣。但恐明公以此计轻锐[38]，胜负难必[39]，欲务持重，则莫若顿兵河、济[40]，控引漕运[41]，俟资储[42]充备，至来夏乃进兵。虽如赊迟[43]，然期于成功[44]而已。舍此二策而连军北上，进不速决[45]，退必愆乏[46]。贼因此势以日月相引[47]，渐及秋冬，水更涩滞[48]。且北土早寒，三军裘褐者少[49]，恐于时所忧[50]，非独无食而已。"温又不从[51]。

温遣建威将军檀玄攻湖陆[52]，拔之，获燕宁东将军慕容忠[53]。燕主暐以下邳王厉为征讨大都督[54]，帅步骑二万逆战于黄墟[55]，厉兵大败，单马奔还。高平太守徐翻[56]举郡来降。前锋邓遐[57]、朱序[58]，败燕将傅颜于林渚[59]。暐复遣乐安王臧[60]统诸军拒温，臧不能抗，乃遣散骑常侍李凤[61]求救于秦。

（以上为第一段，写东晋大将军桓温趁慕容恪去世之际，出兵攻打前燕，开始非常顺利，但未采用谋臣郗超的谋略，埋下了失败的隐患。）

【注释】

[1]北府：指京口，在今江苏镇江市。东晋都建康，以京口为北府，历阳为西府，姑孰为南州。 [2]兵可用：意谓这里的士兵训练有素，能征惯战。 [3]深不欲愔居之：很不愿意让郗愔

担任这一职务，因郗愔一心忠于晋室，不与桓温同心。深，甚，很。居，任职。郗愔任徐、兖二州刺史，此二州当时被燕国占领，故东晋此二州的军府设在京口。［4］暗于事机：政治嗅觉不敏感，看不清桓温思想的苗头。暗，昏暗，不明。事机，时机，事情的机会。［5］遗（wèi）温笺（jiān）：给桓温写信。［6］共奖王室：共同辅佐晋朝皇帝。奖，扶助，辅助。［7］请督所部出河上：请求让自己率领所统领的部队驻守到黄河边上。河上，黄河边。［8］超：即郗超，字景兴，郗愔之子，时为桓温参军、谋主。传见《晋书》卷六十七。［9］取视：拆看。［10］寸寸毁裂：即非常生气，把信笺撕得粉碎。［11］更作愔笺：替他的父亲另写了一封给桓温的信。［12］不堪军旅：不能胜任军旅重任。［13］乞闲地：请求改派到一个清闲的地方。乞，乞求。［14］转：转任，改任。冠军将军：杂号将军之名。［15］会稽内史：会稽王国的行政长官，位同郡太守。会稽国，都城在今浙江绍兴市。［16］庚戌：四月一日。［17］发姑孰：由姑孰出发北上。姑孰：县名，县治在今安徽当涂县。［18］甲子：四月十五日。［19］豫章公翼：即可足浑翼，慕容暐的皇后可足浑氏之父，为尚书令。［20］兖州：此指京口。东晋之兖州州治侨置在今江苏镇江市，当时称京口。［21］汴（biàn）水：古代沟通黄河和淮河的骨干运河，也称汴河，又名通济渠，自今河南荥阳市东北接黄河，东南流经今开封市南、商丘市北，再东南流经今安徽砀山县北，至江苏徐州市北入泗水。魏晋时为中原通往东南沿海地区的重要水运干道。［22］漕运：水路运输，通过水路运送粮食与人力补给。［23］辛丑：记载有误，六月庚戌朔，无辛丑日。疑为“五月辛丑”之误。五月辛丑，即五月二十二日。［24］金乡：县名，县治在今山东嘉祥县南。［25］毛虎生：原名毛穆之，字宪祖，东晋名将征虏将军毛宝之子，为淮阴太守、冠军将军，后为益州刺史、右将军。前秦苻坚屡次乘虚攻打东晋，毛穆之和儿子毛球一起讨伐苻坚，不幸在征途中病故。［26］凿巨野：挖渠引巨野泽的水与汴水相通连。巨野泽，在今山东巨野县北，古时水面南北三百里，东西百余里。［27］引汶（wèn）水会于清水：使清水与汶水通连起来。汶水，今大汶河，源出山东济南市莱芜区北，流至今东平县西南注入济水。清水，古济水下游的别名，故道起今山东梁山县，东北流经东阿、平阴、博兴等县及济南市，东流注入渤海。［28］自清水入河：自清水西行绕道进入黄河。［29］舳（zhú）舻（lú）：指首尾衔接的船只。舳，船尾。舻，船头。［30］难以通运：从清水进入黄河，为逆流，道路又迂回遥远，故言难以通运。［31］因敌为资：指进入敌区，夺取敌方的粮草以供己用。因，依靠，凭借。［32］尽举见众：率领现有的全部大军。见，同“现”。直趋邺城：直扑燕国的首都邺城。邺城，在今河北临漳县西南。［33］北归辽、碣（jié）：向北逃到他们固有的碣石山与辽河一带地区去。碣石山，在今河北昌黎县附近。辽河，在今辽宁境内。燕国旧时的都城曾先后在棘城（今辽宁义县西）、龙城（今辽宁朝阳市）。［34］城邺而守之：盘踞在邺城，予以固守。［35］难为功力：指前燕人难以固守成功。［36］尽为官有：全部为东晋所有。官，指国家、皇帝。［37］易水以南：指整个今北京市以南地区。易水在今河北西部，有北、中、南三支，均源出易县境内，下流注入大清河，再东北流向天津市入海。交臂请命：自缚双臂，请求投降。请命，请求给予处治。［38］轻锐：轻举冒进。［39］胜负难必：没有必胜的把握。

难必，难以保证必胜。必，一定，必然。［40］顿兵河、济：驻军于黄河、济水流域，在今河南北部与山东西北部一带地区。［41］控引漕运：控制并利用各条水路向前方调送物资。［42］俟（sì）：等待，等候。资储：积蓄，贮备。［43］虽如赊（shē）迟：看起来像是缓慢了一点。赊迟，缓慢，遥远。［44］期于成功：希望全胜。期，盼望。［45］进不速决：向敌进攻，不能速战速决。［46］退必愆（qiān）乏：向后退却，就难以避免失误与粮食匮乏。愆，失误。乏，匮乏。［47］以日月相引：指故意拖延时间。引，延长，指拖延时间。［48］涩（sè）滞：河水更浅，更难以行船。［49］裘褐（hè）者少：能有长皮袍或粗毛短褐穿的人很少。［50］于时所忧：到那时该忧虑的问题。［51］温又不从：胡三省曰："郗超之谋略岂常人所及哉？宜桓温重之也。重之而不从其计者，直趋邺城，决胜负于一战，温所不敢；顿兵河、济以待来年，使燕得为备，温亦不为也。"［52］檀（tán）玄：东晋将领，时为建威将军。湖陆：县名，县治在今山东鱼台县东南。［53］慕容忠：前燕开国皇帝慕容俊之孙，西燕烈文帝慕容泓之子，西燕第六位皇帝，只在位三个月，即被杀。［54］下邳王厉：即慕容厉，任散骑常侍，抚军将军，封下邳王。曾统兵攻打兖州，入泰山；东晋大司马桓温北伐，慕容厉奉命与桓温在黄墟（今河南杞县东北）交战，大败，单骑逃回。［55］逆战：迎战。黄墟：即黄城之墟，在今河南民权县北。［56］高平：郡名，郡治在今山东金乡县西北。徐翻：时为前燕高平太守，投降东晋。［57］邓遐（xiá）：字应远，平南将军邓岳之子，东晋名将。勇力绝人，气盖当时，拜冠军将军、竟陵太守，枋头之败后，桓温心怀耻忿，免其官，不久，郁郁而终。追赠庐陵太守。［58］朱序：字次伦，益州刺史朱焘之子，东晋名将。传见《晋书》卷八十一。［59］傅颜：前燕大将，历任右卫将军、护军将军、长乐太守。传见《晋书》卷一百十一。林渚（zhǔ）：地名，亦称白雁坡，在今河南新郑市观音寺镇岳口村。［60］乐安王臧（zāng）：即慕容臧，慕容俊庶长子，慕容暐兄长，封乐安王。前秦来攻前燕，慕容臧受命率军援救金墉，在石门击破秦军，进屯荥阳，被秦国大将梁成击败，退回。后邺城被秦军攻下，他和慕容暐投奔龙城，前燕灭亡。［61］李凤：前燕官员，时为散骑常侍，曾为使者求救于前秦。

秋，七月，温屯武阳[1]，燕故兖州刺史孙元帅其族党[2]起兵应温，温至枋头[3]。暐及太傅评大惧，谋奔和龙[4]。吴王垂曰："臣请击之，若其不捷，走[5]未晚也。"暐乃以垂代乐安王臧为使持节、南讨大都督，帅征南将军范阳王德[6]等众五万以拒温。垂表司徒左长史申胤[7]、黄门侍郎封孚[8]、尚书郎悉罗腾[9]皆从军。胤，钟之子；孚，放之子也。

暐又遣散骑侍郎乐嵩请救于秦，许赂以虎牢[10]以西之地。秦王坚引群臣议于东堂，皆曰："昔桓温伐我，至灞上[11]，燕不救我；今温伐燕，我何救焉[12]！且燕不称藩[13]于我，我何为[14]救之！"王猛密言于坚曰："燕虽强大，慕容评非温敌也。若温举山东[15]，进屯洛邑[16]，收幽、冀[17]之兵，引并、豫之粟[18]，观兵崤、渑[19]，则陛下大事去矣。今不如与燕合兵以退温，温退，燕亦病[20]矣，然后我承其弊而取之，不亦善乎！”坚从之。八月，遣将军苟池[21]、洛州刺史邓羌[22]帅步骑二万以救燕，出自洛阳，军至颍川[23]，又遣散骑侍郎姜抚[24]报使于燕。以王猛为尚书令。

太子太傅[25]封孚问于申胤曰：“温众强士整，乘流直进，今大军徒逡巡高岸[26]，兵不接刃[27]，未见克殄[28]之理，事将何如？”胤曰：“以温今日声势，似能有为，然在吾观之，必无成功。何则？晋室衰弱，温专制[29]其国，晋之朝臣未必皆与之同心。故温之得志，众所不愿也，必将乖阻[30]以败其事。又，温骄而恃众[31]，怯于应变[32]。大众深入，值可乘之会[33]，反更逍遥中流[34]，不出赴利[35]，欲望[36]持久，坐取全胜；若粮廪愆悬[37]，情见势屈[38]，必不战自败，此自然之数[39]。”

温以燕降人段思为乡导[40]，悉罗腾与温战，生擒思，温使故赵将李述徇赵、魏[41]，腾又与虎贲中郎将染干津[42]击斩之，温军夺气[43]。

初，温使豫州刺史袁真攻谯、梁[44]，开石门[45]以通水运，真克谯、梁，而不能开石门，水运路塞。

九月，燕范阳王德帅骑一万、兰台治书侍御史刘当[46]帅骑五千屯石门，豫州刺史李邽帅州兵[47]五千断温粮道。当，佩之子也。德使将军慕容宙[48]帅骑一千为前锋，与晋兵遇。宙曰：“晋人轻剽[49]，怯于陷敌[50]，勇于乘退[51]，宜设饵以钓之[52]。”乃使二百骑挑战，分余骑为三伏[53]。挑战者兵未交而走[54]，晋兵追之；宙帅伏以击之，晋兵死者甚众。

温战数不利，粮储复竭，又闻秦兵将至，丙申[55]，焚舟，弃辎重、铠仗[56]，自陆道奔还。以毛虎生督东燕等四郡诸军事，领东燕太守。

温自东燕出仓垣[57]，凿井而饮[58]，行七百余里。燕之诸将争欲追之，吴王垂曰：“不可，温初退惶恐[59]，必严设[60]警备，简精锐为后拒[61]，击之未必得志，不如缓之。彼幸吾未至，必昼夜疾趋[62]，俟其士众力尽气衰，然后击之，无不克矣。”乃帅八千骑徐行蹑其后[63]。温果兼道而进[64]。数日，垂告诸将曰：“温可击矣。”乃急追之，及温于襄邑[65]。范阳王德先帅劲骑四千伏于襄邑东涧[66]中，与垂夹击温，大破之，斩首三万级。秦苟池邀击[67]温于谯，又破之，死者复以万计。孙元遂据武阳以拒燕，燕左卫将军孟高[68]讨擒之。

冬，十月，己巳[69]，大司马温收散卒，屯于山阳[70]。温深耻丧败，乃归罪于袁真，奏免真为庶人，又免冠军将军邓遐官。真以温诬己，不服，表温罪状，朝廷不报[71]。真遂据寿春叛降燕，且请救，亦遣使如秦。温以毛虎生领淮南[72]太守，守历阳[73]。

（以上为第二段，写东晋大将军桓温北伐，开始势如破竹，直达枋头，前燕非常恐惧，遣使向前秦求救；后燕兵反扑，形势急转直下，桓温大败，归罪于部将袁真，袁真据寿春叛降前燕。）

【注释】

［1］武阳：即东武阳县，县治在今山东莘县西南。［2］孙元：前燕兖州刺史。桓温北伐，驻扎武阳，孙元起兵响应。桓温败还，孙元乘机占据武阳以与前燕抵抗，被前燕左卫将军孟高擒获。族党：聚居的同族亲属。［3］枋（fāng）头：地名，在今河南浚县西南的淇门渡。［4］和龙：即龙城，在今辽宁朝阳市，为燕国的旧日都城。［5］走：逃走，逃奔。［6］范阳王德：即慕容德，字玄明，慕容垂之弟，前燕征南将军，后为南燕开国皇帝。传见《晋书》卷一百二十七。［7］申胤（yìn）：前燕给事黄门侍郎、司徒左长史，前燕大将军左长史申钟之子。在枋头之战前，曾预测到桓温会不战自败。［8］封孚：字处道，前燕黄门侍郎，后为南燕宰相，前燕吏部尚书封放之子。传见《晋书》卷一百二十八。［9］悉罗腾：悉罗部族人，姓悉罗，名腾。悉罗，部落名，用以为姓。［10］赂：贿赂，赠送。虎牢：即虎牢关，古关名，在今河南荥阳市西北古汜水镇。［11］灞（bà）上：也作“霸上”，地名，在今陕西西安市东白鹿原的北头。［12］我何救焉：我还救他做什么呢！［13］称藩：向大国或宗主国承认自己的附庸地位。［14］何为：为何，为什么。［15］举山东：占领全部太行山以东地区。［16］屯：驻扎。洛邑：即洛阳，是周朝都城洛阳的古称，“八方之广，周洛为中，谓之洛邑”。［17］幽、冀：二州名。幽州，州治蓟县，在今北京市。冀州，州治信都，在今河北衡水市冀州区。此以二州代指前燕。［18］引并、豫之粟：收取并州、豫州的粮食。并州，指今山西一带地区。豫州，指今河南东部一带地区。［19］观兵崤（xiáo）、渑（miǎn）：向崤山、渑池以西地区炫耀武力，意即进攻关中。崤山、渑池县都在今河南之西部。［20］病：疲敝。［21］苟池：前秦将领，任左将军、领军将军。参与前秦灭前凉之战，又统军与诸将攻襄阳，皆取得胜利。后为西燕大将慕容永所杀。［22］洛州：前秦初置，州治宜阳，在今河南宜阳县西。邓羌：前秦名将。［23］颍川：郡名，郡治许昌，在今河南许昌市东。［24］姜抚：前秦官员，曾为使者出使前燕。［25］太子太傅：太子的师傅。［26］大军：指前燕军队。徒：只，仅仅。逡（qūn）巡高岸：指在黄河北岸徘徊。逡巡，因顾虑而徘徊不前的样子。

[27]兵不接刃：指不与燕兵交锋。兵，武器。[28]克殄（tiǎn）：战胜并消灭敌人。殄，消灭，灭绝。[29]专制：独自掌握政权，操纵一切。[30]乖（guāi）阻：不合作，唱反调。乖，背离。阻，阻挠。[31]恃众：仗恃兵多。[32]怯于应变：不敢果断地采取随机应变的行动，如上述郗超建议的攻取邺城。怯，胆怯，畏首畏尾。[33]值可乘之会：面对燕国有可乘之机。会，时机。[34]逍遥中流：指在黄河沿线徘徊不前。逍遥，优哉游哉，不图进取的样子。[35]不出赴利：不迅速出击争取胜利。赴利，争利。[36]欲望：希望，盼望。[37]粮廪（lǐn）愆（qiān）悬：指军粮供应不上。愆悬，因路远未及时运到。廪，粮仓，代指粮食。愆，误期。悬，路远。[38]情见势屈：不利的方面逐渐暴露。见，同“现”。屈，不利因素。[39]自然之数：必然的道理。数，规律，必然性。胡三省曰：“温攻秦而不渡霸水，攻燕而徘徊枋头，人皆咎其不进；知彼知己，温盖临敌而方有见乎此也。温之智虽不足以禁暴定功，然其去众人亦远矣。”[40]段思：鲜卑族，段勤之弟。太和四年（369）八月，东晋桓温北伐中原，段思作向导，被前燕悉罗腾生擒。乡导：即向导，为大军带路的人。乡，同“向”。[41]温使故赵将李述：原为后赵将领，投降东晋。徇（xùn）赵、魏：带兵在今河北南部一带巡游示威并进行宣传。徇，巡行谕告。[42]虎贲中郎将：统领虎贲禁兵，主宿卫。染干津：前燕将领，为虎贲中郎将。曾计斩东晋将领李述，使东晋北伐军士气低落。[43]夺气：指慑于声威，丧失胆气。[44]谯、梁：谯郡、梁国。谯郡，郡治在今安徽亳州市。梁国，都城在今河南商丘市南。[45]开石门：在石门开渠，引黄河水以通漕运。石门，在今河南荥阳市北，临近黄河。[46]兰台治书侍御史：御史中丞的属官，主管为帝王起草文件。兰台，即秘书省。治书，二字原无，据章校补。刘当：前燕玄菟太守刘佩之子，为前燕兰台治书侍御史。[47]豫州：前燕的豫州州治许昌，在今河南许昌市东。李邽：辽西人，原为冉魏官员，为赵郡太守，后投降前燕。州兵：州里的地方武装。[48]慕容宙：慕容垂之侄，跟随慕容垂在河内起事，封章武王、征虏将军，讨伐叛军，平定翟魏，为兖、豫二州刺史。慕容宝即位，改封乐浪王、司空，后被叛军杀害，谥号威。传见《晋书》卷一百二十三。[49]轻剽：轻捷，剽悍，带有浮躁的意思。[50]怯于陷敌：不敢攻入敌阵。陷，攻入。[51]乘退：乘敌方之退而攻击之。[52]设饵以钓之：假装败退，以引诱其出击，而中途设伏以消灭之。饵，钓鱼用的鱼食。[53]三伏：三支伏兵。[54]兵未交而走：双方还没有交锋，燕军就回头逃走了。交，交锋，接刃。[55]丙申：九月十九日。[56]辎（zī）重：行军时由运输部队携带的军械、粮草、被服等物资。铠（kǎi）仗：甲胄和作战兵器。[57]东燕：郡名，郡治在今河南卫辉市东南。仓垣：城名，在今河南开封市东南，靠近汴水。[58]凿井而饮：汴水、济水皆自北向南流，桓温恐追兵在上流投毒，故凿井而不饮河水。[59]惶恐：惊恐，害怕。[60]严设：严密设防。[61]简：简选，挑选。后拒：后卫，掩护大军撤退的防卫部队。[62]疾趋：匆忙奔跑。[63]蹑（niè）其后：跟随在大军的后面。蹑，跟随。[64]兼道而进：应是“兼道而退”，昼夜兼程地向南方撤退。兼道，兼程，加倍赶路。[65]及温于襄邑：在襄邑追上了桓温的军队。襄邑，古县名，县治在今河南睢县西。[66]涧（jiàn）：山间流水的沟。[67]邀击：在对方行进中途加以攻击。

[68]孟高：前燕将领，为左卫将军。桓温北伐，孙元乘机占据武阳以与前燕抵抗，孟高予以讨伐并擒获。[69]己巳：十月二十二日。[70]山阳：郡名，治所在今江苏淮安市东南。[71]不报：不答复。[72]领：代理。淮南：郡名，郡治寿春，在今安徽寿县。[73]历阳：县名，在今安徽和县。

燕、秦既结好，使者数往来。燕散骑侍郎郝晷[1]、给事黄门侍郎梁琛[2]相继如秦。晷与王猛有旧[3]，猛接以平生[4]，问以东方之事。晷见燕政不修而秦大治，知燕将亡[5]，阴欲自托于猛[6]，颇泄其实[7]。

琛至长安，秦王坚方畋于万年[8]，欲引见琛，琛曰："秦使至燕，燕之君臣朝服备礼，洒扫宫庭，然后敢见。今秦王欲野见[9]之，使臣不敢闻命[10]！"尚书郎辛劲[11]谓琛曰："宾客入境，唯主人所以处之[12]，君焉得专制其礼[13]！且天子称'乘舆'[14]；所至曰'行在所'[15]，何常居之有[16]！又，《春秋》[17]亦有遇礼[18]，何为不可乎！"琛曰："晋室不纲[19]，灵祚归德[20]，二方承运[21]，俱受明命[22]。而桓温猖狂[23]，窥我王略[24]，燕危秦孤[25]，势不独立[26]，是以秦主同恤时患[27]，要结好援[28]。东朝[29]君臣，引领[30]西望，愧其不竞，以为邻忧[31]，西使之辱[32]，敬待有加[33]。今强寇既退，交聘[34]方始，谓宜崇礼笃义以固二国之欢[35]，若忽慢使臣[36]，是卑燕[37]也，岂修好之义乎[38]！夫天子以四海为家，故行曰'乘舆'，止曰'行在'。今海县分裂[39]，天光分曜[40]，安得以'乘舆''行在'为言哉！礼，不期而见曰'遇'，盖因事权行[41]，其礼简略，岂平居容与[42]之所为哉！客使单行[43]，诚势屈于主人[44]，然苟不以礼[45]，亦不敢从也。"坚乃为之设行宫[46]，百僚陪位[47]，然后延客[48]，如燕朝之仪[49]。

事毕，坚与之私宴[50]，问："东朝名臣为谁？"琛曰："太傅上庸王评，明德茂亲[51]，光辅[52]王室；车骑大将军吴王垂，雄略冠世[53]，折冲御侮[54]；其余或以文进，或以武用，官皆称职，野无遗贤[55]。"

琛从兄奕[56]为秦尚书郎，坚使典客[57]，馆琛于奕舍[58]。琛曰："昔诸葛瑾[59]为吴聘蜀[60]，与诸葛亮[61]唯公朝相见[62]，退无私面[63]，余窃慕[64]之。今使之即安私室[65]，所不敢也。"乃不果馆[66]。

奕数来就邸舍[67]，与琛卧起[68]，间问[69]琛东国事。琛曰："今二方分据，兄弟并蒙荣宠，论其本心，各有所在[70]。琛欲言东国之美，恐非西国之所欲闻；欲言其恶，又非使臣之所得论[71]也。兄何用问为[72]！"

坚使太子延琛[73]相见。秦人欲使琛拜太子，先讽[74]之曰："邻国之君，犹其君也；邻国之储君[75]，亦何以异乎！"琛曰："天子之子视元士[76]，欲其由贱以登贵也。尚不敢臣其父之臣[77]，况他国之臣乎！苟无纯敬[78]，则礼有往来[79]，情岂忘恭[80]，但恐降屈为烦[81]耳。"乃不果拜[82]。王猛劝坚留琛[83]，坚不许。

（以上为第三段，写前燕派使臣郝晷、梁琛出使前秦，郝晷欲依附王猛，透露前燕许多内情；梁琛凛然坚持互访国使抗礼相待，非常讲究礼节，不接受苻坚的野外接见，不对前秦太子行拜太子之礼，不辱使命。）

【注释】

[1]郝晷（guǐ）：前燕散骑侍郎，后仕前秦、东晋、冉魏、后燕。 [2]梁琛（chēn）：前燕给事黄门侍郎，曾出使前秦。 [3]有旧：旧时相识，有老交情。 [4]接以平生：像接待老朋友一样接待郝晷。 [5]知燕将亡：四字原无，据章校补。 [6]阴：暗中。自托于猛：在王猛这里留一条后路。 [7]颇泄其实：将前燕内部的一些实情告诉了王猛。实，实情，内幕。 [8]畋（tián）于万年：正在万年县打猎。畋，打猎。万年，县治在今陕西西安市临潼区东北。 [9]野见：在郊外接见，与在朝廷接见相比，显得不重视、不礼貌。野，野外，郊外，与朝相对。 [10]不敢闻命：不敢听从您的命令，表示不屈礼卑从，不接受这种安排。 [11]辛劲：前秦尚书郎。[12]唯主人所以处之：一切听从主人的安排。所以处之，所做的各项安排。所，处所。处，安置。[13]焉得专制其礼：在接待的礼仪上怎么能由你说了算。专制，专断，妄加评论。 [14]天子称乘舆：群臣不敢指称皇帝，故以"乘舆"敬称之。乘舆，特指皇帝所乘坐的车子。[15]所至曰"行在所"：皇帝走到哪里，就称那个地方叫"行在所"，也简称"行在"，即皇帝在此之意。 [16]何常居之有：哪里有什么固定的居住地点。 [17]《春秋》：古代儒家典籍"六经"之一，是我国第一部编年体史书，相传是孔子所作。《春秋》对所记事件和人物都有褒有贬，后世称为"春秋笔法"。 [18]遇礼：指国君在宫廷外与他国客人的相逢之礼。如《春秋》隐公四年有所谓"公（鲁隐公）及宋公遇于清。"《公羊传》云："遇者何？不期也。"杜预注云："遇者，草次之期，二国各简其礼，若道路相逢遇也。" [19]晋室不纲：晋国的政治没有章法。不纲，没有伦常。 [20]灵祚（zuò）归德：神灵的福佑给予有德的一方。祚，赐福。 [21]二方承运：前秦、前燕两方正在受着老天爷的照顾。承运，承受天命。 [22]俱受明命：都是秉承着天命。 [23]猖狂：狂妄而放肆。 [24]窥我王略：侵犯前燕的疆土。窥，偷看，盯着，隐指侵犯。王略，指前燕的封略、疆

界。［25］燕危秦孤：前燕一旦灭亡，前秦就要陷于孤立。危，这里隐指被灭。［26］势不独立：一定不能单独存在。［27］同恤（xù）时患：同样对时世多艰感到忧虑。恤，忧虑。［28］要结好援：与燕国建立友好联盟。要结，邀约，交结。好援：犹可靠的盟友。［29］东朝：指前燕国。［30］引领：伸长脖子，形容盼望殷切。［31］愧其不竞，以为邻忧：燕国君臣深愧自己不够强大，从而使得邻国（前秦）为自己担忧。不竞，不强。［32］西使之辱：秦国的使臣到达我国。辱，谦辞，谦指到达自己的国家前燕。［33］敬待有加：总是给予高规格的接待。［34］交聘：两国之间的相互友好访问。［35］谓：认为，以为。崇礼笃（dǔ）义：提高礼数，加深信义。笃，深厚，用如动词。固二国之欢：加强两国的友好关系。固，加固，加强。［36］忽慢使臣：如果你们对我忽视怠慢。［37］卑燕：以前燕为卑微，即看不起前燕。［38］岂修好之义乎：难道是友好的行为吗？修好，指国与国之间结成友好关系。［39］海县分裂：中国正四分五裂。中国古代称“赤县神州”，并说其外围有大海环绕，故称“海县”。［40］天光分曜：日光分别照耀着不同区域，以喻全国分裂，各自为政。曜，照耀。［41］因事权行：那是赶巧权变的一种做法。权行，权变的做法。［42］平居容与：平时无事，逍遥散荡。平居，平时，平素。容与，逍遥散荡的样子，指苻坚不过是在打猎游戏而已。［43］客使单行：出访的使者单独在外。［44］诚势屈于主人：当然是没有你们的势力大。［45］苟：假如。不以礼：不以合适的礼节相待。［46］设行宫：搭建起一座临时的宫殿。［47］百僚陪位：安排一定数量的百官作陪同。陪位，陪席。［48］延客：引梁琛进见。延，延请，接见。［49］如燕朝之仪：像前燕朝廷接待前秦使者的礼仪一样。［50］私宴：以私人身份举行的宴会，表示苻坚的礼贤下士。［51］明德：德行彰明。茂亲：有才德的亲属。茂，美，有才德。［52］光辅：多方面辅佐。［53］雄略：雄才大略。冠世：超人出众，天下一流。［54］折冲御侮：打退敌人的进攻，抵御寇盗的侵侮。折冲，使敌人的战车后撤，即击退敌军。冲，战车的一种。［55］野无遗贤：指任人唯贤，人尽其才，有才能的人都得到任用。［56］奕（yì）：即梁奕，前秦尚书郎，前燕使者梁琛堂兄弟。［57］典客：此指临时负责接待宾客。典客也是官名，掌管接待少数民族的诸侯来朝等事务。典，掌管。［58］馆琛于奕舍：把梁琛安排在其兄梁奕的住所居住。馆，住宿。［59］诸葛瑾：字子瑜，三国时孙吴重臣，诸葛亮之兄，为孙吴效力，曾任海盐县长，为吴国长史，转中司马。吕蒙病逝，代吕蒙领南郡太守，驻守公安。孙权称帝后，诸葛瑾官至大将军，领豫州牧。传见《三国志》卷五十二。［60］为吴聘蜀：代表吴国出使西蜀的刘备政权。聘，访问，出使。［61］诸葛亮：三国时蜀汉丞相。［62］唯公朝相见：指诸葛瑾出使蜀国，诸葛亮只在公开场合以官方身份与诸葛瑾相见。［63］退无私面：退朝之后，从不以兄弟的身份私下会面。［64］窃慕之：暗中仰慕诸葛兄弟的为人。窃，私下。［65］即安私室：就便居住在私人住所。［66］不果馆：没到其兄的住所居住。［67］数来就邸（dǐ）舍：多次前来客馆看望。邸，外出官员临时居住的住所。［68］与琛卧起：陪着其弟一道住宿。［69］间问：乘便而问。间，空隙，机会。［70］各有所在：各有所尽忠的主子。［71］非使臣之所得论：不是我所应该说的。使臣，梁琛自称。所得论：所能够评说的。［72］何用问为：即何为用问，还有什么好问的呢？“为”字倒置，即成疑问句式。［73］延琛：邀请梁琛。［74］讽：晓谕，暗示性地提醒。［75］储君：未来的君主，即太子。［76］视元士：级别相等于“元士”。天子的士称元士，天子的嫡长子称元子，元子比于元士。视，比照，相等。［77］不敢臣其父之臣：意即尊敬其父手下的大臣，不把他们看作自己的臣子。［78］苟无纯敬：如果不是出于纯粹的恭敬。［79］则礼有往来：则必然要讲究“礼尚往来”，指自己拜秦太子，秦太子按礼也应当答拜。［80］情岂忘恭：从自己本心讲，我是挺想对秦太子表示恭敬的。［81］但恐降屈为烦：我是怕让你们太子降低身份给我还礼添上麻烦。降屈，降低身份。［82］不果拜：没有行拜太子之礼。［83］留琛：把梁琛扣留在秦国。

燕主暐遣大鸿胪温统[1]拜袁真使持节、都督淮南诸军事、征南大将军、扬州刺史，封宣城公[2]。统未逾淮[3]而卒。

吴王垂自襄邑还邺，威名益振，太傅评愈忌之。垂奏“所募将士忘身立效[4]，将军孙盖等椎锋陷陈[5]，应蒙殊赏[6]。”评皆抑而不行[7]。垂数以为言，与评廷争[8]，怨隙[9]愈深。太后可足浑氏素恶垂[10]，毁其战功，与评密谋诛之。太宰恪[11]之子楷[12]及垂舅兰建[13]知之，以告垂曰：“先发制人，但除评及乐安王臧，余无能为矣。”垂曰：“骨肉相残而首乱于国，吾有死而已，不忍为也。”顷之，二人又以告，曰：“内意[14]已决，不可不早发。”垂曰：“必不可弥缝[15]，吾宁避之于外，余非所议。”

垂内以为忧[16]，而未敢告诸子。世子令[17]请曰：“尊比者如有[18]忧色，岂非以主上幼冲[19]，太傅疾贤[20]，功高望重，愈见猜[21]邪？”垂曰：“然。吾竭力致命[22]以破强寇，本欲保全家国，岂知功成之后，返令身无所容。汝既知吾心，何以为吾谋？”令曰：“主上暗弱[23]，委任太傅[24]，一旦祸发，疾于骇机[25]。今欲保族全身，不失大义，莫若逃之龙城，逊辞谢罪[26]，以待主上之察，若周公[27]之居东[28]，庶几感寤[29]而得还，此幸之大者也。如其不然，则内抚燕、代[30]，外怀群夷[31]，守肥如之险[32]以自保，亦其次也。”垂曰：“善！”

十一月，辛亥朔[33]，垂请畋于大陆[34]，因微服出邺[35]，将趋[36]龙城。至邯郸[37]，少子麟[38]，素[39]不为垂所爱，逃还告状，垂左右多亡叛[40]。太傅评白燕主暐，遣西平公强[41]帅精骑追之，及于范阳[42]，世子令断后[43]，强不敢逼。会日暮，令谓垂曰："本欲保东都[44]以自全，今事已泄，谋不及设[45]，秦主方招延[46]英杰，不如往归之。"垂曰："今日之计，舍此安之[47]！"乃散骑灭迹，傍南山[48]复还邺，隐于赵之显原陵[49]。俄[50]有猎者数百骑四面而来，抗之则不能敌，逃之则无路，不知所为。会猎者鹰皆飞扬[51]，众骑散去，垂乃杀白马以祭天，且盟从者。

世子令言于垂曰："太傅忌贤疾能，构事[52]以来，人尤忿恨[53]。今邺城之中，莫知尊处[54]，如婴儿之思母，夷、夏[55]同之，若顺众心，袭其无备，取之如指掌[56]耳。事定之后，革弊简能[57]，大匡[58]朝政，以辅主上，安国存家，功之大者也。今日之便[59]，诚不可失，愿给骑数人，足以办之。"垂曰："如汝之谋，事成诚为大福，不成悔之何及！不如西奔，可以万全。"子马奴[60]潜谋逃归，杀之而行。至河阳[61]，为津吏[62]所禁，斩之而济[63]。遂自洛阳与段夫人[64]、世子令、令弟宝、农、隆[65]、兄子楷[66]、舅兰建[67]、郎中令高弼[68]俱奔秦，留妃可足浑氏[69]于邺。乙泉戍主吴归[70]追及于阌乡[71]，世子令击之而退。

初，秦王坚闻太宰恪卒，阴有图燕之志，惮垂威名，不敢发。及闻垂至，大喜，郊迎[72]，执手曰："天生贤杰，必相与共成大功，此自然之数[73]也。要当与卿共定天下，告成岱宗[74]，然后还卿本邦[75]，世封幽州[76]，使卿去国不失为子之孝[77]，归朕不失事君之忠[78]，不亦美乎！"垂谢曰："羁旅之臣[79]，免罪为幸[80]；本邦之荣[81]，非所敢望！"坚复爱世子令及慕容楷之才，皆厚礼之，赏赐巨万[82]，每进见，属目[83]观之。关中士民素闻垂父子名，皆向慕[84]之。王猛言于坚曰："慕容垂父子，譬如龙虎，非可驯[85]之物，若借以风云[86]，将不可复制，不如早除之。"坚曰："吾方收揽英雄，以清四海，奈何杀之！且其始来，吾已推诚纳之[87]矣，匹夫[88]犹不弃言，况万乘[89]乎！"乃以垂为冠军将军，封宾徒侯[90]，楷为积弩将军[91]。

（以上为第四段，写前燕太傅慕容评嫉妒吴王慕容垂，对随慕容垂立功者不予奖赏，二人隔阂加深。慕容评又与太后密谋诛杀慕容垂，消息泄露，慕容垂投奔前秦，得到重用。）

【注释】

[1]温统：前燕大鸿胪。 [2]宣城公：封地宣城郡，郡治宛陵，在今安徽宣城市。 [3]未逾淮：还没有渡过淮水，亦即还没有走到袁真驻军的寿春，在今安徽寿县。 [4]忘身立效：意即舍死立功。效，功勋。 [5]孙盖：东晋将领，在北征中立下战功。椎（cuī）锋陷陈：挫败敌人进攻的锋芒，攻克敌兵防守的坚阵。椎，通“摧”，摧折。陷，攻克。陈，同“阵”，战阵。 [6]蒙：蒙受，得到。殊赏：不同于一般的、特别的赏赐。 [7]抑而不行：压制而不予行赏。 [8]廷争：在朝廷上当众争论。 [9]怨隙：嫌隙，裂痕。 [10]可足浑氏：此指前燕景昭帝慕容儁的皇后。育有前燕献怀太子慕容晔、燕幽帝慕容暐、济北王慕容泓、中山王慕容冲。慕容儁去世后，幼帝慕容暐继位，可足浑太后干政，听信小人谗言，逼走慕容垂，致使其投秦。前燕亡，与儿子慕容泓等一起被前秦俘虏，受到善待。素恶垂：一向讨厌慕容垂。 [11]太宰：高官名，前燕时为首辅大臣。恪（kè）：即慕容恪，字玄恭，前燕主慕容皝第四子、慕容儁之弟。曾以“连环马”之计擒杀后赵主冉闵，后为太宰，封太原王，尽心辅佐幼主。谥为桓。后世尊为十六国第一名将。传见《晋书》卷一百十一。 [12]楷：即慕容楷，前燕太原王慕容恪之子，吴王慕容垂之侄。投奔前秦，任积弩将军。慕容垂复兴后燕，历任征西大将军、尚书左仆射、兖州刺史、冀州牧、司空，封太原王，谥号“元”。传见《晋书》卷一百二十三。 [13]兰建：慕容垂的舅父，前燕官员，曾随慕容垂从洛阳逃奔到前秦。 [14]内意：宫里的意思，即太后可足浑氏之意。 [15]必不可弥缝：如果骨肉之间的裂痕无法弥补缝合。必，倘若，假如。 [16]内以为忧：内心里感到焦虑。 [17]世子令：即慕容令，一作慕容全，慕容垂嫡长子，骁勇刚毅、多谋善断，随父投靠前秦天王苻坚。后回归前燕，被异母弟慕容麟告密，死在部下手中。慕容垂建立后燕，追赠献庄太子。慕容盛即位，追封献庄皇帝。 [18]尊：对父亲的敬称。比者：近来。如有：似有，好像有。 [19]幼冲：年龄幼小。 [20]疾贤：妒忌贤能。疾，同“嫉”，嫉妒。 [21]愈见猜：越发受到猜忌。 [22]致命：忘身，豁出性命。 [23]暗弱：愚昧，怯懦。 [24]委任太傅：将一切政务都委托太傅慕容评。委任，犹言“重用”。 [25]疾于骇（hài）机：比强弓上的箭还快。疾，迅速。骇机，突然触发的弓弩，因令人惊骇，故称“骇机”。 [26]逊辞：用谦卑的言语。谢罪：表示认错，请求原谅。[27]周公：姬姓，名旦，周文王姬昌第四子，西周开国贤相，辅佐周武王、周成王。 [28]居东：西周成王初即位时年纪幼小，由其叔周公代掌朝政，管、蔡二叔散布流言，说周公图谋篡位，发兵造反。成王对周公的信任也发生动摇，于是周公只好逃到东方避难。后来成王发现了周公当年请求以自己一死以换取武王健康的祷词，深受感动，遂把周公请了回来。 [29]庶几：或许可以。感寤：使前燕主慕容暐能有所感悟。 [30]内抚燕、代：对内安定好燕、代一带地区，意即占据燕、代一带地区而自立。燕，指今之北京市与其周围地区。代，指今河北西北部与山西东北部一带地区。 [31]外怀群夷：对外安抚好周边的其他少数民族地区。怀，安抚，实行好的政策使之感恩。 [32]肥如之险：指卢龙塞。肥如，古县名，县治在今河北卢龙县北。 [33]十一月，辛亥朔：记载有误，十一月丁丑朔，无辛亥日。辛亥，应是十二月五日。朔，疑是衍文。 [34]畋

（tián）于大陆：到大陆泽一带打猎。大陆泽，又名“巨鹿泽”，在今河北邢台市的巨鹿县、隆尧县、任泽区三地之间，汇聚太行山区之水，下流注入漳水。今已淤为平地。［35］微服：为隐藏身份，避人注目而改换常服。邺（yè）：即邺城，前燕的都城，在今河北临漳县西南。［36］趋：奔赴。［37］邯郸：古城名，在今河北邯郸市西南部。［38］麟：即慕容麟，字贺麟，慕容垂庶子。［39］素：平素，平常。［40］亡叛：叛变，逃跑。［41］西平公强：即慕容强，字元修，慕容廆之弟慕容运长子，前燕左护将军、西平公、洛阳王。西平公封地西平郡，都城西都，在今青海西宁市。［42］及于范阳：追到范阳时，追上了慕容垂。范阳，古郡名，郡治在今河北涿州市。［43］断后：为后卫，押后阵。［44］保东都：依托龙城以自保。龙城在邺都东北，故称“东都”。［45］谋不及设：来不及做别的计划。设，设计，谋划。［46］招延：招请，延请。［47］舍此安之：除了这条路，还能走到哪里去？安之，何往。［48］傍南山：指沿着中山国、常山郡的山谷南行回到邺城。［49］赵之显原陵：即后赵主石虎的假造墓地，在今河北临漳县西南。［50］俄：俄而，一会儿。［51］鹰皆飞扬：他们的猎鹰都忽然飞走。扬，飞散而去。［52］构事：制造事端，指策划杀慕容垂之事。［53］忿恨：怨愤，痛恨。忿，同“愤”。［54］莫知尊处：没有人知道您在哪里。尊，敬称其父。［55］夷、夏：少数民族与汉人，代指所有的人。［56］指掌：指划手掌之纹，以喻事成之极端容易。［57］革弊简能：革除弊政，选用能臣。简，挑选，选拔。［58］匡：匡正，扶之使正。［59］便：指有利的形势和条件。［60］子马奴：慕容垂儿子的管马奴隶。［61］河阳：县名，县治在今河南孟州市西。［62］津吏：管理渡口、桥梁的官吏。［63］济：渡河。［64］段夫人：慕容垂前妃之妹。慕容垂原娶段末柸女段氏，才高性烈，与皇后可足浑氏不睦，被诬陷下狱，欲构陷慕容垂，予以非人的折磨，段氏宁死不屈，死于狱中，保全了慕容垂。慕容垂以段氏之妹为继室。［65］令弟宝、农、隆：慕容令之弟慕容宝、慕容农、慕容隆。［66］兄子楷：慕容垂哥哥的儿子，即慕容垂的侄儿慕容楷。［67］舅兰建：慕容垂的舅舅兰建。［68］郎中令：九卿之一，掌宫廷侍卫。高弼：前燕典书令、郎中令。被可足浑后诬告用巫蛊邪术加祸于人，欲以此株连慕容垂。前燕主慕容俊拘捕高弼，送交廷尉审问。高弼意志坚定，始终没有屈招。后随慕容垂逃奔前秦，建立后燕。［69］可足浑氏：此指后燕主慕容垂为前燕吴王时娶的继室，为前燕主慕容俊可足浑皇后的妹妹，初封长安君。慕容垂的发妻段氏被可足浑皇后诬陷、拷打致死，慕容垂娶段氏之妹为妻，可足浑皇后很不满，下令降吴王继室段氏为妾，改娶其妹长安君为妻。慕容垂投奔前秦，将其留在邺城。［70］乙泉戍主吴归：乙泉坞的坞主，名叫吴归。乙泉坞，在今河南宜阳县西南洛河的北原上，当时属前燕。坞，是民众结集而居的军事据点名。戍主、坞主，即该据点的头领。［71］追及：追上，追到。阌（wén）乡：乡邑名，在今河南灵宝市西北，当时上属湖县。［72］郊迎：到郊外迎接，以示隆重。［73］自然之数：是水到渠成、自然而然的事情。［74］告成岱宗：统一称帝后到泰山祭天，向上帝报告成功，即所谓“封禅”，是古代帝王在道德、功业都获得完美、到达巅峰时的一种壮举。古人以泰山最高，距天最近，故登泰山告成功于上天。岱宗，即泰山，泰山别名岱，旧谓泰山为四岳所宗，故名，在今山东泰安市。［75］还卿本邦：意即将慕容垂封到本土燕国一带去。本邦，本国。［76］世封幽州：世世代代都以幽州为封地。幽州，州治蓟县，在今北京市。［77］去国不失为子之孝：在离开燕国的时候能保持对自己列祖列宗的孝心。去国，离开祖国。［78］归朕不失事君之忠：虽然归顺于我，而不改变对燕国君主的忠诚。事君，事奉燕君。［79］羁（jī）旅之臣：漂泊在外、寄居异乡的臣子。羁旅，寄居做客。［80］免罪为幸：能够不受责罚，就已经很幸运了。［81］本邦之荣：指封回故土的荣耀。［82］巨万：大万，万万，在今之所谓“亿”。［83］属目观之：盯着看，表示喜爱、赞赏。属，通“瞩”，注目，注视。［84］向慕：向往，仰慕。［85］可驯：可驯养以为己用。［86］若借以风云：一旦有了权势，有了时机。风云，以喻对之有利的条件。［87］推诚纳之：敞开胸怀，诚意相待。推诚，以诚意相待。纳，接待。［88］匹夫：平民百姓。［89］万乘：万辆兵车。周制，天子地方千里，能出兵车万乘，因以“万乘”指天子、帝王。［90］宾徒侯：封爵为侯，领地为宾徒县，县治在今辽宁锦州市北。［91］积弩将军：杂号将军之名。

燕魏尹范阳王德素与垂善[1]，及车骑从事中郎高泰[2]，皆坐免官。尚书右丞申绍[3]言于太傅评曰：“今吴王出奔，外口籍籍[4]，宜征王僚属之贤者显进[5]之，粗可消谤[6]。”评曰：“谁可者？”绍曰：“高泰，其领袖[7]也。”乃以泰为尚书郎。泰，瞻之从子[8]；绍，胤之子也。

秦留梁琛月余，乃遣归。琛兼程而进，比至邺，吴王垂已奔秦。琛言于太傅评曰：“秦人日阅军旅[9]，多聚粮于陕东[10]；以琛观之，为和必不能久。今吴王又往归之，秦必有窥燕[11]之谋，宜早为之备。”评曰：“秦岂肯受叛臣而败和好[12]哉！”琛曰：“今二国[13]分据中原，常有相吞之志，桓温之入寇，彼以计相救[14]，非爱燕也；若燕有衅[15]，彼岂忘其本志[16]哉！”评曰：“秦主何如人[17]？”琛曰：“明[18]而善断。”问王猛，曰：“名不虚得[19]。”评皆不以为然。

琛又以告燕主暐，暐亦不然之。以告皇甫真[20]，真深忧之，上疏言：“苻坚虽聘问相寻[21]，然实有窥上国[22]之心，非能慕乐德义[23]，不忘久要[24]也。前出兵洛川[25]，及使者继至，国之险易虚实，彼皆得之矣。今吴王垂又往从之，为其谋主[26]；伍员之祸[27]，不可不备。洛阳、太原、壶关[28]，皆宜选将益兵，以防未然[29]。”暐召太傅评谋之，评曰：“秦国小力弱，恃我为援[30]；且苻坚庶几善道[31]，终不肯[32]纳叛臣之言，绝二国之好，不宜轻自惊扰以启寇心[33]。”卒[34]不为备。

秦遣黄门郎石越聘[35]于燕，太傅评示之以奢，欲以夸[36]燕之富盛。高泰及太傅参军河间刘靖言于评曰："越言诞而视远[37]，非求好也，乃观衅[38]也。宜耀兵[39]以示之，用折[40]其谋。今乃示之以奢，益为其所轻矣。"评不从。泰遂谢病归。

是时，太后可足浑氏侵桡国政[41]，太傅评贪昧无厌[42]，货赂上流[43]，官非才举[44]，群下怨愤。尚书左丞申绍上疏，以为："守宰[45]者，致治之本[46]。今之守宰，率[47]非其人，或武臣出于行伍[48]，或贵戚生长绮纨[49]，既非乡曲之选[50]，又不更[51]朝廷之职。加之黜陟无法[52]，贪惰[53]者无刑罚之惧，清修者无旌赏之劝[54]。是以百姓困弊[55]，寇盗充斥[56]，纲颓纪紊[57]，莫相纠摄[58]。又官吏猥多[59]，逾于前世，公私纷然[60]，不胜烦扰[61]。大燕户口，数兼二寇[62]，弓马之劲[63]，四方莫及，而比者战则屡北[64]，皆由守宰赋调不平[65]，侵渔[66]无已，行留俱窘[67]，莫肯致命[68]故也。后宫之女四千余人，僮侍厮役[69]尚在其外，一日之费，厥直万金[70]；士民承风，竞为奢靡[71]。彼秦、吴僭僻[72]，犹能条治所部[73]，有兼并之心，而我上下因循[74]，日失其序[75]。我之不修，彼之愿也。谓[76]宜精择守宰，并官省职[77]，存恤兵家[78]，使公私两遂[79]，节抑浮靡[80]，爱惜用度[81]，赏必当功[82]，罚必当罪。如此，则温、猛可枭[83]，二方可取，岂特保境安民而已哉！又，索头什翼犍[84]疲病昏悖[85]，虽乏贡御[86]，无能为患，而劳兵远戍[87]，有损无益。不若移于并土[88]，控制西河[89]，南坚壶关[90]，北重晋阳[91]，西寇[92]来则拒守，过则断后[93]，犹愈于戍[94]孤城、守无用之地也。"疏奏，不省[95]。

（以上为第五段，写前燕主慕容暐幼弱，太宰慕容评专权，才非所任，国人离心，正一步步滑向灭亡的深渊，梁琛、高泰、刘靖、申绍纷纷建策，一概不听。）

【注释】

[1]魏尹：官名，十六国后赵、前燕国都邺城所在地的行政长官。范阳王德：即慕容德，字玄明，慕容垂之弟，南燕开国皇帝。曾任幽州刺史，册封范阳王。历事前燕、前秦、后燕。后建立南燕政权，称帝。谥号献武，庙号世宗。传见《晋书》卷一百二十七。 [2]车骑从事中郎：车骑将军属官。高泰：慕容垂为车骑大将军，以高泰为从事中郎。 [3]尚书右丞：官名，尚书省官员，

与尚书左丞分管尚书省所辖各个部门的事务。申绍：前燕官员，历尚书右丞、左丞。慕容评专权，乃上疏建议革新政治，没有被采纳。［4］外口籍籍：外面的人议论纷纷。籍籍，说个不停的样子。［5］征：征辟，征召。王僚属：吴王慕容垂的属官。显进：提拔到显要的位置。［6］粗可消谤（bàng）：可以稍稍地减少一些诽谤之语。粗可，略可。谤，说人坏话的流言蜚语。［7］领袖：衣服的领子和袖口，比喻有影响、有号召力的人物。［8］瞻：即高瞻，字子前，前燕主慕容廆时代的名臣。从子：兄弟之子，侄子。［9］日阅军旅：每天都在操练、检阅军队。［10］陕东：陕县以东。陕县，治今河南三门峡市陕州区。［11］窥燕：窥视燕国，有吞并燕国的打算。［12］败和好：破坏友好关系。［13］二国：指前燕、前秦。［14］以计相救：是从其自身利益考虑才救援我们。计，计谋，权衡利害。［15］有衅（xìn）：有了可乘之机。衅，间隙。［16］本志：固有的吞并燕国之志。［17］何如人：什么样的人。［18］明：明察，目光敏锐。［19］名不虚得：即名副其实，说明王猛确实是一个有才干和谋略的文武奇才。［20］皇甫真：前燕大臣，时为太尉。［21］聘问相寻：友好访问往来不断。相寻，相继，一次接一次。［22］窥上国：暗中窥测燕国。古代诸侯称朝廷为上国。［23］慕乐德义：向往于道德、大义。［24］不忘久要：不忘记两国固有的友好条约。久要，固有的约定。［25］出兵洛川：指苻坚派苟池、邓羌救燕之事。洛川，古地名。［26］为其谋主：为指慕容垂为苻坚出谋划策。谋主，主谋之人。［27］伍员之祸：指春秋时楚国伍子胥投奔吴国，而后借兵攻打楚国为父兄报仇之事。此谓慕容垂为今世伍员，前燕主将有楚平王之祸。［28］壶关：县名，县治在今山西长治市北。［29］防未然：即提防前秦对前燕的进攻。［30］恃我为援：仰仗我们对他的援助。恃，凭恃，依靠。［31］庶几善道：多少还是讲究点睦邻友好的。庶几，差不多。善道，指睦邻友好而言。［32］终不肯：无论如何也不会。［33］以启寇心：以引发前秦的入侵之心。［34］卒：最终。［35］石越：始平郡（今陕西兴平市）人，前秦名将，与毛当齐名，时任黄门郎，出使前燕。聘：访问。［36］夸：夸耀，炫耀。［37］言诞而视远：说话不着边际，眼神高深莫测。［38］观衅（xìn）：犹寻找燕国的破绽，伺隙而欲有所动。衅，缝隙，裂痕。［39］耀兵：炫耀兵威。［40］用：以。折：挫折，挫败。［41］侵桡（ráo）国政：妨碍、干扰国家政治。桡，扰动，搅乱。［42］贪昧无厌：贪财昧利，为私利而不顾一切。昧，贪冒。［43］货赂上流：财货从下往上流，指下级官吏向其上级公开行贿。货赂，用财货贿赂人，此指用来行贿的财物。［44］官非才举：各级官吏都不是凭着才能被提拔上来的。［45］守宰：郡太守与县令两级官员。［46］致治之本：是使国家达到太平盛世的基础，因为这两级官员最接近百姓，最关系社会的和谐与稳定。［47］率：大概，大略。［48］出于行伍：来自军队。古代军队的编制，五人为伍，二十五人为行，故以"行伍"代指军队。［49］贵戚：君主的显要大臣。生长绮（qǐ）纨（wán）：出身于贵族之家。绮纨，两种华贵的丝织品，故用以代指贵族、权豪之家。［50］乡曲之选：地方基层所推荐。乡曲，犹言"乡里""乡邑"。［51］不更：没有经过。［52］黜（chù）陟（zhì）：指人才的进退，官吏的升降。无法：没有一定的规矩，随心所欲。［53］贪惰：贪婪，怠惰。［54］清修：廉洁，勤勉。无旌赏之劝：得不到表彰、奖赏这样的鼓励。旌，表彰，表扬。劝，劝勉，鼓励。［55］困弊：困顿，疲敝。［56］充斥：到处都是。［57］纲颓（tuí）纪紊（wěn）：社会道德准则废弛，秩序混乱。纲、纪，社会的秩序和国家的法纪。颓，颓废，堕落。紊，紊乱，混乱。［58］莫相纠摄：没有人来督责、整顿。［59］官吏猥（wěi）多：官员杂滥众多。猥，众多，杂滥。［60］公私纷然：事务众多而混杂的样子。［61］不胜烦扰：杂乱、纷扰得使人受不了。［62］数兼二寇：相当于东晋、前秦两国的总和。二寇，指东晋、前秦。［63］弓马：角弓、战马，代指武器。劲：强劲。［64］比者：近来。战则屡北：作战则多次吃败仗。北，败北，败逃。［65］赋调不平：征兵征税不公平。调，古代税负的一种。［66］侵渔：侵夺吞没，谓掠夺财物就像渔民捕鱼。渔，以渔民捕鱼比喻官府、豪族的掠夺百姓。［67］行留俱窘：被拉去当兵的与留在家乡为农的，日子都非常艰难。［68］莫肯致命：因而没有人肯为国家奋勇战斗。致命，舍生忘死。［69］僮侍厮役：泛指各种供驱遣的仆役、奴隶。僮，仆人。侍，侍者。厮、役，都是做粗活的用人。［70］厥（jué）直万金：其花费多达万金。厥，其。直，同“值”。万金，古之“一金”约当铜钱一万枚。［71］竞：争相。奢靡（mí）：挥霍浪费钱财，过分追求享受。［72］秦、吴僭（jiàn）僻：即秦僭吴僻，意即前秦是僭号称帝，东晋是偏安江南。吴，这里指东晋。东晋的地盘在三国时是吴国，故称之。僭，僭越，僭号。僻，偏僻，偏安。［73］犹能条治所部：还能管好并统领他们的下属。条治，治理。所部，所属，部属。［74］上下因循：上下相互仿效，相互迁就，因循守旧，不思进取。［75］日失其序：一天比一天混乱。序，秩序。［76］谓：以为，认为。［77］并官省职：意即精简机构，罢免冗官。［78］存恤：抚慰，救济。兵家：士兵。［79］公私两遂：国家和个人双方满意，双方得利。［80］节抑：节制，抑止。浮靡：浮华、奢侈之风。［81］爱惜用度：节省开支。［82］赏必当功：颁发的奖赏必须与其功相当。当，符，相称。［83］温、猛可枭（xiāo）：桓温、王猛可以被我们擒来枭首示众。［84］索头：指鲜卑拓跋氏部落，因其生活习惯是编发为辫，故称。什翼犍：即拓跋什翼犍，代国国主。［85］疲病：疲劳，并且有病。昏悖（bèi）：昏庸，并且违背常理。［86］虽乏贡御：虽然他们不向我们进献贡品。贡御，意即进贡。［87］远戍：指燕国派兵到云中郡戍边防守。［88］移于并土：南移到并州境内。并州，州治晋阳，在今山西太原市西南。［89］西河：指今山西、陕西两省中间的一段黄河。［90］南坚壶关：在南方，坚守壶关要塞。壶关，古关名，即壶口关，在今山西黎城县东北太行山口，因山形险狭如壶口，得名。［91］北重晋阳：在北方，重点防守晋阳。晋阳，县名，县治在今山西太原市西南。［92］西寇：指前秦的军队。［93］过则断后：敌军撤退时就打下它的最后部分。［94］犹愈于：还胜过。愈，胜过。戍：戍守，镇守。［95］不省：不审阅，不理睬。

辛丑[1]，丞相昱与大司马温会涂中[2]，以谋后举[3]，以温世子熙[4]为豫州刺史、假节。

初，燕人许割虎牢以西赂秦[5]，晋兵既退，燕人悔之，谓秦人曰："行人失辞[6]。有国有家者，分灾救患[7]，理之常也。"秦王坚大怒，遣辅国将军王猛、建威将军梁成[8]、洛州刺史邓羌帅步骑三万伐燕。十二月，进攻洛阳。

大司马温发徐、兖州民筑广陵城[9]，徙镇之。时征役[10]既频，加之疫疠[11]，死者什四五[12]，百姓嗟怨[13]。秘书监太原孙盛[14]作《晋春秋》[15]，直书时事。大司马温见之，怒，谓盛子曰："枋头[16]诚为失利，何至乃如尊君所言[17]！若此史遂行[18]，自是关君门户事[19]！"其子遽拜谢[20]，请改之。时盛年老家居，性方严[21]，有轨度[22]，子孙虽斑白[23]，待之愈峻[24]。至是，诸子乃共号泣稽颡[25]，请为百口切计[26]。盛大怒，不许。诸子遂私改之。盛先已写别本，传之外国。及孝武帝[27]购求异书，得之于辽东人，与见本[28]不同，遂两存之。

（以上为第五段，写前秦与前燕交恶，当初前燕许诺将虎牢以西之地给前秦，后来反悔，赖皮，前秦主苻坚大怒，派辅国将军王猛率领重兵攻打前燕，进军洛阳。）

【注释】

[1]辛丑：十一月二十五日。 [2]丞相昱（yù）：即司马昱，字道万，东晋第八位皇帝，谥号简文皇帝，庙号太宗。传见《晋书》卷九。涂中：古地名，指今安徽、江苏滁河流域的滁州、全椒及六合一带地区。 [3]后举：以后的北伐行动。 [4]世子熙：即桓温长子桓熙，字伯道，历官给事中，进为征虏将军、豫州刺史，假节。 [5]赂秦：贿赂前秦，以让前秦出兵攻打东晋北伐军队。 [6]行人失辞：使臣当时说错了话。行人，外交使者。 [7]分灾救患：给邻居分担一些受灾损失，给予一定的救助。 [8]梁成：氐族，梁平老之子。初任建威将军、兖州刺史，后为南中郎将、都督荆扬诸军事、荆州刺史，后随苻坚南下攻打东晋，为晋龙骧将军刘牢之所杀。[9]筑广陵城：在今江苏扬州市的周围筑城。 [10]征役：征调筑城的劳工。役，役夫，劳工。[11]疫疠（lì）：瘟疫。 [12]什四五：十分之四五。 [13]嗟（jiē）怨：叹息，怨恨。 [14]秘书监：专掌国家藏书与编校工作的机构和官名。太原：二字原无，据章校补。孙盛：字安国，太原中都（今山西平遥县）人，东晋史学家、名士。官至长沙太守，封吴昌县侯。为秘书监、给事中。一生著述颇丰。传见《晋书》卷八十二。 [15]《晋春秋》：东晋史学家孙盛所作的史学著作，为当代人写当代事，直书时事，具有较高的史学价值。 [16]枋（fāng）头：古地名，在今河南卫辉市西南的淇门渡。 [17]何至乃如尊君所言：哪里像你父亲所写的那种样子。乃，竟。尊君，你父亲。 [18]遂行：一旦流传开。行，流布，流传。 [19]自是关君门户事：肯定要关系到你们

家族的命运，意思是要被灭族。［20］遽（jù）：立即，赶忙。拜谢：行礼，表示抱歉。［21］性方严：性格方正严肃。［22］有轨度：有棱角，讲原则。［23］虽斑白：须发花白，以喻其年老。［24］愈峻：越发严厉。［25］号泣：哀号，大哭。稽（qǐ）颡（sǎng）：古代一种跪拜礼，屈膝下拜，以额触地，表示极度的虔诚。［26］请为百口切计：请为这全家百余口人切实考虑。［27］孝武帝：即司马曜（yào），字昌明，简文帝司马昱第六子，东晋第九任皇帝，公元372年至公元396年在位。传见《晋书》卷九。［28］见本：东晋王朝所流行的现存版本。见，同“现”，现行，现存。

五年（庚午，370年）

春，正月，己亥[1]，袁真以梁国内史沛郡朱宪[2]及弟汝南内史斌[3]阴通大司马温[4]，杀之。

秦王猛遗燕荆州刺史武威王筑[5]书，曰：“国家今已塞成皋之险[6]，杜盟津之路[7]，大驾虎旅[8]百万，自轵关[9]取邺都，金墉穷戍[10]，外无救援，城下之师，将军所监[11]，岂三百弊卒所能支[12]也！”筑惧，以洛阳降，猛陈师受之[13]。燕卫大将军乐安王臧[14]城新乐[15]，破秦兵于石门[16]，执秦将杨猛[17]。

王猛之发长安也，请慕容令参其军事，以为乡导[18]。将行，造[19]慕容垂饮酒，从容[20]谓垂曰：“今当远别，何以赠我？使我睹物思人。”垂脱佩刀赠之，猛至洛阳，赂垂所亲金熙[21]，使诈为垂使者，谓令曰：“吾父子来此，以逃死[22]也。今王猛疾人如仇[23]，谗毁日深，秦王虽外相厚善，其心难知。丈夫逃死而卒不免，将为天下笑。吾闻东朝比来[24]始更悔悟，主、后相尤[25]。吾今还东，故遣告汝。吾已行矣，便可速发。”令疑之，踌躇终日[26]，又不可审覆[27]。乃将旧骑[28]，诈[29]为出猎，遂奔乐安王臧于石门。猛表令叛状[30]，垂惧而出走，及蓝田[31]，为追骑所获。秦王坚引见东堂，劳[32]之曰：“卿家国失和，委身投朕。贤子[33]心不忘本，犹怀首丘[34]，亦各其志，不足深咎[35]。然燕之将亡，非令所能存，惜其徒[36]入虎口耳。且父子兄弟，罪不相及[37]，卿何为过惧而狼狈如是[38]乎！”待之如旧。燕人以令叛而复还，其父为秦所厚，疑令为反间[39]，徙之沙城[40]，在龙都[41]东北六百里。

臣光曰：昔周得微子[42]而革商命[43]，秦[44]得由余[45]而霸西戎[46]，吴[47]得伍员[48]而克强楚，汉[49]得陈平[50]而诛项籍[51]，魏[52]得许攸[53]而破袁绍[54]。彼敌国之材臣[55]，来为己用，进取之良资[56]也。王猛知慕容垂之心久而难信[57]，独不念燕尚未灭，垂以材高[58]功盛，无罪见疑[59]，穷困归秦，未有异心，遽以猜忌[60]杀之，是助燕为无道而塞来者之门[61]也，如何其可哉[62]！故秦王坚礼之以收燕望[63]，亲之以尽燕情[64]，宠之以倾燕众[65]，信之以结燕心[66]，未为过[67]矣。猛何汲汲于杀垂[68]，乃为市井鬻卖之行[69]，有如嫉其宠而谗之[70]者，岂雅德君子所宜为[71]哉！

（以上为第六段，写前秦辅国将军王猛征讨前燕，借刀杀人，用“金刀计”离间慕容垂父子，诱使慕容令投奔前燕乐安王慕容臧，又劝苻坚杀害慕容垂，这件事做得非常不光彩，司马光予以讥评。）

【注释】

[1]己亥：正月二十四日。 [2]朱宪：东晋梁国内史，因暗通大司马桓温，被袁真所杀。[3]斌：即朱斌，曾为汝南内史，因暗通大司马桓温，被袁真所杀。 [4]阴通大司马温：暗中与桓温通谋。 [5]燕荆州：前燕的荆州州治在洛阳。武威王筑：即慕容筑，前燕洛州、荆州刺史，征虏将军，左中郎将，武威王。曾受命镇守洛阳，因援军不至，上下分心，被前秦王猛用智轻取。[6]国家：此指前秦。塞成皋之险：已经堵塞了成皋的险要之地。荥阳在洛阳以东，意即已将洛阳东出与前燕本土的联络截断。成皋之险，即虎牢关一带的险要之地。成皋，在今河南荥阳西北的大邳山上，其东侧有汜水镇，西有虎牢关，自古为黄河以南的东西交通孔道和战争要塞。 [7]杜盟津之路：意即切断了慕容筑北逃的归路。杜，堵塞，断绝。盟津之路，盟津一带的南北通道。盟津，黄河渡口名，在今河南洛阳市孟津区东北、孟州市西南，在洛阳城的北部。 [8]大驾：帝王出行的车驾，常用为帝王的代称，这里指苻坚亲自统率大军。虎旅：指勇猛的军队。 [9]轵（zhǐ）关：要塞名，在今河南济源市城南，当时有轵县，地处孟津渡口的东北方。 [10]金墉（yōng）穷戍：洛阳城一个孤立困乏的据点。金墉，当时洛阳城西北角的一个小城，这里即代指洛阳。[11]将军所监：是你亲眼可以看到的。监，看。 [12]弊卒：疲敝的士兵。支：支撑。 [13]陈师受之：布好自己的阵式，接受了慕容筑的投降。所以要“陈师”，盖受降如受敌，必须防变也。[14]乐安王臧：即慕容臧，慕容俊庶长子，慕容暐兄长，封乐安王。 [15]城新乐：在新乐县筑城。新乐，在今河南新乡县。 [16]石门：古邑名，应在今河南荥阳市之东北部。 [17]杨猛：前秦将领，被前燕乐安王慕容臧俘获。 [18]乡导：即向导，为大军带路的人。乡，同“向”。[19]造：到，去，拜访。 [20]从容：不慌不忙、大度自信的样子。 [21]金熙：慕容垂亲信。[22]逃死：躲避以免为慕容评所杀。 [23]疾人如仇：嫉恨他人如同仇敌。疾，同“嫉”，忌恨。

人，指慕容垂父子等自前燕来投秦之人。［24］东朝：指前燕国。比来：近来，最近一段时期。［25］主、后相尤：指前燕王慕容暐与其母可足浑太后已经在互相指责当初加害慕容垂的不对。尤，怨恨，归咎。［26］踌（chóu）躇（chú）终日：整天犹豫不决，拿不定主意。［27］审覆：调查，复核。［28］将旧骑：率领自燕奔秦时随行的骑兵。［29］诈：谎称。［30］表令叛状：给苻坚上书报告慕容令叛逃的情形。［31］蓝田：县名，县治在今陕西蓝田县西，地处长安城的东南方。［32］劳：安慰，慰劳。［33］贤子：以称慕容令。［34］犹怀首丘：还心念故乡。《礼记·檀弓上》曰："礼，不忘其本。古之人有言曰：'狐死正丘首，仁也。'"屈原《哀郢》曰："鸟飞返故乡兮，狐死必首丘。"是说狐狸临死时必然要让自己的头向着自己的窝，后人遂称不忘故土为"首丘"。［35］深咎：过多地去追究此事。咎，责备，追究罪过。［36］徒：白白地。［37］罪不相及：谁犯罪，谁承当，不会牵连到其他人。［38］过惧：过分害怕。狼狈如是：惊慌失措到这种程度。狼狈，进退两难、无所适从的样子。［39］反间：这里即是间谍、奸细的意思。［40］沙城：古地名，在今辽宁朝阳市东北。［41］龙都：即龙城，又称和龙城、黄龙城，在今辽宁朝阳市。［42］微子：子姓，宋氏，名启，商王帝乙长子，商纣王帝辛长兄，宋国开国国君。微子见商朝将亡，谏纣不听，乃离国出走。周武王伐纣，微子持祭器称臣于周。武王灭商后，封微子于宋，爵位公爵，特准其用天子礼乐奉商朝宗祀，成为宋国的开国始祖。［43］革商命：意即灭掉了殷商王朝。［44］秦：此指春秋时的秦国。［45］由余：春秋时晋国人，姬姓，名由余，字怀忠，因晋国内乱（曲沃武公伐晋）而流亡到戎地，是戎族的良臣。秦穆公用计将其招致到秦国，任以为上卿。由余遂帮助秦穆公谋伐西戎，灭国十二，辟地千里，使秦穆公成为西戎地区的霸主。［46］霸西戎：称霸于西戎地区。西戎，又称犬戎，是上古时期在今陕西、甘肃、宁夏等西北地区的一个以犬为图腾的非华夏部落。古代东周中原地区的人称自己为华夏，把四方的各部落，称为东夷、西戎、南蛮、北狄。西戎则是古代华夏部落对西方与华夏部落敌对的诸部落统称。［47］吴：此指春秋时的吴国。［48］伍员：楚国大夫伍奢之子，名员，字子胥。楚平王冤杀伍奢及其长子伍尚，伍员为报父兄之仇，出亡至吴国，辅佐吴王阖闾取得政权，成为重臣。吴与楚为世仇，吴王为报伍员之仇，大举伐楚，差点灭亡了楚国。［49］汉：此指西汉及开国之主刘邦。［50］陈平：原项羽部属，得不到重用，转而投汉王刘邦，为其谋主，用离间计假项王之手赶走谋臣范增，从此项羽走了下坡路。［51］项籍：即西楚霸王项羽，名籍，字羽，与汉王刘邦争天下，楚亡汉兴，成为悲剧英雄。［52］魏：指三国时曹魏及魏武帝曹操。［53］许攸：字子远，南阳（今河南南阳市）人。本为袁绍谋士，官渡之战时其家人因犯法而被收捕，因此背袁投曹，并为曹操设下偷袭袁绍军屯粮之所乌巢的计策，袁绍因此而大败于官渡。［54］袁绍：字本初，东汉末年军阀，汉末割据河北幽、冀、青、并四州的枭雄，在官渡之战中被曹操打败。［55］材臣：有才干的大臣。［56］进取：进攻敌方，获取胜利。良资：良好的凭借。［57］心久而难信：意即王猛知道慕容垂的内心所思，时间久了难以信任。［58］材高：即高才，才能出众。材，同"才"。［59］见疑：被怀疑。见，被。［60］遽（jù）：于是，就。猜忌：猜疑，嫉妒。［61］助燕为无道：意即王猛如此，没有任何道义可言，是间接地帮助了前燕。塞来者之门：堵塞了所有想来投奔者的门路。来者，前来归附者。［62］如何其可哉：怎么可以这样做呢？［63］收燕望：收合前燕人，在前燕人心目中树立起名望。［64］尽燕情：使前燕人怀念慕容垂的感情得到满足。［65］倾燕众：使前燕人都倾心于前秦国。［66］结燕心：结交前燕人，得到前燕人的拥戴。［67］未为过：不算是过分。［68］汲（jí）汲：急不可耐的样子。［69］乃为：竟然。市井鬻（yù）卖之行：比喻只图眼前利益而不作长远打算。鬻卖，在市场上做买卖。鬻，卖。［70］有如：犹如，就像。嫉其宠而谗之：看到别人受宠而内心不平，于是就去说人家的坏话。［71］岂雅德君子所宜为：这难道是具有高尚道德的人所应该做的事情吗？言下之意，王猛并不是一个德行高尚的人。

乐安王臧进屯荥阳[1]，王猛遣建威将军梁成、洛州刺史邓羌击走之，留羌镇金墉，以辅国司马桓寅为弘农[2]太守，代羌戍陕城[3]而还。

秦王坚以王猛为司徒、录尚书事[4]，封平阳郡[5]侯。猛固辞[6]曰："今燕、吴[7]未平，戎车方驾[8]，而始得一城，即受三事[9]之赏，若克殄二寇[10]，将何以加之！"坚曰："苟不暂抑朕心[11]，何以显卿谦光之美[12]！已诏有司权听所守[13]。封爵酬庸[14]，其勉从朕命[15]！"

二月，癸酉[16]，袁真卒。陈郡太守朱辅立真子瑾[17]为建威将军、豫州刺史，以保寿春[18]，遣其子乾之及司马爨亮[19]如邺请命[20]。燕人以瑾为扬州刺史，辅为荆州刺史。

三月，秦王坚以吏部尚书权翼[21]为尚书右仆射。夏，四月，复以王猛为司徒、录尚书事。猛固辞，乃止。

燕、秦皆遣兵助袁瑾，大司马温遣督护竺瑶等御[22]之。燕兵先至，瑶等与战于武丘[23]，破之。南顿太守桓石虔[24]克其南城[25]。石虔，温之弟子也。

秦王坚复遣王猛督镇南将军杨安[26]等十将步骑六万以伐燕。

慕容令自度[27]终不得免，密谋起兵，沙城中谪戍士[28]数千人，令皆厚抚之。四月庚午[29]，令杀牙门孟妫[30]。城大涉圭[31]惧，请自效[32]。令信之，引置[33]左右。遂帅谪戍士东袭威德城[34]，杀城郎慕容仓[35]，据城部署[36]，遣人招东西诸戍[37]，翕然[38]皆应之。镇东将军勃海王亮[39]镇龙城，令将袭之；其弟麟[40]以告亮，亮闭城拒守。癸酉[41]，涉圭因侍直[42]击令，令单马走，其党皆溃[43]。涉圭追令至薛黎泽[44]，擒而杀之，诣龙城白[45]亮。亮为诛涉圭[46]，收令尸而葬之。

六月，乙卯[47]，秦王坚送王猛于灞上[48]，曰："今委卿以关东之任[49]，当先破壶关[50]，平上党[51]，长驱取邺，所谓'疾雷不及掩耳[52]'。吾当亲督万众，继卿星发[53]，舟车粮运，水陆俱进，卿勿以为后虑[54]也。"猛曰："臣杖威灵[55]，奉成算[56]，荡平[57]残胡，如风扫叶，愿不烦銮舆亲犯尘雾[58]，但愿速敕所司部置鲜卑之所[59]。"坚大悦。

秋，七月，癸酉朔[60]，日有食之。

秦王猛攻壶关，杨安攻晋阳。八月，燕主暐命太傅上庸王评将中外精兵三十万以拒秦。暐以秦寇为忧，召散骑侍郎李凤、黄门侍郎梁琛、中书侍郎乐嵩问曰："秦兵众寡何如？今大军既出，秦能战乎？"凤曰："秦国小兵弱，非王师之敌，景略常才[61]，又非太傅之比，不足忧也。"琛、嵩曰："胜败在谋，不在众寡。秦远来为寇，安肯不战！且吾当用谋以求胜，岂可冀其不战而已[62]乎！"暐不悦。王猛克壶关，执上党太守南安王越[63]，所过郡县，皆望风降附。燕人大震。

黄门侍郎封孚问司徒长史申胤曰："事将何如？"胤叹曰："邺必亡矣，吾属今兹[64]将为秦虏。然越得岁[65]而吴伐之[66]，卒受其祸[67]。今福德在燕[68]，秦虽得志[69]，而燕之复建[70]，不过一纪[71]耳。"

大司马温自广陵[72]帅众二万讨袁瑾，以襄城太守刘波为淮南内史[73]，将五千人镇石头[74]。波，隗之孙也。癸丑[75]，温败瑾于寿春，遂围之。燕左卫将军孟高将骑兵救瑾，至淮北[76]，未渡，会秦伐燕，燕召高还。

广汉妖贼李弘，诈称汉归义侯势[77]之子，聚众万余人，自称圣王，年号凤凰。陇西人李高，诈称成主雄[78]之子，攻破涪城[79]，逐梁州刺史杨亮[80]。九月，益州刺史周楚[81]遣子琼[82]讨高，又使琼子梓潼太守虓[83]讨弘，皆平之。

（以上为第七段，写前秦主苻坚亲自定下攻打前燕的作战计划，先攻壶关，平定上党，然后长驱直入夺取邺城；东晋大司马桓温率军在寿春打败反叛的袁瑾。）

【注释】

[1]荥(xíng)阳：军镇名，在今河南荥阳市东北的古荥镇，自古以来的军事重地。[2]辅国司马：辅国将军王猛的司马官。桓寅：前秦官员，为辅国将军司马，升为弘农太守。弘农：郡名，郡治在今河南三门峡市陕州区。前秦原以洛州刺史邓羌镇守陕城，邓羌进驻金墉，故以桓寅代驻陕城。[3]陕城：城名，即陕县县城，为弘农郡治所在地。[4]司徒：朝廷高官名，东晋时是实际上的丞相，主管朝廷政务，前秦仿之。录尚书事：官名，总管国家政事的施行。录，统管，统领。[5]平阳郡：郡名，郡治在今山西临汾市西南部。[6]固辞：坚持再三推辞。[7]燕、吴：前燕、东晋。吴，东晋的地盘相当于三国时吴国的地盘，位于江东，故以吴代东晋。[8]戎车方驾：战车正在行驶途中。戎车，古代战车名，兵车。[9]三事：亦称“三司”或“三公”，指周代的司徒、司马、司空，以及秦汉时代的丞相、太尉、御史大夫。[10]克殄(tiǎn)二寇：指消灭东晋与前燕。克殄，战胜，消灭。殄，灭，灭绝。[11]暂抑朕心：意即稍稍放下一点我的架子。[12]谦光之美：谦恭的美德。谦光，因谦让而愈具光彩。[13]已诏有司：已下令告知有关官员。权听所守：暂时还让你管理原来的事务。权，姑且。听，听任，由你。[14]封爵酬庸：加封爵位以奖励功劳。酬，报，奖励。庸，功勋。[15]其勉从朕命：还是请你勉强听从我的命令。其，句首发语词，表示祈请、命令。勉，勉强，姑且。[16]癸酉：二月二十八日。[17]陈郡：郡名，郡治项县，在今河南沈丘县。朱辅：前燕陈郡太守。瑾：即袁瑾，豫州刺史袁真之子。袁真死后，陈郡太守朱辅拥立袁瑾嗣位，为建威将军、豫州刺史，坚守寿阳。前燕主任袁瑾为扬州刺史、朱辅为荆州刺史。[18]寿春：县名，县治在今安徽寿县。[19]乾之：即袁乾之，袁瑾之子。爨(cuàn)亮：袁瑾司马。[20]如邺请命：到邺城请求前燕主的批准、任命。[21]吏部尚书：吏部主管官员，掌管官吏的选举任免。权翼：字子良，天水(今甘肃秦安县)人，前秦吏部尚书，与苻坚关系亲密，官至司隶校尉、侍中、尚书右仆射，封安丘郡公。传见《晋书》卷一百二十三。[22]竺(zhú)瑶：东晋益州刺史，桓温麾下水军督护。袁瑾据寿阳叛晋时，曾率水军大破燕援军二万于武丘。后奉桓温命逼废晋帝司马奕。御：驾驭，抵抗。[23]武丘：城名，在今河南沈丘县东南。[24]南顿：县名，县治在今河南项城市西。桓石虔，字镇恶，桓温之弟桓豁庶长子，东晋名将。[25]南城：寿春南城。[26]杨安：氐族人，前秦名将。原是前仇池国王子，在其父杨国被杀后投奔前秦。为前秦立下汗马功劳。后镇守仇池。传见《晋书》卷一百十三。[27]自度(duó)：自己推测，估计。[28]谪(zhé)戍士：因有罪被发配、流放戍边的士兵。谪，被罚戍边的罪人。[29]四月庚午：原文作“四月庚午”，记载有误，五月甲戌朔，无庚午日。“五月”应为“四月”之误。四月庚午，即四月二十六日。[30]牙门：牙门将的省称，古代守卫牙门的将领，也指偏将、副将。孟妫(guī)：前燕沙城牙门将，被慕容令所杀。[31]城大：城主，城堡的守将。涉圭：前燕沙城城主。[32]请自效：请求为之效力、尽忠。[33]引置：安放，放到身边。[34]威德城：原为宇文涉夜干所居之城，慕容皝改名为威德城。在今内蒙古西辽河上源西拉木伦河或老哈河流域，一说在今辽宁朝阳市东北。[35]城郎：

守城官员，意同“城大”“城主”。慕容仓：前燕官员，为沙城城守。［36］据城部署：占据城堡后给众人分派任务。［37］诸戍：各个防守据点。［38］翕（xī）然：众心一致、快速反应的样子。［39］勃海王亮：即慕容亮，字永兴，慕容儁第四子，封为勃海王，为镇东将军。后镇守龙城，慕容令准备袭击他。他紧闭城门抵御固守，将慕容令打败。后宜都王慕容桓杀掉慕容亮，吞并其兵众，逃奔辽东。勃海王，封地勃海郡，都城南皮，在今河北南皮县北。［40］其弟麟：慕容令之弟慕容麟。［41］癸酉：四月二十九日。［42］因侍直：利用当班值勤的机会。侍直，侍卫轮值。直，同“值”，值班，值勤。［43］溃（kuì）：溃败，逃散。［44］薛黎泽：水泽名，在今内蒙古西辽河流域。［45］诣（yì）：往，到。白：告白，告知。［46］为诛涉圭：为慕容令而杀了涉圭。“为”后省“之”字。［47］乙卯：六月十二日。［48］灞（bà）上：古地名，指当时长安城东南的灞水西侧高原，历来为驻兵之地。［49］关东之任：即平定关东地区的任务。关东，指函谷关以东地区。［50］壶关：古城名，为上党郡治所。［51］上党：地区名，也是郡名，郡治在今山西壶关县东北。［52］疾雷不及掩耳：突然响起雷声，使人来不及遮掩耳朵，比喻来势凶猛，使人来不及防备。疾雷，即迅雷。［53］星发：指披星戴月地兼程而行。［54］勿以为后虑：不用担心后方的供应与补给问题。后虑，后顾之忧。［55］杖威灵：依仗您的声威、威势。杖，同“仗”。［56］奉成算：按照您预定的计谋从事。［57］荡平：犹扫平，清除干净。荡，洗涤，清除。［58］愿：但愿，希望。不烦銮（luán）舆：不用劳烦您的大驾。銮舆，帝王的车驾，这里即指苻坚。亲犯尘雾：亲临前方战线。尘雾，灰尘和烟雾，比喻战场。［59］所司：有关主管部门。司，主管，掌管。部置鲜卑之所：安置鲜卑族俘虏，即前燕国君臣的场所。部置，即布置，部属，安排。［60］癸酉朔：七月一日。［61］景略常才：王猛的才能一般。景略，王猛之字。常，平常。［62］冀：希冀，希望。已：结束，罢兵。［63］南安王越：即慕容越，前燕上党太守，封南安王。被王猛俘获。［64］今兹：如今，现在。［65］越得岁：岁星运行到越国的分野。岁，岁星，即木星。古人认为岁星所在，其国有福。［66］吴伐之：吴国进攻越国，事在《左传》昭公三十二年（前510）。时为吴王阖闾五年，越国君主名为允常。这一年岁星运行到星纪，星纪有斗、牛两宿，是越国的分星。故而当时的天文学家史墨说，这对越国有利，对吴国不利，并预言四十年以后越国将灭掉吴国。［67］卒受其祸：昭公三十二年（前510）吴国对越国的用兵，虽然取胜，但到吴王夫差二十三年（前473），吴国被越王勾践所灭。事见《史记》卷三十一。天文学者所说的预言，自然是事后的编造与附会。［68］福德在燕：意在今年正当岁星运行到燕国的分野，上天保佑燕国。后来苻坚曾说：“昔吾灭燕，亦犯岁而捷。”［69］秦虽得志：秦国即使如愿地灭掉燕国。［70］复建：重建，重新建立国家。［71］不过一纪：用不了十二年。古称十二年为一纪。前燕于东晋太和五年（370）灭亡，慕容垂在东晋太元九年（384）又建立了后燕，相隔十三年。申胤的夸夸其谈，自然也是后来历史家的编造附会。［72］广陵：郡名，郡治在今江苏扬州市。［73］襄城：郡名，郡治在今河南襄城县。刘波：字道则，彭城（今江苏徐州市）人，东晋镇北将军刘隗之孙，刘绥之子，东晋襄城太守，转为淮南内史。［74］石头：即石头城，古城名，在当时建康城的旁边，在今江苏南京市清凉山麓，历来为军事重镇。［75］癸丑：八月十一日。［76］淮北：此指淮河北岸。［77］归义侯势：即李势，字子仁，成汉末代国主。东晋大司马桓温率军伐汉，李势兵败投降，随温东迁建康，封为归义侯。传见《晋书》卷一百二十一。［78］成主雄：即成汉开国国主李雄。［79］涪（fú）城：城名，在今四川绵阳市。［80］梁州：州治南郑，在今陕西汉中市。杨亮：东晋梁州刺史。［81］益州：郡名，治所在今四川成都市。周楚：字元孙，周抚之子，东晋将领。从父入蜀，拜鹰扬将军、犍为太守。父死后，监管梁、益二州，拜冠军将军、监益宁二州诸军事、益州刺史。［82］琼：即周琼，周楚之子，劲烈有将略，为东晋梁州刺史、建武将军，领西戎校尉。［83］梓潼：郡名，郡治在今四川绵阳市。虓（xiāo）：即周虓，字孟威，东晋西戎校尉周琼之子，梓潼太守。前秦攻打梓潼，周虓坚守涪城，力不支假降前秦。因密谋袭击苻坚之事泄露，被流放。东晋追赠龙骧将军、益州刺史。传见《晋书》卷五十八。

秦杨安攻晋阳，晋阳兵多粮足，久之未下。王猛留屯骑校尉苟长[1]戍壶关，引兵助安攻晋阳，为地道，使虎牙将军张蚝[2]帅壮士数百潜入城中，大呼斩关[3]，纳秦兵。辛巳[4]，猛、安入晋阳，执燕并州刺史东海王庄[5]。太傅评畏猛不敢进，屯于潞川[6]。冬，十月，辛亥[7]，猛留将军武都毛当[8]戍晋阳，进兵潞川，与慕容评相持。

壬戌[9]，猛遣将军徐成觇燕军形要[10]，期以日中[11]，及昏[12]而返，猛怒，将斩之。邓羌请之曰："今贼众我寡，诘朝[13]将战，成，大将也，宜且宥[14]之。"猛曰："若不杀成，军法不立。"羌固请曰："成，羌之郡将[15]也，虽违期应斩，羌愿与成效战[16]以赎之。"猛弗许。羌怒，还营，严鼓勒兵[17]，将攻猛。猛问其故，羌曰："受诏讨远贼，今有近贼[18]，自相杀，欲先除之！"猛谓羌义而有勇，使语之，曰："将军止，吾今赦之。"成既免，羌诣猛谢。猛执其手曰："吾试将军耳，将军于郡将尚尔[19]，况国家乎，吾不复忧贼矣！"

太傅评以猛悬军深入[20]，欲以持久制之[21]。评为人贪鄙，鄣固山泉[22]，鬻樵及水[23]，积钱帛如丘陵，士卒怨愤，莫有斗志。猛闻之，笑曰："慕容评真奴才，虽亿兆[24]之众不足畏，况数十万乎！吾今兹破之必矣。"乃遣游击将军郭庆[25]帅骑五千，夜从间道[26]出评营后，烧评辎重，火见邺中[27]。燕主暐惧，遣侍中兰伊让[28]评曰："王，高祖[29]之子也，当以宗庙社稷[30]为忧，奈何不抚战士而榷卖樵水[31]，专以货殖为心[32]乎！府库之积，朕与王共之，何忧于贫！若贼兵遂进[33]，家国丧亡，王持钱帛欲安所置之[34]！”乃命悉以其钱帛散之军士，且趋[35]使战。评大惧，遣使请战于猛。

甲子[36]，猛陈于渭源[37]而誓之，曰：“王景略受国厚恩，任兼内外[38]，今与诸君深入贼地，当竭力致死，有进无退，共立大功，以报国家。受爵明君之朝[39]，称觞父母之室[40]，不亦美乎！”众皆踊跃，破釜弃粮[41]，大呼竞进[42]。

猛望燕兵之众，谓邓羌曰：“今日之事，非将军不能破勍敌[43]，成败之机[44]，在兹[45]一举，将军勉[46]之！”羌曰：“若能以司隶见与[47]者，公勿以为忧。”猛曰：“此非吾所及[48]也，必以安定太守[49]、万户侯相处[50]。”羌不悦而退。俄而兵交[51]，猛召羌，羌寝不应[52]。猛驰就许之[53]，羌乃大饮帐中，与张蚝、徐成等跨马运矛[54]，驰赴燕陈[55]，出入数四[56]，旁若无人，所杀伤数百。及日中，燕兵大败，俘斩五万余人，乘胜追击，所杀及降者又十万余人。评单骑走还邺。

崔鸿[57]曰：邓羌请郡将以挠法[58]，徇私[59]也；勒兵欲攻王猛，无上[60]也；临战豫求[61]司隶，邀君[62]也。有此三者，罪孰大焉[63]！猛能容其所短，收其所长[64]，若驯猛虎，驭悍马[65]，以成大功。《诗》[66]曰：“采葑采菲，无以下体[67]。”猛之谓矣！

（以上为第八段，写前秦司徒王猛率领大军孤军深入，发挥猛将邓羌之长，攻打前燕势如破竹；而前燕太宰慕容评畏惧不前、贪婪谋私，军心浮动，全军覆没，慕容评只身逃回邺城。）

【注释】

[1]苟长：前秦屯骑校尉，后升为武卫将军。［2］张蚝（háo）：本姓弓，上党泫氏（今山西高平市）人，初为后赵将领张平养子，投降前秦后，先后平定五公之乱，攻灭前燕、代国，又参与淝水之战，大败东晋名将谢石，后迎接苻丕称帝，任为侍中、司空、上党郡公，升任太尉。传见《晋书》卷一百十三。［3］斩关：砍开城门的栓与锁。［4］辛巳：九月十日。［5］东海王庄：即慕容庄，前燕并州刺史，封东海王。东海王封地东海郡，都城郯县，在今山东郯城县北。［6］潞（lù）川：古水名，即浊漳河，流经今山西长治市潞城区东北。［7］辛亥：十月十日。［8］毛当：武都（今甘肃陇南市）人，前秦名将，与石越齐名。传见《晋书》卷一百十三。［9］壬

戌：十月二十一日。［10］徐成：前秦名将，先后率军攻灭前燕、讨伐仇池公杨纂，并为前秦夺取东晋川蜀、汉中之地。觇（chān）燕军形要：侦察燕军的形势要害。觇，偷偷观察。形，指军容的外部形态；要，指判断内部原因。［11］日中：正午，中午。［12］昏：黄昏，傍晚。［13］诘（jié）朝：明旦，明早。诘，明天。［14］宥（yòu）：宽恕，原谅。［15］羌之郡将：我邓羌所在郡的太守。太守，也称“郡将”。徐成曾为邓羌所管辖之郡的郡守，故邓羌说是“羌之郡将”。［16］效战：效力决战。［17］严鼓勒兵：紧急击鼓，集合军队。［18］近贼：身边的贼，指王猛。［19］于郡将尚尔：对于一位过去的郡太守竟能有如此情谊。尚尔，尚且如此。［20］悬军深入：孤军远离本土而深入敌区。［21］以持久制之：用长期相持的策略拖垮他。［22］鄣固山泉：把山林泉水都占据、垄断起来。鄣固，围堵，引申为占有。［23］鬻（yù）樵及水：卖薪柴，又卖水。鬻，卖。［24］亿兆：古代以万万为亿，万亿为兆，这里是极言其多。［25］郭庆：前秦名将，为游击将军，屡立战功，率众扫平前燕在辽东的势力，遣将斩杀宜都王慕容桓。后升任持节、都督幽州诸军事、幽州刺史，封襄城侯。参与灭代之战，大胜而归。［26］间道：隐蔽的小道。［27］火见邺中：在邺城内就可以望见这场大火，极言火势之盛。［28］兰伊：前燕侍中，给事宫中，地位颇重。让：责备，批评。［29］高祖：即慕容廆，庙号高祖。［30］宗庙社稷：代指国家。［31］榷卖樵水：垄断性地卖柴卖水。榷，独木桥，以比喻垄断专卖。［32］专以货殖为心：意即一脑门子就想赚钱。货殖，营利，赚钱。［33］遂进：长驱直入，就这样地打了过来。［34］安所置之：你把这些钱都放到哪里去。［35］趋：通“促”，催促。［36］甲子：十月二十三日。［37］陈：陈兵。渭源：胡三省注认为作“渭源”，于地理形势不合。杜佑《通典》作“潞源”。潞水在今浊漳河，源头在今山西长子县西南的发鸠山一带地区，北流经长治市的潞城区、襄垣县等，转东南流经黎城县，至河北涉县东南，与清漳河汇为漳河。［38］任兼内外：身兼朝内朝外要职，即出将入相。［39］受爵明君之朝：获胜后，在朝廷获国家重赏。［40］称觞（shāng）父母之室：回家后，与父母一道举杯庆贺。称觞，举杯。称，举。［41］破釜（fǔ）弃粮：表示决一死战，不胜不归。釜，古代一种无脚的锅。［42］竞进：争相奋进。［43］勍（qíng）敌：强敌。勍，强。［44］成败之机：成败的关键。［45］兹：此。［46］勉：努力。［47］以司隶见与：意即让我当司隶这个官。司隶，即司州刺史，管辖京辅诸郡。［48］非吾所及：不是我力所能及，不是我所能办得到的。［49］必以安定太守：意即一定可以让你担任安定太守。安定，郡名，郡治在今甘肃泾川县北泾河北岸，是当时秦国的大郡。［50］万户侯：食邑万户以上，汉代侯爵最高的一层。相处：相安置，相委任。［51］俄而兵交：很快双方就要开战了。俄而，很快地。［52］寝不应：只顾安睡而不予理睬。［53］驰就许之：飞马赶到他那里答应他的请求。［54］运矛：挺矛。［55］驰赴燕陈：奔赴前燕军队的战阵。陈，同“阵”。［56］出入数四：杀出杀入四五次。［57］崔鸿：字彦鸾，东清河鄃县（今山东夏津县白马湖镇）人，北魏大臣、史学家。历任员外郎，给事中，虞部、祠部、尚书都兵郎中，镇南长史，司徒左长史，以及给事黄门侍郎，加任散骑常侍，赠镇东将军、青州刺史。著有史书《十六国春秋》。传见《魏书》卷六十七。［58］请郡将：为其所在郡的太守求情。请，求情，请求赦免某人。挠（náo）法：枉法，使法律不能公平执行。挠，扰乱，阻挠。［59］徇（xùn）私：为了私情放弃原则，做不合法的事。徇，谋求。［60］无上：目无上级。［61］豫求：预先求取。豫，同“预”。［62］邀君：对君主进行要挟。［63］罪孰大焉：罪过没有比这个再大的了。孰，哪个。焉，“于是”的合音词。［64］收其所长：利用他的长处。收，收取，利用。［65］驭悍马：驾驭烈马。［66］《诗》：即《诗经》。引诗见《诗经·谷风》。［67］采葑（fēng）采菲（fēi），无以下体：意思是采葛、采菲时不因其根不好而放弃其叶，以比喻王猛能容忍邓羌的过失而用其所长。葑，蔓菁，俗名大头菜。菲，萝卜。无以下体，不要因为它的根不好就将之全部抛弃。无以，不用。下体，葑菲的根。

秦兵长驱而东，丁卯[1]，围邺。猛上疏称：“臣以甲子[2]之日，大歼丑类[3]。顺[4]陛下仁爱之志，使六州士庶[5]，不觉易主[6]，自非守迷违命[7]，一无所害。”秦王坚报之曰：“将军役不逾时[8]，而元恶克举[9]，勋高前古[10]。朕今亲帅六军[11]，星言电赴[12]。将军其休养将士，以待朕至，然后取之[13]。”

猛之未至也，邺旁剽劫公行[14]，及猛至，远近帖然[15]；号令严明，军无私犯[16]，法简政宽，燕民各安其业，更相[17]谓曰：“不图今日复见太原王[18]！”王猛闻之，叹曰：“慕容玄恭[19]，信奇士[20]也，可谓古之遗爱[21]矣！”设太牢[22]以祭之。

十一月，秦王坚留李威[23]辅太子守长安，阳平公融[24]镇洛阳，自帅精锐十万赴邺，七日而至安阳[25]，宴祖父时故老[26]。猛潜如安阳谒[27]坚，坚曰：“昔周亚夫[28]不迎汉文帝[29]，今将军临敌而弃军[30]，何也？”猛曰：“亚夫前却人主以求名[31]，臣窃少之[32]。且臣奉陛下威灵[33]，击垂亡[34]之虏，譬如釜中之鱼，何足虑也！监国冲幼[35]，鸾驾远临[36]，脱有不虞[37]，悔之何及！陛下忘臣灞上之言[38]邪！”

初，燕宜都王桓[39]帅众万余屯沙亭[40]，为太傅评后继，闻评败，引兵屯内黄[41]。坚使邓羌攻信都[42]。

丁丑[43]，桓帅鲜卑[44]五千奔龙城。戊寅[45]，燕散骑侍郎余蔚[46]帅扶余、高句丽[47]及上党质子[48]五百余人，夜，开邺北门纳秦兵[49]，燕主暐与上庸王评、乐安王臧、定襄王渊[50]、左卫将军孟高、殿中将军艾朗[51]等奔龙城。辛巳[52]，秦王坚入邺宫。

慕容垂见燕公卿大夫及故时僚吏，有愠色[53]。高弼言于垂曰："大王凭祖宗积累之资，负英杰高世之略[54]，遭值迍厄[55]，栖集外邦[56]。今虽家国倾覆[57]，安知其不为兴运之始[58]邪！愚谓国之旧人[59]，宜恢江海之量[60]，有以慰结[61]其心，以立覆篑之基[62]，成九仞[63]之功，奈何以一怒捐之[64]，愚窃为大王不取[65]也！"垂悦，从之。

燕主暐之出邺也，卫士犹千余骑，既出城，皆散，唯十余骑从行，秦王坚使游击将军郭庆追之。时道路艰难，孟高扶侍[66]暐，经护二王[67]，极其勤瘁[68]，又所在遇盗[69]，转斗而前[70]。数日，行至福禄[71]，依冢解息[72]，盗二十余人猝至[73]，皆挟弓矢[74]，高持刀与战，杀伤数人。高力极，自度必死，乃直前抱一贼，顿击[75]于地，大呼曰："男儿穷[76]矣！"余贼从旁射高，杀之。艾朗见高独战，亦还趋贼[77]，并死。暐失马步走，郭庆追及于高阳[78]，部将巨武[79]将缚之，暐曰："汝何小人，敢缚天子！"武曰："我受诏追贼，何谓天子[80]！"执以诣秦王坚，坚诘其不降而走[81]之状，对曰："狐死首丘[82]，欲归死于先人坟墓[83]耳。"坚哀[84]而释之，令还宫，帅文武出降[85]。暐称孟高、艾朗之忠于坚[86]，坚命厚加敛葬[87]，拜其子为郎中[88]。

郭庆进至龙城，太傅评奔高句丽，高句丽执评，送于秦。宜都王桓杀镇东将军勃海王亮，并其众，奔辽东[89]。辽东太守韩稠[90]，先已降秦，桓至，不得入，攻之，不克。郭庆遣将军朱嶷[91]击之，桓弃众单走，嶷获而杀之。

诸州牧守及六夷渠帅[92]尽降于秦，凡得郡百五十七，户二百四十六万，口九百九十九万。以燕宫人、珍宝分赐将士。下诏大赦曰："朕以寡薄[93]，猥承休命[94]，不能怀远以德[95]，柔服四维[96]，至使戎车屡驾[97]，有害斯民，虽百姓[98]之过，然亦朕之罪也。其大赦天下，与之更始[99]。"

（以上为第九段，写前秦司徒王猛率领大军包围前燕都城邺城，前秦主苻坚率领十万大军赶来支援；前燕主慕容暐仓皇逃跑，被捉回，投降前秦，前燕灭亡。）

【注释】

[1]丁卯：十月二十六日。[2]甲子：十月二十三日。[3]大歼丑类：意即大破前燕的军队。丑类，对前燕军人的蔑称。[4]顺：顺承，响应。[5]六州士庶：指整个前燕的黎民百姓。六州，指燕国所辖全部领土。士庶，士大夫与平民。[6]不觉易主：没有感觉到是换了主人，以喻秦军的纪律严明。[7]自非：除非，如果不是。守迷违命：执迷不悟，违背圣命。命，指前秦主苻坚的命令。[8]役不逾时：出征不到三个月。役，出兵。时，季度，即三个月。[9]元恶克举：前燕的元凶首恶已被打败。元恶，指慕容评，燕国的实际掌权者。克举，攻克，打败。[10]勋高前古：功劳高于历史上的任何人。勋，功勋，功劳。[11]六军：代指国家所有的军队，全军。[12]星言电赴：意即将披星早行，像电光一样地飞临前线。星言，以喻出发之早。“言”字是语气词，无义。电赴，以喻行军之迅疾。[13]取之：指攻取邺城。[14]邺旁：邺城周围。剽（piāo）劫公行：兵匪公开地进行抢劫。剽，抢夺。[15]帖然：安定、顺从的样子。帖，服帖。[16]私犯：指私自侵犯当地百姓的利益。[17]更相：互相，交相。[18]不图：没有想到。复见太原王：又见到了太原王慕容恪执政的美好时代。[19]慕容玄恭：即慕容恪，字玄恭。[20]信奇士：确实是一位神奇的人。[21]古之遗爱：古代圣世所遗留的、今世所罕见的令人敬爱的人物。语出《左传·昭公二十年》，孔子听到子产死的消息时，流着眼泪说：“古之遗爱也。”[22]太牢：供品单位名，祭时用牛、羊、豕各一头，是古代最隆重的祭礼。[23]李威：氐族，汉阳人，前秦名将。苻坚出征在外，辅佐太子苻宏留守长安，后来平定淮南公苻幼叛乱，累拜太尉兼侍中，封建宁郡公。传见《晋书》卷一百十三。[24]阳平公融：即苻融，字博休，苻雄之子，苻坚幼弟，前秦名臣，封阳平公。王猛死后接替其职位，行“萧规曹随”之法，在淝水之战中落马被杀。传见《晋书》卷一百十四。[25]安阳：县名，县治在今河南安阳市西南。[26]宴祖父时故老：指苻洪与苻健、苻雄父子屯驻枋头时的故旧。[27]潜如安阳：秘密地来到安阳。谒（yè）：拜谒，拜见。[28]周亚夫：西汉绛侯周勃次子，西汉名将，官至丞相。历仕汉文帝、汉景帝，以善于治军领兵、直言持正著称。在吴楚七国之乱中，统帅汉军，三个月平定叛军，拯救了汉室江山。后被冤下狱，绝食自尽。传见《史记》卷五十七。[29]不迎汉文帝：周亚夫驻兵细柳营时，汉文帝前往劳军，守营门的卫士挡住不让进，说“军中闻将军令，不闻天子之诏”。文帝只好给周亚夫下令，说要进营劳军。周亚夫下令打开营门，但没有出来迎接。直到文帝至大营前，才全身披挂地迎候，并说“甲胄在身，只能以军礼见”，作揖而已。汉文帝去巡视其他将军营，横冲直撞，如入无人之境，两相对比，汉文帝称赞周亚夫为真将军，是良将。[30]临敌而弃军：指身在战场，而离开军队前来谒见。[31]却人主以求名：压抑帝王的权威，而为自己扬名。却，退，意即压抑。[32]窃：私下，内心。少之：轻视，看不起他。[33]威灵：犹神威。[34]垂亡：行将灭亡。垂，近。[35]监国：指太子苻宏。古时帝王外出，太子留守，代为处理国政，谓之监国。冲幼：年纪幼小。[36]鸾驾：皇帝的车驾，代指皇帝。远临：即临远，到很远的地方，此指来到攻打前燕的前线。[37]脱有不虞：万一出点意外。脱，倘若，如果。不虞，

意料不到的事情。［38］灞（bà）上之言：即劝苻坚不用亲自出征，只派人准备好如何处理俘虏就行了。［39］宜都王桓：即慕容桓，前燕文明帝慕容皝之子，封为宜都王。前秦讨伐燕国，慕容桓率军抵抗，被前秦名将郭庆击败，退往龙城防御，后被前秦大将朱嶷所杀。［40］沙亭：又名沙鹿邑、五鹿墟，在今河北大名县东。［41］内黄：县名，县治在今河南内黄县西北，在邺城的东南方。［42］信都：城名，在今河北衡水市冀州区，在邺城的东北方。［43］丁丑：十一月六日。［44］鲜卑：这里指鲜卑族士兵。［45］戊寅：十一月七日。［46］余蔚：前燕散骑侍，曾开邺都城门，让前秦兵马进入，使得前燕灭亡。［47］扶余、高句（gōu）丽：当时中国北方位于松花江流域与朝鲜半岛北部的两个小国名。此指居于前燕龙城的扶余人、高句丽人。［48］上党质子：前燕派兵戍守上党，把戍守将士的子弟留在邺城作为人质，称为“质子”。［49］纳秦兵：迎接秦兵进入龙城。［50］定襄王渊：即慕容渊，慕容宝之子，封定襄王。封地定襄郡，在今山西右玉县。［51］艾朗：前燕殿中将军。［52］辛巳：十一月十日。［53］有愠（yùn）色：有恼怒、怨恨的神情，想起了自己被迫出走燕国的窘境。［54］负：凭借。高世之略：高人一筹的谋略。［55］遭值迍（zhūn）厄：正赶上时运不好，困顿受挫。迍，困顿，灾祸。［56］栖集：停留，暂住。外邦：外国。［57］倾覆：颠覆，覆灭。［58］兴运之始：意即由你重建国家的开端。兴运，命运的兴起，暗指燕国的复兴。［59］国之旧人：意即对待这些前燕国的老臣。［60］恢：恢宏，扩大。江海之量：意即宽宏大量。［61］慰结：抚慰，结纳。［62］立覆篑（kuì）之基：以堆土为山比喻建立自己的新国家，现在是倒下第一筐土。覆篑，从筐中往外倒土，谓积小成大。篑，盛土的竹筐。［63］九仞（rèn）：极喻未来的功业高大。仞，古代计量单位，一仞为八尺。［64］捐之：抛弃他们，抛弃人心就是损失自己未来的功业。［65］愚：谦称自己。窃为：私下以为。不取：不可取，不能采用。［66］扶侍：服侍，奉侍。［67］经护二王：保护着乐安王臧、定襄王渊。经护，维护，保护。慕容臧与慕容渊是慕容暐的胞兄与胞弟。［68］极其勤瘁（cuì）：十分劳苦、艰辛。瘁，劳累，憔悴。［69］所在遇盗：经常遇到土匪。所在，经常，到处。［70］转斗而前：在行进转移中边战边行。［71］福禄：古地名，约在今河北衡水市冀州区一带。［72］依冢（zhǒng）解息：依着山间陵墓，解衣休息。［73］猝（cù）至：突然而至。［74］挟弓矢：手拿弓箭。挟，持，拿。［75］顿击：立击，打倒。［76］穷：到头，已到穷途末路。［77］还趋贼：回过身来，扑向土匪。趋，趋向，扑向。［78］追及：追到。高阳：郡名，郡治在今河北高阳县东。［79］巨武：其为前秦游击将军郭庆手下的一名虎将。在前秦灭取前燕的战役中，曾奉命在邺城外生擒到前燕皇帝慕容暐，由此立下殊功。［80］何谓天子：管你是不是皇帝。［81］诘（jié）：责问，追问。走：逃走，逃跑。［82］狐死首丘：古代传说狐狸如果死在外面，一定把头朝着它的洞穴，比喻对故乡的思念。首丘，比喻归葬故乡。［83］先人坟墓：慕容氏先人皆埋葬在当时的昌黎，今辽宁义县。［84］哀：哀怜，怜悯。［85］令还宫，帅文武出降：下令，让其还邺城之宫，集合燕国文武一道出降。前燕自慕容廆开始经营，慕容皝于晋成帝咸康三年（337）奉命称王，慕容儁于晋穆帝永和八年（352）称帝，至慕容暐亡国，共历34年。

[86]称孟高、艾朗之忠于坚：即对苻坚称道孟高、艾朗二人的忠贞之志，舍命护驾。[87]敛葬：入殓，安葬。敛，通“殓”。[88]郎中：分掌各司事务，是职位次于丞相、尚书、侍郎的高级官员。[89]辽东：郡名，郡治襄平，在今辽宁辽阳市。[90]韩稠（chóu）：前燕辽东太守，投降前秦。[91]朱嶷（yí）：前秦将领，参加前秦灭前燕之战，在辽东龙城斩杀前燕宜都王慕容桓。[92]六夷：古指东夷、西南夷、西羌、西域、南匈奴、乌桓、鲜卑等各族。渠帅：大帅，大头目。[93]寡薄：寡德少恩，自谦之词。[94]猥承休命：想不到接受了上天的命令。猥承，曲受，不当受而受，谦辞。休命，美好的命令，即天命。[95]怀远以德：即以德怀远，用恩德召来远方之人。[96]柔服四维：以德取得天下。柔服，与用武力战胜相对而言。四维，东、西、南、北的四方之中，即普天之下。[97]戎车屡驾：多次出兵征讨。戎车，战车。[98]百姓：指各敌对政权的百官。[99]与之更始：与这些曾经和我作对的官吏平民重新开始，意即过去的事情一概不究。

初，梁琛之使秦也，以侍辇苟纯为副[1]。琛每应对[2]，不先告纯，纯恨之，归言于燕主暐曰：“琛在长安，与王猛甚亲善，疑有异谋。”琛又数称秦王坚及王猛之美，且言秦将兴师，宜为之备。已而[3]秦果伐燕，皆如琛言，暐乃疑琛知其情。及慕容评败，遂收琛系狱[4]。秦王坚入邺而释之，除中书著作郎[5]，引见，谓之曰：“卿昔言上庸王、吴王[6]皆将相奇材，何为不能谋画，自使亡国？”对曰：“天命废兴，岂二人所能移[7]也！”坚曰：“卿不能见几而作[8]，虚称燕美，忠不自防，反为身祸，可谓智乎？”对曰：“臣闻‘几者动之微，吉之先见者也[9]。’如臣愚暗[10]，实所不及[11]。然为臣莫如忠，为子莫如孝，自非有一至[12]之心者，莫能保忠孝之始终。是以古之烈士，临危不改，见死不避，以徇君亲[13]。彼知几者，心达安危，身择去就，不顾家国，臣就使知之，尚不忍为，况非所及邪！”

坚闻悦绾[14]之忠，恨不及见，拜其子为郎中。

坚以王猛为使持节、都督关东六州[15]诸军事、车骑大将军、开府仪同三司[16]、冀州牧，镇邺，进爵清河郡侯[17]，悉以慕容评第中之物赐之。赐杨安爵博平县侯[18]；以邓羌为使持节、征虏将军、安定太守，赐爵真定郡侯[19]；郭庆为持节[20]、都督幽州诸军事、幽州刺史，镇蓟[21]，赐爵襄城侯。其余将士封赏各有差。

坚以京兆韦钟为魏郡[22]太守，彭豹为阳平[23]太守，其余州县牧、守、令、长[24]，皆因旧以授之[25]。以燕常山[26]太守申绍为散骑侍郎，使与散骑侍郎京兆韦儒俱为绣衣使者[27]，循行[28]关东州郡，观省[29]风俗，劝课[30]农桑，振恤[31]穷困，收葬死亡，旌显节行[32]。燕政有不便于民者，皆变除[33]之。

十二月，秦王坚迁慕容暐及燕后妃、王公、百官并鲜卑四万余户于长安。

王猛表留梁琛为主簿[34]，领记室督[35]。他日，猛与僚属宴，语及燕朝使者，猛曰："人心不同：昔梁君[36]至长安，专美本朝[37]；乐君但言桓温军盛[38]；郝君微说国弊[39]。"参军冯诞[40]曰："今三子皆为国臣[41]，敢问取臣之道何先[42]？"猛曰："郝君知几[43]为先。"诞曰："然则明公赏丁公而诛季布[44]也。"猛大笑。

秦王坚自邺如枋头，宴父老，改枋头曰"永昌"，复之终世[45]。甲寅[46]，至长安，封慕容暐为新兴侯[47]；以燕故臣慕容评为给事中[48]，皇甫真为奉车都尉[49]，李洪为驸马都尉[50]，皆奉朝请[51]；李邽[52]为尚书，封衡[53]为尚书郎，慕容德为张掖[54]太守，燕国平睿为宣威将军[55]，悉罗腾为三署郎[56]；其余封署[57]各有差。衡，裕[58]之子也。

燕故太史黄泓[59]叹曰："燕必中兴[60]，其在吴王[61]乎！恨吾老，不及见耳[62]！"汲郡赵秋[63]曰："天道在燕[64]，而秦灭之[65]，不及十五年，秦必复为燕有[66]。"

慕容桓之子凤[67]，年十一，阴有复仇之志，鲜卑、丁零[68]有气干者皆倾身与之交结[69]。权翼[70]见而谓之曰："儿方以才望自显[71]，勿效尔父不识天命[72]！"凤厉色[73]曰："先王欲建忠而不遂[74]，此乃人臣之节。君侯[75]之言，岂奖劝将来之义乎[76]！"翼改容[77]谢之，言于秦王坚曰："慕容凤慷慨有才器[78]，但狼子野心[79]，恐终不为人用耳。"

秦省雍州[80]。

是岁，仇池公杨世[81]卒，子纂[82]立，始与秦绝。叔父武都太守统[83]与之争国，起兵相攻。

（以上为第十段，写前燕灭亡之后的善后，前秦主苻坚命王猛主管关东之事，妥善安置前燕王公贵族和郡守县令；史家预测前燕中兴，应在吴王慕容垂身上实现。）

【注释】

［1］侍辇（niǎn）：为慕容暐掌管车驾的官员。苟纯：前燕侍辇。为副：为副使，且对正使起监督作用。［2］每应对：每次与秦王苻坚谈话。［3］已而：过后不久。［4］收琛：拘捕梁琛。系狱：下狱，被捆绑于牢狱。［5］除：任命。中书著作郎：在朝廷主管起草文件的官员。魏明帝太和中，置著作郎，隶属中书省，故有此名。［6］上庸王：指慕容评。吴王：指慕容垂。［7］所能移：所能改变。［8］见几而作：见机行事，见风使舵，意即早日归附秦国。几，事情发展的苗头和预兆。作，行动。［9］几者动之微，吉之先见者也：《易·系辞传下》曰："几者动之微，吉之先见者也。君子见几而作，不俟终日。"意为"几"是事情变化的苗头，是未来吉祥之事的一种提前表现。君子见机行事，一天也不能耽误。［10］愚暗：愚蠢，糊涂。［11］实所不及：不可能做到"见几而作"。及，通晓，懂得。［12］一至：始终如一，坚守节操不变。［13］徇（xùn）：同"殉"，舍身。君亲：君王与双亲。［14］悦绾（wǎn）：前燕贤臣、名将，历仕慕容皝、慕容儁、慕容暐三朝。传见《晋书》卷一百十一。［15］关东六州：即前燕政权原来统辖的六个州，即司、冀、幽、豫、并、青六州。［16］开府仪同三司：给予三公待遇的一种特权名号，指可以按照三司仪制开建府署，辟置属僚。［17］清河郡侯：封地清河郡，因境内有清河流经而得名，都城清阳县，在今河北清河县东高庄一带。［18］博平县侯：封地为博平县，都城在今山东聊城市茌平区西北。县侯比郡侯低一等。［19］真定郡侯：封地真定郡，都城在今河北正定县南。［20］持节：皇帝授予大臣的旌节，分使持节、持节、假节三种，持节次于使持节。［21］蓟（jì）：县名，县治在今北京市，为幽州州治所在地。［22］韦钟：前秦官员，任为魏郡太守。魏郡：郡名，郡治邺城，在今河北临漳县西南。［23］彭豹：前秦官员，任为阳平太守。阳平：郡名，郡治在今河北馆陶县，在魏郡的东北方。魏郡与阳平郡为前燕都邺城的京辅之地，故用秦将充之，其余郡县则多用前燕旧人，以保持其稳定性。［24］牧、守、令、长：州刺史、郡太守、县令、县长。大县的长官称令，小县的长官称长。［25］皆因旧以授之：都让前燕原有的官员任其职。［26］常山：古郡国名，郡治在今河北元氏县。［27］韦儒：京兆人，前秦散骑侍郎，今转任绣衣使者。绣衣使者：即汉代曾设的"绣衣直指"或"绣衣御史"，简称"绣衣"，是御史大夫的属官，奉朝廷之命，到各郡县视察与调查有关问题。因身穿绣衣，手执斧钺，拥有特殊权力而得名。［28］循行：巡行。循，同"巡"。［29］观省：观察，视察。［30］劝课：鼓励，督促。［31］振恤（xù）：赈济，救济。振，通"赈"。［32］旌显：表彰，宣扬。节行：节操，品行。［33］变除：变革，废除。［34］主簿：总领门下众事，掌管簿书，匡辅拾遗。［35］领：兼任。记室督：公府和军府的高级僚属，主管记录文书，后世多置为记室参军。［36］梁君：指梁琛。［37］专美本朝：专门说自己的燕国好。［38］乐君：指乐嵩。但言桓温军盛：本卷上文叙

乐嵩为前燕入前秦求救之事，并未写乐嵩如何说及桓温，此处叙事前后略欠照应，或为前后补充。［39］郝君：指郝晷。微说国弊：即前文所叙郝晷“阴欲自托于猛，颇泄其实”。［40］冯诞：前秦官员，时为参军。［41］皆为国臣：都已成为秦国之臣。［42］取臣之道何先：选择大臣的取向以谁为先。［43］知几：能认清局势，及早归心于秦。［44］明公：对王猛的敬称。赏丁公而诛季布：意即王猛选择大臣的条件与刘邦不同。丁公，是季布的同母弟，为楚将，在彭城西追赶刘邦时，放了刘邦。刘邦得天下后，丁公前去讨赏，被刘邦以“为项王臣不忠”的罪名处死。季布，是项羽手下将领，曾多次困窘刘邦。项羽灭亡后，受到通缉。后得到朱家和夏侯婴的帮助，被刘邦赦免，拜为郎中。而王猛的做法则与此相反。［45］复之终世：免除这些老人终身的赋税徭役。复，免除赋税徭役。终世，终身，即终秦王之世，直到前秦主苻坚死为止。［46］甲寅：十二月十四日。［47］新兴侯：封地新兴郡，都城九原，在今山西忻州市。［48］给事中：官名，帝王身边的参谋顾问人员，在散骑常侍下，给事黄门侍郎上。［49］奉车都尉：官名，皇帝的车马侍从官，平时为皇帝管理车马，外出任侍从，与驸马都尉、骑都尉同职。［50］李洪：前燕将领，为龙骧将军、光禄大夫、司空，投降前秦，为驸马都尉。驸马都尉：官名，简称“驸马”，皇帝的侍从武官，为皇帝管理副车之马。［51］奉朝请：帝王给老臣的一种待遇，只在春秋两季入朝拜见皇帝。古代诸侯春季朝见天子叫“朝”，秋季朝见天子叫“请”。［52］李邽：辽西人，冉魏官员，时为赵郡太守，投降前燕，前燕灭亡，又投降前秦，为尚书。［53］封衡：前燕官员，前燕灭亡后，投奔前秦，为尚书郎。［54］张掖：郡名，郡治在今甘肃张掖市甘州区西北。［55］平睿：前燕官员，前燕灭亡后，效力前秦，为宣威将军。［56］三署郎：官名。指光禄勋（郎中令）属官五官中郎将，左、右中郎将三署所属的郎官。各署郎官又分中郎、议郎、侍郎、郎中等，无员，主执戟卫护殿阶。男子补三署郎官时，五十岁以上者属五官署，其余分在左右署。［57］封署：封官，任职。署，办理公务的机关。［58］裕：即封裕，前燕名臣。［59］黄泓：字始长，魏郡（治今河北临漳县西南）人，西晋大臣。永嘉之乱，避地幽州，归慕容廆，为参军，咨议军国之务，指说成败，事皆如言。慕容儁时，累官西海太守，领太史令，封开阳亭侯。前燕亡，以老归家，年九十七卒。［60］中兴：指国家由灭亡而复兴。［61］吴王：即慕容垂，封吴王。［62］恨吾老，不及见耳：黄泓是燕国的老臣，慕容氏之兴，黄泓归之；慕容儁进取中原，黄泓赞之；能预见未来形势，预言吴王慕容垂中兴，死后三年，慕容垂就兴起了。［63］赵秋：汲郡人，为后燕冠军行参军。［64］天道在燕：上天的福佑在燕国一方。秦国伐燕时，岁星在燕分，燕国是得天助的。［65］而秦灭之：四字原无，据章校补。［66］秦必复为燕有：类似这样的预言，必为后人之编造无疑。［67］凤：即慕容桓之子慕容凤，字道翔，后燕宗室名将，封爵宜都王。［68］丁零：也作“丁令”“丁灵”，生活在今俄罗斯贝加尔湖一带的少数民族名。秦汉时为匈奴属国，游牧于中国北部和西北部广大地区。东晋时有一支入居于中山，在今河北定州市一带。［69］气干：气节才干。倾身：倾心曲身，极言其佩服归心的样子。交结：结交，引为知己。［70］权翼：字子良，前秦名臣，唐朝宰相权德舆先祖。［71］儿：对年轻人的称呼。方以才望自显：正将以才气、名望显露头角。［72］不识天命：不识天命之所归在前秦，而与之相抗，自取灭亡。［73］厉色：严厉的脸色。［74］先王：指父亲宜都王慕容桓。欲建忠而不遂：欲为燕国尽忠而没达到目的。［75］君侯：对列侯的尊称。权翼曾封安丘郡公，故称之。［76］岂奖劝将来之义乎：这哪里是鼓励后来人忠于前秦国的说法呢？［77］改容：改变容颜，由轻蔑之色变成敬重之色。［78］慷慨：充满正气，情绪激昂。才器：才干与器度。［79］狼子野心：狼崽子虽幼，却有凶恶的本性，比喻凶暴的人居心狠毒，习性难改。［80］省雍州：撤销雍州的建制。前秦的雍州原在今陕西与甘肃的交界地区，州治在今甘肃泾川县北。现将其撤销，归入司隶校尉管辖。省，简省，撤销。［81］杨世：前仇池国第七任国主，公元360年至公元370年在位。［82］纂（zuǎn）：即杨纂，杨世的嫡长子，为前仇池国第八任国主，亦为末代国主。［83］统：即杨统，杨俊之子，在武都起兵与杨纂争位。前秦主苻坚发兵七万攻打仇池，杨统率先降秦，直接促使了仇池国灭。之后，杨统被封为平远将军、南秦州刺史。传见《晋书》卷一百十三。

【点评】

前燕之亡。前燕国之立，向前追溯，始于公元337年辽东公慕容皝自立为燕王，建立前燕国。后来，击败了后赵国的二十万大军，解除了来自中原的压力，建都于龙城。公元352年，慕容俊称帝，建年号元玺，迁都于蓟。随后几年，平定了北方，后来定都于邺。公元370年，前秦消灭了前燕。建国三十四年的前燕，画上了句号。

前燕国曾经是北方最为强大的国家，当年国主慕容俊曾有消灭前秦、东晋，统一天下的雄心大志，要集结全国一百五十万的兵马，誓师出征，不久病笃而逝，其雄心大志转为泡影。而后慕容晖即位，太宰慕容恪辅政，国家还算安稳，等到慕容恪去世，慕容评辅政，形势便急转直下，仅仅三年多时间，前燕国便不复存在。其中成败得失值得认真回顾和思考。

首先，前燕主慕容晖没有治国才能，不能使国家强盛。慕容晖十一岁即位，政事委于太宰慕容恪，慕容恪有治国才干，国家安然无事。慕容恪病重去世，慕容评担任首辅，国家失去重心。此时的慕容晖仍担当不起治国的重任，慕容评无论是德行还是才能，都不可与慕容恪相比。史书记载，当时仆射悦绾上奏尽罢军封荫户，以释放人口，充实国家地方，慕容晖同意了，最终释放了二十多万户，令朝野震惊。可是，慕容评却十分不满，派人暗杀了悦绾。而慕容晖对慕容评这一做法没有任何说法，实际上是起了纵容作用。再者，慕容晖与母亲合谋，欲杀掉才能卓越的吴王慕容垂，结果导致慕容垂出走，使得前燕国没有得力的将军，前秦国肆无忌惮地出兵攻打。慕容晖对前秦国欲攻打、消灭前燕国这样事关国家存亡的大事，都是置若罔闻，放松戒备。

其次，首辅大臣慕容评工于心计，腐败无能，鱼肉百姓，贪婪误国，自毁江山，是导致前燕国灭亡的罪人。慕容评心胸狭窄，容不得才杰之士。吴王慕容垂打败东晋大将桓温，威名大振，慕容评非常忌恨。慕容垂为了奖励麾下将士，上书请示，给予立功将士奖赏，被慕容评压住不报。慕容垂大为不满，与慕容评相争而加深矛盾。太后可足浑氏也是个亡国的祸根，她素恨慕容垂，就毁其战功，与慕容评相谋，欲杀之而后快。再者，慕容评为人贪鄙，致使军心离散，不战而溃。当时，前秦军仅有6万，而慕容评率领前燕“倾国之兵”，号称30万，却畏惧敌人不敢进攻，一面深沟高垒，一面将驻地附近的山林、泉水统统划为私人禁区，打柴、汲水的军民都要向他缴税。结果，将士因此丧失了斗志。连国主慕容暐也直言不讳地批评他不顾国家而“专以货殖为心”，实在愚不可及，倘若一味贪腐，导致军心涣散，最终国破家亡，这些聚敛来的财富，又如何能保得住？

最后，自古君王妒贤才，前燕国更是如此，吴王慕容垂的出走，是前燕国灭亡的关键性因素。慕容垂是慕容皝的第五个儿子，才兼文武，勇猛多谋，一生立下战功无数，在东晋大将军桓温第三次北伐时，是慕容垂运用智谋将其彻底打败。可就是这样一次立功扬名的战斗，却给他带来杀身之祸。慕容垂原来叫慕容霸，受到父王的宠爱，哥哥慕容儁非常忌恨他。慕容霸小时候在骑马射猎时从马背上栽落倒地，磕掉牙齿。慕容儁即位后，将他改名为慕容𡙇，后来因“𡙇”字犯忌，又改其名为慕容垂。到慕容暐即位，他就与他的母亲合谋要杀掉慕容垂，结果慕容垂成功逃脱，前燕国失去慕容垂，前秦国终将其一举消灭。

卷一〇三　晋纪二十五

晋简文帝咸安元年至晋孝武帝宁康三年（371—375年）

【起重光协洽（辛未，371年），尽旃蒙大渊献（乙亥，375年），凡五年】

【大事提要】

本卷记事起公元371年，讫公元375年，凡五年，当晋简文帝（司马昱）咸安元年至晋孝武帝（司马曜）宁康三年。本卷所载大事，主要有四个方面。其一，桓温废司马奕为海西公。东晋大将军桓温与参军郗超谋划废立之事，觉得皇帝司马奕没有什么过失，便以床笫私事予以诬陷，将其废掉，收回玺绶，降为东海王，次年降为海西公；桓温亲自前往会稽王府迎接丞相、会稽王司马昱，司马昱即皇帝位，改年号咸安，是为简文帝。桓温以大司马镇守姑孰，遥控朝政，直到去世。其二，司马昱去世，司马曜继立。东晋简文帝司马昱继位后，一切听命于大司马桓温，形同傀儡。公元372年病危，写下遗书，说："家国大事都要禀告大司马，要像刘禅对待诸葛亮一样敬重桓温。"其三，庾希聚众入京口。公元371年，大司马桓温诛杀殷、庾两大家族，庾希、庾邈幸免于难。次年，他们与已故青州刺史武沈之子武遵聚众，乘夜进入京口，庾希诈称受海西公司马奕密旨，前来诛杀大司马桓温。京师震动，后来桓温攻下京口，庾亮家族被消灭殆尽。其四，前秦王猛去世。前秦相国王猛年轻时以贩簸箕为生。桓温入关，他曾往见，扪虱而谈天下大势。后被苻坚召为谋士，受到信任和重用，亲率大军东征，灭亡前燕，而后留镇邺城，都督关东六州，后入朝为相。病重，建议苻坚不要攻打东晋，而应留心鲜卑等内患。

太宗简文皇帝[1]

咸安元年[2]（辛未，371年）

春，正月，袁瑾、朱辅求救于秦[3]，秦王坚以瑾为扬州刺史，辅为交州刺史，遣武卫将军武都王鉴、前将军张蚝帅步骑二万救之。大司马温遣淮南太守桓伊[4]、南顿太守桓石虔等击鉴、蚝于石桥[5]，大破之，秦兵退屯慎城[6]。伊，宣之子也。丁亥[7]，温拔寿春[8]，擒瑾及辅，并其宗族送建康[9]，斩之。

秦王坚徙关东豪杰及杂夷十五万户于关中，处乌桓于冯翊、北地[10]，丁零翟斌于新安、渑池[11]。诸因乱流移，欲还旧业者，悉听之。

二月，秦以魏郡太守韦钟为青州刺史[12]，中垒将军梁成为兖州刺史[13]，射声校尉徐成为并州[14]刺史，武卫将军王鉴为豫州刺史[15]，左将军彭越为徐州刺史[16]，太尉司马皇甫覆为荆州刺史，屯骑校尉天水姜宇为凉州刺史[17]，扶风内史王统为益州刺史[18]；秦州刺史、西县侯雅为使持节，都督秦、晋、凉、雍州诸军事，秦州牧[19]；吏部尚书杨安为使持节，都督益、梁州诸军事，梁州刺史[20]。复置雍州，治蒲阪，以长乐公丕[21]为使持节、征东大将军、雍州刺史。成，平老之子；统，擢之子也。坚以关东初平，守令宜得人[22]，令王猛以便宜简召英俊[23]，补六州[24]守令，授讫[25]，言台除正[26]。

三月，壬辰[27]，益州刺史建成定公周楚卒。

秦后将军金城俱难[28]攻兰陵太守张闵子于桃山[29]，大司马温遣兵击却之。

秦西县侯雅、杨安、王统、徐成及羽林左监朱彤[30]、扬武将军姚长[31]帅步骑七万伐仇池公杨纂[32]。

代将长孙斤[33]谋弑代王什翼犍，世子寔格之[34]，伤胁[35]，遂执斤，杀之。

夏，四月，戊午[36]，大赦。

秦兵至鹫峡[37]，杨纂帅众五万拒之。梁州刺史弘农杨亮[38]遣督护郭宝、卜靖[39]帅千余骑助纂，与秦兵战于峡中，纂兵大败，死者什三、四[40]，宝等亦没[41]，纂收散兵遁还[42]。西县侯雅进攻仇池，杨统帅武都[43]之众降秦。纂惧，面缚[44]出降，雅送纂于长安[45]。以统为南秦州刺史[46]，加杨安都督南秦州诸军事，镇仇池。

（以上为第一段，写袁瑾等反叛东晋，被攻灭；前秦消灭前燕后采取了一系列措施，迁移豪杰，简选人才，又派遣将领率领七万大军攻打仇池，灭之，改为南秦州。）

【注释】

［1］太宗简文皇帝：即司马昱，字道万，东晋第八位皇帝，晋元帝司马睿幼子，晋明帝司马绍异母弟。先后封琅琊王、会稽王，为抚军大将军，进位丞相、录尚书事，历事哀帝、海西公，被权臣桓温立以为帝，在位仅八个月。谥号简文，庙号太宗。传见《晋书》卷九。简文，《谥法》曰："一德不懈曰'简'""道德博闻曰'文'"。［2］咸安元年：即公元371年。这年十一月，东晋皇帝司马奕被桓温废为海西公，司马昱为帝，当年改元咸安，《通鉴》编年，因以新元系之，实际上本年的前十一个月都是海西公的第六年。咸安，司马昱年号，共2年，即公元371年十一月至公元372年，咸安二年七月晋孝武帝即位沿用，次年改元宁康。［3］求救于秦：东晋豫州刺史袁瑾、陈郡太守朱辅镇守寿春，反叛东晋，向前秦求救。［4］桓伊：字叔夏，小字子野，东晋平北将军桓宣之子，淮南太守、桓温参军，出任淮南、历阳太守，迁西中郎将、豫州刺史，后迁江州刺史，入为护军将军。传见《晋书》卷八十一。［5］桓石虔（qián）：字镇恶，宣城太守桓彝之孙，征西将军桓豁庶长子，东晋名将，时任南顿太守。石桥：一作石梁，古地名，在今安徽寿县北的肥水上。［6］慎城：古城名，即慎县县城，在今安徽颍上县西北。［7］丁亥：正月十七日。［8］寿春：县名，县治在今安徽寿县。［9］建康：即东晋都城，在今江苏南京市。［10］处：置，安置。乌桓：我国东北部的少数民族名，东胡的别支。冯翊（yì）、北地：二郡名。冯翊，郡治临晋，在今陕西大荔县。北地，郡治在今陕西铜川市耀州区。［11］丁零：又称铁勒、高车、回纥、回鹘，古代北方少数民族名，汉时为匈奴属国，游牧于中国北部和西北部广大地区。翟（dí）斌：丁零族的头领，后归前秦主苻坚。新安、渑（miǎn）池：二县名。新安，县治在今河南渑池县城东南、新安县城西。渑池，县治在今河南渑池县城西。［12］青州刺史：原魏郡太守韦钟任为青州刺史。青州，州治方固，在今山东淄博市东。按：前秦灭燕后，重新调整各州、郡的防务，任用诸将为牧、守，加强控制，州治、郡治即为大小军镇。［13］兖州刺史：任用中垒将军梁成为兖州刺史。梁成是前秦尚书右仆射梁平老之子。［14］并州刺史：任用射声校尉徐成为并州刺史。徐成前秦名将。并州，州治晋阳，在今山西太原市西南古城营村。［15］豫州刺史：任用武卫将军王鉴为豫州刺史。豫州，州治洛阳，在今河南洛阳市。［16］徐州刺史：任用左将军彭越为徐州刺史。徐州，州治彭城，在今江苏徐州市。［17］凉州刺史：任用屯骑校尉姜宇为凉州刺史。凉州，前秦时州治在今在甘肃通渭县东北。［18］益州刺史：任用扶风内史王统为益州刺史。王统，是前秦尚书王擢之子。益州，前秦时州治在今甘肃陇西县。［19］"秦州刺史"二句：任用西县侯苻雅为秦州刺史，授予使持节，总督秦、晋、凉、雍四州军事，兼任秦州牧。秦州，州治冀县，在今甘肃甘谷县东南。西县侯苻雅，前秦宗室名将，任左卫将军、秦州刺史、西县侯，封广平王。［20］"吏部尚书杨安"句：任用吏部尚书杨安为使持节，都督益、梁州诸军事，梁州刺史。杨安，氐族人，十六国时前秦名将。原是前仇池国王子，在其父杨国被杀后投奔前秦。传见《晋书》卷一百十三。梁州，州治南郑，在今陕西汉中市。［21］长乐公丕：即苻丕（354—386），字永叔，苻坚庶长子，封为长乐公，奉命镇守襄阳、邺城。［22］得人：选择适当的人。［23］以便宜简召：

根据实际情况加以选拔任命。简召，选拔而召用之。便宜，因利乘便，见机行事。英俊：才智杰出的人。［24］六州：前燕政权原来统辖的六个州，即司、冀、幽、豫、并、青六州。［25］授讫(qì)：任命过后。授，任以官职。讫，完毕。［26］言台除正：再报告朝廷，正式办理任命手续。除正，正式任命。胡三省曰："以苻坚之明，王猛之略，简召英俊以补六州守令，然鲜卑乘乱一呼，翕然为燕，以此知天下之势，但观人心之向背何如耳！"［27］壬辰：三月二十三日。［28］俱难：人名，前秦后将军。［29］张闵子：东晋官员，时为兰陵太守。桃山：山名，在今山东滕州市东南。［30］羽林左监：官名，隶属羽林中郎将，主羽林左骑，职掌宿卫宫禁、护从皇帝。朱肜(róng)：前秦儒将，曾任羽林左监、秘书监。先后平定仇池国、攻占汉中、攻灭代国，多次直言劝诫苻坚，为前秦霸业立下汗马功劳，是前秦主苻坚的心腹大臣。［31］姚苌(cháng)：字景茂，后秦开国皇帝，公元384年至公元394年在位，姚襄之弟。曾投降前秦，屡建大功。建都长安。谥号武昭皇帝，庙号太祖。传见《晋书》卷一百十五。［32］杨纂(zuǎn)：白马氐人，杨世的嫡长子，为前仇池国末代国主。［33］长孙斤：代国将领。［34］世子寔格之：什翼犍长子拓跋寔与长孙斤格斗。格，拦击，迎击。［35］伤胁：拓跋寔被长孙斤打伤了肋骨。胁，肋骨。［36］戊午：四月二十日。［37］鹫(jiù)峡：又名塞峡，在今甘肃西和县东南。［38］杨亮：东晋官员，时为梁州刺史。［39］督护：刺史属官，相当于都督，有直接指挥作战的权力。郭宝、卜靖：东晋将领，梁州刺史杨亮督护。［40］什三、四：十分之三、四。［41］没(mò)：同"殁"，陷没，死亡。此指东晋将郭宝等得胜，亦战死。［42］遁还：逃躲，奔回。［43］杨统：杨俊之子。仇池国武都太守，杨统在武都起兵与杨纂争位，未果，前秦来犯，杨统率先降秦，直接促使了仇池国灭亡。之后，杨统被前秦封为平远将军、南秦州刺史。传见《晋书》卷一百十三。武都：郡名，郡治在今甘肃成县西北侧、陇南市武都区东北。［44］面缚：两手反绑身后，面向前，表示认罪。［45］长安：时为前秦都城，在今陕西西安市。［46］南秦州：前秦以仇池地新置州名。秦在上邽置秦州，仇池在南，故称南秦州，州治仇池。

王猛之破张天锡于枹罕也，获其将敦煌阴据[1]及甲士五千人。秦王坚既克杨纂，遣据帅其甲士还凉州，使著作郎梁殊、阎负[2]送之，因命王猛为书谕[3]天锡曰："昔贵先公[4]称藩刘、石[5]者，惟审于强弱[6]也。今论凉土之力，则损于往时[7]；语[8]大秦之德，则非二赵之匹[9]；而将军翻然自绝[10]，无乃非宗庙[11]之福也欤！以秦之威，旁振无外[12]，可以回弱水使东流[13]，返江、河使西注。关东既平，将移兵河右[14]，恐非六郡士民所能抗[15]也。刘表[16]谓汉南可保[17]，将军谓西河可全，吉凶在身[18]，元龟不远[19]，宜深算妙虑[20]，自求多福，无使六世之业一旦而坠地[21]也！”天锡大惧，遣使谢罪称藩。坚拜天锡使持节、都督河右诸军事、骠骑大将军、开府仪同三司、凉州刺史、西平公[22]。

吐谷浑[23]王辟奚[24]闻杨纂败，五月，遣使献马千匹、金银五百斤于秦。秦以辟奚为安远将军、漒川侯[25]。辟奚，叶延[26]之子也，好学，仁厚无威断[27]，三弟专恣[28]，国人患之。长史钟恶地[29]，西漒羌[30]豪也，谓司马乞宿云[31]曰："三弟纵横[32]，势[33]出王右，几[34]亡国矣。吾二人位为元辅[35]，岂得坐而视之[36]！诘朝月望[37]，文武并会[38]，吾将讨焉。王之左右皆吾羌子，转目一顾，立可擒也。”宿云请先白王[39]，恶地曰："王仁而无断，白之必不从，万一事泄，吾属无类[40]矣。事已出口，何可中变[41]！”遂于坐收[42]三弟，杀之。辟奚惊怖[43]，自投床下[44]，恶地、宿云趋[45]而扶之曰："臣昨梦先王敕[46]臣云：'三弟将为逆[47]，不可不讨。'故诛之耳。”辟奚由是发病恍惚[48]，命世子视连[49]曰："吾祸及同生[50]，何以见之于地下！国事大小，任汝治之，吾余年残命，寄食而已[51]。”遂以忧卒。

视连立，不饮酒游畋[52]者七年，军国之事，委之将佐。钟恶地谏，以为人主当自娱乐，建威布德。视连泣曰："孤自先世以来，以仁孝忠恕相承。先王念友爱之不终[53]，悲愤而亡。孤虽纂业[54]，尸存而已[55]，声色游娱[56]，岂所安也！威德之建，当付之将来[57]耳。”

代[58]世子寔病伤而卒[59]。

秋，七月，秦王坚如洛阳。

代世子寔娶东部大人贺野干[60]之女，有遗腹子[61]，甲戌[62]，生男，代王什翼犍为之赦境内，名曰“涉圭”[63]。

大司马温以梁、益多寇，周氏[64]世有威名，八月，以宁州刺史周仲孙[65]监益、梁二州诸军事，领益州刺史。仲孙，光[66]之子也。

秦以光禄勋李俨[67]为河州[68]刺史，镇武始[69]。

王猛以潞川[70]之功，请以邓羌为司隶[71]。秦王坚下诏曰："司隶校尉，董牧皇畿[72]，吏责[73]甚重，非所以优礼名将[74]。光武[75]不以吏事处功臣[76]，实贵之[77]也。羌有廉、李[78]之才，朕方委以征伐之事，北平匈奴，南荡扬越[79]，羌之任也，司隶何足以婴之[80]！其进号镇军将军[81]，位特进[82]。”

九月，秦王坚还长安。归安元侯李俨卒于上邽[83]。坚复以俨子辩[84]为河州刺史。

冬，十月，秦王坚如邺，猎于西山，旬余忘返。伶人王洛叩马[85]谏曰：“陛下群生所系[86]，今久猎不归，一旦患生不虞[87]，奈太后、天下何[88]！”坚为之罢猎还宫。王猛因进言曰：“畋猎诚非急务[89]，王洛之言，不可忘也。”坚赐洛帛百匹，拜官箴左右[90]，自是不复猎。

（以上为第二段，写前凉主张天锡在前秦王猛威逼下，向前秦称臣；吐谷浑王辟奚仁厚，三弟专横，被属下所杀，他不想活了，儿子视连继立，连国家也不管了。）

【注释】

[1]阴据：前凉主张天锡将领。 [2]梁殊、阎负：二人前秦参军。永和十二年（356）二月，前秦派遣其出使凉州劝降，不辱使命，使凉王张玄靓归附，二人因功被封为尚书郎，转著作郎。太和五年（370）五月，前秦主苻坚派二人再次出使前凉，劝说张天锡来归，被杀害。 [3]谕：晓谕，告知。 [4]贵先公：敬称张天锡的先人张茂、张骏等。 [5]称藩刘、石：向刘曜、石勒称臣。分别见于《资治通鉴》卷九十二晋明帝太宁元年（323）、卷九十四晋成帝咸和五年（330）。称藩，向大国或宗主国承认自己的附庸地位。 [6]惟审于强弱：只看到谁一时的武力强大。审，看清。[7]损于往时：比过去有所减弱。 [8]语：谈及，说到。 [9]非二赵之匹：不是刘氏的前赵政权和石氏的后赵政权所能比拟的。二赵，指前赵刘氏与后赵石氏。匹，匹敌，对手。 [10]翻然：迅速而彻底地改变的样子。自绝：指前凉与前秦断交，而归附东晋。 [11]无乃：这恐怕。宗庙：代指前凉国家。 [12]旁振无外：影响所及，没有边际，意即天下无敌。旁振，征讨四方，向四方发展。振，振动。无外，指极大的范围，都包括在内。 [13]回弱水：令弱水返回。弱水，河水名，源出祁连山北麓，经今甘肃张掖市，向北流入今内蒙古境内，为额济纳河。上游今名黑河，下游名弱水。使东流：让弱水掉过头来向东流，与下句的“返江、河使西注”，即俗语“太阳从西边出来”，都用来比喻秦国威力无边，前凉不可能与秦国抗衡。 [14]河右：黄河以西，指当时张氏政权所占据的凉州，今之甘肃河西走廊一带地区。 [15]六郡：指张轨初镇河西时的凉州六郡，即武威、张掖、酒泉、敦煌、西郡、西海。抗：抗衡，抵抗。 [16]刘表：字景升，东汉末年割据荆州的军阀，汉末群雄之一。为人性多疑忌，无四方之志，只图保有荆州，被曹操所灭。[17]谓汉南可保：以为自己占据的汉水以南的荆州地区，能够保住，只能是痴心妄想。 [18]吉凶在身：今后的出路，是光明还是黑暗，都在于你今天做出的选择。身，你本人。 [19]元龟不远：你可以引为教训的事例就是刚才提到的刘表。元龟，指古代用以占卜吉凶的龟甲，这里用以

为“教训”“借鉴”的意思。［20］妙虑：精妙地考虑。［21］六世：指张轨、张宣、张茂、张骏、张重华、张天锡六世。天锡前尚有张曜灵、张祚、张玄靓三主，未算在内。一旦而坠地：指被消灭而言。［22］骠骑大将军：高级将军名，位仅次于大将军。西平公：封张天锡为西平郡公，封地西平郡，都城西都，在今青海西宁市。［23］吐谷（yù）浑：亦称吐浑，慕容氏，西北游牧民族慕容吐谷浑所建国名，是西晋至唐朝时期位于祁连山脉和青海的黄河上游谷地以及凉州的一个独立国家，控制了今青海、甘肃等地。［24］辟奚：一作“碎奚”，叶延之子，是吐谷浑第四任首领。［25］漒（qiáng）川侯：封辟奚为侯爵，以其当地的河水为名。漒川，古水名，今甘肃西南的洮河。［26］叶延：吐谷浑政权第三任国主。［27］无威断：缺乏足够的威严与决断力。［28］三弟专恣：有三个弟兄都专权而放纵。［29］钟恶地：人名，西倾山钟羌一部首领。吐谷浑国主辟奚在位时任长史，以辟奚三弟皆专恣，恐为国害，遂杀之。后辟奚子视连即位，进言经国、济世之道。［30］西漒（qiáng）羌：古代西北部落，为羌人的一支。魏晋南北朝时，部分羌人在漒川附近。以漒川为界，居住在漒川以西的羌人被称为西漒羌，其东者被称为东漒羌。［31］乞宿云：吐谷浑官员，为司马。［32］纵横：横蛮无度，胡作非为。［33］势出王右：权势在国王之上。右，此处以右为上。［34］几：出不多，差点儿。［35］元辅：辅佐国君的主要大臣。长史和司马都是大将或公府的高级僚属，故也称“元辅”。［36］岂得：怎么能。坐而视之：不闻不问。［37］诘（jié）朝月望：明天是这个月的十五日。诘朝，明早。［38］文武并会：满朝文武都要前来聚会。少数民族有在每月十五进行聚会的习俗。［39］请先白王：请求先禀告羌王辟奚一声。［40］吾属：我们这些人。无类：也称“无遗类”，意即被灭门、灭种。［41］中变：中途变化。指说出的话不可收回，不可改变。［42］于坐：在第二天文武聚会的座席上。收：收捕，拘禁。［43］惊怖：震惊，恐怖。［44］自投床下：从上面的座位上跌了下来。投，跌落。床，坐卧的器具，即座椅。［45］趋：快走，匆忙。［46］敕（chì）：敕令，命令。［47］为逆：为乱，谋反。［48］恍（huǎng）惚（hū）：神志不清。［49］世子：诸侯王位的继承人长子。视连：辟奚之子，吐谷浑政权的第五任国主。为悼念其父，不饮酒打猎七年，军国大事交给将佐处理。向西秦进贡，封为沙洲（今青海贵德县西南）牧、白兰王。［50］同生：同胞，亲兄弟。［51］寄食而已：给我一口饭吃就行了。寄食，依附他人生活。［52］游畋（tián）：出游，打猎。［53］友爱之不终：指兄弟之间的情谊没有贯彻到底。不终，没有做到底。［54］纂（zuǎn）业：继承王业。纂，通“缵”，继承，接续。［55］尸存而已：只要躯体存在就行了，意即居其位而不想做事。［56］声色：美好的声音与女色。游娱：游戏，娱乐。［57］付之将来：由日后儿孙辈来做。胡三省曰：“辟奚之死，视连之立，其事非皆在是年，《通鉴》因辟奚入贡于秦，遂连而书之，以见辟奚父子天性仁孝，不可以夷狄异类视之也。”［58］代：即代国，西晋时期鲜卑索头部首领拓跋猗卢建立的北方少数民族政权，是北魏王朝的前身。［59］世子寔病伤而卒：代王什翼犍长子拓跋寔与长孙斤搏斗时受伤而致死。［60］大人：首领，头领。贺野干：匈奴贺兰部首领，东部大人，曾经嫁女于什翼犍世子拓跋寔，生遗腹子涉圭，即创建北魏的拓跋珪。早年贺野干和匈奴铁弗部刘卫辰、南部大人刘库仁一起守卫代国三面，是代国的中流砥柱之一。［61］遗腹子：指怀孕妇人于丈夫死后所生的孩子。［62］甲戌：七月七日。［63］涉圭：即拓跋珪，又名拓跋开，字涉珪，北魏开国国主。十五岁时，趁乱复立代国，后改称魏王，定国号魏，即王位。遇弑身亡，追谥宣武皇帝，庙号烈祖。传见《魏书》卷二。［64］周氏：指周访、周抚、周楚祖孙三代，皆著威名于梁州、益州。［65］宁州：州治滇池，在今云南昆明市晋宁区东北。周仲孙：十六国时汝南安城人，周光之子，兴宁初督宁州军事、振武将军、宁州刺史。宁康初，杨安攻打蜀地，仲孙失守，免官。后征为光禄勋。［66］光：即周光，东晋寻阳太守，周访之子，周抚之弟。十一岁时王敦即让他任宁远将军。［67］李俨（yǎn）：陇西郡人，是一个反复无常的割据军阀，先后归附东晋、前凉、前秦，最终被前秦丞相王猛抓获，苻坚封李俨为光禄勋、归安侯。传见《晋书》卷一百十三。［68］河州：州名，张骏以兴晋、金城、武始、南安、永晋、大夏、武城、汉中八郡为河州，州治枹罕，在今甘肃临夏市。［69］武始：郡名，张骏所置，郡治狄道，在今甘肃临洮县。［70］潞（lù）川：古水名，即浊漳河，流经今山西长治市潞城区东北。［71］司隶：司隶校尉的省称，掌纠察朝廷百官及京郊诸郡。［72］董牧皇畿（jī）：督察与管理包括国都在内的畿辅地区。董牧，管理。皇畿，也称“京畿”，指国家的都城及其附近诸郡，晋代称为“司州”。［73］吏责：行政官员的职责。［74］非所以优礼名将：不能用来作为优待名将的工具。［75］光武：即东汉中兴之主光武帝刘秀。［76］不以吏事处功臣：不让功臣们担任行政方面的职务。处，使之担当。［77］贵之：尊崇他们。贵，尊崇，看重。［78］羌有廉、李之才：邓羌有战国时赵国大将廉颇、李牧的才干。廉、李两人传见《史记》卷八十一。［79］荡：荡平，扫平。扬越：也称“于越”，指我国东南部越族聚居的今之浙江、福建、广东、广西等一带地区，因其在古代属于扬州，故称“扬越”。此处即指东晋王朝。［80］司隶何足以婴之：怎能以司隶校尉的行政事务来麻烦他呢？婴，干扰，麻烦。［81］其：表示命令、祈请的发语词。进号：进升官爵名号。镇军将军：将军名号，为中央军职，亦出任地方军事长官，并领刺史等地方官，兼理民政。［82］特进：荣誉高官名，以赐功臣中有特殊地位的人，朝会时位仅次三公。［83］归安元侯李俨（yǎn）：归安侯是李俨的封号，“元”字是谥号。上邽：县名，在今甘肃天水市西南。［84］辩：即李辩，前秦将领，为前禁将军、河州刺史，曾参与前秦灭前凉之战。后同窦冲联手大败西燕高盖。［85］伶（líng）人：此指在帝王身边表演音乐或各种杂技艺术的乐官。王洛：前秦艺人。叩马：拦住马头。［86］群生所系：是全国官民的主心骨。群生，众生，众人。系，仰仗，依托。［87］患生不虞（yú）：一旦发生意料之外的灾难。患，灾难。不虞，意料之外的事，突发事件。［88］奈太后、天下何：那怎么向太后与普天下的黎民百姓交代呢？这是汉代袁盎劝阻汉文帝乘车在峻阪驰骋时的用语，这里套用之。［89］畋（tián）猎：打猎。急务：急需要做的事。［90］官箴（zhēn）左右：苻坚创置，掌劝谏、补缺、拾遗。

大司马温，恃其材略位望[1]，阴蓄不臣之志[2]，尝[3]抚枕叹曰：

"男子不能流芳百世，亦当遗臭万年[4]！"术士杜炅[5]，能知人贵贱，温问炅以禄位所至[6]。炅曰："明公勋格宇宙[7]，位极人臣[8]。"温不悦。温欲先立功河朔以收时望[9]，还受九锡[10]。及枋头之败[11]，威名顿挫[12]。既克寿春[13]，谓参军郗超[14]曰："足以雪枋头之耻乎？"超曰："未也。"久之，超就温宿[15]，中夜[16]，谓温曰："明公都无所虑乎？"温曰："卿欲有言邪？"超曰："明公当[17]天下重任，今以六十之年，败于大举[18]，不建不世之勋[19]，不足以镇惬民望[20]！"温曰："然则奈何？"超曰："明公不为伊、霍之举[21]者，无以立大威权，镇压四海[22]。"温素有心，深以为然，遂与之定议[23]。以帝素谨[24]无过，而床笫易诬[25]，乃言："帝早有痿疾[26]，嬖人相龙、计好、朱灵宝[27]等，参侍内寝[28]，二美人田氏、孟氏生三男[29]，将建储立王[30]，倾移皇基[31]。"密播[32]此言于民间，时人莫能审其虚实[33]。

十一月，癸卯[34]，温自广陵将还姑孰[35]，屯于白石[36]。丁未[37]，诣建康[38]，讽褚太后[39]，请废帝立丞相会稽王昱，并作令草呈之[40]。太后方在佛屋烧香，内侍启云："外有急奏。"太后出，倚户视奏数行，乃曰："我本自疑此！"至半便止[41]，索笔益之[42]曰："未亡人不幸罹此百忧[43]，感念存没[44]，心焉如割[45]！"

己酉[46]，温集百官于朝堂[47]。废立既旷代所无[48]，莫有识其故典者[49]，百官震栗[50]。温亦色动[51]，不知所为。尚书左仆射王彪之[52]知事不可止，乃谓温曰："公阿衡皇家[53]，当倚傍先代[54]。"乃命取《汉书·霍光传》[55]，礼度仪制[56]，定于须臾[57]，彪之朝服当阶[58]，神彩毅然[59]，曾无惧容[60]，文武仪准[61]，莫不取定[62]，朝廷以此服之。于是，宣太后令，废帝为东海王[63]，以丞相、录尚书事、会稽王昱统承皇极[64]。百官入太极前殿[65]，温使督护竺瑶[66]、散骑侍郎刘亨收帝玺绶[67]。帝著白帢单衣[68]，步下西堂，乘犊车出神虎门[69]，群臣拜辞，莫不歔欷[70]。侍御史、殿中监将兵百人卫送东海第[71]。温帅百官具乘舆、法驾[72]，迎会稽王于会稽邸[73]。王于朝堂变服[74]，著平巾帻[75]、单衣，东向流涕，拜受玺绶，是日，即皇帝位，改元[76]。温出次中堂[77]，分兵屯卫。温有足疾，诏乘舆入殿[78]。温撰辞[79]，欲陈述废立本意，帝引见，便泣下数十行，温兢惧[80]，竟不能一言而出[81]。

（以上为第三段，写东晋大将军桓温肆意弄权，无事生非，听从谋士郗超建议，仿照西汉权臣霍光废立皇帝的做法，废掉东晋皇帝司马奕，立会稽王司马昱为帝。）

【注释】

[1]恃：依恃，凭借。材略位望：才智谋略和地位声望。材，通“才”。 [2]阴蓄：暗中怀有。不臣之志：篡夺皇位的野心。 [3]尝：曾经。 [4]遗臭万年：坏名声流传下去，永远被人所唾骂。 [5]术士：指以占卜、星相等为职业的人。杜炅（jiǒng）：字子恭，钱塘（今浙江杭州市西）人，东晋道士，五斗米教东教教主。 [6]禄位所至：官职所能达到的极限。禄位，指官职。[7]明公：对有名位者的尊称。勋格宇宙：犹言功高天地，极言功勋之大。格，至，达到。宇宙，天地。 [8]位极人臣：在大臣中无人可比。极，极限，最高。 [9]河朔：泛指黄河以北地区。以收时望：以树立自己在当今社会的威信和声望。时，现时，当世。 [10]还受九锡：回朝时能获得九锡的殊荣。 [11]枋（fāng）头之败：事见《资治通鉴》卷一百二晋废帝太和四年（369）。枋头，古地名，在今河南卫辉市西南的淇门渡。 [12]威名：威望，名声。顿挫：挫折，受到损伤。 [13]寿春：县名，县治在今安徽寿县。 [14]郗（xī）超：桓温部属、谋主。 [15]就温宿：到桓温处过夜。 [16]中夜：半夜。 [17]当：担当，掌管。 [18]败于大举：失败于大规模的兴兵北伐，指北伐前燕，兵败枋头。 [19]不建不世之勋：如果再不建立一个举世所无的大功勋。 [20]不足以镇惬民望：就不可能威慑与满足全国官民的愿望。 [21]伊、霍之举：指废掉现有的皇帝，另立一个新皇帝。伊，即伊尹，名挚，字阿衡，商朝开国元勋。他曾放逐商王太甲，让其悔过，后又重新迎回，勤政修德，使商朝中兴。传见《史记》卷三。霍，即霍光，字子孟，辅佐西汉中兴的大臣，他曾废掉继位汉昭帝的昌邑王刘贺，拥立汉宣帝即位，掌权摄政，权倾朝野。传见《汉书》卷六十八。 [22]镇压四海：指用威望影响天下，收拢民众之心。 [23]定议：制定了废除现行皇帝司马奕，而另立会稽王司马昱的计划。 [24]素谨：一向言行谨慎。素，一向。 [25]床笫（zǐ）：指夫妻生活方面的事情。笫，床。易诬：容易生出事端。 [26]痿（wěi）疾：即阳痿。 [27]嬖（bì）人：即男宠，受皇帝宠爱的男人。相龙、计好、朱灵宝：被诬为是东晋皇帝司马奕的男宠。 [28]参侍内寝：参与侍候皇帝睡觉。内寝：陪着皇帝一道与皇后、妃嫔们过夜。 [29]二美人田氏、孟氏生三男：皇帝的两个妃子所生的三个儿子，桓温等认为是嬖人之子。美人，妃嫔的封号名。 [30]建储立王：有的将被立为太子，有的将被封为诸侯王。建储，建立储君，即立太子。 [31]倾移皇基：将改变皇家的血统，使司马氏的基业被颠覆。 [32]密播：私下散布谣言。 [33]审其虚实：分辨其真假。 [34]癸卯：十一月九日。 [35]广陵：郡名，郡治在今江苏扬州市。姑孰：县名，县治在今安徽当涂县。 [36]白石：古地名，在今安徽采石矶西南。 [37]丁未：十一月十三日。 [38]诣（yì）：到，至。建康：东晋都城，在今江苏南京市。 [39]讽褚太后：向褚太后婉转劝谏示意。 [40]作令草呈之：事先替褚太后拟定了一

个所下命令的草稿，交给褚太后过目。［41］至半便止：读了一半就不往下读了。［42］索笔益之：要过笔来续写。［43］未亡人：意即寡妇，这里是褚太后的自称。罹（lí）此百忧：遭受这种天大的忧愁。罹，遭逢，遇上。［44］感念存没：想到活着的与死去的人。存，指海西公与褚太后自己；没，通“殁”，指已故的东晋诸帝。［45］心焉如割：心像被刀割一样，形容痛楚之甚。［46］己酉：十一月十五日。［47］朝堂：正殿左右的百官治事之所。国有大事，均在朝堂会议。［48］旷代所无：多少年来所没有的事情。旷代，隔了多少代。一代为三十年。［49］莫有识其故典者：没有人知道具体操作这件事情的先例。故典，先例，以往的做法。［50］震栗（lì）：恐惧，颤抖。［51］色动：紧张，色变。［52］尚书左仆射：尚书省副官，列尚书令之后。王彪之：字叔虎，右仆射王彬之子，东晋名臣。官至尚书令、护军将军、散骑常侍。曾联合谢安对抗权臣桓温。赠光禄大夫，谥号为“简”。传见《晋书》卷七十六。［53］阿衡皇家：犹言辅佐、左右皇帝。阿衡，即商朝宰相伊尹。这里将阿衡用如动词，意即辅佐。桓温主持国政，又欲行伊尹之事，故说他“阿衡皇家”。［54］当倚傍先代：应该按照先前有关这类事情的做法。［55］《汉书·霍光传》：记载霍光一生事迹，包括废立事件。［56］礼度仪制：即废除现行皇帝司马奕，另立司马昱为皇帝的具体做法。［57］定于须臾（yú）：按照霍光废昌邑王刘贺的先例，片刻制定。须臾，顷刻之间。［58］当阶：站在殿阶之上，对着殿下所站立的群臣。［59］神彩：精神和风采。毅然：坚决的、毫不犹疑的样子。［60］曾无惧容：镇定如常，一点儿也没有害怕的神情。［61］仪准：一举一动的仪式准则。［62］莫不取定：一切都按着王彪之的样子做。取定，犹“取决”，依之以决定。［63］东海王：封地东海郡，都城郯县，在今山东郯城县北。［64］统承皇极：继承皇位。［65］太极前殿：太极殿的前厅。太极殿，古代皇宫的正殿。国家政治活动、元旦大朝、新皇即位、大赦改元、政治决策等重要国事活动都在太极殿内进行。［66］督护：晋朝设立的专职军事职务，有直接指挥作战的权力。竺（zhú）瑶：东晋将领，任益州刺史，桓温麾下水军督护，奉桓温命逼废晋帝司马奕。［67］收帝玺绶：收取了皇帝的印章。绶，系印的丝带。［68］著：穿戴。白帢（qià）单衣：平民布衣的打扮。白帢，古代未仕者所戴的白帽。单衣，也作“禅衣”，江左人见尊者所穿之服，为仅次于朝服的盛服。［69］犊（dú）车：牛车，为王公贵族所乘的一种车。神虎门：东晋宫殿城门名，本名“神武门”，当时建康宫的西门。［70］歔（xū）欷（xī）：哀叹，抽泣。［71］卫送：护卫送行，实为武装押送。东海第：当年司马奕为东海王时所居的府第。［72］乘舆、法驾：均为皇帝的车驾。［73］邸（dǐ）：府邸，高级官员的住所。［74］变服：更换服饰。［75］平巾帻（zé）：一种头巾，又称“平上帻”，因帻上平如屋顶，故名。［76］改元：即改司马奕“太和六年”为司马昱的“咸安元年”。［77］出次中堂：到殿前的中堂休息。次，停留，歇息。中堂，正中的厅堂。［78］诏乘舆入殿：告诉他可以乘着车子进入殿堂。［79］撰辞：写一篇讲话稿。［80］兢（jīng）惧：战栗，恐惧。［81］竟不能一言而出：始终没有说出一句话。

太宰武陵王晞[1]，好习武事，为温所忌，欲废之，以事示王彪之。彪之曰："武陵亲尊[2]，未有显罪，不可以猜嫌之间便相废徙[3]。公建立圣明[4]，当崇奖王室[5]，与伊、周同美[6]。此大事，宜更深详[7]！"温曰："此已成事[8]，卿勿复言！"

乙卯[9]，温表[10]："晞聚纳轻剽[11]，息综矜忍[12]；袁真[13]叛逆，事相连染[14]。顷日猜惧[15]，将成乱阶[16]。请免晞官，以王归藩[17]。"从之。并免其世子综、梁王逢[18]等官。温使魏郡太守毛安之[19]帅所领宿卫殿中[20]。安之，虎生[21]之弟也。

庚戌[22]，尊褚太后[23]曰"崇德太后"。

初，殷浩卒，大司马温使人赍书吊[24]之。浩子涓不答[25]，亦不诣温[26]，而与武陵王晞游[27]。广州刺史庾蕴[28]，希[29]之弟也，素与温有隙。温恶殷、庾宗强[30]，欲去之[31]。

辛亥[32]，使其弟秘[33]逼新蔡王晃[34]，诣西堂叩头自列[35]，称与晞及子综、著作郎殷涓、太宰长史庾倩[36]、掾曹秀、舍人刘强、散骑常侍庾柔[37]等谋反，帝对之流涕，温皆收付廷尉。倩、柔，皆蕴之弟也。

癸丑[38]，温杀东海王[39]三子及其母。甲寅[40]，御史中丞谯王恬[41]承温旨，请依律诛武陵王晞。诏曰："悲惋惶怛[42]，非所忍闻，况言之哉！其更详议[43]！"恬，承[44]之孙也。

乙卯[45]，温重表[46]固请诛晞，词甚酷切[47]。帝乃赐温手诏[48]曰："若晋祚灵长[49]，公便宜[50]奉行前诏；如其大运去矣[51]，请避贤路[52]。"温览之，流汗变色，乃奏废[53]晞及其三子，家属皆徙新安郡[54]。

丙辰[55]，免新蔡王晃为庶人，徙衡阳[56]，殷涓、庾倩、曹秀、刘强、庾柔皆族诛，庾蕴饮鸩[57]死。蕴兄东阳太守友子妇[58]，桓豁[59]之女也，故温特赦之。庾希闻难，与弟会稽王参军邈[60]及子攸之逃于海陵陂泽[61]中。

温既诛殷、庾，威势翕赫[62]，侍中谢安见温遥拜[63]。温惊曰："安石，卿何事乃尔[64]？"安曰："未有君拜于前，臣揖于后[65]。"

戊午[66]，大赦，增文武位二等[67]。

己未[68]，温如白石[69]，上书求归姑孰[70]。庚申[71]，诏进温丞相，大司马如故，留京师辅政。温固辞，乃请还镇。辛酉[72]，温自白石还姑孰。

秦王坚闻温废立，谓群臣曰："温前败灞上[73]，后败枋头，不能思愆[74]自贬以谢百姓，方更废君以自说[75]，六十之叟[76]，举动如此，将何以自容于四海乎！谚[77]曰：'怒其室而作色于父[78]。'其桓温之谓矣。"

（以上为第四段，写东晋大将军桓温在废立皇帝之后，又对武陵王司马晞等看不顺眼的官员下手了，废太宰司马晞，诛杀殷氏、庾氏多人，简文帝司马昱无可奈何。）

【注释】

[1]武陵王晞：即司马晞，字道叔，晋元帝司马睿第四子，晋简文帝司马昱异母兄弟。出继武陵哀王司马喆后，袭爵武陵郡王，时为太宰。 [2]亲尊：既是皇帝的至亲，又地位显贵。[3]猜嫌：怀疑、妒忌。间（jiàn）：嫌隙。废徙：废除，迁徙。 [4]建立圣明：已经拥立了圣明的新皇帝。 [5]当崇奖王室：应该维护与提高皇室家族的声望与地位。崇奖，尊崇，维护。[6]与伊、周同美：您桓温要像伊尹、周公一样留下美名。即要尽忠皇室。 [7]深详：深思熟虑。详，审察。 [8]成事：已经决定的事情。 [9]乙卯：十一月二十一日。 [10]表：上表，上奏。 [11]聚纳轻剽（piāo）：集聚了一批勇猛、剽悍的匪类。轻剽，轻捷，强悍。 [12]息综：即司马综，武陵王司马晞长子，为世子，随司马晞流放，死于新安。息，子息，子孙，此指儿子。矜（jīn）忍：傲慢，残忍。 [13]袁真：字贵诚。东晋豫州刺史，随大司马桓温北伐慕容暐，挫败。桓温归罪于他，袁真遂据寿阳反叛。 [14]连染：牵连。 [15]顷日猜惧：近日以来疑惧之心强烈。 [16]将成乱阶：将要成为叛乱的祸端。 [17]以王归藩：罢免司马晞的太宰官职，以武陵王的身份回封地赋闲。 [18]世子综：司马晞长子司马综。梁王璡（jīn）：司马晞之子司马璡。综、璡二人与父司马晞一同被桓温所废，迁往新安后不久死亡。 [19]毛安之：东晋名将毛宝之子，桓温任用为魏郡太守，桓温心腹。 [20]宿卫殿中：率领军队日夜在宫中值勤，目的即监视、防范。 [21]虎生：即毛穆之，字宪祖，小字虎生，豫州刺史毛宝长子，东晋将领。[22]庚戌：十一月十六日。 [23]褚太后：即褚蒜子，太傅褚裒之女，晋康帝司马岳皇后。传见《晋书》卷三十二。 [24]赍（jī）书：携带着吊唁的信件。吊：悼念。 [25]不答：不还礼致谢。[26]不诣温：不到桓温处致谢。 [27]与武陵王晞游：与武陵王司马晞交游、交往。 [28]庾蕴：东晋官员，庾希的弟弟，时为广州刺史。 [29]希：即庾希，字始彦，司空庾冰之子，官至北中郎将、徐兖二州刺史。反对大司马桓温废帝，举兵讨伐，兵败被杀。传见《晋书》卷七十三。

[30]宗强：家族的势力强大。[31]欲去之：想把他们都赶出朝廷。[32]辛亥：十一月十七日。[33]秘：即桓秘，字穆子，桓温之弟，官至中领军。桓温抑而不用，郁郁而终。传见《晋书》卷七十四。[34]新蔡王晃：即司马晃，汝南威王司马祐之孙，新蔡王司马邈之子，承继父亲袭司马确一脉的爵位，官至散骑常侍。后被桓温免为庶人，徙衡阳。[35]西堂：东晋都城建康宫太极殿西堂。自列：自首，列举自己的罪状。[36]庾倩：司空庾冰之子，庾蕴之弟，任太宰长史，为桓温所忌。桓温擅权，诬陷庾倩等人为司马晞死党，被冤杀。[37]庾柔：司空庾冰之子，庾蕴之弟，时为散骑常侍，被大将军桓温诬为谋反，遭冤杀。[38]癸丑：十一月十九日。[39]东海王：即废帝司马奕。[40]甲寅：十一月二十日。[41]谯（qiáo）王恬（tián）：即司马恬，字元瑜，谯烈王司马无忌之子，官至镇北将军、兖青二州刺史，袭封谯王爵位。传见《晋书》卷三十七。[42]悲惋（wǎn）：悲伤，叹惜。惶怛（dá）：惶恐，不安。悲哀痛苦。[43]其更详议：再好好地讨论一下。[44]承：前文作"丞"，即司马丞，一作"司马承"，字敬才，司马懿六弟司马进之孙，谯王司马逊次子。袭封谯王。传见《晋书》卷三十七。[45]乙卯：十一月二十一日。[46]重表：再一次上书。[47]酷切：冷酷而严厉，咄咄逼人。[48]手诏：皇帝亲笔写的命令。[49]若晋祚（zuò）灵长：如果晋朝的国运还能延续下去。祚，福，这里指国运。灵长，广远绵长。[50]便宜：斟酌事宜，不拘陈规，自行决断处理。[51]如其大运去矣：如果东晋王朝就应该在今天灭亡。[52]请避贤路：我请求退位，为贤人让路。[53]废：废其爵位，降为庶民。[54]新安郡：郡名，郡治始新县，在今浙江淳安县西北。[55]丙辰：十一月二十二日。[56]衡阳：郡名，郡治湘南县，在今湖南湘潭市西。[57]饮鸩（zhèn）：喝毒药。鸩，传说中的一种毒鸟。把它的羽毛放在酒里，可以毒杀人。[58]东阳：郡名，郡治长山，在今浙江金华市婺城区。友：即庾友，字惠彦，小字玉台，江州刺史庾冰之子，庾蕴之兄，为中书郎、东阳太守。子妇：儿媳。[59]桓豁：字朗子，大司马桓温之弟，官至征西大将军、荆州刺史。传见《晋书》卷七十四。[60]会稽王参军：会稽国的军事指挥官。会稽，古郡名，郡治在今浙江绍兴市。王，原无此字，据章校补。邈（miǎo）：即庾邈，为会稽王司马昱的参军。[61]攸之：即庾攸之，会稽王参军庾邈之子，与其父被大将军桓温威逼，逃入山泽避难。海陵陂（bēi）泽：海陵县的沼泽之中。海陵，县治在今江苏泰州市。陂泽，水泽。[62]威势：威望，声势。翕（xī）赫：隆盛，显赫。[63]遥拜：在远处行拜礼。[64]安石：谢安之字。何事乃尔：为何这个样子。何事，何故。乃尔，竟然这样。[65]未有君拜于前，臣揖（yī）于后：从来没有君主都向你叩拜了，而臣子反而只向你作个揖的道理。揖，拱手行礼，比拜要轻。[66]戊午：十一月二十四日。[67]增文武位二等：给满朝文武官员各进爵二级。[68]己未：十一月二十五日。[69]如：到，至。白石：山名，在今安徽含山县西南。[70]求归姑孰：请求离开朝廷，回到他军政大本营所在的姑孰去。姑孰，县名，在今安徽当涂县。[71]庚申：十一月二十六日。[72]辛酉：十一月二十七日。[73]灞（bà）上：古地名，指当时长安城东南的灞水西侧高原，历来为驻兵之地。[74]思愆（qiān）：思过。愆，过失，错误。[75]自说：犹言"自说自画"，为逃脱自己的罪责

而强词夺理。说，解说，解释。一说“说”同“悦”，高兴，宽慰自己。［76］叟（sǒu）：老翁，老人。［77］谚：谚语，民间流传的简练通俗而富有意义的话语。［78］怒其室而作色于父：对自己老婆不满，而把气出到父亲的身上。室，指妻子。作色，生气，撒气。

秦车骑大将军王猛，以六州任重，言于秦王坚，请改授亲贤［1］，及府选便宜［2］，辄已停寝［3］，别乞一州自效［4］。坚报曰：“朕之于卿，义则君臣［5］，亲逾骨肉［6］，虽复桓、昭之有管、乐，玄德之有孔明，自谓逾之［7］。夫人主劳于求才［8］，逸于得士［9］。既以六州相委［10］，则朕无东顾之忧，非所以为优崇［11］，乃朕自求安逸也。夫取之不易，守之亦难，苟任非其人，患生虑表［12］，岂独朕之忧，亦卿之责也，故虚位台鼎［13］而以分陕为先［14］。卿未照［15］朕心，殊乖素望［16］。新政俟才［17］，宜速铨补［18］，俟东方化洽［19］，当衮衣西归［20］。”仍遣侍中梁谠诣邺谕旨［21］，猛乃视事［22］如故。

十二月，大司马温奏：“废放之人［23］，屏之以远［24］，不可以临黎元［25］。东海王宜依昌邑故事［26］，筑第吴郡［27］。”太后诏曰：“使为庶人，情有不忍，可特封王［28］。”温又奏：“可封海西县侯［29］。”庚寅［30］，封海西县公。

温威振内外，帝虽处尊位，拱默［31］而已，常惧废黜［32］。先是，荧惑守太微端门［33］，逾月而海西废［34］。辛卯［35］，荧惑逆行入太微［36］，帝甚恶［37］之。中书侍郎郗超在直［38］，帝谓超曰：“命之修短［39］，本所不计，故当无复近日事邪［40］？”超曰：“大司马臣温，方内固社稷［41］，外恢经略［42］，非常之事［43］，臣以百口保之［44］。”及超请急省其父［45］，帝曰：“致意尊公，家国之事［46］，遂至于此［47］，由吾不能以道匡卫［48］，愧叹之深，言何能谕［49］！”因咏庾阐［50］诗云：“志士痛朝危，忠臣哀主辱［51］。”遂泣下沾襟。帝美风仪［52］，善容止［53］，留心典籍，凝尘满席，湛如也［54］。虽神识恬畅［55］，然无济世大略［56］，谢安以为惠帝之流［57］，但清谈差胜［58］耳。

郗超以温故［59］，朝中皆畏事之。谢安尝与左卫将军王坦之［60］共诣超，日旰未得前［61］，坦之欲去，安曰：“独不能为性命忍须臾［62］邪？”

秦以河州刺史李辩领兴晋[63]太守，还镇枹罕[64]，徙凉州治金城[65]。张天锡闻秦有兼并之志，大惧，立坛于姑臧[66]西，刑三牲[67]，帅其官属，遥与晋三公盟。遣从事中郎韩博奉表送盟文[68]，并献书于大司马温，期以明年同大举[69]，夏会于上邽[70]。

是岁，秦益州刺史王统攻陇西鲜卑乞伏司繁于度坚山[71]，司繁帅骑三万拒统于苑川[72]。统潜袭度坚山，司繁部落五万余皆降于统。其众闻妻子已降秦，不战而溃。司繁无所归，亦诣统降。秦王坚以司繁为南单于，留之长安；以司繁从叔吐雷[73]为勇士护军[74]，抚其部众。

（以上为第五段，写王猛感到都督六州责任重大，怕引火烧身，想卸任，前秦主苻坚仍然用之不疑；东晋大将军桓温志得意满，权倾朝野，皇帝司马昱唯唯诺诺，拱手而已。）

【注释】

[1]请改授亲贤：请另选既是亲属又有贤才的人来担任管理前燕六州的重任。亲贤，有才德的亲属。 [2]府选便宜：根据实际情况，选任地方郡守、县令官。这年二月，苻坚曾委令王猛全权任命关东六州地方官员。 [3]辄已停寝：我已经停止动作。停寝，停止。 [4]别乞（qǐ）一州自效：我请求只当一个州的刺史，来为您效力。乞，乞求，请求。 [5]义则君臣：从道理上说，我们是君臣关系。 [6]亲逾骨肉：从关系密切的程度上说，则是比至亲骨肉还要亲。逾，超过。 [7]“虽复桓、昭之有管、乐”三句：即使齐桓公有贤相管仲，燕昭王有贤相乐毅，刘备有贤相孔明，我们两人的亲密关系超过他们。孔明：诸葛亮的字。 [8]劳于求才：应该在搜求人才上多下功夫。劳，劳累，用心。 [9]逸于得士：一旦得到贤才，便可以放手叫他们去做，自己就可以清闲了。逸，安闲。《吕氏春秋·士节》曰：“贤主劳于求人，而佚于治事。”王褒《圣主得贤臣颂》曰：“君人者勤于求贤，逸于得人。” [10]相委：委任，托付。 [11]非所以为优崇：这不是为了特别优待你。优崇：优待而尊崇之。 [12]患生虑表：就要出现意想不到的灾难。虑表，意料之外。 [13]虚位台鼎：朝廷里空着三公之位。古人称三公为台鼎，如星有三台，鼎有三足。三公是朝廷的最高职位，在周代是司徒、司马、司空，在秦汉是丞相、太尉、御史大夫，在晋朝则是尚书令、中书令、侍中。 [14]分陕为先：首先关注的是方面大员，即一些关键地区的军政长官。分陕，指周初派周公与召公分陕而治天下，周公管陕县以东，召公管陕县以西。 [15]未照：没有洞悉，没有理解。 [16]殊乖（guāi）素望：实在与我平素对你的期望相违背。乖，背。 [17]新政俟（sì）才：新的政权与新的政策，都需要有才干的地方官。俟，等待，需要。 [18]宜速铨（quán）补：应迅速选拔任命。铨，选拔。 [19]化洽：思想教育深入普遍，秩序稳定、风气变好。 [20]衮（gǔn）衣西归：即衣锦荣归。苻坚以此勉励王猛圆满完成任务。衮衣，为帝王及上公绣龙的礼服，

也称“衮服”。［21］仍：此处用法同“乃”。梁谠（dǎng）：字伯言，前秦大臣。苻健时，为著作郎、中书令。苻坚时，任安远将军、幽州刺史、侍中。谕旨：宣布皇帝的诏令。谕，晓谕，宣布。［22］视事：治事，任职。［23］废放之人：被废免放逐的人，此指废帝司马奕。［24］屏（bìng）之以远：斥逐到荒远之地。屏，同“摒”，斥逐。［25］临黎元：意即为官治民。［26］宜依昌邑故事：像霍光当年处治昌邑王那样地处治司马奕，指废为庶民。昌邑王，即刘贺，汉武帝刘彻之孙，昌邑哀王刘髆之子。昭帝去世，因无子，刘贺被征召入朝，立为皇太子，后立为帝，即位后因淫乱无度，在位二十七日被霍光废黜，改封海昏侯。传见《汉书》卷六十三。［27］筑第吴郡：在吴郡盖一所房子让他去住。［28］可特封王：可以改封他一个别的王爵。［29］海西县侯：封地海西县，为侯爵。海西，县名，在今江苏灌云县。［30］庚寅：十二月二十六日。［31］拱默：拱手而默然无语，形容任人摆布，毫无实权之状。［32］废黜（chù）：从皇位上被赶下台。［33］荧惑守太微端门：火星运行到了太微垣的端门附近。荧惑，即火星。太微垣的南藩，两星东称左执法，西称右执法，左、右执法之间叫“端门”。［34］逾月：十一月司马奕被废为东海王，至今十二月，故称“逾月”。海西废：指司马奕由东海王又被废为海西县侯。［35］辛卯：十二月二十七日。［36］荧惑逆行入太微：火星逆行进入了太微垣。古人认为太微是天子之庭，此时荧惑入太微，于天子不利，所以简文帝司马昱感到厌恶。［37］甚恶（wù）：非常厌恶、讨厌。［38］在直：在宫中值班。直，同“值”。［39］修短：长短。修，长。［40］故当无复近日事邪：莫非还要再闹一回前些天发生的事情吗？故当无复，当时的口语，大致相当于“莫非还要”。近日事，指前些天皇帝司马奕被废之事。［41］内固社稷：对内稳定朝廷政权。［42］外恢经略：对外谋划收复中原。恢，恢复，收复，指恢复失地。经略，筹划，指筹划北伐事宜。［43］非常之事：指再次废黜皇帝、图谋篡位等等事情。［44］以百口保之：以全家性命担保桓温无此打算。［45］请急省其父：请假去探望他的父亲。请急，请假。省，探看。［46］家国之事：指司马氏宗族和国家的事情。［47］遂至于此：最终弄到了这种地步。［48］以道匡卫：坚持原则地辅佐、捍卫。［49］言何能谕：意即如何能够说得清楚。［50］庾阐：字仲初，东晋时文学家，被西阳王司马羕辟为掾属，任尚书郎。苏峻之乱时，庾阐出逃郗鉴处，任司空参军，事后因功封吉阳县男。出补零陵太守，官至给事中，领著作事。传见《晋书》卷九十二。［51］志士痛朝危，忠臣哀主辱：出自庾阐的《从征诗》。［52］美风仪：风度仪表很好。［53］善容止：仪容举止都很高雅。［54］凝尘满席，湛如也：座席上积满尘土，仍旧非常愉快。凝尘，积聚的尘土。湛如，安然的样子。［55］神识恬畅：风度气质恬静旷达。［56］无济世大略：没有治国安邦的思想才干。［57］惠帝之流：像是晋惠帝司马衷那样的一种弱智者。［58］清谈差胜：在谈玄方面的表现略好一些。差胜，稍强一些。胡三省曰：“清谈无益于国事，谢安当此之时，能立此论，可谓拔乎流俗者也。”［59］以温故：由于党附桓温。［60］王坦之：尚书令王述之子，左卫将军，助丞相谢安辅政，授中书令、丹阳尹，出任北中郎将、徐兖二州刺史。传见《晋书》卷七十五。［61］日旰（gàn）未得前：天已经很晚了，还没有见到人。旰，天晚。［62］为性命忍须臾（yú）：为了活命而忍耐一会儿。胡三省曰："史言谢安于风流之中能处事应物。"意即比较圆滑。须臾，极短的时间，片刻。[63]河州：凉州张氏所设的州名，州治枹罕，在今甘肃临夏市。领：兼任。兴晋：郡名，郡治枹罕，在今甘肃临夏市。[64]枹（fú）罕：县名，在今甘肃临夏市。[65]金城：郡名，郡治在今甘肃兰州市西北的黄河南岸。秦将凉州治所自天水徙治金城，以逼近姑臧。[66]姑臧：县名，在今甘肃武威市，当时凉州张氏政权的都城所在地。[67]刑三牲：杀牛、羊、豕三牲为供品。古称牛、羊、豕三牲为"太牢"，是最丰盛的供品。刑，杀。[68]从事中郎：郎官的一种，为帝王近侍官。韩博：前凉官员，为从事中郎，曾出使东晋。盟文：盟誓的文辞。[69]同大举：三字原无，据章校补。[70]会于上邽（guī）：意即联合伐秦，会师于上邽。上邽，县名，在今甘肃天水市，当时属前秦，是秦州的州治所在地。[71]乞伏司繁：鲜卑乞伏部首领，西秦君主乞伏国仁、乞伏乾归之父。继任部落首领，迁居度坚山。投降前秦，封南单于。传见《晋书》卷一百二十五。度坚山：山名，在今甘肃榆中县境内。[72]苑川：古地名，在今甘肃榆中县东北。[73]从叔：堂叔。吐雷：即乞伏吐雷，乞伏司繁的从叔，为勇士护军。[74]勇士护军：勇士县的护军，主管该县的军事。勇士，汉县名，县治在今甘肃榆中县东北。苑川与度坚山即在旧勇士县境内。

二年（壬申，372年）

春，二月，秦以清河房旷[1]为尚书左丞，征旷兄默及清河崔逞、燕国韩胤为尚书郎，北平阳陟、田勰、阳瑶为著作佐郎，郝略为清河相；皆关东士望[2]，王猛所荐也。瑶，骛[3]之子也。

冠军将军慕容垂言于秦王坚曰："臣叔父评，燕之恶来辈[4]也，不宜复污圣朝[5]，愿陛下为燕戮[6]之。"坚乃出评为范阳[7]太守，燕之诸王悉补边郡[8]。

臣光曰：古之人[9]，灭人之国而人悦，何哉？为人除害故也。彼慕容评者，蔽君专政[10]，忌贤疾功[11]，愚暗贪虐[12]以丧其国，国亡不死，逃遁见禽[13]。秦王坚不以为诛首[14]，又从而宠秩之[15]，是爱一人而不爱一国之人也，其失人心多矣。是以施恩于人而人莫之恩[16]，尽诚于人而人莫之诚[17]，卒于功名不遂，容身无所[18]，由不得其道故也。

三月，戊午[19]，遣侍中王坦之[20]征大司马温入辅[21]；温复辞。

秦王坚诏："关东之民学通一经[22]、才成一艺[23]者，在所郡县[24]

以礼送之[25]。在官百石以上[26]，学不通一经、才不成一艺者，罢遣还民[27]。”

夏，四月，徙海西公[28]于吴县西柴里[29]，敕吴国内史刁彝[30]防卫，又遣御史顾允[31]监察之。彝，协之子也。

六月，癸酉[32]，秦以王猛为丞相、中书监、尚书令、太子太傅、司隶校尉，特进、常侍、持节、将军、侯如故；阳平公融为使持节、都督六州诸军事、镇东大将军、冀州牧。

（以上为第六段，写前秦主苻坚广招人才，任用关东享有声誉之士；重用王猛，几乎到了无以复加地步；不听劝谏，任用前燕王国罪人慕容评为范阳太守，司马光予以讥评。）

【注释】

[1]房旷：关东名士，清河人，庄重弘远。灭燕后，在王猛推荐下，被前秦主苻坚任为尚书左丞。[2]士望：犹众望，众人的希望。[3]骛：即阳骛（wù），字士秋，右北平无终（天津市蓟州区）人，东夷校尉阳耽之子，前燕重臣，曾辅佐慕容氏四世。传见《晋书》卷一百十一。[4]燕之恶来辈：是前燕国的像商朝恶来一样的邪臣。恶来，一作“恶来革”，是商纣王宠信的大臣，善毁谗，后世用以为邪臣的代表。周武王伐纣时，被处死。这里用恶来比拟慕容评。[5]复污圣朝：再玷污你们秦国，意即不能再收纳这样的人为官。圣朝，指前秦。[6]愿：希望。戮（lù）：诛，杀。[7]出评：将慕容评调离前秦国朝廷。范阳：郡名，郡治在今河北涿州市。[8]悉补边郡：委任为边郡的地方官。悉，尽，都。补，补官，委任官职。[9]古之人：古代的圣帝明王，指商汤、周武王等。[10]蔽君：蒙蔽君王。专政：独断专行。[11]忌贤：妒忌贤能。疾功：嫉妒功臣。疾，同“嫉”。[12]愚暗：愚昧，昏庸。贪虐：贪财，暴虐。[13]逃遁：逃跑，躲避。见禽：被活捉。见，被。禽，同“擒”。[14]不以为诛首：不是第一个先杀了他。诛首，即诛之首，第一个要杀的人。[15]宠秩（zhì）之：意即给他加官晋爵。宠，宠用，重用。秩，爵位的级别。[16]人莫之恩：受恩的人不对他感恩。莫之恩，即莫恩之，不认为他有恩，不感激他。[17]人莫之诚：他忠诚对待的人对他不忠诚。[18]“卒于”二句：指苻坚事业不成，没有好下场。卒：最终。功名：功业，名望。不遂：不成。容身无所：没地方安置，指苻坚下场，最终被人所杀。[19]戊午：三月二十五日。[20]王坦之：字文度，太原晋阳（今山西太原市）人，尚书令王述之子，东晋名臣。任从事中郎，迁大司马长史，封蓝田侯；为侍中、左卫将军，联合丞相谢安辅政，授中书令、丹阳尹，出任北中郎将、徐兖二州刺史。赠安北将军，谥号献。传见《晋书》卷七十五。[21]入辅：入朝为丞相。[22]一经：儒家六种经典中的一种。《六经》，即《诗》《书》《易》《礼》《乐》《春秋》。[23]一艺：儒家“六艺”中的一种。“六艺”，即

礼、乐、射、御、书、数。[24]在所郡县：即所在郡县的行政长官。郡县，二字原无，据章校补。[25]以礼送之：按规定的礼节，把他们送到朝廷。送，谓选送为官。[26]在官百石以上：现任在职的百石以上的官员。在官，为官，指现任的官吏。百石，最下层的官吏，如当时的“卒史”，类似今天的“科员”一级。当时大县的县令秩六百石，小县的县长秩三百石。[27]罢遣还民：即免官。哪里来，还到哪里去。[28]海西公：即被废掉东晋皇帝司马奕。太和六年（371），司马奕为大司马桓温所废，降封东海王。咸安二年（372），降封海西县公。[29]吴县：县名，在今江苏苏州市吴中区、相城区一带。柴里：古地名。[30]敕（chì）：敕令，命令。刁彝（yí）：字大伦，尚书令刁协之子，东晋大臣。历任吏部侍郎、吴国内史。宁康元年，迁北中郎将、徐兖二州刺史，镇守广陵。后卒于任上。[31]顾允：东晋御史，监察废帝司马奕的行踪。[32]癸酉：六月十二日。

庾希、庾邈与故青州刺史武沈之子遵聚众夜入京口城[1]，晋陵太守卞眈逾城奔曲阿[2]。希[3]诈称受海西公密旨诛大司马温。建康震扰[4]，内外戒严。卞眈发诸县兵二千人击希，希败，闭城自守。温遣东海内史周少孙[5]讨之。秋，七月，壬辰[6]，拔其城，擒希、邈及其亲党，皆斩之。眈，壸[7]之子也。

甲寅[8]，帝不豫[9]，急召大司马温入辅，一日一夜发四诏，温辞不至。初，帝为会稽王，娶王述从妹[10]为妃，生世子道生[11]及弟俞生[12]。道生疏躁无行[13]，母子皆以幽废[14]死。余三子，郁、朱生、天流，皆早夭[15]。诸姬绝孕将十年，王使善相者[16]视之，皆曰：“非其人[17]。”又使视诸婢媵[18]，有李陵容[19]者，在织坊[20]中，黑而长，宫人谓之“昆仑”，相者惊曰：“此其人也！”王召之侍寝，生子昌明[21]及道子[22]。己未[23]，立昌明为皇太子，生十年矣。以道子为琅邪王，领会稽国[24]，以奉帝母郑太妃[25]之祀。

遗诏：“大司马温依周公居摄故事[26]。”又曰：“少子可辅者辅之，如不可，君自取之。”侍中王坦之自持诏入，于帝前毁之[27]。帝曰：“天下，傥来之运[28]，卿何所嫌[29]！”坦之曰：“天下，宣、元之天下[30]，陛下何得专之[31]！”帝乃使坦之改诏曰：“家国事一禀大司马[32]，如诸葛武侯、王丞相故事[33]。”是日，帝崩。

群臣疑惑[34]，未敢立嗣[35]，或曰[36]：“当须大司马处分[37]。”尚书仆射王彪之正色[38]曰："天子崩，太子代立，大司马何容得异[39]！若先面咨[40]，必反为所责。"朝议乃定。太子即皇帝位，大赦。崇德太后[41]令，以帝冲幼[42]，加在谅暗[43]，令温依周公居摄故事。事已施行，王彪之曰："此异常大事，大司马必当固让，使万机停滞[44]，稽废山陵[45]，未敢奉令，谨具封还[46]。"事遂不行[47]。

温望简文临终禅位[48]于己，不尔[49]，便当居摄。既不副所望[50]，甚愤怨，与弟冲书曰："遗诏使吾依武侯、王公故事耳。"温疑王坦之、谢安所为，心衔[51]之。诏谢安征温入辅，温又辞。

（以上为第七段，写东晋简文帝司马昱去世前，曾立下遗书，让大司马桓温摄政，侍中王坦之予以毁诏制止，改为入朝辅政，太子司马曜即位，桓温未达摄政目的，非常恼恨。）

【注释】

[1]武沈：东晋官员，原为青州刺史。遵：即武遵，武沈之子。京口城：在今江苏镇江市，当时为晋陵郡的郡治所在地。[2]卞眈（dān）：东晋晋陵太守，官至尚书郎。曲阿：县名，本名云阴，县治在今江苏丹阳市。[3]希：即庾希，庾希等人被诬谋反，庾希逃到海陵，故欲诈称受海西公密旨扳倒桓温。[4]震扰：震惊，纷扰。[5]东海：侨郡名，在当时的京口城内。周少孙：东晋官员，时为东海太守。[6]壬辰：七月一日。[7]壸：即卞壸（kǔn），字望之，中书令卞粹之子，东晋直臣。累事三朝，两度为尚书令，纠正当世，不畏强权，死于苏峻之乱，传见《晋书》卷七十。[8]甲寅：七月二十三日。[9]不豫：对帝王病重的讳称。[10]王述：字怀祖，东晋官员，官至尚书令、散骑常侍。传见《晋书》卷七十五。从妹：堂妹。[11]道生：即司马道生，字延长，晋简文帝司马昱长子。为人疏躁，不修行业，多失礼度，后以幽废而死，时年24岁。传见《晋书》卷六十四。[12]俞生：即司马俞生，晋简文帝司马昱第二子。幼年夭折，没有封爵。[13]疏躁：粗暴，急躁。无行：没有德行，行为不端。[14]幽废：囚禁，废黜。[15]早夭：早死。[16]善相者：善于相面的人。[17]非其人：不是那种能怀孕生子的人。[18]婢媵（yìng）：丫头、婢女一类的人。媵，陪嫁的婢女。[19]李陵容：晋简文帝司马昱之妃，晋孝武帝司马曜之母。原为司马昱宫女，召其侍寝，生司马曜、司马道子和鄱阳长公主。司马曜即位，尊为淑妃，晋升为贵人、夫人、皇太妃、皇太后。其孙司马德宗即位，尊为太皇太后。谥号文太后。传见《晋书》卷三十二。[20]织坊：专为宫中服务的纺织工场或作坊。[21]昌明：即司马曜，字昌明，晋简文帝司马昱第六子。晋孝武帝，公元373年至公元396年在位，东晋第九任皇帝。[22]道子：即司马道子，字道子，晋简文帝司马昱第七子，晋孝武帝司马曜同母弟，初封琅邪王，后徙封会稽王。[23]己未：七月二十八日。[24]领会稽国：兼

管会稽王国的事务，其后道子转为会稽王。会稽，古郡国名，都城在今浙江绍兴市。［25］郑太妃：即会稽太妃，司马昱封琅邪王时，生母郑夫人死；后徙封会稽王，又追号郑夫人为会稽太妃。以道子领会稽国，是让他奉会稽太妃之祀。［26］居摄：即摄政，因皇帝年幼不能亲政，由大臣代居其位处理政务。简文帝遗诏桓温按周公辅成王的旧例，摄政当国。［27］毁之：指撕毁诏书。［28］傥（tǎng）来之运：无意中得来的幸运。傥来，意外得来。傥，同"倘"，偶然，意外地。［29］卿何所嫌：失掉它，你有什么遗憾呢？嫌，疑惑，不满意。［30］宣、元之天下：是宣帝司马懿与元帝司马睿打下的天下。［31］专之：占为己有的意思，此指把国家当作个人私产处理。［32］一禀大司马：一概禀告桓温，意即一切都由他做主。一，一概，一切。大司马，指桓温。［33］诸葛武侯：即诸葛亮，受刘备遗诏辅佐后主刘禅。封为忠武侯，人们一般称为武侯。王丞相：即王导，官至司徒、丞相，两次受遗诏，辅立晋明帝司马绍、小皇帝司马衍，稳定局势。故事：旧日的行事制度，先例。［34］疑惑：不明白，不知道怎么做。［35］立嗣：指继承皇位，即立帝。［36］或曰：有的说。［37］当须：应当，必须。处分：处置，安排。［38］王彪之：字叔虎，时任尚书仆射，东晋名臣。正色：摆下脸来，态度严肃，神态严厉。［39］何容得异：怎么能提出不同意见？异，指异议，不同意见。［40］面咨：当面去问他的意见。［41］崇德太后：即三度临朝称制的褚太后。［42］冲幼：年幼。［43］谅暗：也写作"亮阴"，天子、诸侯的居丧守孝之称。［44］万机：指当政者处理的各种重要事务。停滞：因为受到阻碍，不能顺利。［45］稽废山陵：延误、荒废为大行皇帝治丧出殡的工作。山陵，山岳高原，山陵高而固，故用来称帝王的坟墓。［46］谨具封还：请允许我将崇德太后的命令予以退回。封还，封缄诏书，送还天子。［47］事遂不行：指让桓温仿效周公代小皇帝摄行政事的事情，因大臣反对而作罢。［48］禅位：禅让，统治者生前把帝王之位让给别人。禅，在祖宗面前大力推荐。让，让出帝位。［49］不尔：如果不是这样，指不禅位给桓温。［50］不副所望：不合自己的心愿，没有达到自己的要求。副，合。［51］衔：怀恨。

八月，秦丞相猛至长安，复加都督中外诸军事。猛辞曰："元相之重[1]，储傅之尊[2]，端右[3]事繁。京牧任大[4]，总督戎机[5]，出纳[6]帝命，文武两寄[7]，巨细并关[8]，以伊、吕、萧、邓[9]之贤，尚不能兼，况臣猛之无似[10]！"章三四上[11]，秦王坚不许，曰："朕方混壹四海[12]，非卿无可委者[13]；卿之不得辞宰相，犹朕不得辞天下也。"

猛为相，坚端拱[14]于上，百官总己[15]于下，军国内外之事，无不由之。猛刚明清肃[16]，善恶著白[17]，放黜尸素[18]，显拔幽滞[19]，劝课农桑[20]，练习军旅，官必当才[21]，刑必当罪。由是国富兵强，战无不克，秦国大治。坚敕太子宏[22]及长乐公丕等曰："汝事王公，如事我也。"

阳平公融在冀州，高选纲纪[23]，以尚书郎房默、河间相申绍[24]为治中、别驾[25]，清河崔宏[26]为州从事[27]，管记室[28]。融年少，为政好新奇，贵苛察[29]，申绍数规正[30]，导以宽和[31]，融虽敬之，未能尽从。后绍出为济北[32]太守，融屡以过失闻[33]，数致谴让[34]，乃自恨不用绍言。

融尝坐擅起学舍[35]为有司所纠[36]，遣主簿李纂[37]诣长安自理[38]，纂忧惧，道卒。融问申绍："谁可使者？"绍曰："燕尚书郎高泰[39]，清辩有胆智[40]，可使也。"先是丞相猛及融屡辟泰[41]，泰不起，至是，融谓泰曰："君子救人之急，卿不得复辞！"泰乃从命。至长安，猛见之，笑曰："高子伯[42]于今乃来，何其迟也！"泰曰："罪人来就刑[43]，何问迟速！"猛曰："何谓也？"泰曰："昔鲁僖公[44]以泮宫发颂[45]，齐宣王以稷下垂声[46]，今阳平公开建学宫，追踪齐、鲁，未闻明诏褒美，乃更烦有司举劾[47]。明公阿衡圣朝[48]，惩劝如此[49]，下吏何所逃其罪[50]乎！"猛曰："是吾过也。"事遂得释。猛因叹曰："高子伯岂阳平所宜吏[51]乎！"言于秦王坚。坚召见，悦之，问以为治之本[52]。对曰："治本在得人，得人在审举[53]，审举在核真[54]，未有官得其人而国家不治者也。"坚曰："可谓辞简而理博[55]矣。"以为尚书郎。泰固请还州[56]，坚许之。

九月，甲寅[57]，追尊故会稽王妃王氏[58]曰"顺皇后"，尊帝母李氏为淑妃。

冬，十月，丁卯[59]，葬简文帝于高平陵[60]。

彭城妖人卢悚[61]自称大道祭酒，事之者八百余家。十一月，遣弟子许龙如吴，晨，到海西公[62]门，称太后密诏，奉迎兴复[63]，公初欲从之，纳保母[64]谏而止。龙曰："大事垂捷[65]，焉用儿女子言[66]乎！"公曰："我得罪于此，幸蒙宽宥[67]，岂敢妄动！且太后有诏，便应官属来，何独使汝也？汝必为乱！"因叱[68]左右缚之，龙惧而走。甲午[69]，悚帅众三百人，晨攻广莫门[70]，诈称海西公还，由云龙门突入殿庭[71]，略取武库甲仗[72]，门下吏士骇愕[73]不知所为。游击将军毛安之[74]闻难，帅众直入云龙门，手自奋击[75]；左卫将军殷康[76]、中领军桓秘入止车门[77]，与安之并力讨诛之，并党与[78]死者数百人。海西公深虑横祸[79]，专饮酒，恣声色[80]，有子不育[81]，时人怜之。朝廷知其安于屈辱，故不复为虞[82]。

秦都督北蕃[83]诸军事、镇北大将军、开府仪同三司、朔方桓侯梁平老卒。平老在镇十余年[84]，鲜卑、匈奴惮而爱之。

三吴[85]大旱，人多饿死。

（以上为第八段，写前秦主苻坚重用王猛为宰相，王猛刚正贤明，清廉严肃，放逐罢免尸位素餐者，提拔重用有才而不得志者，劝勉农耕，训练军队，秦国大治。）

【注释】

［1］元相：丞相。重：指位高权重。［2］储傅：太子太傅。储，已经确定为继承皇位的皇子。尊：尊贵，尊崇。［3］端右：指宰辅重臣，特指尚书省长官，即尚书令。［4］京牧：京城的行政长官，指司隶校尉。任大：责任重大。［5］总督戎机：总管全国军事，指都督中外诸军事。戎机，军事机宜。［6］出纳：泛指发出和收进的管理工作。［7］文武两寄：政务与军务都集中于一人之手。寄，委托。［8］巨细并关：大事小事都要向一个人请示。［9］伊、吕、萧、邓：指历代的贤相。伊，商朝伊尹。吕，周朝吕尚，姜太公。萧，西汉萧何。邓，东汉邓禹。以上诸人都是各朝的开国元勋。［10］无似：即不似，不像以上诸人。［11］章：文体名，以称大臣给帝王的上书，意思与“表”相同，故古代常以“章”“表”二字互用。三四上：多次上书。［12］混壹四海：统一天下。［13］非卿无可委者：除了王猛没有适合担任的人。［14］端拱：正襟拱手，清静而无所事事的样子。［15］总己：约束自己，规矩服从的样子。总，收敛，约束。［16］刚明：刚正，明察。清肃：清廉，严肃。［17］著白：犹分明。著，明显。［18］放黜尸素：罢免那些在其位而不干实事的人。尸素，尸位素餐，在其位而不谋其政。尸位，如尸居位，只受享祭而不做事。素餐，白吃饭，不劳而食。［19］显拔：表彰和提拔。幽滞：指隐居民间或失意不得仕进的人。［20］劝课农桑：采取相应措施，督促和勉励以农业为主的经济发展。劝，勉励。课，督促。［21］官必当才：职位与其才干相适应。当，相当，相适应。［22］太子宏：即苻宏，苻坚即天王位，一岁的苻宏被封为太子。前秦于淝水之战大败，苻宏带领家人投奔东晋，被安置在江州（今江西九江市），官至辅国将军。后为篡位称帝的桓玄所重用，为梁州刺史，并为前锋，被杀。［23］高选纲纪：以严格的标准选择州府官吏。纲纪，抓主要工作的人，这里指骨干、僚属。［24］申绍：原为前燕官员，后为前秦官员，任别驾。［25］治中、别驾：都是州刺史手下的高级僚佐。治中，全称为治中从事史，亦称治中从事，由于居中治事，主众曹文书，故名。别驾，以其在刺史属下的地位崇高，随刺史出行时能单独另乘一辆车而得名。［26］崔宏：字玄伯，北魏名臣。前秦时任阳平国侍郎。后燕时任吏部郎、尚书左丞、高阳内史。北魏时授黄门侍

郎，改任吏部尚书，后为“八公”之一，升任天部大人，封白马公。［27］州从事：州里的从事史，协助刺史分管一个下属郡的事务。［28］管记室：管理众多的文秘人员，负责起草文件，管理文书档案等事。［29］贵苛察：以严格、烦琐显示其精明。［30］数规正：多次规劝其改正。［31］导：开导，启发。宽和：宽厚，谦和。［32］济北：郡名，郡治卢县，在今山东济南市长清区东南。［33］闻：闻于秦王主苻坚，被苻坚知晓。［34］数致谴让：多次受到苻坚的批评、指责。致，招致。［35］坐：因事获罪。擅起学舍：为兴办学校而盖房子。擅，擅自，没有经过批准。［36］有司：有关主管部门。纠：查究，追究。［37］李纂：前秦主簿。［38］诣（yì）：到，至。自理：为苻融说明情况，进行申辩。［39］高泰：原为前燕官员，慕容垂为车骑大将军时，以高泰为从事中郎。后为前秦官员，为尚书郎。［40］清辩：头脑清晰，善于言辞。有胆智：有胆量，有智谋。［41］屡辟泰：多次征辟，征用高泰。［42］高子伯：即高泰，字子伯。［43］来就刑：来接受处置。［44］鲁僖公：姬姓，名申，鲁庄公之子，闵公之弟，春秋时鲁国第十八任国君，公元前659年至公元前627年在位。［45］以泮（pàn）宫发颂：因在泮水兴建学舍而受到称赞。宫成，僖公在此饮酒，诗人作诗以歌颂之，在今流传的《诗经·泮水》，其中有“既作泮宫，淮夷攸服”的诗句。泮宫，学舍名，因建于泮水之上而称泮宫，后以泮宫为学宫。发颂：即作颂，唱赞歌。［46］齐宣王：战国时齐国国君。以稷下垂声：由于在齐都临淄的稷门兴建学舍，从而扬名于后代。按：齐宣王喜爱文学之士，于稷门设馆，招驺衍、淳于髡、田骈、接予、慎到、环渊等七十六人，赐第，以为上大夫，不治事而议论，有“稷下学士”之称。稷下，古地名，在今山东淄博市临淄区北，为春秋时齐国都城临淄的稷门。垂声，留下好名声。［47］举劾（hé）：列举罪过而弹劾。劾，揭发别人的罪状。［48］阿衡圣朝：意谓王猛在秦国充当贤明宰相之职。阿衡，指商代贤相伊尹，比称王猛。圣朝，敬称前秦朝廷。［49］惩劝如此：竟然如此颠倒地实行惩罚与奖励。［50］何所逃其罪：还有什么办法能够不犯罪呢？［51］岂阳平所宜吏：怎么能让这种高人去给苻融当下属呢？阳平，即阳平公苻融。吏，为之作吏，任命为官。［52］为治之本：治国的根本。［53］审举：慎重地选拔、任用官吏。［54］核真：考核是否属实。［55］辞简：言辞简略。理博：道理博大。［56］还州：返回冀州。［57］甲寅：二字原无，据章校补。甲寅，九月二十四日。［58］王氏：即王述从妹。［59］丁卯：十月八日。［60］高平陵：简文帝，司马昱的陵墓，在今江苏南京市东紫金山西南麓。［61］卢悚（sǒng）：彭城人，反叛晋朝，自称大道祭酒，事之者有八百余家。［62］海西公：即被废的东晋皇帝司马奕，先被大司马桓温封为东海王，后被降为海西县公。［63］奉迎兴复：迎接你回去重登皇位。［64］纳：采纳，听从。保母：即保姆，侍奉服务人员。［65］垂捷：很快就要成功。垂，将，将要。［66］焉用儿女子言：怎么能听老娘们、小孩子的话。［67］宽宥（yòu）：宽容，饶恕。［68］叱（chì）：大声呵斥。［69］甲午：十一月五日。［70］广莫门：东晋都城建康城的北门。［71］云龙门：建康宫的宫门。殿庭：宫殿阶前平地。［72］略取：掠夺，夺取。略，同“掠”。甲仗：铠甲、兵器，泛指武器。［73］门下吏士：谓守卫云龙门的吏士。门下，门前。骇（hài）愕（è）：惊讶，惊愕。［74］毛安之：字仲祖，毛宝次子，魏郡太守。简文帝即位，调其进京任游击将军，守卫皇宫。［75］手自奋击：亲自奋力进击。［76］左卫将军：主管宫廷护卫。殷康：吏部尚书、太常卿殷融之子，官至吴兴太守。时入京任左卫将军。传见《晋书》卷八十三。［77］桓秘：桓温之弟。止车门：建康宫的前门，因官员到此必须下车改为步行，故名。［78］并党与：指卢悚与其党羽。［79］横祸：料想不到的灾祸。［80］恣：放纵。声色：歌舞和女色。［81］有子不育：生了孩子也不养活。［82］不复为虞：不再担心防备他。虞，虑，担心。［83］北蕃：北方的鲜卑、匈奴等少数民族。［84］在镇十余年：梁平老自穆帝升平三年（359）镇守朔方，至此凡十二年。镇，军镇，将军的指挥机关所在地。［85］三吴：指吴郡、吴兴、义兴三郡。吴郡郡治在今江苏苏州市；吴兴郡治乌程，在今浙江湖州市；义兴郡郡治在今江苏宜兴市。

烈宗孝武皇帝[1]上之上

宁康[2]元年（癸酉，373年）

春，正月，己卯朔[3]，大赦改元。

二月，大司马温来朝。辛巳[4]，诏吏部尚书谢安、侍中王坦之迎于新亭[5]。是时，都下人情恂恂[6]，或云欲诛王、谢，因移晋室[7]。坦之甚惧，安神色不变，曰："晋祚[8]存亡，决于此行。"温既至，百官拜于道侧。温大陈兵卫，延见朝士[9]；有位望者皆战慑失色[10]，坦之流汗沾衣，倒执手版[11]。安从容就席，坐定，谓温曰："安闻诸侯有道，守在四邻[12]，明公何须壁后置人[13]邪！"温笑曰："正自不能不尔。"遂命左右撤之，与安笑语移日[14]。郗超常为温谋主，安与坦之见温，温使超卧帐中听其言[15]。风动帐开[16]，安笑曰："郗生可谓入幕之宾[17]矣。"时天子幼弱，外有强臣，安与坦之尽忠辅卫，卒安晋室。

温治[18]卢悚入宫事，收尚书陆始付廷尉[19]，免桓秘官[20]，连坐[21]者甚众；迁[22]毛安之为左卫将军。桓秘由是怨温。

三月，温有疾，停建康十四日，甲午[23]，还姑孰[24]。

夏，代王什翼犍[25]使燕凤[26]入贡于秦。

秋，七月，己亥[27]，南郡宣武公桓温[28]薨。

初，温疾笃，讽朝廷求九锡，屡使人趣之。谢安、王坦之故缓其事[29]，使袁宏具草[30]。宏以示王彪之，彪之叹其文辞之美，因曰："卿固大才，安可以此示人！"谢安见其草，辄改之，由是历旬不就[31]。宏密谋于彪之，彪之曰："闻彼病日增，亦当不复支久，自可更小迟回[32]。"宏从之[33]。

温弟江州刺史冲，问温以谢安、王坦之所任[34]，温曰："渠等不为汝所处分[35]。"其[36]意以为，己存，彼必不敢立异[37]，死则非冲所制；若害之[38]，无益于冲，更失时望[39]故也。

温以世子熙才弱，使冲领其众。于是，桓秘与熙、弟济谋共杀冲，冲密知[40]之，不敢入[41]。俄顷[42]，温薨，冲先遣力士拘录熙、济[43]，而后临丧[44]。秘遂被废弃，熙、济俱徙长沙。诏葬温依汉霍光及安平献王故事[45]。冲称温遗命[46]，以少子玄[47]为嗣，时方五岁，袭封南郡[48]公。

庚戌[49]，加右将军荆州刺史桓豁[50]征西将军，督荆、杨[51]、雍、交、广五州诸军事；桓冲为中军将军、都督扬、豫、江三州诸军事，扬、豫二州刺史，镇姑孰；竟陵太守桓石秀[52]为宁远将军、江州刺史，镇寻阳[53]。石秀，豁之子也。冲既代温居任，尽忠王室，或劝冲诛除时望[54]，专执时权，冲不从。始，温在镇，死罪皆专决不请[55]。冲以为生杀之重，当归朝廷，凡大辟皆先上[56]，须报[57]，然后行之。

谢安以天子幼冲，新丧元辅[58]，欲请崇德太后临朝。王彪之曰："前世人主幼在襁褓[59]，母子一体[60]，故可临朝[61]，太后亦不能决事，要须[62]顾问大臣。今上年出十岁，垂及冠婚[63]，反令从嫂[64]临朝，示人主幼弱，岂所以光扬圣德乎[65]！诸公必欲行此，岂仆所制[66]，所惜者大体[67]耳。"安不欲委任桓冲，故使太后临朝，己得以专献替裁决[68]，遂不从彪之之言。八月，壬子[69]，太后复临朝摄政[70]。

梁州刺史杨亮遣其子广袭仇池[71]，与秦梁州刺史杨安[72]战，广兵败，沮水诸戍皆委城奔溃[73]。亮惧，退守磬险[74]。九月，安进攻汉川[75]。

丙申[76]，以王彪之为尚书令，谢安为仆射，领吏部，共掌朝政。安每叹曰："朝廷大事，众所不能决者，以咨王公[77]，无不立决！"

以吴国内史刁彝为徐、兖二州刺史，镇广陵[78]。

（以上为第九段，写东晋大将军桓温去世，其弟桓冲统领其兵，朝廷任命王彪之为尚书令，谢安为仆射，共掌朝政，谢安不想把朝廷重权交给桓冲，让太后临朝。）

【注释】

[1]烈宗孝武皇帝：即司马曜，字昌明，庙号烈宗，谥号孝武皇帝。《谥法》曰："五宗安之曰'孝'""克定祸乱曰'武'。" [2]宁康：东晋孝武帝司马曜的第一个年号，共三年，公元373年至公元375年。 [3]己卯朔：正月一日。 [4]辛巳：二月二十四日。 [5]新亭：古地名，在今江苏南京市南的长江边。 [6]都下：指建康城里。人情恟（xiōng）恟：犹言人心惶惶。恟恟，惊惧、恐慌的样子。 [7]因移晋室：顺便篡夺晋朝的皇位。 [8]晋祚（zuò）：晋朝政权的命运。祚，福，指皇位继承权。 [9]延见朝士：接见朝廷的文武百官。 [10]有位望者：指地位高、有名望的公卿大臣。战慑（shè）：惊恐，恐惧。失色：因受惊、害怕，脸色变得苍白。 [11]倒执手版：因惊慌失措，把手版也拿反了。手版，即朝笏，古代官吏上朝或谒见上司时所执，备记事用。[12]守在四邻：把防守的重点放在自己封国的四方邻居，意即做好政治工作，使之归心，拥护自己。《左传》昭公二十三年，楚沈尹戌有所谓："古者天子守在四夷，天子卑，守在诸侯；诸侯守在四邻，诸侯卑，守在四境。"谢安引此，意在讥讽桓温大设兵卫威胁同僚，是为政不道，别有用心。 [13]壁后置人：在后屋、后院暗中布置兵勇。桓温为此，准备随时收捕谢安、王坦之等。[14]笑语移日：谈笑风生地一直说了很久的话。移日，日影移动，以言时间之久。 [15]超卧帐中听其言：郗超藏在帐后偷听桓温与谢安等人谈话，不时有所行动。 [16]风动帐开：风把帷帐吹开了。 [17]入幕之宾：原是形容某个僚属受其长官宠信，经常到长官的内室一起谋划众事。幕，指内室、卧室。现在正好用此语以嘲弄躲在帐子里的郗超。 [18]治：审问。 [19]收：拘捕，收系。陆始：吴郡吴县（今江苏苏州市）人，陆纳之弟。父陆玩去世，嗣兴平伯，历官侍中、尚书。付廷尉：交给国家最高司法长官廷尉审理。 [20]免桓秘官：桓秘为中领军，统禁军，掌宫禁宿卫，对卢悚事负有直接责任，故免其官。 [21]连坐：因受牵连而被治罪。 [22]迁：调任。左迁为降，右迁为升。毛安之于卢悚事为有功，故当为右迁。 [23]甲午：三月七日。 [24]姑孰：县名，县治在今安徽当涂县。 [25]什翼犍：即拓跋什翼犍，字郁律旃，云中盛乐（今内蒙古和林格尔县）人，鲜卑族。代国国主。 [26]燕凤：字子章，代国开国功臣。传见《魏书》卷二十四。 [27]己亥：七月十四日。 [28]南郡宣武公桓温：南郡公，是桓温的封号，南郡是封地，郡公是公爵的等级。宣武，是谥号。 [29]故缓其事：故意拖延不办。 [30]袁宏：字彦伯，小字虎，时称袁虎，东晋史学家，能正直不屈。最初为谢尚参军，后来担任桓温记室，并出任东阳太守。编著《后汉纪》，著有《竹林名士传》《东征赋》《北征赋》《三国名臣颂》等。传见《晋书》卷九十二。具草：起草诏书。 [31]历旬不就：折腾了十多天也没有定稿。 [32]更小迟回：再稍稍拖延一下。小，稍。 [33]宏从之：三字原无，据章校补。 [34]所任：日后让他们担任什么职务。 [35]渠等不为汝所处分：他们不归你来安排。渠等，古吴方言，意为他们。处分，分配，安排。[36]其：指桓温。[37]立异：做出非常举动，指诛除桓氏。[38]害之：谋害了他们。

[39]更失时望：更受到当时的社会名流反对。时望，谓当时有威信、有声望的人。[40]密知：暗中知晓。[41]不敢入：不敢进入桓温的大本营。[42]俄顷：不久，一会儿。[43]拘录熙、济：逮捕桓熙、桓济。拘录，拘禁，逮捕。[44]临丧：哭丧，吊丧。[45]依汉霍光及安平献王故事：安葬桓温就像汉代人安葬霍光、晋朝人安葬司马懿的弟弟安平献王司马孚那样的规格与排场。安平献王，即司马孚，字叔达，司马懿之弟。封安平王，谥号献。传见《晋书》卷三十七。[46]遗命：犹遗嘱。[47]玄：即桓玄，字敬道，小字灵宝，传见《晋书》卷九十九。[48]南郡：郡名，郡治江陵，在今湖北荆州市。[49]庚戌：七月二十五日。[50]桓豁（320—377）：字朗子，大司马桓温之弟，官至征西大将军、荆州刺史。传见《晋书》卷七十四。[51]杨：胡三省以为，此处“杨”字似应作“梁”。[52]竟陵：郡名，西晋元康九年（299）析江夏郡置，郡治石城县，在今湖北钟祥市。桓石秀：桓温弟桓豁之子，幼有令名，为简文帝所重。代叔父冲为宁远将军、江州刺史。[53]寻阳：县名，县治在今湖北黄梅县西南，时为江州郡治。[54]时望：当时的声望，指当时有威信有声望的人。[55]专决不请：自己决定，不请示朝廷。[56]凡大辟皆先上：凡杀人一律先上报朝廷。大辟，处人以死刑。[57]须报：等朝廷批准后。须，等候。报，批准。[58]元辅：首辅，重臣，此指大将军桓温。[59]前世人主幼在襁（qiǎng）褓（bǎo）：成帝年幼登基，穆帝亦幼冲嗣位。[60]母子一体：儿子是由母体分出，故二人如一体。[61]故可临朝：意即成帝年幼登基，庾太后临朝；穆帝亦幼冲嗣位，褚太后摄政。因是亲生骨肉，故可以临朝摄政。[62]要须：还得要倚靠。[63]垂及冠婚：很快就要行加冠礼，就要结婚了。[64]从嫂：堂嫂。褚太后是晋康帝司马岳的皇后，康帝是明帝司马绍之子，元帝司马睿之孙；孝武帝司马曜也是元帝之孙，故褚太后是孝武帝的堂嫂。[65]岂所以光扬圣德乎：这是提高当今皇帝道德声望的做法吗？[66]岂仆所制：不是我所能阻挡得了的。仆，王彪之自称的谦辞。制，阻止。[67]所惜者大体：意即有损于朝廷大礼，有害于原则。[68]专献替裁决：意即自己在太后跟前可以提出参考意见，可以在决定某项、否定某项工作上起到作用。专，独揽。献替，即“献可替否”的省略，进献可行者，废去不可行者。裁决，决断朝政。[69]壬子：此语有误，八月丙辰朔，无壬子日。壬子，应是七月二十七日。[70]摄政：代替君主处理国政。[71]杨亮：东晋官员，时为梁州刺史。广：即杨广，东晋将领，梁州刺史杨亮之子。仇池：县名，县治在今甘肃成县西。[72]杨安：氐族人，原是前仇池国王子，在其父杨国被杀后投奔前秦，时任梁州刺史。[73]沮水：俗称黑河，源出今陕西留坝县西，西南流经略阳县东，转东南至勉县注入汉水。委城：弃城。委，委弃，丢下。奔溃：逃跑，溃散。[74]磬（qìng）险：地名，在今陕西勉县北。[75]汉川：古区域名，即汉中郡一带地区，在今陕西汉中市。[76]丙申：九月十二日。[77]王公：即王彪之。[78]广陵：县名，在今江苏扬州市。

冬，秦王坚使益州刺史王统、秘书监朱彤帅卒二万出汉川[1]，前禁将军毛当[2]、鹰扬将军徐成帅卒三万出剑门[3]，入寇梁、益[4]；梁州刺史杨亮帅巴獠[5]万余拒之，战于青谷[6]。亮兵败，奔固西城[7]。彤遂拔汉中。徐成攻剑门[8]，克之。杨安进攻梓潼[9]，梓潼太守周虓固守涪城[10]，遣步骑数千送母、妻自汉水趣江陵[11]，朱彤邀[12]而获之，虓遂降于安。十一月，安克梓潼。荆州刺史桓豁[13]遣江夏相竺瑶[14]救梁、益；瑶闻广汉太守赵长[15]战死，引兵退。益州刺史周仲孙勒兵拒朱彤于绵竹[16]，闻毛当将至成都，仲孙帅骑五千奔于南中[17]。秦遂取梁、益二州，邛、莋、夜郎[18]皆附于秦。秦王坚以杨安为益州牧，镇成都；毛当为梁州刺史，镇汉中；姚苌[19]为宁州刺史，屯垫江[20]；王统为南秦州[21]刺史，镇仇池。

秦王坚欲以周虓为尚书郎，虓曰："蒙晋厚恩，但老母见获，失节于此。母子获全，秦之惠也。虽公侯之贵，不以为荣，况郎官乎！"遂不仕。每见坚，或箕踞而坐[22]，呼为氐贼[23]。尝值元会[24]，仪卫[25]甚盛，坚问之曰："晋朝元会，与此何如？"虓攘袂厉声[26]曰："犬羊相聚，何敢比拟天朝！"秦人以虓不逊[27]，屡请杀之，坚待之弥厚[28]。

周仲孙坐失守免官。桓冲以冠军将军毛虎生[29]为益州刺史，领建平[30]太守，以虎生子球[31]为梓潼太守。虎生与球伐秦，至巴西[32]，以粮乏，退屯巴东[33]。

以侍中王坦之为中书令[34]，领丹杨尹[35]。

是岁，鲜卑勃寒掠陇右[36]，秦王坚使乞伏司繁[37]讨之，勃寒请降；遂使司繁镇勇士川[38]。

有彗星出于尾箕[39]，长十余丈，经太微[40]，扫东井[41]，自四月始见，及秋冬不灭。秦太史令张孟[42]言于秦王坚曰："尾、箕，燕分；东井，秦分。今彗起尾、箕而扫东井，十年之后，燕当灭秦，二十年之后，代当灭燕[43]。慕容暐[44]父子兄弟，我之仇敌，而布列[45]朝廷，贵盛莫二，臣窃忧之，宜翦其魁桀者[46]以消天变[47]。"坚不听。

阳平公融上疏[48]曰："东胡[49]跨据六州，南面称帝，陛下劳师累年，然后得之，本非慕义而来[50]。今陛下亲而幸之，使其父兄子弟森然[51]满朝，执权履职，势倾勋旧[52]。臣愚以为狼虎之心，终不可养，星变如此，愿少留意[53]！”坚报曰：“朕方混六合[54]为一家，视夷狄为赤子[55]，汝宜息虑[56]，勿怀耿介[57]。夫惟修德可以禳灾[58]，苟能内求诸己[59]，何惧外患乎！”

（以上为第十段，写前秦攻打并夺取东晋梁州、益州；梓潼太守周虓因母、妻被掳而投降前秦，但不屑与之为伍；前秦太史令张孟劝苻坚杀掉前燕国主慕容暐父子兄弟，防止生变，苻坚不听。）

【注释】

[1]出汉川：经由汉川。[2]毛当：前秦名将。传见《晋书》卷一百十三。[3]剑门：山名，在今四川剑阁县北，即大剑山。[4]梁、益：两州名，梁州治所在今陕西汉中市。益州治所在今四川成都市。[5]巴獠（liáo）：巴地之獠。獠，少数民族名，居于古代中国南方，即今天的壮族。[6]青谷：古地名，在今陕西洋县东北。[7]奔固西城：逃奔并坚守西城。西城，县名，县治在今陕西安康市西北，汉江北岸。[8]门：门字原为“阁”字，据章校改。前文徐成“出剑门”可证。[9]梓（zǐ）潼：县名，县治在今四川梓潼县。[10]周虓（xiāo）：字孟威，安南将军周访玄孙，东羌校尉周琼之子，东晋梓潼太守。前秦攻打梓潼，周虓坚守涪城，后不得已投降前秦。因密谋袭击苻坚之事泄露，被流放。传见《晋书》卷五十八。涪（fú）城：涪县县城，在今四川绵阳市东。[11]自汉水趣江陵：由西汉水乘船奔赴江陵。趣，向。江陵，当时荆州的州治所在地，在今湖北江陵县。[12]邀：半路拦截。[13]桓豁：东晋荆州刺史。[14]竺（zhú）瑶：东晋江夏相。江夏，郡国名，郡治安陆，在今湖北云梦县。[15]广汉：郡名，郡治梓潼。赵长：东晋广汉太守，与前秦交战，战死。[16]周仲孙：周光之子，汝南安城人，东晋官员，兴宁初督宁州军事，为振武将军、宁州刺史。绵竹：县名，县治在今四川德阳市北。[17]南中：地区名，相当于今四川南部和云南、贵州地区。[18]邛（qióng）、筰（zuó）、夜郎：皆古县名。邛，即邛都县，当时越嶲郡的郡治所在地，县治在今四川西昌市东南。筰，即花都县，县治在今四川汉源县东北。夜郎，县治在今贵州关岭县南。[19]姚苌（cháng）：字景茂，后秦开国国主。[20]垫江：县名，县治在今重庆市西北的合川区。[21]南秦州：十六国前秦苻坚置，州治武都县，在今甘肃成县西北。[22]或：有时。箕（jī）踞而坐：坐时伸开两腿，形似簸箕，是一种不讲礼节的坐姿。[23]呼为氐贼：因为苻坚是氐族人，故如此辱骂。[24]元会：皇帝在正月一日举行的令群臣朝拜的聚会，也叫正会。[25]仪卫：仪仗队与卫队。[26]攘袂（mèi）：捋袖出臂，奋起的样子。袂，袖子。厉声：高声、大声，声音严厉。[27]不逊：不恭敬，不礼貌。[28]弥（mí）厚：越发尊重有礼。弥，更加。[29]毛虎生：原名毛穆之，字宪祖，毛宝之子、毛安之兄长，东晋淮阴太守、冠军将军、益州刺史、右将军、东燕太守等。前秦苻坚屡次乘虚攻打东晋，毛穆之和儿子毛球一起讨伐苻坚，不幸病故。[30]领：兼任。建平：郡名，郡治在今重庆市巫

山县。［31］球：即毛球，东晋官员，毛虎生之子。［32］巴西：郡名，郡治在今四川阆中市。［33］屯：驻守。巴东：郡名，郡治在今重庆市奉节县。［34］中书令：官名，与中书监同为中书省长官，权同宰相，帮助皇帝在宫廷处理政务，掌握机要。［35］丹杨尹：东晋都城建康所在郡的行政长官，郡治即在建康城内，在今江苏南京市内。［36］勃寒：鲜卑勃寒部，当时活动在今甘肃陇西县一带地区。陇右：泛指陇山以西，相当于今甘肃东部、宁夏南部一带地区。［37］乞伏司繁：姓乞伏，名司繁，陇西人，鲜卑乞伏部首领，投归服前秦，封为南单于。后为使持节、都督讨西胡诸军事、镇西将军，镇守勇士川（今甘肃榆中县东北）。传见《晋书》卷一百二十五。［38］勇士川：地名，一名苑川，在今甘肃榆中县大营川地区，汉魏时的勇士县治在今甘肃榆中县东北。［39］彗星：俗名扫帚星，以曳长尾似扫帚故名。古人认为彗星出现，将有灾难发生。尾、箕：都是二十八宿中的星宿名，尾宿有星九颗，箕宿有星四颗。尾、箕二宿为燕国及幽州的分星，因此古人认为彗星运行到尾、箕附近，就意味着幽燕地区将有动乱发生。［40］太微：即太微垣，古人认为彗星经过太微垣就意味着燕地的战乱将影响到人世朝廷的安危。［41］扫东井：彗星的尾巴在井宿的上空扫过。东井，是二十八宿中的星宿名，即井宿，因在参宿东，故称东井，是秦国及雍州的分星。彗星扫过东井，古人认为秦国也将被幽燕地区的动乱所波及。［42］张孟：一作“张猛”，前秦太史令。［43］代当灭燕：代郡地区的拓跋氏将灭掉燕国。《晋书·天文志上》：“云中入东井一度，定襄入东井八度，雁门入东井十六度，代郡入东井二十八度。”皆拓跋氏占有地区。张猛是说彗星起燕分而扫秦分，是燕灭秦的征兆。秦被灭后，代再承天道，反过来灭燕。太元十年（385），慕容冲破长安，距此十一年；安帝隆安元年（397），拓跋珪克中山，距此二十三年，正和张说相合。其实这些均是后人据史料附会而成。［44］慕容暐（wěi）：前燕末代国主。［45］布列：遍布。［46］翦其魁（kuí）桀者：杀掉他们当中那些有卓越才干的人。翦，同“剪”，剪除，消灭。魁，魁首，头领。［47］以消天变：以解除上天对我们的警告与提醒。阴阳五行学者认为天变是上天对人世帝王所提出的警告。消，抵消。天变，天象的变异。［48］上疏：意即给皇帝上书。疏，文体名，意即分条地给皇帝上书说理，与“章表”性质一样。［49］东胡：由东北兴起的少数民族，此指鲜卑族慕容氏所建立的前燕政权。［50］本非慕义而来：他们并不是出于仰慕我们的道德、政教而来归顺，而是走投无路前来暂时避难，或者干脆是被我们俘虏过来的。［51］森然：罗列众多的样子。［52］势倾勋旧：比我们本国的贵族、功臣的势力还要大。倾，压倒。［53］愿少留意：希望您提高警惕，稍加留意。少，意思同“稍”。［54］混六合：统一全国。六合，四方上下，代指全国。［55］视夷狄为赤子：把各个少数民族的人都看成是自己的亲生儿子。［56］息虑：消除这些多余的疑虑。［57］勿怀耿介：不要总是这么“耿耿于怀”。耿介，犹言“耿耿”，内心介怀、不能入睡的样子。［58］禳（ráng）灾：消除灾祸。禳，祭名，指祈祷消除灾殃、去邪除恶的祭祷。［59］内求诸己：意思是自己要能容人，要以诚信对待别人。

二年（甲戌，374 年）

春，正月，癸未朔[1]，大赦。

己酉[2]，刁彝卒。二月，癸丑[3]，以王坦之为都督徐、兖、青三州诸军事，徐、兖二州刺史，镇广陵。诏谢安总中书[4]。安好声律[5]，期功之惨[6]，不废丝竹[7]，士大夫效之，遂以成俗[8]。王坦之屡以书苦谏之曰："天下之宝，当为天下惜之[9]。"安不能从。

三月，秦太尉建宁烈公李威[10]卒。

夏，五月，蜀人张育[11]、杨光[12]起兵击秦，有众二万，遣使来请兵。秦王坚遣镇军将军邓羌[13]帅甲士五万讨之。益州刺史竺瑶[14]、威远将军桓石虔[15]帅众三万攻垫江，姚苌兵败，退屯五城[16]。瑶、石虔屯巴东。张育自号蜀王，与巴獠酋帅张重、尹万[17]万余人进围成都。六月，育改元黑龙。秋，七月，张育与张重等争权，举兵相攻，秦杨安、邓羌袭育，败之，育与杨光退屯绵竹。八月，邓羌败晋兵于涪西[18]。九月，杨安败张重、尹万于成都南，重死，斩首二万三千级。邓羌击张育、杨光于绵竹，皆斩之。益州复入于秦。

冬，十二月，有人入秦明光殿[19]大呼曰："甲申、乙酉[20]，鱼羊食人[21]，悲哉无复遗[22]！"秦王坚命执之，不获。秘书监朱彤、秘书侍郎略阳赵整[23]，固请诛鲜卑，坚不听。整，宦官也，博闻强记，能属文[24]，好直言，上书及面谏，前后五十余事。慕容垂夫人[25]得幸于坚，坚与之同辇[26]游于后庭，整歌曰："不见雀来入燕室[27]，但见浮云蔽白日[28]。"坚改容谢之，命夫人下辇。

是岁，代王什翼犍击刘卫辰[29]，南走。

（以上为第十一段，写蜀人张育、杨光起兵攻打前秦，自称蜀王，前秦派遣重兵围剿；东晋派兵支援蜀人，被前秦打败；代王什翼犍攻打刘卫辰，卫辰向南逃走。）

【注释】

[1]癸未朔：正月一日。 [2]己酉：正月二十七日。 [3]癸丑：二月一日。 [4]总中书：总管中书省的工作。王坦之出镇广陵，故由谢安总揽中书省事宜。 [5]声律：五声六律，指音乐。 [6]期功之惨：即使在穿着丧服的心情不好的日子里。期、功，都是古代丧服的名称。期，服丧一年。功，指大功和小功，大功服丧九个月，小功服丧五个月。 [7]不废丝竹：意即照常欣

赏音乐。丝竹，弦乐器和管乐器，这里代指音乐。［8］俗：时尚，风气。［9］天下之宝，当为天下惜之：治理天下所用的宝器，即儒家的礼仪法度，不应当去破坏它。这里指谢安而言，是说谢安其人高贵，为了天下，应该自我爱护，不应该让任何不好的东西玷污自身，劝谢安要自我珍重。［10］建宁烈公：李威被封为建宁郡公，建宁郡的郡治在今云南曲靖市。烈字是谥号。李威：氐族，汉阳人，前秦名将。［11］张育：即张亚子，中国民间信奉的神仙。东晋宁康二年（374），张育自称蜀王，仍奉东晋正朔，建元黑龙。与前秦名将邓羌、杨安激战，后被秦军斩杀，后人建张育祠以纪念，张育祠后与梓潼神亚子祠合并，张育随即传成张亚子。［12］杨光：起兵反抗前秦，被杀。［13］邓羌：前秦名将，时任镇军将军。［14］益州刺史竺（zhú）瑶：记载有误，昔周仲孙为益州刺史，坐失守免官，桓冲以毛虎生为益州刺史。此云"益州刺史竺瑶"与事实不合，竺瑶时为江夏相。［15］桓石虔：桓彝之孙，桓温弟桓豁之子，时任威远将军。［16］五城：县名，县治在今四川中江县东南。［17］酋：首领。张重、尹万：巴地少数民族首领。［18］涪（fú）西：涪城之西，在今四川绵阳市西。［19］明光殿：长安桂宫中的宫殿，在今陕西西安市西北汉长安城遗址。［20］甲申、乙酉：是未来的太元九年（384）与太元十年（385）。按：此为预言，是年为晋孝武帝宁康元年（373）。［21］鱼羊食人："鱼羊"合成"鲜"字，指鲜卑，此预言十年后慕容氏将在384、385年起兵攻打前秦。这些显为后人所依附编造。［22］无复遗：什么都没有留下。［23］秘书侍郎：晋秘书省有丞、有郎，无侍郎。秦以赵整为秘书郎，内侍左右，故称侍郎。略阳：郡名，郡治在今甘肃天水市。赵整：十六国时略阳人，前秦宦官、大臣，任秘书侍郎、秘书监，以直言谏言著名。［24］属（zhǔ）文：写文章。属，连缀，连缀文字以成文章。［25］慕容垂夫人：指段夫人。［26］同辇（niǎn）：同乘一辆车。辇，帝王所乘之车。［27］不见雀来入燕室：取"门可罗雀"之意，预言日后将会门庭冷落，来客绝少，至能张罗捕雀。［28］浮云蔽白日：以喻苻坚被女人段氏所迷。［29］刘卫辰：匈奴铁弗部首领。传见《晋书》卷一百三十。

三年（乙亥，375年）

春，正月，辛亥[1]，大赦。

夏，五月，丙午[2]，蓝田献侯王坦之[3]卒。临终与谢安、桓冲书，惟以国家为忧，言不及私。

桓冲以谢安素有重望[4]，欲以扬州让之[5]，自求外出。桓氏族党皆以为非计，莫不扼腕[6]固谏，郗超亦深止[7]之，冲皆不听，处之澹然[8]。甲寅[9]，诏以冲都督徐、豫、兖、青、扬五州诸军事，徐州刺史，镇京口；以安领扬州刺史，并加侍中。

六月，秦清河武侯王猛寝疾[10]，秦王坚亲为之祈南、北郊及宗庙、社稷[11]，分遣侍臣遍祷河、岳诸神。猛疾少瘳[12]，为之赦殊死以下[13]。猛上疏曰："不图陛下以臣之命而亏天地之德[14]。开辟已来[15]，未之有也。臣闻报德莫如尽言，谨以垂没[16]之命，窃献遗款[17]。伏惟[18]陛下，威烈振乎八荒[19]，声教光乎六合[20]，九州百郡[21]，十居其七[22]，平燕定蜀，有如拾芥[23]。夫善作者不必善成[24]，善始者不必善终[25]，是以古先哲王[26]，知功业之不易，战战兢兢[27]，如临深谷[28]。伏惟陛下，追踪前圣[29]，天下幸甚。"坚览之悲恸[30]。

秋，七月，坚亲至猛第视疾[31]，访以后事。猛曰："晋虽僻处江南[32]，然正朔相承[33]，上下安和，臣没[34]之后，愿勿以晋为图[35]。鲜卑、西羌[36]，我之仇敌，终为人患，宜渐除之，以便社稷[37]。"言终而卒。坚比敛[38]，三临哭[39]，谓太子宏曰："天不欲使吾平壹六合[40]邪，何夺吾景略[41]之速也？"葬之如汉霍光故事[42]。

八月，癸巳[43]，立皇后王氏，大赦。后，濛之孙[44]也。以后父晋陵太守蕴[45]为光禄大夫，领五兵尚书[46]，封建昌县[47]侯。蕴固辞不受。

九月，帝讲《孝经》[48]，始览典籍，延[49]儒士。谢安荐东莞徐邈[50]补中书舍人[51]，每被顾问，多所匡益[52]。帝或宴集[53]，酣乐[54]之后，好为手诏诗章以赐侍臣，或文词率尔[55]，所言秽杂[56]，邈应时收敛[57]，还省刊削[58]，皆使可观，经帝重览，然后出[59]之。时议以此多邈[60]。

冬，十月，癸酉朔[61]，日有食之。

秦王坚下诏曰："新丧贤辅，百司或未称朕心[62]，可置听讼观于未央南[63]，朕五日一临，以求民隐[64]。今天下虽未大定，权可偃武修文[65]，以称武侯雅旨[66]。其增崇[67]儒教，禁老、庄、图谶之学[68]，犯者弃市[69]。"妙简[70]学生，太子及公侯百僚之子皆就学受业[71]；中外、四禁、二卫、四军、长上[72]将士，皆令受学。二十人给一经生[73]，教读音句[74]，后宫置典学以教掖庭[75]，选阉人及女隶敏慧[76]者诣博士授经[77]。尚书郎王佩[78]读谶，坚杀之，学谶者遂绝。

（以上为第十二段，写东晋将领桓冲因谢安深孚众望，主动让出扬州刺史；前秦丞相王猛去世，临终前希望前秦主苻坚不要图谋东晋，集中力量消灭鲜卑、西羌，使前秦安定；前秦主苻坚痛失贤才，禁学老、庄、图谶。）

【注释】

[1]辛亥：正月五日。［2]丙午：五月二日。［3]蓝田献侯王坦之：王坦之封为蓝田侯，谥号献。蓝田，县名，县治在今陕西蓝田县西北。［4]重望：很高的声望。［5]以扬州让之：即将扬州刺史推让给谢安。［6]扼（è）腕：一手握另一手之腕，表示失望、惋惜的样子。［7]深止：坚决劝阻。［8]澹（dàn）然：恬淡、平和的样子，意思是没有把权位、势力看得很重。［9]甲寅：五月十日。［10]清河武侯王猛：王猛封清河侯，谥号武。寝疾：病势严重，不能起床。［11]宗庙：供奉历朝历代国王牌位、举行祭祀的地方。社稷：古代帝王、诸侯所祭的土神和谷神。［12]少瘳（chōu）：病情稍有好转。少，同“稍”。瘳，病愈。［13]赦殊死以下：凡不是死罪的犯人一律赦免。殊死，斩首之刑。胡三省曰：“身首横分为殊死。”［14]以臣之命：为了挽救我的生命。亏天地之德：意即让您费心劳神地不惜一切代价，做许多不需要做的事情。［15]开辟已来：即有史以来。开辟，开天辟地。［16]垂没：即将死亡。没，同“殁”，死。［17]窃献遗款：敬献最后的忠诚。窃，谦辞。遗款，最后的忠诚。［18]伏惟：犹言“我想”“我认为”。伏，谦辞。惟，想，认为。［19]威烈：权威，功业。烈，业。八荒：八方，八方的荒远之地，犹言“宇内”“海内”。［20]声教：声威，教化。光乎六合：照耀全国。六合，意同于“四海”“宇内”。［21]九州百郡：以称整个中国。［22]十居其七：秦国已经占据了十分之七。［23]拾芥（jiè）：俯身拾起小草，形容极其容易。芥，草芥，小草。［24]善作者不必善成：善于开头的人不一定能够最后完成。作，开端。不必，不一定，不一定能。［25]善始者不必善终：善于发端的人不一定能有好的结局。以上二句出自乐毅的《报燕惠王书》。［26]哲王：圣明的君主。［27]战战兢（jīng）兢：形容小心谨慎的样子。［28]如临深谷：语出《诗经·小宛》：“惴惴小心，如临于谷。战战兢兢，如履薄冰。”形容恐惧小心的样子。［29]追踪前圣：意即学习古代明君的谦虚谨慎，不能掉以轻心。追踪，追步前人，意即学习、借鉴。［30]悲恸（tòng）：非常悲哀，悲伤痛哭。［31]视疾：探望病情。［32]僻处江南：居于长江以南的偏僻之地。［33]正朔相承：是继续西晋政权的正统，按照西晋的历法依次纪年下来的。正朔，每年正月一日，古时各个朝代，用哪个月的一日作一年的开始是不同的。如夏朝是用正月，商朝是用十二月，周朝是用十一月，秦朝是用十月。而每个新王朝要用自己的新历法，要用新的月份作为一年的开始，这叫“改正朔”。而东晋是延续西晋的“正朔”一直下来的，故称为“相承”。［34]没（mò）：同“殁”，死亡。［35]勿以晋为图：不要打东晋王朝的主意，不要把东晋王朝作为攻取的对象。［36]鲜卑：指已灭的慕容儁、慕容暐，与尚存于苻坚身边的慕容垂、慕容德等。西羌：指暂居于苻坚部下的姚苌等人。［37]社稷：代指国家。［38]比敛：从王猛死到王猛被装入棺材。敛，装遗体入棺。［39]三临哭：三次亲来哭吊。临，哭丧。［40]平壹六合：统一天下。平壹，统一。壹，同“一”。

[41]景略：即王猛，字景略。 [42]如汉霍光故事：依照东汉安葬霍光的旧例安葬王猛。霍光死时，丧礼极为隆重，宣帝和皇太后亲临参加，极尽风光和荣耀。 [43]癸巳：八月二十日。[44]濛：即王濛（méng），字仲祖，太原晋阳（今山西太原市）人，东晋外戚、大臣。女儿王穆之和孙女王法慧都是皇后。传见《晋书》卷九十三。孙：孙女。 [45]蕴（yùn）：即王蕴，字叔仁，司徒左长史王濛第三子，孝武定皇后王法慧之父，东晋外戚大臣，为晋陵太守、光禄大夫，领五兵尚书，封建昌侯。 [46]领：兼任。五兵尚书：尚书台的官员，统管中兵、外兵、骑兵、别兵、都兵等五兵军事。 [47]建昌县：县名，县治原在今山西定襄县西北，此时只应在侨居镇江的并州治下。县，此字原无，据章校补。宜有之，故补。 [48]帝讲《孝经》：孝武帝开始读《孝经》。当时司马曜年十岁。讲，讲习，研讨，实际指读经。《孝经》，阐述孝道和孝治思想的古代儒家经典著作，儒家十三经之一。 [49]延：邀请。 [50]徐邈（miǎo）：字仙民，东莞姑幕（今山东莒县）人，徐广之兄，补中书舍人，升散骑常侍，转祠部郎，为东宫前卫率，领本郡大中正，任骁骑将军。 [51]中书舍人：官名，即通事舍人，中书令的属官，掌管传达诏命。 [52]匡益：纠正和补益。匡，扶之使正。 [53]宴集：宴饮集会，聚饮。 [54]酣（hān）乐：畅饮，欢乐。酣，酒喝得很快乐。 [55]率尔：轻率，随意。 [56]秽（huì）杂：犹言"芜杂"，不纯、不精，如禾苗中掺有杂草。 [57]应时收敛：及时将其搜集回来。 [58]还省刊削：带回中书省予以修改。[59]出：指传出宫外。 [60]时议：当时的舆论。多邈：称赞徐邈。多，称道，赞美。 [61]癸酉朔：十月一日。 [62]百司：百官。或未称朕心：有的我还不大满意。 [63]听讼（sòng）观：听取上讼意见的楼观。讼，申诉。未央南：未央宫的南侧。未央，即未央宫。 [64]民隐：民间的疾苦。 [65]权可：大致可以。权，大致，客气的说法。偃（yǎn）武修文：停止武备，修明文教。 [66]以称武侯雅旨：以符合武侯王猛生前的雅意。 [67]增崇：犹言发扬光大。 [68]禁老、庄、图谶之学：禁止老子、庄子，以及宣扬符命占验的学说。前秦禁老、庄，主要是禁止魏晋的玄学。图谶（chèn），图箓与谶语，秦汉间巫师、方士编造的预示吉凶以蛊惑人心的隐语，如前文所说的"甲申、乙酉，鱼羊食人"，以及借星象所说的"今彗星起尾、箕而扫东井，十年之后，燕当灭秦；二十年之后，代当灭燕"等，都属于这一类。 [69]弃市：在人众集聚的闹市，对犯人执行死刑，以示为大众所弃的刑罚。[70]妙简：慎重选择。[71]就学受业：到学校里听儒学老师讲课。[72]中外、四禁、二卫、四军、长上：皆武官名。中外，指中军将军、外军将军。四禁，指前禁、后禁、左禁、右禁四将军。二卫，指左卫、右卫二将军。四军，指卫军、抚军、镇军、冠军四将军。长上，掌宿卫。 [73]给一经生：配备一个精通儒经的学者。 [74]教读音句：教给人们字的读音，以及句子的断句。 [75]典学：这里指在后宫为帝王女眷设置的学校。教掖庭：给宫中的妃嫔与女官们讲课。掖庭，宫中两侧的居室，为嫔妃居住的地方。 [76]阉人及女隶：指宫殿中的男女奴隶。阉人，即太监，也称宦官。女隶，指因家庭犯罪而被没入宫廷为婢的女子。敏慧：聪明。 [77]诣博士授经：到太常里听博士讲授经典。 [78]王佩：前秦人，因读谶而被杀。

【点评】

桓温功过。桓温三次出兵北伐，攻打前秦、羌族姚襄、前燕，但得不到朝廷的支持，可以说是孤军奋战。而后，他独揽朝政十多年，操纵废立，有意夺取帝位，但终未能如愿。

桓温有志向，从权臣角度来看，桓温有些像当年的王敦，但他在内心上效法的是刘琨，以收复中原为念。可天下事不如意者十之八九，他只得在朝廷不予赞成的情况下出兵北伐。

桓温在世，曾与两位名相有过交结。一个是王猛，桓温北伐，驻扎在长安灞水，王猛在华山隐居，向桓温自荐献策。他虽是一介布衣，但在征西大将军面前毫不怯色，手扪虱子，侃侃而谈，终日不倦。桓温感慨地说："江东没有像王猛这样的人才！"桓温许诺授予王猛高官，担任督护，同回荆州。王猛没有答应。也许，王猛在与桓温的交谈中，发现了桓温的致命缺陷。一个是谢安，朝廷屡征不就，而第一次出山，就是进入桓温的幕府担任司马之职。桓温对谢安十分器重，与之交谈，也是终日不倦，而谢安待了一段时间，似乎也觉得这里不是理想的栖身之地，便婉言辞职。王猛与谢安，他们各自成就了一番大事业，被千古传颂。这说明在英雄眼里，桓温还算不上是真正的英雄。说到底，桓温在他所建立的功勋中，还带有很大一部分的私心杂念。

卷一〇四　晋纪二十六

晋孝武帝太元元年至七年（376—382 年）

【起柔兆困敦（丙子，376 年），尽玄黓敦牂（壬午，382 年），凡七年】

【大事提要】

本卷记事起公元 376 年，讫公元 382 年，凡七年，当晋孝武帝（司马曜）太元元年至太元七年。本卷所载大事，主要有三个方面。其一，司马曜亲政，改元太元。公元 376 年，晋孝武帝司马曜 13 岁，开始临朝，皇太后归政，复称崇德太后。经谢安策划，以郗愔为镇军大将军，解除会稽内史职务；桓冲为车骑将军，解除徐州刺史职务，自京口移镇姑孰；谢安为中书监、录尚书事，总揽朝政。其二，前秦灭前凉、灭代国。前凉王张天锡荒于声色，不问政事。公元 376 年，前秦主苻坚派武卫将军苟苌等率步骑 13 万，西讨前凉。前凉军败退，前秦兵进至姑臧城，张天锡被迫率众降秦，苻坚封他为归义侯。前凉共存在 76 年。苻坚乘胜兵伐代国，代王拓跋什翼犍几次发兵抵抗，都被打败，不久，代王室发生内讧，前秦乘机消灭代国。代国存在了 62 年。其三，前秦用兵东晋。公元 378 年，前秦主苻坚派征南大将军苻丕等率领步骑兵 7 万攻下东晋重镇襄阳。公元 382 年，苻坚大会群臣，讨论攻打东晋之事。群臣各言利弊，久而不决。将领苻融认为伐晋有三难：天道不顺，晋国无内乱，我方士卒疲劳，而皇上出征，只恐京师发生变乱。太子苻宏、沙门道安、张夫人等先后劝说，苻坚一概不听。

烈宗孝武皇帝上之中

太元元年（丙子，376 年）

春，正月，壬寅朔[1]，帝加元服[2]；皇太后下诏归政，复称崇德太后。甲辰[3]，大赦，改元。

丙午[4]，帝始临朝[5]。以会稽内史郗愔为镇军大将军[6]，都督浙江东五郡[7]诸军事；徐州刺史桓冲为车骑将军，都督豫、江二州之六郡[8]诸军事，自京口徙镇姑孰[9]。谢安欲以王蕴为方伯[10]，故先解冲徐州[11]。乙卯[12]，加谢安中书监、录尚书事。

二月，辛卯[13]，秦王坚下诏曰："朕闻王者劳于求贤，逸于得士[14]，斯言何其验也！往得丞相[15]，常谓帝王易为[16]。自丞相违世[17]，须发中白[18]，每一念之，不觉酸恸[19]。今天下既无丞相，或政教沦替[20]，可分遣侍臣周巡[21]郡县，问民疾苦。"

三月，秦兵寇南乡[22]，拔之，山蛮[23]三万户降秦。

夏，五月，甲寅[24]，大赦。

初，张天锡[25]之杀张邕[26]也，刘肃[27]及安定梁景皆有功，二人由是有宠，赐姓张氏，以为己子，使预政事。天锡荒于酒色，不亲庶务，黜世子大怀而立嬖妾焦氏之子大豫[28]，以焦氏为左夫人[29]，人情愤怨；从弟从事中郎宪[30]舆榇切谏[31]，不听。

秦王坚下诏曰："张天锡虽称藩受位[32]，然臣道未纯[33]，可遣使持节、武卫将军苟苌，左将军毛盛，中书令梁熙，步兵校尉姚苌等将兵临西河[34]；尚书郎阎负、梁殊奉诏征天锡入朝[35]，若有违王命，即进师扑讨[36]。"是时，秦步骑十三万，军司段铿[37]谓周虓[38]曰："以此众战，谁能敌之[39]！"虓曰："戎狄以来，未之有也[40]。"坚又命秦州刺史苟池、河州刺史李辩、凉州刺史王统帅三州之众为苟苌后继[41]。

（以上为第一段，写东晋孝武帝司马曜加冠，亲政，改元太元；前凉主张天锡荒于酒色，废嫡立庶，前秦觉得有机可乘，便令入朝，一旦违令，便出动大军征讨。）

【注释】

[1]壬寅朔：正月一日。[2]加元服：即行加冠礼，以示成年。元服，头上的帽子，指冠冕。[3]甲辰：正月三日。[4]丙午：正月五日。[5]临朝：临御朝廷，处理政事，即开始执政。[6]镇军大将军：古代将军名号，权任很重。[7]都督：统管，总揽。浙江东五郡：指会稽、东阳、临海、永嘉、新安五郡。[8]豫、江二州之六郡：指豫州的历阳、淮南、庐江、安丰、襄城和江州的寻阳六个郡。[9]京口：县名，在今江苏镇江市。镇：驻镇，镇守。姑孰：晋县名，县治在今安徽当涂县。[10]王蕴（yùn）：字叔仁，司徒左长史王濛第三子，孝武定皇后王法慧之父，东晋外戚大臣。方伯：镇守一方的高级地方军政长官，这里指州刺史。[11]解冲徐州：解除桓冲的徐州刺史职务。[12]乙卯：正月十四日。[13]辛卯：二月二十一日。[14]逸于得士：得了贤才之后，自己就可以变得清闲了。逸，清闲。[15]往得丞相：当初我得到了王猛丞相。往，当初，从前。丞相，指王猛。[16]常谓帝王易为：总是说皇帝容易做。谓，说，觉

得。［17］违世：离世，去世。指王猛去世。［18］须发中白：我的胡子、头发立刻变成半白了。［19］酸恸（tòng）：伤心，悲痛。［20］或政教沦替：很可能造成政策、教化不能贯彻实行的后果。或，可能。沦替，荒废，停止。［21］周巡：普遍地巡视。［22］寇：寇略，侵扰。南乡：郡名，郡治在今河南淅川县西南。［23］山蛮：古代居住在今河南、湖北、陕西、重庆四省（市）交界处的山区的少数民族。［24］甲寅：五月十五日。［25］张天锡：前凉第九位国主，公元 363 年至公元 376 年在位。［26］杀张邕：事见《资治通鉴》卷一百一晋穆帝升平五年（361）。张邕（yōng），前凉权臣张瓘之弟，曾为右司马、中护军、大司马。［27］刘肃：前凉右将军，前凉王张天锡亲信。［28］嬖（bì）妾：受宠爱的小老婆。嬖，宠爱。焦氏：二字原无，据章校补。大豫：即张大豫，前凉悼公张天锡之庶子，公元 386 年至公元 387 年重建前凉政权，自称凉州牧。［29］左夫人：古代少数民族头领妃嫔的称号，地位与正妻同级，受宠在正妻之上。前凉席位以左为尊。［30］从弟：堂弟。宪：即张宪，张天锡的堂弟，任从事中郎，近侍之官。［31］舆榇（chèn）切谏：以车载棺进宫提出抗议，表示以死相谏。榇，棺材。［32］称藩：向大国承认自己的附庸地位。受位：指接受秦国给予的官职与爵号，意即降附称臣。［33］臣道未纯：不是一心一意地忠于君主。臣道，做臣子的义务、本分。［34］将兵：率领士兵。临西河：意即兵临凉州张氏政权的东部边境。西河，指今黄河流经甘肃、宁夏境内的河段，黄河以西是当时张氏政权的辖地。［35］奉诏征天锡入朝：前秦尚书郎阎负、梁殊依托大兵压境奉前秦主苻坚诏令征召张天锡到长安面见前秦主苻坚。［36］扑讨：进攻，讨伐。扑，攻打。［37］军司：意同“军师”，晋人为避司马师之讳而改。段铿（kēng）：前秦军司。［38］周虓（xiāo）：字孟威，安南将军周访玄孙，东羌校尉周琼之子，东晋梓潼太守。前秦攻打梓潼，周虓坚守涪城，孤立无援，投降前秦。［39］以此众战，谁能敌之：二句用齐桓公伐楚时语，见《左传》僖公四年，原文作“以此众战，谁能御之”。［40］戎狄以来，未之有也：意即自少数民族的出兵征战以来，的确没有见过。胡三省曰：“周虓拘执于秦，其尊本朝之心，虽造次不忘也。”［41］为苟苌后继：前秦武卫将军苟苌为前秦征讨前凉各军的主帅，故称后援之军为苟苌后继。

秋，七月，阎负、梁殊至姑臧。张天锡会[1]官属谋之，曰：“今入朝，必不返；如其不从，秦兵必至，将若之何？”禁中录事席仂[2]曰：“以爱子为质，赂以重宝，以退其师，然后徐[3]为之计，此屈伸之术[4]也。”众皆怒，曰：“吾世事晋朝，忠节著于海内。今一旦委身贼庭[5]，辱及祖宗，丑莫大焉！且河西天险，百年无虞[6]，若悉[7]境内精兵，右招西域[8]，北引匈奴以拒之，何遽[9]知其不捷也！”天锡攘袂大言[10]曰：“孤计决矣，言降者斩！”使谓阎负、梁殊曰：“君欲生归[11]乎，死归乎？”殊等辞气不屈[12]，天锡怒，缚之军门，命军士交射[13]之，曰：

"射而不中，不与我同心者也。"其母严氏泣曰："秦主以一州之地，横制天下[14]，东平鲜卑，南取巴、蜀，兵不留行[15]，汝若降之，犹可延数年之命。今以蕞尔一隅[16]，抗衡大国，又杀其使者，亡无日[17]矣！"天锡使龙骧将军马建帅众二万拒秦。

秦人闻天锡杀阎负、梁殊，八月，梁熙、姚苌、王统、李辩济自清石津[18]，攻凉骁烈将军梁济于河会城[19]，降之。甲申[20]，苟苌济自石城津[21]，与梁熙会攻缠缩城[22]，拔之。马建惧，自杨非退屯清塞[23]。天锡又遣征东将军掌据帅众三万军于洪池[24]，天锡自将余众五万，军于金昌城[25]。安西将军敦煌宋皓[26]言于天锡曰："臣昼察人事，夜观天文，秦兵不可敌也，不如降之。"天锡怒，贬皓为宣威护军。

广武太守辛章[27]曰："马建出于行陈[28]，必不为国家用。"苟苌使姚苌帅甲士三千为前驱。庚寅[29]，马建帅万人迎降，余兵皆散走。辛卯[30]，苟苌及掌据战于洪池，据兵败，马为乱兵所杀，其属董儒[31]授之以马，据曰："吾三督诸军，再秉节钺[32]，八将禁旅[33]，十总外兵[34]，宠任极矣[35]。今卒困于此，此吾之死地也，尚安之乎[36]！"乃就帐免胄，西向稽首，伏剑而死。秦兵杀军司席仂。

癸巳[37]，秦兵入清塞，天锡遣司兵赵充哲[38]帅众拒之。秦兵与充哲战于赤岸[39]，大破之，俘斩三万八千级，充哲死。天锡出城自战，城内又叛。天锡与数千骑奔还姑臧。甲午[40]，秦兵至姑臧，天锡素车白马[41]，面缚舆榇[42]，降于军门。苟苌释缚焚榇[43]，送于长安，凉州郡县悉降于秦。

九月，秦王坚以梁熙为凉州刺史，镇姑臧。徙豪右[44]七千余户于关中，余皆按堵如故[45]。封天锡为归义侯，拜北部尚书[46]。初，秦兵之出也，先为天锡筑第于长安，至则居之。以天锡晋兴太守陇西彭和正[47]为黄门侍郎，治中从事武兴苏膺[48]、敦煌太守张烈为尚书郎[49]，西平太守金城赵凝[50]为金城太守，高昌杨干[51]为高昌太守，余皆随才擢叙[52]。

梁熙清俭爱民，河右[53]安之。以天锡武威太守敦煌索泮[54]为别驾，宋皓为主簿。西平郭护[55]起兵攻秦，熙以皓为折冲将军，讨平之。

桓冲闻秦攻凉州，遣兖州刺史朱序[56]、江州刺史桓石秀[57]与荆州督护桓罴[58]游军沔、汉[59]，为凉州声援[60]；又遣豫州刺史桓伊[61]帅众向寿阳[62]，淮南太守刘波[63]泛舟淮、泗[64]，欲桡秦[65]以救凉。闻凉州败没[66]，皆罢兵。

（以上为第二段，写前凉主张天锡杀害前秦使臣，前秦主苻坚下令征讨，前凉大败亏输，张天锡投降前秦，前凉灭亡；东晋声援前凉，收效甚微，无济于事。）

【注释】

[1]会：会同，召集。[2]禁中录事：官名，张氏创置，总管禁中之事。席仂（lè）：人名，前凉禁中录事。[3]徐：慢慢地。[4]屈伸之术：当屈则屈，当伸则伸，意即随机应变，临事制宜。[5]委身贼庭：指去秦国做人质。委身，以身示人。[6]百年无虞：自张氏政权创立以来，从来没有出过问题。无虞，无忧。[7]悉：尽，全部出动。[8]右招西域：向西招集西域诸国的兵力。右，指凉州的西方。西域，地区名，汉以后对玉门关、阳关以西地区的总称。[9]何遽（jù）：怎么就。遽，遂，就。[10]攘袂（mèi）：捋袖出臂，激昂奋起的样子。袂，袖子。大言：高声地说。[11]生归：活着回去。[12]辞气不屈：说话的声音与面部表情都没有任何服软的样子。[13]交射：轮流而射。交，轮番。[14]横制天下：强硬地制服了天下。横，顽强，强硬。[15]兵不留行：指攻伐顺利，所向披靡。留行，指行进中受阻。[16]蕞（zuì）尔一隅：偏远角落的一个小国。蕞尔，细小的样子。隅，角落。[17]亡无日：离死没有几天了。[18]济：渡。清石津：古渡口名，在今甘肃永靖县北的黄河上。[19]梁济：前凉骁烈将军。河会城：古城名，在今甘肃兰州市西湟水入黄河处。[20]甲申：八月十七日。[21]石城津：古渡口名，在今甘肃兰州市西北的黄河边上。[22]会攻：合兵攻打。缠缩城：古城名，在今甘肃永登县南。[23]杨非：古地名，其地有杨非亭，在今甘肃永登县西北的庄浪河西岸。清塞：古城名，在今甘肃古浪县，或说在今青海大通县西北。[24]掌据：《晋书》作"常据"，字元琰，前凉敦煌人，年十四，拜奉车都尉，从梁肃征陇右，大破王擢，由是显名。张天锡时为征东将军。掌据战死，前凉亡。洪池：即洪池岭，山名，在今甘肃武威市东南。[25]金昌城：古城名，在今甘肃金昌市西。[26]敦煌：郡名，郡治沙州，在今甘肃敦煌市西。宋皓：前凉为安西将军。[27]广武：凉州张氏所辖的郡名，郡治在今甘肃永登县。辛章：前凉广武太守。[28]出于行陈：犹言行伍出身，出身于职业军人。行陈，同"行阵"，意即"行伍"。[29]庚寅：八月二十三日。[30]辛卯：八月二十四日。[31]董儒：掌据僚属。[32]再秉节钺（yuè）：意即两次奉命率军出征。再，两次。节钺，旌节与黄钺。旌节是皇帝授予大臣或使臣的一种信物，既证明其身份、爵位，又显示朝廷给予的尊荣。黄钺是皇帝授予军事统帅的一种大斧，表明是奉命征讨，有生杀之权。[33]禁旅：即禁军、禁兵，皇帝的警卫部队。[34]十总外兵：十次统领京城以外的军队。总，统领。外兵，京畿以外的军队。外，原文为"禁"字，据章校改。[35]宠任极矣：受宠信、受重用到极点了，

意即无以复加。［36］尚安之乎：我还逃到哪里去呢。安之，何往。［37］癸巳：八月二十六日。［38］司兵：官名，犹如后代的兵部尚书。赵充哲：前凉司兵。［39］赤岸：古地名，一名河夹岸，在当时的枹罕县，今甘肃临夏市，或说在今甘肃武威市东南，此应以后者为是。［40］甲午：八月二十七日。［41］素车白马：以白色为饰，表示自己知罪、请罪。［42］面缚舆榇（chèn）：反缚双手，身后有车拉着棺材。这是古代帝王投降的一种仪式，当年刘禅向魏人投降，孙皓向晋人投降，大体都是如此。舆，车。榇，棺材。［43］释缚焚榇：这也是古代接受帝王投降时所例行的一种程序。［44］豪右：豪门大族。［45］按堵如故：各就各位，照常从事各自的职业。按堵，也作“安堵”，意即各就各位，秩序正常。［46］北部尚书：官名，苻秦所置，掌管北部地区的少数民族。［47］晋兴：郡名，郡治在今青海民和县西北。陇西：晋郡名，郡治襄武，在今甘肃陇西县东南。彭和正：前凉晋兴太守、黄门侍郎、都水使者。［48］治中从事：刺史的高级佐官之一，主众曹文书，居中治事，故名治中。武兴：郡名，郡治在今甘肃永昌县水源镇。苏膺：原为前凉治中从事，前凉灭亡，为前秦尚书郎。［49］张烈：前凉敦煌太守，前凉灭亡，为前秦尚书郎。［50］西平：郡名，郡治在今青海西宁市。金城：郡名，郡治金城，在今甘肃兰州市西北。赵凝：前凉西平太守，前凉灭亡，为前秦金城太守。［51］高昌：郡名，郡治在今新疆吐鲁番市东南。杨干：高昌人，前凉官员，前凉灭亡，为前秦高昌太守。［52］随才擢（zhuó）叙：根据才能选拔录用。擢，选拔，提拔。叙，按等级次序进升。［53］河右：黄河以西，原张氏政权所占据的凉州，今之甘肃河西走廊一带地区。［54］索泮（pàn）：字德林，敦煌人，世代都是豪门大族。前凉时，为记室参军，任司兵，出任中垒将军、武威太守、典戎校尉。从政宽和，为地方所敬。前凉灭亡，索泮为前秦别驾。淝水之战后，吕光从西域回攻姑臧，索泮拒战，兵败被俘杀。传见《晋书》卷一百十五。［55］郭护：前凉人，曾起兵攻秦，被平定。［56］兖州：州名，东晋时治邹山，在今山东邹城市东南。朱序：字次伦，义阳平氏（今河南桐柏县）人，西蛮校尉、益州刺史朱焘之子，东晋名将。传见《晋书》卷八十一。［57］江州：州治浔阳，在今江西九江市。桓石秀：谯国龙亢（今安徽怀远县龙亢镇）人，幼有令名，为简文帝所重。代叔父桓冲为宁远将军、江州刺史、西阳太守，镇寻阳。［58］荆州：州治江陵，在今湖北荆州市。督护：官名，有直接指挥作战的权力。桓罴（pí）：东晋将领，谯国龙亢（今安徽怀远县龙亢镇）人，曾为参军、荆州刺史桓豁督护。［59］游军沔（miǎn）、汉：派兵到汉水上游邻近凉州的地区进行一些示威性的活动。游军，巡行示威的军队。沔、汉，即指汉水，其上游称沔水，下游称汉水。［60］声援：遥作支援。［61］豫州：州名，晋时治所陈县，在今河南周口市淮阳区。桓伊：字叔夏，小字子野，曾为桓温参军，出任淮南、历阳太守，后迁江州刺史，入为护军将军。传见《晋书》卷八十一。［62］寿阳：县名，县治在今安徽寿县，当时称作寿春。［63］淮南：郡名，郡治寿春，在今安徽寿县。刘波：东晋淮南太守。［64］淮、泗：指流经今安徽北部、江苏中部的淮水与泗水。［65］桡（ráo）秦：骚扰秦国的东南边境，以牵扯进攻凉州的秦军兵力。桡，通“挠”，扰乱。［66］败没：失败，灭亡。

初，哀帝减田租，亩收二升。乙巳[1]，除度田[2]收租之制，王公以下，口税[3]米三斛，蠲在役之身[4]。

冬，十月，移淮北民于淮南。

刘卫辰为代所逼，求救于秦，秦王坚以幽州刺史行唐公洛[5]为北讨大都督，帅幽、冀兵十万击代；使并州刺史俱难、镇军将军邓羌、尚书赵迁、李柔、前将军朱肜、前禁将军张蚝、右禁将军郭庆帅步骑二十万，东出和龙[6]，西出上郡[7]，皆与洛会，以卫辰为乡导。洛，菁之弟也。

苟苌之伐凉州也，遣扬武将军马晖、建武将军杜周帅八千骑西出恩宿[8]，邀张天锡走路[9]，期会[10]姑臧。晖等行泽中，值水失期[11]，于法应斩，有司奏征下狱[12]。秦王坚曰："水春冬耗竭，秋夏盛涨，此乃苟苌量事失宜[13]，非晖等罪。今天下方有事，宜宥过责功[14]。"命晖等回赴北军[15]，击索虏以自赎[16]。众咸以为万里召将[17]，非所以应速[18]，坚曰："晖等喜于免死，不可以常事疑[19]也。"晖等果倍道疾驱[20]，遂及东军[21]。

十一月，己巳朔[22]，日有食之。

代王什翼犍使白部、独孤部[23]南御秦兵，皆不胜。又使南部大人刘库仁[24]将十万骑御之。库仁者，卫辰之族，什翼犍之甥也，与秦兵战于石子岭[25]，库仁大败。什翼犍病，不能自将，乃帅诸部奔阴山[26]之北。高车杂种[27]尽叛，四面寇钞[28]，不得刍牧[29]，什翼犍复渡漠南[30]。闻秦兵稍退[31]，十二月，什翼犍还云中[32]。

初，什翼犍分国之半以授弟孤[33]，孤卒，子斤失职怨望[34]。世子寔及弟翰早卒[35]，寔子珪[36]尚幼，慕容妃[37]之子阏婆、寿鸠、纥根、地干、力真、窟咄[38]皆长，继嗣未定。时秦兵尚在君子津[39]，诸子每夜执兵警卫。斤因说什翼犍之庶长子寔君曰："王将立慕容妃之子，欲先杀汝，故顷来[40]诸子每夜戎服，以兵绕庐帐[41]，伺便将发[42]耳。"寔君信之，遂杀诸弟，并弑什翼犍。是夜，诸子妇及部人奔告秦军，秦李柔、张蚝勒兵[43]趋云中，部众逃溃，国中大乱。珪母贺氏以珪走依贺讷[44]。讷，野干[45]之子也。

（以上为第三段，写匈奴铁弗部首领刘卫辰受到代国威胁，向前秦求救，前秦主苻坚派大军攻打代国，代国大乱，拓跋什翼犍庶长子拓跋寔君杀害诸弟，拓跋珪奔依贺讷。）

【注释】

［1］乙巳：九月八日。［2］除：废除。度（duó)田：丈量田亩面积。［3］口税：按人口交税。［4］蠲（juān）在役之身：免除正在服役者的税收。蠲，免除，减免。［5］幽州：州治蓟县，在今北京市。行唐公洛：即苻洛，苻健兄子，平昌王苻菁之弟。前秦建立后，封为行唐公，官至北讨大都督、安北将军、幽州刺史。［6］和龙：即龙城，亦作黄龙城，前燕的故都，在今辽宁朝阳市。［7］上郡：郡治在今陕西榆林市南。［8］恩宿：古地名，在今甘肃永昌县南。［9］邀：拦截，截击。走路：败逃之路。恩宿在金昌与姑臧之间，为张天锡逃归姑臧的必经之路。［10］期会：约会，约定。［11］值水：正值发大水，挡住前进的道路。失期：没有按照规定的时间到达目的地。［12］有司：有关主管部门。奏征下狱：给苻坚上书请求将马晖、杜周等送进监狱。征，召，叫来。［13］量事：考虑问题。失宜：不妥当。［14］宥（yòu）过责功：宽恕他们的过失，以让他们立功报效。宥，宽容，饶恕。责，责成，要求。［15］回赴北军：从西方前线回来，到北部的前线去。［16］索虏：对代国的蔑称。代国是鲜卑拓跋氏所建，拓跋氏的习俗是编发为辫，故时人称之为“索头”。自赎（shú）：自救，自我赎罪。［17］咸：皆，都。万里召将：调动万里以外的将军前往上任。［18］非所以应速：不是解决突发事变的办法。应速，应急。［19］不可以常事疑：不能按常情去怀疑他们的能力。［20］倍道疾驱：兼道而行，快速前进。［21］及东军：按时到达了东部的军营。马晖等原来是在河西走廊，现在要去陕晋北部的北方前线，方向是自西而东，故谓伐代之军为“东军”。［22］己巳朔：记载有误，本年的十一月丁酉朔，无己巳日。应为十二月之误。己巳是十二月四日。“朔”字为衍文。［23］白部、独孤部：都是鲜卑族的部族名，现为拓跋氏部下。［24］南部大人：位居代国南方的匈奴族头领。刘库仁：前任首领刘路孤之子，拓跋什翼犍外甥，前秦大将。初任南部大人。前秦主苻坚兼并代国后，拜陵江将军，与刘卫辰分统代国，治理黄河以东地区。在淝水大败后，他协助苻坚平定后燕叛乱，后被杀。传见《魏书》卷二十三。［25］石子岭：山名，在今内蒙古和林格尔县西南。［26］阴山：横亘于今内蒙古的大山，在今五原、包头、呼和浩特诸市县的北方。［27］高车杂种：原已归附于代国的西北地区的高车等各个少数民族。杂种，各个种族。［28］寇钞：也作“寇抄”，对代国进行攻劫掠夺。［29］不得刍（chú）牧：没法割草放牧。刍，喂牲口的草，用如动词。［30］复渡漠南：又穿越大漠，回到了大漠的南方。漠南，蒙古大沙漠以南地区。［31］稍退：逐渐退兵。［32］云中：郡名，约当今之内蒙古与其邻近的陕西、山西三省交界一带，都城盛乐，在今内蒙古和林格尔县，即处于云中郡境内。［33］分国之半以授弟孤：当初什翼犍之父死时，什翼犍正在后赵为人质，国人欲立什翼犍之弟拓跋孤，拓跋孤不从，乃入后赵为质，替换什翼犍回国为君。什翼犍即位后，遂分国之半以予拓跋孤。事见《资治通鉴》卷九十六晋成帝咸康四年（338）。［34］失职怨望：因拓跋斤丧

失领地，不再有原来的国之一半的土地，也不再有原来的实权，而对什翼犍产生不满和怨恨情绪。［35］早卒：指什翼健的长子拓跋寔及其弟拓跋翰早已死亡。［36］珪：即拓跋寔之子，什翼健之孙拓跋珪，又名拓跋开，字涉珪，北魏开国国主。［37］慕容妃：前燕君主慕容皝之女。什翼犍为结援大国而娶前燕主之女。事见《资治通鉴》卷九十七晋康帝建元二年（344）。［38］阏（yān）婆、寿鸠（jiū）、纥（hé）根、地干、力真、窟咄（duō）：皆拓跋氏，为代王拓跋什翼健之子，母为王后慕容氏，云中盛乐（今内蒙古和林格尔县）人，鲜卑族，代国宗室，皆被庶长兄拓跋寔君所杀。［39］君子津：渡口名，在今内蒙古准格尔旗东北的黄河上，今称喇嘛湾。［40］顷来：近来，最近。［41］以兵绕庐帐：带兵围绕在什翼犍大帐的周围。庐帐，用毛毡做成的帐篷，犹今之蒙古包。［42］伺便将发：一有机会就将动手。发，发动，行动。［43］勒兵：此处意即带兵。勒，控制，统领。［44］以珪：带着年幼的拓跋珪。贺讷：即贺兰贺讷，代郡（今内蒙古境内）人，出身匈奴贺兰部。北魏外戚大臣，道武帝拓跋珪亲舅舅，东部大人贺野干之子，献明贺皇后兄长。支持外甥拓跋珪在牛川召开部落联盟会议，继承代国王位。后被拓跋部打败，投降拓跋珪，拜安远将军。传见《魏书》卷八十三。［45］野干：即贺野干，代人，匈奴贺兰部首领，代国东部大人，拓跋珪的外祖父。曾经嫁女于什翼犍世子拓跋寔，生遗腹子涉圭，即创建北魏的拓跋珪。早年和匈奴铁弗部刘卫辰、南部大人刘库仁一起守卫代国三面，是代国的中流砥柱之一。事迹见《资治通鉴》卷一百三晋简文帝咸安元年（371）。

秦王坚召代长史燕凤[1]，问其所以乱故，凤具以状对[2]。坚曰："天下之恶一也[3]。"乃执寔君及斤，至长安，车裂之。坚欲迁珪于长安，凤固请曰："代王初亡，群下叛散，遗孙冲幼[4]，莫相统摄[5]。其别部大人[6]刘库仁，勇而有智，铁弗卫辰[7]，狡猾多变，皆不可独任。宜分诸部为二，令此两人统之。两人素有深仇，其势莫敢先发[8]。俟其孙[9]稍长，引而立之，是陛下有存亡继绝[10]之德于代，使其子子孙孙永为不侵不叛之臣，此安边之良策也。"坚从之。分代民为二部，自河以东[11]属库仁，自河以西[12]属卫辰，各拜官爵，使统其众。贺氏以珪归独孤部[13]，与南部大人长孙嵩[14]、元佗[15]等皆依库仁。行唐公洛以什翼犍子窟咄[16]年长，迁之长安。坚使窟咄入太学读书[17]。

下诏曰："张天锡承祖父之资，藉[18]百年之业，擅命河右[19]，叛换偏隅[20]。索头世跨朔北[21]，中分区域[22]，东宾秽貊[23]，西引乌孙[24]，控弦[25]百万，虎视云中。爰命两师[26]，分讨黠虏[27]，役不淹岁[28]，穷殄二凶[29]，俘降百万，辟土九千[30]，五帝之所未宾[31]，周、汉之所未至[32]，莫不重译来王[33]，怀风率职[34]。有司可速班功受爵[35]，戎士悉复之五岁[36]，赐爵三级[37]。"于是加行唐公洛征西将军，以邓羌为并州[38]刺史。

阳平国常侍慕容绍私谓其兄楷[39]曰："秦恃其强大，务胜不休[40]，北戍云中，南守蜀、汉[41]，转运万里，道殣相望[42]，兵疲于外，民困于内，危亡近矣。冠军叔仁智度英拔[43]，必能恢复燕祚[44]，吾属但当爱身[45]以待时耳！"

初，秦人既克凉州，议讨西障氐、羌[46]，秦王坚曰："彼种落杂居[47]，不相统壹[48]，不能为中国大患，宜先抚谕[49]，征其租税，若不从命，然后讨之。"乃使殿中将军张旬[50]前行宣慰，庭中将军魏曷飞[51]帅骑二万七千随之。曷飞忿其恃险[52]不服，纵兵击之，大掠而归。坚怒其违命，鞭之二百，斩前锋督护储安[53]以谢氐、羌[54]。氐、羌大悦，降附贡献者八万三千余落[55]。雍州士族先因乱流寓[56]河西者，皆听还本[57]。

刘库仁招抚离散，恩信甚著，奉事拓跋珪恩勤周备[58]，不以废兴易意[59]，常谓诸子曰："此儿[60]有高天下之志[61]，必能恢隆祖业[62]，汝曹当谨遇之[63]。"秦王坚赏其功，加广武将军，给幢麾鼓盖[64]。

刘卫辰耻在库仁之下，怒杀秦五原[65]太守而叛。库仁击卫辰，破之，追至阴山西北千余里，获其妻子。又西击库狄部[66]，徙其部落，置之桑干川[67]。久之，坚以卫辰为西单于，督摄河西杂类[68]，屯代来城[69]。

是岁，乞伏司繁[70]卒，子国仁[71]立。

（以上为第四段，写前秦主苻坚派遣大军攻打代国，平定后将代国一分为二，分别由刘库仁、刘卫辰镇守，后又加封刘库仁，导致刘卫辰反叛，叛乱被刘库仁平定。）

【注释】

[1]代长史：代王什翼犍的文秘官员之长。燕凤：字子章，博综经史，明习阴阳谶纬，拜代王府左长史。传见《魏书》卷二十四。 [2]具以状对：把事情发展的状况都向苻坚如实地讲了一遍。状，情形，实际情况。 [3]天下之恶一也：犹言恶人受到天下人共同的痛恨。恶，厌恶，憎

恨。［4］冲幼：年幼。［5］莫相统摄：各部落之间彼此独立，各自为政。统摄，统领，管辖。［6］别部大人：其他部落的头领。［7］铁弗卫辰：即刘卫辰，姓铁弗。铁弗，北人称匈奴族父亲与鲜卑族母亲所生的儿子为“铁弗”，后遂用以为姓。［8］其势莫敢先发：谓两人互相监视，谁也不敢首先发难进攻对方。［9］俟（sì）：等待，等候。其孙：指什翼犍之孙拓跋珪。［10］存亡继绝：“存亡国，继绝世”的简称，意思是使行将灭亡的国家存在下来，让已经灭绝的世袭再延续下去。古代称这种行为是一种美德。［11］河以东：黄河以东，指今山西西北部和与之邻近的内蒙古一带地区。［12］河以西：黄河以西，指今陕西东北部和与之邻近的内蒙古一带地区。［13］独孤部：匈奴的一个分支，十六国时北方游牧部落之一。［14］长孙嵩：本姓拔拔，代郡高柳（今山西阳高县）人，鲜卑族，什翼犍兄沙莫雄之子。沙莫雄为南部大人，后改名仁。拓跋珪称帝后，因沙莫雄为曾祖父拓跋郁律长子，便赐嵩为长孙氏。北魏名臣，位至北魏太尉、柱国大将军，封北平王，谥号宣。传见《魏书》卷二。［15］元佗：十六国时匈奴人。［16］窟咄：即拓跋窟咄，什翼犍幼子。代国灭亡，投奔前秦，受到礼遇。后投靠匈奴部落首领刘显，与拓跋珪争夺代国领导权。后兵败，被杀。传见《魏书》卷十五。［17］坚使窟咄入太学读书：上文说“寔君信之，遂杀诸弟”，似乎窟咄已被杀；此处又说“行唐公洛以什翼犍子窟咄年长，迁之长安。坚使窟咄入太学读书”，前后互相矛盾，疑记载有脱讹。太学，中国古代的国立最高学府。［18］藉：凭借。［19］擅命：专命，得以发号施令。河右：河西，指张氏凉州政权。［20］叛换偏隅：在一个偏僻的角落上飞扬跋扈。叛换，同“叛涣”，跋扈。偏隅，偏僻的角落，指凉州。［21］索头：指鲜卑族的拓跋氏部落，指代国。朔北：朔方郡之北。朔方，郡名，约当今陕西北部和与之邻近的内蒙古一带地区，郡治在今内蒙古杭锦旗西北之黄河南岸。［22］中分区域：将大中国的北部边疆地区一分为二。［23］东宾秽（huì）貊（mò）：东部与秽貊民族接壤。宾，连接。秽貊，也作“濊貊”，古民族名，居住在今朝鲜北部和与之邻近的辽宁一带地区。［24］西引乌孙：向西与乌孙国接壤。引，这里也是连接的意思。乌孙，古西域国名，在今新疆伊犁河流域，起先居于敦煌（今甘肃敦煌市西）、祁连（今甘肃张掖市西南）二郡间，后驱逐大月氏，建立乌孙国。［25］控弦：拉弓，此指挽弓的战士。［26］爰（yuán）命两师：于是，我派出两支军队。爰，于是。两师，指苟苌所率领的讨伐前凉张天锡之师和行唐公苻洛所率领的讨伐代国之师。［27］黠（xiá）虏：狡猾、阴险的敌人。［28］役不淹岁：战争不到一年。淹，留，花费。［29］穷殄（tiǎn）：彻底消灭。穷，尽，全部。殄，灭，消灭。二凶：指前凉王张天锡、代王拓跋什翼犍。［30］九千：指九千余里。［31］五帝：我国古代传说中的五位上古帝王，据《史记·五帝本纪》，五帝指黄帝、颛顼、帝喾、唐尧、虞舜。所未宾：从来没能使其服从、归顺。宾，服，服从。［32］周、汉之所未至：周朝、汉朝都没有能到达的地方。苻坚夸耀他的国土超过了周朝、汉朝。［33］重译来王：经过几层翻译前来朝见皇帝。重译，极言其相隔道路之远，言语不通，需经多次辗转翻译。来王，前来朝见皇帝。王，指顺从王业。［34］怀风率职：向往我们的风化、教化，遵循我们的章程制度行事。怀，向往，归向。风，风化，教化。率职，奉行职事。［35］班功受爵：按照功勋的等级授予他们以爵位。班，排列，颁发。受，同“授”，授予。［36］悉复之五岁：都免除他们五年的赋税徭役。复，免除赋税徭役。［37］赐爵三级：每个士兵都赐爵三级。秦汉时代这种奖励军功的爵位共有二十级，在战场上每杀一个敌人升一级。有了这种爵位，可以用来冲抵罪责、代替赋税，也可以卖钱。［38］并州：州治晋阳，在今山西太原市西南。［39］慕容绍：前燕太原王慕容恪次子，吴王慕容垂之侄，前燕灭亡，进入前秦，任阳平国常侍。楷：即慕容绍之兄慕容楷，投奔前秦，任积弩将军。两人传见《晋书》卷一百二十三。［40］务胜不休：无休止地追求克敌制胜。务，致力，追求。［41］蜀、汉：蜀郡与汉中郡。［42］道殣（jìn）相望：道路上的死人一个接着一个。殣，饿死的人。［43］冠军叔仁：胡三省注，以为“仁”当作“父”。指慕容垂，慕容垂入前秦后被封为“冠军将军”。慕容垂是慕容楷与慕容绍的叔父。智度英拔：才智与气度都超群出众。［44］恢复燕祚（zuò）：重建燕国。祚，福，这里即指国家政权。［45］爱身：爱惜生命，不要自暴自弃，与生命开玩笑。［46］西障氐、羌：西部边境上的氐族与羌族人。西障，西部边塞，这里指今青海东部和与之邻近的甘肃一带地区。［47］种落杂居：两种不同种族的部落杂居在一起。［48］统壹：即统一。壹，同“一”。［49］抚谕：安抚，教育。［50］张旬：前秦殿中将军，掌殿内宿卫。［51］庭中将军：前秦所置。胡三省注曰：“盖立仗殿庭中者也。”魏曷飞：前秦庭中将军。［52］恃险：凭借险阻。［53］前锋督护：统率前锋的主将，地位高于诸州所置的一般督护。储安：前秦将领，庭中将军魏昌飞属将，任前锋督护。［54］以谢氐、羌：以此向氐、羌两族的人谢罪、道歉。［55］落：村落，聚居的地方。［56］雍州：州名，前秦时州治蒲坂，在今山西永济市东南。流寓：流浪寄居。［57］皆听还本：都允许他们按照自己的心愿，回归到本土。［58］恩勤周备：关心抚养得细心周到。恩勤：父母尊长抚育晚辈的慈爱和辛劳。［59］不以废兴易意：不因为代国的兴盛与衰微而改变对其宗室的态度。易意，改变态度。［60］此儿：指年幼的拓跋珪。［61］高天下之志：天下人所没有的志向，即称帝称王。［62］恢隆祖业：意为重振代国。恢隆，犹振兴。［63］汝曹：你们这些小字辈。谨遇之：好好地对待他。遇，待，善待。［64］幢麾鼓盖：均为古代官僚贵族出行时仪仗队中的器物。幢，一种圆桶形的布制仪仗；麾，大将的指挥旗；盖，一种车上的大伞。［65］五原：郡名，郡治在今内蒙古包头市西。［66］库狄部：当时匈奴族的部落名。［67］桑干川：桑干河流域的平原，指今山西的应县、怀仁市，与河北的阳原县、涿鹿县等一带地区。当时还有桑干县，在今河北蔚县北、阳原县东。［68］督摄：监督，代理。杂类：混杂聚居在一起的各少数民族。［69］代来城：在今内蒙古伊金霍洛旗西北，因从代国来的人居于此城，故名“代来”，又名“悦跋城”。［70］乞伏司繁：鲜卑乞伏部首领，投降前秦，封为南单于。传见《晋书》卷一百二十五。［71］国仁：即乞伏国仁，乞伏司繁之子，前秦任命为前将军、先锋骑。后叛前秦，自称大都督、大将军、大单于，建立西秦，年号建义，建都勇士川。传见《晋书》卷一百二十五。

二年（丁丑，377年）

春，高句丽[1]、新罗[2]、西南夷[3]皆遣使入贡于秦。

赵故将作功曹熊邈[4]屡为秦王坚言石氏宫室器玩之盛，坚以邈为将作长史[5]，领尚方丞[6]，大修舟舰、兵器，饰以金银，颇极精巧。慕容农私言于慕容垂曰："自王猛之死，秦王法制，日以颓靡[7]，今又重之以奢侈，殃将至矣，图谶之言[8]，行当有验[9]。大王宜结纳英杰以承天意，时不可失！"垂笑曰："天下事非尔所及！"桓豁表兖州刺史朱序为梁州刺史，镇襄阳[10]。

秋，七月，丁未[11]，以尚书仆射谢安为司徒，安让不拜[12]，复加侍中，都督扬、豫、徐、兖、青五州诸军事。

丙辰[13]，征西大将军、荆州刺史桓豁卒。

冬，十月，辛丑[14]，以桓冲都督江、荆、梁、益、宁、交、广七州诸军事，领荆州刺史；以冲子嗣为江州刺史。又以五兵尚书王蕴都督江南诸军事，假节[15]，领徐州刺史；征西司马领南郡相谢玄为兖州刺史，领广陵相，监江北诸军事。

桓冲以秦人强盛，欲移阻江南[16]，奏自江陵徙镇上明[17]，使冠军将军刘波[18]守江陵，咨议参军杨亮守江夏[19]。

王蕴固让[20]徐州，谢安曰："卿居后父之重[21]，不应妄自菲薄[22]，以亏时遇[23]。"蕴乃受命。

初，中书郎郗超自以其父愔位遇应在谢安之右，而安入掌机权[24]，愔优游散地[25]，常愤邑形于辞色[26]，由是与谢氏有隙[27]。是时，朝廷方以秦寇为忧，诏求文武良将可以镇御北方者，谢安以兄子玄应诏。超闻之，叹曰："安之明[28]，乃能违众举亲[29]；玄之才，足以不负所举[30]。"众咸[31]以为不然。超曰："吾尝与玄共在桓公府[32]，见其使才[33]，虽履屐间未尝不得其任[34]，是以知之。"

玄募骁勇[35]之士，得彭城刘牢之[36]等数人。以牢之为参军[37]，常领精锐为前锋，战无不捷。时号"北府兵[38]"，敌人畏之。

壬寅[39]，护军将军、散骑常侍王彪之卒。初，谢安欲增修宫室，彪之曰："中兴之初[40]，即东府[41]为宫，殊为俭陋。苏峻之乱，成帝止兰台都坐[42]，殆不蔽寒暑[43]，是以更营新宫[44]。比之汉、魏则为俭，比之初过江则为侈矣。今寇敌方强，岂可大兴功役，劳扰百姓邪！”安曰：“宫室弊陋，后人谓人无能。”彪之曰：“凡任天下之重者，当保国宁家，缉熙政事[45]，乃以修室屋为能邪！”安不能夺其议[46]，故终彪之之世，无所营造。

十二月，临海太守郗超卒。初，超党于桓氏[47]，以父愔忠于王室，不令知之。及病甚，出一箱书授门生曰：“公年尊[48]，我死之后，若以哀惋害寝食[49]者，可呈此箱；不尔，即焚之。”既而，愔果哀惋成疾，门生呈箱，皆与桓温往反密计。愔大怒曰：“小子死已晚[50]矣！”遂不复哭。

（以上为第五段，写前秦大规模修整舟船、兵器，饰以金银；东晋谢安掌控朝政，荐举侄子谢玄，谢玄统帅精锐部队为前锋出战，战无不胜，时人称为“北府兵”。）

【注释】

[1]高句（gōu）丽：又称句丽、句骊、高丽，古国名，首都在丸都，在今吉林集安市，是前一世纪至七世纪在今中国东北地区和朝鲜半岛存在的一个政权。[2]新罗（前57—935）：朝鲜半岛历史上的国家之一，首都位于金城（今韩国庆尚北道庆州市）。与北面的高句丽、西面的百济对峙。[3]西南夷：当时居住在今云南、贵州以及四川西部的各少数民族。[4]将作功曹：官名，将作大匠的僚属，主管宫殿建筑。熊邈：原后赵官员，为将作功曹；后赵灭亡，投奔前秦，为将作长史，领尚方丞。[5]将作长史：将作大匠属官，掌修建宗庙、路寝、宫室、陵园等事。晋朝将作大匠的僚属只有丞，长史为前秦主苻秦所置。[6]领：兼任。尚方丞：尚方丞是尚方令的副职，隶属少府，是主管为宫廷制造器物的官员。尚方原为“将作”，据章校改。[7]日以颓靡：一天比一天颓废、萎靡。[8]图谶（chèn）之言：即前文所说的“甲申乙酉，鱼羊食人，悲哉无复遗！”见《资治通鉴》卷一百三孝武帝宁康二年（374）。图谶，图箓与谶语，秦汉间巫师、方士编造的预示吉凶以蛊惑人心的隐语。[9]行当有验：很快就要应验。行，将要。[10]襄阳：县名，在今湖北襄阳市襄州区，古时军事重镇。[11]丁未：记载有误，七月，无丁未日。丁未应是八月十六日。[12]让不拜：辞让，不接受委任的官职。[13]丙辰：八月二十五日。[14]辛丑：十月十一日。[15]假节：二字原无，据章校补。假节，朝廷给予大将的权力与荣宠符节。[16]移阻江南：移守长江南岸的险要之地，以防备前秦的军队沿长江南侧进攻建康城。阻，防守，驻兵。[17]徙镇上明：桓温把自己的军政指挥部迁到上明。上明，在今湖北松滋市西北长江南岸。过去荆州刺史的州治江陵是在江北，现在桓冲要加强长江以南的防御，故将荆州治所移至江

南上明城。［18］刘波：东晋冠军将军，桓温属将。［19］杨亮：东晋将领，时为桓温咨议参军。江夏：郡治安陆，在今湖北安陆市东南。［20］固让：坚决推辞。［21］后父：王蕴为孝武帝皇后王氏之父。［22］妄自菲薄：无根据地看轻自己。菲薄，瞧不起。［23］亏时遇：辜负朝廷的恩宠。亏，辜负。时遇，时机难得的宠遇。［24］入掌机权：在朝内执掌大政，时谢安任司徒，为丞相之职。机权，权力，权柄。［25］优游散地：悠闲无事地担任一种闲散职务，指郗愔为会稽内史。海西公太和四年，郗超篡改了其父给桓温的书信，桓温遂将郗愔改授为冠军将军、会稽内史。优游，悠闲自得，无所事事。［26］愤邑：亦作“愤悒”，愤恨，忧郁。形于辞色：内心活动表露在脸上和言辞之中。［27］有隙：有矛盾，有隔阂。［28］安之明：只有像谢安这样英明的人。明，明智，头脑清晰。［29］乃能违众举亲：才能不顾舆论压力地举荐自己的亲属。乃，才。［30］足以不负所举：的确能不辜负谢安的举荐。［31］咸：皆，都。［32］共在桓公府：一道在桓温的公府担当僚属。因桓温被封为南郡公，故敬称为“桓公”。［33］使才：犹言用人，发挥人的作用。［34］虽履屐（jī）间：即使在一些极其细小的事情上。虽，即使。履屐，鞋子，皮制的叫履，木制的叫屐，这里用以比喻细小的事物。未尝不得其任：从来都处理得很好，没有失职的地方。［35］骁勇：犹勇猛。［36］刘牢之：字道坚，徐州彭城人，雁门太守刘羲之孙，征虏将军刘建之子，东晋名将。早年进入谢玄北府兵，担任参军。迁鹰扬将军、广陵相。参加淝水之战，取得洛涧大捷，迁龙骧将军、彭城太守，赐爵武冈县男。后出任征东将军、会稽太守。传见《晋书》卷八十四。［37］参军：即参军事，军事参谋。［38］北府兵：晋人称京口为“北府”，谢玄破秦将俱难等，始兼领徐州，其所统之军号“北府兵”。［39］壬寅：十月十二日。［40］中兴之初：指晋元帝司马睿刚刚建立东晋朝廷。［41］东府：在建康台城东，是东晋简文帝为会稽王时的旧第，后为会稽王司马道子之宅。太元中，司马道子领扬州，以为治所。［42］止：停留，居住。兰台都坐：官署名，御史台官员聚会议事的地方。兰台，即“御史台”。都坐，亦作“都座”，政事堂，魏晋时大臣商议政事的地方。［43］殆（dài）：近于，几乎。不蔽寒暑：不能遮挡寒冷、炎热，形容极其简陋。蔽，遮蔽，遮挡。［44］更营新宫：另外建筑了一所宫殿，即建康宫。［45］缉熙政事：处理好国家各种政务。缉熙，光明美好的样子，这里用如动词。［46］夺其议：改变他的意见。夺，改变。［47］党于桓氏：趋附、投靠于桓氏家族。党，与……结党，这里指趋附、投靠。桓氏，即指桓温。［48］公年尊：我的父亲年纪大了。公，敬称其父。［49］若以哀惋害寝食：如果因为悲伤影响到了吃饭与睡眠时。哀惋，悲伤，惋惜。害，损害，妨碍。［50］死已晚：早就该死了。

三年（戊申，378年）

春，二月，乙巳[1]，作新宫，帝移居会稽王邸[2]。

秦王坚遣征南大将军·都督征讨诸军事·守尚书令[3]·长乐公丕[4]、

武卫将军苟苌、尚书慕容時帅步骑七万寇襄阳，以荆州刺史杨安帅樊、邓[5]之众为前锋，征虏将军始平石越帅精骑一万出鲁阳关[6]，京兆尹慕容垂、扬武将军姚苌帅众五万出南乡[7]，领军将军苟池、右将军毛当、强弩将军王显帅众四万出武当[8]，会攻襄阳。

夏，四月，秦兵至沔北[9]，梁州刺史朱序以秦无舟楫[10]，不以为虞[11]。既而石越帅骑五千浮渡[12]汉水，序惶骇[13]，固守中城[14]；越克其外郭[15]，获船百余艘以济余军。长乐公丕督诸将攻中城。

序母韩氏闻秦兵将至，自登城履行[16]，至西北隅[17]，以为不固，帅百余婢及城中女丁筑邪城[18]于其内。及秦兵至，西北隅果溃，众移守新城，襄阳人谓之夫人城。

桓冲在上明拥众七万，惮秦兵之强，不敢进。

丕欲急攻襄阳，苟苌曰："吾众十倍于敌，糗粮[19]山积，但稍迁汉、沔之民于许、洛[20]，塞其运道[21]，绝其援兵，譬如网中之禽，何患不获？而多杀将士，急求成功[22]哉！"丕从之。慕容垂拔南阳[23]，执太守郑裔，与丕会襄阳。

秋，七月，新宫成；辛巳[24]，帝入居之。

秦兖州刺史彭超请攻沛郡太守戴逯于彭城，且曰："愿更遣重将[25]攻淮南诸城，为征南棋劫之势[26]，东西并进，丹阳不足平[27]也！"秦王坚从之，使都督东讨诸军事。后将军俱难、右禁将军毛盛、洛州刺史邵保帅步骑七万寇淮阳、盱眙[28]。超，越之弟；保，羌之从弟也。

八月，彭超攻彭城。诏右将军毛虎生帅众五万镇姑孰[29]以御秦兵。

秦梁州刺史韦钟围魏兴太守吉挹于西城[30]。

九月，秦王坚与群臣饮酒，以秘书监朱肜为正[31]，命人人以极醉为限[32]。秘书侍郎赵整[33]作《酒德之歌》曰："地列酒泉，天垂酒池[34]，杜康妙识[35]，仪狄先知[36]。纣丧殷邦[37]，桀倾夏国[38]，由此言之，前危后则[39]。"坚大悦，命整书之以为酒戒，自是宴群臣，礼饮[40]而已。

秦凉州刺史梁熙遣使入西域，扬秦威德。冬，十月，大宛献汗血马[41]。秦王坚曰："吾尝慕汉文帝之为人[42]，用千里马何为[43]！"命群臣作《止马之诗》而反之[44]。

巴西人赵宝[45]起兵梁州[46]，自称晋西蛮校尉[47]、巴郡太守。

秦豫州刺史北海公重[48]镇洛阳，谋反，秦王坚曰："长史吕光忠正，必不与之同。"即命光收重，槛车送长安，赦之，以公就第[49]。重，洛之兄也。

十二月，秦御史中丞李柔劾奏："长乐公丕等拥众十万，攻围小城，日费万金，久而无效，请征下廷尉[50]。"秦王坚曰："丕等广费[51]无成，实宜贬戮[52]；但师已淹时[53]，不可虚返[54]，其特原之[55]，令以成功赎罪[56]。"使黄门侍郎韦华持节切让[57]丕等，赐丕剑曰："来春不捷，汝可自裁，勿复持面[58]见吾也！"

周虓在秦，密与桓冲书，言秦阴计[59]；又逃奔汉中，秦人获而赦之。

（以上为第六段，写前秦主苻坚发动对东晋的战争，派出重兵攻打襄阳，前秦大将苻丕，围而不攻，师老前线，被弹劾；东晋将领桓冲拥兵七万，畏敌不敢进军；前秦北海公苻重谋反，被平定。）

【注释】

[1]乙巳：二月十七日。 [2]邸（dǐ）：府第，高级官员居住的处所。 [3]守：犹摄，暂时署理职务。多指官阶低而署理较高的官职。尚书令：官名，尚书省主管官员。 [4]长乐公丕：即苻丕，字永叔，苻坚庶长子，封为长乐公。长乐公封地长乐郡，都城信都，在今河北衡水市冀州区。 [5]樊、邓：樊城、邓县。樊城，在今湖北襄阳市樊城区。邓县，县名，在今樊城区北。 [6]鲁阳关：一作鲁关，即鲁阳县，在今河南鲁山县西南、南召县东北。 [7]南乡：郡名，郡治在今湖北十堰市南。 [8]武当：县名，县治在今湖北丹江口市西北。 [9]沔（miǎn）北：汉水以北。 [10]舟楫：泛指船只。楫，船桨。 [11]不以为虞：不加戒备。虞，虑，提防。 [12]浮渡：泅水而过。 [13]惶骇（hài）：惶恐，惊骇。 [14]中城：襄阳城的内城。内城称城，外城称郭。 [15]外郭：外城，在城的外围加筑的一道城墙。 [16]履行：步行，巡行，这里指率众守城。 [17]西北隅（yú）：西北城角。隅，角落。 [18]女丁：成年女子。邪城：即斜城，横斜于城中西北角的备用城墙。邪，通"斜"。 [19]糗（qiǔ）粮：干粮。 [20]许、洛：许昌、洛阳。 [21]塞其运道：断绝他们的运粮通道。 [22]多杀将士，急求成功：何必为了急于求成而牺牲我们的将士呢？杀，伤亡，牺牲。将士，指秦国将士。 [23]南阳：郡名，郡治宛县，在今河南南阳市。 [24]辛巳：七月二十五日。 [25]重将：重要将领，大将。 [26]为征南棋劫

之势：意即与进攻襄阳的征南大将军苻丕相互呼应，给敌人造成顾此失彼之状。征南，指苻丕，苻丕为前秦征南大将军。棋劫，围棋术语，又叫“劫争”，黑白双方在同一处各自围住对方一子。黑方如先提吃白方一子，白方须在他处下子，待黑方应后，才可在原处提回黑方一子，如此往复提吃。用来比喻攻敌一方，待敌应战，后再攻其另一方，使其首尾不能相顾而最后取胜。［27］丹阳不足平：消灭东晋王朝是不太费事的事情。丹阳，这里指东晋的首都建康，在当时的丹阳县境内。不足，不用费力。［28］寇：寇略，侵扰。淮阳：县名。据《晋书》卷一百十三上及胡注，当作“淮阴”。淮阴县治在今江苏淮安市淮阴区。盱（xū）眙（yí）：县名，县治在今江苏盱眙县东北。［29］姑孰：县名，县治在今安徽当涂县。［30］西城：县名，县治在今陕西安康市西北的汉江北岸。［31］朱肜（róng）：前秦儒将，曾任羽林左监、秘书监。先后平定仇池国、攻占汉中、攻灭代国，多次直言劝诫苻坚，为前秦霸业立下汗马功劳，是前秦主苻坚的心腹大臣。正：酒正，监酒的令官。［32］命人：二字原无，据章校补。以极醉为限：要喝得大醉方休。［33］赵整：前秦宦官、大臣，任秘书侍郎、秘书监，以直言谏诤著名。［34］地列酒泉，天垂酒池：地面上有酒泉郡，天空中有酒池星，是说人生喝酒的合理性。曹操当年曾因荒年而下令禁酒，孔融故意和他作对，写《酒德颂》说：“天垂酒星之耀，地列酒泉之郡。”事见《后汉书》卷七十。赵整在这里即化用其文。［35］杜康妙识：杜康造酒十分美妙。妙识，深知、精通造酒之术，此指酒味美妙。按：杜康，即少康，夏朝的国君，古代传说中的“酿酒始祖”，因善酿酒，后世尊为酒神，制酒业则奉为祖师爷。［36］仪狄：虞舜的后人，夏禹时代司掌造酒的官员。《战国策·魏策》曰：“昔者帝女令仪狄作酒而美，进之禹，禹饮而甘之，遂疏仪狄，绝旨酒，曰：‘后世必有以酒亡其国者。’”［37］纣丧殷邦：殷纣王好长夜之饮，曾造作酒池肉林，使殷朝灭亡。［38］桀倾夏国：夏桀王荒淫无度，暴虐无道，倾覆了夏王朝。按：《史记·夏本纪》有所谓“夏桀淫骄，乃放鸣条”，未言其有纵酒事。［39］前危后则：前世的覆亡，后世可以当作教训。则，法则，教训。［40］礼饮：礼节性地喝一点。《礼》曰：“臣侍君宴，酒不过三爵。”三爵，即三杯。［41］大宛（yuān）：西域国名，国都贵山城，在今乌兹别克斯坦塔什干东南的卡散赛，属邑有大小七十余城。汗血马：一种良马，耐力和速度十分惊人，不但能日行千里，更会从肩膀附近位置流出像血一样的汗液，故称“汗血马”。［42］汉文帝之为人：汉文帝是历史上最著名的勤政节俭的皇帝。［43］用千里马何为：《汉书·贾捐之传》曰：“时有献千里马者，诏曰：‘鸾车在前，属车在后，吉行日五十里，师行三十里，朕乘千里之马，独先安之？’”而《史记·孝文本纪》没有记载。［44］作《止马之诗》：据《十六国春秋》载：“大苑献天马千里驹，皆汗血朱鬣，五色，凤膺麟身，及诸珍异五百余种。坚曰：‘吾尝慕汉文帝之返千里马，咨嗟美咏。今所献马，其悉返之，庶克念前王，仿佛古人矣。’乃命群臣作《止马之诗》而遣之，示无欲也。群下以为盛德之事，远同汉文，于是献诗者四百余人。”反之：将汗血马给大宛国退了回去。反，同“返”，送回。按：汉文帝无返千里马之事，此杜撰以说事。［45］巴西：郡名，郡治江安，在今重庆市西北。赵宝：巴西人，曾起兵反抗前秦。［46］梁州：原文作“凉州，”据章校改。梁，即梁州，州治在今陕西汉中市。按：巴西与汉中邻近，故“凉”字应是“梁”字之误。［47］西蛮校尉：官名，东晋置，前秦沿置，掌益、宁、梁等州民族事务，领兵，或兼任刺史。［48］北海公重：即苻重，苻健兄长之子，苻坚在位时，任豫州刺史、北海公、镇北大将军。先反被赦。后又与征北将军、幽州刺史、行唐公苻洛叛，被大将吕光所杀。北海公，封地北海郡，都城在今山东潍坊市西南。［49］以公就第：以公爵的身份回家赋闲，即免去一切现有职务，而保留其北海公的爵位。［50］征下廷尉：调进京城，交由廷尉审讯判罪。廷尉，国家的最高司法长官。［51］广费：无休止地耗费。［52］贬戮（lù）：贬职，诛杀。［53］淹时：花费了好长时间。淹，留，虚度。［54］虚返：无功而返。［55］原之：宽恕、原谅他们。［56］赎（shú）罪：抵充罪过。［57］持节切让：以皇帝的口吻对之严厉斥责。持节，手执旌节，表明是以皇帝特使的身份。切，深切，痛切。［58］持面：犹曰“忝颜”，不顾羞耻。［59］阴计：暗中谋划，阴谋诡计。

四年（己卯，379年）

春，正月，辛酉[1]，大赦。

秦长乐公丕等得诏惶恐，乃命诸军并力攻襄阳。秦王坚欲自将攻襄阳，诏阳平公融以关东六州之兵会寿春[2]，梁熙以河西之兵为后继。阳平公融谏曰：“陛下欲取江南，固当博谋[3]熟虑，不可仓猝[4]。若止[5]取襄阳，又岂足亲劳大驾乎！未有动天下之众而为一城者，所谓‘以随侯之珠弹千仞之雀[6]’也！”梁熙谏曰：“晋主之暴，未如孙皓[7]，江山险固，易守难攻。陛下必欲廓清江表[8]，亦不过分命将帅，引关东之兵，南临淮、泗[9]，下梁、益之卒[10]，东出巴峡[11]，又何必亲屈鸾辂[12]，远幸沮泽[13]乎！昔汉光武诛公孙述[14]，晋武帝擒孙皓[15]，未闻二帝自统六师[16]，亲执枹鼓[17]，蒙矢石[18]也。”坚乃止。

诏冠军将军南郡相刘波帅众八千救襄阳，波畏秦，不敢进。朱序屡出战，破秦兵，引退稍远，序不设备。二月，襄阳督护李伯护密遣其子送款于秦[19]，请为内应，长乐公丕命诸军进攻之。戊午[20]，克襄阳，执朱序，送长安。秦王坚以序能守节，拜度支尚书[21]，以李伯护为不忠，斩之。

秦将军慕容越拔顺阳[22]，执太守谯国丁穆[23]。坚欲官之，穆固辞不受。坚以中垒将军梁成[24]为荆州刺史，配兵一万，镇襄阳，选其才望[25]，礼而用之。

桓冲以襄阳陷没，上疏送章节[26]，请解职，不许。诏免刘波官，俄[27]复以为冠军将军。

秦以前将军张蚝为并州刺史。

兖州刺史谢玄帅众万馀救彭城，军于泗口[28]，欲遣间使报戴逯而不可得[29]。部曲将田泓[30]请没水潜行趣彭城[31]，玄遣之。泓为秦人所获，厚赂之[32]，使云“南军已败”。泓伪许之[33]，既而告城中[34]曰：“南军垂至[35]，我单行来报，为贼所得，勉之[36]！”秦人杀之。彭超置辎重于留城[37]，谢玄扬声遣后军将军何谦[38]向留城。超闻之，释彭城围，引兵还保辎重。戴逯帅彭城之众，随谦奔玄，超遂据彭城，留兖州治中徐褒[39]守之，南攻盱眙。俱难克淮阴[40]，留邵保戍之。

三月，壬戌[41]，诏以“疆埸多虞[42]，年谷不登[43]，其供御所须[44]，事从俭约；九亲供给[45]，众官廪俸[46]，权[47]可减半。凡诸役费[48]，自非军国事要[49]，皆宜停省。”

癸未[50]，使右将军毛虎生帅众三万击巴中[51]，以救魏兴。前锋督护赵福等至巴西[52]，为秦将张绍等所败，亡七千余人。虎生退屯巴东[53]。蜀人李乌[54]聚众二万，围成都以应虎生，秦王坚使破虏将军吕光击灭之。

（以上为第七段，写前秦久攻襄阳不下，前秦主苻坚欲亲自统军攻打，被臣下劝止；襄阳陷没，东晋将领桓冲自认为失职，主动要求免职，朝廷不许。）

【注释】

[1]辛酉：正月八日。 [2]关东六州：即前燕国原来的地盘，为司、冀、幽、豫、并、青六州。寿春：县名，县治在今安徽寿县。 [3]博谋：集思广益。 [4]仓猝（cù）：即仓促，匆忙急迫。猝，同“促”。 [5]止：同“只”，仅仅。 [6]以随侯之珠弹千仞（rèn）之雀：极言其得不偿失、轻重失当。《庄子·让王》曰：“今且有人于此，以随侯之珠，弹千仞之雀，世必笑之，是何也？则其所用者重，而所要者轻也。”用以比喻轻重失当，得不偿失。随侯之珠，价值连城，用来弹飞得极高的千仞之雀，根本就打不上。仞，古时八尺为一仞。 [7]孙皓：字元宗，三国时东吴末代皇帝。 [8]廓（kuò）清江表：意即消灭东晋王朝。廓清，澄清，这里意即平定。江表，江外，江东。 [9]淮、泗：淮河、泗水，流经今安徽、江苏北部地区的两条河流，这里用以代指东晋王朝的北境。 [10]下梁、益之卒：命令位于长江上游的梁州、益州地区的大军沿长江东下。下，向东进发称“下”。梁，梁州，州治在今陕西汉中市。益，益州，州治在今四川成都市。

[11]巴峡：巴东地区的三峡，即瞿塘峡、巫峡、西陵峡的合称。[12]鸾（luán）辂（lù）：天子的车驾。鸾，车上的铃铛。辂，车。[13]远幸沮（jù）泽：远临沼泽地带。幸，指皇帝驾临某地。幸，皇帝到某处去称“幸”。沮泽，水草丛生的沼泽，这里代指东晋所处的江南。[14]汉光武诛公孙述：东汉光武帝刘秀诛灭割据西川的公孙述。[15]晋武帝擒孙皓：西晋武帝司马炎擒灭孙吴末主孙皓，统一中国。[16]六师：即六军，代指帝王所统领的全国的军队。[17]亲执枹（fú）鼓：亲自指挥作战。鼓，命令军队前进的器物。枹，鼓槌。[18]蒙矢石：冒着刀锋箭雨向前冲。蒙，顶着，迎着。[19]密：私密，私下。送款于秦：送降书于秦，表示降服。送款，表示款服，诚心归服。款，真诚，恳挚。[20]戊午：三月六日。[21]度支尚书：尚书台的属官，即后代所说的“户部尚书”，掌管全国的财政收支。[22]顺阳：郡名，郡治在今湖北老河口市西北。[23]丁穆：字彦远，谯国人，东晋顺阳太守，封真定侯，苻坚派遣秦将慕容越攻打顺阳，丁穆被打败，被俘到长安，坚决不仕前秦，后与关中士人联合，定计谋袭长安。事发，遇害。东晋朝廷予以褒奖，赠龙骧将军、雍州刺史。[24]梁成：氐族，梁平老之子，前秦名将。初任建威将军、兖州刺史，后为南中郎将、都督荆扬诸军事、荆州刺史，镇襄阳。[25]选其才望：选拔襄阳城内有才能、有名望的人。[26]送章节：桓冲把朝廷授予自己为官所用的印章和符节都送还朝廷，表示自己不配再任此官、再用此物。[27]俄：不久。[28]泗口：古地名，泗水入淮水之口，在今江苏淮安市北。[29]间使：密使。不可得：没有机会。[30]部曲将：私人部队的将领。田泓：东晋勇士。为救援大军潜水到彭城送信，被执，遭杀害。[31]没水潜行：潜泳，悄悄地。趣彭城：前往彭城向守将戴逯报告谢玄来救。趣，同“趋”，前往。[32]厚赂之：用大量的钱财收买田泓。[33]伪许之：假装答应。[34]告城中：向守彭城的军民喊话。[35]南军垂至：朝廷的援军马上就要到了。垂，即将。[36]勉之：犹言“努力坚持吧”。田泓的行为，恰如春秋时的晋国使者解扬。楚军伐宋，宋求救于晋。晋使解扬赴宋，告以切勿降楚。解扬中途被楚人所俘，楚人厚赂之，使之改劝宋人降楚。解扬伪应之。至登上楼车，乃向城中呼告了晋君的原话。事见《左传·宣公十五年》。[37]辎重：粮草等物资。留城：留县县城，在今江苏沛县东南。[38]扬声：扬言，假称。后军将军：将军名，职掌为典京师兵卫，或屯兵边境。何谦：东晋后军将军。[39]兖（yǎn）州治中：即兖州刺史的治中从事。治中，刺史的高级佐官，主众曹文书，居中治事，故名治中。徐褒：前秦兖州治中。[40]淮阴：县名，在今江苏淮安市淮阴区。[41]壬戌：三月十日。[42]疆埸多虞：边疆上有许多可忧虑的事情，即敌兵入侵。疆埸，边境，边疆。虞，忧患。[43]年谷不登：农业歉收。登，丰收。[44]供御所须：皇帝日常所用的物品。须，需要。[45]九亲供给：对皇室各亲戚的供应。九亲，九族，指父三族、妻三族、子三族。[46]廪（lǐn）俸：俸禄。廪，粮仓，粮食。[47]权：暂时。[48]役费：各种徭役的开销。役，如兴建宫室、建造园林等用人用钱的活动。[49]军国事要：事关军队、国家的重要的事项。[50]癸未：四月一日。[51]巴中：即巴郡，治所江州县，在今重庆市西北部。[52]赵福：东晋将领，为前锋督护。巴西：郡名，郡治阆中，在今四川阆中市西。[53]巴东：郡名，郡治鱼

复县，在今重庆市奉节县东。［54］李乌：蜀郡人，曾聚众配合东晋军队对付前秦，失败被杀。

夏，四月，戊申[1]，韦钟拔魏兴，吉挹引刀欲自杀，左右夺其刀，会秦人至，执之，挹不言不食而死。秦王坚叹曰："周孟威[2]不屈于前，丁彦远洁己[3]于后，吉祖冲闭口[4]而死，何晋氏之多忠臣也！"挹参军史颖逃归[5]，得挹临终手疏[6]，诏赠[7]益州刺史。

秦毛当、王显帅众二万自襄阳东会俱难、彭超攻淮南。五月，乙丑[8]，难、超拔盱眙，执高密内史毛璪之[9]。秦兵六万围幽州刺史田洛于三阿[10]，去广陵百里[11]，朝廷大震，临江列戍[12]，遣征虏将军谢石帅舟师屯涂中[13]。石，安之弟也。

右卫将军毛安之等帅众四万屯堂邑[14]。秦毛当、毛盛帅骑二万袭堂邑，安之等惊溃[15]。兖州刺史谢玄自广陵救三阿。丙子[16]，难、超战败，退保盱眙。六月，戊子[17]，玄与田洛帅众五万进攻盱眙，难、超又败，退屯淮阴。玄遣何谦等帅舟师乘潮而上，夜，焚淮桥[18]。邵保战死，难、超退屯淮北。玄与何谦、戴逯、田洛共追之，战于君川[19]，复大破之，难、超北走，仅以身免。谢玄还广陵，诏进号冠军将军，加领徐州刺史。

秦王坚闻之，大怒。秋，七月，槛车征超下廷尉，超自杀。难削爵为民。

以毛当为徐州刺史，镇彭城；毛盛为兖州刺史，镇湖陆[20]；王显为扬州刺史，戍下邳[21]。

谢安为宰相，秦人屡入寇，边兵失利，众心危惧[22]，安每镇之以和静[23]。其为政，务举大纲，不为小察[24]。时人比安于王导，而谓其文雅[25]过之。

八月，丁亥[26]，以左将军王蕴为尚书仆射，顷之[27]，迁丹阳尹[28]。蕴自以国姻[29]，不欲在内，苦求外出，复以为都督浙江东五郡[30]诸军事、会稽内史。

是岁，秦大饥。

（以上为第八段，写东晋谢玄等将领率领五万将士奋起反击，大败前秦军队，苻坚退回北方；谢玄得到朝廷嘉奖，晋升冠军将军。）

【注释】

[1]戊申：四月二十六日。[2]周孟威：即周虓，字孟威。不屈：指周虓被扣押在前秦，但仍不忘晋室，密谋袭击苻坚，事情泄露，被流放太原，病死。[3]丁彦远：即丁穆，字彦远。洁己：指丁穆被前秦所俘，而不为秦吏，不肯玷污自己的名分。[4]吉祖冲：即吉挹，字祖冲。闭口：指吉挹被前秦俘获，绝食而死。[5]史颖：东晋官员，为吉挹参军。逃归：原文作“得归”，据章校改。[6]手疏：亲手给朝廷写的信。[7]赠：追授吉挹官位。[8]乙丑：五月十四日。[9]高密：郡国名，治所在今山东诸城市。内史：诸侯国主管官员，相当于郡守。毛璪（zǎo）之：东晋高密内史。[10]幽州：州名，州治蓟县，在今北京市，此为侨置幽州，在今江苏金湖县东南。田洛：东晋幽州刺史。三阿：古地名，在今江苏金湖县东南，东晋于此侨置幽、冀、青、并四州。[11]去广陵百里：距离广陵还有百数里。广陵，在今江苏扬州市。[12]列戍：布置警戒，列兵戍守。[13]舟师：水军。涂中：古地名，指今安徽、江苏境内滁水流域的滁州、全椒与六合一带地区。[14]堂邑：郡名，郡治堂邑，在今江苏南京市六合区北。[15]惊溃：闻敌丧胆，惊慌溃逃。[16]丙子：五月二十五日。[17]戊子：六月七日。[18]淮桥：秦国为渡兵南下在淮河上架设的桥梁。[19]君川：水名，在今江苏盱眙县东北，为君山之川。[20]湖陆：县名，县治在今山东鱼台县东南。[21]下邳：古诸侯国名，国都下邳，在今江苏睢宁县西北的古邳镇，自古为淮北战场。[22]众心危惧：指朝廷惊恐。按：四字原无，据章校补。[23]镇之以和静：谢安总是以自己的平和、宁静，稳定朝野之心。[24]务举大纲，不为小察：只把握方针、政策，而不苛求细节。小察，犹苛察，在细节上求全责备。[25]文雅：温文尔雅，讲礼仪而不粗鄙。[26]丁亥：八月七日。[27]顷之：没过多久。[28]丹阳尹：首都建康所在郡的行政长官。丹阳，郡名，郡治建康，在今江苏南京市。[29]国姻：皇帝的亲戚。王蕴为皇后之父。[30]浙江东五郡：指会稽、东阳、临海、永嘉、新安五郡。

五年（庚辰，380年）

春，正月，秦王坚复以北海公重为镇北大将军，镇蓟[1]。

二月，作教武堂于渭城[2]，命太学生明阴阳兵法[3]者教授诸将，秘书监朱肜谏曰：“陛下东征西伐，所向无敌，四海之地，什得其八[4]，虽江南未服，盖不足言[5]。是宜稍偃武事[6]，增修文德。乃更[7]始立学舍，教人战斗之术，殆非所以驯致升平[8]也。且诸将皆百战之余，何患不习于兵，而更使受教于书生，非所以强其志气也。此无益于实而有损于名，唯陛下图之[9]！”坚乃止。

秦征北将军、幽州刺史行唐公洛，勇而多力，能坐制奔牛[10]，射洞犁耳[11]，自以有灭代之功，求开府仪同三司不得，由是怨愤。

三月，秦王坚以洛为使持节、都督益·宁·西南夷诸军事、征南大将军、益州牧，使自伊阙趋[12]襄阳，泝汉而上[13]。洛谓官属曰："孤，帝室至亲[14]，不得入为将相，而常摈弃边鄙[15]；今又投之西裔[16]，复不听过京师[17]，此必有阴计[18]，欲使梁成沈孤于汉水[19]耳！于诸君意如何[20]"？幽州治中平规[21]曰："逆取顺守[22]，汤、武[23]是也；因祸为福[24]，桓、文[25]是也。主上虽不为昏暴[26]，然穷兵黩武[27]，民思有所息肩者[28]，十室而九。若明公神旗一建[29]，必率土云从[30]。今跨据全燕[31]，地尽东海，北总乌桓、鲜卑[32]，东引句丽、百济[33]，控弦[34]之士不减[35]五十余万，奈何束手就征[36]，蹈不测之祸[37]乎！"洛攘袂大言[38]曰："孤计决矣，沮谋[39]者斩！"于是，自称大将军、大都督、秦王。以平规为幽州刺史，玄菟太守吉贞[40]为左长史，辽东太守赵赞[41]为左司马，昌黎太守王缊[42]为右司马，辽西太守王琳[43]、北平太守皇甫杰[44]、牧官都尉魏敷[45]等为从事中郎。分遣使者征兵于鲜卑、乌桓、高句丽、百济、新罗、休忍[46]诸国，遣兵三万助北海公重戍蓟。诸国皆曰："吾为天子守藩，不能从行唐公[47]为逆。"洛惧，欲止，犹豫未决。

王缊、王琳、皇甫杰、魏敷知其无成，欲告之[48]，洛皆杀之。吉贞、赵赞曰："今诸国不从，事乖本图[49]，明公若惮益州之行者，当遣使奉表乞留[50]，主上亦不虑不从[51]。"平规曰："今事形[52]已露，何可中止！宜声言受诏[53]，尽幽州之兵，南出常山[54]，阳平公必郊迎[55]，因而执之，进据冀州，总关东之众以图西土[56]，天下可指麾而定[57]也！"洛从之。夏，四月，洛帅众七万发和龙[58]。

秦王坚召群臣谋之，步兵校尉吕光曰："行唐公以至亲为逆，此天下所共疾[59]。愿假[60]臣步骑五万，取之如拾遗[61]耳。"坚曰："重、洛兄弟，据东北一隅[62]，兵赋全资[63]，未可轻也。"光曰："彼众迫于凶威[64]，一时蚁聚[65]耳。若以大军临之，势必瓦解，不足忧也。"坚乃遣使让洛[66]，使还和龙，当以幽州永为世封[67]。洛谓使者曰："汝还白东海王[68]，幽州褊狭[69]，不足以容万乘[70]，须王秦中以承高祖之业[71]。若能迎驾潼关[72]者，当位为上公[73]，爵归本国[74]。”坚怒，遣左将军武都窦冲[75]及吕光帅步骑四万讨之；右将军都贵驰传诣邺[76]，将冀州兵三万为前锋；以阳平公融为征讨大都督。

北海公重悉蓟城之众与洛会，屯中山[77]，有众十万。五月，窦冲等与洛战于中山，洛兵大败，生擒洛，送长安。北海公重走还蓟，吕光追斩之。屯骑校尉石越自东莱[78]帅骑一万，浮海[79]袭和龙，斩平规，幽州悉平。坚赦洛不诛，徙凉州之西海郡[80]。

臣光曰：夫有功不赏，有罪不诛，虽尧、舜不能为治，况他人乎！秦王坚每得反者辄宥之[81]，使其臣狃于为逆[82]，行险侥幸[83]，虽力屈被擒，犹不忧死[84]，乱何自而息哉！《书》曰：“威克厥爱，允济；爱克厥威，允罔功[85]。”《诗》云：“毋纵诡随，以谨罔极；式遏寇虐，无俾作慝[86]。”今坚违之，能无亡乎！

（以上为第九段，写前秦行唐公苻洛雄勇多力，因没有得到想要的封赏，不服从前秦主苻坚的调动，举兵造反，欲进攻前秦都城长安，被打败俘获，发配西海郡。）

【注释】

[1]蓟：蓟县，在今北京市。[2]渭城：即当年秦朝的国都咸阳，旧址在今陕西咸阳市东北，汉高祖元年（前206）改咸阳为新城；武帝元鼎三年（前114）改名渭城。[3]阴阳兵法：用阴阳学说解释用兵方略的法则。阴阳学说包括阴阳四时、八位、十二度、廿四时等数度之学和五德终始的五行之说。后世又有姬甲、六壬、择日、占星等等。[4]什得其八：十分得到其中的八分。什，同“十”。[5]不足言：不值得一提，意思是用不着花大力气去进行讨伐。[6]是宜稍偃（yǎn）武事：这个时候应该稍稍停止一些武力征伐。是，此，这时候。偃，停止。[7]乃更：结果反而。[8]殆（dài）：近于，几乎。驯致升平：逐渐地实现和平，渐渐地过渡到太平。驯致，逐渐达到。升平，谓太平之世。[9]唯陛下图之：请陛下仔细考虑。唯，表示祈请的句首语词。图，谋，思考。[10]坐制奔牛：意即很容易地制服狂奔的牛。坐，极言其轻松不费力。[11]射洞犁耳：能射穿犁头上厚而坚的铁板。犁耳，装在犁头上的左右两块铁板，呈尖头形，使耕开的土壤翻转并破碎。洞，穿透。[12]伊阙：也称“龙门”，在今河南洛阳市南，其地两山对立如门，伊水从中流过，故称“伊阙”。趋：赴。[13]溯汉而上：沿汉水逆流而上。[14]帝室至亲：皇帝最近的亲属。苻洛为苻健、苻雄之兄的儿子，苻坚的堂兄，雄健有力为苻坚所忌，用为边将，不使在朝堂，苻洛怨之而反。[15]摈（bìn）弃边鄙：被抛弃在边疆上。摈，排斥。边

鄙，边疆。鄙，僻远的小城。［16］西裔（yì）：西部边远的地方。［17］复不听过京师：又不允许经过京城。听，允许。［18］阴计：阴谋诡计。［19］梁成：苻坚的部将，此时任荆州刺史，镇襄阳。苻洛沿汉水逆流西行，正需经过襄阳。沈孤于汉水耳：想把我苻洛淹死在汉水中。沈，同“沉”。［20］于诸君意如何：你们大家是怎样认为的呢？按：六字原无，据章校补。［21］幽州治中平规：苻洛的僚属姓平名规，此时任“治中”之职。治中，是刺史手下的高级僚属，全称“治中从事史”。［22］逆取顺守：先以武力夺取政权，然后行仁义以治理天下。逆，指用非法的，即用武力夺取。顺，指用符合仁义、顺乎民心的办法保有。《史记·郦生陆贾列传》曰：“汤武逆取而以顺守之，文武并用，长久之术也。”［23］汤、武：即商汤王、周武王，两人为商、周的开国之君。［24］因祸为福：趁着国家内乱而夺取政权。［25］桓、文：即春秋时期的齐桓公、晋文公。两人借春秋时期的动乱，尊王攘夷而相继称霸。［26］昏暴：昏聩、暴虐。［27］穷兵黩（dú）武：征讨不休，滥用武力。穷，穷尽，穷极。黩，轻率，轻举妄动。［28］民思有所息肩者：百姓们想换一位能让他们休息一下、喘口气的君主。息肩，放下担子喘口气。［29］神旗一建：讨伐苻坚的大旗一旦举起。建，树立起来。［30］率土云从：整个国内都会像风起云涌一样地跟随你。率土，率土之滨，指四境之内，全国。［31］跨据全燕：占有原来整个前燕国的版图。［32］北总乌桓、鲜卑：向北调集乌桓、鲜卑两个民族的兵力。总，调集。［33］东引句（gōu）丽、百济：向东招引高句丽、百济两个朝鲜族的小国。［34］控弦：拉弓，引申以称骑兵。［35］不减：不少于。［36］束手就征：乖乖地听他招呼。就征，按着他的命令走。［37］蹈不测之祸：惹上无法预料的大祸。蹈，踏，践。［38］攘袂大言：捋起袖子，大声地说，形容非常激动的样子。［39］沮（jǔ）谋：阻止我的计划。沮，阻止，瓦解。［40］玄菟（tú）：郡名，郡治在今辽宁沈阳市东。吉贞：前秦玄菟太史，苻洛任为左长史。［41］辽东：郡名，郡治在今辽宁辽阳市。赵赞：前秦辽东太史，苻洛任为左司马。［42］昌黎：郡名，郡治在今辽宁义县。王缊：前秦昌黎太史，苻洛任为右司马。［43］辽西：郡名，郡治阳乐，在今辽宁义县西。王琳：前秦辽西太史，苻洛任为从事中郎。［44］北平：郡名，郡治徐无县，在今河北遵化市遵化镇西。皇甫杰：前秦北平太守，苻洛任为从事中郎。［45］牧官都尉：主管养马、驯马的官员。魏敷：前秦牧官都尉，曾为从事中郎。［46］休忍：朝鲜古国名。［47］行唐公：指苻洛。［48］告之：告发苻洛的背叛行为。［49］事乖（guāi）本图：形势和我们原来的计划不相合。乖，违背。［50］乞留：请求留在幽州。［51］主上亦不虑不从：似应作“亦不虑主上不从”，意即不必担心主上不答应我们。主上，指苻坚。［52］事形：指谋反的事情、情形。［53］声言受诏：假说是奉了皇帝的诏令。［54］南出常山：向南到常山郡去。常山，郡名，郡治真定，在今河北正定县南。［55］阳平公：即苻融，被封阳平公，时为冀州刺史，镇邺城。邺城在今河北临漳县西南。郊迎：古代出郊迎宾，以示隆重、尊敬。［56］西土：相对于关东而言，指关中地区，即前秦主苻坚所据京师重地。［57］指麾（huī）而定：指指画画就能平定，极言其轻而易成。指麾，同“指挥”，指点，挥手，皆是不费力气的举动，引申为发令调遣。麾，古代指挥军队用的旗子。［58］发和龙：从和龙出发。

和龙，即龙城，幽州刺史苻洛镇所，本前燕国的都城，在今辽宁朝阳市。［59］共疾：共同气愤，共同仇恨。［60］假：同“借”，这里是派遣的意思。［61］拾遗：弯腰拾起地上的东西，以言其非常容易。［62］据东北一隅：占据着东北一方。一隅，一角，一方。［63］兵赋全资：兵力和赋税全部被他掌控。资，占有，掌控。［64］彼众迫于凶威：他的部下都是被他的凶恶气焰所威胁、胁迫。［65］一时蚁聚：像蚁群一样偶然地聚集在一起。一时，偶然，极言其临时、短暂。［66］让洛：谴责苻洛。让，责备。［67］世封：世世代代的封地。封，地界。［68］还白：回去告诉。东海王：指苻坚，苻坚在夺取皇位之前被封为东海王。此处不称苻坚为前秦王，而称为东海王，含有藐视的意思。［69］褊（biǎn）狭：狭窄，狭小。［70］不足以容万乘：容不下一个皇帝。万乘，万辆兵车。春秋时以万乘称周天子，以千乘称大国诸侯，后世遂以“万乘”代指皇帝。此处是苻洛自指。［71］王秦中：在秦中称王称帝。秦中，意同“关中”。以承高祖之业：以继承高祖苻健的帝王大业。高祖，即前秦开国之主苻健。［72］若能迎驾潼关：你苻坚倘能到潼关迎接皇帝我。［73］当位为上公：当封你为上等的公爵。当时的公爵有郡公、县公之分。［74］爵归本国：可以让你带着上公的爵位回到你的东海国去。［75］左将军：将军名，位次高于杂号将军。窦冲：武都人，前秦名将。［76］右将军：将军名，位次高于杂号将军。都贵：前秦右将军。驰传诣邺：乘坐驿车飞快地前往邺城。传，驿车。［77］中山：诸侯国名，都城卢奴，在今河北定州市。［78］东莱：郡名，郡治在今山东莱州市。［79］浮海：乘船渡海。［80］徙凉州之西海郡：发配到凉州的西海郡。西海郡，郡治居延，在今内蒙古额济纳旗东南。［81］辄宥（yòu）之：总是宽恕他们。宥，宽饶，原谅。［82］狃（niǔ）于为逆：习惯于造反。狃，习惯。［83］行险侥（jiǎo）幸：怀着侥幸心理去做冒险的事情。［84］不忧死：不担心被杀。［85］“《书》曰”四句：引自古文《尚书·胤征》，意思是说如果法律的威严能超过仁爱之心，就必定能成功；如果仁爱之心超过法律的威严，就什么也办不成。克，超过，压倒。厥，其。允济，一定能成功。罔，无，不。［86］“《诗》云”四句：引自《诗经·民劳》，意思是不要相信诡诈欺骗的话，以警惕行为不正的人；要防止行凶作乱，以避免邪恶的事情发生。毋，不要。纵，放任，听信。诡随，狡诈，欺骗。谨，同“警”，警戒。罔极，没有准则，肆意而为。式，发语词，无义。遏，遏住，抑止。寇虐，行凶作乱。俾（bǐ），使。慝（tè），邪恶。

朝廷以秦兵之退为谢安、桓冲之功，拜安卫将军，与冲皆开府仪同三司。

六月，甲子[1]，大赦。

丁卯[2]，以会稽王道子[3]为司徒，固让不拜。

秦王坚召阳平公融为侍中、中书监、都督中外诸军事、车骑大将军、司隶校尉、录尚书事；以征南大将军、守尚书令、长乐公丕为都督关东诸军事、征东大将军、冀州牧。

坚以诸氐种类繁滋[4]，秋，七月，分三原、九嵕、武都、汧、雍氐[5]十五万户，使诸宗亲[6]各领之，散居方镇，如古诸侯。长乐公丕领氐三千户，以仇池氐酋射声校尉杨膺[7]为征东左司马，九嵕氐酋长水校尉齐午[8]为右司马，各领一千五百户，为长乐世卿[9]；长乐郎中令略阳垣敞为录事参军[10]，侍讲扶风韦干为参军事[11]，申绍[12]为别驾。膺，丕之妻兄也；午，膺之妻父也。

八月，分幽州置平州[13]，以石越为平州刺史，镇龙城。中书令梁谠[14]为幽州刺史，镇蓟城。抚军将军毛兴[15]为都督河、秦二州诸军事，河州刺史，镇枹罕[16]。长水校尉王腾为并州刺史，镇晋阳[17]。河、并二州各配氐户三千。兴、腾并苻氏婚姻，氐之崇望[18]也。平原公晖[19]为都督豫·洛·荆·南兖·东豫·阳[20]六州诸军事、镇东大将军、豫州牧，镇洛阳。移洛州刺史治丰阳[21]。巨鹿公睿[22]为雍州刺史，镇蒲阪[23]。各配氐户三千二百。

坚送丕至灞上[24]，诸氐[25]别其父兄，皆恸哭[26]，哀感路人。赵整因侍宴，援琴[27]而歌曰："阿得脂[28]，阿得脂，博劳舅父是仇绥[29]，尾长翼短不能飞。远徙种人留鲜卑[30]，一旦缓急当语谁[31]！"坚笑而不纳。

九月，癸未[32]，皇后王氏[33]崩。

冬，十月，九真太守李逊据交州[34]反。

秦王坚以左禁将军杨壁为秦州[35]刺史，尚书赵迁为洛州刺史，南巴校尉姜宇为宁州[36]刺史。

十一月，乙酉[37]，葬定皇后于隆平陵[38]。

十二月，秦以左将军都贵为荆州刺史，镇彭城[39]。

置东豫州，以毛当为刺史，镇许昌。

是岁，秦王坚遣高密太守毛璪之等二百余人来归[40]。

（以上为第十段，写前秦主苻坚因众氐部族滋长繁杂，让各地氐人宗亲分别统领，散居各方，便于控制；又将得力干将苻丕等派镇外地，京都一旦危急，则很难控制。）

【注释】

［1］甲子：六月十九日。［2］丁卯：六月二十二日。［3］道子：即司马道子，晋简文帝司马昱第七子，初封琅邪王，后徙封会稽王。曾担任司徒、扬州刺史、录尚书六条事等职。后被毒杀。传见《晋书》卷六十四。［4］繁滋：繁杂，增多。［5］三原：县名，县治在今陕西淳化县东。九嵕（zōng）：山名，在今陕西礼泉县东北。武都：城名，在今甘肃成县西北，是当时武都郡的郡治所在地。汧（qiān）：县名，县治在今陕西陇县东南。雍：县名，县治在今陕西宝鸡市凤翔区西南。氐（dī）：古代少数民族名，分布在今四川、甘肃、青海等省交界处，十六国时期，氐族先后建立过仇池、成汉、前秦、后凉等政权，南北朝以后逐渐融合于周边的少数民族之中。［6］诸宗亲：指苻氏皇室的各个皇亲国戚。［7］杨膺：前秦射声校尉，转任征东左司马。［8］长水校尉：武官名，掌屯于长水与宣曲的骑兵。长水，关中河名。齐午：杨膺妻父，前秦长水校尉，转任征东右司马。［9］为长乐世卿：在长乐公苻丕部下世代相承地为卿爵贵族。［10］长乐郎中令：长乐国的郎中令。郎中令，掌宫廷侍卫。垣敞：前秦长乐郎中令，转任录事参军。录事参军：官名，为王公府、军府、州府的文秘总管，兼管举弹善恶。［11］侍讲：官名，在帝王身边，为帝王读书、讲古的官员。韦干：前秦侍讲，转任参军事。参军事：军事参谋。［12］申绍：原为前燕官员，历尚书右丞、左丞。后为前秦官员，任长乐公苻丕别驾。［13］平州：州名，前秦分幽州置，州治在今辽宁义县，当时称作“龙城”，曾是昌黎郡的郡治所在地。［14］梁谠（dǎng）：字伯言，前秦大臣。苻健时，为著作郎、中书令。苻坚时，任安远将军、幽州刺史、侍中。［15］毛兴：前秦将领、氐族豪强，任河州刺史，为前秦高帝苻登岳父。后被杀。［16］枹（fú）罕：古城名，在今甘肃临夏市，当时为兴晋郡的郡治所在地。［17］晋阳：古城名，在今山西太原市，时为并州州治所在地。［18］崇望：高门望族。［19］平原公晖：即苻晖，天王苻坚之子，任平原公、豫州牧。淝水之战后，在与后燕慕容凤、西燕慕容冲的交战中，掌握重兵却被屡屡击败，被苻坚责备，惭而自杀。传见《晋书》卷一百十四。［20］豫：前秦时州治洛阳，在今河南洛阳市。洛：前秦初置，州治宜阳，在今河南宜阳县西，后移治丰阳。荆：前秦时州治丰阳（今陕西山阳县），后移镇襄阳（今湖北襄阳市襄城区）。南兖：前秦时州治湖陆，在今山东鱼台县东南。东豫：前秦初以豫州刺史镇许昌，消灭前燕后，徙镇洛阳；置东豫州，州治许昌，在今河南许昌市东。阳：当作“扬”，前秦时州治下邳，在今江苏邳州市西南。［21］丰阳：县名，县治在今陕西山阳县。［22］巨鹿公睿：即苻睿，苻坚之子。封巨鹿公，任雍州刺史。参加淝水之战，后出任卫大将军、都督中外诸军事、录尚书事，带领左将军窦冲、龙骧将军姚苌，共同讨伐西燕国主慕容泓，兵败被杀。［23］镇蒲阪：三字原无，据章校补。蒲阪，县名，县治在今山西永济市西南蒲州镇。［24］灞（bà）上：古地名，指当时长安城东南的灞水西侧高原，历来为驻兵之地、送别之所。［25］诸氐：指苻丕、苻融等接受任命前往各地任职的人。［26］恸（tòng）哭：大声号哭。［27］援琴：拿过琴来。援，拿，拉。［28］阿得脂：声词，没有意义，如同现今歌曲中的“咿呼嗨、呀呼嗨”之类。［29］博劳：即伯劳，鸟名，食虫鸟类。因古代民歌有“东飞伯劳西飞燕”之

语，于是后人多在送别诗中提到此鸟，从此天各一方，很难聚首。仇绥：其意不明。［30］远徙种人留鲜卑：把氐族的亲属都派往外地，而把慕容垂、慕容楷等鲜卑人都留在身边。种人，同一个民族的人。［31］缓急：偏义复词，指危急之事。“缓”字无实义。当语谁：该和谁商量，意即一旦前燕人发动政变，无法应对。［32］癸未：九月十日。［33］王氏：即王法慧，太原晋阳（今山西太原市）人，尚书左仆射王蕴之女，晋孝武帝司马曜皇后。天性嗜好饮酒，骄傲妒忌，被训诫，二十一岁去世。谥号孝武定皇后。传见《晋书》卷九。［34］九真：郡名，郡治清化，在今越南国境内，上属交州。李逊：交趾豪强，为东晋九真太守。他想控制交州，暗使其子率地方势力阻止东晋交州刺史赴任，后被杀。交州：州名，州治龙编，在今越南河内市东北。［35］左禁将军：官名，前秦苻坚置，为四禁将军之一，统兵驻于京师，亦经常率军出外征讨。杨壁：前秦大将、驸马，尚苻坚长女顺阳公主，为左禁将军，任秦州刺史。传见《晋书》卷一百一十五。秦州：州治上邽，在今甘肃天水市。［36］南巴校尉：官名，前秦置。姜宇：前秦南巴校尉、尚书、前将军，曾在南县大败晋军。宁州：前秦时州治在今四川中江县。［37］乙酉：十一月十三日。［38］隆平陵：司马曜陵寝，在今江苏南京市江宁区蒋山西南，王皇后合葬隆平陵。［39］镇彭城：前秦时荆州刺史镇襄阳，非“镇彭城”，此处有误。［40］毛璪之等二百余人来归：上年五月，秦将俱难、彭超攻陷盱眙时，毛璪之等被俘。今前秦主苻坚放其回归晋朝。

六年（辛巳，381年）

春，正月，帝初奉佛法[1]，立精舍[2]于殿内，引诸沙门[3]居之。尚书左丞王雅[4]表谏，不从。雅，肃之曾孙[5]也。

丁酉[6]，以尚书谢石为仆射。

二月，东夷、西域[7]六十二国入贡于秦。

夏，六月，庚子朔[8]，日有食之。

秋，七月，甲午[9]，交趾太守杜瑗斩李逊，交州平。

冬，十月，故武陵王晞卒于新安[10]，追封新宁[11]郡王，命其子遵[12]为嗣。

十一月，己亥[13]，以前会稽内史郗愔为司空，愔固辞不起。

秦荆州刺史都贵遣其司马阎振、中兵参军吴仲帅众二万寇竟陵[14]，桓冲遣南平太守桓石虔[15]、卫军参军桓石民[16]等帅水陆二万拒之。石民，石虔之弟也。

十二月，甲辰[17]，石虔袭击振、仲[18]，大破之，振、仲退保管城[19]。石虔进攻之，癸亥[20]，拔管城，获振、仲，斩首七千级，俘虏万人。诏封桓冲子谦为宜阳[21]侯。以桓石虔领河东太守[22]。

是岁，江东大饥。

（以上为第十一段，写东晋孝武帝司马曜开始尊奉佛法；前秦荆州刺史都贵进犯东晋竟陵，东晋大将桓冲派遣南平太守桓石虔率军予以抵抗，打败了来犯的敌人。）

【注释】

[1]佛法：佛教所说的教义与行法。[2]精舍：又称“精庐”，僧人修炼居住和讲习佛经之所。[3]沙门：僧人，和尚。[4]尚书左丞：尚书令的佐官，总领纲纪。王雅：字茂达，大鸿胪王景之子，东晋尚书左丞，历官廷尉、侍中、左卫将军、丹阳尹，为领军、尚书、散骑常侍、左仆射。传见《晋书》卷八十三。[5]肃：即曹魏大臣王肃，字子雍，经学家，王雅曾祖父。[6]丁酉：正月二十六日。[7]东夷：古时中原对东方各部落的统称。古称东夷有九种，《论语·子罕》“子欲居九夷”疏曰：“东有九夷：一玄菟、二乐浪、三高骊、四满饰、五凫更、六索家、七东屠、八倭人、九天鄙。”西域：古区域名，狭义指玉门关、阳关以西，葱岭以东，巴尔喀什湖东、南及新疆广大地区。广义指凡是通过狭义西域所能到达的地区，包括亚洲中、西部地区等。[8]庚子朔：六月一日。[9]甲午：七月二十五日。[10]武陵王晞：即司马晞，字道叔，司马睿第四子，袭爵武陵郡王。新安：郡名，郡治始新县，在今浙江淳安县西北。司马晞被桓温废后，迁到新安受监管。[11]新宁：郡名，东晋永和七年（351），从苍梧郡分置新宁郡，治新兴，在今广东新兴县城。[12]遵：即司马遵，字茂远，武陵王司马晞第三子，袭封新宁王，复封武陵王，历任散骑常侍、秘书监、太常卿、中领军，拜侍中、大将军、太子太保。传见《晋书》卷六十四。[13]十一月，己亥：记载有误，十一月戊辰朔，无己亥日。己亥应是十二月三日。[14]寇：寇略，侵扰。竟陵：郡名，郡治石城，在今湖北钟祥市。[15]南平：郡名，郡治江安，在今湖北公安县西北，在竟陵郡的西南方，两郡相连。桓石虔（qián）：字镇恶，东晋名将。传见《晋书》卷七十四。[16]卫军参军：即卫将军谢安的参军。桓石民，冠军将军桓石虔之弟，东晋重要将领。传见《晋书》卷七十四。[17]甲辰：十二月八日。[18]振、仲：即阎振、吴仲。[19]管城：城名，在今湖北钟祥市北，接宜城界。[20]癸亥：十二月二十七日。[21]谦：即桓谦，字敬祖，太傅桓冲之子。受封宜阳侯。传见《晋书》卷七十四。[22]领河东太守：兼任河东太守。此所谓“河东”，乃侨置之郡，在今湖北松滋市内。

七年（壬午，382年）

春，三月[1]，秦大司农东海公阳[2]、员外散骑侍郎王皮[3]、尚书郎周虓[4]谋反，事觉，收下廷尉。阳，法之子；皮，猛之子也。秦王坚问其反状，阳曰："臣父哀公死不以罪，臣为父复仇耳。"坚泣曰："哀公之死，事不在朕[5]，卿岂不知之？"王皮曰："臣父丞相，有佐命之勋[6]，而臣不免贫贱，故欲图富贵耳。"坚曰："丞相临终托卿[7]，以十具牛为治田之资[8]，未尝为卿求官；知子莫若父，何其明也！"周虓曰："虓世荷[9]晋恩，生为晋臣，死为晋鬼，复何问乎！"

先是，虓屡谋反叛，左右皆请杀之，坚曰："孟威烈士[10]，秉志[11]如此，岂惮死乎！杀之适足[12]成其名耳！"皆赦，不诛，徙阳于凉州之高昌郡[13]，皮、虓于朔方[14]之北。虓卒于朔方。阳勇力兼人[15]，寻复徙鄯善[16]。及建元之末[17]，秦国大乱，阳劫鄯善之相欲求东归，鄯善王杀之[18]。

秦王坚徙邺铜驼、铜马、飞廉、翁仲[19]于长安。

夏，四月，坚扶风太守王永[20]为幽州刺史。永，皮之兄也。皮凶险无行[21]，而永清修[22]好学，故坚用之。

以阳平公融为司徒，融固辞不受。坚方谋伐晋，乃以融为征南大将军[23]、开府仪同三司。

五月，幽州蝗生，广袤千里[24]。秦王坚使散骑常侍彭城刘兰[25]发幽、冀、青、并民扑除[26]之。

秋，八月，癸卯[27]，大赦。

秦王坚以谏议大夫裴元略[28]为巴西、梓潼二郡太守，使密具舟师[29]。

九月，车师前部王弥窴、鄯善王休密驮入朝于秦，请为乡导，以伐西域之不服者，因如汉法，置都护以统理[30]之。秦王坚以骁骑将军吕光为使持节、都督西域征讨诸军事，与凌江将军姜飞、轻车将军彭晃、将军杜进、康盛等总兵十万，铁骑五千，以伐西域。阳平公融谏曰："西域荒远，得其民不可使，得其地不可食，汉武[31]征之，得不补失[32]。今劳师万里之外，以踵汉氏之过举，臣窃惜之。"不听。

桓冲使扬威将军朱绰击秦荆州刺史都贵于襄阳，焚践沔北屯田[33]，掠六百余户而还。

（以上为第十二段，写前秦东海公苻阳等图谋反叛，事泄，前秦主苻坚问及原因，将之全部赦免、流放；车师前部王弥寘等来朝前秦，请求扫平西域，苻坚即发兵攻打。）

【注释】

[1]春，三月：三字原无，据章校补。［2］东海公阳：即苻阳，氐族，前秦丞相苻雄之孙，天王苻坚之侄，献哀公苻法之子，官拜大司农，承袭东海公。因谋反被流放于高昌郡，被鄯善王所杀。［3］员外散骑侍郎：官名，初为正员之外添差之散骑侍郎，为闲散之职。王皮：前秦丞相王猛次子，胸无大志，王猛临终前曾嘱托苻坚，万不可让王皮步入仕途，但苻坚念及对王猛的感情，还是册封王皮为员外散骑侍郎、略阳太守，后与苻法之子苻阳一道起兵反秦失败。淝水之战后，投向后秦姚苌。［4］周虓（xiāo）：字孟威，东晋梓潼太守，晋孝武帝宁康元年（373）送母妻至江陵，半道被苻坚将朱肜截获，苻坚欲用为尚书郎，虓不就，与苻阳、王皮谋反袭坚，谋泄被执。苻坚不杀，流放于朔方，死于此。传见《晋书》卷五十八。［5］哀公之死，事不在朕：将苻法治罪杀害，表面上看，是苟太后和李威的合谋布局，整个过程中，苻坚一直没有出面。到了行刑那天，苻坚终于出现，来和苻法诀别。苻坚抱着苻法哭得死去活来，口吐鲜血。苻坚至少是默认其母的做法的。［6］佐命：辅佐某人成就帝业。古称某人为帝曰“受命”。勋：功勋，功劳。［7］托卿：意思是把你托付给我。［8］十具牛：十套耕牛，十头牛与其相应的耕具。治田之资：种田的资本。［9］荷：蒙，承受。［10］烈士：有气节、有壮志的人。［11］秉志：持志，坚守信念。［12］适足：正好可以。［13］高昌郡：郡治高昌，在今新疆吐鲁番市东南。［14］朔方：郡名，郡治临戎，在今内蒙古磴口县北。［15］兼人：超人，一人等于别人两个。［16］鄯（shàn）善：原名楼兰，汉昭帝元凤四年（前77）改为鄯善，西域古国之一，国都扜泥城，在今新疆若羌县东北，扼丝绸之路的要冲。［17］建元之末：指苻坚在位的末期。建元，是苻坚的第三个年号，共二十一年。［18］鄯善王杀之：此乃后话，史家为终言三人之死，故及后事言之，将此事了结。［19］铜驼、铜马、飞廉、翁仲：四者都是当年西晋皇宫洛阳宫门前的旧物，后赵主石虎为帝时，将其由洛阳移往邺城之后赵宫门前。今苻坚又将其移至长安的苻氏宫前。飞廉，也写作“蜚廉”，古代神话传说中的神怪，《三辅黄图》曰：“飞廉，神禽，能致风气者，身似鹿，头如雀，有角而蛇尾，文如豹。”翁仲，传说为秦始皇时代的巨人之名，镇守边疆，匈奴畏之。秦始皇遂以铜铸其像，置于宫门前。后人也称陵墓前的石人为“翁仲”。［20］王永：前秦名相王猛之子，略阳太守王皮之兄，前秦大臣。为扶风太守、幽州刺史，镇守蓟城。苻丕即位，为使持节、侍中、都督中外诸军事、车骑大将军、尚书令，进封清河公。［21］凶险无行：凶恶无德行。［22］清修：指操行廉洁美好。［23］征南大将军：将军名，四征将军之一，主管南方军事。［24］广袤（mào）千里：言受灾的面积纵横千里。东西之长曰“广”，南北之长曰“袤”。［25］刘兰：前秦散骑常侍。［26］扑除：扑打、灭除。［27］癸卯：八月十一日。［28］裴元略：前秦大臣，任尚书郎、陵江将军、西南夷校尉、巴西和梓橦二郡太守。淝水之战中，苻坚命裴元略率水师七万从巴蜀顺流东下，向建康

进军。裴部水师前后百里，旗鼓相望。［29］密具舟师：秘密准备船只并训练水军。具，准备。［30］都护：官名。汉宣帝时设西域都护，以统领西域诸国，为驻西域地区的最高长官。其后废置不常。统理：统辖，治理。［31］汉武：即汉武帝刘彻。西汉大规模讨伐匈奴，将之赶出漠南，迫使西迁，建立盖世之功。［32］得不补失：即得不偿失，得到的抵不上失去的。汉武帝曾伐大宛，破楼兰，讨姑师，田车师，时人以为得不偿失。而李广利伐大宛后，西域南道诸国多臣服于汉。此论不当。［33］焚践：焚烧、践踏。沔（miǎn）北：汉水以北。屯田：在官地上进行开垦耕作。

冬，十月，秦王坚会群臣于太极殿[1]，议曰："自吾承业，垂三十载[2]，四方略定[3]，唯东南一隅[4]，未沾王化[5]。今略计吾士卒，可得九十七万，吾欲自将以讨之，何如？"秘书监朱肜曰："陛下恭行天罚[6]，必有征无战[7]，晋主不衔璧军门[8]，则走死江海[9]，陛下返中国[10]士民，使复其桑梓[11]，然后回舆[12]东巡，告成岱宗[13]，此千载一时[14]也。"坚喜曰："是吾志也。"

尚书左仆射权翼[15]曰："昔纣为无道，三仁在朝[16]，武王犹为之旋师[17]。今晋虽微弱，未有大恶；谢安、桓冲皆江表伟人，君臣辑睦[18]，内外同心，以臣观之，未可图也！"坚嘿然[19]良久，曰："诸君各言其志。"

太子左卫率[20]石越曰："今岁镇守斗[21]，福德在吴，伐之，必有天殃[22]。且彼据长江之险，民为之用，殆[23]未可伐也！"坚曰："昔武王伐纣，逆岁违卜[24]。天道幽远[25]，未易可知。夫差、孙皓[26]皆保据江湖，不免于亡。今以吾之众，投鞭于江，足断其流[27]，又何险之足恃乎！"对曰："三国之君皆淫虐无道[28]，故敌国取之，易于拾遗[29]。今晋虽无德，未有大罪，愿陛下且按兵[30]积谷，以待其衅[31]。"于是，群臣各言利害，久之不决。坚曰："此所谓筑舍道傍，无时可成[32]。吾当内断于心[33]耳！"

群臣皆出，独留阳平公融，谓之曰："自古定大事者，不过一二臣而已。今众言纷纷，徒乱人意，吾当与汝决之。"对曰："今伐晋有三难：天道不顺，一也；晋国无衅，二也；我数战兵疲，民有畏敌之心，三也。

群臣言晋不可伐者，皆忠臣也，愿陛下听之。”坚作色[34]曰：“汝亦如此，吾复何望[35]！吾强兵百万，资仗[36]如山；吾虽未为令主[37]，亦非暗劣[38]。乘累捷[39]之势，击垂亡之国，何患不克，岂可复留此残寇，使长为国家之忧哉！”融泣曰：“晋未可灭，昭然甚明。今劳师大举，恐无万全[40]之功。且臣之所忧，不止于此。陛下宠育鲜卑、羌、羯[41]，布满畿甸[42]，此属皆我之深仇。太子独与弱卒数万留守京师，臣惧有不虞之变生于腹心肘掖[43]，不可悔也。臣之顽愚，诚不足采；王景略一时英杰[44]，陛下常比之诸葛武侯[45]，独不记其临没之言[46]乎！”坚不听。于是[47]，朝臣进谏者众，坚曰：“以吾击晋，校[48]其强弱之势，犹疾风之扫秋叶，而朝廷内外皆言不可，诚吾所不解也！”

太子宏[49]曰：“今岁在吴分[50]，又晋君无罪，若大举不捷，恐威名外挫，财力内竭，此群下所以疑也！”坚曰：“昔吾灭燕，亦犯岁[51]而捷，天道[52]固难知也。秦灭六国[53]，六国之君岂皆暴虐乎！”

冠军[54]、京兆尹慕容垂言于坚曰：“弱并于强，小并于大[55]，此理势自然[56]，非难知也。以陛下神武应期[57]，威加海外，虎旅[58]百万，韩、白满朝[59]，而蕞尔江南[60]，独违王命，岂可复留之以遗子孙[61]哉！《诗》云：‘谋夫孔多，是用不集[62]。’陛下断自圣心[63]足矣，何必广询朝众！晋武平吴，所仗者张、杜[64]二三臣而已，若从朝众之言，岂有混壹[65]之功！”坚大悦，曰：“与吾共定天下者，独卿而已。”赐帛五百匹。

（以上为第十三段，写前秦主苻坚召集群臣讨论攻打东晋事宜，阳平公苻融、太子苻宏等都表示强烈反对，而前燕降臣京兆尹慕容垂表示支持，迎合苻坚。）

【注释】

[1]太极殿：“建中立极”的宫城正殿，前秦王宫中的正殿，帝王朝见大臣及议事的地方。[2]垂三十载：将近三十年。苻坚于东晋升平元年（357）夺得王位，至今东晋太元七年（382），共25年。[3]略定：基本平定。略，稍。[4]一隅（yú）：一角，此指位于江南的东晋王朝。隅，角落。[5]未沾王化：没有接受天子的管理与教化。沾，润泽，蒙受。[6]恭行天罚：恭敬地替老天爷讨伐有罪者。《尚书·甘誓》有所谓“今予惟恭行天之罚”。[7]有征无战：出兵征讨而不用作战，以喻双方的道义与实力相差悬殊。[8]衔璧军门：指自动出降。古代帝王向人投降时，

都是“面缚衔璧”“以组系颈”等，意思是表示服罪、请罪。军门，讨伐大军的营门。衔璧，古代国君死，口含玉，所以战败出降者衔璧以示国亡当死。衔，口含物。［9］走死江海：向东、向南逃窜，沿江逃向大海，终归死路一条。［10］返：遣返，使返回。中国：此指中原地区。［11］复其桑梓（zǐ）：让他们各自返回自己的故乡。桑梓，即桑树和梓树，是古代住宅旁边常栽的树木，东汉以来遂用以代称故乡。［12］回舆：回车。［13］告成岱宗：登泰山封禅，向上天报告成功。岱宗，即泰山，五岳之首。古人认为泰山最高，泰山顶离天最近，故统一天下、功成德就者的帝王都登泰山举行封禅，如秦始皇、汉武帝等，都是如此。［14］此千载一时：现在正是这种千载难逢的好时机。［15］权翼：字子良，天水（今甘肃秦安县）人，前秦名臣，时为尚书左仆射。［16］三仁：朝廷上还有三个仁义之人存在，指微子、箕子、比干，都是殷纣王手下的忠义之臣。［17］旋师：回师，犹今言撤军。武王讨伐大军抵达黄河南岸的孟津，有八百诸侯闻讯赶来参加。诸侯均力劝武王立即向朝歌进军。武王则认为时机还不成熟，殷朝还有“三仁”在，在军队渡过黄河后又下令全军返回。［18］辑睦：和睦。［19］嘿然：同“默然”，沉默不语。［20］太子左卫率：皇太子的侍卫官，统领禁兵，西晋武帝时分左、右卫率，惠帝时又加前、后二率。［21］岁镇守斗：今年木星、土星正好运行到斗宿的附近。岁，岁星，即木星。镇，镇星，即土星。守，这里指运行到某处。斗，二十八宿之一，是吴、越两国及扬州的分星。古人认为“岁星所居久，其国有德厚，五谷丰昌，不可伐”；“镇星所居之所，国吉，得地及女子，有福，不可伐”。［22］天殃：天灾，即遭天谴。［23］殆（dài）：表示肯定，相当于当然、必定。［24］逆岁：逆着岁星所在的方向而行事，即俗说的所谓“太岁头上动土”。据《荀子·儒效》：“武王之诛纣也，行之日以兵忌，东面而迎太岁。”杨倞注曰：“迎，谓逆太岁也。”又《尸子》下卷曰：“武王伐纣，鱼辛谏曰：‘岁在北方，不北征。’武王不从。”违卜：逆着占卜所呈现的指示行动。据《史记·齐太公世家》：“武王将伐纣，卜龟，兆不吉，风雨暴至。群公尽惧，唯太公强之劝武王，武王于是遂行。”［25］天道幽远：老天爷的意思，世人是弄不清的。幽远，遥远，玄妙。［26］夫差、孙皓：夫差，春秋吴王；孙皓，三国时孙吴末主。都是古代在东晋据有地区所建国家的末代君主。［27］投鞭于江，足断其流：把我们秦国战士的马鞭扔到江中，就足以截断江流，形容秦军的兵马之多。［28］三国之君：指商纣、夫差、孙皓。淫虐：淫乱，暴虐。无道：不行正道，多做坏事。［29］拾遗：捡取他人遗失的财物，比喻轻而易举。［30］按兵：止兵，休兵。［31］待其衅（xìn）：等待东晋本身出现过失。衅，缝隙，裂痕，引申为祸患、祸乱。［32］筑舍道傍，无时可成：意思是说，想在马路边上盖房子，老向过往的行人征求意见，那是永远也不可能得到一致的看法的，房子是永远也盖不成的。出自《诗经·小旻》：“如彼筑室于道谋，是用不溃于成。”郑玄《笺》曰：“如当路筑室，得人而与之谋所为，路人之意不同，故不得遂成也。”［33］内断于心：我要自己做出决定。［34］作色：变色，脸红脖子粗。［35］何望：指望什么。［36］资仗：指军用物资，如粮食、兵器等等。［37］未为令主：说不上是一个贤明的君主。令，善，美好。这里只是一种故作客气的说法，不是真有自知之明。［38］亦非暗劣：也不能就说是一个昏庸、愚昧的人。［39］累捷：

连续胜利，势如破竹。［40］万全：万无一失。［41］宠育：优待。鲜卑、羌、羯：指慕容氏、姚氏、石氏等。［42］布满畿（jī）甸（diàn）：遍布在都城周围。古代称天子直接管辖的地区为王畿，称京城四周之地为甸，犹今之所谓郊区。［43］不虞之变：意想不到的突然事变。虞，预料。腹心肘掖：以喻自己的要害之处。腹心，喻亲信。肘腋，胳膊肘与胳肢窝，这里指密切亲近的人。掖，同“腋”。［44］王景略：即王猛，字景略。一时英杰：名满当时的英雄豪杰。［45］诸葛武侯：即蜀汉丞相诸葛亮，封武乡侯，故称武侯。［46］临没之言：王猛临终遗言有所谓“晋虽僻处江南，然正朔相承，上下安和，臣没之后，愿勿以晋为图”。事见《资治通鉴》卷一百三晋孝武帝宁康三年（375）。没，同“殁”，去世。［47］于是：当时，这时候。［48］校：比较，衡量。［49］太子宏：即苻宏，苻坚之子，前秦皇太子。［50］岁在吴分：岁星运行到吴地的分野。古人认为，攻打这样的国家，对发动战争者不利。前之后赵伐前燕，结果大败，形势与此相同。［51］犯岁：触犯岁星，谓举兵进犯岁星所在之分野。前燕古为幽州，属尾宿与箕宿之分野，前秦灭前燕时，岁星正在尾、箕之次，故如此说。［52］天道：犹天理，天意。［53］六国：指关东韩、赵、魏、燕、齐、楚六国。［54］冠军：即冠军将军，将军名，为杂号将军。［55］弱并于强，小并于大：弱国被强国兼并，小国被大国吞没。［56］理势：道理，形势。自然：自然而然，意即是普遍的自然规律。［57］神武应期：既有神武的主观条件，又能顺应客观的大好时机。神武，神奇，英武。［58］虎旅：虎贲氏与旅贲氏的并称，指勇猛的军队。［59］韩、白满朝：谓前秦有很多像韩信、白起一样的良将，布满朝廷。［60］蕞（zuì）尔江南：一个小小的东晋王朝。蕞尔，形容极小的样子。［61］遗子孙：遗留给子孙。［62］“《诗》云”二句：引语出《诗经·小旻》。意谓出主意的人太多，所以大功不成。孔，甚，很。是用，因此。集，成功。［63］断自圣心：犹言自己拿主意。［64］张、杜：指西晋开国功臣张华、杜预。张华传见《晋书》卷三十六。杜预传见《晋书》卷三十四。［65］混壹：统一天下。壹，同“一”。以上慕容垂所言，是真情，还是假意，史未明言。以理推断，是慕容垂借刀杀人，借东晋以灭苻坚，削弱前燕国实力，为其重建燕国寻找机会。

坚锐意[1]欲取江东，寝不能旦[2]。阳平公融谏曰：“‘知足不辱，知止不殆[3]。’自古穷兵极武[4]，未有不亡者。且国家本戎狄[5]也，正朔会不归人[6]。江东虽微弱仅存，然中华正统[7]，天意必不绝之。”坚曰：“帝王历数[8]，岂有常邪[9]？唯德之所在[10]耳！刘禅[11]岂非汉之苗裔邪，终为魏所灭。汝所以不如吾者，正病此不达变通[12]耳！”

坚素信重沙门道安[13]，群臣使道安乘间[14]进言。十一月，坚与道安同辇游于东苑[15]，坚曰：“朕将与公南游吴、越[16]，泛长江，临沧海[17]，不亦乐乎！”安曰：“陛下应天御世[18]，居中土而制四维[19]，自足比隆尧、舜[20]，何必栉风沐雨[21]，经略遐方[22]乎！且东南卑湿[23]，沴气易构[24]，虞舜游而不归[25]，大禹[26]往而不复[27]，何足以上劳大驾也！”坚曰：“天生烝民而树之君[28]，使司牧[29]之，朕岂敢惮劳[30]，使彼一方独不被泽[31]乎！必如公言，是古之帝王皆无征伐也！”道安曰：“必不得已，陛下宜驻跸洛阳[32]，遣使者奉尺书[33]于前，诸将总六师[34]于后，彼必稽首入臣[35]，不必亲涉江、淮[36]也。”坚不听。

坚所幸张夫人谏曰：“妾闻天地之生万物，圣王之治天下，皆因其自然而顺之，故功无不成。是以黄帝[37]服牛乘马[38]，因其性[39]也；禹浚九川[40]，障九泽[41]，因其势[42]也；后稷播殖[43]百谷，因其时[44]也；汤、武帅天下而攻桀、纣，因其心[45]也。皆有因[46]则成，无因则败。今朝野之人皆言晋不可伐，陛下独决意行之，妾不知陛下何所因也。《书》曰：‘天聪明自我民聪明[47]。’天犹因民，而况人乎！妾又闻王者出师，必上观天道[48]，下顺人心。今人心既不然矣，请验之天道。谚云：‘鸡夜鸣者不利行师，犬群嗥[49]者宫室将空，兵动马惊，军败不归。’自秋、冬以来，众鸡夜鸣，群犬哀嗥[50]，厩马[51]多惊，武库兵器自动有声，此皆非出师之祥也。”坚曰：“军旅之事，非妇人所当预[52]也！”

坚幼子中山公诜[53]最有宠，亦谏曰：“臣闻国之兴亡，系贤人之用舍[54]。今阳平公[55]，国之谋主[56]，而陛下违之；晋有谢安、桓冲，而陛下伐之，臣窃惑之！”坚曰：“天下大事，孺子[57]安知！”

秦刘兰讨蝗[58]，经秋冬不能灭。十二月，有司奏征兰下廷尉。秦王坚曰：“灾降自天，非人力所能除，此由朕之失政，兰何罪乎！”

是岁，秦大熟[59]，上田亩收七十石[60]，下者三十石，蝗不出幽州之境，不食麻豆[61]，上田亩收百石，下者五十石。

（以上为第十四段，写前秦主苻坚立意攻打东晋，听不进任何意见，即使是所信重的沙门道安、宠爱的张夫人、喜欢的小儿子苻诜都极力劝谏，他也是置之不理。）

【注释】

[1]锐意：意志坚决，专心一意。 [2]寝不能旦：即夜不能寐，不到天亮就醒，极言其思虑之急切。 [3]知足不辱，知止不殆：出自《老子》第四十四章，意思是知道满足就不会受屈辱，

懂得适可而止就不会有危险。殆（dài），危险。［4］穷兵极武：即穷兵黩武，极力使用武力，不断发动侵略战争，形容极其好战。［5］国家本戎狄：皇帝您也是少数民族的人物。国家，这里即指苻坚本人。［6］正朔：旧历每年的第一个月叫“正”，每个月的第一天叫“朔”。古时改朝换代，新王朝为表示自己的应天承运，总是要另改一种正朔。故正朔在这里即指中原地区历代王朝相互沿袭的一种华夏正统。会不归人：绝对不会转到夷狄的人。会，绝对，肯定。［7］正统：指王朝先后相承的系统。［8］帝王历数：帝王的次序。历数，命定的次序。［9］岂有常邪：哪里就那么一成不变呢？邪，同“耶”，疑问语气词。［10］唯德之所在：就看谁有道德。［11］刘禅（shàn）：字公嗣，小名阿斗，又称后主，先主刘备之子，蜀汉末代皇帝。［12］正病此：差就差在这一点。病，患。不达变通：不懂得灵活变通。变通，指事物的发展不拘常格，随宜变更。［13］素：平素，平常。信重：信任，看重。沙门：出家的佛教徒的总称。道安：东晋僧人，本姓卫。十二岁出家，受戒后游学至邺，师事佛图澄。后在襄阳立檀溪寺，铸佛像，宣扬佛法。苻坚攻取襄阳，送往长安。苻坚曾令内外学士，有疑问都向他请教。道安曾编纂《综理众经目录》，确立僧尼戒规，主张僧侣以“释”为姓。传见南朝梁释慧皎《高僧传》。［14］乘间（jiàn）：指利用机会，趁空子。［15］同辇（niǎn）：同车。东苑：帝王游乐打猎的地方。［16］吴、越：此指吴国、越国之地，代指东晋王朝。［17］沧海：古代对东海的别称。［18］御世：统治国家。御，治理，统治。［19］居中土：上古时，我国华夏族建国于黄河流域一带，以为居天下之中，故称中国，而把周围其他地区称为四方。苻坚此时已经统一了我国北方，故言“居中土”。中土，中国，中原地区。制四维：控制四方，掌握整个天下。［20］比隆尧、舜：与尧、舜的政治相比美。隆，兴盛。［21］栉（zhì）风沐雨：以风梳发，以雨洗头，比喻不避风雨，奔波劳苦。栉，用梳子梳头发。［22］经略遐（xiá）方：经营远方之地。经略，经营，此即发动战争以谋取。遐，远。［23］卑湿：地势低下潮湿。［24］沴（lì）气易构：恶毒之气容易生成。沴气，天地四时之气反常而起的破坏与危害作用，这里即指瘴疠之气。构，生成。［25］虞舜游而不归：传说虞舜南游巡狩，崩于苍梧之野，在今湖南宁远县南的九嶷山一带。事见《史记》卷一。［26］大禹：即禹，夏后氏，姒姓，名文命，夏朝开国之王。大，形容词，犹言伟大的。［27］往而不复：传说大禹东游，会诸侯于会稽，在今浙江绍兴市东南的会稽山，最后死在那里。事见《史记》卷二。［28］烝（zhēng）民：众民，百姓。烝，众多。树之君：为他们设置国君。［29］司牧：管理，统治。［30］惮（dàn）劳：怕苦怕累。惮，害怕，畏惧。［31］被泽：蒙受帝王的恩泽，即接受统治。被，被覆，盖。［32］驻跸（bì）洛阳：把您的车驾停驻在洛阳。跸，指帝王的车驾。［33］奉尺书：手持书信一封，意即前往谕告。尺书，尺牍，信札。［34］总六师：统领六军。六师，即六军。古时天子有六军，后作为全军的统称。［35］稽（qǐ）首入臣：指东晋主行拜礼称臣。稽首，古代跪拜礼，为九拜中最隆重的一种，常为臣子拜见君主时所用。［36］涉：渡水，引申为至，到。江、淮：长江，淮河。［37］黄帝：上古华夏部落联盟首领，被尊为中华“人文初祖”。据说他有土德之瑞，故号黄帝，以统一华夏部落与征服东夷、九黎族而统一中华的伟绩载入史册。传见《史记》

卷一。［38］服牛乘马：以牛驾车，以马为坐骑。服，拉车。［39］因其性：顺着牛马的特性。因，顺，根据。［40］浚九川：疏通天下的河道。浚，疏通。九川，九州的大河。九，泛指多的意思。有人称“九川”指弱水、黑水、河水、漾水、江水、沇水、淮水、渭水、洛水，可备一说。［41］障九泽：为各地的湖泊都修好堤岸。障，堤岸，这里用如动词。九泽，据《尚书·禹贡》，指大陆泽、雷夏泽（雷泽）、大野泽、孟潴泽（孟渚泽）、彭蠡泽（鄱阳湖）、云梦泽（洞庭湖）、菏泽（菏泽）、震泽（太湖）、荥泽。［42］因其势：根据各自的地势。［43］后稷（jì）：周之始祖，姬姓，名弃。相传是黄帝玄孙、帝喾嫡长子，其母有邰氏女，即姜嫄。生于稷山（今山西稷山县），被尊为稷王（也作稷神）、农神、耕神、谷神。童时，好种树、麻、菽。成人后，有相地之宜，善种谷物，教民耕种与稼穑之术。尧舜时，为司农之神。播殖：亦作“播植”，播种，种植。［44］因其时：顺着春、夏、秋、冬四时。［45］因其心：顺应着天下百姓的人心。［46］因：依靠，根据。［47］天聪明自我民聪明：出自《尚书·皋陶谟》的皋陶之语，意即上天知晓人间的善恶，是在百姓中间听取和观察来的。聪，谓听觉灵敏。明，谓视觉灵敏。［48］天道：指人事之外的自然现象。［49］群嗥：成群地号叫。［50］哀嗥：哀痛，放声痛哭。［51］厩（jiù）马：马棚里的马。厩，马棚。［52］预：参与，过问。［53］中山公诜（shēn）：即苻诜，前秦主苻坚幼子，为中山公。曾与母亲张夫人一起劝阻苻坚发动淝水之战，但苻坚没有听从。后叛将姚苌在新平寺缢杀苻坚，苻诜与母亲张夫人亦自刎而死。中山公，封地中山郡，都城卢奴，在今河北定州市。［54］系：由于，决定于。用舍：任用还是舍弃。［55］阳平公：指苻融，苻坚之弟。［56］谋主：主谋之人，犹言“智囊”。［57］孺（rú）子：小孩子。［58］讨蝗：灭蝗，扑打蝗虫。［59］大熟：大丰收。［60］石（dàn）：计算容量的单位，十斗为一石。［61］麻豆：大麻与豆类，这里泛指五谷。大麻旧属谷类植物，今属桑科。

【点评】

苻坚统一北方。苻坚所在的前秦“东极沧海，西并龟兹，南苞襄阳，北尽沙漠”，疆域之大，是十六国任何一国以及后来北魏、北周、北齐所不能比拟的。

苻坚是前秦开国君主苻健的侄子。苻健去世时，把皇位传给了儿子苻生，苻生残酷无道，朝野上下离心离德，民怨沸腾。而苻坚袭父爵为东海王，亦获授龙骧将军，博学多才，更有经略大志，又广交豪杰，又善于抓住机遇，他从苻生手里夺取前秦政权，是顺理成章的。

苻坚于公元357年即位，先后平燕、定蜀、擒代、吞凉，统一了北方。在当时，就前秦与前燕相比，实力显然不如前燕。前燕皇帝慕容俊也曾经打算消灭前秦、东晋，统一中国，他向全国征兵，集中一百多万的兵力，举行了盛大的阅兵仪式，可是恰在这关键时刻，慕容俊一病不起，前燕的统一大业也就搁置一边。前秦的苻坚对前燕的强大实力也心存畏惧，迟迟没有动手，后来前燕国由慕容评掌控朝局，慕容垂出走并投奔了前秦，苻坚大喜过望，抓紧时机，迅速调兵遣将，灭了前燕。

前凉主张天锡荒于酒色，不理政事，国家处于分崩离析之中，苻坚派兵一举攻下了前凉；代国是鲜卑拓跋氏建立的割据政权，鲜卑铁弗部首领刘卫辰周旋于前秦、代国之间，他向前秦求救，愿意带路，攻打代国，苻坚抓住这一机会，代国为前秦所灭。

苻坚识才，重用济世之才王猛，是他取得成功的关键。王猛博学多能，是个文武全才，东晋桓温曾许以高官厚禄，王猛认为东晋王朝已经腐败，坚辞不就。后来经人推荐给苻坚，二人一见如故，君臣如鱼得水，后王猛官至丞相，苻坚言听计从，委以国政。王猛治政，一个最大的特点就是严明法律。苻坚曾派王猛作为始平县县令前往治理，王猛下车伊始就把一个作恶多端的奸吏给当众打死了。结果恶人先告状，将王猛逮捕，押送到长安大狱。苻坚大惊，亲自到狱中看望，并责问王猛："当官理政要把仁义慈爱放在首位，你怎么能一上任就杀人？"王猛说："治理乱世要用重典，我一心为皇上铲除奸暴不法之徒，现在才杀掉了一个奸吏，还要再杀掉一批，社会才能安定。"苻坚感到王猛确是一个治理乱世的干才，于是破格提拔，言听计从，逐步把国家大政交给了王猛，倚以为栋梁。

苻坚非常宽容，四方前来投奔的人络绎不绝，他们愿为前秦效死力。苻坚对所灭国的上层也十分宽容，用今天的话说，他的统一战线工作很出色。宽容表现了苻坚的博大胸怀。

现代语文版《资治通鉴》学者柏杨评论说："在中国数千年历史上，有资格称得上大帝的不过五人，他们是秦始皇、汉武帝、苻坚、李世民和康熙。"显然，柏杨的一家言对苻坚过誉了，统一北方乱局的人还有在苻坚之前的曹操，他也在苻坚之上。但苻坚统一了长期战乱的北方，是值得肯定的，他的成功经验是值得总结的。可是苻坚最终是一个失败者，他没有守住家业，他中兴了前秦，又顷刻之间丢失了前秦。他的宽容带有沽名钓誉的私心，他有所成就而骄，听不进善言，所以他的失败也值得认真咀嚼和回味。苻坚还不是一个非常之人，所以他最终失败了。